GELIEBTER FEIND – GEHASSTER FREUND

Neue Beiträge zur Geistesgeschichte

Herausgegeben im Auftrag der
Gesellschaft für Geistesgeschichte von

Irene A. Diekmann, Wolfgang Hempel,
Joachim H. Knoll, Peter Krüger, Michael Salewski
und Julius H. Schoeps

Band 7

Irene A. Diekmann/
Elke-Vera Kotowski (Hg.)

GELIEBTER FEIND GEHASSTER FREUND

ANTISEMITISMUS UND PHILOSEMITISMUS IN GESCHICHTE UND GEGENWART

Festschrift zum 65. Geburtstag von Julius H. Schoeps

vbb verlag für berlin-brandenburg

Gedruckt mit freundlicher Unterstützung der Moses Mendelssohn Stiftung.

Satz: Marcus Pilarski, Potsdam
Covergestaltung: Kurt Blank-Markard, Berlin
Druck: Druckhaus Nomos, Sinzheim
Bindung: Josef Spinner Großbuchbinderei, Ottersweier

ISBN: 978-3-86650-334-2

1. Auflage 2009

Stresemannstraße 30, D-10963 Berlin
www.verlagberlinbrandenburg.de

Inhalt

PHILOSEMITISMUS IM KONTEXT VON RELIGIONSPHILOSOPHIE UND RELIGIONSKRITIK

PHILOSEMITISMUS IM KONTEXT VON AUFKLÄRUNG UND EMANZIPATION

PHILOSEMITISMUS IN JAPAN, DEN USA UND EUROPA

PHILOSEMITISMUS NACH 1945

PHILOSEMITISMUS, ANTI-ANTISEMITISMUS UND ANTISEMITISMUS

PHILOSEMITISMUS IN LITERATUR, FILM, MUSIK UND WISSENSCHAFT

ANHANG

Eröffnung der internationalen Konferenz „Geliebter Feind – gehasster Freund“ am 10. Juni 2007

Grußwort der Ministerin für Wissenschaft, Forschung und Kultur, Prof. Dr. Johanna Wanka

Sehr geehrte Damen und Herren, erlauben Sie mir zunächst ein paar persönliche Worte. Denn der Anlass Ihrer Konferenz ist – wie Sie alle wissen – nicht allein wissenschaftlicher Natur. Diese Konferenz ist gewissermaßen ein Geschenk für den Jubilar. Jubilar – das ist ein Ausdruck, der nun nicht so recht zu Ihnen zu passen scheint, lieber Herr Professor Schoeps. Man assoziiert damit doch eher jemanden, der still im Sessel sitzt und die Weltereignisse an sich vorüber ziehen lässt, ohne selbst noch aktiv zu werden.

So sehe ich Sie nicht, und so sehen Sie sich sicher selbst auch nicht. Gerade deshalb wünsche ich Ihnen zu Ihrem 65. Geburtstag noch einmal alles Gute, vor allem Gesundheit und weiterhin viel Kraft und Erfolg, als Wissenschaftler und als Direktor des Moses Mendelssohn Zentrums. Ich danke Ihnen herzlich für Ihr unermüdliches Engagement und Ihren wertvollen Beitrag zur Entwicklung der geisteswissenschaftlichen Forschung aber auch Lehre in Brandenburg.

Sehr geehrte Damen und Herren, ich freue mich sehr, dass ich die Gelegenheit habe, Sie zur Eröffnung hier im alten Potsdamer Rathaus zu begrüßen. Es ehrt uns, dass Sie so zahlreich der Einladung des Moses Mendelssohn Zentrums gefolgt und zum Teil von weit her angereist sind. Ich heiße Sie herzlich willkommen in Potsdam!

Ihr Besuch ist für mich nicht nur ein Beleg für die intellektuelle Anziehungskraft des Moses Mendelssohn Zentrums, sondern auch für die rege Entwicklung und die große Vielfalt der Geisteswissenschaften in Brandenburg.

Im Fokus einer breiteren Öffentlichkeit mögen derzeit Wissenschaftseinrichtungen wie etwa das Potsdam Institut für Klimafolgenforschung und das GeoForschungsZentrum stehen. Wir sind stolz, dass wir sie haben.

Aber ich lege großen Wert auf die Feststellung, dass die Forschung der geisteswissenschaftlichen Institute, des Moses Mendelssohn Zentrums, des Einstein Forums, des Zentrums für Zeithistorische Forschung und des Forschungszentrums für Europäische Aufklärung nicht minder bedeutsam ist. Diese Institute sind wichtige Orte des wissenschaftlichen und kulturellen Austauschs, der kritischen Auseinandersetzung mit unserer Geschichte. Sie sind auch Orte aktueller Debatten und der intensiven Beschäftigung mit gesellschaftlichen Zeitfragen, wenn wir z. B. an die Konferenz des Moses Mendelssohn Zentrums zu Raubkunst und Restitution denken, die vor kurzem (22.–24. 4. 2007) ebenfalls hier im Alten Rathaus stattfand, oder den durch das ZZF angestoßenen Diskurs im Zusammenhang mit der Frage, wie an die DDR erinnert werden soll.

Die Priorität von Wissenschaft und Forschung, die wir als Landesregierung gesetzt haben, schließt die Geisteswissenschaften ganz selbstverständlich ein. Unseren geisteswissenschaftlichen Einrichtungen bietet sich in Potsdam und Brandenburg und Berlin ein außergewöhnlich stimulierendes Umfeld und mit unseren Hochschulen ein großes Potenzial für Kooperationen in Lehre und Forschung.

Mit dem Thema „Philosemitismus" greift auch die heute beginnende Konferenz des Moses Mendelssohn Zentrums in eine aktuelle gesellschaftliche Diskussion ein. Zwar findet der Begriff Philosemitismus dabei kaum Verwendung, denn er wird eher im wissenschaftlichen Diskurs gebraucht. Aber die Befassung mit dem Jüdischen findet in den Medien und der allgemeinen politischen Diskussion fast täglich ihren Niederschlag.

Während beim Antisemitismusstreit Ende des 19. Jahrhunderts der Disput noch relativ unbefangen geführt wurde, ist dieser Bereich für uns heute ein äußerst sensibles und schwieriges Thema geworden.

Der Aufbau jüdischen Gemeindelebens nach 1945 in Deutschland, die staatliche Wiedergutmachung im rechtlichen und finanziellen Bereich und die besonderen Beziehungen zum Staat Israel sind wichtige Eckpunkte, wenn man sich mit dieser Thematik befassen will.

Für Brandenburg und die übrigen neuen Länder kommt Weiteres hinzu: der Umgang mit dem Judentum in der DDR-Zeit und der Aufbau jüdischen Gemeindelebens nach 1990, das stark von den so genannten Kontingentflüchtlingen aus den ehemaligen GUS-Staaten geprägt wurde.

Im Land Brandenburg war der Aufbau jüdischer Gemeindestrukturen in besonderer Weise schwierig. Denn Brandenburg war das einzige neue Bundesland, auf dessen Gebiet zum Zeitpunkt der Wende keinerlei jüdische Gemeindestrukturen existierten. Es gab also sozusagen kein Fundament, keine Grundmauern.

Dennoch bildete sich noch während der Wende 1990 in Potsdam eine Gemeinde, die sich für alle Juden im Land Brandenburg verantwortlich fühlte. Mittlerweile besteht der Landesverband Jüdischer Gemeinden aus sieben Ortsgemeinden. Daneben gibt es in Potsdam noch eine streng orthodoxe Gemeinde, die sich als gesetzestreu bezeichnet. Dass mit dem Aufbau jüdischen Gemeindelebens auch Probleme bis hin zu gerichtlichen Auseinandersetzungen verbunden sind, dürfte einigen von Ihnen auch aus den Medien bekannt sein.

Eine gewisse Normalisierung in den Beziehungen des Landes zum Jüdischen Landesverband ist mit dem Abschluss des Staatsvertrages am 11. Januar 2005 erreicht worden. Normal in der Weise, dass Brandenburg mit diesem Schritt den übrigen neuen und den meisten alten Bundesländern folgte. Normal aber auch, weil mit der jüdischen Gemeinschaft damit eine vergleichbare Regelung wie mit der evangelischen und der katholischen Kirche besteht. Mit dem Vertrag werden zum einen bisher verfassungsrechtlich gewährte Rechte auch vertraglich zugestanden. Es wurden aber auch Fragen wie die finanziellen Leistungen des Landes für den Aufbau des Gemeindelebens geregelt. Auch eine Mithilfe bei der Errichtung einer Synagoge in Potsdam wurde vereinbart.

Wie ich erwähnte, bestehen die hiesigen Gemeinden nahezu ausschließlich aus Zuwanderern aus den ehemaligen GUS-Staaten. Dies bedeutet, dass die Ermöglichung eines jüdischen Gemeindelebens anders als im christlichen Bereich stark von Integrationsbemühungen geprägt ist – neben der Pflege des religiösen Lebens und neben dem Aufbau von Gemeindestrukturen.

Derzeit haben die hiesigen Gemeinden wieder etwa 1500 Mitglieder mit einem aktiven Gemeindeleben. Viele Wünsche müssen noch unerfüllt bleiben, dies bezieht sich auch auf finanzielle Erwartungen.

Auf der anderen Seite war aber auch das Bewusstsein bei der nichtjüdischen Mehrheitsbevölkerung hinsichtlich des Umgangs mit den neuen jüdischen Mitbürgern und ihren Gemeinden nicht unproblematisch. Zwar wurde von der DDR staatlicherseits der Antifaschismus vertreten, die Verbrechen der Nationalsozialisten an den Juden waren ein wichtiges Thema, doch konkretes Wissen zum Judentum generell oder gar zum religiösen Leben von Juden war weithin unbekannt und wurde von der DDR-Geschichtsschreibung vernachlässigt. Es ist vielen engagierten Gruppen zu danken, vor allem auch den Kirchen, dass hier ein Bewusstseinswandel angestoßen wurde. Noch zu DDR-Zeiten gab es beispielsweise in Potsdam von kirchlicher Seite eine Ausstellung, die zum ersten Mal die Geschichte und das Leben der Potsdamer Juden frei von den damals staatlich geprägten Standpunkten zeigte.

Ein anderes Beispiel für den Umgang mit dem jüdischen Leben in unserem Land bezieht sich auf die jüdischen Friedhöfe. Nach unserem Kenntnisstand gibt es etwa 60 jüdische Friedhöfe, die mit Ausnahme von

Potsdam und Cottbus nicht mehr als Begräbnisstätten genutzt werden. Es bedurfte langjähriger Recherchen, um einen einigermaßen sicheren Überblick zu erhalten. Es wird Sie nicht überraschen, dass viele Friedhöfe nicht mehr als solche zu erkennen waren. Die Flächen wurden als Wochenendgrundstücke, Gärten und anderes genutzt. Die Grabsteine dienten als Wegplatten. In den Kommunen und verantwortlichen staatlichen Stellen war hierzu kaum etwas bekannt. Heute finanzieren wir die Pflege aller uns bekannter Friedhöfe.

Neben dem eigentlichen jüdischen Gemeindeleben bestehen in Brandenburg im Bereich der Wissenschaft Einrichtungen, die sich in besonderer Weise mit dem Judentum befassen.

Neben dem Moses Mendelssohn Zentrum ist das Abraham-Geiger-Kolleg zu nennen, das als einzige Einrichtung in Deutschland Rabbiner ausbildet. Im September 2006 konnten die ersten Absolventen ordiniert werden, die bereits ihre neuen Ämter angetreten haben. Das von Herrn Professor Schoeps initiierte interdisziplinäre „Kollegium Jüdische Studien" an der Universität Potsdam mit seinem Graduiertenkolleg Makom befasst sich mit der Erforschung und Lehre unzähliger Facetten jüdischer Kultur, neben dem Recht mit der Geschichte, Literatur, Musik, Philosophie, den sozialen Einrichtungen und so weiter und so weiter.

Natürlich hat sich nicht alles positiv entwickelt. Die Nachrichten über antisemitische und rechtsradikale Übergriffe und Schändung jüdischer Friedhöfe tauchen immer wieder in den Medien auf. Trauriger Höhepunkt war der Brandanschlag auf die Trauerhalle auf dem jüdischen Friedhof in Potsdam vor einigen Jahren. Es gibt ein intensives Engagement der Landesregierung und vieler engagierter Beteiligter gegen rechtsradikales Gedankengut. Sehr wichtig ist hier insbesondere die Arbeit der Stiftung Brandenburgische Gedenkstätten, die sich in erster Linie an die Jugend richtet.

Meine Damen und Herren, mit dieser kurzen Darlegung wollte ich Ihnen die Bemühungen der Landesregierung in bezug auf das jüdische Gemeindeleben erläutern. Wir verstehen es als moralische und politische Verpflichtung einer demokratischen Gesellschaft, im Rahmen des Möglichen einen Beitrag zum Wiedererstehen jüdischen Lebens zu leisten.

Meine Damen und Herren, ich wünsche Ihnen eine spannende Tagung, erkenntnisreiche Diskussionen und natürlich eine gute Zeit im schönen Potsdam.

Vorwort

Unter dem provokanten Titel „Geliebter Feind – gehasster Freund. Philosemitismus in Geschichte und Gegenwart" veranstaltete das Moses Mendelssohn Zentrum vom 10. bis 13. Juni 2007 unter Leitung von Irene A. Diekmann und Elke-Vera Kotowski eine von der Deutschen Forschungsgemeinschaft geförderte internationale Konferenz im Alten Rathaus zu Potsdam. Bereits seit vielen Jahren hatte Julius H. Schoeps die Idee, eine Konferenz zum Phänomen „Philosemitismus" durchzuführen. Als langjährige Mitarbeiterinnen des Lehrstuhls für deutsch-jüdische Geschichte an der Universität Potsdam, den Julius H. Schoeps von 1991–2007 inne hatte, und des Moses Mendelssohn Zentrums für europäisch-jüdische Studien, dessen Direktor er auch nach seiner Emeritierung weiterhin ist, sahen sich die beiden Herausgeberinnen dieses Bandes deshalb veranlasst, dieses lang im Raume stehende Thema zu Ehren seines 65. Geburtstags zu realisieren. Ziel der Konferenz – auf deren Basis der vorliegende Band entstand – war es, Wissenschaftler aus unterschiedlichen Fachgebieten zusammenzubringen, um die verschiedenen Ausprägungen des Philosemitismus und deren Abgrenzung zum Antijudaismus bzw. Antisemitismus auf Grundlage des aktuellen Forschungsstandes zu beleuchten.

Philosemitismus und Antisemitismus zwei Seiten der gleichen Medaille? Oder doch ein entgegengesetztes Begriffspaar?

In seiner deskriptiven Verwendung bezeichnet der Begriff ‚Philosemitismus' zunächst eine ‚Liebe zu den Semiten', die es neben oder im Gegensatz zum Antijudaismus bzw. Antisemitismus immer wieder gegeben hat. Die Motive und Motivationen für eine solche ‚Liebe' bzw. Hochschätzung und Förderung von Juden durch Nichtjuden können in ähnlichen Vorurteilsstrukturen verankert sein, wie es beim vermeintlichen Gegenbegriff, dem Antisemitismus bzw. Antijudaismus hinsichtlich einer Geringschätzung oder gar Hasses, der Fall ist. Auch dies ist im Bedeutungsumfang des Begriffs ‚Philosemitismus' enthalten. Gleichzeitig kann die Verwendung des Ausdrucks in politisch-gesellschaftlichen Debatten auch auf antijüdische Denkstrukturen der am Diskurs Beteiligten verweisen. Philosemitismus, seine Erscheinungsformen und Motive sowie auch die Wahrnehmung und Beurteilung philosemitischer Verhaltensweisen bei anderen, stellt also ein beachtenwertes Phänomen in der Beziehungsgeschichte von Juden und Nichtjuden dar.

Der Begriff ‚Philosemitismus' ist bis heute vielschichtig konnotiert und nur schwer zu fassen. Dies war er bereits, als er erstmals zu Beginn der 80er-Jahre des 19. Jahrhunderts im politischen Diskurs auftauchte. Als inhaltlicher – wenn auch nicht etymologischer – Gegenbegriff zu ‚antisemitisch' gebildet, bezeichnet er ‚judenfreundliche' Haltungen. Dies kann wertneutral-deskriptiv gemeint sein. In seinem ursprünglichen Entstehungszusammenhang besaß der Begriff jedoch eine normative Bedeutung mit eindeutig pejorativen Konnotationen: Der Ausdruck ‚Philosemitismus' wurde offenbar von deutschen Antisemiten geprägt, die ihn in polemischer Absicht gegen den deutschen Linksliberalismus, der in ihren Augen als Sprachrohr des reichen jüdischen Establishments galt, verwendeten. In ähnlicher Absicht wurde er von einer Reihe von Sozialdemokraten übernommen, die sich sowohl vom Antisemitismus als auch vom Philosemitismus zu distanzieren versuchten, weil sie der Ansicht waren, dass die „Judenfrage" letztlich nur durch die Überwindung des Kapitalismus gelöst werden könne. Mit ihrer Gleichsetzung von Antisemitismus und Philosemitismus sowie durch die in ihrer Anerkennung einer „Judenfrage" implizierten antijüdischen Klischees und Vorurteile kamen einige von ihnen antisemitischem Gedankengut gefährlich nahe. Nach der Schoa lässt sich besonders in Deutschland eine neue Verwendung des Begriffes feststellen, die eng mit Gefühlen von Schuld und Wiedergutmachung verknüpft ist und sich unter anderem in der vorbehaltlosen Zustimmung zur Politik Israels und einer emphatischen Begeisterung für eine – vermeintlich – jüdische Kultur äußert.

Während zum Phänomen ‚Antisemitismus', seinen vielfältigen Erscheinungs- und Definitionsformen bereits eine fundierte Forschungslandschaft vorherrscht, betritt man auf dem Gebiet der Philosemitismus-Forschung noch weitestgehend Neuland. Dies zeigte sich auch auf der diesem Band zugrunde liegende Konferenz, an der Wissenschaftler aus unterschiedlichen Disziplinen das Phänomen Philosemitismus und seine Abgrenzung zum Antijuda- bzw. Antisemitismus ausleuchteten. Das breit gefächerte Themenspektrum ermöglichte einen umfassenden Einblick in die historische Entwicklung und Bedeutung, sowie landestypische Ausprägungen des Philosemitismus, der sich aber – das zeigte sich sowohl in den einzelnen Beiträgen als auch in den anschließenden Diskussionen immer wieder deutlich – nicht isoliert vom Antisemitismus betrachten lässt. Somit haben sich die Herausgeberinnen entschlossen, diesen Band in der Unterzeile – entgegen dem ursprünglichen Tagungsuntertitel – „Antisemitismus und Philosemitismus in Geschichte und Gegenwart" zu betiteln.

In fast identischer Reihenfolge zum Konferenzverlauf vereint der vorliegende Band die Beiträge der Referenten, die in den folgenden Sektionen unterteilt sind: Antisemitismus versus Philosemitismus? Analytisch-kritische Begriffsbetrachtungen; Philosemitismus in der Antike und in der Frühen Neuzeit; Philosemitismus im Kontext von Religionsphilosophie und Religionskritik; Philosemitismus im Kontext von Aufklärung und Emanzipation; Philosemitismus in Japan, USA und Europa; Philosemitismus nach 1945; Philosemitismus; Anti-Antisemitismus und Antisemitismus; Philosemitismus in Literatur, Film, Musik und Wissenschaft.

Eine im Anhang befindliche Auswahlbibliografie präsentiert den zum gegenwärtigen Zeitpunkt vorhandenen Forschungsstand zu den Themenfeldern Antijudaismus, Antisemitismus und Philosemitismus, und bietet damit einen ersten Überblick.

In der eröffnenden Sektion *Antisemitismus versus Philosemitismus? Analytisch-kritische Begriffsbetrachtungen* bietet Wolfram Kinzig (Bonn) den ersten Überblicksbeitrag. Darin rekapituliert er die Geschichte des Begriffes aus historischer Perspektive, um nachfolgend die aktuelle Debatte der Jahre 1994 bis 2007 anhand der wichtigsten Forschungspositionen zu skizzieren. Die daran anschließend aufgestellten Thesen, die dieser als Anregung für weitere Diskussionen formuliert, spiegeln die Vielschichtigkeit und Widersprüchlichkeit des Phänomens Philosemitismus wider, die auch in den nachfolgenden Beiträgen immer wieder aufgenommen werden. Im Anhang des vorliegenden Bandes bieten die von Kinzig chronologisch-thematisch aufgezählten Definitionen einen guten Überblick über den historischen Forschungsstand.

Die Auseinandersetzung mit dem Thema Philosemitismus und Antisemitismus als mögliche Auswüchse des gleichen judenfeindlichen Vorbehalten steht im Mittelpunkt des Beitrages von Moshe Zuckermann (Tel Aviv). Bei beiden Phänomenen sei das jüdische Individuum einer abstrakten Kategorie bzw. einem Kollektiv untergeordnet und auf die jeweilige Weise instrumentalisiert. Trotzdem seien die Auswirkungen von Philosemitismus und Antisemitismus unterschiedlich, obwohl sie beide vom gleichen Ressentiment herrührten. Klaus Faber und Lars Rensmann (Berlin/Ann Arbor, MI) analysieren unter politologischen Gesichtspunkten „Philosemitismus und Antisemitismus: Reflexionen zu einem ungleichen Begriffspaar“ und schließen damit den ersten Themenkomplex ab.

Die zweite Sektion befasst sich mit dem *Philosemitismus in der Antike und in der Früher Neuzeit*. Zunächst gewährt Pedro Barceló (Potsdam) einen Einblick in den „Philosemitismus in der frühen römischen Kaiserzeit: Von Caesar bis Domitian“. Gerhard Langer (Salzburg) schließt sich mit seinem Beitrag unter dem Titel „Philosemitische Annäherungen an das Judentum in der Antike" dieser Epoche an und bemerkt, dass es anhand der geringen Quellenlage schwer zu unterschieden sei, ob freundliche Handlungen gegenüber Juden einen philosemitischen Hintergrund hatten oder ob andere Beweggründe dahinter steckten, warum Nichtjuden Juden unterstützten. Stephen Burnett (Lincoln, NE) führt mit „Philosemitism and Christian Hebraism in Reformations Era (1500–1620)" in die Frühe Neuzeit ein. Er erläutert die Motive, welche die christlichen Hebraisten hatten, sich mit dem Judentum auseinander zu setzen und welche Ziele sich hinter den scheinbar judenfreundlichen Äußerungen des christlichen Reformers Martin Luther verbargen. Den Abschluss dieser Sektion bildet der Beitrag von Hans J. Hillerbrand (Durham, NC) mit dem Titel „Philosemitismus in der Frühen Neuzeit", der darin eine Dreiteilung in verstehenden, bekehrenden und tolerierenden frühneuzeitlichen Philosemitismus vornimmt.

Im dritten Themenblock *Philosemitismus im Kontext von Religionsphilosophie und Religionskritik* analysiert Claus-E. Bärsch (Dietramszell) die Schriften der Bibel (Johannesevangelium), Kants und Hitlers, um sich dem Begriff Philosemitismus anzunähern und zu erläutern, warum er die Bezeichnungen „philosemitisch" und „philojudaeisch" ablehnt und statt dessen einen dritten Begriff, „judaeophil", einführt. Micha Brumlik (Frankfurt a.M.) setzt im Anschluss mit „Schellings Theorie des Judentums und der Juden" eine religionsphilosophische Betrachtung fort. Wolfgang E. Heinrichs (Wülfrath) widmet sich dem Thema „Juden als ideelle Hoffnungs- und Heilsträger im Protestantismus des 18. und 19. Jahrhunderts" und erläutert die chiliastischen Beweggründe des Protestantismus für dessen philosemitische Haltung sowie die bekehrenden Elemente, die oft das Ziel einer scheinbar freundlichen Haltung gegenüber den Juden darstellten.

„Gibt es Häretiker bzw. Ketzer im modernen Judentum? Der Fall H.-J. Schoeps" – dieser Frage geht Gary Lease † (Santa Cruz, CA) nach. Er thematisiert, wie sich der Religionshistoriker H.-J. Schoeps nach Ende des Zweiten Weltkrieges Anfeindungen ausgesetzt sah, weil dieser sich neben seiner jüdischen auch zu seiner deutschen Identität bekannte.

Philosemitismus im Kontext von Aufklärung und Emanzipation stellt die Klammer der vierten Sektion dar. Robert Liberles (Beer-Sheva) legt unter dem Titel „On the Boundaries between Hostility and Support: The Case of Christian Dohm" die Motive Dohms dar, die sich hinter dessen Forderung nach einer Gewährung der Bürgerrechte für Juden verbargen und welches Ziel er mit seinem Integrationskonzept verfolgte. Anschließend erörtert Albert Bruer (Grünwald) die „Aufklärung im Spannungsfeld von Philosemitismus und Antisemitismus". Er vergleicht die Berliner mit der französischen Aufklärung und stellt dabei erstere als eine philosemitische von liberaler Seite motivierte dar, welche den preußischen Staat für die schlechte Stellung der Juden anklagte. Klaus Ebert (Köln) widmet sich Friedrich Schleiermachers Aufforderungen an das Christentum, sich nicht mehr theologisch mit dem Judentum auseinanderzusetzen. Anschließend verdeutlicht Alan Levenson (Beachwood, OH) in seinem Beitrag „Philosemitism in Imperial and Weimar Germany", dass ähnlich dem Zeitalter der Aufklärung auch zu Beginn des 20. Jahrhunderts der Philosemitismus die konkreten Lebensbedingungen von Juden außer Acht gelassen hat. Keiner der damaligen Philosemiten hatte eine gleichberechtigte Anerkennung von Juden als Juden akzeptiert; vielmehr hatten sich diese eine idealisierte jüdische Bezugsgruppe als fiktiven Gesprächspartner konstruiert.

Die darauf folgende Sektion *Philosemitismus in Japan, USA und Europa* beginnt mit David G. Goodman (Urbana, IL) und dessen Beitrag „The Ambiguity of Philosemitism in Japan", darin er sich mit dem Phänomen des Philosemitismus in Japan auseinandersetzt und dies am Beispiel der Makuya verdeutlicht. Es handelt sich dabei um eine japanische Sekte, die sich den Juden, aufgrund der Annahme, dass sie mit ihnen eine stammesgeschichtliche Herkunft teile, verbunden fühlen. Aus dieser Tradition heraus pilgern die Makuya jedes Jahr zu Hunderten nach Israel und errichteten in Tokio ein Holocaustdenkmal. Der nächste Beitrag dieses Themenblockes stammt von Ulrike Brunotte (Berlin/Wien), die sich mit Millenarismus und puritanischer Identität auseinander setzt und dabei die so genannten Ten Lost Tribes in den Fokus ihrer Untersuchung stellt. Eine Gruppierung eingewanderter Puritaner glaubte, Native Americans gefundenen zu haben, in deren Besitz sich hebräische Artefakte befänden. Dies diente ihnen als Beleg, dass jene Native Americans eine der Ten Lost Tribes seien, und die Puritaner daraus eine religiöse Legitimation zur Besiedelung der Neuen Welt ableiteten. Zum Abschluss dieser Sektion widmete sich András Kovács (Budapest) in seinem Beitrag „Philosemitism as Resolution of Cognitive Dissonance? The Case of post-Communist Hungary" dem Thema Philosemitismus und Antisemitismus in Ungarn nach 1990. Er bezieht sich dabei auf eine statistische Erhebung, in der nichtjüdische Ungarn anhand von vorgegebenen Antwortmöglichkeiten über Juden und deren Beliebtheit im Lande befragt wurden. Christina Spaeti (Zürich) zeigt in ihrem Beitrag „Schuldgefühle und Israelbegeisterung: Philosemitismus in der schweizerischen Linken nach 1945" den Umschwung in der Einstellung der schweizerischen Linken hinsichtlich der Haltung gegenüber dem Staat Israel auf – ähnlich wie die DIS [siehe den Beitrag von Thomas Käpernick weiter unten] – von einer israelfreundlichen zu einer israelfeindlichen. „Wer ein Jud ist bestimm' ich und wer ein guter Israeli ist auch" betitelt Elisabeth Kübler (Wien) ihren Beitrag über die Auseinandersetzung mit Anti- und Philosemitismus und deren mögliche Deckungsgleichheit. Yves Patrick Pallade (Berlin) schließt diesen Themenkomplex mit seinem Beitrag „Proisraelismus und Philosemitismus in rechtspopulistischen und rechtsextremen europäischen Parteien der Gegenwart" ab und stellt darin die verschiedenen Haltungen dieser Organisationen vor.

Den Auftakt für den folgenden Themenbereich *Philosemitismus nach 1945* bietet Thomas Käpernick (Hamburg) mit seinem Beitrag über die Deutsch-Israelischen Studiengruppen (DIS), an deren Beispiel er den Wandel von einer anfänglich philo- zu einer zunehmend antizionistischen Haltung innerhalb der studentischen Organisation erläutert. Er führte dies auf die utopischen Erwartungen zurück, die aus dem Nachkriegsphilosemitismus erwuchsen. Mit seinem Beitrag „Projektionen – Überidentifikationen – Philozionismus. Der Vorwurf des Philosemitismus an die antideutsche Linke" setzt Stephan Grigat (Wien) die Reflexion über den Philosemitismus im Nachkriegsdeutschland fort. Ulrike Zander (Köln) erläutert in ihrem Vortrag „Christlicher Philosemitismus in Deutschland nach der Schoa" den Dogmenwechsel in der christlichen Theologie in Bezug auf das Judentum nach 1945 und geht dabei auf die Hintergründe für diesen Sinneswandel ein. Zudem definiert sie die Formen von christlichem Philosemitismus, die nach dem Holocaust entstanden. Margit Reiter reflektiert abschließend über die „Nachträgliche Wiedergutmachung. Philosemitismus bei den ‚Kindern der Täter'".

Philosemitismus, Anti-Antisemitismus und Antisemitismus ist der Schwerpunkt des anschließenden Themenblocks. Alexandra Gerstner und Gregor Hufenreuther (Berlin) präsentieren die bislang kaum bekannte Freundschaft zwischen Walther Rathenau und dem völkischen Publizisten Wilhelm Schwaner auf Basis ihres Briefwechsels. Die Co-Autoren Gerstner/Hufenreuther unternehmen dabei den Versuch, die Motive Rathenaus für diese persönliche Freundschaft darzulegen. Die Rezeption des Werkes Nietzsches, mit der sich Thomas Mittmann (Bochum) auseinandersetzt, bietet wegen des Nebeneinanders dessen philo- und antisemitischen Äußerungen ein ambivalentes Bild. Mittmann zeigt, wie in der ersten Hälfte des 20. Jahrhunderts ein Tauziehen um Nietzsches Werk zwischen Wagnerianern einerseits und den jüdischen Nietzscheianern andererseits stattfand, da beide Seiten das Werk des deutschen Philosophen für sich beanspruchten. Dagmar Reese (Potsdam) greift den Fall der konvertierten Nahida Ruth Lazarus und deren gescheiterten Konstruktion einer jüdischen Identität auf.

In der abschließenden Sektion Philosemitismus in Literatur, Film, Musik und Wissenschaft widmet sich zu Beginn Helmut Peitsch (Potsdam) der „Gruppe 47". Diese war nach dem Ende des Zweiten Weltkriegs angetreten, eine neue deutsche Nachkriegsliteratur zu schaffen, in der jüdische Autoren wieder Platz finden sollten. Sie gab sich betont projüdisch, gelangte aber in den Verdacht, antisemitisch zu sein. Mit der Begeisterung von nichtjüdischen Musikern für Klezmer-Musik beschäftigt sich Albert Lichtblau (Salzburg). Obwohl der Klezmer-Boom ein internationales Phänomen sei, so Lichtblau, gerate vornehmlich Deutschland als Hauptaustragungsort der Debatte darüber in Philosemitismusverdacht. Liliane Weissberg (Philadelphia) analysiert schließlich die Jüdischen Studien als beliebtes Lehrfach nichtjüdischer Lehrender und Studierender anhand einer Vor- und Nachgeschichte.

In der Zusammenschau der Beiträge wird deutlich, wie vielschichtig der Philosemitismus bei der Betrachtung seiner Verwendung in den unterschiedlichen historischen Kontexten ist. Dies wird besonders hinsichtlich seiner inhaltlichen Äquivalenzen deutlich. Konsens besteht weitgehend darin, dass eine sehr differenzierte Herangehensweise an die Thematik von Nöten ist, um zu vermeiden selbst Klischees und Stereotypen zu erliegen oder die feinen Konnotationen, die dem Phänomen Philosemitismus innewohnen, zu ignorieren. Der vorliegende Band bietet noch immer kein geschlossenes Bild, geschweige denn eine eindeutige Begriffsbestimmung dessen, was Philosemitismus sei, ebenso wenig wie er sich unzweideutig vom Antisemitismus abgrenzen ließe. Dieser Band will vielmehr die Diskussion und die Auseinandersetzung mit dem Phänomen Philosemitismus und dessen Verhältnis zum Antisemitismus anregen.

Abschließend noch einige editorische Anmerkungen: Die Herausgeberinnen haben sich mit den Autorinnen und Autoren auf eine einheitliche Formatierung der Beiträge geeinigt. Hervorhebungen wurden grundsätzlich in ‚einfache Anführungszeichen', Zitate in „doppelte Anführungszeichen" gesetzt. Längere Zitate (mehr als drei Zeilen) wurden in den Texten freigestellt. Kursivsetzungen blieben lediglich *Buchtiteln*, *Zeitungen* und *Zeitschriften* vorbehalten. Begriffe mit NS-Konnotation, wie z.B. „Drittes Reich", „arisch", wurden wie Zitate in doppelte Anführungszeichen gesetzt. Die von den Autorinnen und Autoren angefügten Literaturhinweise wurden nach den formalen Vorgaben des Verlages in der Auswahlbibliografie im Anhang zusammengefasst.

Wir danken allen Beiträgerinnen und Beiträgern sowie der Deutschen Forschungsgemeinschaft, die die Konferenz finanziell unterstützte und somit auch indirekt zum Gelingen dieses Bandes beitrug. Dem studentischen Team der Universität Potsdam, das die Tagung und das Entstehen des vorliegenden Bandes begleitete sei für die formale Vereinheitlichung der Texte gedankt, zu nennen sind hier Marc Böhme, Anja Kreienbrink, Maximilian Pfau, Dörte Schulz, Dunja Sullan. Besonderer Dank gilt zudem Marcus Pilarski für das Layout, Nele Thomsen für die Unterstützung beim Lektorat und für die Redaktion der englischsprachigen Texte sowie Julia Lehmann für die Tagungsfotos und Sabrina Hausmann für die Zusammenstellung der Auswahlbibliografie.

Potsdam im Januar 2009 Die Herausgeberinnen

ANTISEMITISMUS VERSUS PHILOSEMITISMUS?
ANALYTISCH-KRITISCHE
BEGRIFFSBETRACHTUNGEN

Wolfram Kinzig

Philosemitismus – was ist das? Eine kritische Begriffsanalyse

Ein christlicher Theologe und Kirchenhistoriker, noch dazu aus Deutschland stammend, kann mit einem Beitrag über Philosemitismus zu Ehren eines deutsch-jüdischen Historikers eigentlich nur alles falsch machen.[1] Nicht nur wird in Feuilletons wie Fachbüchern bezweifelt, ob es so etwas wie Philosemitismus überhaupt gibt, sehr schnell handelt man sich den Vorwurf des Revisionismus ein, und dies auch von seiten christlich-theologischer Kollegen: Wer in der Gegenwart an die Geschichte der jüdisch-christlichen Beziehungen anders als ausschließlich mit dem hermeneutischen Parameter des Antijudaismus beziehungsweise Antisemitismus herangeht, steht schnell unter dem Verdacht, die Schuld der Christen gegenüber dem Judentum verharmlosen zu wollen.[2]

Solche Vorwürfe kann man als Kirchen*historiker* zunächst durch den Hinweis zu entkräften suchen, dass sich die Philosemitismusforschung in den letzten Jahrzehnten, wie allein die Tatsache der diesem Sammelband zugrunde liegenden Konferenz mit ihrer großen Zahl an Teilnehmerinnen und Teilnehmern zeigt, zu einem ernsthaften Zweig der Geschichtsschreibung gemausert hat, wobei ihre Schwerpunkte keineswegs in Deutschland liegen. Auch ist es kein rein christliches Projekt in revisionistischer Absicht, während man jüdischerseits die Sicht einer *historia lacrimosa*, einer Verfolgungs- und Unterdrückungsgeschichte, perpetuiert, sondern die entscheidenden Studien der letzten Jahre verteilen sich ziemlich gleichmäßig auf jüdische, christliche und sich säkular gebende Gelehrte. Religiöse Loyalitäten scheinen in der Fachdiskussion weniger eine Rolle zu spielen als bestimmte hermeneutische und politische Vorannahmen.

Dem Philosemitismus als einer geschichtlichen Erscheinung nachzuspüren bedeutet wie alle historische Arbeit, nüchtern und unaufgeregt die Quellen zu lesen, sie aus ihrer Zeit heraus zu verstehen und die dabei gewonnenen Erkenntnisse in einen möglichst plausiblen narrativen Zusammenhang zu bringen.

Um mich diesem Ziel zu nähern, möchte ich zunächst in einem ersten, eher historisch orientierten Abschnitt kurz die *Geschichte des Begriffs* „Philosemitismus“ rekapitulieren. Daran anschließend möchte ich wichtige *Forschungspositionen* skizzieren, wie sie sich in der Debatte der letzten

Jahre herausgebildet haben. Dieser Abschnitt wird – so viel sei schon vorweggenommen – mit der Feststellung einer Vielstimmigkeit enden, die durchaus kakophonische Züge trägt. Daher erlaube ich mir abschließend einige Thesen vorzustellen, die dazu beitragen sollen, diese Kakophonie wenn auch nicht in eine Homophonie (denn zu viel Eintracht führt zu Langeweile in der Musik wie in der Wissenschaft), so doch wenigstens in eine wissenschaftlich produktive Polyphonie zu überführen.

Philosemitismus als Begriff

„Philosemitismus" ist ein jüngerer Gegenbegriff zu „Antisemitismus".[3] Beide Termini sind insofern ungenau, als sie sich allein auf die Juden, nicht auf Semiten insgesamt beziehen. Im Unterschied zu „Antisemitismus", dessen genaue Herkunft unbekannt ist (er stammt jedenfalls nicht, wie häufig behauptet, von dem Journalisten Wilhelm Marr[4]), kann man die Entstehung des Begriffs „Philosemitismus" einem bestimmten Milieu zuordnen, nämlich den Kreisen um Heinrich von Treitschke (1834–1896), wenn er nicht gar eine Prägung des deutschnationalen Historikers selbst ist. Dieser hatte bekanntlich mit einem berüchtigten Artikel in den *Preußischen Jahrbüchern* im Jahre 1879 den so genannten „Berliner Antisemitismusstreit" ausgelöst. Ein Jahr später nun unterstellte Treitschke in einem weiteren Aufsatz in den *Preußischen Jahrbüchern* der linksliberalen Fortschrittspartei „philosemitischen[n] Eifer" in deren ablehnender Reaktion auf die so genannte Antisemitismuspetition, welche darauf zielte, die Immigration ausländischer Juden zu beschränken und Juden vom Beamtentum auszuschließen. Zeugnisse wie dieses deuten darauf hin, dass der Begriff „Philosemitismus" zu Beginn eine gegen den Linksliberalismus zielende Prägung mit antisemitischer Tendenz gewesen ist, die sich aber zunächst nicht durchsetzen konnte.

Erst ab 1890 taucht sie dann erstaunlicherweise in den Reihen der deutschen wie der österreichischen Sozialdemokratie auf, wobei man hier unter „Philosemitismus" die Verteidigung des angeblich von Juden propagierten Kapitalismus gegen antisemitische Attacken verstand, wie sie von den Liberalen betrieben werde. Diese Form des kapitalistischen Philosemitismus sei ebenso wie der Antisemitismus abzulehnen.[5]

Auch in der deutschen evangelischen Kirche erfreute sich der Begriff seit den 80er-Jahren des 19. Jahrhunderts einer gewissen Popularität, indem man sich in der so genannten „Judenfrage" von anti- wie philosemitischen Haltungen abgrenzte, sich dann aber häufig einer antijüdischen

Sprache bediente. Die „Judenfrage“ wurde vor allem in den Reihen der Judenmission primär als religiöses Problem gesehen, welches nur durch entsprechende Bemühungen um Bekehrung gelöst werden könne. Eine Duldung der Juden *als Juden* konnte man sich schlechterdings nicht vorstellen.

Philosemitismus – das meinte also in den Anfängen eine „blinde“ Verehrung alles Jüdischen, eine Anbiederung bei den Juden, die eine „nüchterne“ Bestandsaufnahme der Sachlage angeblich erschwerte. Die Verwendung des Begriffs erfolgte demnach häufig in einem mindestens latent, bisweilen auch offen antisemitischen Kontext.

Allerdings blieb sie darauf nicht beschränkt. In der jüdischen Presse Österreichs und Deutschlands wird „Philosemitismus“ nämlich gegen Ende des 19. Jahrhunderts ebenfalls aufgegriffen und dann ganz positiv gefüllt. So konnte man in der zionistischen Zeitung *Die Welt* schon 1898 im Zusammenhang der Dreyfus-Affäre unter dem Titel *Der französische Philosemitismus* einen Aufsatz von Jacques Bahar (1858–?) lesen.[6] Man berichtete in derselben Zeitung später ganz unbefangen über polnischen Philosemitismus[7] ebenso wie über „Antisemitismus und Philosemitismus im classischen Alterthum“[8] oder – mit ironischem Unterton – über „Philosemitisches aus Bulgarien“.[9] Auch Theodor Herzl benutzte „Philosemitismus“ seit 1896 wiederholt in seinen Tagebüchern.[10]

Gleichzeitig wird aber auch bereits eine Skepsis gegenüber den Absichten der Philosemiten erkennbar. So unterschied Max Aram in der *Welt* 1899 verschiedene „Kategorien der Philosemiten“, nämlich erstens solche, die ihren „Grossmuth“ oder zweitens ihre „altruistische Seelenstimmung“ befriedigen wollten, sodann drittens Philosemiten „aus einem überzeugten Humanitätsgefühle“ heraus und schließlich viertens Philosemiten, die die Juden liebten und verehrten, „weil sie in ihnen die treuesten Vorkämpfer der ewigen Freiheits- und socialen Revolutionen“ sähen. Dem korrespondiere auf jüdischer Seite häufig eine missionarisch gefärbte „Märtyrerbegeisterung“. Demgegenüber wolle der Zionismus „die Juden eben entwöhnen, unter dem gleichsam permanenten, unausgesprochenen Schutze aller edlen Grundsätze zu stehen“[11]. Um des zionistischen Selbstbewusstseins willen wurde hier den Philosemiten der Laufpass gegeben.

In der Zeitschrift *Im deutschen Reich*, dem Organ des „Centralvereins deutscher Staatsbürger jüdischen Glaubens“, war der Ton deutlich milder. Hier finden sich auch erste Anzeichen für eine Historisierung des Begriffs. Schon 1896 charakterisierte Alphonse Levy den eine Generation zuvor verstorbenen Alphonse de Lamartine (1790–1869) als „Staatsmann,

Dichter und Philosemit[en]",[12] und Eugen Isolani (eigentlich Eugen Isaacsohn, 1860–1932) sah in dem deutschen Philosophen Wilhelm Traugott Krug (1770–1842), Nachfolger Kants in Königsberg, ebenfalls einen Philosemiten.[13]

Auch wenn der Begriff von seinen Ursprüngen her belastet war, konnte er dennoch im Judentum des ausgehenden 19. Jahrhunderts durchaus zustimmend rezipiert und in historischen Kontexten verwendet werden. So hat er dann auch, wenn ich recht sehe, in die deutsche Wissenschaft erstmals 1927 durch einen Artikel gleichen Namens im *Jüdischen Lexikon* Einzug gehalten, welcher aus der Feder des Münchener Rechtsanwaltes Sigbert Feuchtwanger (1886–1956) stammte.[14] Es blieb aber, wenn ich recht sehe, zunächst bei einer gelegentlichen Verwendung innerhalb der akademischen Literatur.

Den eigentlichen Durchbruch als Wissenschaftsbegriff erlebte „Philosemitismus" in Deutschland erst nach dem Zweiten Weltkrieg, wobei hier die Arbeiten von Hans-Joachim Schoeps (1909–1980) eine Schlüsselstellung einnehmen: Auf seine Artikelserie unter dem programmatischen Titel *Der Philosemitismus des 17. Jahrhunderts*, die im ersten Jahrgang der von Schoeps selbst gemeinsam mit Ernst Benz (1907–1978) gegründeten und herausgegebenen *Zeitschrift für Religions- und Geistesgeschichte* 1948 erschien, folgten die beiden Monographien *Philosemitismus im Barock* (1952) und *Barocke Juden – Christen – Judenchristen* (1965), welche die bereits in den Aufsätzen von 1948 ausgebreiteten Thesen aufnahmen und dem Forschungsstand entsprechend aktualisierten.[15]

Schoeps war allerdings nicht der erste, der das Phänomen umfassender dargestellt hatte. Vorausgegangen war ihm der junge Historiker Wilhelm Grau (1910–2000). Grau war der Leiter des *Instituts der NSDAP zur Erforschung der Judenfrage* in Frankfurt am Main, das im März 1941 von Alfred Rosenberg eröffnet worden war.[16] Er hatte 1942 die von ihm selbst herausgegebene Zeitschrift *Weltkampf. Die Judenfrage in Geschichte und Gegenwart* mit einer Artikelserie eröffnet, die den Titel trug „Die innere Auflösung des europäischen Antijudaismus in den Jahrhunderten vor der Emanzipation". Dabei ging er von der Feststellung aus, in der Gegenwart habe sich die „Idee, den Juden *gleichrangig* und *gleichberechtigt* in die Gemeinschaft der europäischen Völker aufzunehmen", seit der Reformation weithin durchgesetzt. Grau wollte nach eigenen Worten die „tieferen Gründe für den Verfall des einmal so großen und wirksamen europäischen Antijudaismus" aufzeigen, wobei das aktualisierende Interesse bereits in der Vorrede programmatisch benannt wurde: „Im gegenwärtigen Krieg [...] geht es nicht zuletzt darum, ob diese die Würde des europäischen Menschen tief verletzende Idee endgültig zerbricht."[17] Entscheidend für die Durchsetzung dieser Idee waren nun die „Judenzer", „jüdisch geneigte Christen", die in der Folgezeit einen subversiven Einfluss auf die abendländische Geistesgeschichte geltend machen konnten. Den Begriff „Judenzer" hatte Grau bei Johann Jakob Schudt (1664–1722) gefunden, der ihn bereits im ersten Band seiner *Jüdischen Merckwürdigkeiten* (Frankfurt 1714) verwendet hatte.[18] Infolge des Einflusses der „Judenzer" habe die christliche Religion „im 20. Jahrhundert nahezu bis zur Gänze ihren tausendjährigen Antijudaismus abgebaut und an seine Stelle ein vornehmes Bündnis mit dem Judentum gesetzt".

> „Die Judenzer waren es, die das im Christentum immanent existente Problem des Juden, zum erstenmal seit dem ‚jüdischen' Urchristentum, wieder in die Bahn einer judäozentrischen Betrachtung rückten, aus ihrer eigenen Vorstellungswelt und darauf folgend aus dem Weltbild ihrer Staaten und Völker die Gestalt des Juden als des mit Gottes Fluch Beladenen, als des Auserwählten des Teufels herausnahmen und statt dessen ein verklärtes Bild vom auserwählten Volk Gottes, von den Nachkommen der Propheten, von den Blutsbrüdern Christi setzten. Die Judenzer bedeuten die Weichenstellung vom früher doch vielfach antijüdischen zum judenfreundlichen Christentum. Über die Weichenstellung fuhren die europäischen Völker innerhalb der kommenden Jahrhunderte."[19]

Dieser erstaunlichen Diagnose folgte dann, mit Calvin beginnend, eine lange Galerie philosemitischer Intellektueller, wobei Grau zunächst einen Schwerpunkt im reformierten Protestantismus Deutschlands, der Niederlande und Englands ausmachen zu können glaubte. Der geistesgeschichtlich letztlich entscheidende Einfluss auf den deutschen Protestantismus ging indessen von dem lutherischen Pietismus aus, der in neuer Weise die Judenmission als „Akt der werktätigen Liebe" proklamiert habe.[20] Dessen „theologischer Philojudaismus" habe in die deutsche Aufklärung hineingewirkt.[21] Doch sei der Antijudaismus nicht nur durch die protestantische Theologie aufgelöst worden, sondern auch seit dem 16. Jahrhundert auf dem Gebiet des Rechts sowie im Zeitalter des deutschen Absolutismus durch die Ausbildung eines „*volksfremde[n]* Staatskapitalismus", der den Wirtschaftsgeist, wie er in anderen westeuropäischen Ländern zu finden war, entscheidend gehemmt habe.[22] Dieses System aber stand im 17. und 18. Jahrhundert unter der „Herrschaft der Hofjuden". Deren Verknüpfung mit dem absolutistischen Staat verhinderte eine „antijüdische

Abwehraktion": „Das Hoffaktorensystem wurde zu einer der wichtigsten Vorstufen der allgemeinen Gleichstellung der Juden in Staat und Gesellschaft."[23]

Martin Friedrich, Friedrich Niewöhner und ich selbst hatten ursprünglich angenommen, dass Schoeps sich materialiter mindestens teilweise auf Grau stützte, ohne seine Quelle anzugeben, denn er behandelt ebenso wie Grau die Philosemiten Isaac la Peyrère, Paul Felgenhauer, Anders Pedersson Kempe und Holger Paulli.[24] Mittlerweile bin ich in diesem Punkt allerdings vorsichtiger geworden, denn die entsprechenden Namen könnten Schoeps auch durch Schudt und andere Quellen vermittelt worden sein. Darüber hinaus hatte Schoeps seine Studien bereits im schwedischen Exil erarbeitet,[25] so dass auch aus diesem Grund die Priorität Graus unsicher ist. Im Übrigen ist Schoeps' Klassifikation wie auch Begrifflichkeit von Grau ganz unabhängig.

Doch woher war ihm der Begriff des Philosemitismus vermittelt worden? Friedrich Niewöhner hat vermutet, Schoeps könne ihn von anderen Autoren im *Weltkampf* übernommen haben, was nach Lage der Dinge eher unwahrscheinlich ist. Alternativ könne Hans Blüher (1888–1955), Schoeps antisemitischer Gesprächspartner, als Quelle in Frage kommen. Mit Blüher hatte Schoeps noch 1933 den Dialogband *Streit um Israel* publiziert.[26] Blüher behauptete, man dürfe „Philosemitismus" nur verwenden, „wenn das Judentum ‚kein geschichtl[iches] Apriori' habe, man weder ‚*religiös*' noch ‚*geschichtl[ich]*' von ihm reden könne. Dieser Meinung hat Schoeps vehement widersprochen."[27]

Wie dem auch sei: Schoeps selbst legte über die Herkunft und Geschichte des Begriffes „Philosemitismus" an keiner Stelle seines Werkes Rechenschaft ab. Entweder war ihm nicht bewusst, dass der Begriff antisemitische Konnotationen suggerierte, oder aber er nutzte bewusst das sich hieraus ergebende provokative Potential. Das eine oder das andere mag auch dazu beigetragen haben, warum gerade in Deutschland die Fruchtbarkeit seines Ansatzes nicht sogleich erkannt wurde, obwohl Schoeps in den folgenden Jahrzehnten kontinuierlich an dem Thema weiterarbeitete.

Tatsächlich zeitigte die Philosemitismusforschung zunächst im angelsächsischen Raum weitere Resultate. Hier hatte es bereits im Jahre 1942 einen Artikel „Philo-Semites" in der *Universal Jewish Encyclopedia* aus der Feder von Joseph L. Baron (1894–1960), einem Rabbiner aus Milwaukee, gegeben, der allerdings methodisch wenig reflektiert vorging und im Wesentlichen eine lange und wenig strukturierte Namensliste bot.[28] Noch zuvor hatte vermutlich der anglo-jüdische Historiker Cecil Roth (1899–1970) den Begriff in die wissenschaftliche Diskussion eingeführt. Nicht zufällig findet sich in seiner Biographie des Amsterdamer Rabbiners Menasseh ben Israel (1604–1657) schon 1934 das Adjektiv ‚philo-Semitic', da Menasseh bekanntlich einen regen Austausch mit judenfreundlichen Theologen seiner Zeit pflegte.[29] Dabei war der Begriff auch im Englischen dieser Zeit nicht unbelastet. So sprach die Zeitung *The Times* bereits im August 1881 in ihrer Deutschlandberichterstattung mit deutlich antisemitischem Unterton von den „philo-Semitic journals" der „Progressist Press", die größtenteils unter jüdischem Einfluss stünden und durch ihre einseitige Berichterstattung die antisemitischen Unruhen in Pommern beförderten.[30] Allerdings begegnet das Wort im Englischen noch seltener als im Deutschen. So erscheint die Wortgruppe in der britischen *Times* bis zum Jahre 1950 insgesamt nur zehnmal,[31] in der *New York Times* hingegen dreizehnmal.[32]

Roth nun war über die einschlägigen Forschungen auf dem Kontinent gut informiert.[33] 15 Jahre nach der Menasseh-Biographie hielt er die Lucien Wolf Memorial Lecture des Jahres 1949 vor der britischen Jewish Historical Society unter dem Titel *England in Jewish History*. Darin verwies er auf Schoeps' unmittelbar zuvor in der *Zeitschrift für Religions- und Geistesgeschichte* erschienene Arbeit und benutzte dabei erneut den Begriff des „philo-Semitism", um die Einstellung gegenüber den Juden in England in der Mitte des 17. Jahrhunderts zu charakterisieren.[34] Roth ging noch weiter. Es gebe keinen Zweifel, führte er aus, dass die „philosemitische Strömung" in England „stärker, tiefgreifender und beständiger" als in allen anderen Ländern Europas gewesen sei. Dieser englische Philosemitismus sei von Anfang an durch drei Merkmale gekennzeichnet gewesen: ein Interesse an der Gedankenwelt der hebräischen Bibel, ein Mitgefühl mit dem jüdischen Schicksal und sogar eine Scham für vergangenes und gegenwärtiges jüdisches Leid und die „glühende Hoffnung" auf die Erfüllung der Prophezeiungen hinsichtlich der Heimführung der Juden nach Palästina und der Rückgabe des Landes.[35]

Roth nahm diesen Vortrag dann 1962 unter dem geänderten Titel *Philo-Semitism in England* in den Band seiner *Essays and Portraits in Anglo-Jewish History* auf.[36] In Anbetracht des beträchtlichen Einflusses, den Roth zu jener Zeit im Bereich der Judaistik ausübte (so war er unter anderem Hauptherausgeber der *Encyclopaedia Judaica*, die 1972 erschien), war damit die Seriosität der Begriffsverwendung im angelsächsischen Raum gewährleistet. Doch auch hier vermochte sich der Begriff zunächst nicht durchzusetzen, nicht zuletzt weil ein ähnlich einflussreicher jüngerer Zeitgenosse, Hugh Trevor-Roper (1914–2003), schon 1960 in einem Aufsatz den Philosemitismus des 17. Jahrhunderts als ein Nebenprodukt des christlichen Millenarismus bezeichnet und damit in seiner historischen Bedeutung erheblich relativiert hatte.[37]

Interessanterweise war es aber dann ein Schüler Trevor-Ropers, der israelische Historiker David S. Katz, der Anfang der 1980er-Jahre in seiner Dissertation zur Vorgeschichte der Wiederzulassung der Juden in England in der Mitte des 17. Jahrhunderts „Philosemitismus" als hermeneutischen Begriff etablierte.[38] Katz kannte zwar Schoeps' Arbeiten, dürfte aber in seinem methodischen Zugriff dennoch eher von Roth beeinflusst gewesen sein, auf den er auch materialiter in breitem Umfang rekurrierte. Von Katz stammte dann auch der programmatische Überblicksvortrag zur Geschichte des Philosemitismus auf dem Sommertreffen 1991 der britischen Ecclesiastical History Society in Birmingham, der den Terminus selbst zwar nicht diskutierte, aber das „Phänomen" als solches in seiner historischen Bedeutung innerhalb der Geschichte der jüdisch-christlichen Beziehungen untersuchte.[39]

In den USA schien es zunächst so, als kämen die Dinge ebenfalls in Bewegung. Ungefähr zeitgleich mit Katz' Buch erschienen dort zwei Publikationen zum Thema. Doch leider stellte der Band *Jew and Gentile: The Philo-Semitic Aspect* (1980) von Solomon Rappaport eine eher ungeordnete und methodisch unreflektierte Aufzählung von Hauptvertretern philosemitischer Ideen dar, während die Monographie *An Unacknowledged Harmony. Philo-Semitism and the Survival of European Jewry* (1982) des Soziologen Alan Edelstein zwar interessante methodische Überlegungen enthielt, aber in ihrem historischen Teil weit hinter den Standards der Geschichtswissenschaft zurückblieb. Beide Arbeiten übten daher auf die Forschung auch nur geringen Einfluss aus.

Statt dessen gaben hier die Forschungen des amerikanisch-jüdischen Ideengeschichtlers Richard H. Popkin (1923–2005) entscheidende Impulse, die noch dadurch verstärkt wurden, dass sich Popkin mit dem bereits genannten David Katz und einer Gruppe niederländischer Kirchenhistoriker wie Johannes van den Berg (*1922), Peter T. van Rooden, Ernestine G.E. van der Wall (*1953) sowie den Judaisten Henri Méchoulan und Yosef Kaplan (*1944) zusammentat, um die jüdisch-christlichen Beziehungen in den Niederlanden und England im 17. Jahrhundert genauer zu erforschen.[40] Daraus entstand eine Fülle von Publikationen (man möchte geradezu von einem „Forschungsnest" sprechen), die die Fruchtbarkeit des Ansatzes eindrucksvoll demonstrierten.[41]

In Deutschland wurden die Anregungen von Schoeps bis weit in die 1980er-Jahre hinein nur vereinzelt aufgegriffen und diskutiert,[42] ein Zustand, den Schoeps durchaus wahrgenommen und der ihn sehr bekümmert hat.[43] Erst der evangelische Kirchenhistoriker Martin Friedrich (*1957) nahm in seiner Bochumer Dissertation über die „Stellung der deutschen evangelischen Theologie zum Judentum im 17. Jahrhundert", die 1988 im Druck erschien, die These von Schoeps in größerem Umfang auf, unterzog sie dabei aber einer kritischen Revision. Friedrich war der Auffassung, dass „Philosemitismus" als geschichtshermeneutischer Begriff untauglich sei, denn bevorzuge man eine weite Definition, so sei es „kaum möglich, das Verbindende am Phänomen des Philosemitismus herauszuarbeiten". Die faktische Beschränkung auf den Philosemitismus des Barock führe hingegen „ebenfalls in die Irre", da die Zuwendung zum Judentum „eine Folge der chiliastischen Anschauungen des 17. Jahrhunderts" sei, womit Friedrich die skeptische Sicht Trevor-Ropers reproduzierte.[44] Gleichwohl wies Friedrich selbst auf einzelne philosemitische Gestalten innerhalb der lutherischen Orthodoxie hin. Andere Forscher wie der Germanist Hans-Jürgen Schrader (*1943) arbeiteten den chiliastischen Philosemitismus im lutherischen Pietismus heraus, der durch niederländische und englische Einflüsse deutlich verstärkt worden war.[45]

Einen stark begriffsgeschichtlich orientierten, materialgesättigten Artikel legte dann der Philosophiehistoriker Friedrich Niewöhner (1941–2005) 1992 in der dritten Auflage des *Evangelischen Kirchenlexikons* vor. Völlig unabhängig von Niewöhner habe ich selbst im November 1991 in meinem Habilitationsvortrag (1994 in der *Zeitschrift für Kirchengeschichte* erschienen), erstens den status quaestionis beschrieben, zweitens eine Geschichte des Begriffs „Philosemitismus" erarbeitet, drittens den Begriff geschichtshermeneutisch neu definiert und viertens seine historiographische Tauglichkeit anhand einiger zentraler Figuren und Bewegungen zu überprüfen versucht. Mit Nachdruck vertrat ich damals die Auffassung, die Kategorie des Philosemitismus sei, „recht verstanden, zum Verständnis bestimmter historischer Phänomene des jüdisch-christlichen Verhältnisses notwendig". Auch sei der Philosemitismus „nicht auf das siebzehnte und frühe achtzehnte Jahrhundert beschränkt", sondern beginne „bereits in der Alten Kirche" und ziehe „sich als – zwar häufig schwach erkennbares, doch nie völlig versiegendes – Rinnsal durch die Geschichte von Juden und Christen".[46] Der begriffsgeschichtliche Teil stimmte im Ergebnis mit den Beobachtungen Niewöhners weithin überein, was mir im Nachhinein die Richtigkeit meiner Beobachtungen bestätigte. Er wurde dann auch in nachfolgenden Arbeiten durchaus rezipiert, während meine geschichtshermeneutischen Überlegungen kaum zur Kenntnis genommen wurden. Ich werde mir daher erlauben, im abschließenden Teil hierauf noch einmal zurückzugreifen.

Der Status quaestionis – die Jahre 1994 bis 2007
Philosemitismus als historisches Phänomen

Wie hat sich die Philosemitismusforschung nun seit den Bestandsaufnahmen von Niewöhner und mir Anfang der 1990er-Jahre weiter entwickelt?[47] Ein Blick ins Internet und in einschlägige Bibliographien zeigt, dass sie vor allem im angelsächsischen Bereich geradezu explodiert ist. Der Begriff ist mittlerweile als heuristisches Analyse- und Beschreibungsinstrument breit eingeführt, wobei einige Schwerpunkte erkennbar sind. Dies gilt zunächst für einzelne Sprachen: So werden „philo-Semitism" und „Philosemitismus" im Englischen und Deutschen mittlerweile ganz selbstverständlich gebraucht, trotz mancher Problematisierungen, auf die noch zurückzukommen sein wird, während die Rezeption nach meinem Eindruck im Französischen, Italienischen und Spanischen deutlich verhaltener und verzögert eingesetzt hat.[48]

Differenziert man nach untersuchten Epochen, so ist die Rezeption nahezu ausschließlich auf Arbeiten beschränkt, die sich mit dem Judentum der *Moderne* seit etwa dem 17. Jahrhundert beschäftigen. In der Geschichtsschreibung der paganen wie der christlichen Antike, in der Mediävistik bis hin zur Reformationsforschung spielt er unverändert kaum eine Rolle.[49] Dies liegt indessen nicht daran, dass man in diesen Zeiträumen keine philosemitischen Phänomene beobachten könnte, sondern offenbar an einer gewissen Zurückhaltung gegenüber der Verwendung des Begriffs, die zum einen durch Unkenntnis der neuesten Diskussion verursacht sein mag, zum anderen aber auch – ähnlich wie beim Antisemitismus – in der Furcht vor anachronistischer Applikation begründet ist. Die Sache selbst wird nämlich bei näherem Hinsehen durchaus verhandelt, wie ich selbst in mehreren Aufsätzen zu zeigen versucht habe. So beginnt etwa der chiliastische Philosemitismus nicht im Puritanismus des 17. Jahrhunderts, sondern ist durch die gesamte Kirchengeschichte hindurch präsent.[50]

Weithin konzentriert sich die Diskussion jedoch, wie gesagt, auf die Moderne seit dem 17. Jahrhundert. Hier hat sie sich mittlerweile sehr verzweigt und ganz unterschiedliche Personen, Regionen und soziale Kontexte in den Blick genommen, wobei sich außer der Geschichtsschreibung daran auch die Theologie, die Politikwissenschaft, die Soziologie, die Literatur- und die Kunstwissenschaft beteiligen. Die Forschungen zur Haltung des niederländischen und englischen Calvinismus und Nonkonformismus gegenüber den Juden sind weitergegangen. Vor allem der chiliastische Philosemitismus und die christliche Hebraistik stehen unverändert im

Blickpunkt des Interesses. Namen wie die des portugiesischen Jesuiten António Vieira (1608–1697), des französischen Freidenkers Isaac la Peyrère (1594/96–1676) und des bereits genannten Amsterdamer Rabbiners Menasseh ben Israel sind als „Dauerbrenner" der philosemitisch-jüdischen Interaktion in der Literatur weiterhin präsent, neue Namen hinzugetreten.[51] In den Jahren 1997/98 fand an der William Andrews Clark Memorial Library der University of California in Los Angeles, von Richard Popkin organisiert, eine Serie von Konferenzen zum Thema „Millenarismus und Messianismus in der frühmodernen europäischen Kultur" statt, auf denen der chiliastische Philosemitismus des fraglichen Zeitraums aus den unterschiedlichsten Perspektiven vorgestellt und beschrieben wurde.[52] Diese Forschungsansätze haben auch auf die Kunstgeschichte ausgestrahlt. So hat Michael Zell unlängst die These aufgestellt, Rembrandts berühmte Radierungen für die Schrift *Piedra Gloriosa* Menassehs seien ein Produkt des in den Niederlanden zu jener Zeit modischen Philosemitismus, der in der Kunst des Niederländers zu einer „theologischen Wende" geführt habe.[53]

Teilweise in Verlängerung dieser Arbeiten, teilweise unabhängig davon hat man auch die Puritaner in Nordamerika in den Blick genommen sowie die Transformationen des christlichen Millenarismus im Puritanismus, in den amerikanischen Erweckungsbewegungen des 19. Jahrhunderts und im sich davon herleitenden modernen christlichen Fundamentalismus der Gegenwart. Der Chiliasmus der Fundamentalisten ist insofern für unser Thema politisch bedeutsam, als diese Gruppen die Gründung und den Erhalt des Staates Israel aus eschatologischen Erwägungen heraus massiv unterstützt haben, weshalb man vor allem in angelsächsischer Literatur auch vom „christlichen Zionismus" spricht.[54]

Auf dem europäischen Kontinent hingegen kam der Philosemitismus im Bereich des protestantischen Pietismus in den Blick, wobei auch hier eine chiliastische Unterströmung unverkennbar ist. Hier verquickt sich dieser Chiliasmus in besonderer Weise mit organisierten Bemühungen zur Judenmission.[55] Gerade diese judenmissionarischen Unternehmungen sind aber im Hinblick auf die Stellung zum Judentum außerordentlich ambivalent. Auf der einen Seite verteidigen Judenmissionare aus ihrer Kenntnis des Judentums heraus dieses teilweise vehement gegen antijüdische Angriffe, auf der anderen Seite zielt die Zuwendung zum Judentum letztlich auf dessen Überwindung durch Konversion. Insofern ist hier besonders strittig, ob man überhaupt von Philosemitismus sprechen sollte.[56]

Ähnlich kontrovers wird in der Forschung die Debatte um die Einschätzung der Forderung nach Toleranz und Judenemanzipation ausgetragen, wie sie seit der Aufklärung laut wird. Durch die Neuedition wichtiger Texte wie in der von Johann Anselm Steiger herausgegebenen Reihe der *Exempla philosemitica* wird das Bild zunehmend differenzierter.[57] So sind einige Gelehrte der Auffassung, der liberale Kampf gegen antijüdische Diskriminierung und die Forderung nach gleichen Rechten könnten noch nicht notwendig als eine besondere Zuwendung zu den Juden interpretiert werden, ja es gebe Stimmen, die gegen den Antijudaismus einträten und gleichzeitig antijüdische Ressentiments transportierten und die vollständige Assimilation des Judentums forderten (ein beliebtes Beispiel ist hier Theodor Mommsen). Die Debatte um diese spezifische Problemlage ist keineswegs auf die Forschungen zur Lage der Juden in der Aufklärung beschränkt,[58] sondern zieht sich, soweit sie sich auf Deutschland erstreckt, bis weit in Studien zur Weimarer Republik hinein, mit deutlichem Schwerpunkt auf der Zeit des Kaiserreiches.[59] Dabei ist jüngst auch die von mir bereits 1994 angesprochene ambivalente Reaktion des Sozialismus auf den Antisemitismus im Kaiserreich ausführlicher analysiert worden.[60]

In diesem Zusammenhang wird sie dann wiederum auch von anderen als den historischen Disziplinen aufgegriffen. Wir finden nun verstärkt Untersuchungen zum Philosemitismus in der Literatur verschiedener Sprachen[61] und in der Philosophie des 19. und 20. Jahrhunderts[62].

Im Hinblick auf die Judenverfolgung und den Judenmord während der Nazizeit ist vor allem der praktische Philosemitismus in den Vordergrund des Interesses getreten, also die konkrete Hilfe für verfolgte Jüdinnen und Juden. Die Zahl dieser Publikationen ist mittlerweile Legion, der Begriff „Philosemitismus" wird jedoch hier selten verwendet.[63]

Durch die Eskalation des Antisemitismus in der Schoa tritt ein grundlegender Umbruch in den jüdisch-nichtjüdischen Beziehungen ein, der auch einen massiven Perspektivwechsel in der Forschung, die sich mit der jüngsten Zeitgeschichte beschäftigt, nach sich gezogen hat. Der Philosemitismusbegriff wird vor allem in Arbeiten, die sich mit der deutschen Situation beschäftigen, zunehmend politisch und affektiv aufgeladen und gerät in den Verdacht des verdeckten Antisemitismus. Darauf wird gleich noch zurückzukommen sein.

Außer der Situation in den USA, Großbritannien,[64] den Niederlanden und Deutschland[65] sind zunehmend auch andere Länder in den Blickpunkt des Interesses getreten. Teilweise umfangreiche Arbeiten liegen etwa vor über Österreich,[66] die Schweiz,[67] die Niederlande,[68] Frankreich,[69] Italien,[70] Polen,[71] Russland,[72] Brasilien,[73] Japan[74] und Australien[75], die bisweilen das christlich-jüdische Verhältnis auch unter konfessionsgeschichtlichem Aspekt in den Blick nehmen. Gleichwohl fehlt es unverändert an einer Gesamtdarstellung, die modernen historiographischen Ansprüchen genügen könnte. Eine solche ist das derzeit vielleicht dringendste Forschungsdesiderat. Diese Darstellung müsste auch berücksichtigen, dass das Phänomen des Philosemitismus in der Forschung faktisch vielfach auch unter anderen Begrifflichkeiten verhandelt wird, wobei die Literatur zum „Judaisieren" beziehungsweise „Judenzen", zur Judenmission, zu Konversionen und zum Proselytismus besondere Beachtung verdient.[76] Darüber hinaus müssten stärker als bisher die christliche Kabbala und andere Formen jüdischer Mystik Beachtung finden, deren Wurzeln über Denker wie Pico della Mirandola weit in das Mittelalter zurückreichen.[77]

Typologien des Philosemitismus

Die Vielfalt des Phänomens Philosemitismus hat immer wieder dazu angeregt, die verschiedenen Formen des Philosemitismus auf einige Grundtypen zurückzuführen. Ältere Typologien fanden sich bei Sigbert Feuchtwanger, Hans-Joachim Schoeps, Solomon Rappaport und Alan Edelstein[78] und wurden von mir schon 1994 einer Kritik und Modifikation unterzogen. Ich selbst verstand damals unter Philosemitismus ein Interesse am Judentum in Verbindung mit einem intellektuellen und/oder praktischen Eintreten für das Judentum. Bislang sehe ich keinen Anlass, davon abzugehen. Darüber hinaus insistierte ich auf der Unterscheidung zwischen primärem und sekundärem Philosemitismus. Es sei nämlich ein Unterschied, schrieb ich damals, „ob man das Judentum um seiner selbst willen hochschätzt oder ob sich das Eintreten für das Judentum als Folge gewisser anderer Prämissen ergibt"[79]. Neuere Klassifizierungsversuche haben diese Unterscheidung leider nicht aufgenommen, aus meiner Sicht aber auch keine Alternativen vorgeschlagen, die über meinen Ansatz von 1994 wesentlich hinausführen.[80]

In seinem Artikel *Philosemitimus* in der neuen Auflage der evangelischen Enzyklopädie *Die Religion in Geschichte und Gegenwart* übernimmt Michael Brenner die Typologie von Schoeps und fügt den „durch Schuld- oder Schamgefühl verursachten P[hilosemitismus]" hinzu, „in dessen Umkreis auch die intensive Beschäftigung der Nichtjuden mit jüd[ischer] Kultur zu sehen ist wie auch die, teilweise ohne eigene Beweggründe, teilweise utilitaristisch motivierte Solidarität mit dem Staat Israel".[81] Hierauf wird noch zurückzukommen sein. Alternative Typologien von William und Hilary Rubinstein,[82] Irving Massey[83] und jüngst von Jacques Berlinerblau[84] leiden nach meinem Dafürhalten an Unterbestimmtheit oder an Unschärfen hinsichtlich der verwendeten Kategorien, auch wenn ich Berlinerblaus Vorschlag einer Kategorie des philosemitischen Kitsches gerne aufgreife.[85] Das Raster, das Steven Kramer soeben vorgeschlagen hat,[86] orientiert sich am aristotelischen Freundschaftsbegriff der Nikomachischen Ethik, der für das Phänomen des Philosemitismus meines Erachtens ebenfalls keine hinreichende heuristische Präzision erlaubt.

Philosemitismus als Begriff

Abgesehen von der Frage der Typisierung des Philosemitismus sind auch der Begriff selbst und seine Semantik unverändert strittig. Wenn ich recht sehe, lassen sich in dieser Hinsicht grob drei Positionen unterscheiden, die alle aus der älteren Diskussion erwachsen sind:

1. Eine Forschungsrichtung benutzt den Philosemitismusbegriff als ein *heuristisches Instrument*, um bestimmte historische Phänomene zu erfassen und zu beschreiben, die, so die (oft stillschweigende) Voraussetzung, anders nicht mit der gleichen Präzision erfassbar wären. Man könnte hier von einem *pragmatischen* Philosemitismusbegriff sprechen, bei dem die Phänomenbeschreibung vorherrscht und die Begriffsreflexion eher in den Hintergrund tritt. Diese Verwendung liegt den meisten neueren und neuesten Publikationen zugrunde.

2. Je näher die Forschung an die Gegenwart heranrückt, desto stärker wird die Debatte von Vorannahmen und Motiven geleitet, die nicht mehr ohne Weiteres aus der historischen Arbeit selbst abzuleiten sind. Der pragmatische Ansatz verschwindet nicht einfach, aber es tritt ein zweiter Philosemitismusbegriff nun immer deutlicher an die Seite des ersten. Dies gilt vor allem für die Beschäftigung mit der deutsch-jüdischen Geschichte seit dem Kaiserreich. Hier fällt die erhöhte ‚Betriebstemperatur' der Auseinandersetzung auf, die durch die politische Herkunft oder Haltung der einzelnen Forscher wie durch den zeitdiagnostischen Anspruch ihrer Arbeiten bedingt ist. Philosemitismus wird nun vorwiegend als ein *politisches Instrument* gesehen, das dazu dient, individuelle oder kollektive Schuldkomplexe gegenüber dem Judentum abzuarbeiten und/oder einen unverändert virulenten Antisemitismus zu bemänteln.

Diese Forschungsrichtung wurde maßgeblich befördert durch die Dissertation von Frank Stern *Im Anfang war Auschwitz. Antisemitismus und Philosemitismus im deutschen Nachkrieg*, die 1991 auf Deutsch und im Jahr darauf auf Englisch im Druck erschien und von einer ganzen Serie von Aufsätzen begleitet wurde.[87] Stern knüpfte dabei an den vor allem von jüdischer Seite, etwa von Ernst Bloch, geäußerten Verdacht an, Philosemitismus trage als Antwort auf Antisemitismus diesen gewissermaßen in sich.[88] Stern glaubte im Westdeutschland der Nachkriegszeit einen „philosemitischen Habitus" ausmachen zu können, der „ein ideelles Element des neuen kollektiven moralischen Subjekts" darstellte, das „jedoch nicht unbedingt eine realitätsorientierte gesellschaftliche Wahrnehmung von Juden" implizierte.[89] Dieser philosemitische Habitus sei nicht in Kontinuität zum älteren Philosemitismus zu sehen, wie ihn Schoeps beschrieben habe, da „die Einzigartigkeit der Shoah kein übergreifendes, rückblickendes Konzept des Philosemitismus für die Geschichte des Verhältnisses von Deutschen und Juden" zulasse. Vielmehr sei „der deutsche Philosemitismus nach 1945 [...] eine genuin neue Erscheinung und als solche zunächst in seiner *[sic]* konkreten Entwicklung herauszuarbeiten"[90]. Dieses „philosemitische Bekenntnis" habe einerseits „die ungestörte Weiterführung der bisherigen oder die Entwicklung neuer beruflicher Aktivitäten" erleichtert. Andererseits habe es „das geforderte Engagement in den politischen Bereichen der neu entstehenden Demokratie" ersetzt. „Es paßte zu neuen Wertorientierungen, war aber kein gesellschaftlicher Wert an sich." Vielmehr war der Philosemitismus

> „eine Form der Vermittlung von Elementen dieser sozialen Werte im Kontext von noch nicht überwundener Vergangenheit und noch nicht erlangter Zukunft. Er war eine mögliche Form, auf den vor sich gehenden Wertewandel zu reagieren, an ihm vermeintlich oder echt teilzuhaben und diese Teilhabe auf einen einfachen und unmissverständlichen Nenner zu bringen. Mit seiner Hilfe konnte das Individuum stets der demokratischen Form Genüge tun und in relevanten politischen Fragen einverständig Distanz zur Vergangenheit herstellen. Der Philosemitismus bekundete die post-nationalsozialistische pragmatische Wertorientierung des Individuums oder – wie nach 1949 – die der Republik in ihrer nach Westintegration strebenden Gründer- und Aufbauphase."

Stern sah diesen Philosemitismus in enger Verbindung mit dem Antisemitismus:

> „Eine philosemitische oder pro-jüdische Äußerung konnte in Negation eines antisemitischen Arguments erfolgen, sie konnte aber auch bedingt-antisemitische Meinungen mitschwingen lassen oder auf betonte Weise einer nicht-antisemitischen Haltung Ausdruck verleihen."[91]

Da sich dieser von Stern beobachtete Philosemitismus häufig in demonstrativ projüdischen Gesten und Handlungen äußert, könnte man ihn *demonstrativen Philosemitismus* nennen.

Der Ansatz Sterns hat in einer Reihe von Publikationen nachgewirkt.[92] Ähnliche Phänomene hat man mittlerweile in anderen Ländern diagnostiziert. Auch wo man hierbei nicht ausdrücklich auf Stern rekurriert, ist doch eine deutliche Tendenz zu deuten, den Philosemitismus als (positives) „Stereotyp",[93] als „Antisemitismus unter umgekehrten Vorzeichen",[94] als „Spiegelbild"[95] oder „Umwertung" des Antisemitismus[96] zu erkennen und somit zu entlarven. Diese Versuche eint die Annahme, man müsse den beobachteten Philosemitismus gewissermaßen dekonstruieren, um dahinter unterschiedlich beschriebenen, gleichwohl als sinister eingestuften ‚wirklichen' Motiven auf die Schliche zu kommen gemäß dem Witz: „What's a philo-Semite? An anti-Semite who loves Jews."[97]

3. Mit diesem Anliegen kommen die Vertreter des demonstrativen Philosemitismusbegriffes einer letzten Gruppe nahe, die die Existenz des Philosemitismus als eines historischen Phänomens von vornherein leugnet. Die Vertreter dieser Auffassung vermögen Philosemitismus allenfalls als Anti-Antisemitismus zu erkennen.[98] Dies entspreche aber nicht der Wortbedeutung, die ja eine besondere Hinwendung zum Judentum suggeriere und nicht mit der Abwehr von Diskriminierung verwechselt werden dürfe. Einen „genuinen" Philosemitismus gebe es hingegen nicht, es handle sich vielmehr um eine Schimäre. Diese Richtung ist besonders im intellektuellen Diskurs, wie er sich in den Feuilletons der großen Tageszeitungen niederschlägt, verbreitet und spiegelt häufig jüdische Vorbehalte gegenüber Vereinnahmung oder gegenüber Konversionsbemühungen wider. Sie verbindet sich darum bisweilen mit der Forderung, man möge die Juden vor den Philosemiten schützen.[99] Der Philosemit, so Rafael Seligmann, sei „einer der Ziehväter des Seelenkrüppels ‚angepasster Jude'", die „originären Eltern" aber seien „Antisemitismus und eigener Opportunismus".[100]

Dabei überschneidet sich diese Auffassung mit dem demonstrativen Philosemitismusbegriff insofern, als in beiden Fällen ein „wirklicher", „echter", „reiner" oder „idealer" Philosemitismus vorausgesetzt wird, von dem die real zu beobachtenden Phänomene abweichen. Die zweite Richtung bezeichnet aber projüdische Vorstellungen und Handlungen noch als Philosemitismus, während die dritte Richtung die Forderung erhebt, man solle auf den Philosemitismusbegriff ganz verzichten. Hierzu zählen etwa David Vital, Todd Endelman,[101] Ernestine van der Wall,[102] Paul Lawrence Rose[103] und Adam Sutcliffe[104]. Auffälligerweise fehlt denn auch ein einschlägiger Artikel in der *Encyclopaedia Judaica* (Erstauflage 1971 wie Zweitauflage 2007).

Dem gegenüber fehlt es weithin an einem *analytischen* Philosemitismusbegriff, der methodisch und begrifflich reflektiert in der Praxis der historischen Arbeit brauchbar wäre. Diese Problematik hat Alan Levenson in seinem Buch über die Verteidigung von Juden und Judentum im Kaiserreich (2004) erkannt und dabei die Kritiker des Philosemitismusbegriffs seinerseits kritisiert: Zwar gebe es in einer im Wesentlichen antisemitischen Gesellschaft wie der des Kaiserreichs kaum „reinen" Philosemitismus. Wohl aber finde man in ein und derselben Person bisweilen „positive Vorstellungen" des Judentums, die über die „negativen Vorstellungen" dominierten. In diesem Falle könne man von „Philosemitismus" sprechen, wobei ihm als Beispiel Thomas Mann vor Augen schwebt.[105] Gegen die ältere Arbeit von Edelstein betont er, man müsse zwei Fehler vermeiden: eine Apologetik, die darin bestehe, zwischen Antisemitismus und Philosemitismus eine Art von historischer Symmetrie herzustellen, die nie gegeben gewesen sei, und eine „Entkontextualisierung" *(decontextualization)*, welche die historischen Umstände philosemitischer Ereignisse und Ausdrucksweisen vernachlässige, wobei er diesen zweiten Mangel neben Edelstein auch den Büchern von Rappaport und den Rubinsteins unterstellt.[106] Unter Philosemitismus versteht er selbst „*jede* projüdische oder projudäische Äußerung oder Handlung"[107].

Eine begrifflich reflektierte Anwendung, wie man sie bei Levenson findet, ist aber in der Forschung unverändert nicht mehrheitsfähig. So ist Levensons und Michael Brenners Ansatz einerseits und Edelsteins Definition andererseits von Anthony D. Kauders im Rahmen seiner Beschäftigung mit dem Prozess der Demokratisierung und dem Verhältnis zu den Juden in München in der Nachkriegszeit (2004) in Frage gestellt worden.[108] Edelsteins Definition ist für Kauders entschieden zu weit gefasst. In Levensons und Brenners Umgang mit dem Begriff konstatiert Kauders hingegen eine „Hermeneutik des Verdachts"[109]. Die Behauptung, im Kaiserreich und in der Bundesrepublik seien philosemitische Haltungen vorwiegend aus Eigennutz vertreten worden, lasse sich leicht dadurch widerlegen, dass der Nutzen bei einer ‚antisemitischen' Einstellung wesentlich höher gewesen wäre. Auch werde die Auswahl der Philosemiten von vornherein auf solche beschränkt, denen man unlautere Motive unterstellen könne. So werde die Nichtexistenz eben dessen, was man untersuchen möchte, vorausgesetzt.

Ähnlich scharf werden Frank Stern und von diesem beeinflusste Forscher (Julia Schulze Wessel, Thomas Altfelix) attackiert, weil sie die faktische Existenz von Philosemitismus im Nachkriegsdeutschland leugneten. Kauders unterstellt auch diesen Gelehrten einen voreingenommenen Zugang zu den Quellen. Ihre These eines demonstrativen philosemitischen Habitus sei allenfalls bei einseitiger Betrachtung der ‚hohen Politik' plausibel, werde aber in der Breite durch die Quellen nicht wirklich gestützt, da die Masse der Bevölkerung keineswegs philosemitisch gesinnt gewesen sei. Der Begriff trage mittlerweile einen so zynischen Beiklang, dass man weder der komplexen Situation der Vielen gerecht werde, die niemals selbst getötet, verstümmelt und gefoltert hätten, noch man die Kontinuität des Antisemitismus vor und nach Hitler erklären könne.[110] Kauders selbst hat daher „Philosemitismus" als analytische Kategorie in seinen eigenen Untersuchungen der politischen und gesellschaftlichen Situation in München in den Jahren von 1945 bis 1965 aufgegeben.[111]

In seinem Aufsatz zur Eschatologie und Judenmission im protestantischen Deutschland des 17. und 18. Jahrhunderts meint Lutz Greisiger, es sei mir in meiner Untersuchung von 1994 nicht gelungen, „die Unverzichtbarkeit eines so mißverständlichen Begriffs für die wissenschaftliche Diskussion aufzuweisen", weshalb er ihn vermieden wissen will. Auch meine Unterscheidung zwischen primärem und sekundärem Philosemitismus helfe nicht weiter. Denn von primärem Philosemitismus könne man allenfalls bei Proselyten sprechen, doch gemäß meiner Definition nur vorübergehend, da nach der Konversion von Proselyten zum Judentum der Begriff nicht mehr sinnvoll angewendet werden könne. Auch die Existenz von sekundärem Philosemitismus ist Greisiger zweifelhaft:

> „Seien die primären Motive für eine positive Haltung gegenüber Juden und Judentum moralischer, religiöser, politischer oder gar ökonomischer Natur – das Objekt der ‚Liebe' bleibt doch immer Vehikel für Bestrebungen, die nur zufällig und partiell mit dessen eigenen zusammenfallen."[112]

Demgegenüber haben Jacques Berlinerblau und Steven Philip Kramer, wie bereits oben erwähnt, in zwei soeben erschienenen Aufsätzen den Begriff nicht nur festgehalten, sondern in der bereits angedeuteten Weise in je unterschiedlicher Weise weiter differenziert,[113] während in den beiden Lexikonartikeln von Ferdinand Dexinger und Adam Sutcliffe ein eher pragmatischer Philosemitismusbegriff vertreten wird.[114] Die Frage, ob es so etwas wie Philosemitismus gibt und wie er genau zu fassen wäre, ist also unverändert offen.

Neun Thesen zum Philosemitismus

Es wäre nun weder dem Anlass angemessen noch, wie mir scheint, für die weitere wissenschaftliche Diskussion auf unserem Symposium hilfreich, an dieser Stelle in eine kritische Einzeldiskussion dieser neuesten Beiträge zum Thema einzutreten. Statt dessen möchte ich in meinem dritten Teil in relativ knapper Form neun Thesen anfügen, die als Anregung für die weitere Diskussion gedacht sind.

1. Die Frage nach der Existenz von Philosemitismus berührt tief gehende epistemologische und geschichtshermeneutische Probleme. So müsste unter anderem intensiver diskutiert werden, ob der Historiker „Philosemitismus" als Phänomen *konstatiert* oder aber „Philosemitismus" durch die Zuschreibung des Historikers allererst *konstituiert* wird. Wird also, anders gesprochen, jetzt erst etwas entdeckt, was man früher übersehen hat, oder wird aus den Quellen ein Phänomen konstruiert, dessen „reale" Existenz mindestens fraglich ist. Diese Frage ist nicht besonders neu, sondern wird bekanntlich außerhalb der Philosemitismusforschung breit diskutiert – gleichwohl muss sie auch, wie ich meine, verstärkt gerade im vorliegenden Problemzusammenhang gestellt werden, da auf ihrer Beantwortung letztlich unser gesamtes Bild der jüdisch-nichtjüdischen Beziehungen beruht. Ich selbst würde dafürhalten, dass sich den Quellen eindeutige Hinweise entnehmen lassen, dass sich Nichtjuden für die Geschichte, die Religion und Kultur des jüdischen Volkes interessiert haben und für Juden eingetreten sind und dass sich diese Hinweise zu einem so kohärenten Bild fügen, dass von einem transsubjektiv existenten Phänomen von Philosemitismus auszugehen ist, welches freilich unterschiedliche Spielarten aufweist.

2. Es ist äußerst schwierig, die Existenz von Philosemitismus von möglicherweise unehrenhaften Motiven der beteiligten Akteure abhängig zu machen. Die Bewunderung für das Judentum und der Antrieb, Jüdinnen und Juden zu helfen, können sich in sehr komplexer Weise mit egoistischen Beweggründen vermischen. Geschichtsschreibung kann nur sehr selten Aussagen über die psychische Struktur der geschichtlich handelnden Personen machen. Die Theologie und wohl auch die Psychologie sowie die philosophische Anthropologie würden aus grundsätzlichen Erwägungen heraus die vorgebliche „Lauterkeit" von Handlungsmotiven ohnehin in Frage stellen. Eine pauschale „Hermeneutik des Verdachts" führt jedenfalls ebenso wenig weiter wie eine blinde „Hermeneutik des Vertrauens". Stattdessen ist zu beschreiben, wo Menschen in welcher Weise philosemitisch gedacht und gehandelt haben und wo ein Nutzen für Jüdinnen

und Juden intendiert oder erreicht wurde. Diese Worte und Taten der philosemitischen Akteure sind sodann auf innere Konsistenz und Folgerichtigkeit zu prüfen. Je nach Quellenlage kann man bisweilen darüber hinaus noch untersuchen, welche Wertigkeit ein solches Reden oder Tun im Axiomengefüge einnimmt, das das Denken und Handeln der Akteure steuert und dementsprechend zwischen primärem, sekundärem und scheinbarem Philosemitismus unterscheidet.[115]

3. Ich habe gewisse Schwierigkeiten mit einer Definition, die Philosemitismus auf die Reaktion auf antisemitische Diskriminierungen und Übergriffe reduziert (in diesem Sinne wird er häufig als Anti-Antisemitismus apostrophiert[116]). In meinem Aufsatz von 1994 habe ich diesen Anti-Antisemitismus allenfalls als sekundären Philosemitismus gelten lassen, denn das Verhalten gegenüber den Juden ist primär durch andere Axiome (wie einen Humanitätsgedanken) gesteuert.[117] Ich bin auch deshalb so reserviert gegenüber dieser Definition, weil dann der so bestimmte Philosemitismus einen Sonderstatus erhält, der ihm der Sache nach nicht zukommt. Menschen, die gegen die Diskriminierung von Frauen oder von ethnischen oder nationalen Minderheiten eintreten, werden ja auch nicht mit besonderen Bezeichnungen belegt.

4. Philosemitismus ist *kein spezifisch deutsches Phänomen*. Das scheint zunächst ein banaler Satz zu sein. Tatsächlich wird in einem Teil der Literatur aber der Eindruck vermittelt, als gebe es in Deutschland einen Philosemitismus, der sich anderswo nicht finde und der auf eine schuldbeladene Überkompensation der Deutschen nach der Schoa zurückzuführen sei. Sosehr ich auch zustimmen würde, dass es diese Form des ‚büßenden Philosemitismus' in Deutschland tatsächlich gibt, sowenig glaube ich, dass sich Philosemitismus darin erschöpft.

5. Philosemitismus ist *kein modernes Phänomen*. Wer einen engen Zusammenhang zwischen dem Toleranzgedanken der Aufklärung und dem Philosemitismus herstellt oder aber Philosemitismus als Ergebnis der Situation nach der Schoa beschreibt, übersieht, dass das „Judaisieren" in Europa und dem Mittelmeerraum eine Erscheinung ist, die spätestens mit den „Gottesfürchtigen" im Umkreis der antiken Synagoge beginnt und vor allem im rituell oder aber chiliastisch orientierten Philosemitismus der Alten Kirche eine klar erkennbare Fortsetzung findet.[118]

6. Philosemitismus ist *kein statisches Phänomen*. Insofern führen alle Typologien, so notwendig sie auch sind, in die Irre, weil sie die Tendenz haben, historische Momentaufnahmen strukturell zu verallgemeinern. Vielmehr ist auf gewisse historische *Transformationen* zu achten: a) Der voraufgeklärte Philosemitismus ist primär eine *religiöse* Erscheinung. Er

äußert sich in ritueller Form oder im Rahmen bestimmter Eschatologien. b) Der Toleranzgedanke der Aufklärung hat einen Aufschwung des sekundären Philosemitismus zur Folge: Wenn man allen Menschen gleiche Rechte zuerkennt, so muss das auch für die Juden gelten. Ein besonderes Interesse am Judentum ergibt sich hieraus noch nicht. Dieser aufgeklärte Philosemitismus verhält sich in erster Linie *reaktiv*, indem er die Diskriminierung von Juden beseitigen möchte. c) Durch die Aufnahme sozialdarwinistischer und rassistischer Elemente verbreitet sich dann in der zweiten Hälfte des 19. Jahrhunderts bekanntlich der moderne Antisemitismus, der sich durch seine biologistische Argumentation von dem älteren christlichen Antijudaismus unterscheidet. Parallel dazu entwickelt sich der sekundäre Philosemitismus zu einem Anti-Antisemitismus. Doch wie der ältere christliche Antijudaismus nicht verschwindet, sondern sich mit dem Antisemitismus zu der bekannten unheilvollen Allianz verbindet, bleibt auch der religiöse Philosemitismus bestehen und verbindet sich mit dem liberalen Anti-Antisemitismus.

7. Im Unterschied zum Antisemitismus verbleibt der Philosemitismus im Bereich von Ideen und der Praxis von Einzelnen oder kleinen Gruppen und zeitigt *kaum strukturelle Folgen.*[119] Es gibt eine antisemitische Gesetzgebung, aber es gibt keine philosemitische Gesetzgebung. Es gibt neben zahlreichen antisemitischen Institutionen auf unterschiedlichen Ebenen nur ganz wenige Einrichtungen, die man mit einigem Recht als philosemitisch bezeichnen könnte.[120] Daran zeigt sich, dass der Philosemitismus trotz des großen Interesses, das er in den letzten Jahren erregt hat, historisch eine Randerscheinung ist.[121]

8. Philosemitismus ist *kein singuläres Phänomen.* Man könnte umgekehrt ebenso eine Geschichte des jüdischen Philochristianismus schreiben. Auch gegenüber fernöstlichen Religionen (vor allem Buddhismus und Hinduismus) gibt es mindestens seit dem letzten Jahrhundert vergleichbare Erscheinungen. Insofern ist Philosemitismus einerseits Teil des größeren Phänomenfeldes der religiösen Interaktion,[122] andererseits Teil des kulturellen Exotismus[123] bzw. der Allophilie,[124] der Xenophilie oder Xenolatrie.[125] Auch liegt die Nähe zur Stereotypenforschung auf der Hand. Allerdings ergeben sich durch die historische, theologische und räumlich-soziale Nähe von Judentum und Christentum gewisse Besonderheiten wie etwa Konvergenzen in den eschatologischen Erwartungen.

9. Obwohl Philosemitismus und Antisemitismus gewisse Gemeinsamkeiten aufweisen können, die sich auf die gemeinsame „Faszination" durch das Judentum zurückführen lassen,[126] sind sie lediglich zwei Extreme in einem ganzen *Spektrum von Denk- und Handlungsformen von Nichtjuden*

gegenüber Juden. Bis in neueste Arbeiten hinein dominiert hingegen eine bipolare Sicht der Dinge, die entweder eine antisemitische *oder* eine philosemitische Haltung konstatieren möchte.[127] Das wird erkennbar an dem häufigen Verwendung der Konjunktion „oder" und der Präposition „zwischen" in Buchtiteln: *Philosemiten oder Antisemiten?*, [128] *Philosemites or Antisemites?*,[129] *Zwischen Antisemitismus und Philosemitismus*,[130] *Between Philosemitism and Antisemitism*,[131] *Zwischen Abwehr und Bekehrung*,[132] *Zwischen Bekehrungseifer und Philosemitismus*[133]. Dieses „zwischen" wird dabei fast durchweg im Sinne einer Alternative verstanden. Doch ist das Dazwischen zwischen Anti- und Philosemitismus kein leerer Raum: Wie man andere Religionen und Nationalitäten im eigenen Umfeld einfach als gegeben hinnehmen kann *und sich in dieser Selbstverständlichkeit eben auch „verhält"*, so ist auch gegenüber dem Judentum faktisch von einer Vielfalt von Denk- und Handlungsformen auszugehen, welche Anti- und Philosemitismus ebenso wie Indifferenz, Ignoranz und Selbstverständlichkeit des Umgangs umfasst. Letztere hinterlassen allerdings in den Quellen kaum Spuren und werden darum in der Forschung zu wenig wahrgenommen. Die Geschichte der Beziehungen von Juden und Nichtjuden und insbesondere die jüdisch-christliche Geschichte ist aber aufs Ganze gesehen nicht nur, ja vielleicht nicht einmal primär eine Krisengeschichte. Es ist eine Geschichte von unterschiedlicher gegenseitiger Nähe und Distanz und somit *auch* eine Geschichte des problemlosen Zusammenlebens und der gegenseitigen Bereicherung.

Wenn ich recht sehe, gehört „Philosemitismus" im Allgemeinen nicht zum Vokabular von Julius H. Schoeps.[134] Den Grund hierfür hat er 1993 angegeben: „Gewiß hat es zu allen Zeiten auch Philosemiten gegeben, die Juden gegenüber keine Vorurteile hatten. Das aber war die Ausnahme. Der Normalfall sah anders aus."[135] Wer würde ihm da widersprechen wollen? Aber: Was bedeutet die Ausnahme für den „Normalfall"? Ist sie abseitige Skurrilität, der weiteren Beachtung nicht wert, oder eine legitime, wiewohl vernachlässigte Denk- und Handlungsoption? Einige Antworten auf diese Frage vereint der vorliegende Band.

Anmerkungen

1 Für kritische Korrekturen und Verbesserungsvorschläge danke ich den Herren PD Dr. Ulrich Volp, Dr. Jochen Schmidt (beide Bonn) und Prof. Dr. Moshe Zimmermann (Jerusalem). Für Hilfe bei der sehr aufwendigen Literaturbeschaffung gilt mein Dank Herrn cand. theol. Sebastian Jürgens und Frau cand. theol. Barbara Wischhöfer (Bonn).

2 So etwa Von der Osten-Sacken, Peter: Institut Kirche und Judentum (1960–2005) – Geschichte, Ziele, Perspektiven, in: epd-Dokumentation Nr. 9/10, 2005, S. 7–16; download unter: URL <www.deutscher-koordinierungsrat.de/_downloads/EPD/Bilanz_und_Perspektiven.pdf> (16.10.2007), S. 13, gegenüber Kinzig, Wolfram/Kück, Cornelia (Hg.): Judentum und Christentum zwischen Konfrontation und Faszination. Ansätze zu einer neuen Beschreibung jüdisch-christlicher Beziehungen, Stuttgart 2002 (Judentum und Christentum 11).

3 Vgl. zum Folgenden Niewöhner, Friedrich: Artikel Philosemitismus, in: Evangelisches Kirchenlexikon, Bd. III, ^{3}1992, 1191–1194; Kinzig, Wolfram: „Philosemitismus", Teil I: Zur Geschichte des Begriffs, in: *Zeitschrift für Kirchengeschichte* 105 (1994), S. 202–228; Teil II: Zur historiographischen Verwendung des Begriffs, ebenda, S. 361–383. Zum Zeitpunkt der Abfassung des Aufsatzes von 1994 (1990/91) war Niewöhners materialreicher Artikel noch nicht erschienen und konnte daher damals bei meinen eigenen Recherchen nicht berücksichtigt werden; s. u. im Text. Ferner Levenson, Alan: Between Philosemitism and Antisemitism. Defenses of Jews and Judaism in Germany, 1871–1932, Lincoln/London 2004, (siehe auch seinen Beitrag im vorliegenden Band).

4 Vgl. Kinzig, Wolfram: „Philosemitismus", [wie Anm. 3], S. 210f.

5 Vgl. dazu jetzt auch Fischer, Lars: The Socialist Response to Antisemitism in Imperial Germany, New York u. a. 2007, bes. S. 21–36.

6 Bahar, Jacques, Der französische Philosemitismus, in: *Die Welt,* Jg. 2 (1898), Nr. 51, S. 3f., – Zur Zeitung vgl. Levenson, Alan: Between Philosemitism and Antisemitism, [wie Anm. 3], S. 94–101.

7 *Die Welt,* Jg. 3 (1899), Nr. 44, S. 10.

8 *Die Welt,* Jg. 3 (1899), Nr. 47, S. 9.

9 *Die Welt,* Jg. 7 (1903), Nr. 28, S. 15.

10 Nachweise bei Kinzig, Wolfram: „Philosemitismus", [wie Anm. 3], S. 224, Anm. 89.

11 Aram, Max: Die Philosemiten und das wahre Interesse der Juden, Die Welt 3 (1899), Nr. 39, S. 5f.

12 Levy, Alphonse: Staatsmann, Dichter und Philosemit, in: *Im deutschen Reich,* Jg. 2 (1896), S. 418–430.

13 Isolani, Eugen: Ein deutscher Philosoph als Philosemit. Mit ungedruckten Briefen desselben, in: *Im deutschen Reich,* Jg. 9 (1903), S. 513–526.

14 Feuchtwanger, Sigbert: Artikel Philosemitismus, in: Jüdisches Lexikon, Bd. IV/1, 1927, Sp. 910–914.

15 Schoeps, Hans-Joachim: Der Philosemitismus des 17. Jahrhunderts (Religions- und geistesgeschichtliche Untersuchungen), *Zeitschrift für Religions- und Geistesgeschichte,* Jg. 1 (1948), S. 19–34, 245–269, 327–334; ders.: Philosemitismus im Barock. Religions- und geistesgeschichtliche Untersuchungen, Tübingen 1952; ders.: Barocke Juden, Christen, Judenchristen, Bern/München 1965; zu Schoeps vgl. Lease, Gary: „Odd fellows" in the Politics of Religion. Modernism, National Socialism, and German Judaism, Berlin/New York 1995 (Religion and Society 35), S. 144f., 181f., 205–231.

16 Zu Grau vgl. Papen-Bodek, Patricia von: Schützenhilfe nationalsozialistischer Judenpolitik. Die „Judenforschung" des „Reichsinstituts für Geschichte des neuen Deutschland" 1935–1945, in: „Beseitigung des jüdischen Einflusses ..." Antisemitische Forschung, Eliten und Karrieren im Nationalsozialismus. Jahrbuch 1989/99 zur Geschichte und Wirkung des Holocaust, hg. v. Fritz-Bauer-Institut, Frankfurt a. M. 1999, S. 17–42; Papen, Patricia von: „Scholarly" Antisemitism during the Third Reich. The Reichsinstitut's Research on the „Jewish Question," 1935–1945, Ann Arbor 1999 (=Diss., Columbia University 1999), bes. S. 186–240; Schiefelbein, Dieter: Das „Institut zur Erforschung der Judenfrage Frankfurt am Main". Antisemitismus

als Karrieresprungbrett im NS-Staat, in: „Beseitigung des jüdischen Einflusses ..." Antisemitische Forschung, Eliten und Karrieren im Nationalsozialismus. Jahrbuch 1989/99 zur Geschichte und Wirkung des Holocaust, hg. v. Fritz-Bauer-Institut, Frankfurt a. M. 1999, S. 43–71.

17 Grau, Wilhelm: Die innere Auflösung des europäischen Antijudaismus in den Jahrhunderten vor der Emanzipation, in: Weltkampf – Die Judenfrage in Geschichte und Gegenwart 1942, S. 1–16, 131–141, 200–212, hier S. 1.

18 Schudt, Johann Jakob: Jüdische Merckwürdigkeiten, Frankfurt 1714–1718, Bd. I, S. 521 (Angabe nach Grau). – Zu Schudt vgl. Friedrich, Martin: Artikel Schudt, Johann Jakob, in: BBKL, Bd. IX, 1995, Sp. 1045.

19 Grau: Die innere Auflösung, [wie Anm. 17], S. 4 (Hervorhebung im Original).

20 Ebd., S. 11.

21 Ebd., S. 15.

22 Ebd., S. 202f. (Hervorhebung im Original).

23 Ebd., S. 211.

24 Vgl. Friedrich, Martin: Zwischen Abwehr und Bekehrung. Die Stellung der deutschen evangelischen Theologie zum Judentum im 17. Jahrhundert, Tübingen 1988 (BHTh 72), S. 10 mit Anm. 83; Niewöhner, Friedrich: Philosemitismus, [wie Anm. 3], Sp. 1193; danach Kinzig, Wolfram: Philosemitismus, [wie Anm. 3], S. 224, [s. Anm. 90]; Kinzig/ Kück (Hg.): Judentum und Christentum, [wie Anm. 2], S. 16 mit Anm. 25 = Kinzig 2006, S. 62 mit Anm. 24.

25 Er bekannte später, das Buch „Philosemitismus im Barock" habe ihm unter allen Publikationen „die meiste Arbeit gemacht": „Ich habe die Arbeitsstunden nicht gezählt, aber es werden mehrere tausend gewesen sein, denn damals in Schweden hatte ich viel Zeit" (Schoeps, Hans-Joachim: Ja – Nein – und trotzdem. Erinnerungen – Begegnungen – Erfahrungen, Mainz 1974, S. 257). Ferner ders.: Der Philosemitismus des 17. Jahrhunderts, [wie Anm. 15], S. 19 Anm. 1 (Anregung durch Hugo Valentin); das Vorwort in ders.: Philosemitismus im Barock [wie Anm. 15]; ders.: Die letzten dreißig Jahre, Stuttgart 1956, S. 117f. und Müssener, Helmut: Exil in Schweden. Politische und kulturelle Emigration nach 1933, München 1974, S. 289, 519 u. ö.; Lease: „Odd Fellows", [wie Anm. 15], S. 224.

26 Vgl. dazu ebd., S. 211–220. Zu den Hintergründen der seltsamen Bekanntschaft auch Schoeps: Die letzten dreißig Jahre [wie Anm. 25], S. 77–83. Zu Blüher: Brunotte, Ulrike: Zwischen Eros und Krieg. Männerbund und Ritual in der Moderne, Berlin 2004 (Kleine kulturwissenschaftliche Bibliothek 70), S. 70–117.

27 Niewöhner: Philosemitismus, [wie Anm. 3], Sp. 1193.

28 Vgl. Baron, Joseph L.: Artikel Philo-Semites, in: Universal Jewish Encyclopedia, Bd. VIII, 1942 (Nachdr. 1969), S. 497–499. Zum praktischen Philosemitismus seiner Zeitgenossen schrieb Baron mitten in der Zeit des in Deutschland andauernden Judenmordes: „But the fullest measure of sympathy for the Jew and appreciation of his tragic role in history came with the rise of Adolf Hitler to the position of supreme authority in Germany. The gruesome spectacle of a helpless and glorious minority condemned to extermination, the shameless perversion of all the standards of truth, justice and honor, and the ruthless mobilization of all the instruments of society and civilization for the crushing of the spirit of democracy inherent in the Judeo-Christian tradition, called forth the stubborn resentment of all lovers of liberty and decency on earth. Amidst the poignant suffering endured by Jews, they were heartened by the knowledge that intellectuals like Thomas Mann preferred exile with the Jewish refugees to security with the Nazis, that Christian spokesmen like Pope Pius XI chose to decorate themselves with the title Semite, and that even from the distant fields of India came the voice of solace from Mohandas Gandhi" (S. 499).

29 Roth, Cecil: A Life of Menasseh Ben Israel. Rabbi, Printer, and Diplomat, Philadelphia 1934, S. 146.

30 *The Times*, 24.8.1881, S. 5/3: „Since the Emperor has declared his great dislike to the agitation against the Jews, the Conservative Press have begun to discuss the question in a calmer manner. The authorities have taken all necessary measures to prevent the outbreak of new riots, and it seems that thereby the anti-Semitic movement has been put a stop to, at least for the present. The Progressist Press, which is for the most part under the influence of Jews, is, of course, very triumphant on the subject and several Berlin Stock Exchange papers continue to print very violent articles, in which Prince Bismarck is accused of having supported the agitation against the Jews. At the same time these papers express their satisfaction that the rioters who were captured during the last disturbances in Pomerania will be severely punished, in such an offensive way that the moderate papers, which have hitherto not taken part in the conflict, have been obliged to warn the Jewish population, asking the latter to protest energetically against the attitude of their papers, by which the worst passions of the Christian public can only be again stirred up and the movement renewed." – Vgl. auch Oxford English Dictionary Online, s. v. philo-Semitic (Draft Entry Mar. 2006); URL: http://dcitionary.oed.com/.

31 „Philo-Semitic" 7 Belege; „philo-Semite(s)" 3; „philo-Semitism" 0; vgl. The Times Digital Archive 1785–1985; URL: <http://www.nationallizenzen.de/angebote/nlproduct.2006-03-14.0960807045>.

32 „Philo-Semitic" 4 Belege; „philo-Semite(s)" 2; „philo-Semitism"/„philosemitism" 7 Belege; vgl. The New York Times Archive 1851–1980; URL: <http://query.nytimes.com/search/query?srchst=nyt&&srcht=a&srchr=n> (7.5.2007).

33 Vgl. zum Folgenden auch Niewöhner: Philosemitismus, [wie Anm. 3], Sp. 1193f.

34 Roth, Cecil: England in Jewish History, London 1949 (The Lucien Wolf Memorial Lecture, 1949); auch unter dem Titel: „Philo-Semitism in England", in: ders.: Essays and Portraits in Anglo-Jewish History, Philadelphia 1962, S. 10–21.

35 Ebd., S. 3f.: „But I do not think there can be any doubt that the philo-Semitic current was stronger, more profound, and more consistent in England than in any other country of Europe, not excepting even Holland. And it assumed, moreover, from the beginning, the three aspects which continued to characterize it: a sympathy for Hebraic idealism as expressed in the Bible, the fundamental religious document both of Christian and of Jew: an intense sympathy and even shame for Jewish sufferings, both past and present : and a fervid hope for the fulfilment of prophecy in the restoration of the Jews to Palestine, and of Palestine to the Jews."

36 Roth, Cecil: Essays and Portraits in Anglo-Jewish History, Philadelphia 1962; vgl. auch ders.: A History of the Jews in England, Oxford ^{3}1964, bes. S. 149–172.

37 Trevor-Roper, Hugh: Europe's Brief Flood Tide of Philo-Semitism, Horizon II/4 (1960), S. 100–103, hier S. 102: „Protestant philo-Semitism was a by-product of Protestant millenarism, and Protestant millenarism received its great impulse from the disasters of the Thirty Years War." – Vgl. auch Trevor-Roper, Hugh: The Crisis of the Seventeenth Century. Religion, the Reformation, and Social Change, New York 1967 (ND Indianapolis, Indiana 2001), S. 231 (hier unter Verweis auf Schoeps), 262. Das Kapitel wurde erstmals 1961 publiziert.

38 Katz, David S.: Philo-Semitism and the Readmission of the Jews to England 1603–1655, Oxford 1982 (Oxford Historical Monographs); vgl. aber bereits Endelman, Todd: The Jews of Georgian England, 1714–1830. Tradition and Change in a Liberal Society, Philadelphia 1979, Ann Arbor ^{2}1999, S. 50–85 („Philo-Semitism in Anglo-Christianity"), von Katz aber offenbar nicht rezipiert, [vgl. auch Anm. 101].

39 Katz, David S.: The Phenomenon of Philo-Semitism, in: Diana Wood (Hg.), Christianity and Judaism: Papers Read at the 1991 Summer Meeting and the 1992 Winter

Meeting of the Ecclesiastical History Society, Oxford 1992 (Studies in Church History 29), S. 327–361 1992a.

40 Einzelheiten bei Kinzig, Wolfram: „Philosemitismus", [wie Anm. 3], S. 205, [s. Anm. 12] und S. 367–373.

41 Belege ebd., S. 368, Anm. 128.

42 Vgl. die Nachweise ebd., S. 204, Anm. 8. Hinzuzufügen wäre noch die von Cornelius Streiter vorher veröffentlichte Anthologie „philosemitische[r] Lyrik" (Streiter, Cornelius (Hg.): Tau im Drahtgeflecht. Philosemitische Lyrik nichtjüdischer Autoren, Rothenburg ob der Tauber 1961).

43 Vgl. Schoeps, Hans-Joachim: Ja – Nein – und trotzdem, [wie Anm. 25], S. 257: „Außerdem gibt es einen indirekten Beweis dafür, daß ‚Philosemitismus im Barock' ein gutes Buch sein muß, denn es wurden keine 300 Exemplare davon verkauft. Von der Materie wußten und verstanden außer mir nur noch acht Gelehrte auf der Welt, die sich auch positiv geäußert haben, inzwischen aber alle verstorben sind."

44 Friedrich, Martin: Zwischen Abwehr und Bekehrung, [wie Anm. 24], S. 12f.

45 Vgl. Kinzig, Wolfram: „Philosemitismus", [wie Anm. 3], S. 365–367, 373–376.

46 Ebd., S. 383. Das Bild des Rinnsals stammt von Schoeps; vgl. ebd., S. 203 mit Anm. 5 (Nachweise).

47 Der folgende Abschnitt berücksichtigt die Literatur seit etwa 1994. Zu älteren Arbeiten vgl. ebd., und ders.: Judentum und Christentum, [wie Anm. 2], S. 17, Anm. 28 = Kinzig 2006, S. 63, Anm. 27.

48 Vgl. Fumagalli, Pier Francesco: Ebrei e cristiani in Italia dopo il 1870. Antisemitismo e filosemitismo, Italia Judaica 4 (1993), S. 125–141; Foa, Anna: Ebrei in Europa. Dalla Peste Nera all'emancipazione, XIV–XIX secolo, Neuausgabe, Rom/Bari 1999 (Storia e Società); Polonsky, Antony: Oltre il filosemitismo e l'antisemitismo verso la normalizzazione. La „questione ebraica" in quindici anni di vita pubblica in Polonia (1985–2000), La Rassegna mensile di Israel 68 (2002), S. 79–111 (in einer Übersetzung); Schmidt, Rachel: El filosemitismo y el antisemitismo en la recepción del *Quijote* al principio del siglo XX, in: Joan i Tous, Pere/Nottebaum, Heike (Hg.): El olivo y la espada. Estudios sobre el antisemitismo en España (siglos XVI–XX), Tübingen 2003 (Romania Judaica 6), S. 321–340; Villatoro, Vicenç: El filosemitismo en la literatura catalana, in: ebd., S. 467–475; Lucci, Diego: Filosemitismo e apocalittica nell'ermeneutica biblica di Isaac Newton, Materia Giudaica 10 (2005), S. 135–150. In Tollet, Daniel (Hg.): Les textes judéophobes et judéophiles dans l'Europe chrétienne à l'époque moderne, Paris 2000 (Collection „Histoires") wird der Begriff „judéophilie" verwendet; schon Marcel Simon und François Blanchetière hatten aber lange zuvor von „philosemitisme" in Bezug auf altkirchliche Gestalten und Bewegungen gesprochen; die Nachweise bei Kinzig, Wolfram: „Philosemitismus", [wie Anm. 3], S. 205, Anm. 12. De Cesaris spricht von „filogiudaismo" (De Cesaris, Valerio: Pro judaeis, Il filogiudaismo cattolico in Italia (1789–1938), Mailand 2006 (Contemporanea 13)). Zur Terminologie vgl. ebd., S. 22–27.

49 Vgl. aber Molette, Charles: Judéophilie et judéophobie au cœur de l'Église catholique dans deux textes à l'heure du Concile de Trente, in: Tollet, Daniel (Hg.): Les textes judéophobes, [wie Anm. 48], S. 15–26, der von „judéophilie" spricht.

50 Für die Zeit der Alten Kirche vgl. etwa Kinzig, Wolfram: Philosemitismus angesichts des Endes? Bemerkungen zu einem vergessenen Kapitel jüdisch-christlicher Beziehungen in der Alten Kirche, in: Lexutt, Athina/Bülow, Vicco von (Hg.): Kaum zu glauben. Von der Häresie und dem Umgang mit ihr, Rheinbach 1998 (Arbeiten zur Theologiegeschichte 5), 59–95; Kinzig 2003a; ferner Kinzig, Wolfram: Artikel Philosemitism, in: Kessler, Edward/Wenborn, Neil (Hg.), A Dictionary of Jewish-Christian Relations, Cambridge u. a. 2005, S. 342f.

51 Vgl. Katz, David S.: Christian and Jew in Early Modern English Perspective, in: *Jewish History* 8 (1994), S. 55–72; Corbel, Catherine: Richard Simon et les Juifs. Ambiguites d'un savant philosemite, in: *Archives Juives* 27 (1994), S. 92–95; Popkin, Richard H./Weiner, Gordon M. (Hg.): Jewish Christians and Christian Jews from the Renaissance to the Enlightenment, Dordrecht u.a. 1994 (Archives internationales d'histoire des idées 138); Popkin, Richard H.: The Jews of the Netherlands in the Early Modern Period, in: Po-chia Hsia, Ronnie/Lehmann, Hartmut (Hg.): In and Out of the Ghetto. Jewish-Gentile Relations in Late Medieval and Early Modern Germany, New York 1995 (Publications of the German Historical Institute Washington, D.C.), S. 311–316; Burnett, Stephen G.: From Christian Hebraism to Jewish Studies. Johannes Buxtorf (1564–1629) and Hebrew Learning in the Seventeenth Century, Leiden u.a. 1996 (Studies in the History of Christian Thought 68); Coudert, Allison P.: Christliche Hebraisten des 17. Jahrhunderts: Philosemiten oder Antisemiten? Zu Johann Jacob Schudt, Johann Christoph Wagenseil und Franciscus Mercurius van Helmont, Morgen-Glantz 6 (1996), S. 99–132 (*non vidi*); Rooden, Peter van: The Amsterdam Translation of the Mishnah, in: Horbury, William (Hg.): Hebrew Study from Ezra to Ben-Yehuda, Edinburgh 1999, S. 257–267; Force, James E./Katz, David S. (Hg.): Everything Connects. In Conference with Richard H. Popkin. Essay in His Honor, Leiden u.a. 1999 (Brill's studies in intellectual history 91); Coudert, Allison P.: Seventeenth-Century Christian Hebraists: Philosemites or Antisemites?, in: dies. u.a. (Hg.): Judaeo-Christian Intellectual Culture in the Seventeenth Century. A Celebration of the Library of Narcissus Marsh (1638–1713), Dordrecht 1999 (Archives internationales d'histoire des idées/International archives of the history of ideas 163), S. 43–69; Wilke, Carsten: Splendeurs et infortunes du talmudisme académique en Allemagne, in: Tollet, Daniel (Hg.): Les textes judéophobes, [wie Anm. 48], S. 97–134; Parente, Fausto: „Du tort qu'ont les Chrestiens de persécuter les Juifs". Quelques observations à propos du „philosémitisme" d'Isaac de La Peyrère, in: ebd., S. 51–66; Cohen, Thomas M.: Judaism and the History of the Church in the Inquisition Trial of Antonio Vieira, Luso-Brazilian Review 40 (2003), S. 67–78; Schwartz, Stuart B.: The Contexts of Vieira's Toleration of Jews and New Christians, in: *Luso-Brazilian Review* 40 (2003), S. 33–44; Mulsow, Martin/Popkin, Richard H. (Hg.): Secret Conversions to Judaism in Early Modern Europe, Leiden u.a. 2003 (Brill's Studies in Intellectual History 122); Jowitt, Claire: „Inward" and „Outward" Jews: Margaret Fell, Circumcision and Women's Preaching, in: Kushner, Tony/Valman, Nadia (Hg.): Philosemitism, Antisemitism and ‚the Jews'. Perspectives from the Middle Ages to the Twentieth Century, Aldershot, Hampshire/Burlington, VT 2004 (Studies in European Cultural Transition 24), S. 155–176; Blastenbrei, Peter: Johann Christoph Wagenseil und seine Stellung zum Judentum, Erlangen 2004; Coudert, Allison P./Shoulson, Jeffrey S. (Hg.): Hebraica veritas? Christian Hebraists and the Study of Judaism in Early Modern Europe, Bristol 2004 (Jewish culture and contexts); Wies-Campagner, Elisabeth: Messianismus und die Entdeckung Amerikas. Menasse ben Israel, Trans. Internet-Zeitschrift für Kulturwissenschaften 16 (März 2005), URL: <http://www.inst.at/trans/16Nr/14_2/wies-campagner16.htm> (23.5.2007); Lucci, Diego: Filosemitismo e apocalittica nell'ermeneutica biblica, [wie Anm. 48].

52 Vgl. Goldish, Matt D./Richard H. Popkin (Hg.): Jewish Messianism in the Early Modern World, Dordrecht u.a. 2001 (Millenarianism and Messianism in Early Modern European Culture 1/Archives internationales d'histoire des idées 173); Kottman, Karl A. (Hg.): Catholic Millenarianism: From Savonarola to the Abbé Grégoire, Dordrecht u.a. 2001 (Millenarianism and Messianism in Early Modern European Culture 2/Archives internationales d'histoire des idées 174); Force, James E./Popkin, Richard H. (Hg.): The Millenarian Turn: Millenarian Contexts of Science, Politics,

and Everyday Anglo-American life in the Seventeenth and Eighteenth Centuries, Dordrecht u. a. 2001 (Millenarianism and Messianism in Early Modern European Culture 3/Archives internationales d'histoire des idées 175); Laursen, John Christian/Popkin, Richard H. (Hg.): Continental Millenarians. Protestants, Catholics, Heretics, Dordrecht u. a. 2001 (Millenarianism and Messianism in Early Modern European Culture 4/Archives internationales d'histoire des idées 176).

53 Zell, Michael: Reframing Rembrandt: Jews and the Christian Image in Seventeenth-century Amsterdam, Berkeley u. a. 2002, das Zitat S. 4. vgl. auch Zell, Michael: Eduard Kolloff and the Historiographic Romance of Rembrandt and the Jews, Simiolus 28 (2000/01), S. 181–197, hier unter besonderer Berücksichtigung der Forschungsgeschichte (bes. Eduard Kolloff).

54 Vgl. schon Griessman, B. Eugene: Philo-Semitism and Protestant Fundamentalism: The Unlikely Zionists, in: *Phylon* 37 (1976), S. 197–211; Katsh, Abraham: The Biblical Heritage of American Democracy, New York 1977; Simon, Merrill: Jerry Falwell and the Jews, Middle Village, NY 1984; ferner Ariel, Yaakov: In the Shadow of the Millennium. American Fundamentalists and the Jewish People, in: Wood, Diana (Hg.): Christianity and Judaism. Papers Read at the 1991 Summer Meeting and 1992 Winter Meeting of the Ecclesiastical History Society, Oxford 1992, S. 435–450; Whalen, Robert K.: „Christians Love the Jews!" The Development of American Philo-Semitism, 1790–1860, in: *Religion and American Culture* 6 (1996), S. 225–259; Katz, David S./Popkin, Richard H.: Messianic Revolution. Radical Religious Politics to the End of the Second Millennium, London u. a. 1999; Krupnick, Mark: The Rhetoric of Philosemitism, in: Jost, Walter/Olmsted, Wendy (Hg.): Rhetorical Invention and Religious Inquiry. New Perspectives, New Haven 2000, S. 356–380; Gorenberg, Gershom: The End of Days. Fundamentalism and the Struggle for the Temple Mount, New York 2000; Brunotte, Ulrike: Puritanismus und Pioniergeist. Die Faszination der Wildnis im frühen Neu-England, Berlin u. a. 2000 (Religionsgeschichtliche Versuche und Vorarbeiten 50), bes. S. 234–280; Katz, David S.: Israel in America: The Wanderings of the Lost Ten Tribes from Mikveigh Yisrael to Timothy McVeigh, in: Bernardini, Paolo/Fiering, Norman (Hg.): The Jews and the Expansion of Europe to the West, 1400–1800, New York 2001 (European Expansion and Global Interaction 2), S. 107–122; Ariel, Yaakov: Philosemites or Antisemites? Evangelical Christian Attitudes toward Jews, Judaism and the State of Israel, Jerusalem 2002 (Analysis of Current Trends in Antisemitism 20); Brunotte, Ulrike: „New Israel" in der Neuen Welt und der Ursprung der „Indianer". Zur millenaristischen Ethnographie des frühen amerikanischen Puritanismus. in: *ZfR* 00/2, Marburg 2001, S. 109–124; auch in: Faber, Richard/Palmer, Gesine (Hg.): Protestantismus – Ideologie, Konfession oder Kultur?, Würzburg 2003, S. 255–270; Sizer, Stephen R.: Christian Zionism. Road-map to Armageddon?, Leicester 2004; Weber, Timothy: On the Road to Armageddon. How Evangelicals Became Israel's Best Friend, Grand Rapids, MI 2004; Anderson, Irvine: Biblical Interpretation and Middle East Policy. The Promised Land, America, and Israel, 1917–2002, Gainesville u. a. 2005; Bartholomew, Richard: „Eine seltsam kalte Zuneigung". Christlicher Zionismus, Philosemitismus und „die Juden", in: Loewy, Hanno (Hg.): Gerüchte über die Juden. Antisemitismus, Philosemitismus und aktuelle Verschwörungstheorien, Essen 2005, S. 235–254; Bala, Christian: Konservatismus, Judaismus, Zionismus. „Kulturkrieg" in der US-Diaspora, Baden-Baden 2006.

55 Vgl. etwa Clark, Christopher: The Politics of Conversion. Missionary Protestantism and the Jews in Prussia 1728–1941, Oxford 1995, bes. S. 9–32, 155f., 279–281 u. ö.; Vogt, Peter: The Attitude of Eighteenth Century German Pietism toward Jews and Judaism: A Case of Philo-Semitism?, in: *Covenant Quarterly* 56 (1998), S. 18–32; Greisiger, Lutz: Chiliasten und „Judentzer" – Eschatologie und Judenmission im protestantischen

Deutschland des 17. und 18. Jahrhunderts, Kwartalnik Historii Żydów (=Jewish History Quarterly) 2006, S. 535–575. – Eine Sammlung einschlägiger Quellentexte jetzt bei Vogt, Peter (Hg.): Zwischen Bekehrungseifer und Philosemitismus. Texte zur Stellung des Pietismus zum Judentum, Leipzig 2007 (Kleine Texte zum Pietismus 11).

56 So spricht Bruer jetzt auch in die Zusammenhang wieder von Philosemitismus: Bruer, Albert A.: Aufstieg und Untergang. Eine Geschichte der Juden in Deutschland (1750–1918), Köln u. a. 2006, S. 10f, 48f.; vgl. bereits ders.: Geschichte der Juden in Preußen (1750–1820), Frankfurt a. M./New York 1991, S. 13f.

57 Vgl. bisher Ewald, Johann Ludwig: Ideen über die nöthige Organisation der Israeliten in Christlichen Staaten, hg. v. Anselmsteiger, Johann: Heidelberg 1999 (Exempla philosemitica 1); ders.: Projüdische Schriften aus den Jahren 1817 bis 1821, hg. v. Anselmsteiger, Johann, Heidelberg 2000 (Exempla philosemitica 2); Paulus, Heinrich Eberhard Gottlob: Beiträge von jüdischen und christlichen Gelehrten zur Verbesserung der Bekenner des jüdischen Glaubens (1817), hg. v. Anselmsteiger, Johann, Heidelberg 2001 (Exempla philosemitica 3); Bentzel-Sternau, Karl Christian Ernst von: Anti-Israel. Eine projüdische Satire aus dem Jahre 1818. Nebst den antijüdischen Traktaten Friedrich Rühs' und Jakob Friedrich Fries' (1816), hg. v. Steiger, Johann, Heidelberg 2004 (Exempla philosemitica 4); vgl. dazu auch Anselmsteiger, Johann: Johann Ludwig Ewald (1748–1822). Rettung eines theologischen Zeitgenossen, Göttingen 1996 (Forschungen zur Kirchen- und Dogmengeschichte 62), bes. S. 159f., 315–352; ders.: Heinrich Eberhard Gottlob Paulus (1761–1851) zwischen Spätaufklärung, Liberalismus, Philosemitismus und Antijudaismus. Zum 150. Todestag, Zeitschrift für bayerische Kirchengeschichte 70 (2001), S. 119–135.

58 Vgl. hierzu Palmer, Gesine: Ein Freispruch für Paulus. John Tolands Theorie des Judenchristentums. Mit einer Neuausg. von Tolands „Nazarenus" von Claus-Michael Palmer, Berlin 1996 (Arbeiten zur neutestamentlichen Theologie und Zeitgeschichte 7); Sutcliffe, Adam: Judaism and Enlightenment, New York/Cambridge 2003 (Ideas in Context Series).

59 Vgl. Brenner, Michael: „Gott schütze uns vor unseren Freunden". Zur Ambivalenz des Philosemitismus im Kaiserreich, in: *Jahrbuch für Antisemitismusforschung* 2 (1993), S. 174–199; Heinrichs, Wolfgang E.: Das Judenbild im Protestantismus des Deutschen Kaiserreichs. Ein Beitrag zur Mentalitätsgeschichte des deutschen Bürgertums in der Krise der Moderne, Köln 2000 (Schriftenreihe des Vereins für Rheinische Kirchengeschichte 145), S. 111–129, 346–352, 684 u. ö.; Weber, Thomas: Anti-Semitism and Philo-Semitism among the British and German Elites. Oxford and Heidelberg before the First World War, in: *The English Historical Review* 118 (2003), S. 86–119; Levenson, Alan: Between Philosemitism and Antisemitism, [wie Anm. 3]. – Ferner Herzog, Dagmar: Carl Scholl, Gustav Struve, and the Problematics of Philosemitism in 1840s Germany: Radical Christian Dissent and the Reform Jewish Response, in: *Jewish History* 9 (1995), S. 53–72 und dies.: Intimacy and Exclusion: Religious Politics in Pre-Revolutionary Baden, Princeton, NJ 1996 (Princeton Studies in Culture/Power/History) (Baden im Vormärz).

60 Fischer, Lars: The Socialist Response, [wie Anm. 5].

61 Vgl. z. B. Wieczorek, John P.: Questioning Philosemitism: The Depiction of Jews in the Prose Works of Johannes Bobrowski, in: *German Life and Letters* 44 (1991), S. 122–132 (Johannes Bobrowski); Opalski, Magdalena/Bartal, Israel: Poles and Jews. A Failed Brotherhood, Hanover/London 1992 (The Tauber Institute for the Study of European Jewry Series 13) (polnische Literatur); Waldbaur, Michael: Anti- und Philosemitismus in der Literatur nach 1945. Eine Methodenarbeit mit exemplarischen Einzelinterpretationen, Magisterarbeit, Universität München 1993 (*non vidi*; deutsche Literatur nach 1945); Galperin, William: Romanticism and/or Antisemitism,

in: Cheyette, Bryan (Hg.): Between „Race“ and Culture. Representations of „the Jew“ in English and American Literature, Stanford, CA 1996 (Stanford Studies in Jewish History and Culture), S. 16–26, 185f. (angelsächsische Romantik); Galchinsky, Michael: The Origin of the Modern Jewish Woman Writer. Romance and Reform in Victorian England, Detroit 1996, bes. S. 34–36, 57f. (viktorianische Literatur); Shabetai, Karen: The Question of Blake's Hostility toward the Jews, in: *English Literary History* 63 (1996), S. 139–152 (William Blake); Rubinstein, Hilary L.: A Pioneering Philosemite: Charlotte Elizabeth Tonna (1790–1846) and the Jews, in: *Jewish Historical Studies* 35 (1996–1998), S. 103–118 (Charlotte Elizabeth Tonna); Freedman, Jonathan: The Temple of Culture. Assimilation and Anti-Semitism in Literary Anglo-America, New York 2000 (angelsächsische Literatur des 19. Jahrhunderts); Massey, Irving: Philo-Semitism in Nineteenth-century German Literature, Tübingen 2000 (Conditio Judaica 29) (deutsche Literatur des 19. Jahrhunderts); Krupnick, Mark: The Rhetoric of Philosemitism, [wie Anm. 54] (Edmund Wilson); Schmidt, Rachel: El filosemitismo y el antisemitismo, [wie Anm. 48] (Rezeption von *Don Quijote* im 20. Jahrhundert); Villatoro, Vicenç: El filosemitismo en la literatura catalana, [wie Anm. 48] (zu katalanischer Literatur); Page, Judith W.: Imperfect Sympathies. Jews and Judaism in British Romantic Literature and Culture, New York u. a. 2004 (britische Romantik); Tolstaya, Yelena: Filo- i antisemitizm Alekseya Tolstovo: shtrikhi k portretu. [Aleksei Tolstoy's Philo- and Antisemitism: Some Strokes to the Portrait]. Vestnik Yevreiskovo Universiteta 9 (27) (2004), S. 183–212 (zu Alexei Tolstoi; *non vidi*); Jasper, Willi u. a. (Hg.): Juden und Judentum in der deutschsprachigen Literatur, Wiesbaden 2006 (Jüdische Kultur 15) (deutschsprachige Literatur).

62 Kreis, Rudolf: Zur Beantwortung der Frage, ob Ernst Nolte oder Nietzsche mit dem Judentum „in die Irre“ ging, in: *Aschkenas* 2 (1992), S. 293–307 (Nietzsche); Homann, Ursula: Hitlers Wegbereiter? Voltaire, Nietzsche und die Juden, in: *Tribüne* 136 (1995), S. 143–154 (Nietzsche); Mittmann, Thomas: Vom „Günstling“ zum „Urfeind“ der Juden. Die antisemitische Nietzsche-Rezeption in Deutschland bis zum Ende des Nationalsozialismus, Würzburg 2006 (Epistemata/Reihe Philosophie 403) (Nietzsche-Rezeption).

63 So etwa bei Cohen, Asher: „Pour les Juifs“. Des attitudes philosémites sous Vichy, Pardes 1 (1985), S. 138–149 (non vidi) und ders.: L'attitude des protestants envers les Juifs, in: Joutard, Philippe/Poujol, Jacques/Cabanel, Patrick (Hg.): Cevennes – terre de refuge, 1940–1944, Montpellier 1987, S. 131–136; Kushner, Antony: Ambivalence or Antisemitism? Christian Attitudes and Responses in Britain to the Crisis of European Jewry During the Second World War, in: *Holocaust and Genocide Studies* 5 (1990), S. 175–189; vgl. auch Cohen, Asher: Persécutions et sauvetages. Juifs et Français sous l'Occupation et sous Vichy, Paris 1993 (Collection „Cerf Histoire“), bes. S. 427–470. Eva Fogelman hat demgegenüber ausdrücklich den Begriff „Judeophile“ bevorzugt; vgl. Fogelman, Eva: „Wir waren keine Helden“. Lebensretter im Angesicht des Holocaust. Motive, Geschichten, Hintergründe, Frankfurt a. M./New York 1995, S. 195–199.

64 Vgl. hierzu besonders Endelman, Todd: The Jews of Georgian England, [wie Anm. 38]; Kushner, Antony: Ambivalence or Antisemitism?, [wie Anm. 63]; Katz, David S., The Jews in the History of England, 1485–1850, Oxford 1994; Rubinstein, William D./Rubinstein, Hilary L.: Philosemitism. Admiration and Support in the English-speaking World for Jews, 1840–1939, Houndmills, Basingstoke u. a. 1999.

65 Zu einem Beispiel für Philosemitismus in der DDR vgl. Mendes, Philip: German, Communist, and Philosemite: The Remarkable Case of Paul Merker, Midstream 49, 4 (May–June 2003), S. 16–18.

66 Embacher, Helga: Neubeginn ohne Illusionen. Juden in Österreich nach 1945, Wien 1995.

67 Späti, Christina: Die schweizerische Linke und Israel. Israelbegeisterung, Antizionismus und Antisemitismus zwischen 1967 und 1991, Essen 2006 (Antisemitismus: Geschichte und Strukturen 2), bes. 33–37, 106–124, 187–197, 328f. (siehe auch den Beitrag von Christina Späti in diesem Band).

68 Fuks-Mansfeld, Renata: Quelques réflexions à propos de la littérature pour et contre les Juifs et le judaïsme aux Pays-Bas septentrionaux, in: Tollet, Daniel (Hg.): Les textes judéophobes, [wie Anm. 48], S. 193–203 und oben bei Anm. 40.

69 Cohen, Asher: „Pour les Juifs". Des attitudes philosémites, [wie Anm. 63] (*non vidi*) und ders.: L'attitude des protestants, [wie Anm. 63]; Katz, David S.: Cardinal Lustiger in the History of Philo-Semitism, in: *Common Knowledge* 1 (1992), 118–125; Cohen, Asher: Persécutions et sauvetages, [wie Anm. 63]. Zur gegenwärtigen Situation Robin, Jean: La judéomanie. Elle nuit aux Juifs, elle nuit à la République, Paris 2006, der aber in problematischer Weise von einer „judéomanie" spricht, die Frankreich erfasst habe, und auch sonst eher essayistisch als wissenschaftlich argumentiert. Ähnlich Kling, Anne: La France LICRAtisée, Coulommiers 2006 (Collection „Politiquement incorrect"), allerdings mit stark rechtspopulistischer Tendenz.

70 Filippini, Jean-Pierre: Judéophilie et judéophobie dans la Toscane du XVIIIe siècle, in: Tollet, Daniel (Hg.): Les textes judéophobes, [wie Anm. 48], S. 217–227; De Cesaris, Valerio: Pro judaeis, [wie Anm 48].

71 Opalski, Magdalena/Bartal, Israel: Poles and Jews, [wie Anm. 61]; Heller, Celia S.: The Philosemites of Poland, in: *Midstream* 38 (1992), S. 27–30; Mushkat, Marion: Philo-semitic and anti-Jewish Attitudes in post-Holocaust Poland, Lewiston u. a. 1992 (Symposium Series 33); Heller, Celia S.: Philosemites Counter Antisemitism in Catholic Poland during the Nineteenth and Twentieth Centuries, in: Perry, Marvin/Schweitzer, Frederick M. (Hg.): Jewish-Christian Encounters over the Centuries: Symbiosis, Prejudice, Holocaust, Dialogue, New York u. a. 1994 (American University Studies 9/History 136), S. 269–291; Link-Lenczowski, Andrzej Krzystof: Les textes judéophiles et judéophobes en Pologne aux XVIIe et XVIIIe siècles, in: Tollet, Daniel (Hg.): Les textes judéophobes, [wie Anm. 48], S. 205–216; Polonsky, Antony: Oltre il filosemitismo e l'antisemitismo, [wie Anm. 48].

72 Mondry, Henrietta: A Note on the Invocation of Russian Classics in the Present-Day Nationalist and Philosemitic Russian Press, in: *East European Jewish Affairs* 29 (1999), S. 129–139 (die aber unter „philosemitischer" Presse jüdische Periodika zu verstehen scheint); Paperni, Vladimir/Moskovic, Volf (Hg.): Anti-Semitism and Philo-Semitism in the Slavic World and Western Europe, Haifa/Jerusalem 2004 (Jews and Slavs 13).

73 Lesser, Jeffrey: From Antisemitism to Philosemitism: The Manipulation of Stereotypes in Brazil, 1935–1945, in: *Patterns of Prejudice* 30 (1996), S. 43–55.

74 Goodman, David G./Miyazawa, Masanori: Jews in the Japanese Mind. The History and Uses of a Cultural Stereotype, erw. Aufl., Lanham, Maryland/Oxford 2000 (Studies of Modern Japan), bes. S. 139–164; zu den Voraussetzungen vgl. auch S. 37–75.

75 Mendes, Philip: Left Attitudes towards Jews: Anti-Semitism and Philo-Semitism, in: *Australian Jewish Historical Society Journal* 13 (1995), S. 97–127 (*non vidi*)

76 Belege bei Kinzig, Wolfram: Nähe und Distanz: Auf dem Weg zu einer neuen Beschreibung der jüdisch-christlichen Beziehungen, in: ders./Kück, Cornelia (Hg.): Judentum und Christentum, [wie Anm. 2], S. 9–27, hier S. 17f., [s. Anm. 28] = Kinzig 2006, S. 63f., [s. Anm. 27]. Ferner jetzt auch Muldoon, James (Hg.): Varietes of Religious Conversion in the Middle Ages, Gainesville, Fla. u. a. 1997; Ziolkowski, Jan M.: Put in No-Man's-Land: Guibert of Nogent's Accusations against a Judaizing and Jew-Supporting Christian, in: Signer, Michael Alan/Van Engen, John (Hg.): John, Jews and Christians in Twelfth-Century Europe, Notre Dame, Ind. 2001 (Notre Dame

Conferences in Medieval Studies 10), S. 110–122; Mulsow, Martin/Popkin, Richard H. (Hg.): Secret Conversions to Judaism, [wie Anm. 51]; Murray, Michele: Playing a Jewish Game. Gentile Christian Judaizing in the first and second Centuries CE, Waterloo 2004 (Studies in Christianity and Judaism 13).

77 Vgl. etwa Coudert, Allison P.: The Impact of the Kabbalah in the Seventeenth Century. The Life and Thought of Francis Mercury Van Helmont (1614–1698), Leiden u.a. 1998 (Brill's Series in Jewish Studies); Katz, David S.: The Occult Tradition. From the Renaissance to the Present Day, London 2005; Morgenstern, Matthias: Kabbala im Kontext – eine kulturhermeneutische Skizze, in: Klinger, Susanne/Schmidt, Jochen (Hg.): Dem Geheimnis auf der Spur. Kulturhermeneutische und theologische Konzeptionalisierungen des Mystischen in Geschichte und Gegenwart, Leipzig 2007 (Theologie – Kultur – Hermeneutik 6).

78 Überblick in Kinzig, Wolfram: „Philosemitismus", [wie Anm. 3], S. 227f.

79 Ebd., S. 364.

80 Vgl. die Übersicht im Anhang.

81 Brenner, Michael: Artikel Philosemitismus, in: RGG, Bd. VI, 2004, Sp. 1289f.

82 Rubinstein William D./Rubinstein, Hilary L.: Philosemitism. Admiration and Support, [wie Anm. 64]; vgl. unten Anhang.

83 Massey, Irving: Philo-Semitism in Nineteenth-century German Literature, [wie Anm. 61], S. 31f.; vgl. unten Anhang.

84 Berlinerblau, Jacques: On Philo-Semitism, in: Occasional Papers on Jewish Civilization, Jewish Thought and Philosophy, Edmund A. Walsh School of Foreign Service/Program for Jewish Civilization, Georgetown University, Washington D.C., Winter 2007 (URL: <http://pjc.georgetown.edu/docs/philo_semitic.pdf> (7.6.2007), S. 8–19; vgl. unten Anhang. Ähnliches gilt auch für anregenden Überlegungen Seligmanns (Seligmann, Rafael: Mit beschränkter Hoffnung. Juden, Deutsche, Israelis, Hamburg 1991, S. 109–114).

85 Vgl. Berlinerblau, Jacques: On Philo-Semitism [wie Anm. 84], S. 12 unter Rückgriff auf Bukiet, Melvin Jules: Jew as Metaphor. Quick! Crush this Philosemitism Before it Gets Out of Hand, in: *Forward*, 31.1.2003, Arts 2, S. 1. Berlinerblau nennt die popkulturelle Vermarktung der Kabbala bei der Sängerin Madonna (vgl. zum Hintergrund jetzt auch Morgenstern, Matthias: Kabbala im Kontext, [wie Anm. 77]). Man könnte hinzufügen: die anhaltende Popularität Chagalls, des Musicals Anatevka, der Klezmer-Musik und der Kriminalromane Harry Kemelmans gerade in christlichen Kreisen, der Erfolg der Filme „Das Leben ist schön" (1997) und „Alles auf Zucker!" (2004). Jeder Evangelische Kirchentag bietet dafür reiche Anschauung...

86 Kramer, Steven Philip: Recovering the Philo-Semitic Past, in: Occasional Papers on Jewish Civilization, Jewish Thought and Philosophy, Edmund A. Walsh School of Foreign Service/Program for Jewish Civilization, Georgetown University, Washington D.C., Winter 2007 (URL: <http://pjc.georgetown.edu/docs/philo_semitic.pdf> (7.6.2007), S. 22–39; vgl. unten Anhang.

87 Stern, Frank: Im Anfang war Auschwitz. Antisemitismus und Philosemitismus im deutschen Nachkrieg, Gerlingen 1991 (Schriftenreihe des Instituts für Deutsche Geschichte, Universität Tel Aviv 14) = ders.: The Whitewashing of the Yellow Badge. Antisemitism and Philosemitism in Postwar Germany, Oxford 1992 (Studies in Antisemitism). Die Aufsätze u.a. ders.: Entstehung, Bedeutung und Funktion des Philosemitismus in Westdeutschland nach 1945, in: Bergmann, Werner/Erb, Rainer (Hg.): Antisemitismus in der politischen Kultur nach 1945, Opladen 1990, S. 180–196; ders.: Philosemitismus. Stereotype über den Feind, den man zu lieben hat, Babylon 8 (1991), S. 15–26; ders.: Philosemitismus statt Antisemitismus: Entstehung und Funktion einer neuen Ideologie in Westdeutschland, in: Benz, Wolfgang (Hg.): Zwischen

Antisemitismus und Philosemitismus. Juden in der Bundesrepublik, Berlin 1991 (Reihe Dokumente, Texte, Materialien/Zentrum für Antisemitismusforschung der Technischen Universität Berlin 1), S. 47–61; ders.: Von der Bühne auf die Strasse. Der schwierige Umgang mit dem deutschen Antisemitismus in der politischen Kultur 1945 bis 1990 – Eine Skizze, in: *Jahrbuch für Antisemitismusforschung* 1 (1992), S. 42–76; ders.: Antagonistic Memories. The Post-War Survival and Alienation of Jews and Germans, International Yearbook of Oral History and Life Stories 1 (1992), S. 21–43; ders.: Evangelische Kirche zwischen Antisemitismus und Philosemitismus, in: *Geschichte und Gesellschaft* 18 (1992), S. 22–50; ders.: Antisemitic and Philosemitic Discourse in Postwar Germany, in: *Folia Linguistica* 27 (1993), S. 277–292; ders.: Jews in the Minds of Germans in the Postwar Period, Bloomington, IN 1993 (The 1992 Paul Lecture); ders.: German-Jewish Relations in the Postwar Period: The Ambiguities of Antisemitic and Philosemitic Discourse, in: Bodemann, Y. Michal (Hg.): Jews, Germans, Memory. Reconstructions of Jewish Life in Germany, Ann Arbor 1996 (Social History, Popular Culture, and Politics in Germany), S. 77–98. Vgl. dazu auch Kinzig, Wolfram: „Philosemitismus", [wie Anm. 3], S. 207f.

88 Vgl. ebd., S. 206.

89 Stern, Frank: Im Anfang war Auschwitz [wie Anm. 87], S. 357f.

90 Ebd., S. 350, Anm. 10.

91 Ebd., S. 349f.

92 Vgl. etwa Herzog, Dagmar: Carl Scholl, [wie Anm. 59], bes. S. 56 = dies.: Intimacy and Exclusion, [wie Anm. 59], bes. S. 116; Schmidt, Ute: Hitler ist tot und Ulbricht lebt. Die CDU, der Nationalsozialismus und der Holocaust, in: Bergmann, Werner/Erb, Rainer/ Lichtblau, Albert (Hg.): Schwieriges Erbe. Der Umgang mit Nationalsozialismus und Antisemitismus in Österreich, der DDR und der Bundesrepublik Deutschland, Frankfurt/New York 1995 (Schriftenreihe des Zentrums für Antisemitismusforschung Berlin 3), S. 64–101, bes. S. 65f., 85; Benz, Wolfgang: Reaktionen auf den Holocaust. Antisemitismus, Antizionismus und Philosemitismus, in: *Tribüne. Zeitschrift zum Verständnis des Judentums* 37 (1998), Nr. 148, S. 132–143; Schulze Wessel, Julia: Zur Reformulierung des Antisemitismus in der deutschen Nachkriegsgesellschaft. Eine Analyse deutscher Polizeiakten aus der Zeit von 1945 bis 1948, in: dies./Dietrich, Susanne: Zwischen Selbstorganisation und Stigmatisierung. Die Lebenswirklichkeit jüdischer Displaced Persons und die neue Gestalt des Antisemitismus in der deutschen Nachkriegsgesellschaft, Stuttgart 1998 (Veröffentlichungen des Archivs der Stadt Stuttgart 75), S. 131–232, bes. S. 150; Altfelix, Thomas: The „Post-Holocaust Jew" and the Instrumentalization of Philosemitism, in: *Patterns of Prejudice* 34 (2000), S. 41–56, bes. S. 49–56; Benz, Wolfgang: Bilder vom Juden. Studien zum alltäglichen Antisemitismus, München 2001 (Beck'sche Reihe 1449), bes. S. 110–128; Kupferberg, Yael: Philosemitismus im Kontext der deutschen Nachkriegszeit, in: Schoeps, Julius H. (Hg): Leben im Land der Täter. Juden im Nachkriegsdeutschland (1945–1952), Berlin 2001 (Sifria 4), S. 267–283; Zuckermann, Moshe: Israel – Deutschland – Israel. Reflexionen eines Heimatlosen, Wien 2006, S. 177ff., bes. 186–188; – Eine ausführliche Untersuchung zum Philosemitismus der Nachkriegszeit in den Kirchen des Rheinlands und Westfalens durch Ulrike Zander befindet sich im Druck (Zander, Ulrike: Philosemitismus im deutschen Protestantismus nach dem Zweiten Weltkrieg. Begriffliche Dilemmata und auszuhaltende Diskurse am Beispiel der Evangelischen Kirche im Rheinland und in Westfalen, Münster 2007 (Historia profana et ecclesiastica 16).

93 Altfelix, Thomas: The „Post-Holocaust Jew", [wie Anm. 92], S. 53.

94 Rensmann, Lars: Demokratie und Judenbild. Antisemitismus in der politischen Kultur der Bundesrepublik Deutschland, Wiesbaden 2004, S. 86.

95 Page, Judith W.: Imperfect Sympathies, [wie Anm. 61], S. 167f (zu Wordsworths Gedicht „A Jewish Family"): „But philo-Semitism promoted love of Jews not *as Jews* but as potential converts who might be redeemed from scorn by becoming Christians. From a Jewish perspective, Wordsworth's poem indirectly participates in this philo-Semitic culture. Once again, from a Jewish perspective this kind of love is the mirror image of anti-Semitism, only more insidious. Its goal is indirect, but it would lead to the assimilation of Jews into Christianity." Vgl. bereits Horowitz, Irving Louis: Philo-Semitism and Anti-Semitism: Jewish Conspiracies and Totalitarian Sentiments, in: *Midstream* 36/4 (May 1990), S. 17–22.

96 So etwa Holz, Klaus: Nationaler Antisemitismus. Wissenssoziologie einer Weltanschauung, Hamburg 2001, S. 523; vgl. auch S. 526–528.

97 Galchinsky, Michael: The Origin of the Modern Jewish Woman Writer, [wie Anm. 61], S. 34.

98 Die Prägung des Begriffs „Anti-Antisemitismus" wird häufig Nietzsche zugeschrieben; er scheint aber älteren Datums zu sein. Vgl. Mittmann, Thomas: Vom „Günstling" zum „Urfeind" [wie Anm. 62], S. 10, 41f. mit Belegen.

99 Vgl. z. B. Bukiet, Melvin Jules: Jew as Metaphor [wie Anm. 85]; Cooperman, Alan: Among Evangelicals, a Kinship with Jews, in: *Washington Post* 8. 1. 2006, online: URL <http://www.religionnewsblog.com/13197/evangelicals-shifting-views-to-support-jews> (14. 5. 2007).

100 Seligmann, Rafael: Mit beschränkter Hoffnung, [wie Anm. 84], S. 115.

101 Vgl. bereits Kinzig, Wolfram: „Philosemitismus", [wie Anm. 3], S. 206, Anm. 14.

102 Nachweis ebd. S. 206 mit Anm. 14.

103 Rose, Paul Lawrence: German Question/Jewish Question. Revolutionary Antisemitism from Kant to Wagner, Princeton, NJ ^{2}1992, S. 392: Philosemitismus hier als „false category" verbucht.

104 Vgl. Sutcliffe, Adam: Judaism and Enlightenment [wie Anm. 58], S. 8f. – Vgl. jedoch ders.: Artikel Philosemitism, in: Levy, Richard S. (Hg.): Antisemitism. A Historical Encyclopedia of Prejudice and Persecution, Bd. II, Santa Barbara, Calif. u. a. 2005, S. 544f.

105 Vgl. Levenson, Alan: Between Philosemitism and Antisemitism, [wie Anm. 3], S. VIII–X in Auseinandersetzung mit Hoelzel, Alfred: Thomas Mann's Attitude Toward Jews and Judaism: An Investigation of Biography and Oeuvre, in: Mendelsohn, Ezra (Hg.): Arts and its Uses. The Visual Image and Modern Jewish Society. New York u. a. 1990, S. 229–253 (= Studies in Contemporary Jewry 6).

106 Levenson, Alan: Between Philosemitism and Antisemitism [wie Anm. 3], S. X–XII.

107 Ebd:, S. XII: „I take philosemitism to mean *any* pro-Jewish or pro-Judaic utterance or act."

108 Kauders, Anthony D.: Democratization and the Jews. Munich, 1945–1965, Lincoln/London 2004 (Studies in Antisemitism); vgl. bereits ders.: Catholics, the Jews and Democratization in Post-war Germany, Munich 1945–65, in: *German History* 18 (2000), S. 461–484; ders.: History as Censure. „Repression" and „Philo-Semitism" in Postwar Germany, in: *History & Memory* 15 (2003), S. 97–122.

109 Kauders bezieht sich dabei auf Levensons Aufsatz von 1996. Die (teilweise) Modifizierung von Levensons Ansatz in Levenson, Alan: Between Philosemitism and Antisemitism, [wie Anm. 3] war ihm noch unbekannt.

110 Kauders, Anthony: History as Censure [wie Anm. 108], S. 107–112 = ders.: Democratization and the Jews, [wie Anm. 108], S. 18–23.

111 Kauders, Anthony D.: Democratization and the Jews, [wie Anm. 108]; zur Begründung auch ders.: History as Censure, [wie Anm. 108], S. 112–114.

112 Greisiger, Lutz, Chiliasten und „Judentzer" [wie Anm. 55], S. 538f, Anm. 21. Ähnlich bereits Katz, Jacob: Reflecting on German-Jewish History, in: Po-chia Hsia, Ronnie/Lehmann, Hartmut (Hg.): In and Out of the Ghetto, [wie Anm. 51], bes. S. 3; Gal-

chinsky, Michael: The Origin of the Modern Jewish Woman Writer, [wie Anm. 61], S. 34–36, 57f.; Coudert, Allison P.: Seventeenth-Century Christian Hebraists [wie Anm. 51], jedoch ohne Kenntnis meines Aufsatzes. Coudert hatte zugespitzt formuliert: „Given this state of affairs, I would argue that true philosemitism was really only possible for two kinds of Christians: heretics and converts to Judaism – in other words for non-Christians" (S. 45).

113 Vgl. Berlinerblau, Jacques: On Philo-Semitism, [wie Anm. 84]; Kramer, Steven Philip: Recovering the Philo-Semitic Past, [wie Anm. 86].

114 Dexinger, Ferdinand: Artikel Philosemitismus, in: Lexikon für Theologie und Kirche, Bd. VIII, ^{3}1999, Sp. 246f.; Sutcliffe, Adam: Artikel Philosemitism, [wie Anm. 104].

115 Die dritte Kategorie kann deswegen nicht ausgeschlossen werden, weil es auch bei schlimmsten Antisemiten Handlungen geben kann, die Juden zugute kommen, wie der Gestapo-Schutz für Hitlers früheren Familienarzt Dr. Eduard Bloch zeigt. Hier in irgendeiner Weise von Philosemitismus zu sprechen, wäre offensichtlich absurd.

116 So etwa bei Berlinerblau, Jacques: On Philo-Semitism, [wie Anm. 84], S. 10.

117 Kinzig, Wolfram: „Philosemitismus", [wie Anm. 3], S. 362–365.

118 Vgl. Kinzig, Wolfram: Philosemitismus angesichts des Endes?, [wie Anm. 50]; ders.: Jewish and „Judaizing" Eschatologies in Jerome, in: Kalmin, Richard/Schwartz, Seth (Hg.): Jewish Culture and Society under the Christian Roman Empire, Leuven 2003 (Interdisciplinary Studies in Ancient Culture and Religion 3), S. 409–429.

119 Vgl. dazu auch Levenson, Alan: Between Philosemitism and Antisemitism [wie Anm. 3] 2004, S. X.

120 Dazu zählt etwa der nur kurzlebige und wenig einflussreiche „Verein zur Abwehr des Antisemitismus".

121 Erst seit dem Zweiten Weltkrieg ist es Vereinen wie den verdienstvollen Gesellschaften für christlich-jüdische Zusammenarbeit oder deren Koordinierungsrat gelungen, einen gewissen Einfluss auf die öffentliche Diskussion auszuüben, wobei mir dieser Einfluss in den letzten Jahren aus verschiedenen Gründen bereits wieder rückläufig zu sein scheint (vgl. zur Geschichte dieser Institutionen Braybrooke, Marcus: Children of One God. A History of the Council of Christians and Jews, London u.a. 1991; Foschepoth, Josef: Im Schatten der Vergangenheit. Die Anfänge der Gesellschaften für Christlich-Jüdische Zusammenarbeit, Göttingen 1993 (Sammlung Vandenhoeck); Simpson, William W./Weyl, Ruth: The Story of the International Council of Christians and Jews, o.O. o.J. (Heppenheim 1995); Münz, Christoph/Sirsch, Rudolf W. (Hg.): „Wenn nicht ich, wer? Wenn nicht jetzt, wann?" Zur gesellschaftspolitischen Bedeutung des Deutschen Koordinierungsrates der Gesellschaften für Christlich-Jüdische Zusammenarbeit (DKR), Münster 2004 (Forum Christen und Juden 5). Die in den letzten Jahrzehnten vor allem im angloamerikanischen Raum allenthalben aus dem Boden gesprossenen Zentren für jüdisch-christliche Beziehungen sind mittlerweile teilweise bereits in einem Council of Centers on Jewish-Christian Relations mit eigener online-Zeitschrift organisiert (vgl. URL: <http://www.bc.edu/research/cjl/meta-elements/sites/partners/ccjr/Intro.htm>, 7.5.2007; zur Zeitschrift: URL: <http://escholarship.bc.edu/scjr>, 7.5.2007; ferner auch Kessler, Edward/Wenborn, Neil (Hg.): A Dictionary of Jewish-Christian Relations, [wie Anm. 50]). Ob all dies zur Etablierung philosemitischer Strukturen führt, scheint mir fraglich.

122 Vgl. dazu jetzt Meyer-Blanck, Michael/Hasselhoff, Görge K. (Hg.): Krieg der Zeichen? Zur Interaktion von Religion, Politik und Kultur, Würzburg 2006 (Studien des Bonner Zentrums für Religion und Gesellschaft 1).

123 Vgl. dazu Mattenklott, Gert: Ostjudentum und Exotismus, in: Thomas Koebner/Gerhart Pickerodt (Hg.), Die andere Welt. Studien zum Exotismus, Frankfurt a.M. 1987, S. 291–306.

124 Vgl. Pittinsky, Todd L.: Tolerance Is Not Enough: Allophilia – a Framework for Effective Intergroup Leadership (erschienen 2005), vgl. URL: <http://www.ksg.harvard.edu/leadership/compass/index.php?itemid=629> (26. 5. 2007).

125 Lévy, Danielle (Hg.): Les discours de l'altérité. Dévoilements et recouvrements. Actes du Colloque International: „Xénophilie, Xénophobie et Diffusion des Langues", ENS Lettres et Sciences humaines, Saint-Cloud, 15–18 Décembre 1999, Ancona 2001 (Heteroglossia 7); Zaraté, Geneviève (Hg.): Langues, xénophobie, xénophilie dans une Europe multiculturelle, Caen 2001 (Documents, actes et rapports pour l'education).

126 In Kinzig, Wolfram: „Philosemitismus", [wie Anm. 3], S. 361f. sprach ich noch von „Judenbewusstsein". Vgl. aber jetzt ders.: Nähe und Distanz, [wie Anm. 76], S. 18–20 = Kinzig 2006, S. 64–66; ähnlich schon Griessman, B. Eugene: Philo-Semitism and Protestant Fundamentalism, [wie Anm. 54], S. 198, Anm. 4; Horowitz, Irving Louis: Philo-Semitism and Anti-Semitism, [wie Anm. 95], S. 19.

127 Daran ändert auch die Annahme eines Philo- wie Antisemitismus zugrunde liegenden „Allosemitismus" nichts, der grundsätzlich ambivalent sei, wie Zygmunt Bauman vorgeschlagen hat (vgl. Bauman, Zygmunt: Große Gärten, kleine Gärten. Allosemitismus: Vormodern, Modern, Postmodern, in: Werz, Michael (Hg.): Antisemitismus und Gesellschaft. Zur Diskussion um Auschwitz, Kulturindustrie und Gewalt, Frankfurt a. M. 1995, S. 44–61, bes. S. 44); vgl. dazu auch Altfelix, Thomas: The „Post-Holocaust Jew", [wie Anm. 92], S. 51 mit Anm. 47; Freedman, Jonathan: The Temple of Culture, [wie Anm. 61], S. 31f., 45, 59; Sutcliffe, Adam: Judaism and Enlightenment, [wie Anm. 58], S. 9f.; ders.: Artikel Philosemitism, [wie Anm. 104] und Späti, Christina: Die schweizerische Linke und Israel [wie Anm. 67], S. 35. – Strukturell ähnlich, dabei stärker theologisch orientiert argumentiert Stephen R. Haynes, der von einem grundsätzlich ambivalenten „witness-people myth" in bezug auf Israel im christlichen Denken spricht, das er in polaren Begriffen beschreibt. Vgl. Haynes, Stephen R.: Jews and the Christian Imagination: Reluctant Witnesses, Basingstoke, Hants 1995, bes. S. 6–10; ferner ders.: Bonhoeffer, the Jewish People and Post-Holocaust Theology: Eight Perspectives; Eight Theses, in: *Studies in Christian-Jewish Relations* 2 (2007), S. 36–52; URL: <http://escholarship.bc.edu/scjr/vol2/iss1/3> (8. 5. 2007).

128 Coudert, Allison P.: Christliche Hebraisten des 17. Jahrhunderts, [wie Anm. 51].

129 Coudert, Allison P.: Seventeenth-Century Christian Hebraists, [wie Anm. 51]; Ariel, Yaakov: Philosemites or Antisemites?, [wie Anm. 54].

130 Stern, Frank: Evangelische Kirche zwischen Antisemitismus und Philosemitismus [wie Anm. 87]; Benz, Wolfgang: Bilder vom Juden, [wie Anm. 92], Kap. 9: „Zwischen Antisemitismus und Philosemitismus. Juden in Deutschland nach 1945".

131 Levenson, Alan: Between Philosemitism and Antisemitism, [wie Anm. 3].

132 Friedrich, Martin: Zwischen Abwehr und Bekehrung, [wie Anm. 24].

133 Vogt, Peter (Hg.): Zwischen Bekehrungseifer und Philosemitismus, [wie Anm. 55].

134 Vgl. aber Schoeps, Julius H.: Art. Philosemitismus, in: ders. (Hg.), Neues Lexikon des Judentums, Gütersloh/München 1992, S. 362.

135 Schoeps, Julius H: Die Flucht in den Haß. Vom Antijudaismus zum Antisemitismus, in: ders.: Deutsch-jüdische Symbiose oder Die mißglückte Emanzipation, Berlin u. a. 1996, S. 149–167 (Erstveröffentlichung 1993), hier S. 150.

Moshe Zuckermann

Aspekte des Philosemitismus

Der Philosemitismus erscheint als positiver Gegenpol des Antisemitismus, insofern dieser negativ konnotiert ist. Dies hat insofern seine Berechtigung, als behauptet werden kann, dass es den Juden während ihrer Exilgeschichte zweifelsohne besser ergangen wäre, wenn ihnen das nichtjüdische Umfeld in der jeweiligen Gesellschaft, in welcher sie ihre Lebenswelten einrichteten, philo- und eben nicht antisemitisch begegnet wäre. Zumindest darf davon ausgegangen werden, dass ihnen nicht die Gewalt widerfahren wäre, der sie im traditionellen, religiös begründeten Judenhass, erst recht aber dann im späteren modernen Antisemitismus und seinen in Auschwitz kulminierenden Vernichtungsexzessen ausgesetzt waren. Nun nimmt sich aber allein schon das Konjunktive dieser einleitenden Worte als gelinde Unverschämtheit aus: Gemessen daran, dass die Geschichte der Juden nun mal ‚nicht' entsprechend des im nachmaligen Wunschdenken angelegten Irrealen verlaufen ist, sondern eben als gewaltdurchwirkte Verfolgungsgeschichte, kann der Philosemitismus nicht schlicht als utopische Emanzipationsfolie eines ‚anders' Bestehenden begriffen, sondern muss im Kontext dessen, was den Antrieb ebendieser Verfolgungsgeschichte ausmachte – Judenhass und Antisemitismus –, erörtert werden. Die Verspieltheit der irrealen Möglichkeit steht der Monstrosität des historisch Stattgefundenen nicht an. Nicht zuletzt aus diesem Grund subsumiert sich der Philosemitismus zwangsläufig dem Antisemitisimus-Paradigma. Denn geht man davon aus, dass der antisemitische Diskurs sich von der Akzeptanz einer vermeintlich real existierenden „Judenfrage", gar eines ‚Judenproblems' herleitet, so gilt dies in nicht geringerem Maß auch für die philosemitische Weltsicht. Das heißt, Antisemitismus wie Philosemitismus haben beide zur Voraussetzung, dass man ‚den Juden' bzw. ‚die Juden' als Prototypen eines außerhalb des ‚normal' Existierenden, als den schlechthin ‚Anderen' im exkludierenden Sinne wahrnimmt, was aber zur Folge haben muss, dass ‚der Jude' abstrahiert, mithin alles Individuellen entkleidet wird. Die abstrahierende Entmenschlichung ‚des Juden' lässt ihn zur bevorzugten Projektionsfläche des Antisemiten wie des Philosemiten werden. Was der Antisemit dem Juden an Verabscheuungswürdigem und Bedrohlichem anhängt, was der Philosemit ihm an Tugenden und Bewundernswürdigem zuschreibt, hat mit der (jedem Kollektiv eignenden) Heterogenität jüdischer Menschen etwa so viel zu tun wie das ideologisch selbstherrlich homogenisierte Wir-Gefühl der wahl- und skrupellos projizierenden Antisemiten und Philosemiten mit der Wirklichkeit ihres lädierten Selbstwertgefühls und ihrer letztlich fremdbestimmten individuellen Selbstwahrnehmung. Antisemiismus und Philosemitismus wurzeln im gleichen Ressentiment und sind daher tendenziell dahingehend gleichermaßen gefährlich, als das vermeintlich Positive (für Juden) am Philosemitismus unter gewissen historischen Bedingungen ins schiere Gegenteil umschlagen kann, um sich dann mit umso größerer Vehemenz der vorbewusst erahnten Selbsttäuschung gegen das ehemalige abstrakte ‚Liebes'-objekt zu richten, welches nunmehr zum Projektionsobjekt des Ressentiments umgewandelt worden ist. Darüber ist schon viel gesagt worden und vieles wäre dem hinzuzufügen.

Nicht darum soll es aber im anstehenden Zusammenhang gehen, sondern um das, was in der phänomenologischen Erörterung des Philosemitismus für gewöhnlich ausgespart bleibt: die Verhaltensmuster von Juden in prononciert philosemitischen Situationen. Reaktionsformen von Juden in antisemitischem Kontext sind weitgehend bekannt. Sie reichen von entrüsteter Empörung über entlarvende Verurteilung antisemitischer Inhumanität bis hin zu stillschweigender Hinnahme antisemitischer Attacken, wenn reale Macht- und Gewaltverhältnisse nichts Anderes zulassen. Gemeinsam ist all diesen Reaktionen ihr mehr oder minder bewusster, innerlicher wie äußerlicher Rekurs aufs Moralische angesichts erfahrenen Opferleids. Der antisemitisch attackierte Jude ‚prangert' den Antisemiten offen an oder wahrt zumindest seine innere ‚Würde' im stummen Ertragen des ihm Widerfahrenen, wo eine äußere Protestreaktion unmöglich ist. Von selbst versteht sich dabei, dass nichts von alledem übrig bleibt, wo die Gewalt des Antisemitismus so weit reicht, dass die Entmenschlichung des Juden ihm nur noch den (gegebenenfalls aussichtslosen) Kampf ums Überleben übrig lässt, etwa im Konzentrationslager. In diesem extremen Fall geht es allerdings auch nicht mehr um moralische (mithin Macht und Gewalt potentiell verändernde) Reaktionen des Juden auf den brachialen Antisemitismus, sondern einzig um die adäquate Handhabung nackten Überlebens und Davonkommens. Wie aber verhält es sich für den Juden in der typischen philosemitischen Begegnung?

Zunächst – die moralische Grundlage seiner Reaktion verkommt zur Farce. Denn das Positive, das der Philosemit dem Juden zuschreibt, gar die Bewunderung, die er ihm gegenüber bezeugt, hat für gewöhnlich nichts mit der Selbstwahrnehmung des Juden zu tun. Aus eigenem Umgang mit anderen Juden weiß er, dass mitnichten alle Juden ausnehmend ‚klug', ‚moralisch' gefestigt oder kulturell außerordentlich ‚gebildet' sind. Lebensweltliche Anschauung und Erfahrung haben ihn gelehrt, dass sich Juden als Individuen genauso voneinander unterscheiden wie Einzelmenschen anderer nationaler, ethnischer oder religiöser Kollektive. Aber nur selten, wenn überhaupt je, wird der Jude den ihn mit generalisierendem Lob überschüttenden Philosemiten korrigieren; er wird ihn zumeist wider besseren Wissens in seinem auf hanebüchenen Pauschalurteilen basierenden Glauben belassen. Dass dabei der Jude geschmeichelt ist, der philosemitisch beseelten Situation mithin eine narzisstische Genugtuung abgewinnen mag, sollte nicht darüber hinwegtäuschen, dass er bei aller Hingabe an die an ihn (als Angehörigen eines hoch gelobten Kollektivs) ‚von außen' herangetragene Aufwertung seiner Person im Innern doch weiß, dass sein situativ gesteigertes Selbstwertgefühl in einer Lüge wurzelt, sein Stillschweigen über das unverdiente Lob also letztlich selbst verlogen ist. Diese Selbsttäuschung ist freilich vornehmlich ideologischen Charakters. Denn infolge der jahrhundertealten Geschichte jüdischer Leiderfahrung nimmt sich das positive Attribuierungsritual des Philosemiten als eine – ungewohnte – nichtjüdische Zuwendung aus, die keine kritische Reflexion erfordert, sondern, ganz im Gegenteil, geeignet ist, ins historisch geschundene Selbstbild aufgenommen zu werden, um sich in diesem als Ideologem zu verfestigen. Das jüdische Beschweigen der philosemitischen Bewunderung enthält, genau besehen, ein Element sozialer Selbstvergewisserung, welches sein Ideologisches darin hat, dass die narzisstische Selbsttäuschung zur Grundlage eines verlogenen Selbstbildes und einer damit einhergehenden unehrlichen Selbstdarstellung avanciert.

Fatal wird es, wo dieses Ideologische zur kollektiven Doktrin narzisstischer Exzellenz erhoben wird. Gängige Muster des Umgangs der politischen Kultur Israels mit Antisemitismus und Philosemitismus kommen in diesem Zusammenhang in den Sinn. Der Antisemitismus bildete bekanntlich von Anbeginn einen integralen Bestandteil der Raison d'être der klassischen zionistischen Ideologie; er war es vornehmlich, der das diasporische Dasein der Juden in den Augen der Urväter des Zionismus im 19. Jahrhundert zunehmend als unerträglich erscheinen ließ, eine Einschätzung, die in einem Zentralpostulat des Zionismus – der Negation der Diaspora – kulminierte. Da nun aber die ‚Lösung' des ‚jüdischen Problems' angesichts des immer heftiger um sich greifenden Antisemitismus nicht im gesellschaftlichen Rahmen seiner realen Wirkmächtigkeit gefunden werden sollte, sondern in der Errichtung einer nationalen Heimstätte für das jüdische Volk auf einem fernab liegenden Territorium; und da die Juden, die den erst noch zu gründenden Staat bevölkern sollten, motiviert werden mussten, ihre Residenzgesellschaften und traditionellen Lebenswelten zu verlassen, um sich im noch unbekannten, unwirtlich anmutenden Land niederzulassen, kam dem Antisemitismus als Antriebsfaktor für einen solchen Emigrationsakt ein besonders hoher Stellenwert in der Gesinnungsfestigung zu, ja er avancierte nachgerade zum ideologischen ‚Argument', welches in der Schoa den historisch ultimativen ‚Beweis' für die Unanfechtbarkeit besagten Postulats erblickte. Direkt inspiriert von dieser instrumentellen Vereinnahmung des Antisemitismus für zionistische Belange ist das israelische Ideologem, demzufolge ‚die ganze Welt' gegen die Juden sei (ha'olam kulo negdenu), eine Leitidee, die in David Ben-Gurions selbstherrlichem Diktum, wichtig sei nicht, was die Gojim sagten, sondern was die Juden machten, und seiner abschätzigen Beurteilung der israelkritischen UNO (Um-schmum) ihren wohl prononciertesten Ausdruck erfahren hat. Geprägt (mithin der neuralgischen Reaktion aufs antisemitische Ressentiment komplementär verschwistert) ist die Arroganz solch positiver Selbstsetzung durch die rigide Absetzung von allem, was ihr zuwiderlaufen könnte. Freilich erweist sie sich dabei als von diesem Zuwiderlaufenden wesentlich abhängig, weil sie das gefällige Selbstbild des Kollektivsubjekts zunächst nicht aus etwas ihm intrinsisch Eignendem schöpft – das Selbstwertgefühl dieses imaginierten kollektiven Selbst war ja über Jahrhunderte diasporisch erfahrener Missachtung und Erniedrigung zuschanden gekommen –, sondern aus der Negation des Feindseligen, welches seinerseits das Kollektivsubjekt erst eigentlich, sozusagen ex negativo, konstituiert. Der diasporisch gefärbte, in Israel daher eher verkümmerte jiddische Witz wusste übrigens mit diesem ideologischen Moment narzisstisch überheblicher Selbstwahrnehmung in weiser Selbstironie umzugehen: er sprach vom nebbechdiken Schimschon – dem ‚erbärmlichen Samson'.

Dass diese heilsam subversive Einsicht in die objektive Unangemessenheit ideologisch zelebrierter Omnipotenz den nach dem Sieg von 1967 in Israel ausgebrochenen Triumphalismus, einen Exzess an narzisstischer Selbstüberschätzung und euphorischer Verblendung, letztlich nicht zu verhindern vermochte, sollte nicht über den wahren Kern der Einsicht hinwegtäuschen: Noch heute manifestiert sich an Israels sozialer wie politischer Realität, wie sehr sich das Land vor rund 40 Jahren geschichtlich übernommen hat – den Apfel, den es damals in den Mund führte, vermochte es weder zu schlucken noch auszuspeien, und nun droht es, an der (monströs angewachsenen) Frucht zu ersticken. Diejenigen, die damals – und dann über Jahre – proklamieren zu sollen meinten, die Zeit arbeite „zu unseren Gunsten", müssen sich heute fragen lassen (wenn sie sich dessen nicht schon längst selbst bewusst geworden sind), ob die Hybris von 1967 Israel nicht dereinst in das apokalyptische Ende eines an fataler Selbstüberschätzung zugrunde gegangenen Samsons stürzen könnte. Etwas von der dieser Ambivalenz inhärierenden Dissonanz hat sich wohl auch ins Vorbewusstsein vieler Juden in Israel eingeschlichen; wie immer euphorisch ihr zur Schau gestellter Kollektivnarzissmus, so geht mit ihm und der ideologischen Selbstvergewisserung, die er leistet, stets auch ein gerüttelt Maß an ebenso ideologisierter Selbstviktimisierung einher. Je mehr sich der repressive Charakter des israelischen Okkupationsregimes in den besetzten Gebieten manifestiert, mithin das Wesen einer Opfer erzeugenden Politik offenbart, desto wahrnehmungsresistenter erweisen sich viele Israelis, die sich selbst, und zwar einzig sich selbst, als Opfer sehen und darstellen. Kausalbezüge und Wirkzusammenhänge werden eingeebnet bzw. krude ausgeschaltet, um ja nicht das Selbstbild als Opfer, welches in voller Selbstherrlichkeit, mithin im Bewusstsein der eigenen Macht zelebriert wird, korrigieren zu müssen. In die Folklore der israelischen politischen Kultur ist Golda Meirs Diktum eingegangen, sie werde den Palästinensern nie verzeihen, sie gezwungen zu haben, auf sie zu schießen. Die an narzisstischer Verdrehungskunst und pseudodialektischer Verrenkung wohl kaum zu überbietende Selbstdarstellung darf als paradigmatisch für die ideologische Selbstwahrnehmung der allermeisten Juden in Israel angesehen werden. Alles ist in ihr angelegt: die eigene moralische Integrität, die Abwehr jeglicher historischer Schuldzuweisung sowie das Wissen um die wahren Macht- und Gewaltverhältnisse – ein psychisch wie inhaltlich perfektes Ideologem.

Den getreuesten Verbündeten haben die israelischen Platzhalter solch ideologischer Denk- und Rationalisierungsmuster im Philosemiten. Er, der die Begriffe Juden, Zionisten und Israelis zumeist wahl- und heillos durcheinanderzuwerfen pflegt, bedient ihre extrinsischen Selbstvergewisserungsbedürfnisse besonders effektiv. Denn in ihm verkörpert sich, gleichsam ‚von außen' kommend, die Komplementärinstanz zur oben erwähnten Ideologie jüdischer Vereinsamung in der judenfeindlichen Welt (am lewadad jischkon). Und so, wie der talmudischen Überlieferung zufolge in jeder Generation ‚Sechsunddreißig Gerechte' leben, denen es zu verdanken ist, dass die Welt existiert, wird der ‚vereinsamte' (wiewohl selbstherrliche) israelische Jude stets dankbar auf die Bewunderungsavancen und Treuebezeugungen ausländischer Philosemiten zurückgreifen. Allzu viele dürfen es freilich nicht sein – man wäre sonst nicht wirklich ‚einsam' und nur bedingt ‚Opfer' –, aber ausdrucksstark und durchaus mächtig (wenn sie denn mächtig sind) sollen die Philosemiten nach Möglichkeit auftreten. Und so schlägt das israelische Herz stets hoch, wenn einige Tausend Mitglieder der japanischen Makoya-Sekte, die sich dem Judentum und dem Land Israel eng verbunden weiß, im Rahmen ihrer alljährlichen Pilgerzeremonie singend und jubilierend durch Jerusalems Straßen ziehen und um Frieden für die Heilige Stadt und den Staat Israel beten. Noch die xenophobischsten Israelis sind diesen Fremden gegenüber stets wohlwollend eingestellt und ermuntern sie bei ihrem exaltierten öffentlichen Treiben. Weniger harmlos nehmen sich da die US-amerikanischen Evangelisten aus, christlich-religiöse Eiferer, die an die biblische Prophezeiung der Wiedergeburt eines jüdischen Großisraels in den biblischen Grenzen glauben. Sie postulieren einen in besagtem israelischen Großreich stattfindenden Endzeitkampf zwischen Gut und Böse, in welchem das Gute siegen werde, wobei sie sich, auf die aktuelle Nahostlage bezogen, proisraelisch geben, ohne jedoch ihre letztlich antijudaistische Gesinnung offen zu legen. Der sich an ihrem israelbegeisterten Zuspruch (sowie an ihrer tatkräftigen finanziellen wie politischen Unterstützung) delektierende israelische Jude weiß für gewöhnlich nicht, dass am Ende aller Tage der „wahre Messias Jesus Christus" von allen Menschen anerkannt werden müsse, und was, ebendiesen christlichen Fundamentalisten zufolge, dem blühen mag, der diesem Gebot nicht Folge leisten wird. Aber über das Exotische der Makoya-Sekte und den realpolitisch sich auswirkenden Religionsfanatismus der amerikanischen Evangelisten hinaus, finden sich Gelegenheiten zur philosemitischen Erbauung jüdisch-israelischer Herzen auch im Trivialbereich massenmedialer Kulturindustrie: So entblödeten sich viele israelische Fernsehzuschauer jahrelang nicht, akribisch zu registrieren, wer „Israel" beim Eurovision Song Contest mit welcher Punktzahl bedacht, von welchen „antisemitischen" Ländern man nichts zu erwarten habe, und welche Länder für eine (philosemitisch gedeutete) „positive Überraschung" gesorgt hätten.

Spuren solch latenter buchhalterischer Aufrechnung lassen sich bis in die israelischen Alltagsinteraktionen hinein verfolgen. So berichtete der deutsche Schriftsteller Peter Schneider unlängst Folgendes von seinem ersten Besuch in Israel:

> „Für den Gast aus Berlin [...] erweisen sich allerlei mitgebrachte Reflexe als unnötig – etwa das Zögern, im Taxi, im Restaurant oder am Strand mit dem Partner deutsch zu reden. Wer in Tel Aviv deutsch spricht, muss sich nicht auf ein Schimpfwort gefasst machen, sondern auf die neugierige Frage, wie es dem Gast in Tel Aviv gefalle und ob er bald wiederkomme. Wenn der Gast dann noch bekennt, dass er aus Berlin angereist ist, kann es ihm passieren, dass er begeisterte Erzählungen über den letzten Besuch in der deutschen Hauptstadt auslöst."[1]

Bemerkenswert an dieser Passage ist die als „neugierig“ apostrophierte Frage des israelischen Bürgers, wie es dem ausländischen Gast in Tel Aviv gefalle. „Neugierig“ ist diese Frage mitnichten, denn der israelische Einheimische erwartet vom deutschen Touristen nichts als die Antwort, dass es ihm in Tel Aviv gut gefalle. Ihm wird auch gleich das Kriterium für die ‚richtige‘ Antwort mitgeliefert – ob er nämlich bald wiederzukommen gedenke. Gar nicht erst erörtert wird dabei die mögliche Antwort, dass es dem Gast nicht gefalle, er mithin nicht vorhabe, bald wiederzukommen. Sie mag unerörtert bleiben. Zu peinlich fiele die Reaktion des israelischen Fragestellers aus, bei einem Deutschen zumal. Bemerkenswert ist aber auch die Befindlichkeit des deutschen Gastes: Aus historischen Gründen durchaus nachvollziehbar und politisch korrekt bringt er „Reflexe“ mit, um erleichtert festzustellen, dass sie „unnötig“ seien. Warum eigentlich? Weil die ‚zuvorkommende‘ Reaktion des Israeli ihn entlastet hat? Was nun aber, wenn sich erwiese, dass diese ‚Entlastung‘ bedingt ist, nämlich durch die ‚adäquate‘ Antwort des Deutschen – dass ihm Tel Aviv nämlich gut gefalle? Von einiger Überraschung (und leisem Stolz?) scheint auch die Feststellung eingefärbt zu sein, dass der Israeli von der deutschen Hauptstadt begeistert sei, so als gehörte sehr viel dazu, vom heutigen Berlin begeistert zu sein. Es ist, als sei dieser Textpassage, trotz der in ihr thematisierten positiven Irritation des deutschen Autors, ein nicht ausgesprochener Normalisierungsdiskurs unterlegt. Darin hat sich für Deutsche und Israelis wohl doch nicht allzu viel seit den 1950er-Jahren verändert: Sie bleiben die einzigen Kollektive in der (westlichen) Welt, die unaufhörlich ihre eigene Normalität postulieren, während sie letztlich davon getrieben sind, dass nichts Normales an einem Land sein kann, das aus der Schoa geboren wurde, schon gar nichts an einem Land, das diese verursacht hat. Das Interessante im hier erörterten Zusammenhang ist das Komplementärverhältnis von jüdischem Durst nach philosemitischer Anerkennung und deutscher Neuralgie, diesem Bedürfnis ‚adäquat‘ nachzukommen (insofern kein kruder Antisemitismus oder aber auch nonchalante Indifferenz, welche freilch leicht als ‚antisemitisch‘ gedeutet werden könnte, am Werk sind).

Ideologisch gewendet liegt in diesem heteronomen Grundverhältnis ein zentrales Muster der israelischen politischen Kultur begründet: die auf den ‚philosemitischen‘ Reflex abzielende Instrumentalisierung der Schoa-Erinnerung. Weniges vermag die immanente Verschwisterung von Antisemitismus und Philosemitismus so deutlich zu exemplifizieren wie die eingespielte Interaktion von taktischer Funktionalisierung des Gedenkens und provozierten Betroffenheitsreaktionen. Idealtypisch gesprochen sind Israelis (als ‚Opfer') und Deutsche (als ‚Täter') darauf gleichsam abgestimmt. Dabei dienen freilich das eigentliche Geschichtsereignis der Schoa und die mit diesem direkt zusammenhängenden Reaktionen der gedenkenden Erinnerung und Trauer lediglich als Folie für abgeleitete, wesentlich fremdbestimmte Wahrnehmungen und Praktiken. Das hat zwar auch mit der zunehmenden zeitlichen wie psychischen Entfernung vom realen historischen Ereignis zu tun, aber nicht nur. Denn spätestens, wenn die Sühne ins Materielle, mithin in den Bereich des Tauschwerts und tendenziell Fungiblen überführt wird, verkommt das genuine Scham- und Schuldgefühl derer, die sich einem historischen Täterkollektiv zugehörig fühlen, zur krassen Ideologie. Das gilt für die frühen 1950er-Jahre nicht minder als für die heutige Zeit. Wenn nämlich davon ausgegangen wird, dass etwas am Grauen des Völkermords ‚wiedergutgemacht' werden ‚soll', dann ist – gemessen daran, dass historisch nichts ‚wiedergutgemacht' werden ‚kann' – die vermeintlich direkte ‚Kompensation' fürs Verbrochene nahezu beliebig austausch- und auf zahllose fremde Bereiche übertragbar. Auf der Hand liegt dabei, warum sich schuldgetriebene Deutsche (in Zusammenhang mit ‚Israel' zumal) auf eine solche Transaktion einlassen; verschaffen ihnen doch die ‚philosemitischen' Sühneleistungen eine willkommene kollektiv-psychische Entlastung für das, was zum gegenwärtigen historischen Zeitpunkt belastend und letztlich unentschuldbar bleiben muss. Das gemarterte Gewissen – als individuelles, aber eben auch als kulturelle Kollektivinstanz – kommt dabei zu einer gewissen versöhnlichen Ruhe. Aber auch das, was im Haushalt der geschichtlichen Verarbeitung unaufgelöst bleibt, mag potentielle Linderung erfahren, und zwar mit dem inzwischen fast schon institutionalisierten Extrabonus periodisch auflodernder innerdeutscher Debatten über ‚Normalisierung', ‚Schlussstrich' und ‚neues Nationalgefühl', allesamt willkommene Gelegenheiten, dem unreflektierten, mithin ressentimentgeladenen Unmut über die Zumutungen der objektiven Geschichtslast öffentlich Luft zu verschaffen.

Es ist nun gerade diese Reaktionsformation, auf die das instrumentalisierte Schoa-Gedenken, das der israelischen politischen Kultur in vielem inhärent ist, seinerseits abzielt. Dass sich dabei Antisemitismus wie Philosemitismus als komplementär verwendbar erweisen, bezeugt auch in dieser Hinsicht ihre Wesensverwandschaft. So konnte vor einigen Jahren Israels Premierminister Ariel Sharon behaupten, jede aus Europa kommende Kritik an seiner Politik gegenüber den Palästinensern sei antisemitisch, ohne sich ernstzunehmenden Widerspruch seitens der israelischen Öffentlichkeit zuziehen zu müssen. Dass er sich darüber hinaus noch zur Folgerung verstieg, diese antisemitisch geschwängerte Kritik mache klar, wie es in Europa zur Schoa kommen konnte, hat sein Skandalöses weniger darin, dass er sich einer solch eklatanten Schoa-Banalisierung skrupellos bediente – Schlimmeres, nicht minder Abwegiges ist bereits aus dem Munde israelischer Politiker in vergleichbaren Zusammenhängen zu hören und zu lesen gewesen –, als vielmehr darin, dass Sharon sich offenbar gewiss war, mit derlei manipulativer Polemik auf elementaren Zuspruch seitens breiter Teile der israelischen Bevölkerung hoffen zu dürfen. Was aber auf israelischer Seite in der larmoyant-narzistischen Selbstsetzung als ‚Opfer' wurzelt, findet seine Entsprechung in der von deutscher Seite garantierten ‚Anerkennung' des ‚Opfer'-Status, wobei sich diese Affirmation der Beziehung gemeinhin in zwei vermeintlich konträreren, in Wahrheit jedoch sich gegenseitig ergänzenden Mustern ausdrückt: Zum einen kann sich ein aus dem allgemeinen Schoa-Bewusstsein gewachsener Kompensations-Philosemitismus – unter prozionistischem bzw. israelsolidarischem Deckmantel – als Reflex auf den ‚von jüdischer Seite' erhobenen Antisemitismus-Vorwurf einstellen; abgesehen von gängigen Treuebekundungen gegenüber den Juden und ihrem Staat, tritt dieser Philosemitismus sehr oft auch in der passiven Form einer tabugeprägten deutschen Selbstbescheidung auf, die (als entrichteter Zoll an die ‚besonderen Beziehungen' beider Staaten) in eine generelle Enthaltung jeglicher – auch gerechtfertigter – Kritik an Israel und seine Nahostpolitik zu münden pflegt. Der obligatorische Gang nach Yad Vashem, den jede offizielle ausländische (erst recht deutsche) Persönlichkeit bei ihrem Israel-Besuch absolvieren muss, und die gleichsam staatsoffizielle Betroffenheit deutscher Besucher bei diesem standardisierten Gang bilden den zeremoniellen Aspekt dieses routinemäßig angereizten ‚Philosemitismus'-Kodes. Bemerkenswert ist dabei, wie sich die Struktur der staatsoffiziell ideologisierten Haltung mit der neuralgischen Reaktion privater (deutscher) Personen in dieser Hinsicht phänomenologisch decken. Zum anderen kann sich aber ein Anteil des latent fortwährenden Ressentiments mit dem starken Unbehagen am gezwungen-instrumentellen Verhältnis von ‚Deutschen' und ‚Juden'/‚Israelis' vermengen und in aggressive Aversion umschlagen – eine ideologische Reaktion, die sich politisch als doktrinärer Antizionismus oder extrem krude Israelkritik, zuweilen auch als genuiner antisemitischer Affekt manifestieren mag. Dass es dabei aber zumeist um Ambivalenzen deutscher Befindlichkeit geht, die als solche direkter ‚antisemitischer' Ausformungen des Ressentiments nicht unbedingt bedarf, betrifft einen zentralen Aspekt besagter ideologischer Instrumentalisierung der historischen Neuralgie.

Als paradigmatisch für diesen letzten Hinweis darf die infolge der Paulskirchen-Rede Martin Walsers 1998 in Deutschland ausgebrochene Debatte gelten. Dass sich Walser mit der „Dauerpräsentation unserer Schande" und der „Moralkeule Auschwitz" schwertat, mag einen weiteren prominenten Beleg für die verstörende Feststellung, dass die Deutschen den Juden Auschwitz nie verzeihen werden, abgegeben haben – zu einem Antisemiten haben seine Festredenäußerungen Walser deshalb noch nicht gemacht. Denn nicht das persönliche Seelengebrodel des deutschen Schriftstellers spielte bei der gesamten Debatte eine wirklich erörterungswürdige Rolle, sondern der Stellenwert besagter Auslassungen im deutschen Diskurs der Gegenwart. Vergleicht man die Walser-Bubis-Debatte mit dem Historikerstreit der 1980er-Jahre, sticht der Wandel, der sich offenbar inzwischen vollzogen hat, ins Auge. Denn empörte sich in der alten Bundesrepublik die linke und linksliberale Intelligenz der Achtundsechziger noch nahezu einhellig gegen die Schoa relativierenden Behauptungen eines Ernst Nolte, so gab sie sich bei Walser im (wieder)vereinten Deutschland knapp anderthalb Jahrzehnte später vergleichsweise stumm oder doch zumindest merklich verhalten. Die Deutung, derzufolge der Wandel auf einen wesentlich erstarkten Antisemitismus zurückzuführen sei, geht fehl. An der (gemessen an anderen Ländern eher begrenzten) Wirkmächtigkeit des antisemitischen Ressentiments in Deutschland hat sich seit Jahrzehnten nichts Gravierendes verändert. Deutlich gewandelt hat sich hingegen das Legitimationsmaß der Enttabuisierung ehemals strikt beschwiegener bzw. aus dem öffentlichen Diskurs exkludierter ‚Themen' wie ‚deutsche Leiderfahrungen' im Zweiten Weltkrieg, ‚Normalisierung' der deutschen Nation oder – damit immanent verschränkt – das ‚neue deutsche Nationalgefühl'. Was dies für die Entwicklung der politischen Kultur Deutschlands bedeutet, mag hier unerörtert bleiben. Relevant für den hier behandelten Zusammenhang ist hingegen der sich wohl als ideologisches Antidot aufblähende Gegenzug zu dieser Entwicklung: Der ‚Antisemitismus' feiert wieder fröhliche Urstände. Alles, was sich nur halbwegs im Bereich des ehemals Tabuisierten und anrüchig Gebliebenen bewegt, wird diesem Begriff, gleichsam als altneues Konsens-Sammelbecken fürs leger Undifferenzierte und eklektisch Zusammengewürfelte subsumiert. So wünschenswert, ja erforderlich die öffentliche Entrüstung und Konfrontation wären, wenn es um wirklichen Antisemitismus, um reale Formen von Fremdenhass und Rassismus ginge, so erbärmlich und dem Kampf gegen den realen Antisemitismus schädlich ist diese ideologisch-fremdbestimmte Extravaganz im neudeutschen Diskurs. Dass sich dabei Koalitionen wie gewisse Teile der deutschen Linken, der Zentralrat der Juden in Deutschland, Organe der bürgerlichen Presse Deutschlands und die israelische Botschaft in diesem neuen ‚philosemitischen' Boot einfinden, ist symptomatisch: Nicht nur hat die politisch korrekte ‚Antisemitismus'-Ideologie dieser merkwürdigen Melange heterogener Stimmen rein gar nichts mit der realen Lage der in Deutschland lebenden Juden zu tun, sondern Juden, Zionisten und Israelis, Antisemitismus, Antizionismus und Israelkritik werden so unreflektiert durcheinander gewirbelt und miteinander vermengt, dass sich Auschwitz und der Nahe Osten, deutsche Befindlichkeiten und jüdische Lebensweltrealitäten, Gedenken, Erinnerungsfetisch, Israelsolidarität und Islamophobie, Anti- und Philosemitismus, Klezmer und Falafel zu einem einzigen Konglomerat von Reizworten und Sensationen gerinnen, deren Aufklärungswert und emanzipative Ausrichtung, mithin das ihnen abgewonnene genuine Gedenken ans Verbrochene und die aus diesem zu ziehenden ‚Lehren' nichtig werden – vielleicht auch gar nichts anderes mehr sein wollen, als eben das: nichtig. Nicht ausgeschlossen, dass sich auch diese Analyse – wie denn die hier angebotenen Darlegungen insgesamt – dem Verdikt des ‚Antisemitischen' fallen werden. Welche der erwähnten Stimmen im neuen Philosemitismus-Diskurs sich dazu her gibt, ein solches Verdikt auszusprechen, bleibt sich letztlich gleich. In ihrer Funktion als Träger der neuen deutsch-jüdischen Ideologie sind sie ohnehin austauschbar.

Kann es also einen genuinen, mithin wohlwollenden Philosemitismus geben, der dem wahren, aus judenhassendem Ressentiment geborenen Antisemitismus als dessen Entgegensetzung vergleichbar wäre? So gestellt ist die Frage falsch. Denn so, wie das Wahre des Antisemitismus sich einzig aus dem Ressentimentzusammenhang erklären lässt (und darin eben sein Unwahres hat), lässt sich das Genuine des Philosemitismus einzig aus seiner Wesensverwandtschaft mit dem Antisemitismus begreifen – worin sich letztlich das Bedrohliche seines vermeintlichen Wohlwollens erweist.

Anmerkungen

1 Schneider, Peter: Bitte keine falschen Vergleiche, in: *Die Zeit*, Nr. 32, 2.8.2007.

Lars Rensmann/Klaus Faber

Philosemitismus und Antisemitismus: Reflexionen zu einem ungleichen Begriffspaar

‚Philosemitismus' ist ein ebenso vielschichtiger wie schillernder Begriff, der in seiner Geschichte unterschiedliche Funktionen und Konnotationen umfasst. Er ist begriffsgeschichtlich und konzeptionell mit dem Begriff des Antisemitismus verbunden, wobei sich eine doppelte Funktion bestimmen lässt: ‚Philosemitismus' hat eine Geschichte des kritischen Gebrauchs, der sich auf moralische und kulturelle Idealisierungen des Judentums oder von Juden als Kollektiv bezieht und dabei ein realitätsuntaugliches, projektives und verdinglichtes Judenbild zu dechiffrieren sucht, das aufgrund seiner Stereotypie – als ‚positives' Vorurteil gegen ‚den' Juden – in Antisemitismus zurückfallen kann.[1] ‚Philosemitismus' ist dabei indes zugleich – und letztlich zuvörderst – seit jeher ein politisch-geistesgeschichtliches Schlagwort, um nicht zu sagen: ein Begriff, der selbst einer antisemitischen Vorstellungswelt entstammt. Es ist ein Konstrukt, das Sympathie für Juden bzw. ‚Semiten' unter Generalverdacht stellt und in seiner Post-Holocaust-Variante ‚Judenfreundschaft' mit (vor dem Hintergrund der Geschichte eliminatorischer) ‚Judenfeindschaft' auf eine Stufe stellt, was eine Dramatisierung der ersteren und eine Verharmlosung der letzteren zur Folge hat. Die beiden Begriffe des ineinander verwobenen Begriffspaares Antisemitismus – Philosemitismus (der zweite Begriff bezieht sich begriffshistorisch und logisch notwendig auf den ersten und ist dessen Spiegelbildkonstruktion) verweisen letztlich, so die erste These, auf empirisch – und in ihren gesellschaftlichen Wirkungen – sehr divergierende soziale und politische Phänomene; auf höchst ‚ungleiche' Gegenstände, die durch die suggerierte ‚Gleichheit' in der Begriffskonstruktion eher vernebelt als verdeutlicht werden. Diese Asymmetrie der sozialen Gegenstände begründet auch den oft polemisch-politischen, normativen Gebrauchs vom Philosemitismus-Begriff. Vor seinem begriffsgeschichtlichen, normativen und empirischen Hintergrund ist, so die zweite These dieses Beitrags, ‚Philosemitismus' als politik- und sozialwissenschaftliche Kategorie heute nicht mehr ungeprüft tauglich. Sie ist vielmehr mitunter eine problematische und normativ überfrachtete Begriffsfigur, deren wissenschaftliche Operationalisierbarkeit selbst in Frage steht. Dagegen sollte der öffentlich-politische Gebrauch des Philosemitismus-Begriffs selbst, von einer Metaebene aus gesehen, verstärkt zum Gegenstand künftiger Untersuchungen werden.

Hier sind zunächst historische und theoretische Bedeutungen des Philosemitismus-Begriffs zu erhellen, um zu einem vertieften Verständnis dieser Kategorisierungsfigur zu gelangen, die auf reale und vermeintlich positive bis idealisierende Kollektivzuschreibungen gegenüber Juden verweisen soll. Dies geschieht zunächst mittels einer Verortung im begriffsgeschichtlichen Kontext. In einem zweiten Schritt wird die Verwendung des Philosemitismus-Begriffes im Kontext kritischer politik- und sozialwissenschaftlicher Intentionen von seiner Instrumentalisierung als politischer Deckdiskurs und Kampfbegriff sowie seiner Verwendung in rechtsextremen antisemitischen Mobilisierungskampagnen theoretisch und empirisch voneinander geschieden. Zugleich dient die Aufschlüsselung der verschiedenen historischen und aktuellen Bedeutungen des Begriffes und seiner konzeptionellen sowie normativen Konnotationen dazu, diesen selbst – und damit seine Operationalisierbarkeit in politik- und sozialwissenschaftlichen Untersuchungen – zu problematisieren.

In einem letzten Schritt werden dazu geeignetere, differenziertere Begriffe vorgeschlagen, die auf unterschiedliche soziale Phänomene verweisen, durch die Juden mit ‚positiven' Stereotypen belegt und als Kollektiv ausgesondert werden: je nach der abhängigen Variablen, dem jeweiligen Erklärungsgegenstand, ‚Judeophilie' oder ‚Judenidealisierung' einerseits und antisemitische, vermeintliche ‚Juden-Bewunderung' andererseits.

Antisemitismus und Philosemitismus: Begriffsgeschichtliche Rekonstruktionen

Der von Wilhelm Marr, einem deutschen ‚linken Demokraten' und Judenfeind seiner Zeit (der wegen „communistischer" Umtriebe aus Zürich ausgewiesen worden war), im 19. Jahrhundert eingeführte Antisemitismus-Begriff[2] bezieht sich in der sprachpolitischen Praxis bekanntlich nicht auf alle Semiten oder alle semitische Sprachen sprechenden Völker, wie etwa Araber, Malteser, Äthiopier, Aramäer, Phönizier, Babylonier oder Assyrer. Er meint nur die Juden und ersetzt damit ältere Bezeichnungen wie „Judenhass", die für den „aufgeklärten" Diskurs des 19. Jahrhunderts zu sehr mit christlich-religiösen Vorurteilen verbunden waren und deshalb als Argumentationsinstrument weniger geeignet erschienen.

Der im 19. Jahrhundert zunächst häufig eher mit zustimmenden Reaktionen assozierte Antisemitismus-Begriff wies aus der Sicht des Erfinders und der Begriffsnutzer gegenüber älteren religiös gefärbten Bezeichnungen eine Reihe von Vorteilen auf. Wenn von Semiten die Rede war, konnte die antisemitische Ablehnung der Juden vom Ansatz her nicht einfach als religiös motiviert gesehen und damit vielleicht disqualifiziert werden. Die dem eigenen Anspruch nach ‚objektive' Sicht des Antisemiten hob vielmehr auf die Europa und damit Deutschland angeblich fremde Herkunft und Art des Semitischen ab, die auch durch Konversion zum areligiösen Freigeist oder selbst zum Christen nicht ohne Weiteres abgelegt werden konnten.

Es ist hier nicht der Ort, diese Fremdheitsthese im Einzelnen kritisch zu würdigen oder zu widerlegen. Einige kurze Bemerkungen mögen genügen, um die grundsätzliche Fragwürdigkeit der in diesem Zusammenhang verwandten Argumentation mit Fremdheits-, Bodenständigkeits- oder ähnlichen Zuordnungen anzudeuten. Es handelt sich dabei um Konstruktionen, die nicht nur mit Blick auf die lange jüdische, arabische oder auch phönizische Präsenz in Europa historisch gesehen merkwürdig erscheinen (um einmal die Bedeutung des „Semitischen" im Sinne der antisemitischen Herkunfts-‚Beweisführung' ernst zu nehmen). Das Wort „Europa" geht auf die gleiche semitische Wurzel wie „Erev", „Maariv" oder „Maghreb" zurück – Worte mit dem Bedeutungsgehalt „Abend"/„Westen". Die Europäer bezeichnen sich also selbst, dank der frühen phönizischen Siedlungspräsenz, mit einem Begriff semitischer Herkunft. Man könnte derartige Überlegungen weiterführen. In diesen Zusammenhang gehört z. B. ein Hinweis auf die Sprachverwandtschaft zwischen den indogermanischen (oder: indoeuropäischen) und den semito-hamitischen (neuerdings: afroasiatischen) Großgruppen sowie darauf, dass die Herkunft der indogermanischen Sprachen in Europa ursprünglich wohl auf eine außereuropäische Einwanderung zurückzuführen ist.

Wie dem Juden im Bild von Luthers Judenhass[3] haftete auch dem Bild vom „Semiten" nach der Antisemitismus-Konzeption des 19. Jahrhunderts etwas Unabänderliches an, das mit seiner Herkunft und Natur verbunden sein sollte. Dadurch ergab sich, auch bei Luther, eine gewisse Nähe zum späteren rassistischen Antisemitismus – ohne dass der heutige Rasse-Begriff eingeführt sein oder verwandt werden musste.

Antisemitismus kann als eine moderne Ideologie konzeptionalisiert werden, die Parallelen zum Rassismus aufweist und zugleich in ihren historischen Funktionen und Wirkungsweisen von anderen Rassismen – etwa dem Kolonialrassismus – zu unterscheiden ist. Einerseits lässt sich ‚Antisemitismus' analog zu anderen Diskriminierungsvorstellungen und -praktiken gegenüber Minderheiten und ‚Anderen' als Vorurteilskomplex oder als antijüdischer Rassismus verstehen (generalisierbare Dimension).

Als Antisemitismus bezeichnet man in diesem Sinne seit Wilhelm Marr die kollektive Abwertung von Juden, die auf Vorurteilen und dichotomen Freund-Feind-Bildern bzw. Fremdzuschreibungen beruht.[4] Andererseits weist Antisemitismus auch eine spezifische, Jahrtausende alte Geschichte einer Diskriminierungspraxis auf, die bis in die vorrömische und frühchristliche Zeit zurückreicht, von lange tradierten antijüdischen Bildern geprägt ist (Vorurteile vom Christusmörder, Ritualmörder, von personifizierter Faulheit, Dekadenz und Normabweichung, Hinterlist und Betrug, verschworener Gemeinschaftlichkeit etc.) und vor allem auch das beispiellose Menschheitsverbrechen des Holocaust motivierte.[5] Gerade der moderne Antisemitismus, der sich als politische und kulturelle Ideologie zusammen mit dem Aufstieg der bürgerlichen Gesellschaft und der zunehmenden Rechtsgleichstellung von Juden entfaltete, stellt darüber hinaus aber ‚nicht nur' einen Vorurteilskomplex dar. Vielmehr ist seine spezifische Qualität, eine umfassende Erklärung der modernen Welt und ihrer komplexen Prozesse bereit zu stellen – er fungiert wesentlich als Verschwörungstheorie, die die unterschiedlichsten gesellschaftlichen, politischen und sozialen Phänomene mit dem Wirken in der modernen Gesellschaft von Juden ‚erklärt' und in Juden personifiziert (spezifische Dimension). Juden werden dergestalt im Antisemitismus konstruiert als ‚spezifische Andere', deren bloße Existenz als kleine Minderheit eine anti-moderne Welterklärung begründet, welche die vermeintlich ‚negativen' Seiten der modernen Gesellschaft im Zuge einer antisemitischen Zuschreibungspraxis verkörpert (so bereits Marr 1879). Häufig werden Juden dabei zugleich in besonderer Weise als Gegenbild zu einer nationalen Gemeinschaft, als Gegenbild zur partikularen, ethnisch-nationalen Identität konstruiert, etwa historisch in Frankreich, Deutschland oder im Nahen Osten.[6]

Wie unter anderem Bernard Lewis nachweist[7], können, anders als dies etwa der populistische FDP-Politiker Jürgen Möllemann meinte[8], christliche oder muslimische Araber durchaus Antisemiten sein. Denn es handelt sich eben um Feindschaft gegen Juden (nicht gegen andere ‚semitische Gemeinschaften'), auf welche die Begriffskonstruktion des Antisemitismus verweist. Antisemitismus als ideologische Weltdeutung und als Vorurteilsensemble macht nicht vor bestimmten Ländergrenzen oder Gruppen halt.[9] Dies gilt im Übrigen auch für Menschen jüdischer Herkunft oder für israelische Juden. Antisemitismus ist eine Ideologie und stereotype soziale Zuschreibungspraxis, vor der Juden nicht ‚qua Herkunft' gefeit sind. Kollektive Fremdzuschreibungen der Mehrheitsgesellschaft finden vielmehr häufig historische Korrelate in Praktiken der Selbstzuschreibung und gehen in diese über. Gruppenbezogener Selbsthass ist insofern ein Phänomen, das auch unter Juden exisitiert, selbstverständlich aber nicht auf die jüdische Gemeinschaft beschränkt ist.

Nach der Entstehungsgeschichte des Antisemitismus-Begriffes könnte zunächst angenommen werden, dass die diesem Begriff später nachfolgende Begriffsschöpfung ‚Philosemitismus' die Gegenposition zum Antisemitismus bezeichnen soll – was vielleicht auch die erste Verständnisannäherung plausibel erscheinen läßt. Es müßte sich nach dieser Annahme um eine Parallelbildung etwa zu den Begriffspaaren Griechenhasser und Philhellene oder franzosenfeindlich und frankophil handeln. Die beiden Vergleichspaare machen aber deutlich, dass im Wort ‚Philosemitismus' andere problematische Assoziationen mitschwingen, die den genannten Vergleichsbeispielen fremd sind. Die häufig gebrauchte Redewendung: ‚Man muss nicht gleich Philosemit werden, um …' (Fortsetzung sinngemäß meist: ‚… um auch etwas Positives über Juden zu sagen'), zeigt diesen Konnotationssektor. Weder gegenüber Griechen noch gegenüber Franzosen wäre früher eine derartige rhetorische Äquidistanz-Position (wie bei den Juden zwischen Antisemitismus und Philosemitismus) auf größere Akzeptanz gestoßen und hätte damit weite gesellschaftliche Verbreitung gefunden – und das gilt, anders als häufig immer noch gegenüber Juden, auch heute. Dabei hat Äquidistanz zwischen Ablehnung/Feindschaft/Hass einerseits und Sympathie/Zuneigung andererseits im Falle der Griechen oder Franzosen eine grundsätzlich andere Bedeutung als eine Mittlerposition zwischen Antisemitismus und Philosemitismus. Weder Griechen- noch Franzosenhass haben jemals vergleichbare Ausmaße und Folgen wie der Antisemitismus für Juden gehabt, was hier nicht dargelegt werden muss. Der Verdacht liegt nahe, dass der Philosemitismus-Wortschöpfung die geschilderte Verwendungsmöglichkeit als Distanzierungsmetapher mit zugrunde lag, nach der die angemessene Position zwischen den beiden ‚Extremen' (Antisemitismus und Philosemitismus, respektive Judenhass und Judenliebe) anzusiedeln wäre.

Dafür spricht auch eine andere Überlegung. Für eine Parallelbildung etwa zum positiv gemeinten und verstandenen ‚Philhellenismus' hätte man nicht das Teilwort ‚Semitismus' verwandt. Der Semiten-Bezug machte nur für die antisemitische Argumentation Sinn. Für eine positiv gemeinte Beschreibung war und ist er abwegig; er erklärt sich ausschließlich durch die Spiegelbildkonstruktion zum Antisemitismus-Begriff. Nur im Verhältnis zu den Juden fand man sprachpolitisch Anlass, eine Distanzierung zur Sympathie durch die Gegenüberstellung zum Antisemitismus bereits in der Begriffsbildung anzulegen. Diese Sonderstellung des Philosemitismus-

Begriffes rückt ihn begriffshistorisch und konzeptionell, d. h. vom Begriffsgehalt her, selbst in die Nähe einer antisemitischen Position. Das galt selbstverständlich schon vor dem Holocaust.

Die Philosemitismus-Konstruktion als Kritik antisemitischer ‚Juden-Bewunderung'

Auf der anderen Seite existiert ‚Philosemitismus' seit langem auch als ‚kritisch' intendierte politik- und sozialwissenschaftliche Kategorie.[10] Als Philosemitismus wird oftmals – analog einem ‚positiven Rassismus' – ein Antisemitismus unter umgekehrten Vorzeichen verstanden. Dieses Verständnis geht davon aus, dass bestimmte ‚scheinbar' positive Kollektivzuschreibungen letztlich nicht mit Stereotypen, mit Vorurteilen über Juden oder sogar mit einem antisemitischen Weltbild, brechen (müssen) und ergo leichter Dinge in jenes umschlagen bzw. zurückfallen können.[11] Der insoweit kritisch verwandte Begriff des Philosemitismus soll unter derartigen Voraussetzungen auf die Beharrlichkeit von antisemitischen Stereotypen verweisen, die auch in vermeintlich ‚positiven' Klischees, Zuschreibungen und Idealisierungen von Juden als Kollektiv fortwirken, statt eine Aufklärung über das Vorurteil zu leisten. Er soll kritisch darauf zielen, stereotype Kollektivzuschreibungen gegenüber Juden auch dort zu dechiffrieren, wo sie in Form des kollektiven Lobes erscheinen. Beispiele hierfür sind die vermeintliche Bewunderung ‚jüdischer Intelligenz', ‚jüdischer Geschäftstüchtigkeit', auch ‚jüdischer Macht' oder ‚jüdischen Gemeinschaftsdenkens'. In der Tat ist die Logik stereotyper Zuschreibungen gegenüber Juden, die verschiedene Formen und Valenzen zeigen kann, nicht erst mit einer offen judenfeindlich-rassistischen Diskriminierung antisemitisch. Antisemitismus bedient sich gerade unter liberal-demokratischen, aber ebenso unter ‚sozialistischen' Rahmenbedingungen auch subtilerer Codes und verschiedener Anspielungen (‚die amerikanische Ostküste', ‚die weltweitagierenden Zionisten'; schon unter Stalin wurden antisemitische Maßnahmen gegen ‚Zionisten' durchgeführt). Max Horkheimer und Theodor W. Adorno haben dabei bereits in der frühen Nachkriegszeit darauf hingewiesen, dass nicht „erst das antisemitische Ticket antisemitisch [ist], sondern die Ticketmentalität überhaupt"[12].

In Deutschland konnte sich dieses Phänomen eines codierten und latenten Antisemitismus, der in bestimmten ‚Juden-Bewunderungen' aufscheint, historisch zeitweise – so u. a. Ende der 1960er-Jahre – in der Bewunderung von Israels Militär ausdrücken; etwa, wenn der Sechs-Tage-

Krieg im Nachrichtenmagazin *Der Spiegel* als „Blitzkrieg" bezeichnet oder in der *Bild*-Zeitung anerkennend ein Vergleich mit dem „Wüstenfuchs" Rommel gezogen wurde, was zugleich die Wehrmacht mit der israelischen Armee gleichsetzte. Im Kontrast dazu stehen andererseits damals und heute radikale Antizionisten, die dem demokratischen jüdischen Staat jede Existenzberechtigung absprechen, ihn für einen staatsterroristischen „Kolonialstaat", „Apartheidstaat" oder einen „Fremdkörper" im Nahen Osten[13] sowie für die Wurzel allen Übels in der Region halten,[14] die nicht nur die Situation der Palästinenser vielfach mit dem Holocaust gleichsetzen, sondern sich zumeist auch ‚gute Juden' suchen, welche die eigenen Vorurteile bestätigen und legitimieren sollen.

In diesem Zusammenhang finden sich seit langem regelmäßig Interviews und Lobreden auf ‚judenkritische' Juden in der rechtsextremen Presse, wie nicht nur das Beispiel der *Deutschen National-Zeitung* und ihre Preisung des „jüdischen David Irvings" Norman Finkelstein belegt. Finkelstein hat für seine Agitation gegen eine vermeintlich global operierende jüdische „Holocaust-Industrie" nicht nur im deutschen und europäischen Rechtsextremismus insgesamt durchgängig Bewunderung gefunden.[15]

Darüber hinaus existieren in der wissenschaftlichen Diskussion oftmals mit dem Begriff des Philosemitismus bezeichnete empirische Erscheinungen eines latenten Antisemitismus, die weniger offenkundig solche ‚Juden-Bewunderung' oder das Lob ausgewählter Juden im Kontext eines antisemitischen Weltbildes funktionalisieren, um eben dieses zu bestätigen. Gerade in Deutschland nach dem Holocaust spielt hierbei ein „sekundärer Antisemitismus aus Erinnerungsabwehr" eine erhebliche Rolle. Nach diesem Theorem, das auf die Kritische Theorie zurückgeht, werden Juden qua Existenz für die einem ungebrochen positiven kollektiven nationalen Selbstbild abträgliche und auch individuell unliebsame Erinnerung an die Verbrechen der Schoa verantwortlich gemacht, die Deutsche an den europäischen Juden verübt haben.[16] Die Erinnerung wird dabei abgespalten und veräußerlicht, also zu einer ‚jüdischen' Angelegenheit gemacht, anstatt die Verantwortung für die Geschichte zu akzeptieren und ins eigene kollektive Selbstbild zu integrieren.[17] Dies kann neben unmittelbarer antisemitischer Abwehr eines gefühlten oder imaginierten ‚Schuldvorwurfs' auch zur moralischen Überhöhung ‚der Juden' führen, die sich etwa in der Formulierung von der ‚moralischen Gewissensinstanz' ausdrückt – einer Gewissensinstanz, die insbesondere Ignatz Bubis regelmäßig im medialen Diskurs überantwortet wurde.

Auch eine derartige – oftmals im allgemeinen öffentlichen sowie im wissenschaftlichen Diskurs als ‚Philosemitismus' bezeichnete – Überhöhung bricht mitunter nicht mit der kollektiven Zuschreibung antisemitischer Vorurteile. Die Klischees werden vielmehr nur vorübergehend ins Positive verkehrt und verklärt, ohne dass dadurch ein Rückfall in die Abwertung ausgeschlossen würde. Der emotionalen Idealisierung und dem kognitiven Idealbild, vor allem in Form einer intellektuellen wie insbesondere moralischen Überhöhung bis hin zur externen Über-Ich-Funktion, die sich in der Konstruktion von Juden als ‚moralischer Autorität' verkörpert, können Juden schwerlich gerecht werden; bei Enttäuschungen – der schlichten Erfahrung, dass lebendige Juden der übermenschlichen Idealisierung kaum entsprechen können – kann insofern der tradierte Antisemitismus einsetzen, der das Ideal sozialpsychologisch umso wütender vom selbst konstruierten Sockel stößt und dabei die Klischees reproduziert, die man eigentlich überwunden glaubte.[18] Allerdings ist auch zu bedenken, dass ‚positive' Bilder von Judentum und Israel als solche – solange sie nicht in Stereotypie übergehen – genauso wenig problematisch sind wie positive Buddhismus- oder Islam-, Italien- bzw. Frankreichbilder; Frankophilie etwa ist ebenso wenig dem Franzosenhass normativ und strukturell gleichwertig wie Judeophilie oder etwa auch Israelfreundschaft dem Antisemitismus.

Spätestens nach dem Holocaust erscheint aber ‚Philosemitismus' nicht nur semantisch und begriffshistorisch als eine problematische Begriffsfigur für Phänomene temporärer Judeophilie oder, wie zu Beginn des Abschnitts skizziert, die in konturiert antisemitische Narrative eingebette Bewunderung ‚guter Juden', welche eben nur scheinbar ‚philosemitisch' ist.

Philosemitismus als Abwehr- und Deckdiskurs: Zwischen politischem Kampfbegriff und diskursiver Schimäre

Auf empirischer Ebene führt uns die Problematik der Kategorie weiter zum Phänomen des Philosemitismus als Abwehr- und Deckdiskurs, der insbesondere mit der Neuen Linken nach 1967 eine Renaissance erlebte, und zum Philosemitismus als politischem Kampfbegriff bzw. einer Schimäre, die in den Kontext antisemitischer Semantiken eingebettet ist.

Erhebliche Auswirkungen hatte dabei der radikale Wandel relevanter Teile der Linken und Neuen Linken in ihrem Verhältnis zum Staat Israel – von einer eher positiven, pro-israelischen oder neutralen Haltung zur Verdammung des Staates und zur Ablehnung seiner Existenzberechtigung sowie zur Unterstützung des arabischen Nationalismus und antiimperialistischen Antizionismus im Horizont des Sechstagekriegs von 1967.[19]

In diesem Zusammenhang fand der Philosemitismus-Begriff verstärkt Anwendung, um Kritik am radikalen Antizionismus als Ausdruck einer ‚philosemitischen Grundhaltung' der „imperialistischen" Bundesrepublik abzuwehren (Abwehrdiskurs) und selbstreflexive Nachfragen zu möglichen antisemitischen Gehalten des eigenen antiisraelischen Antizionismus zu überdecken (Deckdiskurs). Als Philosemitismus wurde damit zunehmend ein pro-jüdischer und pro-israelischer Staatskonsens bezeichnet, der als Teil der „imperialistischen Herrschaftsideologie" der Bundesrepublik entlarvt werden sollte, die in Kontinuität mit der faschistischen Ideologie stünde, sich jetzt aber mit dem „zionistischen Staatsgebilde" gegen die Palästinenser richte.[20] Solche praktisch-politischen Gleichsetzungen zeugten nicht nur von einem eigenwilliges Verständnis von der Bundesrepublik und Israel, sie vollzogen auch eine Täter-Opfer-Umkehr, die im Sinne eines Antisemitismus aus Erinnerungsabwehr den jüdischen Staat Israel als „kollektiven Juden"[21] stilisierte, seine Bürger und mithin auch „kollaborierende" Juden in der Bundesrepublik als die Faschisten und „Unterdrücker von heute". Kritik an solcher Umkehr wird seither sowohl mit dem Rückgriff auf Philosemitismus, als auch mit dem Hinweis auf die Illegitimität von angeblich bei jeglicher Israelkritik artikulierten Antisemitismusvorwürfen beantwortet (und zwar unabhängig davon, ob entsprechende Vorwürfe berechtigt oder vielmehr alarmistisch und inflationär sind). Einerseits verbiegt die Funktionalisierung des Philosemitismus-Begriffes als Abwehr- und Deckdiskurs so Antisemitismus zu einer der ‚Judenfreundschaft' gleichrangigen oder untergeordneten Problematik. Andererseits ermöglicht der reflexhafte Hinweis auf „Philosemitismus", „Antisemitismusvorwürfe" unabhängig von ihrem Wahrheitsgehalt apriori zu delegitimieren und anstelle des Antisemitismus selbst zum zentralen Thema zu machen.

Darüber hinaus gibt es eine drastische politische Instrumentalisierung des Begriffes. Zwar diskreditiert der Missbrauch eines Begriffes diesen keineswegs automatisch. Seine gesellschaftlichen Bedeutungsinhalte und Konnotationen lassen sich aber – jenseits der grundsätzlichen semantischen Problematik – auch nicht einfach von diesem abtrennen, zumal wenn er in der politik- und sozialwissenschaftlichen Forschung Anwendung finden soll.

Dabei ist zu berücksichtigen, dass der Begriff Philosemitismus, in Nachkriegsdeutschland vornehmlich in einem linken Diskurs präsent, seit der Bildung einer Neuen Rechten Mitte der 1980er- und Anfang der 1990er-Jahre verstärkt als offensiver politischer Kampfbegriff, und auch in deren ‚kulturellem Metadiskurs' genutzt worden ist. Spätestens hier ist

‚Philosemitismus' zu einer kollektiven Anklage gegen Juden und vermeintliche ‚Gesinnungsjuden' umgewandelt worden[22] und zum Medium antijüdischer Affekte mutiert. Als Philosemitismus wird von einer politisch-ideologischen Neuen Rechten seither all das diffamiert, was die bundesrepublikanische Nachkriegsdemokratie an Sensibilisierung gegenüber der Diskriminierung der jüdischen Minderheit – und gegenüber dem jüdischen Staates Israel – gesichert hat. Das Ziel der Bekämpfung eines vermeintlich in Deutschland wegen des Holocaust vorherrschenden ‚Philosemitismus' ist freilich bereits jenseits der Neuen Rechten in öffentlichen Debatten der bundesrepublikanischen Geschichte proklamiert worden, so mit der Forderung nach einem ‚Ende der Schonzeit' für Juden im Kontext der Auseinandersetzung um die – am Ende gescheiterte – Aufführung des Fassbinder-Stückes *Der Müll, die Stadt und der Tod* in Frankfurt im Jahre 1985. Insinuationen eines ‚Philosemitismus'-Regimes in Deutschland, durch das Kritik an Juden und Israel zu einem ‚Tabu' erklärt würde – ein Tabu, mit dem man folgerichtig im Sinne der Aufklärung brechen müsse, um die Beziehungen zu Juden zu ‚normalisieren' – finden sich parallel dazu. Sie sind verwoben in die Diskussionen zur NS-Vergangenheit und zu Israel seit den frühen 1980er-Jahren, bis hin zur Walser-Debatte 1998 und der Möllemann-Auseinandersetzung 2002.[23] Ein besonderes Beispiel ist wiederum die Finkelstein-Debatte 2000. Finkelstein sieht in seinem insbesondere in Deutschland erfolgreichen Bestseller eine Verschwörung einer weltweiten „Holocaust-Industrie" am Werk, mit der sich jüdische Organisationen bereichern und durch „philosemitische" Manipulationen Israels Existenz rechtfertigen.

Im *Rheinischen Merkur* freut sich exemplarisch ein Autor über das Buch von Norman Finkelstein, da „bislang fast jeder Ansatz von Kritik an Bürgern jüdischen Glaubens oder jüdischen Organisationen in der Bundesrepublik schnell als ‚antisemitisch' von der Öffentlichkeit wahrgenommen wurde"[24]. Diese eigenwillige Sicht auf politische Diskurse in der Bundesrepublik, die einen Popanz eines vermeintlich hegemonialen Philosemitismus und einer angeblich dominierenden political correctness ins Feld führt, wird dabei mit Hinweisen auf den in Deutschland lange isolierten Geschichtsrevisionisten Ernst Nolte und auf dessen Forderung nach mehr „wissenschaftliche[r] Redlichkeit im Umgang mit deutschen Hypotheken"[25] unterfüttert. Während des Historikerstreits hatten die so genannten „Geschichtsrevisionisten" zwar mit ihren Wünschen nach einer geschönten, identitätsstiftenden Nationalgeschichtsschreibung gegenüber den Vertretern einer aufklärerisch-demokratischen Historiographie in der öffentlichen Auseinandersetzung eine Niederlage erlitten, allerdings zugleich viele liberal-demokratische Normen gebrochen. Die etablierte *Süddeutsche Zeitung* hat als erste die Thesen des anti-israelischen, von der extremen Rechten gefeierten Publizisten Finkelstein vermarktet. Die Zeitung führt aus, nichts sei so „unbeabsichtigt" wie der Beifall aus dem „Lager rechtsextremer Ressentiments" und fordert zur „Lektüre seines Buches" auf, das vermeintlich „die Belege seiner These enthält"[26]. Jedes Ressentiment, das Finkelstein freimütig und tatsächlich empiriefrei verlautbart, so wird suggeriert, ist demnach ‚wissenschaftlich' belegt; dies meint auch die rechtsextreme *Junge Freiheit*.[27] Ob gewollt oder ungewollt, hier eröffnet ein Philosemitismus-Verständnis politisch-diskursive Gelegenheitsstrukturen für antisemitische Vorurteile und ihre öffentliche Artikulation.

Auch in breiteren diskursiven Praktiken der Nahost-Debatte findet der Begriff des Philosemitismus heute als Instrument in politischen Auseinandersetzungen Anwendung. Ohne hier die politischen Intentionen selbst zu bewerten, liefert der folgende Textauszug aus einem politischen Manifest ein typisches Beispiel für die Funktionalisierung des Begriffes zu politischen Zwecken (hier der Forderung nach einer ‚neuen', pro-palästinensischen Politik der Bundesregierung):

> „Gleichzeitig haben tragende Kräfte der deutschen Politik und Gesellschaft die Trauer über das Ungeheuerliche in mehr oder weniger hohle Rituale verflacht und so einen Einstellungswandel eher behindert als gefördert. Das Ergebnis ist ein problematischer Philosemitismus. Problematisch deshalb, weil die bloße Umkehrung eines starren, gegen die Realität abgeschotteten Feindbildes letztlich nur dasselbe mit umgekehrten Vorzeichen ergibt und ebenfalls gegen die Realität und jedes differenzierte Urteil immunisiert. [...] Zusammen mit dem eingangs erwähnten unausgesprochenen Verbot offener Kritik an israelischen Entscheidungen stärkt der Philosemitismus in Deutschland den Antisemitismus eher als dass er ihn schwächt."[28]

Die Autoren identifizieren hierbei „Philosemitismus" sowohl mit Antisemitismus als auch mit Pro-Israel-Haltungen, um letztere, im Unterschied zu favorisierten „israelkritischen Haltungen", als „abgeschottete[s] Feindbild [...] mit umgekehrten Vorzeichen" zu delegitimieren. Beides, Pro-Israelismus und Philosemitismus, stärke den Antisemitismus. Somit dient die Kritik am vermeintlichen Philosemitismus dazu, die Forderung der Autoren nach einer „neuen Nahost-Politik" zu rechtfertigen. Antisemitische Israelkritik, die den Antisemitismus in Deutschland stärken könnte, scheint hingegen nicht zu existieren; zumindest wird eine solche nicht einmal als Möglichkeit bedacht.

Zudem verknüpfen die Autoren des politischen „Manifests" die Problematisierung des Philosemitismus eng mit derjenigen eines behaupteten „unausgesprochenen Verbot[es] offener Kritik an israelischen Einrichtungen". Für ein solches „unausgesprochenes" Verbot, dessen Behauptung sich nicht nur in Deutschland als zähe, immer wieder bemühte Legende hält, gibt es bisher keine empirischen Belege. Es ist eben „unausgesprochen". Befunde sozialwissenschaftlicher Forschung zur Nahost-Berichterstattung ergeben ein anderes Bild[29]; belegen lässt sich zwar eine Asymmetrie in Medien und Öffentlichkeit in Deutschland, freilich nicht zugunsten der israelischen Seite. Dabei dient der Nahe Osten vielfach als Projektionsfläche, kaum jedoch fungiert Israel als positive Identifikationsfolie. Die darüber weit hinausreichende, wiederkehrende narrative Konstruktion, es bestünde in der bundesrepublikanischen Demokratie gar ein „philosemitisch" motiviertes „Tabu" oder „Verbot" der Kritik an Israel, an israelischen Einrichtungen und israelischer Regierungspolitik, gegen das man sich im Sinne der Aufklärung wenden müsse, kann als ideologische Konstruktion klassifiziert werden. Empirische Nachweise fehlen hierfür gänzlich. Vor diesem Hintergrund der Realitätsuntauglichkeit lässt sich begründet vermuten, dass es sich bei der These selbst um den Ausdruck eines Vorurteils handelt. Dessen Bedeutungsumfeld reicht ins verschwörungstheoretische Stereotyp von der „jüdischen Medienmacht" hinüber, welche die deutschen Medien beherrsche und Kritik „mundtot" mache.[30]

Es handelt sich hier um die Koppelung einer ideologisch abgedichteten, normativ überwölbten Philosemitismus- mit einer „Tabu"-These, also mit der empirisch widerlegbaren Behauptung, Kritik an Israel und Juden sei im „philosemitischen" Deutschland „tabu"[31] oder gar „verboten". Der mittlerweile verstorbene FDP-Politiker Jürgen Möllemann hatte diese These im Bundestagswahlkampf 2002 zur Grundlage einer Kampagne gegen den israelischen Politiker Ariel Scharon und den deutsch-jüdischen Journalisten und Rechtsanwalt Michel Friedman gemacht, deren Verhalten nach seiner Auffassung Antisemitismus befördert haben soll.[32] Die Konstruktion einer Einschränkung des Rederechtes in der liberalen Demokratie zugunsten Israels, die Vorstellung, es existiere ein „Verbot der Kritik" an Israel oder ein ebensolches stände irgendwo in der Welt zur Diskussion, so dass man sich dagegen aussprechen müsste,[33] und die Auffassung, jede Kritik an Israel werde als antisemitisch gebrandmarkt, werden trotz ihrer mangelnden Evidenz bis heute nicht nur von Rechtsextremen und Rechtspopulisten, sondern auch von so genannten anti-zionistischen Teilen der Linken bis bisweilen hin zu Akteuren der politischen Mitte aufgegriffen. Der seit den 1970er-Jahren immer wieder bemühte ‚Tabubruch' gegen eine derartige Schimäre einer sanktionierenden „Macht des Philosemitismus" manifestiert sich dann in vielen Fällen in einer besonders radikalen und emotionalen ‚Israel-' und ‚Judenkritik'.

Die ‚Philosemitismus'-Etikettierung fungiert in diesem Zusammenhang häufig als politisches Instrument, um Formen anti-antisemitischer oder pro-israelischer Positionierung im politischen Meinungskampf als vermeintliches ‚positives Vorurteil' über Juden a priori zu delegitimieren. Aus normativer Sicht sollten anti-antisemitische (und auch pro-israelische) Äußerungen demgegenüber selbstverständlich als legitime Positionen im Meinungsstreit und im demokratischen Prozess politischer Willensbildung angesehen werden.

Eine grundsätzlich positive Haltung zur jüdischen Gemeinschaft und Solidarität mit dem Staat Israel gehörten zum staatlichen Gründungs- und Grundkonsens der bundesrepublikanischen Nachkriegsdemokratie[34], obgleich dieser Konsens spätestens seit dem Wandel der Neuen Linken im Jahr 1967 immer wieder öffentlich und auch in Teilen der Politik in Frage gestellt worden ist. Dabei ist eine Spaltung zwischen der offiziellen, symbolischen (teilweise ritualisierten) pro-israelischen staatlichen Positionierung und einer seit den 1970er-Jahren zunehmend ‚israelkritischen' Öffentlichkeit entstanden. Sie korrespondiert mit virulent israelfeindlichen und antisemitischen Einstellungsmustern in relevanten Wählerschichten.[35] Hierbei korreliert, wie bereits erwähnt, Israelfeindschaft mit Antisemitismus.[36] Die These von einer „philosemitischen Hegemonie", so läßt sich zusammenfassend behaupten, hält jedenfalls einer nüchternen historischen Rekonstruktion empirisch nicht stand.

Grenzen der Operationalisierbarkeit: Jenseits des Philosemitismus

Die Grenzen einer sozialwissenschaftlichen Operationalisierbarkeit des jüngst erneut in Mode gekommenen, aber umstrittenen Philosemitismus-Begriffes konnten sichtbar gemacht werden. Zu den historischen, empirischen und konzeptionellen Schwächen fügt sich seine spezifische politisch-normative Schlagseite. Sie führt dazu, (falsch generalisierende) idealisierende ‚Judenfreundschaft' mit (falsch generalisierender *und* welterklärender, historisch sowie aktuell Diskriminierung und Gewalt gegen Juden rechtfertigender) ‚Judenfeindschaft' gleichzusetzen. Der Begriff hat zudem historische und aktuelle Verbindungen bzw. Affinitäten zur antisemitischen Vorstellung, es gäbe zu viele Menschen, die es mit den Juden gut meinten, es herrsche also eine gesellschaftliche Dominanz oder ein überproportionaler Einfluss von Juden und so genannten „Gesinnungsjuden".

Philosemitismus, so ließ sich zeigen, legt eine Gleichsetzung mit Antisemitismus nahe, die weder theoretisch noch empirisch zu legitimieren ist. Höchst unterschiedliche Phänomene der Geschichte und Gegenwart werden in diesem Begriff konzeptionell nivelliert, was sich in diesem Sinne auch in der praktischen Verwendung als normativ aufgeladener Kampfbegriff widerspiegelt. Aufgrund der begriffshistorischen, semantischen, normativen, definitorischen und empirischen Problematik und der entsprechenden Funktionalisierung des umstrittenen Philosemitismus-Begriffes lässt sich dieser kaum (mehr) sinnvoll wissenschaftlich operationalisieren. Der Vorschlag liegt daher nahe, auf ihn zu verzichten.

Um die Problematik der auch in der wissenschaftlichen Diskussion vielfach als Philosemitismus bezeichneten, jedoch damit nicht trennscharf genug begriffenen, unterschiedlichen Phänomene ‚positiver' Klischees über Juden und Judentum zu erfassen, erscheinen andere Begriffe geeigneter, präziser und differenzierter sowie eher frei von politisch-normativer Überfrachtung (es gibt Phänomene einer antisemitisch grundierten Bewunderung von den Juden, eine antisemitische Aussonderung ‚guter Juden', sowie Erscheinungsformen von Judeophilie, der moralischen Überhöhung von Juden und jüdischer Kultur insbesondere nach dem Holocaust). Ohne Zweifel, so konnte gezeigt werden, kann auch eine realitätsentkoppelte Judeophilie stereotype Schemata reproduzieren. Empirisch zeigt sich oftmals ein Zusammenhang von real oder vermeintlich ‚positiven' Vorurteilen gegenüber Juden („beruflich erfolgreich", „ausgesprochen intelligent") mit antisemitischen Deutungsmustern. Insbesondere wenn Juden als konkrete Personen die idealisierte Phantasie von einer moralischen Superiorität nicht erfüllen, manifestiert sich nicht selten eine antijüdische Grundierung angeblicher Judeophilie und ‚Judenbewunderung'; vermeintliche kollektive Bewunderung kann dann in offene Abwertung umschlagen. Ausgesonderte ‚gute Juden' sind dabei allerdings ohnehin fester Bestandteil antisemitischer Diskurse im Rechtsextremismus und darüber hinaus.

Auch jenseits des Nutzens in der Forschung und für die Suche nach alternativen Konzepten stellt sich empirisch die Frage: Inwieweit ist Judeophilie, als eigenständiges Phänomen und nicht bloß als Diskursmittel der ‚Judenbewunderung' in antisemitischen Publikationen der extremen Rechten, heute (noch) ein gesellschaftlich und politisch relevantes Problem? Erneut stoßen wir auf Schwierigkeiten, die oft bemühte „Philosemitismus"-These nach wissenschaftlichen Kriterien zu verifizieren. Weder gibt es empirische Erhebungen, die nahelegen, bei ‚Judenbewunderung' handele es sich heutzutage um ein weit verbreitetes Phänomen[37], noch zeigen Diskursanalysen dessen reklamierte Virulenz.[38] Juden werden heute nicht durch Judeophilie bedroht. Der eher marginale Charakter dieser sozialen und politischen Erscheinung zeigt sich aktuell auch in der religiösen Konversion. Heute ist etwa die Beitrittsquote zum Islam wesentlich größer als der Anteil deutscher und europäischer Konvertiten zum Judentum. Auch auf der Ebene nationalstaatlicher oder europäischer Politik spielt Judeophilie keine nachweisbare Rolle. Jenseits der traditionell guten internationalen politischen Beziehungen der Bundesrepublik Deutschland zu Israel[39] zeigt sich die Außenpolitik der EU-Mitgliedsstaaten und der EU, in die die Bundesrepublik verwoben ist, traditionell konturiert pro-palästinensisch,[40] spätestens seit dem „Euro-Arab dialogue" und der Venice Declaration von 1980 in keinem Fall aber deutlich pro-israelisch. Die These, dass in Deutschland und Europa ein ‚philosemitisches' Verbot der Kritik an Juden oder an der Politik des jüdischen Staates Israel existiere, gehört vielmehr, wie Medienuntersuchungen belegen, selbst ins Reich antisemitischer Mythologie.[41] Juden werden genauso kritisiert – man erinnere nur an den medial überdramatisierten „Fall Friedman" – wie Israel in Medien und öffentlichem Diskurs auf Kritik stößt, ja mitunter auch zum Gegenstand scharfer, nicht selten überscharfer Angriffe wird. Empirisch verifizierbare gesellschaftliche Bedeutung haben weniger die mit dem Begriff des ‚Philosemitismus' unglücklich bezeichneten Phänomene als das soziale Konstrukt beziehungsweise die von öffentlichen Akteuren bemühte Schimäre, „philosemitische Eliten" beherrschten Europa und es sei überfällig, mit jenem „Philosemitismus" zu brechen, um zu einem äquidistanten oder ‚kritischen' Verhältnis zur jüdischen Minderheit und zu Juden zu gelangen. Eine antisemitische Kollektivzuschreibung, die mit realen politischen Prozessen in Spannung steht, ist dabei nicht das Produkt, sondern die Voraussetzung solcher Art von Philosemitismus-Kritik.

Der empirisch relevantere Fragenkomplex ist heute eher, ob und inwieweit „diskreter Antisemitismus"[42] unter demokratischen Bedingungen in Deutschland und Europa in jüngeren Jahren zunehmend durch weniger codierte Formen abgelöst worden ist; welche Rolle die Bekämpfung des Philosemitismus als „discursive device" dabei spielt, und ob sich die politische Opportunität von antisemitischen Stereotypen nachweisbar erhöht hat sowie die Frage danach, welche Grenzen die demokratische politische

Kultur dem Antisemitismus setzt.[43] Im vergleichenden Blick ist auch zu fragen, wie sich die Zunahme des Antisemitismus als Einstellungsmuster selbst oder gerade in ‚alten', etablierten Demokratien wie Großbritannien erklären lässt, und welche Relevanz Antisemitismus unter Minderheiten in Deutschland und Europa hat (was bisher noch weitgehend unerforscht ist). Judeophilie, also kollektive Judenfreundschaft und -bewunderung, dürfte im zuletzt genannten Kontext laut ersten Untersuchungen eine noch geringere Bedeutung als im Mehrheitsdiskurs haben.[44]

In der öffentlichen Debatte bleibt Philosemitismus ein schillerndes sowie umkämpftes Schlagwort mit unterschiedlichen Funktionen und Inhalten. Dessen öffentlicher Gebrauch sollte auch künftig – und verstärkt – Gegenstand von Untersuchungen sein. Die Forschung zum Philosemitismus wird allerdings nicht umhin kommen, die problematischen Ursprünge, Bedeutungen und Funktionen dieser Begriffskonstruktion zu reflektieren. Ihr heuristischer Wert als politik- und sozialwissenschaftliche Kategorie ist indes nicht mehr fraglos anzunehmen.

Anmerkungen

1 Vgl. Schoeps, Julius H.: Leiden an Deutschland. Vom antisemitischen Wahn und der Last der Erinnerung, München 1990; Rensmann, Lars: Demokratie und Judenbild. Antisemitismus in der politischen Kultur der Bundesrepublik Deutschland, Wiesbaden 2004, S. 86.

2 Vgl. Benz, Wolfgang: Was ist Antisemitismus, München 2004, S. 90.

3 Pangritz, Andreas: „Luthers Judenfeindschaft", Vortrag im Zentrum Jerusalemkirche, Berlin, 1. November 2001.

4 Vgl. Marr, Wilhelm: Der Sieg des Judenthums über das Germanenthum – Vom nicht confessionellen Standpunkt aus betrachtet, Bern 1879; hierzu Berger Waldenegg/Georg Christoph: Antisemitismus. Eine gefährliche Vokabel?, in: Jahrbuch für Antisemitismusforschung 9 (2000), S. 108–126; Benz: Was ist Antisemitismus?, [wie Anm. 2].

5 Vgl. Schoeps, Julius H./Schlör, Joachim: Antisemitismus. Vorurteile und Mythen, München 1996.

6 Vgl. Rensmann, Lars: Kritische Theorie über den Antisemitismus, Hamburg 1998; ders.: Demokratie und Judenbild: Antisemitismus in der politischen Kultur der Bundesrepublik Deutschland, Wiesbaden 2004; ders.: Collective Guilt, National Identity, and Political Processes in contemporary Germany, in: Doosje, Bertjan/Branscombe, Nyla (Hg.): Collective Guilt: International Perspectives, Cambridge 2004, S. 204–223.

7 Lewis, Bernard: Semites and Anti-Semites, New York 1999, S. 117ff.

8 Vgl. Rensmann: Demokratie und Judenbild, [wie Anm. 6], S.442ff.

9 Vgl. etwa zum wachsenden muslimischen Antisemitismus im Nahen Osten und Europa Faber, Klaus: Nach Möllemann: Antizionismus und Antisemitismus. Eine gefährliche Verbindung in Medien und Politik, in: Kaufmann, Tobias/Orlowski, Manja (Hg.): „Ich würde mich auch wehren..." Antisemitismus und Israelkritik:

Bestandsaufnahme nach Möllemann, Potsdam 2002, S. 147ff.; ders.: Die geleugnete Verbindung, Berliner Republik 2 (2003), S. 80–83; ders.: Islamischer Antisemitismus, in: Perspektive 21: Brandenburgische Hefte für Wissenschaft und Politik, August, Potsdam 2005, S. 71–84.

10 Adorno, Theodor W.: Zur Bekämpfung des Antisemitismus heute, in: ders.: Kritik. Kleine Schriften zur Gesellschaft, Frankfurt a. M. 1970, Schoeps: Leiden an Deutschland, [wie Anm. 1], Stern, Frank: From overt Philosemitism to Discret Antisemitism und Beyond, in: Almog, Shmuel (Hg.): Antisemitism through the Ages, Oxford 1988, S. 385–402, Rensmann: Demokratie und Judenbild, [wie Anm. 6].

11 Rensmann: Demokratie und Judenbild, [wie Anm. 6], S. 86ff.

12 Horkheimer, Max/Adorno Theodor W.: Dialektik der Aufklärung. Philosophische Fragmente, Frankfurt a. M. 1969, S. 200.

13 Vgl. Pirker, Werner: Einen anderen Zionismus gibt es nicht, in: *Junge Welt*, 24. 4. 2002, S. 8.

14 Zur Unterscheidung von Kritik an Israel, Antizionismus und Antisemitismus siehe Cohen, Mitchell: Anti-Semitism and the Left that Doesn't Learn, in: Dissent (online), Fall 2007. Cohen verdeutlicht indes auch, welche möglichen Überschneidungen es zwischen Antizionismus und Antisemitismus gibt. Ein Indikator für antisemitische Israelkritik ist es für Cohen, wenn Israel im Unterschied zu anderen Staaten das Existenzrecht abgesprochen wird und es kein Verbrechen der Hamas gibt, für das nicht ‚in der letzten Analyse' die Israelis verantwortlich gemacht werden, die Gewalt gegen Juden also konsequent aus Israels „Staatsterrorismus" abgeleitet wird . Vgl. dazu auch die zahlreichen Stellungnahmen in Faber, Klaus/Schoeps, Julius H./Stawski, Sacha (Hg.): Neu-alter Judenhass, Berlin, ^{2}2007, u. a. Faber, Klaus: Was ist zu tun? Antisemitismus, Israel und die deutsche Politik, in: ebd., S. 339ff.

15 Vgl. hierzu die zahlreichen Belege in der Untersuchung von Dietzsch, Martin/Schobert, Alfreg (Hg.): Ein „Jüdischer David Irving"? Norman G. Finkelstein im Diskurs der Rechten – Erinnerungsabwehr und Antizionismus, Duisburg 2001.

16 Vgl. Adorno: Zur Bekämpfung des Antisemitismus heute, [wie Anm. 10]; Rensmann: Kritische Theorie über den Antisemitismus, [wie Anm. 6], S. 230ff.; zur antizionistischen Variante der Erinnerungsabwehr vgl. Faber: Nach Möllemann, [wie Anm. 9], S. 144ff.

17 Zum Überblick über die empirische Forschung zum Thema siehe Bergmann, Werner/Erb, Rainer: Antisemitismus in der Bundesrepublik Deutschland. Ergebnisse der empirischen Forschung, Opladen 1991; Rensmann: Collective Guilt, [wie Anm. 6].

18 Vgl. Dichanz, Horst u. a.: Antisemitismus in den Medien, Bonn 1997.

19 Vgl. Faber: Nach Möllemann, [wie Anm. 9], S. 145f.; ausführlich Kloke, Martin W.: „Das zionistische Staatsgebilde als Brückenkopf des Imperialismus." Vor vierzig Jahren wurde die neue deutsche Linke antiisraelisch, in: *Merkur* 61, 6 (2007), S. 487–497.

20 Vgl. ebd.

21 Vgl. Klug, Brian: The Collective Jew. Israel and the New Antisemitism, in: *Patterns of Prejudice* 37, S. 2, Faber/Schoeps/Stawski (Hg.): Neu-alter Judenhass, [wie Anm. 14].

22 Rensmann: Demokratie und Judenbild, [wie Anm. 6], S. 295ff.

23 Siehe dazu auch Faber: Nach Möllemann, [wie Anm. 9].

24 Vgl. Kallina, Bernd: Du sollst nicht vergleichen!, in: *Rheinischer Merkur* vom 25. August 2000, S. 11.

25 Ebd.

26 Vgl. die Einleitung zu Norman Finkelstein, Das Geschäft mit dem Leid, in: *Süddeutsche Zeitung*, 11. 8. 2000, S. 24.

27 Vgl. Denes, Ivan: Der Miliardenpoker, in: *Junge Freiheit*, 28. 7. 2000, S. 12.

28 Ruf, Werner u. a.: Das Manifest der 25: Freundschaft und Kritik. Warum die „besonderen Beziehungen" zwischen Deutschland und Israel überdacht werden müssen (2007), in: www.uni-kassel.de/fb5/frieden/regionen/Israel/manifest.html.

29 Vgl. Behrens, Rolf: „Raketen gegen Steinewerfer". Das Bild Israels im „Spiegel". Eine Inhaltsanalyse der Berichterstattung über Intifada 1987–1992 und ‚Al-Aqsa-Intifada' 2000–2002, Münster 2003; Jäger, Siegfried/Jäger, Margarete: Medienbild Israel. Zwischen Solidarität und Antisemitismus, Münster 2003; Wistrich, Robert: The Politics of Resentment. Israel, Jews, and the German Media, Jerusalem 2004; Faber/Schoeps/Stawski (Hg.): Neu-alter Judenhass, [wie Anm. 14].

30 Ausführlich hierzu Jaecker, Tobias: Antisemitische Verschwörungstheorien nach dem 11. September. Neue Varianten eines alten Deutungsmusters, Münster 2004. So wenig Kritik an Israel per se antisemitisch ist, so wenig ist andererseits „Israelkritik" a priori frei von Antisemitismus. Vielmehr lässt sich in empirischen Erhebungen nachweisen, dass extreme Israelkritik und Antisemitismus stark korrelieren, d. h. mit der Radikalität der „Israelkritik" (z. B. der Dämonisierung Israels als „Apartheidsstaat" etc.) steigt laut der empirischen Erhebung von Kaplan und Small die Wahrscheinlichkeit, dass auch antisemitische Einstellungen vorliegen (Kaplan, Edward H./Small, Charles A.: Anti-Israel Sentiment Predicts Anti-Semitism in Europe, in: *Journal of Conflict, Resolution* 50, 4 (2006), S. 548--561).

31 Das jüngste Beispiel solch politisch-ideologischer Funktionalisierung des Philosemitismus als Schimäre findet sich in der Debatte um die Streitschrift „Die Israel-Lobby" der amerikanischen Politikwissenschaftler John Mearsheimer und Stephen Walt, vgl. Mearsheimer, John J./Walt, Stephen M., Die Israel-Lobby. Wie die amerikanische Außenpolitik beeinflusst wird, Frankfurt a. M. 2007. Deren Buch wurde in den USA und Deutschland schnell zum Bestseller – wieder einmal in empirischer Widerlegung der These, bei Diskussionen über und gegen Israel gebe es „Tabus" und „unterdrückte Diskurse" in der deutschen oder amerikanischen Öffentlichkeit. Die Autoren finden vielmehr breite Resonanz und gelangen mit ihrem Buch auf renommierte Foren, obschon sie in ihren Aussagen sehr weit gehen und behaupten, dass „jüdische Organisationen" gemeinsam mit christlichen Bündnispartnern die Außenpolitik der USA und letztlich die Weltpolitik manipulierten und beherrschten. Dass freilich ausgerechnet Juden und Israelis die US-Außenpolitik heimlich fernsteuerten, ist empirisch abwegig und wird auch durch viele Zitate aus der *New York Times* von den Autoren nicht belegt. Trotz der explizit vorgetragenen Ablehnung des Antisemitismus durch die Autoren ist das Klischee von einer allmächtigen „Israel-Lobby" freilich zumindest anschlussfähig an das moderne antisemitische Stereotyp von der jüdischen Weltverschwörung und an die darin enthaltene Behauptung, dass diese Verschwörung verschiedene Länder und die ganze Welt manipuliere und in Kriege treibe. Dass renommierte wissenschaftliche Kollegen und Autoritäten dem Buch, das „Benzin in die Feuer des Antisemitismus" gieße (Gelb, Leslie H.: Dual Loyalties, in: *The New York Times Book Review*, 23. 9. 2007, S. 20), nahezu durchweg Unseriösität bescheinigt haben, tut dem publizistischen Erfolg des Buches dies- und jenseits des Atlantiks keinen Abbruch. Die „Ablehnung [seitens der Wissenschaft]", so resümiert Christoph von Marshall, „war verständlich, das Urteil der Kenner der Materie einhellig: Die Autoren haben nichts Neues beizutragen, sie arbeiten mit Verschwörungstheorien." Da bei den Autoren alle Gegenargumente unter den Tisch fallen, verstoßen sie „gegen die Regel intellektueller Redlichkeit." Doch „Mearsheimer und Walt interpretierten diese vernichtende Kritik an ihren Thesen als Beleg für eine Atmosphäre, in der man angeblich keine Kritik an Israel äußern dürfe, und erzielten so Aufmerksamkeit." (Marshall, Christoph: Scharfe Thesen, dürftige Belege, in: *Tagesspiegel*, 12. 11. 2007) Mearsheimer und Walt sowie Teile der Öffentlichkeit sehen

die Polemik in der Tat als wichtigen Beitrag zur Bekämpfung des vermeintlich vorherrschenden Philosemitismus, der dabei als ideologischer Kampfbegriff in der politischen Auseinandersetzung fungiert.

32 Vgl. Funke, Hajo/Rensmann, Lars: Wir sind so frei. Zum neuen Rechtspopulismus in der FDP, in: *Blätter für deutsche und internationale Politik*, Jg. 47 (2002), H. 7, S. 822–828, Rensmann: Demokratie und Judenbild, [wie Anm. 6].

33 Vgl. Düpperthal, Gitta: „Weil wir selbst Verfolgte waren..." Holocaust-Überlebender gegen Verbot von Kritik an Israel. Ein Gespräch mit Reuven Moskovitz, in: *Junge Welt*,16. 11. 2007, S. 5.

34 Vgl. Stern, Frank: The Whitewashing of the Yellow Badge: Antisemitism and Philosemitism in Postwar Germany, Oxford 1992.

35 Vgl. Heitmeyer, Wilhelm/Zick, Andreas: Antisemitismus in Europa, Frankfurt a. M. 2008.

36 Vgl. Kaplan/Small: Anti-Israel Sentiment Predicts Anti-Semitism in Europe, [wie Anm. 30].

37 Vgl. dagegen zum Antisemitismus u. a. Bergmann, Werner: Vergleichende Meinungsforschung zum Antisemitismus in Europa und die Frage nach einem „neuen europäischen Antisemitismus", in: Rensmann, Lars/Schoeps, Julius H. (Hg.): Feindbild Judentum. Antisemitismus in Europa, Berlin 2008, S. 473–507.

38 Vgl. Jaecker, Tobias: Antisemitische Verschwörungstheorien, [wie Anm. 30], Salzborn, Samuel: Antisemitismus und nationaler Opfermythos. Zur politischen Psychologie eines geschichtspolitischen Kontextes, in: *psychosozial* 104, S. 125–136.

39 Vgl. Pallade, Yves: Germany and Israel in the 1990s and Beyond: Still a Special Relationship?, Oxford 2005.

40 Dinan, Desmond: Ever Closer Union. An Introduction to European Integration, London 2005, S. 88f.

41 Vgl. Behrens: „Raketen gegen Steinewerfer", [wie Anm. 29]; Wistrich: The Politics of Resentment, [wie Anm. 29].

42 Vgl. Stern: The Whitewashing of the Yellow Badge, [wie Anm. 34].

43 Rensmann: Demokratie und Judenbild, [wie Anm. 6], Faber/Schoeps/Stawski: Neualter Judenhass, [wie Anm. 14].

44 Scherr, Albert/Schäuble, Barbara: „Ich habe nicht gegen Juden, aber..." Ausgangsbedingungen und Perspektiven gesellschaftlicher Bildungsarbeit gegen Antisemitismus, Berlin 2007.

PHILOSEMITISMUS IN DER ANTIKE UND IN DER FRÜHEN NEUZEIT

Pedro Barceló

Philosemitismus in der frühen römischen Kaiserzeit: Von Caesar bis Domitian

Das Verhältnis der Römer zu den Juden in der Anfangsphase des Principats wurde einerseits durch die geostrategische Lage ihres Landes innerhalb des sich ausdehnenden Imperiums bestimmt, das spätestens mit der Eingliederung Ägyptens die gesamte Mittelmeerregion umspannte. Andererseits prägten es die Besonderheiten der mosaischen Religion, die einen zentralen Stellenwert im Alltagsleben des jüdischen Volkes besaß, nachhaltig. Was für die meisten Völker, die unter römische Herrschaft geraten waren, zutraf, galt auch für die Juden. Die Koordinaten des bilateralen Beziehungsgeflechts waren alles andere als gradlinig. Perioden der produktiven Zusammenarbeit wechselten sich ab mit Episoden erbitterter Feindseligkeit. Diese Abschnitte gilt es zunächst festzuhalten, um sodann die Frage nach dem Gegenmodell zu stellen, das heißt nach den positiven, konfliktfreien Tendenzen in den Beziehungen beider ethnischer Gruppen Ausschau zu halten. Gab es diese überhaupt und wenn ja, wie sind sie zu bewerten? Zu diesem Zweck scheint es geboten, sich im Rahmen eines kurzen historischen Überblicks die Hauptlinien der jüdisch-römischen Kontakte zu vergegenwärtigen, um das Ausmaß ihrer Pendelschläge zu ermessen. Darauf aufbauend sollen dann Hintergründe sowie Konsequenzen des Spannungsbogens aufgezeigt werden, in dem sich philosemitische Tendenzen entfalten konnten, falls man diesen Begriff zur Charakterisierung eines, wie die folgenden Betrachtungen erweisen werden, Ausnahmezustands überhaupt verwenden kann.

Judäa. Von der geduldeten Autonomie bis zur Provinzialisierung

Der jüdische Siedlungsraum, der seit der Auflösung des Seleukidenreiches aufgrund der militärischen Vorstöße des Pompeius Bestandteil des römischen Einflussbereiches geworden war (63 v. u. Z.), bildete eine strategisch wichtige Brücke für die Orientpolitik der neuen Weltmacht aus dem Westen. Er wirkte nicht nur als Bindeglied zwischen Syrien und Ägypten, sondern ebenso als Reservoir und Aufmarschgebiet für die Militäraktionen gegen die von den Parthern notorisch bedrohte Euphratgrenze.[1]

Die Römer übten zunächst eine indirekte Kontrolle über das kleine, aber überaus ertragreiche Land aus, indem sie den einen oder anderen Kandidaten (Hyrkanos, Antipater, Aristobul, Alexander, Antigonos) in wichtige Schlüsselpositionen brachten, ihm Hilfe gewährten, sofern er die römischen Interessen förderte, oder diese Unterstützung bei Bedarf wieder entzogen. Nominell behielt Judäa die politische Selbständigkeit, da es nicht an die neu geschaffene Provinz Syrien angegliedert wurde. Faktisch hing das Schicksal des Landes jedoch von Rom ab, genauer vom Machtstreben seiner maßgeblichen politischen Repräsentanten (Pompeius, Caesar, Antonius).

Der bald ausbrechende Bürgerkrieg zwischen Pompeius und Caesar, der nach Pharsalos auf die Levante übergriff, brachte eine entscheidende politische Wende in der Region. Der Sieger Caesar zerstörte das von Pompeius aufgebaute und ihm treue Klientelsystem und ersetzte es durch sein eigenes. Davon waren die Juden des Mutterlandes und insbesondere die in Alexandria ansässigen betroffen. Nachdem sie Caesar ihre Unterstützung im Kampf gewährt hatten, begünstigte er sie mit einer Vielzahl von Privilegien. Antipater, der Caesars Vertrauen gewann, wurde als Statthalter in Judäa eingesetzt. Nach seinem Tod (43 v.u.Z.) bestätigte Antonius, der nach der Ermordung Caesars zusammen mit Octavian das Reich regierte und sich dessen Ostteil gesichert hatte, die Söhne des Antipater, Phasael und Herodes, als neue Regenten.

Die Wirren der römischen Bürgerkriege sowie die bald ausbrechenden Spannungen zwischen Octavian und Antonius aber nutzten die Parther für ihre Westexpansion aus. Zwischen 40 bis 37 v.u.Z. brachten sie Syrien und Palästina unter ihren Einfluss. Der Hohepriester Hyrkanos wurde nach Babylon deportiert. Darauf folgte die Entmachtung der von den Römern eingesetzten Verwalter des Landes, Phasael und Herodes. Ersterer verübte bald darauf Selbstmord, letzterer entkam nach Rom. Drei Jahre lang konnte sich der Hasmonäer Antigonos, Aristobuls Sohn, mit parthischer Unterstützung behaupten, bis es schließlich Herodes gelang, mit römischer Hilfe das Land zurückzuerobern. Mit der Einnahme Jerusalems (37 v.u.Z.) begann die epochale Regierungszeit des neuen Königs, der Antigonos, den letzten Spross der ruhmreichen Makkabäer, beseitigte und auf dem Tempelberg eine mächtige Festung errichtete, die er zu Ehren seines römischen Gönners Antonia nannte.

Über 30 Jahre regierte Herodes als König von Roms Gnaden das jüdische Volk mit harter Hand. Obwohl er jede Oppositionsbewegung brutal unterdrückte, konnte er sich seiner Herrschaft nie wirklich sicher sein. Die Distanz zwischen Herodes und der jüdischen Bevölkerung, die in ihm wegen seiner idumäischen Herkunft und trotz seiner Zugehörigkeit zum Judentum einen landesfremden Erfüllungsgehilfen der Römer erblickte, ließ sich nicht beheben. Dazu trug der Umstand bei, dass er das Verhalten eines hellenistischen Herrschers an den Tag legte und als einer der eifrigsten Förderer des Kaiserkultes galt, was für fromme Juden schlichtweg eine Provokation darstellte.[2] Nach seinem Tod (sein Grab auf der Burgfestung Herodeion ist vor kurzem gefunden worden) ging die Herrschaft auf seine Söhne über. Archelaus erhielt bis zu seiner Entmachtung durch Augustus im Jahr 6 u. Z. Samaria und Judäa, die danach einem römischen Präfekten mit Sitz in Caesarea übergeben wurden.

Philippus regierte Batanäa und Herodes Antipas (der vor allem durch seine Begegnung mit Jesus von Nazareth bekannt geworden ist) verwaltete Galiläa und Peräa, bis er im Jahre 40 u. Z. von Caligula abgesetzt wurde. Nach dem Tod des Philippus (37 u. Z.) erhielt Agrippa, ein Enkel des Herodes, Batanäa und danach das Gebiet des in Ungnade gefallenen Herodes Antipas, sowie kurz darauf Judäa und Samaria. Doch dieses Königtum blieb ebenfalls nur eine kurze Episode. Nach dem Tod des Agrippa gliederten die Römer Palästina endgültig in das römische Provinzialsystem ein und machten dem Schein einer autonomen einheimischen Mitregierung ein Ende.

Diese Jahre waren von schweren inneren Unruhen erfüllt. Zwischen den hellenisierten und den jüdischen Bevölkerungsteilen, sowie zwischen den im palästinensischen Raum ansässigen Griechen (unter diesem Sammelbegriff werden die hellenistisch akkulturierten Städte und Bevölkerungsteile wie Syrer und Hellenen zusammengefasst) und den Juden gab es immer wieder Spannungen, die durch die Interventionen der Römer, die stets für erstere Partei ergriffen, zusätzlich verschärft wurden.[3] Besondere Virulenz hatten aber auch die sich teils heftig befehdenden religiösen Gruppen der Sadduzäer, Pharisäer, Essener, Zeloten und Sikarier, sowie das Auftreten einzelner Persönlichkeiten wie Johannes des Täufers, Jesus von Nazareth, Eleazar oder Rabbi Hillel, die zur Parteibildung innerhalb des Judentums führten. Größere politische Konvulsionen zogen auch hier regelmäßig das Auftreten der römischen Besatzungsmacht nach sich, die keineswegs zimperlich mit der einheimischen Bevölkerung umging. Dies war etwa der Fall, als Pontius Pilatus, der, entgegen der wohlwollenden Beurteilung der Evangelisten ein durchaus unnachgiebiger Statthalter war, Legionsadler und Standarten, die für die Römer religiös konnotiert waren, nach Jerusalem brachte und dadurch die ohnehin gespannte Stimmung zusätzlich aufheizte.[4] Kaiser Caligula erhitzte die Gemüter der gläubigen Juden noch mehr, als er befahl, sein Bild im Tempel aufstellen und anbeten zu lassen.

Die Situation eskalierte und drohte sich in einem Aufstand zu entladen, der nur durch den plötzlichen Tod des Kaisers verhindert wurde. Dennoch blieb die Lage äußerst fragil, wie der Zwischenfall des Jahres 49 u. Z. verdeutlicht: Als ein römischer Soldat während des Passahfestes durch die Entblößung seines Körpers die Jerusalemer Bevölkerung aufs Äußerste provozierte, kam es als Reaktion darauf zu einem grausamen Blutbad.

Die harten Auflagen der römischen Besatzungsmacht verschärften die innenpolitische Situation insofern, als sie zwischen Pharisäern, die nach einem modus vivendi mit den Römern suchten, und Zeloten, welche die Befreiung ihres Landes anstrebten, zu einem unausweichlichen Antagonismus führten. Die Eskalation der Lage in Jerusalem, das in die Hände der religiösen Eiferer fiel, die zuvor die Festung Massada besetzt hatten, rief eine römische Militärintervention hervor. Der römische Statthalter von Syrien Cestius griff in den Konflikt ein. Doch gegen alle Wahrscheinlichkeit wurde er geschlagen und büßte dabei eine Legion ein. Der schmachvollen Niederlage der römischen Waffen sollte sich bald eine Strafexpedition anschließen. Als Nachfolger des glücklos operierenden Feldherrn sandte Kaiser Nero den bewährten Vespasian an der Spitze einer gewaltigen Armee von 60.000 Mann (67 u. Z.) mit dem Auftrag, die aufrührerische Region unter völlige römische Kontrolle zu bringen.

Aus lokalen Revolten, die sich aus den Spannungen zwischen Griechen, Syrern, Römern und Juden, den antagonistischen religiösen Gruppen innerhalb des Judentums sowie den unnachgiebigen Forderungen der Römer nach Tribut und Unterwerfung ergaben, entstand ein erbittert geführter Kampf, der so genannte Erste Jüdische Krieg, über den dank der Berichterstattung des Augenzeugen Josephus Flavius eine ausgiebige Dokumentation vorliegt, die allerdings nicht frei von verformten Sichtweisen ist, wie noch zu zeigen sein wird.

Judenfeindliche Strömungen – Der Fall Tacitus

Gewiss kam der Aufrechterhaltung der inneren Ordnung in dieser politisch brisanten Weltgegend aus römischer Perspektive eine besondere Priorität zu. Auch gab es hier zur Genüge Konfliktstoff, der sich aus dem Streben der Juden nach Unabhängigkeit sowie ihrer energischen Ablehnung der Hellenisierungs-, beziehungsweise Romanisierungstendenzen ergab, die von der landesfremden Besatzungsmacht und den von ihr unterstützten syrischen oder griechischen Bevölkerungsteilen stets ausgingen. Aber es darf nicht vergessen werden, dass wir es hier mit einer wirtschaftlich stark unterdrückten Bevölkerung zu tun haben, die sich verzweifelt gegen ihre Peiniger wehrte. Wie in anderen Gegenden der Mittelmeerwelt, die unter römische Herrschaft geraten waren, leisteten die Betroffenen heftigen Widerstand (vergleiche etwa den erbitterten Kampf der Keltiberer in Numantia oder der Gallier in Alesia), der in diesem Falle durch das besondere Festhalten der Juden an ihrer monotheistischen Religion eine besondere Note erhielt.[5]

Im Zuge der zahlreichen Auseinandersetzungen zwischen den nach regionaler Autonomie strebenden Juden und den imperialen Interessen der Römer bildete sich nicht nur ein tiefer politischer Dissens zwischen beiden Völkern, sondern es kam ebenso zu ideologisch aufgeladenen Frontstellungen. Letztere gipfelten in den Tiraden des Tacitus, die vor allem zu Beginn des fünften Buches seiner Historien einen Höhepunkt erreichen. In neun Kapiteln (5, 2–10), welche die Herkunft, Bräuche und Geschichte der Juden beleuchten, überhäuft der Autor seine Leser mit einer Fülle abfälliger Bemerkungen, die, gespeist aus Spott und Verachtung, das jüdische Volk gänzlich in ein schlechtes Licht rücken sollen. Stellvertretend sei an dieser Stelle ein besonders prägnantes Beispiel über die Bräuche und Sitten der Juden angeführt:

> „Um sich des Volkes für die Zukunft zu versichern, führte Moses neue religiöse Bräuche ein, die mit den sonst auf der Welt üblichen im Widerspruch standen. Dort bei den Juden ist alles unheilig, was bei uns heilig ist; andererseits ist bei ihnen gestattet, was wir als Greuel betrachten."[6]

Dieses kurze Zitat ist bereits ein eindringlicher Beweis für Tacitus' Einstellung: Er erkennt Moses nicht als Religionsstifter an, sondern diffamiert ihn als einen machtgierigen Politiker, der den monotheistischen Gottesglauben einzig mit der Absicht etabliert habe, seine Landsleute an seine Person zu binden, um so mit uneingeschränkter Macht über sie herrschen zu können. Die religiösen Bräuche erhalten somit nicht nur den Charakter einer ausschließlich politisch motivierten Zweckdienlichkeit, die sie gleichsam ihres eigentlichen ursprünglichen Wesens beraubt, sondern werden zudem mit dem Vorwurf einer grundsätzlichen Divergenz zur römischen Religion fast schon ad absurdum geführt. Weiter heißt es bei Tacitus:

> „Die erwähnten Gebräuche, woher sie auch immer stammen mögen, rechtfertigt ihr hohes Alter; die übrigen Einrichtungen, verwerflich und abscheulich wie sie sind, setzten sich eben wegen ihrer Verkehrtheit durch. Gerade die schlechtesten Elemente waren es nämlich, die ihren

heimischen Glauben schmählich aufgaben und Tempelsteuern sowie sonstige Spenden dort anhäuften, wodurch sich die Macht der Juden gewaltig hob. Das kam auch daher, weil in den Kreisen der Juden unerschütterlich treuer Zusammenhalt und hilfsbereites Mitleid herrschen, während allen anderen Menschen gegenüber feindseliger Hass hervortritt. Beim Essen, beim Schlafen halten sie auf strenge Trennung und kennen trotz der starken Neigung der Volksart zur Sinnlichkeit keinen Geschlechtsverkehr mit Frauen anderer Rassen; unter ihnen selbst ist nichts verboten. Die Beschneidung haben sie als ein besonderes Unterscheidungsmerkmal bei sich eingeführt. Wer zu ihrem Kult übertritt, hält sich auch an diesen Brauch; auch wird den Proselyten zu allererst das Gebot beigebracht, die Götter zu verachten, das Vaterland zu verleugnen, ihre Eltern, ihre Kinder und Geschwister gering zu schätzen."[7]

Dieser Abschnitt hebt insbesondere die Rolle der Proselyten, der zur jüdischen Kultgemeinschaft Übergetretenen, hervor, die laut Tacitus' Aussage durch ihre materiellen Beiträge maßgeblich, wenn nicht gar gänzlich dem jüdischen Gemeinwesen zum Aufschwung verholfen hätten, etwas, was den Juden folglich aus eigener Kraft nicht gelungen sei. Der Ernst der Lage, der sich zwischen diesen Zeilen manifestiert, besteht nach Tacitus in der stetigen Bevölkerungszunahme der Juden, indem immer mehr Nichtjuden vom Judentum angezogen würden. Ein weiteres Gefahrenpotential bestünde ferner in der kategorischen Isolierung der Juden von allem Nicht-Jüdischen. Der Vorwurf der Misanthropie schwingt in dieser Aussage unüberhörbar mit. Die politische Konsequenz, die Tacitus mithilfe seiner Beobachtungen aufzuzeigen versucht, ist die unvermeidliche Einsicht, dass sich die Juden auch zukünftig nicht in den römischen Staat integrieren werden. Schlimmer noch: am Beispiel der Proselyten zeige sich deutlich, wie die Juden dem Imperium zunehmend wichtige Kräfte vorenthielten, was dessen Schwächung nach sich ziehe.[8]

Für den Historiker der Anfangsphase des römischen Principats waren die Juden aufgrund ihrer mangelnden Integrationsbereitschaft nicht nur erbitterte Feinde des Reiches, sondern eine potentielle Gefahr für den Bestand der römischen Herrschaft im östlichen Mittelmeerraum, die es zu entschärfen galt. Dies ist letztlich die Botschaft des Judenexkurses in den Historien des Tacitus, der von einer tiefen Feindseligkeit den Juden gegenüber durchdrungen ist. Damit ist zwar prinzipiell kein judenfeindliches Programm entworfen worden, obwohl sich spätere Antisemiten wiederholt auf den römischen Historiker beriefen, sondern Tacitus machte sich vielmehr zum Interessenvertreter und Sprachrohr einer kompromisslosen, imperialen Reichspolitik, die das überaus kritische Verhalten der Juden gegenüber dem Imperium als Illoyalität, ja als Hochverrat ansah. Seine ansonsten unversöhnliche Haltung gegenüber Kaisern wie Tiberius und Nero wird nur dann milder gestimmt, wenn er die überaus harte Judenpolitik dieser Herrscher kommentiert. Unfreundliche Bemerkungen zu den Juden sind zwar in den Werken des Seneca, Persius, Petronius, Martial und Juvenal durchaus vorhanden, bei Tacitus finden sie jedoch eine Steigerung, die uns berechtigt, von einem regelrechten politisch motivierten Antijudaismus zu sprechen. Für Tacitus waren die Juden unversöhnliche Feinde der römischen Weltmission. Seine harsche Kritik speist sich aus diesem politischen Affekt.

Eine Gegenposition zu Tacitus ließe sich, so könnte man meinen, aus den Schriften des Josephus Flavius gewinnen. Dies trifft aber nur zum Teil zu. Vor allem ist dies der Fall in jenen Bereichen, wo der jüdische Autor auf die Geschichte seines Volkes eingeht und die von Tacitus benutzten antijüdischen Klischees widerlegt, so etwa in seiner Schrift gegen Appion. Andererseits ist Josephus bei seiner Berichterstattung über den zentralen Konfliktstoff zwischen Römern und Juden, den Jüdischen Aufstand, alles andere als objektiv und indem er auf die Unversöhnlichkeit der jüdischen Fundamentalisten verweist, bietet er eine durch und durch im römischen Sinn gefärbte Version über die Motive des Jüdischen Krieges. Nach Flavius' Ansicht waren es die Juden selbst, genauer ihre religiösen und nationalistischen Eiferer, welche in selbstverschuldeter Verblendung die römische Intervention auslösten. Diese, die Römer stark exkulpierende Deutung dürfte jedoch kaum den Tatsachen entsprochen haben.[9]

Judenfreundliche Maßnahmen einzelner römischer Herrscher

Nun gilt es, das Augenmerk auf jene Vorgänge zu richten, die uns in das Zentrum der eingangs gestellten Frage führen und die anders als die bisherigen Beispiele einen judenfreundlichen Hintergrund in den Beziehungen beider Völker erkennen lassen. Wie aus der bisherigen Übersicht jedoch deutlich geworden sein dürfte, bilden die nun zu besprechenden projüdischen Maßnahmen der römischen Behörden die Ausnahme, welche die Regel bestätigt, in dem ansonsten von Spannungen durchzogenen römisch-jüdischen Alltag.

Flavius Josephus überliefert eine Reihe von gesetzlichen Verfügungen, welche die Römer zum Schutz der alexandrinischen Juden[10] erließen und auch später immer wieder bekräftigten.[11] Den Anfang hatte Caesar gemacht, als er in eine äußerst schwierige Situation in Alexandria geraten war und von der jüdischen Bevölkerung der Stadt Unterstützung erhalten hatte. Er vergalt dieses Engagement, indem er den alexandrinischen Juden das von ihnen begehrte Bürgerrecht dieser Metropole verschaffte, das ihnen die griechisch-ägyptische Mehrheitsbevölkerung beharrlich vorenthielt. Darüber hinaus erlaubte Caesar die freie Religionsausübung des jüdischen Glaubens, indem er den Juden gestattete, nach ihren althergebrachten Sitten und Gebräuchen leben zu dürfen. Er befreite sie zudem von jeglichen Geldabgaben.[12] Ganz der Tradition Caesars verhaftet, setzte sich auch Marcus Antonius nach dem Tod des Diktators für die Belange der Juden ein. Als diese eine Gesandtschaft zu ihm nach Ephesos schickten, um darüber Klage zu führen, dass die Tyrier ihnen Landesteile entrissen hätten, entschied Antonius zugunsten der Juden mit folgendem Edikt:

> „Der Imperator und Triumvir Marcus Antonius erklärt: Weil Gaius Cassius bei dem letzten Aufstand eine mit Besatzung versehene fremde Provinz geplündert, unsere Bundesgenossen beraubt und das mit den Römern befreundete Volk der Juden bekriegt hat, so stellen wir, da sein Übermut nunmehr von uns mit Waffengewalt bezwungen worden ist, kraft unserer Verordnungen und gerichtlichen Urteile alles von ihm Geraubte unseren Bundesgenossen wieder zu, geben auch alles, was zum Schaden der Juden an Menschen oder Sachen verkauft worden ist, wieder frei, so daß die Menschen ihre Freiheit wiedererlangen, die Sachen aber an die früheren Besitzer zurückfallen. Wer dieser Verordnung nicht nachkommt, hat die gesetzliche Strafe verwirkt, und es bleibt in den einzelnen Fällen meinem Ermessen überlassen, wie hoch der Widersetzliche zu bestrafen ist."[13]

Eine Abschrift dieser Verordnung erging auch an die Bewohner von Sidon, Antiochia und Arados, womit die überregionale Reichweite und die Geltung dieses Vorstoßes unterstrichen wurde.

Für die Zeit des Augustus lässt sich eine Vielzahl ähnlich gearteter Maßnahmen nachweisen. Auf ein Beispiel sei an dieser Stelle näher verwiesen. Es handelt von der Reaktion des Kaisers auf die von den in Asien und Kyrene lebenden Juden vorgebrachten Klagen über das antijüdische Verhalten der Griechen. Mit folgendem Wortlaut bestätigte Augustus den Juden in dieser Auseinandersetzung den vollen Besitz ihrer Rechte:

> „Der Caesar Augustus, Pontifex maximus mit Tribunengewalt, erklärt: In Erwägung, daß das Volk der Juden nicht bloß jetzt, sondern auch

schon früher und besonders zu den Zeiten meines Adoptivvaters Caesar, da Hyrkanus Hohepriester war, sich dem römischen Volke treu und ergeben bewiesen, hat es mir und meinen Räten nach eingeholter Zustimmung des römischen Volkes gefallen, zu verordnen, daß die Juden bei ihren Einrichtungen und dem Gesetze ihrer Väter zu belassen sind, so wie es auch zu Zeiten Hyrkanus', des Hohepriesters des höchsten Gottes, gewesen ist, daß ferner ihre Tempelgelder nicht angetastet werden dürfen, sondern daß es ihnen freistehen soll, dieselben nach Jerusalem zu schicken und den dortigen Tempelschatzmeistern abzuliefern, und endlich, daß sie am Sabbat oder dem ihm vorhergehenden Vorbereitungstage von der neunten Stunde an nicht mehr zu Bürgschaftsleistungen gezwungen werden können. Wird jemand bei der Entwendung ihrer heiligen Bücher oder Gelder aus dem Sabbathause oder dem Hause ihrer Vorsteher betroffen, so soll er wie ein Tempelräuber behandelt und seine Besitzungen als Eigentum des römischen Volkes erklärt werden."[14]

Neben der Anerkennung und Bestätigung aller Rechte der Juden warnte der Princeps obendrein mit Androhung schwerer Strafen davor, jedweden Versuch zu unternehmen, die Juden in diesen von ihm zugesicherten Rechten in jeglicher Weise zu beschneiden.[15]

Das wohlwollende Verhalten des Augustus und seiner Vorgänger gegenüber den Juden und deren Bräuchen, kann für die nachfolgenden Kaiser Tiberius und Caligula nicht in vergleichbarem Maße festgestellt werden. Dennoch finden sich auch für die Regierungszeit dieser Herrscher Belege, die zumindest bei bestimmten römischen Amtsträgern judenfreundliche Handlungsweisen sichtbar werden lassen. Vitellius zum Beispiel, der seit dem Jahr 37 u. Z. Statthalter von Syrien war, erließ den Bewohnern Jerusalems für alle Zeiten die Abgabe von den Marktfrüchten und gestattete ihnen außerdem die Aufbewahrung des Gewandes des Hohepriesters getreu den Bräuchen ihrer jüdischen Vorväter.[16] Weiterhin vermied er es, während seines Marsches auf dem Weg zum Kampf gegen Aretas, Bilder, die sich auf den römischen Feldzeichen befanden, durch jüdisches Gebiet zu tragen; er nahm stattdessen einen Umweg in Kauf.[17] Auch wenn diese Episode nicht als direkte judenfreundliche Maßnahme bewertet werden kann, so zeigt sie dennoch den Respekt und die Achtung, die Vitellius den Bräuchen der Juden gegenüber an den Tag legte, denn für diese kam es einem Sakrileg gleich, hohe Persönlichkeiten durch das zur Schau stellen auf Bildern zu ehren. Eine ähnliche Episode lässt sich für die Regierungszeit des Caligula nachweisen, der auf eindringliches Bitten seines Legaten Petronius schließlich darauf verzichtet, Bildsäulen zu seinen Ehren von den Juden aufstellen zu lassen.[18]

Die Regierungszeit des Claudius dagegen lässt nun wiederkehrend eine wesentlich gefälligere Judenpolitik erkennen. In Rückbesinnung auf Augustus und als Abgrenzung von Caligula erlässt Claudius ein Edikt zugunsten der alexandrinischen Juden, in einem weiteren Edikt auch für alle anderen Juden des römischen Imperiums,[19] in welchem er ihnen die von Augustus gewährten Privilegien ohne Einschränkung weiterhin zusichert:

> „Tiberius Claudius Caesar Augustus Germanicus, Pontifex maximus mit tribunicischer Gewalt, verordnet hiermit wie folgt. In Erwägung, daß die Juden, welche zu Alexandria wohnen und Alexandriner heißen, bald nach Erbauung der Stadt zugleich mit den eigentlichen Alexandrinern dorthin geschickt worden sind und von den Königen gleiches Bürgerrecht mit den letzteren erhalten haben, wie dies aus deren Verordnungen und Erlassen hervorgeht; sodann in Erwägung, daß bei der durch Augustus vollzogenen Einverleibung der Stadt Alexandria in unser Reich den Juden ihre Rechte nicht verkürzt, sondern von den zu verschiedenen Zeiten dorthin gesandten Statthaltern ohne jede Einwendung aufrecht erhalten worden sind; in fernerer Erwägung, daß auch zu der Zeit, da Aquila Statthalter in Alexandria und der jüdische Ethnarch gestorben war, Augustus die Wahl eines neuen Ethnarchen nicht verboten und diesem bei der Huldigung gestattet hat, daß die Juden nach ihren eigenen Gebräuchen leben und der Religion ihrer Väter treu bleiben dürften; endlich in Erwägung, daß die Erhebung der Alexandriner gegen die mit ihnen zusammen wohnenden Juden noch in die Regierungszeit des Caesars Gaius fällt, der in seinem ungeheuren Wahnsinn das jüdische Volk unterdrückte, weil es von seiner Religion nicht abfallen und ihn nicht als Gott anerkennen wollte: will ich nicht dem Unverstand des Gaius zuliebe eines von den dem Volke der Juden gemachten Zugeständnissen wieder aufheben, sondern ihnen alle früheren Rechte nebst der Freiheit, nach ihrer Religion zu leben, bestätigen. Desgleichen befehle ich, daß nach Bekanntmachung dieses meines Ediktes von beiden Seiten alles vermieden werde, wodurch neue Unruhen entstehen könnten."[20]

Wiederum einen Bruch erleidet diese durchaus judenfreundliche Politik mit der Machtübernahme Neros. Josephus Flavius überliefert uns eine kurze Szene[21], in der Nero darauf verzichtet, eine von den Juden als Sichtschutz vor den Tempel gebaute Mauer niederzureißen. Allerdings, so betont Josephus weiter, geschehe dies einzig auf das Betreiben seiner Frau Poppeia hin, die er als „gottesfürchtige Frau" bezeichnet. Eine eigenmotivierte philosemitische Handlungsweise kann dem Kaiser somit nicht nachgesagt werden. Weitere judenfreundliche Maßnahmen waren auf bestimmte Personen gerichtet, die von den Vertretern der römischen Staatsmacht bedeutende Ämter oder Privilegien erhielten. Hier ist jedoch die Grenze zur Staatsräson hin fließend, denn die Römer versprachen sich von den von ihnen geförderten Persönlichkeiten Vorteile zum Wohl der Stabilität ihres Herrschaftsanspruches in der Region. Einige der Begünstigten galten in den Augen ihrer Landsleute als Kollaborateure. Etwa die Königsdynastie des Herodes, der aus Idumäa stammte und daher von den Römern als Garant für ihre Einflussnahme in der Region auf den jüdischen Thron gesetzt wurde.[22]

Eine besondere priesterliche, politische und literarische Laufbahn durchlief Flavius Josephus, der als Beauftragter der Jerusalemer Regierung in Galiläa anfing, im Verlauf des Jüdischen Krieges in römische Gefangenschaft geriet, die Seite wechselte und danach als Propagandist der römischen Weltmacht hoch angesehen in Rom endete.[23] Gerade in seiner Biographie verdichtet sich die Brisanz eines funktionierenden römisch-jüdischen Abhängigkeitsverhältnisses, wonach beide Seiten immer wieder darum bemüht waren, wohlgemerkt aus eigenem Interesse, die Gunst des jeweils Anderen nicht zu verlieren.

Ein gänzlich anderer Blickwinkel eröffnet sich unter Heranziehung der allerdings sehr schlecht überlieferten Vorkommnisse am domitianischen Kaiserhof, die sich um Flavius Sabinus und dessen Frau Domitilla, beide enge Verwandte des Kaisers, ranken. Wenn man dem Wortlaut unserer antiken Autoren Glauben schenken darf, zeigt uns dieses Beispiel, wie Angehörige der höchsten römischen Gesellschaftsschicht nicht nur lediglich tolerierend der jüdischen Kultur und Religion gegenübertraten, sondern an dieser Stelle offensiv als Vertreter des jüdischen Glaubens agierten.

Nach dem Bericht des Cassius Dio wurde Sabinus 95 u. Z., also im selben Jahr, in dem er gemeinsam mit Domitian das Amt eines consul ordinarius bekleidete, wegen αθεότης (Gottesleugnung) zum Tode verurteilt. Auch Sueton erwähnt die Verurteilung des Sabinus und seiner Gattin.[24] Während Sueton jedoch lediglich verlauten lässt, dass Domitian den Flavius auf einen überaus geringen Verdacht hin habe töten lassen, und somit den tatsächlichen Gegenstand der Anklage verschweigt, bestimmt Cassius Dio die vorgeworfene Gottlosigkeit näher als Annahme des jüdischen

Glaubens.[25] Der Kirchenvater Eusebius von Caesarea deutet schließlich etwa zwei Jahrhunderte danach die vermutete Zugehörigkeit des Flavius Sabinus zum Judentum als christliche Neigung des Betroffenen.[26] Wenn der Vorfwurf des Judaismus ernstzunehmen ist, dann läge hier einer der seltenen Fälle vor, wo sich eine besondere Nahbeziehung zur jüdischen Religion bei Mitgliedern des römischen Kaiserhauses nachweisen ließe, unbeschadet der Tatsache, dass gerade dieses Verhalten den Grund für eine Anklage geliefert haben soll. Aber es sei nochmals betont, dass man aufgrund der dürftigen Quellenlage keineswegs sicher sein kann, dass sich dies so zugetragen hat.[27]

Ausblick

Fassen wir zusammen: Wenn mit Philosemitismus, auf die politische Ebene übertragen, eine bestimmte Haltung gegenüber dem jüdischen Volk zum Ausdruck gebracht werden soll, so lassen sich aus der Perspektive der Principatszeit nur wenige Beispiele dafür erbringen, die eine sinnvolle Verwendung des Begriffes möglich machen. Bei den einschlägigen Fällen handelt es sich im Wesentlichen um Dankbarkeitsbezeugungen seitens der Mächtigen für erhaltene treue Dienste. Allem Anschein nach wurden sie nicht aufgrund einer besonders ausgeprägten Wertschätzung gegenüber den Empfängern, sondern aufgrund des römischen Grundsatzes des ‚do ut des' gewährt. Mit der Verleihung von Privilegien für die stets von der Bevölkerungsmehrheit unterdrückte jüdische Bevölkerung Alexandriens, mit der Bestätigung der freien Kultausübung für die jüdische Religion handelten die Römer gemäß des anderswo erfolgreich erprobten Grundsatzes der Liberalität gegenüber fremden Völkern und bewiesen damit Staatsklugheit, wohl aber keine besonders ausgeprägte Judenfreundlichkeit. Damit sie überhaupt hätte entstehen können, wäre eine affirmative Haltung der Provinz und ihrer Bewohner gegenüber der Regierungszentrale von Nöten gewesen, was aber keineswegs der Fall war.

Dieses latente Spannungsverhältnis zwischen Unterdrückung und Anpassung, Ablehnung und Behauptung, das die Beziehung zwischen Römern und Juden kennzeichnete und in der Person und in der Biographie des Flavius Josephus einen prägenden Ausdruck erhielt, ist wohl der Grund, warum Lion Feuchtwanger ausgerechnet ihn, den Wanderer zwischen zwei Welten, als Protagonisten seiner Trilogie über den Jüdischen Krieg wählte. Der nach Amerika emigrierte Autor lässt vordergründig die Antike zu Wort kommen, in Wahrheit aber hält er der eigenen Gegenwart, der Hitler-Diktatur, einen Spiegel vor Augen. Überhaupt ist dieser moderne historische Roman eine Fundgrube für das antike Ost-West-Spannungsverhältnis, was sich anhand des folgenden Textabschnitts besonders eindringlich veranschaulichen lässt:

> „Er [gemeint ist der junge Flavius Josephus, der sich in Rom aufhielt, Anm. d. Verf.] schaute über die Stadt hin, sie belebte sich immer mehr, die Zeit des großen Nachmittagverkehrs war da. Geschrei, Gewimmel, Geschäftigkeit. Er trank in sich das Bild der Stadt, aber dahinter, wirklicher als dieses wirkliche Rom, sah er seine Heimatstadt, die Quadernhalle des Tempels, in der der Große Rat tagte, und wirklicher als den Lärm des Forums hörte er das grelle Getöse der ungeheueren Schaufelpfeife, die bei Sonnenaufgang und bei Sonnenuntergang über Jerusalem hin und bis nach Jericho verkündete, daß jetzt das tägliche Brandopfer am Altar Jahves dargebracht werde. Josef lächelte. Nur wer in Rom geboren ist, kann Senator werden. [...] Aber er, Josef, zieht es vor, in Jerusalem geboren zu sein, trotzdem er nicht einmal den Ring des Zweiten Adels hat. Diese Römer lächelten über ihn: aber tiefer lächelte er über sie. Was sie geben konnten, die Männer des Westens, ihre Technik, ihre Logik, das konnte man lernen. Was man nicht lernen konnte, das war die Schaukraft des Ostens, seine Heiligkeit. Die Nation und Gott, Mensch und Gott waren dort eins. Aber es war ein unsichtbarer Gott, er konnte nicht geschaut werden und nicht gelernt. Man hatte ihn oder hatte ihn nicht. Er, Josef hatte es, dieses Unlernbare. Und daß er das andere lernen werde, die Technik und die Logik des Westens, daran zweifelte er nicht."[28]

Anmerkungen

1 Als Überblick über das römisch-jüdische Verhältnis beginnend mit den Militäraktionen des Pompeius (63. v. u. Z.) bis zur Zerstörung des Zweiten Tempels (70 v. u. Z.) dienen Schäfer, Peter: Geschichte der Juden in der Antike. Die Juden Palästinas von Alexander dem Großen bis zur arabischen Eroberung, Stuttgart 1983, S. 95–144; Maier, Johann: Geschichte des Judentums im Altertum. Grundzüge, Darmstadt ²1989, S. 58–94; Clauss, Manfred: Das alte Israel. Geschichte, Gesellschaft, Kultur, München 1999, S. 106–114; sowie Grant, Michael: The Jews in the Roman World, London 1999, S. 51–205.

2 Zur Regierungszeit des Herodes (37–4 v. u. Z.) liegt eine Vielzahl an Publikationen vor. Stellvertretend sei verwiesen auf: Prause, Gerhard: Herodes der Große. König der Juden, Hamburg 1977; Schalit, Abraham: König Herodes – Der Mann und sein Werk, Berlin/New York ²2001; Günther, Linda-Marie: Herodes der Grosse. Gestalten der Antike, Darmstadt 2005.

3 Detaillierter zur Begegnung der Griechen mit der jüdischen Kultur während des Hellenismus und dem sich daraus entwickelnden Beziehungsgeflecht bei Momigliano, Arnaldo: Hochkulturen im Hellenismus. Die Begegnung der Griechen mit Kelten, Römern, Juden und Persern, München 1979, S. 93–145. Von einer regelrechten Propaganda der Griechen gegen die Juden, die das spätere Verhältnis der beiden Hochkulturen gekennzeichnet habe, spricht Yavetz, Zvi: Judenfeindschaft in der Antike. Die Münchener Vorträge, München 1997, S. 96–101.

4 Zur Auseinandersetzung mit Pontius Pilatus vgl. Stauffer, Ethelbert: Zur Münzprägung und Judenpolitik des Pontius Pilatus, in: La Nouvelle Clio 1949–1950 I–II, S. 495–511; vgl. ferner Grant: The Jews in the Roman World, [wie Anm. 1], S. 99–119.

5 Nähere Erläuterungen zu den Bemühungen um die Hellenisierung der Juden bei Hengel, Martin: Juden, Griechen und Barbaren. Aspekte der Hellenisierung des Judentums in vorchristlicher Zeit, Stuttgart 1976.

6 Tacitus: Historien 5,4.

7 Tacitus, Historien 5,5.

8 Eine ausführliche Auseinandersetzung zu Tacitus' Exkurs über die Juden in seinen Historien bei: Rosen, Klaus: Der Historiker als Prophet: Tacitus und die Juden, in: Barceló, Pedro (Hg.): Contra quis ferat arma deos? Vier Augsburger Vorträge zur Religionsgeschichte der römischen Kaiserzeit, München 1996, S. 35–54.

9 Adalberto Giovannini überprüft die Darlegung der Ereignisse des Flavius Josephus anhand der tatsächlich nachweisbaren historischen Fakten und kommt zu dem Ergebnis, dass der antike Autor in seinem romfreundlichen Schreiben statt seiner proklamierten Zielsetzung einer wahrheitsgetreuen Darstellung des Jüdischen Krieges einzig der Intention unterlag, seinen Arbeitgeber Titus von einer grauenhaften und unverzeihlichen Freveltat freizusprechen. Giovannini gelingt es so, die Glaubwürdigkeit von Flavius' mutwillig vorgetäuschter Objektivität nach und nach in einen rein systematischen und pragmatischen Betrug umzukehren. Vgl. Giovannini, Adalberto: Die Zerstörung Jerusalems durch Titus: Eine Strafe Gottes oder eine historische Notwendigkeit?, in: Barceló (Hg.): Contra quis ferat arma deos?, [wie Anm. 8], S. 11–34.

10 Zu den alexandrinischen Juden vgl.: Baltrusch, Ernst: „Wie können Juden Alexandriner sein": Juden, Griechen und Römer in Alexandria, in: Troiani, Lucio/Zecchini, Giuseppe (Hg.): La cultura storica nei primi due secoli dell' Impero romano, Bd. 5, Rom 2004, S. 145–162.

11 Ein Überblick über die wesentlichen Rechtsinhalte wichtiger Dokumente von Caesar bis Claudius, die das Verhältnis von Römern und Juden kennzeichnen und somit die Stellung der Juden im römischen Reich näher beleuchten, bei: Noethlichs, Karl Leo: Das Judentum und der römische Staat. Minderheitenpolitik im antiken Rom, Darmstadt 1996, S. 76–90.

12 Vgl. die Briefe des Caesars betreffend die Freundschaft mit den Juden: Josephus Flavius: Antiquitates Judaica 14,10,1–8 sowie die ebenso motivierten Beschlüsse des Senats: Josephus Flavius: Antiquitates Judaica 14,10,9–26.

13 Josephus Flavius: Antiquitates Judaica 14,12,5; vgl. außerdem den Brief des Antonius an den jüdischen Hohepriester Hyrkanus und die Juden sowie eine weitere Verordnung an die Tyrier und andere Völker (Josephus Flavius: Antiquitates Judaica 14,12,3–4.6).

14 Josephus Flavius: Antiquitates Judaica 16,6,2.

15 In anderen Briefen des Agrippa (Josephus Flavius: Antiquitates Judaica 16,2,3–5; 16,6,4.5), Norbanus Flaccus (Josephus Flavius: Antiquitates Judaica 16,6,6) und Julius Antonius (Josephus Flavius: Antiquitates Judaica 16,6,7) erfolgen weitere Verordnungen zugunsten der Juden.

16 Vgl. Josephus Flavius: Antiquitates Judaica 18,4,3.
17 Vgl. ebd., 18,5,3.
18 Vgl. ebd., 18,8,1–9.
19 Vgl. ebd., 19,5,3 und 20,1,2.
20 Ebd., 19,5,2.
21 Vgl. ebd., 20,8,11.
22 Insbesondere für die Regierungszeit des Herodes (34–4 v. u. Z.) lässt sich eine Vielzahl von Beispielen anführen, die von solchen philosemitischen Handlungen römischer Amtsträger künden. In seinen *Jüdischen Altertümern* berichtet Flavius Josephus in diesem Zusammenhang meist von Landschenkungen, die Augustus Herodes zukommen ließ. Aber auch Privilegien, die Erbschafts- und Nachfolgepolitik betreffend, konnten Inhalt solcher politisch motivierten römischen ‚Freundschaftsbeweise' sein. Vgl. Josephus Flavius: Antiquitates Judaica 15,7,3;15,10,1.3;16,4,5. Zu verschiedenen Aspekten des Verhältnisses von Herodes zur Großmacht Rom vgl. den jüngst erschienenen Tagungsband von Günther, Linda-Marie (Hg.): Herodes und Rom, Wiesbaden 2007.
23 Zu Leben und Werk des jüdischen Historikers: Laqueur, Richard: Der jüdische Historiker Flavius Josephus. Ein biographischer Versuch auf neuer quellenkritischer Grundlage, Darmstadt 1970; Bilde, Per: Flavius Josephus between Jerusalem and Rome. His Life, Works and Their Importance, Sheffield 1988.
24 Sueton: Leben Domitian 15,1: „[...] repente ex tenuissima suspicione tantum non in ipso eius consulato interemit."
25 Cassius: Dio, Historien. 67,14,1f.: „Die Anklage, die gegen sie beide vorgebracht wurde, war der Vorwurf des Atheismus, eine Anklage, derer auch viele andere, die mit jüdischen Sitten sympathisierten, überführt wurden."
26 Euseb: Kirchengeschichte 3,18,4: „[...] daß im 15. Jahre des Domitian neben vielen anderen Flavia Domitilla, eine Tochter der Schwester des Flavius Clemens, eines damaligen römischen Konsuls, wegen ihres Bekenntnisses zu Christus auf die Insel Pontia verbannt worden sei."
27 Die wahren Gründe für die Verurteilung des Flavius Sabinus und seiner Gattin Domitilla sind in der Forschung mehrfach diskutiert worden, ohne dabei jedoch zu einem eindeutigen Ergebnis zu gelangen. Die von Cassius Dio aufgezeigte Sympathie der genannten Personen für jüdische Sitten ist zwar kaum anzuzweifeln, jedoch kann mit dieser unpräzisen Aussage auch eine Hinwendung zum Christentum als jüdischer Sekte gemeint sein. Zumindest für Domitilla wird auf der Grundlage von Eusebios' Ausführungen sowie von Ausgrabungen angenommen, dass sie tatsächlich Christin war. Letztendlich bleibt aber auch diese Aussage nur vage Vermutung. Vgl. Urner, Christiana: Kaiser Domitian im Urteil antiker literarischer Quellen und moderner Forschung, Diss., Augsburg 1994, S. 217–221.
28 Feuchtwanger, Lion: Der jüdische Krieg, Frankfurt a. M. 1984, S. 19.

Gerhard Langer

Philosemitische Annäherungen an das Judentum in der Antike

In diesem Band stellt Wolfram Kinzig zur schwierigen Definition von ‚Philosemitismus' neun Thesen auf und verweist auf seine Artikel von 1994.[1] Er fasst ‚Philosemitismus' kurz als „Interesse am Judentum in Verbindung mit einem intellektuellen und/oder praktischen Eintreten für das Judentum." Dieser einfachen Definition kann ich mich hier anschließen und festhalten: Es handelt sich um Nichtjuden, die sich

1. aus verschiedenen Gründen dem Judentum eng verbunden fühlen oder/und
2. Juden unterstützen und fördern.

Im Kontext meiner Betrachtung zur Antike verzichte ich des Weiteren auf Unterscheidungen zwischen ‚Philojudaismus' und ‚Philosemitismus', zumal alle Definitionen sich am Sprachgebrauch der Antike messen sollten. Es wird zudem darauf verwiesen, dass das Phänomen nur angerissen werden kann und bestenfalls an Beispielen die Komplexität erläutert wird.

Juden und ihre Karrieren – Nichtjuden als Förderer und Sympathisanten des Judentums

Die Trennschärfe zwischen reinen Förderern des Judentums und wirklichen Sympathisanten jüdischer Kultur ist heute im Hinblick auf die Quellen ungeheuer schwer zu ziehen. Julia Severa aus Akmonia[2] z. B. fungierte wohl als Hohepriesterin des Kaiserkults, was sie nicht daran hinderte, die Synagoge zu stiften. War sie nur Sympathisantin oder reichte die Identifikation weiter? Wie sieht es mit Poppea Sabina aus, die nach Ant 20.195 von Josephus als „gottesfürchtig" (theosebes θεοσεβής) bezeichnet wird? War sie mehr als eine bloße Unterstützerin jüdischer rechtlicher Belange?

Man muss bedenken, dass großzügige Spenden an fremde Kulte in der griechisch-römischen Antike keine Seltenheit darstellten und im Rahmen des Prinzips der „Euergesia",[3] der Wohltätigkeit, eine bedeutende Rolle spielten. „Euergesia" ist eine Art Tauschgeschäft: Finanzielles Kapital wird gegen symbolisches Kapital getauscht, der Spender erwirbt sich Ansehen, damit aber wiederum auch politische Einflussmöglichkeiten. Wenn wir beispielsweise davon lesen, dass ein Jude in Iasos das Fest des Dionysos in dieser Stadt mitfinanziert (CIJ[4] I 749), so muss man darin keine grundsätzliche Abkehr von seinem Glauben vermuten. Allerdings hält Ameling die Rolle der „Euergesia“ im Bereich des Judentums (zumindest für den untersuchten Bereich Kleinasien) für nicht schlagend.[5] In einer Reihe von Einzelfällen dürfte die Anpassung an die nichtjüdische Welt schon aus beruflichen Notwendigkeiten weitreichend gewesen sein, ohne dass gleichzeitig die Verbundenheit mit dem Judentum – wie immer es auch näher verstanden wurde – deshalb verloren gegangen wäre. In Alexandria, Antiochien, der Cyrenaica und in Kleinasien sind Beispiele für wichtige Stellungen von Juden überliefert.[6] Karrieren von Juden in Politik und Armee sind mehrfach belegt. Letzteres lässt sich z. B. während der Zeit des Ptolemäerherrschers Ptolemäus VI. Philometor beobachten, den Williams unumwunden einen „Philosemiten“ nennt.[7] Besondere Aufmerksamkeit hat Tiberus Julius Alexander erfahren, der – ein Neffe des Josephus – als Prokurator Judaeas, als Offizier und Präfekt von Alexandrien Karriere machte. Schimanowski zeichnet ihn wohl korrekt als einen Menschen, der Römer, Alexandriner und Jude gleichzeitig war, sich dabei anpassen und arrangieren musste und wohl auch wollte.[8]

Ein anderes Thema ist die Beteiligung von nichtjüdischen Herrschern und Würdenträgern am Tempelkult in Jerusalem. Krauter stellt die Texte zusammen und analysiert wohl zutreffend, dass es sich hierbei nicht um Ausnahmen, sondern gängige Praxis handelt, die als Wohlwollen gegenüber Anhängern fremder Kulte interpretiert werden können, ohne sofort ein echtes „religiöses Interesse“ vermuten zu lassen.[9]

Zuwendungen von Nichtjuden an Juden und Förderungen von Juden müssen jedenfalls in einer großen Bandbreite zwischen politisch und gesellschaftlich vorteilhaften Äußerungen der ‚Wohltätigkeit‘ und philosemitischer Annäherung gesehen werden.

„Gottesfürchtige“

Eine übliche und immer wieder diskutierte Bezeichnung für das, was wir unter ‚Philosemiten‘ der Antike verstehen können, ist der Begriff „Gottesfürchtige“ (engl. Godfearers), der in griechischen und lateinischen Quellen als sebómenos tòn theón (σεβόμενοζ τὸν θεόν), foboúmenos tòn theón (φοβούμενοζ τὸν θεόν), theosebeis (θεοσεβεῖζ) oder metuens erscheint und in rabbinischen Texten mit den jirej schamajim (יראי שמים) wohl eine Entsprechung hat. Rein sprachlich wird darin die religiöse Komponente stark gemacht, wenngleich sie nach antikem Verständnis nie von konkretem Verhalten und ethischen Grundsätzen zu trennen ist, also insgesamt eine kulturorientierte Note behält.

Shaye J. D. Cohen zählt in seiner wichtigen Studie *The Beginnings of Jewishness*[10] sieben abgestufte Weisen auf, wie sich Menschen in der Antike dem Judentum näherten.

1. Bestimmte Aspekte des Judentums bewundern;
2. die Macht des jüdischen Gottes anerkennen;
3. Juden unterstützen oder ausgesprochen freundlich mit Juden umgehen;
4. einige oder viele Gebräuche der Juden übernehmen;
5. den Gott der Juden verehren und alle anderen Götter ignorieren;
6. der jüdischen Gemeinschaft beitreten;
7. konvertieren.

Die Aufzählung orientiert sich in Punkt 2 und 5 an der Anerkennung des jüdischen Gottes, in Punkt 3 hingegen bleibt sie ohne konkreten religiösen Bezug, während sie in Punkt 4 eine kulturorientierte Note bekommt. Schwierig ist auch die Grenzziehung zwischen Punkt 6 und 7. Eine Abfolge wie hier ist naturgemäß fragwürdig, da sie zu statisch von einem schrittweisen Übergang von einem pagan sozialisierten Menschen zu einem Juden ausgeht. Die unterschiedlichen Quellen müssen hier genauer auf ihre spezifische Funktion analysiert und nur sehr zaghaft können weiterreichende Schlüsse gezogen werden.

Bereits 1973 hat Folker Siegert[11] eine Zusammenstellung zu „Gottesfürchtigen und Sympathisanten“ erstellt, die ihrerseits auf einer Reihe von Vorarbeiten beruht und inzwischen durch wichtige Studien ergänzt wurde. Dabei nenne ich neben Cohen die neuen Ausgaben von Noy, Panayotov und Bloedhorn[12] sowie vor allem von Ameling[13] zu den Inschriftenmaterialien, die auch die von Reynolds und Tannenbaum[14] kommentierte Studie zu den Aphrodisias-Inschriften neu interpretiert und die Arbeit(en) von Feldman,[15] die mehrfach das Thema berühren.

Es herrschte lange kein Konsens darüber, dass unter den „Gottesfürchtigen und Sympathisanten“ nichtjüdische Kreise zu identifizieren sind. Epigrafiker sahen in den „theosebeis“ fromme Juden. Sieht man näher hin, so fallen die Beschreibungen und Erklärungen recht unterschiedlich aus. Dies bezieht sich sowohl auf die Wertung des Quellenmaterials als auch auf die Zuordnung bestimmter Gruppen und noch stärker in der Einschätzung von deren Funktionen.

Dies sei an einem Beispiel erläutert: Im kleinasiatischen Milet gibt es eine Sitzplatzinschrift im Theater, in der es heißt: „topos Eioudéon ton kai theosebíon – τόποζ Εἰουδέων τών καὶ Θεοσεβίον“ (CIJ II 748). Für Siegert war es völlig eindeutig, dass hier Juden gemeint sind, die „auch die [Gemeinschaft der, Anm. d. Verf.] Frommen heißen“[16]. Feldman zitiert Robert mit den Worten:

> „[…] because he argued, it is a basic contradiction to speak of ‚sympathizers‘, that is, non-Jews, who were Jews, and because there would be no point in supposing that Judaizing pagans had their place in the theatre with members of the community of which they did not have a part.“[17]

Cohen hingegen meint: „At Miletus a section of the municipal theatre was reserved [if the inscription has been correctly interpreted, Anm. d. Verf.] for ‚Jews and God-venerators‘ […]“.[18] Reynolds und Tannenbaum sagen: „There is an impasse here, but we do not find it altogether natural that, whoever drafted the text in this position […] the whole Jewish group should be described in it as ‚those who are also called pious‘“.[19] Ameling wiederum hält erneut Milet für „einen halbwegs sicheren epigraphischen Beleg aus Kleinasien“,[20] dass Juden sich als „theosebíon“ bezeichneten, während Wander[21] unter Zitation widerstreitender Fachvertreter wie Deissmann, Hommel, Delling oder Robert eher für eine Identifikation mit Nichtjuden eintritt, die hier aber zum Judentum gerechnet würden. Die Sachlage wird also überaus unterschiedlich bewertet.

Die ebenfalls häufig zitierte Freilassungsinschrift in Panticapaeum am Schwarzen Meer (Kerch – Krim)[22] spricht offensichtlich von „tes synagogés ton Ioudaion kaì theon sébon – τήζ συναγωγήζ τών Ἰουδαίων καὶ θεὸν σέβων“.[23] Der Text macht vor allem dann Schwierigkeiten, wenn man strikt davon ausgeht, dass die Gruppe der „Gottesfürchtigen“ im Allgemeinen nicht zu den Synagogenmitgliedern gezählt wurde. Wir können heute nicht mehr entscheiden, wie exakt sich das Leben in dieser Gemeinde abgespielt hat, doch sollte es möglich sein, unter Berücksichtigung regionaler Unterschiede anzunehmen, dass „theosebeis“ als Teil der Synagoge betrachtet werden konnten.[24]

Der Umstand, dass „gottesfürchtig“ (theosebon) als ehrende Selbstbezeichnung für Juden gelesen werden kann, macht so manche Zuordnung schwierig, schließt diese aber keineswegs aus.

So bemüht sich Feldman redlich um eine Beweisführung, bei der Gottesfürchtige als Vorstufe zu einer ‚Vollkonversion‘ verstanden wird. Auch hier stellt sich wieder die Frage nach den Quellen. Aus dem Umstand, dass in Levitikus Rabba 3.2, also einer rabbinischen Quelle, Gottesfürchtige und Proselyten auseinander gehalten werden, leitet Feldman ab, dass es sich tatsächlich um definierbar verschiedene Kategorien handelt. Ebenso sieht er zwischen einem Gottesfürchtigen und einem so genannten רג בשות (ger toschab) eine „close relationship",[25] betont aber zu Recht, dass in der Forschung keineswegs eine eindeutige Definition des Begriffes vorhanden ist.

Im Folgenden soll kurz auf die rabbinische Literatur eingegangen werden, die eine wichtige, aber keineswegs die einzige Quelle darstellt:

„Gottesfürchtige" in der rabbinischen Literatur

Die rabbinische Bewegung hat das Judentum in nachhaltiger Weise geprägt und auf lange Sicht gesehen einen überwältigenden Erfolg erzielt, was Verbreitung und Definitionsgewalt im kulturellen Diskurs betrifft. Gerade deshalb ist vor dem Vorurteil zu warnen, dass sie seit ihren ‚frühen Zeiten' allein über jüdische kulturelle Identität bestimmte, noch dass sie in sich homogen war.

Definitive Festlegungen jüdischer und nichtjüdischer Identitäten ohne Grauzonen sind trotz Anstrengungen auch bei den Rabbinen nicht zu finden. Klärungen in Bezug auf Konversionen (auch für Frauen), Proselytentum, Zugehörigkeiten und Abgrenzungen in der Frage, wer nun Jude sei, geben Grundlagen vor, lassen jedoch im Detail weit mehr Auslegungsspielraum als oftmals angenommen wird. Grundsätzlich mag gelten, was Sacha Stern in seiner Studie festhält:

> „In certain contexts, it becomes more appropriate for us to refer to Jewish identity not as a passive ‚experience' but rather as a practice [...] Without the *Torah*, indeed, there would be no difference between Israel and the nations. It is religious observance which endows Israel with the righteousness, holiness and perhaps affinity with angels [...]."[26]

Dementsprechend wird der Zugang zum Judentum rabbinisch an Nähe und Ferne zur Tora zu bemessen sein. Zwar sind Glaubensinhalte und Praxis naturgemäß nicht gänzlich zu trennen, dennoch spielt in der Antike der Bereich der verbindlichen Glaubensinhalte eine sehr untergeordnete Rolle. Wichtiger ist die Zugehörigkeit zu einer Glaubensgemeinschaft mit praktischen Vollzügen.[27]

Dem steht eine pragmatische Sicht auf die Nichtjuden gegenüber, die Israel als Feinde oder aber als Förderer begegnen. „So lange die Israeliten unter den Völkern der Welt zu leiden haben, so lange ist das Reich Gottes nicht vollständig", kann Hans Peter Ernst[28] zu Recht formulieren.

Der von Cassius Dio berichtete Fall des Konsuls Flavius Clemens und seiner Frau Flavia Domitilla und des Acilius Glabrio, die wegen ‚Atheismus' unter Domitian angeklagt und in der Folge getötet bzw. verbannt wurden,[29] steht wohl im Hintergrund der bekannten Erzählungen über einen gottesfürchtigen Senator, der das Judentum – nach dringender Ermunterung durch seine Frau – durch seinen Freitod rettet (Deuteronomium Rabba 2.24)[30] sowie über den Feldherrn Qeti'a (קטיע) b. Schalom, der u. a. in bAboda Zara 10b überliefert ist. Dort ist der gesamte Kontext von Bedeutung. So wird die Annahme vertreten, dass Nichtjuden auf der Basis der noachidischen Gebote[31] Anteil an der kommenden Welt haben. Daneben eröffnet bAboda Zara 10b einen weiteren Kontext. Kaiser Antoninus[32] diskutiert mit Jehuda ha-Nasi, der üblicherweise einfach Rabbi heißt. Antoninus fragt:

> „Werde ich die kommende Welt betreten? Ja, sagte Rabbi. Aber, meinte Antoninus, es heißt: ‚Und vom Haus Esau wird keiner entkommen' (Ob 1,18). Das, antwortete er, bezieht sich nur auf jene, deren üble Taten denen Esaus gleichen. Wir haben weiter gelernt: ‚Und vom Haus Esau wird keiner entkommen' – man könnte meinen, keiner! Darum sagt die Schrift (dagegen): ‚vom Haus Esau', um es nur auf die anzuwenden, die so handeln wie Esau. Aber, sagte Antoninus, es steht geschrieben: ‚Dort (in der Hölle) liegt Edom, mit seinen Königen und all seinen Fürsten' (Ez 32,29). Hier, so meinte Rabbi, (heißt es) ‚seinen Königen', es heißt nicht ‚all seinen Königen', ‚all seine Fürsten', aber nicht all seine Oberen."

Der Grundsatz lautet also: Nur wer das Werk Esaus und damit das Werk der römischen Regierung unterstützt, wird keinen Anteil an der kommenden Welt haben. Hier entscheidet sich die Teilhabe nicht an der Zugehörigkeit zu Israel, sondern an einer ethisch-politischen Kategorie. Von einer notwendigen Beschneidung ist nicht die Rede.

Die darauf folgende Erzählung erläutert den Zusammenhang anhand eines konkreten Beispielfalls. Qeti'a (קטיע) b. Schalom war Feldherr unter einem Kaiser, der die Juden sehr hasste. Er meinte:

> „Soll der, welcher einen Blutegel/ein Geschwür am Fuß hat, diesen ausschneiden und leben, oder ihn nicht ausschneiden (קטיע) und Schmer-

zen erleiden? Diese erwiderten ihm: Er soll ihn ausschneiden und leben bleiben.
Da erwiderte Qeti'a b. Schalom: Erstens wirst du aller nicht habhaft werden. Es heißt nämlich: ‚Denn wie die vier Winde des Himmels habe ich euch zerstreut' (Sach 2,10).
Was meint er damit? Wollte man sagen, ich habe euch nach den vier Windrichtungen zerstreut, wieso heißt es demnach ‚in'? Es sollte heißen: ‚nach' den vier Windrichtungen!
Vielmehr: wie die Welt ohne Winde nicht bestehen kann, so kann sie auch ohne Israel nicht bestehen.
Außerdem wird man [dein Reich] ein zerschnittenes/verstümmeltes (עיטק) Reich nennen.
Dieser erwiderte: Deine Worte sind zwar recht gesprochen, wer aber den König besiegt, den werfe man auf die Scalae Gemoniae (wört. אלילה אינומק).
Als man ihn abführte, sprach eine Frau: Wehe dem Schiff, das ohne Zoll abfährt.
Da bückte er sich über die Spitze seiner Vorhaut und schnitt sie ab (עטק).
Hierauf sprach er: Ich habe nun den Zoll entrichtet. Jetzt kann ich hinüber [...]."

Als man ihn hinab stieß, rief er: „Mein ganzes Vermögen soll R. Aqiba und seinen Kollegen gehören. Da ging R. Aqiba hinaus und trug vor: ‚Sie gehören Aaron und seinen Söhnen' (Ex 29,28), die Hälfte Aaron und die Hälfte seinen Söhnen."

Da ging eine „Bat Qol" aus und sagte: „Qeti'a b. Schalom ist für das Leben der kommenden Welt vorgesehen. Darüber weinte Rabbi und sagte: Mancher erwirbt seine Welt in einer Stunde, mancher aber erwirbt sie erst in vielen Jahren."

Der Zusammenhang mit dem oberen Gespräch zwischen Rabbi und dem Kaiser ist durch Stichworte gleich mehrmals gegeben, dennoch sind beide Erzählungen getrennt zu betrachten und die erste in ihrem Eigenwert zu behalten.

Es wäre verfehlt, ableiten zu wollen, dass die Rabbinen allgemein die Beschneidung der Nichtjuden als unabdingbares Eintrittsbillet für das Jenseits betrachtet hätten, auch wenn sie die ‚ideale' Konsequenz gottesfürchtigen Lebens darstellt. Vielmehr erläutert die Geschichte beispielhaft, wie auch ein oberster Führer in Rom Anteil an der kommenden Welt bekam. Die Erzählung spielt vor allem mit dem Stichwort qt' – עטק und hebt auf die schicksalhafte Verbindung zwischen dem mörderischen

'Abhauen' Israels aus der Welt, der daraus resultierenden Verstümmelung des Reichs und der Beschneidung des Protagonisten ab.

Zentral ist in allen Erzählungen das Element der Rettung von Juden durch Nichtjuden, die letztlich auch zur endzeitlichen Rettung der Protagonisten führt. In Deuteronomium Rabba 2.24 wird der Text als Lehrstück für die Kraft der Umkehr verstanden, der Israel folgen soll.

Neben den genannten Beispielen finden sich in der rabbinischen Literatur einige weitere Belege für die „Gottesfürchtigen", die zeigen, dass diese eine bleibende Rolle spielten. Sie sind prinzipiell nicht mit den so genannten Noachiden oder den gerej toschab zu identifizieren.[33]

Der schon erwähnte Text Levitikus Rabba 3.2 nennt „Gottesfürchtige" als potentielle Spender von Opfergaben. Genesis Rabba 28.5 (und Hohelied Rabba 1.25) lässt die Küstenstätte wegen der Verdienste einer gottesfürchtigen Person und eines gottesfürchtigen Volkes bestehen. Die von der übersprudelnden Milch Saras tranken, wurden nach Genesis Rabba 53.9 gottesfürchtig. In der Parallele Pesiqta Rabbati 43.4 wird deutlich zwischen „gerim" und den „jirej schamajim" unterschieden. Beide trinken von Saras Milch und profitieren davon. Sara gilt allgemein als „Mutter der Proselyten".[34]

Der aus Spr 31,1 bekannte König Lemuel wird nach bSanhedrin 70b von seiner Mutter abgemahnt, er möge sich doch an das positive Vorbild seines Vaters, eines Gottesfürchtigen, erinnern. Die aus dem Sprüchebuch entlehnten Verhaltensmaßnahmen betreffen vor allem Mäßigung gegenüber dem Weingenuss und die Abstinenz von vielen Frauen. In der Parallele Numeri Rabba 10.4 wird Lemuel deutlich mit Salomo identifiziert, dessen ägyptische Frau ihn auf den falschen – von Gott abgewandten – Weg brachte. Man sieht an diesen Stellen, dass es den Rabbinen nicht um eine exakte Definition einer bestimmten Gruppe von Philosemiten geht, wenn sie den Begriff „jirej schamajim" gebrauchen, sondern jeweils aus dem Kontext eine spezifische Bedeutung erschlossen werden muss. Im Fall Numeri Rabba 10.4 wäre David mit dem Gottesfürchtigen gemeint, in bSanhedrin 70b natürlich ein Nichtjude. In bSukka 49b wird die Gottesfurcht mit der Wohltätigkeit und Barmherzigkeit in Verbindung gebracht.

In jedem Fall wird Abraham – dessen Gottesfurcht in Gen 22,12 bestätigt wird und der als Vater der Proselyten gilt[35] – als großes Vorbild beschrieben (Numeri Rabba 15.14), ein anderes Mal Josef in Genesis Rabba 93.7 als jirej schamajim bezeichnet, in bNidda 33b ein Gelehrter, in bSchabbat 61a ein Rabbi. Dabei wird Gottesfurcht ganz unterschiedlich verstanden, im letzten Fall als Verhaltensregel des Respekts gegenüber dem älteren Lehrer.

Die bekannte Stelle in der Mekhilta de Rabbi Jischmael zu Ex 22,20 wird ähnlich in Numeri Rabba 8.2 zitiert. Der Kontext beschreibt den Umgang mit den *gerim*:

> „‚JHWH hat Wohlgefallen um seines Heiles willen; er macht groß die Tora und macht sie herrlich'.
> Und ebenso findest du es bei den vier Gruppen, welche anstimmen und sprechen vor dem, der da sprach und die Welt wurde: Dem JHWH (gehöre ich)! Denn es heißt (Jes 44,5):
> ‚Einer spricht: Dem JHWH, und einer benennt sich mit dem Namen Jakobs, und einer schreibt auf seine Hand: Dem JHWH! und (einer) wird mit dem Namen Israels benannt'.
> ‚Dem JHWH', und nicht möge sich mit mir eine Sünde vermengen;
> ‚und einer benennt sich mit dem Namen Jakobs', das sind die Proselyten;
> ‚und einer schreibt auf seine Hand: Dem JHWH!', das sind die Bußfertigen (הבושת ילעב);
> ‚und wird mit dem Namen Israel benannt', das sind die ‚Gottesfürchtigen'."

Dieser Text ist insofern bemerkenswert, als er tatsächlich die Gruppe der „jirej schamajim" mit dem Ehrentitel Israel bedenkt. Dies ist bei der Beurteilung Siegerts, wonach sie „von den gerechten Israeliten am weitesten entfernt"[36] sind, zu ergänzen. Die Abfolge ist freilich nicht zufällig. Dem sündlosen Israel folgen gleich die Proselyten, danach die von ihren Verfehlungen Umkehrenden,[37] denen wiederum die gottesfürchtigen Nichtjuden folgen.

Trotz Klärungsversuchen der Rabbinen bleiben in der rabbinischen Literatur hier nicht zu dokumentierende differenzierte Stellungnahmen zu Konvertiten und Konversionen und Nichtjuden, die ihre Sympathien zum Judentum dokumentieren, bestehen.

Konversion

Ich erwähne die Proselyten als eigene Kategorie, ohne sie näher in den Blick zu nehmen oder zu analysieren. Damit tut sich nämlich ein neues Problemfeld auf, das den Rahmen dieses Beitrags erheblich sprengt.[38] Allein die Vielzahl der Belege in der rabbinischen Literatur zeigt, wie relevant das Problem war, das alle gesellschaftlichen Schichten umfasste.

Die – legendenhaft dokumentierte – Konversion hochrangiger Vertreter Roms ist bereits behandelt worden.

In Bezug auf Sklaven lassen die in manchen Quellen[39] belegten Verbote des Antoninus Pius und einiger seiner Nachfolger erahnen, dass es nicht selten zu Konversionen kam.

Idumäer und Ituräer wurden dem Judentum mehr oder weniger zwangsweise im Zuge der hasmonäischen Eroberungen eingegliedert.[40]

Üblicherweise wird angenommen, dass Frauen ihre kulturelle Identität durch die Männer gewannen. Umso stärker wiegt die vielfach bezeugte Anziehungskraft, die das Judentum auf Frauen ausübte. Schon Bernadette Brooten hat sicher zu Recht auch auf die Bedeutung von Frauen im Kontext der Vermittlung des Judentums für Nichtjuden verwiesen.[41]

Ein Ritual der Konversion und detaillierte Aufnahmekriterien entwickeln erst die Rabbinen im Traktat *Gerim*. Für Frauen ist jetzt ein Tauchbad vorgesehen. Cohen zeigt, dass die rabbinische Tendenz, eine Konversion durch Zeremonien zu festigen, drei entscheidende Absichten verfolgt: die Konversion zu regeln, sie zu administrieren und dem Konvertiten eine klare Vorstellung zu vermitteln, was ihn im Judentum erwartet.[42]

bPesachim 87b und Origines' Contra Celsum 1.55 halten übereinstimmend fest, dass die jüdische Galut – das Exil als Diaspora – (u. a.) von Gott auferlegt wurde, um die Anzahl der Proselyten zu mehren.

Wie weit das Judentum der Antike ‚aktiv missionierte' ist weiterhin umstritten. Paget's moderate Mittelposition ist hier wohl zuzustimmen.[43]

„Gottesfürchtige" in weiteren jüdischen Quellen

Auf Philo, Flavius Josephus und insgesamt die so genannte zwischentestamentliche Literatur kann ich nur hinweisen.

Flavius Josephus stellt fest, dass „von uns nun die Gesetze auch allen anderen Menschen beigebracht wurden und man sie immer mehr zum Muster nahm" (Contra Apionem 2:280). Zuerst hätten die griechischen Philosophen sie im Gottesglauben und der Gesellschaftstheorie übernommen, dann alle Menschen, sodass es kein Volk und keine griechische und barbarische Stadt gäbe, wo nicht der Brauch, am siebten Tag die Arbeit ruhen zu lassen, Eingang gefunden hätte und wo nicht das Fasten, Lichteranzünden und viele andere Gebote beobachtet würden.

Fast poetisch klingt es in der neu aufgelegten Übersetzung von Clementz:

„Auch unsere bürgerliche Eintracht, unsere Wohlthätigkeit, unseren gewerblichen Fleiss, unsere Ausdauer in Drangsalen, wenn es sich um die Verteidigung des Gesetzes handelt, suchen sie nachzuahmen. Am meisten freilich muss man sich darüber wundern, dass das Gesetz lediglich durch die ihm innewohnende Kraft, ohne Anwendung sinnlicher Reizmittel und Lockungen dies vermocht hat: wie Gott das Weltall durchdringt, so hat sich das Gesetz durch die ganze Menschheit verbreitet. Schaue nur ein jeder auf sein eigenes Vaterland und seine Familie, und er wird finden, dass meine Behauptung allen Glauben verdient."[44]

Josephus berichtet von der Integration griechischer Bürger in die Feste der Juden, was deutlich macht, dass das Judentum der Zeit sehr wohl interessiert war, Nichtjuden zu werben und in die Gemeinschaft zu integrieren. Allerdings gibt es mit Ausnahme des Sabbats praktisch keine Belege, die bestätigen können, dass Nichtjuden über die Festzeiten von Juden im Bilde waren und sie teilten. IJudOr II 196 schildert einen Fall einer Stiftung in Bezug auf das Grab eines Glykon, wo Pessach, Wochenfest und die Calendae genannt werden. Ob Glykon ein Jude war, der die „heidnischen" Calendae akzeptierte oder ein ‚Gottesfürchtiger', der Pessach und Schawuot kannte, ist umstritten.

Wichtig sind die Angaben des Josephus, wonach gerade Frauen sich dem Judentum offen zeigen und angezogen fühlen. Im Jüdischen Krieg II.20.2.§560 schildert Josephus die Angst der Damaszener vor den eigenen Frauen, „die mit wenigen Ausnahmen der jüdischen Gottesverehrung ergeben waren"[45]. Und es heißt, dass am Hof ein jüdischer Kaufmann mit Namen Ananias die Damenwelt für die Religion des Judentums zu faszinieren verstand (Antiquitates 20.2). Die darauf folgende Erzählung von der Konversion des Hauses von Adiabene kann als bekannt vorausgesetzt werden.[46]

Nur erwähnt seien die neutestamentlichen Quellen zu den Gottesfürchtigen, vor allem in der Apostelgeschichte (13,16; 10,lf. Cornelius; 16,14 Lydia; 18,7 Titius Justus; 13,43; 14,1; 17,4ff.), die auch Siegert aufarbeitet.

„Gottesfürchtige" in den nichtjüdischen Quellen

Besondere Schwierigkeiten scheinen Grabinschriften zu bieten, wo mitunter nicht sicher ist, ob es sich um jüdische Friedhöfe handelt, ob die Träger als Juden oder Gottesfürchtige oder Nichtjuden zu interpretieren sind und mitunter auch ein bestimmtes Vorverständnis und Vorurteile eine Rolle spielen wie etwa bei Siegert, wenn er meint, dass in Bezug auf eine Büste mit der Aufschrift „deum metuens hic sita [est]" (CIJ I 529) die „Form einer Büste [...] entschieden gegen jüdische Herkunft"[47] spreche. Dazu passt, dass gelegentlich die Unklarheiten mit Begriffen wie „klingt eher heidnisch" oder „es handelt sich also wohl nicht um einen Judenfriedhof"[48] nicht verschleiert werden.

Setzen wir also voraus, dass wir im Detail die Quellen mit Vorsicht, im Blick auf regionale und natürlich auch zeitliche Differenzierung betrachten müssen, so bleibt dennoch die weitestgehende Gewissheit unangetastet, dass wir in unterschiedlichen antiken Quellen Hinweise auf pagane Menschen finden, die in einer starken Beziehung zu Juden stehen.

Die Stifterinschriften von Aphrodisias zählen zweifellos zu den faszinierendsten Beispielen inschriftlicher Evidenz von Nichtjuden als Förderer von Juden. Amelings Neuedition 2004 argumentiert zu Recht mit unterschiedlichen Abfassungszeiten von Teil A und B und setzt den älteren Teil B „nicht vor der Mitte des 4. Jhs." an.[49] Damit wird erneut die Kontinuität in den Beziehungen betont. Da B nicht vollständig erhalten blieb, ist eine Aufzählung der so genannten „theosebeis" nur bedingt zielführend. Linien 34 bis 60 enthalten allein 52 Namen von „theosebeis", die in Verbindung zur Synagoge stehen, zwei weitere als Mitglieder des „Dekanats", des offensichtlichen Leitungsgremiums. Ihnen stehen 69 Juden gegenüber, davon 16 im Leitungsgremium.

Neun der „theosebeis" von B gehören dem Stadtrat (boulé) an. Nimmt man eine ungefähre Größe von 100 für den Stadtrat einer Stadt als Norm an, wären 10 Prozent davon als Förderer der Juden aufgetreten. Die restlichen „theosebeis" sind ohne erkennbare Ordnung genannt. Sie üben verschiedene Berufe aus, vor allem Handwerker, aber es gibt auch einen Kassenwart, Geldverwalter, Athleten, Tänzer, Wurstmacher und vielleicht auch einen Boxer.[50]

Die Berufe unterscheiden sich von denen der jüdischen Namensträger, die mehrfach als Kleinkaufmänner und Kleinhändler auftreten, auch als Zuckerbäcker oder Schäfer.

In dem jüngeren Teil A, der Vorderseite der Stele, erscheinen drei Proselyten und zwei „theosebeis", die an einer Grabstätte mitgestiftet haben.[51] Sie gehören ausdrücklich einer Vereinigung von Wissensliebenden an, die sich vielleicht – so Wander – „regelmäßig zu Torastudien und zum Gebet getroffen hat"[52]. Für Ameling ist eine „dekanía" wahrscheinlicher, die „Gottes gnadenreiche Kraft auf alle und alles herabrufen"[53] will, im Kontext besonders auf die Toten. Die „theosebeis" erscheinen als Wohltäter und

Sponsoren, aber wohl nicht nur. Ihre Integration in die Gemeinde scheint zumindest punktuell nicht ausgeschlossen.

Eine Reihe von Gönnern und Wohltätern ist auch außerhalb von Aphrodisias namentlich bekannt, so die Euphrosyne aus Rhodos,[54] die Irene in Kos (IJudOr II 6), die Kapitolina in Tralleis (deren Mann Priester des Zeus Larasios war – IJudOr II 27). In ihrer Herkunft umstritten sind Eustathios in der Nähe des lydischen Philadelphia (IJudOr II 49), Aurelius Eulogius (IJudOr II 68) und Aurelius Polyhippus (IJudOr II 67) ebenso wie Aurelios Hermogenes (IJudOr II 132) in Sardeis. Sie spenden Fundamente, Marmorverkleidungen, Wasserbecken, Mosaikfußböden für Synagogen, Aurelios Hermogenes eine Menora.

Bernd Wander listet in seiner wichtigen Habilitation die antiken heidnischen Autoren auf, die über „theosebeis" geschrieben haben.[55]

In einer Beschreibung antiker ‚Sympathie' für das Judentum darf die Erwähnung der XIV. Satire (V. 96–106) Juvenals nicht fehlen, wo es heißt:

> „Manche, denen ein den Sabbat ehrender Vater zuteil wurde, beten nichts an außer den Wolken und der Gottheit des Himmels, glauben, von menschlichem Fleisch unterscheide sich nicht das eines Schweines, dessen sich der Vater enthielt, und lassen bald auch ihre Vorhaut beschneiden. Gewohnt aber, die römischen Gesetze geringzuschätzen, lernen sie das jüdische Recht genau, beachten und fürchten es, ganz wie Moses es ihnen in geheimer Rolle überlieferte: niemandem die Wege zu zeigen außer dem Anhänger desselben Kults, allein die Beschnittenen hin zur gesuchten Quelle zu führen. Doch liegt die Schuld beim Vater, der an jedem siebten Tag müßig war und keinen Teil des Geschäftslebens anrührte."[56]

Eine Unterscheidung zwischen Sympathisanten des Judentums und Proselyten macht auch Petronius, der meint, dass die ‚Juden' ruhig ihren Schweinegott anbeten mögen, aber vor der Beschneidung halt machen sollen oder „in die griechischen Städte auswandern"[57].

Drastischer, aber nicht weniger aufschlussreich ist das Beispiel von Martial, der schreibt:

> „Der Gestank von dem Bett eines trockengelegten Sumpfes, von dem rauhen Dunst einer schwefeligen Quelle, der faule Dampf von einem Seewasserfischteich, von einem alten Ziegenbock inmitten seiner Liebschaft, von einem Militärstiefel eines abgeplagten Veteranen, von einer zweifachen Wollfärbung mit Purpur, von einem (übelriechenden)

Atemzug von Frauen, die den Sabbat feiern (quod ieiunia sabbatariarum)[...].“[58]

Die Feier des Sabbat, hier vor allem durch Frauen, wird wohl nicht zufällig als besonders ‚attraktives‘ Beispiel judaisierender Tendenzen bezeichnet, die typisch für das verluderte Rom seien.

Augustinus zitiert Seneca in De Civitate Dei VI,11 mit den Worten: „In der Zwischenzeit haben die Bräuche dieses verfluchten Volkes so viel Einfluss gewonnen, dass sie in der ganzen Welt angenommen werden. Die Besiegten haben den Siegern ihre Gesetze gegeben.“[59]

Die frühe Kirche

Auch sie kann nur kurz gestreift werden.[60] Abgrenzungsversuche der Kirchenväter und der Konzilien zeigen indirekt die engen Verbindungen zwischen Juden und Christen - auch zu christlichen Amtspersonen - etwa durch vermehrte Verurteilung gemeinsamen Tischs (Nicaea; Orléans 538; Mâcon 583; die Trullanische Synode von 692 u. ö.) oder die Schwierigkeiten in der Durchsetzung des Sonntages gegenüber dem Sabbat oder des neuen Ostertermins gegen die Quartodezimaner. Die Konzilien von Antiochia, Laodicaea oder das vierte Konzil von Karthago bezeugen deutlich den Einfluss jüdischer Kultur auf Christen und die oft wohl nur bedingt erfolgreichen Versuche, durch gesetzliche Regelungen dagegen vorzugehen. Die Synode von Elvira (326) verbietet für Christen z. B. die Segnung von Früchten durch Juden, Laodicaea und Karthago die Feier des Sabbats, das ‚Judaisieren‘, den ‚jüdischen Aberglauben‘ oder jüdische Feste. Auch die Didaskalía schreibt wohl nicht ohne Grund gegen den Synagogenbesuch von Klerikern oder gemeinsame religiöse Vollzüge mit Juden an.[61]

Tertullian stellt in Afrika fest, dass Heiden Gebräuchen der Juden folgen: „Iudaei enim festi sabbata et cena pura et Iudaici ritus lucernarum et ieiunia cum azymis et orationes litorales, quae utique aliena sunt a diis uestris“ (Ad Nationes 1.13).

Cyrill von Alexandrien vergleicht in *De Adoratione in Spiritu et Veritate* 3.9.2f. (PG 68.281) die biblischen Midianiter mit den „theosebeis“ im Phönizien und Palästina seiner Zeit, die einen Mittelweg zwischen der jüdischen und der griechischen Lebensart pflegten und zwischen beiden hin und her gerissen würden.

Klagen wie die Ephraems des Syrers über die jüdischen Missionare, die so viele Heiden verführten, mögen übertrieben sein (Opera Syriaca

1.558), zeugen aber vom auch im 4. Jahrhundert noch ungebrochenen Anreiz der jüdischen Kultur. Und Orléans 542 formuliert dazu deutlichst:

> „Wenn sich ein Jude untersteht, einen Proselyten [...] zum Juden zu machen, oder einen, der Christ ist, zum jüdischen Aberglauben zu verleiten, oder wenn ein Jude glaubt, mit seiner christlichen Sklavin sexuellen Umgang haben zu sollen, oder einen von christlichen Eltern geborenen Sklaven unter dem Versprechen der Freiheit zum Juden macht, soll er mit dem Verlust der Sklaven bestraft werden."[62]

Die christlich-römische Gesetzgebung der *Codices* (Theodosianus und Justinianus) mit darin enthaltenen Beschneidungsverboten, Übertrittsverboten, Erwerbsverboten christlicher Sklaven, der Ungültigkeit der Testamente christlicher Konvertiten zum Judentum und natürlich eines Eheverbots zwischen Juden und Christen sind hier ebenfalls zu nennen, müssen aber insgesamt im Vergleich mit den Gesetzen gegen Häretiker als moderat bezeichnet und darüber hinaus auf ihre praktische Umsetzung befragt werden. Feststellungen wie die Folgende in Pauls Sententiae festgehaltene, wonach römische Bürger, die beschneiden oder sich beschneiden lassen, auf eine Insel verbannt und ihr Besitz konfisziert wird, zeugen in jedem Fall von der Aufmerksamkeit, die man diesem Umstand zollt, der demnach nicht allzu selten gewesen sein mag. Ärzte, die den Eingriff vornehmen, werden mit dem Tode bedroht:

> „Cives Romani, qui se iudaico ritu vel servos suos circumcidi patiuntur, bonis ademptis in insulam perpetuo relegantur: medici capite puniuntur. Iudaei si alienae nationis comparatos servos circumciderint, aut deportantur aut capite puniuntur." (Paul, Sententiae 5.22.3f.).

Religion oder ‚way of life'?

Die hier anklingende Frage, die letztlich nicht mit einem einseitigen Entweder–Oder zu beantworten sein wird, heißt: Waren religiöse Anziehungskraft oder eher der ‚way of life' für die starke Anziehungskraft des Judentums ausschlaggebend? Diese Problematik klingt reichlich neuzeitlich, behält aber dann ihre Funktion, wenn es um Schwerpunktsetzungen geht. Folgt man der Ansicht, dass Glaubensinhalte weniger prägend für das antike Judentum waren als Lebenspraxis und Gemeinschaftsbezug, dann zeigt sich darin die Schwierigkeit, konkrete Maßstäbe für eine Zuordnung und Grenzziehung festzuhalten.

Cohen macht in seinem siebenstufigen Schema das religiöse Element stark und versucht es durch eine Reihe von Beispielen zu untermauern.[63] Das Auftauchen des Begriffs θεὸς ὕψιστος – theòs hypsistos (höchster Gott) in vielen Belegen muss sehr genau auf die spezifischen Kontexte untersucht werden, ehe er auf jüdischen Hintergrund zu beziehen ist. Heidnische wie christliche Bedeutungen sind hier möglich.[64] Deutliche Querverbindungen von nichtjüdischen Verehrern des ‚höchsten Gottes' und Juden und damit verbundener Philosemitismus ist in jedem Fall als wahrscheinlich anzunehmen, zumal, wie Ameling[65] ausführt, etwa in Lydien und Phrygien, wo Juden auch bevölkerungsmäßig stark vertreten waren, sich auch verbreitet Verehrer des „theòs hypsistos" fanden.

Hierzu passt Kaiser Julians Annahme, wonach die Juden auch unter extremen Widrigkeiten nicht bereit wären, Schweinefleisch und Ersticktes zu essen. Ausdrücklich werden die „theosebeis" dann als Teil der Juden erwähnt, „da sie einem Gott die Ehre gäben, der der Stärkste sei und von anderen Menschen unter einem anderen Namen verehrt werde".[66]

Das Hauptgebot, keine anderen Götter zu verehren, spielt im Roman *Josef und Asenet* eine entscheidende Rolle. Auch im rabbinischen Sprachgebrauch wird in Bezug auf einen nichtjüdischen Sympathisanten der Umstand betont, dass ein „Götzendiener es auf sich nimmt, nicht dem Götzendienst zu dienen" (Beispiel bGittin 45a). In bMegilla 13a wird über Mordechai gesagt:

> „Auf jeden Fall kam er aus Benjamin. Und warum nennt man ihn *Jehudi*? Weil er den Götzendienst ableugnete, denn jeder, der den Götzendienst ableugnet, wird Jehudi genannt, so wie es geschrieben steht: ‚Jüdische Männer sind gekommen' (Dan 3,12)."

Diese Deutung geht gänzlich ab von einer territorialen Zuordnung von Juda und deutet „Jehudi/Jude" als religiöses Bekenntnis zum ‚einen Gott'. Freilich bezieht sich hier die Zuordnung auf einen ‚Juden' namens Mordechai, der aus dem Stamm Benjamin und nicht aus Juda stammt und kann so nicht eins zu eins auf einen Nichtjuden bezogen werden. Das im Text stehende Potenzial darf aber nicht unterschätzt werden. Das Bekenntnis zum Judesein besteht hier in dem Umstand, alle anderen Götter zu leugnen und den einen Gott auch gegen Gefahr zu bekennen. Gerade dadurch setzt man sich in der Welt Hass und Bedrohung aus.

Nach Cohen kann nur seine siebte Kategorie als vollends ‚jüdisch' bezeichnet werden, nämlich jene Menschen, die sowohl in die jüdische Gemeinschaft integriert werden, sich exklusiv für den jüdischen Gott entscheiden und das jüdische Gesetz befolgen. Es bleibt zu fragen, nach welchen Quellen hier entschieden wird. Für Philo von Alexandrien gehört es zu den entscheidenden Elementen, alle Götter abzuleugnen, an den einen Gott Israels zu glauben und sich in Israels Politeia zu integrieren (De specialibus legibus I.9.51 u. ö.). Hier ist erstaunlicherweise nicht von Beschneidung die Rede, auch nicht von der Annahme aller Gebote. Josephus wiederum sieht sowohl wohlwollendes Verhalten gegenüber Juden[67] als auch die Annahme der Gebräuche und Praktiken der Juden als entscheidend an, was in der Folge, wie der Fall des Izates zeigt, zur Beschneidung führen ‚kann' (Vita 113; 149).

Der entscheidende Grenzverlauf, hinter dem die jüdischen Gemeinschaften einen Heiden schließlich als Juden angesehen haben, ist schwer abzustecken. Rabbinische Texte allein dürfen nicht als Quellen herangezogen werden. Sie spiegeln keineswegs die Gesamtbreite jüdischer Identitäten in der Antike wider und sind selbst nicht widerspruchslos. Oftmals wird gelten, was Josephus meint, dass nämlich die Liebe zu den Menschen auch bedeutet, dass jene, sich dem Judentum anschließen wollen, nicht zurückgewiesen werden, „weil nicht nur die Herkunft sondern auch die Auswahl der Lebensweise eine Verwandtschaftsbeziehung schaffen" (Contra Apionem 2:209f.).

Die Auswahl der Lebensweise, also der ‚way of life', kann als Übernahme der Gebräuche und Riten, von Habitus und Gewohnheiten verstanden werden, die religiöse Vollzüge beinhaltet. Menschen, die verschiedene Bräuche und Rituale der Juden feiern, werden oftmals von außen nicht von Juden unterschieden worden sein. Plutarch meinte – wenn auch in einer Anekdote –, dass jeder, der sich des Genusses von Schweinefleisch enthielte, ein Jude genannt werden kann.[68] Dio Cassius unterschied zwischen „Ioudaioi" aus Juda und nicht jüdischen „Ioudaioi", womit er judaisierende Nichtjuden meinte.[69] Es ist durchaus als wahrscheinlich an zunehmen, dass in bestimmten Regionen Nichtjuden aufgrund ihres konkreten Verhaltens und ihrer sozialen Integration als Teil der Gemeinden betrachtet wurden, ohne dass von ihnen eine Beschneidung verlangt worden wäre.

In jedem Fall galten viele Menschen aufgrund ihres äußeren Verhaltens in den Augen der Nichtjuden als Juden, was sich schließlich im Christentum verstärkte, wo der Begriff ‚Judaisieren' als Schimpfwort für die Annahme von jüdischen Gebräuchen galt.

Die Lebensweise nach Art der Juden wird mehrfach erwähnt. Sie konnte vor allem unter Domitian zu schweren steuerlichen Benachteiligungen führen, die unter seinem Nachfolger Nerva jedoch unter Strafe gestellt wurden. Niemand mehr sollte zu Unrecht eines „Ioudaikou bíou“ beschuldigt und damit zu ungerechtfertigten Steuern gezwungen werden (Cassius Dio, Historia Romana LXVIII,1.2). Ob sich Domitians Regelungen allerdings gegen Nichtjuden richteten, deren Verhalten dem von Juden glich, ist umstritten. Williams meint immerhin, dass:

> „[…] many people whose physical appearance, dietary habits or religious practices and institutions made them appear to be Jewish may well have fallen foul of the authorities. Besides non-religious Jews, other likely victims are circumcised peregrini […] Jewish Christians and pagan Judaizers.“[70]

Motivation der Annäherung

Bei aller Vorsicht gegenüber den Quellen und aller differenzierten Darstellung lässt sich zweifellos ein großes Interesse von nichtjüdischen Menschen am Judentum in der Antike veranschlagen, das sich sowohl in jüdischen wie nichtjüdischen Belegen niederschlägt.

Spekulationen über die Gründe, die Motivation, sich dem Judentum anzunähern, sind mit Vorsicht anzustellen und müssen sich an den Quellen messen. Feldman zählt allein für das 3. Jahrhundert 31 Gründe auf, warum Nichtjuden sich vom Judentum angezogen fühlten.[71] Darin finden sich kulturelle Anziehungskraft neben ethischer Größe, ökonomischen Vorteilen und dem Anreiz durch bestimmte Feiertage, vor allem durch den Sabbat. Hierhin gehören etwa Namensgebungen (Sambation, beispielsweise in 29 ägyptischen Papyri vom 1. bis 5. Jahrhundert), sambatiké sýnodos in Naukratis,[72] die Erwähnung eines Gottes namens Sabbatistes in Kilikien zur Zeit des Augustus, oder eines Sabathikos in Lydien, dem man Gebete darbringt. Feldman zitiert auch italienische Inschriften mit einer Junia Sabatis, Aurelia Sabbatia und Claudia Sabbathis,[73] die mit guten Gründen als Nichtjuden zu betrachten sind.

Daneben nennt er Gründe wie theatralischer Anreiz der Synagogendienste, die jüdischen Bäder, die Kenntnis von Astronomie und Astrologie, Traumdeutung, Alchemie und zuletzt die besondere Befähigung der Juden, effektive Flüche auszusprechen.

Seine Gewährsleute sind ‚unverdächtig‘, christliche Gegner oder pagane Autoren. Auffällig ist hier das Fehlen von eigentlich religiösen Kategorien. In seiner Zusammenfassung im Kapitel 12 verweist Feldman auf weitere

Anziehungspunkte, vor allem die immer wieder in der Forschung zitierte Anerkennung des Alters der jüdischen Kultur und des Mose als Weisen, Gesetzgeber und Propheten. Freilich erwähnt er Varros (Augustinus' De Civitate Deo 4.31[74]) „Zeugnis des judäischen Volkes" (*gentem Iudaeam*), welches Gott bis heute bildlos verehrt, aber es erstaunt doch, dass der Gottesglaube eine geringe Rolle spielt. Vielmehr nennt Feldman gerade die jüdische Weigerung, lokalen Gottheiten Verehrung zu zollen, als Grund für die letztliche Zurückhaltung vieler Sympathisanten vor dem Schritt der Konversion.[75]

Karl Leo Noethlichs listet in seinem Werk *Das Judentum und der römische Staat*[76] folgende „positive Züge des Judentums im Urteil der Nichtjuden" auf:

„Ein Volk von Philosophen"; „Wahrsager, Traumdeuter, Zauberer"; „besondere Gesetztestreue der Juden"; „Armenfürsorge und Juden als gute Mediziner".

Als Fazit kann gelten, dass bei sehr viel Unklarheit im Detail und einer weiterhin offenen Diskussion um einzelne Bedeutungen von Quellen und Inhalten von reger Interaktion und vielfältigen Formen von Sympathie für das Judentum in der Antike ausgegangen werden kann. Die Bandbreite reicht dabei von Förderern und Sponsoren bis zu überzeugten Anhängern jüdischer kulturell-religiöser Werte, die nicht immer und überall in eine ‚Vollmitgliedschaft' münden mussten. Die Integration nichtjüdischer Gottesfürchtiger in manche jüdische Gemeinde ist durchaus vorstellbar.

Hier ist noch viel zu forschen, vor allem auch in Bezug auf die Kontinuitäten und Brüche, die sich immer wieder in neuem Lichte darstellen.

Anmerkungen

1 Kinzig, Wolfram: „Philosemitismus", Teil I: Zur Geschichte des Begriffs, in: *Zeitschrift für Kirchengeschichte*, 105 (1994), S. 202–228; Teil II: Zur historiographischen Verwendung des Begriffs, S. 361–383; siehe auch seinen Beitrag im vorliegenden Band.

2 Ameling, Walter (Hg.): Inscriptiones Judaicae Orientis. II. Kleinasien (Texts and Studies in Ancient Judaism, Bd. 99), Tübingen [im Folgenden IJudOr II].

3 Vgl. Vivenza, Gloria: The Classical Roots of Benevolence in Economic Thought, in: Price, Betsy B. (Hg.): Ancient Economic Thought (Routledge Study in the History of Economics, Bd. 1), London/New York 1997, S. 191–210; Veyne, Paul: Le pain et le cirque, Paris 1976.

4 Frey, Jean Baptiste (Hg.): Corpus Inscriptorum Judaicarum. Receuil des inscriptions juives qui vont du IIIe siecle avant Jesus-Christ au VIIe siecle des notre ere, Rom 1936/1952[im Folgenden CIJ].

5 Ameling, Walter: Die jüdische Diaspora Kleinasiens und der ‚Epigraphic Habit', in: Frey, Jörg/Schwartz Daniel R./Gripentrog, Stephanie (Hg.), Jewish Identity in the Greco-Roman World, AJEC 71, Leiden/Boston 2007, S. 253–282.
6 Vgl. Gruen, Erich S.: Diaspora. Jews amidst Greeks and Romans, Cambridge/London 2002, S. 130f. u. ö.
7 Williams, Margaret: The Jews among the Greeks and Romans: A Diasporan Sourcebook, Baltimore 1998, S. 88.
8 Vgl. Schimanowski, Gottfried: Die jüdische Integration in die Oberschicht Alexandriens und die angebliche Apostasie des Tiberius Julius Alexander, in: Frey/Schwartz/Gripentrog (Hg.): Jewish Identity, [wie Anm. 5], S. 111–135.
9 Krauter, Stefan: Die Beteiligung von Nichtjuden am Jerusalemer Tempelkult, in: ebd., S. 55–74.
10 Cohen, Shaye J. D.: The Beginnings of Jewishness, Boundaries, Varieties, Uncertainties (Hellenistic Culture and Society 31), Berkeley/London 1999.
11 Siegert, Folker: Gottesfürchtige und Sympathisanten, in: *Journal for the Study of Judaism*, 4 (1973), S. 111–164.
12 Noy, David/Panayotov, Alexander/Bloedhorn, Hanswulf (Hg.): Inscriptiones Judaicae Orientis I. Eastern Europe (Texts and Studies in Ancient Judaism, Bd. 101), Tübingen 2004; Noy, David/Bloedhorn, Hanswulf (Hg.): Inscriptiones Judaicae Orientis III. Syria and Cyprus, (=Texts and Studies in Ancient Judaism 102), Tübingen 2004 [IJudOr III]..
13 Ameling, Walter (Hg.): Inscriptiones Judaicae Orientis. II. Kleinasien, (Texts and Studies in Ancient Judaism, Bd. 99), Tübingen 2004 [im Folgenden IJudOr II].
14 Reynolds J./Tannenbaum R.: Jews and Godfearers at Aphrodisias, Cambridge 1987.
15 Vor allem Feldman, Louis H.: Jew and Gentile in the Ancient World, Attitudes and Interactions from Alexander to Justinian, Princeton 1993.
16 Siegert: Gottesfürchtige, [wie Anm. 11], S. 159.
17 Feldman: Jew, [wie Anm. 15], S. 361.
18 Cohen: Beginnings, [wie Anm. 10], S. 172.
19 Reynolds/Tannenbaum: Aphrodisias, [wie Anm. 14], S. 54.
20 Ameling: Inscriptiones, [wie Anm. 2], S. 17.
21 Wander, Bernd: Gottesfürchtige und Sympathisanten, Studien zum heidnischen Umfeld von Diasporasynagogen (Wissenschaftliche Untersuchungen zum Neuen Testament, Bd. 104), Tübingen 1998, S. 105ff.
22 Noy u. a.: Inscriptiones, [wie Anm. 12], S. 279–283.
23 Vgl. ebd., S. 282f.
24 So auch Wander: Gottesfürchtige, [wie Anm. 21], S. 113f.
25 Feldman: Jew, [wie Anm. 15], S. 355.
26 Stern, Sacha: Jewish Identity in Early Rabbinic Writings (Arbeiten zur Geschichte des antiken Judentums und des Urchristentums , Bd. 23), Leiden/New York/Köln 1994, S. 79.
27 Vgl. dazu Kellner, Menachem: Must a Jew Believe Anything?, Oxford/Portland, Oregon 2006.
28 Ernst, Hans Peter: Reich Gottes im rabbinischen Judentum. Gegenwärtig in Israel und zukünftig in der Welt, in: *Bibel und Kirche*, 2 (2007), S. 110.
29 Vgl. Cappelletti, Silvia: The Jewish Community in Rome. From the Second Century B. C. to the Third Century C. E., in: *Supplements to the Journal of the Study of Judaism*, 113 (2006), S. 130ff.
30 Durch den Tod des Senators und die darauf folgende Trauerzeit tritt ein antijüdisches Dekret nicht in Kraft.
31 Vgl. dazu Müller, Klaus: Tora für die Völker. Die noachidischen Gebote und Ansätze zu ihrer Rezeption im Christentum (Studien zu Kirche und Israel, Bd. 15), Berlin 1994.

32 Die Frage, ob er als Proselyt oder nur als Gottesfürchtiger zu sehen ist, wird in den Quellen diskutiert: vgl. etwa jMegilla I,13 (10),72b.

33 Die Problematik der Definition eines ger toschab kann hier nicht erörtert werden. Vgl. etwa die Diskussion in bAboda Zara 64b–65a; dazu u.a. Müller: Tora, [wie Anm. 31], S. 72–80; Wander: Gottesfürchtige, [wie Anm. 21], S. 51; Reynolds/Tannenbaum: Aphrodisias, [wie Anm. 14], S. 48f.

34 Vgl. Genesis Rabba 34.14 u. ö.

35 Vgl. z. B. TanB Lekh Lekha 6; Genesis Rabba 34.14 u. ö.

36 Siegert: Gottesfürchtige, [wie Anm. 11], S. 116.

37 Vgl. bPesachim 119a; bSukka 53a; bSanhedrin 103a; Hohelied Rabba 1.22; Rut Rabba 5.6; Klagelieder Rabba 5.5. Siegert: Gottesfürchtige, [wie Anm. 11], S. 115f., will unter den Bußfertigen Juden und Heiden verstehen, die zu Gott umkehren. Letztlich bedeute dies für Heiden Konversion. Im genannten Kontext der Mekhilta legt sich tatsächlich nahe, dass neben Juden auch an nichtjüdische Menschen gedacht ist, die ihre Haltung gegenüber dem Judentum radikal verändern, wie dies Nebusaradan in bGittin 57b oder bSanhedrin 96b tut. Ob daraus in direkter Folge die Beschneidung folgen muss, möchte ich eher dahingestellt lassen.

38 Vgl. dazu Finkelstein, Menachem: Proselytism, Halakhah and Practice, Ramat-Gan 2003 (hebr.). Weiter Goodman, Martin: Mission and Conversion: Proselytizing in the Religious History of the Roman Empire, Oxford 1995. Dazu auch kritisch Paget, James C.: Jewish Proselytism at the Time of Christian Origins: Chimera or Reality?, in: *Journal for the Study of the New Testament,* 62 (1996), S. 65–103.

39 Vgl. die Paulussentenzen 5,22,3 u. a. Das hadrianische Verbot ist quellenmäßig umstritten.

40 Josephus (Antiquitates 13.9.257f. u. ö.) und Ptolemäus (Stern: Greek and Latin Authors, [wie Anm. 57], Bd. 1, Authors I, S. 146) beschreiben sie als gewaltsam, während sie Strabo – der im übrigen die Judäer als Abkömmlinge der Ägypter ansah – als freiwilligen Entschluss der Idumäer betrachtete, der auf die Überzeugungsarbeit des Aristobul zurückging (Stern: ebd., S. 115). Alexander Polyhistor behauptete sogar, dass der Name Judäa auf die Kinder der sagenumwobenen Semiramis zurückging, die Juda und Idumäa hießen (Stern: ebd. S. 53).

41 Brooten, Bernadette J.: Women Leaders in the Ancient Synagogue, Inscriptional Evidence and Background Issues, in: *Brown Judaic Studies,* 36 (1982), S. 144–147.

42 Cohen: Beginnings, [wie Anm. 11], S. 217.

43 „The writer accepts that the evidence is not as replete as it might be, but that it exists in sufficient measure to allow us to argue for the existence of a missionary consciousness among some Jews" (Paget: Proselytism, [wie Anm. 38] S. 103).

44 Clementz, Heinrich: Flavius Josephus, Kleinere Schriften, Wiesbaden 1993, S. 194f.

45 Zit. n. Michel, Otto/Bauernfeind, Otto (Hg.): Flavius Josephus, De Bello Judaico. Griechisch und Deutsch, Band I: Buch I–III, Darmstadt ^{3}1982, S. 295.

46 20.2: „4. Sobald Izates erfuhr, wie sehr seine Mutter den jüdischen Gebräuchen zugethan sei, wollte auch er selbst sich vollständig dazu bekennen, und da er sich für keinen rechten und vollkommenen Juden hielt, wenn er sich nicht beschneiden liesse, war er auch hierzu bereit. Seine Mutter aber, der dies zu Ohren kam, suchte ihn von seinem Vorhaben abzubringen, indem sie ihm zu bedenken gab, in wie große Gefahr er dadurch geraten würde. Es müsse ja bei seinen Unterthanen lebhaften Unwillen erregen, wenn sie vernähmen, dass er sich zu fremden und ihnen ganz widerwärtigen Gebräuchen bekenne, und sie würden gewiss nicht zugeben, dass ein echter Jude über sie herrsche. Durch solche Vorstellungen suchte sie ihm seine Absicht zu verleiden. Izates aber teilte ihre Äusserungen dem Ananias mit, der wider Erwarten die Ansicht der Helena billigte und ihm zugleich ankündigte, er werde seinen Hof

verlassen, wenn er nicht gehorche. Er, Ananias, müsse ja selbst Gefahr für sein Leben befürchten, wenn die Sache in die Öffentlichkeit käme, weil man ihm dann gleich den Vorwurf machen würde, den König dazu verleitet und ihn in solchen, ihm so wenig anstehenden Dingen unterwiesen zu haben. Izates, fuhr er fort, könne Gott auch ohne Beschneidung verehren, wenn er nur die gottesdienstlichen Gebräuche der Juden befolgen wolle, die viel wichtiger als die Beschneidung seien." (Clementz, Heinrich: Jüdische Altertümer II, Köln 1959, S. 641f.)

47 Siegert: Gottesfürchtige, [wie Anm. 11], S. 152.

48 Ebd., S. 153.

49 Ameling: Inscriptiones, [wie Anm. 2], S. 81.

50 pyktes - nur py erhalten. Reynolds/Tannenbaum: Jews and Godfearers, [wie Anm. 3], fragen in diesen Fällen an, ob der Beruf sie in Konflikt mit jüdischen Gebräuchen gebracht haben könnte, s. S. 57.

51 Die patella als vermeintliche „Suppenküche" ist späterer Zusatz.

52 Wander: Gottesfürchtige, [wie Anm. 21], S. 123.

53 Ameling: Inscriptiones, [wie Anm. 2], S. 89.

54 Vgl. Wander: Gottesfürchtige, [wie Anm. 21], S. 100.

55 Ebd., S. 160–179.

56 Adamietz, Joachim (Hg.): Iuvenalis, Decimus Iunius, Satiren, Lateinisch - Deutsch, München u.a. 1993, S. 283: „Quidam sortiti metuentem sabbata patrem nil praeter nubes et caeli numen adorant, nec distare putant humana carne suillam, qua pater abstinuit; mox et praeputia ponunt. Romanas autem soliti contemnere leges, Judaicum ediscunt et servant ac metuunt jus, tradidit arcano quodcunque volumine Moses: non monstrare vias eadem nisi sacra colenti, quaesitum ad fontem solos deducere verpos. Sed pater in causa, cui septima quaeque fuit lux ignava et partem vitae non attigit ullam."

57 Stern, Menachem: Greek and Latin Authors on Jews and Judaism, Publications of the Israel Academy of Sciences and Humanities: Section of Humanities. Fontes ad res Judaicas spectantes, 3 Bde, Jerusalem 1974–1984, Fragmenta 37, Bd. I, S. 195.

58 Epigrammata, IV,4, zit. n. Wander: Gottesfürchtige, [wie Anm. 21], S. 176.

59 Stern: Greek and Latin Authors, [wie Anm. 57], Bd. I, S. 186: „Cum interim usque eo sceleratissimae gentis consuetudo convaluit, ut per omnes iam terras recepta sit; victi victoribus leges dederunt."

60 Vgl. hierzu die Zusammenstellungen von Noethlichs, Karl Leo: Die Juden im Imperium Romanum (4.–6. Jahrhundert), Studienbücher Geschichte und Kultur der Alten Welt, Berlin 2001. Weiter Schreckenberg, Heinz: Die christlichen Adversus-Iudaeos-Texte und ihr literarisches und historisches Umfeld (1.–11. Jh.), Frankfurt a.M. u.a. ^{3}1995.

61 8.47,62,65,70,71.

62 Zit. n. Noethlichs: Die Juden, [wie Anm. 60], S. 170.

63 Cohen: Beginnings, [wie Anm. 10], S. 142ff.

64 Vgl. Ameling: Inscriptiones, [wie Anm. 2], S. 18ff.

65 Ebd., S. 20.

66 Wander: Gottesfürchtige, [wie Anm. 21], S. 158.

67 Vgl. dazu ebd., S. 61.

68 Stern: Greek and Latin Authors, [wie Anm. 57], Bd. I, S. 263.

69 Ebd. Bd. II, S. 406.

70 Williams, Margaret H.: ‚Domitian, the Jews and the „Judaizers" - a simple matter of cupiditas and maiestas?', in: *Historia,* 39 (1990), S. 196–211, zit. n.: dies.: Jews, [wie Anm. 7], S. 104.

71 Feldman: Jew, [wie Anm. 15], S. 370–382.

72 Ebd., S. 359.
73 Vgl. ebd., S. 361.
74 Stern: Greek and Latin Authors, [wie Anm. 57], 72a.
75 Feldman: Jew, [wie Anm. 15], S. 382.
76 Noethlichs, Karl Leo: Das Judentum und der römische Staat. Minderheitenpolitik im antiken Rom, Darmstadt 1996, S. 67ff.

Stephen G. Burnett

Philosemitism and Christian Hebraism in the Reformation Era (1500–1620)

Jonathan Israel argues in his seminal work *European Jewry in the Age of Mercantilism* (1985) that the early modern period marked a distinctive phase in the historical experience and consciousness of the Jews of Western Europe. He contends that the key factor that paved the way for these changes was the "political and spiritual upheaval which engulfed European culture as a whole by the end of the sixteenth century", above all what he terms the "Catholic-Protestant deadlock".[1] The Protestant Reformation, which began in Wittenberg but quickly divided into several competing forms of Protestantism, evoked a Catholic Reformation in response. Polemicists from these emerging Christian confessional churches were not slow to portray their theological opponents as demonic enemies of the one true God, but they all agreed that Judaism was a false religion, and that the Jews themselves were stubborn rebels against God.[2] Yet the sixteenth century also saw the birth and explosive growth of Christian Hebrew scholarship, supported and encouraged by the leaders of these same confessional churches.

Christian interest in Hebrew and in the literature of Judaism has long been identified as a feature of early modern European Philosemitism, beginning with the pioneering book of Hans-Joachim Schoeps, *Philosemitismus im Barock* (1952),[3] and continuing in the works of Shmuel Ettinger, Jonathan Israel, and David Katz.[4] Yet scholarly agreement that Philosemitism existed in the early modern period has not necessarily extended to its existence during the Reformation. Indeed, Heiko Oberman asserted, "Philosemitism does not exist in the sixteenth century, and among the Christians friends of Jews are rare exceptions."[5] I will argue in this paper that in fact Christian Hebraism in the Reformation era did at times foster a nascent form of Philosemitism that would become more important in the mid-late seventeenth century.

David Katz in his article "The Phenomenon of Philosemitism" (1992) gave a very broad definition of the term as it related to the early modern period (and later centuries). He posited that Philosemitism involved "an attitude which finds Jews and Jewish culture admirable, desirable or even in demand." Significantly, Katz was also willing to allow that a Christian could be committed to the Jewish mission and yet could still be considered a Philosemite.[6] Katz's definition is, however, too imprecise to account for the attitudes of Christian Hebraists of this period. I prefer to identify Christian interest in things Jewish during this time as an example of what Wolfram Kinzig has termed "secondary Philosemitism", where an engagement on behalf of Judaism was possible for reasons other than admiring Judaism for its own sake.[7] Not surprisingly, the traces of Philosemitic attitudes and actions shown by Christian Hebraists grew out of their understanding of how Christians could benefit from Jewish learning.

The evidence for a growing interest among Christian scholars in the Hebrew language and in Jewish literature during the sixteenth century is overwhelming. Since the late nineteenth century Jewish historians have referred to this intellectual movement as "Christian Hebraism".[8]

> "Christian Hebraism was an offshoot of Renaissance humanism whose devotees – biblical scholars, theologians, lawyers, physicians, scientists, philosophers, and teachers in Latin schools – borrowed and adapted texts, literary forms, and ideas from Jewish scholarship and tradition to meet Christian cultural and religious needs."[9]

Christian Hebrew learning therefore involved also an encounter with Judaism as a living religion, and at times the participation of Jews in facilitating Christian study of their literature. This essay will focus on three facets of this scholarly encounter and their significance for the growth of a nascent form of Philosemitism: the study of Hebrew itself, Jewish biblical interpretation, and the study of Judaism by Christians.

Any first-hand encounter with the Hebrew Bible text and with many forms of post-biblical Jewish literature meant that a Christian scholar had to learn to read Hebrew. Finding Hebrew instruction before 1550 was a challenge for those who wished to learn the language. Only a very few Christian Hebraists taught themselves to read Hebrew. The most heroic example of a self-taught Hebraist was Conrad Pellican, who began teaching himself Hebrew in 1499. He accomplished this with the help of a Hebrew manuscript of the Minor Prophets with its own Latin translation, together with a few transcribed Hebrew phrases from the book of Isaiah that he found in Petrus Negri's *Stella Messiae* (1475). However, even Pellican was later obliged to seek out Jewish help in the form of two Jewish converts who tutored him, Matthias Adrianus and Michael Adam.[10]

For Christian students to find an effective Jewish tutor who was willing to teach them was difficult throughout the Reformation era. As early as 1506, Johannes Reuchlin complained that German Jews "either out of hatred or ignorance refuse to teach Christians their language, and they refuse because of the influence of what a certain Rabbi Amos, who wrote in the Talmud (Hagiga 13a)", "The words of the Holy Scripture may not be explained to unbelievers."[11] Fortunately for would-be Christian Hebrew scholars not all Jews felt bound by this prohibition. Elijah Levita had no reservations on the matter: How could the Christians learn the seven commandments of Noah, he asked rhetorically, if they knew no Hebrew?[12] However, even willing Jewish tutors often found it difficult to teach Christians to read Hebrew because they lacked the broad exposure to elements of Hebrew that Jews could experience daily. Ashkenazic Jewish children were assumed to have learned some of the rudiments of Hebrew within the family and in the synagogue even before they began to work with a teacher. Hence they learned to read the prayer book, as well as the Bible with Rashi's commentary through an inductive method rather than using the kind of analytical grammar-based approach that Christian students used when learning Latin or Greek. Those few Jewish tutors such as Levita who could teach Hebrew in the Christian manner were very rare and could command high fees.[13]

Fortunately for the majority of Christian Hebrew students Christian teachers equipped with Hebrew textbooks intended for non-Jewish readers had become common by the 1550's in France, Germany, the Spanish Netherlands, Switzerland, and England, the countries most affected by the Reformation. Reuchlin's *De Rudimenta* (1507) was one of the first of these books. It was a Latin translation and adaptation of David Kimhi's Hebrew grammar *Michlol*, and his lexicon *Sefer ha-Shorashim*. Although Sebastian Münster used Kimhi's works extensively, he devoted much of his career to translating and adapting the works of Elijah Levita for Christian students. The brothers David and Moses Kimhi and Levita were generally acknowledged by Christian Hebraists of the sixteenth century to be their most valuable authorities for settling grammatical and lexicographical questions.

During the sixteenth century Christians were dependent upon Jews either directly or indirectly when learning Hebrew. It is therefore not surprising that Christians felt free to praise Jewish expertise in Hebrew. Johannes Reuchlin extravagantly praised his first Hebrew teacher Jacob ben Yehiel Loans, addressing him in a letter as "my lord and master, guide and friend."[14] Sebastian Münster was fulsome in his praise of Elijah Levita's expertise in Hebrew. Not only did he translate a number of Levita's grammatical works into Latin, but even his own magnum opus, the *Opus*

Grammaticum Consummatum ex variis Elianis libris concinnatum (1542) acknowledges Levita in its title. Cardinal Egedio di Viterbo acknowledged Levita's expertise and worth in an even more public fashion by inviting Levita to live in his household from 1515–1527.[15] Even Martin Luther praised David and Moses Kimhi in his *Table Talk* during the 1530's, calling their work the "purest and best grammars" and referring to them as "excellent grammarians."[16] So it was possible for Christian scholars to publicly admire at least some Jews, both living and dead, for their expertise in the Hebrew language.

A second area where Jews and Christians shared a common interest was in the interpretation of the Hebrew Bible. Deeana Klepper succinctly summarized the challenge that Christian Hebraists faced when seeking help from Jewish commentaries to better understand the Hebrew Bible.

> "The incorporation of the Hebrew Bible within the Christian canon established an ongoing connection between Christian and Jewish scripture, a connection that was sometimes ignored, sometimes engaged, but that effectively bound biblical exegesis with polemic for Jews and Christians alike. At various times, some within the Christian community found themselves drawn to rabbinic teaching as a source for understanding the Christian Old Testament, but such exploitation of Jewish sources could be met with suspicion or hostility, and Christian exegetes who employed Jewish teachers or texts could easily find themselves accused of 'Judaizing', or slipping back into a Jewish understanding of the text."[17]

It is safe to assume that no Reformation-era Christian Hebraist was unaware of this dilemma. Scholars as diverse as Sebastian Münster, Conrad Pellican, Martin Bucer, and even Martin Luther urged Christian Hebraists to make measured, cautious use of Jewish biblical commentaries, although they disagreed among themselves what "cautious" use meant.[18]

One of the most forthright and enthusiastic proponents of using Jewish commentaries in the early sixteenth century was Sebastian Münster. In his *Hebraica Biblia* (1534–1535) he even published a defense for the use of Jewish commentaries. He wrote,

> "The works of St. Jerome teach us that the writings of the Hebrews are not all to be condemned by one who tries to render the holy Hebrew codices into Latin. In fact, he confesses that he, by no means, would have been able at all to interpret the Sacred Scriptures without the aid

> of the Hebrew teachers. [...] I do not doubt that, if the commentaries of Ibn Ezra, Moses Gerundi, Ben Gerson, or David Kimhi had been available to Jerome, he would not have needed living teachers. [... T]he reading and interpretation of the rabbis, O Christian reader, will not harm you if you have studied Christ truly. In fact, this information will be helpful to you whether they agree with us or not."[19]

Cardinal Robert Bellarmine was another strong supporter for use of Jewish biblical commentaries. Bellarmine expressed himself forcefully on one occasion, declaring that the "hoary prejudice that the Hebrew commentators had maliciously corrupted the text of Scripture was rubbish [...] rubbish founded upon ignorance of the language."[20]

Luther, not surprisingly, had some of the deepest reservations about using Jewish commentaries. Since he believed that the true subject of Scripture was Christ, the exegetical help that Jewish commentaries could offer was limited. The rabbis, he argued, did not know the "subject matter" of the Bible, and therefore they could not understand it fully.[21] Yet even Luther could not and did not ignore Jewish biblical interpretation in his Genesis Lectures of 1535–1545, and in the revision of his German translation of the Old Testament. At least two of his "Sanhedrin" of Hebrew experts, Philipp Melanchthon and Caspar Cruciger, owned and used Bomberg rabbinical Bibles, and it is believed Luther himself may have owned a copy.[22]

The most common means by which most Christian Hebrew students gained access to Jewish biblical commentaries was one of the various Bomberg rabbinical Bibles imprints (1517, 1524–1525, 1546 or 1568), or Buxtorf's edition of it that was printed in 1618–1619. Although these multi-volume folio books were originally produced with Jewish purchasers in mind, they had an important impact upon Christian biblical scholarship in the Reformation era. In addition to the Hebrew Bible text, rabbinic Bibles contained the Aramaic Targums to each biblical book, a selection of Jewish Bible commentaries, including Rashi's commentary for the entire Bible, and frequently the commentaries of Abraham ibn Ezra and David Kimhi.

One can measure the impact that the rabbinic Bible had upon Christian biblical scholarship by the large number of Latin translations made of Jewish biblical commentaries and the Targums of shorter biblical books for student use. Sebastian Münster translated and printed the biblical commentaries of Ibn Ezra on the Decalogue (1527) and of David Kimhi on the prophets Joel, Amos and Malachi (1530–1531).[23] Jean Mercier,

Professor of Hebrew at the College Royale in Paris (1547–1570) translated no fewer than 6 biblical commentaries – five of David Kimhi and one of Ibn Ezra – into Latin, and seven of the Targums into Latin.[24] These translations, while making available in Latin examples of Jewish biblical commentary, were primarily intended to teach Christian students to read the commentaries and the Targums for themselves.

The final variety of Christian Jewish learning that I will consider is study of Judaism as a living religion in the sixteenth and early seventeenth centuries. Before the sixteenth century Christian knowledge of the practice of Judaism was at best fragmentary, and at worst Christians fundamentally misunderstood Judaism. The twin myths of ritual murder and Host Desecration were widely believed by Christians both learned and uneducated, and both were, of course, utterly false. Johannes Pfefferkorn began a new kind of conversation about Judaism by publishing his unflattering but recognizable accounts of how Jews celebrate Yom Kippur and Passover in his *Judenbeichte* (1508) and *Osterbüchlein* (1509).[25] His rather humble efforts were completely superseded in 1530 when Anthonius Margaritha published his *Der Gantz Jüdisch Glaub*,[26] which contained not only a recognizable portrayal of Jewish life from cradle to grave, but also a German version of the Siddur, the order of daily prayers. Margaritha's purpose, he claimed, in writing the book was to "depict the ceremonies, prayers, and customs of the Jews based on their own books", thereby to "expose" the false beliefs of the Jews, and to show how they cursed the Holy Roman Empire and Christians in their daily prayers.[27] Paradoxically, Margaritha's portrayal of Judaism was also the most comprehensive book of its kind in any non-Jewish language and served to inform an otherwise ignorant German reading public about the realities of Judaism as it was practiced. For example, Margaritha provided a subtle rejoinder to Christian belief in the Blood Libel. Emphasizing his own experience in preparing for Passover, he wrote that Matzah was made of "only flour and water, neither salt nor fat may be added."[28] Of course he had no need to add that no blood of any kind could be added to the mixture.

The first contribution to this genre of polemical literature by a Christian from birth was Johannes Buxtorf's *Juden Schul* (1603). Buxtorf took the pattern laid down by Margaritha and elaborated upon it considerably, beginning in Chapter one with a harshly critical discussion of Maimonides' Thirteen Articles of Faith, the origins of the Talmud and the basis for rabbinic authority. In the rest of the book he provided a far lengthier explanation of Jewish life from cradle to grave than Margaritha had (392 octavo pages long in the first printing).

After Buxtorf's harsh, uncompromising theological critique of Judaism in *Juden Schul*'s first chapter, his narrative tone throughout the remainder is less harsh and more detached. His descriptions of Jewish rites and beliefs alternate with page after page of direct quotations from Jewish authorities.

> "However, Buxtorf's milder rhetoric does not reflect a change of heart but rather a shift in tactics. He sought to illustrate his contention that Judaism was based upon adherence to the Talmud rather than faithfulness to the Scriptures by examining specific Jewish customs, rituals and beliefs and linking them whenever possible to Talmudic precept."[29]

Nearly every chapter ends with a series of biblical quotations that served as a foil to the Jewish practices just described, and demonstrated to Buxtorf's satisfaction that they depart from the Bible, the one true source of religious authority. Where he did editorialize in his discussions he usually placed his ironic or sarcastic comments in the margins rather than incorporating them within his narrative. Like Margaritha, Buxtorf claimed that his discussion too was based upon "the Jews's own books", and his broad knowledge of Jewish sources attests to his skill as a Hebraist.

While *Juden Schul* was hardly an unbiased account of Jewish life, it served to dispel further Christian misconceptions of Judaism. Most importantly, his book provided a fundamentally accurate guide to Jewish beliefs and practices that was in fact read and cited by both Jews and Christians. Many Christian and Jewish convert writers based their discussions of Jewish belief and practice on Buxtorf's book for the next 150 years. When Leon Modena of Venice was asked between 1614 and 1615 by an English "nobleman" to write an account of Judaism,[30] he was obliged to write the book with a Latin translation of Buxtorf's book at his side, since it was the "accepted wisdom" concerning Judaism among educated Christians. Solomon Aufhausen found it useful, when writing *Yudischer Theriak* (1615), a refutation of Samuel Friedrich Brentz's attack on Judaism, to quote from both Buxtorf's and Margaritha's books to expose the ignorance of his opponent, and thereby to undermine his credibility as a witness concerning Judaism.[31]

Let me conclude by analyzing Reformation-era Christian Hebraism as an example of "secondary Philosemitism" from the perspective of scholarly motives, goals and unintended consequences of their work. The two primary motives that Christian Hebraists gave for studying Jewish literature were (1) to profit from such study and to incorporate its results into the Christian world of learning, and (2) to seek the conversion of the Jews. The fruit of the scholarly study of Jewish literature can be seen most obviously in the books that Christian Hebraists themselves wrote and published. These include new translations of the Hebrew Bible into both Latin and vernacular European languages, studies of the Kabbalah, translations of portions of the Targums and Jewish biblical commentaries, and books such as Buxtorf's *Juden Schul* about the practice of Judaism itself. At least some Hebraist biblical commentaries – such as Martin Bucer's famous Psalms commentary (1529) and Jean Mercier's enormous, posthumously published commentaries on Genesis, Job, Proverbs, and the Minor Prophets – reflect greater sophistication in interpreting the Hebrew Bible text and utilizing the resources of Jewish scholarship for its interpretation.[32]

As Christian Hebraists sought to gain the knowledge necessary to produce their new works, they needed Jewish help to accomplish their goals. Their involvement with Jews sometimes had quite unintended consequences. First and most obviously, interacting with a Jewish teacher as a Christian student was necessarily a different kind of relationship than that of a customer transacting business with a peddler or merchant. The same point can be made for Christians who worked with Jews in Hebrew print shops. Studying Jewish texts with Jews was yet another kind of interaction which helped to chip away at the social and religious wall of separation between Jew and Christian, and providing the opportunity for "semi-neutral encounters" between them.[33]

Many Christian Hebraists needed Jewish books to pursue their studies, which meant that they had a stake in ability of Jews to print, sell, and own their own books. The most famous case from the Reformation era of a Christian defense of the right of Jews to own their own books was of course the Reuchlin Affair. Reuchlin argued both privately in his *Opinion on Jewish Books*, and later publicly in his pamphlet *Augenspiegel*, that confiscating Jewish books was not only illegal under the law, it would also harm Christians in their efforts to profit from Jewish learning.[34] Reuchlin of course paid a heavy price for defying Pfefferkorn and his patrons the Dominicans of Cologne, but he refused to concede to them. He held his ground not because he loved Judaism for its own sake, but because of his personal commitment to Hebrew learning and his desire to defend his personal honor. Reuchlin's public stand had a positive impact upon the situation of contemporary German Jews.

The relationship between Jewish conversion as a motive for Hebrew study and its intended and unintended consequences is still more complicated.

Individual Christian Hebraists attempted to convert their Jewish employees, tutors or acquaintances, sometimes successfully. For example, Paul Aemilius, converted to Christianity while working as a Hebrew scribe for Johann Albrecht Widmanstetter.[35] Johannes Buxtorf famously tried and failed to persuade his chief printing assistant Abraham Braunschweig to convert on the occasion of his son's circumcision in 1619.[36] On occasion Christian Hebraists also published conversionary literature, some of it intended for Jewish readers, some intended for would-be Christian preachers to the Jews.

What possible unintended consequences could Christian commitment to Jewish conversion have for European Jewry? Perhaps the most important consequence was what Ronnie Hsia has termed the "disenchantment" of Judaism.[37] Andreas Osiander wrote a robust (if anonymous) rebuttal of the Blood Libel, based in part upon Jewish sources. As Joy Kammerling has pointed out, Osiander's motives in writing the book were quite mixed, involving a sophisticated attack upon Catholicism that is woven throughout the book, and Osiander's well-attested personal involvement in the proselytism of Jews. Like the early Luther, Osiander believed that if Jews were treated better, they would be more easily converted. Yet Osiander's attack on ritual murder, undertaken for reasons of his own, had the effect of supporting German Jews.[38]

Buxtorf's *Juden Schul* (1603) was intended as an exposé of Judaism but it would become a primary source of information about Judaism itself for Christians. By providing accurate information about Judaism, Osiander, Buxtorf and others served to dispel some Christian fears about the Jews. To cite one consequence of this greater knowledge, it was possible even in the early seventeenth century, at the height of Christian confessional conflict in Germany, to create a workable regimen of oversight for Jewish printing there to ensure that Jews would be able to produce and own the books they needed.[39] If not an example of toleration, this was an example of a modus vivendi that benefited German Jews.

In my essay I have emphasized the often-mixed motives of Christian Hebraists in pursuing their interests, and their ambivalent relations with Jews. Yet I have argued that Christian Hebraists were persuaded that they had a stake in the survival and growth of Hebrew learning, and consequently they had a stake, however small, in Judaism as well. These Hebraists were not for the most part secular rulers or leaders of the church (Cardinal di Viterbo was a very exceptional figure). They were scholars whose work contributed in an important way to a *reevaluation* of Jews and Judaism and their place within European society.

Anmerkungen

1 Israel, Jonathan A.: European Jewry in the Age of Mercantilism, 1550–1750, Portland, Oregon ^{3}2003, S. 1.
2 Vgl. Ettinger, Shmuel: The Beginnings of the Change in the Attitude of European Society towards the Jews, Scripta Hierosolymitana 7 (1961), S. 193–194.
3 Schoeps, Hans-Joachim: Philosemitismus im Barock. Religions-und geistesgeschichtliche Untersuchungen, Tübingen 1952, S. 134.
4 Eittinger, Shmuel: Beginnings of the Change, [wie Anm. 2], S. 193, 203–204; Israel: European Jewry, [wie Anm. 1], S. 45f., 188; Katz, David S.: Philosemitism and the Readmission of the Jews to England 1603–1655, Oxford 1982, S. 9–18.
5 Oberman, Heiko A.: The Roots of Anti-Semitism in the Age of Renaissance and Reformation, übers. von Porter, James I. Philadelphia 1984, S. 101.
6 "The desire to convert Jews to Christianity and thereby save their souls has been one of the most powerful motivating forces behind philo-Semitism, and does not automatically exclude a positive attitude towards them." David S. Katz: The Phenomenon of Philosemitism, in: Wood, Diana (Hg.): Christianity and Judaism. Papers Read at the 1991 Summer Meeting and the 1992 Winter Meeting of the Ecclesiastical History Society, Oxford 1992, S. 327–328.
7 "Es ist ein Unterschied, ob man das Judentum um seiner selbst willen hochschätzt oder ob sich das Eintreten für das Judentum als Folge gewisser anderer Prämissen ergibt." Kinzig, Wolfram: Philosemitismus Teil II: Zur historiographischen Verwendung des Begriffs, Zeitschrift für Theologie und Kirche 105/3 (1994), S. 364.
8 M. Kayserling may have been the first to use the term in: Richelieu Pére et Fils, Jacob Roman. Documents pour servir à l'histoire du commerce de la librairie juive au XVIIe siècle. Revue des études juives 8 (1884), S. 74–95. S. auch Steinschneider, Moritz: Christliche Hebräisten. Nachrichten über mehr also 400 Gelehrte, welche über nachbiblisches Hebräisch geschrieben haben, Berlin/Frankfurt a. M. 1896 bis 1901.
9 Burnett, Stephen G./Jershower, Seth: Hebraica Veritas? An Exhibition for the Collection of the Center for Judaic Studies Library, Philadelphia, May 2000, S. 5.
10 Vgl. Burnett, Stephen G.: Jüdische Vermittler des Hebräischen und ihrer christlichen Schüler im Spätmittelalter, in: Grenzmann, Ludger u. a. (Hg.): Wechselseitige Wahrnehmung der Religionen im Spätmittelalter und in der Frühen Neuzeit. Abhandlungen der Akademie der Wissenschaften in Göttingen, Göttingen forthcoming.
11 Babylonian Talmud Hagiga 13a, quoted in Johannes Reuchlin to Dionysius Reuchlin, Stuttgart, 7 March 1506. Johannes Reuchlin Briefwechsel, Rhein, Stefan/Dall'Asta, Matthias/Dörner, Gerald (Hg.), Stuttgart-Bad Cannstatt, 1999–, Bd. 2, S. 45, Z. 294 bis 298, Brief Nr. 138.
12 Jacob ben Hayyim ben Isaac ibn Adonijah and Elias Levita: Introduction to the Rabbinical Bible and Massoret ha-Massoret, hg. und übers. v. Ginsburg, Christian David, New York 1968, S. 99.
13 Burnett: Jüdische Vermittler des Hebräischen, [wie Anm. 10].
14 Rummel, Erika: The Case Against Johannes Reuchlin: Religious and Social Controversy in Sixteenth-Century Germany, Toronto 2002, S. 6.
15 Burnett: Jüdische Vermittler des Hebräischen, [wie Anm. 10].
16 D. Martin Luthers Werke; kritische Gesamtausgabe, Weimar 1883–2001, Tischreden, Bd. 1, Nr. 1040, S. 524f.
17 Klepper, Deeana Copeland: The Insight of Unbelievers. Nicholas of Lyra and Christian Readings of Jewish Text in the Later Middle Ages, Philadelphia 2007, S. 13.

18 Burnett, Stephen G.: Reassessing the "Basel-Wittenberg Conflict: Dimensions of the Reformation-Era Discussion of Hebrew Scholarship, Coudert, Allison P./Shoulsen, Jeffrey S. (Hg.): Hebraica Veritas? Christian Hebraists and the Study of Judaism in Early Modern Europe, Philadelphia 2004, S. 189.
19 [Miqdash] En Tibi Lector Hebraica Biblia Latina Planeque Nova. tralatione, edictis insuper e Rabinorum commentariis annotationibus, Basel 1534–1535, f. b2r bis b3r, übers. v. Rosenthal, Frank: The Rise of Christian Hebraism in the Sixteenth Century, Historia Judaica 7 (1945), S. 188–190.
20 Godman, Peter: The Saint as Censor. Robert Bellarmine Between Inquisition and Index, Leiden 2000, S. 59–60. See also Boxel, Piet van: Robert Bellarmine, Christian Hebraist and Censor, Ligorta, C. R./Quantin, J.-L.: History of Scholarship: A Selection of Papers from the Seminar of the History of Scholarship Held Annually at the Warburg Institute, Oxford 2006, S. 271–275.
21 D. Martin Luthers Werke, Tischreden, [wie Anm. 16], Bd. 1, Nr. 312 [Summer/Fall 1532], S. 128, quoted from Luther's Works, 55 Bde Pelikan, Jaroslav J./Oswald, Hilton C./Lehman, Helmut T. (Hg.): Saint Louis 1955–1986, Bd. 54, S. 42–43.
22 Burnett, Stephen G.: Christian Aramaism in Reformation-Era Europe, in: Troxel, Ronald L./Friebel, Kelvin G./Magary, Dennis R. (Hg.): Seeking Out the Wisdom of the Ancients: Essays Offered to Michael V. Fox on the Occasion of His Sixty-Fifth Birthday, Winona Lake, Ind. 2005, S. 433.
23 Prijs, Joseph: Die Basler Hebräischen Drucke (1492–1866), Prijs, Bernhard (Hg.), Olten/Freiburg i. Br. 1964, S. 55ff., 58ff., Nrr. 29, 31, 34.
24 Schwarzfuchs, Lyse: Le Livre hébreu à Paris au XVIe siècle, Paris 2004. Biblical commentaries: Nrr. 248, 256, 277, 307, 314, 322; Targum translations: Nrr. 204, 213, 251, 258, 259, 268, 273. On Mercier, see Jean (c. 1525–1570) et Josias (c. 1560–1626) Mercier. L'amour de la philology à la Renaissance et au début de l'âge classique, Paris 2006.
25 VD 16 P2307 and VD 16 P2292. VD 16 = Verzeichnis der im deutschen Sprachbereich erschienenen Drucke des 16. Jahrhunderts [www.vd16.de]. On Pfefferkorn, see Kirn, Hans-Martin: Das Bild vom Juden im Deutschland des frühen 16. Jahrhunderts dargestellt an den Schriften Johannes Pfefferkorns, Tübingen 1989.
26 VD 16 M 973.
27 Hsia, R. Po-chia: The Myth of Ritual Murder: Jews and Magic in Reformation Germany, New Haven 1988, S. 148–149. Most recently see Diemling, Maria: Anthonius Margaritha on the "Whole Jewish Faith": A Sixteenth-Century Convert From Judaism and His Depiction of the Jewish Religion, Bell, Dean P./Burnett, Stephen. G. (Hg.): Jews, Judaism and the Reformation in Sixteenth Century Germany, Leiden 2006, S. 311–328.
28 Carlebach, Elisheva: Divided Souls: Converts from Judaism in Germany, 1500–1750, New Haven 2001, S. 198–199.
29 Burnett, Stephen G.: From Christian Hebraism to Jewish Studies: Johannes Buxtorf (1564–1629) and Hebrew Learning in the Seventeenth-Century, Leiden 1996, S. 63.
30 Cohen, Mark R.: Leone da Modena's Riti: a Seventeenth Century Plea for Social Toleration of the Jews, Jewish Social Studies 34 (1972), S. 289 and A. 14.
31 Aufhausen, Solomon Hirsch: Theriaca Judaica, Ad Examen Revocata, Sive Scripta Amoibaea Samuelis Friderici Brenzii, Conversi Judaei, & Salomonis Zevi, Apellae astutissimi, a Viris Doctis hucusque desiderata, Altdorf 1680, Bl. 6b, 34b; zitiert und übers. v. Zinberg, Israel: A History of Jewish Literature, Bd. 7: Old Yiddish Literature from its Origins to the Haskalah Period, übers. v. Martin, Bernard, Cincinnati/New York 1975, S. 165.

32 Hobbs, R. Gerald: Martin Bucer on Psalm 22: a study in the application of rabbinic exegesis by a Christian Hebraist, in: Histoire de l'exégèse au XVIe siècle, Fatio, Olivier/Fraenkel, Pierre: Geneve 1978, S. 144–163, and Giacone, Franco: Note sur Jean Mercier et l'Ancien Testament, in: Jean (c. 1525–1570) et Josias (c. 1560–1626) Mercier, [wie Anm. 25], S. 131–175.

33 My phrasing here is inspired by Katz's "semi-neutral society." Katz, Jacob: Out of the Ghetto. The Social Background of Jewish Emancipation: 1770–1870, New York 1973, S. 201.

34 Rummel: Case Against Johann Reuchlin, [wie Anm. 14], S. 16f.

35 Burnett: Jüdische Vermittler des Hebräischen, [wie Anm. 10].

36 Ders.: From Christian Hebraism to Jewish Studies, [wie Anm. 29], S. 50.

37 Hsia: Myth of Ritual Murder, [wie Anm. 27], S. 136–151.

38 Kammerling, Joy: Andreas Osiander, the Jews and Judaism, in: Bell/Burnett (Hg.): Jews, Judaism and the Reformation, [wie Anm. 27], S. 219–247.

39 Burnett, Stephen G.: German Jewish Printing in the Reformation Era (1530–1633), in: Bell/Burnett (Hg.): Jews, Judaism and the Reformation, [wie Anm. 27], S. 503–527.

Hans J. Hillerbrand

Christlicher Philosemitismus in der Frühen Neuzeit

Das Judentum hat sich seit der Spätantike sowohl als religiöses als auch als zwischenmenschliches Phänomen manifestiert, das Verhältnis zu ihm war mithin in zweifacher Weise geprägt. Bei den Phänomenen christlicher Antisemitismus und christlicher Philosemitismus geht es, nicht immer gebührend berücksichtigt, um das Verhältnis zu einer Religion, wie diese in Heiligen Schriften niedergelegt ist, aber auch um Beziehungen zu Mitmenschen, die in verschiedener Weise diese Religion verkörpern.

Was nun die religiösen Beziehungen der beiden Religionen Judentum und Christentum anbelangt, so liegt der entscheidende Ansatzpunkt darin, dass sowohl Judentum als auch Christentum für sich beansprucht haben, im Besitz der letzten, entscheidenden Offenbarung Gottes zu sein, wobei das Judentum diese Offenbarung allein für sich selbst beansprucht, während das Christentum alle Welt von ihr überzeugen will.[1] Aus diesem, Judentum und Christentum verbindenden aber zugleich kontroversen Anspruch ergibt sich nicht nur, dass die zwischen allen Religionen bestehenden sachlichen Unterschiede und Spannungen – so zum Beispiel zwischen Hinduismus und Islam – auch das Verhältnis Judentum–Christentum belasten, darüber hinaus aber zusätzliche Gesichtspunkte eine wesentliche Rolle spielen. Dazu kommt, dass das Christentum bis in die jüngste Vergangenheit aus dem Anspruch auf den Besitz der entscheidenden Offenbarung Gottes gefolgert hat, die jüdische heilige Schrift besser verstehen zu können als die Juden.

Dass es mithin von Anfang an Spannungen zwischen Judentum und Christentum gegeben hat, darf nicht verwundern, auch nicht, dass von beiden Seiten (man denke an die Predigten des Kirchenvaters Chrysostom, auf der einen, an die Toldoth Jeschu auf der anderen Seite) scharf geschossen wurde und Sachurteile schnell in Polemik überwechselten.[2] Auf christlicher Seite gesellte sich allerdings zu der Polemik gegen das Judentum, das heißt der jüdischen Religion, eine immer ausgeprägtere, von religiösen Gesichtspunkten unabhängige Polemik gegen Juden. In beiderlei Hinsicht war die christliche Polemik negativ, aber zugleich zwiespältig. Der Anerkennung der Hebräischen Bibel als „Altem“ Testament und den Ausführungen des Apostels Paulus im Römerbrief über die endzeitliche Bekehrung und somit Errettung Israels stand die schroffe Verurteilung der jüdischen Gesetzesreligion und die These eines neuen Bundesschlusses Gottes mit dem geistlichen Israel gegenüber, wie auch Juden als pharisäisch und moralisch korrupt gebrandmarkt wurden.

Bekannterweise ist diese Sicht grundlegend für das christliche Verständnis des Judentums geworden, und man wird so von einer Entstehung des christlichen Philosemitismus aus dem Geist dieser Zwiespältigkeit sprechen können, und zwar in der Weise, dass christlicher Philosemitismus die christliche Traditionslinie markiert, die das Positive der jüdischen Religion anerkennt und die theologische Verbindung zum Israel des Bundesschlusses Gottes aufrecht erhalten will, wobei umgekehrt der Antisemitismus die historisch zum Tragen gekommene negative Traditionslinie darstellt, die diese Verbindung eher als belastend ansieht und, so zum Beispiel im apostolischen Glaubensbekenntnis, das christliche Verständnis der Heilsgeschichte ohne Bezug auf Jesus als Messias Israels auszudrücken vermag.[3] Die philosemitische Tradition, in der frühen Kirche seit der Ausgrenzung der Ebioniten zu einer Fußnote relegiert, fand in der Spätantike und im Mittelalter insofern eine entscheidende Verengung, da sich die Jesus-Bewegung aus einer jüdischen Sekte zu einer Heidenkirche entwickelte, die wenig Verständnis für die jüdisch-messianische Bedeutung Jesu aufbringen konnte. Dazu kam, dass die von Kaiser Konstantin Anfang des 4. Jahrhunderts in die Wege geleitete neue gesellschaftliche Rolle der christlichen Religion den römischen Staat zum Schutzherrn der Kirche machte und sogleich die negative Traditionslinie mit immer brachialerer Polizeigewalt sekundierte.[4] Trotzdem gibt es genug historische Beispiele, dass die von der großkirchlichen Theologie propagierte Heilsgeschichte, die zwar viel über die heilsgeschichtliche Rolle des Alten Testamentes aber wenig über die heilsgeschichtliche Rolle der Juden zu sagen hatte, von Außenseitern und Einzelgängern immer wieder mit dem fortwährenden Bund Gottes mit Israel in Zusammenhang gebracht wurde. Das aber erregte in Kirche und Gesellschaft gewöhnlich Unbehagen. Bei den Außenseitern spielte die Exegese des dem elften Kapitel des Römerbriefes zu entnehmenden paulinischen Arguments des Weiterbestehens des Bundesschlusses Gottes mit Israel und dessen endzeitliche Bekehrung eine wesentliche Rolle.[5]

In der Forschung ist nun von verschiedenen Formen des Philosemitismus gesprochen worden – so zum Beispiel wusste Hans-Joachim Schoeps nicht weniger als fünf Typen zu unterscheiden.[6] Dass es verschiedene Typen des Philosemitismus gegeben hat, scheint durchaus richtig gesehen, obschon diese Vielfalt das Verständnis des historischen Phänomens erschweren kann, weil die Frage nach dem gemeinsamen Nenner dieser verschiedenen Typen dabei ausgespart bleibt. Eine erste grundsätzliche Sortierung scheint zwischen einem christlichen und einem profanen Philosemitismus unterscheiden zu müssen, wobei der christliche auch als religiöser Philosemitismus bezeichnet werden kann.

Grundsätzlich ist nun zu fragen, ob sich das positive Verhältnis letzten Endes auf Juden, also Mitmenschen, oder auf das Judentum, also Religion, bezieht. Anders formuliert, ergibt sich die positive Haltung aus einem positiven Verständnis des Judentums und Juden oder aber sind beide nur Mittel zum Zweck? Geht es um die Bejahung der jüdischen Wurzeln des christlichen Glaubens, das Zugeständnis, mit anderen Worten, dass die christliche Religion ihren Ursprung als jüdische Sekte hatte?

Unser Augenmerk bezieht sich nun auf die so genannte Frühe Neuzeit.[7] Es handelt sich hierbei allerdings um eine Periodisierung, die viel an chronologischer und auch konzeptioneller Klarheit zu wünschen übrig lässt, geht es doch um eine Periodisierung, die sich sowohl durch einen unklaren terminus a quo als auch einen unklaren terminus ad quem auszeichnet.[8] In der gegenwärtigen Untersuchung geht es nun vornehmlich um die Zeit zwischen dem Ende des 16. und des 17. Jahrhunderts. Die Reformationsepoche bleibt mithin außerhalb unserer Erwägungen.

In der Frühen Neuzeit lassen sich nun drei Typen des christlichen Philosemitismus unterscheiden, die man in Anlehnung an die Typologie von Hans-Joachim Schoeps als pädagogischen, toleranten und bekehrenden Philosemitismus bezeichnen kann. Dabei sieht der erste Typ des pädagogischen Philosemitismus die jüdische Religion, ihre Schriften und Glaubenssätze, als Zeugnisse menschlicher religiöser Grunderfahrung und beschäftigt sich mit ihnen, und ihren Anhängern, um sie der christlichen Religion, der Wissenschaft oder auch der breiteren Gesellschaft verfügbar zu machen, wie dies ganz allgemein in der europäischen Geisteswelt seit dem 18. Jahrhundert im Bezug auf die so genannten orientalischen Religionen unternommen wurde. In der Frühen Neuzeit war es Johannes Reuchlin, der diesen Typ vertrat, besonders auch in seiner Auseinandersetzung mit dem Dominikaner Pfefferkorn.[9]

Der tolerante Philosemitismus, so wie wir ihn in den Schriften Sebastian Francks finden, springt aus vielerlei Wurzeln. Es geht hier nicht so sehr um inhaltliche theologische Gesichtspunkte, als um die grundsätzliche Überzeugung, dass Ideen weder mit Zensur noch mit Feuer, sondern nur mit besseren Ideen überwunden werden können. Der bekehrende Philosemitismus schließlich negiert die fortwährende religiöse Existenzberechtigung der jüdischen Religion, besser: er will die jüdische

Religion in die christliche einordnen. Philosemitismus ist hier zutiefst judenfreundliche Haltung, aber vornehmlich eine Strategie mit dem Ziel der Bekehrung. Das hängt mit der christlichen Bekehrungsmentalität zusammen, der christlichen These, dass das Heil allein in Jesus Christus liegt, wie dies in dessen Missionsbefehl und im Johannesevangelium in verschiedener Weise formuliert ist. In der Frühen Neuzeit ist es der deutsche Pietismus, der diesen Typ von Philosemitismus am besten zu Ausdruck brachte.

Es geht um eine Argumentationslinie, die auf die Bekehrung der Juden zum Christentum abzielt, gleichzeitig diese Bekehrung im Sinne des Apostels Paulus als das entscheidende Merkmal der Endzeit und der Wiederkehr Christi sieht. Man kann den Schwerpunkt dieser Sicht in der erwarteten Wiederkehr Christi sehen, so dass hier Philosemitismus in enger Verbindung zu der Exegese des ersten Johannesbriefes, des Buches der Offenbarung und des Buches Daniel steht.[10] Dabei wurden allerdings in der landläufigen Exegese die in diesen Schriften benannten Zeichen der Endzeit bejaht, aber deren Verbindung zu Römer 11 (also der endzeitlichen Bekehrung der Juden) verneint und als im apostolischen Zeitalter bereits erfüllt betrachtet.

Man ersieht die enge Verbindung von Philosemitismus und Toleranz. Das ist bedeutsam, war doch das frühneuzeitliche Europa eine ‚persecuting society', eine Realität, die nicht nur Juden, sondern auch Wiedertäufer, Antitrinitarier schmerzhaft erfahren mussten.[11] Obwohl die Toleranzproblematik in der Frühen Neuzeit vor allem die Frage nach der Berechtigung der obrigkeitlichen Autorität in Sachen unterschiedlicher christlicher Lehrmeinungen aufwarf, gab es auch Stimmen, die grundsätzlich zur Folgerung kamen, dass Glaube Sache des Einzelnen sei.[12] Obwohl damit vornehmlich die dogmatischen Lehrunterschiede zwischen Katholiken, Lutheranern und Kalvinisten angesprochen waren, waren die Weiterungen in Bezug auf Juden und Muslime offenkundig. Das Plädoyer für eine tolerantere christliche Gesellschaft konnte Weiterungen auch für das Verhältnis zu Juden und Judentum haben. Man wird deshalb von einem „Krypto"-Philosemitismus sprechen können, also von einem innerchristlichen Diskurs, der indirekt Rückwirkungen auf das christliche Verhältnis zu Juden hatte.

Daraus ist zu folgern, dass man eigentlich vom religiösen, heißt christlichen Philosemitismus nur in zweierlei Weise reden kann: einmal von einem Philosemitismus, der sich unmittelbar an der christlichen Heilsgeschichte orientiert, und zwar als Garant deren Vollendung, und zum anderen von einem Philosemitismus, der sich (von der christlichen Heilsgeschichte und christlichen Dogmen unabhängig) allein an der religiösen Wahrheitsfrage orientiert. Es geht um einen pragmatischen und einen prinzipiellen Philosemitismus.

Diese methodischen Überlegungen sollen anhand von Beispielen aus der Frühen Neuzeit vertieft werden. Selbstredend ist dabei auf die Bedeutung gesellschaftlicher Verhältnisse zu verweisen, denen oft eine grundsätzliche Rolle beizumessen ist. Die gesellschaftlichen Umstände führen zu biblisch-theologischen Aussagen. Der theologische Diskurs hat eben seinen ‚Sitz im Leben' oft in der Gesellschaft. Zeiten gesellschaftlicher Krisen führen zu einer ‚solchen Zeiten' entsprechenden Theologie.

Die Frühe Neuzeit war nun eine Epoche ausgeprägter und außergewöhnlicher Krisen, die stichwortartig mit den Worten Reformation, Religionskriege, Inflation, Aufstände, religiöse Wirren umschrieben werden können. Es ist verständlich, dass die religiös-theologischen Auseinandersetzungen des späten 16. und frühen 17. Jahrhunderts (ob als Ursache oder Wirkung ist hier nicht zu befinden) in einen breiteren gesellschaftlichen Rahmen einzuordnen sind. Die universal empfundene Krisenstimmung der Zeit kann man an dem zum Teil schwermütigen Kirchenliedern von Paul Gerhardt gut ablesen.[13] Dazu kam die Überzeugung, dass das Weltende unmittelbar bevorstehe. Ob dies dem „gemeinen Mann" schlaflose Nächte brachte, mag dahingestellt sein; unter Theologen jedenfalls war diese Überzeugung Allgemeingut und wurde, auf evangelischer Seite, mit der Wiederentdeckung des wahren Evangeliums in Verbindung gebracht. So jedenfalls wurden die entsprechenden biblischen Aussagen gedeutet.[14]

Für Theologen wie auch für einfache Christen musste es selbstverständlich sein, in der Bibel die Erklärung für die Zeitläufe zu suchen, was angesichts der zahlreichen biblischen Perikopen, die sich im Neuen Testament und im Buch Daniel mit gesellschaftlichen Entwicklungen befassen, einfach zu sein schien. So im 24. Kapitel des Matthäusevangeliums, wo Jesus mit klaren Worten von den Wehen spricht, die der Endzeit vorangehen werden:

> „Ihr werdet aber von Kriegen und Kriegsgerüchten hören […] Denn erheben wird sich Volk wider Volk und Reich wider Reich, und es werden da und dort Hungersnöte und Erdbeben kommen […] Ihr werdet um meines Namens willen von allen Völkern gehasst sein."[15]

Die Problematik dieser Worte liegt nun allerdings darin, dass sie auf der einen Seite auf ganz präzise Ereignisse zu verweisen scheinen, aber auf der anderen Seite einer solchen Präzision entbehren; Kriege und

Kriegsgerüchte, Hungersnöte und Erdbeben prägen eben fast jedes Zeitalter. Es überrascht mithin nicht, dass es in jedem Zeitalter Stimmen gegeben hat, die aus diesen Versen die unmittelbar bevorstehende Endzeit und, damit verbunden, die unmittelbar bevorstehende Wiederkehr Christi folgerten. Eine in der Frühen Neuzeit weithin vertretene Zeitrechnung fixierte eine Gesamtdauer der göttlichen Schöpfung auf 6.000 Jahre, von denen im frühen 16. Jahrhundert über 5.000 Jahre verstrichen waren. Wie viele Andere war auch Martin Luther überzeugt, dass so wie Christus keine vollen drei Tage im Grabe verbracht habe, werde auch das letzte Jahrtausend nicht aus einem vollen Millennium bestehen.[16]

Diese Naherwartung des Jüngsten Tages musste die Frage aufwerfen, wie die im elften Kapitel des Römerbriefes erwähnte endzeitliche Bekehrung der Juden zu Christus einzuordnen sei, besonders auch im Hinblick auf die endzeitliche Bedeutung der durch die Reformation bewirkte Entdeckung des wahren Evangeliums. Auf alle Fälle musste es klar sein, dass sie eine endzeitliche Sonderrolle spielten. So sollte es verständlich sein, dass kein anderer als Martin Luther als erster Vertreter des ‚bekehrenden' Philosemitismus genannt werden kann, eine überraschende, wenn nicht provozierende Feststellung, da man den Reformator eher unter die Kronzeugen des Antisemitismus einzureihen pflegt.[17] Ansatzpunkt ist der ‚junge' Luther, also der Verfasser der Judenschrift aus dem Jahre 1523 *Dass Jesus Christus ein geborener Jude sei.* Man übersieht in dieser Schrift oft das schon im Titel zum Ausdruck gebrachte provozierende Element, nämlich den Hinweis, dass Jesus in seiner Person die Verbindung Judentum-Christentum ausdrückt, der christliche Glaube mithin nicht von seinen jüdischen Wurzeln getrennt werden kann, ein Gesichtspunkt, der auch in Luthers grundsätzlicher Unterscheidung von Gesetz und Evangelium, beide im Alten wie auch im Neuen Testament vorhanden, zum Ausdruck kommt.

Fünf Jahre nach dem Pfefferkorn-Reuchlin Streit erinnert der mittlerweile zum Ketzer verdammte Luther an die jüdische Herkunft Jesu. Er tut dies angesichts einer (nicht mehr nachweisbaren) katholischen Anschuldigung, er leugne nicht nur die Jungfrauenschaft Marias, sondern auch, dass er Jesus als Samen Abrahams bezeichnet hatte.[18] Luthers Responsio bejaht die jüdische Wurzel des Evangeliums und stellt besonders die herkömmliche christliche Behandlung der Juden an den Pranger. „Wir haben sie wic Hunde behandelt" schreibt er – wobei seine Schrift auch Vorschläge zur Verbesserung des Verhältnisses zu Juden enthält:

„Ich hoffe, wenn man mit den Juden freundlich handelt und aus der Heiligen Schrift sie säuberlich unterweist, es sollten ihrer viele rechte

> Christen werden und wieder zu ihrer Väter, der Propheten und Patriarchen, Glauben treten, davon sie nur weiter geschreckt werden, wenn man ihr Ding verwirft und so gar nichts will sein lassen und handelt gegen sie nur mit Hochmut und Verachtung."[19]

Die Motive des christlichen Philosemitismus der Bekehrung sind in Luthers Schrift deutlich zu erkennen – „es sollten ihrer viele rechte Christen werden"[20]. Luther lässt keinen Zweifel daran, dass die versöhnliche und positive christliche Haltung den Juden gegenüber dem Ziel der jüdischen Bekehrung dienen soll.[21]

Bedeutsam ist darüber hinaus, dass Luther hier im Gegensatz zur Tradition die in Römer 11, 25f. angedeutete Bekehrung der Juden nicht als im apostolischen Zeitalter bereits erfolgt erklärt. Im Gegenteil, Luther schreibt „Gott gebe, dass die Zeit nahe sei, wie wir hoffen"[22]. Dieser, sich harmonisch an das allgemeine Anliegen von Luthers Schrift einfügende Satz, zeigt deutlich, wie sehr Luther sich von der landläufigen Meinung über die Juden absetzen will.

Die weitaus bekanntere, weil infame Schrift Luthers aus dem Jahr 1543 *Von den Juden und ihren Lügen* zeigt nun, wie der philosemitische Geist der ersten Schrift einem rabiaten Antisemitismus gewichen ist. Die theologische, wohl nicht psychologische Erklärung scheint darin zu liegen, dass es Luthers Anliegen in der ersten Schrift gewesen war, seine Mitchristen auf die jüdische Herkunft Jesu und die Notwendigkeit der Judenbekehrung, angesichts der nahe bevorstehenden Wiederkunft Christi, zu verweisen. Die Schrift war Ausdruck Luthers Optimismus der frühen Jahre, als er die Macht des neu entdeckten Evangeliums nicht nur in der Christenheit sondern auch bei Juden zum Ausdruck kommen sehen wollte. Die Strategie der Versöhnlichkeit, ganz im Sinne des bekehrenden Philosemitismus, würde zur jüdischen Bekehrung führen.

20 Jahre später war es deutlich geworden, dass sich diese Hoffnung nicht erfüllt hatte. Zu den erwarteten jüdischen Bekehrungen war es nicht gekommen. Damit war aber ein anderes, allgemein akzeptiertes Theologicum, nämlich die Erwartung der nahe bevorstehenden Wiederkehr Christi, in Frage gestellt, hatte doch der Apostel Paulus die Bekehrung Israels mit der Endzeit und der Wiederkehr Christi verbunden. Prägnant formuliert: ohne Judenbekehrung keine Wiederkehr Christi. Hier zeigte sich die kausale Verbindung zwischen dem Anliegen des Philosemitismus und dem der christlichen Theologie, aber auch, wie schnell, angesichts empirischer Gegebenheiten, Philosemitismus in Antisemitismus umschlagen kann, und zwar als Enttäuschung über die nicht erfolgte jüdische Bekehrung.

Neben Luther gab es in der Reformationszeit noch weitere Befürworter eines positiven christlichen Verhältnisses zu Juden, so zum Beispiel den Nürnberger Reformator Andreas Osiander, dessen freundliche, letztlich auch auf Bekehrung der Juden zielende Schrift über die Anschuldigungen des Ritualmordes *Ob es wahr und glaublich sey, daß die Juden der Christen kindt heymlich erwürgen und ihr Blut gebrauchen* von 1540 ihm die heftige Gegenpolemik Johann Ecks eintrug. Eck sah gerade in der judenfreundlichen Haltung des anonymen Verfassers und dessen Ablehnung der Ritualmordlegende einen weiteren Grund für den häretischen Charakter der evangelischen Bewegung.[23]

Etliche reformatorische Außenseiter des 16. Jahrhunderts sprachen ein neues Thema an, wobei sie sich an diesem, wie auch an anderen Punkten, an dem jungen Luther (also an den Verfasser der ersten Schrift) orientierten und Konsequenzen aus dessen Gedanken zogen, die dieser selbst nicht nachvollziehen konnte. Dass die unterschiedslos von allen Obrigkeiten verfolgten Außenseiter eine besondere Affinität für die Themen Religionsfreiheit und Toleranz besaßen, sollte nicht überraschen. Es ist jedoch bedeutsam, dass es diesen Außenseitern in ihrer judenfreundlichen Einstellung und Haltung nicht um Bekehrung, sondern um Toleranz ging. Das war neu und stellte für die Frühe Neuzeit eine wesentliche Erweiterung des Philosemitismusbegriffes dar. Judenfreundlichkeit ist also nicht mehr Mittel zum Zweck, sondern Zweck an sich.

In der gewiss spärlichen Toleranzliteratur des 16. Jahrhunderts geht es vornehmlich um das Thema „Ketzer", wobei die für den Philosemitismus zutreffenden Themen „Juden" und „Judentum" in der Diskussion meist übergangen werden, so zum Beispiel in der Schrift des Wiedertäufers Balthasar Hubmaiers *Von den Ketzern und ihren Verbrennern* aus dem Jahre 1524. Hier kann man zwar lesen: „Ein Türke oder Ketzer wird aber von uns weder mit dem Schwert noch mit dem Feuer überwunden", aber es bleibt offen, ob die hier angesprochene Toleranz auch auf Juden anzuwenden war.

Bei Hubmaiers Zeitgenossen Sebastian Franck und dessen *Chronik der Römischen Ketzer* aus dem Jahre 1531 steht die neue Thematik der Toleranz deutlich im Vordergrund. Francks Ausgangspunkt ist die religiöse Fragwürdigkeit offizieller obrigkeitlicher Verketzerungen, die er auch auf Juden ausdehnt: „Ich habe jedoch keine Zweifel," schreibt Franck, „dass unter ihnen viele teure, gottgefällige Menschen sind, die mehr Geist in einem Finger haben als der Antichrist in allen seinen Gliedern."[24] In seinen *Paradoxa* liest man, dass der „liebe unparteiische Gott noch heut alle zugleich ohne Ansehen der Person, der Namen und der Völker, die Heiden wie die Juden"[25] liebt. Grundsätzlich war für Franck Gottes „Unparteilichkeit". Von einer christlichen (oder biblischen) Sonderstellung ist bei ihm keine Rede. In einer komplizierten, gleichwohl für Spiritualisten typischen Argumentationsweise schreibt Franck, dass die jüdische Religion leicht als äußerliche Gesetzesreligion verstanden werden kann (was allerdings auch für das Christentum zutrifft). Juden, wie auch Christen, müssen sich mithin von dieser äußeren zu einer inneren, geistlichen Religion wenden. So können sie, wie alle Menschen, Gott in echter Weise erfahren. Francks Unterscheidung von äußerem und inneren, fleischlichem und geistlichen Menschen ist hier von Bedeutung.[26]

Auch in dem von Sebastian Castellio im März 1554 unter dem Pseudonym Martin Bellius veröffentlichte Buch *De haereticis an sint persequendi* (als Reaktion auf die Hinrichtung Servets in Genf), vor allem im Vorwort die wohl eindrucksvollste Formulierung von Toleranz im 16. Jahrhundert, scheint es um das Thema „christliche Ketzer" zu gehen. Nur gelegentlich klingen generellere Töne an, so zum Beispiel, wenn Castellio in seinem Vorwort schreibt: „Juden oder Türken sollen daher nicht die Christen verdammen, aber die Christen ihrerseits sollen die Türken oder Juden auch nicht verachten." Bezeichnend schließt der Satz dann mit den Worten: „[...] sondern sie vielmehr belehren und durch wahre Frömmigkeit und Gerechtigkeit gewinnen." Die Wörter „belehren" und „gewinnen" zeigen, dass Castellio mit einem absoluten Wahrheitsbegriff arbeitet, wobei sein Satz: „Sind wir weiser als jene, so lasst uns auch besser und barmherziger sein" diese absolute christliche Wahrheit mit Toleranz verbinden will. „Je besser einer die Wahrheit kennt, desto weniger neigt er dazu, andere zu verurteilen." Castellio schreibt, dass zu dulden sein, dass Juden – obwohl sie Christus „gar tödlich hassen" – „unter uns leben". In seiner Widmung der französischen Ausgabe von *De haereticis* schreibt Castellio, dass Religion ihren Grund nicht im menschlichen Körper, sondern in der menschlichen Seele habe.

Rund ein Jahrzehnt später, in der in seinem Todesjahr (1563) erschienenen Spätschrift *De arte dubitandi et confidendi*, weicht Castellio von diesem absoluten christlichen Wahrheitsbegriff ab: die Heilige Schrift sei unklar und oft rätselhaft überliefert. Es könne deshalb nie eine Einigung über ihre Botschaft geben. Gefordert sei allein Nächstenliebe als das Gebot der Stunde.[27] Offenkundig geht es Castellio um die Freiheit des Einzelnen, sich in Sachen Religion die eigene Meinung zu bilden. Castellio weiß sich zwar dem Christentum zutiefst verbunden, aber allein deshalb, weil er die christliche Religion als die wahre Geistesreligion sah.

Castellios Toleranz fand im späten 16. und frühen 17. Jahrhundert in vielfacher Weise neue Vertreter.[28] Zwar waren es weiterhin Einzelgänger,

Spiritualisten und Sonderlinge, die ein positives Verhältnis zu Juden und Judentum suchten. Es ist hier vor allem an Dirck Volckertszoon Coornhert zu erinnern, dessen schillernde Gestalt (er war Kupferstecher, Politiker, Dichter, Philosoph und Theologe) sich vor allem am Thema Toleranz orientiert.[29] So erschien im Jahre 1579 seine programmatische Toleranzschrift *Van den aengheheven dwangh inder Conscientien binnen Hollandt*, der dann 1582 eine größere Schrift *Synodus vander conscientien vryheydt* folgte.[30] Schon der Titel der ersten Schrift machte klar, dass es sich hier um eine Absage an jeglichen Gewissenszwang handelte, ein Motiv, das sich sicher aus den pluralistischen kirchlichen Verhältnissen in den niederländischen Provinzen ergab. Coornherts Argumentation ließ sich ohne Weiteres auch auf Juden beziehen.

Daneben ist an John Lockes *Letter on Toleration* oder an die Jean Bodin zugeschriebene Schrift *Colloquium heptaplomeres* aus dem Jahr 1625 beispielhaft zu erinnern.[31] Locke schreibt betonend:

> „Shall we suffer a pagan to deal and trade with us, and shall we not suffer him to pray unto and worship God? If we allow the Jews to have private houses and dwellings amongst us, why should we not allow them to have synagogues? Is their doctrine more false, their worship more abominable, or is the civil peace more endangered by their meeting in public than in their private houses? But if these things may be granted to Jews and pagans, surely the condition of any Christians ought not to be worse than theirs in a Christian commonwealth."[32]

An Bodins *Colloquium*, einem fiktiven religiösen Streitgespräch, beteiligen sich nicht weniger als sieben Vertreter verschiedener Religionen, ein Katholik, ein Lutheraner, ein Calvinist, ein vom Christentum zum Islam übergetretener Italiener, ein Vertreter der Vernunftreligion, ein Vertreter des Universalismus und Salomo, ein Jude. Allein die Tatsache eines solchen interkonfessionellen Gesprächs zeigt, dass es zu Anfang des 17. Jahrhunderts nicht mehr selbstverständlich war, die Wahrheitsfrage allein an die durch die Reformation vielfach zersplitterte christliche Religion zu stellen, sondern dass es jetzt um die Wahrheitsfrage ganz allgemein ging. Das Fazit der komplizierten Schrift war universale Duldung und Nächstenliebe, die sich über die christliche Religion hinaus auch auf den Islam und das Judentum beziehen musste.

Der geistesgeschichtliche Hintergrund von Bodins Überlegungen ist offenkundig. Die Reformation und die Entdeckungen anderer Länder und Kulturen hatte das Pantheon der ihren absoluten Wahrheitsanspruch vertretenden Religionen beträchtlich erweitert. Vorher hatte es nur eine Religion gegeben, die christliche. Jetzt stellte sich die Frage, wie das verwirrende Angebot verschiedener christlicher und nichtchristlicher Religionen zu sichten war. Das Buch von Hugo Grotius, *De veritate religionis Christianae* (1627), das dem Verfasser prompt die Anklage der Ketzerei einbrachte, lag auf dieser Linie.

Die Wahrheitsfrage war also nicht allein an eine Religion, sondern an alle zu stellen, was zu der Folgerung führte, dass in ihrer eigenen Weise alle Religionen wahr seien, eine Weiterung, die ein Jahrhundert später in Lessings Ringparabel in literarische Form gebracht wurde. Diese Religionsemanzipation, oder Demokratisierung aller Religionen, hatte verständlicherweise Rückwirkungen auf das Verständnis des Judentums.

Dazu kam ein Weiteres. Das 17. Jahrhundert war eine Epoche großer politischer und gesellschaftlicher Krisen in Europa. England erlebte die puritanische Revolution, die Hinrichtung des Königs und den Bürgerkrieg, Mitteleuropa den Dreißigjährigen Krieg. Diese Krisen hatten Weiterungen für die Theologie. Die gesellschaftliche Krise Europas stellte die theologische Frage, ob die schweren Zeitläufte Zeichen der Endzeit waren. Erst waren es Außenseiter, Sonderlinge, die in ihren Reflexionen über den christlichen Glauben sicher auch von einem Krisenbewusstsein beeinflusst waren, und dann zu neuen Folgerungen zum Verhältnis zwischen Judentum und Christentum kamen. Das trifft gewiss auf die in diesem Zusammenhang immer als Kronzeugen aufgerufenen Isaac de Peyrère, Paul Felgenhauer und Anders Pederson Kempe zu. So meinte Peyrère aus Römer 5,12 schließen zu können, dass es Menschen bereits vor Adam und Eva gegeben hatte, Praeadamiten, zu denen auch die Ureinwohner Amerikas gehörten. Zu unserer Thematik meinte Peyrère, dass die Juden das erwählte Gottesvolk geblieben seien, Brüder Jesu. Und genau wie auch Joseph Brüder hatte, die ihn nicht erkannten, aber doch von ihm aufgenommen wurden. Auch wenn Juden Jesus nicht als Bruder erkennen, werden sie gerettet werden.[33]

Peyrères Zeitgenosse, Paul Felgenhauer, unsteter Geist, Prediger, Vielschreiber, verfasste *Bonum nuncium Israeli, Die Frohe Botschaft für Israel*, mit der These, dass der zum Letzten Gericht und zum Beginn des Gottesreiches wiederkehrende Jesus Christus mit dem von den Juden erwarteten Messias identisch sein werde. Damit deutete Felgenhauer die traditionelle Trinitätslehre um, und zwar in der von den Monophysiten der frühen Kirche, zum Beispiel Valentinus', vertretenen These vom himmlischen Fleisch Christi.[34] Das bedeutete zwar die Ablehnung der kirchlichen Zweinaturenlehre Christi, wonach Jesus auf Erden eine menschliche Natur gehabt habe, aber schloss folgerichtig ein neues christliches Verhältnis zu Juden mit ein. Philosemitismus bedeutete hier die Aufgabe herkömmlicher christlicher Glaubenssätze.

Der Schwede Anders Kempe, Übersetzer der Schriften Felgenhauers ins Schwedische, veröffentlichte 1688 *Israels erfreuliche Botschaft*. Kempe schwelgte in millenarischen Gedanken, die von der Schultheologie seiner Zeit als obskure Phantasmen abgetan wurden. Sein Leitmotiv war, dass der wiederkehrende Christus alle Christen und die sich zu ihm bekehrenden Juden in Kanaan zu einem Tausendjährigen Reich versammeln werde, wobei den Juden allerdings die Befolgung christlicher Riten auferlegt werden wird. Dieses Reich Christi stand unmittelbar bevor.

Man erkennt deutlich, dass Philosemitismus hier unmittelbar mit der Thematik der Judenbekehrung verbunden ist. Es geht um Bekehrung, um Konversion.[35] So schrieb in England Sir Henry Finch 1621, *The World's great Restauration, or Calling of the Jews and with them of all the nations and Kingdoms of this earth, to the faith of Christ*. Dieses wurde vom englischen König als Majestätsbeleidigung betrachtet. Finch schien die Judenbekehrung mit einem weltlichen Reich zu verbinden, was ihn auch prompt ins Gefängnis brachte: Der englische König meinte, er sei doch schon zu lange König, um sich solches anhören zu müssen.[36]

Ein anderer radikaler Puritaner, John Archer, schrieb *The Personal Reign of Christ upon Earth: in a treatise wherein is fully and largely laid open and proved that Jesus Christ, together with the saints, shall visibly possess a monarchical state and kingdom in this world* (1642). Archer war Mitglied der Gilde der Bibelexegeten, die sich vornehmlich den Zahlen in der Bibel widmeten. Das brachte ihn dazu, ganz konkret die Bekehrung der Juden auf das Jahr 1650, den entscheidenden Sieg über die Türken und die Wiederkehr Christi auf das Jahr 1700 festzulegen. Die Hinrichtung König Karls I. im Januar 1649 war prägnantes Zeichen der Erfüllung der biblischen Weissagungen.

Gleichwohl ist in Krisenzeiten die Faszination mit biblischen Aussagen über das Ende der Geschichte verständlich. Unstete Zeiten verlocken Theologen auf die in den prophetischen Büchern der Bibel zu findende Beschreibung der Endzeit zu reagieren. So schrieb der englische Puritaner John Tillinghast *Knowledge of the Times: or the Resolution of the Question, how long it shall be unto the End of Wonders* (London 1654). Tillinghast war einer der Fifth Monarchy Men, die zu den vier Reichen im siebten Kapitel des Buches Daniel ein fünftes Reich (eine „monarchy") unter der Herrschaft Christi vollenden wollten. Die politisch bedeutenden Vertreter der Fifth Monarchy Men, wie Christopher Feake (1612–1683?); John Rogers (1627–1665?); John Canne (1590?–1667?); John Simpson (gest. 1662) und Vavasor

Powell (1617–1670) waren Verfasser von millenarischen Schriften, in denen es um die Wiederkehr Christi und die Errichtung eines Tausendjährigen Reichs ging, wie sie es im Buche Daniel und im Buch der Offenbarung Johannes zu finden meinten. Damit war die Bekehrung der Juden eng verbunden. So findet sich in einem Bande von Predigten John Tillinghasts ein vielsagender Nachtrag mit dem Titel: *Romae Ruina Finalis, or a Treatise wherein it is clearly demonstrated that the pope is antichrist, that Babylon the city, or Rome, shall be utterly destroyed and laid to ashes in the year 1666. And that the Turk shall be destroyed afterwards by fire from heaven; presently after which shall be the second coming.* Die Kausalität zwischen den Zeitläufen und der erwarteten Wiederkehr Christi ist unverkennbar.[37]

In diesem Zusammenhang musste das heiß diskutierte Thema des „resettlement" der Juden, die im Jahre 1290 unter Todesstrafe aus England vertrieben worden waren, auf fruchtbaren Boden fallen. Der Amsterdamer Rabbiner Menasseh ben Israel hat sich in seinem Plädoyer für die Zulassung der Juden konkret auf die chiliastischen Gedankengänge englischer Puritaner bezogen, und damit die Verbindung jüdischer und christlicher Interessen akzentuiert: der Messias Christus werde, schrieb ben Israel, nach Daniel 12, erst dann erscheinen, wenn das Judentum über die ganze Erde, also auch über England, verstreut sei. Die paulinische Bekehrungstheorie lehnte er verständlicherweise ab.[38]

Man hat für die Wiederzulassung der Juden in England wirtschaftliche Gründe ins Feld geführt. Oliver Cromwell habe die Erklärung für den wirtschaftlichen Aufschwung der Niederlande im jüdischen Geschäftssinn gesehen; hinter der religiösen Erklärung der Wiederzulassung hätten also wirtschaftliche Motive gestanden.[39] Gewiss spielten solche Gesichtspunkte eine Rolle, trotzdem ist aber auf den intensiven eschatologischen Zeitgeist zu verweisen, der in einer Vielzahl puritanischer Traktate und Flugschriften zum Ausdruck kam. Der Diskurs der Zeit war die Sprache der Endzeit. Diese Thematik findet sich auch in Johann Christoph Wagenseils Buch *Die Hoffnung der Erlösung Israels* (1705), wo zu lesen ist: „Dass eine grosse und fast allgemeine Bekehrung der Juden zu erwarten ist, wird aus der Hl. Schrift des Alten und Neuen Testamentes bekräftigt."[40] Entsprechendes findet man bei anderen Autoren, so bei Isaac Vossius und dessen Buch *An die Juden*. Vossius schrieb:

> „Möge Gott veranlassen, dass der Nebel, der euch blind macht, endlich etwas weicht oder schwindet, so dass wir in demselben Sinn der Heiligen Schriften eingeweiht und im gleichen Glauben verbunden, auch durch das gleiche Evangelium den gleichen Messias erkennen möchten."[41]

Der Vater des deutschen Pietismus, Philip Jakob Spener, hat in seiner Hauptschrift *Pia Desideria* zu unserem Thema Stellung genommen. Spener lehnte Luthers Deutung von Römer 11 als in der Urkirche bereits erfüllt ab, und sah die Bekehrung der Juden als möglich und notwendig. Die „Wiederannahme [der Juden] sei durch Gott fest beschlossen". In der Tat machte Spener die Bekehrung der Juden zu einem Glaubenssatz. Er schrieb, „dass mir mit hinfallung derselben die gewissheit des gantzen Göttlichen worts [...] zugleich mit hinfallen müsste."[42] Spener lehnte sich hier an den jungen Luther der Schrift vom Jahre 1523. Luthers Spätschrift sah er als bedauerlichen Rückfall.

Spener wurde damit zum Wortführer des Pietismus, der die Bekehrung der Juden als unmittelbar bevorstehend annahm und, daraus folgernd, um eine betont judenfreundliche Haltung bemüht war. Die damit verbundene bewusste Ausklammerung der Spätschrift Luthers kann durchaus als Grund dafür angesehen werden, dass der deutsche Protestantismus bis in das dritte Jahrzehnt des 20. Jahrhunderts von dieser Schrift wenig Ahnung hatte.[43]

Gottfried Arnolds *Unpartheyische Kirchen- und Ketzerhistorie* (1699 bzw. 1700) bewegte sich auf gleicher Ebene. Auch er sah die jahrhundertelange Unterdrückung der Juden so wie Luther sie gesehen hatte – „als wären sie Hunde" – und brachte seinen Lesern die konkreten historischen Verweise. Nikolaus Ludwig Graf von Zinzendorf ging dabei noch über Arnold hinaus und sprach davon, dass es für Christen viele Gründe gäbe, „eine ungemeine Hochachtung vor die Juden zu hegen"[44]. Es war gewiss der Einfluss des Pietismus, dass theologische Fakultäten, vornehmlich die von Halle, in ihren theologischen Gutachten immer wieder judenfreundliche Urteile fällten.[45]

Dieser endzeitliche Philosemitismus ist also offensichtlich bekehrender Philosemitismus. Es geht um die missionarische Strategie der Bekehrung der Juden. Dies wiederum war von wesentlicher Bedeutung, da das Ende der christlichen Heilsgeschichte laut Apostel Paulus untrennbar mit der Bekehrung Israels verbunden sei. So veröffentlichte der Puritaner John Canne im Jahr 1657 eine Schrift mit dem schönen Titel *The End Times*, mit dem langen Untertitel

> „wo gezeigt wird, dass bis die dreieinhalb Jahre (die letzten der 1260 Tage) gekommen sind, werden die Prophezeiungen der Heiligen Schrift über Dauer und Zeit des 4. Reiches und der Herrschaft des Tieres nicht verstanden werden"[46].

Zusammenfassend kann festgestellt werden, dass Philosemitismus eine Randerscheinung in der Frühen Neuzeit wie in allen anderen Perioden des

Christentums ist. Er ist in der Frühen Neuzeit vom Christentum geprägt, ist also wesentlich christlicher Philosemitismus, was so zu deuten ist, dass die christliche Theologie die Möglichkeiten und Grenzen des Philosemitismus bestimmte. Der Philosemitismus der Frühen Neuzeit zeigt allerdings, dass breite christliche Kreise von ihm erfasst werden konnten und zumindest kurzfristig das Gesicht des Protestantismus wesentlich bestimmte, so in England in der Mitte des 17. Jahrhunderts und in Deutschland im Pietismus. Konkret stellte sich dieser christliche Philosemitismus in zwei Formen dar: Philosemitismus der Toleranz und Philosemitismus der Bekehrung. Obwohl intensiv und ausführlich diskutiert, erwies sich die Bekehrung als unrealisierbar. Die Toleranz dagegen stand immer mehr im Zug der Zeit. Mit der sich seit der beginnenden Aufklärung vollziehenden Wandlung des traditionellen christlichen Selbstbewusstseins kam eine neue, tolerantere Form der christlichen Religion zum Tragen, was Weiterungen auch für den Philosemitismus hatte. Die Geschichte des christlichen Philosemitismus in der Frühen Neuzeit ist so nicht nur mit der theologischen, sondern auch der geistesgeschichtlichen Entwicklung der Zeit aufs Engste verbunden.

Anmerkungen

1 Diese Problematik trifft natürlich auch auf den Islam zu, der Juden und Christen, die ‚Menschen der Schrift' als unvollständige Besitzer und Ausleger der göttlichen Offenbarung sieht.

2 Hierzu: Mead, G. R. S.: Did Jesus live 100 B.C.? An Enquiry into the Talmud Jesus Stories, the Toldoth Jeschu, and some Curious Statements of Epiphanius, Being a Contribution to the Study of Christian Origins. New Hyde Park/New York 1968. Über den Kirchenvater Chrysostom siehe: Wilken, Robert Louis: John Chrysostom and the Jews: Rhetoric and Reality in the late 4th Century; Eugene Or. 2004.

3 Grundlegend sind: Kinzig, Wolfram: Philosemitismus, in: Zeitschrift für Kirchengeschichte 105 (1994), S. 361–383 (siehe auch seinen Beitrag im vorliegendem Band) und Katz, David S.: The Phenomenon of Philo-Semitism, in: Christianity and Judaism. Oxford 1992, S. 327–361; siehe auch: Tony Kushner, Philosemitism, Antisemitism and ‚the Jews'. Perspectives from the Middle Ages to the Twentieth Century, Burlington VT 2004.

4 Dazu: Carroll, James: Constantine's Sword: the Church and the Jews. a History, Boston 2001.

5 Vgl. Kim, Johann D.: God, Israel, and the Gentiles: rhetoric and situation in Romans 9–11, Atlanta, Ga. 2000; dazu auch: Lübking, Hans-Martin: Paulus und Israel im Römerbrief, Münster 1986.

6 In seinem für unser Thema grundlegendem Buch *Philosemitismus im Barock* (Tübingen 1952, S. 1), spricht Hans-Joachim Schoeps von einem christlich-missionarischen, biblisch-chiliastischen, utilitaristischen, liberal-humanitären und einem religiösen Typus von Philosemitismus. Für die Frühe Neuzeit scheinen mir nicht alle dieser fünf Typen erkennbar.

7 Daneben siehe auch: Dole, George F.: Philosemitism in the Seventeenth Century, in: Studia Swedenborgiana 7 (1990), S. 5–17. Weitere wichtige Literatur: Katz, David S.: Henry Jessey and Conservative Millenarianism in Seventeenth-century England and Holland, in: Dutch Jewish History 2, Jerusalem 1989, S. 75–93; Williamson, Arthur H.: The Jewish Dimension of the Scottish Apocalypse: Climate, Covenant and World Renewal, in: Menasseh ben Israel and his World, Leiden 1989, S. 7–30; Katz, David S.: Philo-Semitism in the Radical Tradition: Henry Jessey, Morgan Llwyd, and Jacob Boehme, in: Jewish-Christian Relations in the Seventeenth Century, Dordrecht, Netherlands 1988, S. 195–199; Williamson, Arthur H.: Latter-Day Judah, Latter Day Israel: the Millennium, the Jews, and the British Future, in: Pietismus und Neuzeit 14 (1988), S. 149–165; und schliesslich nochmals: Katz, David S.: Millenarianism, the Jews, and Biblical Criticism in Seventeenth-century England, in: Pietismus und Neuzeit 14 (1988), S. 166–184.

8 Ich setzte mich mit der Problematik dieser Periodenbezeichnung für die Kirchengeschichte in meinem Aufsatz: Was there a Reformation of the Sixteenth Century?, in: Church History 72 (2003), S. 525–552, auseinander.

9 Vgl. Rummel, Erika: The Case against Johann Reuchlin: Religious and Social Controversy in Sixteenth-century Germany, Toronto 2002; und den Sammelband hg. v. Arno Herzig und Julius H. Schoeps: Reuchlin und die Juden, Sigmaringen 1993.

10 Hammond Bammel: Carline, Tradition and Exegesis in Early Chriastian Writers, Brookfield, VT 1995.

11 Moore, R. I.: The Formation of a Persecuting Society: Authority and Deviance in Western Europe, 950–1250, Malden MA 2007.

12 Grell, Ole Peter/Scribner, Bob (Hg.): Tolerance and Intolerance in the European Reformation, New York 1996.

13 So z. B. das Lied von Paul Gerhardt „Gib Dich zufrieden und sei stille“ (Evangelisches Gesangbuch, Nr. 399) mit dem Vers „Es kann und mag nicht anders werden: alle Menschen müssen leiden; was webt und lebet auf der Erden, kann das Unglück nicht vermeiden. Des Kreuzes Stab schlägt unsre Lenden bis in das Grab, da wird sichs enden. Gib dich zufrieden!“

14 Hier besonders einsichtsvoll: Leppin, Volker: Antichrist und Jüngster Tag: Das Profil apokalyptischer Flugschriftenpublizistik im deutschen Luthertum 1548–1618, Gütersloh 1999.

15 Matthäus Evangelium, Kap. 24, 23ff.

16 Luther erläutert diese Gedanken in der: *Supputatio annorum mundi* aus dem Jahre 1541. Weimar 1883 (im Folgenden WA) WA 53.152–154. Er setzte sich gleichwohl von der genauen zeitlichen Bestimmung der Wiederkunft Christi ab, wie sie zum Beispiel von seinem Freund, dem Mathematiklehrer Michael Stiefel in dessen: Ein Rechenbüchlin vom End Christ. Apocalypsis in Apocalypsin, Wittenberg 1532, errechnet wurde.

17 Über Luther und die Juden jetzt besonders: Kaufmann, Thomas: Das Judentum in der frühreformatorischen Flugschriftenpublizistik, in: Zeitschrift für Theologie und Kirche 95 (1998), S. 429–461, und besonders Luthers „Judenschriften“ in ihren historischen Kontexten, in: Nachrichten der Akademie der Wissenschaften zu Göttingen 6 (2005), S. 480–586. Luthers Schrift selbst in: WA, 11, 314.

18 WA 11, 307ff.: „Ich soll gepredigt und geschrieben haben, dass Maria, die Mutter Gottes, nicht Jungfrau gewesen sei vor und nach der Geburt [Jesu] sondern sie habe Christum von Joseph und danach mehrere Kinder gehabt. Über das alles soll ich auch eine neue Ketzerei gepredigt haben, nämlich dass Christus Abrahams Samen sei.“

19 WA 11, 313.

20 WA 11, 307.

21 Vgl. WA 11, 307ff.: „Denn unsere Narren, die Päpste, Bischöfe, Sophisten und Mönche, die groben Eselsköpfe, haben also bisher mit den Juden verfahren, daß, wer ein guter Christ wäre gewesen, hätte wohl mögen ein Jude werden. Und wenn ich ein Jude gewesen wäre und hätte solche Tölpel und Grobiane gesehen den Christenglauben regieren und lehren, so wäre ich eher eine Sau geworden als ein Christ. Denn die haben mit den Juden gehandelt, als wären es Hunde und nicht Menschen [...] Sie haben nichts tun können als sie schelten und ihr Gut nehmen [...] Sie [die Juden, Anm. d. Verf.] sind Blutsfreunde, Vettern und Brüder unseres Herrn. Darum wenn man sich des Blutes und Fleisches rühmen sollte, so gehören ja die Juden Christo näher zu als wir. [...] Ich bitte hiermit meine lieben Papisten, zu sagen, ob sie schier müde wären, mich einen Ketzer zu schelten, daß sie nun anfangen, mich einen Juden zu schelten."

22 WA 10 I 1, 289.

23 Vgl. Die Schrift, mit Kommentar, in: Müller, Gerhard (Hg.): Andreas Osiander d. Ä., Gesamtausgabe, Bd. 7, Gütersloh 1997.

24 Barbers, Meinulf: Toleranz bei Sebastian Franck, Bonn 1964.

25 Franck, Sebastian: Paradoxa, Jena 1909, S. 104; siehe auch: Hayden-Roy, Patrick Marshall: The Inner Word and the Outer World: A Biography of Sebastian Franck, New York 1994; Hillerbrand, Hans J.: The Lonely Individualist: Sebastian Franck, in: ders. (Hg.): A Fellowship of Discontent, New York 1967.

26 Barbers: Toleranz, [wie Anm. 24], S. 149.

27 Alle Zitat aus: Castellion, Sébastien: De arte dubitandi et confidendi, ignorandi et sciendi, in: Hirsch, Elisabeth Feist (Hg.): Leiden 1981.

28 Posthumus Meyjes, G. H. M. u. a. (Hg.): The Emergence of Tolerance in the Dutch Republic, Leiden 1997; Hirsch, Elisabeth Feist: Luther, Calvin, and the Doctrine of Tolerance of Sebastian Castellio, in: Spanish Inquisition and the Inquisitorial Mind, Boulder 1987, S. 625–642.

29 Aus der reichen Literatur über Coornhert ist zu nennen: Voogt, Gerrit: Constraint on Trial: Dirck Volkertszoon Coornhert and Religious Freedom, Kirksville 2000; Bonger, Hendrik: De motiviering van de godsdienstvrijheid bij Dirck Volckertszoon Coornhert, Arnhem,1954; ders.: The Life and Work of Dirck Volkertszoon Coornhert. Amsterdam 2004; ders.: Coornhert en Sebastian Franck, in: Zeventiende eeuw 12 (1996), S. 321–339.

30 Coornhert, Dirk Volkertszoon: A l'aurore des libertés modernes: synode sur la liberté de conscience, 1582, Lecler, Joseph u. a. (Hg.), Paris 1979.

31 Cohen, Jonathan: Some Jewish Reflections on Locke's Letter Concerning Toleration, in: Cross Currents 56 (2006), S. 58–78. So zum Beispiel die Feststellung: „the soul is the root and the body is the branch".

32 Ebd., S. 56f.

33 Vgl. Genesis, 37.

34 Hier immer noch am Besten: Schoeps, Hans-Joachim: Vom Himmlischen Fleisch Christi, Tübingen 1951.

35 Williamson: Latter-Day Judah, [wie Anm. 7], S. 149–165; Katz: Millenarianism, [wie Anm. 7], S. 166–184; ders.: Millenarianism, [wie Anm. 7], S. 75–93.

36 Rengstorf, Karl Heinrich: Kirche und Synagoge. Handbuch zur Geschichte von Christen und Juden, Stuttgart, 1964, S. 35. Dazu Ball, Bryan W.: The Seventh-Day Men: Sabbatarians and Sabbatarianism in England and Wales, 1600–1800, Oxford 1994.

37 Vgl. Huit, Ephraim: The Whole Prophecie of Daniel explained, by a paraphrase, analysis, and briefe comment (1644); Brightman, Thomas: Predictions and Prophesies: written 46. yeares since; concerning the three Churches of Germanie, England, and Scotland (1614).

38 Katz, David S.: Menasseh ben Israel's Christian connection: Henry Jessey and the Jews, in: Menasseh ben Israel and his World, Leiden 1989, S. 117–138; van der Wall, Ernestine G. E.: The Amsterdam Millenarian Petrus Serrarius (1600–1669) and the Anglo-Dutch Circle of Philo-Judaists, in: Jewish-Christian Relations in the Seventeenth Century, Dordrecht 1988, S. 73–94.

39 Katz: [wie Anm. 3] S. 38.

40 Rengstorf: Kirche und Synagoge, [wie Anm. 36], S. 74.

41 Ebd., S. 77.

42 Ebd., S. 94; Siehe auch: den einsichtsvollen Artikel von Johannes Wallmann: Spener und die Juden, in: Lehmann, H. (Hg.): Geschichte des Pietismus, Göttingen 2004, Bd. 4, S. 143ff., dem ich hier im Wesentlichen folge.

43 Wallmann: Spener und die Juden, [wie Anm. 42], S. 149.

44 Ebd., S. 152.

45 Arnoldi, Udo: Pro Judaeis. Die Gutachten den halleschen Theologen im 18. Jahrhundert zu Fragen der Judentoleranz, Berlin 1993.

46 Canne, John: The time of the end: shewing first, until the three years and an half are come (which are the last of the 1260 dayes) the prophecies of the Scripture will not be understood, concerning the duration and period of the fourth monarchy and kingdom of the beast: then secondly, when that time shall come [...] the knowledge of the end [...] will be revealed, by the rise of a little horn, the last apostacy, and the beast slaying the witnesses, London 1657.

PHILOSEMITISMUS IM KONTEXT VON RELIGIONSPHILOSOPHIE UND RELIGIONSKRITIK

Claus-Ekkehard Bärsch

Antijudaismus oder Antisemitismus/ Philojudaismus oder Philosemitismus – Adäquate Begriffe?

Thema und Problemgestaltung der vorliegenden Publikation können nicht ohne den Zusammenhang zwischen Antijudaismus, Antisemitismus, Anti-Antisemitismus, Philosemitismus und Philojudaismus verstanden werden. Antijudaismus, Antisemitismus, Philosemitismus und Philojudaismus sind keine Subsysteme eines autopoetisch agierenden Gesamtsystems. Antisemitismus und Philosemitismus haben kein selbständiges Wesen und wirken nicht wie ein Subjekt. Über den Antisemitismus kann nicht geredet werden, als sei er eine Krankheit wie die Pest, die die Menschen anfällt oder zerstört. Der Philosemitismus kann nicht wahrgenommen werden wie ein über den Menschen stehender objektiver Geist, der die guten Taten der Menschen bewirkt. Ausgangspunkt der folgenden Darstellung sind vielmehr die Konstellationen, die den Entscheidungen und Handlungen der Menschen voraus gehen. Das sind zum Beispiel:

- die physisch-biologischen sowie physio-psychischen Strukturen und Prozesse;
- Leidenschaften, Begehren und Stimmungen;
- Motive der Liebe, Sympathie und Freundschaft;
- Geist, Vernunft, Verstand, Fiktion, und Utopie;
- die Muster des Wahrnehmens und Kategorien des Erkennens;
- das Politische im engeren Sinn: Macht, Herrschaft, Institutionen, Organisationen;
- Paradigmata gesellschaftlich-politischer Existenz: Verfassung, Recht, Moral, Ethik und die Werte der Würde, Freiheit und Gleichheit;
- das Ziel des glücklichen und guten Lebens bzw. die Antwort auf die Frage über den Sinn des Lebens in Philosophie, Theologie, Religion, Weltanschauung und Ideologie.

Mit der Nennung und Aufzählung der Sphären und ihrer Momente wurde nur bezweckt, auf Desiderata der Wissenschaft hinzuweisen. Hier wird lediglich versucht, die Komplexität des Themas zu reduzieren. Die Reduktion der Komplexität – stets ein sacrificium intellectualis – besteht darin, im Falle des Antijudaismus und Antisemitismus das dem ‚Anti' übergeordnete ‚Pro' bzw. die Abhängigkeit der Negation von der Affirmation herauszuarbeiten. Zu finden ist das, was für die Feinde oder Gegner der Juden das höchste Gut, der höchste Wert und das höchste Ziel ist; woraus sie den Sinn ihrer Entscheidungen und Handlungen ableiten, womit diese begründet und legitimiert werden können.

Mit dem Begriff Antijudaismus soll vorerst eine religiös bestimmte Negation bezeichnet werden. Im Unterschied dazu kann im Antisemitismus der moderne Rassismus hinzukommen. Es erscheint angebracht, im Folgenden längere Zitate vorzustellen, um daraus die Definition von Antijudaismus gemäß des Johannes-Evangeliums sowie des Religionsphilosophen Kant und daran anschließend den Antisemit in Hitlers *Mein Kampf* abzuleiten. Daran anschließend soll begründet werden, was gegen die Verwendung der Begriffe Philosemitismus und Philojudaismus spricht.

Der Antijudaismus im Evangelium nach Johannes

Hier wird davon ausgegangen, dass mit dem Begriff Antijudaismus die rein religiös bestimmte Negation aller Juden bezeichnet wird. Auf die Besonderheit des Evangeliums sowie eine systematische und historische Exegese kann im Rahmen dieses Aufsatzes verzichtet werden. Für die Bedeutung der nunmehr zu zitierenden Stelle ist der Einwand, sie kann nicht gegen die Juden gerichtet sein, weil ein Jude andere Juden charakterisiert, falsch. In diesem Beitrag sind die religiöse Differenz, die darauf beruhende Tradition und die normative Festlegung nach Abschluss der christlichen Kanonisierung der Bibel im dritten Jahrhundert von Bedeutung und nicht die ethnische Gemeinsamkeit. Wichtig ist, was die Christen glauben dürfen. Dem folgenden Zitat aus dem Johannesevangelium Kapitel 8 könnte viel vorausgeschickt werden. Hier sei nur daran erinnert, dass die Selbstaussage Jesu, wer er sei „Ich bin" ein zentrales Merkmal des Johannes-Evangeliums ist. Die zu zitierenden Stellen werden im vom *Deutschen Evangelischen Kirchenausschuss* genehmigten Text aus dem Jahre 1964 mit der Überschrift vor den Versen 21ff so eingeleitet: „Rede wider den Unglauben der Juden". Zwar werden die bei dem Streitgespräch anwesenden Juden auch als Pharisäer benannt, im Vers 31 jedoch heißt es: „Da sprach nun Jesus zu den Juden". Von Pharisäern ist danach nicht mehr die Rede. Der Gegenstand des nunmehr dargelegten Streites ist nichts weniger als die Antwort auf die Frage, wer der Vater sei. Im Verlauf des Streites beantwortet Jesus die Frage, warum die ‚Juden', die sich auch auf Abraham berufen, ihn nicht verstehen:

> „Warum kennet Ihr denn meine Sprache nicht? Denn Ihr könnt ja mein Wort nicht hören. Ihr seid von dem Vater, dem Teufel und nach Eures Vaters Lust wollt Ihr tun. Der ist ein Mörder von Anfang und ist nicht bestanden in der Wahrheit; denn die Wahrheit ist nicht in ihm. Wenn er die Lüge redet, so redet er von seinem Eigenen." (Vers 43, 44)

Radikaler kann die Negation Andersgläubiger, in diesem Falle der Juden, nicht determiniert werden. Dieser Verbindung mit dem Bösen oder den Bösen gehen folgende Selbstaussagen Jesu voraus:

> „Ich weiß wohl, dass Ihr Abrahams Samen seid; aber Ihr sucht mich zu töten, denn meine Rede fängt nicht bei Euch. Ich rede, was ich von meinem Vater gesehen habe. So tut Ihr, was Ihr von Eurem Vater gesehen habt. [...] Wenn Ihr Abrahams Kinder wäret, so tätet Ihr Abrahams Werke. Nun aber sucht Ihr mich zu töten, einen solchen Menschen, der ich Euch die Wahrheit gesagt habe, die ich von Gott gehört habe. Das hat Abraham nicht getan. [...] Wäre Gott Euer Vater, so liebtet Ihr mich, denn ich bin ausgegangen und komme von Gott; denn ich bin nicht von mir selber gekommen, sondern er hat mich gesandt." (Vers 37–42)

Der negativen Fremdbestimmung geht folgende Selbstbestimmung voraus:

- Jesus ist der Sohn Gottes;
- der Sohn Gottes sagt die „Wahrheit";
- die Wahrheit wird diejenigen „freimachen" (Vers 32), die an seine Worte glauben;
- wer ein Kind Gottes ist, liebt Jesus: „[...] wäre Gott Euer Vater, so liebtet Ihr mich; denn ich bin ausgegangen und komme von Gott" (Vers 42);
- wer kein Sohn Gottes ist, versucht „mich zu töten, einen solchen Menschen, der ich Euch die Wahrheit gesagt habe, die ich von Gott gehört habe" (Vers 40).

Nachdem Jesus die Fremdbestimmung der Juden als Söhne des Teufels ausgesprochen hatte, wiederholt er „wer von Gott ist, der hört Gottes Worte; darum höret Ihr nicht, denn Ihr seid nicht von Gott" und sagt anschließend „so jemand Wort wird halten, der wird den Tod nicht sehen ewiglich" (Vers 51) und entgegnet den Juden: „Wahrlich, wahrlich ich sage Euch: ehe denn Abraham ward, bin ich" (Vers 58). Die Präexistenz Jesu korreliert mit dem ewigen Leben der Christen nach dem Untergang dieser Welt. Diejenigen, die an die Worte Christi glauben, entscheiden sich für Leben, Wahrheit und Gott.

„Ich bin der Weg und die Wahrheit und das Leben; niemand kommt zum Vater denn durch mich“ (Joh 14,6). Anknüpfend an der Aussage „niemand kommt zum Vater denn durch mich“ sei das Verhältnis von Gott zu Jesus und Jesus zu den Christen oder in umgekehrter Reihenfolge das Verhältnis der Christen zu Jesus Christus und Christus zu Gott erörtert. Damit wird vornehmlich der Zweck verfolgt, nicht nur die individuelle Identität, sondern das Bewusstsein der Christen von ihrer kollektiven Identität zu erfassen. Festzuhalten ist – im Hinblick auf die dem Antijudaismus vorausgehende Affirmation – dass die Christen glauben, im kommenden Reich Gottes erlöst zu werden, weil Jesus der Sohn Gottes ist. Sie kommen nur zum Vater, also zur zukünftigen Erlösung, wenn Jesus der Sohn Gottes ist. Dass Jesus der Sohn Gottes ist, steht 18-mal als Wort ‚Christi‘ im Evangelium nach Johannes. Nach der Selbstaussage „niemand kommt zu dem Vater denn durch mich“ (Joh 14,6) wird der Fels für die kollektive Identität aufgebaut: „Glaubet mir, dass ich im Vater und der Vater in mir ist“ (Joh 14,11). Das ist weit substantieller als die von außen kommende und im Außen bleibende Beziehung zwischen Abraham und Gott. Zu Abraham kommt Gott nur in der äußeren Welt. Im Evangelium des Johannes hingegen ist Gott ‚in‘ Christo, mitten drin im Inneren. Das wechselseitige Verhältnis im Anderen zu sein, wird erweitert durch die Beziehung zwischen Jesus und denen, die an ihn glauben. Jesus sagt zu den Jüngern:

> „An dem Tage werdet Ihr erkennen, dass ich in meinem Vater bin und Ihr in mir und ich in Euch. Wer meine Gebote hat und hält sie, der ist es, der mich liebt. Wer mich aber liebt, der wird von meinem Vater geliebt werden, und ich werde ihn lieben.“ (Joh 14,20f.)

Besonders anschaulich wird die Wechselbeziehung der Liebe zwischen dem Sohn Gottes und denjenigen, die an ihn glauben, im Gleichnis vom rechten Weinstock deutlich.[1]

> „Ihr seid schon rein um des Wortes willen, das ich zu Euch geredet habe. Bleibet in mir, und ich in Euch. Gleich wie die Rebe kann keine Frucht bringen von ihr selbst, sie bleiben denn am Weinstock, also auch Ihr nicht, Ihr bleibet denn in mir.“ (Joh 15,4).

Die Liebe der Christen zueinander beruht darauf, dem Vorbild der Liebe Christi zu denjenigen, die an ihn glauben, zu folgen. „Das ist mein Gebot, dass Ihr Euch untereinander liebet, gleich wie ich Euch liebe“ (Joh 15,12).

Das Band zwischen den einzelnen, das Band ihrer Verbindung ist also davon abhängig, dass Gott in Christus und der Sohn Gottes in den Christen ist. Das die Christen verbindende Band der Liebe im Evangelium des Johannes, ihr wechselseitiges Ineinandersein, vermittelt durch Gott und den Sohn Gottes, also das Bewusstsein ihrer kollektiven Identität, ist erneut zu belegen. Denn dadurch kann die Charakterisierung der christlichen Gemeinde als „Leib Christi" (1 Kor 12,12f.) des Paulus das mittelalterliche Dogma der Kirche als „corpus Christi mysticum" und darüber hinaus die Vereinigung aller Toten, Lebenden und noch Nichtgeborenen Christi zum „corpus Christi mysticum" besser begriffen werden als in anderen Texten des Neuen Testamentes. Im Kapitel 17 führt das wechselseitige Verhältnis von Gott, Christus und den Menschen zum ‚Eins'-Sein der Christen untereinander. Der Sohn Gottes bittet seinen Vater um Fürsorge für die, die an ihn glauben und am Schluss um Folgendes:

> „Ich bitte aber nicht alleine für sie [die Jünger, Anm. d. Verf.], sondern auch für die, so durch ihr Wort an mich glauben werden, ‚auf daß sie alle eins seien', gleich wie Du Vater in mir und ich in Dir; ‚daß auch sie uns eins seien', auf daß die Welt glaube, Du habest mich gesandt. Und ich habe ihnen gegeben die Herrlichkeit, die Du mir gegeben hast, daß sie eins seien, gleich ‚wir eins sind', ich in ihnen und Du in mir, auf dass sie willkommen seien ‚in eins' und die Welt erkenne, daß Du mich gesandt hast und liebest sie, gleich wie Du mich liebst." (Joh 17,20–23).

Dazu nur dies: Der Antijudaismus ist nicht zu trennen vom Bewusstsein der kollektiven Identität der Christen. Der Angriff eines Juden auf einen Christen kann als Angriff auf alle Christen gedeutet werden; denn sie sind alle ‚Eins'. Auch auf den Irrglauben, jeder Jude sei Mitglied des ‚Gottesmördervolkes' ist an dieser Stelle nur hinzuweisen.

Der Weg zur Erlösung, also zum Vater und zum Reich Gottes zu gelangen, wurde wirkmächtiger als im Evangelium des Johannes, in der chiliastischen Apokalypsis des Johannes, die nicht vom Evangelisten verfasst wurde, samt ihren Transformationen bis zur radikalen Säkularisierung des Tausendjährigen Reiches beschrieben. Der endgültigen Erlösung im ewigen Reich Gottes geht ein letzter Kampf zwischen Christ und Antichrist, den Anhängern Christi und denen des Antichrist, voraus. Letztere werden vernichtet und dazu gehören auch, aber nicht nur, die „Juden" als „Satansschule" bzw. „Synagoge des Satans" (Offb 2,9).

Es sei hier nicht behauptet, dass alle Christen zu jeder Zeit alle Juden als Kinder des Satans wahrgenommen haben. Aber auch die Interpretation der christlichen Religion mit dem Prüfstein der Vernunft kann zum Antijudaismus führen. Dies tat Kant, Repräsentant der deutschen Aufklärung schlechthin.

Der Antijudaismus in der Religionsphilosophie Kants

In der Schrift *Der Streit der Fakultäten* wird im ersten Abschnitt *Der Streit der philosophischen Fakultät mit der theologischen* nach der Erörterung der „Philosophischen Grundsätze der Schriftauslegung zur Beilegung des Streites" das Verhältnis zwischen Christentum und Judentum behandelt. In den „allgemeinen Anmerkungen" über „Religionssekten" wird das Verhältnis zwischen Christentum und Judentum folgendermaßen beurteilt:

> „Die Euthanasie des Judentums ist die reine moralische Religion, mit Verlassung aller alten Satzungslehren, deren einige doch im Christentum (als messianischen Glauben) noch zurückbehalten bleiben müssen: welcher Sektenunterschied endlich doch auch verschwinden muss, und so dass, was man als den Beschluss des großen Dramas des Religionswechsels auf Erden nennt (die Wiederbringung aller Dinge), wenigstens im Geiste herbeiführt, da nur ein Hirt und eine Herde stattfindet."[2]

Kants Verwendung des Begriffes „Euthanasie" ist nicht nur an der wörtlichen Bedeutung des Begriffes, nämlich ‚schöner Tod' orientiert. Euthanasie heißt nach Kant die Aufstellung eines besseren Prinzips statt eines anderen. Das Judentum solle alle Satzungslehren, also alle in der Tora und im Talmud enthaltenen Gebote und Regeln verlassen, um als rein moralische Religion gelten zu können. Aber in welchem Sinn ist ein Jude noch ein Jude, wenn die wesentlichen Merkmale seines Verständnisses von Religion oder seines Glaubens nicht mehr gelten und verschwunden sind? Für Kant ist die „Euthanasie" des Judentums Mittel zum Zweck, eine Bedingung für „die Wiederbringung aller Dinge" im „großen Drama des Religionswechsels auf Erden". Auch wenn Kant nicht die Euthanasie im Sinne des biologischen Todes der Juden fordert, so hat die Verwendung des Begriffs, zu welchem Zweck auch immer, einen antijüdischen Gehalt. Was für Kant der höchste Zweck ist, ist nunmehr zu erörtern. Mit anderen Worten: was ist nach Kant eine „rein moralische Religion", und wie bestimmt er das Verhältnis zwischen Christentum und Judentum, und wie ist der Zusammenhang zwischen einem „Religionswechsel" und der „Wiederbringung aller Dinge" zu verstehen?

Im Hinblick auf den Zusammenhang zwischen Judentum, Christentum und der rein moralischen Religion sei hier ein Text aus der *Religion innerhalb der Grenzen der bloßen Vernunft*, aus dem dritten Teil *Stücke*, dessen Gegenstand „Der Sieg des guten Prinzips über das Böse und die Gründung eines Reichs Gottes auf Erden" ist. In der ersten Abteilung dieses Teils wird die „philosophische Vorstellung des Sieges des guten Prinzips und der Gründung eines Reiches Gottes auf Erden" behandelt und in der zweiten Abteilung die „historische Abteilung" zur „allmählichen Gründung der Herrschaft des guten Prinzipes auf Erden" Stellung genommen. Kant will nur den Teil der Geschichte untersuchen, „bei welchem jetzt die Anlage zur Einheit der allgemeinen Kirche schon in ihrer Entwicklung nahe gebracht ist".[3]

Beurteilt werden soll die jeweilige Gegenwart (also auch unsere) der realen Geschichte auf der Grundlage der Annäherung zum Ziel einer Entwicklung. Das Ziel kann, gemäß Kant, nie ganz, aber immerhin annäherungsweise realisiert werden. Wegen des Prinzips der Einheit könne man

> „nur die Geschichte derjenigen Kirchen, die von ihrem ersten Anfang an den Keim und die Prinzipien zur objektiven Einheit des wahren und allgemeinen Religionsglauben bei sich führten, dem sie allmählich näher gebracht werden, abhandeln".

Daraus zieht Kant im nächsten Satz folgenden Schluss:

> „Da zeigt sich nun zuerst: dass der jüdische Glaube mit diesem Kirchenglauben, dessen Geschichte wir betrachten wollen, in ganz und gar keiner wesentlichen Verbindung, d. i. in keiner Einheit nach Begriffen steht."[4]

Mit dem Blick auf die nicht zu ändernde Determination durch den Ursprung einer Evolution fährt Kant fort: „Der jüdische Glaube ist, seiner ursprünglichen Einrichtung nach, ein Inbegriff plus statuarischer Gesetze, auf welchen eine Staatsverfassung gegründet war"[5]; denn, nunmehr folgt die maßgebende Begründung, „moralische Zusätze" seien dem Judentum nur „angehängt" worden, sie „sind schlechterdings nicht zum Judentum, als einem solchen, gehörig"[6]. Das Judentum „ist", so fährt er fort,

> „‚eigentlich gar keine Religion', sondern bloß Vereinigung einer Menge von Menschen die, da sie zu einem besonderen Stamm gehörten, sich zu einem gemeinen Wesen unter bloß politischen Gesetzen, mithin nicht zu einer Kirche formen"[7].

Kant führt dazu Folgendes aus: Es werde nur „der Name von Gott", der „über und an das Gewissen keinen Anspruch tut, verehrt". Alle „Gebote" ihrer „Gesetzgebung" seien „nicht mit der Forderung an die moralische Gesinnung in Befolgung derselben (worin nachher das Christentum seinen Hauptwert setzte) gegeben". Ihr Zweck sei die „Belohnung oder Bestrafung" in „dieser Welt". „Da nun ohne Glauben an ein künftiges Leben gar keine Religion gedacht werden kann, so enthält das Judentum als solches, in seiner Reinlichkeit genommen, gar keinen Religionsglauben".[8]

Das „Judentum" könne keine „allgemeine Kirche" sein und werden, weil es „das ganze menschliche Geschlecht von seiner Gemeinschaft ausschloss, als ein besonders von Jehova für sich auserwähltes Volk, welches alle anderen Völker anfeindete und dafür von jedem angefeindet wurde". Die Voraussetzung dafür, den Gott der Juden zu verwerfen und damit dem Judentum Religion abzusprechen, ist, wie kann es anders sein, Kants Religionsbegriff:

> „Denn ein Gott, der bloß die Befolgung solcher Gebote will, dazu gar keine gebesserte moralische Gesinnung erfordert wird, ist doch eigentlich nicht das jenige moralische Wesen, dessen Begriff wir zu einer Religion nötig haben."[9]

Dagegen sei mit dem „Ursprunge des Christentums" eine „völlige Verlassung des Judentums" ein „ganz neues Prinzip gegründet, eine gänzliche Revolution in Glaubenslehren bewirkt"[10] worden.

Kants Kritik am Judentum hat seine Konzeption von Geschichte zur Voraussetzung. Der Anfang wird festgelegt und hat die Qualität eines Keimes, in dem die Prinzipien zur objektiven Einheit des wahren und allgemeinen Religionsglaubens enthalten sind und im Verlauf der Geschichte entfaltet werden. Er ist der festen Überzeugung, den Fortschritt in der Gegenwart seiner Zeit im Vorblick auf das Ziel feststellen zu können.

> „Fragt man nun: welche Zeit der ganzen bisher bekannten Kirchengeschichte die beste sei, so trage ich kein Bedenken, zu sagen: es ist die jetzige, und zwar so, dass man den Keim des wahren Religionsglaubens, so wie er jetzt in der Christenheit, zwar nur von einigen, aber doch öffentlich gelebt worden, nur ungehindert sich mehr und mehr darf entwickeln lassen, um davon eine kontinuierliche Annäherung zu derjenigen, alle Menschen auf immer vereinigenden Kirche zu erwarten, die die sichtbare Vorstellung (das Schema) eines unsichtbaren Reiches Gottes auf Erden ausmacht."[11]

Es ist mithin nicht nur der Ursprung, sondern auch das Ziel – das Reich Gottes auf Erden – und die den Zweck heiligenden Mittel, die den antijüdischen Gehalt dieser Konzeption zur Folge haben. Der teleologisch bestimmte Kausalverlauf zwischen Ursprung und Ziel wird auch näher bestimmt. Der Verlauf der approximativen „kontinuierlichen Annäherung", also nicht vollständige Realisierung des christlichen Potentials „Keim" in der gesamten Christenheit hat das Ziel, dass in der sichtbaren Kirche ein unsichtbares „Reich Gottes auf Erden" Schritt für Schritt aktualisiert wird; wenn auch nicht ganz, aber immerhin.

Der wesentliche Unterschied zwischen Kirchenglauben und Religionsglauben ist nicht nur deshalb zu erörtern, weil die Juden von dieser Entwicklung ausgeschieden werden, sondern auch, weil sie uns zum Kern der Philosophie Kants selbst führt, dem Zusammenhang zwischen Glückseligkeit, Moral und Vernunft und damit zu Gott, der Unsterblichkeit der Seele und der Freiheit. Schon im Vorwort zum Begriff der *Religion in den Grenzen der bloßen Vernunft* verweist Kant auf die *Kritik der reinen Vernunft* und auf die *Kritik der praktischen Vernunft*. Zunächst aber soll der Unterschied zwischen Religionsglaube und Kirchenglaube, den Kant an vielen Stellen seiner Religionsschrift behandelt,[12] spezifiziert werden. In der Schrift *Streit der Fakultäten*, in welcher die Euthanasie der nichtmoralischen, sondern statuarisch offenbarten Gesetze gefordert wird, lesen wir eine klar definierte Unterscheidung:

> „Religion ist derjenige Glaube, der das Wesentliche aller Verehrung Gottes in der Moralität des Menschen setzt; [...] Glaubenssätze, welche zugleich als göttliche Gebote gedacht werden sollen, sind nun entweder bloß statuarisch, mithin für uns zufällig und Offenbarungslehren, oder moralisch, mithin mit dem Bewußtsein ihrer Notwendigkeit verbunden und a priori erkennbar, d.i. Vernunftlehren des Glaubens. Der Inbegriff der ersteren Lehren macht den Kirchen-, der anderen aber den reinen Religionsglauben aus."[13]

Das entspricht den Festlegungen in der „Religion innerhalb der Grenzen der bloßen Vernunft". Die „Norm" zur Beurteilung des „Kirchenglaubens" ist die „Vernunftreligion"[14]. Insofern ist der „Religionsglaube" eine „Vernunftreligion", die Religion der Vernunft. Der Repräsentant der deutschen Aufklärung bleibt sich treu, geht nicht vom theologisch, ontologisch oder kosmologisch begründeten Gottesbegriff aus, sondern vom Subjekt als Maß des Urteils über Gott, die Welt, die Gesellschaft und die Geschichte.

> „Es liegt uns nicht sowohl daran, zu wissen, was Gott an sicht selbst (seiner Natur) sei, sondern was er ‚für uns als moralisches Wesen' sei; […] Diesem Bedürfnis der praktischen Vernunft gemäß ist nun der allgemeine wahre Religionsglaube der Glaube an Gott 1) als den allmächtigen Schöpfer Himmels und der Erden, d.i. ‚moralisch' als heiligen Gesetzgeber, 2) an ihn, den Erhalter den menschlichen Geschlechts, als gütigen Regierer und moralischen Versorger desselben, 3) an ihn, den Verwalter seiner heiligen Gesetze, d.i. als gerechten Richter."[15]

Wenn der wahre Religionsglaube dem Judentum abgesprochen und gemäß dem Bedürfnis der praktischen Vernunft definiert wird, bleibt nur noch zu belegen, dass der letzte Grund für die der Negation des Judentums vorausgehende Affirmation in Kants Hauptschriften gelegt wurde. Die Definition der Religion und des Religionsglaubens folgt den Postulaten der Vernunft in der *Kritik der praktischen Vernunft*, in welcher ein Thema der Kritik der reinen Vernunft[16] aufgenommen wird. Im zweiten Abschnitt dieses Kanons behandelt Kant das „Ideal des höchsten Guts, als einem Bestimmensgrunde der letzten Zwecke der reinen Vernunft". Gleich am Anfang werden die berühmten „Drei Fragen: 1. Was kann ich wissen? 2. Was soll ich tun? 3. Was darf ich hoffen?"[17] als Interesse seiner Vernunft gestellt und beantwortet. Die Antwort auf die Frage, ‚was wir hoffen dürfen' besteht darin, dass Sittlichkeit (der kategorische Imperativ in Überwindung der Natur) und Glückseligkeit (deren Bedürfnis aus der Natur kommt) unmittelbar miteinander verbunden werden. „Glückswürdig" ist der Mensch nur, wenn er moralisch handelt.

> „Sich der Glückseligkeit würdig zu machen, kann durch die Vernunft nicht erkannt werden, wenn man bloß Natur zugrunde legt, sondern darf nur gehofft werden, wenn eine höchste Vernunft, die nach moralischen Gesetzen gebietet, zugleich als Ursache der Natur zugrunde gelegt wird."[18]

Kant nennt

> „die Idee einer solchen Intelligenz, in welcher der moralisch vollkommenste Wille, mit der höchsten Seligkeit verbunden, die Ursache aller Glückseligkeit in der Welt ist, so fern sie mit der Sittlichkeit (als der Würdigkeit, glücklich zu sein) in genauem Verhältnis steht, das des höchsten Guts"

und führt im Hinblick auf die Vernunft als Grund für die Harmonie zwischen „Glückswürdigkeit" und „Glückseligkeit" als „höchstes Gut" fort: „Gott also und ein künftiges Leben sind zwei von der Verbindlichkeit, die uns reine Vernunft auferlegt nach Prinzipien eben derselben Vernunft nicht zu trennende Voraussetzungen."[19]

Kant nimmt dieses Thema in der *Kritik der reinen Vernunft*[20] wieder auf. Er begründet ausführlich und folgerichtig, dass das „Dasein Gottes" die „Unsterblichkeit der Seele" und die „Freiheit" nichts anderes sind als „Postulate der reinen praktischen Vernunft".[21] Kant befindet sich somit nicht im Widerspruch zu seiner Kritik an den Gottesbeweisen, sondern in Übereinstimmung mit dem Prinzip der Subjektivität:

> „Auf solche Weise führt das moralische Gesetz durch den Begriff des höchsten Gutes, als das Objekt und den Endzweck der reinen praktischen Vernunft, zur Religion, d. i. zur Erkenntnis aller Pflichten als göttliche Gebote, nicht als Sanktionen, d. i. willkürliche, für sich selbst zufällige Verordnungen, eines fremden Willens, sondern als wesentliche Gesetze eines jeden freien Willens für sich selbst, die aber dennoch als Gebote des höchsten Wesens angesehen werden müssen, weil wir nur von einem moralisch-vollkommenen (heiligen und gütigen), zugleich auch allgewaltigen Willen das höchste Gut, welches zum Gegenstand unserer Bestrebung zu setzen, uns das moralische Gesetz zur Pflicht macht, und also dadurch Übereinstimmung mit diesem Willen dazu zu gelangen, hoffen zu können."[22]

Man kann also die Schrift über *Die Religion innerhalb der Grenzen der bloßen Vernunft* als Fortsetzung der Antwort auf die Frage: „Was dürfen wir hoffen?" mit der Einmischung einer Konzeption von Geschichte betrachten. Im ersten Teil dieser Schrift wird der „Hang" des Menschen zum Bösen behandelt. Das Böse in der menschlichen Natur kommt nicht von einer hinter oder über ihm stehenden bösen Macht, sondern gehört zur menschlichen Natur. Im zweiten Teil wird der „Kampf des guten Prinzips, mit dem bösen, um die Herrschaft über den Menschen" behandelt und im dritten Teil der „Sieg des guten Prinzips über das böse, und die Gründung eines Reiches Gottes auf Erden". In diesem dritten Teil wird die Geschichte in folgende drei Teile eingeteilt: 1. Der „Naturzustand" der Menschen, in welchem sie ohne Religion sind. 2. Der Übergang vom „Naturzustand" der Menschen zu dem Zustand, wo sie Mitglieder eines „ethisch-gemeinsamen Wesens" sind. Das ist die unsichtbare Vereinigung der Menschen unter moralisch-ethischen Gesetzen. 3. Die Entwicklung der „unsichtbarethischen Gemeinschaft“ in der „sichtbaren Kirche“ gemäß der Ablösung des „Kirchenglaubens“ durch den „reinem Religionsglauben“, also der „Religion der Vernunft“.[23]

Kant hält die Entwicklung der Vernunft in der sichtbaren Kirche für unbedingt notwendig. Sie geschieht also nicht außerhalb der Kirche in einem juridisch politischen Gemeinwesen (Staat). Die Vernunft braucht die christliche Kirche und den christlichen Glauben, Richterin und Zweck aber ist die Vernunft. Kants Religion der Vernunft ist keine Magd der Theologie, aber auch nicht des Imperiums real existierender Staat. Gleichwohl kann nicht bestritten werden, dass das Prinzip der Vernunft die erste Voraussetzung des Antijudaismus Kants ist. Ausführungen zu Kants Religion der Vernunft und damit dem Prinzip der Vernunft überhaupt seien hier mit seiner Deutung des 20. Kapitels der Offenbarung des Johannes beendet. Kant betont einleitend zu seiner Interpretation, dass „das Himmelreich nicht allein als in einer zwar zu gewissen Zeiten verweilten, aber nie ganz unterbrochenen Annäherung, sondern auch in seinem Eintritte vorgestellt“[24] wird. Nach der Abwägung dieser oder jener Einwände kommt er zu dem Schluss:

> „Diese Vorstellung einer Geschichtserzählung der Nachwelt, die selbst keine Geschichte ist, ist ein schönes Ideal der durch Einführung der wahren Allgemeinreligion bewirkten moralischen, im Glauben vorausgesehenen Weltepoche bis zu ihrer Vollendung, die wir nicht als empirische Vollendung absehen, sondern auf die wir nur im kontinuierlichen Fortschritt und Annäherung zum Höchsten auf Erden möglich Guten (worin nichts mystisches ist, sondern alles auf moralische Weise natürlich zugeht) hinaus sehen, d.i. dazu Anstalt machen können. Die Erscheinung des Antichrists, des Chiliasm, die Ankündigung der Nahheit des Weltendes können von der Vernunft ihre gute symbolische Bedeutung annehmen, und die Letztere, als ein (sowie das Lebensende ob nah oder fern) nicht vorher zu sehendes Ereignis vorgestellt, drückt sehr gut die ‚Notwendigkeit‘ aus, jederzeit darauf in Bereitschaft zu stehen, in der Tat (wenn man diesem Symbol den intellektuellen Sinn unterlegt) wirklich als berufene Bürger eines göttlichen (ethischen) Staates anzusehen.“[25]

Und nun kommt ein Zitat, das zur Identifizierung des Menschen mit Gott selbst ausgelegt werden kann. Kant führt nach dem Bezug zur Politik, d.h. zum „Bürger eines göttlichen [ethischen] Staates“ unmittelbar fort, in dem er selbst aus einem Evangelium zitiert: „‚Wenn kommt nun also das Reich Gottes?' – ,Das Reich Gottes kommt nicht in sichtbarer Gestalt. Man wird auch nicht sagen: siehe hier oder da ist es. Denn sehet, das Reich Gottes ist inwendig in Euch!' Luc. 17.21–22."[26]

Der Antisemitismus in Hitlers „Mein Kampf"

Es sei mit einem Zitat begonnen, das den Anschluss an die letzten zwei Kapitel erlaubt. In dem Kapitel „Volk und Rasse" in Hitlers *Mein Kampf* heißt es:

> „Das Judentum war immer ein Volk mit bestimmten rassischen Eigenarten und niemals eine Religion, nur sein Fortkommen ließ es schon frühzeitig nach einem Mittel suchen, das die unangenehme Aufmerksamkeit in bezug auf seine Angehörigen zu zerstreuen vermochte. Welches Mittel aber wäre zweckmäßiger und zugleich harmloser gewesen, als die Einschiebung des geborgten Begriffes der Religionsgemeinschaft? Denn auch hier ist alles entlehnt, besser gestohlen – aus dem ursprünglich eigenen Wesen kann der Jude eine religiöse Einrichtung schon deshalb nicht besitzen, da ihm der Idealismus in jeder Form fehlt und damit auch der Glaube an ein Jenseits vollkommen fremd ist. Man kann sich aber eine Religion nach arischer Auffassung nicht vorstellen, der die Überzeugung des Fortlebens nach dem Tode in irgendeiner Form mangelt. Tatsächlich ist auch der Talmud kein Buch zur Vorbereitung für das Jenseits, sondern nur für ein praktisches und erträgliches Leben im Diesseits. Die jüdische Religionslehre ist in erster Linie eine Anweisung zur Reinhaltung des Blutes des Judentums. Sein Leben ist nur von dieser Welt, und sein Geist ist dem wahren Christentum innerlich so fremd, wie sein Wesen es zweitausend Jahre vorher dem großen Gründer der neuen Lehre selber war. Freilich machte dieser aus seiner Gesinnung dem jüdischen Volk gegenüber keinen Hehl, griff, wenn nötig, sogar zur Peitsche, um aus dem Tempel des Herrn diesen Widersacher jedes Menschentums zu treiben, der auch damals wie immer in der Religion nur ein Mittel zu seiner geschäftlichen Existenz sah. Dafür wurde dann Christus freilich an das Kreuz geschlagen."[27]

Zuerst ist daran zu erinnern, dass für den ,Führer' und damit alle gläubigen Nationalsozialisten, insbesondere Alfred Rosenberg und Joseph Goebbels, Jesus Christus kein Jude ist. Auf eine interessante und umfangreiche Rekonstruktion und Exegese dieser Stelle ist zu verzichten. Hervorzuheben ist nur Folgendes:

- „Das Judentum war immer ein Volk mit bestimmten rassischen Eigenarten und niemals eine Religion."
- Gemäß „dem ursprünglich eigenen Wesen" sei dem jüdischen Volk „der Glaube an ein Jenseits vollkommen fremd".
- „Die jüdische Religionslehre ist in erster Linie eine Anweisung zur Reinhaltung des Blutes des Judentums."
- „Der Jude" ist „der" Widersacher jedes Menschentums.
- „Der Jude" hat Christus an „das Kreuz geschlagen".
- Die arische Rasse hat eine Religion. Zur arischen Religion gehört „die Überzeugung des Fortlebens nach dem Tode" im „Jenseits".
- Hitler betont, gemäß dem wahren Christentum zu argumentieren.
- Weil Christus das erkannt habe, habe „der Jude"„Christus" an „das Kreuz geschlagen". Mit anderen Worten: auch „der Jude" ist der von der gesamten Christenheit gefürchtete „Antichrist".

So wie in der abendländischen Tradition der „Widerchrist" oder „Antichrist" der vom Satan geschickte Verhinderer der christlichen Erlösung ist, hat Hitler seine Überzeugung, die Identität aller Juden sei durch das Böse determiniert, in *Mein Kampf* auch wörtlich formuliert. Der Jude sei „Gottes Geißel"[28], „Personifikation des Teufels als Sinnbild alles Bösen"[29] sowie „Urbild der Kraft, die stets das Böse will"[30]. Nicht zu vergessen ist seine Begründung für den Kampf gegen den Marxismus. Für Hitler sind die Juden als „Urheber" der „Völkerkrankheit" des Marxismus „wahre Teufel".[31] Den Unterschied zwischen ‚Juden' und ‚Ariern' begreift Hitler diametral und fundamental: „Den gewaltigsten Gegensatz zum Arier bildet der Jude."[32] Die nachfolgenden Sätze sind insofern von Interesse, weil ein reiner Sozialdarwinist die Juden damit positiv bewerten könnte:

> „Bei kaum einem Volke der Welt ist der Selbsterhaltungstrieb stärker entwickelt als beim sogenannten auserwählten. Als bester Beweis hierfür darf die einfache Tatsache des Bestehens dieser Rasse allein schon gelten. Wo ist das Volk, das in den letzten zweitausend Jahren so wenigen Veränderungen der inneren Veranlagung, des Charakters usw. ausgesetzt gewesen wäre als das jüdische? Welches Volk endlich, hat größere Umwälzungen mitgemacht als dieses – und ist dennoch immer als dasselbe aus den gewaltigsten Katastrophen der Menschheit hervorgegangen? Welch ein unendlich zäher Wille zum Leben, zur Erhaltung der Art spricht aus diesen Tatsachen!"[33]

Wäre Hitler reiner Sozialdarwinist, hätte er sich auch zum Judentum bekennen können. Der Antisemitismus Hitlers hat aber einen religiösen

Gehalt. Denn der gewaltigste Gegensatz zum Teufel ist Gott. Daher soll die Bestimmung dessen, was Hitler unter der Bezeichnung „religiös" versteht, dokumentiert werden: „Natürlich liegen auch schon in der allgemeinen Bezeichnung religiös einzelne grundsätzliche Gedanken oder Überzeugungen, z. B. die der ‚Unzerstörbarkeit der Seele', der ‚Ewigkeit ihres Daseins', der ‚Existenz eines höheren' Wesens u. s. w."[34] Nunmehr kommt es darauf an, wie Hitler fortfährt und ob er den Glauben an die „Unzerstörbarkeit der Seele" die „Ewigkeit ihres Daseins" und an ein „höheren Wesens" verwirft oder bejaht. Hitler fährt weiter fort:

> „Allein alle diese Gedanken, und mögen sie für den Einzelnen noch so überzeugend sein, unterliegen so lange der kritischen Prüfung dieses einzelnen, und damit so lange einer schwankenden Bejahung oder Verneinung, bis eben nicht die gefühlsmäßige Ahnung oder Erkenntnis ‚die gesetzmäßige Kraft apodiktischen Glaubens' annimmt. Dieser vor allem ist der Kampffaktor, der der Anerkennung religiöser Grundanschauung eine Bresche schlägt und die Bahn frei macht."[35]

Hier soll betont werden, dass das Adjektiv „religiös" die Unterscheidung von Diesseits und Jenseits enthält. Hitler bekennt sich auch an anderen Stellen in *Mein Kampf* zur Religion. Er ist z. B. der Überzeugung, dass „die Begründer von Religion zu den größten Menschen dieser Erde gerechnet" werden müssen, wozu er auch die „Religion der Liebe" im Sinne ihres „erhabenen Begründers"[36], also Jesus Christus, zählt. Der Glaube, als wesentliches Merkmal von Religion, hat eine bestimmte Funktion im „Kampf gegen die jüdische Weltgefahr", „den Juden, als den bösen Feind der Menschheit, als den wirklichen Urheber alles Leidens" zu erkennen. Dabei habe die „nationalsozialistische Bewegung ihre gewaltigste Aufgabe zu erfüllen"[37]. Hitlers Ziel ist das Heil der „arischen Menschheit":

> „Sorgen aber muss sie dafür, daß wenigstens in unserem Lande der tödlichste Gegner erkannt und der Kampf gegen ihn als leuchtendes Zeichen einer lichteren Zeit auch den anderen Völkern den Weg weisen möge zum Heil einer ringenden arischen Menschheit. Im übrigen mag dann die Vernunft unsere Leiterin sein, der Wille unsere Kraft. Die heilige Pflicht, so zu handeln, gebe uns Beharrlichkeit, und höchster Schirmherr bleibe unser Glaube."[38]

Hitler war kein Polytheist. Die Weltanschauung Hitlers ist religiös-monotheistisch und nicht heidnisch. Hitler macht sich sogar über diejenigen

„Naturen" lustig, die vom „altgermanischen Heldentum, von grauer Vorzeit, Steinäxten, Ger und Schild schwärmen", und „rauschebärtig" mit „altdeutschen, vorsorglich nachgemachten Blechschwertern in den Lüften herum fuchteln".[39] Hitler glaubt an einen „Schöpfer des Universums"[40], den „Willen des ewigen Schöpfers"[41] und an die „Güte des Allmächtigen"[42]. Vorauszuschicken, was leider oft übersehen wird, ist, dass gemäß Hitler die Einheit des deutschen Volkes noch keine vollkommene rassische Grundlage hat. In dem Kapitel „Der Staat", wonach „der Staat kein Zweck sondern nur ein Mittel darstellt"[43] beginnt er die Ausführung über den Zweck des Staates mit folgender Feststellung: „Unser deutsches Volkstum beruht leider nicht mehr auf einem einheitlichen rassischen Kern"[44]. Aber trotz aller Vermischungen seien die „Urelemente"[45] und „Urbestandteile"[46] der arischen Rasse noch vorhanden. Er begreift also das Verhältnis von Rasse und Volk mit der Kategorie der Substanz. Die arische Rasse enthält die potentielle Substanz der erst noch herzustellenden kollektiven Identität des deutschen Volkes. Hitler hat ein physikotheologisches Weltbild. Gott ist für ihn, der Schöpfer der Natur. Die Überlegenheit der „arischen Rasse" wird religiös begründet mit „Gott":

> „Menschliche Kultur und Zivilisation sind auf diesem Erdteil unzertrennlich gebunden an das Vorhandensein des Ariers. Sein Aussterben oder Untergehen wird auf diesen Erdball wieder die dunklen Schleier einer kulturlosen Zeit senken. Das Untergraben des Bestands der menschlichen Kultur durch die Vernichtung ihres Trägers aber erscheint in den Augen einer völkischen Weltanschauung als das fluchwürdigste Verbrechen. Wer die Hand ‚an das höchste Ebenbild' des Herrn zu legen wagt, frevelt am ‚gütigen Schöpfer dieses Wunders' und hilft mit an der Vertreibung aus dem Paradies."[47]

Von prinzipieller Bedeutung für die Rassedoktrin Hitlers ist die Einteilung der Menschheit. Nach Hitler gibt es drei Arten, nämlich „Kulturbegründer, Kulturträger und Kulturzerstörer"[48]. Dem Arier werden in diesem Kontext folgende Prädikate zugeordnet:

- „allein der Begründer höheren Menschentums";
- „Urtyp" dessen, „was wir unter dem Wort Mensch verstehen";
- der „Prometheus der Menschheit, aus dessen lichter Stirne der göttliche Funke des Genies zu allen Zeiten hervorbrach".[49]

„Der göttliche Funke", also das „Göttliche", ist dem Arier von Anfang an und stets gleich bleibend immanent. Das Verhältnis des deutschen

Volkes zum Göttlichen ist ein Doppeltes: Einmal im Außenverhältnis zum jenseitig allmächtigen Schöpfer, zum anderen in einer Art Innenverhältnis, nämlich zum rassisch-substantiellen Kern der „Arier". Aber die Realisierung der göttlichen Potentialität ist bedroht: „Siegt der Jude mit Hilfe seines marxistischen Glaubensbekenntnisses über die Völker dieser Welt, dann wird seine Krone der Totentanz der Menschheit sein, dann wird dieser Planet wieder, wie einst vor Jahrmillionen, menschenleer durch den Äther ziehen."[50]

Dieser Glaube hat die Implikation, dass das kleine Volk der Juden die „Völker dieser Welt" nur dann besiegen kann, wenn es die Macht des Bösen hat. In seiner auserwählten Beziehung zu Gott sich wähnend, verkündet es im übernächsten Satz Folgendes: „So glaube ich heute im Sinne des allmächtigen Schöpfers zu handeln: in dem ich mich des Juden erwehre, kämpfe ich für das Werk des Herrn."[51]

Das Ziel, alle Juden zu vernichten, ist die Folge der substantiellen Satanisierung aller Juden. Dass Hitler die Juden vernichten wollte, steht schon in *Mein Kampf*:

„Die Gewinnung der Seele des Volkes kann nur gelingen, wenn man neben der Führung des positiven Kampfes für die eigenen Ziele den Gegner dieser Ziele vernichtet."[52]

„Die Nationalisierung unserer Masse wird nur gelingen, wenn bei allem positiven Kampf um die Seele unseres Volkes ihre internationalen Vergifter ausgerottet werden."[53]

Kritik an der Verwendung der Begriffe Philosemitismus und Philojudaismus – Überlegungen und Thesen

Die Verwendung des Begriffes Philosemitismus kann nur sehr schwer begründet werden. Eine wissenschaftliche Begründung setzt als erstes die Behandlung der Lehren zum Begriff und der Begriffsbildung voraus. Davon abgesehen, kann er als reiner Gegenbegriff zum ‚Anti' des Antisemitismus Hitlers nicht verwendet werden. Denn die Verwendung des Begriffes Semitismus im Begriff ‚Anti'-Semitismus ist schon falsch. Semiten sind z. B. auch Araber. Also könnten Hitler und die Nationalsozialisten auch als Philosemiten bezeichnet werden. Wird der Begriff Semitismus im Zusammenhang mit Antisemitismus und Philosemitismus verwendet oder nicht, er bleibt mehrdeutig. Engt man den Begriff Philosemitismus ein und subsumiert nur die Juden unter den Begriff Semitismus muss man begründen, warum die Araber oder Aramäer, welche nach Herkunft und Sprachverwandtschaft Semiten sind, ausgeschlossen werden. Bezieht man die Araber ein, muss man begründen, warum die Verwendung der Vorsilbe ‚Philo' auch im Hinblick auf die Religion, Kultur und Mentalität der Araber gerechtfertigt ist. Die Verwendung des Begriffes Philosemitismus zu Bestimmung des positiven Verhältnisses der wenigen Christen, Humanisten, Philosophen, Dichter und Politiker zu den Juden kann nur äußerst schwer gerechtfertigt werden. Auch die weit überwiegende negative Fremdbestimmung durch den Begriff Antisemitismus führt zur Mehrdeutigkeit und dadurch zu Begriffsvertauschungen (Satz 1: Alle Araber sind Semiten. Satz 2: Hitler war Antisemit. Satz 3: Also war Hitler ein Feind der Araber.) Ist es daher nicht besser, statt des ‚Antisemitismus' den Begriff ‚Antijudaismus' und statt des Begriffes ‚Philosemitismus' den Begriff ‚Philojudaismus' zu verwenden? Das wäre eindeutiger und widersprüchliche Aussagen könnten vermieden werden.

Bei der Verwendung des Begriffes ‚Philojudaismus' ist die Verwendung der Vorsilbe ‚Philo' das Problem. In Zusammensetzung wird mit der Vorsilbe ‚Philo' die Haltung der Liebe, Freund, Freundschaft, Verehrer, Verehrung und Wertschätzung bezeichnet. Es ist zweifelhaft, ob die Zusammensetzung aller Bedeutungen von Philo mit dem Begriff ‚Judaismus' sinnvoll ist. Kann jemand ein Freund oder Verehrer eines „-ismus" sein oder sogar einen „-ismus" lieben? Weiterhin ist eine bestimmte Ähnlichkeit mit dem Antijudaismus zu vermeiden. Dort gilt der Primat der kollektiven Identität. Der Primat der kollektiven Identität im Falle des ‚Philojudaismus' ist nicht möglich. Der Schluss von der Einheit und Selbigkeit aller Juden auf einen, einige und viele bzw. umgekehrt vom Einzelnen auf einige oder viele ist falsch und ein Merkmal des ‚Antijudaismus' sowie ‚Antisemitismus'. Auch ist der Schluss vom Ursprung auf die Gegenwart oder umgekehrt, wie im Falle des Antisemitismus, gefährlich. Ist es sinnvoll ein Kollektiv zu lieben? Lieben im Sinne von ‚Philo' kann nur ein einzelner Mensch und geliebt wird auch nur ein einzelner Mensch. Die Liebe im Sinne der gegenwärtig herrschenden romantischen Bedeutung wiederum enthält die Gefahr der symbiotischen Deutung des Verhältnisses von Nichtjuden und Juden. Das kann bei Enttäuschungen kleinster Art zur Ablehnung, zum Hass und zur Feindschaft vor allem dann führen, wenn gemeint wird, man werde nicht wiedergeliebt. Liebe ohne Passion hingegen ist eine prämoderne Auffassung. Aber auch die prämoderne Liebe auf der Grundlage der Tugenden des geliebten Objektes kann nur die Individuen einer Gemeinschaft treffen. Daher ist die Verwendung der Vorsilbe ‚Philo' im Sinne der Freundschaft vorzuschlagen. Aber auch Freundschaft als Modell des Zusammenlebens zweier Kollektive ist nicht sinnvoll. Es bleibt die Zusammensetzung von ‚Philo' im Sinne von Verehrung und Wertschätzung. Der Judaismus bzw. das Judentum kann nur verehrt werden, wenn ein einzelner Nichtjude die Religion, die Kultur, die Geschichte oder den so genannten Geist des Judentums kennt und positiv bewertet. Viele Deutsche neigen zum Philojudaismus, also zur pauschalen Vorliebe für das Kollektiv der Juden, weil sie Schuldgefühle wegen der Taten der Deutschen kompensieren wollen, weil sie gute Menschen ohne Anstrengung des Begriffs und der Tugenden sein wollen. Schuld hat aber nur das Individuum. Die Identifizierung mit der kollektiven Identität der Juden führt dazu, sich selbst als Opfer fühlen zu dürfen. Nochmals: ‚Philo' kann immer nur ein Einzelner sein und der Gegenstand seiner Liebe, Freundschaft, Verehrung und Wertschöpfung können nur einzelne Juden sein. Also ist ein Wort oder ein Topos personaler Art zu finden. Daher schlage ich ‚Philojudäer' im Sinne des Wortes Philosoph oder Philanthrop vor. Das zu verwendende Adjektiv oder Prädikat wäre ‚judaeophil'. Denn irgendein Wort sollte doch gefunden werden, um die positive Beziehung Deutscher zu Juden auszudrücken. Lange habe ich überlegt, das von Max Brod erfundene Wort der „Distanzliebe" entsprechend anzuwenden. Max Brod verwendet das Wort „Distanzliebe" zum ersten Mal in dem Roman *Die Frau, die nicht enttäuscht,* der die Zeit zwischen Juli 1932 und Februar 1933 umfasst. Hier erklärt der jüdische Dichter Justus Spira seiner deutschen Geliebten sein Verhältnis zum Deutschtum mit dem Topos „Distanzliebe". Die Distanz ist die Folge der antisemitischen Tradition der Deutschen, die Liebe die Folge der kulturellen Tradition der Deutschen. Diese Haltung zu den Deutschen hat Max Brod in seiner Biographie *Streitbares Leben* mit derselben Begründung wiederholt. Aber ich kenne weder die kulturelle Tradition des ‚Judentums' so gut wie Max Brod die des ‚Deutschtums', noch habe ich Anlass zur Distanz wegen der Dominanz antideutscher Mentalität im ‚Judentum'. Vielleicht reicht es im Kampf gegen den Antijudaismus und Antisemitismus die Begriffe ‚Anti-Antijudaismus' bzw. ‚Anti-Antisemitismus' zu empfehlen. Wer ‚Anti-Antisemit' ist und sich so verhält, indem er Juden in der Not hilft, kann sich auf die Gleichheit aller Menschen vor Gott, den Menschenrechten und vor dem Gesetz stützen. Ich aber fürchte die vulgäre Dialektik der unbestimmten Negation der Negation. Also wie kann ich selbst mein Verhältnis zu den Juden ausdrücken; denn die Flucht in die Indifferenz bedeutet den Verlust privater und öffentlicher Tugenden. Mir bleibt also nichts anderes übrig als zu bekennen, judaeophil zu sein.

Anmerkungen

1 „Ich bin der rechte Weinstock, und mein Vater der Weingärtner. [...] Ich bin der Weinstock, Ihr seid die Reben" (Joh 15,1;5).
2 Kant, Immanuel: Die Religion innerhalb der Grenzen der bloßen Vernunft, in: Werke in zwölf Bänden, hg. v. Wilhelm Weischedel, Bd. VIII, Frankfurt a. M. 1964, S. 321.
3 Ebd., S. 789.
4 Ebd.
5 Ebd.
6 Ebd.
7 Ebd., S. 790, Herv. d. Verf.
8 Ebd., S. 790f.
9 Ebd., S. 792.
10 Ebd.
11 Ebd., S. 797.
12 Ebd., S. 755ff.; 761, 762, 764, 775, 777.
13 Ders.: Streit der Fakultäten, in: Werke, [wie Anm. 2], Bd. VIII, Frankfurt a. M. 1964, S. 316.
14 Ders.: Die Religion innerhalb der Grenzen der bloßen Vernunft, in: ders.: Werke, [wie Anm. 2], Bd. VIII, S. 775ff.
15 Kant,: Kritik der praktischen Vernunft, in: ders.: Werke, [wie Anm. 2], Bd. VII, S. 677, Herv. d. Verf.
16 Ders.: Kritik der reinen Vernunft, (Transzendentale Methodenlehre; zweites „Hauptstück" „Der Kanon der reinen Vernunft", zweiter Abschnitt), in: ders.: Werke, [wie Anm. 2], Bd. IV,S.677
17 Ebd., S. 680f.
18 Ebd., S. 681.
19 Ebd., S. 681.
20 (Zweites Hauptstück, Abschnitt IV, V und VI)
21 Kant: Kritik der praktischen Vernunft, in: ders.: Werke, [wie Anm. 2], Bd. VII, S. 249ff.
22 Ebd., S. 261.
23 (Dritter Teil, erster Abschnitt, Kapitel I–VII)
24 Kant: Die Religion innerhalb der Grenzen der bloßen Vernunft, in: ders.: Werke, [wie Anm. 2], Bd. VIII, S. 800.
25 Ebd., S. 802.
26 Ebd., S. 802f.
27 Hitler, Adolf: Mein Kampf, zwei Bände in einem Band, ungekürzte Ausgabe, 671. bis 675. Auflage, München 1941, S. 335f.
28 Ebd., S. 339.
29 Ebd., S. 355.
30 Ebd., S. 332.
31 Ebd., S. 68.
32 Ebd., S. 335, Herv. d. Verf.
33 Ebd.
34 Ebd., S. 417, Herv. d. Verf.
35 Ebd., S. 417.
36 Ebd., S. 230.
37 Ebd., S. 724/725
38 Ebd., S. 724f.

39 Ebd., S. 416.
40 Ebd., S. 234.
41 Ebd., S. 314.
42 Ebd., S. 439.
43 Ebd., S. 431.
44 Ebd., S. 436.
45 Ebd., S. 438ff.
46 Ebd., S. 439.
47 Ebd., S. 421, Herv. d. Verf.
48 Ebd., S. 318.
49 Ebd., S. 317.
50 Ebd., S. 70.
51 Ebd.
52 Ebd., S. 371.
53 Ebd., S. 372.

Micha Brumlik

Schellings Theorie des Judentums und der Juden

Das Verhältnis der idealistischen Philosophen zum Judentum war alles in allem durchaus ambivalent, und zwar in jeder Hinsicht und in verschiedensten Mischungsformen:

Während Immanuel Kant bei aller persönlichen Reserve am Schicksal seiner jüdischen Freunde intensiv Anteil nahm, Johann Gottlieb Fichte aller bemühten Fairness zum Trotz in der Theorie zum leidenschaftlichen Judenfeind wurde, Friedrich Schleiermacher seiner tiefen freundschaftlichen Bindungen zu einer jüdischen Frau wegen zwischen Zuneigung und Abwehr schwankte, während sich ohne persönliche Bekanntschaft mit Juden einem schmerzlichen Lernprozess unterzog und Karl Marx, in Selbsthass befangen, wähnte, durch politisches Handeln Volk und Glauben seiner Herkunft aufheben zu können, begegnen wir in Hegels Jugendfreund und Marxens Zeitgenossen Friedrich Wilhelm Joseph Schelling einem Philosophen, der sich diesem Thema erstaunlich gelassen widmet. Schelling, dessen frühes Interesse an Politik und Geschichte seit seinen jugendlichen Anfängen zusehends abnahm, interessierte sich im Laufe seines Lebens für andere Fragen: für das Wesen der Subjektivität, der Natur, Gottes und dessen inneren Zusammenhang. „Das höchste Ziel für alle Vernunftwesen", so Schelling 1804 „ist die Identität mit Gott."[1] Schelling suchte diesen Gott indes anders als Fichte nicht ausschließlich im menschlichen Freiheitsbewusstsein, und anders als Hegel schon gar nicht im Lauf der Staatengeschichte, sondern vor allem in der Natur und – wenn überhaupt – in der Metageschichte der menschlichen Religionen.

Wurde Schellings abgeklärte Haltung gegenüber dem Judentum dadurch motiviert, dass der 1775 geborene, intellektuell überdurchschnittlich begabte Knabe schon früh von seinem Vater, einem Pfarrer und Diakon, in Hebräisch und Arabisch unterrichtet wurde, oder dadurch, dass der Vater ein entschiedener Anhänger des schwäbischen Pietisten und Mystikers Christoph Friedrich Oetinger war, der nachweislich in persönlichem Kontakt mit Rabbinern die jüdische Mystik studiert hatte?[2] War sich der entsprechend vorgebildete Schelling schon früh darüber klar geworden, was es hieß, ein Anhänger Spinozas zu sein? „Ich bin indessen", so schreibt Schelling an seinen Freund Hegel im Februar 1795 nach Bern „Spinozist geworden! Staune nicht. Du wirst bald hören, wie? Spinoza war die Welt (das Objekt schlechthin im Gegensatz gegen das Subjekt) – *Alles*, mir ist es das *Ich*."[3] Oder rührte Schellings Gelassenheit daher, dass er – im Unterschied zu allen anderen soeben erwähnten Autoren – bei all seinen Anstrengungen, die Welt und Gott im Denken zu durchdringen, einer gebildeten, gelebten und tiefverwurzelten christlichen Tradition entwuchs, die einer aggressiven Abgrenzung gegen das Judentum gar nicht bedurfte?

Schelling, als Jugendlicher von einem ebenso starken Freiheitsdurst wie seine Freunde Hegel und Hölderlin beseelt, sah sich selbst nicht vor der Aufgabe, von Hause aus gar nicht vorhandenen aufklärerischen Impulsen einen christlichen Anstrich zu verleihen, weshalb er auf das Feindbild einer in christliche Sprache gekleideten Instanz der Reaktion und der Intoleranz – das Judentum – verzichten konnte. Obwohl Schelling das Christentum mit den begrifflichen Mitteln jüdischer Mystik denken wollte, konnte zwar auch er gewissen christlichen Triumphalismen nicht ganz entgehen; indem er aber sowohl Heiden-, als auch Christen- und Judentum in eine universalistische Philosophie der Entwicklung des religiösen Bewusstseins der Menschheit eintrug und dabei – anders als Hegel – nicht der Philosophie, sondern dem religiösen Gedanken das letzte Wort überlassen wollte, konnte er auf einen rein philosophischen Fortschrittsbegriff verzichten und dabei nicht nur dem Judentum, sondern überhaupt allen Religionen mehr Recht und Wahrheit einräumen.

So wird dem jungen Schelling, anders als seinen Bezugspersonen Fichte und Hegel, anders aber auch als Kant in seinen reifen Jahren, das Judentum nicht zum Problem. Abgesehen von seinem Bekenntnis zu Baruch Spinoza, der ihm zwar als gebürtiger Jude, aber doch aus der Kontroverse zwischen Moses Mendelssohn und Friedrich Heinrich Jacobi als Atheist bzw. Pantheist bekannt war, dürfte ihm die Problematik des heiklen Verhältnisses zwischen Judentum und Christentum vor allem aus einer Zulassungsarbeit bekannt gewesen sein, die in indirekter Weise gegen die Positivität der erneuerten protestantischen Orthodoxie, wie sie von den Tübinger Professoren Johann Friedrich Flatt und Gottlieb Christian Storr gelehrt wurde, dadurch Stellung nahm, dass sie eine als Ketzer geltende Figur und ihre Schriften behandelte. Die erhaltenen Zeugnisse seines theologischen Studiums belegen – bei aller Geringschätzung seiner Professoren – eine gründliche neutestamentliche Ausbildung ebenso wie fundierte Kenntnisse der Kirchengeschichte und der prophetischen Bücher der hebräischen Bibel.[4] Eine 1795 geplante Dissertation über die Ketzerschriften der Kirchenväter unterließ er auf Abraten seiner Lehrer, um dafür bei Storr eine Dissertation vorzulegen, die unverständlicherweise von späteren Kommentatoren als „harmlos" bezeichnet wurde.[5] Schelling wurde mit einer Arbeit über den Theologen Marcion promoviert, einen in der ersten Hälfte des zweiten Jahrhunderts lehrenden Theologen,[6] der in der Radikalisierung der paulinischen Theologie den Schöpfergott des Alten Testaments mit dem Hinweis ablehnte, dass sich in Jesus ein anderer, gütiger, wenn auch fremder Gott offenbart habe, der mit der sündigen Schöpfung nichts zu tun haben könne. Spuren dieser Lektüre werden sich noch in Schellings spätesten Schriften, etwa in seiner Auseinandersetzung mit dem biblischen Isaaksopfer zeigen. Marcion kann als der erste gelten, der seine theologischen Überzeugungen durch Textkritik der Bibel untermauern wollte. Seiner Überzeugung nach waren die neutestamentlichen Schriften von den jüdischen Aposteln Jesu verfälscht worden, weswegen er als Quellen seines reinen christlichen Glaubens, der sich religionsgeschichtlich eher als eine Spielart der Gnosis erweisen sollte, „textkritisch" nur noch von ihm edierte wesentliche Teile der paulinischen Briefe sowie Teile des Lukasevangeliums ohne die Kindheitslegenden Jesu anerkannte. Dieser Problematik widmete Schelling die Dissertation *De Marcione Paullinarum epistolarum emendatore* (Über Marcion als Verbesserer der paulinischen Briefe).[7] Zur Zeit der Abfassung war Schelling gerade 20 Jahre alt. Nach seinen frühen, die Fichtesche Subjektphilosophie übernehmende und überbietenden Versuchen zu einer Philosophie, die die Identität bzw. die Beziehungen zwischen Natur und Geist erweisen wollte, bemühte er sich – nach ersten theosophischen Überlegungen zum Verhältnis von Religion und Philosophie, sowie nach einer kränkenden Kritik, die sein früherer Freund Hegel ihm in der Vorrede zur „Phänomenologie" hatte angedeihen lassen[8] – im Jahre 1810 erstmals an einem umfassenden religionsphilosophischen System, das auf in Stuttgart gehaltenen Privatvorlesungen beruhte und 1811 als erstes Kapitel, als Fragment erschien. Als Auseinandersetzung mit dem Judentum kann diese Philosophie insofern gelten, als sie ein zentrales Motiv christlicher Haltung zum Judentum, nämlich das Verhältnis von früher und später, von alt und neu, von Verheißung und Erfüllung in den Blick nimmt. Die ersten Sätze der *Weltalter*, eines Werks, das später den jüdischen Philosophen des Christentums, Franz Rosenzweig, in seinem *Stern der Erlösung* nachhaltig beeinflussen sollte,[9] spannten einen Horizont auf, in dem Schelling sowohl seinem eigenen Philosophieren einen Ort als Wissenschaft zuwies als auch die Bedeutung von Religionen, die dem Christentum vorangegangen waren, begründet: „Das Vergangene wird gewußt, das Gegenwärtige wird erkannt, das Zukünftige wird geahndet. Das Gewußte wird erzählt, das Erkannte wird dargestellt, das geahndete wird geweissagt."[10]

Damit ist eine Methode etabliert, die das vermeintlich naive Nacherzählen von vorfindlichen Mythen und Religionen als notwendige Voraussetzung der Erkenntnis ihres Wesens und ihres aktuellen Wahrheitsgehaltes begründet. Tatsächlich erweisen sich die *Weltalter* als vor allem philosophischer Versuch, trinitarische Christologie zu begründen und dabei das Spannungsverhältnis von lebendiger Vergangenheit und ewiger Gegenwart, Schelling wird auch von „Vater“ und „Sohn“ sprechen, systematisch zu bestimmen. Die Gegenwart jedenfalls, in der er selbst lebt und lehrt, scheint ihm geradezu als durch eine „Vergangenheitsvergessenheit“ charakterisiert zu sein, die aber nicht mit der heute allerorts beklagten Geschichtsvergessenheit zu identifizieren ist:

> „Wie wenige kennen eigentliche Vergangenheit! Ohne kräftige durch Scheidung von sich selbst entstandene Gegenwart gibt es keine. Der Mensch, der sich seiner Vergangenheit nicht entgegenzusetzen fähig ist, hat keine, oder vielmehr kommt er nie aus ihr heraus, lebt beständig in ihr. Ebenso jene, welche immer die Vergangenheit zurückwünschen, die nicht fortwollen, indeß alles vorwärts geht, und die durch ohnmächtiges Lob der vergangenen Zeiten wie durch kraftloses Schelten der Gegenwart beweisen, daß sie in dieser nichts zu wirken vermögen“[11]

– eine Bemerkung, die 1811 durchaus auf jene frühen Romantiker zugeschnitten sein mochte, die, wie Novalis, ein erneuertes Mittelalter ersehnten und das Vergangene verklärten. In der Sache will Schelling nach Kant die Möglichkeit eines persönlichen Gottes spekulativ nachvollziehen und bedient sich dazu einer Reihe von Gedankenfiguren, die sich – neben Meister Eckart und Jakob Böhme – so tatsächlich vor allem in der jüdischen Mystik, der Kabbala finden.[12] Es geht darum, die metaphysische Bedingung der Möglichkeit eines persönlichen Gottes zu erläutern, und dabei den Gedanken einer Gottheit zu fassen, aus der und auf der ein persönlicher Gott in Ewigkeit entstehen kann. In dieser ursprünglichen, je schon existenten Gottheit wirken von Anfang und in Ewigkeit zwei gleiche Willen, ein „Wesen aller Wesen, reinste Liebe“, sowie ein Wille, der etwas sein will, Wille zu Konkretion und Partikularität und damit zu Existenz. Während alles durch Liebe und in Liebe besteht, erweist sich das Medium der Liebe doch als unfähig, eine wirkliche Welt, aus einzelnen, existierenden Gegenständen zu begründen – diese Liebe kommt nicht zu dem, was Schelling als „Seyn“ bezeichnet:

> „Wollten wir auch einen persönlichen Gott als etwas aus sich selbst verstehendes annehmen: so würde er doch so wenig als irgend ein persön-

> liches Wesen, der Mensch z. B. aus bloßer Liebe bestehen können. Denn diese, die ihrer Natur nach unendlich ausbreitend ist, würde zerfließen und sich selbst verlieren ohne eine zusammenhaltende Kraft, die ihr Bestand gibt. Aber sowenig die Liebe existiren könnte, ohne eine ihr widerstehende Kraft: so wenig diese ohne die Liebe. Wäre die Kraft der Eigenheit allein oder hätte sie auch nur das Übergewicht: so wäre entweder Nichts oder es wäre nur das ewig sich Verschließende und Verschlossene, in welchem nichts leben könnte, womit also der Begriff eines Wesens aller Wesen ausgeschlossen wäre. Denn gegen das Geschöpf wäre jene Kraft der Selbstheit in Gott vernichtendes und verzehrendes Feuer, ewiger Zorn, der nichts duldete, wenn ihm die Liebe nicht wehrte, tödtliche Zusammenziehung wie von der Kälte der Planetenwelt, wenn die Sonne aus ihr hinweggenommen wäre."[13]

Man könnte in dem Wissen, dass sich Schelling schon früh mit Marcion befasst hatte, aus diesen Passagen eine Verhältnisbestimmung des alttestamentlichen Schöpfergottes und des paulinischen guten Gottes der Liebe herauslesen und zu dem Schluss kommen, dass Schelling die von Marcion und anderen Gnostikern vorgenommene Trennung ganz in den Linien der traditionellen Dogmatik abweist und die Entgegensetzung vom Gott der Liebe und dem subjektiven, auf seiner Selbstheit bestehenden alttestamentlichen Gott als ein spekulativ aufzuklärendes, wenn auch nachvollziehbares Missverständnis ansieht. Dabei bleibt Schelling, wie auch schon vor ihm Fichte, der Idee einer creatio ex nihilo gegenüber grundsätzlich skeptisch. Seine Rechtfertigung eines den Menschen als streng erscheinenden Gottes gegenüber einem die Liebe verkörpernden göttlichen Prinzips soll vor dem Hintergrund seiner Philosophie der Einheit von Geist und Natur gerade nicht zu einer Unterordnung der Natur unter den Geist führen. Im Anfang, in Ewigkeit war eine „zarte Gottheit, die in Gott über Gott ist."[14] Das, was die biblische Dogmatik als Schöpfung ansieht, liest Schelling im Einklang mit der jüdischen Mystik, der Kabbala als „Contraction", hebräisch als „Zimzum", als Zusammenziehung, Rückzug Gottes in sich selbst. Die beiden Grundkräfte der Gottheit, die „Lauterkeit" und die „zusammenziehende Kraft", wenn man so will, das reine Sein und ein in ihm wirkendes, es formendes Prinzip stehen in einem kosmischen Wechselspiel, die in dem „Existierenden die reinste Wonne stiller Beschaulichkeit" erzeugen, „worin die Wunder seines eigenen Wesens offenbar werden."[15] Schelling bezieht sich unmittelbar auf das Alte Testament und zwar auf das „Buch der Sprüche" (Spr 8, 22-31), wenn er diesem Wechselspiel eine präexistente Wesenheit, die Weisheit entsprechen lässt:

> „Diese spielende Lust im anfänglichen Leben Gottes scheinen die Alten wohl erkannt zu haben, welche sie ausdrucksvoll die Weisheit nennen, einen unbefleckten Spiegel der göttlichen Kraft und, (der leidenden Eigenschaften wegen, die das Wesen im Seyn angenommen), ein Bild seiner Gütigkeit."[16]

Tatsächlich beschreibt das achte Kapitel des Buchs der Sprüche die Weisheit als Liebling an Gottes Seite, Tag für Tag sein Ergötzen, spielend vor ihm (Spr 8,31). Die Weisheit, Khokhma, ist nach kabbalistischer Lehre ebenso einer der zehn Sphären wie die „Gütigkeit" die Chessed. In der lurianischen Kabbala geht der Akt der Weltwerdung mit einem Rückzug Gottes und einer Verhüllung der göttlichen Funken in den Gegenständen der entstehenden Welt einher. Indem Schelling den Gott des Glaubens selbst zur Hülle der Gottheit erklärt[17] und in dieser Gottheit ein Doppelwesen erkennt, in dem „Liebe und Zorn gleichgewogen"[18] sind, indem er endlich der „Contraction" die Funktion der Verkörperung, der „Expansion" von All und Schöpfung hingegen die Funktion der Vergeistigung zuschreibt,[19] entsteht ein komplexes Bild, in dem sich sowohl der christliche Inkarnationsglauben – als Kulminationspunkt eines von Anfang an wirkenden kosmischen Prinzips – als auch die Natur als dunkle Seite Gottes erläutern lässt. Der im Inneren der uranfänglichen Gottheit wirkende Konflikt mit seiner Tendenz zu Verendlichung, Partikularisierung und Freiheit drückt sich als Fühlen, Schmerz und Leiden aus, zumal im Schmerz als „unvermeidlichem Durchgangspunkt zur Freyheit", während ihm das Leiden auch der Gottheit „allgemein, nicht nur in Ansehung des Menschen, auch in Ansehung des Schöpfers" als „der Weg zur Herrlichkeit" gilt.[20] In der Kabbala gilt die „Herrlichkeit", die Hod, als eine weitere Emanation Gottes. Kabbalistische Bezüge werden unübersehbar, wenn schließlich festgestellt wird, dass das Wesen, aus dem Gott hervortritt, ein „Glanz" der „Lauterkeit" sei – das in Teilen im 13. Jahrhundert verfasste kabbalistische Hauptwerk, auf das sich diese Theorie bezieht, trägt den hebräischen Namen „Sohar", was übersetzt wiederum nichts anderes als „Glanz" bedeutet.[21] Bei alledem ist sich Schelling des Problems der Anthropomorphismen – beinahe als ein Vorläufer Feuerbachs – durchaus bewusst. Er weiß, „daß der Mensch jederzeit seinen Gott nach sich selbst, so wie dann freilich auch sich wieder nach seinem Gott bilde."[22] Dieser methodisch bewusste Anthropomorphismus führt zu einer Psychologie des Lebens Gottes, der – nicht anders als Menschen, die Angst und Schmerz allen Lebens empfinden, ihre Persönlichkeit ausbilden und nicht in chaotischen Zuständen verbleiben oder einem „verzehrenden Feuer anheimfallen"[23] wollen – gehalten ist, „sich den Erretter, die andere höhere und bessere Persönlichkeit zu zeugen, welche die erste zur Entscheidung, zur Aufschließung, zur Besonnenheit bringt."[24] Damit kann Schelling im Anschluss an Spinoza, der ja eine eigene Christologie entwickelt hatte,[25] eine spekulative Theologie des ewigen Vaters und des ewigen Sohnes entwickeln, gemäß derer die zusammenziehende Urkraft in ihrem Verlangen das ihr Ähnliche, die reinste Liebe erzeugt: „Wie im Herzen die Liebe, so wird aus dem Mittelpunkt der Contraction des ewigen Vaters der ewige Sohn geboren."[26] Vater und Sohn aber sind wechselseitig aufeinander verwiesen: kein Sohn ohne Vater, aber auch kein Vater ohne Sohn, die – ohne zueinander im Gegensatz zu stehen – sich doch in der „ewigen Wonne des Überwindens und des Überwundenwerdens" befinden. Der Sohn als des Vaters „Lust und Liebe" gleicht für Schelling einem menschlichen Freund, der es erst einer Person ermöglicht, ihr Selbstverständnis zu finden.[27] Als Christ bekennt Schelling den Primat des Sohnes:

> „Der Sohn ist der Versöhner, der Befreyer und Erlöser des Vaters, und wenn die väterliche Kraft vor dem Sohn war, so war sie nicht weniger auch vor dem Vater; denn der Vater selbst ist nur in dem Sohn und durch den Sohn Vater."[28]

Der „Sohar" immerhin, kannte eine ähnliche Spekulation, wenn er davon spricht, dass Gottes Name Weisheit und der seines Sohnes „Herrlichkeit" war.[29] Spinoza hielt in der *Kurzen Abhandlung* fest, dass die natura naturata bzw. sogar der Verstand ebenfalls als „Sohn" bezeichnet werden könne.[30] Auch der um die Zeitenwende lehrende jüdisch-platonische Philosoph Philo aus Alexandrien bezeichnete den Logos gelegentlich als Gottes erstgeborenen Sohn.[31]

Schellings Theosophie, die systematisch zu entfalten und zu überprüfen wäre, die aber womöglich mit noch mehr Gewinn als eine in systematische Überlegungen gekleidete Aphorismensammlung gelesen werden kann, ist von emphatisch christlichem Geist getragen. Das Christentum stellt sich Schelling als eine Religion mit einem ganz „eigentümlichen Sinn der Menschlichkeit und Natürlichkeit"[32] dar. Die im christlichen Dogma behauptete Dreifaltigkeit sei die „rechteste, die wahrhafteste Lehre", während doch die Hellenen mehrere Naturen annahmen und es „jüdisch" sei, „nur an eine Person zu glauben."[33] Nur im Christentum meint Schelling die von ihm betriebene Spekulation einer zu sich selbst kommenden, sich in sich selbst vertiefenden und von sich selbst losreißenden Gottheit, die sich endlich in der Vereinigung ihrer beiden Grundkräfte zu einem dritten Prinzip, dem heiligen Geist verdichtet, angemessen artikuliert zu sehen. Der Gedanke einer durch Schmerz und Leid hindurchgegangenen Entstehung einzelner Existenzen aus einem unvordenklichen Sein, der Lauterkeit, verweist auf ein je schon stattfindendes innergöttliches Geschehen, das sich ereignen musste, um eine endliche Welt und endliche Menschen Wirklichkeit werden zu lassen. Es kann hier nicht darum gehen, diese Spekulation präzise darzustellen und zudem noch auf ihre interne Stimmigkeit und Konsistenz zu überprüfen. Was hier einzig interessiert, ist, welchen Blick auf das Judentum die auf der Basis jüdischer Mystik trinitarisch christliche Spekulation eröffnet. Der ebenso so nüchterne wie gallige, dem Werk Kants verpflichtete jüdische Philosoph Salomon Ludwig Steinheim (1789–1866) sah in derartigen Spekulationen das, was er als das „Philosophem" bezeichnete und als eine Form neuen Heidentums hielt, was er aufs schärfste ablehnte[34] und zwar auch und gerade dort, wo der allseits hochgeschätzten Vernunft göttlicher Charakter zugeschrieben wurde. Der Vernunft werde in Philosophien dieser Art ein göttliches Licht zugeschrieben, das „wenn es durch die Nebel bricht, die Brockengespenster der Mantik und der Speculation auflöst und zerstreut, doch nicht ohne vorher der Menschheit wie ein Alp auf der Brust gehockt und blaue Todtenkniffe zurückgelassen zu haben. Solche Nachwehen hinterliess denn der Theologie sowohl Schelling als auch Hegel in ihren resp. Theologenschulen."[35]

Schelling verfasste das Weltalterfragment 1811, jenem Jahr, als Fichte erster gewählter Rektor der neugegründeten Berliner Universität wurde und sich mit antisemitischen Studentenhändeln auseinanderzusetzen hatte. In den *Grundzügen des gegenwärtigen Zeitalters* und der *Anweisung zum seligen Leben* hatte er unter willkürlicher Berufung auf einige Schriften des Neuen Testaments ein Johannäisches Christentum des Geistes entworfen, in dem er zu gnostischen Konsequenzen bezüglich der Bedeutung des Alten Testaments gekommen war; zumal ihm die Theologie des Apostel Paulus in diesem Sinne noch zu jüdisch war. Hegel hatte im gleichen Jahr in Nürnberg geheiratet, wurde daselbst Gymnasialprofessor und machte sich an die Ausarbeitung seines spekulativen Hauptwerks, der *Logik* und harrte einer weiteren akademischen Karriere. In Europa, allemal in Preußen wuchs der Wille der Bevölkerung und ihrer Herrschenden zum Widerstand gegen die französische Besatzungsherrschaft, in Berlin kündigten jene Intellektuelle, die lange Jahre Gast der jüdischen Salondamen wie Rahel Varnhagen und Henriette Herz waren, ihre zivile Solidarität auf und machten sich an die Gründungen von Vereinen, aus denen Frauen, Juden und Ausländer ausgeschlossen waren.

Schelling aber wird 1808, nachdem er die kränkende Erfahrung von Hegels Kritik an seinem System in der *Phänomenologie* hatte hinnehmen müssen, und er nach heftigsten Angriffen sowohl des katholischen Klerus als auch der orthodoxen protestantischen Universitätstheologie seine drei Jahre zuvor erhaltene Würzburger Professur 1806 hatte aufgeben müssen, Generalsekretär der Akademie der bildenden Künste in München. Er wird dem professionellen Lehrbetrieb die nächsten 20 Jahre bis zu seiner Berufung an die Münchener Universität 1827 fern bleiben. Die *Weltalter*, 1811 noch unter dem ihn erschütternden Tod seiner ersten Frau entstanden und erst im Nachlass publiziert, provozierten mit ihrem theosophischen, Spinozas Pantheismus, eine prozesshafte Subjektphilosophie sowie kabbalistische Einflüsse enthaltenden Duktus ein weiteres Mal den Glaubenswächter unter den damaligen Philosophen, Friedrich Heinrich Jacobi, der schon 26 Jahre zuvor Mendelssohn mit der Behauptung, Lessing sei pantheistischer Spinozist gewesen, entschieden gekränkt und wohl ungewollt eine der heftigsten Selbstverständigungsdebatten der damaligen Zeit provoziert hatte. In ganz ähnlicher Weise griff Jacobi nun Schelling mangelnder christlicher Substanz wegen an. Schelling nahm die Angriffe des inzwischen 68 Jahre alt gewordenen Jacobi (1743–1819) nicht widerspruchslos hin, sondern reagierte mit einer Polemik, *Denkmal der Schrift von den göttlichen Dingen etc. des Herrn Friedrich Heinrich Jacobi*, die in gebildeten Kreisen auf großen Zuspruch, aber auch erhebliche Reserve traf. Danach führte Schelling das, was man heute als eine Nischenexistenz bezeichnet. Abseits von der großen Politik, als Privatgelehrter im nach dem Frieden von Pressburg vergrößerten und saturierten, jetzt zum Königreich erhobenen, führenden Rheinbundmitglied Bayern, widmete er sich seinem Privatleben und einer weiteren Vertiefung seiner Philosophie. Als gelegentlich lehrender Professor in den Jahren zwischen 1810 und 1841 entwickelte Schelling bei aller Distanz zu den geschichtlichen Ereignissen eine Theorie der Geschichtlichkeit als Ausdruck menschlicher Endlichkeit im Horizont einer Polarität von Ursprung und Heil.[36] Thema dieser Geschichtsphilosophie ist weniger das Handeln der Menschen, denn die über Jahrtausende geschehende Entfaltung eines werdenden Gottes, wobei dieser epochalen Betrachtungsweise das Christentum als jene historische Religion gilt, die die Periode der Vorsehung einleitet, in der sich die Versöhnung des Menschen mit seinem abgefallenen, dunklen Selbst, das seinerseits auf die dunklen Seiten der Gottheit verweist, ereignet. In der Freiheitsschrift von 1809 hatte er schon notiert, dass Gott sich nur in ihm ähnlichen Wesen offenbaren und dass deshalb der „Begriff einer derivierten Absolutheit oder Göttlichkeit“[37] des Menschen widerspruchsfrei zu konstruieren sei. Demnach besteht die Menschlichkeit des Menschen vor allem darin, das, was in Gott, in der Gottheit ungeschieden zusammenwirkt, die Möglichkeit des Guten und des Bösen, als getrennt zu erleben und zu erleiden. Der Mensch als Wirklichkeit und Idee ist damit dem Prinzip Gottes, der sich aus sich differenzierenden und wieder zusammenschließenden Gottheit, von Anfang an immanent. Man mag es wiederum kabbalistischen Einflüssen, genauer der lurianischen Lehre vom Adam Kadmon zurechnen, wenn Schelling in der Freiheitsschrift festhält, dass „der Mensch, wenn er auch in der Zeit geboren ist, doch in den Anfang der Schöpfung erschaffen"[38] ist. Der reflexive Rückbezug auf einen theosophischen, kabbalistischen Mythos findet im zwei Jahre später verfassten Weltalterfragment seine systematische Entfaltung und legt eine Lesart des Christentums vor, wonach die Inkarnation Christi in Jesus von Nazareth in der Faktizität erwiesen sei, was die theosophische Spekulation unabhängig von ihr erkannt habe.

Anders als Hegel, der in seiner Religionsphilosophie ebenfalls eine spekulative, trinitarische Theorie des Christentums vorgelegt hat,[39] und an der Begründung einer Theorie der Verwirklichung des Geistes in der Gemeinde interessiert war, letztlich aber an der Versöhnung von Philosophie und Religion bzw. der Aufhebung der Religion in Philosophie, im absoluten Wissen arbeitete, geht es Schelling um den vernünftigen Nachvollzug eines nur im Glauben, im Mythos, in der Offenbarung gegebenen Geschehens, das als Wesen aller Geschichte von Anfang an in Gott angelegt war und sich in der Geschichte der Religionen schrittweise offenbart. In der Abfolge einer Philosophie der Mythologie und der Offenbarung – beginnend 1821, andauernd bis in die 1840er-Jahre – entfaltet Schelling dies Programm.

Die von ihm der Unableitbarkeit ihrer Gegenstände wegen „positiv" genannte Philosophie setzt sich 1842 mit dem Monotheismus und damit auch mit der jüdischen Religion auseinander. Schellings Begriff des Monotheismus entspricht freilich nicht den herkömmlichen Erwartungen. In scharfer Unterscheidung zu Deismus oder Theismus, die ja ebenfalls einen einzigen Gott oder wenigstens ein göttliches Prinzip annehmen, beharrt Schelling darauf, dass Annahme oder Ablehnung des Monotheismus zugleich über die Annahme oder Ablehnung des Christentums befinde. Monotheismus und Christentum sind damit nicht miteinander identisch, gerade oder obwohl das Prinzip des Monotheismus im Prinzip der Dreifaltigkeit bestehe. Die in den *Weltaltern* spekulativ entwickelte trinitarische Lehre wird nun in Betrachtung der Religionsgeschichte so nachvollzogen, dass dieses – monotheistische – Prinzip historisch schon lange vor dem Christentum aufgetreten sei:

Nicht das Christentum hat diese Idee, sondern umgekehrt, diese (monotheistische) Idee hat das Christentum erschaffen; „sie ist schon das ganze Christentum im Keim, in der Anlage, sie muß darum älter seyn als das in der Geschichte erscheinende Christentum."[40] Als wolle er diese, das Christentum relativ abwertende Äußerung erschrocken korrigieren, merkt er jedoch kurz darauf an, dass die christliche Dreeinigkeitslehre die höchste Erscheinung des Monotheismus sei und die materielle Dreieinigkeitslehre in einer Steigerung enthalte, „bis zu welcher wir jetzt nicht fortgehen können."[41] Den Zeitläuften entsprechend[42] rezipiert auch Schelling die unterdessen eine immer größere Prominenz erhaltenden Religionen des Hinduismus kenntnisreich in seine Überlegungen und versucht sich schließlich an einer kühnen Synthese der von ihm so genannten Trias von Wischnu, Schiwa und Brahma mit hebräischer Etymologie und zwar angeblich ohne die Absicht, die indischen Götter aus dem Hebräischen abzuleiten.[43] „Wäre es", so seine Spekulation „nicht wirklich sehr wahrscheinlich, den Namen Brahma als Hervorbringers des blossen Stoffs mit dem hebräischen /bar:a/ in Verbindung zu bringen, was ohnerachtet des auch im Hebräischen schwankenden Sprachgebrauchs doch ursprünglich und in der ältesten Sprache offenbar die Hervorbringung des bloßen Stoffs bedeutet hat?"[44] Die Parallelisierung des hebräischen /jad:a/, die Wurzel des eines Verbs mit der Bedeutung „Wissen" mit dem indischen veda und dem griechischen eidein soll sprachtheoretisch die These vom gemeinsamen sachlichen Ursprung der monotheistischen Idee beglaubigen – ein Argument, das umso kühner ist, als gerade die Rezeption der hinduistischen Religionen eine gewisse Renaissance polytheistischen Denkens beförderte. Der linguistisch denkende Philologe ist davon überzeugt, dass die semitischen Sprachen, zumal das Hebräische, mit ihrer strikten Unterscheidung von Seele und Geist einen Begriff des Geistes /rua:kh/ befördern, der den „Geist" etymologisch auf ein Verbum für „Weitwerden", „aus der Enge kommend" bezieht.[45] Die die arische Urrasse verherrlichende Entgegensetzung des Hinduismus zum Judentum, die auch noch Schopenhauer mitmachte, teilte jedenfalls Schelling nicht. Dafür stand ihm das Judentum denn doch zu nahe.

Schelling stand seit 1805 in nicht allzu häufigem, aber umso intensiverem brieflichem Kontakt mit einem in Frankfurt lebenden freisinnig katholischen Privatgelehrten, Franz Josef Molitor (1779–1860). Als Lehrer einer Frankfurter jüdischen Freischule, dem Philanthropin, war er in der hebräischen Sprache ebenso bewandert wie er an hebräischen Druckschriften interessiert war. Molitor, der eine vierbändige *Geschichte oder über die Tradition in dem alten Bunde und ihre Beziehung zur Kirche des neuen*

Bundes anonym in den Jahren zwischen 1827 und 1853 publiziert hatte, beharrte auf dem trotz Jesu Tod ungekündigten Bund zwischen Gott und den Juden ebenso wie auf der johannäischen Aussage (Joh 4,22), dass das Heil von den Juden komme. Die von ihm im Studium mit Rabbinern intensiv rezipierten kabbalistischen Schriften führten ihn immer wieder zu Kontakten mit Schelling, der ihm bei der Ausleihe hebräischer Codices aus der königlichen Hof- und Staatsbibliothek behilflich war. Im Unterschied sowohl zum frühen Reformjudentum als auch zur antijudaistischen Tradition der Aufklärung beharrte Molitor nicht nur auf der Bedeutung der Propheten, sondern auch und gerade des Talmuds und der Kabbala und beglaubigt die Geltung der talmudisch-mischnischen Offenbarung. Bis heute ist nur wenig bekannt, dass zumindest das orthodoxe Judentum neben der in den fünf Büchern Moses berichteten Offenbarung eine zweite, als ebenso autoritativ geltende Offenbarung, die Mischna kennt, die nach talmudischer Überlieferung lediglich die verschriftete Form einer mündlichen Lehre ist, die Israel ebenfalls am Sinai erhielt. In aller Hochachtung geführte Kontroversen mit dem führenden Reformjudentum waren die Folge von Molitors protalmudischer Haltung. Ihm war gewiss, dass es abgesehen von der Bibel und außer dem Christentum keine mystische Schrift gebe, „die an Tiefe, Fülle und Geistesschwung dem Sohar gleich käme."[46] Dabei versteht er die hebräische Sprache als Abglanz der Ursprache vor dem Sündenfall, als irdisch geschwächte Form der ältesten Sprache der Menschheit. Anders als über die Kenntnis dieser Überlegungen lässt sich des gebildeten Philologen Schelling kaum würdige Annahme vom höheren Alter des hebräischen Monotheismus vor dem hinduistischen verstehen. Dass der Geist von Molitors Thesen vom ungekündigten Bund in Schellings Aussagen über das Judentum in seiner *Philosophie der Offenbarung* von 1842 eingeflossen ist, erscheint daher plausibel.

1841 wird Schelling – zehn Jahre nach Hegels Tod – mit der Absicht auf dessen zwischenzeitlich von Eduard Gans besetzten Lehrstuhl nach Berlin berufen, dem romantisch-reaktionären Programm Friedrich Wilhelms IV den philosophischen, antihegelianischen Segen zu geben. Schellings erste Berliner Vorlesung verhieß ein großes gesellschaftliches und intellektuelles Ereignis zu werden, weil damit zur Disposition stand, ob die reaktionär religiöse Romantik des damaligen preußischen Königs systematisch ausweisbar war. Diesem eindeutig gegen die als liberal verrufene hegelsche Philosophie gewidmeten Ereignis wohnten – später durchaus enttäuscht – Friedrich Engels, Sören Kierkegaard, Henrik Steffens und Michail Bakunin bei.[47] Der Text der Vorlesung, nach Mitschriften 1843 von dem Schelling ebenso wie Jacobi feindlich gegenüberstehenden protestantischen Theologen H. E. G. Paulus, einem entschiedenen Emanzipationsgegner und Antisemiten,[48] ohne dessen Zustimmung herausgegeben, führt zu einem Urheberrechtsprozess, den Schelling zu seiner großen Verbitterung verlor – war doch die Publikation einzig dem Ziel gewidmet, ihn zu denunzieren, genauer gesagt zu verketzern.

Gleichwohl sollte diese Vorlesung zu einem mutigen Bekenntnis werden. Schelling hielt die Vorlesung in Berlin und zwar in einem Jahr, in dem der ihn berufende König in einer Kabinettsordre vom 13. Dezember 1841 unmissverständlich klar machte, dass die Politik der „bürgerlichen Verbesserung der Juden" obsolet und sie stattdessen korporativ auszugliedern seien. Unter Ablehnung jeder „Verschmelzung der Juden in den bürgerlichen Beziehungen mit der christlichen Bevölkerung" wurden den Juden selbstverwaltende Korporationen vorgeschlagen und die Rechte und Pflichten preußischer Bürger abgeschlagen. Befinde sich doch – so der Text der Ordre – das jüdische Volk in dem einzigartigen Umstand „mit der Religion rein identisch zusammenzugehören, daß diese Religion das Eigentum eben nur dieses Volks sein kann, und die Juden durch ihre Religionsverfassung allein in der nationalen Eigentümlichkeit sich erhalten haben."[49]

Die zunächst geheim gehaltene Ordre kam bald ans Licht der Öffentlichkeit und erregte nicht nur unter Juden Empörung. In dieser Situation versuchte sich Schelling an einer spekulativen Begründung der Menschenrechte für die Juden, ohne dass der argumentative Duktus, dessen er sich in der *Philosophie der Offenbarung* befleißigt, gänzlich auf antijudaistische Topoi verzichten würde. Grundsätzlich gilt ihm die alttestamentliche Offenbarung als nur in Christus existierend und begriffen. Entsprechend könne es einer Philosophie der Offenbarung nur um eines gehen, nämlich darum die Möglichkeit der Person Christi zu erklären. Dies will Schelling in hochspekulativer Weise über die Annahme einer die Schöpfung vermittelnden Potenz leisten, die durch den Menschen entwirklicht wurde, und endlich zu einer „außergöttlichen" göttlichen Persönlichkeit wird, zu einem Herrn des gottentfremdeten Seins. Sich in dieser Funktion aufzugeben und aufzuopfern erweist sich dann als der innerste Gedanke des Christentums. Diesem dramatischen kosmischen Prozess entspricht ein menschlich religiöses Bewusstsein, das noch in der Trennung zu Gott verharrt. Dafür stehen Juden und Heiden. In lutherisch-paulinischer Sprache legt Schelling zunächst dar, dass Heiden- wie Judentum unter dem Gesetz stünden und die Juden weder ein kindliches Verhältnis noch einen geistigen Zugang zum Vater hätten. Aus intimer Kenntnis der Geschichte der Ketzer und Häresien kann Schelling unterschiedlichste Lesarten der

Dreifaltigkeit in diesen Prozess integrieren – mitsamt allen Graden der Selbständigkeit der göttlichen Personen – bis zu dem Schluss, dass dieser christliche Pantheismus, in dem Alles in Einem und Eines in Allem ist, der vollendete Monotheismus sei.[50] Da den kosmischen, innergöttlichen Prozessen auch die Realität menschlicher Bewusstseinsgeschichte entsprechen soll, verfolgt Schelling die Entstehung des Christentums aus seinen Vorformen, dem Judentum und dem Heidentum: „Der Vater zog sich in das Bewusstsein eines beschränkten Volks zurück und erschien auch hier nur in seinem Unwillen und seinem Zorn. Christus war das Licht, die Potenz des Heidentums, wie der Vater die des Judentums."[51] Exegetisch ist inzwischen klar, dass auch die Vorstellung eines gesalbten Messias, des „Christus" eine ganz und gar jüdische Vorstellung ist, aber darum geht es Schelling hier gar nicht. Vielmehr will er mit dem Paulus des Römerbriefs festhalten, dass Christus Christus nur für die Heiden sei, „das Licht, die Potenz des Heidentums, wie der Vater die des Judentums."[52] Das Judentum war der zu eng geratene Boden, auf dem sich Schellings Christus ausbilden konnte. Andererseits: zur wahren und ewigen Religion konnte das Christentum nur werden, weil der im Judentum aufgehende Keim bereits im Heidentum angelegt war. Freilich hatten ihn die Heiden nicht erkannt, derweil die „Seinen, die ihn schon kannten, [...] sein Urvolk, die er sich zum voraus schon erwählt hatte"[53] ihn nicht annahmen. Das waren – bei allem theologisch hochspekulativen Antijudaismus – Sätze, die im Allgemeinen in christlicher Theologie und Predigt mindestens in jenen Jahren nicht oft, wenn überhaupt zu hören waren, obwohl sie doch nur paraphrasieren, was etwa zu Beginn des Johannesevangeliums stand. Dass nicht nur der Vater, sondern der Christus die Juden erwählt hatte, ist aus der Sicht einer trinitarischen Theologie nur logisch, so ausgesprochen, hingegen unüblich.

Folgerichtig widmet Schelling der *Offenbarung im Judentum* einen eigenen Abschnitt. Die Offenbarung als historisch wirklicher Prozess ist die Geschichte jener göttlichen Größe, die er als vermittelnde Potenz beschreibt. Wahrheit kommt allein diesem Prozess zu. Ihm nähert sich Schelling mit den Mitteln Marcions: Da nach Auskunft der alttestamentlichen Zeugnisse der „relativ Eine Gott der Abrahamiten"[54] unmittelbar, nichtgeworden und nicht geoffenbart gewesen sei, könne er auch nicht der wahre Gott gewesen sein, „sondern derjenige, dessen Einzigkeit sich späterhin als auschließlich darstellt, *der später als eifersüchtig auf den Alleinbesitz des Seins erscheint, als verzehrendes Feuer.*"[55] Schelling postuliert, dass diesem Gott eine vermittelnde, andere Persönlichkeit zu Seite steht. In einer die historische Quellenkritik vorwegnehmenden Analyse der Opfergeschichte Abrahams und Isaaks,[56] will Schelling den Ruf, seinen Sohn zu opfern, einem Prinzip namens „Elohim" zuschreiben, während der Engel, der das Schlachtopfer schließlich verhindert, der Engel jenes Gottes sei, dessen Namen dem Tetragrammaton entspricht. Beide Größen sind nicht der wahre Gott, aber Spielraum der Vermittlung. Die darin bekundete Offenbarung „ist nur die durch die Mythologie hindurchbrechende Offenbarung."[57] Indem die Mythologie mit dem Heidentum gleichgesetzt wird, kann gelten, dass mit der Aufhebung des die heidnische Hülle durchstoßenden Judentums auch dieses selbst aufgehoben wird. Das entspricht genau jener Tendenz, die das ganze Alte Testament durchwaltet. Der in der Abrahamsgeschichte identifizierte Gott mit dem Namen des Tetragrammatons zeigt sich als ein Organ des Urgottes, des Grundes allen Bewusstseins und ist somit „im ganzen A. T. ein zukünftiger. Der eigentliche Inhalt des A. T.", – so Schelling unter ganz richtiger Würdigung der futurischen Wurzel des Tetragrammatons – „ist eine Religion der Zukunft."[58] Auch wird nur die altkirchliche Lehre von der Existenz Christi im Alten Testament spekulativ beglaubigt und die jüdische Religion mindestens insofern entwertet, als sie auf eine Vorläuferfunktion reduziert wird. Das eint sie mit dem Heidentum, von dem es nach Schellings Überzeugung vor allem in seinen rituellen Bräuchen, der Beschneidung, der Speisegebote, der Stiftshütte und des Asasel, des Sündenbocks, wesentlich geprägt sei, „das eigentlich Typische des Mosaismus ist das Heidnische"[59] – ein substantieller Inhalt des Bewusstseins, die Schranke der Offenbarung. Einer aufmerksamen Lektüre der alttestamentlichen Schriften konnte nicht entgehen, dass die Juden in der Praxis fast durchaus Polytheisten waren,[60] und der wahre Gott wie in Betel und Dan in Stierbildern verehrt wurde. Die heidnische Substanz des Mosaismus, die wie Schelling durchaus gesteht, nach dem babylonischen Exil und vorher schon unter den Propheten wie eine Kinderkrankheit, die ihre Zeit gehabt hat, verschwindet, wirft gleichwohl die alles entscheidende Frage auf, warum unter den Völkern „gerade Israel dazu ausersehen war",[61] Gott zu dienen und zu bezeugen, ein Volk, das wie „kein anderes in seinem Tun und Lassen solcher Knechtschaft unterworfen war wie das jüdische."[62] Lag es an den Vorzügen, den Tugenden seiner Ahnherren? Die Antwort, die Schelling gibt, verblüfft, denn sie zielt auf eine politische Dimension, die den als erzkonservativ geltenden alten Philosophen als einen Staatsfeind, einen Anarchisten[63] eigener Art zeigt. In dieser staatsfeindlichen Argumentation reißt Schelling eine Kluft zwischen der Welt der Staaten und dem Leben Gottes auf, ein Argument, das kaum anders denn als direkter Einspruch gegen Hegels Philosophie des verwirklichten

Vernünftigen, des Staates als daseiender Freiheit, als Wirklichkeit der sittlichen Idee, zu lesen ist. Die Juden wurden ihrer Unfähigkeit zu staatlichem Handeln wegen erwählt:

> „Aber, *absolut betrachtet, daher, weil dies Volk am wenigsten fähig war, im Dienste des Weltgeistes Staaten zu gründen*. Es ward Träger der göttlichen Geschichte. Denn so schlaff zeigte sich dies Volk, daß es nicht einmal sein Land erobern konnte, obwohl mit göttlichem Befehl. Es hatte durch seinen Gottesdienst keinen religiösen oder moralischen Einfluß. *Scheint es das begünstigte Volk zu sein*, so hat es diesen Vorzug gebüßt. Es war immer entweder potentielles Christentum oder gehemmtes Heidentum. Im Judentum war das Kosmische Hülle des Zukünftigen, darum auch selbst geheiligt. Um so schwerer ward es ihnen, vom rituellen Gesetz, den kosmischen Elementen, sich loszureißen. Und das Heidnische gerade, den menschlichen Sohn Gottes, wiesen sie von sich. Wehmütig beklagt der Apostel, daß Blindheit einem Teile Israels widerfahren sei, und daß ihnen das Reich Gottes verschlossen sein werde, bis die Fülle der Heiden werde eingetreten sein. Allerdings war Christus in gewissem Sinne mehr für die Heiden als für die Juden. Das empfanden auch die Juden; sie sahen ihn als eine Modifikation des heidnischen Prinzips an. Die Juden waren aber nur Etwas als die Träger der Zukunft, und das Mittel ward wertlos, wie die Hülle vom Kerne hinweggeweht wird. Das Volk ist sofern ausgeschlossen aus der Geschichte. Es wäre verkehrt, diesem Volk eine bloß theistische Religion geben zu wollen: vielmehr so lange sie noch an der väterlichen Religion festhalten, haben sie noch immer einen Zusammenhang mit dem wahren geschichtlichen Prozeß. Sie sind vorbehalten dem Reiche Gottes, in das sie zuletzt eingehen sollen. Aber der Tag wird erscheinen, das sie in die göttliche Ökonomie werden aufgenommen werden. Inzwischen sollte man ihnen die notwendigen menschlichen Rechte zugestehen. Einstweilen bleibt nur der Wunsch: Auferat Deus omnipotens velamen ab oculis vestris." (es möge der allmächtige Gott den Schleier von Euren Augen nehmen.)

Die von Schelling hier vorgetragene, später von Franz Rosenzweig im *Stern der Erlösung* beinahe wörtlich übernommene Theorie des jüdischen Volkes beschreibt es als wesentlich staaten-, macht- und in gewisser Weise auch geschichts- sowie einflusslos. Gerade dadurch, dass es an der realen, wirklichen Weltgeschichte als einziges Volk keinen Anteil hatte, konnte es zum „Träger der göttlichen Geschichte" werden, einer Position, die dem der Realgeschichte gegenüber skeptischen, der Geschichte der Religionen gegenüber umso aufmerksameren Naturphilosophen und Theosophen nicht teuer genug sein konnte. Damit nimmt er in verwandelter Form die von Kant heftig kritisierten historiosophischen Gottesbeweise wieder auf. Die bevorzugte Verortung des jüdischen Volkes in der göttlichen Geschichte geht freilich einher mit einer massiven Abwertung seines eigenen Wertes, einer Bestimmung des Judentums als vermittelnder, transitorischer Instanz, einer „kosmischen Hülle des Zukünftigen", dem selbst keine gewichtige Gegenwart gebührt. In seinem Ritualgesetz heidnisch, seinem Glauben an einen erlösenden Gott christlich, bleibt es im Leben dem Heidentum verhaftet, ohne doch das wahrhaft Heidnische, „den menschlichen Sohn Gottes" annehmen zu wollen. Im Unterschied zur christlichen Predigt seiner Zeit und bis weit ins 20. Jahrhundert hinein nimmt Schelling allerdings die Aussagen des Apostel Paulus im Römerbrief ernst und behandelt die als Verstockung gedeutete Ablehnung Jesu durch die Juden keineswegs als moralischen Vorwurf. Vielmehr stellt er in drastischer Weise fest, dass „Christus in gewissem Sinne mehr für die Heiden als die Juden" gewesen sei, womit er indirekt jeder Missionstätigkeit eine Abfuhr erteilte, aber auch Worte fand, die Christen, die auf der faktisch alleinigen Gültigkeit der christlichen Religion beharrten, schockieren mussten. Gleichwohl, so scheint es, hoffte Schelling, wie sich auch aus dem lateinischen Zitat am Ende des Absatzes erschließt, dass die Juden zum Christentum übertreten sollten.

Doch will ihm die Auflösung der Ambivalenzen nicht gelingen. Allen abwertenden Bemerkungen über den Charakter des Judentums als einer Hülle, ebenso wie seinem Wunsch nach Konversion der Juden zum Trotz, beharrt er energisch darauf, ihnen keine theistische Religion geben zu sollen. Darunter mag er eine aufklärerische Vernunftreligion im Sinne des Reformjudentums verstanden haben, eine erneuerte Religion, die letzten Endes eher deistisch als theistisch ist. Tatsächlich verlief die scharfe Trennung zwischen Theismus und Deismus hier, sowie Monotheismus, also einer prinzipiell trinitarischen Religion dort. Solange sie an ihrem traditionellen Leben festhalten, „haben sie noch immer einen Zusammenhang mit dem wahren geschichtlichen Prozeß", d.i. die Geschichte Gottes in der Welt. Allen Verwerfungspredigten seiner und späteren Zeiten entgegen beglaubigt er die Zugehörigkeit der Juden zum Reiche Gottes, dem sie vorbehalten seien und das ihnen eine gewisse Unantastbarkeit zukommen lässt.

Der ansonsten politisch so zurückhaltende Schelling scheut sich nicht, ausgerecht 1841, im Jahre des preußischen Judenedikts, direkt in Berlin Stellung zu nehmen: Inzwischen solle man den Juden die notwendigen menschlichen Rechte zugestehen.[64] Obwohl der Begriff der „menschlichen

Rechte" keineswegs mit dem Begriff der „Menschenrechte" identisch ist, verweist doch der sachliche und begriffliche Kontext darauf, dass es genau darum geht: Juden die menschlichen Rechte „zuzugestehen", kann nur heißen, ihnen etwas zu geben, womit sich die politische Sphäre bisher schwer getan hat. Zudem ist ein freilich sieben Jahre jüngeres Dokument bekannt, in dem sich Schelling gegenüber dem bayrischen König gutachterlich bezüglich der Einstellung von Juden in den Staatsdienst, für die Emanzipation aussprach – wenngleich mit dem Hintergedanken, dass dies letztlich doch zur Bekehrung führen werde.[65]

Der wiederholt ausgeführte Zweischritt, auf eine Vorlesung über die Philosophie der Mythologie eine Philosophie der Offenbarung folgen zu lassen, und diese wiederum durch eine Philosophie der Mythologie zu erweitern, erfolgte auch 1842. Zumal die siebte und die achte Vorlesung zur Philosophie der Mythologie 1842 treibt die Reflexion über das Judentum teilweise noch über das Urteil der Offenbarungslehre von 1841 hinaus. Hier relativiert der religionsgeschichtliche Forschungen intensiv rezipierende Philosoph seine noch gar nicht so alten Aussagen über den heidnischen Charakter des Religionsgesetzes und stellt in einer gegenüber allen Theorien der statutarischen Religion extrem kritischen Fußnote fest, dass man gegenwärtig nicht mehr behaupten dürfe, dass die von ihm als abergläubisch bezeichneten Bräuche des mosaischen Religionsgesetzes schon zur Zeit Davids gegolten hätten. Der jüdische Glaube wird so zum „relativen Monotheismus" erklärt, eine These, die kritisch gegen romantisierende Vorstellungen von einem menschheitlichen Urmonotheismus gestellt wird. Dessen Möglichkeit – genauer die Möglichkeit eines „Monotheismus des Urbewusstsein"[66] – räumt Schelling durchaus ein, hält ihm freilich entgegen, dass er gerade seiner Natürlichkeit wegen blind bleiben muss – er findet dafür die Bezeichnung „Theismus". „Monotheismus", der nur Resultat, nie Voraussetzung sein könne, stelle im Gegensatz dazu und zum Polytheismus „das Verhältniß aus, das der Mensch zu Gott nur im Wissen, nur als ein freies haben kann."[67] Der Monotheismus stellt jene Idee dar, die das Christentum erschaffen hat, das seinerseits lediglich diesen Begriff materiell erfüllt. Dieser Prozess beginnt mit Abraham. Noch einmal steht also – wie schon beim frühen Hegel – die Gestalt Abrahams im Zentrum, eines Mannes, der zugleich die älteste Haltung der Menschheit verkörperte und sich in einem Zustand der „gläubigen Ergebung und Erwartung"[68] befand, weshalb er zu recht auch bei anderen orientalischen Völkern als Vater aller Gläubigen bezeichnet worden sei. Sein und Jakobs Ausbruch aus der Enge ist durch die Erwartung geprägt,

„hinausgeführt und frei (zu) werden von der Voraussetzung [des einseitigen Monotheismus, Anm. d. Verf.], die Gott selbst jetzt nicht hinwegnehmen kann, unter die sie mit dem ganzen Menschengeschlecht, als unter das Gesetz, unter die Nothwendigkeit, beschlossen sind, bis zum Tage der Erlösung, mit welcher der wahre Gott aufhört, der bloß erscheinende, bloß sich offenbarende zu seyn, also die Offenbarung selbst aufhört, wie in Christo geschehen ist, denn Christus ist das Ende der Offenbarung."[69]

Dabei weiß Schelling, dass derlei Annahmen wissenschaftlich – im spekulativen, aber auch im realen Sinne – lediglich Hypothesen sind, nicht tragfähiger als andere, die entsprechende Mythologien lediglich als kontingentes, gleichsam naturwissenschaftlich zu erklärendes Faktum ansehen. In einer Auseinandersetzung mit David Hume, der diesen Weg bei seinen religionsphilosophischen Versuchen tatsächlich eingeschlagen hat, beharrt Schelling auf der Bedeutung der alttestamentlichen Schriften, die keineswegs deshalb, weil sie von Juden und Christen als heilige angesehen würden, ihre erkenntnisverbürgende Kraft verlieren.[70] Dass der von ihm geglaubte Christus endlich mit dem Evangelium des Johannes die „Befreiung von den Juden kommen läßt" (Joh 4,22) und sie damit sagen lässt, dass sie wissen, was sie anbeten, deutet Schelling als die Erlösung von der Anbetung in Unwissenheit zur Erhebung zu dem, was gewusst werden kann. „Gott in seiner Wahrheit kann nur gewußt werden, zu dem Gott in seiner bloßen Wirklichkeit ist auch ein blindes Verhältniß möglich."[71] Von einem wirklichen Begreifen aber, so behauptet Schelling nun ohne weitere Argumente, könne gleichwohl keine Rede sein. Die wahre Erkenntnis werde erst dann eintreten, wenn Christus, das Ende der Offenbarung, seinen Charakter als bloße Erscheinung beendet und damit das „Gott Entfremdende hinwegnimmt."[72]

Die zwischen 1847 und 1852 geschrieben Sätze fallen in eine Zeit, in der es in Baden und Schlesien erneut zu krawallhaften Ausschreitungen gegen die Juden kam, zumal dort, wo die jeweiligen Regierungen bereit waren, jüdischen Eingaben mehr politisches Gehör zu verschaffen. Im März 1848 wurden im Odenwald, in Baden und Franken, später auch an Ostern Pogrome verübt, die sich als Reaktion der Bauern auf den befürchteten Untergang ihrer Subsistenzwirtschaft deuten lassen.[73] Obwohl in einem zeitlichen Kontext mit der Revolution von 1848 stehend, waren diese Ausschreitungen doch alles andere als ein Ausdruck bürgerlicher Revolution, sondern eine allenfalls rückwärtsgewandte Angstreaktion, die sich 1848/49 in allen deutschen Ländern und den meisten größeren Städten wiederholte. Dabei standen das Plündern jüdischer Läden, Erpressungen und das Verbrennen von Kreditbriefen auf der Tagesordnung. Vernichtungsvorstellungen und Totschlagappelle wurden aber nicht nur seitens der Bauern und Handwerksburschen, sondern auch von Vertretern des Bürgertums geäußert, das die Juden revolutionärer Umtriebe verdächtigte. In Wien ergingen öffentliche Drohungen mit dem Volkszorn für den Fall, dass die dort geltenden Ausnahmereglungen für die Juden aufgehoben würden: „Judenblut", so ein vorgeblich um Reform bemühtes Flugblatt

> „wird in Strömen fließen und die absicht der Juden, wegen völliger Gleichstellung der Confessionen wird Jahrhunderte weit hinaus gerückt werden; während es jetzt möglich gewesen wäre, mit leisen Schritten, durch geduldiges behutsames Vorwärtssschreiten und strenge Selbstbeherrschung nach und nach Etwas von dem Gewünschten zu erreichen."[74]

Die antijüdischen Ausschreitungen im Zuge bäuerlichen und kleinbürgerlichen Aufbegehrens während der Revolution zehrten noch von traditionellem Antijudaismus und gaben doch schon dem modernen Antisemitismus Raum, ohne doch eindeutig auf soziale Ursachen rückführbar zu sein.[75] So sahen etwa Vorläuferorganisationen des politischen Katholizismus in Bayern die Revolution als den Anbruch der letzten Tage, während derer die Juden mit ihrem Messias, dem Antichrist, „den furchtbaren Kampf gegen die Kirche Gottes wagen, zu kurzer Herrschaft gelangen und dann in ewiger Zerstörung enden werden", wie es in einem Münchner Flugblatt aus dem Jahr 1848 hieß.[76] Die These, dass damals eindeutig soziale und wirtschaftliche Beweggründe die Judenverfolgungen motiviert hatten,[77] wird sich gleichwohl nicht halten lassen. Das Frankfurter Paulskirchenparlament immerhin hatte – nicht zuletzt unter dem Eindruck des jüdischen, aus Hamburg stammenden Parlamentariers Gabriel Riesser (1806–1863) – sich zu einer Politik bürgerlicher Gleichstellung durchgerungen. Riesser hatte bereits einige Jahre vor Schelling – 1831 – die Kritik des Heidelberger Theologen H. E. G. Paulus zu ertragen, der auf Riessers Vorschläge zur Judenemanzipation nur zu entgegnen wusste, dass ihre Religion sie zu einer Nation mache, weshalb sie allenfalls Schutz- aber keine Staatsbürger sein könnten. Riessers Paulskirchenrede, die auf einen entsprechenden, antisemitischen Vorschlag eines badischen Liberalen, der die Juden als fremdstämmige bezeichnete, reagierte, führte schließlich zur beinahe einstimmigen Verabschiedung eines Grundrechtsparagraphen folgenden Wortlauts: „Durch das religiöse Bekenntnis wird der genuß der bürgerlichen und staatsbürgerlichen Rechte weder bedingt noch be-schränkt. Den staatsbürgerlichen Pflichten darf dasselbe keinen Abbruch tun."[78]

Von Schelling selbst ist aus dieser Zeit, dem Jahr 1848, ein Tagebuch und ein Jahreskalender erhalten. Im Mai des Jahres notiert er, in Berlin, Unter den Linden dem jüdischen Rabbiner von Schwerin begegnet zu sein,[79] am 31. Juli kurt er in Bad Pyrmont und notiert nach dem Besuch eines jüdischen Friedhofs beeindruckt in hebräischen Buchstaben die Inschrift eines Grabsteins, um unmittelbar danach zustimmend aus einer Geschichte des Bauernkrieges zu zitieren, die Galgen und Rad als bestes Mittel gegen Volksverführung preist.[80] Im August trifft er dort Angehörige der Familie Bernays, eine Mme. Heine, an der er ein gewisses Interesse zu finden scheint, sowie deren Bruder, den Philologen Jacob Bernays (1824–1881) einen Mitbegründer des Breslauer Rabbinerseminars.[81] Soweit man diesen beiläufigen Anmerkungen trauen darf, war Schelling am Judentum dieser Bekannten nicht interessiert, er erwähnte es nicht einmal. Ob sich daraus, wofür schon seine allgemeine Zurückhaltung zur Frage der jüdischen Emanzipation spricht, schließen lässt, dass er, des Hebräischen mächtig und mit der jüdischen Religion durch eigene Studien und die Korrespondenz mit Molitor vertraut, Juden unbefangen entgegentrat? Kalt ließ ihn ihr Schicksal in jenen unruhigen Jahren nicht, am Ende wollte er ihnen, wenngleich verklausuliert, allen theologisch-philosophischen Spekulationen zum Trotz, sogar eine positive gesellschaftliche Funktion zusprechen: „Außer den Völkern", so meditierte er nach einem Spaziergang Unter den Linden und zwei Tage nach dem Treffen mit dem Schweriner Rabbiner

> „die berufen sind, sich in der Vereinzelung auszubilden, gibt es Vermittlungsvölker, die das, was über den Völkern ist, lebendiger als andere in sich tragen, unter denen auch verschiedene Nationalitäten sich zur Menschheit gehoben, einig und glücklich fühlen können."[82]

Das große Kompliment dieser Bemerkung erschließt sich in einer Erinnerung daran, welche herausragende Rolle die „Vermittlung" in seiner Philosophie der Offenbarung gespielt hatte. Vermittlungsvölker tragen das, was „über der Menschheit" ist, „lebendiger als andere in sich."

Nach einer viele Jahre währenden Geschichte deutscher Philosophen, in denen das Judentum mit Tod, Erstarrung, Euthanasie, Erhabenheit und Feindlichkeit assoziiert wurde, verwendet hier zum ersten Mal ein Denker, der noch wenige Jahre zuvor selbst die Juden als wertlos gewordene Hülle bezeichnet hatte, im Zusammenhang mit ihnen den Begriff „Leben" und gibt damit seiner eigenen, auch grammatischen Spekulation, wonach das Judentum auf Zukünftigkeit ausgerichtet sei, eine aktuelle Deutung. Den Juden wird zugeschrieben, es anderen Völkern zu ermöglichen, sich einig und glücklich fühlen zu können. Die Ambivalenz dieser letzten Bemerkung konnte Schelling nicht ahnen. In seiner Sicht ging es nicht um Glück und Einigkeit der Volksgemeinschaft in Hass und Abwehr gegen die Juden, sondern darum, dass diese Vermittler vereinzelten Völkern den Weg zur Menschheit ebnen könnten. Positiveres über die Juden, nicht nur philanthropisch zu ihren Gunsten und Rechten, hatte die Philosophie des Deutschen Idealismus vorher und später nimmer über sie zu sagen.

Anmerkungen

1 Schelling, Friedrich Wilhelm Joseph: System der gesamten Philosophie und der Naturphilosophie insbesondere, in: ders.: Ausgewählte Schriften, Bd. 3, Frankfurt a.M. 1985, S. 572.
2 Vgl. Benz, Ernst: Schellings theologische Geistesahnen. Abhandlung der Akademie der Wissenschaften und der Literatur in Mainz, geistes- und sozialwissenschaftliche Klasse 1955, Nr. 3; ders.: Die christliche Kabbala, Zürich 1958; Habermas, Jürgen: Dialektischer Idealismus im Übergang zum Materialismus – Geschichtsphilosophische Folgerungen aus Schellings Idee einer Contraction Gottes, in: ders.: Theorie und Praxis, Frankfurt a.M. 1974, S. 172–227.
3 Frank, Manfred/Kurz, Gerhard (Hg.): Materialien zu Schellings philosophischen Anfängen, Frankfurt a.M. 1975, S. 126.
4 Vgl. Fuhrmans, Horst: Schelling im Tübinger Stift, Herbst 1790 – Herbst 1795, in: Frank, Manfred/Kurz, Gerhard (Hg.): Materialien zu Schellings philosophischen Anfängen, S. 63f., bes. S. 69.
5 Ebd., S. 71.
6 Vgl. nach wie vor Harnack, Adolf von: Marcion, Darmstadt 1960; Brumlik, Micha: Die Gnostiker, Frankfurt a.M. 1992, S. 88f.
7 Vgl. ebd., S. 71.
8 Vgl. Hegel, Georg Wilhelm Friedrich: Phänomenologie des Geistes, Frankfurt a.M. 1970, S.16f., S. 49f.; Wiedmann, Franz: Hegel, Reinbek 1965, S. 107f.
9 Vgl. Mosès, Stéphane: System und Offenbarung. Die Philosophie Franz Rosenzweigs, München 1985, S. 40f.
10 Schelling, Friedrich Wilhelm Joseph: Die Weltalter, Erstes Buch, in: ders.: Ausgewählte Schriften, Bd. 4 1807–1834, Frankfurt a.M. 1985, S. 215.
11 Ebd. S. 223.
12 Vgl. Habermas: Dialektischer Idealismus, [wie Anm. 2]; Scholem, Gershom: Die jüdische Mystik in ihren Hauptströmungen, Frankfurt a.M. 1957, S. 440, S. 444.
13 Schelling: Weltalter, [wie Anm. 10], S. 231.
14 Ebd., S. 233.
15 Ebd., S. 242.
16 Ebd.
17 Vgl. ebd., S. 245.
18 Ebd., S. 247.

19 Ebd., S. 249.
20 Ebd., S. 252.
21 Vgl. Scholem: Jüdische Mystik, [wie Anm. 12], S. 171–223.
22 Schelling: Weltalter, [wie Anm. 10], S. 263.
23 Ebd., S. 269.
24 Ebd.
25 Vgl. Brumlik, Micha: Schrift, Wort und Ikone, Frankfurt a. M. 1994, S. 85f.
26 Schelling: Weltalter, [wie Anm. 10], S. 270.
27 Ebd.
28 Ebd.
29 Vgl. Müller, Ernst (Hg.): Der Sohar. Das heilige Buch der Kabbala, nach dem Urtext ausgewählt, übertragen und hg. von Ernst Müller, Düsseldorf 1982.
30 Vgl. Brumlik: Schrift, [wie Anm. 25], S.89.
31 Vgl. Wolfson, Harry Austryn: Philo, Bd. I., Harvard 1947, S. 234.
32 Schelling: Weltalter, [wie Anm. 10], S. 282
33 Ebd.
34 Vgl. Brumlik, Micha: Der Begriff der Offenbarung bei Steinheim und Schelling, in: Schoeps, Julius H. u. a. (Hg.): „Philo des 19. Jahrhunderts". Studien zu Salomon Ludwig Steinheim, Hildesheim 1993, S. 63–76.
35 Steinheim, Salomon Ludwig: Die Offenbarung nach dem Lehrbegriffe der Synagoge, Teil 3, Leipzig 1863, Hildesheim 1986, S. 298.
36 Vgl. Sandkühler, Hans-Jörg: Freiheit und Wirklichkeit. Zur Dialektik von Politik und Philosophie bei Schelling, Frankfurt a. M. 1968, S.165ff.
37 Schelling, Friedrich Wilhelm Joseph: Über das Wesen der menschlichen Freiheit. Mit einem Essay von Walter Schulz, Frankfurt a. M. 1975, S. 43; vgl. Höffe, Otfried/Pieper, Annemarie (Hg.): Klassiker Auslegen – F. W. J. Schelling. Über das Wesen der menschlichen Freiheit, Berlin 1995.
38 Schelling: Über das Wesen der menschlichen Freiheit, [wie Anm. 37], S. 79.
39 Vgl. Hegel, Georg Wilhelm Friedrich: Vorlesungen über die Philosophie der Religion II, Frankfurt a. M. 1969, S. 185f.
40 Schelling, Friedrich Wilhelm Joseph: Ausgewählte Schriften Bd. 6, Frankfurt a. M. 1985, S. 91.
41 Ebd.
42 Vgl. Olender, Maurice: Die Sprachen des Paradieses. Religion, Philologie und Rassentheorien im 19. Jahrhundert; Poliakov, Léon: Le mythe aryen, Paris 1971, S. 85–124, S. 193–201.
43 Vgl. ebd., S. 465.
44 Ebd.
45 Vgl. Schelling, Friedrich Wilhelm Joseph: Philosophische Einleitung in die Philosophie der Mythologie, in: ders.: Ausgewählte Schriften Band e, Frankfurt a. M. 1985, S. 471f.
46 Schulte, Christoph: Franz Joseph Molitors Philosophie des Judentums, in: Menora, Jahrbuch für deutsch-jüdische Geschichte, München/Zürich 1995, S. 55.
47 Vgl. Frank, Manfred: Einleitung des Herausgebers, in: Schelling, Friedrich Wilhelm Joseph: Philosophie der Offenbarung 1841/42, herausgegeben und eingeleitet von Manfred Frank, Frankfurt a. M. 1977, S. 9–83.
48 Vgl. Erb, Rainer/Bergmann, Werner: Die Nachtseite der Judenemazipation. Der Widerstand gegen die Integration der Juden in Deutschland 1780–1860, Berlin 1989, S. 202.
49 Zitiert nach Brenner, Michael u. a.: Deutsch-jüdische Geschichte in der Neuzeit, Bd. 2, München 1996, S. 53.
50 Schelling: Philosophie der Offenbarung, [wie Anm. 47], S. 266.

51 Ebd., S. 267.
52 Ebd.
53 Ebd., S. 277.
54 Ebd., S. 278.
55 Ebd.
56 Vgl. Levenson, Jon D.: The Death and Resurrection of the Beloved Son, Yale 1993.
57 Schelling: Philosophie der Offenbarung, [wie Anm. 47], S. 279.
58 Ebd., S. 281.
59 Ebd.
60 Vgl. ebd., S. 283.
61 Ebd., S. 284.
62 Ebd., S. 283.
63 Vgl. Sandkühler: Freiheit und Wirklichkeit, [wie Anm. 36].
64 Schelling: Philosophie der Offenbarung, [wie Anm. 47], S. 285.
65 Vgl. Cahnmann, Werner J.: Friedrich Wilhelm Schelling über die Judenemanzipation, in: *Zeitschrift für bayerische Landesgeschichte* 1974, S. 614–623.
66 Schelling: Ausgewählte Schriften, Bd. 5, [wie Anm. 1], S. 197.
67 Ebd., S. 200.
68 Schelling: Historisch-kritische Einleitung in die Philosophie der Mythologie (1842), in: ders.: Ausgewählte Schriften, Bd. 5, [wie Anm. 1], S. 187.
69 Ebd., S. 187f.
70 Vgl. ebd., S. 194.
71 Ebd., S. 200.
72 Ebd., S. 260.
73 Vgl. Erb/Bergmann: Die Nachtseite, [wie Anm. 48], S. 256.
74 Ebd., S. 258.
75 Vgl. Rohrbacher, Stefan: Gewalt im Biedermeier. Antijüdische Ausschreitungen in Vormärz und Revolution (1815–1848/49), Frankfurt a. M./New York 1993. S. 291.
76 Ebd., S. 260.
77 Vgl. Berding, Helmut: Moderner Antisemitismus in Deutschland, Frankfurt a. M. 1988, S. 77.
78 Greive, Hermann: Geschichte des modernen Antisemitismus in Deutschland, Darmstadt 1983, S. 41.
79 Vgl. Schelling, Friedrich Wilhelm Joseph: Das Tagebuch (1848), Hamburg 1990, S. 81.
80 Vgl. ebd., S. 102.
81 Vgl. ebd., S. 121.
82 Ebd., S. 82.

Wolfgang E. Heinrichs

Juden als ideelle Hoffnungs- und Heilsträger im Protestantismus des 18. und 19. Jahrhunderts

In der Forschung gibt es in großem Umfang Arbeiten, die sich speziell mit dem Antisemitismus befassen. Dies hat seine Berechtigung darin, dass der moderne Antisemitismus, der auf ältere Formen der Judenfeindschaft zurückgreifen kann, tatsächlich einen erheblichen historischen Raum in der christlich-abendländischen Gesellschaft einnimmt, so dass er gar, wie Shulamit Volkov es genannt hat, zu einem „kulturellen Code" der bürgerlichen Gesellschaft wurde.[1] Allerdings ist das Judenbild, worunter ich die Wahrnehmung von Juden, nicht die Wirklichkeit der Judenheit an sich verstehe, in der christlich-abendländischen Gesellschaft nicht so einseitig, dass man sie allein mit dem Begriff des Antisemitismus fassen könnte. Vielmehr ist das Judenbild der christlichen Majorität seit der Antike strukturell ambivalent angelegt, insofern Juden nicht nur verteufelt und als Verderber gesellschaftlicher Ordnung und Sitte dargestellt werden, sondern zugleich auch als Heils- und Hoffnungsträger. Letzteres sind sie allerdings in der christlichen Anschauung nicht an und für sich, sondern in Relation zu der so behaupteten christlichen Wahrheit.

In den folgenden Ausführungen soll ein Judenbild vorgestellt werden, das im Protestantismus des 18. und 19. Jahrhunderts angesiedelt ist und in dem genannten Sinne Juden als ideelle Hoffnungs- und Heilsträger sieht. Es bildete sich im Pietismus des 18. und der auf diesen aufbauenden Erweckungs- und Gemeinschaftsbewegung des 19. Jahrhunderts aus.[2] Man sieht auch mit dem Einbruch der Moderne einen neuen Ansatz im protestantischen Judenbild, der seine wesentlichen Impulse durch den gesamtgesellschaftlichen Umbruch dieser neuen Zeit erfuhr. In der Frömmigkeit des Pietismus und der bürgerlichen Frömmigkeit des 19. Jahrhunderts spiegelten sich die Erfahrungen des Umbruchs deutlich wider, die sich in das jeweilige Judenbild projizierten.

Heilgeschichtliche Erwartungen im Pietismus gegenüber den Juden
Jean de Labadie (1610–1674) und seine Anhänger

Was nun den Pietismus des späten 17. und des 18. Jahrhunderts anbetrifft, so wurden insbesondere im Bereich der Eschatologie positive Erwartungen an das so genannte „jüdische Volk" gestellt.[3] Der ursprünglich aus Bordeaux stammende, als Jesuit zur reformierten Kirche übergetretene Jean de Labadie und seine späteren als „Labadisten" bezeichneten Anhänger, entwickelten aus chiliastischen Motiven ein starkes Interesse an der Bekehrung der Juden.[4] Dieser bereits bei Philipp Jakob Spener (1635–1705) angelegte Gedanke wurde zusehends zu einem Interpretationsschlüssel für eine sich verändernde Welt. Aus der heilsgeschichtlichen Orientierung ergab sich für den Pietismus eben jene charakteristisch ambivalente Haltung, die dezidiert die Judenbekehrung wollte, jedoch auch mit ihr einen gewissen Respekt und eine Anerkennung des Judentums ausbildete, die man mit Hans-Joachim Schoeps als Philosemitismus des „biblisch-chiliastischen" Typs bezeichnen kann.[5] Labadie und seine Anhänger verstanden das von ihnen erwartete „Tausendjährige Reich" nicht allein als eine spirituelle Größe, sondern als einen auch äußerlich in Erscheinung tretenden staatlichen Raum. Dieser sei aber nur von den Juden her zu schaffen. Die Juden gingen damit einer herrlichen Zukunft entgegen.[6] Von daher sei für jeden Christen eine positive Stellung zu den Juden geboten.

In seinen beiden programmatischen Schriften *Le Héraut du Grand Roy Jesus* und noch pointierter in *Jugement charitable et juste sur l'état présent des Juifs* (beide Amsterdam 1667 erschienen) entfaltete Labadie seine Anschauungen. Letztere Schrift hatte er dem Amsterdamer Chiliasten Petrus Serrarius (1600–1669) gewidmet. Von diesem wurde sie sofort ins Niederländische übersetzt. Der Anlass der Schrift war das Auftreten des prätendierten Messias Sabbatai Zwi (1626–1676) und die mit ihm verbundene Hoffnung auf ein „messianisches Zeitalter"[7].

Wiewohl die Labadisten keine Majorität im Protestantismus waren, hatten sie doch einen bedeutenden Einfluss auf die „Nadere Reformatie" der Niederlande, den Schweizer „Réveil" sowie den „Revivals" und „Awakenings" in Großbritannien und in den USA und natürlich auch auf die Erweckungsbewegung im deutschen Raum, besonders im Bereich des reformierten Pietismus. In allen Fällen wurde die Beziehung der eigenen inneren wie äußeren Glückseligkeit an eine Erweckung der Juden geknüpft.

Der Hallische Pietismus und die Judenmission

Auch der Pietismus lutherischer Prägung sah Anfang des 18. Jahrhunderts die Notwendigkeit, stärker auf die Juden zuzugehen. Diese Bewegung ist schon deshalb von großem Interesse, da sie von einflussreichen preußischen Beamten unterstützt und nicht zuletzt auch vom Großen Kurfürsten im Rahmen seiner Judenpolitik befürwortet wurde.[8] Auch für den lutherischen Pietismus war das Motiv einer Reichs-Gottes-Erwartung maßgebend, wobei man sich noch stärker mit dem Chiliasmusvorwurf der lutherischen Orthodoxie auseinanderzusetzen hatte.[9] Man konnte sich jedoch auf den frühen Luther, besonders auf Philipp Jakob Speners Schrift *Behauptung Der Hoffnung künfftiger Besserer Zeiten* von 1693 berufen.

Kurz nach dem Tod des Gründers der Hallischen Anstalten, August Hermann Francke (1663–1727)[10], kam es 1728 zur Gründung des Institutum Judaicum in Halle durch Johann Heinrich Callenberg (1697–1760), der seit 1727 Professor für Orientalistik und seit 1739 Theologieprofessor in Halle war. Callenbergs Lehrer war der Gothaer Pfarrer Johann Müller (1649–1727) gewesen. Müller hatte 1715 ein ‚Bußtraktat' mit dem Titel *Licht am Abend* herausgegeben, das unter Anspielung auf Sacharja 14,7[11] die „Herzensbekehrung" der Juden erwartete und mit der Wiederherstellung Israels aufgrund der prophetischen Verheißungen rechnete. Mit diesem Traktat begann die Gründung der Traktatmission, die auch weitere Traktate und Publikationen aus dem Freundeskreis vertrieb. An die Visionen des ersten Instituts für Judenmission sowie an seine Missionsstrategie konnten die späteren Judenmissionsgesellschaften des 19. Jahrhunderts anknüpfen.

Es zeigt sich schon im frühen 18. Jahrhundert die kommunikative Vernetzung pietistischer Gruppen, die bis London, Wien, Russland und Dänemark reichte. Zum Spenderkreis gehörte auch die Londoner Society of Promoting Christian Knowledge. Gemeinsam war die Vision einer endzeitlichen Erneuerung der christlichen Kirche. Judenbekehrungen dienten mithin damit sozialgeschichtlich als Affirmation der eigenen Überzeugung und als Verstehens- und Orientierungshilfe einer sich wandelnden Zeit. Diese Funktionalisierung des Judenbildes beziehungsweise des Umgangs mit Juden soll hier noch konkreter und anschaulicher für die Zeit des bürgerlichen Zeitalters des 19. Jahrhunderts belegt werden. Was das Institutum Judaicum in Halle betrifft, so ist zunächst festzuhalten, dass es in seiner Arbeit nicht singulär stand. Vielmehr gab es eine Reihe von Impulsen aus Sachsen-Gotha-Altenburg und Württemberg.[12]

Auf Anregung beispielsweise des württembergischen Prälaten Johann Andreas Hochstetter (1637–1720) war es im Institutum Judaicum zu einer ausgebauten Proselytenpflege gekommen. Für den Aufbau des Reisedienstes wurde der Württemberger Magister Johann Georg Widmann (1669–1753) zur zentralen Gestalt, der seine Reiseroute Callenberg anbot und damit die Gründung dieses Institutszweiges anregte. Seit 1733 suchten

Widmann und mit ihm der Student Johann Andreas Manitius (1707–1758) das Gespräch mit Juden und verteilten Traktate. Die insgesamt allerdings nicht sehr zahlreichen Taufbewerber wurden an die zuständigen evangelischen Pfarrer verwiesen. Die Tätigkeit der Traktatmission erstreckte sich von England bis Polen und Italien. Ihre Reiseberichte wurden in den pietistischen Erbauungskreisen aufmerksam verfolgt und galten als Bestätigung der Interpretation einer sich wandelnden Zeit, als Einleitung einer bevorstehenden Heilsepoche. Insgesamt waren es schließlich circa 20 Missionare, die diese Arbeit, schlecht bezahlt und unter schwierigen Bedingungen, taten. Auch die bekehrten Juden brauchten Unterstützung, da sie nur schwer in die christliche Gesellschaft zu integrieren und von ihrer bisherigen sozialen Gemeinschaft isoliert waren. Ende des 18. Jahrhunderts ging aufgrund einer veränderten Haltung der christlichen Gesellschaft zu der sich abzeichnenden Assimilationsbewegung der Juden das Spendenaufkommen rapide zurück, so dass 1792 die preußische Regierung das Institut aufhob.

Nikolaus Ludwig von Zinzendorf (1700–1760) und die Herrenhuter Brüdergemeine

Das Institutum Judaicum in Halle stand, wie gesagt, nicht allein. Als dritte protestantische Richtung des 18. Jahrhunderts, die die Juden als Heils- und Hoffnungsträger sah, ist Nikolaus Ludwig von Zinzendorf und die Herrenhuter Brüdergemeine zu nennen.[13] Zinzendorfs Motiv, den Juden freundlich zu begegnen, war begründet in der Einsicht, dass Jesus ein geborener Jude war und man darum in jedem Juden Jesus begegne. Er konnte sich hier auf die Schrift Luthers von 1523 beziehen.[14] Die Erweckung der Juden zog auch nach Zinzendorf eine Erweckung der Christenheit nach sich. Als 20-Jähriger wurde er Taufpate des von seiner späteren Ehefrau Theodore von Castell (1700–1756) unterwiesenen Judenmädchens Anna Mose, die später in Herrenhut wohnte. 1738 wurde Johann Leonhard Dober (1706–1766) speziell zur Mission in Amsterdam abgeordnet.

Selbst ohne theologische Ausbildung erhielt Dober 1739 den jungen Theologen Samuel Lieberkühn (1710–1777) zur Hilfe. Lieberkühn, der sein Studium bei einem Rabbiner aufnahm, gilt als der bedeutendste Judenmissionar Herrenhuts und gewann unter dem Namen „Rabbi Sch'muel" auch bei Juden einige Anerkennung. Von 1739 bis 1742 evangelisierte er von Amsterdam aus unter den Juden in Holland und England (London), die er durch seelsorgerliches Privatgespräch und vorbildlichen Lebenswandel für den christlichen Glauben zu gewinnen suchte. Dabei war er bestrebt, sich an den jüdischen Kult anzupassen, indem er zum Beispiel das Kaschrut beachtete und der jüdischen Theologie stärkere Aufmerksamkeit schenkte. Auch als Prediger in Zeist (1751–1759) zeigte er sich als großer Freund Israels und entwickelte Ansätze eines christlich-jüdischen Dialogs. Hiergegen erhob allerdings Zinzendorf Einwände, zumal Lieberkühns Begegnungen mit Juden nur indirekt auf eine Bekehrung der Juden zum Christentum hin angelegt waren. Lieberkühns Ansatz zielte auf die Einrichtung einer speziellen judenchristlichen Gemeinde, die zwar an Jesus als den Messias glaubte, jedoch die ihnen gegebenen „Gesetze" unbedingt einhalten und sozial von den Gemeinden der Heidenchristen geschieden leben sollte.[15] Zinzendorf selbst hätte gerne eine „Judengemeinde" innerhalb der Brüderunität, einen jüdischen „Tropus"[16], eingerichtet. Hierfür segnete er feierlich die Ehe der beiden Judenchristen Esther Grünbeck und David Kirchhof ein. Zu der Gründung einer judenchristlichen Brüdergemeine kam es hingegen nicht. Das Gebet für Israel wurde aber in die Liturgie aufgenommen. Die Generalsynode von 1789 empfahl, in der Zeit des Versöhnungstages (Jom Kippur) eine Gebetsversammlung für Israel zu halten.

Der Neuansatz der Judenmission im 19. Jahrhundert und die von ihr ausgehenden heilsgeschichtlichen Vorstellungen. Die Judenmission in ihrer Programmatik

Ein Neuansatz geschieht dann zu Beginn des 19. Jahrhunderts, als die Judenemanzipation in eine neue Phase getreten war.[17] Die Judenmission des 19. Jahrhunderts ist eingebettet in die Erweckungsbewegung und die Gründung neuer Missionsgesellschaften. Sie ist keine Massenbewegung, hat aber enormen Einfluss auf das Judenbild des gesamten protestantischen Milieus und damit auf die deutsch-bürgerliche Gesellschaft insgesamt.

Der 1822 auf Anregung des englischen Geistlichen Lewis Way (1773–1840) und des Erweckungstheologen August Tholuck (1799–1877) gegründeten *Gesellschaft zur Verbreitung des Christentums* in Berlin gehörten angesehene Persönlichkeiten des preußischen Hochadels an.[18] Die Berliner wie alle anderen, später entstandenen Judenmissionsgesellschaften, so der 1842 unter dem Namen *Rheinisch-Westfälischer Verein für Israel* in Köln gegründete, seit 1893 umbenannte *Westdeutsche Verein für Israel* und der 1871 auf Anregung von Franz Delitzsch (1813–1890) in Leipzig gegründete *Evangelisch-lutherische Centralverein für Mission unter Israel*, pflegten enge Beziehungen zu der englischen, amerikanischen und norwegischen Judenmission und wurden auch aus diesen Ländern finanziell unterstützt, indem sie beispielsweise Missionare (bevorzugt jüdischer Herkunft) und Traktate finanzierten. Natürlich gab es auch Judenmissionsgesellschaften aus England und Norwegen, die in Mittel- und Osteuropa tätig waren. Auf die einzelnen Aktivitäten der Judenmissionsgesellschaften kann hier nicht näher eingegangen werden. Von ihrer eigentlichen Intention her, der Bekehrung der Juden zum Christentum, sind diese Vereine auch eher als Misserfolg zu beurteilen. Doch darf man ihren ideellen Einfluss auf das protestantische Judenbild keinesfalls gering einschätzen.

Die Judenmission nahm innerhalb des protestantischen Spektrums selbst eine zwiespältige Stellung ein, die mit der Zwiespältigkeit ihres Judenbildes korrespondierte. Ihr ungeheurer theologischer und kirchenreformerischer Anspruch stand im krassen Gegensatz zu ihrer innerkirchlichen und wohl auch sozialen Außenseiterstellung. Während sich die überwiegende Kirchenmehrheit an einer Begegnung oder gar einem Dialog mit dem Judentum, zumindest in der Praxis, nicht interessiert zeigte, behauptete die Judenmission, dass gerade an Israel das Heil und die Identität der Kirche festzumachen sei. Diese Diskrepanz zwischen judenmissionarischem Anspruch und Wirklichkeit in Bezug auf Akzeptanz beziehungsweise anerkannte Erfolge provozierte einen dauernden Legitimierungsbedarf der Mission, die ihr Judenbild strukturierte. Dass die Judenmission im Unterschied zur so genannten Heidenmission nicht mit hohen Zahlen von Bekehrten aufwarten konnte, bestimmt wesentlich ihren Charakter. Man empfand allgemein die Missionstätigkeit, wie es auch der Titel des Organs des lutherischen Zentralvereins *Saat auf Hoffnung* ausdrückt, mehr als Aussaat denn als Ernte. Durch Vertreter der organisierten Judenmission wurden insgesamt in Deutschland jährlich nicht mehr als 30–50 Juden getauft, also nur einen Bruchteil der Juden, die zum Protestantismus übertraten.

Ungleich stärker für den Protestantismus war jedoch der von der Judenmission verbreitete Gedanke, dass es eine Verbindung zwischen dem Heil der Kirche und den Juden gäbe. Aus dem Bereich judenfeindlicher Schriften findet man oft ein Judenbild vor, das Juden als Träger einer modernen Unkultur zeichnet. Dem gegenüber findet sich in dem hier angesprochenen Bereich des konservativen Protestantismus das Motiv, dass Juden gerade aufgrund ihrer Eigenschaft als Heilsträger in der Lage seien, die durch die Moderne aus den Fugen geratene Gesellschaft noch zu retten oder ihr sogar eine Heilsvision zu vermitteln. Damit wird ‚der' Jude zum Typus einer Leitfigur, die aus der Krise der Moderne herausführt.

Das vermittelte Judenbild

Anschaulich herausgearbeitet wurde dieses Bild meist anhand von Bekehrungsgeschichten. Ein Jude, der den Christenglauben annahm, war nach dem Vorbild des im Johannes-Evangelium genannten Jünger Nathanael der „rechte Israelit, in dem kein Falsch ist" (Johannes 1,47), ein besonderes Zeugnis für die Wahrheit und Zukunftsmächtigkeit der Kirchenlehre. Er sei jemand, der nach der Wahrheit suche, ein Schriftkundiger, der Gottes Wort noch ernst nehme, jemand, der die Weisung und Prophetien der „Väter" achte. Er besitzte quasi selbst Erlöserqualität, sei derjenige, der „die Welt überwindet", prädestiniert als Märtyrer, indem er sich nicht scheue, aufgrund seines Bekenntnisses zu leiden. Durch all dies werde dieser Typus des „Nathanelsjuden" zum Hoffnungsträger, im Sinne der Zinzendorfschen Erstlingstheologie zum Heilsträger. Aber auch der noch nicht bekehrte Jude, so die Vorstellung, habe verheißungsvolle Erlöserqualitäten, die in einer Krise zum Durchbruch kommen können. Es sei eben eine jüdische Eigenschaft, hierauf wird zum Beispiel speziell bei Ausbruch des Ersten Weltkrieges verwiesen, sich für andere aufzuopfern. In ihrer Opferbereitschaft stellen besondere Judengestalten eine Christusebenbildlichkeit dar. So wird in den christlichen Haus- und Heimzeitschriften und in der Traktatliteratur[19], also in der Publizistik, die im Protestantismus des 19. Jahrhunderts die breiteste Leserschaft erreichte, oftmals eine Erzählung abgedruckt von einem frommen, jüdischen Schneider, der die Todesstrafe auf sich nehme, damit seine Stadt verschont bleibe. Diese Tat wurde mit der „Opfertat" Jesu verglichen. Bezeichnend ist, dass diese Judengestalt ein bescheidener, frommer Handwerker ist. Hiermit sollten sich die bürgerlichen Leser auch selbst identifizieren und sich an der Opferfreudigkeit des Juden ein Beispiel nehmen.[20] Freilich wurden in den selben Organen Juden auch immer wieder als Ausdruck und Protagonisten einer modernen, verteufelten Gesellschaft gesehen. Ein Jude kann durchaus auch feige sein und alles andere als Märtyrer und ruhender Pol, ein Ausbeuter und Unruhestifter. Doch wird immer wieder durch Artikel der Judenmission hervorgehoben, dass es „neben dieser für Buß- und Gnadenpredigt verschlossenen Klasse von Juden […] es indessen noch ein Judenvolk" gebe, „das für Israels Trost zugänglich ist".[21] Dies waren für die „frommen" Protestanten im 19. Jahrhundert zunehmend die ‚orthodoxen' Juden. Diese Vorstellung impliziert, dass Juden wie selbstverständlich auch besonders erlösungsbedürftig seien. Sie seien selbst Ausdruck der Krise und trügen gleichzeitig die Möglichkeit ihrer Überwindung in sich. Wenn sogar Juden, so das Denkklischee, in ihrem

Alltag den Christen die bürgerlichen Tugenden ‚Heimatverbundenheit', ‚Solidarität', ‚Nächstenliebe' und ‚Bescheidenheit' vorlebten, dann solle dies für die Christen eine besondere Veranlassung sein, ihrem Beispiel nachzueifern.[22]

Dies soll im Folgenden in protestantischen Zeitschriften überlieferten Geschichten veranschaulicht werden. Die erste findet sich 1895 im Stuttgarter *Christlichen Volksfreund* abgedruckt und zeigt, wie sich ein Jude vom „Sozialschädling" zum „Heilsbringer" wandelt und damit das Schicksal einer in Not geratenen Frau.[23] Diese Frau, so die Geschichte, war durch den Tod ihres Mannes mit ihren drei Kindern in Not und Elend geraten. Sie hatte nicht gewusst, dass ihr Mann eine Menge Schulden gemacht hatte, für die sie nun aufzukommen hatte. Von der Kirche hat sie sich entfernt, so dass sie dort keine Hilfe sucht. Typisch für diese Art von Geschichte ist, dass nun ein Jude, „der alte Isaak", die Not dieser Frau ausnutzt und es versteht, aus ihrem Schaden für sich Vorteile zu erwirtschaften. Es ist als ob sich die Frau dem Teufel selbst verschriebe, wenn sie sich in die Hand „des" Juden begibt. Er ist ihr behilflich, den gesamten Hausrat zu versetzen. Zuletzt besitzt „die arme Seele" nichts mehr an Wert ausser einer Bibel mit goldenem Schnitt, die sie, das „heilige Buch" missachtend, an „den" Juden verschachert. Sie bekommt jedoch Gewissensbisse und schleicht sich heimlich zu dem Haus des Juden, der gerade am Freitagabend den Sabbat feiert. Durch das Fenster beobachtet sie, dass Isaak Freunde eingeladen hat. Gemeinsam lesen Isaak und seine Freunde die Bibel und machen sich allem Anschein nach darüber lustig.[24] Die Witwe kehrt erschrocken heim. Der respektlose Umgang der Juden mit der Bibel bringt sie zur Besinnung, welchen Schatz sie da preisgegeben hat. Ihre Gewissensqualen steigern sich ins Unerträgliche. Sie bereut ihre Sünden und findet zu ihrem Glauben zurück.

Am nächsten Morgen geht die Witwe wieder zu Isaak. Sie will von ihm die Bibel zurück. Doch Isaak, der sich nun als „Nathanaelsseele" erweist, eröffnet ihr, dass er, nachdem seine Freunde gegangen waren, sich nicht habe von dem Buche trennen können. Er habe die ganze Nacht in der Bibel gelesen und darin „einen Schatz gefunden, schöner als Gold und viel feines Gold, meinen Messias, den Trost Israels"[25]. Damit bestätigt er die Erkenntnis der Frau. Beide entdecken, dass Gott sie gegenseitig in ihrer Schuld für seinen Heilsweg gebraucht hat. Die Frau bekommt ihre Bibel wieder und erlangt in bescheidener Frömmigkeit und durch Gottes Segen ein geordnetes, schuldenfreies Leben. „Ihre Kinder", so wird hervorgehoben, „wuchsen heran in der Zucht und Vermahnung zum Herrn [nach Eph 6,4, Anm. d. Verf.]".[26]

Isaak kauft sich eine neue Bibel, forscht eifrig darin und lässt sich und seine Familie taufen.

Solche Geschichten wollten darüber belehren, dass das göttliche Wort so überzeugend wirke, dass selbst Juden davon überführt werden und sich verändern. Primär verfolgten sie die pädagogische Intention, den christlichen Leser in seiner kirchlichen Bindung zu befestigen und ihn dazu zu veranlassen, zum Beispiel wie mit dieser Geschichte, häufigeren und intensiveren Gebrauch von der Bibel zu machen, insbesondere auch den Wert des *Alten Testaments* neu zu entdecken. Die Figur des Juden ist so gesehen als Mittel zum Zweck eingesetzt. Dennoch wird man davon ausgehen dürfen, dass sich durch diese Darstellungen ein bestimmtes Judenbild verfestigte. Juden wurden in solchen Geschichten als Vorbild genommen, Gestalten, von denen viel zu lernen sei.

In seinen *Lebenserinnerungen* erzählt ein christlicher Autor von der Begegnung mit Juden in seiner Schul- und Jugendzeit. Von den Juden habe er sehr viel gelernt. So sei ihm u.a. in einer Disputation mit einem Juden, der die Bedeutung des Sabbats gegenüber dem christlichen Sonntag verteidigte, neu bewusst geworden, dass Christen den Wert des Sonntags oftmals nicht recht zu schätzen wüssten. Der jüdische Disputant wird gelobt wegen seines Eifers, für seinen Scharfsinn und „sein Maßhalten im Ausdruck“.[27]

Viele Geschichten rekurrieren, wenn sie aus jüdischem Verhalten eine pädagogische Lehre ziehen wollen, auf die den Juden unterstellte Hartnäckigkeit, die, ins Positive gewendet, sich als vorbildhafte Festigkeit und Glaubenstreue darstellt. Bei Juden, so das transportierte Klischee, gebe es ein Krisenverhalten, das sich durch die jahrhundertelange Verfolgung bei ihnen eingeprägt habe und dazu anleite, auch in schweren und bewegten Zeiten nicht wankend zu werden und an der orthodoxen Lehre festzuhalten.[28] ‚Der' Jude ist für den Protestantismus eben nicht nur der ewige Gottesleugner, sondern immer zugleich der ewige Gotteszeuge, und dies nicht nur im negativen Sinne als Gerichtszeuge, sondern auch im positiven als Glaubenszeuge. Er versinnbildlicht auch durch seine Beharrlichkeit, dass bei allen Veränderungen und Zeitwirren sich dennoch Gottes Wort behauptet.[29]

In nicht wenigen Schriften wird überdies die Bedeutung des „Volkes Israels“, verstanden als die Nachfahren Jakobs, für die endzeitliche Krise herausgestellt. Die Sammlung des Volkes Israels, für die man im Zionismus eine Bestätigung findet, wird endzeitlich gedeutet und ist für nicht wenige Protestanten der Schlüssel zur Interpretation der Welt. Israel werde sich bekehren, und es werde „unter dem Eindruck des von dem bekehrten

Israel aus ergehenden geistmächtigen Zeugnisses und schwerer göttlicher Gerichte in der alten Christenheit zunächst wieder eine Zeit der Rückkehr zum Glauben eintreten"[30]. Danach erfolge eine Sichtung der Christenheit, das Auftreten des Antichristen, sein Kampf mit der Zionsgemeinde in Jerusalem, der Sturz des Antichristen „und die Aufrichtung des Reiches Israel in Herrlichkeit" für die Dauer von 1.000 Jahren, schließlich der endgültige Sieg über den Satan, der Untergang dieser Welt, die Auferweckung der Toten, das Endgericht und die Neuschöpfung der Welt.[31]

Eine solche Zukunftsvision erscheinen diesem protestantischen Milieu durchaus plausibel und sie findet sich nach ihrer Wirklichkeitswahrnehmung auch in den politischen, sozialen und kulturellen Erscheinungen bestätigt. Bei alledem sei Israel ein entscheidender Heilsfaktor im göttlichen Plan, der „Zeiger an der Uhr Gottes", und die „Heidenwelt" müsse im Blick auf ihr „Verhältniß zu Israel" bedenken, „daß von dem erneuten Israel aus eine Fülle von Lebens- und Segenseinflüssen auf alle übrigen Völker der Erde strömen werde".[32] In Bezug auf das Verhältnis zu Juden legen solche eschatologischen Vorstellungen nahe, dass jeder Christ einem Angehörigen des Volkes Israel Achtung entgegenzubringen habe. Denn unter Berücksichtigung des Heilsaspekts, so bekennen die pietistischen Blätter selbst in Krisenzeiten durchweg, sei „jeder Christ ja ohnehin im tiefsten Grunde ein entschiedener Judenfreund"[33], nicht nur, weil „Christus [...] ein Jude"[34] war und das Heil von den Juden gekommen ist, sondern weil auch das zukünftige Heil von Israel ausgehen werde.

Dagegen gab es allerdings auch die Vorstellung, dass die Juden ein negatives Zeichen der Endzeit seien, insofern der „Antichrist" selbst ein Jude wäre.[35] Beide Klischees hatten ihre jeweilige Konjunktur und ergänzen sich auch gelegentlich. Die positive Heilsbedeutung der Juden wurde jedoch in der breitenwirksamen Frömmigkeitskultur des Neupietismus weit häufiger unterstrichen. Sie schien geeignet, die Zukunftsrelevanz der Kirche, insbesondere die der angezweifelten Autorität der Bibel zu bestätigen.[36]

Anders wurde die politische, gesellschaftliche und kulturelle Stellung des modernen Judentums zumeist als kritisch angesehen. In einigen, wenn auch nur wenigen Beiträgen, wird dagegen die Ansicht vertreten, dass Juden grundsätzlich für die Bevölkerung, in deren Mitte sie leben, ein kultureller Segen oder Fortschritt seien.[37] Nach dieser Minderheitenauffassung hänge das Wohl und Wehe eines Landes von den Juden ab, die in ihrer Mitte lebten.

Zuweilen wird unterstrichen, dass der Heilsfortschritt nicht etwa von denjenigen Juden ausgehen könne, die „im Mammonsdienst versunken sind", sondern (nach Jes 10,21) von einem „Heiligen Rest"[38], doch ist auch dieser „Rest“ eben nicht klar definiert, sondern eine offene Größe, zu der möglicherweise jeder Jude zählt. Allerdings unterscheidet man in der Regel sehr sorgfältig das altehrwürdige Israel, das an dem Glauben der Väter und an den Verheißungen festhält, von dem säkularisierten modernen Judentum.

Gegenüber Adolf Stoecker (1835–1909), der seinerseits die Juden für seine Sozialkritik instrumentalisiert und Negativklischees unterstreicht, heißt es bei den protestantischen „Judenfreunden“:

> „Kein Christ wird einstimmen wollen in das wüste Geschrei, das immer von Zeit zu Zeit gegen die Juden erhoben worden ist, vielmehr wird ihm, je theurer ihm sein eigener Christenglaube ist, desto mehr auch das Judenvolk ehrwürdig sein, welchem gehört die Kindschaft, und die Herrlichkeit, und der Bund, und das Gesetz, und der Gottesdienst, und die Verheißung. Welcher auch sind die Väter, aus welchen Christus herkommt nach dem Fleisch (Röm 9,4.5). Um des Einen Juden willen, Jesus von Nazareth, wird ein rechter Christ alle Juden mit ganz anderem Auge ansehen, als derjenige, dem auch Christus nichts anderes ist als ein ‚todter Jude‘, der vor achtzehn Jahrhunderten gelebt und gelehrt hat und hingerichtet worden ist.“[39]

Judenfreundlichkeit ist danach eine natürliche Konsequenz des Christenglaubens. Auch Stoecker hat sich ja bekanntlich als „Judenfreund“ bezeichnet und betont, dass er keinen Generalangriff auf die Juden beabsichtige, sondern in seiner Kritik ausschließlich gegen das von ihm so gesehene „unbescheidene“, kirchenverachtende moderne Judentum polemisierte.[40] Das „ehrenwerte Judentum“, dies wird für den gesamten Bereich des konservativen Protestantismus so gesehen, seien die Juden, die die Sündhaftigkeit ihres Volkes eingestehen und sich nach der vom Neupietismus glorifizierten jüdischen Heimat, Jerusalem, sehnen. Denn Deutschland, so empfand es die Majorität am Ende des 19. Jahrhunderts, sei nicht die eigentliche Heimat der Juden. Die Juden seien darum schon aus heilsgeschichtlichen Erwägungen heraus als eine „besondere Klasse von Mitbürgern“ anzusehen.[41] Ein orthodoxer Jude sei aber eine „respektable Erscheinung“ und in seiner Glaubenstreue, seinem Bekenntnis, speziell seinem Gebetseifer beispielhaft:

> „Darum sind uns auch insbesondere diejenigen Israeliten ehrwürdig, welche treulich am Gesetz ihrer Väter halten, aufrichtig trauern um den Verfall Jerusalems und von Herzen einstimmen in jene alten Gebete, in

> denen das Judenthum nach Zion zurückverlangt [...] Darum ists auch immer eine respektable Erscheinung um einen Juden, der, wo er auch sei, im Postwagen, im Wirtshaus, im Eisenbahnwagen seinen Gebetsriemen um Stirne und Arm legt, wenn die Stunde des Gebets gekommen ist, sein Büchlein aus der Tasche zieht und unbekümmert um den Spott seiner Mitreisenden sein Gebet verrichtet. Mancher Christ könnte sich daran ein beschämendes Beispiel nehmen."[42]

Ein orthodoxer Jude ist für den Christen demnach kein Beispiel an sich, sondern ein „beschämendes Beispiel". Denn, so wird vorausgesetzt, eigentlich seien ja die Christen in Glaubenssachen weit mehr befähigt als die Juden. Entsprechendes gilt für das Sozialverhalten, wo oftmals eine mustergültige Handlungsweise eines Juden herausgestellt wird, um so christliche Glaubensgleichgültigkeit markanter bloßzustellen. Denn wenn sogar ein Jude den christlichen Glaubensnormen mehr entspricht als die Christen selbst, dann bestätige dies die Notwendigkeit einer Erneuerung seitens der Christen.[43]

Zuweilen finden sich auch Erzählungen, die Juden als vorbildhaft darstellen, die treu zu ihrem von der Abstammung her definierten Volkstum halten. Ein Beispiel ist hierfür eine von der Zeitschrift *Daheim* 1878 publizierte Legende, nach der ein Jude, der in seiner Kindheit dem Elternhaus entrissen und katholisch erzogen, selbst Papst geworden war, seiner alten Identität zufällig gewahr wird und, gleichsam „der Stimme des Blutes" gehorchend, wieder zu seinem Elternhaus und Volk findet.[44] In Polemik gegen einen fanatischen Katholizismus, der unter Missachtung der Menschenrechte Juden zu bekehren versucht, betont diese Geschichte die dem jüdischen Volk eigenen vorbildhaften Eigenschaften. Der greise Rabbi, eine als Patriarchengestalt ausgemalte Persönlichkeit, entfacht nach der Erzählung bei seinem zum Papst gewordenen Sohn die Volksliebe und verweist auf die jüdischen Volkstugenden:

> „Er sprach dann mit Begeisterung von den Vorrechten und Vorzügen seiner Nation, von ihrer göttlichen Wahl und ihrem vormaligen Glanze, von ihrer Standhaftigkeit und Ergebung in Leiden und Verfolgungen, von der Treue gegen den Gott ihrer Väter, welche sie ihm unter den blutigsten Martern, die sie von den Christen zu erdulden hatten, bewahrte. Er sprach von ihrer hohen Sittlichkeit, von ihrem Mitgefühl und Wohlthätigkeit besonders ihren Brüdern gegenüber, von ihren häuslichen Tugenden und ihrem musterhaften Familienleben, kurz von allen den schönen Eigenschaften, die man ihnen nicht absprechen kann."[45]

In einem Roman des *Kasseler Sonntagsblattes* von 1898 heißt es in diesem Sinne:

> „Wer den Juden nur vom Tausch und Handel, von der Messe, vom Roßmarkt, vom Kipper und Wipper und vom Hausiren her kennt, der kennt ihn von einer wenig empfehlenden Seite, und wer den sogenannten aufgeklärten Juden kennt, der sich etwas zu Gute darauf thut, daß er Schweinefleisch ißt, am Sabbath schreibt und Geschäfte macht, der wird auch von dem jüdischen Wesen wenig erbaut sein, – wie sorgsam ein solcher darauf bedacht ist, von seiner Abkunft nichts merken zu lassen, – so schaut doch, wie man zu sagen pflegt, immer der Jude heraus und meist nur in einem widerlichen, abstoßenden Zerrbild. Wer in dem Juden etwas von dem ehemaligen Edelmann sehen will, der, obwohl, all seiner Glücksgüter beraubt, doch noch die Erinnerung seiner frühen Würde bewahrt, und durch diese Erinnerung, wenn auch nur auf einzelne Stunden, über die traurige, kümmerliche Gegenwart sich erhebt, der muß den altgläubigen Juden etwa am Vorabend eines Sabbaths oder eines Festes im Kreise seiner Familie aufsuchen."[46]

Die Stimmung, die hier als typisch für den jüdischen Sabbatabend ausgemalt wird, entspricht ganz der Feierabendstimmung, die die protestantischen Haus- und Heimzeitschriften gerne idealisiert als Alltagskontrast ausmalen und die auf fast allen ihren Titelseiten als Vignette gezeichnet ist. ‚Der' Jude kann so für Ruhe und Gelassenheit in einer unruhigen und friedlosen Zeit stehen, aber auch für das Gott wohlgefällige ‚Handeln', die zielstrebige Suche nach dem Heil und den beharrlichen Eifer, es zu erlangen.[47]

Neben den Patriarchenfiguren werden Juden zur Verstärkung eines Idylls auch gerne als Hirten gezeichnet.[48] Juden verkörpern demnach nicht allein die ‚Fremde' als ein Gegenbild zur eigenen Lebensform der ‚Heimat'. Sie können auch bildhaft positiv identitätsstiftend erscheinen, Heimat allegorisieren oder andererseits eine romantische Vorstellung vom fremden und fernen und doch lebendigen Paradies.

Die christliche Aufgabe gegenüber den Juden, die aus dieser Sicht ein Stück lebendes Evangelium sind, muss danach die der Mission sein.[49] Dies unterstreichen auch die Zeitschriften, die ansonsten betont judenkritische beziehungsweise judenfeindliche Äußerungen drucken.[50] Es wäre unter missionarischem Aspekt falsch, Juden zu isolieren. Der Christ solle sich vielmehr auf seine missionarischen Möglichkeiten besinnen, die er im alltäglichen Umgang mit Juden hat, in der geschäftlichen Begegnung[51] und im Alltagskontakt. Besonders die Kinder- und Schulzeit böte, nach Auffassung der konservativ protestantischen Lehre, die Chance, Juden auf die christliche Religion aufmerksam zu machen. Es finden sich eine Reihe von Erzählungen, die davon handeln, wie durch Kontakt mit christlichem Unterricht und durch Schulfreundschaften, Juden sich zum Christentum bekehren. Die Erzählungen belehren gern darüber, dass auch Christenkinder in der Begegnung mit einer frommen jüdischen Familie fruchtbare Impulse empfangen haben, in der noch das Alter geehrt, das Tischgebet gepflegt und der Sabbat gehalten wird.[52] Gerade die Nachbarschaftsbegegnung soll gepflegt werden. In einer Geschichte wird erzählt, wie eine totkranke Jüdin ihre christliche Nachbarin bat, für sie zu beten, denn sie hatte in der Begegnung mit der benachbarten christlichen Familie die Einsicht gewonnen, dass „diese Christen im Verkehr mit dem lebendigen Gott“ stehen. Juden beobachteten – hier wird wieder das Klischee benutzt, dass Juden die genauesten und aufnahmefähigsten Wahrnehmer seien – sehr das tägliche „Tun und Lassen“ der Christen.[53] In dieser Weise sind Juden für den Christen eine unablässige Herausforderung.

Durch die Darstellung des jüdischen Heilspotentials sollten die Christen neu ihre eigenen Möglichkeiten entdecken und lernen, der Krise der Moderne als Akteur zu begegnen. Als Warnung, Vorbild, Avantgarde und Zeugen seien Juden für die Christen direkte oder indirekte Animateure zur Wahrheitsfindung. Die von ihnen ausgeübte fiktive Rolle des Krisenüberwinders sei charakterisiert durch eine erwartete Rückbindung an die eigene Tradition. Allerdings, das zeigen diese Ausführungen eben auch, Juden werden als Besonderheit festgehalten. Sie dürfen sich nach diesem Bild nicht einfach in die christliche Gesellschaft eingliedern, eine Gesellschaft, die eben christlich und nur christlich zu sein hat. Die angebliche „Judenfreundschaft“ erweist sich schon dadurch wenigstens in Teilen als fragwürdig, ist allenfalls „sekundärer Philosemitismus“, wie ihn Wolfram Kinzig in seinem Beitrag definiert[54] und wie ihn Alan Levenson als einen solchen in seinem Ausführungen weiter ausgeführt hat[55]. Denn durch die Instrumentalisierung der Juden als „Hoffnungs- und Heilsträger“ werden Juden im Großen und Ganzen eben nicht als Freunde gesehen und behandelt, sondern als Fremde und Außenseiter. Ihr Recht auf freie Selbstbestimmung wird verweigert und unterlaufen. Und zuweilen ist man geneigt, eine solche Freundschaft im Gegenzug als nur wenig heilsam aufzufassen und auszurufen: „Bei solchen Freunden, wer braucht da noch Feinde“. Gefährlich wird diese Form protestantischer Ansicht gar in dem Aspekt, wenn das Leiden von Juden als natürlicher Vorgang interpretiert wird. Auffällig ist jedenfalls, dass die Judenmission zwar das protestantische Judenbild nachhaltig bestimmte, jedoch im Nationalsozialismus nur ein äußerst geringes Schutzpotential für die Juden ausmachte. Trotz alledem wird man auch nicht umhinkommen, in dieser Haltung, die sich ja, wie ausgeführt, nicht nur in Deutschland findet, ein Stück Gegenkultur entdecken zu dürfen im Vergleich zu dem sonst so ins Auge fallenden Antisemitismus.

Anmerkungen

1 Volkov, Shulamit: Antisemitismus als kultureller Code, in: dies.: Jüdisches Leben und Antisemitismus im 19. und 20. Jahrhundert. Zehn Essays, München 1990, S. 13–36.

2 Zu vorangegangenen Ansätzen in der Reformationszeit siehe die Beiträge von Stephen G. Burnett und Hans J. Hillerbrand im vorliegenden Band.

3 Auf eine kleine Textsammlung soll hingewiesen werden, die 2007 erschienen ist: Vogt, Peter (Hg.): Zwischen Bekehrungseifer und Philosemitismus, Texte zur Stellung des Pietismus zum Judentum, Kleine Texte des Pietismus, Bd. 11, Leipzig 2007.

4 Zu der Bewegung sowie zur „Nadere Reformatie" der Niederlanden insgesamt siehe Van den Berg, Johannes: Die Frömmigkeitsbestrebungen in den Niederlanden, in: Brecht, Martin (Hg.): Der Pietismus vom siebzehnten bis zum frühen achtzehnten Jahrhundert, Geschichte des Pietismus, Bd. 1, Göttingen 1993, S. 99–112.

5 Schoeps, Hans-Joachim: Philosemitismus im Barock, Religions- und geistesgeschichtliche Untersuchungen, Tübingen 1952, S. 1.

6 De Labadie, Jean: Le Héraut du Grand Roy Jesus, Amsterdam 1667, S. 55, 76 u. a.

7 Zu seiner Person siehe Scholem, Gershom: Sabbatai Zwi. Der mystische Messias, Frankfurt a. M. 1992.

8 Hierzu siehe besonders: Brecht, Martin: Der Hallische Pietismus in der Mitte des 18. Jahrhunderts – seine Ausstrahlung und sein Niedergang, in: ders./Deppermann, Klaus (Hg.): Der Pietismus im 18. Jahrhundert, Geschichte des Pietismus, Bd. 2, Göttingen 1995, S. 325f.; näheren Aufschluss gibt die Arbeit von Rymatzki, Christoph: Hallischer Pietismus und Judenmission, Johann Heinrich Callenbergs Institutum Judaicum und dessen Freundeskreis (1728–1736), Tübingen 2004.

9 Sehr massiv in der Confessio Augustana, Artikel 17.

10 Zu Franke siehe Brecht, Martin: August Hermann Francke und der Hallische Pietismus, in: ders./Deppermann (Hg.): Der Pietismus im 18. Jahrhundert, [wie Anm. 8], S. 440–539.

11 „Und es wird ein einziger Tag sein – er ist dem HERRN bekannt! – , es wird nicht Tag und Nacht sein, und auch um den Abend wird es licht sein." (Die Bibelzitate wurden, soweit nicht anders vermerkt, der Lutherbibel, revidierter Text 1994, durchgesehene Ausgabe in neuer Rechtschreibung, Stuttgart 1999 entnommen).

12 Zu Württemberg siehe: Jung, Martin: Die Württembergische Kirche und die Juden, Berlin 1992.

13 Hierzu siehe Meyer, Dietrich: Zinzendorf und Herrenhut, in: Brecht, Martin/Deppermann, Klaus (Hg.), Der Pietismus, Göttingen 1995, S. 5–106; Dalmann, Gustav/Schulze, Adolf (Hg.): Zinzendorf und Lieberkühn. Studien zur Geschichte der Judenmission, Leipzig 1903; Philipp, Franz-Heinrich: Graf Nikolaus Ludwig von Zinzendorf als Wegbereiter eines deutschen Philosemitismus, in: Emuna, Bd. 1 (1972), S. 15–25. Als für sein Judenbild aufschlussreiche Ausführungen Zinzendorfs sind an erster Stelle zu nennen: Sonderbare Gespräche zwischen einem Reisenden und allerhand andern Personen von allen in der Religion vorkommenden Wahrheiten, Altona

1739, S. 100–120.

14 Luther, Martin: Daß Jesus Christus ein geborener Jude sei (1523), abgedruckt in der Weimaraner Lutherausgabe (WA), Bd. 11, S. 314–336.

15 So in seiner programmatischen Grundsatzschrift: Darlegung der Methode, welche ich bisher im Umgange mit den Juden gebraucht habe, um ihnen die Lehre von Christo beyzubringen (1764), neu abgedruckt, in: Vogt, Peter (Hg.): Zwischen Bekehrungseifer und Philosemitismus, S. 80–86.

16 So bezeichnet von Meyer: Zinzendorf und Herrenhut, [wie Anm. 13], S. 74.

17 Zur Judenmission im 19. Jahrhundert siehe besonders: Aring, Paul Gerhard: Christliche Judenmission, Ihre Geschichte und Problematik dargestellt und untersucht am Beispiel des evangelischen Rheinlandes, Neukirchen 1980; ders.: Christen und Juden heute - und die „Judenmission"? Geschichte und Theologie protestantischer Judenmission in Deutschland, dargestellt und untersucht am Beispiel des Protestantismus im mittleren Deutschland, Frankfurt a.M. 1987; Heinrichs, Wolfgang E.: Die Judenmission als Indikator für den Wandel und die Zwiespältigkeit des protestantischen Judenbildes, in: ders.: Das Judenbild im Protestantismus des Deutschen Kaiserreichs. Ein Beitrag zur Mentalitätsgeschichte des deutschen Bürgertums in der Krise der Moderne, Gießen [2]2004, S. 484–597.

18 Bemerkenswert ist vor allem die Liste der Präsidenten der Gesellschaft zur Beförderung des Christentums unter den Juden in Berlin. Sie gehörten vorwiegend dem pietistischen Hochkonservativismus an, der vor allem unter Friedrich Wilhelm IV. staatliche Schlüsselpositionen besetzt hatte. Erster Präsident dieser Gesellschaft war 1822–1832 kein geringerer als der Staats- und Kriegsminister Generalmajor Karl Ernst Job von Witzleben (1783–1837) gewesen. Ihm folgten als Präsidenten der Gesellschaft 1832–1838 Generalmajor Friedrich Graf von der Gröben (1774–1839), 1838–1848 Generalleutnant Louis Gustav von Thile I. (1795–1852), 1853–1861 Generalleutnant Leopold von Gerlach (1790–1861), Mai bis September 1861 Generalmajor Edwin Freiherr von Manteuffel (1809–1885), 1864–1876 Geheimer Staatsminister a.D. Ferdinand Otto Wilhelm von Westphalen (1799–1876), 1876–1898 Unterstaatssekretär im Ministerium für Handel und Gewerbe, Wirklicher Geheimer Oberregierungsrat Christian Theodor Lohmann (1831–1905), seit 1902 Generalsuperintendent Oberkonsistorialrat Keßler. Vgl. Heinrichs: Das Judenbild, [wie Anm. 17], S. 485.

19 Hierzu siehe: Heinrichs, Wolfgang E.: Das Judenbild in ausgewählten kirchlichen Haus- und Heimzeitschriften, in: ders.: Das Judenbild, [wie Anm. 17], S. 595–695.

20 „Das ‚stille Jüdel'. Eine alte Geschichte", in: *Evangelischer Hausfreund* 31 (1906), S. 90. In Gedichtform: „Das stille Jüdel", in: *Stuttgarter Sonntagsblatt* 48 (1914), S. 112.

21 „Ueber den gegenwärtigen Stand der Juden- und Heidenmission", in: Der Nachbar 31 (1879), S. 326.

22 Gebündelt finden sich alle hier bezeichneten Tugenden in der Geschichte Ein rechter Israelit, in: *Reformiertes Sonntagsblatt* 15 (1905), S. 165. Die Geschichte handelt von einem Juden, der, einfallsreich, ohne sich zu erkennen zu geben, die Armen seines Volkes beschenkt. Sie will die Christen (nach Mt 6.3 und Apg. 20,35) zur dankbaren und bescheidenen Opferfreudigkeit ermahnen. Siehe auch Eine Jüdische Legende, in: *Grüß Gott* 22 (1905/06), S. 116. Diese von Berthold Auerbach übermittelte Legende handelt von vorbildhafter „Geschwisterliebe".

23 Die verschacherte Bibel [nach einer in den Leipziger *Blättern für Mission* abgedruckten Erzählung Hausmeisters], in: *Christlicher Volksfreund* 1 (1895), S. 106f.

24 Zu den bekannten Topoi gehört, dass Juden bemüht seien, das, was den Christen heilig ist, zu entehren. Wie gezeigt, wird besonders der jüdischen Presse unterstellt, dass sie schamlos mit den „Heiligthümern des Christenthums" umgehe. So auch in dem

Artikel Aus Welt und Zeit. Ein Ueberblick zum Neujahr 1881, in: *Der Christen-Bote* 51 (1881), S. 5f., S. 6. Die jüdische Schadenfreude über den Rückgang der Christlichkeit gehört zum ständigen provokativen Stilmittel der Paränese evangelischer Haus- und Heimblätter. So z. B. in den Artikeln Zur Sonntagsruhe, in: *Evangelischer Hausfreund* 10 (1885), S. 177; Zeichen der Zeit, in: *Der Nachbar* 33 (1881), S. 19 (Jüdische Presse macht sich über das christliche Weihnachtsfest lustig); Jüdische Zeitungen und christliche Feste, in: *Kasseler Sonntagsblatt* 34 (1912), S. 150.

25 Die verschacherte Bibel, [wie Anm. 23], S. 107.

26 Ebd.

27 Siehe z. B.: Zwei Juden, in: *Der Christen-Bote* 78 (1908), S. 165. Disputieren gilt als typisch jüdische Eigenschaft. Allgemein wird allerdings die den Juden häufig unterstellte Lust am Disputieren nicht unbedingt positiv gesehen, sondern als bloßes Gerede, Phrasendrescherei, Schaumschlägerei, Ausdruck einer unseriösen Presse, Wirtschaftsreklame oder auch des Parlamentarismus. In einer Geschichte der *Calwer-Familienbibliothek*, in der ein „Ausnahmejude" mit aus dieser Sicht jüdisch untypischen Eigenschaften Anschluss an die Christengemeinde findet, heißt es fast sprichwörtlich: „Disputieren ist der Juden Freude" („‚Lange warten bringt Verlust, Frisch gethan giebt volle Lust' Aus Band 28 der *Calwer Familienbibliothek*: Frohes und Ernstes in Erlebnissen mit Bewilligung der Verlagsbuchhandlung abgedruckt", in: *Schleswig-Holsteinischer Sonntagsbote* 3 (1893), S. 266–267, 274–276, 282–283, 290–291, 298–299, 306–308, hier S. 266). An anderer Stelle wird diese Eigenschaft negativ besetzt, wenn es heißt: „Sie schrieen nach Judenweise untereinander und erhitzten sich gegenseitig durch Schreien, Fluchen und Toben" (ebd., S. 290).

28 Vgl. hierzu auch die Erzählung Ein rechter Israelit, in: *Schleswig-Holsteinischer Sonntagsbote* 4 (1894), S. 238f. Diese Geschichte handelt von einem jüdischen Branntweinhändler, der sich bekehrt und fortan mit dem Verkauf von Tee und Kaffee, später mit einem Kurzwarengeschäft seine Familie ernährt. Selbst in schlechten Zeiten behält er seine neue, christliche Geschäftsmoral. Auffällig ist auch, dass gerade bei Ausbruch des Ersten Weltkrieges der Gedanke erneuert wird, dass man aus der Geschichte des Volkes Israel seine Lehren ziehen könne und die Juden als religiöse und sittliche Vorbilder bezeichnet werden. Siehe Lehren aus der Geschichte des Volkes Israel, in: *Der Christen-Bote* 84 (1914), S. 138–139, 146–147, 156–157, 162–163.

29 So die Geschichte Der Ostermorgen eines Juden, in: *Christlicher Volksfreund* 12 (1906), S. 68f., in der sich ein Jude auf dem Sterbebett bekehrt. Trotz aller inneren Vorbehalte und äußeren Widerstände hatte sich bei ihm schließlich das christliche Evangelium behauptet. Ähnlich auch Der Ostermorgen eines Juden, in: *Reformiertes-Sonntagsblatt* 22 (1913), S. 90–92.

30 In welcher Zeit stehen wir?, in: *Der Christen-Bote* 43 (1873), S. 308.

31 Ebd., S. 309.

32 Ebd. vgl. auch Dekan a. D. Kemmler: Was wissen wir vom tausendjährigen Reich?, in: *Stuttgarter Evangelisches Sonntagsblatt* 35 (1901), S. 350–351.

33 Zur Weltlage [Über die Verhandlung des preußischen Landtages zur ‚Judenfrage'], in: *Stuttgarter Evangelisches Sonntagsblatt* 14 (1880), S. 389. Der Bericht stellt sich ansonsten hinter die Stöckerschen Forderungen an das Judentum. Die Antisemitenpetition wird verworfen, da nur durch Mission, nicht aber durch äußerlichen Zwang die „Judenfrage" gelöst werden könne. Vgl. Zur Weltlage [zur ‚Judenfrage'], in: ebd., S. 381f.

34 Ein Wort für Israel, in: *Stuttgarter Evangelisches Sonntagsblatt* 14 (1880), S. 306.

35 So z. B. Zur Weltlage, in: *Stuttgarter Evangelisches Sonntagsblatt* 30 (1896), S. 285.

36 Den „wilden" Antisemiten wurde, wie in der Besprechung der konservativen Führungsorgane nachgewiesen, entgegengehalten, dass sie von den „Weissagungen des Alten und Neuen Testaments [...] nichts wissen wollen" (Zur Weltlage, in: *Stuttgarter*

Evangelisches Sonntagsblatt 26 (1892), S. 141).

37 So Schölly, Th.: Ein Blatt aus der Leidensgeschichte des Volkes Israel, in: *Stuttgarter Evangelisches Sonntagsblatt* 35 (1901), S. 104–105. Ähnlich Bradshaw, S. Th. B. :Der Einfluß der Juden auf die Geschichte der christlichen Völker. Nach einer Vorlesung, gehalten während der Conferenz für die Mission unter Israel am 22. Juni 1875 zu Southport, in: *Friedensbote NF* 8 (1876), S. 138–142, 166–175. Bradshaw würdigt in seiner Vorlesung den positiven Anteil von Juden an den kulturellen und zivilisatorischen Fortschritten. Dies geschah von deutschen, konservativen Theologen eher selten. Die Aufnahme der Vorlesung in den einer deutschen Missionszeitschrift belegt jedoch, dass auch die deutsche Judenmission bis zur ersten großen Antisemitismuswelle der sogenannten jüdischen „Betriebsamkeit" nicht unbedingt den Stempel der Sozialfeindlichkeit aufdrückt.

38 Die Bedeutung von Zion und Jerusalem in der prophetischen Sprache der heiligen Schrift, in: *Der Christen-Bote* 44 (1874), S. 27.

39 Stoecker, Adolf: Die Juden in Deutschland, in: *Der Christen-Bote* 49 (1879), S. 325.

40 Zur Verteidigung Stöckers im *Christen-Boten* siehe auch *Aus Welt und Zeit*, in: *Der Christen-Bote* 56 (1886), S. 4–6.

41 NN: Die Juden nach der heiligen Schrift, in: *Der Christen-Bote* 51 (1881), S. 124–125, 132–133, 139–141, 148–149, hier: S. 140.

42 Stoecker: Die Juden, [wie Anm. 39].

43 Siehe z. B. Und das war ein Jude, in: *Reformiertes Sonntags-Blatt* 6 (1896), S. 213. Die Geschichte handelt von einem Juden, der für ein Siechenstift einen hohen Betrag spendet. Er wird in Anspielung auf Lk 17,16 als „der dankbare Samariter" gesehen, der mit seinem Beispiel die christliche Mehrheit beschämt.

44 Händler, G. H.: Elchanan, eine jüdische Papstsage. Nach mündlicher Ueberlieferung erzählt, in: *Daheim* 14 (1878), S. 537–540, 553–556.

45 Ebd., S. 556.

46 Lebensführung vor 300 Jahren, in: *Kasseler Sonntagsblatt* 20 (1898), S. 154f., 162f., 170f., 178f., 186f., 194f., 202f., 210f., 218f., 226f., 234f., 274–276, 282f., 314f., 322f., 338–340, 362f., 370f., 378–380, 386f., 411f.; 21, 1899, S. 3f., 10f., 26f., 34f.; hier *Kasseler Sonntagsblatt* 20 (1898), S. 186. Siehe auch „Die Passahfeier der Juden", ebd. 20 (1898), S. 138–139. Der Roman *Lebensführung vor 300 Jahren*, auf den hier nicht näher eingegangen werden soll, spielt in den Türkenkriegen. Ein Schlossbauer stirbt. Ein Jude namens Isaak kommt zu dem Sterbenden und teilt ihm mit, dass sein verloren geglaubter Sohn noch lebe und sogar reich geworden sei. Nach dem Tod des Bauern macht sich dessen verbliebener Sohn auf, um seinen Bruder zu finden. Sein Begleiter ist Joseph, der Sohn Isaaks, ein „Nathanaelsjude". Beide bestehen eine Reihe von Abenteuern und finden schließlich den Bruder, der den Hof retten kann. Der „Nathanaelsjude" ist durch eine Reihe „jüdischer" Eigenschaften wie insbesondere Anpassungsfähigkeit, Schläue und Hartnäckigkeit eine wertvolle Hilfe, um die Heimführung des Bauernsohnes zu erreichen. Als weitere jüdische Eigenschaften werden genannt: Einmischungssucht, Stolz, Eitelkeit, Einbildung, Impulsivität, Ängstlichkeit, Ruhelosigkeit und entgegengesetzt dazu eine eigentümliche Würde. Anders kennt das *Kasseler Sonntagsblatt* auch Fortsetzungsromane, in denen Juden geradezu als hinderliches Element auf den Weg in die „Heimat" figurieren wie z. B. *Die Verbannten oder Der Gerechte behält den Sieg*. Von J. B., ebd. 17, 1895, S. 298f., 306f., 314f., 323f., 330f., 339f., 347f., 355f., 364, 371f., 379f., 386f., 394f., 403f., 412f.; 18, 1896, S. 11f., 19f., 27f., 35f., 51f., 60f., 75. Hier gilt wie bei den anderen Romanen die grundlegende Lebensregel, dass die, die sich auf den Herrn (Jesus) verlassen, den Sieg behalten, ohne, dass hierfür ein Jude das Vorbild abgibt. Siehe darin die Begegnung mit einem jüdischen Handelsmann, 18

(1896), S. 11f.

47 „So beschrieben vor allem in den Bekehrungsgeschichten. Eine Geschichte, die dies Motiv des beharrlichen Suchens nach dem Heil sehr anschaulich schildert ist Die Suche nach dem Blut [gemeint ist das Opferblut Jesu Christi, Anm. d. Verf.]“, in: *Reformiertes Sonntagsblatt* 21 (1912), S. 244f.

48 Siehe z.B.: Ein Hirtenknabe des alten Bundes, in: *Der Nachbar* 38 (1886), S. 365. Franz Blanckmeister: Levi Jeremias, ebd., S. 365f., 371f. Die Geschichte erzählt die Bekehrung des Levi Jeremias (geb. 1720), der sich nach seiner Taufe Ernst Gottlieb Christ nannte.

49 Zur Aufforderung zur Judenmission vgl. u.a. den späteren Professor für NT in Erlangen [Gustav] Wohlenberg (1893 noch Pfarrer auf der Hallig Pellworm): Etwas von Israel und der Mission unter Israel, in: *Schleswig-Holsteinischer Sonntagsbote* 3 (1893), S. 19–20, 27f.

50 Siehe z.B. B[ieling], R[ichard]: Hast du schon einmal mit einem Juden von deinem Heiland geredet?, in: *Berliner Evangelisches Sonntagsblatt* 32 (1910), S. 243f.

51 Eine oft in Haus- und Heimblättern zitierte judenmissionarische Geschichte ist die von einem christlichen Fuhrmann, der für einen Juden fährt und in dessen Gegenwart trotz der anfänglichen Missbilligung regelmäßig laut die Bibel liest. Er überzeugt den Juden durch seine Ehrlichkeit und sein offenes, unerschütterliches Bekenntnis. Vgl. Ein Stücklein Judenmission, in: *Der Christen-Bote* 54 (1884), S. 295. Als Quelle ist dort das Niederlausitzer Kirchenblatt angegeben); Ein Salzfuhrmann als Judenmissionar, in: *Reformiertes Sonntags-Blatt* 3 (1893), S. 101f.; Ein Judenmissionar, *Immergrün* 17 (1901), S. 222f.; Auch ein Judenmissionar (Aus dem „Zionsfreund“), in: *Stuttgarter Evangelisches Sonntagsblatt* 37 (1903), S. 332. Eine andere Geschichte erzählt, wie ein Buchhändler seine geschäftlichen Kontakte für die Judenmission nutzte. Siehe Heinrich Julius Elers, ein gottseliger Buchhändler, in: *Stuttgarter Evangelisches Sonntagsblatt* 41 (1907), S. 213ff.

52 Ein Beispiel hierfür ist Aus Frommels Kindheit. Die erste Schulzeit. Aus der Chronik eines geistl. Herrn. (Stuttgart, Steinkopf, 1896), in: *Der Nachbar* 49 (1897), S. 18f.

53 Ebd.

54 Siehe Kinzig, Wolfram: Philosemitismus – was ist das? Eine kritische Begriffsanalyse, im vorliegenden Band.

55 Siehe Levenson, Alan T.: From Recognition to Consensus: The Nature of Philosemitism in Germany, 1871–1932, im vorliegenden Band.

Gary Lease

Gibt es Häretiker beziehungsweise Ketzer im modernen Judentum? Der Fall H.-J. Schoeps*

Bei der Auswahl meines Themas habe ich mich von dem vor einigen Jahren verstorbenen österreichischen Kabarettisten Helmut Qualtinger leiten lassen. Am Schluss einer Radiosendung hatte er das Thema für die auf die nächste Sendung angekündigt: „Blutschande und ihre Bedeutung für die österreichische Landwirtschaft." Ob er tatsächlich dieses Thema angepackt hatte, habe ich nie erfahren; bei seinem zwiespältigen Verhältnis zur österreichischen Kultur und zum österreichischen Volk im Allgemeinen wäre es aber nicht verwunderlich gewesen, wenn er das getan hätte. Auf jeden Fall war der Zweck einer solchen Ankündigung zunächst einmal selbstverständlich die Erweckung des Interesses seiner Hörerschaft: Man möchte wissen, wie viele Zuhörer gespannt auf diese Sendung gewartet haben!

Ähnlich verhält es sich mit der Verknüpfung von Häresie mit dem Philosemitismus. Auf den ersten Blick scheint das eine unergiebige Verbindung zu sein: Was könnte wohl das eine mit dem anderen zu tun haben? Aber ich habe das Thema nicht aus Lust an der Erwartung, die Leser etwa zu schockieren, so formuliert, sondern weil bei näherem Zusehen Ergebnisse festzustellen sind, die für die Erörterung des Philosemitismus von akutellen Wert sind.

Fangen wir zunächst mit dem Begriff der Häresie an. Zuerst ist Häresie ein weit verbreitetes Wort, das in der heutigen Gesellschaft, in vielen Bereichen der allgemeinen Kultur von Schulen zu Universitäten, von Gesetzgebern bis zu Richtern und Anwälten, von der Wissenschaft bis zum täglichen Geschäftsleben, zu hören und anzutreffen ist. Im eigentlichen Wortsinn aber ist eine Häresie und infolgedessen ein Häretiker nur dort aufzuspüren, wo es eine christliche Gemeinschaft gibt. Wie so viele andere von der Ausübung einer Religion abgeleitete Begriffe ist auch die Leugnung des eigenen Glaubens von christlichen Institutionen besetzt worden. Im Kirchenrecht der römisch-katholischen Kirche von 1918 zum Beispiel wird festgestellt, dass nur ein Getaufter ein Häretiker sein kann, denn nur so eine Person ist in der Lage, eine „kraft göttlichen und katholischen Glaubens anzunehmende Wahrheit hartnäckig zu leugnen oder anzuzweifeln"[1]. Mit anderen Worten ist ein Häretiker derjenige, der der christlichen Offenbarung und dem von der Kirche proklamierten Dogma widerspricht. Diejenigen, die nicht zum corpus christianum gehören, können per definitionem nicht eine Auswahl von den christlichen Wahrheiten treffen, was der Natur der Sache nach die Häresie ausmacht.[2] Nach diesem Verständnis kann also kein Jude, kein Heide, kein Muslim der Häresie bezichtigt werden.

Geschichtlich gesehen aber ist es nicht so einfach. Erst im 4. Jahrhundert mit der Schaffung eines christlichen Reiches, zuerst unter Konstantin, später unter der Herrschaft einer Reihe von Kaisern, trat die Staatsgewalt an die Stelle eines Schützers der Rechtgläubigkeit heran. Mit der Gleichstellung des christlichen Glaubens mit der Politik einer von den Kaisern zu bewahrenden Reichseinheit fiel es dem Gesetz anheim, durch Gewalt die Häresie zu bekämpfen. Glaubensbekenntnisse, die bis dahin weitgehend als liturgische Akte verstanden worden waren, wurden schnell zu Gesetzen. Sich Denen zu widersetzen konnte den Tod herbeirufen. Zusätzlich bildete sich im 13. Jahrhundert das deutsche Wort ‚Ketzer' heraus, das wohl aus dem italienischen beziehungsweise dem griechischen ‚katharos' (rein), abgeleitet wurde. Ihrerseits war die Bezeichnung ‚Katharer', die im Laufe des 12. Jahrhunderts vom Osten her nach Italien gelangte, ein Sammelname für eine Anzahl dualistischer Sekten, die überall im Abendland zu finden waren. Seitdem steht der Begriff Ketzer nicht nur für Häretiker, sondern auch im Allgemeinen für einen frevelhaften Menschen, besonders aber für einen Sodomiten, angelehnt an die mittelhochdeutsche Bezeichnung ‚kötzer' oder ‚Schänder'. Bis zum heutigen Tag dauern in dem Gebrauch des Wortes Häretiker einerseits diese Vergesetzlichung des Glaubensbekenntnisses, andererseits die Verwechselung mit verworfenen Akten an. Wenn man also fragt, ob es speziell im modernen Judentum Häretiker beziehungsweise Ketzer gibt, dann muss man zunächst eine solche Frage verneinen.

Allerdings ist diese Haltung bereits dadurch gekennzeichnet, dass es manchmal Vertreter des orthodoxen Judentums gegeben hat beziehungsweise noch gibt, die Vertreter des Reform-, konservativen oder rekonstruierten Judentums als Häretiker bezeichnen. Nach den berühmten 13 Lehrsätzen des Maimonides sprechen diese Orthodoxen solchen Juden die Beteiligung am Leben in der nächsten Welt ab. Demnach nehmen Juden, die das Gesetz ignorieren, den abrahamischen Bund bestreiten, die Tora gegen die halachische Überlieferung auslegen oder den Namen Gottes voll aussprechen, an einem nach dem Tode zu erfolgenden Heil nicht mehr teil.[3] Rabbi Akiba verschärft dieses Urteil dadurch, dass sogar Juden, die häretische Bücher, das heisst gnostische Bücher lesen, auch dazu gerechnet werden sollten.[4] Was hierbei aber fehlt, ist sozusagen ein jüdischer Papst, das heisst eine mit Gewalt ausgestattete Oberinstanz und ein in einem Gesetz verankertes und bestimmtes Lehrgut, womit Mitglieder einer religiösen Gemeinschaft gebunden werden können. Mit anderen Worten reicht es nicht aus, dass sich eine Gruppe als orthodox erklärt, um eine Häresie und zugleich Häretiker zustande zu bringen. Das hat übrigens nichts mit einer Mehrheit oder einer Minderheit zu tun, sondern einzig und allein mit einer von der Gemeinschaft verliehenen Autorität, die man dann mit Macht und gegebenenfalls Gewalt durchsetzt. Schon Milton hat am Ende der englischen Revolution 1659 festgestellt, dass eben weil man niemals in der Lage sein kann, den eigentlichen Sinn der heiligen Schriften zu kennen, jeder, der eine andere Person einen Häretiker nennt, sich selbst dadurch als Häretiker ausgewiesen hat.[5] Man muss also zu einer festzulegenden Häresie und zum Ausschluss ihrer Anhänger auch einen Gesetzgeber und eine Oberhoheit oder einen Gesetzeshüter haben.

Ein schillerndes Beispiel sieht man im Falle von Rabbi Sherwin Wine aus Detroit, Michigan, USA. 1963 hat er dort eine jüdische Gemeinde gegründet, die sich als Kern eines humanistischen Judentums verstand. Sechs Jahre später folgte die Gründung eines Instituts und einer Gesellschaft für das Humanistische Judentum. Um 1955 zum Rabbi geweiht, hat Wine als Leiter verschiedener jüdischen Gemeinden und Tempel gedient, bis eine Gruppe enttäuscher Juden zu ihm gekommen war und ihn gebeten hatte, zusammen mit ihren Teilnehmern einen neuen Tempel zu gründen. Als erstes haben die Gemeindemitglieder gemeinsam mit Wine versucht, ein neues Vokabular auszuarbeiten, womit sie ihren tatsächlichen Glauben zum Ausdruck bringen wollten. Ihre neue Liturgie legte eine besondere Betonung auf die jüdische Geschichte, Kultur und Ethik.

Aufseheneregend aber war das Verschwinden des Wortes Gott aus den Gebeten und der Liturgie. Die dabei entfachte Kontroverse hat sogar das *Time Magazin* und die Zeitung *New York Times* erreicht.[6] Als Atheist verschrien hat Wine klar gemacht, dass er kein klassischer Atheist sei, sondern einer, der nicht in der Lage war nachweisen zu können, ob ein Gott existiere oder nicht. Infolgedessen sei für ihn und seine Gemeinde das Wort Gott bedeutungslos geworden. 1971 in einen neuen Tempel umgesiedelt, hat die Gemeinde beschlossen, dass die Tora statt im Heiligtum in der Tempelbibliothek aufbewahrt werden sollte. Anstelle des Toramanuskriptes haben sie in großen hebräischen Buchstaben das Wort ‚Adam' für Mensch anbringen lassen. Wine hat bis zu seiner Emeritierung 2003 seiner Gemeinde gedient. Seitdem gedeiht der Tempel weiter.

Wer wäre in der Lage, Wine und seine Gemeinde aus dem Judentum auszuschließen? Vereinzelt mag es wohl Einige geben, die ihn als häretisch bezeichnen, aber das blieb und bleibt ohne Konsequenzen. Obwohl Wine die Tora und andere jüdische Schriften als wichtige geschichtliche Dokumente betrachtet, sind sie für ihn keine Quellen einer göttlichen Offenbarung. Vielmehr hält er die jüdischen Schriften aus den letzten 250 Jahren für viel wichtiger als Urschriften, eben weil sie aus der jüdischen Aufklärung (Haskala) stammen. Die darin enthaltenen Werte sind für ihn der wirkliche Kern einer modernen jüdischen Identität. Das Augenmerk von Wines Arbeit und Veröffentlichungen wie auch das der Gemeinde liegt auf dem Versuch, Sprache im Einklang mit Wissen zu halten. Deshalb haben Wine und seine Gemeinde das Wort ‚Gott' aus ihrer Liturgie gebannt, damit sind fast alle bisherigen jüdischen Schriften, die für eine Tempelliturgie Verwendung gefunden hatten, auch aus dem Gemeindeleben verschwunden. Letzten Endes steht und fällt Wines These mit der Annahme, dass eine jüdische Identität, für ihn das höchste Ziel eines jeden Juden, zum größten Teil das Produkt einer Selbstidentifikation und nicht einer von oben auferlegten und durch ein Gesetz gebundenen Identiät sei. Wenn es überhaupt möglich wäre, einen Häretiker im Judentum ausfindig zu machen, um ihn dann feierlich aus der Gemeinde auszuschließen, dann dürfte Wine das Paradebeispiel schlechthin sein. Das ist aber bis jetzt nicht geschehen und wird wohl auch nicht stattfinden.

Wie Wolfram Kinzig in seinem in diesem Band vorliegenden Beitrag bereits hingewiesen hat, hat Hans-Joachim Schoeps 1952 eine Ansammlung von Arbeiten unter dem Titel *Philosemitismus im Barock* veröffentlicht.[7] In diesem Werk hat Schoeps eine Reihe merkwürdiger Gestalten aus dem 17. und 18. Jahrhundert gesammelt, die unser Staunen hervorrufen. Er selbst hat das Buch bezeichnet als dasjenige unter seinen vielen Veröffentlichungen, das ihm „die meiste Arbeit gemacht hat"[8]. Wenn hier keine Häretiker zu finden sind, muss man vielleicht die Suche nach solchen Erscheinungen gänzlich aufgeben. Und was finden wir? Zum Beispiel eine seltsame Figur, die durch wiederholte Aufforderungen an den König von Frankreich wie auch an den Papst, den Juden ein Heimatland zu gewähren, als Vorbote des Zionismus gewirkt hatte, und auch mit einer Theorie zur Existenz von Menschen, die vor Adam gelebt haben („Praeadamiten") fast auf den Scheiterhaufen gekommen war, aber als Christ wohl bemerkt, nicht als Jude.[9] Weiter finden wir einen biblischen Chiliasten, der noch die Erscheinung des Tausendjährigen Reiches Gottes zu seinen Lebzeiten gewaltig gepredigt hat. Er war nach Schoeps eindeutig ein Häretiker, aber eben weil er ein monophysitischer Christ war, der die Zweinaturenlehre in Christus verneint hat.[10] Oder der Prediger und Theologe, der seine Konfessionszugehörigkeit so oft wechselte wie wir heutzutage die Socken;

geendet hat das mit seinem Übertritt zum Judentum als „eine erschütternde Anzweifelung der eigenen christlichen Glaubensgewissheit“[11]. Am schillerndsten ist vielleicht der Fall eines Rabbiners, der zum Christentum übertritt und danach fast 15 Jahre lang als Lehrer der hebräischen Sprache in Uppsala tätig gewesen war. Er ist eindeutig dem Umfeld der sabbatianischen Bewegung zuzurechnen, und er schrieb selbst, dass seine bisherigen Glaubensgenossen, also Juden, ihn „viel Übles [haben] leiden lassen und verfolgt“ haben, ihn aber nicht als Häretiker ausgezeichnet hatten.[12] Kurzum, wenn es unter den vielen Philosemiten aus dem 17. Jahrhundert, die uns Schoeps vorführt, Häretiker gegeben hat, dann nur weil sie Christen waren und dementsprechend behandelt wurden.

Schoeps selbst aber war seit Anfang der 1930er-Jahre in eine Reihe von Kontroversen verwickelt, die um die Frage nach einer jüdischen beziehungsweise deutschen Identität kreisten. Seine früheren Arbeiten zur Wiederentdeckung von Salomon Ludwig Steinheim führten zum Beispiel zu einer Debatte mit Hans Blüher, dem Philosophen und Theoretiker der Jugendbewegung.[13] Ausgehend von der zentralen Rolle, die Steinheims Idee von der Schöpfung für eine moderne Theologie und auch Philosophie spielen muss, stellt sich für Schoeps als Hauptanliegen des Gesprächs die Frage: „Wie wahren wir den Schöpfungsrest und festigen den Damm, der von Gott in seiner Offenbarung gebaut worden ist gegen die Selbstzerstörung der Welt?“ [14] Hierbei war es für Schoeps klar, dass weder das Christentum noch das Judentum allein und für sich die letzte Station der menschlichen Existenz sein kann. Für Schoeps lag der Kern der Schöpfungsordnung, den er von Steinheim übernommen hatte, in der Einsicht verborgen, dass man „nie durch sich selber, sondern immer nur durch das, was man repräsentiert“, geschichtlich lebt.[15] Mit diesem Wort machte Schoeps eindeutig klar, dass die so genannte Judenfrage eine Frage nach jüdischer und deutscher Identität zugleich ist.

Im selben Jahr 1932 wurde Schoeps heftig von Gershom Scholem angegriffen, der einen offenen Brief an den Verfasser des Buches *Jüdischer Glaube in dieser Zeit* gerichtet hatte. Das Buch hatte Schoeps gerade in Druck gegeben. Darin plädierte er für eine Rückkehr zur Offenbarung, die das Fundament sowohl für das Judentum als auch für das Christentum bilde.[16] Scholem war empört, dass Schoeps ein solches Thema aufgegriffen hatte: Ihm zufolge war es unmöglich, eine dogmatische Grundlage für das Judentum zu errichten. So etwas widerspreche dem Geist des Judentums.[17] In den Augen Scholems fast genauso schlimm war die Tatsache, dass Schoeps viel zu nah an Karl Barth herangerückt war, vor allem in seinem „geschichtlichen“ Bekenntnis zu Deutschland und zu der Rolle, die Juden in Deutschland zu spielen haben. Wie aus der Pistole geschossen hat Schoeps geantwortet. In einem privaten Brief[18] an Scholem klagte er darüber, dass dieser sein Hauptanliegen einfach ignoriert habe. Verursacht durch den Prozess der Säkularisierung in der abendländischen Welt sei die „jüdische Existenz in zwei Hälften auseinandergefallen". Nur auf dem „dialektischen Wege" sei eine Heilung dieses Bruches herbeizuführen.[19] Schoeps spitzt die Frage zu, indem er unterstreicht, wie weit das moderne deutsche Judentum, das „seiner Struktur nach kritizistisch-protestantisch" sei, von der jüdischen Überlieferung abgefallen ist: Ein solcher Jude wird die Frage nicht los, ob es denn wirklich dieselbe gottesfürchtige Frömmigkeit sei, mit der unsere Väter vor 150 und vielleicht auch noch vor 50 Jahren die Sabbatlichter anzündeten und mit der wir in unserem Sein und Bewusstsein so säkularisierten und grauenvoll pervertierten Juden Westeuropas es tun (wenn wir es tun).[20]

Es gibt also keine Kategorie des Judeseins, die irgendwie die spezifische Zeit und den spezifischen Platz der einzelnen Exizistenz transzendiert. Mit anderen Worten: Es gibt kein jüdisches Volk, das vom Blut her bestimmt ist, vielmehr ist es durch die einmalige geschichtliche Sendung, die den Juden gegeben ist, in seiner Identität bestimmt.[21] Genauso wie Steinheim die Juden aufgerufen hatte, auf ihren Posten zu bleiben, so mahnt auch Schoeps jetzt die deutschen Juden, dieselbe Aufgabe wahrzunehmen. Obwohl ihm klar ist, dass geschichtlich gesehen, das deutsche Judentum zerschlagen werde, meint er doch, dass jeder treue Jude, der auch ein Deutscher ist, diesem Erbe treu bleiben und fest dazu stehen muss: Was immer geschehen mag, wir bleiben Deutschland treu![22] In Schoeps' Augen war es gerade diese Pflicht, die als ein Bekenntnis für das moderne – vor allem deutsche – Judentum zu dienen hat. Nur durch solche Leiden haben Juden die Gelegenheit, sich als authentische Juden auszuweisen. In diesem Moment der Krise kennt Schoeps keine andere Antwort als die, dass man wegen der Wahrheit zerstört werden kann, und wenn das deutsche Judentum zerstört werden sollte, dann wird auch ein Teil der Wahrheit mit zerstört. Denn wer immer ein öffentliches Leben in dieser Welt führt, nimmt damit ein geschichtliches Schicksal auf sich, und wer das tut, nimmt auch die Möglichkeit einer Zerstörung des Menschlichen an.[23] „Wir Deutschen Juden", so schließt Schoeps, „wollen nicht unser eigenes Glück, sondern unser Glück ist das Glück unseres Vaterlandes."[24]

Diese Kontroverse sollte einen Nachhall haben. Mehr als 35 Jahre danach wurde eine Wanderausstellung vorbereitet, die Werke einer Reihe deutsch-jüdischer Autoren zum Kern hatte und die in verschiedenen europäischen Hauptstädten Station machte. Von Anfang an war Schoeps unter den Verfassern, die hierbei in Erscheinung treten sollten. Als die Ausstellung aber Berlin erreichte, wurde Protest laut, dass die Präsenz von Schoeps' Büchern nichts anderes sei als eine Gutheißung von Schoeps' „pro-Nazi"-Tätigkeiten während der 1930er-Jahre. Ihn weiterhin in der Ausstellung erscheinen zu lassen wäre wohl eine Beleidigung aller von den Nationalsozialisten ermordeten Juden. Daraufhin wurde Schoeps beziehungsweisse seine Werke aus der Ausstellung entfernt.[25] Obwohl Schoeps viele seiner Kampfschriften aus den 1930er-Jahren neu drucken ließ, um klar zu stellen, was er zu der Zeit eigentlich gesagt hatte, hielten die Angriffe an. Schwerwiegend war die Kritik von Robert Weltsch aus England und von Wolfgang Bartsch aus Deutschland.[26] Eine nur noch im Nachlass von Schoeps zu findende Debatte zwischen ihm und Günter Holzmann aus Breslau, dem Begründer des Schwarzen Fähnleins, wirft aber ein ganz anders Licht auf diese Kontroverse.

Man muss sich vor Augen halten, dass Schoeps bereits seit seinen ersten literarischen Produktionen als 17-Jähriger (1926), das Problem der nationalen Identität, vor allem in Deutschland, zu seinem Hauptthema gemacht hatte. Sein Ziel war eine Erneuerung der gesamten deutschen Gesellschaft. 1929 hatte er seine erste Verbindung gegründet, die Freideutsche Kameradschaft, aus der Überzeugung, dass nur durch die Jugend die erhoffte Erneuerung Deutschlands zu erzielen sei. Ein zweites Stadium zur Erfüllung dieser Aufgabe begann 1931, als Schoeps sich seiner jüdischen Herkunft und seines jüdischen Erbes bewusst geworden war und 1932 den Vortrupp ins Leben rief, eine Verbindung der jüdischen Jugend. Als Konkurrenz zu Schoeps' Vortrupp galt das Schwarze Fähnlein von Günter Holzmann. 1933 und 1934 stritten diese Gruppen mit einer sich verstärkenden Vehemenz über die Rolle, die von der jüdischen Jugend in einem nationalsozialistischen Deutschland gespielt werden könnte. 1934 hatte Holzmann endlich ein radikales Flugblatt entworfen und veröffentlicht. Für ihn und seine Kameraden könne es nur eine Gemeinde geben, zusammengehalten von dem einen Schicksal: die deutsche Nation. Es gab für sie nur die deutsche Rasse, weder eine „arische" noch eine „nicht-arische" Rasse bestimmten ihr Schicksal, sondern nur die deutsche, zu der alle Mitglieder der deutschen Gesellschaft gehörten und zwar auf Grund von „Blut und Boden". Die daraus zu ziehenden Konsequenzen lauteten: Alle Mitglieder des Schwarzen Fähnleins sollten sofort von allen jüdischen Organisationen, die nicht die gleiche volle Teilnahme an der deutschen Nation unterstützten, austreten.[27] Selbstverständlich fühlte sich Schoeps verpflichtet, hierauf eine Antwort zu geben. Gezwungen zu wählen zwischen einem vereinfachten deutschen Nationalismus und den preußisch-jüdischen Überlieferungen, die nun zum Inhalt seiner eigenen Existenz geworden waren, war ihm seine Wahl klar. In einer glühenden und mit Hand geschriebenen Erwiderung an Holzmann und das Schwarze Fähnlein brach er alle Verbindungen zwischen dem Vortrupp und dem Schwarzen Fähnlein ab:

> „Die letzten Tage haben in mir die letzten Reserven jüdischer Substanz und jüdischen Selbstbehauptungswillens mobilisiert. Ich kann nicht mehr eine Sache vertreten, deren Kämpfer zum Ziel haben, so rasch und so weitreichend als möglich alles Jüdische abzustreifen, um nur ja als deutschvölkisch zu gelten. Ich spüre heute aber deutlicher als jemals, daß meine Väter mir die Verantwortung für das Erbe Jakobs aufgebürdet haben, daß ich in diesem Notstande die Jüdischkeit, die kein gedankliches Schemenbild, sondern eine auch mal den Leib mit formende geistliche Wirklichkeit ist, zu bewahren und fortzuführen, nicht aber ignorieren oder wegzuwerfen habe. Meine konkrete Pflicht ist jetzt zur Stunde, zu meinen Glaubensgenossen zu sprechen [...] sie stark zu machen auf den geistigen Widerstand."[28]

Zugleich aber wollte Schoeps klar machen, dass sein Festhalten an seiner jüdischen Identität und seinem jüdischen Erbe nicht bedeutete, dass er seine deutsche Identität aufgäbe:

> „Meine eigene Stellung zum deutschen Vaterland bleibt unverändert. Ich habe kein anderes Vaterland als das, das Deutschland heißt; ich kann ihm aber nicht anders sinnvoll dienen als so, daß ich als ganzer Jude Deutscher bin, nicht aber durch Gleichgültigkeitserklärung gegen mein Judesein."[29]

Hiermit erklärte Schoeps ohne Wenn und Aber, dass er trotz allem zum Judentum steht und dass er der Versuchung, diese eine Identität aufzugeben, um sich allein einer deutschen Identität an ihrer Stelle zu verpflichten, standhält:

> „Unser Judesein hängt nicht von unserem Willen ab, sondern durch unser Judesein wird etwas mit uns gewillt. Niemand kann sich den Fakten des Judeseins entziehen, niemand hat die Freiheit das Judesein zu leugnen oder abzuschütteln. Er muß sich dazu bekennen – weil Gott sich in Israel bekannt hat."[30]

Zum Schluss antwortete Schoeps auf Holzmann in einem milderem Ton:

> „Wir werden niemandem, der heute herausgeht, weil sein Existenminimum nicht gesichert ist, einen Stein nachwerfen. Wir wissen, daß [es] sehr oft – allerdings nicht immer – Schicksal ist – und zwar ein tragisches. Wer aber gewillt ist auch bei eingeschirrtesten Lebensbedingungen und gesenkten Lebensstandard auf jeden Fall in Deutschland zu bleiben – u. es gibt eine Jugend, die dazu bereit ist, deren Wortführer ich bin – für die wird die Judenfrage in erster Linie zu einer seelischen Frage [...]. Man will uns nicht – und wir bleiben hier. Man bestreitet unser Deutschsein – und wir bekennen uns zu Deutschland.“[31]

Das Problem gewinnt hiermit an Klarheit. Für Schoeps kann man nur Jude sein, weil man Kind des Bundes vom Sinai ist, nicht aber weil man Mitglied einer Rasse oder sogar Mitglied einer jüdischen Nation ist. Die Frage nach der jüdischen Identität ist letztlich eine Religionsfrage und als solche nur durch eine theologische zu beantworten, bildet das Fundament für eine deutsche Identität: „Alles für Deutschland“, sagt Schoeps immer noch fast 40 Jahre später, „aber Deutschland für Gott!“[32]

Kehren wir also zu den anfangs gestellten Fragen zurück. Gibt es im modernen Judentum Häretiker? Mitnichten! Ist der Fall von Hans-Joachim Schoeps ein klares Beispiel eines solchen Verhaltens: Keineswegs! Stattdessen hat er ein ganz anderes Vermächtnis hinterlassen. Längst bevor es salon- und akademisch hoffähig wurde, von Multiidentitäten zu sprechen, hat Schoeps nicht nur theoretisch den Boden für ein solches Phänomen vorbereitet, sondern auch ein gelebtes Beispiel einer solchen Identität geliefert. Für ihn und die kleine Schar seiner Anhänger in dem Vortrupp deutscher Juden stand fest, dass das Deutschland, für das sie sich einsetzten, höchst wahrscheinlich nicht überleben würde. Trotzdem haben sie sich bemüht, um einen letzten Versuch zu unternehmen, die Grundelemente einer Theorie zur Nationbildung zu formulieren, die es ihnen ermöglichte, ihre jüdische Identität genau als Deutsche zu bewahren. Für sie war die Nation eben die Dienerin des Volkes und des Staates, die sie vertritt. Ein solcher Staat ist seiner Kultur und Gesellschaft gegenüber für die Ordnung verantwortlich, eine Ordnung, die ihren Urspung in der göttlichen Schöpfung nimmt. Wenn Fragen nach diesen Funktionen auftauchen, dann erlebt man nach Schoeps die Erweckung einer Nation. Nur dort, wo eine Nation aber diesen Ursprung anerkennt, kann sie legitim sein. Geschichtlich gesehen ist Deutschland immer eine solche Nation gewesen, niemals einfach eine bloße deutsche Nation. Nur wenn Deutschland lebt und handelt als eine Nation mit einer solchen Sendung, nämlich der der Erfüllung des göttlichen Auftrages, der selbst in der Schöpfung verankert ist, kann ein deutscher Nationalismus gedeihen. Zugegeben muss jede Nation nach Macht streben, aber dies kann es nur innerhalb der größeren Ordnung der Schöpfung tun. Anders zu handeln verurteilt sie zum Verlust des Mythos, der hinter dem Begriff der Nation verborgen liegt, und infolgedessen zu ihrer eigenen Zerstörung.[33]

Für Schoeps bestand eine legitime deutsche Identität aus zwei Dimensionen. Erstens, eine religiöse oder theologische Schicht, die für ihn persönlich seine jüdische Identität verkörperte. Hierzu gehörten die Tatsachen Gott als Schöpfer und der Bund vom Sinai. Dies war eben nicht eine Identität, die auf der Zugehörigkeit zu einer separaten jüdischen Rasse oder einer separaten jüdischen Nation basierte. Hier übrigens liegt der Grund seiner Ablehnung des Zionismus, die von vielen seiner jüdischen Kollegen als Ärgernis empfunden wurde. Zweitens aber kam für Schoeps eine preußische Identität hinzu: ein Bekenntnis zu der Idee einer gesellschaftlichen Ordnung, der die Schöpfungsordnung zugrunde liegt und deshalb diese Schöpfungsordnung widerspiegelte. Nach dieser Auffassung stellte unter den europäischen Nationen nur Preußen das einzige authentische Beispiel eines Staates dar, der sowohl der Gesellschaft als auch Gott verantwortlich war. In dieser Theorie besteht Nationalismus aus vielen Teilen und Schichten. Sie speist sich dementsprechend aus vielen Quellen. Für Schoeps war Deutschland am Ende der 1920er-Jahre nur eine halbe Nation, die eine Identität dargeboten hatte, die nur aus der Zugehörigkeit zu einer bestimmten Rasse bestand. Zwar versuchte der Nationalsozialimus, diese deutsche Identität zu vervollständigen, aber er scheiterte an dieser Aufgabe, eben weil er für immer den Staat, den er vorgab retten zu wollen, zerstörte. Schoeps hingegen machte klar, dass der einzige, erfolgversprechende Weg zu einer deutschen Identität aus einer konservativen preußischen Identität und zugleich einer jüdischen Identität besteht. Jude sein und Preuße sein: das war für Schoeps die einzig mögliche deutsche Identität, nicht aber eine separate jüdische Scheinidentität. Diese Auffassung ist eben alles Andere als eine Häresie.

Anmerkungen

* Kurz nach Ende der Tagung verstarb Professor Gary Lease, so dass notwendige Nachfragen zu seinem Beitrag nicht mehr mit ihm selbst geklärt werden konnten. Die Herausgeberinnen haben sich bemüht, den Text deshalb soweit wie möglich ohne größere inhaltliche Veränderungen für die Drucklegung fertig zu stellen und nur sprachlich zu redigieren. Demzufolge konnten auch nicht alle bibliografischen Angaben in den Fußnoten recherchiert bzw. überprüft werden.

1 Codex Iuris Canonici: Rom 1918, Can. 1325,2.
2 Karrer, Otto: Häresie, in: Fries, Heinrich (Hg.): Handbuch theologischer Grundbegriffe, München 1962, Bd. 1, S. 616–623.
3 Tosef. Sanh. XIII, 5; auch XII, 9.
4 Mishna, Sanh. 100b.
5 Milton, John: Treatise of Civil Power in Ecclesiastical Causes; showing that it is not lawful for any power on earth to compel in matters of religion, London 1659.
6 The Atheist Rabbi, in: *Time Magazine*, 29. 1. 1965; Spiegel, Irving: Jewish ‚Agnostic' stirs convention: Dropping of ‚god' in Service Deplored and Condoned, in: *New York Times*, 20. 6. 1965; Cooley, John: "Religion: Must a Rabbi believe in God?", in: *New York Times*, 5. 9. 1965.
7 Schoeps, Hans-Joachim: Philosemitismus im Barock. Religions- und geistesgeschichtliche Untersuchungen, Tübingen 1952.
8 Ders.: Ja-Nein-Trotzdem, Mainz 1974, S. 257.
9 Ders.: Philosemitismus, [wie Anm. 8], S. 3–18. Es handelt sich hier um Isaak de la Peyrère.
10 Ebd., S. 18–45. Hier haben wir es mit Paul Felgenhauer zu tun.
11 Ebd., S. 72. Der Prediger hieß Johann Peter Späth, nach seiner Konversion zum Judentum Moses Germanus genannt.
12 Ebd., S. 104, Fn. 2. Es war „Rabbi" Johan Kemper.
13 Zur ganzen Debatte vgl. Lease, Gary: „Wer war hier Christ, wer Jude?", in: Kremers, Heinz/Schoeps, Julius H. (Hg.): Das jüdisch-christliche Religionsgespräch [Studien der Geistesgeschichte, Bd. 9], Stuttgart 1988, S. 114–130. Die Debatte selbst ist zu finden in: Schoeps, Hans-Joachim/Blüher, Hans (Hg.): Streit um Israel, Hamburg 1933.
14 Schoeps/Blüher: Streit, [wie Anm. 13], S. 7f.
15 Ebd., S. 103f.
16 Vgl. Scholem, Gershom: „Offener Brief an den Verfasser", in: *Bayerische Israelitische Gemeindezeitung* VIII, Nr. 16 vom 15. August 1932; jetzt zu finden in Schoeps, Ja-Nein-Trotzdem [Anm. 8], S. 36–45.
17 Vgl. ebd., S. 39.
18 Vgl. ebd., S. 47–54. Dieser Brief vom 15. August 1932 wird dem Leser hier zum ersten Mal zugänglich gemacht.
19 Vgl. ebd., S. 47.
20 Vgl. ebd., S. 48f.
21 Vgl. ebd., S. 53; siehe auch: Schoeps, Hans-Joachim: Secessio Judaica. Israel in Ewigkeit, in: ders.: Bereit für Deutschland. Der Patriotismus deutscher Juden und der Nationalsozialismus, Berlin 1970 (1933), S. 287f.
22 Vgl. Steinheim, Salomon Ludwig: Vom Bleibenden und Vergänglichen im Judentum, in: Schoeps, Hans-Joachim (Hg.): Vom Bleibenden und Vergänglichen im Judentum, Berlin 1935, S. 29. Auch Schoeps, Hans-Joachim: Wir Deutschen Juden, Berlin 1934, S. 5ff.
23 Vgl. Steinheim: Vom Bleibenden, [wie Anm. 22], S. 23; Schoeps: Wir Deutschen, [wie Anm. 22], S. 10.
24 Vgl. Schoeps: Wir Deutschen, [wie Anm. 22], S. 52. Zur Debatte zwischen Schoeps und Scholem siehe neuerdings Maciejko, Pawel: Gershom Scholem's Dialectic of Jewish History, in: *Journal of Modern Jewish Studies* 3 (2004), S. 207–220.
25 Siehe hierzu einen Bericht in den *Nürnberger Nachrichten* vom 17. Februar 1970 wie auch Schoeps, Hans-Joachim: Rufmord 1970, Erlangen 1970. Ein Teil von Schoeps' Antwort auf diese Vorwürfe war die neue Auflage seiner Kampfschriften aus den 1930er-Jahren: Bereit für Deutschland! [wie Anm. 21].

26 Weltsch, Robert: AJR Information (Association of Jewish Refugees in Great Britain) 33 (April 1970); Bartsch,Wolfgang, in: *Frankfurter Rundschau* vom 14. Juni 1972; Becker, Nicolas: Faschismus ist kein Zufall, in: *Die Zeit* vom 23. Juni 1972, der klagt, dass Schoeps junge Juden verführt habe, selbst den Antisemitismus der Nazis zu akzeptieren.
27 Holzmann, Günter: Entweder-Oder. Zur Judenfrage, Juli 1934, Maschinenschrift in: Nachlass Schoeps, Staatsbibliothek Berlin, Preußischer Kulturbesitz, Berlin, Kasten 38, 6. Zur ganzen Auseinandersetzung siehe Lease, Gary: Prussian, conservative, Jew but not German: Hans-Joachim Schoeps and German nationalism, in: ders.: Odd Fellows in the Politics of Religion. Modernism, National Socialism, and German Judaism, Berlin 1995, S. 221–231.
28 Ebd.
29 Schoeps: ohne Titel, in: Nachlass Schoeps, Kasten 40, [wie Anm. 27].
30 Ebd., Kasten 37, [wie Anm. 27].
31 Ebd., Deutsch-jüdische Besinnung, [wie Anm. 27], 1.IV.33–1.IV.35.
32 Schoeps: Bereit, [wie Anm. 21], S. 29.
33 Ders.: Protokoll zum letzten Treffen der Verbindung Freideutsche Kameradschaft, Herbst 1932 in Eckartberga, jetzt in: Nachlass Schoeps, Kasten 40, [Anm. 27].

PHILOSEMITISMUS IM KONTEXT VON AUFKLÄRUNG UND EMANZIPATION

Robert Liberles

"On the Boundaries between Hostility and Support: The Case of Christian Dohm"

This conference in honor of Julius Schoeps has in a sense forced me to pick up materials that I have not examined closely in almost two decades. I welcome the opportunity to see how I might view this material differently after such a long period has passed.[1]

> "I may concede that the Jews may be more morally corrupt than other nations; that they are guilty of a proportionately greater number of crimes than the Christians; that their character in general inclines more towards usury and fraud in commerce, that their religious prejudice is more antisocial and clannish…."[2]

This may hardly sound like a description of the Jews that would come from one of the best-known 18th century proponents of Jewish rights, but in fact comes from Christian Dohm's description of the Jews in his classic 1781 essay *Über die bürgerliche Verbesserung der Juden.*

I took the above quotation out of context in order to create a problem which I would then propose to solve relatively easily. But lest we too quickly conclude that there is really no issue here, and that Dohm's occasional slurs on the character and morals of his contemporary Jews set not only my stage but also his own in order to highlight his fundamental theories about human behavior and society; before we make the issue disappear, we should recall that several scholars have taken Dohm's critical statements very seriously and have labeled this champion of Jewish emancipation in anti-Semitic terms.

Dohm probably had rather limited direct contact with Jews. His knowledge and perceptions derived most likely from several diverse sources that we can delineate. Of primary importance would be his knowledge of Alsatian Jewry and its problems as presented to him in the various memos and notes he received from the communal leader Cerf Beer, who had turned to Moses Mendelssohn and through Mendelssohn to Dohm to issue the 1780 memo in defense of the Jews of Alsace against a particularly hostile set of charges that had been spread against them.[3] In addition, I think that Dohm would undoubtedly know of the set of reports and proposals that were written in the 1770's concerning the Jews that Prussia had inherited in consequence of the 1772 first partition of Poland. Here too Dohm would find numerous scathing accusations of corrupt business practices and isolationist behavior separating Jews from the rest of society. As I wrote in my earlier articles, intellectual and political journals began a rather intense debate on the Jews during this period. So as an active force within Enlightenment circles, meaning as a writer, a reader and an editor, Dohm was also acquainted with literal descriptions of the Jews, most prominently those of Michaelis and the earlier Eisenmenger, both of whom he cited, the former positively, the latter critically.[4]

In Berlin during the later 1770's, people like Dohm, Lessing, Lavater, and others had another source of information: Mendelssohn himself. This kind of connection was not new, for religious figures and scholars in Europe had maintained some kind of tolerant dialogue with Jewish scholars for over a century already.[5]

In this context, one must be struck by the enormous amount of information on the Jews available to Dohm and to anyone else in his time, place, and intellectual and political position. Dohm reached his own conclusions about Jews and Judaism, emphasizing the rich tradition of ancient Judaism in combination with a somewhat degenerate nature of the Jews not only in his time but for centuries past as well. But these conclusions were hardly a foregone conclusion. After all, such a dominant figure as Voltaire reached very different views on Judaism. It was Dohm who was the exception, not Voltaire, as we can see from the wide-spread opposition to Dohm's proposals even within Enlightenment circles.

Was Dohm's hostile description of the Jews of his time an authentic statement of how he viewed the Jews or merely a literary device intended to increase the credibility of his argument? Certainly, these negative portraits served some purpose in his writings. By emphasizing the corruption and particularism of contemporary Jews, Dohm accomplished several advantage-points for his arguments. First, he removed doubts that he was blind to the major deficiencies that Germans found in the Jews. Second, he provided for himself an excellent experimental laboratory to test his theories that state intervention providing equal opportunities would prove thoroughly efficacious in changing the character defaults found among the Jews. But there is no basis for dismissing Dohm's comments: clearly he possessed very negative impressions of the Jews of his day.

Dohm emphasized in his treatise that negative characteristics found in the Jews should be explained as a result of the centuries of persecution and exclusion. This explanation enabled Dohm to critique the Church that had continually demanded such policies and to promote his own political concept that the State had a wonderful opportunity to assert itself in contrast with long-standing Church policies and doctrine. Indeed, Dohm surely anticipated that in this sensitive area of the Jews, the State would easily vindicate its effectiveness by achieving Jewish assimilation, an objective that the Church had pursued rather unsuccessfully through crude persecutions for centuries.[6]

Without wanting to dwell on the specifics of Dohm's proposals too long, two other points warrant special emphasis: first, much of what was observed as negative characteristics of the Jews should actually be seen as the effects not of religion but of their occupation as merchants and moneylenders. In other words, merchants whether Jews or Christians were vulnerable to the same economic and social forces that resulted in dire consequences on their character and their sense of morality. These characteristics were, however, much more pronounced among Jews because of the imposed concentration of Jews in the commercial sphere.

> "The continuous habit of looking at everything from the viewpoint of yield and profit necessarily causes a limitation of his outlook. Opportunities to increase his profit by little infringements on strict legality are too enticing not cause him to succumb, at least sometimes. The sense of fairness is therefore as a rule not to be found as vivid in merchants as in artisans. Overpricing his goods is too close to what is simply called making the smartest use of prevailing conditions, not to cause the most honest man often to mistake one for the other [...]. Because they always stand either to gain or lose in their relationships with other men, they get slowly into the habit of considering them as competitors and adversarie [...]. In a small still poor merchant these traits often appear as base greed, stinginess and pettiness in all his enterprises."[7]

Returning to the Jews, Dohm concluded:

> „[...] we have found in the oppression and in the restricted occupation of the Jews the true source of their corruption. Then we have discovered also at the same time the means of healing this corruption and of making the Jews better men and useful citizens."[8]

With this argument, Dohm tried to redirect the main points of condemnation against the Jews to a more general critique against merchants in general. That point alone should raise eyebrows, and I have often wondered if Dohm truly meant what he wrote here in attacking the merchant class, for not only did proponents of Jewish rights in other lands – England for example – encourage Jews to 'remain' focused on commerce, as we shall discuss in a moment; but in condemning the commercial sector in general, Dohm took a path somewhat characteristic of enlightened thinking in Germany but alien to liberal thinking elsewhere. When will we ever learn that 'Aufklärung' in Germany meant something quite different than 'Enlightenment' in France and elsewhere?[9]

The second point I want to emphasize is extremely revealing not only about Dohm but concerning the debate on the Jews in Germany in general. When Dohm wrote in 1780 on how to improve the status of the Jews, there already existed an elaborate and well-known apologetic literature justifying expanded rights for Jewish inhabitants. This literature derived its argumentation primarily from Simone Luzzatto who wrote in defense of the Jews of Venice in 1638. Luzzatto's arguments were steeped in classic mercantalistic thinking: Jewish merchants would contribute greatly to foreign commerce, both imports and exports, and so enhance the wealth and standard of living of Venetians while simultaneously contributing to Venice's peace through expanded commercial ties. Luzzatto's arguments were imported to England a few decades later by Amsterdam rabbi Menasseh ben Israel, who argued before Cromwell the case of readmitting the Jews; and again more explicitly when John Toland freely borrowed the main lines of Luzzatto's thinking in his 1711 treatise to facilitate Jewish naturalization. Let me make clear: the argument in England for and against expanding Jewish rights revolved completely around the position of Jews as men of commerce. Whether one maintained that Jewish merchants would increase the wealth of all through increased commercial ties, or whether one argued in opposition that more merchants would have to divide the pie of wealth leaving less for all; the idea of the Jew as merchant was a fixed point in the debate.[10]

If the Enlightenment was not always particularly tolerant of the Jews, then one can also say that Jewish historians of late have not always been particularly tolerant or generous concerning the Enlightenment. Since Salo Baron's early warnings about the dangers of modernity, and particularly since Jacob Talmon and Arthur Hertzberg wrote more specifically about the transgressions of the Enlightenment, many if not most Jewish historians have been influenced by what I have called elsewhere the 'post-Holocaust rewriting of Jewish history' in this revisionist mode, the Enlightenment has not fared well.[11]

Dohm's playful title *Verbesserung der Juden* combined with his disparaging remarks about Jews caused some observers to describe Dohm as being anti-Semitic. Few if any would describe Dohm in opposite terms, as being philosemitic. I will try to deal with this question first on Dohm's own terms and then in comparative mode.

To describe Dohm as anti-Semitic would presumably mean that Dohm sought to separate the Jewish population, yet of course his objective was the opposite, to integrate Jews into the surrounding society and culture. It seems to me that by definition an anti-Semite opposed increasing Jewish rights, and here too the term is totally inaccurate regarding Dohm. The problem here is obvious: the terminology is anachronistic but the term anti-Semitic certainly does not apply to Dohm.

Dohm entertained the prejudices and general hostile attitudes against the Jews of his time, but his point was precisely that despite their negative characteristics Jews were like all other human beings and capable of improvement. This set of opinions places Dohm in neither category. Hardly a champion of Jews or of Judaism, Dohm was nonetheless a committed believer in the efficacy of the Enlightenment to make a difference; and this conviction not only extended to Jews, but harnessed Jews as a primary case in point to demonstrate the validity of his convictions. Dohm maintained that when treated like all other citizens, Jews would respond accordingly and adapt themselves to become fully integrated into the surrounding society. Then too, according to Dohm, would that society respond accordingly and hostilities toward the Jews would cease. When one of his reviewers insisted that that would not be the case and that anti-Jewish hostility would persist "weil der Jude, Jude sey…." Dohm responded in the second edition:

> "Everything, therefore, which education, enlightenment, and external circumstances have the power to make otherwise is for him in vain. I confess that I cannot comprehend the idea of an absolutely unimprovable human race [In German, this reads pointedly 'einer durchaus *unverbesserlichen* Menschen-Rasse'.]… This seems to me to be a contradiction against all we know of psychology, history and human experience."[12]

As opposed to almost all other thinkers of his time, Dohm also maintained that Judaism was amenable to the demands of the proposed emancipated status. In whatever ways, Judaism would seem incompatible with such problems as soldiers fighting on the Sabbath, Judaism would evolve in the desired directions. One might add that on the whole, this is exactly what happened as rabbis in countries of emancipation, including orthodox ones, prescribed adaptation to the requirements of citizens in emergency situations.

Chronologically, Dohm's treatise and Joseph II's Edict of Toleration appeared virtually simultaneously and apparently with no influence on one another. Dohm added an afterward to his treatise reporting that he had just heard rumors of Joseph acting on behalf of the Jews.[13] Conceptually Dohm's program was considerably more advanced than Joseph's Edict which took the notion of toleration to its limits. Joseph promised economic and educational equality, while Dohm introduced the idea of political equality as well, although holding back on equality in public positions. Dohm's role in moving beyond Joseph II and beyond 'toleration' and beginning the discussion of Jewish emancipation did not derive from admiration of either Jews or Judaism but rather from convictions of the efficacy of Enlightenment. But neither did his negative assessments prevent his pivotal role in future discussion of the Jews, not only in German lands but no less in France during the last years of the *Ancien Regime*. I would now like to suggest that Dohm's significance emerges all the clearer if we compare his position and his attitudes toward the Jews with other significant participants in the debate of his time.

In a thoughtful historiographic essay Uwe Eissing reviewed the literature on Dohm. In a passage near his conclusion, he made an important observation that Dohm's attitudes toward the Jews have been overrated by most Jewish historians who had not sufficiently considered his vision of Judaism and other religions being supplanted by a rationalist Enlightenment creed. Eissing is essentially correct with this observation, but I would suggest two caveats. First of all, I think one must distinguish between Dohm's activities on behalf of Jewish emancipation to which he devoted considerable attention and about which he argued with very specific plans, from his vision of an enlightened religion which was a much vaguer utopian concept that contributed much less to Dohm's practical and specific plans for German society. Second and more pointedly, Dohm wanted this enlightened religion to replace all revealed religions, not just Judaism. That, I must say, is very different from Humboldt, for example, who specifically sought the conversion of the Jews to Christianity as part of their integration into German national culture.[14]

This, then, would be the appropriate point to place Dohm in the context of his moment in history. How did Dohm's attitudes toward the Jews compare with some of the other significant luminaries of his day?

To be honest, people like Michaelis and Lavater have confused me for years. What are we to make of these men not only in terms of their attitudes toward the Jews but even to properly place them in the intellectual setting of their day? An enthusiast by nature, Lavater was for some time influenced and sympathetic to the directions taken by the German Enlightenment. Lavater's later stance in opposition to the Enlightenment is underscored by Jeffrey Freedman's riveting study of the poisoned chalice affair in Zurich, in which Lavater played a primary role in perpetuating a controversy that begged to be forgotten.[15] In that debate, Lavater was attacked and, we might say, literarily did battle with none other than Friedrich Nicolai, Mendelssohn's friend and the publisher of Dohm's treatise.

But just as Dohm's position warrants comparison with Humboldt, Lavater's conversionary zeal warrants comparison with Michaelis' opposition to the emancipation proposals put forth by Dohm. Indeed, Michaelis strikes me as the most complicated thinker of the four men I am discussing. There are two distinctly different ways of assessing Michaelis' positions on the Jews and Judaism. On the one hand, he seems to have little of the conversionary interest that motivated Lavater and that was even expressed by Humboldt. On the other hand, Michaelis maintained that not only was Judaism as religion inappropriate in accordance with the obligations of citizenship, but, as Jonathan Hess recently argued, Jews were according to Michaelis racially incompatible with such obligations, especially concerning the requirement of citizens to serve as soldiers.[16] Thus, Michaelis maintained a position that allowed Jews to remain separate and in fact, encouraged them to do so, as demonstrated by his famous quip against Jews who eat pork as being untrustworthy because they are disloyal to their own tradition.

I think it would be helpful to construct a chart of different levels in attitudes toward the Jews. I would start with Lavater, who, although a helpful later on in certain specific difficulties faced by Swiss Jews, maintained a full commitment to conversion of the Jews, a factor that made it almost impossible to fully accept even an enlightened Jew like Moses Mendelssohn. Michaelis could provide a fascinating case-study: perhaps best described as a protector of the Jews but certainly not an advocate of equality. With expert knowledge of Jewish law and history, Michaelis expressed his views on numerous occasions. His critique of Dohm's proposals became the cornerstone of subsequent debate in Germany, but even there he makes clear that since Jews are not capable of filling equal obligations, particularly in providing soldiers for the German armies, he was opposed to what we call emancipation, but he would support basic protection of the Jews. Michaelis' comments on Lavater's challenge to Mendelssohn provide a very clear statement of his position. At that time, Mendelssohn was reportedly quite pleased with what Michaelis had to say.

> "Mr. Lavater recognizes his well-informed precipitousness. He no longer demands that Mr. Mendelssohn must write against Christianity unless he is resolved to become a Christian. [Mendelssohn's] answer, though he meant to say but little, contains, all the same, some of the things we were anxious to know [...]. Mr. Mendelssohn [is] a Jew who is attached to his religion, and who, if we may say so, is an orthodox Jew, except that he presents the case of the synagogue in a philosophical garb and in modern style [...]."[17]

Michaelis approved of Mendelssohn's attitude toward Christianity as representing an authentic Jewish response. He also approved of Mendelssohn's continued modesty in his responses, commenting that he "thereby gains a great deal." Finally, and quite significantly, he approved of Mendelssohn's response to misuse by a third party of Michaelis' writings in an attack on Mendelssohn. Denying that he himself had ever written that which was attributed to him, Michaelis also agreed with Mendelssohn's description of certain anti-Jewish writings, including Eisenmenger's, as being trash. Such a book hardly represents according to both Mendelssohn and Michaelis an accurate portrayal of Judaism. Michaelis: "Were a Jew to write a book 'Christianity Unmasked' and to present as the principles of Christianity what is for example written in a Jesuit casuistic treatise, how would we like it?"[18]

On my chart of attitudes toward the Jews, I come now to Dohm and the somewhat later Humboldt. In a sense, a comparison between them is inappropriate because the French Revolution came between them. Not surprisingly, Humboldt championed a more extensive emancipation than did Dohm. In critiquing Dohm's partial equality that was to be granted only gradually, Humboldt advocated an immediate and full decree of equality.

> „[...] a gradual emancipation merely emphasizes the segregation which it desires to abolish, in all matters that are not repealed, and doubles the same precisely because the new and greater freedom attracts attention toward the disabilities still continuing, and therefore works toward defeating its own aim."

Humboldt continues with an insightful observation comparing his own approach with that of Dohm and again reflecting the impact of the intervening French Revolution:

> "However, the whole basis of the system of gradual emancipation is, in my opinion, grounded upon a theory of legislation which though at one time accepted, has long been abandoned. It is, in fact, one which regards legislation as a method of educating the citizen; [...] of leading its subjects toward progress and even toward another stage of development."

Humboldt's view, however, is that the state is not an educational institution but a political one. It establishes laws and norms and it is the responsibility of the citizenry to adjust accordingly. Regarding the Jews, Humboldt claims that one does not require an analysis of their character, another dig at Dohm, but rather to present the same expectations of Jews that one has of all other citizens. Echoing Clermont-Tonnerre, Humboldt too combined equality with threat of expulsion for those Jews who rejected citizenship with equal rights. "If [Jews] would not be ready at once to assume the obligations, devolving upon all citizens, I would, if all measures toward this end had been exhausted, rather expel them entirely from the land [...]."[19] Humboldt also expressed privately negative attitudes toward the Jews. In one pungent sentence, he quipped in a letter to his wife: "I am working with all my might to give the Jews all civil rights, so that it will no longer be necessary, out of generosity, to go to Jewish houses [...]."[20]

When the American Christian Fundamentalist leader Jerry Falwell died a few weeks before this conference, the Israeli and the American Jewish press hosted a hot debate on the significance of Falwell's strong support of Israel. I noticed that one writer wrote at length on the small line that separates philosemitism and anti-Semitism. The article looked timely for our purposes. He observed that in fact little separated the two phenomena. Of course, he was only thinking in one direction, as he spoke of the graves dangers that lay behind the Christian pro-Israel stance. Paraphrasing his position, he argued that Fundamentalists don't want Jews to remain as they are; rather, their support of Israel is steeped in a messianic vision that includes eventual Jewish conversion to Christianity. It was hard not to smile at the analogies as I was working on this paper at that very moment.

I do not want to comment on Falwell, although it seems clear why Israelis and American Jews perceived his support in a different light. But I also couldn't help but think back to those who position Dohm on the other side of the small line. It seems that some writers on Jewish history have difficulty accepting that 18th century Germany could produce an honest man who wanted to do good for the Jews. Dohm had his own reasons, no doubt. Mendelssohn's collaboration was quite a coup for a young arrival to Enlightenment circles. Perhaps there was some financial gain involved, although I think this was limited to the sale of the books and not some direct compensation for the efforts involved. But Dohm's support in the early 1780's went beyond a superficial alignment. He was attacked on many sides and could find little comfort in the journals of his day. True, he seemed to possess the negative images of the Jews of his time, but unlike most, he was able to see beyond those images and envision something better, not just for the Jews, but for Germany itself. In that he was a very rare thinker and statesman.

Anmerkungen

1 Vgl. Liberles, Robert: Dohm's Treatise on the Jews: A Defense of Enlightenment Principles, in: Leo Baeck Institute Yearbook, XXXIII (1988), S. 29–42; Liberles, Robert: From Toleration to Verbesserung: German and English Debates on the Jews in the Eighteenth Century, in: Central European History, XXII (1989), S. 3–32.

2 Dohm, Christian Wilhelm: Concerning the Amelioration of the Civil Status of the Jews, übersetzt von Helen Lederer, Cincinnati 1957, S. 18.

3 For a detailed description of the writing of the initial treatise on behalf of Alsatian Jewry, see Altmann, Alexander: Moses Mendelssohn, Philadelphia 1973, S. 449 bis 474.

4 On the debates in Germany after the first Polish partition, see Liberles, Robert: From Toleration to Verbesserung, [wie Anm. 1]; for a reference on the reports of the Prussian bureaucracy, see note 82.

5 For a recent discussion of discussions between Christians and Jews during the 17th and 18th century, see Sutcliffe, Adam: Judaism and Enlightenment, Cambridge 2005.

6 Vgl. Dohm: Concerning the Amelioration, [wie Anm. 2], S. 19–22.

7 Ebd: S. 56–57.

8 Ebd: S. 59.

9 On the particular characteristics of German Aufklärung, see the excellent study by Freedman, Jeffrey: A Poisoned Chalice Princeton 2002, S. 80–92. For the distinctive lines of German economic thinking and especially on the influence of Cameralism, see Gagliardo, John G.: From Pariah to Patriot, The Changing Image of the German Peasant, 1770–1840, Lexington 1969, S. 30–39.

10 For a cautious summary of the evidence on Menasseh's borrowing from Luzzatto, which does indicate quite clearly a number of similar passages in the two works. See Ravid, Ben: 'How Profitable the Nation of the Jewes Are': the Humble Addresses of Menasseh ben Israel and the Discorso of Simone Luzzatto, in: Mystics, Philosophers, and Politicians, Essays in Jewish Intellectual History in Honor of Alexander Altmann, hg. v. Reinharfz, Jehuda/Swetschinski, Daniel, Durham 1982, S. 159–180. On Luzzatto's influence on Toland, see Barzilay, Isaac: John Toland's Borrowings

from Simone Luzzatto, in: Jewish Social Studies, Jg. 31 (1969), S. 75–81. Toland did refer to diverse Jewish skills in biblical times, but this was marginal to his general argument.

11 Vgl. Liberles, Robert: The Holocaust and the Rewriting of Jewish History, in: The Holocaust in Jewish History, hg. v. Dan Michman, Jerusalem 2005, S. 69–87.

12 Dohm, Christian Wilhelm: Über die bürgerliche Verbesserung der Juden, Hildesheim [2]1973, Teil II, S. 23f.

13 Ebd., S. 152f.

14 Vgl. Eissing, Uwe: Christian Wilhelm von Dohm, die Bürgerliche Verbesserung der Juden und die Vision einer 'Judenfrein' Welt, in: Leo Baeck Institute Bulletin 88 (1991), 27–58; on Dohm and Humboldt, see S. 44–47.

15 Vgl. Freedman, Jeffrey: A Poisoned Chalice Princeton 2002. This is a wonderfully written and thoroughly researched essay on the Enlightenment and its opponents in late 18th century German-speaking lands. Lavater played a central role in the dispute and as Freedman emphasized an unsympathetic role at that.

16 Vgl. Hess, Jonathan M.: Germans, Jews and the Claims of Modernity, New Haven 2002, on Michaelis, S. 51–89.

17 Zitiert in Altmann: Moses Mendelssohn, [wie Anm. 3], S. 241.

18 Ebd.

19 Kohler, Max: Jewish Rights at the Congresses of Vienna and Aix-La-Chapelle, in: Proceedings of the American Jewish Historical Society, Jg. 26 (1918). Humboldt's 1809 memorandum regarding the draft of a new legislation for the Jews begins on S. 103, citations from S. 104–106.

20 Ebd: S. 67.

Albert Bruer

Aufklärung im Spannungsfeld von Philosemitismus und Antisemitismus

Aufklärung in Europa – das war in der zweiten Hälfte des 18. Jahrhundert ein vielstimmiger Kanon. Generell trat die Aufklärung für Toleranz ein, wandte sich gegen dogmatisch auftretende wie auch verhaltende Religionen und baute auf die Erziehung der Menschen für eine bessere, tolerantere Zukunft. Freilich, so viel davon auch wirklich zutraf, ganz so war es nicht.

Eine der Fragen, in denen die europäische Aufklärung mit unterschiedlichen und keineswegs stets der Toleranz verpflichteten Antworten aufwartete, war die in dieser Zeit auf eine neue Weise diskutierte „Judenfrage". Ludwig Borinski sprach in diesem Zusammenhang von einer „festen Abneigung", die er so skizzierte: „Tatsächlich gehört die Abneigung gegen die Juden zu den festen und uniformsten Denkklischees der Aufklärung. Lessing ist hier die große Ausnahme."[1]

Diese Sicht mag in Teilen zutreffen, ist aber doch in Gänze unzutreffend, weil sich für die deutsche Aufklärung ein anderes Bild ergibt. Eine besondere Rolle spielte dabei Friedrich II., der als ‚roi philosophe' und Freund Voltaires gerühmte Herrscher Preußens. Friedrich II. erließ gegen die Juden in Preußen Bestimmungen, so in dem mit seiner Zustimmung und auch von ihm veranlassten Generalprivileg von 1750, das für sie äußerst harte Regelungen vorsah. Am klarsten formulierte der König seine persönliche Position gegenüber den Juden in den politischen Testamenten, in denen er den Souverän zur Förderung von Fabrikation und Handel ermahnte.

> „[Dabei] muss er ein Auge auf die Juden haben, ihre Einmischung in den Großhandel verhüten, das Wachstum ihrer Kopfzahl verhindern und ihnen bei jeder Unehrlichkeit, die sie begehen, ihr Asylrecht nehmen. Denn nichts ist für den Handel der Kaufleute schädlicher als der unerlaubte Profit, den die Juden machen."[2]

Derartige Äußerungen mögen im Sinne der Staatsräson zu interpretieren sein. Sie belegen freilich auch, dass Friedrich II. die Juden generell, insbesondere jedoch die in seinem Staat lebenden negativ sah, kaum weniger negativ als sein in einem anderen Zeithorizont stehender Vater, der Soldatenkönig. Während der Soldatenkönig damit aber noch durchaus mit den Ansichten seiner Zeit in Einklang stand, kann Friedrichs Position für diejenigen überraschend wirken, die in ihm den Idealtypus des aufgeklärten Herrschers in der Epoche sehen. Wie hier aber schon angesprochen, hatte die Toleranz der Aufklärung Grenzen. Und diese Grenzen zeigten sich auch dann, wenn es um Antworten auf die sich in dieser Zeit neu stellende „Judenfrage“ ging.

Im Fall von Friedrich und seiner Einstellung zu den Juden war zunächst seine Verachtung jeder dogmatischen Religion entscheidend. Hinzu kam die intellektuelle Prägung durch die französische Aufklärung, für die in ihrer judenfeindlichen Ausprägung kein anderer als Voltaire stand. Daraus ergab sich in Preußen eine merkwürdige Konstellation. Denn anders als dies Borinski mit seiner Annahme von der Abneigung gegen die Juden als „Denkklischees der Aufklärung“ gemeint hatte, war für Preußens öffentliche Meinung eher das Gegenteil zutreffend. Und dies galt keineswegs nur für Lessing.

Besserstellung wie auch Emanzipation dieser Minderheit wurden in Preußen intensiv diskutiert und dies ganz überwiegend in einem durchaus von Toleranz und Philosemitismus dominierten Sinne. Freilich war dies nicht der Philosemitismus, den schon etliche christliche Bewegungen – beispielsweise der Pietismus in diversen deutschen Territorien – praktiziert und gefordert hatten: Tolerierung der Juden, um sie durch Milde missionieren und zum Christentum bekehren zu können. Dagegen zielte der Philosemitismus der Aufklärung in Berlin darauf ab, aus der Paria-Existenz der Juden Möglichkeiten für ihre Zugehörigkeit zu einer aufgeklärten Gesellschaft zu entwickeln.[3]

Im Rahmen dieser Sichtweise ergeben sich zentrale Fragestellungen:

- Warum wurden Besserstellung und Emanzipation dieser Minderheit von der Aufklärung in Preußen ganz überwiegend gefordert?
- Weshalb nahmen sich die Positionen der preußischen und der französischen Aufklärung in der „Judenfrage“ so unterschiedlich aus?
- Weshalb kam dann aber die Emanzipation der Juden im Rahmen der Revolution in Frankreich relativ rasch zustande, während es hierzu in Preußen lediglich eine über viele Jahre laufende Diskussion ohne Ergebnisse gab?

Die Antworten auf die Kontraposition der preußischen Aufklärung gegenüber „lumières“ in Frankreich oder auch „enlightenment“ in England sind vielschichtig und in dem größeren Zusammenhang von europäischer Religionsgeschichte, Philosophie sowie Politik zu finden. In dem ihm intolerant erscheinenden, von dem der Vernunft unzugänglichen Katholizismus beherrschten Frankreich rebellierte ein Aufklärer wie Voltaire gegen jede Art von staatlich sanktionierter Religion. Wichtigstes Instrument in diesem Kampf war die Religionskritik der Deisten, die bereits zu Beginn des 18. Jahrhunderts in England von Denkern wie Tindal und Morgan zu einer Waffe gegen den religiösen Dogmatismus geformt worden war. Die Deisten hatten als Kritiker des Alten Testaments begonnen und in dem dort ausgemachten Wunderglauben Israels die Vorstufe und Basis eines despotisch gewordenen Christentums entdeckt.

Die Deisten hatten ihre antijüdischen Ressentiments vorwiegend gegen das Volk des Alten Testaments gerichtet. Eine Aktualisierung, die die Juden des neuzeitlichen Europas einbezog, nahmen sie noch kaum vor. Für diese Aktualisierung stand dann Voltaire, der dominierende Repräsentant der französischen Aufklärung und das langjährige Idol des Preußenkönigs Friedrich II. zu Voltaire: „Alle seine Ideen stammen aus England, sein Beitrag ist die einzigartige literarische Kunst, mit der er sie verbreitete."[4]

Vom biblischen bis zum Judentum seiner Zeit meinte Voltaire einen durchgehenden Zug von Gemeinheit, Habsucht und Götzendienerei zu erkennen. Die Unterdrückung der Juden fasste Voltaire als eine Art gerechte Strafe für ihre Verworfenheit auf, indem er schrieb:

> „Nous ne toucherons le moins que nous pourrons à ce qui est divin dans l'histoire des Juifs; ou si nous sommes forcés d'en parler, ce n'est qu'autant que leurs miracles ont un rapport essentiel à la suite des événementS. Nous avons pour les prodiges continuels qui signalerent tous les pas cette nation le respect qu'on leur doit; nous les croyons avec la foi raisonnable qu'exige l'Eglise substitute à la Synagogue; nous ne les examinons pas; nous en tenons toujours à l'historique". Oder:
> „Enfin vous ne trouverez en eux qu'un peuple ignorant et barbare, qui joint depuis longtemps la plus sordide avarice à la plus détestable superstition, et à la plus invincible haine pour tous les peuples qui les tolèrent et qui les enrichissent." Immerhin: „Il ne faut pourtant pas les brûler."[5]

Etwa 30 der insgesamt 118 Artikel von Voltaires *Dictionnaire philosophique* (1764) enthielten heftige Angriffe gegen die Juden. Im Gegensatz zu Voltaire äußerten sich Montesquieu, Diderot und Rousseau kaum über die Juden.[6]

Wer wie Voltaire auf der deistischen Religionskritik aufbaute, dem bot dieses Argumentationsarsenal die Möglichkeit, alten antijüdischen

Standpunkten eine neue, zeitgemäße Erscheinungsform zu geben. Neben Voltaire ist unter den französischen Aufklärern eigentlich nur noch mit dem Marquis d'Argens ein Denker zu finden, der sich über die Juden ausgesprochen negativ äußerte. Wie Voltaire war auch der ebenfalls dem Preußenkönig Friedrich II. nahe stehende Marquis d'Argens der deistischen Tradition verhaftet. In seinen *Lettres Juives* heißt es: „Je crois que le Dieu d'Abraham a répandu sur eux cet esprit de perversion qui les empêche de se servir des notions les plus claires.“[7]

Anders als in England, wo die Deisten gegen die Kirche standen, auch im Gegensatz zu Frankreich, wo die „philosophes“ gegen einen mit dem Absolutismus verbündeten Katholizismus rebellierten, blieb in Deutschland, zumal in Preußen, das Bündnis zwischen Staat und Intelligenz bestehen. Diese Allianz schloss die Möglichkeit einer deistischen Religionskritik in der Regel aus. Die Erforschung der Testamente erfolgte eben nicht unter der Prämisse, mit einer Erschütterung des Alten Testamentes auch das gesamte christliche Gebäude einzureißen.

Preußens Aufklärung agierte in einem anderen politischen und sozialen Umfeld als lumières in Frankreich oder enlightenment in England. Von einer interessierten Öffentlichkeit, die wie in Frankreich als Abnehmer von Literatur zur Verfügung stand, konnte in Deutschland noch kaum die Rede sein. Ein Leben als freier Publizist schied somit für einen Angehörigen der Intelligenz aus.[8] Die Publizistik konnte in der Regel nur eine Nebentätigkeit zur Beschäftigung im Staatsdienst, an Universitäten oder Kirchen sein. Allein schon wegen dieser Konstellation entwickelte sich die deutsche Aufklärung nie zu einer wirklich revolutionären Kraft. Sie diskutierte bestehende Zustände, Lehrmeinungen oder kirchliche Dogmen. Eine radikale oder gar umstürzlerische Richtung schlug sie in der Regel nicht ein.[9]

Das Bündnis mit dem Staat, im Idealfall mit einem aufgeklärten Herrscher, praktische Pläne zur Verbesserung von Bildungschancen oder Behebung offensichtlicher Missstände, bildeten hier die entscheidenden Aktions- und Reflexionsgrenzen. Das Überprüfen religiöser Dogmen mit dem Instrumentarium der Vernunft fiel sehr maßvoll aus. Während in England und später in Frankreich die deistische Richtung protestantische und katholische Dogmen einer ätzenden Kritik unterwarf, bestritt die theologische Aufklärung in Deutschland die Tragfähigkeit der christlichen Offenbarung kaum.[10]

Deshalb konnte beispielsweise der Dompropst Wilhelm Abraham Teller, in Preußens Hauptstadt im ausgehenden 18. Jahrhundert eine der führenden intellektuellen Figuren, die von der französischen und englischen Intelligenz bereits als vernunftwidrig abgelehnten Wunder der Bibel mit dem Rationalismus versöhnen. Er interpretierte sie schlicht „als außerordentliche Taten“[11].

Für die projüdische Haltung der preußischen und insbesondere der Berliner Intelligenz gab ein relativ weit gefasstes Toleranzverständnis den Ausschlag. An die Stelle eines christianisierten Judentums – als programmatisches Ziel zur Erneuerung der Welt – rückte die deutsche Aufklärung das aufgeklärte Judentum mit einem herausragenden Mann wie Moses Mendelssohn als dessen Personifizierung in den Mittelpunkt. Die Bedeutung von Mendelssohn war in diesem Kontext übergroß.

In ihrem didaktischen Plan forderten die Aufklärer scheinbar vorbehaltlos die Gleichberechtigung für alle. Denn nur unter dieser Prämisse schien eine vernunftgemäße Existenz möglich.[12] Wo also ein frei schaffender Literat wie Voltaire in seiner Kontraposition zur dogmatischen Religion, dem Katholizismus den Kampf ansagen konnte, blieben deutsche Aufklärer gegenüber dem Protestantismus wie auch gegenüber dem Katholizismus in den Grenzen einer gemäßigten Religionskritik. Die unterschiedlichen Intentionen – hier Rebellion, dort Versöhnung – beinhalteten auch unterschiedliche Einstellungen zu den Juden.

Für die deutsche Aufklärung war der Gedanke von der Erziehung der Menschen zu besseren Individuen verbindlich. Und vor allem diese Idee sollte dafür sorgen, dass die deutsche Aufklärung, zumal in Berlin, auf die Gott gefällige, stets etwas schulmeisterlich wirkende Erziehung des Menschengeschlechts setzte.[13] Dieser Erziehungsgedanke der deutschen Aufklärung stand auch hinter ihrer neueren, laizistischen Version von einem Philosemitismus. Laizistisch, weil die Verbesserung der Juden unabhängig von konfessionellen Aspekten als ein Teilziel der großen Verbesserung des Menschen im Allgemeinen und damit der Welt gesehen wurde.

Friedrich Gottlieb Klopstock schrieb 1781 angesichts der Emanzipation der österreichischen Juden durch Joseph II.:

> „Wen fasst des Mitleids Schauer nicht, wenn er sieht, wie unser Pöbel Kanaans Volk entmenscht! Und tut der's nicht, weil unsere Fürsten Sie in zu eiserne Fessel schmieden? Du lösest ihnen Retter, die rostige, eng angelegte Fessel vom wunden Arm; Sie fühlen's, glauben kaum. So lange hat's um die Elenden hergeklirrt.“[14]

Streicht man aus diesen Passagen das Pompöse heraus, so kann man in Klopstocks Formulierungen die Teile der für die deutsche Aufklärung verbindlichen Sichtweise schon erkennen. Die Reform des Menschen, damit zusammenhängend, der Umbau der politischen und sozialen Verhältnisse auf den Grundlagen der Vernunft bildete das wichtigste Anliegen der deutschen Aufklärer. Es traf mit den Ambitionen des ab Mitte des 18. Jahrhunderts in den deutschen Territorien aufsteigenden aufgeklärten Absolutismus zusammen und ließ sich damit gut vereinbaren. Die akzeptierte intellektuelle Begrenztheit und die unumstrittenen Ansprüche der politischen Macht standen in einem für viele deutsche Territorialstaaten typischen Bündnis.[15]

Der sanfte Weg in eine bessere Welt, das visionäre Vertrauen auf das Potenzial der Vernunft war in Preußen besonders stark ausgeprägt.[16] Das optimistische Menschenbild, die Vorstellung vom ständigen Voranschreiten der Vernunft und ein allgemeiner Appell an tolerante Politik führten auch zu einer veränderten Einschätzung der Juden. Die wichtigste Fraktion der preußischen Aufklärer vertrat die Überzeugung, dass die Juden als Minorität verdorben, unehrlich und kaum integrierbar wären, also nichts anders als das, was schon die traditionell Ablehnenden meinten.

Die Aufklärer erklärten aber, dass die Schuld für die Verdorbenheit der Juden ihre Umwelt trug. Die in den Judengesetzen vorgeschriebenen Lebensumstände waren eben so, dass sich die Juden nicht besser entwickeln konnten. Ob von einer Verdorbenheit der Juden wirklich die Rede sein konnte, war kein Diskussionsthema. Die aus taktischen Gründen angeführte oder wirklich angenommene Verdorbenheit diente als Folie, um eine wichtige Verlagerung der Schuld vornehmen zu können. Der nichtjüdischen Mehrheit kam dann eine Art Obligo für die elende Verfassung dieser Minderheit zu. Die daraus folgende Forderung, den aktuellen Zustand der Juden durch Besserung ihrer politischen und sozialen Lage zu ändern, leitete schon die Debatte um die Emanzipation der Juden ein. Lessing, Dohm, Nicolai und nahezu alle wichtigen preußischen Aufklärer standen für diese Richtung, die auch von ihrer Bewunderung für Moses Mendelssohn geprägt war.

Unter ihnen vertrat Gotthold Ephraim Lessing eine sehr weit gehende Toleranz gegenüber den Juden. Von der Ansicht, die Juden wären schlecht und deshalb zu verbessern, hatte er sich völlig gelöst. Weil sich für ihn Toleranz und Emanzipation der Juden nicht aus taktischen, sondern vor allem aus humanitären Aspekten ergaben, konnte er eine ganz andere Sicht präsentieren. Mit einer Figur wie Nathan der Weise wollte er zeigen, dass sich Juden und Christen in ihrer Veranlagung zum Guten oder Schlechten nicht voneinander unterschieden.

Christian Fürchtegott Gellert hatte schon 1746 in seinem *Leben der schwedischen Gräfin von G* die später für Preußens Aufklärung typische Haltung eingenommen:

„Vielleicht würden viele von diesem Volk [d. h. den Juden, Anm. d. Verf.] bessere Herzen haben, wenn wir sie nicht durch Verachtung und listige Gewalttätigkeit [...] niederträchtig und betrügerisch in ihren Handlungen machten und sie nicht oft durch unsere Auffassung nötigten, unsere Religion zu hassen".[17]

Gellert ließ in diesem Stück einen russischen Juden auftreten, der auf edelste Art dankbar „gewesen" und so bewiesen hatte, „dass es auch unter dem Volke gute Herzen gibt, das es am wenigsten zu haben scheint [...]."[18]

Nur drei Jahre später präsentierte Lessing einen Juden auf der Bühne, über den ein Christ sagte: „[...] verehrungswürdig wären die Juden, wenn sie alle Ihnen glichen". Die Antwort des Juden: „Und wie liebenswürdig die Christen, wenn sie alle Ihre Eigenschaften besäßen". In seinem Nathan, dem gereiften Spätwerk, setzte Lessing das Thema fort. Ein Klosterbruder erkennt in dem Titelhelden: „Nathan [...] Ihr seid ein Christ! Ein besserer Christ war nie." Der Titelheld: „[...] was mich Euch zum Christen macht, das macht Euch mir zum Juden."[19]

Darin waren sich nahezu alle Aufklärer in Preußen einig: Der Mensch war generell von Natur aus gut und wenn er verdorben war, dann hatte das mit den Umständen zu tun. Gellerts und Lessings projüdische Stücke, in denen der Philosemitismus der Berliner Aufklärung deutlich zum Ausdruck kam, waren die prominentesten Beispiele einer allgemeinen Tendenz, die sich auch auf den Bühnen zeigte.[20] Shakespeare hatte mit Shylock im Theater noch das negative Zerrbild von einem Juden präsentiert. Eine Reihe von Autoren in Deutschland stellte auf der Bühne den guten Juden vor.

Vielsagend ist in diesem Zusammenhang der Prolog, den das Berliner Nationaltheater 1788 einer Inszenierung von Shakespeares *Shylock* als Entschuldigung voranstellte:

„Nun das kluge Berlin die Glaubensgenossen des weisen Mendelssohn höher zu schätzen anfängt; nun wir bei diesem [...] Volke, dessen Propheten und erste Gesetze wir ehren, Männer sehen, gleich groß in Wissenschaft und Künsten, wollen wir nun dies Volk durch Spott betrügen? Dem alten ungerechten Haß mehr Nahrung geben? [...] In Nathan dem Weisen spielen die Christen die schlechtere Rolle, im Kaufmann Venedigs tun es die Juden. Nur wen es jucket, der kratze sich, so sagt unser Hamlet; wir sagen: wer heile Haut hat, der lache."[21]

In der Publizistik vollzog sich ein ähnlicher Wandel. Waren hier noch bis zur Mitte des 18. Jahrhunderts antijüdische Positionen vorherrschend, so dominierte schon bald eine gegenläufige Tendenz. Bereits 1753 war der anonyme Disput *Schreiben eines Juden an einen Philosophen* nebst der Antwort erschienen. Die Tendenz dieser Schrift:

> „Sie [die Juden, Anm. d. Verf.] vermehren ebenso häufig ihr Geschlecht und die Zahl der Untertanen wie andere Nationen, sie vergrößern durch ihren Fleiß den Reichtum des Landes [...] zur Glückseligkeit des jüdischen Volks ist nur ein Augenblick nötig, in welchem ein Monarch, der den edlen Trieb besitzt, die Wohllust des menschlichen Geschlechts zu sein."[22]

Ab 1760 war diese projüdische und philosemitische Tendenz zunehmend deutlicher geworden. Die Sympathiewelle für die Juden entwickelte sich auf einer für Preußen angemessenen Basis. Dies war mehr als die literarischen und philosophischen Experimente einer Elite, sondern ein Zug, der auch für die sozialen Beziehungen dieser Elite bestimmend wurde. Für die Aufgeklärten, meist Beamte des Hohenzollern-Staates, gehörten Standesschranken zumindest im Prinzip bereits einer vergangenen Epoche an. Konversation, Gruppenbildung mit Gleichgesinnten unbeachtet gesellschaftlicher oder nationaler Trennungslinien sollten im Vordergrund stehen.[23] Aus reinen Gelehrtenzirkeln entwickelten sich mit der Popularisierung der Aufklärung Mischformen, die Geselligkeit mit Themen der Wissenschaft und sozialen Anliegen zu verbinden trachteten. Diese Zirkel blieben mit veränderten Zielsetzungen bis in das 19. Jahrhundert ein wesentlicher Zug des deutschen Gesellschaftslebens.[24]

In diesen Zirkeln dominierte das neue Ideal vorurteilsloser Geselligkeit von Gleichgesinnten. Damit gab es Drehscheiben, die als Treffpunkte für gebildete und ansatzweise schon assimilierte Juden mit Christen dienten. Bezeichnend für diese Epoche wurde nun, dass sich Juden nicht mehr mit der heimlichen Aneignung außerjüdischen Wissens begnügen mussten. Vielmehr konnten sie so wie Moses Mendelssohn mit denen in ihrer Umwelt ohne Weiteres Kontakt aufnehmen, die diese Bildung repräsentierten.[25]

In Deutschland traf sich die in den ernsthaften Assoziationen geübte Geheimpraxis mit den Intentionen der Aufklärer geradezu ideal. Als meist im Staatsdienst Stehende musste ihnen bei der Mitgliedschaft in Zirkeln an der Geheimhaltung besonders gelegen sein. Nur so konnten unbequeme, mit der Tätigkeit für den Staat kaum zu vereinbarende Themen diskutiert, aber durch das Geheimnis der Bruderschaft verborgen gehalten werden. Die Mitgliedschaft in derartigen Vereinen wurde so für Deutschlands, vor allem aber Preußens Aufklärer zu einem Akt der Befreiung, durch den sie verdeckt die Themen zur Sprache bringen durften, die sie unter normalen Umständen die Existenz kosten konnte. Nur so war es ihnen möglich, an Entwürfen für eine bessere Welt zu arbeiten, die dann in gemäßigter Form veröffentlicht wurden. Dass ein Jude wie Mendelssohn in den beiden wichtigsten Berliner Zirkeln (Montagsclub und Mittwochsgesellschaft) ein gern gesehener Teilnehmer war, zeigt: zu dieser besseren Welt sollte auch die Toleranz gegenüber den Juden gehören.

Mendelssohn war 1783 zu der Mittwochsgesellschaft gestoßen, nachdem er folgende Aufforderung erhalten hatte:

> „Nun wünscht man [...], verehrungswerter Mann, zuweilen [...] auch Ihre Meinung über einen Vortrag zu hören, den man dazu wichtig genug hält. Wollen Sie dies erlauben und gütig genug sein, zuweilen Ihr Votum zu geben? Sie werden auf diese Weise ein Ehrenmitglied der Gesellschaft."[26]

Der 1749 von einem Pastor gegründete Montagsclub zählte 24 feste Mitglieder, darunter Lessing und Nicolai. Der Eintritt in diese relativ lockere Diskussionsrunde war frei. Anders verhielt es sich mit der weit wichtigeren Mittwochsgesellschaft, die bereits das Überschreiten der ersten Phase in der Gründung von Vereinen – unpolitische, lose formierte Zirkel – anzeigt. Ihre Mitglieder, die Themen und das Geheimnis der Zugehörigkeit zu diesem Bund charakterisieren die Berliner Spätaufklärung. Nahezu alle wichtigen Berliner Aufklärer wie die Juristen Klein, Svarez, die Theologen Spalding, Teller sowie Dohm, Nicolai, Biester und Gedike gehörten zu den 20 Mitgliedern der Mittwochsgesellschaft.

Die 1783 gegründete Mittwochsgesellschaft löste sich Ende 1798 auf, als Geheimbünde in Preußen verboten wurden. Als publizistisches Organ dieser Vereinigung erschien regelmäßig die wichtige *Berlinische Monatsschrift*.

Ihr Leitmotiv war es: „[...] der Hyäne des Aberglaubens und der Intoleranz die Zähne heraus zu brechen"[27]. Die beiden Herausgeber des Blattes repräsentierten mit ihrer Anstellung beim Staat die Aufklärung preußischer Provenienz: der Lehrer und spätere Oberkonsistorialrat Friedrich Gedike gemeinsam mit dem königlichen Oberbibliothekar Erich Biester.[28]

Ein wichtiges Mitglied dieser Vereinigung war der Buchhändler Friedrich Nicolai, den man in der Sprache unserer Zeit als eine Art „Netzwerker der Berliner Aufklärung" bezeichnen könnte. Nicolai leitete von 1759 bis 1811 einen der wichtigsten Verlage in Preußens Hauptstadt. Er gab in dieser

Zeit von Kalendern bis zu Medizin- und Reisebüchern nahezu alles heraus, was sich publizieren ließ. Mit seiner *Allgemeinen deutschen Bibliothek* saß Nicolai etwa 40 Jahre lang an dem Schalthebel der wichtigsten Rezensionszeitschrift der deutschen Aufklärung.[29]

Für Nicolais Position in der Berliner Aufklärung war das didaktische Element typisch. Toleranz und Vertrauen in die Zukunft standen an erster Stelle. Ganz im Sinne der Berliner Aufklärung trat Nicolai für eine konkrete politische Besserstellung der Juden ein.

> „Die Juden selbst bewirkten ehemals im Mittelalter, dass sie auf allen Heerstraßen einen Leibzoll gaben, um bei ihren Handlungsreisen sicher für ihr Leben und ihre Güter zu sein. Aber jetzt, bei ganz veränderten Umstände ist der Leibzoll nichts als eine schimpfliche Erniedrigung und eine unwürdige Gleichsetzung eines Menschen mit einem Stück Vieh oder einem Stück Ware."[30]

In Nicolais satirischem Roman *Das Leben und die Meinungen des Herrn Magister Sebaldus Nothanker*, eine Art Bestseller der Zeit wird der gescheiterte Bekehrungsversuch eines Diakons geschildert. Während dieser über den Juden schimpft, ruft der Titelheld des Romans aus:

> „[...] er ist ein Mensch, wie wir, glaubt von seiner Meinung überzeugt zu sein wie wir, die ihn mit sich zufrieden macht, wie uns die unsrige. Lassen Sie uns, dem barmherzigen Gotte gleich, der uns alle erträgt, unsere Toleranz nicht nur auf alle Christen, sondern auch auf Juden und alle anderen Nichtchristen ausdehnen".[31]

Das Epoche machende und ungewöhnlich heftige Debatten auslösende Werk zur „Judenfrage" schrieb ein Freund von Nicolai, Mendelssohn und Lessing. Mendelssohn hatte stets die Ansicht vertreten, dass derartige Schriften besser von Nichtjuden kommen sollten, denn: „Juden müssen sich [...] gar nicht einmischen, um die großmütige Absicht zu befördern. Sobald dies geschieht, sobald muss sie auch gemissdeutet und übel ausgelegt werden."[32] Er hatte deshalb regelmäßig Christen gebeten, die Belange der Juden zu verteidigen. Als sich elsässische Juden an ihn 1781 mit der Bitte um Abfassung einer Schutzschrift wandten, fragte er den preußischen Verwaltungsbeamten Christian Wilhelm von Dohm. Daraufhin verfasste Dohm seine Verteidigungsschrift *Ueber die buergerliche Verbesserung der Juden*, das grundlegende Buch der Aufklärung zur „Judenfrage".[33]

Die abstrakten Vorstellungen der Aufklärung über die Juden konkretisierte Dohm in seinem Werk, indem er auf die Praktizierbarkeit fortschrittlicher Judengesetze durch die Verwaltung abstellte. An der negativen Einschätzung der Juden hielt Dohm dabei durchaus fest.

> „Ich kann es zugeben, dass die Juden sittlich verdorbener sein mögen als andere Nationen; dass sie sich einer verhältnismäßig größeren Zahl von Vergehungen schuldig machen als die Christen, dass ihr Charakter im ganzen mehr zu Wucher und Hintergehungen im Handel gestimmt, ihr Religionsvorurteil brennender und ungeselliger sei.“[34]

Bei dieser negativen Sicht beließ es Dohm aber nicht. Ganz im Sinne der deutschen Aufklärung, die für Missstände vernunftwidrigen, äußeren Umständen die Verantwortung gab und Besserung von einer vernunftgemäßen Änderung dieser Umstände erwartete, folgerte Dohm, dass „diese einmal vorausgesetzte größere Verdorbenheit der Juden eine notwendige und natürliche Folge der drückenden Verfassung ist, in der sie sich seit so vielen Jahrhunderten befinden“[35]. Dohm sprach von dem „Fehler der Regierungen, welche die trennenden Grundsätze der Religion nicht weiser zu mildern gewusst, und nicht vermocht haben, in der Brust des Juden und des Christen ein Gefühl des Bürgers anzufachen, das die Vorurteile beider längst verzehren müssen“. Diese Politik nannte er „ein Überbleibsel der Barbarei der verflossenen Jahrhunderte, eine Wirkung fanatischen Religionshasses, die der Aufklärung unserer Zeit unwürdig, durch dieselbe längst hätte getilgt werden sollen“[36].

Sein Vorschlag zur Änderung dieses Zustandes zielte vor allem auf die völlige Gleichberechtigung.

> „Man überlasse es doch den Juden, sich von ihren Sabbatsgesetzen, ihren unreinen Speisen [...] zu dispensieren, – andere Juden als bisher, Deisten, Abrahamisten oder was sie wollen in Absicht der Religion zu sein. Genug. wenn sie nur gute, auch den Staat mit Leib und Leben verteidigende Bürger werden.“[37]

Zweiflern am Gelingen seines Plans hielt er entgegen:

> „Trügt mich meine Hoffnung, und sollten die Juden wider alle mögliche Wahrscheinlichkeit, auch bei dem vollkommensten Genuss bürgerlicher Rechte, noch immer, wenn es auf die Verteidigung der Gesellschaft ankommt, ein Verbot des Himmels vorschieben – nun so habe

> ich nichts dagegen, dass man sie wieder aus dem Lande weiset, oder wenigstens wie Quäker und Mennonisten nur in geringer Anzahl und unter gewissen Einschränkungen duldet."[38]

Die Resonanz auf diese wichtigste Abhandlung der Epoche zur „Judenfrage" fiel ungewöhnlich intensiv und überwiegend positiv aus. Das optimistische Menschenbild, die Vorstellung vom ständigen Voranschreiten der Vernunft und der Appell an die Toleranz hatten bereits zu einer veränderten und von dem laizistischen Philosemitismus der Berliner Aufklärung geprägten Einschätzung geführt. Die Klischees von dem verdorbenen, wuchernden und schachernden Juden waren abgelöst worden durch einen Freispruch zu Lasten der Umwelt. Wenn eine unvernünftige Politik und abergläubische Vorurteile diese Minderheit in eine elende Lage getrieben hatten, dann konnten ihre Repräsentanten eben nichts Besseres als ein Volk von Betrügern und Wucherern sein. Würde man sie vernünftig behandeln, dann musste sich ihr Bildungsniveau heben, ihr angeblicher Nationalcharakter verbessern und ihr altes, in der Religion wurzelndes Verhalten verschwinden. Mit der Schuldverlagerung und der Hoffnung auf ein „verbessertes" Judentum plädierte die preußische Aufklärung für die Beendigung der Diskriminierungen der Juden. Gegen Ende seines Lebens rückte Dohm von dieser Hoffnung ab.

> „Eine Reform, wie Joseph sie wollte [die Emanzipation der österreichischen Juden durch Kaiser Joseph II., Anm. d. Verf.], konnte nicht allein durch Gesetze und Verordnungen bewirkt werden. Eine Umformung der Neigungen, Sinnesart und Angewöhnungen der Nation hätte vorhergehen müssen, und solche Umformung ist nur die langsam reifende Frucht der Zeit und einer allmählich verbesserten Erziehung".[39]

So bestimmend der Philosemitismus der Berliner Aufklärung auch war, in der Praxis änderte sich damit für die Juden in Preußen wie in anderen deutschen Territorialstaaten nicht viel. Von einer irgendwie gearteten Emanzipation der Juden waren die Verhältnisse damals noch weit entfernt. Emanzipationsgesetze kamen in den deutschen Territorialstaaten erst im Zuge der politischen Reformen ab 1806/1807. So wenig vollständig diese Emanzipationsgesetze auch waren, in der Zeit der Restauration wurden sie wieder eingeschränkt. Zudem: Als Lebensprinzip und als intellektuelle Klammer verlor die Aufklärung allenthalben, so auch in Berlin, ab etwa 1790 an Bedeutung. An ihre Stelle rückten zunehmend der schon damals aufsteigende, in den Befreiungskriegen noch zu übergroßer

Popularität kommende Johann Gottlieb Fichte und die Romantik. Beides Kontrastprogramme zur Aufklärung, zumal die Romantik mit ihrer die Realität überhöhenden Schwärmerei. Und: Beide hatten mit einem irgendwie gearteten Philosemitismus nichts mehr im Sinn.[40]

Auch die Revolution in Frankreich hatte mit Philosemitismus nichts zu tun. Das grundlegende Prinzip des revolutionären Frankreich sollten die Menschen- und Bürgerrechte für alle Einwohner sein. Ob „alle Einwohner" auch die Juden umfassen würde, war fraglich. Die Zukunft der Juden war in Frankreich lediglich ein Randthema. Und anders als in Berlin während der Jahre 1770 bis etwa 1785: Juden waren in den Kommunikationsnetzen der französischen Aufklärer kaum vertreten.[41]

In Frankreich traten nur wenige als Fürsprecher der Juden auf. Unter diesen wurde vor allem der Abbé Henri-Baptiste Grégoire mit seinem berühmten *Essai sur la régéneration physique, morale et politique de Juifs* (Essay über die physische, moralische und politische Wiedergeburt der Juden) bekannt. Fürsprecher wie Grégoire beobachteten die in diesem Zusammenhang als Vorbild wirkende öffentliche Meinung in Berlin sehr genau. Wichtige Schriften zur „Judenfrage" wurden mit Zuschüssen von jüdischen Unternehmern ins Französische übersetzt. So erschien der bereits 1767 in Berlin veröffentlichte *Phädon* von Mendelssohn 1786/1787 in einer französischen Übersetzung. Der in Berlin lebende jüdische Aufklärer Naphtali Herz Wessely (1725–1805) hatte in Wien 1782 anlässlich der Emanzipation der österreichischen Juden durch Kaiser Joseph II. die Schrift *Worte der Wahrheit und des Friedens an die gesamte jüdische Nation* veröffentlicht. Berr Isaac Berr (1744–1828,), der Vorsteher der Juden des Elsass und Sprecher der Juden des Ostens Frankreichs in der Verfassungsversammlung von 1789 (Assemblée Constituante) übersetzte diese Schrift (oder er ließ sie übersetzen).[42]

Wie hier die Fäden zusammenliefen und wo die Initiative lag, zeigte ein Mann wie Berr Isaac Berr auf besondere Weise. Er hatte Mendelssohn dazu veranlassen wollen, sich mit einer grundsätzlichen Ausarbeitung zur „Judenfrage" zu äußern. Mendelssohn hatte dann Dohm gebeten, dies zu tun. Dohms bald darauf in Berlin erschienenes Buch *Ueber die buergerliche Verbesserung der Juden* wurde 1782 von Jean Bernoulli unter dem Titel *De la reforme politique des Juifs* ins Französische übersetzt. Diese Übersetzung hatte ein Isaac Berr nahe stehendes Mitglied der ebenfalls in Metz lebenden Familie Cerf-Berr finanziert.[43]

Dohms Buch wurde französischen Lesern auch noch auf eine andere, weniger einwandfreie Art zugänglich gemacht. Honoré Gabriel Riqueti de Mirabeau übernahm Dohms Inhalte nahezu unverändert für seine eigene

Schrift, die 1787 in London unter dem Titel erschien: *Sur Moses Mendelssohn, sur la reforme politique des Juifs et en particulier sur la révolution tenteée en leur faveur en 1753 dans la Grande-Bretagne.*

Vor diesem Hintergrund kam es im Jahre 1785 zu einem publizistischen Wettbewerb, den die Société royale des sciences et des arts de Metz mit folgender Preisfrage ausschrieb: „Gibt es Mittel, die Juden in Frankreich nützlicher und glücklicher zu machen?" Zu dieser Zeit war die rechtliche Lage der Juden in Frankreich noch prekär. Es war allerdings schon ein Fortschritt, dass man sich mit der „Verbesserung" der Juden („nützlicher" und „glücklicher") zu befassen begann.

Der Wettbewerb von 1785 wurde im Jahr 1788 wiederholt, weil im ersten Durchgang keiner der Beiträge eine Auszeichnung erhalten hatte. Im zweiten Versuch teilte die Société royale den Preis unter folgenden drei Preisträgern auf: Abbé Grégoire (*Essai sur la régéneration physique, morale et politique des Juifs*), Claude-Antoine Thiery, ein Rechtsanwalt aus Nancy (*Dissertation sur cette question: Est-il des moyens de rendre les Juifs plus utiles et plus beureux en France?*) und Zalkind Hourwitz (1740–1812), ein polnischer Jude, der in Berlin in die Gedanken der Aufklärung eingeführt worden war. Hourwitz war ein Autodidakt und lebte zu dieser Zeit unter ärmlichen Verhältnissen in Paris. In seiner Arbeit mit dem Titel *Apologie des Juifs, en reponse à la question: Est-il des moyens de rendre les juifs plus heureux et plus utiles en France?* antwortete Hourwitz auf die Frage der Akademie folgendermaßen:

> „[...] machen Sie dem unglücklichen und unnützen Zustand ein Ende, indem Sie ihnen die staatsbürgerlichen Rechte verleihen, die Sie ihnen entgegen dem göttlichen und menschlichen Gesetz vorenthalten und gegen Ihre eigenen Interessen, wie ein Mensch, der an einem seiner Glieder lahmt. Voltaire sagt zu Recht, dass wir sehr gut aufgeklärt sind, um Böses zu tun, aber nicht genügend, um Gutes zu tun."[44]

Zwischen den in Metz diskutierten Vorschlägen zur Zukunft der Juden in Frankreich und der Revolution in Paris ergab sich durch die am 26. August 1789 in der Nationalversammlung beschlossene Erklärung der Menschen- und Bürgerrechte ein Zusammenhang. Erstmals waren im Sinne des Prinzips Gleichheit allen Bewohnern eines europäischen Landes Bürgerrechte zuerkannt worden. Dass dies auch für die in Frankreich lebenden Juden gelten sollte, war damals noch eher unwahrscheinlich. Teile der Juden Frankreichs begannen aber nun die Gleichstellung im Sinne der Menschen- und Bürgerrechte zu fordern. Ihre Forderung fand Befürworter.

Nach einer heftigen Debatte, in der auch der damals noch als Bischof fungierende Talleyrand für die Gleichstellung der Juden eintrat, wurde am 28. Januar 1790 beschlossen:

> „Die Nationalversammlung ordnet an, dass alle Juden, die in Frankreich unter der Bezeichnung portugiesische, spanische oder avignonesische bekannt sind, weiterhin im Besitz der Rechte sein sollen, die ihnen bisher die königlichen Privilegien gewährleistet haben, und daß ihnen daher, soweit sie den hierfür von der Versammlung festgesetzten Bedingungen genügen, auch der Genuß aller Rechte volljähriger Bürger zukommen soll".

Damit erhielten zum ersten Mal Juden in einem europäischen Staat die vollständige bürgerliche Gleichberechtigung.[45]

In Deutschland verlief der Weg zur Emanzipation der Juden anders. Wohl gab es während der Kriege Napoleons in den deutschen Territorialstaaten unterschiedliche Emanzipationsgesetze. Aber diese Gesetze sahen keine vollständige, sondern nur eine teilweise Gleichberechtigung der Juden vor. Während der Restauration wurden diese Regelungen wieder zurück genommen. Sie bewegten sich dann über viele Jahrzehnte in einer öffentlich geführten Diskussion. Stets ging es dabei um die Frage, ob die Juden der Staatsbürgerrechte schon würdig wären. Darauf versuchten die Juden in Deutschland positive Antworten zu liefern, indem sie sich der Kultur und dem Habitus der Deutschen bis hin zur Taufe annäherten.

Dagegen ging in Frankreich die Emanzipation den Versuchen der Integration voraus. Für die jüdischen Reformer in Frankreich ging es dann in der Folge im 19. Jahrhundert weniger um Fragen des Religions- und Gemeindelebens als um berufliche Ausbildung und Erziehung. „Die französischen Gemeindeführer zeigten eine große Nähe zu den jüdischen Aufklärern, die Reformen bevorzugten, die weder radikal noch geeignet waren, Juden von ihrem Judentum zu entfernen."[46]

Bevor hier nun eine abschließende Bewertung des Philosemitismus der Berliner Aufklärung (ohne eine Emanzipation der Juden) und der Emanzipation der Juden in Frankreich (ohne Philosemitismus) versucht wird, noch dies: Arthur Hertzberg hatte in seinem wichtigen Buch *The French Enlightenment and the Jews* versucht, eine Verbindung zwischen dem neuzeitlichen Antisemitismus und Voltaire sowie der französischen Aufklärung generell herzustellen.

> „The idea of freedom for all sorts of ideas was the major intellectual force for liberating the Jews at the end of the eighteenth century. The idea of

> remaking men to fit properly into the new society was the seed-bed of totalitarianism. The notion that the new society was to be a reevocation of classical antiquity was the prime source of post-Christian anti-Semitism in the nineteenth century. The vital link, the man who skipped over the Christian centuries and provided a new, international, secular anti-Jewish rhetoric in the name of European culture rather than religion, was Voltaire. The defeat of the emancipation of the Jews of Europe existed in embryo even before that process began."[47]

Was ist davon zu halten? War Voltaire für die Entstehung der neuen antisemitischen Rhetorik wirklich zentral? Voltaire war für Frankreich und für die Aufklärung tatsächlich in vielem stilbildend. Sein Einfluss war aber schon in den Jahren vor der Revolution deutlich zurückgegangen. In den Diskussionen um die Zukunft der Juden in Frankreich und in Deutschland spielte Voltaire mit seinen Ansichten keine Rolle mehr. Für das Entstehen des neuzeitlichen Antisemitismus in Europa waren Voltaire und die französische Aufklärung bestenfalls eine Facette.

In Frankreich sollte der neuzeitliche Antisemitismus erst dann populär werden, als er sich mit einer Art von Kapitalismus-Kritik vermischte. Dieser Antisemitismus benötigte Voltaire und die Aufklärung nicht mehr. Er war sich darin sicher, dass er ungleich wichtigere, weil zeitlich aktuell erscheinende Vorwürfe gegen die Juden vortragen konnte.[48] In Deutschland gab es den Philosemitismus der Berliner Aufklärung damals schon lange nicht mehr. Die Forderungen nach Toleranz und politischer Gleichberechtigung für die Juden kamen in der ersten Hälfte des 19. Jahrhunderts vorwiegend vom Liberalismus, der in erster Linie dem Bürgertum eine fortschrittliche rechtliche Basis geben wollte. Auf dieser geforderten rechtlichen Basis stand die Gleichberechtigung der Juden für die Forderung der Trennung von Glaubensbekenntnis und bürgerlichen Rechten. Solange der Liberalismus eine mächtige politische Kraft war, hatten die Juden in Deutschland in dieser Kraft einen wichtigen Rückhalt. Als der Liberalismus in Deutschland ab etwa 1875 zunehmend schwächer wurde, wurde auch der Rückhalt gegenüber den Juden in Deutschland schwächer.

Der sich über die nächsten beiden Jahrzehnte rasch entwickelnde neue Antisemitismus betrachtete die Juden als die deutlich sichtbaren Nutznießer des modernen Zeitalters. Im Kontrast dazu standen für diesen Antisemitismus die vom aufsteigenden Kapitalismus Bedrohten oder gar bereits Deklassierten. Die ab 1873 einsetzende Finanzkrise und der damit zusammenhängende Börsenkrach bot Material, das der Antisemitismus für die von ihm propagierte Sichtweise einsetzen konnte. So mochten dann trotz ihrer Abstrusität Annahmen plausibel erscheinen, die die Entstehung des Kapitalismus mit dem Komplott eines Finanzjudentums zu erklären trachteten. Ablehnung und Widerstand gegen die Moderne führten auch dazu, dass Juden auf die Rolle von Provokateuren und Nutznießern der ganzen Entwicklung hin modelliert wurden. Auf dieser Basis entwickelte sich während des letzten Viertels des 19. Jahrhunderts der moderne und an Heftigkeit zunehmende Antisemitismus in Deutschland, der sich bei den gebildeten Schichten auch als eine Art Gegenbewegung zu der der schon lange vergangenen Berliner Aufklärung und dem von ihr vertretenen Philosemitismus verstand. Dieser Antisemitismus hatte ruhigere und lautere Phasen. Latent vorhanden war er aber stets und konnte durch Auslöser wie politische oder wirtschaftliche Krisen in die Höhe geschaukelt werden. Dieser Auslöser war in Deutschland der verlorene Erste Weltkrieg.[49]

Anmerkungen

1 Borinski, Ludwig: Antijudaistische Phänomene in der Aufklärung, in: Judentum im Zeitalter der Aufklärung (Wolfenbütteler Studien zur Aufklärung, Bd. IV), Bremen/Wolfenbüttel 1977, S. 103.

2 Oppeln-Bronikowski, Friedrich von (Hg.): Friedrich der Große. Die politischen Testamente, Berlin 1922, S. 28.

3 Bruer, Albert: Geschichte der Juden in Preußen (1750–1820), Frankfurt a. M./New York 1991, S. 48, 55ff.

4 Borinski: Antijudaistische Phänomene in der Aufklärung, [wie Anm. 1], S. 113.

5 Voltaire: Essai sur les Moeurs et l'Ésprit des Nation, Paris 1963 (Nachdruck), Bd. I, S. 35f.; ders.: Dictionnaire Philosophique, in: Oeuvres Complètes XIX, Paris 1877ff., S. 521. Bezeichnend auch der letzte Abschnitt des Dictionnaire, in dem sich Voltaire an die Juden richtete: „Vous fûtes des monstres de cruauté et de fanatisme en Palestine, nous l'avons été dans notre Europe [...] Vous êtes des animaux calculants: tachez d'être des animaux pensants", (ebd., S. 541); Emmrich, Hanna: Das Judentum bei Voltaire, Breslau 1930, insbes. S. 256ff.; Hertzberg, Arthur: The French Enlightenment and the Jews, New York/London 1968, S. 10: „[...] Voltaire [...] is the major link in Western intellectual history between the anti-Semitism of classic paganism and the modern age."

6 Benbassa, Esther: Geschichte der Juden in Frankreich, Berlin/Wien 2000 (Orig.: Paris 1997), S. 101f. Die Encyclopédie (1751–1772) enthielt Kritik gegen das Judentum, die sich aber im Grunde gegen das Christentum richtete. Der von Chevalier de Jaucourt geschriebene Artikel „juifs" blieb allgemein und enthielt kaum Negatives über die Juden.

7 Marquis D'Argens, Jean Baptiste de Boyer: Lettres Juives ou Correspondance Philosophique, Historique entre un Juif voyageur à Paris, Bd. I, La Haye 1736, S. 12.

8 Drews, Paul: Der evangelische Geistliche in der deutschen Vergangenheit, Jena 1905; Greiffenhagen, Martin (Hg.): Das evangelische Pfarrhaus – Eine Kultur- und Sozialgeschichte, Stuttgart 1984, S. 12ff.; Rösch, Lydia: Der Einfluß des evangelischen

Pfarrhauses auf die Literatur des 18. Jahrhundert, Bremen 1932, S. 21: „Wenn sich die deutsche Aufklärung im Gegensatz zur französischen und zur englischen bemüht hat, die Erkenntnis der Vernunft und die Wahrnehmung [...] mit den religiösen Lehren in Übereinstimmung zu bringen, so trägt daran das evangelische Pfarrhaus einen wesentlichen Anteil"; Merker, Nicolao: Die Aufklärung in Deutschland, München 1982 (Orig.: Rom 1968), S. 172: „So entsprach der praxis pietatis der Pietisten die practice of the piety englischer Puritaner und die practycke oder godzahligkeit orthodoxer Calvinisten Hollands im 18. Jahrhundert."

9 Grab, Walter: Ein Volk muß seine Freiheit selbst erobern. Zur Geschichte der deutschen Jakobiner, Frankfurt a. M. 1984, S. 20ff.; Epstein, Klaus: Die Ursprünge des Konservativismus in Deutschland, Frankfurt a. M./Berlin/Wien 1973 (Orig.: Princeton 1966), S. 43ff.

10 Werner, Martin: Der protestantische Weg des Glaubens, Bd. I, Bern/Tübingen 1955f., S. 384ff., 393; Scholder, Klaus: Grundzüge der theologischen Aufklärung in Deutschland, in: Kopitzsch, Franklin (Hg.): Aufklärung, Absolutismus und Bürgertum in Deutschland, München 1976, S. 294–318.

11 Teller, Wilhelm Abraham: Die Religion der Vollkommneren, Berlin 1792, S. 486; Hierzu Lütgert, Wilhelm: Die Religion des deutschen Idealismus und ihr Ende, Bd. I, Gütersloh 1923ff., S. 3; Rösch: Der Einfluß des evangelischen Pfarrhauses, [wie Anm. 8], S. 44.

12 Philipp, Wolfgang: Spätbarock und frühe Aufklärung – Das Zeitalter des Philosemitismus, in: Rengstorff, Karl Heinrich/Kortzfleisch, Siegfried von (Hg.): Kirche und Synagoge – Handbuch zur Geschichte von Christen und Juden, Bd. I-II, Stuttgart 1970, Bd. II, S. 23–86; Ettinger, Shmuel: The Beginnings of the Change in the Attitude of European Society towards the Jews, in: Scripta Hierosolymitana – Publications of the Hebrew University of Jerusalem, Bd. VII, Jerusalem 1961, S. 193–219.

13 Bruer: Geschichte der Juden in Preußen, [wie Anm. 3], S. 55ff.

14 Klopstock, Friedrich Gottlieb: Sämtliche Werke, Bd. I-X, Leipzig 1854, Bd. IV, S. 262f.

15 Wobei in Deutschland eine radikalere, gegen Thron und Altar gerichtete Aufklärung keine Chance gehabt hätte; Fink, Gonthier-Louis: Des Privilèges Nobilitaires aux Privilèges Bourgeois, in: Recherches Germaniques, Bd. III, Paris 1973, S. 30–101; Vierhaus, Rudolf: Politisches Bewußtsein in Deutschland vor 1789, in: Der Staat, Bd. VI, Berlin 1967, S. 175–196.

16 Hinrichs, Carl: Preußentum und Pietismus – Der Pietismus in Brandenburg-Preußen als religiös-soziale Reformbewegung, Göttingen 1971, S. 13: „Der Pietismus wurde in Preußen zum Bannerträger der Staatsmacht [...] während der Puritanismus im angelsächsischen Bereich das Banner der Revolution trug."; Adler, Emil: Herder und die deutsche Aufklärung, Wien/Frankfurt/Zürich 1968 (Orig.: Warschau 1965), S. 263, 270f.

17 Gellert, Christian Fürchtegott: Sämtliche Schriften, Bd. I-IV, Carlsruhe 1774, Bd. IV, S. 348ff., 304.

18 Ebd., S. 304.

19 Lessing, Gotthold Ephraim: Werke, Bd. I, München 1970ff., S. 414. In seinem Nachtrag zu diesem Stück betonte Lessing die Parallelen zu Gellerts „Schwedischer Gräfin". Dort auch folgende Einschätzung: „[...] wenn mein Reisender ein Christ wäre, würde sein Charakter sehr selten sein, und wenn das Seltene bloß das Unwahrscheinliche ausmacht, auch sehr unwahrscheinlich" (ebd., S. 415), zitiert nach: Göbel, Helmut (Hg.): Lessings Nathan, Berlin 1977, S. 179.

20 Jenzsch, Helmut: Jüdische Figuren in deutschen Bühnentexten des 18. Jahrhunderts, Hamburg 1971 (Dissertation, Manuskript), S. 164f., 229; Klemm, Hans Gunther: Der Topos vom Guten Juden, in: Theokratia – Jahrbuch des Institutum Judaicum Delitzschianum, Bd. II, Leiden 1970/72, S. 340–371, 370f.

21 Zitiert nach: Kohut, Alfred: Geschichte der deutschen Juden, Berlin 1898, S. 763. Dort auch die Einschätzung: „Die Berliner Bevölkerung am Ausgang des 18. Jahrhunderts kannte keine Spur von Judenhaß [...].".

22 Abgedruckt bei Toury, Jacob: Eine vergessene Frühschrift zur Emanzipation der Juden in Deutschland, in: Leo Baeck Institute Bulletin XII, Tel-Aviv 1969, S. 279, 281; Zum Wandel in der Publizistik allgemein: ders.: Die Behandlung jüdischer Problematik in der Tagesliteratur der Aufklärung, in: Jahrbuch des Instituts für deutsche Geschichte V, Tel-Aviv 1976, S. 13–47.

23 Tenbruck, Friedrich H.: Freundschaft, in: *Kölner Zeitschrift für Soziologie und Sozialpsychologie*, Jg. 16 (1964), S. 436, 441: „Die große Epoche der Freundschaft in der deutschen Geschichte ist zweifellos das Jahrhundert von 1750 bis 1850 [...]. Hier gelingt in einer sozial heterogenen Welt die Stabilisierung des Daseins durch die Freundschaftsbeziehung. In der persönlichen Beziehung entgeht der Mensch der Desorganisation, mit welcher ihn die Heterogenität seiner sozialen Welt bedroht."
Bereits 1732 hatte ein Mitglied der Deutschen Gesellschaft Gottscheds in Leipzig das Selbstverständnis dieser Organisationen definiert: „Unter dem Namen einer gelehrten Gesellschaft verstehe ich eine aus eigenem Antriebe und besonderer Liebe zu den Wissenschaften angestellte Versammlung geschickter und munterer Köpfe, welche sich zu Vermehrung, Ausbreitung und Anwendung der sowohl nützlichen als angenehmen Gelehrsamkeit, untereinander [...] verbinden"; Siehe Gottsched, Johann Christoph (Hg.): Der Deutschen Gesellschaften in Leipzig, Gesammelte Reden und Gedichte, Leipzig 1732, S. 353.

24 Nipperdey, Thomas: Verein als soziale Struktur in Deutschland, in: ders.: Gesellschaft, Kultur, Theorie, Göttingen 1976 (Orig.: 1972), S. 174–205, 180ff.; Dülmen, Richard van: Die Aufklärungsgesellschaften in Deutschland als Forschungsproblem, in: *Francia*, Jg. 5 (1977), S. 251–275. Dülmen teilt die Entwicklung des Vereinswesen in drei Phasen: 1760–1791: Gründung, Ausweitung und Politisierung, 1792–1806: Repression im Schatten der Revolution, 1807–1818: Widerstand gegen Napoleon und Nationalismus.
In seinen Freimaurergesprächen „Ernst und Falk" charakterisierte Lessing diese Verbindungen: „Recht sehr zu wünschen, dass es in jedem Staate Männer geben möchte, die über die Vorurteile der Völkerschaft hinweg wären [...], die dem Vorurteil ihrer angeborenen Religion nicht unterliegen [...] welche bürgerliche Hoheit nicht blendet und bürgerliche Geringfügigkeit nicht ekelt [...]" (Lessing: Werke, [wie Anm. 19], Bd. VIII, S. 465).

25 Die großen Logen nahmen Juden erst im frühen 19. Jahrhundert als Mitglieder auf. Dazu Katz, Jacob: Jews and Freemasons in Europe, 1723–1939, Cambridge, Mass. 1970, S. 17ff.; Zum Auftreten einzelner aufgeklärter Juden in Berlin der Bericht eines Reisenden aus dem Jahre 1779: „[...] die Vornehmen oder überhaupt diejenigen, welche nach guten Grundsätzen erzogen sind, gehen viel mit Christen um, nehmen gemeinschaftlich mit ihnen an unschuldigen Zerstreuungen teil, und oft sieht man es ihnen kaum an, dass sie Juden sind.", aus: Drewitz, Ingeborg: Berliner Salons – Gesellschaft und Literatur zwischen Aufklärung und Industriezeitalter, Berlin 1979 (Orig.: 1965), S. 16. Wichtig hierzu aus der Literatur: Seibert, Peter: Der literarische Salon. Literatur und Gesellschaft zwischen Aufklärung und Vormärz, Stuttgart/Weimar 1993, S. 92ff.; Hertz, Deborah: Jewish High Society in Old Regime Berlin, New Haven/London 1988, insbes. S. 23ff.

26 Mendelssohn, Moses: Gesammelte Schriften, Bd. I, Leipzig 1843ff., S. 30. Dem Schreiben lagen die Grundsätze der Gesellschaft bei. Darin heißt es: „Es haben Mitglieder geglaubt, daß aller Sicherheit wegen, Nummern statt Namen unterschrieben würden [...] so ist wohl die Beobachtung des Gesetzes um so notwendiger,

daß keinem Externo ein Aufsatz (oder dessen Inhalt, am wenigsten mit Nennung des Namens des Verfassers) mitgeteilt werde […].“; Möller, Horst: Aufklärung in Preußen. Der Verleger, Publizist und Geschichtsschreiber Friedrich Nicolai, Berlin 1974, S. 241.

27 Hay, Joseph: Staat, Volk und Bürgertum in der Berlinischen Monatsschrift von Friedrich Gedike und Erich Biester (1783–1796), Breslau 1913, S. 8. Rund 300 Autoren lassen sich während der gesamten Erscheinungsdauer dieser Publikation zählen. Interessant ist die soziale Herkunft dieser Verfasser: 80 Professoren und Lehrer, 60 Beamte, 50 Klerikale, dazu 45 Adlige und 10 Juden. Siehe Möller: Aufklärung in Preußen, [wie Anm. 26], S. 252; Vgl. Schultze, Johanna: Die Auseinandersetzung zwischen Adel und Bürgertum zwischen Adel und Bürgertum (1773–1806), Berlin 1925, S. 20.

28 Scholtz, Harald: Friedrich Gedike (1754–1803), in: Jahrbuch für die Geschichte Mittel- und Ostdeutschlands Bd. XIII/XIV, Berlin 1965, S. 128–181.

29 Möller: Aufklärung in Preußen, [wie Anm. 26], S. 252.

30 Nicolai, Friedrich: Leben Justus Mösers, Justus Möser's sämtliche Werke, Bd. X, Berlin 1843, S. 48.

31 Ders.: Das Leben und die Meinungen des Herrn Magister Sebaldus Nothanker, Leipzig 1938 (Nachdruck), S. 216.

32 Brief vom 18. 10. 1785 an den Naturforscher Leopold Freiherr von Hirschen, Gesammelte Schriften, Bd. V, S. 640.

33 Dambacher, Ilsegret: Christian Wilhelm von Dohm, Bern/Frankfurt a. M. 1974; vgl. Möller, Horst: Aufklärung, Judenemanzipation und Staat. Ursprung und Wirkung von Dohms Schrift „Über die bürgerliche Verbesserung der Juden“, in: Jahrbuch des Instituts für deutsche Geschichte, Beiheft III, Tel-Aviv 1980, S. 119–149; Altmann, Alexander (Hg.): Letters from Dohm to Mendelssohn, in: Lieberman, Saul/Hyman, Arthur (Hg.): Salo Wittmayer Baron Jubilee Volumes, New York/London 1975, Bd. I, S. 39–62.

34 Dohm, Christian Wilhelm von: Ueber die buergerliche Verbesserung der Juden, Berlin/Stettin 1781ff., Bd. I, S. 34.

35 Ebd.

36 Ebd., Bd. I, S. 37ff.

37 Ebd., Bd. II, S. 240. Die neun Punkte, in: Bd. I, S. 110–127.

38 Ebd., Bd. II, S. 242.

39 Ders.: Denkwürdigkeiten meiner Zeit, Lemgo/Hannover 1819, Bd. II, S. 269.

40 Vgl. dazu Katz, Jacob: The German-Jewish Utopia, in: ders.: Emancipation and Assimilation – Studies in Modern Jewish History, Westmead/Farnborough 1972, S. 91–110.

41 Benbassa: Geschichte der Juden, [wie Anm. 6], S. 102f.

42 Instructions salutaires adressées aux communautés juives de l'Empire de Joseph II, Paris 1790 (Orig.: D'wrei shalom ve-Emet, Berlin 1782). Unter mehreren deutschen Übersetzungen dieser Schrift ist die von David Friedländer zu nennen (Worte der Wahrheit und des Friedens an die gesammelte jüdische Nation, Berlin 1798). Wie die Subskriptions- und Abonnenten-Listen zeigen, lasen Juden in Metz und Nancy die in Berlin herausgegebene Zeitschrift der jüdischen Aufklärung Ha-Meassef (Der Sammler), 1783–1797/1809–1811. Esther Benbassa schreibt dazu: „Das Überspringen der Bewegung auf Frankreich, so bescheiden es war, zeugte immerhin von einer Öffnung und Sensibilisierung gegenüber den geistigen Strömungen, die andere jüdische Gemeinden bewegten. Eine besondere Rolle spielte dabei die Entwicklung in Berlin, wo die Juden zum großen Teil verbürgerlicht […] waren.“, aus: Benbassa: Geschichte der Juden, [wie Anm. 6], S. 103.

43 Ebd., S. 104: „Es zeichnete sich [...] bereits die Idee einer möglichen Steigerung ihrer Produktivität als conditio sine qua non ihrer Wiedergeburt ab. Diese Idee zirkulierte in den so genannten aufgeklärten Kreisen Frankreichs: Man unterstrich damit die Rückständigkeit der Juden und die Notwendigkeit, dass sie den Vorsprung der übrigen Bevölkerung aufholen müssten [...]. Die Einrichtung der Société royale in Metz, die relative Vertrautheit ihrer Mitglieder mit den dort lebenden Juden, der Eindruck, den diese jüdische Gruppe, deren Eliten sich den modernen Ideen öffneten, auf Außenstehende machte und die Tatsache, dass sie eine Art Experimentierfeld für die Beteiligten abgab, sagen, einmal abgesehen vom Einfluss Dohms und Mendelssohns, einiges darüber aus, welcher Geist diese Initiative beflügelte.".

44 Feuerwerker, David: L'émancipation des Juifs en France de l'Ancien Régime à la fin du Second Empire, Paris 1976, S. 71ff., 97ff.

45 Ebd., S. 287ff.; Benbassa: Geschichte der Juden, [wie Anm. 6], S. 107ff.

46 Benbassa: Geschichte der Juden, [wie Anm. 6], S. 114.

47 Hertzberg: The French Enlightenment, [wie Anm. 5], S. 313.

48 Wilson, Stephen: Ideology and Experience. Antisemitism in France at the Time of the Dreyfus Affair, London/Toronto 1982, S. 169ff.

49 Bruer, Albert: Aufstieg und Untergang. Eine Geschichte der Juden in Deutschland (1750–1918), Köln 2006, S. 244. Der Bankier Carl Fürstenberg bemerkte für 1870: „Nationalliberal war damals fast alles, was in der preußischen Wirtschaft irgendwie Anspruch auf Geltung erheben durfte"; siehe Fürstenberg, Carl: Die Lebensgeschichte eines deutschen Bankiers, Wiesbaden 1961, S. 28.

Klaus Ebert

Friedrich Schleiermacher trifft Henriette Herz im Salon der Rahel Varnhagen

Szenische Fiktion – eine romantische Liebe

Das hätte in der Tat der Beginn einer Romanze sein können, eine romantische Verbindung zweier Liebenden, ganz wie bei *Lucinde* beschrieben, vom Unendlichen vorherbestimmt und in der Anschauung des Unendlichen Erlösung findend: „[…] sinnliche Erfüllung. Ja. Die suchten sie. Sie drückte seine Hand." So fabuliert Klaas Huizing in seinem Roman *Frau Jette Herz* (2005) eine „affaire érotique" zusammen, die schon bei Zeitgenossen für Gerüchte gesorgt hat.[1]

Er, ein Pastorensohn, der sich gegen das pietistische Milieu seines Elternhauses auflehnt, während des Studiums in Halle sich der Aufklärung öffnet, um dann mit seinem Freund Friedrich Schlegel um die Jahrhundertwende in Berlin zum Wegbereiter der Frühromantik zu werden.[2]

Sie, eine sephardische Jüdin, ihre Familie aus Portugal vertrieben – Tod oder Taufe – über Amsterdam dann nach Preußen – Religion ist Privatsache – eingewandert; als 15-Jährige nach jüdischem Ritus mit dem Arzt und Philosophen Marcus Herz verheiratet.

Und schließlich eine Salonière namens Rahel, in deren Dachkammer in der Berliner Jägerstrasse sich eine illustre Gesellschaft versammelt, ein Preußenprinz namens Louis Ferdinand mit seiner Geliebten, einer Tänzerin, die Dichter Jean Paul, Adelbert von Chamisso, Clemens Brentano und die Freunde Friedrich Schlegel und Friedrich Daniel Ernst Schleiermacher. Mit von der Partie sind Dorothea Veit, eine Tochter Moses Mendelssohns und eben Henriette Herz, die vor ihrem sie mit philosophischen und naturwissenschaftlichen Vorträgen langweilenden Ehemann geflüchtet ist.

Man trifft sich hier in einem „vagen idyllischen Durcheinander"[3], um jenseits der bürgerlichen Konventionen im Kreis der Frühromantiker die Erfahrung einer ‚neuen Geselligkeit' zu suchen. So gesehen findet man hier den Vorläufer der Bohème des fin de siècle ein Jahrhundert später, der ‚roaring twenties' danach und der Sponti-Bewegung um die K1 der inzwischen auch in die Jahre gekommenen Achtundsechziger.

Für Friedrich Schlegel und Dorothea Veit lässt sich das jedenfalls so sagen, das Verlangen nach einem freien und ungebundenen Leben, eine

Liebesbeziehung jenseits der Konventionen, davon handelt der Roman *Lucinde*, eine Provokation.

Doch der Aufbruch hält nicht lange, die Spätromantik mit ihrer Verklärung des Mittelalters bindet die Neuerer an Vorgestriges. Friedrich heiratet seine Dorothea und gemeinsam konvertiert man im Dom zu Köln zum Katholizismus.

„In diesem Riesenkerker wird/Die deutsche Vernunft verschmachten."[4] Da, wo die Kritik noch offen bleibt, im Jungen Deutschland etwa, distanziert man sich und sucht nach anderen Wegen oder ästhetisiert den Widerspruch und geht daran zu Grunde, wie Heinrich Heine in seiner Matratzengruft.

Doch zurück nach Berlin und zu den Salons.[5] Um die Jahrhundertwende heißt Rahel noch Levin und nachdem einige Liaisonen nicht zur erwünschten Eheschließung geführt haben, heiratet sie 1814 Karl August Varnhagen von Ense. Dieser hat ein eher distanziertes Verhältnis zu Schleiermacher, den er schon aus seinen Studententagen in Halle kennt.[6]

Mit der Eheschließung tritt Rahel zum Protestantismus über, ohne allerdings, wie ihre Biographin Hannah Arendt bemerkt, ihre jüdische Identität aufgeben zu wollen: „Aus solchem Auseinanderklaffen findet nur die Zweideutigkeit einen bleibenden Ausweg, da sie beides nicht ernst nimmt und im Zwielicht der Mischung Resignation und neue Kraft erzeugt."[7]

Schleiermacher und Henriette Herz sind sich erstmalig 1790 begegnet, als dieser in Berlin sein Vikariat ablegt und bleiben seither in Briefkontakt miteinander verbunden. Friedrich Schlegel lernt Dorothea Veit im Salon der Herz kennen. Also in gutbürgerlichem Ambiente beginnt diese verquere Liebesgeschichte.

Die szenische Fiktion eines antibürgerlichen Aufbruchs gehört also ins Reich der Legende, wie auch die Vorstellung, dass hier das Junge Deutschland seinen Anfang nimmt[8] und ebenso die Gerüchte über Jette und ihren Schleier, wie sich die beiden Briefpartner gegenseitig anreden.

Diese drei Personen verkörpern allerdings in ihren Biographien exemplarisch die Widersprüchlichkeit und die Ambivalenz im Beziehungsmuster Freund(in)–Feind(in)/Christ(in)–Jude (Jüdin):

a) Rahel Varnhagen, eine Jüdin, die aus Gründen der Konvention mit der Eheschließung zum Christentum übertritt, ihr Judentum aber ‚nicht missen' will.
b) Friedrich Schleiermacher, ein evangelischer Pfarrer, der unter Missbilligung seiner kirchlichen Vorgesetzten mit Juden gesellschaftlichen Kontakt pflegt, die jüdische Religion allerdings aus theologischen Gründen ablehnt.

c) Henriette Herz, die mit Schleiermacher eine innige Freundschaft pflegt und nach dem Tode ihre Mutter konvertiert und sich vom Judentum lossagt.

Die soziale Realität – Ein Versuch der Annäherung

Ab 1780 lädt das Ehepaar Henriette und Marcus Herz ihre jüdischen und nichtjüdischen Freunde und Bekannten in ihren ‚Salon' in der Neuen Friedrichstraße 22 ein, der „als Institution aus der von Markus Herz gehaltenen naturwissenschaftlichen Abendvorlesungen hervorgegangen"[9] ist. Gelangweilt von den naturwissenschaftlichen Experimenten und endlosen Diskussionen über die Philosophie Kants, gründet das „Kind", wie Herz seine wesentlich jüngere Frau zu nennen pflegt, nebenan im Hause ihren eigenen Salon, in dem „Diskussionen über die neuesten romantischen Gedichte, Theaterstücke und Romane"[10] geführt werden.

Im September 1796 ist Schleiermacher wieder in Berlin und tritt an der Charité eine Stelle als Prediger an. Am 30. Dezember übermittelt ihm Alexander Graf zu Dohna (von 1790–1793 ist er Hauslehrer der Familie auf deren Gut auf Schlobitten) schiftlich: „Ich habe den Auftrag Sie zu befragen ob Sie Morgen zum Thee und Abendessen bey Professor Herz sich einfinden können? Hoffentlich werden Sie keine Abhaltung haben."[11]

So findet am Silvestertag Schleiermacher Eingang in das Haus Herz und er gehört bald zum Freundeskreis der Familie, besonders verbindet ihn mit Henriette eine „ Seelenfreundschaft"[12] besonderer Art, die sowohl von einer tiefen Vertrautheit aber zugleich auch großer Distanz geprägt ist.[13] Der Briefwechsel zwischen beiden – es sind nur die Briefe Schleiermachers erhalten – ist Beleg für eine intensive intellektuelle Beziehung, die von Schleiermacher auch emotional sehr hoch besetzt ist.

Er informiert sein jüdisches Gegenüber, seine „liebe theure Freundin"[14] brieflich über die Entstehung seiner großen Erstlingsschrift *Über die Religion. Reden an die Gebildeten unter ihren Verächtern*[15] und bittet sie, die einzelnen Abschnitte aus ihrer Sicht zu kommentieren. Auch vergisst er nicht zu bemerken: „Kurz, das Einzigste, was ich recht begreife ist, dass Sie recht meine Jette sind, das lese ich zwischen den Zeilen."[16] Das Buch, das 1799 in seiner Erstauflage bei Unger erscheint, trifft auf große Resonanz, die zum größten Teil negativ ist. Der Vorwurf des Pantheismus beziehungsweise des Spinozismus steht im Raum. Sein Kirchenverständnis, das die „wahre Kirche" als das „vollendete Resultat der menschlichen Geselligkeit" der verfassten Evangelischen Kirche als eine „Religionsvereinigung" im Sinne eines „bürgerlichen Vereins" gegenüberstellt, kann kaum die Billigung der kirchlichen Vorgesetzten finden.[17]

Und, als wäre das nicht genug Konfliktmasse, ist da jetzt noch der völlig misslungene Versuch, sich schützend vor seinen Freund Friedrich Schlegel zu stellen, der in seinem Roman *Lucinde* seine Beziehung zu Dorothea Veit mit einer massiven Kritik an der Institution Ehe – „Da liebt der Mann in der Frau nur die Gattung" [18] – legitimiert. In den *Vertraute(n) Briefen über Schlegels Lucinde*[19] macht Schleiermacher seine ungeklärten persönlichen Verwicklungen hinsichtlich der Frau eines Kollegen, Eleonore Grunow, publik, so dass seine Vorgesetzen ihn in Berlin aus dem Verkehr ziehen und nach Stolp in Hinterpommern versetzen. In völliger Abgeschiedenheit und der „notorischen Unentschlossenheit"[20] ausgeliefert, was die Scheidungsabsicht der Grunow betrifft, wird ihm Henriette Herz immer wichtiger als Ansprechpartnerin. Während die Briefe an Eleonore Grunow sachlich bis ironisch gehalten sind und das „Sie" als Anredeform verwendet wird, schreibt er jetzt seiner Seelenfreundin:

> „Sehr angenehm hat mich Ihr Brief überrascht, liebe Jette. [...] Ich kann mir nicht helfen [...] hier in der Entfernung ist es mir ganz unmöglich Sie zu sagen [...]. Ich denke, dort sagte meine ganze Art mit Euch zu sein immer Du, wenn auch die Lippen Sie sagten."[21]

Dennoch irrt der Interpret, wenn er aus diesen Zeilen mehr heraus liest, als gemeint ist, und derartige Vermutungen und Unterstellungen hat es auch unter den Zeitgenossen gegeben. Henriette Herz nimmt hierzu in ihren *Erinnerungen* Stellung:

> „Es fehlte auch nicht an Leuten, welche die Innigkeit unseres Verhältnisses kennend, ein anderes Gefühl als das der Freundschaft in uns voraussetzten. Das war ein Irrthum. [...] So haben wir uns denn auch öfters darüber ausgesprochen, dass wir kein anderes Gefühl für einander hätten und haben könnten als der Freundschaft, wenngleich die innigste [...]."[22]

Die Berliner Szene der Jahrhundertwende löst sich auf und verliert sich in gutbürgerlichen Verhältnissen: Varnhagen von Ense geht in den preußischen diplomatischen Dienst, Rahel bleibt schriftstellerisch tätig; Schlegel, das enfant terrible schlägt sich auf die Seite Metternichs und erhält 1815 den Christusorden aus der Hand des Papstes.

Nachdem 1805 klar ist, dass sich Eleonore Grunow nicht von ihrem Mann scheiden lässt, heiratet Schleiermacher die Witwe eines befreundeten

Kollegen, Henriette von Willich, die „kleine Jette". Er ist maßgeblich an der Gründung der Berliner Universität beteiligt und wird 1810 als Professor für Theologie berufen.

Marcus Herz stirbt 1803, trotz vieler Heiratsanträge bleibt Henriette Witwe. Der Familie Schleiermacher bleibt sie freundschaftlich als die „große Jette" verbunden.

Soviel zur sozialen Realität, die politische Realität ist allerdings eine andere.

Politische Realität I (Der Feind)

Mit dem Gründungsdokument des Christentums, dem *Neuen Testament*, beginnt die Geschichte des christlichen Antisemitismus, mit der in Matthäus 27,25 formulierten Selbstbezichtigung des jüdischen Volkes: „Sein Blut komme über uns und unsere Kinder." Keine Ambivalenz, sondern ein nichtaufhebbarer Antagonismus – alt gegen neu; Beschneidung gegen Taufe; Gesetz gegen Glaube – so wie es Paulus in einem innerjüdischen Diskurs vorstellt. Mit den Antijudaeos-Schriften der Kirchenväter wird die Dialektik der Kain- und Abel-Metapher aufgenommen, das Opfer wird zum Täter: „Soll ich meines Bruders Hüter sein?" (1. Mose, 9), schließlich im Mittelalter wird dann die Synagoge als judäa captiva der Kirche als ecclesia triumphans entgegensetzt und die Juden werden damit vor die Wahl gestellt: Tod oder Taufe.

Ein skurriles Zwischenspiel stellt im ausgehenden Mittelalter der Pfefferkorn-Reuchlin-Streit (1507–1518) dar, der mit dem Erscheinen der *Epistulae Obscurorum Virorum*[23] seinen literarischen Ausdruck als Gelehrtensatire gefunden hat. Der zum Christentum übergetretene Jude Pfefferkorn fordert die Vernichtung aller hebräischen Schriften, insbesonderen des „loegenhaften, bedriegelichen und falschen" Talmuds.[24] Gegen dieses Ansinnen wendet sich mit Erfolg der Tübinger Humanist Johannes Reuchlin, der bereits 1505 in einem *tütsch missiue, warub die Juden so lang im ellend sind* sich für ein toleranteres Verhalten gegenüber Juden ausgesprochen hat. Allerdings zeigen die Anwürfe gegen Pfefferkorn auch, dass für die Humanisten wohl die hebräischen Quellen schutzwürdiger sind als die jüdischen Menschen.

Auch Martin Luther bemerkt in seiner kleinen Schrift *Daß Jesus Christus ein geborener Jude sei* (1523) die gesellschaftliche Außenseiterrolle der Juden, „dass man sie gleich für Hunde hält" und fordert: „Will man ihnen helfen, so muß man christlicher Liebe Gesetz an ihnen üben und freundlich annehmen […].“[25] Hinter diesem Ansinnen steht der missionarische Impuls, die Juden für den Glauben an Jesus Christus zu gewinnen. Für den Reformator steht außer Frage, dass das Erlösungswerk am Kreuz allen Menschen zukommt, die entsprechend dem sola fide, daran glauben. Allerdings ist seinem Bemühen kein Erfolg beschieden, denn die Juden ignorieren weiterhin die Botschaft, wie damals schon vor Pilatus.

Luthers Reaktion ist maßlos. Zunächst theologisch formuliert, werden die Juden vor die Alternative Verdammnis oder Taufe gestellt. Das garantiert ihnen zumindest das Überleben. Wie auch immer, die Androhungen einer späteren Schrift *Von den Juden und ihren Lügen* (1543) lesen sich dann schon wie eine erste Blaupause für die Judenverfolgung und die Vernichtungslager in Auschwitz, Mauthausen, Treblinka und anderswo.

> „[...] das man jre Synagoga oder Schule mit feur anstecke […], das man jnen nehme all jre Betbüchlein und Thalmudisten […]. das man den Jüden das geleid auf straße gantz und gar auffhebe […] [und] […] den jungen starcken Jüden und Jüdin in die Hand gebe, flegel, axt, karts, spaten, rocken, spindel und lasse sie jre brot verdienen […].“[26]

Denn, da sie sich nicht zum Christenglauben bekennen, gehören die Juden infolge ihrer Verstocktheit mit in die „Unheilskette […] von antigöttlichen Mächten […], [die] über die Zeiten hinweg den Bund Gottes nicht bewahrt haben, sein Wort und Werk vergessen“[27], somit dem Gericht anheim fallen werden, wie die anderen Widersacher, der Papst in Rom, die Türken, die Schwärmer, die Täufer und sein politischer Gegner im Bauernkrieg, der Erzteufel zu Mühlhausen, Thomas Müntzer.

Dann folgt aber der theologischen Interpretation, welche die Juden in die Reihung der Drangsale des apokalyptischen Szenarios einordnet, die politische Disqualifikation. Sie werden als rechtlos bezeichnet, „das geleid“ wird ihnen aufgekündigt. Und damit wird, wie Heiko Oberman aufzeigt, der bei Luther, „wie im christlichen Glauben überhaupt – angelegte Antijudaismus zum Spielball des neuzeitlichen Antisemitismus“[28]. Dieser Antijudaismus prägt maßgeblich dann den Antisemitismus in all seinen historischen Erscheinungsformen bis hin zur Schoa. Der Jude wird nun zum Feind schlechthin: (a) im theologischen Verständnis zum Sinnbild des Verdammten stilisiert, (b) politisch wird er als Subjekt ausgenutzt und rechtlos gemacht, schließlich (c) entsprechend der biologischen Definition des Rassismus als minderwertig bezeichnet, womit zwangsläufig der Weg in die „Endlösung“ vorgezeichnet wird.

Politische Realität II (Der Freund)

Die Juden, so heißt das Lustspiel, welches 1749 Gotthold Ephraim Lessing, ein sich in der damals noch schlecht beleumundeten Theaterwelt herumtreibender Pastorensohn mit abgebrochenem Theologiestudium, verfasst hat.

Der Inhalt des Stückes und die Charaktere der handelnden Personen stellen einen Paradigmenwechsel dar. Das apokalyptische Schema wird dem ästhetischen Konzept der Satire folgend auf den Kopf gestellt. Der Jude verkörpert nun, wenn auch unerkannt das Gute und der Christ das Schlechte. Das ist aber nur der formale, gewissermaßen der dramaturgische Aspekt, denn in den Dialogszenen werden menschliche Unzulänglichkeiten und Vorurteile in ironischer Weise zum Ausdruck gebracht: Der Retter „[…] ein Jude? Grausamer Zufall!", so reagiert die vox populi, worauf der Gerettete antwortet: „Alles, was ich von Ihnen sehe, entzückt mich. […] oh, wie achtenswürdig wären die Juden, wenn sie alle Ihnen glichen!" Die jüdische Reaktion darauf ist: „Und wie liebenswürdig die Christen, wenn alle Ihre Eigenschaften besäßen!"[29]

Die Aussage ist eindeutig: Der Wahrheitsgehalt einer Religion erweist sich am Geltungsanspruch der Moralität und nicht in der Dogmatik einer bestimmten Konfession. Das ist der philosophische Ertrag der Aufklärung und diese Philosophie ist wirksam in der Judenheit als Haskala.

1754 lernt Lessing den führenden Vertreter der Haskala kennen, Moses Mendelssohn, und es beginnt eine Freundschaft, die Johann Gottfried Herder später so beschreibt:

> „Das Glück führte ihm einen edlen Gehülfen zu, Moses Mendelssohn, zwei Männer, die sich […] als philosophische Freunde schätzten und liebten. […] Zwei solche Menschen, am Geiste hell und im Herzen rein, ohne politische Hindernisse und Nebenumstände."[30]

Beide sind von der neuen vom Deismus geprägten Sicht der Religion beeinflusst, die besagt, dass der Inhalt der Offenbarungswahrheiten nicht im Widerspruch zur Vernunftwahrheit stehen dürfe.[31] Somit werden die Religionen als ein gesellschaftlich-kulturelles Phänomen verstanden, die alle ihren Ursprung in einer natürlichen monotheistischen Urreligion haben, deren eigentlicher Sinn, die Beförderung der Moralität, im Verlauf der Geschichte durch Dogmenbildung mehr und mehr verstellt und durch „Aberglauben" ersetzt und verfälscht wird. Eine übernatürliche Offenbarung als Quelle wird allerdings nicht grundsätzlich abgelehnt. Als

Schrifturkunde behält sie in ihren „nichtmystischen“[32] Teilen, das heißt rationalen und ethischen Aussagen weiterhin ihre absolute Gültigkeit. Nach Lessing ist dies notwendig, weil den noch unmündigen Menschen auf diese Weise der Weg der Vernunft in der Geschichte vorgezeichnet wird.[33] Daraus folgt unmittelbar die Forderung nach Toleranz in Religionsdingen, die weit über die Duldung des Fremden hinausgeht, sondern eine politische Dimension im Sinne von polis beinhaltet, welche sich in der dialogischen Anerkennung des Anderen Ausdruck verschafft. So spricht Lessings Nathan: „Wohl uns! Denn, was mich Euch zum Christen macht, das macht Euch mir zum Juden.“[34]

Es ist, wie Hannah Arendt in ihrer *Rede über Lessing* dies beschreibt, ein Akt des sprechenden Verstehens:

> „[…] und in diesem Sprechen lernen wir, menschlich zu sein. Diese Menschlichkeit, die sich in den Gesprächen der Freundschaft verwirklicht, nannten die Griechen *philanthropia*, eine ‚Liebe zu den Menschen', die sich daran erweist, daß man bereit ist, die Welt mit ihnen zu teilen.“[35]

Will man aber die Welt mit den Juden teilen?

Symbiose und Separation

Man will nicht. Alles, was sich aufgeklärte Geister zur „bürgerlichen Verbesserung der Juden“ (Christian Wilhelm Dohm) einfallen lassen, wird konterkariert von einem staatlichen Handeln, „das jedem Gedanken des Humanismus und der Toleranz widersprach“[36].

Aber nicht nur die politische Umsetzung des Toleranzgebotes bleibt stecken, auch die Gleichwertigkeit der mosaischen Religion mit der christlichen wird in Frage gestellt und zwar gerade von jenen, die von der Idee ‚einer' monotheistischen Urreligion ausgehen. Denn infolge der Bibelkritik und eines historischen Verständnisses von Religionen verblasst die Metaphorik der Ringparabel. Diese wird nun ersetzt durch zwei Argumentationsmuster, die sich im Kern gegen die Bedeutsamkeit des *Alten Testamentes*, also der hebräischen Bibel, wenden.

Was den historischen Aspekt betrifft, so wird klar herausgestellt, dass hinsichtlich des Offenbarungsgehaltes die jüdische Religion nur als Vorläufer angesehen werden kann: „Die Mosaische Religion ist zwar eigentlich unsere Religion nicht“, bemerkt Johann Friedrich Wilhelm Jerusalem, aufgeklärter Theologe in seinen *Fortgesetze(n) Betrachtungen über die vornehmsten Wahrheiten der Religion* (1773), und sie ist „auch nicht der einzige oder auch wesentlichste Grund [...], worauf die Wahrheit und Göttlichkeit von dieser beruhet", sondern sie hat lediglich ihre Bedeutung nur noch darin, dass die „Wahrheiten" der christlichen Religion „aus dieser älteren Religion ein vorzügliches Licht erhalten".[37] Noch deutlicher formuliert das Hermann Samuel Reimarus in seiner *Apologie oder Schutzschrift für die vernünftigen Verehrer Gottes*, welche, Ironie der Geschichte, erstmalig in Auszügen von Lessing als *Fragmente eines Unbekannten* herausgegeben worden sind. Darin wird dem jüdischen Zeremonialgesetz das von Jesus formulierte Sittengesetz als „Reformation des Jüdischen Aberglaubens"[38] gegenübergestellt. Zugleich wird Paulus, der „eigenmächtig zum Apostel eingedrungen"[39] sei, eine jüdische Revision des jesuanischen Sittengesetzes vorgeworfen, wie dies im Besonderen in der Lehre von der Erbsünde zum Ausdruck kommt: „Nein, Paule, Eigennutz war dein Fehler nicht, aber desto mehr Ehr- Ruhm- und Herrschsucht [...]."[40] Somit kommt unter dem ‚Mäntelchen der Vernunft' nun der mit dem Deismus geglaubte überwundene Antagonismus von Mosaischer Religion und Christentum wieder zum Vorschein.

Hierzu merkt Michael Graetz an: „Es gehört zu den Paradoxien der Aufklärung, dass die Vernunft des gebildeten Bürgertums [...] im Abbau von Vorurteilen gegenüber den Juden versagt."[41] Es ist jetzt aber nicht nur das Argument der „Minderwertigkeit" der mosaischen Religion, das gegen die Juden vorgebracht wird, sondern mit der religiösen Minderwertigkeit „geht gleichsam säkularisiert, die bürgerliche Minderwertigkeit"[42] einher.

Aus diesem Konfliktfeld sucht David Friedländer, Freund und Förderer von Moses Mendelssohn, einen Ausweg. Er schickt ein *Sendschreiben an seine Hochwürden, Herrn Oberconsistorialrath und Probst Teller zu Berlin (abgesendet) von einigen Hausvätern jüdischer Religion*.[43] Seine Überlegungen basieren auf der Hoffnung, dass ein deistisch verfasstes Judentum, wie es die Maskilim im Lichte der Haskala verstehen, anschlussfähig an die bürgerliche Gesellschaft sei. Er schreibt: „Bei dem allgemein verbreiteten Licht der Vernunft, bei der liberalen Denkungsart unserer Zeitgenossen, protestantischer Religion, und bei der diesem Geiste entsprechenden weisen Regierung"[44] hofft er bei dem evangelischen Kirchenmann Zustimmung für ein an den Deismus angepasstes Judentum zu finden, das für ihn in wichtigen Punkten mit der christlichen Theologie kompatibel zu sein scheint.[45] Es wird aus diesem Grunde auf zentrale Elemente des Judentums verzichtet, die in Widerspruch zur bürgerlichen Verfassung stehen könnten, wie auf das Zeremonialgesetz, die hebräische Sprache als

Kultsprache und selbst die Zionshoffnung wird als historisch bedingt und überholt dargestellt.[46] Und er fragt an:

> „Werden sich diese den Lehren der zu erwählenden Religionsgesellschaft anschmiegen; werden auch diese von dem Lehrer der christlichen Kirche [d.i. Teller, Anm. d. Verf.], wenn auch nicht angenommen, doch insofern geduldet werden […] als unverdächtig für uns überzeugend öffentlich zu bekennen?“[47]

Friedländer stellt sich damit bewusst gegen die jüdische Orthodoxie. Aber auch auf der Seite seines christlichen Gegenübers stößt er auf Unverständnis. Immerhin, Wilhelm Abraham Teller, ganz im Sinne der Aufklärung, gibt den Brief zur Veröffentlichung im Druck gegenüber der „Censur“ frei. Die Öffentlichkeit hat ein Thema.

Wir schreiben das Jahr 1799 und wenden uns wieder Schleiermacher und Henriette Herz zu. Mit Henriette steht er in ständigem Briefkontakt und informiert sie über den Fortgang an seiner Erstlingsschrift und teilt ihr dann am 15. April 1799 den Abschluss der Arbeit mit.

„Jetzt eben, am 15ten des Monats April ist der Strich unter die Religion gemacht, des Morgens ein halb zehn Uhr. Hier haben Sie sie, sie mag nun gehen und sehen was ihr geschehen wird.“ Und er ermuntert sie zu einer Stellungnahme: „Das Historische am Christenthum werden Sie wohl eben nicht goutieren […]. Der Schluß ist freilich eine Aussicht ins Unendliche […].“[48]

Leider wissen wir nicht, wie die „Seelenfreundin“ auf diese romantisch verkleidete Mystik reagiert hat. Teilt sie die Annahme von jener Entgrenzung des Endlichen in der „Anschauung des Universums“, die unmittelbar zum „Geschmack der Unendlichkeit“ führt, fühlt sie auch die „heilige Wehmut“, die den „Stifter des Christenthums“ erfüllt hat?[49]

Auch wissen wir nicht, ob die Angeschriebene Schleiermachers Beurteilung der jüdischen Religion hier teilt: „[…] der Judaismus ist schon lange eine tote Religion und diejenigen welche jetzt seine Farben tragen, sitzen eigentlich klagend bei der unverweslichen Mumie und weinen über sein Hinscheiden […].“[50] Die jüdische Religion, so schreibt er,

> „[…] starb, als ihre heiligen Bücher geschlossen wurden, da wurde das Gespräch mit seinem Volk als beendigt angesehen […], schleppte noch länger ein sieches Dasein und ihr Äußeres hat sich noch weit später erhalten, die unangenehme Erscheinung einer mechanischen Bewegung, nachdem Leben und Geist längst gewichen ist.“[51]

Damit nimmt Schleiermacher wieder das Bild des Antagonismus von Synagoge und Kirche auf, das er – hier folgt er der Aufklärung – historisch bestimmt. Für ihn ist das Judentum eine überholte, das bedeutet, eine tote Form der Religion.[52] Aus dem unversöhnlichen Gegeneinander von Judentum und Christentum wird nun ein historisches Nacheinander. Das tote geistlose Judentum hat somit keinen Platz mehr im Verbund der lebendigen Religionen, deren höchste Stufe sich in Schleiermachers Version des Christentums vollendet. Das Judentum hingegen ist ausgestoßen aus der lebendigen Sphäre des Religiösen, in der allein sich die Vermittlung und Anschauung des Ewigen vollzieht. Es hat als Religion keine Daseinsberechtigung mehr.

Wie steht Schleiermacher nun zu den Vorschlägen von Friedländer, die im März/April 1799 im Druck erscheinen?

Wie bekannt, hat der junge Prediger an der Charité vielseitige und enge Kontakte zu seinen jüdischen Mitmenschen in Berlin. Sein kirchlicher Vorgesetzter Friedrich Samuel Gottfried Sack stellt ihn wegen seines „jüdischen Umgangs“[53] zur Rede und der Mitherausgeber der *Berlinschen Monatschrift* Johann Erich Biester will sogar bei ihm „einen crypto Judaismus riechen“[54]. Und, als er gebeten wird, die Veröffentlichung einer Stellungnahme von Marcus Herz zum Friedländer Schreiben zu ermöglichen, wendet er sich, wenn auch ohne Erfolg, an Johann Christoph Spener.[55]

Unausgesprochen steht hinter dem Vorschlag der Maskilim die Vorstellung, dass ein reformiertes Judentum innerhalb oder wenigstens im Umfeld der evangelischen Landeskirche seine öffentliche Form finden könnte. Und nimmt man Schleiermacher beim Wort, könnte da nicht Platz sein für die Judenheit im „Bund von Brüdern“, im „Chor von Freunden“ das „Ideal der religiösen Gesellung“[56] im Verbund mit der Christenheit, die aus der Reformation hervorgegangen ist, mit zu vollenden?

Anonym, als ein „Prediger außerhalb Berlins“ nimmt er in den „Briefe[n] bei Gelegenheit der politischen theologischen Aufgabe und des Sendschreibens jüdischer Hausväter“[57] Stellung und das, was er da zu Papier bringt, passt überhaupt nicht zu dem Bild eines weltoffenen aufgeklärten Intellektuellen, der teilnimmt am geselligen Leben der Salons.

Gleich am Anfang des ersten Briefes unterstellt er Friedländer und seinen Mitstreitern, dass es ihnen eigentlich nicht um ein wie auch immer zu verstehendes Aufnahmegesuch in die Evangelische Kirche gehe, sondern der Anlass für ihr Sendschreiben sei, dass „einige verständige und gebildete Juden das Christenthum als Mittel brauchen wollen, um in die bürgerliche Gesellschaft einzutreten“[58]. Mit diesem Anliegen seien sie bei Teller an der falschen Adresse, zumal die Zugehörigkeit zur christlichen

Religion nicht die Voraussetzung für die Zuerkennung der Bürgerrechte sein könne: „Die Vernunft fordert, dass Alle Bürger sein sollen, aber sie weiß nichts davon, dass Alle Christen sein müssten.“[59] Das heißt, die bürgerliche Emanzipation der Juden und deren rechtliche Gleichstellung als Staatsbürger ist ausschließlich eine politische Angelegenheit und keine theologische.

Dem folgt der Vorwurf im zweiten Brief, man wechsele die „Religion nach Curs […], da es Juden giebt, die Lust haben, ihre Kinder zugleich beschneiden und taufen zu lassen“[60]. Damit eröffnet er den theologischen Aspekt der Diskussion.

Ein aufgeklärtes Judentum, das „willig […] das Ceremonialgesetz ablegt“, aber zugleich sich aus theologischen Gründen wegen der trinitarischen Gottesvorstellung weigert, das christliche Glaubensbekenntnis anzunehmen, „bringt mich“, so schreibt Schleiermacher „auf den Gedanken, dass es dem Verfasser gar nicht Ernst ist, auch nur auf die halbe Art, wie er es vorschlägt, zum Christentum überzugehen“.[61] Mehr noch, er befürchtet, dass damit „recht viel eigenthümlich Jüdisches […] sie in ihren religiösen Grundsätzen und Gebräuchen mit[brächten], welches eben um deswillen nothwendig antichristlich ist. – Ja! Ein judaisierendes Christenthum wäre die rechte Krankheit, die wir uns noch inokuliren sollten.“[62] Unversehens verfällt er nun in das Freund-Feind-Schema und spricht offen aus: „Zu Christen will ich sie nicht; wenn sie denn doch Bürger werden sollten, womit mir ganz Ernst ist“ und damit kommt Schleiermacher wieder zum Anfang zurück, dann sollten die Juden

> „[…] das Ceremonialgesetz – nicht durchaus ablegen, sondern nur den Gesetzen des Staates unterordnen […]. Ich verlange ferner dass sie der Hoffnung auf einen Messias förmlich und öffentlich entsagen; ich glaube dass dies ein wichtiger Punkt ist, den ihnen der Staat nicht nachlassen kann.“[63]

Und Henriette Herz? Sie erweist sich zunehmend als patriotische Preußin.

> „Den 29. [den 27. März 1813, Anm. d. Verf.] sind alle Preußen von hier ausmarschirt – Gestern, Sonntag, war in allen Kirchen herrlicher Gottesdienst und Gebet für die ausziehenden Befreier des Vaterlands – Schl. hat herrlich gepredigt. Die Kirche war ungeheuer voll.“[64]

Sie arbeitet als Krankenschwester im Lazarett und lässt sich nach dem Tode ihrer Mutter taufen.

Anmerkungen

1 Huizing, Klaas: Frau Jette Herz. Roman, München 2005, S. 89.
2 Nowak, Kurt: Schleiermacher. Leben, Werk und Wirkung, Göttingen [2]2002; Fischer, Hermann: Friedrich Schleiermacher, München 2001.
3 Arendt, Hannah: Rahel Varnhagen. Lebensgeschichte einer deutschen Jüdin aus der Romantik, München [13]2005, S. 72.
4 Heine, Heinrich: Deutschland ein Wintermärchen, in: Manfred Windfuhr (Hg.): Historisch-kritische Gesamtausgabe der Werke, Bd. 4, Hamburg 1985, S. 98.
5 Hierzu: Hertz, Debora: Die jüdischen Salons im alten Berlin, Frankfurt 1991; Bruer, Albert: Die Berliner Salons, in: Aufstieg und Untergang. Eine Geschichte der Juden in Deutschland (1750–1918), Köln u.a. 2006 (siehe auch seinen Beitrag im vorliegenden Band).
6 Varnhagen von Ense, Karl August: Denkwürdigkeiten des eigenen Lebens, Berlin 1922, Bd. I, S. 180.
7 Arendt: Rahel Varnhagen, [wie Anm. 3], S. 155.
8 Gidal, Nachum T.: Varnhagen und ihr Kreis, in: ders.: Die Juden in Deutschland. Von der Römerzeit bis zur Weimarer Republik, Gütersloh 1988, S. 142.
9 Hertz: Jüdische Salons, [wie Anm. 5], S. 15.
10 Ebd.
11 Schleiermacher, Friedrich Daniel Ernst: Briefwechsel 1796–1798, in: Birkner, Hans-Joachim u.a. (Hg.): Kritische Gesamtausgabe (im Folgenden KGA), Berlin/New York 1980ff., Bd. V/2 , Nr. 356.
12 Nowak: Schleiermacher, [wie Anm. 2], S. 82.
13 Hierzu: Fürst, Johann (Hg.): H. Herz. Ihr Leben und ihre Erinnerungen, Berlin 1850, S. 156ff.
14 Briefwechsel 1799–1800, in: KGA, Bd. V/3 Br. 572.
15 Schriften aus der Berliner Zeit 1796–1799, in: KGA, Bd. I/2.
16 Briefwechsel 1799–1800, in: KGA, Bd. V/3 Br. 625.
17 Schleiermacher, Daniel, Friedrich, Ernst: Über die Religion. Reden an die Gebildeten unter ihren Verächtern, in: KGA Bd. I/2, S. 273 u. 270. Hierzu: Nowak: Schleiermacher, [wie Anm. 2], S. 110ff.
18 Schlegel, Friedrich: Lucinde (1799), Frankfurt a. M. 1964, S. 36.
19 Schleiermacher, Friedrich: Vertraute Briefe über Schleiermachers Lucinde (1799), Frankfurt a. M. 1964.
20 Nowak: Schleiermacher, [wie Anm. 2], S. 125.
21 Briefwechsel 1802–1803, in: KGA V/6 Br. 1247.
22 Herz, Henriette, in: Fürst, Johann (Hg.): H. Herz, [wie Anm. 13], S. 161.
23 Binder, Wilhelm (Hg.): Briefe der Dunkelmänner, München 1964.
24 Ebd., S. 261.
25 D. Martin Luthers Werke. Kritische Gesamtausgabe (im Folgenden WA), Bd. 11, Weimar 1883ff., S. 336.
26 WA, Bd. 53, S. 523ff.
27 Oberman, Heiko: Die Juden in Luthers Sicht, in: Kremers, Heinz (Hg.): Die Juden und Martin Luther – Martin Luther und die Juden, Neukirchen-Vluyn 1985, S. 143f.
28 Ebd., S. 162.
29 Lessing, Gotthold, Ephraim: Die Juden, in: Göpfert, Herbert G. (Hg.): Werke. Erster Band [=Gedichte, Fabeln, Lustspiele], München 1970, S. 414.
30 Herder, Johann Gottfried: Schriftstellerporträts und Nekrologe, in: Grimm, Gunther (Hg.): Werke in zehn Bänden [=Schriften zur Ästhetik und Literatur Bd. 2], Frankfurt a. M. 1993, S. 695.

31 Lessing, Gotthold, Ephraim: Werke, 7. Band [=Theologiekritische Schriften I u. II]. So die These in Lessings Schrift: Erziehung des Menschengeschlecht und Moses Mendelssohn: Jerusalem oder über die religiöse Macht und Judentum, in: Thom, Martina (Hg.): Schriften über Religion und Aufklärung, Berlin 1989.
32 Vgl. Toland, John: Christianity not mysterious (1695); dt. Zscharnack, Leopold (Hg.): Christentum ohne Geheimnisse, Leipzig 1908.
33 Lessing: Werke, [wie Anm. 30].
34 Ders.: Nathan der Weise, [wie Anm. 29], S. 317. Hierzu auch: Ebert, Klaus: Von der Duldung zum Dialog, in: Gottwald, Eckart/Mette, Norbert (Hg.): Religionsunterricht interreligiös, Neukirchen-Vluyn 2003.
35 Arendt, Hannah: Von der Menschlichkeit in finsteren Zeiten. Rede über Lessing, München 1960, S. 41.
36 Graetz, Michael: Jüdische Aufklärung, in: Breuer, Michael/Graetz, Michael (Hg.): Deutsch-jüdische Geschichte in der Neuzeit, Bd. 1, München 2000, S. 252.
37 Jerusalem, Johann Friedrich Wilhelm: Fortgesetzte Betrachtungen über die vornehmsten Wahrheiten der Religion, Braunschweig 1773, S. IXf.
38 Reimarus, Hermann Samuel: Apologie oder Schutzschrift für die vernünftigen Verehrer Gottes, Bd. II, hg. v. Gerhard Alexander, Frankfurt a. M. 1972, S. 39.
39 Ebd., S. 332.
40 Ebd., S. 341.
41 Graetz: Jüdische Aufklärung, [wie Anm. 36], S. 272.
42 Ebd., S. 320.
43 Schriften aus der Berliner Zeit, in: KGA, Bd. I/2, S. 381ff.
44 Ebd., S. 387.
45 Vgl. ebd., S. 389.
46 Ebd., S. 396.
47 Ebd., S. 405.
48 Briefwechsel 1799–1800, in: KGA, Bd. V/3, Br. 629.
49 Schleiermacher: Vertraute Briefe, [wie Anm. 19], S. 293 u. 320.
50 Ebd., S. 314.
51 Ebd., S. 316.
52 Hierzu: Wolfes, Matthias: Schleiermacher und das Judentum. Aspekte der antijudaistischen Motivgeschichte im deutschen Kulturprotestantismus in: *Askenanas*. Zeitschrift für Geschichte und Kultur der Juden, 14 (2004), H. 2.
53 Briefwechsel 1799–1800, in: KGA, Bd. V/3, S. XXXIII.
54 Ebd., Br. 608.
55 Ebd., Br. 733.
56 Vgl. Nowak: Schleiermacher, [wie Anm. 2], S. 108.
57 Schriften aus der Berliner Zeit, in: KGA, Bd. I/2, S. 328ff.
58 Ebd., S. 334.
59 Ebd., S. 335.
60 Ebd., S. 339.
61 Ebd., S. 342.
62 Ebd., S. 347.
63 Ebd., S. 351f.
64 Bauer, Johannes (Hg.): Ungedruckte Predigten Schleiermachers aus den Jahren 1820–1828. Mit Einleitungen und mit einem Anhang ungedruckte Briefe von Schleiermacher und Henriette Herz, Königsberg 1909, S. 119.

Alan T. Levenson

From Recognition to Consensus: The Nature of Philosemitism in Germany, 1871–1932

> "One answers us that philosemitism is no program. Stefan Zweig writes that in the name itself inheres a program that goes too far, 'Love is too much to ask; to not hate already suffices.' And yet philosemitism is a program, if it constitutes the antithesis to antisemitism. Everything that is not destructive, uprooting, thoughtless should find a place here."

Heinrich Eduard Jacob: "An Appeal to Mind and Heart", in: *Der Philosemit*, Prague, Januar 1931, [Übersetzung durch Autor][1].

> "Keiner der hier vorgestellten Philosemiten des Kaiserreichs hatte eine gleichberechtigte Anerkennung von Juden als Juden akzeptiert; vielmehr hatten sie alle sich eine idealisierte jüdische Bezugsgruppe als fiktiven Gesprächspartner konstruiert. Zu einem tatsächlichen Dialog kam es daher nicht."

Michael Brenner, "Gott schütze uns vor unseren Freunden", in: *Jahrbuch für Anti-Semitismusforschung* (1993)[2] "Finally, to state the entire issue clearly and sharply: even to speak of 'A Jewish Question' verges upon and perpetuates, an anti-Semitic element that, while vanquished, remains imminent." Ernst Bloch, "The So-Called Jewish Question" [Die sogenannte juedische Frage] (1963)[3]

> "The area delineated and separated by the notion of anti-Semitism (the cutting criteria being hostility to Jews and hostility to the Jews) is too narrow to account fully for the phenomenon the notion intends to grasp [...] I propose that what must be explained first – what indeed must stand in the focus of explanatory effort, is rather the phenomenon of allosemitism, of which anti-Semitism (alongside philosemitism, as it were) is but an offshoot or a variety."

Zygmunt Bauman, "Allosemitism: Premodern, Modern, Postmodern"[4]

The first epigraph to this talk appeared in *Der Philosemit* (Prague, December, 1931). Featuring mainly non-Jewish contributors, *Der Philosemit* lauded the Jewish contribution to culture, praised the religious teachings of Judaism, exposed the lies of anti-Semites, and appealed to German-speaking Europe to acknowledge the Jews as part of the modern mosaic. We can hardly stop ourselves from looking up from this journal and glancing forward to 1933 when the Nazis seized power; to 1935 when the Nuremburg Laws made *Judenfreundlichkeit* a punishable crime; to *Kristallnacht* and to the crematoria. But with a concerted effort at sideshadowing – at reading the past not only as prologue – we can look backwards, and try to explain how individuals and organizations in a fundamentally anti-Semitic society came to champion the cause of Jews and Judaism.[5] That is fundamentally what I tried to do with *Between Philosemitism* and *Anti-Semitism. Defenses of Jews and Judaism in Germany, 1871–1932*. What follows is not a summary of my book, but rather, the conclusions which I drew from it, sharpened by a recent challenge by Jacques Berlinerblau – namely, to "suggest what the deeper relevance of the discussion [regarding philosemitism] might be"[6].

Philosemitism: Sentiment, not Segment

The complaint lodged by Solomon Rappaport and Alan Edelstein in the 1980s that the presence of philosemitism has simply been neglected by historians is no longer true.[7] This very conference, a session at last year's Association of Jewish Studies, and a forthcoming volume from Oxford University Press belie that claim.[8] Still, the gap between recognition of a phenomenon and consensus about what it signifies is a big one. What should we conclude about the presence of philosemitic sentiment in Imperial and Weimar Germany? If understood as pro-Jewish tendencies existing in discrete individuals or groups, philosemitism was widespread. Prominent Germans proved willing to reject anti-Semitism and willing to speak out in favor of positive Jewish qualities, albeit stereotypical ones.

I do not claim, as did *Der Philosemit*, that philosemitism was a program. I do not claim, as William and Hilary Rubinstein did for Anglo-American milieu (although inconclusively, in my opinion) that a philosemitic 'movement' existed in modern Germany. Even the Abwehrverein (The Society to Defend Against Anti-Semitism), though it included many members who had positive feelings for Jews and Judaism, hewed closely to its defensive title. A revealing reflection of mainstream liberal ambivalence may be taken from the Abwehrverein stalwart and novelist Gustav

Freytag, whose second marriage was to a Jew. In a blistering attack on Richard Wagner, who did much to promote cultural anti-Semitism, Freytag opined: "Im Sinne seiner Broschüre erscheint er selbst [Wagner] als der grösste Jude."[9] Since Freytag's own *Soll und Haben* contained anti-Semitic stereotypes, one might be inclined to travel further left in search of unambiguous philosemitism. Yet even the German Peace movement (Deutsche Friedensgesellschaft) stopped short of taking an official stand on a "Jewish" issue. Bertha von Suttner, one of the movement's founders, condemned the pogrom, ardently admired Theodor Herzl, and collaborated most closely with Hermann Fried, her organizational right-hand man, a Hungarian Jew. Like other left-wing movements, pacifists included Jews in their ranks without explicit reference to their Jewishness. Socially and culturally, the German Left was a comfort zone for Jews; politically, the German Left stuck mainly to 'anti-anti-Semitism'.

Some missionary Protestants loved certain aspects of Judaism, but others did not. While Franz Delitzsch and Hermann Strack pass muster as proponents of German Jewry, many missionaries (e. g., Gustaf Dahlmann/ Johann De Le Roi) were more hostile than friendly to Jewish interests. Liberal Protestants like Michael Baumgarten of Rostock in the 1880s or Eduard Lamparter of Stuttgart in the 1920s, advocates of German Jewry, were out of step with their counterparts. As scholars from Uriel Tal to Susannah Heschel have demonstrated, liberal Protestantism was illiberal regarding Judaism. Ignaz Döllinger was the most prominent Catholic theologian to mount a principled, ideological attack on anti-Semitism in the Kaiserreich. The anti-anti-Semitic parliamentary positions of Catholic Center politicians such as Windthorst and Leber, though admirable, were mainly the product of pragmatic considerations. The latter were what our plenary speaker, Wolfram Kinzig has aptly termed "secondary philosemitism"[10]. The aristocratic, racialist and chiliastic supporters of Herzlian Zionism had no leverage – they were an atomized group without significant impact on political life. The fact that pro-Jewish sentiment never coalesced into "a program", as the editors of *Der Philosemit* hoped, is powerful testimony to the German desire for an *Einheitskultur*.[11] As Dagmar Reese pointed out, German philosemites never succeeded in raising their banner in any way comparable to the successful deployment of anti-Semitism as a "cultural code", a catch-all of general disaffection.

To summarize this first point: If understood as pro-Jewish or pro-Judaic tendencies, philosemitism was widespread; if understood as a potent political or religious movement, philosemitism remained without significant impact in the Kaiserreich.

Philosemites: The Personal Touch

One response to Berlinerblau's challenge to limn 'the deeper relevance' of this discussion is as follows: the making of a philosemite is not shrouded in mystery, but rather, contains some frequently observed components. A number of individuals studied in *Between Philosemitism and Anti-Semitism* offer us a glimpse into the process by which positive feeling for a minority group gradually eclipsed negative feelings. Nothing suggests that these people were immune to anti-Semitic feeling. (Quite the contrary, for many testified that they considered themselves anti-Semitic by inclination and upbringing). Little evidence supports a dramatic conversion to philosemitism, although there were cases of sudden disenchantment with anti-Semitism.[12] The path to philosemitism was more often a gradual process than a conversionary experience.[13] No doubt, some people are more disposed to throw off prejudice than others. Moreover, the famous cases of Voltaire, Wagner, and Marr indicate that contact alone did not guarantee a philosemitic outcome.[14]

Nevertheless, what may be documented is that encounters with a member (or members) of German Jewry in this era was pivotal to the process of becoming philosemitic. Personal relationships often served as the catalyst to a reevaluation of the group as a whole: Nahida Ruth Lazarus, Paula Buber, Thomas Mann, Hellmut von Gerlach, Bertha von Suttner, and Ludwig Quidde serve as specific examples: I am certain that investigations of scientific institutes, literary societies and socialist party cells would yield many more. To put it bluntly, the "contact hypothesis" regarding racial prejudice finds strong support in my study.[15] Some of the elements of this "contact hypothesis" include: the importance of participatory (as opposed to 'sight-seeing') contact; collaboration in cooperative (as opposed to competitive) activities; the importance of intimate (as opposed to merely casual) contact. A glance at the German Peace movement alone, I maintain, offers a point-by-point confirmation of the application of this hypothesis to German-Jewish reality.[16]

With Jews composing less than two percent of the general population, there is something quixotic in Rabbi Leo Baeck's famous pronouncement that if every German family had had a Jewish member there would have been no Holocaust. But Baeck seems closer to the mark than Michael Brenner who, while a brilliant scholar, I think is quite mistaken when he concludes that a glamorization of Judentum precluded true dialogue. Did not Hermann Strack, who wrote an introduction to the Talmud and Midrash still widely used, understand the teachings of Judaism? Did he not publish several tracts meticulously refuting the Blood Libel and other spurious charges against Jewry? Did Strack not consult with a wide-range of rabbis regarding contemporary Jewish practice? And to take a secular example, did not the historian Ludwig Quidde (son-in-law of a Jewish opthamologist) strategize with fellow-pacifists? Was Quidde wrong when he praised Jews as being overrepresented in the progressive movements of his era? Did Quidde not correspond with Albert Einstein regarding the pros and cons of enlisting Oscar Wasserman, a Jew who headed the Deutsche Bank for the Deutsche Friedensgesellschaft? To invoke the famous phrase of the great historian Jacob Katz, there were "neutral societies" in Imperial and Weimar Germany. Socially speaking, the recent works of Kerstin Meiring and Till van Rahden support the notion that pockets of structural integration existed before the National Socialists.[17] There were real dialogues and real partners – marital, social and organizational.

Philosemitism and Jewish Learning

A striking feature about German philosemites in the Kaiserreich and Weimar is their determination to acquire information about Jews and Judaism. Regarding missionary Protestants, this development is not surprising and needs little commentary. For Delitzsch and Strack, their learning largely expressed their philosemitic inclinations. In the novels of Heinrich Siemer and Emil Felden, two socialists, not only do the authors evince a considerable immersion in Jewish studies, they give their Christian characters a similar impulse. Nahida Remy/Ruth Lazarus's *Das jüdische* Weib served as a vehicle for reading herself into the Jewish tradition. This best-selling author eventually did convert to Judaism when she married philosopher Moritz Lazarus, but the process that drew her toward Judaism, at least as she recalled it in *Ich suchte Dich*, lasted decades. Thomas Mann's use of Jewish sources constitutes an important – and only recently appreciated – dimension of his biblio-novel, *Joseph und seine Brüder*. Since Mann stands as such a central figure in 20th century German culture, I trust the readers will excuse the following lengthy citation:

> "Man hat in Joseph und seine Brüder einen Judenroman, wohl gar einen Roman für Juden sehen wollen. Nun, die alttestamentliche Stoffwahl war gewiss kein Zufall. Ganz gewiss stand sie in geheimen, trotzig-polemischen Zusammenhang mit Zeit-Tendenzen, die mir von Grund aus zuwider waren, mit dem in Deutschland besonders unerlaubten

> Rassewahn, der einen Hauptbestandteil des faschistischen Pöbel-Mythos bildet. Einen Roman des jüdischen Geistes zu schreiben war zeitgemäß, gerade weil es unzeitgemäss schien. Und es ist wahr, meine Erzählung hält sich mit immer halb scherzhafter Treulichkeit an die Daten der Genesis und liest sich oft wie eine Thora-Exegese und -Amplifikation, wie ein rabbinischer Midrasch."[18]

The educational philosopher Friedrich Wilhelm Förster and the autodidact aristocrat, Heinrich Coudenhove Kalergi, became impressive, if idiosyncratic, Judaic autodidacts. Hellmut von Gerlach may not have been so studious, but he bothered to acquaint himself with the basic facts of Jewish history.[19] These figures bolstered their sentiments with learning, tacitly equating anti-Semitism with ignorance, and sensing that their positive inclinations toward a despised minority needed intellectual scaffolding. The persistence of this tendency argues overstating the degree to which gentile sympathizers did no more than construe fictional Jewish partners with whom to dialogue.[20] Possibly because it was a minority viewpoint, philosemitism in Imperial Germany entailed (required?) a sincere interest in the Jewish condition. Berlinerblau counts this intellectual philosemitism, "the project that studies Jewish texts and interpretations of those texts" as legitimate, arguing: "Such an approach invariably recognizes that Jews are not one thing. Indeed, their extreme heterogeneity make the irrationality of liking or hating all of them easy to discern."[21] But Berlinerblau's respect for intellectual philosemitism does not go far enough, for the following reason. In the Graeco-Roman world, as amply documented by Louis Feldman and the late Menachem Stern, there were pro-Jewish authors in Greek and Latin, but their interest appears to have been primarily academic. In the medieval world, from the Friars' orders to the Victorine school of Paris to Johann Andreas Eisenmenger, erudition about Judaism could be the detached from any engagement with Jews (the Victorines) or even drive anti-Jewish sentiments and policies (the Dominicans/Franciscans and Eisenmenger). Imperial-era philosemites sought information about Jews and Judaism in order to strengthen a particular, politically unpopular pro-Jewish position. Theirs was not idle curiosity.

Finding A Social Context

The survival of philosemitism sentiments in a hostile environment required a social circle. Often, this social search corresponded to a political move. A

Prussian Junker turned left wing activist, Hellmut von Gerlach's autobiographical *Von Rechts nach Links* offers a perfect example. So does the story of Nobel Prize winning physicist James Franck, who resigned and emigrated in 1933 in protest against the Nazi regime. The final positions of right-wing figures such as the authors Walter Bloem, Wilhelm von Scholz and Werner Sombart, all of whom wound-up in the Nazi camp, suggest that without the reinforcement of social support, philosemitic sentiments withered. (It should be recalled that Sombart, the most famous of this trio, was lauded as pro-Jewish in many quarters when *The Jews and Modern Capitalism* first appeared.(Franz Delitzsch's complaint to Moritz Lazarus that some Christian friends found his efforts on behalf of Judaism objectionable – a letter I found in Lazarus' files in Jerusalem – indicates the former's sense of isolation.[22] Jewish contacts played an important role in fostering otherwise unappreciated efforts. Within the world of left-liberalism, free student fraternities, *Heimat*-clubs, peace societies, scientific institutes, and editorial boards, a mixed social circle of Christian and Jew offered the philosemitically inclined confirmation that the anti-Semites had it wrong and that Jews were worthy colleagues.[23] The cases of Thomas Mann and Nahida Remy/Ruth Lazarus indicate that travelling in Jewish circles could not only dilute hostile attitudes, but strengthen positive ones. Again responding to Berlinerblau, I would claim that in addition to the general support German philosemitism offers the "contact hypothesis", one can specify that a philosemitic social or political milieu had a discernible impact over time on given individuals.

Philosemitism and Socialist Loyalties

Scholars of German Socialism's disagree over its record on anti-Semitism.[24] On the one hand, there are those who stress the anti-Semitism of the founders (esp. the Jewish renegade Ferdinand Lasalle and Jewish-born Karl Marx), the willingness to excuse anti-Semitic excesses as misplaced class-consciousness (epitomized in Bebel's famous dismissal "anti-Semitism is the socialism of fools"), the refusal of Orthodox socialism to allow any special Jewish dimension within the movement (seen especially in the fate of the Jewish Bund after the Russian Revolution), and the occasional outbursts by the intellectual leadership condemning Jews as bourgeois (for instance, Franz Mehring's "Philosemitismus").[25] On the other hand, there are those who stress the successful inoculation of the movement against electoral anti-Semitism by the 1890s (Austrian socialism fares less well on this score than German socialism), the openness of the SPD at the highest levels to Jews, and the aggressive anti-anti-Semitism of the KPD until its destruction by Hitler.[26] On the whole, it seems difficult to dispute Donald Niewyck's judgment that by the Weimar era, Socialists were avid defenders of Jewish civil rights.[27]

The target of hostile legislation from 1878–1890, Socialism offered a natural breeding ground for sympathy toward other 'deviants'. The novelists Emil Felden and Heinrich Siemer were socialists; Rudolf Schay was socialist; Karl Lamprecht, Gustav Schmoller and Hajo Holborn, privileged academicians, were socialists, and among those university professors ready to condemn anti-Semitism. The writers of the *Weltbühne*, though unaffiliated with the SPD, were left-wingers who consistently opposed anti-Semitism. True, many *Weltbühne* writers were Jewish and fall outside the rubric philosemitism. Nevertheless, one may assume some affinity of ideas between the journal's authors and its readership. Socialism was no guarantee of philosemitism, but it was often a point of departure. Although I consider Wolfram Kinzig's distinction between "primary" and "secondary" philosemitism very useful, Todd Weir argues that in the case of religious dissidents, the decision to dissent precedes the move toward philosemitism. One suspects that Weir's judgment applies also to the world of German Socialism: that commitment to Socialism made one a likely candidate for pro-Jewish attitudes rather than those attitudes drawing one toward Socialism. Whatever the process, I think one is entitled to conclude that in any given situation, philosemitism, like anti-Semitism, will not be spread evenly over the political spectrum. In Imperial and Weimar Germany, the Socialist camp housed many figures sympathetic to Jewish community – even if they underrated the anti-Semitic threat to its existence.[28]

Conclusion

Philosemitism in Imperial and Weimar Germany 'was' ambivalent, defensive, compromised by residual anti-Semitic prejudices, the byproduct of conflicting agendas, and based on certain misunderstandings about the nature of Jews and or Judaism. That German philosemites were ambivalent seems so obvious that no investigation would have been needed to demonstrate it. German liberals, possessing no concept of 20th century cultural pluralism or even a 19th century concept of national identity as the product of political loyalty, regarded the disappearance of the Jews through conversion and intermarriage as the ultimate resolution of the "Jewish Question". Missionary Protestants saw the acceptance of Jesus as the Savior as the ultimate end of German Jewry. This inability to see religious pluralism as positive or even neutral, remained a stumbling block to forming more than a tactical alliance with Jewry – a reality that Jews then and now well appreciate. Sympathetic 'segregationists' saw Zionism as the natural response for those Jews possessed of a self-respecting concept of nationhood. Despite these qualifications, a conscientious attempt to defend Jews and Judaism did take place in Imperial and Weimar Germany.

One objection remains, however, to the term philosemitism, and it is a critical one that transcends the particular period and place under discussion – namely, that philosemitism is an inherently problematic posture for a non-Jew.[29] (That Jews ought to have a positive relationship to their own culture is – I hope – beyond dispute. Jewish self-hatred constitutes a real pathology that Sander Gilman and others have analyzed.) Ernst Bloch's bitter and sarcastic "The So-Called Jewish Question"[30] first appeared in the *Frankfurter Allgemeine Zeitung* in 1963. Years before Frank Stern's seminal study *Im Anfang war Auschwitz*, Bloch pointed to the hollow sound of the mandatory affirmations of the Jews' humanity and good citizenship. While Bloch conceded that the philosemitism in the salon period was indeed "a spiritual discovery", its post-World War II counterpart was only "a patronizing way of making amends".[31] Bloch's initial distinction, which recognizes that the content of terms depend on their historical context, is abandoned in the rest of this essay. Relying exclusively on his reading of immediate post-Holocaust Germany, Bloch issued a blanket condemnation of philosemitism as inherently anti-Semitic.

Thus philosemitism, in Bloch's view, is not only insincere, it is also fundamentally dangerous. The second step of this argument can be phrased, as Christopher Clark's approving summary of Bloch's view does: "A philosemite is an anti-Semite that loves Jews."[32] In my view, Clark's admirable work on the Prussian missionary societies takes Bloch's verdict as a truism. But Clark is hardly the only one to do so. More strident is the Jewish journalist Fritz Sänger's "Philosemitism – Useless and Dangerous", which opposes all generalizations of any people whatsoever.[33] This approach has one advantage over Bloch's more refined one: it demonstrates through a reductio ad absurdum just how impossible it is to avoid generalization and stereotype. This seems especially true when the people under consideration comes as weighted with baggage as Jewry – baggage which in European lands before the Holocaust was presumed to be filled with old clothes.

Yet Bloch's verdict was similar to the one broached in the period under discussion in this volume – by Jews and friendly non-Jews alike. An article in the *Israelitische Wochenschrift* in 1890 pronounced itself satisfied with the Minister of Religion's declaration, "I am neither inclined nor disinclined toward the Jews. I will protect their rights and guard against injustice done to them." Writing as if one could maintain a cordon sanitaire between what one thinks about a group and how one acts toward them, the *Israelitische Wochenschrift* loftily proclaimed itself indifferent to German public opinion.[34] Most anti-anti-Semitic activists of the era recognized that attitudes influenced actions, but they shared the presumption that society sought an undifferentiated humanity as its legitimate goal. Would anyone deny that the thrust of liberal apologetics in this era was to minimize Jewish difference? A better example of what the philosopher Michel Foucault called "annihilating sympathy" would be hard to find. This was exactly the point of Gershom Scholem's famous complaint that non-Jews failed to accept what Jews had to offer qua Jews rather than qua Germans (a verdict Michael Brenner endorses[35]).

Bloch's celebration of working-class Socialists and left-wing intellectuals as being indifferent to the distinction between Jew and non-Jew embodies one limitation of his modernist goal. For the enemies of these two groups – despite their wildly inflated and essentialist assertions about 'Jewish socialism' or the 'Jewish press' – correctly recognized that Jews played a disproportionately large role in both groups. Tactically, socialists and left-wingers placed themselves at a considerable disadvantage by proclaiming as irrelevant a blatant reality by saying that Jewishness did not matter when in fact it did. Strategically, the inability to affirm 'any' Jewish role in such movement conveys the limits of leftist politics of that era. The 'idea' of taking an alternative approach existed; Socialist Rudolf Schay wrote an entire book celebrating the role of Jews in German politics. Historian Bruce Frye cites a letter in which non-Jewish DDP activist proudly championed his party as a *Judenpartei*. This posture was, of course, rejected.

For the Polish-Jewish sociologist Zygmunt Bauman, the true culprit is not the claim that Jewishness does not matter (the liberal posture), but rather, the fact that Jewishness is constructed. For Bauman the medieval/modern appraisal of Jewishness is best called allosemitism – a term he employs to describe the supercharging of the construct "Jew" or "Semite" with too many and too often contradictory significations. Bauman posits that Jews in the Christian West occupied a special place as neither pagan, yet somehow more pagan than the pagans. Medieval people perceived Jews as, "an awkward and unpleasant yet indispensable part of the Divine Chain of Being"[36]. Resolving the ambivalence of the Jew became more critical in the modern world with its desire to weed out of the garden any growth disturbing class, nation, or society.

> "To summarize, modern anti-Semitism was a constant yield of the modern ordering flurry. [...] The Holocaust was but the most extreme, wanton and unbridled indeed, the most literal – expression of that tendency to burn ambivalence and uncertainty in effigy."[37]

Although the evidence of the Enlightenment's limitations continue to mount, Bauman's prediction that in our postmodern era allosemitism will lose the unique position it occupied in premodern and modern history has yet to come true.[38] Both Diaspora Jewry and Israel continue to exert a fascination out of proportion to their numbers or influence. The Holocaust, while discrediting some kinds of anti-Semitism, has become a new signifier of Jewish uniqueness, and in the views of some – Harvard's Ruth Wisse for instance – an inducement for Jewry's enemies to try it again. This view, which seemed ludicrous a decade ago, seems less so in light of the recent Holocaust Denial Conference in Iran, and in light of the role of the State of Israel plays as a lightning rod of hatred among much of the Arab and Islamic world.[39] (How Bauman, a critic of modernity's totalizing tendencies, can expect a restoration of natural communities without an increase in attention being paid to those natural communities is beyond me. Allosemitism cannot be defused simply by proving that its various manifestations are constructed.)

Let me conclude on a note both parochial and pragmatic: As long as the world insists on constructing meanings of "Jewishness" or "Semitism", mere prudence dictates that positive constructions of "Jewishness" or "Semitism" be encouraged, not condemned. Anti-Semitism (demonstrably) constitutes a real danger to the Jewish people: philosemitism does not, whatever its efficacy as an antidote. In the 2003 edition of a New York newspaper called *The Forward* (once Yiddish, now English), Melvin Bukiet, a novelist and professor of literature wrote: "We must stamp out philosemitism, wherever it rears its ugly head."[40] Admittedly, philosemitic sentiment is not immune to 'kitsch'. Madonna's Kabbala ceremonies and holy water leave me dry, and I am not so naïve as to think Poland's discovery of the joys of klezmer music will have a real impact on the Jewish future. But this reversion to Bukiet's Bloch-like rejection of any acknowledgement of Jewish difference is bound to fail, and one might argue that the case of Israel proves that it already has. Now that the scholarly world is shedding its dismissive attitude toward the phenomenon of philosemitism, perhaps it is time for cautious cultivation of this sentiment – perhaps, as the editors of *Der Philosemit* wished – even as a progam.

Anmerkungen

1 Jacob, Heinrich Eduard: Appell an Hirn und Herz, in: *Der Philosemit*, Prag Januar 1931.
2 Brenner, Michael: Gott schütze uns vor unseren Freunden, in: *Jahrbuch für Antisemitismusforschung*, 2 (1993), S. 174–199.
3 Bloch, Ernst: The So-Called Jewish Question, in: Literary Essays, Stanford 1998, S. 488–491.
4 Bauman, Zygmunt: Allosemitism: Premodern, Modern, Postmodern, in: Cheyette, Bryan/Marcus, Laura (Hg.): Modernity, Culture and 'the Jew', Cambridge 1998, S. 143–156.
5 I borrow the term "sideshadowing" from Bernstein, Michael Andre: Foregone Conclusions. Against Apocalyptic History, Berkeley 1994.
6 Berlinerblau, Jacques: On Philo-Semitism, in: Occasional Papers on Jewish Civilization, Jewish Thought and Philosophy, Washington, D.C. Winter 2007, S. 8–19.
7 Salomon Rappaport and Alan Edelstein shared a blatantly apologetic agenda. Nevertheless, they were correct in the assertion that the issue of philosemitism had been ignored. See Berlinerblau, ebd., S. 8–9.
8 Vgl. Karp, Jonathan/Sutcliffe Adam (Hg.): Philosemitism in History, Cambridge forthcoming.
9 Freytag, Gustav: Der Streit über ‚Das Judentum in der Musik', in: *Neue Freie Presse* vom 21.5.1893, S. 325.
10 Kinzig, Wolfram: Philosemitismus. Zur Geschichte des Begriffs, in: *Zeitschrift für Kirchengeschichte*, 105: 2–3 (1994), S. 202–228, siehe auch seinen Beitrag im vorliegenden Band.
11 John Gager writes of Graeco-Roman sympathizers with Jewry, "These authors are utterly heterogeneous; with few exceptions, they reveal no ties of kinship, social status place of origin or education. It is precisely this heterogeneity that gives them their value as witnesses against the traditional picture of Romans as overwhelmingly hostile toward Judaism." Gager, John: The Origins of Anti-Semitism, New York/Oxford 1985, S. 67. In modern Germany, I would describe the presence of philosemitism as heterogeneous, but not random. There were more philosemites in Goethe Societies than in Prussian Officer's Clubs; in Free Student Fraternities than in Volkshochschul faculties.
12 See, for an example, Georg, Wilhelm: Hinter den Coulissen der Antisemiten! Mein Austritt aus der antisemitischen Partei, Hannover 1895.
13 Gerlach, Hellmut von: Von Rechts Nach Links, Zürich 1937, esp. S. 108–118, offers a virtual point-by-point illustration of the details of this "contact hypothesis": 1) Gerlach's were "participatory contacts", he encountered Jews of equal or social status (Gerlach was a Junker, but Charles Hallgarten was a millionaire); he experienced collaborative activities (the peace movement); he dwelt in a supportive social atmosphere.
14 Vgl. ebd., S. 118.
15 Amir, Yehuda: Contact Hypothesis in Ethnic Relations, in: The Handbook of Interethnic Coexistence, New York 1998, S. 162–181.
16 Vgl. Levenson, Alan: The German Peace Movement and the Jews: An Unexplored Nexus, in: *Leo Baeck Institute Yearbook*, Jg. 46 (2001), S. 277–304.
17 Vgl. Meiring, Kerstin: Die Christlich-Jüdische Mischehe in Deutschland, Hamburg 1998; Rahden, Till van: Unity, Diversity and Difference, in: Smith, Hellmut (Hg.): Protestants, Catholics and Jews in Germany, 1800–1914, Oxford/New York 2001, S. 217–244.

18 Mann, Thomas: Joseph und seine Brüder: Ein Vortrag, in: Gesammelte Werke, Bd. XI, Frankfurt a. M. 1960–1970, S. 472–484.
19 Vgl. Gerlach: Von Rechts Nach Links, [wie Anm. 13].
20 Vgl. Brenner: Gott schütze uns vor unseren Freunden, [wie Anm. 2].
21 Berlinerblau: On Philo-Semitism, [wie Anm. 6], S. 15.
22 Vgl. Franz Delitzsch to Moritz Lazarus (5. 1. 1883) Moritz Lazarus Archive, VAR 298/94.
23 On the nature of anti-Semitism and philosemitism in the German scientific community, see Rocke, Alan: The Quiet Revolution. Hermann Kolbe and the Science of Organic Chemistry, Berkeley 1993, esp., S. 34–35; Stern, Fritz: Einstein's German World, Princeton NJ 1999.
24 For an excellent historiographic overview, see Wistrich, Robert: Socialism and Judeophobia – Anti-Semitism in Europe Before 1914, in: *Leo Baeck Institute Yearbook*, Jg. 37 (1992): S. 111–146; Mendes, Philip: Left Attitudes Towards Jews: Anti-Semitism and Philosemitism, in: *The Australian Journal of Jewish Studies*, 9/1–2 (1995), S. 7–44.
25 This group would include Edmund Silberner, Richard Lichtheim and, with qualifications, Robert Wistrich.
26 This group would include Paul Massing, Donald Niewyck, and Shulamit Volkov.
27 Vgl. Niewyck, Donald: Socialist, Anti-Semite and Jew, Baton Rouge 1971, S. 215–222. See also Deak, Istvan: Germany's Left-Wing Intellectuals: A Political History of the Weltbühne and Its Circle, Berkeley 1968.
28 Vgl. ebd., S. 215–222.
29 As the epigraph from Michael Brenner's articles indicates, he considers the dialogue between Jews and philosemites for Imperial and Weimar Germany a failure. It is by no means obvious, however, that successful inter-group dialogue necessitates the abandonment of all preconceptions.
30 Bloch: The So-Called Jewish Question, [wie Anm. 3].
31 Ebd., S. 490, uses the terms judeophilia and philosemitism interchangeably.
32 Clark, Christopher: The Politics of Conversion, Oxford 1995, an excellent monograph on the conversionary movements in Prussia, takes Bloch's dictum too much to heart.
33 Sänger, Fritz: Philosemitismus – nutzlos und gefährlich, in: Silenius, Axel (Hg.): Antisemitismus, Antizionismus – Analyse, Funktionen, Wirkung, Frankfurt a. M. 1973.
34 Rothschild, Fritz: Unsere Freunde und Feinde, in: *Israelitische Wochenschrift* (24) Beilage 1, (Januar 1890).
35 Vgl. Scholem, Gershom: Against the Myth of the German-Jewish Dialogue, in: Dannhauser, Werner (Hg.): On Jews and Judaism in Crisis, New York 1976, S. 63.
36 Bauman: Allosemitism: Premodern, Modern, Postmodern, [wie Anm. 4], S. 152.
37 Ebd., S. 154.
38 Vgl. ebd., S. 155.
39 Anyone doubting the vitality of contemporary anti-Semitism should consult Rosenbaum, Ron: Those Who Forget the Past, New York 2004, passim.
40 Bunkiet, Melvin Jules: Quick Crush This Philosemitism Before It Gets Out of Hand, in: *The Forward*, 31. 1. 2003, S. 12.

PHILOSEMITISMUS IN JAPAN, DEN USA UND EUROPA

David G. Goodman

The Ambiguity of Philosemitism in Japan

Twelve million Jews have been provided for us as witnesses to the Gospel. When we see the prophecy concerning them being fulfilled [in Palestine], we believe all the more firmly in the fulfillment of the great prophecy concerning us [Christians] . . .
(Uchimura Kanzō)[1]

If we love our nation and fellow-countrymen, we should pray ever more earnestly for the Jews.
(Nakada Jūji)

The Japanese and the Hebrews are virtually identical, particularly in regard to the pious way in which we observe our religious festivals. These exact correspondences convince me that we are in fact one race.
(Oyabe Zen'ichirō)

I believe beyond the shadow of a doubt that the original identity of Imperial Japan was the Kingdom of Israel.
(Sakai Shōgun)

If antisemitism can be defined, only half jokingly, as "hating Jews more than is necessary," then philosemitism can likewise be defined as "*loving* Jews more than is necessary." It is this excess, the surplus antagonism or affection, that differentiates antisemitism and philosemitism from the normal gamut of emotions one human group inevitably feels toward another.

Almost completely absent, but alternately vilified and idolized nevertheless, "The Jews" play an ambivalent discursive role in modern Japan. An examination of philosemitism in Japan illuminates the spiritual and psychological confusion many Japanese, especially Japanese Christians, felt in the process of modernization and the various ways identification with Jews helped them, throughout the twentieth century, to resolve it.[2]

Uchimura Kanzō: Mainstream Protestant

Uchimura Kanzō (1861–1930) was the most prominent Japanese Christian of his age. He converted to Christianity in 1877 and graduated from Amherst College ten years later, training briefly at the Congregationalist Hartford Theological Seminary before returning to Japan in 1888. Uchimura had a profound impact on several generations of Japanese intellectuals, and his influence continues to be felt today.

Uchimura is most famous as the originator of 'Churchless' (mukyōkai, a. k. a. "Non-Church") Christianity, an attempt to disassociate Christianity from its identification with Western culture and to liberate Japanese Christians from subjugation to overweening Western missionaries. Uchimura's efforts naturally brought a strong reaction from the missionaries, but he defended his position, pointing out that Christianity had always been linked to national identity.

"I am blamed by missionaries for upholding Japanese Christianity," Uchimura wrote.

"[But] is not Episcopalianism essentially an English Christianity, Presbyterianism a Scotch Christianity, Lutheranism a German Christianity, and so forth? Paul, a Christian apostle, remained an Hebrew of the Hebrews till the end of his life. Savonarola was an Italian Christian, Luther was a German Christian, and Knox was a Scotch Christian. They were not characterless universal men, but distinctly national, therefore distinctly human, and distinctly Christian..."[3]

Despite his best efforts, Uchimura never completely reconciled his identity as a Christian with his identity as a Japanese. As he famously wrote in 1925, five years before his death,

> "I love two J's and no third; one is Jesus, and the other is Japan. I do not know which I love more, Jesus or Japan.I am hated by my countrymen for Jesus' sake as yaso, and I am disliked by foreign missionaries for Japan's sake as national and narrow. No matter; I may lose all my friends, but I cannot lose Jesus and Japan."[4]

Uchimura's concern to produce an authentically Japanese Christianity and his struggle to reconcile his Christian faith with his Japanese identity were shared by many Christians in Japan. Identifying with the Jews was one way to achieve these goals.

Theologically, Uchimura was essentially a liberal Protestant who was more concerned with this-worldly matters than with soteriology. Between

1918 and 1919, however, he turned briefly but intensely to speculation about the Second Coming.[5] Using the English theological terms, he proclaimed,

> "I am now a Pre-millennialist (one who believes that the Return will precede the coming of God's Kingdom) and not a Post-millennialist (one who believes that Christ will return only after the coming of God's Kingdom)".[6]

Uchimura assigned Jews a major role in the drama of the Second Coming. Like Christians around the world, he was excited by the British conquest of Jerusalem and the Balfour Declaration of 1917, which he took as signs that the establishment of a Jewish homeland in Palestine was imminent and that the Second Coming of Christ was therefore near. "If Palestine is to be redeemed, then surely the Second Coming will also be realized," he proclaimed on the occasion of the founding of the Hebrew University in Jerusalem in 1918.[7]

> "Twelve million Jews have been provided for us as witnesses to the Gospel. When we see the prophecy concerning them being fulfilled [in Palestine], we believe all the more firmly in the fulfillment of the great prophecy concerning us [Christians]. I believe that God's hand is everywhere at work, realizing His astonishing plan. In this sense it is obvious that our faith is no small, personal matter, but an issue of significance for the world and the cosmos."[8]

Nakada Jūji: Evangelical Christian

Nakada Jūji (1870–1939) shared Uchimura's belief that the salvation of Christians was linked to the redemption of the Jews, but he understood the connection more literally. Dismissing Uchimura as a "Calvanist" and proudly proclaiming himself an "Arminian" who believed in the operation of the Holy Spirit in the world, Nakada was an Evangelical Christian in whose mind Japan's fate was mystically linked to the redemption of the Jews.

Nakada's encounter with Christianity was through Methodism. He was educated at the Methodist institutions – Tōō College (Tōō gijuku, also known as the Daimyo School) and at what would later be known as Aoyama Gakuin University. From 1896 to 1898, he studied at the Moody

Bible Institute in Chicago, where the beliefs that came to characterize his theology were stressed – Biblical inerrancy, premillennialism, "holiness," and evangelical activism.

Like Uchimura, Nakada's relations with foreign missionaries were strained, and in 1917, he broke away and founded his own church, the Oriental Missionary Holiness Church (Tōyō senkyōkai hōrinesu kyōkai), a sizable organization that amalgamated forty-six preexisting churches, fifty ministers, and four churches without ministers.

Nakada's particular interest in Jews probably began at Moody, which prided itself on being "the first and only school" to have a complete training program for missions to the Jews.[9] His interest only increased as he aged, and by the early 1930s, he had come to believe that the Bible contained hidden references to a special relationship between the Japanese and the Jews, and he further became convinced that if Christians understood this special relationship they would be better able to understand Japan's unique global mission.[10] Nakada described these beliefs in a series of six lectures on "Japan in the Bible" (Seisho yori mitaru Nippon) that he delivered in November 1932 and that were subsequently published in a book by the same title.[11] In his introduction, Nakada explained his motives.

> "I have discovered that the Japanese people have an important role to play in the Second Coming, in particular that they are intimately involved with the redemption of the Jewish people, which will accompany the Second Coming, and so I decided to write this book."[12]

Nakada's views evolved from the insight that the mention in Revelation 7,2 of an "angel rising out of the east" referred to Japan.[13] He went on to find what he believed were numerous other references to Japan in the Bible. Whenever "the rising sun" or "the east" were mentioned, such as in Isaiah 41,2 ("Tell me, who raised up that one from the east, one greeted by victory wherever he goes?"), Nakada asserted that Japan was the referent.[14] He reached this conclusion only after much hesitation and reflection, he wrote. "I was afraid of having gotten forced meanings or made farfetched and strained interpretations as I ought not to do such a thing with the Holy Scriptures," he confided. "For a long time I prayed about it but the more I prayed the more God revealed to me the prophecies concerning Japan."[15] Nakada concluded that God had chosen Japan for a special mission:

> "[...] to bring [the Jews] to salvation [not] by the preaching of the Gospel among them, but rather to make them realize that they are the Chosen

race of God and that God had promised to Abraham to give them the land of Palestine as their inheritance; it is needless to say that there will, of course, be means for them to wake up inwardly to this fact, but it seems as if God is going to use this race from the rising of the sun as a means from outside for the same purpose."[16]

According to Nakada, therefore, Japan's primary mission was to pray for and defend the Jews.

"Then what sort of rescuer is he to be who comes up from the East? First, he shall have a special mission entrusted to him to intercede and pray to God for the Jews, and second he shall have the duty of suppressing all the disturbers of the world-peace under the Anti-Christ."[17]

Why had the Japanese been selected for this special mission? In Nakada's view, it was because they were uniquely innocent of any transgression against God's Chosen People. "Do we not see a deep meaning in this," he asked, "that God is going to use mightily this Japanese race that has not harmed the chosen Jews?"[18]

Like many American Evangelicals, Nakada's faith informed his political views. He believed, for example, that the Japanese military should have attacked Baghdad during the First World War:

"I have been told that England, in her confusion upon seeing Turkey joining the German side, asked Japan to send her army towards Bagdad [sic] across the Persian Gulf – this demand Japan did not accept because of the vast distance: had the people of our Military Department had the knowledge of the parts to be played by Japan in the future in these locations, in the light of the Scriptures, they would not have so lightly forsaken such a rare opportunity of obtaining a suitable military base in these regions for our future activities."[19]

His Holiness Church, Nakada was convinced, had a unique role to play in the realization of Japan's divine mission. "If we love our nation and fellow-countrymen," he preached, "we should pray ever more earnestly for the Jews."[20] Referring to the monthly contributions to Jewish causes made by the Holiness Church, which, he believed were only possible because of the guidance of the Holy Spirit, he took great pride in the fact that since its foundation his church had devoted itself to the welfare of the Jews.[21] "We have only about 20.000 Holiness people in Japan," he wrote, "but how solemn it is when we see these people representing the whole nation in interceding for the Jews."[22] Nakada was convinced that these efforts would hold great significance for Japan in the coming time of Tribulation: "God who is merciful even in His wrath will surely remember our remaining nation and people in the coming days because of our present intercessions for His Chosen Race."[23]

By August 1933, Nakada was issuing guidelines to his followers, explaining how they should prepare themselves for imminent "rapture" into heaven. In October, he directed them to pray for the Jews, preaching that Isaiah 25,9 and Romans 11,26 prophesied the salvation of the Jews:[24] "They anticipate, not only the salvation of the individual Jew, but the salvation of the Jews as a nation, so that the kingdom of Israel might be established and the people Israel called a blessing by all nations." The Book of Revelation, he preached, "regards the salvation of the individual, but most of it concerns the salvation of the nations of the world. And it is indisputable that the Jews are central among them."[25] Prayers for the Jews were indispensable for the Second Coming of Christ, Nakada believed, and the Japanese as a nation would be saved by virtue of such prayers.

Some of Nakada's followers criticized him for asserting that the primary mission of the church was to pray for the Jews and the establishment of a Jewish state; they also took issue with his stress on national rather than individual salvation. In October 1936, after a long battle, the church split. Both branches took names that in English would be rendered 'Holiness Church': Kiyome kyōkai led by Nakada, and Nihon seikyōkai, the defecting faction.

Nakada's views had political consequences. Despite his support for Japanese imperialism, his Holiness Church was suppressed during the war, and its adherents were persecuted because they seemed to place the welfare of the Jews above the welfare of Japan.[26]

Saeki Yoshirō: Common-Ancestry Theorist

Nakada Jūji's sense of kinship with the Jewish People went beyond mere Biblical exegesis. In his mind, the Japanese and the Jewish peoples were 'genetically' linked. "I should like to prove," he wrote in *Japan in the Bible*, "that Israelitish blood runs mixed in the Japanese veins and in this we are not without historical evidences."[27]

The "evidences" Nakada adduced were the common ancestry theories (dōsoron) of Saeki Yoshirō and Oyabe Zen'ichirō.[28] Both of these men were

Christians who used an imagined shared descent with the Jews to resolve conflicts between their Japaneseness and their Christianity.

As early as 1874, a Scotsman name Norman McLeod had asserted that the Japanese were descended from the Jews. "On Wednesday evening last," *The Japan Mail* of February 10, 1874, reported, "Mr. McLeod gave his lecture upon the 'Identity of the Mikado, Miya and Kuge Sama etc. with the Ten Lost Tribes of Israel.' He attracted but a small audience, and did not even contrive to keep them together above a few minutes."[29] McLeod published a book, *Epitome of the Ancient History of Japan*, expanding on this argument, but there is no evidence that his ideas were known or had any influence on the Japanese.[30]

Thirty years after McLeod, Saeki Yoshirō (1871–1965) became the first Japanese citizen to propose a theory of Japanese-Jewish common ancestry. A respected scholar and a Christian, he was born in Hiroshima prefecture and baptized in the Anglican-Episcopal Church of Japan (Nihon Seikōkai) in 1890. He graduated from the law department of what is today Waseda University and studied abroad at the University of Toronto. During the Russo-Japanese War of 1904–1905, he became interested in cultural interactions between Asia and the West and went on to become an authority on Nestorian Christianity in China, publishing numerous works on the subject. In recognition of this work, he was granted a doctoral degree by Tokyo University in 1941.

In 1908, Saeki published his seminal essay, "Regarding Uzumasa," which laid out his theory of common ancestry with the Jews.[31] Attempting to account for the origins of the Hata clan, an influential family who had immigrated to Japan in the mid-fifth century and settled in the western suburbs of Kyoto, in a village called Uzumasa, Saeki argued that they were neither Korean nor Chinese. The only possible alternative, he reasoned, was that they were Jews.

> "History books were silent on the question, and for a long time I gazed absently into the skies of Uzumasa. Finally, I was left with no alternative but to go back and look for an explanation in the small Shinto shrine located in the precincts of Uzumasa temple. It is not for lack of historical evidence that the history books are silent. If one is sensitive enough, even a clod of earth speaks volumes. How much more might one learn from a shrine, where the hopes and aspirations of generations are distilled?"[32]

Saeki adduced a series of arcane philological arguments to support his conclusion. Summarizing these in a later essay, he explained the etymology of the name "Uzumasa" as follows.

"Uzu is a corrupted form of the word 'Ishu', that is, 'Jesus', and masa derives from 'messiah.' These can thus be none other than a corrupted form of the words 'Iesu-meshia', that is, 'Jesus, the Messiah' from the Aramaic or the Semitic."[33]

This sort of tortuous etymological reasoning is not unusual in accounts of the origins of Shinto shrines (engi), but the desperation of a Christian in turn-of-the-century Japan, earnestly seeking validation of his faith in "a clod of earth," is poignant and revealing. By paradoxically arguing for the 'Jewish' roots of Japan from a name deciphered as "Jesus, the Messiah," Saeki asserts not only that Christianity in Japan antedates the arrival of Western missionaries by fifteen hundred years, but that it was directly descended from the Jews themselves. "Regarding Uzumasa" thus reveals the underlying nationalist and ethnocentric agenda implicit in expressions of philosemitism in Japan, and it set the dubious precedent of identifying putative Christian sites in Japan as evidence of ancient Jewish settlements in the country.[34]

Oyabe Zen'ichirō: Ultranationalist

Oyabe Zen'ichirō (1867–1941) built upon Saeki's work and made its nationalist agenda more explicit in his voluminous *Origin of Japan and the Japanese People* (1929).

A contemporary of Saeki, Oyabe was born in 1867 in Akita prefecture in northern Japan.[35] He traveled to America in 1888, where he studied at the historically black Hampton Institute and Howard University. In 1894, he entered the Yale Divinity School and was baptized the following year. Oyabe worked as a missionary in Hawaii from 1895 until 1897, returning to Yale in 1898 to receive his doctorate of divinity. The same year, he recounted his life story in an English-language autobiography titled, *A Japanese Robinson Crusoe*.[36]

Like Saeki, Oyabe was convinced that Christianity antedated Western influence in Japan, and his purpose in writing *The Origin of Japan and the Japanese* was to reveal Shinto as the Japanese national expression of Christianity. "In order to validate my theory that the doctrine of Christianity is the same as our Shinto," he wrote,

"I studied theology in the United States; and, desiring to explore the heart of Shinto, I became a lecturer at the Institute of Japanese Classics,

Kokugakuin University, and others of the best institutions dedicated to the study of Shinto."[37]

In Oyabe's view, the Japanese were descended from the "lost" Israelite tribes of Gad and Manasseh.

"It is well-known to Biblical scholars in the West and the world over that approximately three hundred years before the enthronement of the Emperor Jimmu [in 660 B.C.E], two tribes of the Hebrews – Gad, the most valiant, and Manasseh, who were descended from the eldest son of the patriarch – fled eastward carrying the Hebrews' sacred treasures, and to this day their whereabouts remain unknown. A close study of the ancient Hebrews as they are described in the Jewish scriptures reveals an extraordinary number of similarities between our two peoples. 'The Japanese and the Hebrews are virtually identical, particularly in regard to the pious way in which we observe our religious festivals. These exact correspondences convince me that we are in fact one race'."[38]

Oyabe's motives were also overtly nationalistic. Like other extremists of the day, he believed that an apocalyptic confrontation between Japan and the West, was imminent.[39] Japan's divine destiny, he believed, was to free Asia from the yoke of Western imperialism. He identified Jews as Asians and condemned European antisemitism as a form of anti-Asian racism. It was Japan's Divine mission, he asserted, to eschew such bigotry and bring universal peace and brotherhood to the world.

"I have one thing to say to my fellow Japanese. The hour is late. While the world is at last on the brink of achieving the truth of universal brotherhood, there is a sequence to be followed. First, we Asians must be united, and we [Japanese] as the agents of Heaven must bring peace to hundreds of millions of Asians, teaching them that with us true security lies. That Westerners shun Asians is wrong. For us to follow their example and despise and shun the Jews, who are racially and culturally the same as we, would be equivalent to abandoning our ideals of Greater East Asia and will ineluctably lead Asia into the land of death. Those obstinate bigots who are hostile to innocent Japan stand in defiance of Providence. That they will be punished is a foregone conclusion. We, the people of the Divine Land, must open our hearts to the Jews and give them our sympathy, for like us they are persecuted without reason. We must guide them to the light, the establishment of a Divine Nation,

> the ideal of the Hebrews and the mission of Japan, and encourage their cooperation with the ideals of universal brotherhood and unity. This is none other than the sacred teaching of our Imperial ancestors – to unite the entire world under one roof – and it is our expression of filial piety to our forebears and our devotion to God."[40]

Oyabe's defense of the Jews was not unconditional, however. In contrast with Nakada Jūji, who believed the salvation of Japan depended upon the salvation of the Jews, Oyabe asserted conversely that the salvation of the Jews depended upon Japan. Zionism, he argued, was "redundant," and he urged Jews to build a national homeland on the shores of Lake Baikal under the tutelage of Japan.

> "Oh, you descendants of the Jews, unaware of Holy Japan standing flawless and exemplary lo these three thousand years! Awake to the blindness of your plan to build a holy nation: it is redundant, like piling roof upon roof. Universal brotherhood and unity have been Japanese national ideals since time immemorial. You have named your goal Zionism. In order to achieve it, you incite the proletariat in every nation, exploit their weaknesses, and advocate communism; you champion anarchism and disturb world peace, turn every nation to republican democracy, and finally seek to control the world by resurrecting your kingdom and establishing divine rule. Were it Heaven's will that you should succeed, it would not wait for your feeble schemes but would accomplish the goal over night, just as by the hand of God the cities of Sodom and Gomorrah were rendered over night a sea of death. Cease your vain strivings, for they are like unto sowing seeds in the dead of winter. Awake to the ultimate truth and entrust everything to the power of Almighty God. Cease your vain propaganda. Build your nation adjoining Japan, in eastern Siberia, on the shores of Lake Baikal. Live in intimate proximity to us. Patiently spread the Word of God throughout the world. Offer the people of the world, intoxicated with material civilization and utterly confused, the opportunity to come to their senses. Become intermediaries to bring true peace to the world."[41]

Oyabe's philosemitism was fully consistent with the Japanese nationalism of the 1930s and 1940s. By placing Japan in the superior position and assigning Jews their "proper place" in the new Japanese world order, Oyabe avoided the wrath from the government that Nakada Jūji incurred.[42]

Sakai Shōgun: Antisemitic Zionist

The influence of antisemitic conspiracy theory on Oyabe's thinking is obvious. It derived from *The Protocols of the Elders of Zion*, which had been known in Japan since 1920 and had been translated in full in 1924.[43] Oyabe's views were obviously influenced by this text.

The influence of *The Protocols* is even more apparent in the writings of Sakai Katsuisa (popularly known as Sakai Shōgun, 1870–1939), a contemporary of Saeki Yoshirō, Nakada Jūji, and Oyabe Zen'ichirō, with whom he shared a similar background. Like them he had been educated in a Christian school, the missionary North Japan College, and had been baptized in 1888. He traveled to America in 1898, where, like Nakada, he studied at the Moody Bible Institute. Returning to Japan in 1902, he began his career as a Christian minister in January 1906, after having served in the Japanese army during the Russo-Japanese War.

During the Siberian Intervention of 1918–1922, when Japan eventually sent 72.000 troops to Siberia as part of an international attempt to reverse the Russian Revolution, Sakai served as an interpreter for the Japanese army. During his deployment, he became aware of *The Protocols of the Elders of Zion*, and in 1924, following his return to Japan, he published three books under its influence: *The Jewish Plot to Conquer the World* (February), *The Great Jewish Conspiracy* (March), and *The Jews and the Reality of the World* (April).[44]

Despite this strident antisemitism, Sakai was "convinced that Japan is the remnant of King David's kingdom".[45]

> "I believe beyond the shadow of a doubt that the original identity of Imperial Japan was the Kingdom of Israel. What do I mean by this? That the Kingdom of Israel, which continued the lineage of Adam, ancestor of all humanity, for fifty-five generations and possessed of a history of 4.300 years, was in fact established by the same Divine Decree that created Japan; that it is descended from the same celestial family as our Emperors; and that it regards the same Three Sacred Regalia as national treasures."[46]

Sakai also considered himself an ardent Zionist. "The rebuilding of Zion is not merely the ambition of the Jews but a mission from God," he wrote. "Their movement is thus not an invasion but a revival. They should attack proudly, their flag unfurled!"[47] So enthusiastic was he about the Jews' return to Palestine that in 1928 he wrote a letter to the Zionist organization in England asking for a loan of £2.000 on the basis of his Zionist credentials.[48]

It is hard not to be impressed with Sakai's exegetical acumen. Combining his knowledge of Scripture, his familiarity with *The Protocols of the Elders of Zion*, and his nationalist sentiments, Sakai reasoned that when God's son Jesus, God's people the Jews, and God's nation Japan came together, Zion would for the first time achieve global hegemony, and the "kingdom of Zion will emerge as the premier, unparalleled, and singular Utopia".[49] Sakai looked forward to the realization of a Judeo-Japanese "Empire of Zion" as the fulfillment of prophecy, and in 1932, he established a "Society for Japanese-Israelism" (Nichiyu kyōkai) to promote his views.[50]

Sakai stated the underlying agenda of Japanese philosemitism more unequivocally than anyone. Identification with the Jews enabled him to reconcile his Japanese and Christian identities and declare his independence of the West. "Japan has leapt from the ignoble position of an isolated island in the Far East, nay, a nation of pagans, to the status of a world-class empire blessed by God. The right to look down upon the countries of the West that profess Christianity is ours. It is high time they discovered that Japan is God's sacred repository that Japan is a divine nation with no need of their arrogant missionizing."[51]

Inuzuka Koreshige: "Friend of the Jews"

Although he was not a Christian, Inuzuka Koreshige (a.k.a. Utsunomiya Kiyo, 1890–1965) compounds the paradoxical story of philosemitism in Japan. He was an antisemitic "friend of the Jews."

A naval officer, Inuzuka was an officially recognized antisemite who lectured and published widely on "The Jewish Menace". Like Sakai Shōgun, he had first been exposed to antisemitism during the Siberian Intervention, and he attributed his "insight" into the "Jewish problem" to his experience there. "I realized in 1920, during the Siberian Intervention," he wrote, "that behind the Russian Revolution was the terrifying Jewish Problem, and I have spent the last twenty years, since the London Naval Conference and my stay in Paris, actively studying this subject."[52]

In February 1938, Inuzuka appeared at a seminar sponsored by the Cabinet Information Bureau, where he delivered a lecture entitled "On Freemasonry" and made the following recommendations regarding Japan's policy toward the Jews. "First, we require a permanent organization for early warning and surveillance. Second, our fundamental policy must naturally conform to national policy and national priorities, be fair and equitable, all-inclusive, and in the spirit of the principle of universal brotherhood under the Emperor [hakkō ichiu]. But third, it is necessary to point out that past empirical evidence reveals many cases in which the shortest way to subjugate the calculating, self-serving Jews was to be prepared to sternly chastise them in the short term. Any police or paragovernmental organization that would implement this policy must be absolutely and permanently prepared for such an eventuality. Without such preparedness, we will be perpetually threatened by [the Jews'] ideological and economic warfare, and we will constantly be required to resort to military force, thus putting ourselves at a disadvantage."[53]

Inuzuka decided early on that, following their expulsion from Europe, the Jews would have no alternative but to live in East Asia, "the land of their forefathers". "In the final analysis," he argued, "the Jews, who are Asiatics, will have no choice but to live under the guidance of Japan."[54] Inuzuka conceived of this phenomenon as "the return to Asia of Jewish Asiatics," and, echoing the common ancestry theorists, characterized this as "a return of the Jewish people, who were estranged from the leadership of Japan in primeval times." Inuzuka explained Jewish reluctance to cast their lot with Japan by "their lack of research on Japan, particularly their lack of understanding of the Japanese Spirit, and their misjudgment of the nature of Japanese peoplehood." According to Inuzuka, the way to deal with this problem was

> "[...] to teach [the Jews] these things in real terms through our own loyal and patriotic behavior, and to enlighten them through the establishment of Japanese studies and the explanation of ancient Japanese cultural history. As a result, until they become aware of their past errors and submit to us, we have the responsibility as the builders of the new East Asia to be unstinting in our efforts [to convert them]".[55]

Inuzuka put his nationalist conception in its clearest form in a "Letter to the Leaders of the Jews".

> "Your people have a history of less than 5.600 years. As it is clearly stated in the standard history of the Chronicles of Japan [Nihon shoki], the Age of the Gods, with which the history of Japan commences, lasted more than 1.790.000 years. The very Principle of Creation is embodied in the Japanese National Polity; it has been communicated through

our blood and is expressed in the flower of the Japanese spirit. In contrast to the Yamato Race, who are flourishing in concert with the universe through our all-encompassing character, the fact that you Jews who pride yourselves on your own superiority have had no country of your own for 2.000 years demonstrates that the guiding spirit of your race runs counter to the spirit of the universe. Moreover, today, when the cultures of all the peoples of Asia are being encompassed and assimilated and given eternal life by Japan, there is something about your situation that especially moves us, who are the beneficiaries of these blessings. If you would only change your understanding of Japan, you too could submit and benefit from the great spirit of Japanese universal brotherhood."[56]

As head of the Imperial Navy's "Jewish Bureau," Inuzuka was responsible for the Jewish refugees in Shanghai from 1939 to 1942. Believing in *The Protocols of the Elders of Zion*, he saw this as an opportunity to harness Jewish power for the benefit of Japan. In July 1939, he coauthored a 90-page "Joint Report on the Jews in Shanghai" (Shanghai ni okeru Yudaya kankei chōsa gōdō hōkoku) with Army Colonel Yasue Norihiro, translator of *The Protocols*, and Ishiguro Shirō, the Japanese consul in Shanghai. The report ranged over a broad variety of topics, including "Concrete Policies for Using Jewish Power in China to Influence American Popular Opinion and the Far Eastern Policy of the United States as well as Advisers to the U. S.President to Become Either Pro-Japanese or Neutral" and "Research and Survey Regarding Attracting Jewish Capital". The report also contained a proposal to create a Jewish settlement in Manchuria or China proper for at least 30.000 Jewish refugees. In earlier versions, Inuzuka had apparently projected a figure as high as 300.000.[57] In any case, the notion of creating a Jewish enclave in China was a logical consequence of the overestimation of Jewish power in nationalist ideology that derived from *The Protocols of the Elders of Zion*. It was never adopted as government policy.[58]

Inuzuka's call for the Jews to make a home in the Japanese empire was the basis for the so-called "Fugu Plan," a name that derives from a statement Inuzuka made in January 1939, likening the Jews to blowfish (fugu), a seafood delicacy that can be fatal if prepared incorrectly.[59] If Japan manipulated the Jews properly, Inuzuka argued, they would serve Japan's interests; but if they were mistreated, they would be deadly.[60]

In February 1942, after the bombing of Pearl Harbor and the beginning of the war with the United States, Inuzuka was relieved of his command in Shanghai. He was replaced by a hardliner who established a ghetto and tightened controls on Shanghai's Jewish population. Nevertheless, more than 20.000 Jews survived the war in Shanghai. There were no pogroms, and the Japanese consistently resisted pressure from their Nazi allies to exterminate the Jews under their control.

Philosemitism after the War

After the war, Inuzuka was arrested and charged with war crimes. In his own defense he produced a silver cigarette case that had been presented to him by the Union of Orthodox Rabbis of the United States in gratitude for his role in bringing the last 1.000 Jewish refugees stranded in Kobe to Shanghai in 1941. The case was engraved with the inscription, "In Gratitude and Appreciation for Your Service for the Jewish People".[61] The tactic worked, and Inuzuka was not prosecuted.

When Occupation authorities began to rehabilitate former nationalists in the late 1940s, Inuzuka took advantage of the new policy to reinvent himself as a "friend of the Jews," leading other former military men and political conservatives in establishing organizations to promote Japanese-Jewish friendship. These organizations included the "Society for the Study of Japanese-Jewish Relations" (Nichiyu kankei kenkyūkai), "The Society for Japanese-Jewish Dialogue" (Nichiyu konwakai), and the "Japan-Israel Association" (Nihon-Isuraeru kyōkai), which Inuzuka founded in 1952. These efforts were welcomed by Jews in Japan and elsewhere who were grateful for Inuzuka's protection in Shanghai and for his support of the newly founded state of Israel.

Even after he was confronted in the 1950s with evidence that he had been a prolific antisemitic ideologue during the war, Inuzuka remained a prominent figure in Japanese-Jewish relations, continuing as president of the Japan-Israel Association until his death in 1965. In 1982, through the efforts of former Tokyo rabbi Marvin Tokayer and Hebrew University professor Ben-Ami Shillony, Inuzuka's cigarette case was accepted into the collection of Holocaust memorabilia at Yad Vashem, the Holocaust memorial in Jerusalem, and Inuzuka's wartime record of ultranationalism was officially obscured.[62]

Nakada Jūji's fundamentalism also survived the war in the form of the Congregation of Jesus (Sei-Iesukai, a.k.a. Holy Ecclesia of Jesus) which was established by Ōtsuki Takeji (1906–2004) in January 1946. Ōtsuki was a follower of Nakada's who had joined the Holiness Church and worked as a missionary in Manchuria and Korea. On January 9, 1938, he experienced "a baptism with the Holy Spirit," and that experience provided the impetus for his own revival movement.

The Congregation of Jesus continues Nakada's teachings about the special role of Jews and Israel in the Second Coming. The Congregation is Zionistic, maintaining hostels in Kyoto and in other cities around Japan called Beit Shalom (House of Peace), where any Israeli can stay free of charge for three days. It also supports the Shinonome (Dawn) Choir, which performs Hebrew and Japanese songs at Israeli Independence Day celebrations and other events. In 1995, it established a Holocaust memorial museum in Fukuyama city, Hiroshima prefecture.[63]

Another postwar neo-Christian sect with roots in common-ancestry theory is Makuya (Tabernacle), which was founded in 1948 by Teshima Ikurō (1910–1973). Teshima was originally a devotee of Uchimura Kanzō's Churchless Christianity. In the winter of 1948, he had a traumatic dispute with Occupation authorities on Japan's southern island of Kyushu, who had ordered the demolition a local school. Fearing reprisals for his opposition to the demolition, Teshima fled to a cave near Mt. Aso, an active volcano in central Kyushu, to avoid arrest. After a period of intense meditation and prayer, he experienced a revelation from God, which instructed him to befriend the Jews, God's Chosen People. When Israel was founded a few weeks later, on May 14, Teshima interpreted it as a sign that the spiritual renewal he sought for Japan was linked to the destiny of the fledgling Jewish state, and he became an ardent Zionist.[64]

As the title of his book *The God of Uzumasa: Hachiman Worship and Nestorian Christianity* reveals, Teshima's nationalistic-Zionist theology is related to Saeki Yoshirō's theories. Teshima amplified Saeki's views in a variety of ways, adding, for example, new ideas about Hachiman, the Shinto god of war.[65]

As it has evolved, however, Makuya is best understood as a Japanese form of Pentecostalism.[66] The sect, which was initially known as the "Original Gospel Movement" (Genshi fukuin undō), emphasizes faith healing, glossolalia, and other ecstatic experiences characteristic of Pentecostal churches. This has become the dominant dimension of Makuya theology for its 50.000 to 60.000 members.[67]

Nevertheless, Makuya has remained true to its philosemitic roots, and it is best known both in Japan and abroad for its fervent and unconditional Zionism. The sect is legendary in Israel, where its members live, learn Hebrew, participate in Zionist demonstrations, and pray devoutly at the Wailing Wall. In 1967, one Makuya member attracted attention in Japan by volunteering to serve in the Israeli army during the Six-Day War,[68] and Teshima contributed an ambulance to the Lod (Ben Gurion) Airport near Tel Aviv after Japanese gunmen massacred tourists there in 1972. The Makuya sect has produced a Japanese-Hebrew dictionary and translations of Jewish liturgical works, including the Passover Haggadah.

Conclusion

As Japan modernized in the late nineteenth and twentieth centuries, it adopted many Western ideas and attitudes, among them ideas about Jews. Because Jews are central to the Western imagination, the Japanese encountered them everywhere – in literary classics like Shakespeare's *Merchant of Venice*; in reference works like the *Oxford English Dictionary*, which defined the Jew as an "extortionate usurer; trader who drives hard bargains";[69] and of course in the Bible. For educated Japanese, and especially for Japanese Christians, coming to terms with "the Jews" was an unavoidable part of coming to terms with modernity and the West, or indeed, of being able to reject the West.

Japanese attitudes toward Jews thus reflect Japanese struggles to find a place in the modern world. They are labile and, even within the same individual, can range from complete identification to total rejection, from sincere support to outright antagonism. Japanese like Oyabe Zen'ichirō and Sakai Shōgun, who identified with Jews, published stridently Judeophobic statements; and avowed antisemites like Inuzuka Koreshige sheltered Jews during the war and worked for Japanese-Jewish understanding afterwards. Groups like the Congregation of Jesus and Makuya, whose origins can be traced back to bizarre, inner-directed theories of Japanese-Jewish common-ancestry, have evolved as the staunchest and most outgoing pro-Israel activists in Japan.

In this sense, Japanese philosemitism and antisemitism are not opposites but are both expressions of a common underlying cultural process, the struggle for self-definition in the modern world. While the struggle itself is Japanese, the fact that it coalesces for some around "the Jews" reflects the influence of Western civilization and particularly Christianity on Japan. Ambivalent attitudes toward Jews in Japan, in short, are symptomatic of complex interactions between Japanese and Western cultures and the ways individual Japanese have coped with the challenges of modernity.

Anmerkungen

1 Japanese names are given in Japanese order, surname first.
2 This essay summarizes material in my book (co-authored with Miyazawa Masanori): Jews in the Japanese Mind: The History and Uses of a Cultural Stereotype, erweiterte Ausgabe, Lanham, MD 2000; siehe auch Miyazawa's Yudayajin ronkō, Tokyo 1973, bes. S. 55–80.
3 Uchimura, Kanzō: "Japanese Christianity", in: Tsunoda, Ryūsaku u. a. (Hg.): Sources of Japanese Tradition, Bd. 2, New York 1964, S. 348–349.
4 Uchimura, Kanzō: "Two J's", in: Tsunoda: Sources, [wie Anm. 3], S. 349.
5 "Seisho kenkyūsha no tachiba yori mitaru Kirisuto no sairai" [The Second Coming of Christ from the Point of View of a Biblical Scholar], in: Seisho no kenkyū, February 1918, in: Uchimura Kanzō zenshū, Bd. 24, [The Complete Works of Uchimura Kanzō] Iwanami shoten, 1982–1983, S. 59.
6 "Kirisuto sairin o shinzuru yori kitarishi yo no shisō no henka", in: Uchimura Kanzō zenshū, Bd. 24, S. 60.
7 "Seisho no yogen to Paresuchina no kaifuku" [Biblical Prophecies and the Restoration of Palestine], in: Seisho no kenkyū, July 1918. Uchimura Kanzō zenshū, Bd. 24, S. 248.
8 "Erusaremu daigaku no setchi" [The Establishment of the Hebrew University in Jerusalem], in: Seisho no kenkyū, September 1918. Uchimura Kanzō zenshū, Bd. 24, S. 315–317.
9 Getz, Gene A. MBI: The Story of the Moody Bible Institute, Chicago 1969, S. 176.
10 "Nihon seito no shimei" [The Mission of Japanese Christians], in: Nakada Jūji zenshū [Complete Works of Nakada Jūji], Bd. 6, Inochi no kotobasha 1973–1975, S. 374.
11 The lectures were published the following January and appeared in an English translation in 1933. Nakada, Bishop Juji: Japan in the Bible, übers. v. David T. Tsutada, Oriental Missionary Society 1933. Unless otherwise noted, translations used here are from this text.
12 "Preface", in: Nakada Jūji zenshū,[wie Anm. 10], Bd. 2, S. 31–32.
13 Nakada: Japan in the Bible, [wie Anm. 11], S. 10ff. Revelation 7,2–4 reads, "Then I saw another angel rising out of the east, carrying the seal of the living God; and he called aloud to the four angels who had been given the power to ravage land and sea: 'Do no damage to sea or land or trees until we have set the seal of our God upon the foreheads of his servants.' And I heard the number of those who had received the seal. For all the tribes of Israel there were a hundred and forty-four thousand."
14 Nakada lists several of these references, including Psalms 50,1, 113,3; Isaiah 41,2, 41,25, 43,5, 45,6, 59,19; Ezekiel 43,2; Malachi 1,11; Daniel 11,44; Zechariah 8,7; Matthew 2,1–2, 8,11; Revelation 7,2–3, 16,12. See Nakada: Japan in the Bible, [wie Anm. 11], S. 133–135.
15 Ebd., S. iii–iv.
16 Ebd., S. 99; ders.: zenshū, [wie Anm. 10], Bd. 2, S. 131. The Scriptural reference is to Revelation 7:2–4.
17 Ebd., S. 85–86; ders.: zenshū, [wie Anm. 10], ebd., S. 123.
18 Ebd., S. 80; ders.: zenshū, [wie Anm. 10], ebd., S. 112.
19 Ebd., S. 106; ders.: zenshū, [wie Anm. 10], ebd., S. 137f.
20 Ebd., S. 82–83; ders.: zenshū, [wie Anm. 10], ebd., S. 115.
21 Ebd., S. 80–81; ders.: zenshū, [wie Anm. 10], ebd., S. 112–113.
22 Ebd., S. 82; ders.: zenshū, [wie Anm. 10], ebd., S. 114.
23 Ebd., S. 82–83; ders.: zenshū, [wie Anm. 10], ebd., S. 115.

24 Isaiah 25,9 reads, "On that day men will say, 'See, this is our God, for whom we have waited to deliver us; this is the Lord for whom we have waited; let us rejoice and exult in his deliverance.'" Romans 11,26 says, "When that has happened the whole of Israel will be saved, in agreement with the text of Scripture: 'From Zion shall come the Deliverer; he shall remove wickedness from Jacob.'"
25 "Minzoku no sukui" [The Salvation of the (Japanese) People], in: Yoneda, Isamu, Nakada Jūji den, [Biography of Nakada Jūji], Nakada Jūji den kankō kai 1959; Fukuin senkyōkai 1979, S. 462–463.
26 For details on the suppression of the Holiness Church, see Goodman/Miyazawa: Jews in the Japanese Mind, [wie Anm. 2], S. 115–120.
27 Nakada: Japan in the Bible, [wie Anm. 11], S. 34.
28 Ebd., S. 36–43.
29 Williams, Harold S.: Foreigners in Mikadoland, Rutland, VT 1963, S. 275.
30 McLeod, Norman: Epitome of the Ancient History of Japan, Nagasaki 1875; "Appended Edition", 1879.
31 Saeki, Yoshirō: "Uzumasa o ronzu", Chiri rekishi, January 1908. The essay was subsequently appended to Keikyōhibun kenkyū [Research on Nestorian Inscriptions], Tairō shoin 1911, S. 21–50.
32 Ders.: Keikyōhibun kenkyū, S. 46.
33 Ders.: "Kyokutō ni okeru saisho no Kirisuto-kyō ōkoku, Yuzuki, oyobi, sono minzoku ni kansuru shomondai" [Various Problems Regarding Yuzuki, The First Kingdom of Christians in the Far East, and Its People], hg. v. Ide, Katsumi, in: Shikan [Historical Views], Waseda daigaku shigakkai, 74 Bde, October 1966.
34 See, for example, the nine pages of color photographs of such sites in Rekishi tokuhon [History Reader], March 1987.
35 Oyabe's life history is described in detail in: Sugita, Rokuichi, Isuraeru-shi zakkō [Miscellaneous Thoughts on the History of Israel], Kyōbunkan 1964, S. 380–385; and Mimura Saburō Yudaya mondai to uragaeshite mita Nihon rekishi [Japanese History Seen as an Inversion of the Jewish Problem], Nichiyu kankei kenkyōkai 1953, S. 228–238.
36 See Oyabe, Jenichiro [sic]: A Japanese Robinson Crusoe, Boston 1898. The book was reissued in Japan in 1991 by Issunsha.
37 Oyabe Zen'ichirō, Nippon oyobi Nippon kokumin no kigen, Kōseikaku 1929, preface, S. 5.
38 Ebd., S. 21–22. Emphasis added.
39 See Najita, Tetsuo/Harutoonian, Harry: "Japanese Revolt Against the West: Political and Cultural Criticism in the Twentieth Century," in: Duus, Peter (Hg.): The Cambridge History of Japan, vol. 6, New York 1988, S. 711–774; esp. 711–734. See also Peattie, Mark R.: Ishiwara Kanji and Japan's Confrontation with the West, Princeton 1975, S. 42, 57–58, 72.
40 Oyabe: Nippon oyobi Nippon kokumin no kigen, [wie Anm. 37], S. 392.
41 Ebd., S. 390–392.
42 On the idea of "proper place" in Japan's wartime ideology, see Dower, John W.: War Without Mercy: Race and Power in the Pacific War, New York 1993, S. 9–13 and passim.
43 See Goodman/Miyazawa: Jews in the Japanese Mind, [wie Anm. 2], S. 76–105. See also Goodman, David G.: "The Protocols of the Elders of Zion, Aum, and Antisemitism in Japan", Posen Papers in Contemporary Antisemitism Nr. 2, Jerusalem 2005.
44 The Japanese titles are, respectively, Sakai: Yudaya no sekai seiryaku undō (hereafter Seiryaku); ders.: Yudaya minzoku no daiinbō (hereafter Daiinbō); ders.: Sekai no shōtai to Yudayajin (hereafter Shōtai). All three were published by Naigai shobō 1924.

45 Sakai: Seiryaku, S. 464; Daiinbō, S. 211; Shōtai, S. 213; and passim, [wie Anm. 44].
46 Sakai: Shōtai, [wie Anm. 44], S. 213–214.
47 Sakai: Seiryaku, [wie Anm. 44], S. 445.
48 Kobayashi Masayuki: "Yudaya ryokō memo yori" [From Notes Taken on a Jewish Trip], in: Yudaya–Isuraeru kenkyū, No. 3 (1964).
49 Sakai: Seiryaku, [wie Anm. 44], S. 470.
50 Sakai: Shōtai, [wie Anm. 44], S. 218. In his entry on Sakai in Nihon kirisutokyō rekishi daijiten, Tokyo 1988; Aizawa Genshichi gives "Japanese–Israelism" as the English for Nichiyushugi. Whether or not Sakai and other common ancestry theorists were aware of the kindred theory of British "Anglo–Israelism" is unclear.
51 Sakai: Shōtai, [wie Anm. 44], S. 218–219.
52 From the jacket of Yudaya mondai to Nihon [The Jewish Problem and Japan], Naigai shobō 1939; Inuzuka wrote this book under his nom de plume, Utsunomiya Kiyō.
53 From the Cabinet Information Bureau (Naikaku jōhōbu), Shisōen kōshūkai kōgi sokki [Shorthand Transcripts of Lectures Delivered Before Seminars on Ideological Warfare], nos. 1–4, 1938, S. 23–11. (Emphasis in the original.)
54 Inuzuka: Yudaya mondai to Nippon, [wie Anm. 52], S. 423.
55 Ebd., S. 423–424.
56 Ebd., S. 481–484.
57 Kranzler, David: Japanese, Nazis and Jews: The Jewish Refugee Community Shanghai, 1938–1945, New York 1976, S. 237. Oyabe Zen'ichirō had made a similar proposal as early as 1929. See Oyabe: Nippon oyobi Nippon kokumin no kigen, [wie Anm. 37], S. 390–392.
58 See Kase Hideaki: "Nihon no naka no Yudayajin," [Jews in Japan], Chūō kōron, May 1971, S. 241–243.
59 Inuzuka's statement is quoted in: Kranzler: Japanese, Nazis and Jews, [wie Anm. 57], S. 169, from Kase: "Nihon no naka no Yudayajin", [wie Anm. 58], S. 242.
60 Tokayer, Marvin/Swartz, Mary: The Fugu Plan, 1979.
61 Kranzler: Japanese, Nazis and Jews, [wie Anm. 57], S. 174. See also Meyer, Ernie: "A Present for Purim", *Jerusalem Post*, March 12, 1982.
62 The cigarette case was assigned Yad Vashem's collection number 2274. See Shillony, Ben-Ami: The Jews and the Japanese: The Successful Outsiders, Rutland, VT 1991, S. 216; Inuzuka, Kiyoko: Kaigun Inuzuka kikan no kiroku: Yudaya mondai to Nippon no kōsaku [Records of the Navy's Inuzuka Operation: The Jewish Problem and Japan's Maneuvers], Nihon kōgyō shimbunsha 1982, S. 44.
63 Shillony: The Jews and the Japanese, [wie Anm. 62], S. 212–213.
64 Klein-Halevi, Yossi: "Samurai Chassidim: Japan's Lovers of Zion", *Moment*, March 1986, S. 48.
65 Teshima, Ikurō: Uzumasa no kami – Hachiman shinkō to Kirisuto Keikyō ni tsuite, Tokyo Kirisuto seisho-juku 1971. Teshima develops his views in Seimei no hikari [Light of Life], the magazine of the Makuya Bible Seminary.
66 Caldarola, Carlo: Christianity: The Japanese Way, Monographs and Theoretical Studies in Sociology and Anthropology in Honour of Nels Anderson, publication 15, Leiden 1979, S. 193, 204.
67 Klein Halevi: "Samurai Chassidim", [wie Anm. 64], S. 52; Caldarola: Christianity, [wie Anm. 66], S. 198.
68 "Isuraeru no Nipponjin 'giyūhei'" [A Japanese Army Volunteer in Israel], Asahi Journal, July 23, 1967.
69 Fowler, H. W./Fowler, F. G. (Hg.): Concise Oxford Dictionary of Current English, Oxford ^{4}1914.

Ulrike Brunotte

Die Lost Ten Tribes in Amerika

Millenarismus, puritanische Identität und die endzeitliche Rolle der Juden*

Wenige Erschütterungen des europäischen Selbstverständnisses in der Frühen Neuzeit haben sich derart nachhaltig auf das Verständnis des Judentums ausgewirkt wie die Relativierung des ‚einen' christlichen Glaubens in der Reformation und in den Religionskriegen sowie die kulturelle und religiöse Pluralitätserfahrung durch die Koloniebildungen. Beides verband sich auf zugespitzte Weise in Großbritannien. Zudem waren es vornehmlich religiöse und soziale Außenseiter, Spiritualisten, Chiliasten und Separatisten, deren Affinität zu Toleranz und Freiheit neben einem „bekehrenden" auch einen „verstehenden Philosemitismus"[1] und 'Hebraism'[2] hervorbrachten. So ist es kein Zufall, wie Wolfram Kinzig in dem einleitenden Beitrag dieses Bandes ausführt, dass mit Cecil Roth (1899–1970) die Philosemitismusforschung zunächst im angelsächsischen Raum beginnt und den Begriff „Philo-Semitism" einsetzt, „um die Einstellung gegenüber Juden in England in der Mitte des 17. Jahrhunderts zu charakterisieren".

Spätestens dann, wenn dieser angelsächsische, genauer puritanisch grundierte Philosemitismus als ein Nebenprodukt des christlichen Millenarismus verstanden und rekonstruiert wird, wie es zuerst Hugh Trevor-Roper[3] (1914–2003) und dann David S. Katz und Richard H. Popkin[4] (1923–2005) getan haben, tritt die zentrale Rolle der Identifikation der Native Americans mit den Abkömmlingen der ‚zehn verlorenen Stämme Israels' in das Blickfeld der Forschung.[5] Zunächst muss ihre Bedeutung für die Rekonstruktion der Grenzdiskurse und Gründungsmythen auffallen, mit denen die englischen Pilgrim Fathers und Puritaner ihre Siedlungs- und Kolonialgeschichte in Nordamerika seit 1620 überformten. Die bedeutende Rolle des imaginären Volkes Israel im puritanischen Identitäts- und Selbstverständigungsdiskurs überhaupt und im *timetable* ihrer millenaristischen Erwartungen insbesondere war dort zuerst auch mit philosemitischen Tendenzen verknüpft. Diese führten freilich einzig in Rhode Island durch den Dissidenten Roger Williams zwischen 1654 und 1657 zur Zulassung der ersten jüdischen Siedler in einer englischen Kolonie. In etwa parallel zur endzeitlichen Identifikation der Native Americans mit den zehn verlorenen Stämmen Israels innerhalb der 'English Revolution' begann sich freilich die Vorstellung zu etablieren, dass die Briten selbst Nachfahren der verlorenen zehn Stämme Israels seien.[6]

Die historische Relevanz des Themas für die Kolonial- und Religionsgeschichte der Neuzeit reflektiert sich allerdings in einer modernen Variante desselben Diskursgeflechtes, die nun gleichwohl deutlich antisemitisch positioniert ist.[7] Es handelt sich um das gewalttätige Hervortreten von Angehörigen der fundamentalistischen militia- und christlich-völkischen Identitätsgruppen in den 90er-Jahren des 20. Jahrhunderts, die sich auf eine rassistisch-radikalisierte Version des so genannten *British- bzw. American Israelism* bezogen und behaupteten, sie, die Repräsentanten der Angelsachsen, seien die wahren Nachkommen der zehn verlorenen Stämme Israels. In ihrer im Internet veröffentlichten „Declaration of Independence" behauptet die Gruppe, dass „nicht die Juden, sondern die Angelsachsen" das „Erwählte Volk" seien, alle „anderen Rassen stehen auf dem Niveau der Tiere und die Juden seien die ‚Kinder Satans'".[8] In der gleichen Internetschrift erklären sie der amerikanischen Regierung, die durch eine jüdische Verschwörung beherrscht werde, ihren Kampf. In das Umfeld dieser, sich unter dem Dach der Christian Identity-Bewegung sammelnden Gruppierungen, gehörte bekanntlich auch Timothy Mc Veigh, der am 19. April 1995 das Federal Building in Oklahoma City in die Luft sprengte und im weitesten Sinn von Identity-Ideen beeinflusst war. Wie zuletzt Hans Kippenberg in seiner Studie *Gewalt als Gottesdienst*[9] demonstriert hat, verzeichneten große Bereiche der prämillenaristisch[10] fundierten Gruppierungen und Vorstellungswelten in den USA nach dem 11. September 2001 nicht allein immense Zuläufe, sondern beeinflussten stärker als zuvor den populären mainstream.[11]

Nicht allein der bereits 1979 durch den Historiker Richard Hofstadter als symptomatisch diagnostizierte „paranoide Stil in der amerikanischen Politik",[12] vor dessen Hintergrund auch die fundamentalistischen Verschwörungstheorien zu lesen sind, sondern große Teile der prämillenaristisch fundierten Fremd- und Selbstbilder innerhalb der religiösen Kultur der USA können auf eine Jahrhunderte lange Vorgeschichte zurückblicken. Eine religiöse Vorgeschichte, die das eigentümliche Changieren und Oszillieren millenaristischer Vorstellungswelten[13] erhellt.

Überwiegt die prämillenaristische Sichtweise, dann wird die reale Welt entwertet und das Millennium nach der Parusie, also der mit dem katastrophischem Ende der Geschichte einhergehenden Wiederkehr Christi erwartet. Die postmillenaristische Vorstellung geht hingegen davon aus, dass das innerweltliche Friedensreich vor der Parusie graduell, das heißt auch durch das friedliche Fortschrittshandeln der Menschen hindurch in der Geschichte möglich sei. Wie unter anderem Quentin Skinner, Michael Walzer und Ernest Lee Tuveson hervorgehoben haben,[14] war bereits der frühe koloniale Puritanismus Neuenglands nicht zuletzt durch den Rückgriff auf das mit der Figur des jüdischen Exodus verknüpfte *Bundesdenken* politisch außerordentlich konstruktiv. Auf eher indirekte Weise haben sich diese Konzepte auch in den Relationen mit den *Native Americans* ausgewirkt.

Neuere Forschungen zum Geflecht puritanisch-indianischer Beziehungen von 1620–1676 lokalisieren und deuten diese zwar vornehmlich im Kontext europäischer Macht- und Landnahmediskurse, aber auch als Teil kolonialer Transaktionen und Hybridisierungen im komplexen Kontaktraum einer frühen Frontiergesellschaft.[15] Dabei erscheinen alle religiösen Diskursformationen, Gründungsmythen und Figuren des 'Othering' als plural und ambivalent codiert. Insbesondere gilt diese Beobachtung für das zwischen post- und prämillenaristischen Tendenzen schwankende Selbstverständnis der puritanischen Mission oder, um eine berühmte Formulierung Perry Millers zu zitieren, des „Errand into the Wilderness"[16] selbst.

Die Gründungslegenden und kolonialen Identitätskonzepte der Puritaner waren unlösbar verbunden mit dem imaginären Volk Israel, dem man sich ähnlich zu machen strebte und der Konversion der Juden/ Indianer, die man zu erreichen suchte. Die puritanische Mission in Neu-England blieb zudem lange geknüpft an das Gelingen des heilsgeschichtlich aufgeladenen Gesellschaftsexperiments wie an die angstreduzierende Bewältigung der Wildnis und ihrer ‚wilden' Bewohner.[17] Insofern kann man in ihren Versuchen, den Ursprung der Native Americans mit den zehn verlorenen Stämmen Israels in Verbindung zu bringen und vor diesem Hintergrund die eigene religiöse und kulturelle Rolle zu bestimmen, ein Konflikt- und Gewaltpotential erkennen, das auch die Rolle der Native Americans betraf. Es handelt sich demnach um einen Diskurs, in dem das imaginäre Szenario der Beziehung zwischen Altem und Neuem Israel zugleich die wechselvolle und 1675 im Vernichtungskrieg – des so genannten King Philip's War – endende Koexistenz von Native Americans und weißen englischen Siedlern reflektiert, kommentiert und religiös überformt.

Die Herkunft der ‚Indianer' und das puritanische Selbstkonzept

Bereits mit der Mayflower hatten die Pilgrims und später die Puritaner den Titel des New Israel von England über die Niederlande nach Nordamerika transportiert, um dort als Vorbild für die Christenheit der Welt die 'City upon a hill' zu entwickeln.[18] Nicht zuletzt weil die angeblich ‚ungezähmte Wildheit' der ‚Indianer' die erschreckten Puritaner mit einen möglichen gefährdenden Einfluss der Wildnis auf die neuen Siedler konfrontierte, war die Frage nach dem Ursprung der Native Americans von außerordentlicher Bedeutung.

Roger Williams, der später Rhode Island gründete, kann neben John Eliot und Edward Winslow als einer der besten Kenner indianischer Kultur in Neu England gelten. Er war als Verfechter religiöser Toleranz vor den Führungsautoritäten von Massachusetts in die Wildnis geflohen und lebte zeitweise beim Stamm der Narragansett, deren Sprache er lernte. Auch Williams ist sich in seinem frühen ethnologischem Bericht *A Key to the Language of America* (1643) sicher darüber, dass die Einwohner Nordamerikas von Adam und Noah abstammen und, in ihren Gebräuchen und der Sprache „hold affinitie to the hebrews" [19]. Sein Verdienst ist es jedoch, die Native Americans selbst über ihren Ursprung befragt und ihre Antworten dokumentiert zu haben: „They say themselves, that thy have sprung and growne up in that very place, like the very trees of the wilderness."[20] Ganz im Rahmen der biblischen Schöpfungslehre verbleibend, lehnten die Puritaner diese autochthone Vorstellung jedoch ab. Wenn indes die Theorie eines Ursprungs der Native Americans aus der amerikanischen Erde nicht angenommen wird, dann mussten die Puritaner diese als die ersten Kolonisten der Neuen Welt anerkennen. Und wenn die Indianer – auf welche Weise auch immer – von einem antiken Kulturvolk, wie etwa den Griechen oder Hebräern, abstammten, dann konnte ihre ungezähmte und unzivilisierte gegenwärtige Lebensweise einzig Ausdruck einer radikalen „Degeneration" sein. Direkt auf einen seefahrenden Nachkömmling Noahs, der zu den äußersten Enden der Erde verschlagen wurde, bezieht der englische Autor William Strachey in *The Historie of Travell into Virginia Britania* (1612) die Vorfahren der amerikanischen Indianer. Noah hatte bekanntlich drei Söhne Ham (Cham), Sem (Shem) und Japheth (Japhet).

Wie schon andere Autoren, besonders Lescarbot[21] vor ihm, wählt Strachey Ham als Vorfahr der Indianer, denn Ham und sein Sohn Kanaan waren von Noah verflucht und aus seiner Familie ausgestoßen worden. Das geschah aus mangelnder Ehrfurcht vor dem Vater. Ham hatte vor dessen Nacktheit nicht seine Augen bedeckt. Der Fluch in Genesis 9, 25 lautet: „Verflucht sei Kanaan! Knecht der Knechte sei er seinen Brüdern!“ Für Strachey ist evident, dass der outcast: „[...] Cham and his famely“ Weltenbummler und -reisende waren, „far travellers straglers into divers and unknowne countreys, searching, exploring, and sitting downe in the same.“[22] Ausgestoßen und verflucht und ohne Bindung an die Kultur seines Vaters werden der ruhelose Weltenwanderer Ham und sein Sohn Kanaan für Strachey zum Urgrund allen Verfalls und Abfalls von Gott:

> „[...] so great a misery [...] brought to mankind the unsatisfied wandering of that one man; for, first of him, the ignorance of the true worship of God tooke beginninge, the inventions of heathenisme, and adoration of false gods, and the devill.“[23]

Wie schon vor ihm Lescarbot erklärt auch Strachey den „barbarischen“ Zustand der Indianer – der Autor spricht von ihrer Ununterscheidbarkeit von 'brute beasts' – wie ihre pagane, kanaanitische Religion durch die doppelte Rebellion Hams: gegen den Vater und gegen die göttliche Ordnung. Als erste Grenzüberschreiter und Entdecker haben sich Ham und seine Familie auf die offene See und in ferne Länder gewagt, ganz im Gegensatz zu seinen gehorsamen Brüdern und deren Söhnen: „[...] it is said againe of the childrene of Sem and Japhet, how they, being taught by their elders, and content with their owne lymitts and confines, not travelling beyond them into new countries, as the other [...]“.[24] An dieser Stelle hat John Canup auf eine bedeutende, seiner Meinung nach unbewusste Dimension von Selbstspiegelung der englischen Kolonisten in Ham aufmerksam gemacht. Er führt aus:

> „The problem with Strachey's theory was that the Hamitic fate seemed to bear far too close a correspondence to the English colonists' own wayfaring habits. The Indians were not only part of 'the scattering of Noah his children and Nephewes, with their famelies (as little colonies) over the earth, but, as members of ‚the vagabond race of Cham', they had been among the only far Travellors, and Straglers into divers and unknown countries, searching, exploring and sitting downe in the same.“[25]

Die rhetorische Figur der „vagabond race“ erhält bei den Kolonisten noch mehrfache Bedeutung. Die ‚Indianer', die das Land nicht bebauen, keine festen Ansiedelungen haben und hauptsächlich von der Jagd leben, werden aufgrund ihrer mangelnden Sesshaftigkeit für unzivilisiert erklärt. Sie stehen für die Puritaner als umherziehendes Volk außerhalb der kulturellen

Ordnung. Andererseits erhält die Figur des ‚wandernden Volkes' oder des Volkes im Exodus in der religiösen Zuschreibung auf das Volk Israel für die Puritaner identifikatorische Bedeutung. Die Komplexität der Spiegelungen zwischen Puritanern und Israel einerseits und dem puritanischen Projekt und den Native Americans andererseits nimmt in dem Moment jedoch erheblich zu, als sich die Theorie durchzusetzen beginnt, dass die Indianer eigentlich vom Volk Israel abstammen. Freilich darf dabei nicht vergessen werden, dass im mittelalterlichen und neuzeitlichen Europa „hebrew ethnology was the best documented 'primitive' way of life people knew about and it was natural to use this knowledge to explicate the new territories they discovered"[26].

Die endzeitliche Rolle der Juden im millenaristischen timetable

In seiner enzyklopädischen Arbeit *Historicall Collections of the Indians in New England* gibt der „Indian superintendent in Massachusetts Bay"[27] Daniel Gookin 1674 eine Zusammenfassung der in seiner Zeit bereits dokumentier- und archivierbaren Theorien zum Ursprung der native americans:

> „First, some conceive that this people are of the race of the ten tribes of Israel that Salmanasser carried captive out of their own country, of which we read in II. King xviii, 9-12. and that God has, by some means or another, not yet discovered, brought to America ... Secondly, another apprehension is, that the original of these Americans is from the Tartars, or Scythians, that live in northeast parts of Asia, which some good geographers conceive is nearly joined unto the north west parts of America. [...] A third conjecture of the original of these Indians, is, that some of the tawny Moors of Africa have put off to sea, and been transported over [...] unto the south part of America, where the two continents of Africa and America are nearest."[28]

Hierin spielt die Annahme ihrer Abkunft von den verlorenen zehn Stämmen Israels, die Salmanasser verschleppt hatte, nur eine Rolle als Möglichkeit unter vielen. Für Gookin „there is nothing of certainity to be concluded"[29]. Das war 1674. Etwa 20 Jahre vorher zwischen 1640 und 1660 hätte er dieser Frage und ihrer eindeutigen Beantwortung eine weit größere Bedeutung beigemessen, denn in dieser Zeit, kurz nach dem Ende des Dreißigjährigen Krieges in Europa und während des Bürgerkriegs in

England, waren die englischen und neuenglischen Puritaner von millenaristischen Vorstellungen und Endzeitfieber ergriffen. Sie glaubten, dass Gott sich zuerst England und dann das 'virgin land' Amerika zur Realisierung eines diesseitigen und stark von den Prophezeiungen der Propheten bestimmten Millenniums ausgesucht habe. Ganz wie „Holy Herbert", der englische Poet und „church militant", in seinem berühmten Gedicht erklärt hat: „Religion stands on tiptoe in our land, Ready to pass to the American strand."[30]

In den Millenarismus der Puritaner flossen nicht allein alttestamentliche prophetische Quellen (Ezechiel 37,16; Jesaja 11,11–21; Jeremia 31,7), sondern auch die endzeitlichen Prophezeiungen des Paulus (so z.B. Römer 11,25) in erheblichem Maße ein. Darin wird den Juden und ihrer Konversion zum Christentum eine wichtige endzeitliche Rolle zugewiesen. Diese Vorhersagen wurden von den neuenglischen Puritanern in ihrer millenaristischen Typologie auf die eigene lokale und historische Wirklichkeit übertragen. Hinter der Frage nach den Heiden (‚Indianern') und ihrer Mission stand dabei von Anfang an die Frage der jüdischen Konversion als Vorbereitung des Millenniums. Denn, mit den Worten des Millenaristen Thomas Thorowgood: „From the Jewes our faith began,To the Gentiles then it ran, To the Jews return it shall, Before the dreadful end of all."[31]

The Lost Ten Tribes of Israel um 1650

Ohne die Konversion der Juden, so die Vorstellung der Millenaristen, konnte das „Reich Christi" nicht realisiert werden. Aber welche Rolle sollten dabei die neuenglischen Puritaner spielen, wenn sich die Mehrzahl der Juden in Europa im Orient befand? Die Rolle, die Neu-England bei der Herstellung des Millenniums einnehmen sollte, wurde zunehmend wichtiger, als sich um 1640 die Theorie von der hebräischen Abkunft der amerikanischen ‚Indianer' verbreitete.

Der Gedanke, dass die Native Americans Abkömmlinge der Ten Lost Tribes Israels seien, ist dabei nicht neu. Er kann bis ins 16. Jahrhundert nach Portugal und Spanien verfolgt werden.[32] Eigentlich politische Bedeutung erhielt der Diskurs jedoch erst durch die Verknüpfung von jüdisch-messianischen und christlich millenaristischen Hoffnungen. Abgesehen von den auf den Königsbüchern und Apokryphen (II. Esra, 13,40–50) basierenden Spekulationen über den Reiseweg der Ten Lost Tribes nach Amerika wurde 1644 in Amsterdam eine Begebenheit publik, welche letztendlich zur Aktualisierung der Theorie vom hebräischen Ursprung der Native Americans führte. Der Historiker Lee Eldridge Huddleston hat sie am ausführlichsten nacherzählt: 1644 traf ein portugiesischer Jude namens Antonio Montezinos (Aahron Levi) von einer Südamerikareise in Amsterdam ein und berichtete, dass er 1641 auf einer Reise durch Nuevo Granada (Süd-Ecuador) einen Indianer getroffen hatte, der ihm von einem „Heiligen Volk" erzählte, welches die Indianer einst beleidigt hätten und dass ein Sturm und die Spanische Invasion ihre Strafe gewesen seien. Damals habe Montezinos die Sache nicht weiter beachtet. Kurz darauf wurde er von der Inquisition gefangen genommen. Während einer seiner Gebete, in denen er Gott dankte, weder ein Barbar noch ein Indianer geworden zu sein, habe er plötzlich „Hebräer" für „Indianer" gesagt. Diesen Versprecher deutete er als ein Zeichen und suchte nach seiner Entlassung sofort den Indio wieder auf, der ihm zuerst von dem „Heiligen Volk" erzählt hatte. Als Montezinos diesem seine jüdische Identität offenbarte, war er bereit, ihn zu dem Volk in der Bergen zu führen. Dort angekommen, hörte und sah Montezinos Relikte hebräischer Sprache und Kulte. Auf seine Frage nach der Herkunft des Stammes bekam er folgende Antwort: „We are Hebrews of the tribe of Levi and Reuben, my God is Adonay, and all the rest is nothing but mistakes and deceites." Und auf die Frage nach den Ahnen wurde ihm gesagt: „They are called Abraham, Isaac, Jacob, Israel [...]"[33] Montezinos war nun endgültig sicher, dass er es mit Nachfahren der Ten Lost Tribes zu tun hatte.

Im Gegensatz zu allen bisher darüber in Spanien verbreiteten Spekulationen unterschied sich Montezinos' Erzählung durch sein Insistieren auf direkter Zeugenschaft. Sie wurde durch die Vermittlung von Menasseh ben Israel, einem gelehrten portugiesischen Juden und Rabbi, von Amsterdam aus, zum Anstoß für zwei Entwicklungen sowohl im europäischen als auch im neuenglischen Raum. Zuerst wurde Manasseh ben Israel von John Dury, einem schottischen Millenaristen und engen Berater Cromwells, aufgefordert, seine Version der Ten Lost Tribes Theorie aufzuschreiben. Das Ergebnis war Manasseh ben Israels Buch *The Hope of Israel*, das in dieser englischen Übersetzung 1650 auch Cromwell erreichte. Darin wurde die Bitte um Wiederzulassung der Juden in England mit millenaristischen Argumenten verstärkt. Manasseh ben Israels Buch *Spes Israelis – The Hope of Israel* – wurde in viele Sprachen übersetzt und verbreitete sich schnell in ganz Europa.[34] Der rabbinische Gelehrte folgte freilich eigenen jüdischen Interessen bei der Rekonstruktion der Ten Lost Tribes-Theorie. Ihm war wenig an Konversion zum Christentum, aber alles an der messianischen Erwartung gelegen, die nach jüdischer Überzeugung nur erfüllt werden kann, nachdem die Stämme Israels und Judas, die in alle Welt zerstreut worden waren, wieder vereint sind. Manasseh ben Israel bejahte daher vor allem das Auftauchen der Ten Lost Tribes in Amerika. Auch England selbst, so führte er seine Argumentation fort, konnte ein wichtiger Ort vor dem Erscheinen des Messias sein, der erst auftreten könne, wenn die Juden in „die Enden der Erde“ wie es in Jesaja 11,12 steht, zerstreut worden seien. Im mittelalterlichen Jüdisch, so Manasseh bedeutete das Wort ‚Angle-terre‘ ‚das Ende der Erde‘, daher war es notwendig, die Juden in England wieder zuzulassen, wollte man den messianisch-millenaristischen Timetable erfüllen.[35] In diesem Zusammenhang hatte die Schrift Manasseh ben Israels, die er übrigens direkt an das englische Parlament sandte, eine hoch politische Stoßrichtung. Wie besonders Peter Toon hervorhebt,[36] zielte sie vor allem auf die Wiederzulassung von Juden in England,[37] die von Edward I. 1290 ausgewiesen worden waren. Dieses Vorhaben unterstützten die puritanischen Kämpfer und Cromwell selbst. Ab 1656 begann man mit seiner langsamen Realisierung. Bemerkenswert für den hier diskutierten Zusammenhang ist die von Richard Popkin zuerst erforschte Parallelität der puritanischen und der jüdischen Geschichts- und Heilserwartungen, die sich im 17. Jahrhundert in großen Teilen Europas als „Jewish Messianism and Christian Millenarism“[38] treffen.

Millenaristische Ethnographie: Israel in America

Der Engländer Thomas Thorowgood hatte allerdings bereits 1640 unter Rückgriff auf die ethnographischen Vorarbeiten von Roger Williams in seinem Buch Juden in Amerika versucht, konkrete religiöse und kulturelle Ähnlichkeiten zwischen dem antiken Volk Israel und den Indianern Nordamerikas zu bestimmen. „[...] so the Jewes did Indianize, or the Indians doe Judaize, for surely they are a like in many, very many remarkable particulars, and if they bee Jewes, they must not for that be neglected.“[39] Zur Bestätigung der Ähnlichkeit zwischen Indianern und Juden gibt Thorowgood folgende Übereinstimmungen an: 1. Ähnliche Mythen, 2. Reinheitsgebote, 3. Beschneidung, 4. Tabu der Frauen während der Menstruation, 5. Trauer- und Totenrituale, 6. Verwandtschafts- und Stammessystem, 7. Überzeugung von der Unsterblichkeit der Seele, 8. Die Institution von Priestern und Propheten, 9. Glaube an Schöpfergott und göttliche Vorsehung, 10. Sprachähnlichkeiten. Thorowgoods Hauptaugenmerk liegt auf der Konversion der Indianer/Juden und damit auf ihrer Rolle im Timetable des Millenniums.

Durch Edward Winslow erfährt John Eliot, der engagierteste Missionar der Massachusetts-Bay und dort auch bekannt als der „Apostle to the Indians", von dem Traktat Thorowgoods und der Ten Lost Tribes-Theorie. Dieses Wissen, reichliche Spenden aus England und nicht zuletzt die Gründung der New England Missionary Society gab der Missionstätigkeit eine neue Dynamik. Ist Thorowgoods ethnographische Arbeit mehr der theologischen Konstruktion als der Beobachtung verpflichtet, so ist es besonders der Missionar John Eliot, der sich auf die Kultur und Sprache der Native Americans einlässt. Für ihn gilt die Abkunft der Indianer vom alten Israel als sicher, die konvertierten Indianer erscheinen als „a kind of first fruits of his (Sion's) new Creatures there"[40]. Eliot fördert die zivile Organisation seiner ‚praying towns' durch eine indianische Selbstverwaltung und übersetzt die Bibel in die Sprache der Wampanoag von Nantucket. Spätestens durch ihn kommt ein Moment von postmillenaristischem Fortschrittsglauben und die Vorstellung eines durch Erziehung und Bildung „Guten Wilden" in den Puritanismus Neu-Englands. An dem bereits 1636 mit Hebräisch als einer der Grundsprachen eröffneten College in Harvard[41] studierten auch konvertierte Native Americans. James Holstun betont die humanistische Dimension, aber auch die Grenzen des Eliotschen Indianerbildes:

> „The Indians (for him) are not anti-Christian and anticivil like popish Europe and prelatical England; they are pre-Christian and precivil. When organized into rational, scriptural polity, they, like More's Utopians, will undergo a rational conversion to Christianity."[42]

Gerade weil die Indianer nicht durch die katholische oder feudale Zivilisation „verdorben" sind, können sie vielleicht sogar eher „a regenerate millennial community" werden als die Puritaner selbst. So warnt Henry Whitfield in seinem Nachwort zu Eliots Traktat, dass diese Indianer „rise up in judgement against us and our children at the last day [...] and leave us in indian darkness"[43]. Um „holy jealousy" zu erzeugen, warnt schließlich Richard Mather die Puritaner, dass „God may transfer his favor from the English to the Indians".[44] In der kurzen Zeit zwischen 1640 und 1660 kann sich unter den postmillenaristisch erregten Puritanern Neu-Englands ein philosemitischer Grundzug mit dem Bild vom „Guten Wilden" verbinden. Das Neue und das Alte Israel scheinen sich in England und Amerika für einen Moment zu einem weltgeschichtlichen Heilsprojekt zu treffen. Doch, so Egal Friedman: „To the New England orthodox mind Jews were mere instruments to be employed for the salvation of the Christian soul, not autonomous human beings."[45]

Erwählungskonkurrenz

Tudor Parfitt[46] hat in seiner jüngst erschienenen vergleichenden Studie zur Rolle des Mythos von den zehn verlorenen Stämmen im europäischen Kolonialismus auf dessen Rolle als koloniales Stereotyp und auf die imaginierte Jewishness der Fremden als eine „essence of [the construction, Anm. d. Verf.] of 'otherness'"[47] hingewiesen. Bei den neuenglischen Puritanern spitzt sich diese Konstruktion des Eigenen am Anderen freilich auf radikale Weise zu. Denn all ihre Versuche, den Ursprung der Native Americans zu bestimmen, sind zugleich Versuche, ihre englische - und somit im Gegensatz zur „Wildnis" als zivilisiert definierte - Identität zu festigen sowie die religiöse, politische und nicht zuletzt ökonomische Mission in der wilderness abzusichern. Durch die Annahme der Theorie vom israelitischen Ursprung der Indianer und ihrer entscheidenden Rolle im millenaristischen Unternehmen der Puritaner entsteht nun eine bisher nicht da gewesene Abhängigkeit: Die Konversion der einen, das heißt der Fortschritt in der Missionierung, wird zugleich zur eigentlichen Bestätigung der Erwählung der anderen. Basiert doch die religiöse und soziale Identität der puritanischen Siedler auf der Annahme, das „Neue Erwählte Volk" und das „Neue Israel" zu sein. Wenn die Indianer nun die „fleischlichen" Repräsentanten des Alten Israel sind, dann ist jeder zum Christentum übergetretene Native American ein Beweis dafür, dass die Puritaner Gottes neue „Erwählte" sind.

Wie sonst in der christlichen Tradition in dieser Stärke kaum beobachtet, benötigten die Puritaner andererseits das Modell des Alten Israel und die israelitische Geschichte des Exodus, um ihre eigene Unternehmung, die Atlantiküberfahrt, die Existenz in der wilderness und die Gründung einer gesetzlich verfassten Gesellschaft zu bewältigen und mit Bedeutung zu versehen. Die Israel-Typologie erzeugte jedoch kein detailliertes Interesse an den gegenwärtigen Juden:

> „By relegating the Jewish people to a mythical past, one which served no other purpose but to direct attention to a Christian future, the typolocical mind robbed the living Jews their ancient roots, their unique history, and their meaningful existence. To some New England Puritans the Jewish past did not exist except insofar as it provided Christendem with a mirror for its own time."[48]

Wie aus einem vielstimmigen Chor heraus hören wir aus puritanischen Traktaten und Predigten in Neu-England immer wieder den Grundton, dass die puritanische Gemeinschaft die eigentliche Erbin auch des Sinaibundes sei, „a covenanted people". Ihre Leiter werden als amerikanischer Mose oder als Nehemia Americanus tituliert.[49] Peter Bulkeley zitiert die berühmte Rede, die John Winthrop an Bord der Arbella hielt und verdichtet in seinem *Gospel Covenant* (1651) die Rhetorik der Erwählung und Bewährung:

> „We are a city set upon a hill, in the open view of all earth; the eyes of the world are upon us because we profess ourselves to be a people in covenant with God […] ja! Let us study to walk, that this may be our excellence and dignity among the nations of the world, among whom we live: That they may be constrained to say of us 'Only this people is wise, and holy and blessed people', that all that see us and know that the name of the Lord is called upon us, and that we are the seed which the Lord hath blessed."[50]

Die doppelgängerhafte Nähe, die zum Alten Israel hergestellt wird, scheint neben philosemitischen Idealisierungen auch Bruderkonkurrenz zu provozieren. In einem *election day sermon* wählte Samuel Wakeman deutliche Worte: „Jerusalem was, New England is; they were, you are God's own, God's covenant people; put but New Englands name instead of Jerusalem."[51]

Die Lost Ten Tribes-Theorie ist auch darum so attraktiv für die Puritaner, weil ihre nach Amerika mitgebrachte und durch die Parallelität der Exoduserfahrungen verdichtete Spiegelung im Volk Israel nun plötzlich real wird. Gleichzeitig birgt sie Gefahren, verblieben doch die zehn verlorenen Stämme, die Jesus nie gekannt hatten, weiterhin in der Nähe Gottes.

Aber, wie Frederic Copler Jaher argumentiert: „How could Christianity have displaced Judaism, how could America be 'God's country' and 'the promised land', if the jews were still closest to God and dreamt of returning to Israel?"[52]

Für eine gewisse Zeit eher postmillenaristischer Hoffnungen sah es jedoch so aus, als ob die Ten Lost Tribes-Theorie die Widersprüche zwischen christlicher und neuisraelitischer Identität ausgleichen könnte. Die innere Balance dieser „Jewish Christianity" (Popkin), blieb gleichwohl nur so lange gewahrt, wie die Puritaner in der erfolgreichen Indianermission beweisen konnten, dass sie das Recht hatten, das Neue Israel und der Hervorbringer des Millenniums zu sein.

Bereits die philosemitische Konzeption der ‚Indianer' als Nachfahren der verlorenen Stämme Israels entwirft die Drohung der ‚Degeneration', welche die puritanischen Wildnis-Diskurse durchzieht. In gewisser Weise bricht sich die typologische Identität der Puritaner insgesamt an der vorgefundenen Realität der Native Americans. Einerseits sind diese hervorragend an die Wildnis akkulturiert und man kann und muss, um zu überleben, viel von ihnen lernen und sich ihnen in gewisser Weise ähnlich machen.[53] Andererseits treten sie in den Predigten der Puritaner als ‚Barbaren', ja als ‚wilde Tiere', „Anhänger paganer Kulte" und „Teufelsanbeter" auf. Sind die Native Americans nun gleichzeitig die Nachfahren des Alten Israel, dann geben sie ganz reale Beispiele dafür ab, wie die amerikanische Wildnis ein Kulturvolk verändern kann. Bleiben sie also „verstockt" und wollen sie Jesus nicht als den Christus anerkennen, dann bleibt das ‚Alte Israel' bestehen, nimmt jedoch zugleich die Züge Judas und Kanaans an. Damit wird das Konzept der Puritaner, zugleich (die besseren) Juden und Christen zu sein, erschüttert. Ihre Ängste und Selbstzweifel erneuerten sich um so mehr, da sie sich bereits in „God's own country" befanden und dabei waren, an der Herstellung des Gottesreiches zu arbeiten. Mit den Rückfällen in der Missionierung, vermehrten Konflikten und kleineren Kriegen mit einigen Indianerstämmen und dem zunehmenden 'landrush' neuer Siedlergruppen und so genannter 'adventurer', nahm zugleich die alte Angst wieder zu, die Wildnis könne eine antimoralische und verführerische Wirkung auf die Siedler ausüben. Das Gespenst der 'Indianization' fand wieder vermehrt Eingang in die Predikten und Traktate. Dazu kamen innergesellschaftliche Probleme ökonomischer, politischer und religiöser Natur. In der gespannten Situation des ersten Generationenkonfliktes mit den in der Wildnis aufgewachsenen Jüngeren greift die führende Oligarchie von Massachusetts daher verstärkt auf prämillenaristisches Spaltungs- und Katastrophendenken und die damit verbundenen Motive des Antijudaismus[54] zurück. Das hatte bereits Thomas Thorowgood getan, als er das Schreckbild der ‚Degeneration' aufnahm. Ein Gedanke war, wie gesagt, für ihn dabei unumstößlich: „The Jewes did Indianize, the Indians doe Judaize, for surely they are alike in many, very many remarkable particulars."[55] Nachdem er einige Ähnlichkeiten zwischen ‚Indianern' und Juden genannt hat, kommt Thorowgood zu den erschreckenden Zeichen der ‚Degeneration' bei den Native Americans. Er sieht allerdings in der Verehrung von Idolen und in der Opferpraxis, insbesondere dem von ihm unterstellten Menschenopfer und speziell dem Kannibalismus – alles Stereotype des traditionel kolonialen Diskurses – auch Zeichen eines von Gott abgefallenen Israel. So gilt es für Thorowgood als erwiesen: „Jewes have been planted in that Western World, we shall soone find the acomplishment of that Prophecie from Heaven, for there be Caniballs and Maneaters in great multitudes [...]."[56] Ganz im Sinne des älteren christlichen Antijudaismus fährt er dann in Bezug auf die

Kardinalsünden der Juden, für die jetzt ihre indianischen Nachkommen leiden müssen, fort:

> „The Jewes were a very sinful people [...] Their rejection of the Messiah [...] Their fatall and most grievious crime was the denyall of the Holy one, and the just, with desire that a murderer should be given them [...] The Indians were and are transcendent sufferers."[57]

Die in den Jeremiaden angesichts zunehmender Grenzstreitigkeiten, sozia-ler Spannungen und Generationenkonflikte immer stärker werdende Rhetorik der ‚Verwilderung' und der ‚Degeneration' im Inneren der puritanischen Gemeinschaft selbst, bedient sich freilich ebenso der alten Schreckbilder des ‚barbarischen Wilden' und des von Gott abgefallenen und gegen Jesus verstockten ‚Juden'. In den Predigten der Väter ist die „present generation" immer von profanen, das heißt von Profit- und Landinteressen getrieben und folgt in der Gründung von „frontier communities" dem ‚Ruf der Wildnis'. So wettert noch Increase Mather 1679: „[...] they have lived like Heathen, without Sabbaths, without the word of Prayer, which are moral duties. [...] People are ready to run wild into the woods again [...]!"[58] Wie sehr die Wildnisrhetorik zur Darstellung und Verzerrung sozialer Konflikte herangezogen wird, zeigt besonders Mathers Klage über den Verlust von „Autorität" und „Ordnung" in der Kolonie: „As to the Generality of householders, Family Government is lost & gone; Servants do not fear their Masters, Children do not honour their Parents, in that respect the English are become like into the Indians."[59] Auch Urian Oates bedient sich in seiner Predigt *New England Pleaded with* (1673) der Israel-Typologie. Als er schließlich auf die politischen Kräfte zu sprechen kommt, die eine Demokratisierung der Gemeinschaft und vor allem die Trennung von Staat und Kirche einklagen, werden diese Rebellen – und das vor allem ist symptomatisch – mit den „Juden" gleichgesetzt, die gegen Jesus Christus ‚aufbegehrten'. Es folgt eine mächtige Drohung, denn: „Contempt of our Lord Jesus Christ and his Messengers, and putting away the Gospel, brought unparalled Calamities upon the Jews."[60]

Satans Land

Spätestens mit dem endgültigen Zusammenbruch der friedlichen Koexistenz zwischen Siedlern und Indianerstämmen in Neu-England, dem Scheitern einer erweiterten Indianermission und dem Ausbruch des großen Indianerkrieges 1675 verlor die postmillenaristisch codierte Ten Lost Tribes-Theorie endgültig an Popularität. Sie wich einer älteren Vorstellung, die das „wilde" und „primitive" Volk der Tartaren oder Skythen zum Ursprung der Native Americans erklärte. Damit griffen die Puritaner jedoch zugleich auf eine lange bereitliegende dämonisierende und antijudaistische Variante der Lost Ten Tribes-Theorie zurück, die diese mit den „wilden Horden" der Tartaren, ja als Kinder Satans oder als Gog und Magog darstellten.[61] Für die Puritaner wurde so jede nur denkbare Verwandtschaft zwischen dem Neuen Israel und den Native Americans ausgelöscht. Gleichzeitig sollte die Degenerationsdrohung gemildert werden, denn bei einem eindeutig barbarischen Ursprung der Native Americans war die Unabhängigkeit des eigenen Heilsprojektes gesichert. Als Satans Gefangene und seine Anhänger haben sich die Native Americans nun zum eindeutigen Gegner der ‚Erwählten Christi' verwandelt. Im Schreck- und Wahnbild Satans, ebenso wie in denen der wilden Horden von Gog und Magog, die als Figuren im kolonialen und antijuadistischen Diskurs seit langem bereitlagen, mischt sich besonders während des King Philip's War in Neu-England antisemitische Tradition mit kolonialer Mythenbildung.

Heute setzt sich immer mehr die Auffassung durch, dass „millenaristisches Gedankengut eine ebenso große Rolle bei der Gründung der USA spielte wie die Theorien der Aufklärung und ihre klassischen Ideale"[62]. So hatte Ernest Lee Tuveson bereits 1968 in seinem grundlegenden Buch *Redeemer Nation. The Idea of America's Millennial Role* herausgearbeitet, dass die säkulare Fortschrittsidee zwar vom Aufschwung von Naturwissenschaft und Technik getragen wurde, sich aber auch aus postmillenaristischen Quellen speist. Er schreibt: „And in fact the idea that progress is the ‚law' of history, that it is ordained, was religious before it was secular."[63] Die bekannte Blumenbergsche These vom absolut Neuen der Neuzeit aus dem Buch *Die Legitimität der Neuzeit*[64] vergisst, wenn sie die Vorstellung eines gesetzmäßigen Fortschreitens in der Geschichte als genuin aufklärerisch bestimmt, die millenaristische jüdisch-christliche Tradition neben der der ‚gewaltsamen Heilserwartung' der Apokalyptik. Dennoch haben die „weltlichen Heilserwartungen auf ein *novus ordo seclorum*, die seit der Revolution in unzähligen Varianten in den USA aufgetaucht sind", so der Politologe Manfred Henningsen, „die religiösen Hoffnungen auf eine prämillenaristische d.h. mit dem Ende der Geschichte verbundene Wiederkehr Christi nicht zum Schweigen gebracht"[65]. Selbst in der größten fortschrittsoptimistischen Euphorie und nicht zuletzt angesichts des vermehrten Elends mitten in der voranschreitenden Industrialisierung blieb ein Rest apokalyptischer Angst und Gewaltbereitschaft bestehen.

Dieses Potential konnte und kann in Krisenzeiten und bei ökonomischer oder politischer Verunsicherung neu aufgerufen werden und sich gegen die bürgerlich-kapitalistische Kultur individueller Freiheit, gegen eine säkulare Wissenschaft und nicht zuletzt gegen eine religionstolerante amerikanische Bundesregierung fundamentalistisch formulieren. Oder – wie verstärkt nach dem 11. September 2001 – gar mithilfe einer Rhetorik der Angst und Abschreckung die demokratischen Prinzipien der Regierung selbst aushöhlen. Auf diese Weise ist die puritanische Erbschaft und die millenaristische Tradition in ihrer ganzen Ambivalenz gerade heute wieder relevant. Auch die Vorstellung, das „wahre erwählte Volk" und das „Neue Israel" oder gar die fleischlichen Nachkommen der „zehn verlorenen Stämme Israels" zu sein, setzt sich nicht nur in der demokratischen 'civil religion' oder im philosemitischen Selbstkonzept der Mormonen fort, sondern kann als ideologischer Hintergrund von rechtsgerichteten gewaltbereiten Gruppierungen wie den eingangs erwähnten antisemitischen 'Aryan Nations' aber auch für Kriegseinsätze einer prämillenaristisch argumentierenden ehemaligen US-Regierung, wie Hans Kippenberg zuletzt demonstriert hat, immer wieder funktionalisiert werden.

Anmerkungen

* Der vorliegende Text ist Teil eines work in progress. Er stellt eine um neuere Forschungsergebnisse und quellenhistorische Lektüren erweiterte, überarbeitete und aktualisierte Fassung eines Aufsatzes dar, der 2003 unter dem Titel: New Israelin der Neuen Welt und der Ursprung der ‚Indianer'. Zur millenaristischen Ethnographie des frühen amerikanischen Puritanismus, in: Faber, Richard/Palmer, Gesine (Hg.): Der Protestantismus. Ideologie, Konfession oder Kultur?, Würzburg 2003, S. 255–270, erschienen ist.

1 Vgl. den Beitrag von Hans Hillerbrand im vorliegendem Band.

2 Hebraism meint etymologisch eigentlich den Gebrauch oder die Besonderheiten der hebräischen Sprache. Im 17. und 18. Jahrhundert entdeckten die englischen und neuenglischen Puritaner die hebräische Bibel, die Vergangenheit des Volkes Israel und damit auch die hebräische Sprache für sich neu. Neuenglische Puritaner gaben ihren Kindern hebräische Name, übersetzen Bücher der Bibel neu und entwickelten einen regelrechten Kult um das Hebräische. „In Massachusetts Bay the Puritan founders of Harvard College insisted that all graduates master the Hebrew language." Egal, Feldman: Dual Destinies. The Jewish Encounter with Protestant America, Urbana and Chicago 1990, S. 16.

3 Trevor-Roper, Hugh: Europe's Brief Flood Tide of Philo-Semitism, in: *Horizon* II/4 (1960), S. 100–103.

4 Katz, David S.: Philo-Semitism and the Readmission of the Jews to England 1603–1655, Oxford 1982; Popkin, H. Richard (Hg.): Millenarianism and Messianism in English Literarture and Thought 1650–1800, Leiden/New York/Köln 1988.

5 Vgl. Brunotte, Ulrike: Puritanismus und Pioniergeist. Die Faszination der Wildnis im frühen Neu-England, Berlin/New York 2000; Katz, David S.: Israel in America: The Wanderings of the Lost Then Tribes from Mikveigh Yisrael to Timothy Mc Veigh, in: Bernardini, Paolo/Fiering, Norman (Hg.): The Jews and the Expansion of Europe to the West, 1400–1800, Providence 2001, S. 107–122.

6 Der erste Text, der solches entwickelt, wurde 1649 von John Sadler publiziert. Vgl. Katz, David S./Popkin, Richard H.: Messianic Revolution. Radical Religious Politics to the End of the Second Millennium, New York 1999.

7 Vgl. ebd.

8 „Declaration of Independence" der so genannten Aryan Nations, zitiert aus dem Internettext von 1998, in: http://www.adl.org/presrele/neosk_82/aryan_nations_82.html.

9 Kippenberg, Hans G.: Gewalt als Gottesdienst. Religionskriege im Zeitalter der Globalisierung, München 2008.

10 Prämillenaristisch ausgerichtete millenaristische Grupierungen erwarten den „Endkampf" zwischen den Armeen Satans und denen Christi vor der Herstellung des Gottesreiches und arbeiten z. T. aktiv, d. h. durch Gewalttaten und Anschläge an seinem Beginn.

11 Vgl. Prätorius, Rainer: In God We Trust. Religion und Politik in den USA, München 2003.

12 Hofstadter, Richard: The Paranoid Style in American Politics, Chicago 1976.

13 Yaakov, Ariel: In the Shadow of the Millenium. American Fundamentalists and the Jewish People, in: Wood, Diana (Hg.): Christianity and Judaism. Papers Read at the 1991 Summer Meeting and 1992 Winter Meeting of the Ecclesiastical History Society, Oxford 1992, S. 435–450.

14 Skinner, Quentin: The Foundation of Modern Political Thought, 2 Bde, Cambridge u.a. 1978; Walzer, Michael: The Revolution of the Saints. A Study in the Origins of Radical Politics, Cambrigde, Mass. 1965; ders.: Exodus und Revolution, Berlin 1988; Tuveson, Ernest Lee: Redeemer Nation. The Idea of America's Millenial Role, Chicago/London 1968.

15 Philbrick, Nathaniel: Mayflower. A Story of Courage, Community and War, New York 2007; Raeithel, Gert: Geschichte der Nordamerikanischen Kultur, Bd. 1: Vom Puritanismus bis zum Bürgerkrieg (1600–1860), Frankfurt a. M. 2002.

16 Vgl. der Titel des berühmten Essays von Perry Miller, der wiederum auf puritanischen Selbstdeutungen und Predigten basiert. Perry Miller: Errand into the Wilderness, Cambridge Mass. 1956.

17 Vgl. die ausführlichen Untersuchungen zu den Wildniskonzepten und zu den religionspolitischen Experimenten der frühen puritanischen Siedler bei: Brunotte: Puritanismus, [wie Anm. 5].

18 Zu den nicht abreißenden Debatten um die aus dem Matthäusevangelium stammenden Metapher der 'city upon a hill' als Kernaussage der heilsgeschichtlichen Selbstdeutung des puritanischen Experiments vgl. Brunotte: Puritanismus, [wie Anm. 5].

19 Williams, Roger: A Key to the Language of America, zuerst London 1643, Teunissen, John J./Hinz, Evelyn J. (Hg.), Detroit 1973, S. 172.

20 Ebd., S. 175.

21 Vgl. Huddleston, Lee Eldridge: Origins of the American Indians. European Concepts 1492–1729, Austin/London 1967, S. 113.

22 Strachey, William: The Historie of Travell into Virginia Britania (1612), The Haklyt Society London 1849, S. 45.

23 Ebd., S. 46.

24 Ebd.
25 Canup, John: Out of the Wilderness. The Emergence of an American Identity in Colonial New England, Middletown, Conn. 1990, S. 66.
26 Parfitt, Tudor: The Lost Ten Tribes of Israel. The History of a Myth, London 2002, S. 24.
27 Cogley, Richard W.: John Eliot and the origins of the American Indians, Early American Literature, vol. 21, number 3, winter 1986/87, S. 210–225, S. 210.
28 Gookin, Daniel: Historical Collections of the Indians in New-England, (Cambridge 1674), reprinted 1806, in: Collections of the Massachusetts Historical Society, vol. I, Cap. I Several Conjectures of their Original, S. 144–146.
29 Ebd., S. 147.
30 Ebd., S. 20.
31 Thorowgood, Thomas: Jewes in America, London 1650, S. 23. Darin auch das lateinische Original: Capit ab his, defetur ad hos, referetur ad illos nostra fides, erunt sub mundi fine fedeles. Raimundus Lullus.
32 Obwohl die Lost Ten Tribes-Hypothese erst im 17. Jahrhundert eine bedeutende politische Rolle spielte, lässt sich ihre Entstehung ins 16. Jahrhundert und zwar nach Portugal und Spanien zurückverfolgen. Vgl. Huddleston: Origins, [wie Anm. 21], besonders S. 33–47.
33 The Relation of Master Antonie Monterinos, translated out of the French Copie sent by Manasseh ben Israel, in: Thorowgood, Thomas: Jewes in America, London 1650; beide Zitate S. 131.
34 Vgl. die ausführliche Darstellung bei Huddleston: Origins, [wie Anm. 21], S. 129ff.
35 Ebd., S. 132.
36 Toon, Peter: The Question of Jewish Immigration, in: ders. (Hg.): Puritans, the Millennium and the Future of Israel: Puritan Eschatology 1600 to 1660, London 2002.
37 Vgl. zu diesem Thema besonders Katz: Philo-Semitism and the Readmission, [wie Anm. 3], besonders S. 115–125.
38 Popkin, Richard H.: Jewish Messianism and Christian Millenarism, in: Zagorin, Perez (Hg.): Culture and Politics from Puritanism to the Enlightenment, Berkley/Los Angeles 1980, S. 67–90.
39 Thorowgood: Jewes in America, [wie Anm. 31], S. a 3.
40 Eliot, John: A Late and Further Manifestation of the Progress of the Gospel in New England, London 1655 mit einem Vorwort von Josph Caryl, Originalausgabe der John Carter Brown Library, S. 2f.
41 Vgl. zum puritanisch-neuenglischen Hebärismus und zur Gründung Harvards: Feldman, Egal: Dual Destinies. The Jewish Encounter with Protestant America, Urbana/Chicago 1990, S. 16–22.
42 Ebd., S. 115.
43 Zitat nach Holstun, James: A Rational Millennium. Puritan Utopias of Seventeeth-Century England and America, New York/Oxford 1978, S. 115.
44 Ebd.
45 Feldman: Dual Destinies, [wie Anm. 41], S. 20.
46 Parfitt: The Lost Ten Tribes of Israel, [wie Anm. 26], S. 21.
47 Ebd.
48 Huddleston: Origins, [wie Anm. 21], S. 132.
49 Vgl. Brunotte: Puritanismus, [wie Anm. 5]
50 Bulkeley, Peter: Gospel Covenant or the Covenent of Grace openend (1651), zitiert nach Feldman: Dual Destinies, [wie Anm. 41], S. 18.
51 Wakeman, Samuel zitiert nach: Hertzberg, Arthur: The Jews in America. Four Centuries of an Uneasy Encounter, New York u.a. 1989, S. 33.

52 Jaher, Frederic Copler: A Scapegoat in the New Wilderness. The Origins and Rise of Anti-Semitism in America, Cambridge, Mass./London 1994, S. 7.
53 Vgl. dazu zuletzt Philbrick: Mayflower, [wie Anm. 15].
54 Zum frühchristlichen Antijudaismus und seinem Weiterwirken siehe besonders Pagels, Elaine: Satans Ursprung, Berlin 1996; Mc Ginn, Bernhard: Antichrist. Two Thousand Years of the Human Fascination with Evil, San Francisco 1996.
55 Thorowgood: Jewes in America, [wie Anm. 31], S. a 3.
56 Ebd., S. 18.
57 Ebd., S. 26.
58 Mather, Increase: A Call from Heaven to the present and succeeding generations, darin: A Discourse concerning the Danger of Apostasy, Boston 1679, zit. aus der Originalausgabe der John Carter Brown Library, S. 75.
59 Ebd., S. 91.
60 Oakes, Urian: New England pleaded with, Boston 1673, zit. aus der Originalfassung, John Carter Brown Library; S. 60.
61 Vgl. die umfassende Rekonstruktion des Mythos von den verlorenen zehn Stämmen Israels bei Parfitt: The Lost Ten Tribes, [wie Anm. 26].
62 Thompson, Damian: Das Ende der Zeiten. Apokalyptik und Jahrtausendwende, Hildesheim 1997, S. 133.
63 Tuveson: Redeemer Nation, [wie Anm. 14], S. 39.
64 Blumenberg, Hans: Die Legitimität der Neuzeit, Frankfurt a. M. 1996.
65 Zitiert nach Thompson: Das Ende der Zeiten, [wie Anm. 62], S. 133, Anm. 46.

András Kovács

Philosemitism as Resolution of Cognitive Dissonance? The case of post-Communist Hungary

"Philosemites are anti-Semites who like Jews", said the German philosopher Ernst Bloch, thereby aphoristically expressing the suspicion which usually arises almost whenever philosemitism is present.[1] This suspicion is, however, frequently groundless. The typology developed in the literature on philosemitism proves that positive attitudes towards Jewish religion, sympathy toward and support for "Jewish" matters, personal sympathy for and solidarity with Jews, cathartic identification with the victim and many other attitudes do not necessarily mean a remorseful compensation of suppressed prejudice. Philosemitism does not necessarily express compensation of anti-Jewish attitudes even if it is not associated with positive emotions, with personal sympathy towards Jews, but it occurs as consequence of a Weltanschauung or a political ideology, like in the case of the liberals fighting for the emancipation of the Jews, or that of the social-democrats combating anti-Semitism or some militantly pro-Zionist evangelical denominations. In order to differentiate between these two types of philosemitism Wolfram Kinzig introduced the concepts of "primary" and "secondary" philosemitism, referring to the difference „ob man das Judentum um seiner selbst willen hochschätzt oder ob sich das Eintreten für das Judentum als Folge gewisser anderer Prämissen ergibt"[2].

If we investigate, however, those cases in which discrepancy or tension occurs between primary and secondary philosemitic attitudes we face a situation in which Bloch's aphorism may prove to be true. The most well known form of this phenomenon is latency. Researchers analyzing latent prejudice proved that individuals being prone to prejudice but following ideas or ideologies which principally reject prejudicial stances tend to suppress – fully, or at least publicly – their own prejudices, and to publicly support inverse, in our case, philosemitic views. In his essay on anti-Semitism, the Hungarian political thinker, István Bibó writes about the "severely moral" type who smothers his spontaneous anti-Semitism under the pressure of moral imperatives[3]. In *The Authoritarian Personality* Adorno and his colleagues identified the same phenomenon. On the 'F' scale they observed a "rigid low scorer" type, a "...syndrome... in which the absence of prejudice, instead of being based on concrete experience and integrated within the personality, is derived from general, external, ideological patterns”[4]. Concordant with the above findings the research on anti-Semitic prejudices I carried out in 1995 in Hungary demonstrated that latent anti-Semitism was most widespread among the members of the left. The latency-sensitivity of left-wing anti-Semites is a clear consequence of the fact that anti-Semitism has become, over the years, a right-wing identity code, while the left has developed its own identity in juxtaposition to this code.

The conflict between personal attitude and ideological conviction can be dissolved not only by latency. The other way to dissolve this cognitive dissonance is to adapt personal attitudes toward Jews to public norms. This is the mechanism Bloch and others were hinting at. If public norms are “philosemitic” and the person ready to yield to them is anti-Semitic, then adaptation often takes the form of overcompensation: strident support of philosemitic views in public. The relation towards Jews has a paramount importance for this person. While s/he believes that attitudes toward Jews play a decisive role in positioning someone in the social and political order, at the same time s/he realizes the illegitimacy of his/her personal views. Due to this disturbing contradiction tension between his/her views and the external norms s/he reacts with extreme conformism, and displays extreme identification with the perceived public norms in order to express symbolically his/her will to be accepted as “normal” in the social world. Analyzing this phenomenon Zygmunt Bauman speaks of allosemitism. Essentially, Bauman places in this category any instance where the Jews appear “as the Significant Other”, that is, when there is “the practice of setting the Jews apart as people radically different from all the others, needing separate concepts to describe and comprehend them and special treatment in all or most social intercourse”[5]. Allosemitism does not mean hatred of Jews or a special liking for Jews. “‘Allosemitism’ [...] contains the seeds of both [hatred and love for Jews], and assures that whichever of the two appears, is intense and extreme.”[6] For this reason, an allotic relationship towards Jews can easily change its form, with philosemitism turning into anti-Semitism or the reverse.

After World War II, in those countries with direct responsibility for the persecution of the Jews – above all Germany, but also Hungary – this mechanism played an important role for those members of the society who had been well integrated in the society before and after the war; they had to find new ways of social integration.

Frank Stern’s research on (West) German philosemitism demonstrated how, during the post-war decades, philosemitism – and the relationship to Jews as significant Others contributed greatly to the creation of a new democratic Germany. Stern describes it in detail that in post-war Germany the formerly rather hostile attitudes toward Jews seemed to change radically – at least in the public communication. In post-war West Germany, surveys regularly identified a group of respondents – between 6 and 10 percent of the survey sample – that were characterized by outspoken philosemitic attitudes.[7] Nevertheless in the course of a study carried out in Frankfurt by Friedrich Pollock, researchers placed philosemitic respondents in the group between the non-anti-Semites and anti-Semites, because they concluded, on the basis of personal interviews, that philosemitic responses express compensation for anti-Semitic stereotypes.[8] Stern revealed how this philosemitism had several functions in German society at the time: first, it offered a psychological escape route to those seeking to compensate for their anti-Semitic prejudices (which they had openly professed during the Nazi era); second, it expressed an intention to detach oneself from the past, to accommodate the new circumstances and to join the new moral order of the post-war era. To declare that one was not anti-Semitic amounted to giving one's support to the new Germany. By expressing support for the victims, people hoped to enjoy the benefits which, so they believed, the former victims would enjoy under the new system. Those arguing that the Jews were people like anyone else, sought to camouflage themselves in the cloak of humanism. As time passed, such philosemitism became a "language" or a habit, which served to express the relationship between the old and new Germany, but had little to do with real sentiments and attitudes towards Jews.[9] The term allotism seems to be highly adequate for interpreting this change which led to the emergence of a scale of philosemitism ranging from sincere and profound catharsis through remorse to the compensation of hidden or suppressed anti-Semitic feelings.

In Hungary, however, events took a different turn. Although the first two post-war years saw several symbolic gestures where responsibility for the persecution of the Jews was admitted (for instance, several Protestant church leaders publicly acknowledged their collective responsibility, and statements admitting responsibility were also made in the Hungarian Parliament on the repeal of the anti-Jewish laws), nevertheless in general the public debate was dominated by attempts to pass the buck and – after 1946 – by the tension caused by re-emerging anti-Semitism. In his classic study, István Bibó characterized public declarations on the "Jewish question" as follows:

> "Official, semi-official, voluntary and ethical bodies made various statements on this issue, the content of which had two basic elements: first,

> an expression of the disdain felt by the majority of Hungarians for the awful deeds carried out by the Germans and their henchmen and how the best of Hungarians had done their utmost to prevent these deeds; second, criticism of the re-emerging anti-Semitism and a reminder that it should be opposed by all means."[10]

In Bibó's view, both elements served to evade the issue of responsibility, but in doing so, they were also suitable for preventing the appearance of philosemitism, whether motivated by catharsis or displacement. In post-war Hungary, philosemitic statements tended to be made in the context of foreign policy: firstly, as part of a strategy at the post-war peace negotiations to attain the most favorable conditions; secondly, in connection with Zionism and the establishment of a Jewish state – not unrelated to the Soviet Union's position at the time and linked with efforts to secure the rights of the Hungarian minorities in the neighboring countries. After the communist take-over (1949), however, such voices were forcefully silenced, and the issue was removed from the public agenda until the collapse of communism in 1989, suddenly re-emerging after 1990 in almost the same form as in post-war Germany.

After 1990, in the post-transition years, well-known philosemitic topoi could be heard in many places and debates: above all, the contribution made by Jews to the modernization of the country, the assimilation efforts and patriotism of Jews, the Hungarian Jewish Noble Prize holders who brought credit to the country, the contribution of Jewish writers, artists, philanthropists to Hungarian cultural life, the role of Jewish intellectuals in the 1956 revolution, and – in a far less articulate fashion – the contribution of Jews living in the country (through their business acumen and contacts) to the economic development of the country and its efforts to catch up with the West. The question arises: Have these statements manifested an allotic relationship towards the Jews? What is the connection between publicly expressed philosemitic stereotypes and the simultaneous appearance of anti-Semitism? Obviously, if philosemitism and anti-Semitic prejudice are exhibited by the same person or social group, this indicates the existence of an allotic relationship towards Jews. Can be empirically proved that this relationship between anti-Semitic and philosemitic views really exists in contemporary Hungary?

In order to answer these questions in the summer of 2006, during a survey on anti-Jewish prejudice and historical memory, I included on the questionnaire several questions aimed at revealing philosemitic opinions and attitudes.[11]

Philosemitic attitudes were measured using three questions. Two of the questions were designed to reveal the opinions of respondents, while the third measured their emotional distance from Jews. As Table 1 shows, 14–42 percent of respondents gave philosemitic responses to the first two questions. Meanwhile, 32 percent of respondents liked Jews while 29 percent disliked them (see Figure 1).

Table 1: Philosemitic attitudes *(percentage of respondents; N = 1009)*

	Completely disagree	Disagree	Both agree and disagree	Agree	Completely agree
Hungarian Jews have greatly contributed to the country's success	7	11	40	30	12
A country can only benefit from having a large Jewish population	17	20	49	10	4

Figure 1: Sympathy and antipathy towards Jews *("Do you like Jews?" 1 = do not like them at all – 9 = like them a lot; as percentage; average: 5.02)*

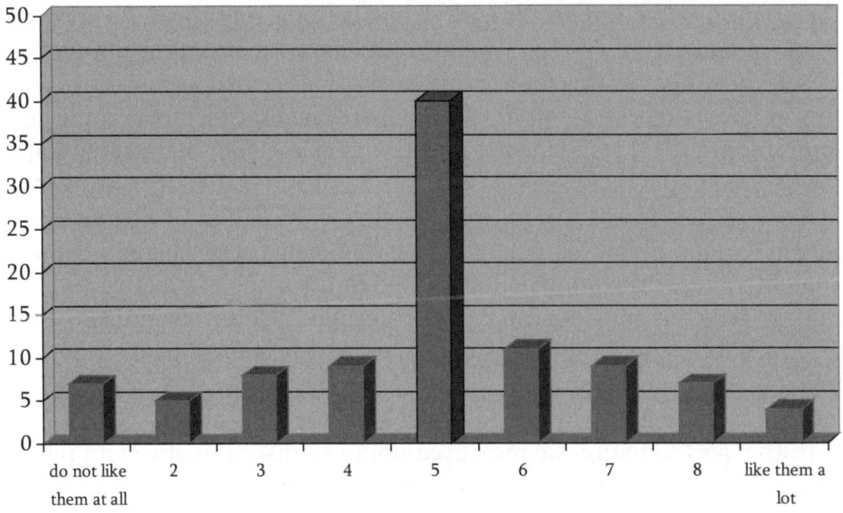

As the next step in the analysis, we constructed a single indicator, a "philosemitism factor" from the three questions indicating philosemitism.[12] In what follows, the group we consider as philosemites comprise the 40 percent of respondents who achieved the highest score on this indicator (N = 380; 30 % of the total sample).

First of all, we examined which groups were overrepresented among supporters of philosemitic opinions. As far as the demographic and social indicators were concerned, it seemed such groups were women, university graduates, and people with higher social status. People aged 60 or over were overrepresented in the group, too, while people aged 18–29 were below average. All this shows that philosemitic attitudes are characteristic of older and higher social status groups. People belonging to the group had grown up and attended school under the communist regime and their attitudes towards Jews and opinions about them had thus been influenced by the mood of an era that was still close to the years of persecution but which had considered discussion of Jewish issues and anti-Semitism as neither important nor desirable.

Our attempt to draw up a political and attitude profile for the group had an interesting result: it showed that a significant part of the group belonged to a part of society that had accommodated the communist regime while at the same time maintaining a certain detachment. Former members of the HSWP (Hungarian Socialist Workers Party, i. e. the Communist Party) and current left-wing and liberal voters were overrepresented among the philosemites, as were also religious people. The non-religious tended to be found among the non-philosemites. Xenophobes were underrepresented in the group, as were also people with strong national sentiment. As previous research had identified these two attitudes as the most important predictors for hostility towards Jews,[13] this correlation seemed logical. In view of this, we were surprised to find that eight percent of the members of the philosemitic group (31 respondents) agreed with at least four of the seven statements used in the survey to measure anti-Semitism.[14] If, in turn, instead of examining the ratio of respondents agreeing with *all* the anti-Semitic statements, we look at how many agreed with statements of *various* anti-Semitic content – those expressing political anti-Semitism, discriminative anti-Semitism, religious anti-Judaism, and the so-called new anti-Semitism – then we find both higher proportions and an extremely interesting distribution. What kind of anti-Semitism is hiding under the philosemitic surface? Did we find here the group Ernst Bloch had been speaking about?

In the questionnaire, we measured political, discriminative and religious anti-Semitism by using two questions for each (see note 14). Very few "philosemitic" respondents accepted statements expressing discriminative anti-Semitism and religious anti-Judaism (31 and 50 respondents), while a somewhat greater number agreed with statements expressing the "new anti-Semitism" (65 respondents). A surprisingly large proportion (110 respondents), however, supported statements expressing political anti-Semitism.[15] This figure differed significantly from that for the total population: thus, political anti-Semites were three times more numerous than discriminative anti-Semites among the philosemites, whereas they were about twice as common in the total population. It seems that a significant proportion of those who support philosemitic opinions are not averse to simultaneously professing anti-Semitic views – at least at the political level. Who are this people?

On average, this specific philosemitic group has a high social status; it is a socially well-integrated group in which men are overrepresented. Members of the group tend to have high incomes and live in well-appointed homes. They have an above-average interest in politics, and left-wing voters are overrepresented in the group. The group has characteristics that were generally exhibited by the anti-Semites' group in the sample: mistrust of social norms and political distrust – that is, anomie. The group's outlook on life is moderately conservative, but it is not characterized by nationalism and xenophobia.

Members of the group – most of them at any rate – have a rather odd relationship towards Jews. As we have noted, they were classified as philosemites because they thought that any country – including Hungary – would benefit from having Jewish citizens. Their personal feelings about Jews are also positive. A greater than average proportion of members of the group think that the memory of the Holocaust should be preserved. They do not think that Jews are disloyal to the country in which they live: they tend to reject rather than accept that "Jews living here are more loyal to Israel than to this country." On the other hand, members of the group consider Jews to be a powerful and cohesive group: many of them agree that Jews control the economy, politics, the media, and cultural life – and even US politics. A surprisingly large number accept anti-Judaic statements (e.g. 27 percent agree that "the suffering of the Jews was divine punishment"), even though they are not particularly religious. As far as the Middle Eastern conflict is concerned, they tend to sympathize with Israel, which they consider to be a "more progressive" country than the Arab states. At the same time, however, many of them think that the Jewish state acts against the Palestinians in the same manner as the Nazis acted against the Jews. Responding to questions concerning responsibility for the persecution of the Jews and the crimes of communism, members of the group tended to acknowledge rather than dispute the responsibility of Hungarian institutions and citizens. Strikingly, however, they were more likely than other respondents in the sample to regard external factors such as the Soviet Union, the United States, and – in the case of communism – the Jews themselves as responsible for the deeds of the two dictatorships.

These data assist in elaborating the internal structure of the whole philosemitic group. Indeed, two subgroups can be distinguished. The first subgroup (71 %) whose members do not support anti-Semitic views typically comprises over 50 year-olds with higher social status and exhibiting left-wing and liberal attitudes and political views; their attitudes towards Jews and their opinions are overwhelmingly positive. Within this subgroup, age seems to have contributed to the development of philosemitic attitudes – younger age groups of similar composition and type (highly qualified, high social status, left-wing and liberal) are typically non-anti-Semitic; nor, however, are they characterized by strong philosemitism. The higher age could mean that in this subgroup the historical memory of the persecution of the Jews is stronger and the tension felt over the failure to address this historical issue in the post-war decades is higher than in the younger age groups. There is a clearly recognizable tendency to stereotype in the group but the philosophical and political orientation of the group is conducive to philosemitic stereotyping: positions concerning Jews and the "Jewish question" still bears symbolic significance in Hungary in the choice between the left-wing and liberal political camp and the national-conservative camp. Thus, in the case of this group clear indicators of a "secondary philosemitism" is to be observed.

Whereas the first subgroup of philosemites evidently does not support anti-Semitic views, in the second subgroup – as we have seen – philosemitic and anti-Semitic views co-exist. Such an apparent contradiction is not an unknown phenomenon, as we have seen it on the German example. But the mechanisms identified and analyzed by Frank Stern operated differently in Hungary. In the communist system, philosemitism could not perform the symbolic function in expressing the relationship between the old and the new regime, as it had done in West Germany. Where, however, philosemitic stereotypes and anti-Semitic prejudice co-exist, one may assume the operation of similar mechanisms to those in Germany.

> "The economic anti-Jewish stereotype was transformed into a somewhat peculiar hope: namely that Jews in particular, on the basis of their special economic gifts or their access to 'international Jewish capital'

might make a contribution to German economic recovery and thus help to spur German reconstruction over the longer term."[16]

The old stereotype about the cosmopolitan and international networks of Jews functioned in the same way: after the war, many hoped that those Jews who resettled in Germany and the survivors who remained in the country would mediate the interests of the country to the occupying powers. It is correct to suppose that in Hungary, in cases where philosemitic statements were coupled with anti-Semitic prejudice, similar associations were operating in the minds of respondents, since the two philosemitic statements on the questionnaire *("Hungarian Jews have greatly contributed to Hungary's achievements"; "A country can only benefit from having a large Jewish population")* were perfectly suited to expressing affirmatively these well-established stereotypes. At the same time, it turned out that these philosemites regard the Jews as a powerful and cohesive group that pursues its interests forcefully and sometimes ruthlessly – but with potential benefits for the country in which they live. Concerning this combination of attitudes, the conclusion will be similar to what Stern has said about philosemitism in post-war Germany: "Covert anti-Semitism and overt philosemitism were often two sides of a single coin."[17]

Philosemitism in modern Hungary thus has two typical manifestations or versions. In the first version, an inclination to stereotype is placed within a framework by the (unprocessed) memory of the persecution of Jews, a left-wing/liberal worldview, and an acceptance of the philosemitic (or at least anti-anti-Semitic) consensus of norms in the public realm. In such a context, the expression of attitudes relating to Jews is well served by the clichés which arose during the era of assimilation and are still fostered by both Jews and non-Jews concerning the beneficial role of Jews and their contribution to the country.

In the other group of philosemites, traditional anti-Semitic prejudices are clearly present, however, together with the feeling of their public illegitimacy caused by the memory of the persecutions and by the perception of the anti-anti-Semitic social consensus. In order to resolve this tension the prejudice had to be recontextualised: the Jews are seen as a competing outgroup which, despite of its unpleasant characteristics, has not deserved the sufferings it had to bear, and, what is more, in the present situation its presence and activity is useful for the country. It is obvious that the opinions and attitudes expressed by these philosemites can be accommodated – sometimes without any modification or contradiction – to an openly anti-Semitic context. Therefore this form of philosemitism is doubtless allotic and extremely fragile.

Anmerkungen

1 Cited in: Levenson, Alan T.: Between Philosemitism and Anti-Semitism: Defense of Jews and Judaism in Germany, 1871–1932, Lincoln 2004, S. 147.

2 See Wolfram Kinzig in this volume.

3 Bibó, István: A zsidókérdés Magyarországon 1944 után (The Jewish Question in Hungary after 1944), in: Bibó, István: Válogatott tanulmányok, Bd. 2, 1986 S. 702–703.

4 Adorno, Theodor W. u.a.: The Authoritarian Personality. Norton Library, New York 1969, S. 771–772.

5 Bauman, Zygmunt: Allosemitism: Premodern, Modern, Postmodern", in: Modernity, Culture and 'the Jew', B. Cheyette/L. Marcus (Hg.), Stanford 1998, S. 143.

6 Ebd.

7 Research carried out by the Allensbach Institute in August 1949 and December 1952 identified six percent and seven percent of respondents in the samples as philosemitic. (See E. Noelle/E.P. Neumann (Hg.): Jahrbuch der öffentlichen Meinung 1947–1955, Allensbach 1956, S. 1128; cited in Stern, Frank: The Whitewashing of the Yellow Badge. Anti-Semitism and Philosemitism in Postwar Germany, Oxford u.a. 1992, S. 257; Research carried out in 1950 by the Institut für Sozialforschung in Frankfurt (which was under the direction of Max Horkheimer and Theodor W. Adorno) produced 121 in-depth interviews, identifying ten percent of respondents as "Judeophiles" (see Pollock, Friedrich: Gruppenexperiment. Ein Studienbericht, Frankfurt 1955. Cited in: Stern: The Whitewashing of the Yellow Badge, [wie Anm. 7], S. 257–258).

8 See Pollock: Gruppenexperiment, [wie Anm. 7]; cited by Stern: The Whitewashing of the Yellow Badge, [wie Anm. 7].

9 For more information on this topic, see Stern, Frank: Entstehung, Bedeutung und Funktion des Philosemitismus in Westdeutschland nach 1945, in: Bergmann, Werner/Erb, Rainer (Hg.): Antisemitismus in der politischen Kultur nach 1945, Opladen 1990, S. 191.

10 Bibó, István: Zsidókérdés Magyarországon 1944 után [The Jewish Question in Hungary after 1944], in: Bibó, István: Válogatott tanulmányok, Bd. 2, Magvető Könyvkiadó, Budapest 1986, S. 623.

11 The survey was carried out under the auspices of the Holocaust Programme of the Faculty of Psychology and Education of ELTE University, Budapest. The research was assisted by a grant from the National Research and Development Programme. The survey was conducted by the Median Public Opinion and Market Research Institute based on a sample of 1.200 respondents, which was representative of the Hungarian adult population in terms of sex, age, place of residence and education. I wish to express my gratitude to Endre Hann and Timea Venczel for their assistance during the research. Szilvia Balassa helped to process the data.

12 The factor was established as a principal component. The principal component explains 49.9 percent of the full variance. Eigenvalue: 1.497; the factor load of the various items were: sympathy/antisympathy thermometer: .546; the role of Jews in Hungary: .749; Jewish beneficial effects: .798.

13 See Kovács, András: A kéznél lévő idegen. Antiszemita előítéletek a mai Magyarországon [Stranger at hand. Anti-Semitic Prejudices in Contemporary Hungary], Budapest 2005, S. 166–168.

14 We measured anti-Semitic prejudice by means of the following statements:
Political anti-Semitism: "Intellectuals of Jewish descent control the media and culture"; "Jews cooperate secretly to control politics and economics"; *Discriminative*

anti-Semitism: "It would be best if the Jews would emigrate from the country"; "The number of Jews should be restricted in certain professional fields"; *Religious anti-Judaism*: "The crucifixion of Jesus Christ is the unforgivable sin of the Jews"; "The suffering of the Jews was divine punishment"; In addition, the scale included the following statement: "Jews are more inclined than others to use dishonest means to achieve their goals". We measured "*new anti-Semitism*" using the following statements: "Jews living here are more loyal to Israel than to this country"; "Israel's political system is more progressive than that of the Arab states which are hostile to Israel"; "Israel is fighting a just war of self-defence against hostile attackers"; "What Israel is doing to the Palestinians is the same as what the Nazis did to the Jews"; "Influential Jews run American politics".

15 We placed in this group those philosemites that agreed with both statements measuring political anti-Semitism, as well as those that agreed with only one of the statements but who were placed in the upper 20 percentile on the factor measuring philosemitism, i. e. those who were the most philosemitic.

16 Stern: The Whitewashing of the Yellow Badge, [wie Anm. 7], S. 396.

17 Ebd. S. 429.

Christina Späti

Schuldgefühle und Israelbegeisterung: Philosemitismus in der schweizerischen Linken nach 1945

Nach 1945 zeigte sich in der gemäßigten schweizerischen Linken, das heißt in sozialdemokratischen und gewerkschaftlichen sowie religiös-sozialen Kreisen, eine spezifische Ausprägung des Philosemitismus, die in dieser Form nur zwischen den 1950er und 1970er-Jahren die Haltung der Linken in der Schweiz gegenüber dem israelischen Staat bestimmte. Geprägt war dieser Philosemitismus zum einen von diffusen Schuldgefühlen gegenüber Juden als Folge der Schoa und, zumindest teilweise, des Verhaltens der Schweiz gegenüber den von den Nationalsozialisten verfolgten Juden. Zum anderen spielte eine euphorische und idealisierende Begeisterung für den israelischen Staat als jüdischen Staat eine wichtige Rolle. Zwar war schon in der Zwischenkriegszeit die gemäßigte Linke in der Schweiz die verlässlichste Bündnispartnerin für jüdische Anliegen gewesen. Die Motivation des damaligen Engagements gründete jedoch in erster Linie auf der Gleichbehandlung aller Staatsbürger, weshalb nicht von Philosemitismus im engeren Sinn gesprochen werden kann. Der Philosemitismus nach 1945 hingegen richtete sich spezifisch an Juden als Juden, nämlich als Opfer der Schoa einerseits und Einwohner Israels andererseits.

Damit war dieser Philosemitismus jedoch auch zeitgebunden. Die Koppelung der Erinnerung an die Schoa mit der Existenz des israelischen Staates durchlief in den 1970er-Jahren einen wichtigen Wandel. Zudem nahm die neue Generation von Linken Israel gegenüber eine deutlich kritischere Haltung ein, was nicht zuletzt auch durch Ereignisse im Nahen Osten und Veränderungen innerhalb Israels ausgelöst wurde.

In diesem Beitrag skizziere ich Äußerungen und Motive des linken Philosemitismus in der Nachkriegszeit und die Gründe für seinen Niedergang ab den 1970er-Jahren. Zu diesem Zweck erfolgt zunächst eine kurze Übersicht über die Gruppen und Organisationen der gemäßigten Linken in der Schweiz. Anschließend an eine allgemeine Bestimmung des Philosemitismus im Europa der Nachkriegszeit erläutere ich die Ausprägungen und Gründe für den Philosemitismus in der Schweiz. In einem weiteren Abschnitt werden die Abkehr vom Philosemitismus in den späten 1970er-

Jahren und die Gründe dafür beschrieben, bevor im Fazit die Frage aufgeworfen wird, ob sich in der schweizerischen Linken ein Wandel vom Philosemitismus zum Antisemitismus beobachten lässt.

Die gemäßigte Linke in der Schweiz nach 1945

Der hier zu untersuchende Philosemitismus nach 1945 war in erster Linie in der Sozialdemokratie, bei den Gewerkschaften, im religiösen Sozialismus sowie in der pazifistischen Bewegung zu finden. Während die Sozialdemokratische Partei und die Gewerkschaften bedeutende politische Akteure darstellen, handelt es sich bei den religiös-sozialen und pazifistischen Bewegungen um kleine Gruppierungen mit wenigen Tausend Anhängern.

Die Geschichte der 1888 gegründeten Sozialdemokratischen Partei der Schweiz (SPS) in der Nachkriegszeit ist von ihrer zunehmenden Integration ins politische System geprägt. Den Höhepunkt dieses seit den 1930er-Jahren zu beobachtenden Prozesses stellte die sozialdemokratische Regierungsbeteiligung mit zwei von sieben Bundesräten ab 1959 dar. Durch die Einbindung in die Konkordanzdemokratie und die damit verbundene Aufgabe traditioneller sozialdemokratischer Werte wie Klassenkampf und Antimilitarismus verlor die Partei indessen in den 1960er-Jahren an Profil. Verstärkt wurde diese Tendenz dadurch, dass den Sozialdemokraten in diesen Jahren ihre traditionelle Wählerbasis, die Arbeiterschaft, zunehmend abhanden kam.[1] Ihre Wähleranteile sanken nach 1945 von knapp 30 Prozent auf unter 20 Prozent am Ende der 1980er-Jahre.[2]

Mit dem Aufkommen der Neuen Linken 1968 und in den Jahren danach erwuchs der SPS eine Konkurrenz von links.[3] Dies führte einerseits zu vorübergehenden Verlusten an Wählerstimmen für die Sozialdemokraten, andererseits brachte die spätere Integration von Teilen der Neuen Linken neue Themen wie die Gleichberechtigung der Geschlechter und Umweltschutz in die Partei. Als sich infolge der Rezession in den 1970er-Jahren die sozialen Gegensätze wiederum verschärften, kehrte „ein Hauch von Klassenkampfgeist“[4] in die Partei zurück. Die SPS versuchte sich nun in der Verteidigung der Grundrechte und der Sozialwerke, aber auch im Bereich der Ökologie zu profilieren.[5] Ab Mitte der 1980er-Jahre setzte sich innerhalb der Partei zunehmend eine Mitteposition durch, die sich an der Realpolitik orientierte und auf grundsätzliche Gesellschaftsentwürfe verzichtete.[6]

Einen ähnlichen Prozess durchliefen im gleichen Zeitraum die Gewerkschaften, deren Arbeit sich als Folge der anhaltend guten Konjunktur während der 1960er-Jahre verändert hatte. Die Löhne stiegen auch ohne große gewerkschaftliche Anstrengungen. Dies führte dazu, dass die Gewerkschaften Schwierigkeiten bekamen, ihre Tätigkeit gegenüber den Arbeitnehmern zu legitimieren.[7] Auch war ihr Gewicht in den politischen Entscheidungsprozessen gesunken, so dass sie nur noch in der Sozialpolitik eine eigenständige Rolle einzunehmen vermochten. Mit dem Konjunktureinbruch in den 1970er-Jahren änderte sich dies. Die Gewerkschaften setzten wieder vermehrt auf Streiks, zudem versuchten sie nun stärker über die Mittel der direkten Demokratie Einfluss auf die Politik zu üben. Insgesamt erfolgte aber die strukturelle Anpassung der Gewerkschaften an den wirtschaftlichen und politischen Wandel mit Verzögerung. Bis in die späten 1980er-Jahre galten die Gewerkschaften als der rechte Flügel der SPS. Zwischen 1960 und 2000 veränderte sich der Organisationsgrad kaum: Rund 30 Prozent der Arbeitnehmerschaft war gewerkschaftlich organisiert.[8]

Die Religiös-Sozialen sind am linken Rand der Sozialdemokratischen Partei anzusiedeln.[9] Sie bildeten zunächst eine lose Bewegung um die 1906 gegründete Zeitschrift *Neue Wege*. Eine prägende Rolle als Vordenker spielte der protestantische Pfarrer Leonhard Ragaz (1868–1945). Wichtig für das religiös-soziale Verständnis war die Kritik an der bestehenden Kirche, weil sie sich zuwenig für politische und soziale Belange einsetzte. Stattdessen forderten die Religiös-Sozialen den Einsatz für den „Willen Gottes in der Welt“, worunter sie vor allem die Beschäftigung mit der sozialen Frage und zugunsten des Friedens verstanden. Entsprechend fühlten sie sich der sozialistischen Bewegung nahe.

1933 kam es mit der Gründung der Religiös-sozialen Vereinigung zu einer Institutionalisierung der zuvor losen Bewegung. Nach dem Tod von Leonhard Ragaz erfolgte indessen 1950 eine Spaltung, die sich am Verhältnis zur UdSSR festmachen ließ. Während die eine Richtung, die fortan die *Neuen Wege* als Publikationsorgan benutzte, der Sowjetunion gegenüber positiv eingestellt war, übte die Neue religiös-soziale Vereinigung mit der Zeitschrift *Der Aufbau* scharfe Kritik am Sowjetkommunismus. Auch wenn die Religiös-Sozialen zwischen 1920 und 1950 innerhalb des schweizerischen Protestantismus ein gewisses Gewicht besassen, so blieb ihr gesamtgesellschaftlicher Einfluss klein.

Eine nicht zu unterschätzende Rolle spielten sie indessen in der Flüchtlingspolitik während der 1930er- und 1940er-Jahre und in ihrem Engagement zugunsten des Judentums in dieser Zeit. Im Gegensatz zu anderen protestantischen Strömungen verbanden sie dieses nicht mit einem Missionsanspruch gegenüber den Juden.[10] Ähnliches ist für das stark von Gertrud Kurz geprägte Kreuzritter-Hilfswerk zu sagen, aus dem 1947 der pazifistisch ausgerichtete Christliche Friedensdienst (CFD) hervorging.[11] Beide Gruppierungen fühlten eine tiefe Verbundenheit mit dem Judentum, die auch nach Kriegsende anhielt und sich bis in die 1970er-Jahre in einer starken Solidarisierung mit dem israelischen Staat ausdrückte.[12]

Ausprägungen des Philosemitismus nach 1945

Der Philosemitismus bildete einen Aspekt der wesentlichen Veränderungen, die das Bild, das man sich in den westlichen Gesellschaften von Jüdinnen und Juden machte, nach 1945 erfuhr. Erstens hatte die mit dem „Zivilisationsbruch Auschwitz"[13] verbundene Stigmatisierung der Judenfeindschaft nicht zu ihrem Verschwinden geführt, aber zu einer Tabuisierung, zu einem „Antisemitismus ohne Antisemiten". Die Vorurteile gegenüber Juden bestanden zwar weiter, durften aber nicht mehr öffentlich geäußert werden beziehungsweise wurden sanktioniert.[14] Zweitens kamen nach 1945 mit der Erinnerung an die Schoa und der Gründung des israelischen Staates neue Themenbereiche in die öffentliche Diskussion, in denen sich antisemitische Tendenzen manifestierten.[15]

Als dritte Veränderung, die nach dem Ende des Nationalsozialismus das Bild von Juden prägte, ist ein spezifischer, mit der Erinnerung an die Schoa eng verknüpfter und als Reaktion darauf entstandener Philosemitismus zu nennen.[16] In der Bundesrepublik Deutschland diente dieser Post-Holocaust-Philosemitismus dazu, die geistige und politische Krise, in der sich Deutschland in den Jahren nach dem Zweiten Weltkrieg befand, zu überwinden. Nach Frank Stern handelte es sich bei der Metamorphose des Verhältnisses zu Juden und Judentum vom Antisemitismus zum Philosemitismus nicht primär um eine Reaktion auf die individuellen und kollektiven Erfahrungen im Nationalsozialismus, sondern sie sei vielmehr „Bestandteil der neuen sozialökonomischen, politischen und geistig-kulturellen Rahmenbedingungen sowie der Erfahrungen im gesellschaftlichen Alltag"[17] gewesen. Konkret äußerte sich dieser Philosemitismus darin, dass ehemals negative Stereotype zu positiven Stereotypen umgedeutet wurden, indem in verallgemeinernder Art und Weise zunehmend alles Jüdische positiv bewertet worden sei.[18]

In Ländern wie der Schweiz oder Österreich hingegen nahm der Philosemitismus eine etwas andere Funktion ein. Er war einerseits geprägt von diffusen Schuldgefühlen gegenüber Juden als Folge der Schoa und zum Teil des Verhaltens der europäischen Staaten gegenüber den von den Nationalsozialisten verfolgten Juden. So stellt etwa Margit Reiter in ihrer Studie über die österreichische Linke fest, dass viele linke Israelfreunde ihr Engagement für den jüdischen Staat als eine Art der „verspäteten ‚Wiedergutmachung'" verstanden hätten. Damit äußerte sich ein „stellvertretender Philosemitismus", der sich in einer bedingungslosen Solidarität mit Israel anstelle der Thematisierung der österreichischen Mitschuld an den nationalsozialistischen Verbrechen manifestierte.[19]

Zum anderen spielte eine euphorische und idealisierende Begeisterung für den israelischen Staat als jüdischen Staat eine wichtige Rolle.[20] Der sich darin ausdrückende Philosemitismus verschob das Zielobjekt von „den Juden" auf „die Israelis", was zu einer weitgehenden Vermischung der beiden Gruppen führte. Dies wirkte in dem Moment, wo „die Israelis" im Nahen Osten sich als „Täter" und nicht mehr als „Opfer" gerierten, wiederum negativ auf „die Juden" zurück.[21] Ein zweiter problematischer Aspekt dieses Philosemitismus bestand darin, dass er überaus idealisierte und stereotype Bilder von Israel produzierte, die nur selten mit der israelischen Realität übereinstimmten und oft die Kehrseite von herkömmlichen antisemitischen Feindbildern bildeten. Diese positiven Bilder verwandelten sich im Laufe der Zeit, als Israel ihnen offensichtlich nicht mehr entsprach, oftmals in ihr genaues Gegenteil.[22]

Daher stellt sich trotz den unterschiedlichen Motivationen für eine philosemitische Haltung nach 1945 in jedem Fall die Frage nach der Nähe von Philosemitismus zum traditionellen Antisemitismus. In der Forschungsliteratur ist verschiedentlich darauf hingewiesen worden, dass es bei beiden Phänomenen in erster Linie darum gehe, Juden als von allen anderen Menschen grundsätzlich verschieden darzustellen.[23] Die Zuordnungen des Antisemitismus würden folglich durch den Philosemitismus nicht verändert, es findet nach Klaus Holz lediglich eine Umwertung statt: Zum einen werden antisemitische Zuschreibungen positiv umgedeutet, zum anderen werden Juden mit den (positiven) Eigenschaften der „Wir-Gruppe" versehen.[24] Damit wird – zumindest vorübergehend – eine Identifikation mit „den" Juden ermöglicht. Im Falle des sich Israel gegenüber ausdrückenden Philosemitismus der schweizerischen Linken umfasste diese Identifikation zwei Bereiche: zum einen die – von der Linken so empfundene – sozialistische Ausrichtung des israelischen Staates als Vorbild und praktische Umsetzung linker Schweizer Forderungen, zum anderen der Vergleich Israels als kleinem, demokratischem Staat mit der Schweiz.

Positionen der Linken gegenüber Palästina und dem Zionismus vor 1948

Wie in anderen Ländern war die Einstellung der Schweizer Sozialdemokratie und der Gewerkschaften zum Zionismus vor der israelischen Staatsgründung gespalten.[25] Zum einen stießen die Bemühungen der Zionisten, in Palästina mit dem Aufbau von Kibbuzim und der Histadrut sozialistische Ideale zu verwirklichen, auf Faszination und Bewunderung.[26] Zum anderen war aber auch Skepsis gegenüber dem Zionismus als nationalistischer Ideologie vorhanden. Diese Vertreter der Sozialdemokratie betonten, dass die Lösung der antisemitischen „Judenfrage" nicht im Aufbau eines jüdischen Nationalstaates, sondern in der Überwindung des Kapitalismus und der damit einhergehenden sozialen und politischen Gleichberechtigung der Juden in den jeweiligen Gesellschaften liege.[27] Angesichts der NS-Judenverfolgung wurde diese Position insofern relativiert, indem auf die Notwendigkeit einer Lösung für die jüdischen Flüchtlinge verwiesen wurde. So konnte der Etablierung eines jüdischen Staates, wie er von den Zionisten propagiert wurde, zumindest im Sinne einer Übergangslösung zugestimmt werden, wenn auch die längerfristige Lösung in der Verwirklichung einer sozialistischen Gesellschaft gesehen wurde.[28]

Auch die Religiös-Sozialen lehnten die Idee eines jüdischen Nationalismus ab. Dieser sei ein Widerspruch in sich selber, „weil eben die Juden kein Volk sind ‚wie die andern Völker', sondern ein Religionsvolk [...]". Als solches stehe es über den anderen Völkern und diene diesen als Vorbild.[29] Der Vordenker der religiös-sozialen Bewegung in der Schweiz, der 1945 verstorbene Leonhard Ragaz, war dem Zionismus als jüdischem Nationalismus stets skeptisch gegenüber gestanden. Zwar befürwortete er 1921 in einer Schrift die Idee einer Heimstätte für Juden in Palästina.[30] Den politischen Zionismus hingegen lehnte er ab und interessierte sich vielmehr für ein ideelles „Zion", in dem die „Gerechtigkeit Gottes" umgesetzt werden könnte.[31] Der „Judenstaat", wie ihn sich Herzl und die anderen Zionisten erträumten, so schrieb Ragaz 1929, sei nicht die Bestimmung des jüdischen Volkes. Statt nationale Größe und Macht zu suchen, sei es seine Aufgabe, Gottes Willen, „und das heißt: das Reich seiner *Gerechtigkeit*, in der Völkerwelt zu vertreten".[32]

Die Skepsis gegenüber einem jüdischen Nationalismus zeigte sich noch 1948 anlässlich der israelischen Staatsgründung, als sich ein Kommentator im sozialdemokratischen Zürcher *Volksrecht* fragte, ob der Weg, den „das seltsame Volk der Juden" basierend auf dem Nationalitätenprinzip seit Ende des 19. Jahrhunderts genommen habe, der richtige gewesen sei. Dabei hob er die Schweiz als positives Gegenbeispiel hervor, indem er anfügte:

„Wir Schweizer tun uns doch mit Recht etwas darauf zugute, dass unsere Geschichte beweist, wie wenig zwingend die vermeintlichen Eigengesetzlichkeiten des Nationalen eigentlich sind. Gemeinsamkeit der Sprache, des kulturellen Herkommens oder gar der Haar- und Augenfarbe sind noch längst nicht die letzten und bindendsten Gemeinsamkeiten, die es gibt."[33]

Philosemitismus aus Israelbegeisterung

Bald nach der israelischen Staatsgründung stieß die sozialistische Ausrichtung des Staates auf großes Interesse der Sozialdemokraten wie auch der Gewerkschafter. Aufgrund ihrer antikommunistischen Ausrichtung änderte sich daran auch nichts, als ab den 1950er-Jahren die israelisch-sowjetischen Beziehungen abkühlten und sich Israel mehr und mehr an die USA anlehnte.[34] Auch die in der Zwischenkriegszeit noch stark umstrittene Frage, ob die Juden überhaupt ein Volk seien und ob ein jüdischer Nationalismus zu unterstützen sei, wurde nun kaum mehr diskutiert. 1950 postulierte ein Artikel in der sozialdemokratischen *Roten Revue*: „Die Frage, ob man die Juden überhaupt als Volk betrachten könne [...] wurde durch die Entwicklung des nationalen Bewusstseins bei den Juden und durch die Gründung des Staates endgültig geklärt."[35]

Die sozialistische Bewegung in Israel wurde als genuine Umsetzung eines wahren Sozialismus gesehen, im Gegensatz zu seiner Pervertierung in den Ländern des Ostblocks. 1970 schrieb etwa der damalige Chefredakteur der sozialdemokratischen *Zürcher AZ* und spätere Parteipräsident, Helmut Hubacher, in einem Artikel, Israel sei „das wohl sozialistischste Land weit und breit"[36]. Verschiedene Autoren verwiesen beispielsweise bei Vergleichen von sowjetischen Kolchosen und israelischen Kibbuzim darauf hin, dass im Gegensatz zu den Kolchosebewohnern jeder Kibbuznik frei sei, den Kibbuz zu verlassen.[37]

Auf besonderes Interesse stießen die verschiedenen landwirtschaftlichen Kollektive und die israelische Gewerkschaft Histadrut mit ihren vielfältigen politischen und sozialen Aufgaben wie Ausbildung, Krankenversicherung, Arbeitersport, Bauwirtschaft und so weiter. Zahlreiche Artikel in linken Zeitungen und Zeitschriften beschrieben, oftmals mit idealisierendem Impetus, die Funktionsweise der Kibbuzim oder den organisatorischen Aufbau der Histadrut. Viele dieser Berichte beruhten auf eigenen Erfahrungen, waren die Folge von Besuchen in Israel oder Kontakten mit israelischen Institutionen. Insbesondere die Gewerkschaften verfügten über enge Beziehungen mit der Histadrut. Sie organisierten zahlreiche gegenseitige Besuche für die Funktionäre und Israelreisen für Gewerkschaftsmitglieder. Über das Schweizerische Arbeiterhilfswerk unterstützte der Schweizerische Gewerkschaftsbund die Histadrut bis 1983 auch finanziell.[38]

Ebenfalls aufmerksam beobachtet wurde in der schweizerischen Linken die Rolle der Frauen in der israelischen Gesellschaft. Während im eigenen Land die Frauen noch nicht einmal über das Wahlrecht verfügten, war die Bewunderung für die erste Frau in der israelischen Regierung, Golda Meir, groß.[39] Ende September 1970 erschien beispielsweise in der sozialdemokratischen *Berner Tagwacht* ein Porträt von Golda Meir, in dem sie als tapfer, eine der profiliertesten Persönlichkeiten des 20. Jahrhunderts und als „Israels Mutter Courage" bezeichnet wurde, die selbst als Politikerin „dennoch Frau und Mutter" geblieben sei.[40] Besonders Frauen interessierten sich für die in ihren Augen moderne Rollenverteilung insbesondere in den Kibbuzim, die die Frauen „von ihren kleinen Kochtöpfen und dem ewigen Geschirrabwaschen befreit"[41].

Das gesellschaftliche Leben in Israel wurde häufig als ideal und für alle Sozialisten zu erstreben dargestellt. Im Kontext einer Beschreibung der Funktionsweise eines Kibbuz äußerte Mascha Oettli in der *Roten Revue*: „Ist ein solches Gemeinschaftsleben nicht das, was wir uns als Sozialisten oft erträumt haben?"[42] In diesem Artikel wurde auch immer wieder ein Vergleich zur Sozialdemokratischen Partei der Schweiz hergestellt. Diese solle sich ein Beispiel nehmen an der Vielfalt der sozialen und kulturellen Aktivitäten der sozialistischen Bewegung in Israel.[43] Ein anderes Mal verwies Chefredakteur Hubacher auf den Umstand, dass in Israel 92 Prozent des Bodens Gemeingut seien, und stellte dies in einen Gegensatz zur Schweiz, die dauernd „helvetischen Boden" an Ausländer verkaufe.[44]

Es war jedoch nicht nur der israelische Sozialismus, der den Schweizer Sozialdemokraten zur Identifikation mit dem jüdischen Staat diente. Regelmäßig wurde in den Partei- und Gewerkschaftsorganen dem Aufbauwerk, das der junge jüdische Staat geleistet habe, große Anerkennung gezollt. Weit verbreitet war der Topos von der Wüste, die die Israelis in Pionierarbeit zum Blühen gebracht hätten.[45] Dieser Umstand diente als wichtiges Argument für das uneingeschränkte Existenzrecht Israels. So hieß es beispielsweise in der *Gewerkschaftskorrespondenz*, Israel habe „durch den Aufbau eines modernen Staatswesens, seine Pionierarbeit in der Wüste, seine demokratische Organisation und seine kulturellen Leistungen längstens sein Recht bewiesen, als freie Nation bestehen zu können"[46]. Wie dieses Beispiel zeigt, galt den Sozialdemokraten und Gewerkschaftern der demokratische Aufbau Israels als weiterer Grund für sein Existenzrecht. Israels Demokratie wurde oft in einen Gegensatz gestellt zu den Diktaturen in den umliegenden Ländern, beispielsweise in Ägypten. So wurde in der *Berner Tagwacht* das Bild des kleinen, tapferen, freiheitsliebenden und demokratischen Israels beschworen, das sich gegen den übermächtigen Diktator Nasser wehren müsse.[47]

Überhaupt war der Topos von Israels Heldenmut und Tapferkeit vor allem zur Zeit des Sechstagekrieges in sozialdemokratischen und gewerkschaftlichen Zeitungen weit verbreitet. Geradezu enthusiastisch äußerte sich Eugen Hug im November 1967 in der *Schweizerischen Metall- und Uhrenarbeiter-Zeitung* nach einem Gegenschlag Israels auf die Ölraffinerien im Suez, nachdem Ägypten den israelischen Zerstörer „Eilath" versenkt hatte: „Die realistische und einmütige Haltung des israelischen Volkes ist für unsere Zeit einzigartig. Sie reicht an die höchsten Beispiele heroischer Verteidigung in der Geschichte heran."[48] Symbolträchtig ausgedrückt wurde die Vorstellung des kleinen und tapferen Israels, das sich gegen eine arabische Übermacht wehren müsse, mit dem Bild von David und Goliath.[49] In den Worten der *Gewerkschaftskorrespondenz* hieß es etwa in einer Beurteilung des Sechstagekriegs zum Verhältnis zwischen Israel und den arabischen Staaten: „Unwillkürlich drängt sich das Bild Davids auf, der den großmäuligen Goliath besiegte."[50]

Mit dem Hinweis auf die geringe Größe des israelischen Staates war für die Schweizer Sozialdemokraten eine weitere Identifikationsmöglichkeit gegeben.[51] Insbesondere im Kontext des Sechstagekriegs 1967 wurden Vergleiche zwischen dem israelischen und dem schweizerischen Staat gezogen und daraus eine Solidarisierung mit Israel abgeleitet, wie etwa bei folgendem Beispiel deutlich wird, als der Redakteur der *Tagwacht*, Kurt Schweizer, den Leserinnen und Lesern eine Geldspende zugunsten Israels Wiederaufbau nahe legte:

> „Denn Israel, als Kleinstaat, hat durch seinen mutigen Einsatz bewiesen, dass es in der heutigen Welt auch einem Kleinen möglich ist, sich zu behaupten. Dafür wollen wir alle, in Erinnerung an die Lage, in der sich die Schweiz von 1939 bis 1945 befunden hat, herzlich dankbar sein – und helfen."[52]

Die schwärmerische Israelbegeisterung wich in den 1970er-Jahren einer realistischeren Betrachtungsweise. Wenn sich bereits anlässlich des Jom-Kippur-Kriegs eine im Vergleich zum Sechstagekrieg Israel wesentlich kühler gegenüber stehende Berichterstattung in den linken Zeitungen breitmachte, so setze der israelische Machtwechsel von 1977 der Faszination über das sozialistische Projekt Israels ein endgültiges Ende. In vielen sozialdemokratischen und gewerkschaftlichen Zeitungen lässt sich nun ein deutlicher Rückgang des Interesses an Israel feststellen, und die neue Regierung unter Menachem Begin wurde bald heftig kritisiert.[53]

Philosemitismus aus Schuldgefühlen

Anders als im proisraelischen Philosemitismus, der aus der Faszination an den sozialistischen Experimenten und der Solidarisierung mit dem Kleinstaat Israel erwuchs, orientierte sich die zweite Ausprägung des Philosemitismus nach 1945 nicht in erster Linie an den Israelis, sondern an Juden allgemein, allerdings stets in Verbindung mit dem israelischen Staat.

Die Religiös-Sozialen verbanden ihr Verhältnis zu diesem Staat mit ganz besonderen Erwartungen an ihn als an den jüdischen Staat. Sie betrachteten den Zionismus als einen von Gott gut geheißenen Messianismus und sahen im Wiederaufbau Israels, wie sie die Staatsgründung Israels im Jahr 1948 deuteten, eine heilsgeschichtliche Bedeutung.[54] Entsprechend erwarteten sie viel vom israelischen Staat, nämlich nichts weniger als die Verwirklichung eines Reiches Gottes auf Erden. Aus ihrer Sicht war dies die Berufung und Sendung des jüdischen Volkes.[55] So meinte Hugo Kramer nach dem Sechstagekrieg in der religiös-sozialen Zeitschrift *Neue Wege*, Israel müsse nun aus dem Getriebe der internationalen Machtkämpfe herauskommen, und schrieb weiter:

> „Es muss sein Dasein auf Grundlagen aufbauen, die von denjenigen ‚der anderen Völker' verschieden sind, wie das seiner eigensten Sendung entspricht. Nicht militärische Rüstung oder auch der Sieg in einem neuen Krieg allein wird Israel erhalten und sichern, sondern geistige und damit auch ganz ‚realpolitische' Überlegenheit über seine Umwelt mit Verwirklichung eines Höchstmaßes von sozialer Gerechtigkeit auf seinem Boden."[56]

Den Antrieb für ihre philosemitische Einstellung gab für die Religiös-Sozialen die Überzeugung, dass die Christenheit eine besondere Verantwortung für die Juden trage, „denn unser Herr und Meister war jüdischer Herkunft"[57].

Solche heilsgeschichtlichen Erwartungen waren jedoch in dieser ausgeprägten Form nur im religiösen Sozialismus vorhanden, der indessen seine

Bedeutung in der Schweiz nach 1950 zunehmend einbüsste.[58] Motivationen für eine sehr positive Beurteilung Israels als jüdischem Staat konnten sich aber auch aus der Erinnerung an die Judenverfolgung und die Rolle, die die Schweiz zu dieser Zeit gegenüber NS-Deutschland und den jüdischen Flüchtlingen eingenommen hatte, ableiten.

Der Verweis auf die Judenverfolgungen war für viele Schweizer Linke ein wichtiger Grund für die Existenzberechtigung Israels und ihren eigenen Einsatz zugunsten der Verteidigung dieses Existenzrechts. Israel galt ihnen als das „Phänomen der Juden, die aus unermesslichem Leid unermessliche Kraft geschöpft haben"[59]. Der jüdische Staat sollte als Heimstätte für die Überlebenden der Judenverfolgung fungieren.[60]

Insbesondere anlässlich des Sechstagekrieges, als die meisten linken Kommentatoren das Überleben Israels gefährdet sahen, waren Verweise auf den Holocaust häufig. Praktisch in jedem etwas ausführlicheren Kommentar zur Situation Israels wurde eine Verbindung zur Schoa oder zu Judenverfolgungen im allgemeinen hergestellt und betont, wie wichtig die Fortdauer der Existenz eines jüdischen Staates sei.[61] Deutlich machte dies beispielsweise Chefredakteur Otto Hürlimann im sozialdemokratischen *Volksrecht*, wenn er auf den Mufti von Jerusalem rekurrierte, der zur Zeit des Nationalsozialismus Hitler bestürmt habe, die Vernichtung der Juden gründlich durchzuführen. Hürlimann kam zum Schluss:

> „Wenn *dieses* Arabertum siegen sollte, wenn die schwer errungene Heimstätte des jüdischen Volkes wieder verlorengehen sollte, so würde das heißen, dass Hitlers Testament in seinem wesentlichsten Punkte doch noch in Erfüllung ginge."[62]

Auch andere Kommentatoren setzten zum Zeitpunkt des Sechstagekriegs Nasser mit Hitler gleich und betonten damit die Notwendigkeit des Überlebens Israels in doppelter Weise: als Reaktion auf das damalige und das heutige Verhalten der Feinde der Juden.[63]

Eng an die Erinnerung an die Vergangenheit gekoppelt war die Vorstellung von „Schuld", die allerdings meist sehr breit gefächert und unspezifisch konnotiert war. Damit wurde die Schuld an den Verbrechen an den europäischen Juden und Jüdinnen nicht allein dem nationalsozialistischen Regime angelastet, sondern auf ganz Europa ausgeweitet. Aus der „Schuld" wurde eine spezielle Verantwortung gegenüber dem jüdischen Staat abgeleitet. Entsprechend postulierte beispielsweise die *Tagwacht*, dass der Westen Israel und seiner Existenz aufgrund der schrecklichen Ereignisse der Vergangenheit Unterstützung schuldig sei.[64] Auch später noch, als Kritik an den Mitteln, mit denen die israelische Regierung gegen Palästinenser vorging, lauter wurde, bildete die Bezugnahme auf die Schuld, die sich Europa mit seinem Verhalten in den 1930er- und 1940er-Jahren aufgeladen hatte, ein Grund, in der Verurteilung der israelischen Politik zurückhaltend zu sein, wie es 1974 im *Mitteilungsblatt* des Christlichen Friedensdienstes formuliert wurde:

> „Die Beschäftigung mit dem Thema Gewalt im Nahostraum ließ uns eines deutlich erkennen: Wir haben kein Recht, die Mittel zu zensurieren, die in diesem Kampf angewendet werden. Allzu tief sind wir selber – durch Vergangenheit und Gegenwart – schuldhaft in diesen Konflikt verstrickt."[65]

Teilweise wurde die Schuldfrage aber auch präzisiert und in einen konkreten Zusammenhang mit dem eigenen Verhalten als Schweizer gestellt. In der Zeit vor 1980 sahen viele Linke die Schuld, die sich die Schweiz zur NS-Zeit aufgeladen vor allem in der restriktiven Flüchtlingspolitik und der Rückweisung von Juden an der Schweizer Grenze. Während Debatten um die Verstrickung der Schweiz in den Nationalsozialismus über Wirtschaftsbeziehungen und die nachrichtenlosen Vermögen neueren Datums sind, stand zwischen den hier interessierenden 1950er- und 1970er-Jahren die Diskussion über die Flüchtlingspolitik und die Rolle der Schweiz im Zusammenhang mit der Einführung des „J-Stempels" im Zentrum.[66] Schweizer Behörden hatten im April 1938 mit dem Deutschen Reich Verhandlungen aufgenommen, bei denen es darum ging, wie bei der Einreise zwischen jüdischen und nichtjüdischen deutschen Staatsangehörigen unterschieden werden könnte. Als der Bundesrat erwog, für alle deutschen Staatsangehörigen eine Visumspflicht zu erlassen, erklärte sich die deutsche Seite bereit, die Pässe deutscher Juden mit einem „J"-Stempel zu kennzeichnen.[67] In den 1950er-Jahren gelangten diese Informationen in die schweizerische Öffentlichkeit und führte zu heftiger Kritik an den damaligen Verantwortungsträgern. Als Reaktion darauf gab der Bundesrat einen Bericht in Auftrag, der die schweizerische Flüchtlingspolitik zur Zeit des Nationalsozialismus aufarbeiten sollte.[68] Eine Popularisierung dieses Berichts erfolgte 1967 durch das viel beachtete Buch *Das Boot ist voll* des Schriftstellers Alfred A. Häsler über die schweizerische Flüchtlingspolitik zwischen 1933 und 1945.[69]

Da große Teile der Sozialdemokratie und der Gewerkschaften schon in den 1930er-Jahren und insbesondere nach 1942 die schweizerische Flüchtlingspolitik als zu restriktiv kritisiert hatten,[70] war dieses Thema auch in

Zusammenhang mit der Frage der Verantwortung von Schweizerinnen und Schweizern gegenüber dem Überleben des jüdischen Staates zentral. Im Kontext des Sechstagekriegs beispielsweise gab ein Gewerkschafter seinen Befürchtungen über das Schicksal Israels Ausdruck und erklärte, dass er zur Generation jener gehöre, die die Rückweisung der Juden an den Schweizer Grenzen während des Zweiten Weltkriegs toleriert habe, nun aber hoffe, dass die heutige Generation einen neuen Genozid an den Juden auf keinen Fall akzeptieren werde.[71] Noch 1982, kurz nach dem Libanonkrieg, als große Teile der schweizerischen Linken sich äußerst kritisch über Menachem Begins Feldzug gegen die Palästinenser ausließen, schreckte Otto Hürlimann vor Kritik an Israel zurück, indem er auf die Vergangenheit verwies und meinte, es sei schwierig, etwas über ein Volk zu sagen, an dessen „grausigem Schicksal" auch die Schweiz beteiligt sei, weil sie Tausende von Juden in den Tod zurückgewiesen habe.[72]

In vielen Fällen waren es gerade diejenigen Schweizer Linken, die sich selber während der 1930er- und 1940er-Jahre für jüdische Flüchtlinge engagiert hatten, die aus einem Schuldbewusstsein gegenüber dem Judentum eine besondere Verantwortung für den israelischen Staat ableiteten. Paradigmatisch lässt sich dies an der Arbeit des Christlichen Friedensdiensts (CFD) aufzeigen. Dessen Gründerin, Gertrud Kurz, fühlte sich auch nach dem Ende des Zweiten Weltkriegs noch stark mit dem Judentum verbunden. 1954 bereiste sie erstmals Israel und äußerte sich begeistert über ihre Erlebnisse im jüdischen Staat, bei denen sie teilweise von ehemaligen von ihr betreuten Flüchtlingen, die nach Israel ausgewandert waren, begleitet worden war. In ihrem Reisebericht gab sie aber auch Schuldgefühlen Ausdruck, dass sich die Schweiz und sie selber nicht genügend für die verfolgten Juden eingesetzt hätten. Daraus leitete sie eine besondere Verpflichtung, Israel „auf die rechte Weise zu dienen", ab.[73] Diese spezielle Verbundenheit mit dem Judentum drückte sich auch in einem Passus der „Erklärung" des CFD aus, in dem vom Verhältnis zu den Juden die Rede ist. 1957 wurde dieser Passus wie folgt formuliert: „Als Christen bekennen wir die Einzigartigkeit der göttlichen Berufung des jüdischen Volkes bis auf den heutigen Tag." Daher werde jede Form von Antisemitismus als „gottwidrig" abgelehnt und eine Zusammenarbeit zwischen Juden und Christen unterstützt.[74] Dabei solle es aber keinesfalls um eine Missionierung der Juden gehen, vielmehr stünden die Freundschaft und die Solidarität mit Israel im Mittelpunkt.[75] 1967 wurde der Passus leicht abgeändert, indem nun auch ein Schuldbekenntnis an den Judenverfolgungen aufgenommen wurde und daraus wiederum ein Engagement gegen Antisemitismus, zugunsten Israels, aber auch zugunsten der

Verständigung zwischen Juden und Arabern abgeleitet wurde.[76] Dieses Engagement zeigte sich unter anderem in vom CFD organisierten Israelaufenthalten, bei denen ab 1959 Jugendliche aus der Schweiz und der Bundesrepublik Deutschland Arbeitseinsätze in Kibbuzim leisteten.[77] In ihren Berichten äußerten sich diese Kibbuz-Besucher stets sehr positiv über ihren Aufenthalt, wobei sie bisweilen selber zugeben mussten, Israel vor lauter Begeisterung vielleicht hin und wieder zu stark zu idealisieren.[78]

Abkehr vom Philosemitismus in der zweiten Hälfte der 1970er-Jahre

Den eben erwähnten Passus über die besondere Verbundenheit mit Israel strich der Schweizer CFD 1978 aus seiner Erklärung. Nach ausgiebiger Diskussion war entschieden worden, dass eine theologisch motivierte Parteinahme zugunsten Israels an den Palästinensern vorbeigehe und zu neuer Schuld führe.[79] Das Motiv der „Schuld" spielte also nach wie vor eine wichtige Rolle im Zusammenhang mit Israel, jedoch unter veränderten Vorzeichen: nun ging es um ein Schuldigwerden an den Palästinensern und darum, dass diesen nicht – so wurde argumentiert – gleiches Unrecht geschehen sollte wie damals den Juden. Aus der Erinnerung an die nationalsozialistische Vergangenheit Europas und das eigene Versagen gegenüber den verfolgten Jüdinnen und Juden leiteten ab der zweiten Hälfte der 1970er-Jahre große Teile der schweizerischen gemäßigten Linken eine Verpflichtung zur Solidarisierung mit den Palästinenserinnen und Palästinensern ab. Dieser Schritt wurde als logisch empfunden, da sich die Linke immer mit den Schwächeren solidarisiere. Früher seien dies die Juden gewesen, gegenwärtig seien es die Palästinenser.[80] Ein Vertreter des gewerkschaftsnahen Schweizerischen Arbeiterhilfswerks begründete mit dieser Argumentation nach dem Libanonkrieg 1982, warum das Hilfswerk zukünftig anstelle der Histadrut palästinensische Gewerkschaften unterstützen werde:

> „Den Existenzwillen des palästinensischen Volkes zu unterstützen, ist eigentlich eine Aufgabe aller Menschen, die früher in Europa gegen Faschismus, Antisemitismus und Judenverfolgung gekämpft haben und die heute für die Ideale Freiheit und Gleichheit etwas übrig haben."[81]

Diese Übertragung der Solidarität von den Juden auf die Palästinenser nahm allerdings nur ein Teil der gemäßigten Linken vor. Andere Linke entschieden sich, mit beiden Seiten des Konflikts solidarisch zu sein.[82]

Die Überzeugung, dass sich aufgrund der Entwicklungen im Nahen Osten die Träger der Opferrolle gewandelt hatten, führte dazu, dass nun teilweise die Palästinenser als „die Juden von heute“ bezeichnet wurden.[83] Damit waren zugleich auch die neuen Täter identifiziert, so dass in diesen Argumentationen teilweise antisemitische Konstruktionen im Sinne einer Täter-Opfer-Umkehr zu finden waren. In einer Besprechung des 1979 auch im Schweizer Fernsehen ausgestrahlten Films „Holocaust“ hieß es beispielsweise in einer Tessiner Gewerkschaftszeitung, es stehe gegenwärtig ein neuer Holocaust bevor, bei dem die Palästinenser die Opfer, die Juden die Täter seien.[84]

Bei diesen Argumentationen wurde ein weiteres Motiv sichtbar, das als eine Umkehrung des früheren Philosemitismus verstanden werden kann. Offensichtlich waren nach dem Untergang des Nationalsozialismus und der israelischen Staatsgründung weite Teile der Linken davon ausgegangen, dass das Erleiden der NS-Judenverfolgung einen ganz bestimmten Effekt auf das zukünftige Verhalten der Jüdinnen und Juden haben werde.[85] Hatten sich die Erwartungen an besondere Friedfertigkeit, Moral und Gerechtigkeitssinn des jüdischen Staates in den 1950er- und 1960er-Jahren vor allem bei den Religiös-Sozialen ausgedrückt, so wurde nun offenbar, dass große Teile der schweizerischen Linken an die israelischen Juden den besonderen Anspruch stellten, „aus ihrer Vergangenheit [...] gelernt“ zu haben.[86] Entsprechend reagierten sie negativ, wenn die israelische Politik diesen Erwartungen nicht entsprach.

Während in dieser Argumentation die Erinnerung an die Schoa ein wichtiges Leitmotiv blieb, kam es in anderen Teilen der Sozialdemokratie und der Gewerkschaften aber auch zu einer Distanzierung von dieser Sicht, mit der eine Historisierung des Holocaust einherging. Als Grund dafür wurde der Generationenwechsel benannt. Damit begründete beispielsweise der CFD den oben erwähnten Entscheid zur Streichung des Passus über die besondere Verbundenheit mit dem Juden aus seiner Erklärung:

> „Während die ältere CFD-Generation, vom Trauma des Zweiten Weltkrieges geprägt, die Entstehung und Entwicklung des jüdischen Staates mit ganz besonderer Anteilnahme verfolgte, ist das furchtbare Geschehen zur Zeit des Nationalsozialismus für die junge Generation in den verschiedenen CFD-Zweigen Geschichte.“

Die junge Generation sehe Israel ohne Schuldkomplexe gegenüber den Juden als einen Machtfaktor im Nahen Osten, der die Palästinenser unterdrücke und seinen Teil an Terror und Hass trage.[87] Die Vorstellung, dass nur die Generation, die die Zeit des Zweiten Weltkriegs miterlebt hatte, eine Mitschuld an den NS-Verbrechen an den Jüdinnen und Juden haben sollte, war in den 1970er- und 1980er-Jahren in der schweizerischen Linken weit verbreitet. Daraus wurde wiederum abgeleitet, dass die junge Generation das Recht habe, Israel zu kritisieren beziehungsweise unter Umständen auch sein Existenzrecht in Frage zu stellen.[88] Auch die Neue Linke rechtfertigte so ihr antizionistisches Engagement. Teile der Schweizer Antizionisten führten die Historisierung des Holocaust in den 1970er- und 1980er-Jahren so weit, dass sie ihn in ihren Darstellungen der historischen Entwicklung des Nahen Ostens gänzlich ausblendeten. Dies erlaubte ihnen die uneingeschränkte Vertretung ihrer Forderung nach der „Zerschlagung des zionistischen Staates“[89]. In diesem Zusammenhang muss allerdings darauf hingewiesen werden, dass sich in der gesamten schweizerischen Gesellschaft das Bewusstsein für die moralische Bedeutung des Holocaust später entwickelte als in den übrigen westlichen Ländern.[90]

Die Abkehr vom Philosemitismus und Proisraelismus in der gemäßigten Linken führte nun bei einigen Kommentatoren auch zu einer kritischen Einschätzung der früheren linken Israelbegeisterung. Sie habe mit Generalisierungen gearbeitet und an Israel und die Israelis zu hohe Erwartungen gestellt.[91] Ein Grund für den nun mit Skepsis betrachteten Philosemitismus wurde in den Schuldgefühlen gegenüber den Juden gesehen. Die eigene Schuld habe, so hieß es im Mitteilungsblatt des CFD 1975, die objektive Sicht auf die Dinge verstellt.[92] Bereits 1973 hatte der Nahost-Experte Peter Braunschweig in einem scharfsinnigen Artikel auf die Fallen der linken Israelbegeisterung aufmerksam gemacht:

> „[...] Antisemitismus und Israelbegeisterung haben gemeinsam, dass sie sich beide nicht auf die Wirklichkeit Israels respektive der Juden beziehen, sondern dass im einen Fall hässliche und im andern Fall prächtige Rollen geschrieben werden, denen Israel und die Juden zu entsprechen haben, und an denen sie beurteilt werden [...].“[93]

Die Abkehr vom Philosemitismus gefährdete das traditionell gute Verhältnis zwischen Sozialdemokratie und Schweizer Juden.[94] Als sich Ende der 1970er-Jahre die SPS der PLO annäherte und Gespräche mit Palästinenservertretern führte, wurde dies von jüdischen Parteimitgliedern mit Besorgnis und Kritik verfolgt.[95] Nach dem Libanonkrieg 1982 äußerten sich sowohl die Partei wie der Schweizerische Gewerkschaftsbund erstmals öffentlich zugunsten eines palästinensischen Staates an der Seite Israels. Damit begann sich bei der traditionellen Linken die Idee einer

Zweistaatenlösung für den Nahen Osten durchzusetzen. Von der prozionistischen Israelbegeisterung der 1960er-Jahre entfernte man sich nun immer mehr.[96] 1984 trat SPS-Mitglied Emanuel Hurwitz unter öffentlichem Protest gegen die seines Erachtens antisemitisch unterlegte einseitige Unterstützung der PLO durch große Teile der Sozialdemokratie aus der Partei aus. Für einen linken, zionistischen Juden gebe es in dieser Partei keinen Platz mehr, so lautete seine Begründung.[97] Der Vorwurf des Antisemitismus an die Sozialdemokraten war ein Symbol für die endgültige Verabschiedung vom sozialdemokratischen Post-Holocaust-Philosemitismus.

Auch zwischen den traditionell projüdisch eingestellten christlichen Gruppierungen wie dem CFD oder den Religiös-Sozialen und Vertretern des Schweizer Judentums mehrten sich ab den 1980er-Jahren die Spannungen.[98] Rückblickend hielten zwei Mitarbeiter des CFD fest, dass der Dialog mit Juden über den Nahen Osten nach dem Tod von Gertrud Kurz, die ihn stark geprägt hatte, abgebrochen sei. Zu einer Entfremdung habe auch beigetragen, dass der CFD aufgrund seiner Projekte in der Westbank die israelische Besatzung ab den 1970er-Jahren verstärkt kritisiert habe.[99] Schwierig gestaltete sich auch der in den 1980er-Jahren neu in Gang gebrachte Dialog zwischen Juden und israelkritischen Religiös-Sozialen um die Frage, wann Kritik an Israel antisemitisch werde. Dabei wurde zum Beispiel der Redakteur der religiös-sozialen Zeitschrift *Neue Wege* mit dem Vorwurf konfrontiert, durch eine von ihm vorgenommene Gleichsetzung von Nationalsozialisten und Israelis in die Antisemitismusfalle getappt zu sein.[100]

Fazit: Vom Philosemitismus zum Antisemitismus?

Angesichts des beschriebenen Wandels ist es nicht erstaunlich, dass sich ab den 1980er-Jahren die Klagen häuften, die schweizerische Linke zeige in ihrer Kritik an Israel antisemitische Tendenzen. Den Ausschlag für diese Einschätzung gab die sozialdemokratische Position, die sich von einer bedingungslosen Unterstützung des israelischen Staates zur Solidarisierung mit den Palästinensern verschoben hatte. Von Philosemiten, so die Meinung einiger, vor allem jüdischer Kommentatoren, hätten sie sich zu Antisemiten gewandelt. Dieser Sichtweise muss insofern widersprochen werden, indem erstens nicht von einer generellen antisemitischen Tendenz in der Schweizer Linken ausgegangen werden kann. Zweitens ist umgekehrt aber auch zu fragen, ob solche Tendenzen nicht bereits dem Philosemitismus der 1950er- und 1960er-Jahre inhärent gewesen waren.

Große Teile der gemäßigten schweizerischen Linken hatten den neu gegründeten israelischen Staat maßlos idealisiert. Für viele Sozialdemokraten war der jüdische Staat das „Land der unbefleckten Empfängnis", wie die Jungsozialisten der Mutterpartei 1976 vorhielten.[101] Einem solchen Anspruch konnte kein Staat gerecht werden. Dass er gegenüber dem jüdischen Staat erhoben wurde, war Ausdruck einer Erwartungshaltung, dass Juden bessere Menschen seien, vor allem nach der Erfahrung von Auschwitz. Insbesondere sollten sie aus linker Sicht die besseren Sozialisten sein. Damit wurden „die" Juden in essentialisierender Weise zu einer Gruppe mit bestimmten Eigenschaften und Merkmalen gemacht. Von der Funktionsweise her ist damit der Philosemitismus mit dem Antisemitismus gleichzusetzen, auch wenn sich die beiden Phänomene in Bezug auf ihre Auswirkungen unterscheiden. Wie nahe jedoch der Philosemitismus am Antisemitismus operierte, zeigte sich auch an der stetigen Betonung der Heldenhaftigkeit der Israelis oder ihres körperlichen, widrigen Umständen trotzenden Einsatzes in der Landwirtschaft. Darin zeigte sich die Umwertung der traditionellen antisemitischen Stereotype, die aber durch die fehlende kritische Auseinandersetzung damit Stereotype blieben. Dass pauschalisierendes Denken in der Beurteilung des Nahostkonflikts verbreitet war, zeigt auch die vorurteilsbeladene Beurteilung der „Araber", denen in linken Schweizer Zeitungen und Zeitschriften in den 1960er- und frühen 1970er-Jahren immer wieder Primitivität, Irrationalität oder Faulheit zugeschrieben wurden.[102]

Die im Philosemitismus angelegte enge Vermischung von „Juden" und „Israelis" zeitigte in den 1970er-Jahren Folgen. Als eine neue Generation von Linken Israel je länger je mehr als dominierenden Machtfaktor im Nahen Osten verstand, wurden die ehemaligen „Opfer" zu „Tätern". Dies äußerte sich unter anderem in Gleichsetzungen von Israelis und Nationalsozialisten oder in der Übertragung der Schuld an der Unterdrückung der Palästinenser von Israelis auf alle Juden. Ob ihr nun Philosemitismus oder Antisemitismus vorgeworfen wurde – das Verhältnis großer Teile der schweizerischen Linken zu Israel erwies sich nach 1945 als schwierig.

Anmerkungen

1 Vgl. Lang, Karl u. a.: 100 Jahre Sozialdemokratische Partei der Schweiz. Nachdenken über Konstanten und Brüche, Spannungen und Harmonien, in: ders.: Sozialdemokratische Partei der Schweiz: Solidarität, Widerspruch, Bewegung. 100 Jahre Sozialdemokratische Partei der Schweiz, Zürich 1988, S. 9–29.

2 Vgl. Ladner, Andreas: Swiss Political Parties: Between Persistence and Change, in: *West European Politics*, Jg. 24 (2001), Nr. 2, S. 123–144.
3 Vgl. Gruner, Erich: Die Parteien in der Schweiz, Bern [2]1977, S. 298ff.
4 Lang u. a.: 100 Jahre, [wie Anm. 1], S. 28.
5 Vgl. Degen, Bernard: Sozialdemokratie: Gegenmacht? Opposition? Bundesratspartei? Die Geschichte der Regierungsbeteiligung der schweizerischen Sozialdemokraten, Zürich 1993, S. 83–123.
6 Ladner, Andreas: Das Schweizer Parteiensystem und seine Parteien, in: Klöti, Ulrich u. a. (Hg.): Handbuch der Schweizer Politik, Zürich 1999, S. 213–259.
7 Vgl. Degen, Bernard: Starre Strukturen im wirtschaftlichen und sozialen Wandel: Die schweizerische Gewerkschaftsbewegung in der zweiten Hälfte des 20. Jahrhunderts, in: Armingeon, Klaus/Geissbühler, Simon (Hgg.): Gewerkschaften in der Schweiz: Herausforderungen und Optionen, Zürich 2000, S. 11–37.
8 Vgl. Degen, Bernhard: Neue Krisen, neue Wege, in: Boillat, Valérie u. a. (Hg.): Vom Wert der Arbeit. Schweizer Gewerkschaften - Geschichte und Geschichten, Zürich 2006, S. 285–331.
9 Zu den Religiös-Sozialen siehe Aerne, Peter: Religiöse Sozialisten, Jungreformierte und Feldprediger. Konfrontationen im Schweizer Protestantismus 1920–1950, Zürich 2006.
10 Vgl. ebd., S. 133–148.
11 Siehe hierzu Boss, Catherine u. a.: Streitfall Friede. Christlicher Friedensdienst 1938–1988. 50 Jahre Zeitgeschichte, Bern 1988; Kocher, Hermann: Rationierte Menschlichkeit. Schweizerischer Protestantismus im Spannungsfeld von Flüchtlingsnot und öffentlicher Flüchtlingspolitik der Schweiz 1933–1948, Zürich 1996, S. 133–145.
12 Vgl. Späti, Christina: Die schweizerische Linke und Israel. Israelbegeisterung, Antizionismus und Antisemitismus zwischen 1967 und 1991, Essen 2006, S. 119–124.
13 Diner, Dan (Hg.): Zivilisationsbruch. Denken nach Auschwitz, Frankfurt a. M. 1988.
14 Vgl. Marin, Bernd: Ein historisch neuartiger „Antisemitismus ohne Antisemiten“?, in: ders.: Antisemitismus ohne Antisemiten. Autoritäre Vorurteile und Feindbilder, unveränderte Neuauflage früherer Analysen 1974–1979 und Umfragen 1946–1991, Frankfurt a. M./New York 2000, S. 112f.
15 Vgl. Späti, Christina: Kontinuität und Wandel des Antisemitismus und dessen Beurteilung in der Schweiz nach 1945, in: *Schweizerische Zeitschrift für Geschichte*, Jg. 55 (2005), Nr. 4, S. 419–440; Bergmann, Werner: Antisemitismus in Deutschland, in: Schubarth, Wilfried/Stöss, Richard (Hgg.): Rechtsextremismus in der Bundesrepublik Deutschland. Eine Bilanz, Opladen 2001, S. 131.
16 Zum Philosemitismus vgl. neben der nachfolgend erwähnten Literatur v. a. die Studien von Wolfgang Benz: Benz, Wolfgang (Hg.): Zwischen Antisemitismus und Philosemitismus. Juden in der Bundesrepublik, Berlin 1991; Ders.: Reaktionen auf den Holocaust. Antisemitismus, Antizionismus und Philosemitismus, in: *Tribüne. Zeitschrift zum Verständnis des Judentums*, Jg. 37 (1998), Nr. 148, S. 132–143; ders: Zwischen Antisemitismus und Philosemitismus. Juden in Deutschland nach 1945, in: ders., Bilder vom Juden. Studien zum alltäglichen Antisemitismus, München 2001, S. 110–128.
17 Stern, Frank: Entstehung, Bedeutung und Funktion des Philosemitismus in Westdeutschland nach 1945, in: Bergmann, Werner/Erb, Rainer (Hgg.): Antisemitismus in der politischen Kultur, Opladen 1990, S. 181.
18 Ebd., S. 185.
19 Vgl. Reiter, Margit: Unter Antisemitismusverdacht. Die österreichische Linke und Israel nach der Schoa, Innsbruck/Wien/München 2001, S. 143.

20 Vgl. z. B. ebd., S. 139–145; Altfelix, Thomas: The „Post-Holocaust Jew" and the Instrumentalization of Philosemitism, in: *Patterns of Prejudice*, Jg. 34 (2000), Nr. 2, S. 41–56; Bauman, Zygmunt: Grosse Gärten, kleine Gärten. Allosemitismus: Vormodern, Modern, Postmodern, in: Werz, Michael (Hg.): Antisemitismus und Gesellschaft. Zur Diskussion um Auschwitz, Kulturindustrie und Gewalt, Frankfurt a. M. 1995, S. 44–61; Stern, Frank: Im Anfang war Auschwitz. Antisemitismus und Philosemitismus im deutschen Nachkrieg, Gerlingen 1991.

21 Vgl. Zimmermann, Moshe: Täter-Opfer-Dichotomien als Identitätsformen, in: Jarausch, Konrad H./Sabrow, Martin (Hgg.): Verletztes Gedächtnis. Erinnerungskultur und Zeitgeschichte im Konflikt, Frankfurt a. M./New York 2002, S. 199–216; Altfelix: The „Post-Holocaust Jew", [wie Anm. 20], S. 41–56.

22 Vgl. Reiter: Unter Antisemitismusverdacht, [wie Anm. 19], S. 143–144; Zu den idealisierten Bildern in der Schweizer Tagepresse siehe Keller, Monika: Vom „Terrorismus" zum „legitimen Widerstand" des „palästinensischen Volkes"? Die Einschätzung und Darstellung der Palästinenser in den Schweizer Medien zwischen 1964 und 1974, unveröffentlichte Lizentiatsarbeit Universität Freiburg 2006, S. 70–73, 87–88, 115–117.

23 Vgl. Bauman: Grosse Gärten, kleine Gärten, [wie Anm. 20], S. 44.

24 Vgl. Holz, Klaus: Nationaler Antisemitismus. Wissenssoziologie einer Weltanschauung, Hamburg 2001, S. 523.

25 Siehe zur Beurteilung des Zionismus durch die europäische Linke vor 1948 u. a. Keßler, Mario: Antisemitismus, Zionismus und Sozialismus. Arbeiterbewegung und jüdische Frage im 20. Jahrhundert, Mainz 1993; ders: Zionismus und internationale Arbeiterbewegung 1897–1933, Berlin 1994; Na'aman, Shlomo: Marxismus und Zionismus, Gerlingen 1997; Reiter: Unter Antisemitismusverdacht, [wie Anm. 19], S. 209–223; Haury, Thomas: Antisemitismus von links. Kommunistische Ideologie, Nationalismus und Antizionismus in der frühen DDR, Hamburg 2002, S. 195–209.

26 Siehe z. B. Farbstein, David: Die Organisation der jüdischen Arbeiter in Palästina, in: *Rote Revue*, Jg. 3 (1923), S. 90–95; Stillmann, J. E.: Kollektivsiedlung in Palästina – ein Versuch sozialistischer Gemeinwirtschaft, in: *Rote Revue*, Jg. 26 (1947), S. 314–318.

27 So beispielsweise der in die Schweiz geflüchtete linke Nichtzionist Rafael Ryba in einer Schrift, die von der Aarauer Gewerkschaftspresse gedruckt wurde. Vgl. Picard, Jacques: Die Schweiz und die Juden 1933–1945. Schweizerischer Antisemitismus, jüdische Abwehr und internationale Migrations- und Flüchtlingspolitik, Zürich ^{2}1994, S. 355.

28 Diese Position vertrat beispielsweise Anna Siemsen, die ebenfalls vor den Nationalsozialisten in die Schweiz geflohen war und durch die Heirat mit einem Schweizer Sozialdemokraten das Schweizer Bürgerrecht erlangte. Vgl. Siemsen, Anna: Vom Zionismus, in: *Rote Revue*, Jg. 24 (1945), S. 363ff. Zu Siemsen vgl. Lupp, Björn-Erik: Von der Klassensolidarität zur humanitären Hilfe. Die Flüchtlingspolitik der politischen Linken 1930–1950, Zürich 2006, S. 243.

29 Kramer, Hugo: Weltrundschau, in: *Neue Wege*, Jg. 42 (1948), S. 233.

30 Vgl. Aerne: Religiöse Sozialisten, [wie Anm. 9], S. 138.

31 Vgl. Die Stimme von Leonhard Ragaz, in: *Neue Wege*, Jg. 48 (1954), S. 105f.

32 Ragaz, Leonhard: Zion und die Völkerwelt, in: ders.: Eingriffe ins Zeitgeschehen. Reich Gottes und Politik. Texte von 1900–1945, hgg. von Brassel, Ruedi/Spieler, Willy, Luzern 1995, S. 284.

33 Der jüdische Staat, in: *Volksrecht* vom 22. Mai 1948.

34 Vgl. z. B. Fischer, Alfred Joachim: Israel – Land der Einwanderer, in: *Rote Revue*, Jg. 31 (1952), S. 267.

35 Avni, Seev: Die kollektiven Siedlungen in Israel, in: *Rote Revue* Jg. 29 (1950), S. 87.

36 Hubacher, Helmut: Die Mörder unter uns, in: *Zürcher AZ* vom 24. Februar 1970.

37 Vgl. z. B. Schranz, Edgar: Kibbuz: Gemeinschaftssiedlung und Lebensform – Israels wirtschaftliche und kulturelle Stützen, in: *Gewerkschaftliche Rundschau* Jg. 56 (1964), S. 287.

38 Vgl. Späti, Die schweizerische Linke und Israel, [wie Anm. 12], S. 107, 241.

39 Vgl. z. B. e. m.: Mutter Helvetia schreibt an Golda Meir, in: *Der öffentliche Dienst* Nr. 12 vom 21. März 1969.

40 Vgl. Golda Meir – Israels Mutter Courage, in: *Berner Tagwacht* vom 26./27. September 1970. Ähnlich auch: Palmon, J. E.: Golda regiert von der Küche aus, in: *Berner Tagwacht* vom 10./11. April 1971.

41 Oettli, Mascha: Sozialistischer Aufbau in Israel, in: *Rote Revue*, Jg. 38 (1959), S. 173.

42 Ebd.

43 Ebd., S. 170–184.

44 Vgl. Hubacher, Helmut: Die Heimat darf nicht auf die politische Gant, in: *Zürcher AZ* vom 30. Oktober 1971.

45 Vgl. z. B.: Hürlimann, Otto: Israel, in: *Volksrecht* vom 2. Juni 1967; gk: Angriff auf den Weltfrieden, in: *Gewerkschaftskorrespondenz* Nr. 23 vom 8. Juni 1967, S. 273f.; Fermare la guerra!, in: *lotta sindacale* vom 16. Juni 1967; La montée des périls, in: *L'Ouvrier sur bois et du bâtiment* vom 14. Juni 1967; H-s.: Israel kleines Land mit großer Zukunft, in: *Berner Tagwacht* vom 14./15. Oktober 1967.

46 Angriff auf den Weltfrieden, in: *Gewerkschaftskorrespondenz* Nr. 23 vom 8. Juni 1967, S. 273f., hier S. 274.

47 Vgl. z. B. W.: Die Schweiz und Israel, in: *Berner Tagwacht* vom 9. 6. 1967; Schweizer, Kurt: Krieg und Frieden, in: *Berner Tagwacht* vom 10./11 Juni 1967.

48 E. H.: Schlag und Gegenschlag, in: *Schweizerische Metall- und Uhrenarbeiter-Zeitung* vom 1. November 1967. Weitere Artikel, in denen Heldenmut und Tapferkeit der Israelis beschworen wurde: P. H.: Macht und Ohnmacht, in: *Volksrecht* vom 3. Mai 1968; F. E.: Schluss mit der illegalen Waffendurchfuhr!, in: *Der öffentliche Dienst* vom 6. Februar 1970; Bauer, Riccardo: Significato del sionismo, in: *lotta sindacale* vom 11. Mai 1973; Zwischen Krieg und Waffenruhe im Nahen Osten, in: *Bau + Holz* vom 25. Oktober 1973.

49 Vgl. z. B. Krieg im Nahen Osten!, in: *Bau + Holz* vom 8. Juni 1967; F. M.: Gefallene Masken, in: *Schweizerische Metall- und Uhrenarbeiter-Zeitung* vom 14. Juni 1967; Davide contro Golia, in: *lotta sindacale* vom 23. Juni 1967.

50 Angriff auf den Weltfrieden, in: *Gewerkschaftskorrespondenz* Nr. 23 vom 8. Juni 1967, S. 273.

51 Bereits anlässlich der israelischen Staatsgründung war der Vergleich des kleinen Israels mit der kleinen Schweiz für einige Kommentatoren ein wichtiger Grund für die Unterstützung des neuen Staates gewesen. Vgl. Kadezki, Nathan: Schweizer Pressestimmen 1948 vor und zur Gründung des Staates Israel, in: *Israelitisches Wochenblatt* vom 3. Mai 1973, S. 51–57.

52 Schweizer, Kurt: Am Rande vermerkt, in: *Berner Tagwacht* vom 14. Juni 1967.

53 Vgl. Späti: [wie Anm. 12], S. 191, 194f.

54 Vgl. dazu z. B. Naef, A.: Der Nahe Osten und der Zionismus, in: *Der Aufbau* Nr. 7 vom 19. Februar 1970, S. 51–54; Bloch, Erich: Israels Grenzen, in: *Der Aufbau* Nr. 41 vom 3. November 1973, S. 322ff.

55 Vgl. auch Kramer, Hugo: Scheidung der Geister, in: *Neue Wege*, Jg. 61 (1967), S. 311.

56 Kramer, Hugo: Die Kriegsgefahr im Nahen Osten, in: *Neue Wege*, Jg. 61 (1967), S. 199.

57 Tscharner, J.: „Die ich rief, die Geister, ...“, in: *Der Aufbau* Nr. 44 vom 24. November 1973, S. 346f.

58 Vgl. Aerne: Religiöse Sozialisten, [wie Anm. 9], S. 20.
59 Dejaco, Doris: 20 Jahre Israel, in: *Berner Tagwacht* vom 1. Mai 1968.
60 Susman, Margarete: Israels Weg, in: *Neue Wege*, Jg. 42 (1948), S. 508ff.
61 Vgl. z. B. Reventlow, Rolf: Kampf um Israel, heute und gestern, in: *Profil* Nr. 7/8 vom Juli/August 1967, S. 215–220; Bergmann, Theodor: Wirtschaftliche und soziale Probleme im Nahen Osten, in: *Gewerkschaftliche Rundschau*, Jg. 59 (1967), Nr. 9, S. 256; Israele non deve pagare per gli altri, in: *I diritti del lavoro* vom 2. Juni 1967.
62 Hürlimann, Otto: Israel, in: *Volksrecht* vom 2. Juni 1967. Hervorhebung im Original.
63 Vgl. z. B. F. M.: Gefallene Masken, in: *Schweizerische Metall- und Uhrenarbeiterzeitung* vom 14. Juni 1967.
64 Vgl. z. B. den Artikel von Nationalrat Reynold Tschäppät: Die Welt ist um einen Krieg „reicher"..., in: *Berner Tagwacht* vom 7. Juni 1967.
65 R. K.: Leider ist es uns nicht gelungen, in: *Christlicher Friedensdienst* Nr. 330 vom Dezember 1974, S. 13.
66 Vgl. Unabhängige Expertenkommission Schweiz – Zweiter Weltkrieg: Die Schweiz, der Nationalsozialismus und der Zweite Weltkrieg. Schlussbericht, Zürich 2002, S. 462; Kreis, Georg: Vier Debatten und wenig Dissens, in: *Schweizerische Zeitschrift für Geschichte*, Jg. 47 (1997), Nr. 4, S. 451–476.
67 Vgl. UEK: Schlussbericht, [wie Anm. 66], S. 110.
68 Vgl. hierzu Kreis, Georg: Die Rückkehr des J-Stempels. Zur Geschichte einer schwierigen Vergangenheitsbewältigung, Zürich 2000, S. 74–91.
69 Siehe hierzu u. a.: Stadelmann, Jürg: Umgang mit Fremden in bedrängter Zeit. Schweizerische Flüchtlingspolitik 1940–1945 und ihre Beurteilung bis heute, Zürich 1998, S. 267–271.
70 Vgl. Lupp: Von der Klassensolidarität, [wie Anm. 28], S. 215–223.
71 Vgl. Chopard, Théo: 5 juin 1967, in: *La lutte syndicale* vom 7. Juni 1967. Siehe auch Hug, Herbert: Gut Regiment, in: *Neue Wege*, Jg. 61 (1967), 201f.
72 Vgl. den Nachtrag von Jakob Ragaz zu: Hürlimann, Otto: Zur Weltlage, in: *Der Aufbau* vom 18. September 1982, S. 149.
73 Kurz, Gertrud: Reise-Erlebnisse in Israel, in: *Christlicher Friedensdienst*, Mitteilungsblatt Nr. 250 vom November–Dezember 1954, S. 2.
74 Vgl. dazu Erklärung, in: *Christlicher Friedensdienst*, Mitteilungsblatt Nr. 271 vom Januar–April 1970, S. 3.
75 Vgl. Geßler, Judith: Was will der Christliche Friedensdienst in Israel?, in: *Christlicher Friedensdienst*, Mitteilungsblatt Nr. 284 vom April–Juni 1963, S. 5.
76 Siehe Erklärung des Internationalen Christlichen Friedensdienst, in: *Christlicher Friedensdienst*, Mitteilungsblatt Nr. 340 vom Juni 1977, S. 11.
77 Vgl. Kurz, Gertrud: Mitarbeit im Kibbuz in Israel, in: *Christlicher Friedensdienst*, Mitteilungsblatt Nr. 267 vom Januar–April 1959, S. 7.
78 Vgl. z. B. Bericht aus dem Kibbuz Ramat Yochanan in Israel, in: *Christlicher Friedensdienst* Mitteilungsblatt Nr. 271 vom Januar–April 1960, S. 4f.
79 Vgl. R. K.: Welche Grundwerte bestimmen unsere Arbeit?, in: *Christlicher Friedensdienst* Nr. 344 vom Juni 1978, S. 20f.
80 Vgl. Braunschweig, Hansjörg: Wandel der Solidarität im Nahen Osten – und wie ich ihn erlebte, in: *friedenszeitung* Nr. 14 vom 28. September 1982, S. 4f.
81 Berthoud, Jean Michel: Für die Palästinenser eine Heimat, für die Juden Frieden und Sicherheit, in: *Arbeiter-Solidarität* Nr. 15 vom September 1982, S. 5.
82 Vgl. Späti: Die schweizerische Linke, [wie Anm. 12], S. 235–238.
83 Vgl. z. B. Palästinenser – Juden im Nahen Osten, in: *Berner Tagwacht* vom 23. Juni 1982; Ackermann, Christoph: Endlösung?, in: *friedenszeitung* Nr. 9 vom 29. Juni 1982, S. 3.

84 Vgl. Mazzei Piero: Ancora a proposito di „Olocausto", in: *SEL. Edilizia Svizzera* Nr. 20 vom 17. Mai 1979.
85 Reiter: Unter Antisemitismusverdacht, [wie Anm. 19], S. 310f.
86 Vgl. Zäch, Elisabeth: Fast wie vor gut 30 Jahren, in: *Berner Tagwacht* vom 9. September 1976.
87 Vgl. R.K.: Welche Grundwerte bestimmen unsere Arbeit?, in: *Christlicher Friedensdienst*, Mitteilungsblatt vom Juni 1978, S. 20f.
88 Vgl. z.B. Braunschweig, Hansjörg: Wandel der Solidarität im Nahen Osten - und wie ich ihn erlebte, in: *friedenszeitung* Nr. 14 vom 28. September 1982, S. 4f.
89 Vgl. Späti: Die schweizerische Linke, [wie Anm. 12], S. 335.
90 Siehe hierzu Altermatt, Urs: Verspätete Thematisierung des Holocaust in der Schweiz, in: Kreis, Georg (Hg.): Erinnern und Verarbeiten. Zur Schweiz in den Jahren 1933–1945, Itinera 2004, Fasc. 25, S. 31–55.
91 Vgl. Stebler Linda: Bedrückendes Schweigen, in: *Bau + Holz* Nr. 8 vom 28. April 1988.
92 Vgl. Geßler, Judith: Im Gespräch mit Palästinensern und Israelis, in: *Christlicher Friedensdienst* Nr. 331 vom März 1975, S. 19–23.
93 Vgl. Braunschweig, Peter: Nahost Rollen, in: *Zürcher AZ* vom 9./10. November 1973.
94 Vgl. Picard: Die Schweiz und die Juden, [wie Anm. 27], S. 125–129.
95 Vgl. Späti: Die schweizerische Linke, [wie Anm. 12], S. 187ff.
96 Vgl. ebd., S. 235–238.
97 Vgl. ebd., S. 241–245.
98 Vgl. ebd., S. 300–304.
99 Vgl. Kurz, Rosmarie und Daniel: Zu dieser Nummer, in: *Christlicher Friedensdienst*, Mitteilungsblatt Nr. 364 vom Juni 1983, S. 2.
100 Vgl. Bendkower, Jaron: Nachträgliche Anmerkungen zum Gespräch von Willy Spieler mit Ernst Ludwig Ehrlich über den Judenpogrom 1938, die Reichgottes-Hoffnung und den Nahostkonflikt, in: *Neue Wege*, Jg. 82 (1988), S. 369–372.
101 Israel, in: *infrarot* vom Februar 1976, S. 8–14, Zitat S. 8.
102 Vgl. Keller: Vom „Terrorismus" zum „legitimen Widerstand", [wie Anm. 22].

Elisabeth Kübler

„Wer ein guter Jud' ist, bestimm' ich" – und wer ein guter Israeli ist auch

Europäische Wahrnehmungen

Anti- und philosemitische Personalisierungen

Die im Titel des Beitrages erfolgte Aneinanderreihung der dem antisemitischen Wiener Bürgermeister des Fin de siècle, Karl Lueger, zugeschriebenen Aussage zur Fremdbestimmung jüdischer Identität und der Frage nach philosemitischen europäischen Wahrnehmungen des ‚guten Israeli' mag in der Tat als Provokation betrachtet werden. Es soll an dieser Stelle auch nicht der simplifizierenden These, wonach Philosemitismus lediglich eine Spielart oder die Kehrseite des Judenhasses sei, das Wort geredet werden. Vielmehr werden nach einer gründlichen Definition jener Phänomene, die in diesem Aufsatz unter den Begriff des Philosemitismus subsumierbar sind, und einer Lokalisierung dessen, was gemeinhin als ‚Europa' und ‚europäisch' bezeichnet wird, Schlaglichter auf europäische Israel-Wahrnehmungen geworfen, die von philosemitischen Konstruktionen durchdrungen sind.

Luegers Anspruch festlegen zu können, wer ein ‚guter Jude' und somit der (temporären) Schonung vor verbaler und physischer antisemitischer Gewalt würdig sei, findet gegenwärtig ihre unrühmliche Fortsetzung in der vielfach auf Einzelpersonen zugeschnittenen Unterscheidung zwischen ‚guten' und ‚bösen' Israelis. Die aus den besetzten Gebieten berichtende Haaretz-Journalistin Amira Hass und die in Deutschland lebende israelische Anwältin Felicia Langer, die Palästinenser vor israelischen Gerichten verteidigte, werden im deutschsprachigen Diskurs nicht als Mitglieder der pluralistischen israelischen Gesellschaft gesehen, sondern dem ob Israels militärischem Vorgehen aufgebrachten nichtjüdischen Publikum als selbstvergewissernde Beruhigungspille gereicht. Die vorwiegend außerhalb Israels große Popularität von Uri Avnery, dessen Bemühungen und Verdienste um eine friedliche Lösung des Nahostkonfliktes nicht zu bestreiten sind, konstruiert letzteren als Epochen übergreifenden Gegenentwurf zu Moshe Dajan, Menachem Begin und Ariel Sharon, die in europäischen Israel-Diskursen jenseits notwendiger Kritik an ihrem politischen Handeln stets recht unverblümt mit antisemitischen Stereotypen gezeichnet wurden. Der Eindruck lässt sich nicht leugnen, dass die europäische Mediensicht die komplexe israelische Wirklichkeit oftmals auf eine Konfrontation zwischen fanatischen Siedlern von in Hebron illegal errichteten Vorposten und marginalen (wie marginalisierten) Friedensgruppen wie Gush Shalom, Frauen in Schwarz oder die Reservedienstverweigerer von Yesh Gvul verkürzt.

An diesen Entwicklungen interessiert uns hier ausschließlich die Seite der europäischen Wahrnehmungen, da Philosemitismus ähnlich wie Antisemitismus als nur bezüglich seiner Sprecher und deren Umwelt, nicht jedoch der Betroffenen als aussagekräftig erachtet wird. Die philosemitische Suche nach dem ‚guten Israeli' – weil es sich dabei um eine imaginierte Person handelt, wird bewusst im Singular verwendet – kann nur unter zwei Bedingungen verstanden werden. Erstens verschiebt sich unter dem nach der Schoa als Tabu empfundenen offenen Antisemitismus gegen Juden die ablehnend bis feindliche Haltung zusehends und ohne allzu große Zwänge politischer Korrektheit gegen Israelis, die noch dazu auf eine militärisch gesicherte jüdische Staatlichkeit bestehen[1]. Zweitens kann vor dem Hintergrund einer in den seit den 1990er-Jahren in Europa zunehmenden, quasi-reaktionären Rückbesinnung auf regionale und lokale Entitäten bei gleichzeitig kulturalistisch-rassistisch argumentierender Zementierung des Status von Minderheiten eine fortlaufende Ethnisierung von Politik und die Indienstnahme einzelner Angehöriger von minoritären Gruppen gleichsam als Sprecher für ihr Kollektiv geortet werden. In der europäischen Wahrnehmung positiv oder negativ etikettierte Israelis werden somit nicht mehr als Individuen mit eigenem Handlungshorizont, sondern als Vertreter und Speerspitzen scheinbar homogener Gruppen gesehen.

Philosemitismus – Juden nicht als Menschen, sondern als etwas Besonderes sehen

Gerade weil die wissenschaftliche und mediale Auseinandersetzung mit Philosemitismus vergleichsweise jung und bislang eher randständig ist,[2] fehlen gängige Handbuch-Definitionen. Um mit dem Philosemitismus-Konzept soziale Realitäten begreifbar machen zu können, muss dieses selbst einer Klärung unterzogen werden.

Das diesem Aufsatz zu Grunde liegende Verständnis von Philosemitismus ist klar geprägt von den Arbeiten von Frank Stern.[3] Der im angelsächsischen und angloamerikanischen Raum dominierende Philosemitismus-Begriff,[4] insbesondere jener, der wohlwollendes Verhalten von Christen gegenüber Juden während der Jahrhunderte des christlichen Antijudaismus vor der Schoa beschreibt, ist für den vorliegenden Kontext von geringerer Relevanz, handelt es sich doch bei philosemitisch konnotierten europäischen Israel-Wahrnehmungen um ein Post-Holocaust-Phänomen in mehrfacher Hinsicht: erstens, was die Existenz des modernen Staates Israel als jüdischen und demokratischen Staat betrifft, zweitens bezüglich der Ankurbelung des europäischen Integrationsprozesses als unmittelbare Folge der Erfahrungen des Nationalsozialismus und des Zweiten Weltkrieges sowie drittens aufgrund der Spezifika des Philosemitismus nach der Definition von Frank Stern, als Konsequenz aus der Vernichtung von sechs Millionen Juden – verübt durch Deutsche, Österreicher und andere Europäer – erfasst werden müssen.

Die von Stern vor allem in Bezug auf Nachkriegsdeutschland angeführten zentralen Merkmale sind die Monumentalisierung des ‚imaginiert Jüdischen' oder des ‚imaginierten Juden' als Bestandteil staatsoffizieller und semiprivater Bewältigungskultur, die aus eigenem Nützlichkeitsdenken nunmehr diskursiv in das Positive gewandelte Stereotype bezüglich eines angeblichen ‚jüdischen Einflusses' in der internationalen Wirtschaft und Politik sowie die christlich geprägte Vorstellung von Juden als ewige Opfer in der Heilsgeschichte, denen schnell eine als ‚alttestamentarisch' bezeichnete Rachsucht unterstellt wurde und wird, wenn sie den Nachfolgegesellschaften Großdeutschlands die Nazi-Verbrechen zu verzeihen nicht bereit waren oder sind.[5] In seiner begriffsgeschichtlichen Abhandlung spricht Wolfram Kinzig in diesem Zusammenhang von einem ‚demonstrativen' beziehungsweise ‚sekundären Philosemitismus', bei dem „sich das Eintreten für das Judentum als Folge gewisser anderer Prämissen ergibt"[6].

Allerdings soll hier noch eine weitere Definitionsebene eingeführt werden. Anton Pelinka schreibt, dass „die Identität der Juden eine Sache der Juden [ist] und nicht in der Kompetenz derer, die von außen, durch freundliche oder weniger freundliche Zurufe, den Juden eine Identität zuweisen wollen"[7]. Er räumt jedoch ein, dass „Identität [...] gemacht [wird] – von der Gesellschaft [...], unter mehr oder weniger begrenzter Möglichkeit individueller Mitsprache"[8], um zum Schluss zu kommen, dass „Philosemitismus und Antisemitismus [...] unendlich weit auseinander sind – sie sind aber deckungsgleich in ihrer Deutung, dass das Judentum etwas ganz Besonderes sein muss"[9]. Philo- und Antisemitismus sind, wenn auch unter umgekehrten Vorzeichen, charakterisiert durch die Fremdzuschreibung scheinbar ‚typisch jüdischer' Eigenschaften, die abgekoppelt von der konkreten Auseinandersetzung mit jüdischen Individuen und deren Erfahrungswelten funktioniert.

Zygmunt Bauman konstatiert zur Ambivalenz jüdischer Existenz in einer nach eindeutigen Abgrenzungen und einer klaren sozialen Ordnung strebenden nichtjüdischen Umwelt:

> „Die Juden waren nicht nur grundsätzlich anders als andere Nationen, sondern auch anders als normale Fremde. Die Juden sprengten die Unterscheidung zwischen Gastgeber und Gast, zwischen Einheimischen und Fremden. [...] Die Juden waren flexibel und anpassungsfähig, gleichsam eine leere Hülse, die man nach Belieben mit unliebsamem Ballast füllen konnte."[10]

Daraus können wir auf ein weiteres Kennzeichen des Philosemitismus schließen: eine nachgerade obsessive, wenngleich oberflächliche Beschäftigung mit zugleich fremd und vertraut wirkenden jüdischen Themen, die – vergleichbar mit dem Antisemitismus – nichts über Juden, jedoch viel über den sozialpsychologischen Zustand philosemitischer Individuen und Gesellschaftssegmente aussagt.[11]

Aus prononciert jüdischer Sicht wird dies beispielsweise in den essayistischen Beiträgen von Yves Kugelmann[12] (*Mit freundlichem Schalom in die Hölle* mit dem Schwerpunkt Schweiz) und Ruth Ellen Gruber[13] (*Kitsch-Juden. Erinnerungsbilder im Angebot – ein Marktbericht nach dem Holocaust*), die philosemitische Abgründe des Betroffenheitstourismus- und Nostalgietourismus zwischen dem nationalsozialistischen Vernichtungslager Auschwitz und dem ehemaligen jüdischen Viertel Krakaus aufzeigt, formuliert. Bereits zu Beginn der 1990er-Jahre hat Rafael Seligmann das Thema Philosemitismus aufgegriffen.

Er benennt die christliche Sozialisation der Mehrheit der Deutschen als eine Hauptgrundlage für den von Schuldgefühlen motivierten Philosemitismus.

> „Die geradezu masochistische Lust vieler Deutscher, sich ständig und fast ausschließlich mit dem ‚Holocaust' auseinanderzusetzen, sich mit dem Leid der Überlebenden zu identifizieren und darin zu suhlen, ist vielfach eine Funktion ihrer christlichen Prägung."[14]

Ein Begriff ist jedoch nur dann im Stande ein Phänomen treffend zu fassen, wenn klare Grenzen gezogen werden. Berechtigterweise monieren Wolfram Kinzig[15] und Steven Philip Kramer,[16] dass nicht jede seriöse

Beschäftigung mit jüdischer Geschichte und Gegenwart, das Interesse an Israel, aber auch Freundschaften mit jüdischen Individuen, Formen der Solidarität und des öffentlich artikulierten Anti-Antisemitismus automatisch mit dem hier skizzierten von vordergründigen Motiven gespeisten Philosemitismus gleichgesetzt werden dürfen. Selbst die in einschlägigen Debatten häufig angeführte Konversion zum Judentum, die gleichsam ein Freibrief sei, um aus unterstellt niedrigen Gründen ‚auf die richtige Seite zu wechseln', muss im Rahmen einer ernsthaften Annäherung an das Phänomen Philosemitismus in jedem Einzelfall überprüft werden, um schließlich diesem zugeordnet zu werden oder auch nicht.

Die analytische Trennschärfe unseres Begriffswerkzeuges beginnt dort zu verschwimmen, wo sich die „Bewunderung für das Judentum und der Antrieb, Jüdinnen und Juden zu helfen, [...] in sehr komplexer Weise mit egoistischen Beweggründen vermisch[t]"[17]. Mit Erkenntnissen aus der Vorurteilsforschung sprechend kann Philosemitismus laut der hier vorgenommenen Definition immer dann konstatiert werden, wenn stereotype Bilder von Juden, vom Judentum oder von Israel eine langwierige Beschäftigung mit und die Akzeptanz der vielschichtigen sozialen Wirklichkeit ersetzen.

„Deutsche ‚DIN-Norm' und europäische Praxis"[18]

Timothy Garton Ash[19] paraphrasierend hält Stefan Troebst fest, dass unter dem Schlagwort der ‚deutschen DIN-Norm' der Umgang Westdeutschlands und später des wieder vereinigten Deutschlands mit dem nationalsozialistischen Erbe als prototypisch gesetzt wurde und dadurch Erinnerungskulturen anderer europäischer Gesellschaften unterbelichtet blieben. Auch was den Gegenstand des Philosemitismus betrifft, nimmt es wenig Wunder, dass das deutsche Beispiel aus historisch nachvollziehbaren Gründen in der wissenschaftlichen Literatur zentral diskutiert wurde und wird.[20] Im Zuge der vergangenheitspolitischen Eruptionen in Österreich ab den 1980er-Jahren, des Zusammenbruchs des Realsozialismus in Mittel-, Ost- und Südosteuropa und der Debatten um die Rolle der Schweiz in der Zeit des Nationalsozialismus in den letzten anderthalb Jahrzehnten wurde auch in diesen Länden der Boden für erste wissenschaftliche Auseinandersetzungen mit dem gesellschaftsspezifischen Ausprägungen des Post-Holocaust-Philosemitismus bereitet.[21] Arbeiten zum deutschen postnazistischen Philosemitismus können mithin zwar als Ausgangspunkt für andere Länderbeispiele betrachtet, jedoch nie als

Blaupause genommen werden, da dadurch die Unterschiede in der Geschichte, Gegenwart und Intensität des Antisemitismus, divergierende Erfahrungen während des Nationalsozialismus und daraus resultierend differente Erinnerungskulturen sowie präsent konkurrierende Positionen zu Israel, zum Nahen Osten, zu den USA und zur muslimischen Welt ignoriert werden würden.

Noch schwieriger gestaltet sich die Feststellung philosemitischer Sprechweisen und Handlungen, wenn der Betrachtungsrahmen auf Europa ausgeweitet wird. Der Befund, dass die wissenschaftliche Beschäftigung mit Antisemitismus nach wie vor primär im nationalstaatlichen Rahmen und kaum auf einer übergeordneten, beispielsweise europäischen Analyseebene stattfindet,[22] trifft umso mehr auf den ohnedies unterbelichteten Themenstrang des Philosemitismus zu. Umgekehrt muss auch dem breiten Feld der Europäischen Studien eine gewisse Verantwortung für dieses Desiderat zugewiesen werden. Vor allem die politikwissenschaftliche Europaforschung überlässt häufig Fragen, die sich nicht in sterilen Policy- und Governance-Analysen abhandeln lassen, entweder anderen, vielfach in einem methodologischen Nationalismus gefangenen (Sub-)Disziplinen oder überhaupt der publizistisch-populärwissenschaftlichen Debatte. Die wissenschaftliche Annäherung an Formen gesamteuropäischer Gedenkkultur bilden möglicherweise einen Impulsgeber für transnationale Untersuchungen anti- und philosemitischer Phänomene.

Die immer wieder kehrende Frage: Wo liegt Europa?

> „Europa wird nicht als Territorium, sondern als Idee und als normativer Bezugspunkt betrachtet. Europa ist ein Diskurs, der in ein politisches und ideologisches Projekt übersetzt wird [...]. Europa hat keine Essenz jenseits der, die durch Sprache geformt wird. Wenn Europa eine Bedeutung hat, dann ist es ein politisches Programm“,[23]

wobei dieses im Plural, im ständigen Wettstreit und Widerspruch gedacht werden muss. Bo Stråths Definition bildet eine Arbeitsgrundlage für den hier zur Verwendung kommenden Europa-Begriff. Das hindert umgekehrt jedoch nicht daran, essentialistische Europa-Diskurse als solche zu identifizieren.

War Europa als geografischer Begriff bereits im Mittelalter eingeführt, so kristallisierte sich von der Renaissance bis in das 18. Jahrhundert eine politisch-kulturelle Europa-Idee heraus, die das ältere christlich definierte

Gemeinschaftskonzept ergänzte und ersetzte.[24] Jedoch lassen sich – wie gegenwärtige Debatten um die Konstituierung der Grenzen Europas belegen – Geografie und (konstruierte) Identität kaum trennen. Russell King spricht im Zusammenhang mit europäischen Grenzziehungsmechanismen von einer „Reinigung (europäischen) Raumes" und einer „Geografie der Zurückweisung".[25] Nach außen grenzt sich Europa gegenwärtig von den USA, von einem vorgestellt monolithischen Islam und gegenüber Migranten aus ärmeren Kontinenten ab (wobei die letzteren zwei Exklusionsmechanismen auch im Inneren funktionieren), nach Innen sind es wiederum Migranten, Menschen, deren ‚Humanressource' am neoliberal gewendeten Arbeitsmarkt nicht gebraucht wird, oder die von extremer sozialer Ausgrenzung betroffenen Roma und Sinti. Ehemalige geografische Bruchlinien wie die West/Ost-Teilung verschwinden, neue Länder werden als ‚europareif' befunden. Wie komplex sich das Zusammenspiel von Exklusion und Vereinnahmung von Juden im heutigen Europa gestaltet, wird im Folgenden zu klären sein.

Neben der horizontalen Ebene der Zugehörigkeit zu Europa kann auch eine vertikale Aufsplitterung – beispielsweise in Region, Nation, Europa – festgestellt werden, wobei sich diese Ebenen in Bezug auf europäische Identität situations- und länderbedingt unterschiedlich verhalten. Außerdem gilt es zu bestimmen, aus welchen Komponenten sich europäische Politiken und europäische Öffentlichkeiten, die es nur im Plural gibt, zusammensetzen. Wenn hier also von ‚Europa' und ‚europäisch' die Rede ist, dann liegt der Fokus auf einer breit gefassten Diskursgemeinschaft bestehend aus der offiziösen Komponente europäischer Institutionen, die vielfach mit Eliteöffentlichkeiten korrespondiert und in eine breitere mediale und semioffizielle Wahrnehmung diffundiert beziehungsweise umgekehrt von dieser gerade bei einem Gegenstand, der wie Philosemitismus und Israel-Wahrnehmungen cum ira et studio angegangen wird, beeinflusst ist. Das politische Gewicht der Europäischen Union bringt mit sich, dass der Schwerpunkt auf diese gelegt wird, jedoch keine hermetische Betrachtung erfolgt.

Lehren aus dem Holocaust: „Von Europa sieht die Welt anders aus als von Jerusalem"[26]

Europäische Integrationsbemühungen nach 1945 (vor allem die Gründung des Europarates 1949 und die Europäische Gemeinschaft für Kohle und Stahl 1952) müssen im Kontext ihrer Entstehung in der unmittelbaren

Nachkriegszeit verstanden werden, als einerseits ein erneutes wirtschaftliches und militärischen Machtstreben Deutschlands langfristig verhindert werden sollte und andererseits durch Kooperation nicht nur ökonomische Prosperität, sondern vor allem Frieden, Sicherheit und die Implementierung grund- und menschenrechtlicher Standards in den einzelnen staatlichen Rechtsordnungen durchgesetzt wurden. Eine konkrete und schmerzhafte Auseinandersetzung mit den Ursachen des Holocausts und speziell des exterminatorischen Antisemitismus in Deutschland und Österreich fand zu diesem Zeitpunkt in der europäischen Einigungsdebatte – wenig überraschend – nicht statt, was nicht nur damit zusammen hängen dürfte, dass die Bundesrepublik und das neutrale Österreich im Zuge des Kalten Krieges bald zu respektablen Mitgliedern Westeuropas aufstiegen.

Mit dem Ende der Blockkonfrontation wurde nicht nur die damalige Europäische Gemeinschaft zur Europäischen Union und somit auch zu einer politischen Union, sondern der Ort und das Gewicht des wiedervereinigten Deutschland im geografisch expandierenden europäischen Integrationsprojekt lösten zahlreiche Debatten aus, deren Tragweite Tony Judt in der Einleitung seines 1996 erschienen Essays *Große Illusion Europa. Gefahren und Herausforderungen einer Idee* folgendermaßen auf den Punkt brachte: „Wie alle Bücher, die sich heutzutage mit Europa befassen, ist es vor allem ein Buch über Deutschland."[27]

In diesem geschichtskulturellen Klima fand das Sprechen über die Schoa nunmehr auch Einzug in offizielle europäische Diskurse. Dabei halten sich persistent jene Bilder, dass europäische Einigungsbestrebungen nach den ‚Schrecken des Zweiten Weltkrieges' und der ‚Katastrophe des Holocausts' erstmals reale Gestalt annahmen. Was im Sinne einer chronologischen Beschreibung richtig ist, verleitet gleichzeitig aber durch die Bemühung von Naturmetaphorik zu einer Ausblendung von Ideologien – der Antisemitismus sei hier exemplarisch genannt – sowie von konkreten Handlungen und Handelnden, die in Europa ihren Ausgang gehabt beziehungsweise stattgefunden haben. Die Massenvertreibung und Massenvernichtung der europäischen Juden war keine Naturkatastrophe, die über Europa hereinbrach und als deren unschuldige Gegenreaktion das europäische Integrationsprojekt eingeläutet wurde.

Derartige kritische Einwände verstummten jedoch gegenüber der Euphorie der 1990er-Jahre, als sich Europa zusehends als Exportmodell gerierte und das durch den Zusammenbruch der Sowjetunion entstandene Vakuum als selbstredend ‚humanere' Supermachtalternative zu den Vereinigten Staaten zu füllen gedachte. Betrachten wir oberflächlich die lange Friedensperiode innerhalb der EG beziehungsweise in der EU nach 1945 und die unerwartet friedliche Transformation der 2004 und 2007 der EU beigetretenen ehemals realsozialistischen Staaten in konsolidierte liberale Demokratien – die blutigen Kriege am Westbalkan sind in der europäischen Erfolgsstory oft nur einer Fußnote wert –, so könnten die universalistischen, an recht vage definierten Menschenrechts- und Toleranzgedanken orientierten Lehren, die Europa offenbar aus dem Holocaust gezogen hat, tatsächlich als Leitmodell eingestuft werden.

Problematisch wird dieser Selbstanspruch auf die korrekte Verwaltung des Erbes der nationalsozialistischen Massenvernichtung an jenem Punkt, wo anderen Sichtweisen – sei es die israelische, die gerade aus den Erfahrungen der Schoa das Recht auf einen jüdischen Nationalstaat und auf militärische Selbstverteidigung ableitet, sei es die amerikanische, die mit Rekurs auf den Zweiten Weltkrieg weitere Interventionen rechtfertigt[28] – ihre Legitimität schlicht abgesprochen wird. Am Beispiel des Museums in Auschwitz-Birkenau veranschaulicht Yossi Klein-Halevi die Differenzen zwischen Europa und Israel im Umgang mit dem Holocaust. Während die Museumsleitung das Überfliegen des Geländes des ehemaligen Konzentrationslagers durch Kampfjets der israelischen Armee für diesen Ort der Erinnerung, Stille und Totenruhe als „unpassend" empfand, gilt die Tatsache, dass die Piloten Nachfahren von Schoaüberlebenden sind, bei der Mehrheit der Israelis als passendster Weg um jüdisches Weiterleben und jüdische Stärke in einem eigenen Staat zu demonstrieren.[29] So sehr die wirtschaftliche, wissenschaftliche und technologische Zusammenarbeit zwischen der Europäischen Union und Israel gedeihen mag, wird das politische Verhältnis von konzeptuellen Divergenzen bei Fragen der Sicherheitspolitik und Kollektivität bestimmt,[30] die auch zu permanenten Dissonanzen bei Nahostgesprächen führen. Beide Seiten – Europäer wie Israelis – beziehen sich dabei auf die Erfahrungen aus dem Holocaust; doch sie tun dies auf unterschiedliche, ja entgegen gesetzte Weise.

„Profithungring, zutiefst unauthentisch und künstlich"[31] – Antiamerikanismus als Folie

Die Kulisse für ex negativo erfolgende europäische Selbstfindungsprozesse[32] und für die Positionierung Europas gegenüber Israel sowie im Nahen und Mittleren Osten[33] bildet vielfach eine Abgrenzung gegenüber den USA, die schnell in einen pauschalierenden Antiamerikanismus umzuschlagen droht, der wiederum Anschlussstellen zu traditionellen antisemitischen Wahnvorstellungen aufweist.

Was für den mittlerweile zum Gemeinplatz geronnenen Sachverhalt, dass fundierte und differenzierte Kritik an Israel legitim, ja notwendig und keinesfalls antisemitisch sei, gilt, ist ebenso auf das europäisch-amerikanische Verhältnis anzuwenden, das nicht erst seit den Anschlägen vom 11. September 2001 empfindlichen Störungen ausgesetzt ist.[34] Der ähnlichen westlich-liberalen Oberfläche zum Trotz haben die US-amerikanische und die europäischen Gesellschaften unterschiedliche Entwicklungsverläufe erlebt. Andere Wertvorstellungen bezüglich der Todesstrafe oder gelebter Religiosität stellen nur die prominentesten Beispiele für transatlantische Differenzen dar.

> „Diese spezifische Beziehung der Europäer zu den USA erklärt sich daraus, dass Amerika – bis in die jüngste Zeit – ein Produkt Europas ist, das sich jedoch mehr als andere Außenposten bewußt von seinen Wurzeln entfernt hatte. Daher speist sich der europäische Antiamerikanismus aus der Repräsentation der USA, während in anderen Teilen der Welt das amerikanische Handeln für die Konstruktion antiamerikanischer Ideen einen größeren Stellenwert hat."[35]

Die Liste der gegenwärtigen Amerika-Klischees ist indes lang und teils widersprüchlich: US-Amerikaner werden als materialistische, profitgierige, mal sittlich verwahrloste, mal dem religiösen Fanatismus anheim gefallene Menschen betrachtet, deren Land ein künstliches Gebilde – auch nach den nationalismustheoretischen Meilensteinen von Ernest Gellner, Benedict Anderson und Eric Hobsbawm glauben offenbar noch immer genug Europäer, dass ihre eigenen Staaten im Gegensatz dazu ‚natürlich' seien – ohne Traditionen, dafür aber mit imperialistischen Weltmachtambitionen sei. Einem wurzellosen Retorten-Amerika aus Plastik wird ein über Jahrhunderte bodenständig gewachsenes Europa diskursiv gegenüber gestellt. Andrei S. Markovits, der in den vergangenen Jahren Zeitungsberichte mit USA-Bezug aus britischen, französischen, deutschen und italienischen Qualitätsmedien untersuchte, stellt fest, dass dem Antiamerikanismus nicht nur ein Touch von Progressivität anhaftet, sondern dass dieser längst von einem ehemals hauptsächlich unter intellektuellen Eliten verbreiteten Ressentiment in breite Bevölkerungskreise diffundiert ist und dort die einstige, wenn auch von Klischees geprägte Amerika-Bewunderung abgelöst hat.[36]

Die genannten antiamerikanischen Bilder weisen nicht zufällig eine frappante Ähnlichkeit mit klassischen antisemitischen Versatzstücken und überzogenen anti-israelischen Äußerungen auf. Mehr noch kann bereits seit den 1920er-Jahren die Projektion antisemitischer Weltverschwörungsfantasien auf politische, wirtschaftliche und kulturelle Sektoren der USA festgestellt werden (*Wall Street, Jazz-Musik, Hollywood-Filmproduktionen, Ostküsten-Lobbies*). Eine erste Intensivierung erfuhr die Verquickung antisemitischer und antiamerikanischer Vorstellungen nach dem Holocaust. So richteten sich im (unter anderem) von den USA militärisch besiegten Deutschland die Aggressionen gegen den jüdischen amerikanischen Finanzminister Henry Morgenthau und den

> „[...] ihm zugeschriebene[n] Plan zur Versklavung des Landes. Das ins kollektive Bewusstsein eingeschliffene Bild von Henry Morgenthau als jüdischen Racheengel kann als ‚das' Mythologem der Nachkriegszeit bezeichnet werden."[37]

Die Abkehr Frankreichs von seiner proisraelischen Politik und das Umschlagen der Sympathien für den ‚sozialistischen Kibbuz-Staat' in eine scharfe Ablehnung des so bezeichneten ‚brutalen Eroberungs- und Besatzungsregimes' nach 1967 in breiten Teilen der europäischen Linken korrespondiert mit einer stärkeren Hinwendung der USA zu Israel, die während der Präsidentschaft Dwight D. Eisenhowers und unter dessen Außenminister John F. Dulles nicht erkennbar war. Eine zusätzliche Dimension jüngeren Datums erhielt das imaginierte Amalgam US-amerikanischer und israelischer Politik vermittels der Stärkung antisemitischer und antiwestlicher islamistischer Positionen, die seit der Iranischen Revolution ebendort Staatsideologie, aber auch andernorts äußerst populär sind, und sich zunehmend in Richtung muslimischer Migrationscommunities in Europa globalisieren.

Dass sich das selbstredend ‚friedliche und sozial gerechte' Europa als Alternative zum als ‚kapitalistisch und kriegstreibend' gedachten Amerika konstituiert, grenzt bei näherer Betrachtung zumindest an Realitätsbeschönigung, wenn nicht an Heuchelei. Erstens wird an diesem Punkt deutlich, dass es kein einheitliches europäisches Modell besonders in Fragen der Außen- und Sicherheitspolitik sowie der Sozialpolitik gibt. So stehen sowohl das liberalisierte Sozialstaatsmodell Großbritanniens und einiger mittel-, ost- und südosteuropäischer Transformationsländer dem amerikanischen näher als jenem des wohlfahrtstaatlichen ‚Kerneuropas'; was sich in Analogie auch für außen- und sicherheitspolitische Vorstellungen sagen lässt. Zweitens darf eine auf Multilateralismus, Diplomatie und Dialog ausgerichtete EU-Außen- und Nachbarschaftspolitik nicht darüber hinweg täuschen, dass europäische Staaten an ungleichen und gewaltsamen internationalen Herrschaftsbeziehungen beteiligt sind.

Europas Suche nach dem ‚unisraelischen, dem europäischen Juden'

Philosemitische Wahrnehmungen bezüglich des ‚guten Israeli' können nicht abgekoppelt von der Wirklichkeit der vertrackten europäisch-israelischen Beziehungen verstanden werden. Klar ist, dass die EU (und mit ihr die gesamte internationale Gemeinschaft) bisher keine Antworten auf den komplexen und gewaltförmigen Nahostkonflikt gefunden haben. Zusätzlich handelt es sich bei diesem Krisenherd um eine Region, die an der Peripherie zur EU liegend eine zweifache Rückkoppelung nach Europa hat: erstens durch den Holocaust und zweitens durch den Symbolcharakter, den die israelisch-palästinensische Auseinandersetzung für die – in Huntingtonscher Sprache verkürzt dargestellte – Konfrontation zwischen ‚dem Westen' und ‚dem Islam' besitzt. Thomas Schmidinger fasst die europäische Involviertheit prägnant zusammen:

> „Vergessen wir nicht, dass die Region für christlich sozialisierte Menschen nicht nur eine reale, sondern auch eine mythische Region ist. Jeder von uns ‚kennt' Jerusalem, Jericho, Ägypten oder das Zweistromland aus den Erzählungen der Kindheit, aus der Bibel oder zumindest als Teil unserer kulturellen Erzählungen. All dies ist in das Unterbewusstsein der Europäer eingedrungen. In jenem von nichtjüdischen Deutschen oder Österreichern gibt es noch eine andere Erinnerung. Vermutlich wissen wir letztlich doch alle irgendwo, dass die Existenz Israels direkt mit dem Antisemitismus zusammenhängt, mit dem unsere Vorfahren einen Großteil der jüdischen Bevölkerung Europas vertrieben haben. [...] Nachrichten aus dem Nahen Osten dringen so immer auch in unser Unbewusstes ein, sind nicht nur Nachricht, sondern berühren uns auf seltsame Weise mehr als ebenso lang andauernde Konflikte, sei es in Sri Lanka oder Westpapua."[38]

Dazu kommt eine Abscheu vor jüdischer Staatlichkeit, die sich sowohl aus historischen antisemitischen Ressentiments über die fehlende jüdische Satisfaktionsfähigkeit[39] als auch aus einem vorgeblich antirassistischen Motiv[40] speist, wobei Juden meist die ersten und die einzigen sind, denen nationale Selbstbestimmung untersagt wird. In einem sich selbst wider jeder Realität zusehends als postnational begreifenden Europa stößt das zu einem Gutteil entlang ethno-nationaler Kriterien definierte jüdisch-israelische Kollektiv und die Bereitschaft, dasselbe auch mit Waffengewalt und präventiv zu verteidigen, auf Befremden. Begründete Kritik an der israelischen Politik oder aber auch eine generelle Ablehnung jeglichen Nationalismus ist dabei klar zu unterscheiden von einem antisemitisch verbrämten Konfusionszustand, wenn Juden nunmehr als staatlich handelnde Subjekte auftreten. Plakativ kann mit Karl Pfeifer gesagt werden: „Gute Juden müssen Opfer sein. Der Staat Israel ist nicht bereit zu verschwinden, und die Juden spielen nicht die Rolle, die man ihnen zugedacht hat."[41]

Weil aber offener Antisemitismus im europäischen politischen Mainstream nicht nur nicht mehr salonfähig ist, sondern für seine Proponenten im Regelfall persönliche, politische oder sogar rechtliche Konsequenzen nach sich zieht, findet zusehends eine Abspaltung der ‚guten' Juden in der Diaspora von den ‚bösen' Israelis statt.

> „Vor wie nach der Aufklärung ist es dabei geblieben, daß Europas Eliten sich ihre guten und ihre schlechten Juden leisten. Es gibt solche, die sie vereinnahmen und feiern; und dann gibt es jene, die sie strafen und verdammen. Für die einen ist ein Ehrenplatz unter Europas Sonne frei. Von den anderen hat sich das offiziell pluralistische und tolerante Europa abgewandt."[42]

Verstand Heinrich Heine unter der Taufe das Entreebillet in die europäischen Gesellschaften, so werden heute von Juden ebenfalls Anpassungsleistungen verlangt, deren religiöse Komponenten augenfällig sind. Der sekundäre Antisemitismus, der nicht trotz, sondern wegen Auschwitz entstand, wirft Juden ein permanentes Wühlen in den Narben der Schuld und Scham vor. Der ‚gute Jude' hingegen wird als nicht nachtragend, dialogbereit, ja versöhnlich gezeichnet. Außerdem würde er nicht auf die Singularität der jüdischen Erfahrung bestehen, sondern vereint mit allen Europäern in den Chor einer allgemeinen Forderung nach Toleranz und Anti-Diskriminierung einstimmen. Miki Ehrlich spricht in diesem Kontext von einer „neuen Zivilreligion",[43] die sich aus der nationalsozialistischen Erbmasse der Kirchen entwickelt hat. Unter dem schillernden Titel der jüdisch-christlichen Zivilisation geschieht eine Einebnung historischer und religiöser Unterschiede zwischen Judentum und Christentum, eine Ausblendung der Jahrhunderte des christlichen Antijudaismus und die Konstituierung scheinbarer Superiorität einer imaginierten europäischen Zivilisation.

Wurde früher Juden ihre ‚Wurzellosigkeit' vorgeworfen, so dienen die in der Diaspora lebenden jüdischen Minderheiten heute als Vorbild für die Sehnsüchte nach einem kosmopolitischen Europa.[44] Der damalige EU-Kommissionspräsident Romano Prodi lobte 2004 in seiner Eröffnungsrede für ein EU-Seminar zum Antisemitismus Juden für ihre seit der Antike erzwungenen multiplen Zugehörigkeiten: „Ich bin überzeugt, dass wir viel aus der Geschichte der europäischen Juden lernen können. In vielerlei Hinsicht sind sie die ältesten, die ersten Europäer." Fritz Sänger bringt eine ähnliche Metapher in seinem aus dem Jahre 1973 datierenden, aber nach wie vor aktuellen Kommentar: „Den Bewunderern dienen die Juden als Objekt zur Pflege eines Geistes, der ein besonderes Deutschtum meint, wenn er das Judentum preist."[45] Im scharfen Kontrast dazu werden nationale Selbstdefinitionen des Jüdisch-Seins eingeordnet.

> „Der heutige Antisemitismus erwartet von Juden nicht, daß sie von ihrem Glauben abfallen. Der aufgeklärte Teil des heutigen Europa hätte aber doch gern, daß die Juden im Tausch für die vollwertige Mitgliedschaft im Kreise der herrschenden Meinung ein Kernstück ihrer Identität aufgeben; ihr Selbstverständnis als jüdisches Volk, wie sie es durch ihre Bindung an den demokratischen Staat Israel und das zionistische Projekt ausdrücken."[46]

Die Klimax des von Philosemiten herbei gesehnten ‚Juden auf Bestellschein' sind israelische Juden, die aus unterschiedlichsten Gründen dem zionistischen Staat kritisch bis ablehnend gegenüber stehen, meist europäischer Herkunft und strikt antireligiös sind und unter Auslassung einer näheren Beschäftigung mit ihren genauen Positionen pauschal als ‚unisraelische, ja europäische' Juden vereinnahmt werden.

Das friedfertige Geschlecht – die ‚gute Jüdin' als Allegorie europäischer Identität

Der Topos des ‚guten, unisraelischen, europäischen Juden' findet eine Steigerung in der Konstruktion der ‚guten Jüdin'. Zur Konkretisierung soll ein Fallbeispiel skizziert werden, an dem sich europäische philosemitische Zuschreibungen auf der Suche nach der ‚guten Jüdin' deutlich ablesen lassen.

In den einzelnen nationalstaatlichen Öffentlichkeiten zwar wenig rezipiert vergibt das Europäische Parlament seit 1998 den ‚Sacharow-Preis für geistige Freiheit' (Sakharov Prize for Freedom of Thought) – benannt nach dem sowjetischen Dissidenten Andrei Sacharow. Ausgezeichnet werden sollen „Individuen oder Organisationen für ihre Bemühungen für die Menschenrechte und Grundfreiheiten sowie gegen Unterdrückung und Ungerechtigkeit"[47]. Neben so prominenten Namen wie die Friedensnobelpreisträgerin Aung San Suu Kyi aus Myanmar (Preisträgerin 1990), die aufgrund des über sie verhängten Hausarrestes nicht nach Strassburg reisen konnte, der kosovarische Politiker Ibrahim Rugova (1998) und die gegen den ETA-Terrorismus protestierende spanische Gruppe „¡Basta Yá!" (2000) finden wir unter anderem chinesische, kubanische und weißrussische Regimekritiker sowie die Vereinten Nationen (2003) und „Reporter ohne Grenzen" (2005).

Im Jahr 2001 erhielten die Israelin Nurit Peled-Elhanan[48] und der mittlerweile verstorbene Palästinenser Izzat Ghazzawi[49] den Sacharow-Preis gemeinsam mit dem angolanischen Bischof Dom Zacarias Kamwheno. Die Klammer um die beiden Preisträger Nurit Peled-Elhanan und Izzat Ghazzawi ist der Verlust eines Kindes. Peled-Elhanans Tochter Smadar wurde 1997 bei einem von einem Palästinenser in Jerusalem verübten Selbstmordanschlag im Alter von 13 Jahren getötet. Ghazzawis Sohn Rami wurde im Jahre 1993 16-jährig von einem israelischen Soldaten erschossen, als er einem in Kampfhandlungen verwundeten Schulkollegen zu Hilfe eilte.

Zur Disposition steht hier ausdrücklich nicht der Umgang Peled-Elhanans mit ihrer familiären Tragödie. Auch ihr entschlossenes und zuweilen radikales Engagement gegen die israelische Besatzungspolitik und gegen Diskriminierungen von Palästinensern mit israelischer Staatsbürgerschaft sind für unseren Kontext per se von geringer Relevanz, zumal in der pluralistischen israelischen Demokratie derartige Stimmen ihre Bedeutung und ihr Publikum haben. Jene Argumentationslinie, die die Aussagen und Handlungen Peled-Elhanans sofort unter der Etikette eines ‚jüdischen Selbsthasses' pathologisieren würde, ist gleichfalls zu entkräften.

Wesentlich aufschlussreicher ist der Blick auf die europäische Seite, die zum Höhepunkt der so genannten Al-Aqsa-Intifada als scheinbar neutrale Mediatorin und selbsternannte Friedensstifterin einen Preis für geistige Freiheit ausgerechnet an zwei Elternteile verleiht, die ihre eigenen Kinder als Folge des israelisch-palästinensischen Konfliktes verloren haben. Nicole Fontaine, die damalige konservative französische Präsidentin des Europäischen Parlaments meinte in ihrer Laudatio wörtlich:

> „Frau Nurit Peled-Elhanan und Herr Izzat Ghazzawi, dadurch, dass wir Sie gemeinsam ehren, hofft das Europäische Parlament einen Beitrag zur

Förderung von Frieden gegenüber Krieg, zum Ausdruck von Toleranz und Verständigung und zum Erhalt der Hoffnung zu leisten."[50]

Wenn wir nun nochmals die eingangs getroffene Definition, dass Post-Holocaust-Philosemitismus meist auch ein christlich-eschatologisches Element enthält, rekapitulieren, so stellt sich die Frage, ob der Tod dieser beiden Jugendlichen gleichsam als sinnstiftendes Erlösungsopfer auf dem Weg zu Frieden in Nahost betrachtet wird. Fokussierend auf Peled-Elhanan drängen sich Bilder von der leidenden Mutter mit dem getöteten unschuldigen Kinde auf, die in einem zwar großteils säkularisierten, jedoch von christlichen Überlieferungen und kulturellen Normen nach wie vor geprägten Europa offenbar höchst präsent sind. Hinter den inhaltsleeren Floskeln von ‚Friede gegenüber Krieg, Toleranz und Verständigung' sowie ‚Erhalt der Hoffnung' steckt definitiv kein Plan für eine pragmatische, dauerhafte und für beide Konfliktparteien akzeptable Lösung des Nahostproblems. Vielmehr verbergen sich dahinter Grundmuster einer philosemitischen Suche nach der ‚guten Israelin' und somit der ‚guten Jüdin'.

Praktischerweise wurde unter den Hunderten israelischen Müttern, deren Kind bei einem Attentat getötet wurde, Peled-Elhanan gewählt, die trotz oder wegen dieser Erfahrung der zionistischen Verfasstheit Israels und seiner konkreten Politik äußerst kritisch gegenüber steht – in das säkularisiert christliche europäische Vokabular übersetzt also den Mördern ihrer eigenen Tochter ‚verzeihen kann'. In der europäischen Öffentlichkeit wird Peled-Elhanan als ‚jüdische Kronzeugin' instrumentalisiert; das ansonsten um politische Korrektheit und vorgeblichen Anti-Antisemitismus bemühte Publikum wird nun endlich aus dem Munde einer jüdischen Israelin über die Völker- und Menschenrechtsverletzungen der israelischen Regierung unterrichtet. Nebenbei stellt sich die Frage, wann Peled-Elhanan jemals an der Ausübung ihres Grund- und Menschenrechtes auf freie Meinungsäußerung gehindert wurde. Vielleicht aber soll die Sacharow-Preisträgerin gleichsam als Dissidentin gegen eine verschwörungstheoretisch halluzinierte jüdisch-amerikanische Beherrschung der internationalen Presse und Meinungsbildung diskursiv positioniert werden.

Auf offizieller europäischer Seite greift offensichtlich nach wie vor jene von den kritischen Gender-Studies längst dekonstruierte Biologisierung Platz, dass Frauen per se das friedliche, weil fürsorgliche Geschlecht seien. Die diskursiv so konstituierte ‚gute Jüdin' verkörpert mithin das, was das sich vereinigende Europa auf der weltpolitischen Bühne so gerne wäre: die altruistisch nach Frieden und sozialer Gerechtigkeit strebende Alternative, die von den männlich-martialisch konnotierten USA (und im imaginierten Schlepptau von Israel) an ihrer Entfaltung gehindert wird.

Philo- wie Antisemitismus: Nichts über die Opfer, alles über die Sprecher – Epilog

Resümierend soll ein Textbeispiel diskutiert werden, das nolens volens als exemplarisch für europäische Wahrnehmungen des ‚guten Juden' und des ‚bösen Israeli' gelten kann. Der in Österreich einer breiteren Öffentlichkeit bekannte und bekennend katholische Publizist Hubert Feichtlbauer veröffentlichte in der Ausgabe 2006 der jährlich erscheinenden Zeitschrift *Das Jüdische Echo* – herausgegeben in Wien vom kürzlich verstorbenen jüdischen Holocaust-Überlebenden Leon Zelman – einen mit ‚*Nicht du trägst die Wurzel...': Die unheilvolle ‚Zergegnung' von Christen und Juden*[51] betitelten Beitrag. Der 1932 geborene Feichtlbauer erzählt darin von seinem Aufwachsen in einem katholischen Elternhaus, der jugendlichen Begeisterung für die Befreiung durch die Amerikaner, Latenzen über Juden in seinem Sozialisationsmilieu und schließlich die aktive Auseinandersetzung mit dem Nationalsozialismus im Zuge des Zweiten Vatikanischen Konzils sowie sein Engagement im so genannten christlich-jüdischen Dialog.

An dieser Stelle wandelt sich das ‚gut gemeint' in ein ‚schlecht gemacht'. Sehen wir einmal davon ab, dass Feichtlbauer – sich des NS-Jargons offenbar nicht bewusst – dem ehemaligen Innsbrucker Bischof Reinhold Stecher zu seiner „beherzten Ausmerzung"[52] einer bis in die 1980er-Jahre mit kirchenoffizieller Duldung praktizierten Wallfahrt zum Ort eines halluzinierten Ritualmordes gratuliert. Einige Absätze später stellt er „leichte Ermüdungserscheinungen" im christlich-jüdischen Dialog fest: während die christliche Seite beständig dazu lernen würde, sieht er „nur wenige Vertreter des Judentums, die sich an diesem Dialog theologisch und mit brennendem Herzen beteiligen" und wähnt den „freundlich-kooperative[n]" Oberrabbiner Paul Chaim Eisenberg innerjüdisch ob seiner Gesprächsbereitschaft unter Druck gesetzt. Weniger freundlich und kooperativ, ja sogar „gewöhnungsbedürftig" verhielt sich in Feichtlbauers Augen der Präsident der Israelitischen Kultusgemeinde Wien Ariel Muzicant bei den Restitutionsverhandlungen mit der österreichischen Bundesregierung um die Jahrtausendwende. „Die unverblümt fordernde Sprache Muzicants ließ neue Befürchtungen hinsichtlich ungestümer Reaktionen aufkommen."[53] Wenn ein nach der Schoa geborener IKG-Präsident fast sechs Jahrzehnte nach dem Ende des Nationalsozialismus das Recht auf Rückgabe geraubter Güter und auf Entschädigung einklagt, dann trüge er in Feichtlbauers Argumentation kausale Schuld für potentielle antisemitische Ausfälle.

Wenn es um den Staat Israel geht, verkommen die philosemitischen Begegnungsversuche endgültig zur ‚Zergegnung'. Israel würde nicht nur den Eindruck machen, „ehrlich einen Waffenstillstand mit den bewaffneten arabischen Nachbarstaaten, nicht aber mit den militärisch schwachen Palästinensern gesucht" zu haben, sondern sich auch noch erdreisten, „eine Fortführung des [Friedens-]Prozesses vom totalen Verzicht auf weitere Attentate abhängig" zu machen. Nachdem auch die US-Regierung in die Mangel genommen und in einem Nebensatz „rechte[r] Antisemitismus" und „linke[r] Antiamerikanismus" erwähnt wurden, schwingt sich Feichtlbauer zur direkten Anrede auf: „Aber bitte, liebe jüdische Freunde von links und rechts, glaubt endlich einmal, dass der Unmut auch in vielen Idealisten wächst, die weder Juden noch Palästinenser sterben sehen möchten […]."[54]

Der scheinbar über den Dingen stehende ‚europäische Philosemit' hebt zum Schlussplädoyer an:

> „Die Begegnung in respektvoller Anerkennung gemeinsamer Wurzeln, aber auch des Andersseins der anderen verlangt Mut und Kraft. Aber wann sonst als nach der Unsäglichkeit der Shoah wäre im Sinne Kohelets die Stunde eines Neubeginns gekommen? Keine Kassam-Rakete und kein Merkava-Panzer dürfen uns an diesem Unterfangen irre machen."[55]

Nach Feichtlbauers Belehrung wird der ‚böse Israeli' seinen Merkava-Panzer einschrotten und schnell den nächsten pazifistischen Bibelkreis aufsuchen.

Anmerkungen

1 Der große Wendepunkt bei links-liberalen westeuropäischen Eliten war zweifelsohne der Sechstagekrieg 1967 und die anschließende Besatzung ägyptischen, jordanischen und syrischen Territoriums und der dort lebenden Palästinenser. Anders sah es in den realsozialistischen Staaten mit dem offiziell verordneten Antizionismus und in vielen Segmenten der Rechten aus, die zwar keine Juden in Europa haben wollten, dafür umso begeisterter für Israels militärisches Vorgehen eintraten. Jüngere

Strömungen, die expressis verbis für Israel als jüdischen Staat eintreten (z.B. Antideutsche Linke) haben vergleichsweise geringen Zugang zum meinungsbildenden Mainstream in europäischen Gesellschaften.

2 Vgl. z.B. Berlinerblau, Jacques: On Philo-Semitism, in: Occasional Papers on Jewish Civilization, Jewish Thought and Philosophy, Edmund A. Walsh School of Foreign Service/Program for Jewish Civilization, Georgetown University, Washington D.C., Winter 2007, S. 8, in: http://pjc.georgetown.edu/docs/philo_semitic.pdf, 15.7.2007.

3 Beispielsweise Stern, Frank: Der geschönte Judenfleck. Antisemitismus als Philosemitismus, in: Jüdisches Museum der Stadt Wien (Hg.): Die Macht der Bilder. Antisemitische Vorurteile und Mythen, Wien 1995, S. 398–402; ders.: Im Anfang war Auschwitz. Antisemitismus und Philosemitismus im deutschen Nachkrieg, Gerlingen 1991; ders.: Philosemitismus. Stereotype über den Feind, den man zu lieben hat, in: Babylon. Beiträge zur jüdischen Gegenwart, Nr. 8, 1991, S. 15–25.

4 Vgl. z.B. Edelstein, Alan: An Unacknowledged Harmony. Philo-Semitism and the Survival of European Jewry, Westport/London 1982; Levenson, Alan: Between Philosemitism and Antisemitism. Defense of Jews and Judaism in Germany, 1871–1932, Lincoln 2004; Rubinstein, William D./Rubinstein, Hilary L.: Philosemitism: Admiration and Support in the English-Speaking World for Jews, 1840–1939, London 1999.

5 Vgl. Stern: Der geschönte Judenfleck, [wie Anm. 3].

6 Kinzig, Wolfram: Philosemitismus – was ist das? Eine kritische Begriffsanalyse, siehe im vorliegenden Band.

7 Pelinka, Anton: Nicht ‚die Judenfrage' – der Antisemitismus ist das Problem, in: Hallhuber, Max-Joseph/Pelinka, Anton/Ingruber, Daniela (Hg.): Fünf Fragen an drei Generationen. Der Antisemitismus und wir heute, Wien 2002, S. 53.

8 Vgl. ebd., S. 54.

9 Vgl. ebd., S. 63.

10 Bauman, Zygmunt: Große Gärten, kleine Gärten. Allosemitismus: Vormodern, Modern, Postmodern, in: Werz, Michael (Hg.): Antisemitismus und Gesellschaft. Zur Diskussion von Auschwitz, Kulturindustrie und Gewalt, Frankfurt a.M. 1995, S. 44–61.

11 Vgl. auch Erb, Rainer: Klischees über ‚gute' und ‚böse' Juden, in: *Tribüne*, Jg. 37, Nr. 148, 1998, S. 144f.

12 Kugelmann, Yves: Mit freundlichem Schalom in die Hölle. Schweizer und andere Phantasien über die Juden, in: Loewy, Hanno (Hg.): Gerüchte über die Juden. Antisemitismus, Philosemitismus und aktuelle Verschwörungstheorien, Essen 2005, S. 271–286.

13 Gruber, Ruth Ellen: Kitsch-Juden. Erinnerungsbilder im Angebot – ein Marktbericht nach dem Holocaust, in: Loewy: Gerüchte über die Juden, [wie Anm. 12], S. 287–300.

14 Seligmann, Rafael: Mit beschränkter Hoffnung. Juden, Deutsche, Israelis, Hamburg 1991, S. 113.

15 Kinzig: Philosemitismus – was ist das?, [wie Anm. 6].

16 Kramer, Steven Phillpp: Recovering the Philo-Semitic Past, in: Occasional Papers on Jewish Civilization, Jewish Thought and Philosophy, Edmund A. Walsh School of Foreign Service/Program for Jewish Civilization, Georgetown University, Washington D.C., Winter 2007, S. 23, in: http://pjc.georgetown.edu/docs/philo_semitic.pdf, 15.7.2007.

17 Kinzig: Philosemitismus – was ist das?, [wie Anm. 6].

18 Troebst, Stefan: Jalta versus Stalingrad, GULag versus Holocaust. Konfligierende Erinnerungskulturen im größeren Europa, in: Faulenbach, Bernd/Jelich, Franz-

Josef (Hg.): ‚Transformationen' der Erinnerungskulturen in Europa nach 1989, Essen 2006, S. 28.

19 Garton Ash, Timothy: Zeit der Freiheit. Aus den Zentren des neuen Europa, München/Wien 1999, S. 309.

20 Vgl. auch Kinzig: Philosemitismus – was ist das?, [wie Anm. 6].

21 Siehe auch den Text von Christina Späti im vorliegenden Band.

22 So basierte auch der viel diskutierte EUMC-Antisemitismusbericht 2004 auf Datenerhebungen in den einzelnen Mitgliedstaaten, wobei in der wissenschaftlichen Evaluation des Berichtes das Fehlen transnationaler Antisemitismusforschung als Desiderat genannt wird. Siehe European Monitoring Centre on Racism and Xenophobia: Manifestations of Antisemitism in the EU 2002–2003. Based on information by the National Focal Points of the RAXEN Information Network, Wien 2004, S. 320ff.

23 Stråth, Bo: Europe as a Discourse. Introduction, in: ders. (Hg.): Europe and the Other and Europe as the Other, Brüssel u.a. 2000, S. 14, [übers. durch d. Verf.].

24 Ebd., S. 28f.

25 King, Russell: The Mediterranean: Europe's Rio Grande, in: Anderson, Malcolm/Bort, Eberhard (Hg.): The Frontiers of Europe, London 1998, S. 124.

26 Klein-Halevi, Yossi: Tehom yehudit-eropit hadasha [Ein neuer jüdisch-europäischer Abgrund], in: *Eretz aheret*, Nr. 18, September – Oktober 2003, [im Original hebräisch], S. 58.

27 Judt, Tony: Große Illusion Europa. Gefahren und Herausforderungen einer Idee, München/Wien 1996, S. 7.

28 Die regelmäßig wiederkehrenden Debatten vor militärischen Interventionen, an denen sich europäische Streitkräfte beteiligen sollten (z.B. Kosovo 1999, Afghanistan 2001/02, Irak 2002/03, Libanon 2006), zeigen erstens anhand der deutschen Debatte, dass der Nationalsozialismus situationsbedingt als Antrieb wie auch als Hinderungsgrund instrumentalisiert werden kann, und zweitens, dass die EU in diesen Fragen von einer gemeinsamen Außen- und Sicherheitspolitik noch weit entfernt ist.

29 Klein-Halevi: Tehom yehudit-eropit hadasha, [wie Anm. 26], S. 58.

30 Vgl. z.B. Dror, Yehezkel/Pardo, Sharon: Approaches and Principles for an Israeli Grand Strategy towards the European Union, in: *European Foreign Affairs Review*, Jg. 11, Nr. 1, 2006, S. 14–44; Keridis, Dimitris: Europe and Israel: What Went Wrong? The Begin-Sadat Center for Strategic Studies, Bar-Ilan University. The Madame Madeleine Feher European Scholar-in-Residence Lecture, Ramat Gan 2004, in: http://primage.tau.ac.il/libraries/brender/books/1933123.pdf, 3.1.2005.

31 Markovits, Andrei S.: Antiamerikanismus und Antisemitismus in Europa, in: Rabinovici, Doron/Speck, Ulrich/Sznaider, Natan (Hg.): Neuer Antisemitismus? Eine globale Debatte, Frankfurt a.M. 2004, S. 215f.

32 Golo Mann hielt bereits 1954 den projektiven Charakter des europäischen Antiamerikanismus als Form einer nach außen gewendeten Selbstkritik fest: „Was wir den Amerikanern vorwerfen, haben wir selbst in uns."; siehe Mann, Golo: Urteil und Vorurteil, in: *Merkur. Deutsche Zeitschrift für europäisches Denken* 8, 1954, S. 393, zit. nach Behrends, Jan C./Von Klimó, Árpád/Poutrus, Patrice G.: Antiamerikanismus und die europäische Moderne. Zur Einleitung, in: dies. (Hg.): Antiamerikanismus im 20. Jahrhundert. Studien zu Ost- und Westeuropa, Bonn 2005, S. 16.

33 Vgl. Anchuelo, André/Schröder, Ilka: Europe's hidden war against the US. Nahost als Testfeld europäischer Großmachtambitionen, in: Schröder, Ilka (Hg.): Weltmacht Europa – Hauptstadt Berlin? Ein EU-Handbuch, Hamburg 2005, S. 94–114.

34 Dan Diner bespricht die Geschichte des antiamerikanischen Ressentiments in Europa (mit Schwerpunkt Deutschland, wo der Antiamerikanismus bis nach den Zweiten Weltkrieg auch eine antibritische und generell antiwestliche Stoßrichtung besaß)

von der Romantik des 19. Jahrhunderts, über den Imperialismusvorwurf an Woodrow Wilsons Friedensprogramme für die Verliererstaaten des Ersten Weltkrieges, den Nationalsozialismus und die verordnete Ablehnung in den realsozialistischen Staaten, die antiimperialistische Dritte-Welt-Solidarität ab den späten 1960er-Jahren und die Friedensbewegungen der 1970er- und 1980er-Jahre bis hin zu den rezentesten Entwicklungen nach dem 11. Sptember 2001; siehe Diner, Dan: Feinbild Amerika. Über die Beständigkeit eines Ressentiments, München 2002.

35 Markovits, Andrei S.: Allzeit präsent, doch immer verleugnet. Überlegungen zum europäischen Antiamerikanismus und Antisemitismus, in: Behrends/von Klimó/Poutrus (Hg.): Antiamerikanismus im 20. Jahrhundert, [wie Anm. 32], S. 323.

36 Markovits, Andrei S.: European Anti-Americanism (and Anti-Semitism): Ever Present Though Always Denied. Vortrag auf dem Symposium ‚USA – Europe. Values and Prejudices', Wien 2005, in: http://www.ustivov.at/2005_usa-europa-markovits2.htm, 2.6.2007.

37 Diner: Feindbild Amerika, [wie Anm. 34], S. 119f.

38 Schmidinger, Thomas: Demokratisierung zwischen drei Kriegen? Neue Weichenstellungen zwischen Zweitem Golfkrieg und dem jüngsten Nahostkrieg, in: Steffelbauer, Ilja/Hakami, Khaled (Hg.): Vom Alten Orient zum Nahen Osten, Essen 2006, S. 268f.

39 Vgl. z.B. Diner, Dan: Der Sarkophag zeigt Risse. Über Israel, Palästina und die Frage eines ‚neuen Antisemitismus', in: Loewy (Hg.): Gerüchte über die Juden, [wie Anm. 12], S. 345–363.

40 Vgl. z.B. Finkielkraut, Alain: Im Namen des Anderen. Reflexionen über den kommenden Antisemitismus, in: Rabinovici, Doron/Speck, Ulrich/Sznaider, Natan (Hg.): Neuer Antisemitismus? Eine globale Debatte, Frankfurt a.M. 2004, S. 119–132.

41 Pfeifer, Karl: Theodor Herzl – Die ‚guten' und ‚bösen' Juden, in: *Neue Illustrierte Welt*, Nr. 4/5 2004, S. 7.

42 Ottolenghi, Emanuele: Europas ‚gute Juden', in: *Welt Online*, 21.1.2006, in: http://www.welt.de/print-welt/article192359/Europas_gute_Juden.htm,_10.8.2007).

43 Ehrlich, Miki: HaDat HaEzrahit HaHadasha [Die neue zivile Religion], in: Eretz aheret, Nr. 18, September – Oktober 2003, S. 29, [im Original hebräisch].

44 Prodi, Romano: Eine Union der Minderheiten. Eröffnungsrede zum Europa-Seminar: Gegen Antisemitismus, für eine Union der Vielfalt, Brüssel, 19.2.2004, in: http://europa.eu/rapid/pressReleasesAction.do?reference=SPEECH/04/85&format=HTML&aged=0&language=DE&guiLanguage=en (03.12.06).

45 Sänger, Fritz: Philosemitismus – nutzlos und gefährlich, in: *Tribüne*. Zeitschrift zum Verständnis des Judentums, Jg. 12 (1973), Nr. 46, S. 5242.

46 Ottolenghi: Europas ‚gute Juden', [wie Anm. 42].

47 European Parliament: DG External Policies. Human Rights Unit. The Sakharov Prize for Freedom of Thought, in: http://www.europarö.europa.eu/comparl/afet/droi/sakharov/inspiration_en.htm, 11.8.2007, [Übers. durch d. Verf.].

48 Nurit Peled-Elhanan ist Dozentin für Sprach- und Erziehungswissenschaften an der Hebräischen Universität Jerusalem und die Tochter des 1995 verstorbenen ehemaligen Generals der israelischen Streitkräfte Matti Peled, der als Knesset-Abgeordneter bereits in den 1970er-Jahren für Verhandlungen mit der PLO und den Abzug aus den im Sechstagekrieg besetzten Gebieten eintrat.

49 Izzat Ghazzawi war Schriftsteller und lehrte an der Bir-Zeit-Universität in Ramallah. Von 1989 bis 1991 war er in israelischen Gefängnissen inhaftiert.

50 Fontaine, Nicole: Debates of the European Parliament. Sitting of Wednesday, 12 December 2001. Award of Sakharov Prize 2001, in: http://europarl.europa.eu/omk/omnsapir.so/debats/L5?LEVEL=DOC&NUMINT=3-258&FILE=20011212EN&LANGUE=EN, 11.8.2007, [übers. durch d. Verf.].

51 Feichtlbauer, Hubert: ‚Nicht du trägst die Wurzel...'. Die unheilvolle ‚Zergegnung' von Christen und Juden, in: *Das Jüdische Echo. Europäisches Forum für Kultur und Politik*, Jg. 55 (2006), S. 279–285.
52 Ebd., S. 280.
53 Ebd., S. 283.
54 Ebd., S. 284.
55 Ebd., S. 285.

Yves Patrick Pallade

Proisraelismus und Philosemitismus in rechtspopulistischen und rechtsextremen europäischen Parteien der Gegenwart

> „Während des Sechs-Tage-Krieges im Juni 1967 treffen sich zwei Männer auf der Straße. Der eine sagt auf die Frage, warum er so glücklich dreinschaue, er habe gerade vernommen, dass die israelische Luftwaffe sechs Flugzeuge sowjetischer Bauart abgeschossen habe. Am anderen Tag ist er noch vergnügter, weil die Israelis acht MIG-Jäger ausgeschaltet haben. Am dritten Tag ist er unglücklich. Sein Freund fragt teilnahmsvoll, ob die Israelis heute keinen militärischen Erfolg gehabt hätten. Doch, antwortet der, aber jemand hat mir mitgeteilt, dass die Israelis Juden sind."[1]

Die folgende Episode aus den späten 1950er-Jahren stammt aus der Autobiografie des damaligen Beauftragten des israelischen Verteidigungsministeriums in Europa und Leiters der Einkaufsmission in Frankreich Asher Ben Natan:

> „Eines Abends lud uns Uzi Narkis, der israelische Militärattaché, zusammen mit den französischen Generälen und ihren Frauen in sein Haus ein. Im Laufe des Abends fiel mir ein französischer Offizier auf, der offensichtlich Jude war. Er hielt sich betont abseits und schaute nachdenklich in die Runde. Als ich ihn fragte, warum er sich so absondere, flüsterte er mir zu: ‚Ist Ihnen nicht bewusst, dass das alles Antisemiten sind?' Ich konnte nicht beurteilen, ob er Recht hatte, aber ich war sicher, dass alle sehr pro-israelisch waren."[2]

Was wie ein Kuriosum aus einer längst vergangenen Periode des vorigen Jahrhunderts anmuten mag, hat seine Wiedergänger in jüngster Zeit. Kürzlich berichtete die israelische Tageszeitung *Haaretz* über den Besuch einer Delegation der rechtspopulistischen norwegischen Fortschrittspartei in Israel. Unter dem Titel *Das norwegische Paradox* konnte man erfahren, dass die Norweger von der israelischen Außenministerin Zippi Livni empfangen worden waren, ihr ein Protestschreiben gegen die Politik der norwegischen Regierung übergeben und ihre Unterstützung für Israel bekundet hatten. Dies hatte just zu dem Zeitpunkt stattgefunden, als Norwegen sich an die Spitze derjenigen westlichen Länder gesetzt hatte, die den gegen die Hamas-Regierung durch die USA und die EU verhängten Boykott zu durchbrechen versuchten. In dem Beitrag war von einem neuen Typus von Rechtsradikalen die Rede, der sich vor allem gegen Einwanderung und für stärkere Kriminalitätsbekämpfung einsetze, mit der eigenen antisemitischen Vergangenheit jedoch gebrochen habe und nunmehr Israel unterstütze.[3]

In der Tat drängt sich bei oberflächlicher Betrachtung dieses Falls der Begriff ‚Paradox' auf: Seit Jahrzehnten pflegen Parteien der politischen Mitte in westlich-demokratischen Industrieländern einen vergleichsweise positiven Bezug zu Israel, der gewöhnlich zu beiden Rändern des politischen Spektrums hin abnimmt. Auf einem klassischen Links-Rechts-Schema waren es in der Regel die nach dem Zweiten Weltkrieg einander in der Regierungsverantwortung abwechselnden konservativen, christdemokratischen, liberalen und sozialdemokratischen Parteien, welche sich aus ideologischen ebenso wie aus Gründen der Staatsräson um ein positives Verhältnis zu ihren jüdischen Bürgern und zum jüdischen Staat bemühten.[4] Hingegen wurden letztere wiederholt durch rechts- und linksradikale Akteure auf unterschiedliche Art und Weise antagonisiert.

Im Gegensatz vor allem zu denjenigen westeuropäischen kommunistischen Parteien, die sich nach den Vorgaben Moskaus richteten und deren antikosmopolitische Einstellung (im Inneren) sowie antizionistische Ausrichtung (im Äußeren) den darunter liegenden und aus ideologischen Gründen tabuisierten Antisemitismus nur mühsam kaschieren konnten, standen rechtsextreme Parteien häufig in der personellen und ideologischen Tradition des Nationalsozialismus und der Kollaborationsregime des Dritten Reichs. Ihre fundamentale Aggression gegen alles Jüdische – von einem jüdischen Staat ganz zu schweigen[5] – hatte in ideologischer Hinsicht geradezu konstitutiven Charakter, wenngleich sie aus strafrechtlichen Gründen und Opportunitätserwägungen mitunter zurückgestellt oder kodiert wurde. Dass die inhaltlichen Schwerpunkte rechtsextremer Parteien sich mit der Zeit von revanchistischen Anliegen wie den Rechten der Vertriebenen und Kriegsversehrten sowie der Grenzziehung bzw. des Irredentismus zunehmend auf Fragen der Einwanderung und des Arbeitsmarktes verlegten, haben andere Mobilisierungsfelder – darunter vor allem der Antisemitismus – weitgehend persistiert. Es ist davon auszugehen, dass dieser aufgrund seiner Modernisierbarkeit und Kompatibilität mit den wechselnden schwerpunktmäßigen Themenfeldern des Rechtsextremismus als ein den anderen mal mehr mal weniger relevanten Ideologemen vorgelagertes Welterklärungsmuster fungiert, welches nicht immer manifest werden muss, sondern durchaus auch Phasen relativer Latenz durchlaufen kann. Doch erscheinen positive Bezüge auf Juden oder den Staat Israel geradezu ausgeschlossen angesichts der für rechtsextreme Ideologie gewöhnlich identitätsstiftenden Rolle des Antisemitismus. Im Gegensatz zum teilweise noch um politische Korrektheit bemühten Antizionismus der radikalen Linken[6] diffundieren gerade im rechtsextremen Antizionismus primärantisemitische und antiisraelische Ideologeme zu einer verquasten Melange.[7]

Umso paradoxer erscheint vor diesem Hintergrund die Häufung positiver Bezugnahmen auf Israel und mitunter auch auf Juden im Allgemeinen durch Politiker der radikalen europäischen Rechten in jüngerer Zeit. Wenngleich sich die Analyse auf rechtspopulistische und rechtsextreme Parteien der Gegenwart bezieht, nimmt sie keine vollkommen ahistorische Perspektive ein. Vielmehr werden Wandel und Kontinuität erst durch historische Rückblenden verständlich, die neben der Untersuchung der veränderten Opportunitätsstrukturen der Gegenwart einschließlich des ‚cultural framings' auch die dem Phänomen zugrunde liegende psychologische Motivation zu erhellen helfen.

Wie aus der eingangs zitierten Passage aus Asher Ben-Natans Memoiren deutlich wird, existierten gerade zu jener Zeit im militärisch-konservativen Milieu eines Staats wie Frankreich, das traditionell stark antisemitisch geprägt war, Sympathien für Israel. Maßgebend für derartige Haltungen war zu Zeiten des Kalten Kriegs ein Pragmatismus, welcher in Israel einen strategischen Verbündeten des Westens gegen den Einfluss der kommunistischen Sowjetunion erkannte. Doch auch emotionale Aspekte, in denen sich mitunter identifikatorische Elemente manifestieren, sind zu konstatieren. So mutierten die verachteten Getto-Juden Europas spätestens im Zuge von Israels erfolgreichem Feldzug im Sechstagekrieg von 1967 in der Wahrnehmung konservativer und militärischer Kreise in der Bundesrepublik Deutschland zu den Erben von Rommels ‚Wüstenfüchsen', welche als ‚Preußen den Nahen Ostens' der Welt mit einem erfolgreichen ‚Blitzkrieg' das vormachten, was von seiner Genese her den deutschen Tugenden zugeschrieben aber von einer besiegten und ‚gezähmten' deutschen Armee nicht mehr geleistet werden konnte bzw. durfte.[8]

Eine derartige Bewunderung für Israels militärische Stärke ist bis heute beispielsweise innerhalb der Leitungsebene der Bundeswehr zu finden. So pflegte der ehemalige Kommandeur des Kommandos Spezialkräfte (KSK) Reinhard Günzel nach eigenem Bekunden ein „herzliches Verhältnis" zu seinen Pendants bei der israelischen Armee, mit der man eng und vertrauensvoll in sensiblen Bereichen zusammenarbeitete.[9] Seine Haltung zu Juden und zur deutschen Vergangenheit steht indes auf einem anderen Blatt. Im Zuge der Affäre um den Bundestagsabgeordneten Martin Hohmann im November 2003 wurde er seines Postens enthoben, da er dem CDU-Mann in einem Schreiben auf Papier der Bundeswehr[10] zu einer Rede gratuliert hatte, die deutlich antisemitische und revisionistische Züge aufwies.[11] Günzel fand sich in der Folge sehr bald schon im Umfeld publizistischer Organe und Einrichtungen an der Schnittstelle zwischen Nationalkonservatismus und Rechtsradikalismus wieder.[12] So beklagte er in einer Rede vor dem der Wochenzeitung *Junge Freiheit* nahestehenden Institut für Staatspolitik, einem neurechten Think Tank, den „Zwang, der ‚Singularität des Holocaust' unsere Reverenz zu erweisen"[13]. An seinem positiven Verhältnis zu Israel hielt er jedoch weiterhin fest und rekurrierte darauf insbesondere, um sich vom Vorwurf des Antisemitismus zu exkulpieren, etwa indem er betonte, er habe immer die Zusammenarbeit mit den Israelis gefördert, „weil es fantastische Menschen und Soldaten sind"[14], und seine Freundschaft zu einem israelischen General sowie den von ihm bei einem Besuch in Yad Vashem niedergelegten Kranz in diesem Zusammenhang erwähnte.[15]

Das Beispiel des Generals Günzel verdeutlicht auf geradezu idealtypische Weise die Unbefangenheit, mit der antisemitische und proisraelische Anschauungen in einem Weltbild nebeneinander existieren können. Hiervon ausgehend werden im Folgenden auch die projüdischen und proisraelischen Artikulationen verschiedener rechtspopulistischer und rechtsradikaler Parteien Europas untersucht.

Fortschrittspartei (Norwegen)

Ins Auge fällt zunächst eine der rechtsextremen Israelsolidarität zugrundeliegende rassistische und revisionistische Motivationslage, die in Zeiten des globalen Terrorismus die Debatte über die Krise des Islams in ihrem Sinne zur Konstruktion eines Kampfs der Kulturen nutzt. Deutlich machen dies beispielsweise Bemerkungen von führenden Politikern der norwegischen Fremskrittspartiet (Fortschrittspartei, FrP). So kontrastierte ihr damaliger Vorsitzender Carl Ivar Hagen 2004 auf einem christlichen Kongress das Christentum mit dem Islam und sprach von einem Eroberungskonzept der muslimischen Welt, welches mit dem der Nazis vergleichbar sei und bereits umgesetzt werde. Dabei warnte er davor, dass im Falle einer Niederlage Israels auch Europa fallen würde. Analog zum Umgang mit dem Nationalsozialismus forderte seine Stellvertreterin Karina Udnæs ein Verbot und die Strafbarkeit der Ausübung des Islams.[16] Die dieser Haltung zugrundeliegende rassistische Motivation wird u. a. an Hagens rechtfertigender Rationalisierung des Rassismus deutlich: dieser wachse „im Quadrat zu den Fremden". Vor diesem Hintergrund ist auch seine Kritik zu verstehen, man möge norwegische Hilfsgelder „nicht zu Herrn Arafat da unten in Gaza"[17] schicken, die wiederum Anschlussfähigkeit an ein proisraelisches Narrativ aufweist. Hagens Islam-Kritik ist auf eine Aufwertung des Christentums sowie eine scheinbare Entledigung von den pronationalsozialistischen historischen Wurzeln seiner Partei hin angelegt. Durch Externalisierung und Projektion nationalsozialistischer Attribute auf den Islam der Gegenwart ebenso wie die reale Identifikation derartiger Elemente in der muslimischen Welt verschafft Hagen seiner Partei ein antifaschistisches Etikett. Die Solidarität mit Israel weist in dieselbe Richtung, hat jedoch vor allem strategischen Charakter: Der jüdische Staat wird im Rahmen einer desiderierten jüdisch-christlichen Allianz als Bollwerk gegen den Islam verstanden.

Vlaams Belang (Belgien)

Viel weiter als die norwegische Fortschrittspartei geht indes der Vlaams Belang (Flämische Interessen) in Belgien, dessen Fraktionsvorsitzender im flämischen Parlament Filip Dewinter sich „Israels Freund Nummer Eins"[18] nennt und den jüdischen Staat als einen „Außenposten des freien Westens im Kampf mit dem Islam"[19] bezeichnet. Derartige für die internationale Ebene geschmiedete Allianzpläne finden im Fall der flämischen Nationalisten ihre Entsprechung im Inneren in Form von Koalitionsbestrebungen im Hinblick auf die in Antwerpen lebende beachtliche jüdische Minderheit: Bei der Kommunalwahl in der flämischen Hauptstadt in 2006 erklärte Dewinter, die Juden „sind unsere Waffenbrüder im Kampf gegen den extremistischen Islam in Antwerpen"[20]. Mit den wachsenden Übergriffen muslimischer Jugendlicher auf jüdische Bürger thematisierte der Vlaams Belang seit 2003[21] ein Tabu, das die etablierten Parteien und Medien durch Nichtbehandlung kreiert hatten.[22] So nannte Dewinter diese eine „Art Mini-Holocaust", der seit dem Zweiten Weltkrieg beispiellos sei.[23] Ihm zufolge ist die jüdische „eine der Hauptkulturen der europäischen Zivilisation, aber vom Islam kann man nicht dasselbe behaupten"[24]. Es gebe „ein gemeinsames Interesse des jüdischen und flämischen Volkes im Kampf gegen den Islam in Europa"[25]. In einer Broschüre mit dem Titel *10 Vorurteile gegenüber dem Vlaams Belang* werden freilich die profaneren Gründe für diese Wendung deutlich. Dort heißt es: „[D]ie jüdische Gemeinschaft verursacht keine Probleme, frönt nicht dem Verbrechen und drängt sich nicht unserer Gemeinschaft und Kultur auf [...].“[26] Die Konsequenz dieser einer völkischen Terminologie keineswegs entbehrenden „Eingemeindung“ der Juden in eine europäische Wertegemeinschaft[27] lautet in Dewinters Worten: „Wir sollten der jüdischen Gemeinschaft beistehen und wir sollten alles irgend mögliche tun, um sie zu beschützen.“[28] Dewinter traf sich in der Tat mehrfach mit jüdischen Vertretern und ließ sich im Beisein prominenter Rabbiner fotografieren.[29] Als im Oktober 2006 die Kommunalwahlen auf einen jüdischen Feiertag fielen und religiöse Juden deshalb nicht zu den Urnen gehen konnten, half die Partei dabei, ihre Stellvertreterstimmen einzusammeln.[30]

Dieselbe Partei hat ihre Wurzeln in der Kollaboration mit den Nazis.[31] Dewinter selbst ist bekannt für seinen früheren Ausspruch: „Nachdem die Juden in die Vernichtungslager geschickt worden sind, werden wir in Belgien frei atmen können.“[32] Mehrere Gründungsmitglieder und Abgeordnete des Vlaams Belang haben in der Vergangenheit Gedenkveranstaltungen für Nazis und Kollaborateure besucht, deren Amnestierung die Partei unterstützt hatte.[33] Einige Parteigründer kommen ursprünglich aus der offenen Neonaziszene Flanderns. Zwar hat der Vlaams Belang in jüngerer Zeit darauf geachtet, in der Öffentlichkeit nicht allzu sehr mit derartigen Gruppen assoziiert zu werden, und schloss auch Parteifunktionäre, die öffentlich antisemitische Bemerkungen getätigt hatten, aus.[34] Doch bleibt die pragmatische Natur seines scheinbaren Wandels erkennbar, etwa in Dewinters Ausspruch: „Die Feinde meiner Feinde sind meine Freunde.“[35] Bei der Verabschiedung einer Resolution gegen Antisemitismus im belgischen Parlament enthielten sich die Abgeordneten des Vlaams Belang und bei der Abstimmung über eine Resolution des Europäischen Parlaments zu Antisemitismus und Fremdenfeindlichkeit anlässlich des 60. Jahrestags der Befreiung von Auschwitz begründete der Parteivorsitzende Frank Vanhecke seine Stimmenthaltung u. a. damit, dass die Resolution mit keinem Wort antijüdische Anschläge der Gegenwart erwähnen würde. Juden würden in Antwerpen „durch Islamisten und Araber belästigt“[36].

Dewinters proisraelischer Kurs gipfelte darin, dass er gegenüber *Haaretz* sein Interesse an einem Besuch im jüdischen Staat bekundete.[37] Zugleich verwies er seinerseits kritisch auf die in Europa weit verbreitete Israelkritik: „Ich denke, dass wir in Westeuropa zu kritisch gegenüber Israel sind und dass wir Israel in seinem Überlebenskampf unterstützen sollten.“ Dewinter konzedierte auch, dass ein Besuch in Israel den von ihm angestrebten Imagewandel des Vlaams Belang abstützen könnte: „Es ist sehr wichtig für mich als Führer einer rechten nationalen Partei zu sagen, dass wir den Staat Israel und die Juden respektieren.“[38] Zwar scheint es in den offiziellen Publikationen der Partei in der Tat keine antisemitischen Bezüge mehr zu geben, doch sind Antisemiten aufgrund der personellen Kontinuitäten selbstverständlich weiterhin in Dewinters Umfeld zu finden.[39]

Zudem nennt Dewinter die Kollaboration flämischer Nationalisten mit den Nazis zwar einen Fehler, äußert jedoch zugleich Verständnis für erstere und zieht eine deutliche Trennlinie zu letzteren. Die Ermordung der Juden sei für die meisten flämischen Nationalisten kein Ziel gewesen.

> „Die einzige Sache, die ich heutzutage tun kann, ist zu sagen, dass ich die Leiden des jüdischen Volkes sehr respektiere, meine Sympathie und mein Beileid für das, was passiert ist, auszudrücken und zu versuchen, von dort weit weg zu kommen.“[40]

Dewinters scheinbarer Bruch mit der Vergangenheit ist darauf angelegt, einen Schlussstrich unter selbige zu ziehen. Seine Unterstützung für Israel findet ihre Motivation nicht aufgrund des Holocausts, sondern vielmehr trotz desselbigen, für den die flämischen Nationalisten in seinen Augen keine Mitverantwortung tragen. Diese einen Schlussstrich unter die Historie ziehende und den Antisemitismus der Gegenwart abspaltende Haltung erlaubt ihm erst, den gemeinsamen äußeren Feind zu benennen: „[D]ie wahren Feinde Israels heutzutage sind nicht auf der Rechten sondern auf der Linken: die Sozialisten und die Grünen.“[41] Diese neigten nämlich dazu, „Israel und den Zionismus mit dem Nazismus zu identifizieren“[42]. Die von nordafrikanischen Jugendlichen ausgehende Gewalt gegen Juden seien „die ersten Pogrome in Belgien seit dem Zweiten Weltkrieg“[43]. In der Konsequenz muss eine ungebrochene Identifikation mit der eigenen Geschichte nicht mehr gegen die Juden behauptet werden, sondern bedient sich unter positiven Bezug auf jüdische Kollektive vielmehr selbiger als Vehikel. Sie bleiben in ihrer Essenz dabei weiterhin volksfremd:

> „Ich habe niemals von einem Fall gehört, in dem ein ultraorthodoxer Jude jemand angegriffen oder Erklärungen gegen den Westen oder die Flamen gemacht hätte. Die Juden sind gute Bürger. Sie haben vielleicht einige Gewohnheiten, die uns ein bisschen merkwürdig erscheinen, aber sie widersetzen sich nicht unserer Lebensart. Das ist der große Unterschied: der radikale Islam, der in Europa rapide wächst, widersetzt sich unserer Gesellschaft.“[44]

Alleanza Nazionale (Italien)

Während projüdische und proisraelische Artikulationen rechtsradikaler Parteien in vielen Fällen vor allem auf einer deklaratorischen Ebene blieben und sich mangels Teilhabe an der Regierungsverantwortung in der Praxis nicht beweisen mussten, stellt der Fall der italienischen Alleanza Nazionale (Nationale Allianz, AN) ein Beispiel für die Teilhabe einer solchen Partei an einer Regierungskoalition dar. Die Nachfolgepartei des faschistischen Movimento Sociale Italiano (Italienische Sozialbewegung, MSI) ging während ihrer Teilhabe an Silvio Berlusconis Kabinett auf Distanz zu Mussolinis Rassegesetzen und der Mitwirkung der italienischen Faschisten an den Deportationen von Juden. Ihr Vorsitzender Gianfranco Fini besuchte 1999 Auschwitz – laut eigenem Bekunden aus „moralischer Verpflichtung" – sowie Gedenkstätten nationalsozialistischer Verbrechen in Italien und traf mit jüdischen Vertretern in den USA zusammen. Andere führende AN-Mitglieder taten es ihm gleich.[45] Fini distanzierte sich vom Faschismus sowie von seiner 1994 getätigten Bemerkung, Mussolini sei einer der größten Staatsmänner des vergangenen Jahrhunderts gewesen. Ausgerechnet aus jenem Jahr datiert offenbar auch sein Kurswechsel, als er von Bord des Kreuzfahrtschiffs „Achille Lauro" zur Erinnerung an den 1985 von palästinensischen Terroristen ermordeten amerikanischen Juden Leon Klinghoffer einen Kranz ins Meer geworfen hatte.[46] Später bezeichnete er als Außenminister den israelischen Anti-Terror-Zaun als „legitimen Selbstverteidigungsakt", womit er die offizielle Politik der EU, deren Ratsvorsitz Italien zu diesem Zeitpunkt innehatte, brüskierte.[47] Den Wandel erklärte er lapidar mit der Feststellung, dass er seine Meinung geändert und früher Irrtümer begangen hätte.[48]

Seit der Umbenennung des faschistischen MSI in AN im Jahr 1995 und der damit verbundenen Öffnung gegenüber der politischen Mitte hatte sich Fini ebenfalls um die Erlaubnis bemüht, Israel besuchen zu dürfen.[49] Jahrelang hatte für ihn ein Einreiseverbot bestanden.[50] Eine Entschuldigung „als Italiener" gegenüber den Nachkommen des Holocausts in einem Interview mit *Haaretz* im Sommer 2002 ebnete schließlich den Weg. Ende 2003 besuchte er als Vizeregierungschef Israel und schrieb sich in das Gästebuch von Yad Vashem ein.[51] Auch der Präsident der Region Lazio und stellvertretende Chef des rechten Flügels der AN Francesco Storace frohlockte 2002 angesichts seiner Einladung durch Scharons Regierung: „Für die Rechte öffnen sich die Tore Israels. Das ist eine außerordentliche Wende, eine wirkliche und wahrhaftige Anerkennung."[52]

Fini erntete dafür Kritik einflussreicher Parteikameraden, von denen sich manche nach wie vor als „Faschisten" bezeichnen, und es kam sogar zu Parteiaustritten.[53] Doch unterstützten laut einer Umfrage 80 Prozent der AN-Wähler Finis Distanzierung vom Faschismus.[54] Allerdings sind an der Basis der rechten Bewegung „Duce"-Sprechchöre und antisemitische Schmähungen nach wie vor Alltag.[55] Zudem relativierte Fini seine unumwundene Verurteilung des Faschismus nach seinem Besuch in Israel: „Wir wissen alle, dass der Faschismus nicht nur das war. Doch wenn wir wollen, dass diese wahren Kapitel von allen akzeptiert werden, müssen wir auch die Verantwortung für die anderen Seiten übernehmen."[56] Dass aus seiner Partei und seinem privatem Umfeld wiederholt auch homophobe Bemerkungen bekannt wurden, ist ein weiteres Indiz für die Fragwürdigkeit des zur Schau getragenen Gesinnungswandels.[57] Bezeichnenderweise war es mit Antonio Serena ein AN-Senator, welcher ein Video an seine Kollegen verteilte, das ein Pendant der biografischen Rechtfertigungsschrift des ehemaligen SS-Hauptsturmführers und verurteilten Nazi-Kriegsverbrechers Erich Priebke darstellte.[58] Selbst das Symbol der Flamme und der Schriftzug „MSI" sind weiterhin im Parteiwappen zu finden. Andererseits überraschte Fini mit einer Forderung nach dem kommunalen Wahlrecht für Ausländer.[59] Dass hiermit der strategische Versuch verbunden ist, traditionell von der Linken besetzte Themen zu übernehmen, lässt auch die von der Alleanza Nationale geübte Antisemitismuskritik erahnen, welche sich vor allem gegen Globalisierungskritiker und Friedensbewegung richtet.[60] Dementsprechend verurteilte Fini bei seinem Besuch in Israel auch neue Formen des Antisemitismus, „die sich als Antizionismus ausgeben"[61]. Wie bei Dewinter lag die Stoßrichtung eindeutig links, stellt der Antizionismus doch vor allem die in der Linken typische Erscheinungsform des Antisemitismus dar. Zudem ist auch sein Eintrag ins Gästebuch von Yad Vashem aufschlussreich: Dieser nennt alleine den „Nazismus" als den Urheber des Holocausts, verschweigt jedoch die Beteiligung des italienischen Faschismus.[62]

Front National (Frankreich)

Komplizierter gestaltet sich hingegen die Positionierung des französischen Front National (Nationale Front, FN): Dessen Vorsitzender Jean-Marie Le Pen hatte lange Jahre außenpolitische Sympathien für Israel gehegt, die aus der Zeit des französisch-israelischen Bündnisses herrührten.[63] Bis Ende der 1980er-Jahre hatte er einen antikommunistisch motivierten proamerikanischen Kurs verfolgt.[64] Im Frühjahr 1987 war er mit Vertretern der israelischen Likud-Vorgängerpartei Cherut zusammengetroffen, von denen er sich hatte bescheinigen lassen „nicht antisemitisch" zu sein.[65] Für die Zeit vor der Präsidentschaftswahl im Frühjahr 1988 war sogar ein Besuch in Israel geplant gewesen, der jedoch abgesagt wurde, nachdem er in einem Interview im französischen Fernsehen den Holocaust angezweifelt und als „Detail der Geschichte" bezeichnet hatte. Infolge des Interviews erklärte man ihn nicht nur in Israel zur persona non grata[66]; auch von Vertretern konservativer Parteien im Ausland wurde er nun zunehmend gemieden. Dies wiederum versuchte er gegenüber der Öffentlichkeit mittels antisemitischer Verschwörungstheorien zu erklären. Während der Kuwait-Krise 1990 ergriff er Partei für Saddam Hussein und stattete diesem im November einen medienwirksamen Besuch ab[67] – dies entgegen der Mehrheit seiner Sympathisanten und Wähler[68] und sehr zum Unmut ehemaliger Weggefährten.[69] 2003 erfolgte ebenfalls eine Parteinahme für den irakischen Diktator.[70] Seine Opposition zum Krieg gegen den Irak begründete Le Pen u. a. damit, dass Frankreich sich dadurch zum Handlanger israelischer Interessen mache.[71] Zudem waren immer wieder auch Annäherungen an den Iran zu beobachten.[72]

Dennoch schien der Vorsitzende des FN zwischenzeitlich pragmatisch genug, um auch um jüdische Wählerstimmen zu werben. Während der ersten Runde der französischen Präsidentschaftswahl 2002 stellte er seine antijüdische Botschaft zurück und versuchte, sich als Kandidat einer gemäßigten Rechten zu präsentieren, obwohl er sich einige Monate zuvor in einer Publikation des FN noch deutlich antisemitisch geäußert hatte.[73] In einem Interview mit *Haaretz* im April kurz vor der Wahl gab er vor dem Hintergrund der französischen Erfahrung in Algerien dem israelischen Premierminister Scharon Ratschläge „für den Umgang mit dem Terrorismus"[74]. Dabei konzedierte er auch einen Anstieg des Antisemitismus und antisemitischer Vorfälle in der jüngsten Vergangenheit, schrieb sie jedoch den Ereignissen im Nahen Osten zu und bestritt sowohl die Existenz eines historischen als auch die eines gegenwärtigen französischen Antisemitismus.[75] 2003 trat er zwischenzeitlich gemeinsam mit dem Revisionisten David Irving in Budapest auf,[76] um 2004 wiederum über seine „Beraterin für jüdische Angelegenheiten", Sonia Arrouas, verkünden zu lassen, dass er kein Antisemit sei und Israel bald besuchen wolle.[77] 2006 setzte Le Pen im Hinblick auf die Präsidentschaftswahlen von 2007 selber erneut auf die Mobilisierung des antisemitischen Wählerpotentials – allerdings vor allem aus arabisch-muslimischen Schichten der Gesellschaft. Seiner Annäherung an den für seine antizionistischen Bemerkungen bekannten und wegen Antisemitismus gerichtlich verurteilten Künstler Dieudonné M'Bala M'Bala, der diese Avancen deutlich positiv erwiderte,[78] korrespondierte ein FN-Wahlplakat, auf dem eine Frau mit deutlich erkennbar migrantischem Hintergrund für den FN warb.[79]

Trotz dieser Mäßigung seiner antiarabischen und antimuslimischen Rhetorik war durchaus ein gewisses jüdischer Wählerpotential Le Pens festzustellen, das sich vor allem vor dem Hintergrund antisemitischer Übergriffe durch Muslime seit Ausbruch der Intifada und des Versagens der Regierung von der extremen Rechten mehr Sicherheit erwartete.[80] Nicht zuletzt der von einer Gruppe nordafrikanischer Migranten verübte antisemitisch motivierte Mord an dem französischen Juden Ilan Halimi stellte einen Höhepunkt der Welle antisemitischer Gewalttaten in Frankreich dar und verschärfte die Spannungen zwischen der jüdischen Gemeinschaft und der muslimischen Bevölkerung. Überlegungen der extremen Rechten, hieraus politisches Kapital zu schlagen und beide Gruppen gegeneinander auszuspielen, wurden offen angestellt, beispielsweise in der dem FN nahestehenden Wochenzeitung *Minute*. Dort war von einem gegen die arabischstämmige Bevölkerung gerichteten Bündnis zur Verteidigung des Abendlandes die Rede, in das die in Frankreich lebenden Juden einbezogen werden sollten. Offen wurde dabei die Intention artikuliert, die „antirassistische Front" zugunsten einer neuen „Achse" zu zerbrechen. Explizit wurde dabei der Vlaams Belang und seine Annäherung an die Juden Antwerpens als Beispiel genannt und als Konsequenz einer solchen Strategie der Bruch mit proarabischen Positionen in der extremen Rechten gefordert. Dem „Schock der Zivilisationen", dem man gegenüberstehe, gelte es, mit einer Integration der „europäisch-atlantischen Achse" zu entgegnen.[81]

British National Party (Großbritannien)

Am wahrscheinlich explizitesten konzedierte der Holocaustleugner und Vorsitzende der British National Party (Britische Nationalpartei, BNP) Nick Griffin den pragmatischen Charakter der auch von ihm vollzogenen Neupositionierung gegenüber den Juden und Israel. In einem an die Parteimitglieder gerichteten längeren Artikel legte er für seine Anhängerschaft minutiös Gründe dafür dar, von antijüdischen Weltverschwörungstheorien Abstand zu nehmen. Diese seien abzulehnen, weil sie undifferenziert sowie realpolitisch unpraktikabel, nicht jedoch, weil sie per se falsch seien. Griffin gibt vor, dass es für die nationalistische Bewegung der Gegenwart irrelevant sei, wer Schuld an Anschlägen wie denen des 11. September 2001 trage. Vielmehr gelte es, die sich hierdurch ergebenden politischen Chancen im besten Sinne zu nutzen: „Es ist besser bei diesem Thema ein bisschen zynisch zu sein und eine Chance auf den Sieg zu haben als sich darum zu sorgen, welches Pack von Lügnern in diesem besonderen Fall lügt [...].“ So gebe es zum einen durchaus einen Pluralismus miteinander konkurrierender Interessen innerhalb des Judentums, den es zu nutzen gelte. Zum anderen würden hermetische Verschwörungstheorien in einer politisch korrekten und projüdischen Öffentlichkeit eine negative Resonanz erfahren und zudem viele Juden, die mittlerweile gegen Zuwanderung seien, vor einer Unterstützung des nationalistischen Anliegens abschrecken. Griffin warnt entsprechend vor einer einseitigen Fokussierung auf die Juden. Bei einem direkten Vergleich zwischen Judentum und Islam schneidet letzterer als weitaus gefährlicher ab. So habe der Talmud trotz einiger „unschöner ‚rassistischer‘ Passagen“ keinen verbindlichen Charakter für einzelne Juden im Gegensatz zum Koran, den jeder Muslim bei Todesstrafe als buchstäbliches Wort Allahs befolgen müsse.

Griffin setzt sich in der Konsequenz für eine nationalneutralistische und isolationistische Position ein, die nicht Partei für die eine oder andere Seite ergreift, sondern strikt eigene Interessen zu verfolgen habe. Während die Neokonservativen als Multikulturalisten und Unterstützer der Einwanderung billiger Arbeitskräfte lediglich einen „Krieg gegen den Terror“ führten, gehe es vielmehr um einen „Kampf der Kulturen“. Der Islam und der von Griffin als jüdisch imaginierte Neokonservatismus ähnelten sich auf fundamentale Weise darin, dass beide „rivalisierende Banden von Nahöstlern“ seien und globale Ambitionen hätten, die aus nationalistischer Perspektive abzulehnen seien. Entsprechend sollten sich Nationalisten dafür einsetzen,

> „[…] die EU-Hilfe bei der Finanzierung der palästinensischen Autonomiebehörde und ihre Arschkriecherei gegenüber der arabischen Welt zu stoppen, nicht weil wir pro-israelisch sind oder sein sollten, sondern weil es viel bessere Dinge gibt, die wir mit unserem Geld machen könnten und weil wir nicht in ein Eurabien hineindriften wollen und weil die ganze Region nicht wirklich unsere Angelegenheit ist.“

Griffins Perspektive bleibt trotz ihrer Kritik an dem monolithischen Bild des Judentums zahlreicher Nationalisten eine fundamental antisemitische. In einer philosemitischen Wendung sind die Juden seiner Darstellung nach „im Durchschnitt [...] das cleverste Volk auf dem Planeten“. Sie hätten eine überdurchschnittliche Rolle bei einer Vielzahl von Entwicklungen und Bewegungen gespielt – darunter zahlreiche negative wie „der Marxismus, die Frankfurter Schule, der Feminismus und der Multikult", aber auch einige positive wie die Unterstützung des italienischen Faschismus und die wissenschaftliche Rehabilitierung genetischer Rasse-Studien. Die pragmatische Motivation von Griffins Differenzierung im Sinne einer pluralistischen Betrachtung des Judentums sowie der Gründe des Irakkriegs sind indes nicht zu übersehen:

> „Aus einfachen Gründen der Propaganda sollten wir keine Mühen scheuen, zu vermeiden, dass Kritik an den Neocons als ‚Antisemitismus' dargestellt wird, indem wir auf die Gegenindikatoren verweisen: Die riesige Friedensbewegung in Israel, die gegen den Krieg eingestellten linksradikalen Juden in den westlichen Staaten, die Rolle anderer Motivationen und Interessensgruppen – Öl, Verträge für den Wiederaufbau und die Eitelkeit einzelner Politiker."[82]

Lee Barnes, unabhängiger Rechtsberater der Parteimitglieder, ging einige Monate später in einer Kolumne, die während des Libanon-Kriegs auf der BNP-Website erschien, sogar weiter als Griffin. Die Feinde Israels seien „stark links orientierte Aktivisten, Kommunisten, die Vereinten Nationen und verschiedene abstoßende islamistische Terrorgruppen". Auch die „angeblich ‚zionistisch-kontrollierten Medien'" einschließlich der britischen seien „zum europäischen Propagandaflügel der Hisbollah geworden". Nationalisten sollten mit diesen Gruppen kein Bündnis eingehen, zumal die Hisbollah neben der Zerstörung Israels eine globale Agenda habe, welche die Exterminierung aller Nicht-Muslime und die Errichtung eines globalen islamischen Kalifats vorsehe. Verhandlungen mit solchen Gruppen seien, so Barnes, ein Zeitverlust. Im Gegensatz zu Israel habe Großbritanniens Labour-Regierung gegenüber den Islamisten klein beigegeben. Barnes weist minutiös auf die humane Kriegsführung Israels hin. Die Attacken der Medien gegen Israel zielten darauf ab, den Nationalismus als Ideologie zugunsten einer „Internationalen Neuen Weltordnung" zu diskreditieren, denn Israel sei „der einzige lebende organische nationalistische Staat auf dem Planeten". Letztlich gehe es um die Zerstörung aller Nationalstaaten und eine „Weltherrschaft der Medienbarone": „Als Nationalist kann ich sagen, dass ich Israel 100%ig in seiner Auseinandersetzung mit der Hisbollah unterstütze." Dies verknüpft Barnes ähnlich wie Griffin mit einer Kritik an proislamistischen Nationalisten, die nicht erkannt hätten, dass die Islamisten, welche auf die Juden im Nahen Osten und in Großbritannien abzielten, „ebenso sehr die Feinde unseres Volks wie die Israels" sind. „Diejenigen Nationalisten, die Israel angreifen, verstehen nicht mehr, dass Nationen wie Israel die einzigen wahren verbliebenen Nationalisten auf dem Planeten sind."[83]

Im November 2006 veröffentlichte die jüdische Zeitung *Jewish Chronicle* einen Leserbrief des BNP-Ideologen Alan Goodacre, in welchem dieser Verständnis für Skepsis gegenüber der „reformierten Haltung" seiner Partei „zu den Juden" ausdrückt und gleichzeitig betont, dass man demokratisch sei und somit keineswegs faschistisch sein könne. Man habe sich problematischer Personen wie des früheren Parteivorsitzenden John Tyndall entledigt und würde auch den Holocaust „nicht länger" leugnen. Dieser sei eine „offensichtliche historische Tatsache". Goodacre deutet eine kritische Distanz der Partei zur „Obsession mit der jüdischen Frage", räumt jedoch ein, dass eine solche in der Bevölkerung weit verbreitet sei und man sich alleine deshalb zwangsläufig damit beschäftigen müsse. Abschließend drückt Goodacre die Hoffnung aus, dass „unser zukünftiges Verhalten Sie beizeiten dazu bringen wird zu verstehen, dass unsere Ablehnung des Antisemitismus echt ist", nicht ohne darauf hinzuweisen, dass die BNP die einzige britische Partei sei, „welche die Bekämpfung der islamofaschistischen Gefahr ernst meint".[84]

Der traditionell auf dem Antisemitismus liegende Fokus ist in derartig modernisierten rechtsextremen Konstruktionen zugunsten eines ethnopluralistisch-völkischen Ansatzes verschoben, welcher ersteren teilweise verdeckt. Die Juden erhalten hier den Status eines „echten" bzw. „organischen" Volks mit einem Staat, welches wie andere Völker auch seine Interessen verfolge und sich demnach für temporäre Bündnisse eigne. Antisemitische Stereotype von jüdischer Allmacht und Exterritorialität erscheinen stark eingeschränkt, keineswegs jedoch vollkommen aufgehoben, dekonstruiert oder gar reflektiert. Die Revision antisemitischer Ideologie ist bewusst und betont pragmatischer Natur, wodurch ihr temporärer Charakter impliziert wird. Sie resultiert nicht etwa aus einer Suche nach Wahrheit, sondern ist Ausdruck einer realpolitischen Neuorientierung, die antisemitische Stereotype mitunter projüdisch umdeutet: Der Kampf gegen die vermeintliche Macht der Juden wird zugunsten eines Paktes mit selbiger aufgeschoben, nicht jedoch aufgehoben.

Partei Rechtsstaatlicher Offensive (Deutschland)

In Deutschland versuchte der auf eine harte innere Sicherheitspolitik und gegen Zuwanderung ausgerichtete damalige Hamburger Innensenator und Gründer der Partei Rechtsstaatliche Offensive (PRO) Ronald Schill im

August 2002, sich mittels einer proisraelischen Stellungnahme im Hinblick auf die Bundestagswahlen außenpolitisch zu positionieren. Der Ankündigung eines Besuchs beim israelischen Ministerpräsidenten Ariel Scharon stellte er seine Ablehnung eines Treffens mit dem „Oberterroristen Arafat" gegenüber. Schill wollte damit signalisieren, „dass wir ohne Wenn und Aber zu Israel stehen". Zudem kündigte er an, dass seine Partei im Falle einer Regierungsbeteiligung nach der Wahl „einen Minister Möllemann verhindern" würde, da dieser „offen Verständnis für fanatische Massenmörder äußert". Somit griff der PRO-Vorsitzende bewusst die in der Öffentlichkeit als rechtspopulistisch kritisierten antiisraelischen Ausfälle des damaligen Vize-Vorsitzenden der FDP auf und positionierte sich konträr hierzu. Inhaltlich betonte er vor allem die Notwendigkeit einer Einschränkung der Religionsfreiheit, um gegen islamische Hassprediger vorgehen zu können.[85] Schill, der demonstrativ seine Mitgliedschaft in der Deutsch-Israelischen Gesellschaft betonte,[86] versuchte offenbar, sein innenpolitisches Profil als Verfechter eines starken Staates und eines harten Vorgehens gegen Gefahren für die innere Sicherheit auf dem Umweg über die bundes- und außenpolitische Ebene zu stärken, indem er Solidarität mit dem jüdischen Staat und seine inhaltliche Nähe zur israelischen Regierung betonte, die mit einem harten Vorgehen gegen Terrorismus assoziiert wird. So sprach er von der „Pflicht jedes Deutschen, Israel in dieser momentanen schwierigen Lage zu unterstützen" und befürwortete bereits 2001 den Bau einer Mauer zum Schutz vor palästinensischen Terroristen zu einem Zeitpunkt, als diese noch Diskussionsthema in Israel selbst war.[87] Schills Solidarität mit Israel begründete sich über die vorgebliche Parallelität der Sicherheitsprobleme beider Staaten und hatte somit vor allem instrumentellen Charakter, da sie vor allem auf eine Stärkung von Schills eigenem Image als Vertreter eines antiterroristischen Narrativs abzielte.

Liste Pim Fortuyn & Partei für die Freiheit (Niederlande)

Pim Fortuyn, der Vorsitzende der nach ihm benannten niederländischen rechtspopulistischen Lijst Pim Fortuyn (Liste Pim Fortuyn, LPF), die sich gegen Einwanderung stark machte, galt ebenfalls als jemand, der Israel stark unterstützte[88] und Antisemitismus verurteilte.[89] Er hatte sich für einen Kalten Krieg mit dem Islam ausgesprochen, den er als „außerordentliche Bedrohung" und als „feindliche Gesellschaft" bezeichnete.[90] Eines seiner Bücher trägt den bezeichnenden Titel *50 Jahre Israel, wie lange noch? Gegen die Tolerierung des Fundamentalismus.*[91] Zahlreiche Ansichten

Fortuyns, vor allem zu sozioökonomischen Fragen, werden auch von Geert Wilders, dem Vorsitzenden der rechtspopulistischen Partij voor de Vrijheid (Partei für die Freiheit, PVV) geteilt. Wilders, der nach seinem Schulabschluss zwei Jahre in Israel gearbeitet hat, unterhält gute Kontakte zur israelischen Botschaft in Den Haag, die er regelmäßig besuchte.[92] Den Koran nannte er in einem Brief an die Zeitung *De Volkskrant* ein „faschistisches Buch" und verlangte dessen Verbot analog zum Verbot von Hitlers *Mein Kampf*. In mehreren Kapiteln fänden sich Aufrufe, „Christen, Juden, Dissidenten und Ungläubige zu unterdrücken, zu verfolgen und zu töten, Frauen zu schlagen und zu vergewaltigen und gewaltsam einen islamischen Staat zu errichten"[93]. Die kulturkämpferische Motivation seiner Stellungnahmen gegen den Islam wird unter anderem an seiner Warnung, dass es schon bald mehr Moscheen als Kirchen geben werde, deutlich.[94]

Deutsche Konservative (Deutschland) & Volksbewegung für Lettland (Lettland)

Ein Kuriosum stellt die misslungene Reise einer 37-köpfigen Gruppe von Mitgliedern der rechtsextremen Organisation Die Deutschen Konservativen e. V. nach Israel im November 1998 dar. Ihr Vorsitzender Joachim Siegerist war 1995 wegen Anstachelung zum Rassenhass zu einer – in der Berufung wieder aufgehobenen – Gefängnisstrafe verurteilt worden und hatte in dem Verfahren ein Mitglied einer jüdischen Gemeinde als seinen Zeugen aufrufen lassen. In Lettland gründete Siegerist, der sowohl die deutsche als auch die lettische Staatsbürgerschaft besitzt, die Partei Latvija (Volksbewegung für Lettland), die 1994 mit immerhin 15 Prozent zur drittstärksten Fraktion im Parlament avancierte.[95] Israel verweigerte der Reisegruppe aufgrund von Siegerists Verurteilung die Landeerlaubnis – offenbar in Unkenntnis der Tatsache, dass dieser sich selbst nicht unter den Reisenden befand – und zwang sie zur Heimkehr. In einem Schreiben an die israelische Botschaft bezeichnete sich Siegerist als „Freund Israels" und verwies auf seine finanzielle Unterstützung für die jüdische Gemeinde in Riga, die ihn mit einer Gedenktafel geehrt habe. Die genaue Absicht der Reise blieb unklar.[96] Zwei Jahre zuvor hatte eine ähnliche Reise nach Israel stattfinden sollen, bei der laut Programm auch Treffen mit „politischen Freunden von der Likud-Partei" geplant gewesen waren. Letztere hatten kurzfristig abgesagt, nachdem Siegerists Hintergrund öffentlich bekannt geworden war. Der Deutsch-Lette hatte die Deutschen Konservativen als einen Verein, der sich für die Pflege jüdischer Friedhöfe in Deutschland einsetze, ausgegeben. Für den damaligen israelischen Likud-Ministerpräsidenten Benjamin Netanjahu hatte er den Rat ausgegeben, „diesem Kriminellen Arafat" „kein Körnchen von Jerusalem" zu überlassen.[97] Ganz klar hatte er auch die Notwendigkeit der Stärkung Israels als Bollwerk gegen den islamischen Fundamentalismus benannt. Bereits einige Jahre zuvor hatte er der jüdischen Gemeinde Mehl für das Backen von Matzen geschenkt[98] und als Abgeordneter im lettischen Parlament einen Teil seiner Diäten für die Renovierung der durch einen Brandanschlag zerstörten Synagoge gespendet – angeblich aus gefühlter Verantwortung für das jüdische Volk. So stünde ihm zufolge die jüdische Gemeinde Rigas „wie eine Betonmauer hinter mir", wobei tatsächliche Unterstützung für den rechten Politiker allenfalls unter wenigen religiösen Juden zu finden war,[99] während die jüdische Gemeinde den von ihm gesuchten Kontakt offenbar ablehnte.[100]

Partei Großrumänien (Rumänien)

Auch in osteuropäischen Staaten ist mitunter das Phänomen eines Proisraelismus bei rechtsextremen Parteien zu beobachten. Der Vorsitzende der Partidul România Mare (Großrumänienpartei, PRM) Corneliu Vadim Tudor erklärte im Hinblick auf seine Kandidatur bei den Präsidentschaftswahlen im Jahre 2004, er „werde der erste christliche Präsident eines mit Israel verbrüderten Rumäniens sein". Zudem entschuldigte er sich für antisemitische Artikel, die in früheren Jahren in den Organen seiner Partei unter seinem Namen erschienen waren[101] und bezeichnete sich als einen Freund des jüdischen Volkes und Israels. Hatte die PRM nach den Anschlägen vom 11. September 2001 noch die Verschwörungstheorie verbreitet, wonach Israel und Juden vor dem Anschlag auf das World Trade Center gewarnt gewesen seien, milderte sich die antisemitische Propaganda in der Folgezeit mit Rumäniens Eintritt in das von den USA geführte Anti-Terror-Bündnis. Tudor vermied positive Bezüge auf sein historisches Vorbild, den mit Nazi-Deutschland verbündeten Diktator Ion Antonescu. Für den Präsidentschaftswahlkampf engagierte er eine israelische Beratungsfirma. Anfang 2004 weihte er eine Statue des ermordeten israelischen Premierministers Itzhak Rabin in Brasov ein.[102] Tudor, dem Kontakte zu Saddam Hussein und Muammar al-Gaddafi nachgesagt wurden, traf sich angeblich mit dem israelischen Außenminister Schimon Peres in Straßburg und äußerte dabei nach Aussage ehemaliger Vertrauter Verständnis für Israels Politik, während er bei einem Treffen mit dem libyschen Machthaber Israel heftig angegriffen haben soll.[103]

Liga Polnischer Familien & Samoobrona Rzeczpospolitej Polskiej (Polen)

In Polen haben sich die beiden rechtsextremen Juniorpartner in der Regierungskoalition unter dem Nationalkonservativen Präsidenten Lech Kaczynski ebenfalls vom Antisemitismus distanziert und bewusst positive Bezüge auf Juden und Israel hergestellt. Mehrere Abgeordnete der katholisch-nationalistischen Liga Polskich Rodzin (Liga Polnischer Familien, LPR) sind Mitglieder der parlamentarischen Freundschaftsgruppe zwischen Polen und Israel.[104] Die israelische Regierung hingegen lehnt Kontakte zu ihrem Vorsitzenden, dem Erziehungsminister Roman Giertych, ab, da dieser einer „Partei mit einer antisemitischen Plattform vorstehe". In der Tat steht die LPR in der Tradition einer Partei, die vor dem Krieg antijüdische Gesetze befürwortete. Ihrer Jugendbewegung, der Allpolnischen Jugend, gehören Mitglieder an, die sich einer offenen Nazisymbolik bedienen. Giertych hat seinerseits Blumen an einer Gedenkstelle des während des Zweiten Weltkriegs von Polen an Juden verübten Massakers von Jedwabne niedergelegt und gesagt, dass es weder in der Gegenwart noch in der Zukunft „Raum für Antisemitismus in Polen" geben würde. „Ich mag die jüdische Nation und sehe keinen Grund, warum der [israelische] Botschafter mich nicht mag."[105] Andrzej Lepper, Landwirtschaftsminister und Führer der zeitweise ebenfalls an der Regierungskoalition beteiligten Samoobrona Rzeczpospolitej Polskiej (Selbstverteidigung der Republik Polen), welcher sich in der Vergangenheit positiv auf Goebbels und Hitler bezogen hatte, bestritt seinerseits ebenfalls, antisemitisch zu sein. Als Beweise führte er die angebliche Mitgliedschaft jüdischer Personen seiner Partei ebenso wie die angebliche Rettung eines Juden durch seine Mutter, seine eigene möglicherweise jüdische Abstammung und die ihm angeblich widerfahrene Anfeindung als Jude sowie als Agent von Mossad und CIA an.[106] Auf der Website seiner Partei hatte sich Lepper vor einigen Jahren als Nationalist, der nicht „zum Abschlachten von Juden auffordert, sondern jemand, der darauf besteht, dass in Polen die Polen regieren sollen", vorgestellt. Bei einer von ihm organisierten Besetzung des Landwirtschaftsministeriums im Mai 2002 waren Parolen wie „Juden nach Israel" gerufen worden.[107]

„Juden" in rechtsextremen Parteien

Es existiert praktisch kaum eine rechtspopulistische oder rechtsextreme Partei, die nicht mindestens einen jüdischen Fürsprecher – in Form eines prominenten Mitglieds, Abgeordneten, nahestehenden Publizisten oder viel gepriesenen Interviewpartners im parteieigenen Organ – vorweisen kann. Mit der Nordlondoner Stadträtin Patricia Richardson präsentiert die BNP ihre erste jüdische Repräsentantin, die selbstverständlich behauptet, dass es keinen Antisemitismus in der Partei gebe. BNP-Vertreter nutzen sie, um sich als respektable und über den Verdacht des Antisemitismus erhabene Partei zu profilieren. So fragt Pressechef Phil Edwards, wie die Partei antisemitisch sein könne, wenn sie doch ein jüdisches Ratsmitglied habe. Allerdings wird seitens zahlreicher Parteiaktivisten scharfe Kritik an der Aufstellung einer Jüdin geübt.[108]

Beim FN traten in den letzten Jahren mehrere jüdische Personen in Erscheinung, so u. a. der Abgeordnete im Pariser Regionalparlament Jean-Richard Sulzer. Mit der tunesisch-stämmigen Jüdin Sonia Arrouas verfügt Le Pen sogar über eine eigene „Beraterin in jüdischen Angelegenheiten". Ihr zufolge seien alle bisherigen französischen Regierungen proarabisch gewesen und hätten ihr Versprechen, gegen den Antisemitismus vorzugehen, nicht eingehalten. Le Pen hingegen sei antiarabisch, proisraelisch und damit „gut für die Juden" und ihre sowie die Sicherheit Israels, dessen Existenz als „einzigem westlichen Staat im arabischen Osten" ihm „wichtig" sei. Laut Arrouas habe der FN-Chef einen Gesinnungswandel im Hinblick auf früher geäußerte Ansichten durchlaufen. Zudem seien die besten Freunde seiner Frau Jany Juden.[109] Neu ist das Phänomen allerdings nicht. Schon 1986 war es zur Gründung eines „Nationalen Komitees der jüdischen Franzosen" durch den FN gekommen. Daran hatte Robert Hemmerdinger mitgewirkt, der bis 1998 als FN-Regionalrat für die Ile de France fungierte. Nach dem Krieg war er mit der Suche nach Kriegsverbrechern befasst gewesen und hatte sich bei der rechtszionistischen jüdischen Untergrundorganisation Irgun engagiert, später dann für eine Untergrundgruppe der gegen die Sezession Algeriens kämpfenden OAS. Sein Engagement für den FN hatte er damit begründet, dass die Hauptfeinde der Juden die Araber und die PLO seien und dass Le Pen „den Terroristen Arafat" nicht anerkannt hätte. Relevanter jedoch als das „Komitee" ist der mit ihm konkurrierende „jüdisch-christliche Freundschaftszirkel", dessen Vorstand neben diversen anderen jüdischen Personen u. a. Jean-Pierre Cohen, Redakteur der rechtsradikalen Zeitung *Minute*, und Fernand Teboul, ehemaliges Mitglied des Zentralkomitees des FN, umfasst.[110]

In Joachim Siegerists Umfeld bewegt sich der jüdischstämmige rumänische Publizist Ivan Denes, welcher zwischenzeitlich in Israel gelebt hat. Denes ist bei den Deutschen Konservativen und schreibt für rechte Organe wie die *Junge Freiheit*. 2007 kandidierte er bei den Bremer Bürgerschaftswahlen für die Liste von Siegerists Wählerinitiative *Bremen muß leben*,[111] einem Landesverband der Deutschen Konservativen.[112]

Doch auch antizionistische Rechtsextremisten, die nicht auf ein Bündnis mit Israel oder jüdische Wählerstimmen abzielen, rekurrieren mitunter positiv auf jüdische Personen oder Gruppen, insoweit diese ihre Positionen bestätigen. Gerard Menuhin, Sohn des bekannten Musikers Yehudi Menuhin, hat eine eigene regelmäßig erscheinende Kolumne in der *National-Zeitung*, dem Organ des DVU-Vorsitzenden Gerhard Frey, und äußert sich mitunter auch in der NPD-Zeitung *Deutsche Stimme*. Ebenso kommen dort antizionistische Juden unterschiedlichster politischer Couleur – vom Linksradikalen Noam Chomsky bis zum Vertreter der ultraorthodoxen Neturei Karta Moshe Arie Friedman – in Interviews zu Wort.

Selbst die antiisraelische und für antisemitische Bonmots ihres Vorsitzenden Jörg Haider bekannte FPÖ, deren Wahlerfolg und Aufstieg zur zweitstärksten politischen Partei 1999 in Israel parteiübergreifend Bestürzung und Kritik auslöste[113] und nach ihrer Aufnahme als Juniorpartner in eine Koalitionsregierung zu einem Rückruf des israelischen Botschafters führte, konnte mit Peter Sichrovsky, der zeitweise Generalsekretär der Partei und ihr Abgeordneter im Europäischen Parlament gewesen war, ein bekennendes jüdisches Parteimitglied vorweisen. Da Haider Einreiseverbot nach Israel hatte, übernahm Sichrovsky die Aufgabe, im jüdischen Staat zu beweisen, dass die FPÖ nicht antisemitisch sei. 2000 konnte er sogar einige orthodoxe Rabbiner dazu bewegen, eine Unterstützungserklärung für die Regierungskoalition von FPÖ und konservativer ÖVP zu unterzeichnen.[114]

Schlussfolgerung

Positive Bezugnahmen rechtspopulistischer und rechtsextremer Personen und Parteien auf Juden und/oder Israel können einer Reihe unterschiedlicher Gründe geschuldet sein. Eine taktische Positionierung gemäß der Logik „der Feind meines Feindes ist mein Freund" ist zunächst am augenfälligsten. Sie wird in vielen Fällen nicht geleugnet, sondern offen propagiert. Die weltpolitischen Konflikte infolge einer Krise des Islams, dic auch lokale Ausläufer haben, stellen neue Opportunitäten für rassistische Mobilisierungen durch parteipolitische Akteure dar. Angesichts der sich infolge der ausgebliebenen Aufklärung im Islam manifestierenden regressiven Tendenzen lassen sich die ehemals nach rassistischen Kategorien vorgenommenen Ausgrenzungsversuche nunmehr mit größeren Erfolgsaussichten entlang religiöser Linien reproduzieren. Gemeint ist dabei jedoch weitgehend dieselbe Gruppe von „Fremden". Keineswegs hat der Islam die Rolle der Juden im rechtsradikalen Weltbild eingenommen, wie das von zahlreichen muslimischen Vertretern und antiimperialistischen Linken gepflegte Islamophobie-Narrativ behauptet.[115] Vielmehr sind nach wie vor rassistische Zuschreibungen ausschlaggebend, die von einer Überlegenheit der eigenen Gruppe ausgehen und ihren Aufhänger in den realen Herausforderungen eines nicht aufgeklärten Islams finden. So haben sich auch die Formen der Abwertung qualitativ kaum verändert: die Perzeption des Islams ist im Allgemeinen die eines sich der Wir-Gruppe widersetzenden Kollektivs und kommt weitgehend ohne verschwörungstheoretische Begründungen aus. Dabei gelingt es den Akteuren rassistischer Mobilisierungen, sich selber als Vertreter westlich-abendländischer Werte und fortschrittlicher Prinzipien neu zu definieren. Israel und die Juden werden dabei in die europäische und in der Tradition der Aufklärung stehende Wertegemeinschaft eingegliedert, die man zu verteidigen vorgibt. Dass diese Eingemeindung eine auf Abruf ist, wird nicht zuletzt dadurch deutlich, dass sie von rechtsradikalen politischen Akteuren übermäßig betont wird, obwohl kaum ein Zweifel an der westlich-europäischen Verortung der meisten jüdischen Bürger oder gar des jüdischen Staats bestehen dürfte. Vielmehr sind es rechtsradikale Parteien, welche ihrerseits nunmehr eine Wertegemeinschaft propagieren, die sie seit Jahrzehnten bekämpft und entlang rassistischer und antisemitischer Kategorien umzudeuten versucht haben.

Diese Bemühungen sind neben der Betonung der eigenen harten sicherheits- und zuwanderungspolitischen Positionen von der Absicht geprägt, als nicht antisemitisch zu gelten, sei es, um ganz allgemein gegenüber einer breiten Öffentlichkeit einen Imagewandel zu einer gemäßigten politischen Kraft glaubhaft zu inszenieren, durch Israel ein Entreebillet auf außenpolitischer Bühne zu erhalten und mitunter auch die Unterstützung einer jüdischen Wählerschaft zu gewinnen. Die daraus resultierenden Verhaltensweisen reproduzieren jedoch häufig antisemitische Denk- und Argumentationsmuster. So rekurrieren Rechtspopulisten und Rechtsextremisten auf jüdische Stimmen als Kronzeugen für die Richtigkeit eigener Positionen und deren moralische Lauterkeit. Abgesehen von der Frage der Repräsentativität solcher Individuen oder Kleinstgruppen, die im Übrigen keineswegs als solche, sondern vielmehr als – wenngleich marginalisierte – Vertreter eines Kollektivs perzipiert werden, ist diese Funktionalisierung auch Ausdruck der irrigen Annahme, dass Juden keine Antisemiten sein können, welche wiederum eine Form der Ausgrenzung zeitigt.

Die Konstruktionen proisraelischer Rechtspopulisten und Rechtsextremer reichen von den Stereotypen imaginierter jüdischer Macht, mit der man sich einstweilen aus taktischen Gründen arrangieren möchte, über die Idee jüdischen Erfindungsreichtums bis hin zur Bewunderung für das ausschließlich im eigenen Interesse handelnde (und mitunter zur beispielhaften nationalen Volksgemeinschaft verklärte) jüdische bzw. israelische Kollektiv bzw. dessen harte Sicherheitspolitik.[116] Vor allem dienen prozionistische und projüdische Bezüge dabei auch zur Identifikation mit der eigenen nationalen Geschichte und zur ‚Entsorgung' des im historischen ‚Gepäck' befindlichen ‚Ballasts'. Man habe sich gewandelt, mit der eigenen Vergangenheit gebrochen, die zudem nicht derart problematisch war wie von jüdischer Seite fälschlicherweise angenommen, da sie mehr den Zwängen der Kollaboration denn genuin vernichtungsantisemitischer Absichten entsprungen sei. Mit dem zur Schau gestellten Verständnis für jüdische Ängste geht das Verlangen nach jüdischer Affirmation und Absolution des eigenen Schlussstrichbegehrens einher. Der Wunsch nach Entlastung von der Nazi-Vergangenheit mündet in der Abspaltung und Projektion selbiger auf den Islam. Dabei kommen diesem Anliegen der real grassierende und aggressiv artikulierende Antisemitismus muslimischer Provenienz entgegen, welcher durchaus nationalsozialistische Einflüsse aufweist. Doch vermeiden die rechten Narrative im Sinne der Abspaltung die Nennung der historischen und ideologischen Zusammenhänge zwischen dem Nationalsozialismus und europäischen Faschismus auf der einen Seite und dem unter Muslimen und arabischen Nationalisten weit verbreiteten und potentiell genozidalen Antisemitismus auf der anderen. Die Enttäuschung mancher jüdischer Bürger durch die etablierten Parteien der demokratischen Mitte aufgrund deren Unvermögens und Unwillens, den arabisch-muslimischen Antisemitismus entschlossen zu bekämpfen, sowie den von Linken und Linksliberalen artikulierten Antizionismus wiederum nutzen rechtspopulistische und rechtsextreme Akteure, um sich als Vertreter vitaler jüdischer Sicherheitsinteressen zu positionieren.[117] Dabei kommt ihnen die von antizionistischen Diskursen betriebene „Nazifizierung" des jüdischen Staates vor dem Hintergrund seiner Auseinandersetzung mit den Palästinensern insofern entgegen, als dass sich durch die willkürliche und frequente Verwendung von aus der Linken in die Mitte der Gesellschaft diffundierten Kampfbegriffen wie dem Terminus „Faschismus" sowie diversen NS-Analogien eine gewisse Sinnentlehrung vollzogen hat.[118] Die sich hiermit manifestierende Universalisierung des Holocausts erlaubt letztlich auch den Tätern bzw. ihren geistigen Nachkommen einen Platz im Kollektiv der Opfer bzw. Sieger. Dem zugrunde liegt eine Logik, die sich in etwa wie folgt zusammenfassen lässt: ‚Wenn auch die Juden heute Nazis und Faschisten sind, dann sind wir alle Juden.' Die kritische Auseinandersetzung mit der eigenen Vergangenheit muss damit nicht mehr geführt werden, um als neu auferstandener Bündnispartner mit den USA, Israel und „den Juden" auf einer Augenhöhe mitspielen zu können.

Dass projüdische und proisraelische Positionierungen rechter Akteure dabei keineswegs konsequent fortgeführt werden, entspringt sowohl taktischen Erwägungen in Bezug auf die eigene Wählerschaft als auch der Natur des eigenen Philosemitismus, der meist bedingter und zudem letztlich projektiv-wahnhafter Natur ist. Er stellt eine Erwartungshaltung gegenüber den Juden als Kollektiv dar, welche unerfüllbar bleiben muss. Das Umschlagen von projüdischen in antisemitische Affekte ist somit vorgezeichnet.

Anmerkungen

1 Ein Witz von Uri Avnery zit. n. Benz, Wolfgang: Was ist Antisemitismus, München 2004, S. 234.

2 Ben-Natan, Asher: Die Chuzpe zu leben. Stationen meines Lebens, Düsseldorf 2003, S. 97.

3 Ring, Idan: Das norwegische Paradox, *Haaretz*, dt. Übersetzung aus dem Medienspiegel der Deutschen Botschaft Tel Aviv, 4. 4. 2007.

4 Der amerikanische Hochkommissar für Deutschland, John McCloy, hatte am 30. 7. 1949 in einer Pressemitteilung deutlich gemacht, dass „die Art, wie die Deutschen sich den Juden gegenüber verhalten werden, die Feuerprobe der deutschen Demokratie sein wird". *Neue Zeitung*, 31. 7. 1949; ähnlich äußerte er sich am 1. 9. 1949 auch gegenüber Vertretern der in Deutschland lebenden Juden. Vgl. Jelinek, Yeshayahu A.: Political Acumen, Altruism, Foreign Pressure or Moral Debt – Konrad Adenauer and the „Shilumim", in: Tel Aviver Jahrbuch für deutsche Geschichte 1990, S. 80. Konrad Adenauer verstand dieses Signal sehr deutlich: „Vertrauen zu uns Deutschen zu schaffen, war [...] das oberste Gebot", und es musste alles vermieden werden, „was geeignet war, wieder Misstrauen gegen uns zu wecken". Adenauer, Konrad: Erinnerungen, Bd. 1, 1945–1953. Frankfurt a. M. 1967, S. 236f.

5 Vgl. Balke, Ralf: Hakenkreuz im Heiligen Land. Die NSDAP-Landesgruppe in Palästina, Erfurt 2001, S. 22, 134f. Ein jüdischer Staat hätte in den Augen der Nazis die Funktion einer „Zentrale des Weltjudentums" eingenommen. Seine Gründung war aus ihrer Sicht demnach unbedingt zu verhindern.

6 Jean Améry prägte in diesem Zusammenhang den Begriff des „ehrbaren Antisemitismus": „Der Antisemitismus, enthalten im Anti-Israelismus oder Anti-Zionismus wie das Gewitter in der Wolke, ist wiederum ehrbar". Améry, Jean: Der ehrbare Antisemitismus, in: *Die Zeit*, 25. 7. 1969.

7 Vgl. Pallade, Yves: Anti-Semitism in Germany: Links Between the Extreme Right Movement and Other Anti-Semitic Groups, Vortrag im Rahmen des Workshops „International Developments of Right-Wing Extremism and of the Struggle Against it", Friedrich Ebert Stiftung, Berlin, 21.6.2007, unveröffentlicht.

8 Der Satiriker und Cartoonist Kurt Halbritter brachte diese Haltung in einer Karikatur auf den Punkt, in der ein Bundeswehroffizier gegenüber seinen Kameraden meint: „Offen gesagt, ich habe nie geglaubt, dass Juden so tapfere Soldaten sein könnten. Naja, viel deutsches Blut drinnen." Halbritter, Kurt: Jeder hat das Recht, München 1981.

9 Vgl. Pallade, Yves: Germany and Israel in the 1990s and Beyond – Still a ‚Special Relationship'?, Frankfurt a.M. 2005. Der Autor hatte Gelegenheit, sich von Günzels Israel-Begeisterung in einem Interview mit dem Brigadegeneral am 18.11.2002 – also noch vor der Hohmann-Affäre – persönlich zu überzeugen.

10 Der Originaltext des Briefs ist abgedruckt in: *Süddeutsche Zeitung*, 6.11.2003, Der Brief des Generals.

11 Der Wortlaut der Rede „Gerechtigkeit für Deutschland", die Hohmann am 3.10.2003 anlässlich des deutschen Nationalfeiertags hielt, findet sich unter: http://www.heise.de/tp/r4/artikel/15/15981/1.html.

12 Vgl. Kronauer, Jörg: Rechts, zwo, drei, vier, in: *Jungle World* 52, 15.12.2004..

13 Ebd.

14 Böger, Helmut: Skandal-General greift Struck an, in: *Bild am Sonntag*, 9.11.2003; Günzel führte in diesem Zusammenhang auch aus: „Ich bin genauso wenig Antisemit wie Ben Gurion und Golda Meir".

15 Ebd.; Günzel scheint nach dem Skandal sogar in Israel Urlaub gemacht zu haben. Vgl. www.ariva.de, 15.11.2003, „Antisemit" Günzel macht jetzt Urlaub in Israel; Nach eigener Auskunft hat Günzel Yad Vashem besucht, obwohl es nicht fester Bestandteil des Programms bei KSK-Besuchen in Israel sei. Die Gründe seien persönliche gewesen. Persönliches Interview mit Reinhard Günzel vom 18.11.2002.

16 Wolff, Reinhard: Anti-Islam-Hetze in Norwegen, in: *die tageszeitung*, 29.7.2004; Hagens verglich unter anderem den Koran mit Hitlers *Mein Kampf*; Der Vergleich zwischen dem Nationalsozialismus und dem Islam wird laut dem Vorsitzenden der Fortschrittspartei in Kristiansand Halvor Hulaas von vielen innerhalb der Partei unterstützt. Vgl. Pettersson, Carin: Right-wing politicians want to ban Islam, in: *Nettavisen*, http://pub.tv2.no/dyn-nettavisen, 19.7.2004.

17 Hasselberg, Sven: Carl I. Hagen: Das politische Chamäleon, in: Jungwirth, Michael (Hg.): Europas Rechtspopulisten. Haider, Le Pen & Co., Graz 2002, S. 172.

18 Lempkowicz, Yossi: Extreme Belgian Wants Israel Visit, in: *European Jewish Press*, 12.11.2005.

19 Smith, Craig S.: Europe's Jews Seek Solace on the Right, in: *The New York Times*, 20.2.2005.

20 Uni, Assaf: Belgian Far-Rightist Calls on Jews to Join Battle against Muslims, in: *Haaretz*, 8.10.2006; als „Waffenbruder" bezeichnete Dewinter auch Le Pens nach seinem erfolgreichem Abschneiden bei den französischen Präsidentschaftswahlen 2002: They Sometimes Go to Extremes, in: Time, 6.5.2002.

21 Wildman, Sarah: Guess Who's Coming to Seder. Dewinter's Tale, in: *The New Republic*, 22.1.2007.

22 Freunde von ganz rechts, in: *Der Tagesspiegel*, 20.6.2004.

23 Schreiber, Sylvia: Filip Dewinter. Kamele in Antwerpen, in: Jungwirth (Hg.): Europas Rechtspopulisten, [wie Anm. 17], S. 142.

24 Smith: Europe's Jews, [wie Anm. 19].

25 Uni: Belgian Far-Rightist Calls, [wie Anm. 20].

26 Pelle, Ratna: Who's Interest? – Belgian Right-Extremists Look for Jewish Votes in their Fight against Islam, in: http://www.zionism-israel.com/log/archives/00000265.html, 15.10.2006.

27 „Die jüdische Zivilisation ist eine der Wurzeln westlicher Zivilisation. Rom, Griechenland, die Aufklärung und jüdisch-christliche Werte. Dies sind die Schlüsselwörter unserer europäischen Zivilisation."; vgl. Wildman: Guess Who's Coming to Seder, [wie Anm. 21].

28 Ebd.

29 Smith: Europe's Jews, [wie Anm. 19].

30 Wildman: Guess Who's Coming to Seder, [wie Anm. 21].

31 Ain, Stewart: The Season of Dewinter?, in: *Jewish Week*, 12.9.2005.

32 Uni: Belgian Far-Rightist Calls, [wie Anm. 20].

33 Vlaams Blok und jüdische Gemeinden in Belgien, in: *Der Tagesspiegel*, 20.6.2004.

34 http://www.zionism-israel.com/log/archives/00000265.html, 15.10.2006; andererseits rechtfertigte Dewinter den Verbleib des ehemaligen stellvertretenden Vorsitzenden Roland Raes, der wegen der öffentlichen Leugnung des Holocausts hatte zurücktreten müssen, in der Partei: „Als einfaches Mitglied ohne Verantwortung kann Raes denken, was er will, unabhängig vom Programm." Schreiber: Filip Dewinter, [wie Anm. 23].

35 Dewinter: Furcht von Belang, in: *Jüdische Allgemeine*, 30.6.2005.

36 FP-Mölzer sieht keine Mitverantwortung der Republik Österreich, in: *derStandard.at*, 28.1.2005.

37 Schwartz, Adi: Between Haider and a Hard Place, in: *Haaretz*, 31.8.2005; Interessanterweise hieß es von Seiten der israelischen Botschaft in Belgien, dass man Dewinter nicht verbieten könne, privat nach Israel zu reisen. Vgl. Lempkowicz: Extrem Belgian Wants Israel Visit, [wie Anm. 18]; andere Führer rechtsextremer Parteien wie z.B. Le Pen haben hingegen nach wie vor den Status einer *persona non grata* in Israel.

38 Ain: The Season of Dewinter?, [wie Anm. 31].

39 Wildman: Guess Who's Coming to Seder, [wie Anm. 21].

40 Schwartz: Between Haider and a Hard Place, [wie Anm. 37].

41 Ebd.

42 Wildman: Guess Who's Coming to Seder, [wie Anm. 21].

43 Ebd.

44 Schwartz: Between Haider and a Hard Place, [wie Anm. 37].

45 Nowak, Peter: Rechtsradikale für Israel, in: www.telepolis.de/deutsch/inhalt/co/17674/1.html, 17.6.2004.

46 Koch, Dirk/Schlamp, Hans-Jürgen: Trauerspiel am Tiber, *Der Spiegel*, 14.1.2002.

47 Ladurner, Ulrich: Zollfrei nach Israel, *Die Zeit*, 48/2003.

48 Badde, Paul: Glück gehört dazu: Gianfranco Fini wird italienischer Außenminister, in: *Die Welt*, 20.11.2004.

49 Bergemann, Wibke: Opas Ehre, in: *Jungle World*, 3.12.2003.

50 Koch/Schlamp: Trauerspiel am Tiber, [wie Anm. 46].

51 Renner, Jens: Ein Freund, ein guter Freund, in: *Freitag*, 5.12.2003.

52 „Storace fährt nach Tel Aviv. Die nächste Fahrkarte ist für Fini." Übersetzung eines Artikels aus der italienischen Tageszeitung *il manifesto* vom 8.10.2002, zit. n. Antifa-AG der Uni Hannover, in: http://antifa.unihannover.tripod.com/israel_und_an.html.

53 Es scheint jedoch, dass weniger Finis Besuch in Israel als seine Verurteilung des Faschismus für Mussolinis Austritt ausschlaggebend war. Vgl. *Der Spiegel*, 1.12.2003, Personalien Alessandra Mussolini; auch: Fini hat Verrat begangen, in: *National Zeitung*, 5.12.2003; auch andere Rechtsextremisten wie z.B. der ehemalige Vorsitzende der Republikaner Franz Schönhuber verurteilten Fini und andere Führer rechtsradikaler Parteien, die „um politische Kräfte an der amerikanischen Ostküste" warben. Vgl. Antisemitismus als brauner Faden, in: *antifaschistische nachrichten* 2/2004.

54 Bergemann: Opas Ehre, [wie Anm. 49].
55 Schümer, Dirk: Duce-Rufe im Stadion, in: *Frankfurter Allgemeine Zeitung*, 22.5.2005.
56 Bergemann: Opas Ehre, [wie Anm. 49].
57 Schümer: Duce-Rufe im Stadion, [wie Anm. 55].
58 Kreiner, Paul: Wie ein freier Mann, in: *Der Tagesspiegel*, 13.6.2007; Kriegsverbrecher verteidigt Rom: Abgeordneter lobt „menschlichen Wert" von NS-Mann, in: *Der Tagesspiegel*, 20.11.2003; allerdings wurde Serena dafür unmittelbar aus der Fraktion seiner Partei ausgeschlossen.
59 Badde: Glück gehört dazu, [wie Anm. 48].
60 Nowak: Rechtsradikale für Israel, [wie Anm. 45].
61 Bergemann: Opas Ehre, [wie Anm. 49].
62 Renner: Ein Freund, ein guter Freund, [wie Anm. 51].
63 In den 1960er- und 1970er-Jahren trug Le Pen aufgrund eines kranken Auges eine Augenbinde und verglich sich zu der Zeit mit Moshe Dajan; vgl. Schmid, Bernhard: Marine Le Pen demnächst in Israel?, in: www.hagalil.com, 19.12.2005.
64 Schmid, Bernhard: Die französische extreme Rechte und der Irakkrieg, in: www.hagalil.com, 27.4.2003.
65 Schmid: Marine Le Pen, [wie Anm. 63]; Schmid, Bernhard: „Rupft" der MPF erfolgreich den Front National?, in: www.hagalil.com, 23.5.2006.
66 Schmid: Marine Le Pen, [wie Anm. 63].
67 Schmid: Die französische extreme Rechte, [wie Anm. 64].
68 Schmid: „Rupft" der MPF erfolgreich den Front National?, [wie Anm. 65]. Lediglich 48 % der FN-Wahler sahen in Le Pens Haltung einen Beitrag zur Verteidigung nationaler Interessen. Vgl. Camus, Jean-Yves: Front national. Eine Gefahr für die französische Demokratie?, Bonn 1998, S. 42.
69 Schmid, Bernhard: 1972 bis 2004: Die variationsreiche Geschichte des Front National, in: Informationsdienst gegen Rechtsextremismus (IDGR): www.idgr.de/texte/rechtsextremisnus/frankreich/front-national-2.php, kein Datum, zuletzt abgerufen am 13.7.2004 .
70 Schmid, Bernhard: Antisemitismus-/Philosemitismus-Debatte und Bündnisdiskussion, in: www.hagalil.com, 25.5.2006.
71 Camus: Front national, [wie Anm. 68], S. 41.
72 Schmid: Marine Le Pen, [wie Anm. 63].
73 Diamond, Andrew: Anti-Semitic Acts Ironically Helped French Extremist, in: Jewish Telegraphic Agency, 26.4.2002.
74 Schmid: Marine Le Pen, [wie Anm. 63].
75 Primor, Adar: Le Pen ultimate, in: *Haaretz*, 18.4.2002.
76 Schmid, Bernhard: Le Pen(s) im Anmarsch auf die französischen Regionalparlamente?, in: www.hagalil.com, 27.10.2003.
77 Melman, Yossi: ‚Le Pen is good for us', Jewish supporter says, in: *Haaretz*, 2.9.2004.
78 Forcari, Christophe: Dieudonné se fait l'avocat de Le Pen, in: *Libération.fr*, www.liberation.fr/actualite/politiques/elections2007/216917.FR.php, 14.11.2006.
79 French far-rightist Le Pen says anti-Semitic jokes can be ‚funny', in: *Haaretz*, 25.12.2006.
80 Ben-Simon, Daniel: Jews for le Pen, in: *Haaretz*, 25.3.2007.
81 Schmid: Antisemitismus-/Philosemitismus-Debatte, [wie Anm. 70].
82 Griffin, Nick: By their fruits (or lack of them) shall you know them, in: www.bnp.org.uk/columnists/chairman2.php?ngId=30, 21.3.2006.
83 Barnes, Lee: Nationalism and Israel, in: www.bnp.org.uk/columnists/brimstone2.php?leeId=80, 28.7.2006.
84 Goodacre, Alan: A BNP view (reader's letter), in: *The Jewish Chronicle*, 17.11.2006.

85 Schill, Ronald: „klar machen, dass wir ohne Wenn und Aber zu Israel stehen“, in: Focus, 12.8.2002.

86 Brink, Nana: Richter Größenwahn. Wie Ronald Schill bei seinem Gerichtstermin Wahlkampf macht, in: *Der Tagesspiegel*, 5.9.2001.

87 Ebd.; Die der DVU nahestehende National Zeitung griff Schill u.a. wegen seiner Sympathien für Israel als „‚israelischer‘ als Scharon“ an; vgl. Frey, Gerhard: Schills verdientes Ende, in: *National Zeitung*, 29.8.2003.

88 Riding, Alan: The French Surprise: The Outlook, in: *The New York Times*, 23.4.2002.

89 Murder in Holland, in: *National Review Online*, 7.5.2002.

90 Koude Oorlog tegen de islam, in: *Rotterdams Dagblad*, 28.8.2001.

91 Pim Fortuyn: 50 jaar Israel, hoe lang nog?: Tegen het tolereren van fundamentalisme, Bruna 1998.

92 AIVD had Wilders in vizier, in: *De Telegraaf*, 9.5.2007.

93 Wilders: verbied de Koran, ook in moskee, in: *De Volkskrant*, 8.08.2007.

94 Wilders: get rid of half of Koran!, in: *Expatica*, 13.2.2007.

95 Freie Umschau Europa, www.hagalil.com/archiv/98/11/nazi.htm.

96 Spannbauer, Andreas: Reise nach Jerusalem, in: *Jungle World*, 18.11.1998.

97 Reise nach Jerusalem, in: *Focus*, 18.11.1996; 1986 hatten die Deutschen Konservativen und Joachim Siegerist noch gegen „Strolche aus dem Jüdischen Weltkongress und fanatische Juden in Israel“ gehetzt. Wiedemann, Erich: Riga ist nicht Weimar, in: *Der Spiegel*, 20.11.1995.

98 Wiedemann: Riga ist nicht Weimar, [wie Anm. 97].

99 Ebd.

100 Flottau, Heiko: Was, bitte, heisst rechts auf lettisch?, in: *Süddeutsche Zeitung*, 10.11.1995; bezeichnenderweise wies Siegerist – auf seine Verurteilung wegen Volksverhetzung auf grund antiziganistischer Äußerungen angesprochen – darauf hin, dass vor Gericht nicht erwähnt worden war, dass er im Rahmen einer Patenschaft zwei „Zigeunerjungen“ finanziell unterstütze und stellte die rhetorische Frage: „Kann denn jemand wie ich, der zwei Zigeunerkinder als Paten hat, Rassist sein?“, Wiedemann: Riga ist nicht Weimar, [wie Anm. 97].

101 Nowak: Rechtsradikale für Israel, [wie Anm. 45].

102 Totok, William: Kryptofaschist auf Israelkurs, in: *die tageszeitung*, 24.1.2004.

103 Stephen Roth Institute, Annual Report 2001/2002, Country Report Romania, http://www.tau.ac.il/Anti-Semitism/asw2001-2/romania.htm, 2002.

104 Plocker, Sever: Bad signs in Poland, in: *www.Ynetnews.com*, 14.5.2006.

105 Israel Anger over Polish Minister, in: *BBC News*, 10.7.2006.

106 Galili, Lily: ‚I'm no fascist‘, in: *Haaretz*, 25.5.2004.

107 Rensmann, Magdalena: Ackern ohne Gewinn, in: *Jungle World*, 10.7.2002.

108 Peled, Daniella: Jewish World: The ignorant Jewish face of the far-right, in: *The Jerusalem Report*, 11.7.2004.

109 Melman: ‚Le Pen is good for us‘, [wie Anm. 77].

110 Camus: Front national, [wie Anm. 68], S. 80.

111 Speit, Andreas: Noch mehr Auswahl, in: *Jungle World*, 19.10.2006; usi (Autorenkürzel): Träume eines Schlaflosen, in: *Berliner Morgenpost*, 29.10.2002

112 Speit: Noch mehr Auswahl, [wie Anm. 111].

113 Weizman sieht im FPÖ-Sieg Grund für jüdische Emigration, in: *Der Tagesspiegel*, 5.10.1999; große Bestürzung in Israel über Jörg Haiders Aufstieg; „Wir dürfen nicht zur Tagesordnung übergehen“. Israel ist besorgt und will den Botschafter abziehen, in: *Der Tagesspiegel*, 26.1.2000; Israel will entschlossen auf Haider reagieren. Persönlicher Boykott wird nicht ausgeschlossen/Barak beunruhigt, in: *Der Tagesspiegel*, 27.1.2000.

114 Schiedel, Heribert: Freiheitlich verharmlost, in: *Jungle World*, 7.2.2001.

115 Zur kritischen Dekonstruktion des Begriffs der „Islamophobie" vgl. Kenan, Malik: Islamophobia myth, in: *Prospect*, February 2005, http://www.prospect-magazine.co.uk/article_details.php?id=6679; Fourest, Caroline/Venner, Fiammetta: Islamophobie?, in: *ProChoix*, N°26–27, automne-hiver 2003.

116 Auch der damalige malaysische Premierminister Mahathir binMohamad bezog sich in seiner antisemitischen Rede vor dem Gipfel der Organisation der Islamischen Konferenz (OIC) am 16.10.2003 fast schon bewundernd auf Attribute einer von ihm implizierten jüdischen Weltverschwörung, nämlich eine vermeintlich weitgehende jüdische Einheit und ein imaginiertes strategisches Vorgehen der Juden bei der Unterwerfung der Muslime, an denen die muslimische Gemeinschaft sich ihm zufolge durchaus ein Beispiel nehmen sollte, um die Juden zu besiegen und die Größe der Ummah herzustellen. Der Text der Rede findet sich unter: http://www.dailytimes.com.pk/default.asp?page=story_20-10-2003_pg7_50.

117 Unter den jüdischen Stadträten Antwerpens gab es beispielsweise eine öffentliche Debatte darüber, ob nicht eine Revision des Feindbilds und eine Neupositionierung gegenüber dem Vlaams Blok/Vlaams Belang angebracht sei. Der niederländisch-jüdische Journalist Hans Knoop beschrieb diesen Wandel mit den ironischen Worten: „Lieber von einem Antisemiten beschützt als von Demokraten im Stich gelassen, nicht wahr?", Schreiber: Filip Dewinter, [wie Anm. 23], S. 142; vgl. auch Ben-Simon: Jews for le Pen, [wie Anm. 80].

118 Hinsichtlich des Mainstreamings von Analogien zwischen Israel und dem Dritten Reich in der heutigen Bundesrepublik Deutschland siehe: Pallade, Yves: Medialer Sekundärantisemitismus, öffentliche Meinung und das Versagen gesellschaftlicher Eliten als bundesdeutscher Normalfall, in: Faber, Klaus/Schoeps, Julius H./Stawski, Sacha (Hg.): Neu-alter Judenhass. Antisemitismus, arabisch-israelischer Konflikt und europäische Politik, Berlin 2006.

PHILOSEMITISMUS NACH 1945

Thomas Käpernick

Die Studentenrevolte von 1968: Vom Philosemitismus zum Antizionismus?

Anmerkungen zur Geschichte der Deutsch-Israelischen Studiengruppen

1967: Abkehr vom Philosemitismus?

Die Ereignisse von 1967 waren eine Zäsur in der Geschichte des Philosemitismus in Deutschland. Gleichzeitig mit dem Sechstagekrieg Israels gegen seine Nachbarstaaten vom 5. bis 10. Juni kam es zur Konfrontation zwischen der Studentenbewegung und den Publikationsorganen des Springer-Konzerns, ausgelöst durch den Tod Benno Ohnesorgs am 2. Juni 1967. Die Presse des Springer-Konzerns gab – sinnbildlich in der Schlagzeile der *Bild*-Zeitung „SIEG! Dajan – der Rommel Israels!" – einem neuen Philosemitismus Ausdruck. Ulrike Meinhofs Kommentar in der *konkret* beleuchtete die in dieser Headline schlaglichtartig deutlich werdenden deutschen Projektionen: „BILD gewann in Sinai endlich, nach 25 Jahren, doch noch die Schlacht von Stalingrad."[1] Für die Neue Linke schien Abgrenzung von diesem rechten Philosemitismus ebenso nahe zu liegen wie die Distanzierung von dem siegreichen, mit dem Westen verbündeten israelischen Staat. Doch erfolgte der Kurswechsel der Linken in ihrem Verhältnis zu den Juden und ihrem Staat Israel wirklich so spontan und zwingend?

Berechtigte Zweifel daran nährt eine Anekdote Detlev Claussens. Auf einer Demonstration gegen den Schah von Persien in Frankfurt am Main am 2. Juni 1967, also noch vor dem Sechstagekrieg, traf Claussen auf den stellvertretenden Vorsitzenden des Sozialistischen Deutschen Studentenbundes (SDS) Reimut Reiche:

> „Also frage ich ihn: ‚Wie sieht das mit Israel aus? Die Araber wollen die ins Meer werfen. Müssen wir nicht noch einmal diese Woche demonstrieren? Nicht nur gegen den Schah?' Pause. ‚Weißt du, Genosse, Israel ist halt ein imperialistisches Land.' [...] Am Samstag demonstrieren wir wieder – gegen die Ermordung Benno Ohnesorgs. Am Straßenrand stehen jüdische Freunde und verteilen Flugblätter gegen die Existenzbedrohung Israels."[2]

Während Reiche also noch vor dem Sechstagekrieg den Staat Israel als imperialistischen Feind klassifizierte und sich damit in die antizionistische Tradition des Antiimperialismus stellte, hielt Claussen an einer Solidarität mit dem Staat der Überlebenden fest. Die von SDS-Gruppen organisierten Störungen der Auftritte des israelischen Botschafters Asher Ben-Natan im Juni 1969 stießen jüdische Beobachter ab, denn die Überlebenden des NS-Terrors hatten ein feines Gespür dafür, wo ihnen der Antisemitismus wieder entgegen trat.

Den für die Linke katastrophalen Befund, dass Teile der Achtundsechziger in der Rebellion gegen die Tätergeneration deren Antisemitismus wiederaufleben ließen, hat Wolfgang Kraushaar in seiner Recherche über den Anschlag vom 9. November 1969 auf die jüdische Gemeinde Berlins *Die Bombe im Jüdischen Gemeindehaus* bekräftigt. Die Idee, am Jahrestag des Novemberpogroms von 1938 wiederum deutsche Juden zu ermorden, bedurfte einer antifaschistischen Rechtfertigung. Als faschistisch wurde in der Anschlagserklärung Israel denunziert, deutsche Juden als Anschlagsziel ausgemacht und den Philosemiten wurde die Rolle als fünfte Kolonne im linken Lager zugeschrieben: „Die Kristallnacht von 1938 [wird, Anm. d. Verf.] heute tagtäglich von den Zionisten in den besetzten Gebieten [...] wiederholt"[3], während die Linke sich vom „deutschen Schuldbewußtsein lähmen" lasse bzw. sich den „Judenknax"[4] verkaufen lasse. Und im April 1970 gab Dieter Kunzelmann, der – so Kraushaar – vermutliche Anstifter des Anschlages, die Losung aus, mit der nun fast wörtlich eine nationalsozialistische Parole wiederbelebt wurde: „Wann endlich beginnt bei Euch der organisierte Kampf gegen die heilige Kuh Israel? [...] Die Parole ‚Amis raus aus Vietnam' ist nie transformiert worden in die Parole ‚Raus aus Deutschland'."[5]

Wolfgang Kraushaar hat den Antizionismus detailliert beschrieben, unbefriedigend bleibt aber seine Erklärung des Verhältnisses der Achtundsechziger zum Philosemitismus. Kraushaar zitiert Albert Fichter, der nach eigenem Bekenntnis die Bombe am 9. November 1969 legte. Fichter gibt an, er habe 1967 bei einem Kibbuzaufenthalt so negative Erfahrungen gemacht, so dass er sich von der „zionistischen Ideologie distanziert"[6] habe:

> „Das Erlebnis in dem Kibbuz hat bei mir einen Knacks verursacht. Vorher war ich relativ proisraelisch oder projüdisch, prosemitisch oder philosemitisch, ja beinahe unkritisch zionistisch gewesen. Wir sind ja in der Schule im Rahmen der Entnazifizierungskampagne jedes Jahr ein-, zweimal agitiert worden. Man hat uns damals die schrecklichen Dokumentarfilme über die Konzentrationslager gezeigt. [...] Das hat bei

mir natürlich eine Wirkung gezeigt. Ich habe damals starke Sympathien für Israel gehegt."[7]

Bei Fichter und anderen dient der Verweis auf den Philosemitismus der Rechtfertigung ihrer (ihnen heute peinlichen) antizionistischen Gewaltbereitschaft. Bemerkenswert sind zwei Resultate dieser Rhetorik: zum einen dient der Verweis auf den angeblichen philosemitischen Konsens der routinierten Abwehr des Vorwurfes, im Antizionismus den Antisemitismus erneuert zu haben; zum anderen läutete die Ablehnung des Philosemitismus den Versuch ein, die Verbrechen des Nationalsozialismus um die auf die antisemitischen und das Projekt der Volksgemeinschaft weisenden Aspekte zu kürzen, und damit im Verweis auf Kapitalismus und Faschismus den nahe liegenden Fragen nach konkreter Täterschaft und Verstrickung der eigenen Verwandten auszuweichen.

Der Annahme, es habe vor 1968 einen linken Philosemitismus gegeben, folgt auch die für das Verhältnis der deutschen Linken zu Israel maßgebliche Studie Martin W. Klokes *Israel und die deutsche Linke*. Kloke stellt für die Zeit vor 1967 auf der Linken eine „pathetische Glorifizierung" Israels fest, einen „prozionistischen linken Konsens", einen „von latenten Schuldgefühlen begleiteten Philosemitismus weiter Teile der bundesrepublikanischen Linken in der Adenauer-Ära"[8]. Er bezeichnet als Philosemitismus die Überhöhung Israels zum „mythisch überhöhten Konstrukt"[9] und kommt zu dem Resümee:

> „Diese ‚Judenidolatrie' drängte das Staatsvolk Israels unbeabsichtigt wieder in die vormalige Außenseiterrolle zurück, indem sie den von den Antisemiten auf entsetzliche Weise missbrauchten Auserwähltheitsmythos der jüdischen Religion in säkularisierter Form revitalisierte."[10]

Diese Überlegungen Klokes werfen die Frage auf, ob es nicht den Verhältnissen angemessen ist, in der Beurteilung Israels von dessen Rolle als Außenseiter der Nationalstaaten auszugehen, was ja einen „Prozionismus" rechtfertigen könnte. Im Bezug auf die Ausnahmestellung Israels hätte der Philosemitismus einen wahren Kern, dessen Spannungsverhältnis zu den ideologischen Aspekten des deutschen Philosemitismus nach der Befreiung zu untersuchen wäre.

In dieser Untersuchung soll am Beispiel einer Organisation, den Deutsch-Israelischen Studiengruppen (im Folgenden: DIS) und ihrer Zeitschrift *DISkussion* untersucht werden, ob die Linke vor 1967, wie von Kloke angenommen, philosemitisch war. Die DIS waren der Freundschaft mit Israel verpflichtet und thematisierten gleichzeitig die postfaschistischen Verhältnisse in Deutschland. Ihre Distanz vom Philosemitismus soll in ihren Veränderungen nachgezeichnet werden. Mit dem Vergleich zwischen der Haltung der DIS und eines Vordenkers der Neuen Linken, Heinz-Joachim Heydorn, soll weiter der Frage nachgegangen werden, wie weit der kritische Gehalt der Distanzierung vom Philosemitismus angesichts der Bedrohung Israels im Juni 1967 reichte. Doch vorab sei eine aufgrund der Forschungsdefizite etwas umfangreichere Skizze des Philosemitismus im Nachkriegsdeutschland gestellt.

Zum Begriff des Philosemitismus

Der Philosemitismus in Deutschland nach 1945 ist entstehungsgeschichtlich und phänotypisch nicht vom Antisemitismus zu trennen. Der Antisemitismus als tragende Ideologie des Nationalsozialismus war nach dem 8. Mai in die Latenz abgedrängt und es entstand zur Schuldabwehr der „sekundäre Antisemitismus“[11]. Wo sich die negative Äußerung über Juden verbot, war eine scheinbar positive Rede über die Juden geboten, ohne dass dadurch die antijüdischen Stereotype aufgehoben wurden. Frank Stern hat in seiner grundlegenden Studie *Am Anfang war Auschwitz. Antisemitismus und Philosemitismus im deutschen Nachkrieg*[12] verdeutlicht, dass nach 1945 ein Philosemitismus entstand, der wenig mit den weltanschaulich geprägten philosemitischen Zeugnissen vergangener Epochen zu tun hatte. Die philosemitische Rede sollte, indem der Sprecher für sich reklamierte, verfolgten Juden geholfen zu haben, unmittelbar der Schuldentlastung dienen. Unterscheiden lässt sich zwischen privatem, verordnetem und humanistischem Philosemitismus. Der private Philosemitismus zielte auf die Rettung der bürgerlichen Existenz ab, der politische verordnete Philosemitismus auf die Rekonstruktion des nationalen Selbstbewusstseins. Mittelbar diente das philosemitische Bekenntnis dem Nachweis demokratischer Gesinnung und war in dieser Funktion eine „symbolische Ersatzhandlung“[13], indem es eine an die Wurzeln gehende Aufarbeitung der Vergangenheit substituierte. Als politikfähige Rede entwickelte sich der „verordnete Philosemitismus“[14]. Neben dem verordneten Philosemitismus wurde ein humanistischer Philosemitismus etabliert, dessen Vertreter sich nicht auf den Vernichtungsantisemitismus des Nationalsozialismus bezogen, sondern an eine von ihnen behauptete deutsch-jüdische Symbiose der Zeit vor 1933 anzuknüpfen gedachten.

Die Antisemitismusforschung betont, dass der Philosemitismus vom Antisemitismus geprägt wurde. Detlev Claussen führte den Philosemitismus auf die ausgebliebene Vergeltung zurück, wodurch etwas Unabgegoltenes, nämlich Schuld zurückgeblieben sei. Die nicht erfolgte Anerkennung dieser Schuld und die Unfähigkeit, sich dieser Realität zu stellen, ließen „die wider Willen mit der Schuld konfrontierten schwankend zwischen abstrakten Negationen“[15]. Diese philosemitische Verdrängung der Realität unterschied sich trotz ähnlicher psychologischer Entlastungsfunktion vom Antisemitismus:

> „Antisemitismus hebt schon als bloße Meinung die Gewalt in die Welt des Geistes. [...] Der Philosemitismus ist dagegen die bloß falsche Meinung, man könne sich durch bloße Gönnerschaft dem Schuldzusammenhang entwinden. Philosemitisches Gefühlsleben stellt die Praxis des Antisemitismus nicht in Frage, sondern zehrt von ihr.“[16]

Lars Rensmann wies in seiner Definition auf die Gefährlichkeit des Philosemitismus hin:

> „Als Philosemitismus sollte ein Antisemitismus unter umgekehrten Vorzeichen verstanden werden, der nicht mit der kollektiv-rassistischen Attribuierung von judenfeindlichen Vorurteilen bricht, sondern die Klischees nur zwischenzeitlich ins Positive verkehrt und verklärt, ohne dadurch vor einem Rückfall in die Abwertung gefeit zu sein.“[17]

Klaus Holz schließlich ergänzte die Beobachtung, dass der Philosemitismus antisemitische Stereotype umformt:

> „Der Philosemitismus [ändert, Anm. d. Verf.] die Zuordnungen und den Inhalt der Zuschreibungen nicht... Entweder werden die antisemitischen Zuschreibungen positiv umgewertet, so daß zum Beispiel aus dem ‚geldgierigen, gerissenen Juden‘ der erfolgreiche und intelligente Geschäftsmann wird, oder die Umwertung wird gemäß der Dichotomie-Regel vorgenommen, so daß dem ‚(guten) Juden‘ die Tugenden der Wir-Gruppe zugeschrieben werden.“[18]

Der Philosemitismus der Nachkriegszeit lehnte sich in Sprache und Vorstellungswelt dem Denken des Nationalsozialismus an. Ein gutes Beispiel für die Mischung von antisemitischen und philosemitischen Stereotypen findet sich in den Äußerungen des CSU-Parteivorsitzenden Josef

„Ochsensepp" Müller, der die antisemitische Kampagne gegen Phillip Auerbach initiierte. In philosemitischer Manier betonte er seinen Kontakt zu einem Münchner Rabbiner, der offenbar eine wichtige Vermittlerrolle einnahm (ein antisemitisches Stereotyp) und den er als „anständigen" Juden integrieren wollte, womit er indirekt auf die als unangepasst geltenden DP's anspielte.[19] Auf die Reaktivierbarkeit des Antisemitismus wiesen diverse Skandale wie Friedhofsschändungen und Angriffe auf zurückkehrende Juden und DP's hin. Diese einzelnen antisemitischen Vorfälle bedrohten zwar keineswegs direkt den demokratischen Staat – aber sie indizierten, dass unter der philosemitischen Oberfläche sich eine antisemitische Ideologie bewahrte.

Dass dies auch noch Anfang der 1960er-Jahre galt, zeigt ein Beispiel für den privaten Philosemitismus, wie ihn der Journalist Heinz Liepman beobachtete:

> „Sehr ungern habe ich dagegen die Leute, die man überall trifft, auf Gesellschaften, in der Eisenbahn oder in Läden, und die – sobald sie erkennen, daß ich Jude bin – ihre freundschaftlichen Gefühle für die Juden im allgemeinen beteuern. Die meisten dieser Begegnungen verlaufen nach einem ganz bestimmten Schema. Sie sehen mich an, nochmals und ein drittes Mal. Dann nähern sie sich und sagen: Entschuldigen Sie die Frage, aber sind Sie Jude? [...] Sie sagen, wie entsetzt sie über die Nazi-Verbrechen gegenüber den Juden gewesen seien. Entweder fahren sie dann fort, sie selber hätten zwar ‚mitgemacht', aber hätten nie eine Ahnung gehabt, was die Nazis wirklich angerichtet hatten, bis es zu spät war. Oder sie sagen, sie seien ‚im Herzen' immer dagegen gewesen, sie hätten sich ‚beinah' den Mund verbrannt und wären nahe daran gewesen, mit der Gestapo in Konflikt zu kommen."[20]

Von Juden wurde erwartet, sie könnten Deutsche von Schuld freisprechen. Liepman wurde durch diese Erfahrungen daran erinnert, dass er in Deutschland unter Tätern lebte. Da diese Zumutungen mit dem Gestus des Wohlwollens den Juden gegenüber vorgetragen wurden, konnte er sie nicht abwehren. Von denjenigen, die ihm mit diesen „Anrempelungen" aufdringlich, ja aggressiv gegenübertraten, die wie unter Zwang auf die Schuldfrage zu sprechen kamen, brachte Liepman manches Mal in Erfahrung, dass sie im Nationalsozialismus Täter gewesen waren. Philosemitisch waren sie, um ihrem Entlastungswunsch Ausdruck verleihen zu können. Für den Schlussstrich unter die Vergangenheit schien ihnen der moralische Kredit, welchen der philosemitische Gestus einzuräumen schien, hilfreich, indem er eine bessere Reputation verhieß als die in der entlastenden Wirkung analoge antisemitische Schuldzuweisung an die Juden.

Ein frühes Beispiel für den verordneten Philosemitismus ist eine Rede Konrad Adenauers[21]. Er begründete am 27. September 1951 im Bundestag die Aufnahme von Entschädigungsverhandlungen mit Israel und dem Jewish World Congress mit einer Erklärung, über deren Wortlaut monatelange diplomatische Verhandlungen geführt worden waren.[22] Adressat Adenauers war die entschädigungsunwillige Mehrheit der deutschen Öffentlichkeit, die er mit dem Verweis auf deutsches Opfertum zu gewinnen trachtete. Deutsche Opfer waren der Maßstab für den Spielraum, den Adenauer den Entschädigungszahlungen als Konzession an das jüdische Leid zubilligte. Die zu zahlende Entschädigung werde so bemessen sein, dass unter anderen „Ostflüchtlinge" und „Bombenopfer" nicht zu kurz kämen. Adenauer bemühte sich, die Frage deutscher Schuld abzuwehren. Er sprach von den Verbrechen des Nationalsozialismus im Passiv:

> „Die Bundesregierung und mit ihr die große Mehrheit des deutschen Volkes sind sich des unermesslichen ‚Leides' bewußt, das ‚in der Zeit des Nationalsozialismus' über die ‚Juden' in Deutschland und den besetzten Gebieten gebracht wurde. Das deutsche Volk hat in seiner überwiegenden Mehrheit die an den Juden begangenen Verbrechen verabscheut und hat sich nicht an ihnen beteiligt."[23]

Verbrechen waren demnach nur im deutschen Namen geschehen, von deutschen Tätern war bei Adenauer keine Rede. Im diesem Zusammenhang erwähnte er aber einen anderen deutschen Täter, nämlich den Judenhelfer. Damit wurde der Diskurs von den Verbrechen auf die Hilfe verschoben, statt vom Antisemiten war vom angeblich typischen Philosemiten die Rede. Adenauer ging es mit der Propagierung des verordneten Philosemitismus um die Wiedergewinnung des deutschen Prestiges im Ausland. Dies hätte einfacher durch eine Abrechnung mit Schuld und Tätern erfolgen können, doch hätte das im Ausland auf den vergangenen und gegenwärtigen Antisemitismus aufmerksam gemacht und in Deutschland selbst die Gefahr heraufbeschworen, die sprichwörtlichen schlafenden Hunde geweckt. Das, was nur die Wiederherstellung des Rechtszustandes war, nämlich geraubtes Gut zurück zu geben und Schadenersatz zu leisten, wurde von Adenauer mit dem Begriff der Wiedergutmachung als moralische Tat bezeichnet. Die Zahlungen an Israel wurden als „Eingliederungshilfen" deklariert, womit eine Anerkennung der Verbrechen unterblieb, man sich jedoch die Hilfeleistung zu Gute hielt.

Für den humanistischen Philosemitismus war ein anderer Text paradigmatisch, Theodor Heuss' Ansprache „Mut zur Liebe", gehalten 1949. Die ab 1950 gegründeten Gesellschaften für Christlich-Jüdische Zusammenarbeit pflegten diese Variante des Philosemitismus. Heuss versuchte, eine positive Tradition der christlich-jüdischen Diskussion zu beschreiben und spielte damit auf die philosemitische Rede von der deutsch-jüdischen Symbiose an. Er verwies auf die Aufklärung und Lessing, in der Hauptsache aber auf seine eigenen jüdischen Freunde, was er mit einem Appell an das persönliche Verhalten seiner Zuhörerschaft verband. Er stellte weder dar, unter welchen Bedingungen und wie das „jüdisch-deutsche Problem"[24] (!) gelöst werden könnte, noch tauchte in seinen Bemerkungen zu den Verbrechen des Nationalsozialismus ein Hinweis auf konkrete Täterschaft auf. Es habe die „Geschichte unserer Heimat als Exerzierfeld ausgesucht"[25]. Heuss verwies auf den Kollektivschuldvorwurf, um diesen – angeblich allgemein erhobenen – Vorwurf widerlegen zu können. Die Abwehr des Kollektivschuldvorwurfes diente Heuss (und nicht nur ihm) dazu, die Untersuchung konkreter Schuld abzuwehren. Heuss bezeichnete das Wort „Kollektivschuld" als „Umdrehung, nämlich der Art, wie die Nazis es gewohnt waren, die Juden anzusehen; daß die Tatsache, Jude zu sein, bereits das Schuldphänomen in sich eingeschlossen habe"[26]. Damit verwischte er die Differenz zwischen antijüdischem Vorurteil und dem Verdacht, dem sich Deutsche aufgrund konkreter Verbrechen ausgesetzt sahen.[27] Er rückte die deutsche Nation in die Rolle des Opfers, wozu auch der Verlust, der für Deutschland durch die Austreibung der Juden entstanden sei, zähle.

In Heuss' Hinweis auf den Typus des jüdischen Kulturbringers findet sich das erste philosemitische Element seiner Rede. Lessings *Nathan der Weise* hatte Konjunktur auf den Bühnen und in Festreden wurden die geistigen Größen, derer Deutschland nun entbehre, hervorgehoben. Die häufig gebrauchte rhetorische Figur des jüdischen Kulturbringers ist für die Ambivalenz des Philosemitismus besonders wichtig. In der Aufzählung verdienstvoller Juden will man scheinbar deren Prestige fördern. Zugleich wertet man damit die Juden und Jüdinnen ab, welche sich der Assimilation verweigerten und welche Heuss in einer abschätzigen Bemerkung über „jenes intellektualisierte Judentum"[28] erwähnte. Mit der von Heuss hier angedeuteten Trennung zwischen den Juden, die deutsche Kultur anreicherten und jenen, denen er im persönlichen Umgang lieber auswich, spielte Heuss – sicher ungewollt – auf das antisemitische Muster an, zwischen guten und schlechten Juden zu unterscheiden. Eine weitere Ambivalenz des Philosemitismus besteht darin, den Antisemitismus zu verharmlosen. So verzichtete Heuss auffälligerweise auf den Gebrauch des Begriffes Antisemitismus, mit einer Ausnahme. In seiner Verurteilung der Schändungen jüdischer Friedhöfe negierte er den hier eigentlich unübersehbaren Antisemitismus: „Jede solche Friedhofsschändung ist für Deutschland in seinem Kampfe um seine Stellung unter den Nationen eine verlorene Schlacht; aber sie hat nichts zu tun mit Antisemitismus.“[29] Die antijüdische Attacke deutete er zum Angriff auf Deutschland um. Zuletzt folgerte Heuss aus den Briefen ins Exil geflohener Juden, dass sie unter der Trennung von Deutschland leiden würden. Er habe von ihnen „nie ein bitteres Wort“ gehört – mit dieser Behauptung mag Heuss bei seinem Publikum um Verständnis für die Juden geworben haben, aber er verschwieg damit die Forderungen der Überlebenden. Sein Versöhnungsangebot an die Juden hatte somit ein Moment der Entmündigung. Im Ergebnis erwies sich Heuss' mit dem Anspruch auf Aufbrechen der Stereotypisierung formuliertes Bekenntnis als Instrument der Schuldabwehr. Zusätzlich erhob er die Forderung, dass ihrerseits die Juden zur Versöhnung beizutragen hätten. Insgesamt weisen die philosemitischen Elemente in der Rede Heuss auf den Versuch der Rehabilitation Deutschlands. Mit Hilfe des Philosemitismus sollte die deutsche Niederlage kompensiert werden, ohne an die Ursachen des Nationalsozialismus zu rühren.

Auf der Linken gab es ebenfalls philosemitische Tendenzen, die sich in der Begeisterung für Kibbuzim und Aufbauleistung konkretisierten. Der Theologe Helmut Gollwitzer, der bekannteste Exponent linker Israelbegeisterung, formulierte:

> „Nicht nur die Beobachtung, daß für die israelische Jugend die neuen hebräischen Volkslieder und Volkstänze da stehen, wo unsere hiesige Jugend sich um Schlager und Rock'n'Roll versammelt, sondern der ganze Schwung des zu Gemeinschaft und Aufopferung, zu Abenteuer und harter Anstrengung drängenden Lebens im besonderen natürlich das Phänomen der Kibbuzim läßt erkennen: was bei uns der rasch verwehte Traum einer Zwischengeneration war, hat unerwartet an ganz anderem Ort Gestalt und reale Bedeutung gewonnen.“[30]

Bei ihm mischte sich in die romantisierende Schwärmerei die Klage, dass in Deutschland derartiges nicht gelungen sei. Gollwitzers Bild Israels war durchsetzt von Projektionen:

> „Was für Juden, sagte ich mir immer voller Staunen, was ist aus diesen Juden geworden! [...] Ich denke an Simon Hacohen, den Weinbauern

vom Karmel: ein mächtiger Kerl in Stiefeln, der uns bei Caesarea mit dem dröhnenden Lachen eines westfälischen Bauern begrüßte."[31]

Auch der Philosemitismus Gollwitzers war alles andere als reine Liebe zu den Juden, vielmehr erwartete er, es werde von Israel aus einmal „ein neuer Blick nach Deutschland möglich"[32], erhoffte er die Erleichterung der Bürde der Geschichte und ließ seine Sehnsucht nach einem heilen Deutschland am israelischen Objekt aus.

Der linke Philosemitismus

Die Deutsch-Israelische Studiengruppe an der Freien Universität Berlin wurde 1957 gegründet. Initiator der Gründung war Jochanan Bloch, ein engagierter Zionist, der ab 1955 in Deutschland Philosophie, Religionswissenschaft und Psychologie studierte. Bloch stand in Israel der Cheruth-Partei nahe, fand aber in Berlin für seine Idee Interesse bei linken, im SDS organisierten Studenten.[33] Bloch lag mit philosemitischen Vorstellungen wie derjenigen einer deutsch-jüdischen Symbiose über Kreuz.[34] Die Gründung der DIS war ein Erfolg, weil Israel noch *terra incognita* war. Die Reiseberichte der wenigen Besucher Israels vermittelten oft ein heroisches Bild des Kibbuzniks und Pioniers in der Wüste. Einen Verband, der sich für Reisen nach Israel und für diesen Staat einsetzte, gab es nicht, denn der Verband Deutscher Studentenschaften nahm eine proarabische Haltung ein. Förderlich waren auch die Verhältnisse in der Bundesrepublik selbst.

Die Ereignisse am Jahresende 1959 – zu Weihnachten 1959 wurde die Kölner Synagoge geschändet, und in der Folge wurden einige hundert Fälle von Antisemitismus und Nazismus aktenkundig – lösten eine vorher nicht gekannte Debatte aus. Bundeskanzler Adenauer forderte dazu auf, den „Lümmeln" auf frischer Tat eine Tracht Prügel zu geben. Doch dieser Versuch, den Antisemitismus zur Marginalie zu erklären, machte Vielen deutlich, wie hilflos man dem Antisemitismus gegenüber war. Zudem wurde Ende der 1950er-Jahre eine zunehmende Bereitschaft deutlich, die Schuldfrage angesichts der Prozesse gegen deutsche Täter neu aufzuwerfen und die Ruhe, in der ehemalige Nazis zu neuen Karrieren gekommen waren, zum Skandal zu erklären. Der SDS lancierte 1958 die Kampagne „Ungesühnte Nazi-Justiz". Dies war ein Versuch, sich thematisch von der SPD zu lösen. Zu Gute kam den DIS auch, dass sich zunehmend eine linke jüdische Jugend fand, die in der Begegnung mit deutschen christlichen

Linken die Abschottung gegenüber der christlichen Mehrheit, welche das Leben in den jüdischen Gemeinden prägte, aufbrach.[35]

Ab 1960 gab die DIS-Gruppe an der Freien Universität Berlin mit Unterstützung Gollwitzers die Zeitschrift *DISkussion* heraus. Im Kuratorium der DIS saßen 1962 bekannte Persönlichkeiten wie Franz Böhm (CDU) und Theodor Heuss (FDP). Auch Ortsgruppen wie die 1959 gegründete Frankfurter konnten für ihr Kuratorium einflussreiche Unterstützer gewinnen, den Staatsanwalt Fritz Bauer, den Frankfurter OB Werner Bockelmann, jüdische Universitätslehrer wie Max Horkheimer und Berthold Simonsohn sowie andere. Auf Seminaren der DIS kam es zum Austausch mit Politikern. Das Angebot staatlich geförderter Gruppenfahrten nach Israel mit Arbeitsaufenthalten im Kibbuz und anschließenden Rundfahrten und von universitären Veranstaltungen über Israel bildeten die Arbeitsschwerpunkte der DIS. 1961 wurde der bundesweite Dachverband der DIS gegründet. An bis zu 15 Hochschulen gab es die DIS. Die Arbeitschwerpunkte der einzelnen Ortsgruppen der DIS differierten. Während die Ortsgruppe an der Berliner Freien Universität im Jahre 1960 angesichts der ab Ende 1959 erfolgten Welle der Synagogenschändungen und antisemitischen Wandparolen das Thema Antisemitismus zum Semesterthema erhob, einen Kongress „Überwindung des Antisemitismus" organisierte und forderte, sich konsequenter der Auseinandersetzung zu stellen, befasste sich eine neu gegründete DIS-Gruppe an der Theologischen Schule Bethel mit den Themen „Talmud", „Pharisäer" und „Martin Buber".

Die vierte Delegiertenkonferenz vom 31. Oktober bis 5. November 1964 hatte die Forderung nach Anerkennung Israels durch die Aufnahme diplomatischer Beziehungen zur zentralen Forderung erhoben und aus deren Ausbleiben gefolgert, dass:

> „[...] die Bundesrepublik bis heute in den Augen der Weltöffentlichkeit nicht nur den Beweis für den Abbau des nationalsozialistischen Denkschemas schuldig geblieben ist, sondern auch den Beweis des guten Willens dazu. Vielmehr unterstützt die Bundesregierung die Fortsetzung des Völkermordes durch die von arabischen Staaten offen angestrebte Vernichtung des Staates Israel, indem sie eine Stärkung des arabischen Militärpotentials durch deutsche Wissenschaftler und deutsche Firmen zuläßt."[36]

Im Bundesvorstand saßen bis 1967 miteinander dem SDS nahe stehende, oft der Kritischen Theorie verpflichtete „DISniks" und die von ihnen als

„Talmudjünger" verspotteten christlich Bewegten. Die ambitionierte Redaktion der *DISkussion*, die von der Gruppe der Freien Universität Berlin getragen wurde, stand links vom Bundesvorstand und hob die Zeitschrift schnell über das Niveau eines Mitteilungsblattes. Ab 1964 belegte ein über vier Ausgaben der *DISkussion* veröffentlichter Text „Zur Analyse des faschistischen Antisemitismus" die Versuche, Fragestellungen der Theorie zu klären. Dieser Text kann als einziger in einer linken Zeitschrift gelten, der sich vor 1968 dem NS-Antisemitismus ausführlicher widmete.[37]

Die Abgrenzung zu den christlichen Mitgliedern erfolgte in *DISkussion* durch die Thematisierung des Philosemitismus. Dieser Philosemitismus war den DIS keineswegs fremd, wie in der Gründungserklärung der DIS FU-Berlin vom Juni 1957 nachzulesen ist:

> „Aus den vergangenen Ereignissen entsteht uns die Verantwortung und die Pflicht, einen wahren Zugang zum jüdischen Volke und zum Judentum zu suchen. Wir müssen und wollen versuchen, dazu beizutragen, die Kluft, die zwischen den beiden Völkern aufgerissen, das Unheil, das im Namen Deutschlands verübt worden ist, zu überbrücken und zu heilen: von uns aus ein neues Verständnis und so eine neue Versöhnung zu gewinnen."[38]

Von konkreten deutschen Verbrechen und vom Antisemitismus war hier keine Rede; die Erwartung, durch Besuche in Israel und das Abhalten von Vorträgen und Seminaren einen Heilungsprozess einzuleiten, zumindest vermessen.

In der weiteren Entwicklung entfernten sich die DIS von solch plakativem Philosemitismus. Gipfelte ein Bericht einer Israelreise von 60 deutschen Studenten im Herbst 1960 noch in den verklärenden Worten „Israel ist das Land der Erneuerung, das Land, in dem das Wunder der Wiedergeburt täglich Wirklichkeit wird"[39], so wies ein Erfahrungsbericht von 1962 selbstkritisch auf eigene falsche Erwartungen hin. Die Autorin Christa Guth war Leiterin der Ortsgruppe in Bethel. „Es ist vielleicht verständlich, daß ich als ein von Schuldkomplexen gedrückter Mensch, des Versöhnungswillens voll, in Israel ankam."[40] Nachdem ihr Versöhnungswunsch bei einer KZ-Überlebenden auf Unverständnis gestoßen war und sogar eine tiefe Erschütterung ausgelöst hatte, hatte sie gelernt: „Ich hörte auf, mir einzubilden, daß durch meine Person ein Beitrag geschehen müsse, um wieder Brücken zu bauen, und daß ich zu diesem Zweck möglichst vielen Menschen begegnen müsse."[41] Von einer deutschen Besuchergruppe berichtete sie:

„Die Gruppe war voll guten Willens gekommen, einerseits die Menschen in Israel kennenzulernen und sich dadurch Waffen zu schmieden, um den Vorurteilen vieler Deutscher zu begegnen, andererseits durch ihre Anwesenheit dem israelischen Volk zu zeigen, daß sie anders seien als die Generation ihrer Väter. Dieser gute Wille wurde von den Israelis im Allgemeinen anerkannt. Aber deshalb wirkten die Erfahrungen, die sie mit dieser Gruppe machten, umso enttäuschender. Wenn zum Beispiel in einem halböffentlichen Gespräch einer aufsteht und den Juden vorhält, so schlimm könne das ‚Dritte Reich' denn doch nicht gewesen sein, es habe ja auch eine grausame französische Revolution oder Pogrome in Rußland gegeben, dann kann auch der Wohlwollendste nur traurig sein."[42]

Ein anderes Erlebnis damit, wie der philosemitische Gestus die Zunge lockerte, hatte Siegward Lönnendonker im Oktober 1963 in Israel, als seine Reisegruppe während der Fahrt auf dem Armeelaster der Tsahal SA-Lieder anstimmte.[43]

Dass sich die DIS dem Problem des Philosemitismus stellten, war kein Einzelfall. Ausgelöst durch eine kritische Stellungnahme von Manès Sperber, der den Philosemitismus als Erniedrigung angeklagt hatte, kam es in der *Tribüne* zu kontroversen Äußerungen jüdischer AutorInnen. Ludwig Marcuse empfahl, den Philosemitismus als „eine deutsche Kur gegen einen deutschen Schmerz"[44] hinzunehmen, wogegen Eleonore Sterling beklagte, im Philosemitismus werde das Jüdische, nämlich „der Mut zum Anderssein und die zur Kritik am Bestehenden zwingende Liebe zur Gerechtigkeit"[45] unterschlagen. Sie sah im Philosemitismus keine „deutsche Selbsttherapie"[46] wie Marcuse, sondern in erster Linie den Verdrängungsmechanismus, wofür ihr die fortdauernd gebrauchten Vokabeln aus der „Sprache der Unmenschlichkeit",[47] des Nationalsozialismus, Beweis waren.

Die Kritik des Philosemitismus in den DIS

Den Anlass für eine Kritik des Philosemitismus lieferte im Jahre 1964 eine Predigt des Pfarrers von Hammerstein, Vertreter der Aktion Sühnezeichen, selbst Verfolgter des Nationalsozialismus, der von einem Redakteur des RIAS, Herbert Kundler, des „Philosemitismus auf der Basis antisemitischer Vorurteile"[48] bezichtigt worden war. Siegward Lönnendonker von der Ortsgruppe Berlin, der dem SDS nahe stand, verfasste für die

DISkussion eine gründliche, ideologiekritisch unterfütterte Analyse, mit der er mit den auf Versöhnung und individuelle Läuterung zielenden Aufrufen abrechnete.

Die Aufforderung von Hammersteins an seine Zuhörer, alle Vorurteile gegenüber den Juden zu überprüfen, ging an den Ursachen des Antisemitismus vorbei, wie Lönnendonker feststellte. Die Verdunkelung der Ursachen münde in einer „Schicksalsideologie“[49], welche, so kritisierte Lönnendonker weiter, der Ideologie der Nationalsozialisten nahe stehe. Von Hammersteins Predigt endete im philosemitischen Appell, das Judentum kennen zu lernen und nach zurückkehrenden Juden Ausschau zu halten. Diese Tat werde „uns reich machen“[50], denn die Juden „brauchen menschliche Nähe, Nachbarlichkeit, Verständnis, Liebe“[51]. Siegward Lönnendonker wies darauf hin, dass dies mehr als eine naive Aufforderung war:

> „Dieses neue Vorurteil, verbunden mit der Aufforderung, es anzunehmen, wird in dem Satz formuliert: ‚Wir sollten aber an Juden denken wie an unsere Väter, Großväter, von denen wir geformt und geprägt wurden.‘ Das schlechte Verhältnis zum Feind Jude soll ausgetauscht werden gegen das gute zum Vater Jude [...] Die Leichtigkeit, mit der die meisten Menschen in Deutschland die Vorstellung vom ‚jüdischen Untermenschen‘ aufgaben und ihre Liebe zum ‚jüdischen Mitmenschen‘ entdeckten, ist Indiz dafür, daß der Philosemitismus rücktauschbar ist. Dadurch, daß wir an Juden denken sollen wie an unsere Väter, daß wir sie zu Leitbildern machen sollen, ist schon die Voraussetzung dafür gegeben, daß diese Liebe in Haß umschlagen kann, wenn nämlich der einzelne Jude diesem Anspruch nicht genügt oder wenn er einfach nicht unser Bruder sein will.“[52]

Siegward Lönnendonker hatte damit die Mechanismen des Philosemitismus ausgelotet. Die Gefahr der Reversibilität des Philosemitismus aufgrund seiner antisemitischen Ursprünge war dadurch gegeben, dass die positiven Zuordnungen, die der eigenen Gruppe galten, eine einfache Übertragung auf die Juden erfuhren. Dass bei von Hammerstein der negative Rückschluss bereits erfolgt war, konnte Lönnendonker daran zeigen, dass bei von Hammerstein nur diejenigen Juden als „gerettet“ und „erlöst“ bezeichnet wurden, die in Auschwitz ermordet worden waren, während die übrigen Juden – so der implizite Schluss aus diesem Gedanken – ihr Leben mit der Unerlöstheit vor Gott bezahlen müssten. Lönnendonker ging es um die Kritik der postfaschistischen Gesellschaft, deren Fehlen sich in der Ausflucht in den Philosemitismus zeigte.

Dass man sich in den DIS intensiv mit dem Philosemitismus auseinandersetzte, belegt auch ein ungezeichnetes Skript im Bestand des SDS-Archives an der Freien Universität Berlin mit dem Titel *Philosemitismus und Restauration*. Untersucht wurden hier zahlreiche Stellungnahmen aus dem Umfeld der Gesellschaften für Christlich-Jüdische Zusammenarbeit sowie staatsoffizielle Erklärungen im Zeitraum bis 1961.[53] Kern der Kritik des Autors war, dass er die Aufforderung durch Philosemiten, ein positives Verhältnis zu den Juden spontan hervorzubringen, als unwirksam insofern ablehnte, als dadurch die Bekämpfung von Vorurteilen zugunsten eines illusorischen Appells an die Moral unterbleibe. In den philosemitischen Zuschreibungen spiegele sich lediglich ein geschöntes Selbstbild wider. Belege für die Nähe des Philosemitismus zum ursprünglich antisemitischen Judenbild fand der Autor am prägnantesten in einer Rede Theunissens vor. Dort wurde Auschwitz in einen heilsgeschichtlichen Kontext gestellt:

> „[...] wer sie erfahren hat im Bauwerk Spinozas und im Lächeln der jüdischen Kinder eine Stunde vor Auschwitz, – jene Noblesse, die nicht müde wird, ohne Ansehen der Person und der Rasse jedem Genie den Weg zu bereiten [...], der wird dazu beitragen, daß die Juden eines Tages ganz gewiß vergessen, was ihnen und ihren Toten angetan worden ist."[54]

Das antisemitische Stereotyp des im Leiden noch gefährlichen Juden wurde philosemitisch umgedeutet in das Bild des jüdischen Opfers, welches auf Rache verzichte. In solchen Zitaten konnte der Autor dingfest machen, welche Absicht sich mit dem Appell zur Versöhnung verband, nämlich der Wunsch, den „Nationalsozialismus als undeutsches Kapitel aus der Geschichte der deutschen Nation zu verdammen"[55]. Der Nationalsozialismus wurde deshalb – so der Text weiter – dämonisiert und irrationalisiert, die deutsche Schuld nur mehr als ‚Scham', als die ‚Ehre der Nation befleckend' dargestellt. Zwar ergriff der Autor rückhaltlos Partei, trotzdem ergibt sich ein Hinweis auf die in der ideologiekritischen Methode angelegte fehlende Nähe zur jüdischen Erfahrung aus dem Lapsus, dass in diesem Text die Welle von Angriffen auf Friedhöfe und Synagogen als „Schmierereien" verharmlost wurden.

Die Kritik am Philosemitismus wurde in den folgenden Jahren in der *DISkussion* bekräftigt. Der Verweis auf den Philosemitismus wurde zum Code für eine Abgrenzung gegenüber einer Haltung, wie sie vor allem in der „Woche der Brüderlichkeit" gepflegt wurde und auf deren Alibicharakter angesichts einer gleichzeitigen Ehrung des IG-Farben-Kriegsverbrechers Heinrich Bütefisch eine kurze Polemik zielte: „Ihr lieben Juden umarmt die lieben nichtjüdischen Mitbürger, die diejenigen mit Orden behängen, die euch als Sklaven verkauft haben, die euch beraubt haben."[56]

Die Aufnahme diplomatischer Beziehungen der Bundesrepublik zu Israel im März 1965 erschütterte die Grundlagen der DIS. Nun boten auch andere Organisationen Reisen nach Israel an, ohne allerdings Erfahrung mit den in Israel fortbestehenden Vorbehalten gegen einen Austausch zu haben. 1966 nahmen von 250 Kibbuzim nur elf deutsche Besucher auf.[57] Aufmerksam registrierte man in den DIS Erfahrungen wie jene, als eine bayrische Gruppe des Ringes Christlich-Demokratischer Studenten (RCDS) den Kontakt zu israelischen Studenten zuerst für sich instrumentalisierte und dann in einem Gespräch auf die Vorbehalte der Israelis zuerst mit Relativierungen der NS-Verbrechen („Schweinehunde gibt es in jedem Volk, auch unter den Juden"[58]) und dann mit Drohungen reagierten:

> „Die Israelis sollen sich doch nicht einbilden, daß wir ihnen ständig nachlaufen. Schließlich wollen sie von uns wirtschaftlich profitieren. Wenn sie uns immer wieder zurückweisen, werden die Leute in Deutschland allmählich sauer."[59]

Die Reisen auch rechter Gruppen entwerteten die symbolische Bedeutung der von den DIS organisierten Reisen. Nicht zuletzt hatte die offizielle Anerkennung Israels durch die Bundesregierung die zentrale Formel der DIS, wonach die fehlende Anerkennung auf die nicht erfolgte Aufarbeitung der NS-Verbrechen weise, mithin den restaurativen Charakter Deutschlands beweise, ungültig gemacht. Damit war die christliche, linke und jüdische Mitglieder einigende Formel entwertet worden. 1965 trat der (noch von den christlichen Kräften der DIS geführte) Bundesvorstand zurück und empfahl die Auflösung der Organisation. Das Selbstverständnis der DIS wurde nun kontrovers diskutiert. Die Redaktion der *DISkussion* schloss diese Debatte mit einer neuen Formel, den philosemitismuskritischen Impetus erhaltend:

> „Der Versuch von deutscher Seite, sei es von Staats wegen, sei es privat, sich durch ‚Beziehungen' eine ‚Versöhnung' und damit moralisches Ansehen zu beschaffen, ist suspekt sowohl wegen des in einem solchen Versuch enthaltenen Denkschemas als im besonderen wegen seines Charakters als gewollte oder ungewollte Ersatzhandlung."[60]

Vom Philosemitismus zum Antizionismus?

Mit den Ereignissen vom 2. Juni 1967 in Berlin und dem Sechstagekrieg Israels gegen die arabischen Staaten verstärkten sich die Spannungen in den DIS, welche schließlich zur Auflösung der Organisation führten. Viele Mitglieder der DIS beteiligten sich an den studentischen Aktionen. Die Bedeutung der DIS war 1967 geschwunden, zahlreiche Ortsgruppen hatten sich aufgelöst. So wurde 1967 die Ortsgruppe in Frankfurt, die Anfang der 1960er-Jahre mit so starker Unterstützung rechnen konnte, erst wieder neu gegründet.

Die proisraelische Haltung der Presse des Springerverlages brachte die DIS in Rechtfertigungszwänge. Und mit dem Sechstagekrieg wurde deutlich, dass im SDS eine internationalistische Strömung, welche dem Antizionismus verpflichtet war, an Einfluss gewonnen hatte. In den nun folgenden Auseinandersetzungen ging die Klarheit des Philosemitismusbegriffes verloren.

Nach dem Tod Benno Ohnesorgs wurden von der APO die Zeitungen des Springerkonzerns als mitschuldig bezeichnet, was in die mobilisierungsträchtige Formel „Enteignet Springer“ mündete. Gleichzeitig hatten die Zeitungen Springers den Sieg der israelischen Streitkräfte mit Formulierungen bejubelt, die für die Linke obszön klangen. In einem Artikel in der *Welt* wurde der Studentenbewegung unterstellt, die Angriffe auf Springer seien wegen dessen Philosemitismus erfolgt. Siegfried Heimann griff in der *DISkussion* diese durchsichtige Polemik auf, um die Studenten als Opfer der Springerpresse darzustellen. Die Springerpresse habe eine Stimmung geschürt, in der Volkes Stimme fordere, Studenten in Arbeitshäuser – also KZ's, wie er folgerte – einzuweisen, sie gar zu vergasen. Wäre nun Springer wirklich ein Philosemit – so Heimann weiter –, so hätte er auch aus der Auseinandersetzung mit Antisemitismus lernen müssen, dass gegenüber Minderheiten Toleranz geübt werden müsse. Heimann setzte hier für die DIS den Philosemitismusbegriff taktisch ein – um Springers Engagement für Israel als Heuchelei zu entlarven – aber ebenso, um sich die Hinwendung zu Israel auch gegen Springer offen zu halten. Heimann hielt zwar fest, dass Philosemitismus „nicht selten die Kehrseite des Antisemitismus“[61] war, aber an seiner Polemik zeigte sich, dass die DIS nicht mehr über ein klares Verständnis des Philosemitismus verfügten.

In der Folgezeit, als sich antizionistische Stimmen in der APO immer deutlicher artikulierten, wurde der Philosemitismusvorwurf in den DIS selber zum Argument dafür, mit der eigenen israel-solidarischen Geschichte zu brechen. Dass die DIS selber zu einer eingehenden Kritik des Philosemitismus gekommen waren, spielte für Matthias Wolf, den ersten Vorsitzenden der Ortsgruppe an der Freien Universität Berlin, keine Rolle. Er trat zurück, erklärte seinen Austritt und forderte die Auflösung der DIS, denn:

> „Die DIS entbehrt einer moralisch-politischen Funktion. a) Die Phase der deutsch-israelischen Verständigung, so wie sie konzipiert worden war, – nämlich über die von der Vergangenheit unbelastete Jugend beider Länder – ist abgeschlossen. b) Im Philosemitismus auf der einen und der Expansionspolitik auf der anderen Seite reproduzieren sich eben die Phänomene, gegen welche die DIS ihrem Selbstverständnis nach antreten wollte: Antisemitismus und Militarismus. Sie pervertieren ein moralisches Engagement für Israel."[62]

In dieser Erklärung verabschiedete sich ein führender DISnik von der Gründungsintention der DIS. Weder die Vernichtungsdrohungen gegen Israel noch anderer Antisemitismus waren ihm noch wichtig, und der deutsche Nationalsozialismus schien keine Folgerungen mehr bezüglich Israels notwendig zu machen.

Für die DIS waren die Spielräume enger geworden. Mit Formeln wie jener im Novemberheft 1967 der *DISkussion*, als in einem Satz sowohl David Ben-Gurion als auch der Palästinenserführer Ahmed Schukeiri als Chauvinisten gebrandmarkt wurden, hatte man erheblichen Widerspruch ausgelöst. Während einige der Mitglieder der DIS verstärkt Kritik an der israelischen Besatzungspolitik übten, ohne mit Israel generell zu brechen, forderten andere, sich im antizionistischen Sinne einer fortschrittlichen palästinensischen Fraktion anzuschließen. Mit dem Redaktionsausschluss Heinz Wewers, der bereits bei der ersten Ausgabe der *DISkussion* zur Redaktion gehört hatte, setzte sich im letzten Heft der *DISkussion* vom Dezember 1971 die letztere Position durch. Protagonist war ausgerechnet Eike Geisel, in der Publizistik der 1990er-Jahre der profilierteste Kritiker von Philosemitismus, Antisemitismus und deutscher Amnesie. Die DIS beteiligten sich in ihrer Endphase am inflationären Gebrauch des Faschismusvorwurfes, den sie gegen Sozial- und Christdemokraten in einem Flugblatt gegen die jüdische Gemeinde vom 2. Februar 1969 erhoben. Der Philosemitismusvorwurf war zum Element des antizionistischen Ticketdenkens geronnen. Es genügte der Verweis, dass Springer ehemaliger SA-Mann gewesen sei, um den politischen Gegner als faschistisch zu denunzieren, sich selbst zum Opfer einer „Liquidierung" der Linken zu stilisieren und die Woche der Brüderlichkeit als „Propagandawaffe der westdeutschen Bourgeoisie"[63] abzutun. Wenn auf diese Weise die Fronten so eindeutig festzustehen schienen, war eine genauere Kritik des Philosemitismus überflüssig geworden.

Heinz-Joachim Heydorn, ein Philosemit?

Im SDS wurde ab 1967 den Unterstützern Israels generell der Vorwurf des Philosemitismus gemacht. War das berechtigt? Offenbar traf das auf die in den DIS organisierten Studenten nicht zu – aber vielleicht auf deren Vorbilder und Förderer? Der Beantwortung dieser Fragen dienen soll ein Blick auf zwei Frankfurter Professoren, Berthold Simonsohn und Heinz-Joachim Heydorn, der eine Überlebender der Lager, der andere Deserteur aus der Wehrmacht. Beide setzten sich in der umstrittenen Nummer 23 der *DISkussion* vom Oktober 1967 vehement dafür ein, dass die Unterstützung Israels nicht für unvereinbar mit sozialistischen Positionen erklärt werde.

Heinz-Joachim Heydorn[64] wurde am 14. Juni 1916 in Hamburg-Altona geboren. 1935 nahm er ein Philosophiestudium auf und knüpfte Kontakte zum Widerstand. 1944 desertierte er aus der Wehrmacht. 1945 war er beim Aufbau der SPD in Hamburg tätig, wurde Gründungsmitglied des SDS und ab 1946 Hamburger Bürgerschaftsabgeordneter. 1950 begann er in Kiel, später in Frankfurt seine Lehrtätigkeit als Pädagoge, begleitet vom Engagement in vielen linken und friedensbewegten Organisationen. Heydorn war beeinflusst von religiös-sozialistischen Ideen Blahoslav Hrubys und stand nach 1945 wie seine Frau Irmgard dem Internationalen Sozialistischen Kampfbund nahe. Mit der KPD geriet er früh in Konflikt, als er von dieser der Spitzeltätigkeit für den SD bezichtigt wurde. Aus der SPD wurde er im Zuge der Abtrennung des SDS ausgeschlossen.

Die dringliche Warnung vor einer Wiederkehr des Faschismus bestimmte die Reden und Aufsätze Heydorns. Der „Rückfall in die totale Barbarei" war möglich, denn „Mörder"[65], hohe Funktionsträger des Nationalsozialismus, reüssierten in der Bundesrepublik:

> „Die Gesellschaft, die das Verbrechen deckt, ist sein Komplize. Schon die Frage nach dem Verbleib der Schuldigen aber führt in die reale Gesellschaftsanalyse hinein und in jene konkrete und überwindende Auseinandersetzung mit der faschistischen Herrschaftsstruktur."[66]

Heydorn stützte seine Warnungen vor einer Wiederkehr des Faschismus auf konkrete Beobachtungen wie mangelnde Gegenwehr gegen faschistische

Kundgebungen oder „die feige Gehässigkeit, die in weiten Kreisen gegenüber früheren Konzentrationslagerinsassen an den Tag gelegt wird"[67]. Teil von Heydorns vielfältigen Aktivitäten war die publizistische Unterstützung der jüdischen Gemeinden.

Martin Kloke hat Heydorn zwischen die Philosemiten eingereiht und zum Beweis zitiert:

> „‚Israel' ist eine Aufgabe, kein Staat; eine Gemeinschaft, kein Volk, eine Verheißung, keine Macht [...]. ‚Israel' ist eine Utopie und die einzige Realität zugleich, in der sich das menschliche Leben von der Ewigkeit berührt findet, der Trost der Erwartung."[68]

Kloke wollte hier einen „philosemitisch verklärten und diffus religiösen Sprachduktus"[69] erkennen.

Inwiefern trifft Klokes Vorwurf zu? In seinem Aufsatz *Judentum und Antisemitismus* hatte Heydorn die doppelte Bedeutung „Israels" ausgeführt. Er interpretierte die messianische Aufgabe des Judentums als ein Erlösungsversprechen, welchem auch nichtjüdische Gruppen von Puritanern bis zu Anarchisten anhingen. Die weltgeschichtliche Bedeutung der jüdischen Religion im Bund Israels mit Gott, wodurch Leid einen Sinn in Erlösungshoffnung bekommen habe, sah er als Beginn der Freiheitsbewegung: „Geschichte wird Weltgeschichte, Auftrag an alle, die zerstörte Schöpfung zu heiligen, Verwirklichung einer messianischen Gewissheit."[70] Bedeutende geistige Vertreter des Idealismus hätten sich dem jüdischen Denken geöffnet. Heydorn relativierte jedoch die Bedeutung des deutsch-jüdischen Dialogs, indem er (vier Jahre vor Gershom Scholems bekanntem Brief an Manfred Schlösser) die Frage stellte, ob die deutsch-jüdische Gemeinschaft wirklich mehr als eine Fiktion war, welcher die Juden anhingen. Wichtig für Heydorns Begrifflichkeiten war, dass er zwischen dem Staat Israel und der Idee ‚Israel' unterschied. Zwar galt für den Staat: „sein Scheitern ist unvorstellbar,"[71] aber für Heydorn war der Staat Israel das Gegenteil von Erlösung, nämlich eine „Versuchung": „[...] sollte sich jedoch das Bewußtsein des Judentums ausschließlich mit dem Gedanken eines Nationalstaates identifizieren, wird das ‚Judentum' ausgelöscht sein."[72] Der Staat Israel trat für Heydorn hinter die geistige Aufgabe des Judentums zurück, welche – so lässt sich Heydorns These zuspitzen – im Exil, mithin in der Begegnung mit Nichtjuden zu finden wäre.

Zugleich griff Heydorn den Philosemitismus an, den er als gescheitert interpretierte. Denn es waren zu wenige Deutsche, die im 18. und

19. Jahrhundert die geistige Nähe zum Judentum erkannten und damit die Bewunderung von Juden für die Aufklärung erwiderten:

> „Eine kleine Anzahl bedeutender Philosemiten ohne öffentlichen Einfluß, eine noch kleinere Reihe von Menschen, die einfach, bei persönlicher Differenz, die Gleichberechtigung ohne jede Einschränkung und ohne Auflagen für das Judentum erkämpften, was nebenbei schwieriger ist, als Philosemit zu sein.“[73]

Heydorn war sich des Scheiterns des christlich-jüdischen Gesprächs der Aufklärung schmerzlich bewusst – im Gegensatz etwa zur Verklärung der Aufklärungstradition bei Heuss. Wenn Heydorn in wenigen Fällen unkritisch philosemitische Phrasen übernahm, wenn er etwa von der Bereicherung deutscher Kulturgeschichte durch jüdischen Beitrag sprach, so stand dies im Widerspruch zu seinen zentralen Erkenntnissen. Ein Philosemitismus des neuen Typs, mit dem man in Deutschland von deutscher Schuld ablenken wollte, lag Heydorn fern. Er war sich der Problematik des Begriffes und Vorganges der „Wiedergutmachung“ nur zu bewusst und er forderte stattdessen von der deutschen Gesellschaft ein Schuldbekenntnis. Dass er dabei dem Nationalismus Tribut zollte, indem er den Ausdruck „deutsche Katastrophe“[74] verwendete, ist ambivalent, steht dieser Begriff doch dafür, konkrete Schuld nicht konkret auszumalen.

Die Ereignisse des Juni 1967 brachten Heydorn zu einer Neubetrachtung des Philosemitismus. Angesichts des bedrohlichen Stimmungswandels in der Linken war nicht mehr der Philosemitismus das Problem, sondern ein Antiimperialismus, wie er von Wolfgang Abendroth für den Sozialistischen Bund in einem Brief an Heydorns Freund Professor Berthold Simonsohn skizziert wurde:

> „Im Weltmaßstab gesehen ist leider eine Situation entstanden, in der die Gesamtinteressen der kolonialen Revolution, der sozialistischen Länder und auch des revolutionären Flügels der internationalen Arbeiterbewegung in den kapitalistischen Staaten stärker mit dem der arabischen Staaten [...] als mit den Interessen Israels übereinstimmen.“[75]

Für Simonsohn, der gehofft hatte, den Sozialistischen Bund für eine Kundgebung für Israel zu gewinnen, war dies Opportunismus und ein Verrat an sozialistischen Prinzipien. Simonsohns Antwort an Abendroth ließ seine tiefe Enttäuschung erkennen: „Ich habe für Menschen, die in Fragen des Völkermordes einen theoretischen und neutralen Standpunkt einnehmen, keine Sympathie."[76] Simonsohn und Heydorn stellten dagegen die Vernichtungsdrohung gegen Israel seitens der arabischen Feinde ins Zentrum ihrer Initiativen. Der Juni 1967 sah Heydorn als Organisator eines Schweigemarsches, welcher attackiert wurde. Das Transparent „Völkermord – Vietnam heute – Israel morgen?" entriss die Polizei und ein RCDSler pöbelte: „Wenn es Ihnen hier nicht passt, dann verlassen Sie dieses Land!"[77] Damit saß der linke Israelfreund Heydorn zwischen allen Stühlen. Die Ostermarschbewegung („Kampagne für Abrüstung"), der Heydorn seit langer Zeit verbunden war, distanzierte sich von dem Schweigemarsch. Heydorn protestierte dagegen mit den Argumenten, dass es die Ostermarschbewegung unterlassen habe, auf die historische deutsche Schuld einzugehen und von den arabischen Staaten die Anerkennung Israels zu fordern. Heydorn veröffentlichte als Reaktion *Zwölf Thesen zum israelisch-arabischen Konflikt*[78]. Darin versuchte er, die Verbundenheit mit Israel aus einer sozialistischen Perspektive heraus zu begründen – wobei er sich von den realsozialistischen Prämissen und der antiimperialistisch-antizionistischen Ideologie absetzte. Er wies auf die Argumente hin, die Israel gegenüber den arabischen Staaten als fortschrittlich und von sozialistischen Kräften geprägten Staat kenntlich machten. Und er zählte die Faktoren auf, die die Gefährdung des jüdischen Lebens deutlich machten. Vor diesem Hintergrund verurteilte er das neutrale und eine Solidarität mit Israel verweigernde Verhalten der deutschen Linken – denn damit verweigere man Israel, „was man Staaten zugesteht, in denen man Sozialisten bestenfalls im Zuchthaus begegnen kann"[79]. Mit dem Eintreten für Israels Existenz stehe oder falle die „deutsche moralische Existenz schlechthin", werde eine „kommende Versöhnung" offen gehalten.[80] Diese Moral gehe der Linken ab, denn:

> „Die moralischen Grundlagen der gesellschaftlichen Existenz des Menschen sind in diesem Jahrhundert aber bis auf Restbestände vernichtet worden, und ein allgemeiner Zynismus breitet sich wie eine Seuche aus."[81]

Heydorn erinnerte mit diesen Worten daran, dass es eine Normalisierung im Verhältnis zum jüdischen Staat nicht geben konnte, wenn die Normalität in der Weiterexistenz des Vernichtungsantisemitismus bestand. Heydorn musste die Situation als höchst dramatisch empfinden – nichts weniger als die Integrität der Linken sah er in höchster Gefahr. Dass er in dieser Situation auch mit philosemitischen Anklängen argumentierte, indem er auf Lessing verwies und sich zum Anwalt der „deutschen moralischen Existenz" machte, verdeutlicht das Ausmaß der Krise, der er sich gegenüber sah.

Auf einer Veranstaltung, welche am 27. Juni 1967 in Frankfurt am Main für Israel auf Einladung der Freunde der hebräischen Universität Jerusalem, der Deutsch-Israelischen Gesellschaft, der Gesellschaft für Christlich-Jüdische Zusammenarbeit und den DIS abgehalten wurde, hob Heydorn die einzigartige Bedeutung Israels hervor:

> „Israel weist heute auf die unvollendete Versöhnung der Menschheit, es weist auf unsere Aufgabe, diese Versöhnung der ganzen Menschheit herbeizuführen [...] Schwert Gideonis nannte sich Thomas Müntzer, ‚People of Israel' die Digger des englischen Bürgerkrieges [...] Wir haften für das Leben des israelischen Volkes, denn die Gräber stehen immer noch offen."[82]

Die Differenz zwischen der Idee Israel und dem Staat Israel war Heydorn 1967, in einer für Israel lebensbedrohlichen Situation, nicht mehr wichtig, war doch mit dem Staat Israel auch mittelbar zugleich die Utopie einer freiheitlichen Gesellschaftsordnung durch die antisemitische Ideologie in Gefahr. Heydorn dachte hier die Gefährdung des Staates Israel und die Versöhnung verheißende Sendung Israels unmittelbar zusammen. In diesem Sinne war die Überhöhung Israels eine adäquate Antwort auf die Gefährdung des Staates. Denn Israel sah sich im Juni 1967 allein der arabischen Vernichtungsdrohung ausgesetzt. Heydorn verwies polemisch auf die Ambivalenz des verordneten Philosemitismus, für den nicht die tatsächliche Situation Israels zählte und auch nicht die Gefahr des Antisemitismus. Heydorn notierte, dem Philosemitismus wäre auch Genüge getan worden, indem Trauerfeiern für das besiegte Israel abgehalten worden wären. Dessen Losung karikierte Heydorn mit dem Satz „Der tote Jude ist ein guter Jude."[83] und bezeichnete damit en passant die in erster Linie symbolische Funktion des Philosemitismus, die einen Philosemitismus ohne Juden denkbar machte.

Nach 1967 waren es für mehr als ein Jahrzehnt nur noch wenige Vertreter der Linken, die sich dem Verdacht aussetzten, philosemitisch zu sein. Im hegemonialen antizionistischen Furor ließen sich antisemitische Ressentiments ausleben. Die ersten Anschläge der sich als Stadtguerilla verstehenden Gruppen trafen seitens der Tupamaros Westberlin die Jüdische Gemeinde und ein Büro der El Al und müssen eindeutig als antisemitisch motiviert beurteilt werden. Die Verantwortung für den Anschlag auf ein jüdisches Altersheim in München, bei dem sieben Juden und Jüdinnen starben, bleibt weiterhin ungeklärt. Der vermutliche Verantwortliche der Anschläge, Dieter Kunzelmann, vertrat damals einen aggressiven Antisemitismus, er soll Daniel Cohn-Bendit in der „Kommune I" als „kleines Judenschwein" diffamiert haben.[84]

Gestützt wurde der Antizionismus durch einen deutschen Diskurs, in dem emphatisch vom Volk geredet wurde, und in dem die deutsche Schuld endlich abgeschüttelt werden sollte. Diese Geschichtsvergessenheit schloss auch Protagonisten der nicht gewaltbereiten Linken ein. Tilmann Fichter, ehemaliger Westberliner SDS-Vorsitzender, bescheinigte in seiner Reaktion auf den Berliner Anschlagsversuch in vulgärmarxistischer Tradition den Juden eine „kleinbürgerliche Gesellschaftsdisposition"[85] und er unterstellte dem Zionismus, sich den „kleinbürgerlichen Antisemitismus" zu eigen gemacht zu haben, womit Fichter auf das klassische antisemitische Argument verfiel, Juden selber würden den Antisemitismus fördern. Diese Amnesie erschwerte die Bedingungen dafür, den aufkommenden Antisemitismus in der Linken, der sich in der Relativierung des Nationalsozialismus durch die Faschismusvorwürfe gegen Israel ausdrückte, zu bekämpfen.

Fazit

Bei allen Unterschieden der Formen des deutschen Nachkriegsphilosemitismus fällt der Wunsch seiner Vertreter auf, aus der geschichtlichen Schuld der deutschen Tätergesellschaft auszubrechen. Dieser Zusammenhang wurde von den DIS in den frühen 60er-Jahren erkannt und analysiert. Die Kritik des Philosemitismus, welche die die proisraelische und die gesellschaftskritische Tendenz zusammenfügende Moment war, machte die besondere Bedeutung der DIS aus. Auch Heinz-Joachim Heydorn war sich über die interessengeleitete Dimension des Philosemitismus im Klaren. Heydorns Vision eines freiheitlichen Sozialismus, wie sie Gustav Landauer formuliert hatte, griff den jüdischen Erlösungsgedanken auf und lieferte ein Beispiel für die Differenz zwischen dem Philosemitismus im Deutschland der Jahre nach der Befreiung vom Nationalsozialismus und Heydorns empathischem Bezug auf jüdische Ideen, insbesondere des jüdischen Exils, die er unter anderem in der Tradition eines Philosemitismus der Zeit vor 1933 fand.

Der verordnete Philosemitismus wollte Deutschland vom Makel der Schuld befreien. Die Ereignisse des Jahres 1967 waren hierfür fruchtbar. Die siegreichen Israelis wurden von der deutschen Öffentlichkeit bejubelt, weil man in ihnen Täter erkannte. Jean Améry beobachtete dies so:

> „Jahrelang hat man – um einmal von Deutschland zu reden – den israelischen Wehrbauern gefeiert und die feschen Mädchen in Uniform. In

> schlechter Währung wurden gewisse Schuldgefühle abgetragen. Das musste langweilig werden. Ein Glück, daß für einmal der Jude nicht verbrannt wurde, sondern als herrischer Sieger dastand, als Besatzer. Napalm und so weiter. Ein Aufatmen ging durchs Land. Jedermann konnte reden wie die Deutsche National- und Soldatenzeitung."[86]

Der verordnete Philosemitismus mündete 1967 – bezogen auf das Bild, dass man sich vom aktuellen Judenstaat machte – in eine Umdeutung des Täter-Opfer-Verhältnisses. Davon profitierten die Neuen Linken, welche sich auf der Seite der Opfer wähnten und im linken Antizionismus die Chance ergriffen, über die deutsche Schuld hinwegzugehen und die im Philosemitismus bemäntelten antisemitischen Stereotype des (scheinbar) positiven Bezuges auf Juden zu entkleiden. Der Widerstand in den DIS gegen diese neue linke Tendenz war schwach, denn auch in der *DISkussion* wurde ein von deutscher Schuld abstrahierender Faschismusbegriff verwendet, wurde ein ungenauer Gebrauch des Philosemitismusvorwurfes kultiviert. Auch Heinz-Joachim Heydorns Haltung zum Philosemitismus war 1967 ambivalent. Er steht für den Teil der Linken, welcher gegenüber dem Antisemitismus wachsam blieb und angesichts der Bedrohung Israels seine Distanz zu philosemitischen Argumenten zurück stellte. Der Einfluss dieser wenigen Linken muss in den 70er-Jahren als schwach eingeschätzt werden.

Die Geschichte der DIS zeigt, dass es in Teilen der Linken vor 1967 eine überzeugende Ablehnung philosemitischer Tendenzen gab. Überzeugend, weil hier nicht der positive Bezug auf Israel kritisiert wurde, sondern die Motive des Philosemitismus, sich dem Antisemitismus und deutsche Schuld nicht stellen zu wollen, zum Stein des Anstoßes wurden. Mit Heinz-Joachim Heydorns Position haben wir zugleich einen Hinweis auf die Grenze, welche die Abwehr des Antisemitismus der Ablehnung des Philosemitismus setzte.

Denn wähnten sich philosemitische Autoren bis 1967 als Vertreter einer jungen Demokratie an der Seite Israels, so hatten sie Israel die Rolle des Opfers zugeschrieben und zu einer Nivellierung des Unterschieds der beiden Kategorien Opfer und Täter beigetragen. Trotz dieser zielgerichteten Einebnung der Differenz hatten sie noch eine Grenze zum sekundären Antisemitismus gezogen, welcher auf die Umkehr der Täter-Opfer-Beziehung zielte. Wenn nach 1967 Israelis als Täter beschrieben werden konnten, entfiel für die linke Mehrheit die Notwendigkeit, die Grenze zum Antisemitismus zu beachten. Diese Dialektik des deutschen Entschuldungswunsches ist zur Beschreibung der Kehrtwende der Achtundsechziger geeignet, nicht die vermeintliche Abkehr von einem verordneten Philosemitismus.

Anmerkungen

1 Meinhof, Ulrike: Drei Freunde Israels, in: konkret, H. 7 (1967).
2 Claussen, Detlev: Im Hause des Henkers, in: Wetzel, Dietrich (Hg.): Die Verlängerung von Geschichte. Deutsche, Juden und der Palästinakonflikt, Frankfurt a. M. 1983, S. 115.
3 Schwarze Ratten TW: Schalom und Napalm, in: Agit 883, 13. 11. 1969, Jg. 1, Nr. 40, S. 9.
4 Palästinafront (tw), Flugblatt, in: Agit 883, 20. 11. 1969, Jg. 1, Nr. 41, S. 7.
5 D.: Brief aus Amman, in: Agit 883, 3.4.1970, Jg. 2, Nr. 55, S. 11.
6 Kraushaar, Wolfgang: Die Bombe im Jüdischen Gemeindehaus, Hamburg 2005, S. 257.
7 Ebd., S. 258; Kraushaar zitiert Fichters Darstellung, ohne sie zu hinterfragen oder den Begriff des Philosemitismus zu problematisieren. Auch ein anderer Zeitzeuge gibt sich in Kraushaars Buch auf dessen Fragen als durch die Ereignisse von 1967 „enttäuschter Israel-Liebhaber", vgl. ebd., S. 53, Fn 50.
8 Kloke, Martin W.: Israel und die deutsche Linke: zur Geschichte eines schwierigen Verhältnisses, Frankfurt a. M. 1990, S. 46ff.
9 Ebd., S. 47.
10 Ebd., S. 48.
11 Vgl. Rensmann, Lars: Demokratie und Judenbild. Antisemitismus in der politischen Kultur der Bundesrepublik Deutschland, Wiesbaden 2004, S. 162, siehe auch den Beitrag von Rensmann/Faber im vorliegenden Band.
12 Stern, Frank: Im Anfang war Auschwitz. Antisemitismus und Philosemitismus im deutschen Nachkrieg, Göttingen 1991.
13 Ebd., S. 296.
14 Ders.: Entstehung, Bedeutung und Funktion des Philosemitismus in Westdeutschland nach 1945, in: Bergmann, Werner/Erb, Rainer (Hg.): Antisemitismus in der politischen Kultur nach 1945, Opladen 1990, S. 193.
15 Claussen, Detlev: Grenzen der Aufklärung. Die gesellschaftliche Genese des modernen Antisemitismus, überarb. Neuausgabe, Frankfurt a. M. 1994, S. 195.
16 Ebd., S. 196.
17 Rensmann: Demokratie und Judenbild, [wie Anm. 11], S. 86.
18 Holz, Klaus: Nationaler Antisemitismus. Wissenssoziologie einer Weltanschauung, Hamburg 2001, S. 523.
19 Vgl. Kupferberg, Yael: Philosemitismus im Kontext der deutschen Nachkriegszeit, in: Schoeps, Julius H. (Hg.): Leben im Land der Täter. Juden im Nachkriegsdeutschland (1945–1952), Berlin 2001, S. 273; sowie weitere Beispiele für antisemitische Auslassungen Müllers zitiert nach: Kraushaar, Wolfgang: Die Affäre Auerbach, in: Schreier, Helmut/Heyl, Matthias (Hg.): Die Gegenwart der Shoah. Zur Aktualität des Mordes an den europäischen Juden, S. 201f., 212f.
20 Liepman, Heinz: Ein deutscher Jude denkt über Deutschland nach, München 1961, S. 14.
21 Vgl. zu Adenauer die kontroversen Urteile in: Küsters, Hanns Jürgen (Hg.): Adenauer, Israel und das Judentum, Bonn 2004.
22 Vgl. Deutschkron, Inge: Israel und die Deutschen. Zwischen Ressentiment und Ratio. Mit einem Geleitwort von Asher Ben-Nathan, Köln 1970, S. 36ff.
23 Erklärung des Bundeskanzlers Konrad Adenauer, Deutscher Bundestag, 165. Sitzung. Bonn, 27. 9. 1951, S. 6698, Hervorhebungen im Original fett.
24 Heuss, Theodor: Mut zur Liebe, in: Kongreß für kulturelle Freiheit. Deutscher Ausschuß (Hg.), Wider den Antisemitismus, o. O. u. J., S. 2.
25 Ebd.

26 Ebd.
27 Vgl. die Polemik gegen diese „ungeheuerliche" Argumentation bei Giordano, Ralph: Die zweite Schuld oder Von der Last, Deutscher zu sein, Neuausgabe, Hamburg 1998, S. 257
28 Heuss: Mut zur Liebe, [wie Anm. 24], S. 3.
29 Ebd., S. 4.
30 Gollwitzer, Helmut: Israel und wir, Berlin 1958, S. 13.
31 Ebd., S. 15.
32 Ebd., S. 18.
33 Bloch, Jochanan: Judentum in der Krise. Emanzipation, Sozialismus und Zionismus. Mit einem Nachwort von Helmut Gollwitzer, Göttingen 1966, S. 2.
34 Vgl. Bloch, Jochanan: Unglückliches Judentum, in: ders.: Zionistische Aufsätze, Hamburg 1972, S. 14.
35 Vgl. Schneider, Karlheinz: Israel; Jüdische und deutsche Identität. Anmerkungen zum Seminar „Solidarität und deutsche Geschichte", in: Schneider, Karlheinz/Simon, Nikolaus (Hg.): Solidarität und deutsche Geschichte. Die Linke zwischen Antisemitismus und Israelkritik, Berlin 1984, S. 133.
36 Resolution des BDIS vom 4.11.1964 in Kaub, in: Sammlung DIS im SDS-Archiv der Freien Universität Berlin.
37 Ludwig, Andrea: Neue oder deutsche Linke? Nation und Nationalismus im Denken von Linken und Grünen, Berlin 1995, S. 33.
38 Deutsch-Israelische Studiengruppe an der Freien Universität Berlin, Grundsätze und Ziele, Berlin 1957, Sammlung DIS im SDS-Archiv der FU Berlin.
39 Israel – Volk der Erneuerung. Notizen von einer Studienreise der DIS, in: DISkussion, Jg. 1, H. 4, (1960), S. 12 (ohne Angabe des Verfassers).
40 Guth, Christa: Als deutsche Stipendiatin in Israel, in: DISkussion, Jg. 3, H. 2, (1962), S. 6.
41 Ebd.
42 Ebd., S. 6f.
43 Auskunft Siegward Lönnendonkers am 8.6.2007, Berlin.
44 Marcuse, Ludwig: Wie Philo ist der Philosemitismus, in: Tribüne, Jg. 3, H. 10 (1964), S. 1058.
45 Philosemitische Stereotype in der Bundesrepublik heute, in: Tribüne, Jg. 4, H. 15 (1965), S. 1509.
46 Marcuse, Ludwig: Wie Philo ist der Philosemitismus [wie Anm. 44], S. 1058
47 Sterling, Eleonore: Der Jude [wie Anm. 45], S. 1509
48 Zit. nach Redaktion DIS: Das Verhältnis zwischen Juden und Nicht-Juden: Voraussetzungen und Konsequenzen, in: DISkussion, Jg. 5, H. 15 (November 1964), S. 14.
49 Lönnendonker, Siegward: Flucht in Irrationalität. Kritische Anmerkungen zu Pfarrer von Hammersteins Predigt, in: DISkussion, Jg. 5, H. 15 (November 1964), S. 18.
50 Hammerstein, Franz von: Juden und Christen heute. Eine Rundfunkpredigt, zit. n.: DISkussion, Jg. 5, H. 15 (November 1964), S. 16.
51 Ebd.
52 Siegward Lönnendonker, Flucht in Irrationalität. Kritische Anmerkungen zu Pfarrer von Hammersteins Predigt, in: DISkussion, Jg. 5, H. 15 (November 1964), S. 19f.
53 Autor des Textes ist vermutlich ebenfalls Siegward Lönnendonker.
54 Theunissen, Gert H.: Über die Noblesse der Juden, zit. n.: anonym, Philosemitismus und Restauration, S. 18.
55 Anonym: Philosemitismus und Restauration, S. 21, in: Sammlung DIS, SDS-Archiv an der Freien Universität Berlin.
56 Schmollinger, Horst W.: Alibi, in: DISkussion, Jg. 5, H. 14 (1964), S. 2.

57 Vgl. Rendtorff, Rolf: Vom Wandel der Einstellungen – Das Israel-Engagement in der Bundesrepublik seit 1948, in: Berger, Ulrike u. a., Israel – Reflexionen über ein Engagement, bearb. und hg. v. Rainer Bernstein, Berlin 1980, S. 23f.
58 Wallisch-Prinz, Bärbel: Völkerverständigung, in: DISkussion, Jg. 7, H. 19, S. 17.
59 Ebd.
60 Schmidt, Martin: Nachwort der Redaktion, in: DISkussion, Jg. 7, H. 20 (1966), S. 8.
61 Heimann, Siegfried: Ein deutscher Philosemit, in: DISkussion, Jg. 8, H. 23 (1967), S. 5.
62 Matthias Wolf, Erklärung des 1. Vorsitzenden vom 10.7.1968, in: Sammlung DIS, SDS-Archiv an der Freien Universität Berlin.
63 Editorial, in: DISkussion, Jg. 12, H. 30/31 (1971), S. V. Die Redaktion bestand aus Siegfried Heimann, Eike Geisel, Maxim Ehrlich und Hans C. Weber.
64 Zur Biografie vgl.: Koneffke, Gernot: Einleitung, in: Heydorn, Irmgard u. a. (Hg.): Heinz-Joachim Heydorn. Werke, Bd. 1, Vaduz 1994, S. 1ff.
65 Heydorn, Heinz-Joachim: Rede zum 20. Juli 1944, in: Heydorn, Irmgard u. a. (Hg.): Heinz-Joachim Heydorn Schriften, Bd. 7, S. 231ff. (veröffentlicht 1962).
66 Ebd., S. 236.
67 Heydorn, Heinz-Joachim: Wo steht Deutschland?, in: Heydorn, Heinz-Joachim: Konsequenzen aus der Geschichte. Politische Beiträge 1946–1974, Frankfurt a. M. 1981, S. 148 (veröffentlicht 1953).
68 Kloke: Israel und die deutsche Linke, [wie Anm. 8], S. 47.
69 Ebd. Dieser Eindruck entsteht, weil Kloke unvollständig zitierte. Vervollständigt man das Zitat um die von Kloke mit „..." markierte Auslassung „Macht, Staat und Volk sollen durch den Geist überwunden werden, bis zu dem Tag, an dem die Wege Assyriens und Ägyptens zusammenfinden" und berücksichtigt den Kontext, dann wird offensichtlich, dass Heydorn zwischen dem Staat Israel und dem „Israel" der Utopie unterschied und der Staat Israel nicht identisch sei mit den Hoffnungen, welche die jüdische Religion an „Israel" knüpfte.
70 Heydorn, Heinz-Joachim: Judentum und Antisemitismus, in: Heydorn: Konsequenzen [wie Anm. 67], S. 276f. (veröffentlicht 1958).
71 Ebd., S. 290.
72 Ebd.
73 Ebd., S. 282f.
74 Heydorn: Konsequenzen unserer Geschichte, in: Heydorn: Konsequenzen [wie Anm. 67], S. 171.
75 Wolfgang Abendroth an Berthold Simonsohn vom 6.6.1967, zit. n.: Aden-Grossmann, Wilma: Berthold Simonsohn. Biographie des jüdischen Sozialpädagogen und Juristen (1912–1978), Frankfurt a. M./New York 2007, S. 249.
76 Berthold Simonsohn an Wolfgang Abendroth vom 9.6.1967, zit. n.: ebd., S. 250.
77 Heydorn, Irmgard/Weick, Edgar (Hg.): Einleitung, in: Heydorn: Konsequenzen der Geschichte, [wie Anm. 67], S. 8.
78 Heydorn, Heinz-Joachim: Zwölf Thesen zum israelisch-arabischen Konflikt, in: DISkussion, Jg. 8, H. 23 (1967), S. 2.
79 Ebd.
80 Ebd.
81 Ebd.
82 Heydorn, Heinz-Joachim: Nahost-Konflikt und jüdische Existenz, in: ders.: Konsequenzen, [wie Anm. 67], S. 295f.
83 Ebd., S. 293.
84 Kraushaar: Die Bombe, [wie Anm. 6], S. 292.
85 Was ist Antisemitismus, in: Agit 883, Nr. 41, S. 5.
86 Améry, Jean: Widersprüche, Stuttgart 1971, S. 243f.

Stephan Grigat

„Projektion" – „Überidentifikation" – „Philozionismus"

Der Vorwurf des Philosemitismus an die antideutsche Linke

Die so genannten Antideutschen geistern seit gut 15 Jahren durch die bundesrepublikanische politische Diskussion. Ihre Geschichte beginnt Ende der 1980er-Jahre, als sich kleine Teile der radikalen Linken auf Jean Améry besannen, der seit dem Sechstagekrieg 1967 immer wieder betont hat, dass die Linke sich im Kampf gegen Antisemitismus und Antizionismus neu zu definieren habe.[1] Mit der Zeit hat sich eine eigenständige Strömung gesellschaftskritischen Denkens etabliert, die sich der Aufmerksamkeit des deutschen Verfassungsschutzes ebenso sicher sein kann wie jener von österreichischen, deutschen und israelischen Tageszeitungen.[2]

Mit den Antideutschen haben sich innerhalb der Linken Gruppierungen herausgebildet, die sich explizit proisraelisch positionieren und dadurch mit der langen Tradition des linken (insbesondere des linksradikalen) Antizionismus gebrochen haben. Die anfängliche Kritik dieser ‚antideutschen' Kommunisten an einem linken Antisemitismus, welche die Kritik an den vorherrschenden Ausprägungen linker Israelfeindschaft implizierte, wurde sowohl in Teilen der politischen als auch der akademischen Linken begrüßt und aufgegriffen. Die aus dieser Kritik resultierende Parteinahme für den israelischen Staat stieß jedoch auf schroffe Ablehnung. Insbesondere seit Beginn der so genannten Al-Aqsa-Intifada ist diese Parteinahme mit dem Vorwurf des Philosemitismus konfrontiert. Die Solidarität mit Israel resultiere nicht aus einer Auseinandersetzung mit dem realen Konflikt im Nahen Osten, sondern aus einer ‚Überidentifikation' mit Juden und Jüdinnen sowie aus der ‚Projektion' links-deutscher Befindlichkeiten auf Israel.

Im vorliegenden Beitrag sollen diese Vorwürfe dargestellt und diskutiert werden. Es gilt zu fragen, wie die Vertreter einer sich selbst als staats- und kapitalismuskritisch verstehenden Solidarität mit Israel argumentieren. Gibt es in dieser Solidarität Elemente des Philosemitismus? Resultiert diese Solidarität, wie ihre Kritiker meinen, aus einem mit dem Philosemitismus vergleichbaren ‚Philozionismus', oder lässt sie sich als Resultat der Marxschen Kritik der politischen Ökonomie ausweisen, die für die antideutsche Linke einen zentralen Bezugspunkt darstellt?

Wer sind die Antideutschen?

Ende der 1980er-Jahre kam es in Segmenten der radikalen Linken in der Bundesrepublik Deutschland zu Auseinandersetzungen über die antisemitischen Implikationen der damals in der Linken fast völlig unhinterfragten Palästina-Solidarität. Als Reaktion auf die deutsche Wiedervereinigung wurde aus dieser Diskussion über einen linken Antisemitismus, die durch die Debatten während des Golfkriegs 1991 nochmals verschärft wurde, eine Beschäftigung mit dem Antisemitismus in der deutschen Nachkriegsgesellschaft. Kleine politische Gruppen, die sich mal als ‚antinational', mal als ‚antideutsch' begriffen, und deren Theorieproduktion hier unter dem Begriff einer Ideologiekritik in der Tradition der Kritischen Theorie behandelt wird, lehnten die Wiedervereinigung ab.[3] Während die meisten traditionsmarxistischen Gruppierungen der Abwicklung des ostdeutschen Staates aus Sympathie für die poststalinistische DDR skeptisch bis ablehnend gegenüber standen, wendeten sich die ‚antinationalen' und ‚antideutschen' Zirkel in erster Linie gegen die Abschaffung der letzten sichtbaren Konsequenzen aus der deutschen Schuld an Vernichtungskrieg und Schoa, die es Deutschland ermöglichen würde, einen neuen Anlauf in seinen Hegemonialbestrebungen zu wagen. Es wurde die Entstehung eines „Vierten Reiches" befürchtet.[4] Die damalige Rhetorik deutscher Politiker, die sofort nach der Wiedervereinigung einsetzenden rassistischen Pogrome, die unverblümte Relativierung der Nazi-Verbrechen, die an NS-Traditionen anknüpfende Politik gegenüber Jugoslawien, die Bemühungen um einen Sitz im Weltsicherheitsrat, um militärische Aufrüstung und um die Legitimation von deutschen Auslandseinsätzen sowie die ökonomische Expansion nach Osten gab zu dieser Befürchtung Anlass. Bald zeigte sich jedoch, dass mit dem Begriff vom „Vierten Reich" die Erneuerung Deutschlands nicht hinreichend kritisiert werden konnte und es wurde versucht, sich stärker der Kritik der „deutschen Ideologie" und dem „deutschen Krisenlösungsmodell" zu widmen.[5]

Im Verlauf der 1990er-Jahre entstanden mehrere Zeitschriften-Projekte, in denen einerseits versucht wurde, die marxistisch-leninistischen Imperialismus-, Faschismus- und Kapitalismusvorstellungen vor dem Hintergrund einer Relektüre von Marx zu kritisieren.[6] Aus der Kritik am antisemitischen Antizionismus der Linken wurde in jenen Teilen der radikalen Linken, die sich in der Tradition der Kritischen Theorie von Adorno und Horkheimer sehen, im Laufe einer weiteren Beschäftigung mit dem Thema eine eindeutige Parteinahme für Israel als Schutzmacht für alle vom Antisemitismus Betroffenen.

Kritik und Selbstverständnis

Diese Parteinahme ist mit den oben genannten Vorwürfen konfrontiert, seit dem sie existiert. Diese Vorwürfe gehören zum Standardrepertoire der traditionellen Linken, wenn sie auf Diskussionsveranstaltungen, in Internetforen oder in Szenezeitschriften über die antideutsche Kritik verhandelt.[7] Sie wurden jedoch auch mehrfach in wissenschaftlichen Arbeiten sowie in journalistischen und essayistischen Texten mit einiger Reichweite formuliert.

Im *Wikipedia*-Eintrag zum Philosemitismus wird ein „antideutscher Philosemitismus" als Beispiel angeführt.[8] Isabel Erdem meint in der Zeitschrift der Rosa-Luxemburg-Stiftung, die Antideutschen würden solch einen Philosemitismus gegen den Antisemitismus in Anschlag bringen. Das Problematische dabei sei, dass „beim Philosemitismus jüdische Personen [...] ebenso als homogene Masse betrachtet [werden], wie dies beim Antisemitismus der Fall ist, nur dass die Vorzeichen umgekehrt sind"[9]. Autoren aus der autonomen Szene meinen, die Antideutschen würden die in der eigenen Gesellschaft aufgegebenen Emanzipations- oder Revolutionshoffnungen auf ein entferntes nationalstaatliches Projekt"[10] projizieren. Franz Schandl spricht hinsichtlich der antideutschen Kritik von einem „religiös gewordenen Bezug auf Israel"[11]. Dem „linksradikalen Philosemitismus" sei Israel „das neue Ersatzsubjekt für Arbeiterklasse und Kommunismus".[12] Bernhard Schmid hat dem Vorwurf der Projektion eine eigene Broschüre gewidmet.[13] Traditionskommunisten sehen im unterstellten Philosemitismus der Antideutschen die Übernahme der „BRD-Staatsdoktrin"[14] durch ehemals linke Kräfte. Robert Misik erklärt die antideutsche Strömung zu einer „groteskesten Narrentruppe deutschen Schuldkomplexes"[15].

Für Robert Kurz handelt es sich bei der antideutschen Kritik um eine „neurotische Überidentifikation"[16] mit Israel, bei der es „in Wahrheit nicht um Israel und den Nahostkonflikt"[17] gehe. In der antideutschen Kritik an der Instrumentalisierung linker jüdischer Israelis als Kronzeugen in der deutschen und österreichischen Nahostdebatte könne „es schon mal vorkommen, dass in der Erregung die antisemitische Hundezunge aus dem überidentifikatorsich-philosemitischen antideutschen Rachen bleckt"[18].

Die antideutsche Linke propagiere und zelebriere „eine Form der Israelbegeisterung, die sich mit den Maximalpositionen der israelischen Rechten deckt"[19]. Die „Wortführer" der antideutschen Linken suchten „in ihrem Israelkult vor allem nach Bestätigung ihrer vergangenheitspolitisch motivierten Deutschlandkritik"[20]. Bei den Antideutschen verwandle sich die

Antisemitismuskritik „zu einer identitätsstiftenden Ware". Man bekenne sich „zu Israel wie in den 1970er-Jahren zu Kampuchea"[21]. Mehr noch: die antideutsche Kritik reproduziere

> „[…] in ihrem klebrigen Philosemitismus antisemitische Stereotype wie die Personifizierung politischer Verhältnisse, krudeste Verschwörungstheorien und die Relativierung der Shoah. Denn der Philosemitismus romantisiert und homogenisiert die jüdische Bevölkerung und verwendet dazu fast dieselben Stereotypen wie der Antisemitismus, nur bewertet er sie umgekehrt."[22]

Im „Philozionismus" der antideutschen Linken würden Juden „als idealtypische Verkörperung zum Objekt von Liebe und Mitgefühl und dienen […] als Projektionsfläche, als selbst geschaffenes Bild, als Fetisch".[23]

Schon 1991 war die antideutsche Kritik, welche damals in dem Zusammenschluss Radikale Linke noch von einem heterogeneren Spektrum formuliert wurde als heute, mit dem Vorwurf des „Philozionismus" konfrontiert[24] – ein Begriff, der in den Auseinandersetzungen zum Philosemitismus selten gebraucht wird. Christina Späti verwendet ihn zur Charakterisierung der deutschsprachigen proisraelischen Linken der 1950er- und 1960er-Jahre.[25] Gerne wird er auch von Rechtsextremisten zur Diffamierung der Linken verwendet. Der Freiheitliche Akademikerverband Salzburg attestiert beispielsweise dem VSStÖ, der sozialdemokratischen Studierendenvereinigung in Österreich, ihren Antifaschismus „ausschließlich in einem Philozionismus" zu präsentieren.[26] Josef Ginsburg, der unter dem Pseudonym J. G. Burg publizierte und in einem Nachruf des Rechtsextremisten Max Wahl als „unser jüdischer Freund und Mitstreiter"[27] bezeichnet wurde, sah in der Bundesrepublik Deutschland einen „Philozionismus", der „schäbiger, hässlicher, dümmer und schlimmer" sei als „offener Antisemitismus".[28] Der bekennende Antizionist Edward Said attestierte Jean-Paul Sartre einen „fundamentalen Philozionismus"[29]. In der aktuellen Diskussion über die antideutsche Kritik wurde der Begriff von Holz, Müller und Traverso in Anschlag gebracht[30] und hat zu zahlreichen Reaktionen seitens der Kritisierten geführt.[31]

Während der Begriff bei Späti in analytischer Absicht zum Einsatz kommt, hat er sowohl bei den Rechtsextremen als auch bei den Antizionisten und den Kritikern der Antideutschen eine politische Funktion. Der Begriff des Philosemitismus eignet sich nicht nur zur Kritik an jenem merkwürdigen Interesse für jüdische Religion und Gebräuche, dessen Nähe zum Antisemitismus außer Frage steht, und das man von

KZ-Kommandanten ebenso kennt wie von christlichen Israelfreunden, sondern er kann als politischer Kampfbegriff auch zur Diskreditierung der Antisemitismuskritik dienen. In ähnlicher Weise soll der Begriff des „Philozionismus“ in den aktuellen Debatten keine anders geartete Solidarität mit dem zionistischen Projekt befördern, sondern er dient der Aufkündigung jeglicher Form von Israelsolidarität.

Auch Gerhard Hanloser meint, der Nahost-Konflikt sei in der antideutschen Kritik „zur Projektionsfläche eines reichlich merkwürdigen Kampfes mit der deutschen Vergangenheit geworden“[32]. John Bunzl übernimmt Kurz' Diagnose einer antideutschen „neurotischen übermäßigen Identifikation mit Israel“. Die Antideutschen würden Israelis und Palästinenser „aus Gründen des eigenen psychischen Haushalts“ instrumentalisieren. Sie würden Solidarität mit „einem imaginierten, idealisierten Kollektiv“ üben.[33] Holz attestiert, die Antideutschen würden sich „am Problem einer links-deutschen Identität abarbeiten“[34].

Moshe Zuckermann meint in der gegenwärtigen Ideologiekritik „ideologisch fanatisierte Israel-Solidarisierer“ ausgemacht zu haben, die „keine kleinere Pest“ seien als jene, „die Israel aus antisemitischen Beweggründen angreifen“.[35] Die „solidarisierungswütigen Israel-Freunde“ hätten den „ausgepichten Israel-Feinden nichts voraus.“[36] Die Parteinahme für Israel wäre demnach also ähnlich zu beurteilen und ebenso zu bekämpfen wie der Antisemitismus, was in Zuckermanns Logik insofern folgerichtig ist, als er auch identische Gründe für eine linke Solidarisierung mit Israel und für den Antisemitismus sieht: „Ich meine auch, dass dieser Philosemitismus dem gleichen Ressentiment entstammt wie der Antisemitismus.“[37] Der „israelsolidarische Impuls“ sei auf „demselben falschen Boden gewachsen“ wie der israelkritische, „nämlich dem der eigenen deutschen, österreichischen Befindlichkeit“[38]. Ähnliche Vorwürfe, wenn auch etwas zurückhaltender formuliert, finden sich in Zuckermanns autobiografischem Werk, in dem er ausgehend von Erfahrungen, die er auf Veranstaltungen in Deutschland gemacht hat, den Vertretern der zeitgenössischen Ideologiekritik vorwirft, sie würden sich „mit einem zur puren Projektionsfläche eigener Befindlichkeiten verkommenen ‚Israel' solidarisieren“[39].

All diesen Vorwürfen ist eines gemeinsam: Sie gehen an keiner Stelle auf die Textproduktion der antideutschen Ideologiekritik ein. Entweder kommen sie wie bei Zuckermann völlig ohne Literaturhinweise aus oder sie beziehen sich auf einzelne Sätze in Flugblättern und Veranstaltungsankündigungen, ignorieren aber die programmatischen Texte, die sich in mehreren Buchpublikationen und rund 15 Jahrgängen von Zeitschriften finden. Die Autoren würden sich auch schwer tun, Belege für ihre wortgewaltigen und mitunter wüsten Anschuldigungen zu finden.

Die Ignoranz gegenüber den tatsächlichen Positionen der antideutschen Kritik soll an einem einfachen Beispiel verdeutlicht werden: Auch Martin Klokes oben zitierte Behauptung, die Positionen der Antideutschen würden sich mit den „Maximalpositionen der israelischen Rechten" decken, wird nicht an Texten der antideutschen Linken ausgewiesen. Das wäre auch gar nicht möglich, da sich in diesen an keiner Stelle Ausführungen finden, die etwa eine Vertreibung der Palästinenser aus dem Westjordanland oder eine Ausdehnung der israelischen Staatsgrenzen bis weit in den Irak fordern. Genau das aber sind die „Maximalpositionen der israelischen Rechten".

Es soll hier nicht im Einzelnen auf alle referierten Vorwürfe eingegangen werden. Stattdessen wird im Folgenden versucht, die Argumentation der antideutschen Ideologiekritik hinsichtlich des Antisemitismus und der Israelsolidarität zu skizzieren, um den Vorwurf des Philosemitismus und Philozionismus anhand dieses Selbstverständnisses beurteilen zu können.

Einmal abgesehen von der bemerkenswerten Selbstverständlichkeit, mit der all jene Autoren, die der Ideologiekritik in der Tradition der Kritischen Theorie ein Abarbeiten an einem deutschen Schuldkomplex unterstellen, davon ausgehen, dass es sich bei Antideutschen ausschließlich um Nicht-Juden handelt, kann konstatiert werden, dass in der antideutschen Textproduktion selbstanklägerische Vergangenheits- und Identitätspolitik ebenso scharf kritisiert werden wie philosemitische Anwandlungen. Der *Bahamas*-Redakteur Clemens Nachtmann hat in einem Aufsatz klar gestellt, dass sich antideutsche Kritik „jetzt und in Zukunft zuvörderst gegen Bekennertum und Identitätspolitik"[40] richtet. Hinsichtlich der Solidarität mit dem Staat der Schoaüberlebenden fordert er, diese nicht „durch irgendwelche pathetischen Bekenntnisse und Selbststilisierungen als uneigennützige und hochherzige Freunde der Juden"[41] zu diskreditieren. Eine so verstandene Solidarität mit Israel resultiert ihrem Selbstverständnis nach nicht aus Schuldreflexen, Überidentifikation und Projektionen, sondern aus einer materialistischen Gesellschaftskritik, die sich auf den Marxschen und den Adornoschen kategorischen Imperativ bezieht. Ausgehend von diesen lässt sich im Verständnis der antideutschen Kritik eine Art kategorischer Imperativ für Gesellschaftskritik in der Gegenwart formulieren:

> „Eine jede Staatskritik wird daran zu messen sein, ob sie mit dem Staat Israel, jener prekären Nothilfemaßnahme gegen die antisemitische

> Raserei, sich bedingungslos solidarisch erklärt, was die Solidarität mit dessen bewaffneter Selbstverteidigung selbstverständlich einschließt. [...] Und jede Kritik am Kapital ist daran zu messen, ob sie, als ihr theoretisches Zentrum, dessen negative Selbstaufhebung in manifester Barbarei als eine wiederholbare Konstellation auf den Begriff zu bringen vermag und zum Angelpunkt der Agitation macht.“[42]

Ihrem Selbstverständnis nach ist dies also eine Kritik, die sich für Juden ‚als‘ Juden nur insofern interessiert, als sie Opfer des Antisemitismus waren und sind. Zu ihrem ‚Jüdisch-Sein‘ – und das grenzt sie von philosemitischen Anwandlungen recht deutlich ab – hat sie ebenso wenig zu sagen wie zur jüdischen Kultur und Tradition. Jüdische Religion interessiert sie lediglich unter dem Gesichtspunkt einer Verwandtschaft zwischen jüdischem Messianismus und materialistischer Kritik.[43]

Zuckermann meint, die „doktrinäre Israel-Solidarität“ ignoriere die Widersprüchlichkeit der israelischen Gesellschaft. Diese Ignoranz trage dazu bei, „dass die von diesen strukturellen Antinomien und latenten Konfliktherden ‚innerisraelisch‘ ausgehende Bedrohung der israelischen Gesellschaft erst gar nicht angegangen werden kann“[44]. Eine Kritik des Antizionismus kann und muss allerdings zunächst gar nichts aussagen über die je spezifische Ausgestaltung israelischer Politik und zionistischer Praxis. Es geht ihr auch nicht in erster Linie um diese, sondern um die Kritik einer Ideologie, die sich selbst für die realen Verhältnisse im Nahen Osten nicht sonderlich interessiert. Warum sollte es die Aufgabe einer hauptsächlich in Österreich und Deutschland artikulierten Ideologiekritik sein, etwas zur Diskussion der von Zuckermann völlig zu recht als „innerisraelisch“ bezeichneten Gefahren und zur Analyse der ohne Zweifel existierenden „strukturellen Antinomien und latenten Konfliktherde“ in Israel beizutragen?

Wenn Zuckermann konstatiert, die Protagonisten der linken Israelsolidarität würden einen „Zionismus“ betreiben, der „weitgehend enthistorisiert“[45] sei, so gilt es darauf zu verweisen, dass es der Kritik des Antizionismus nicht um den politischen Antizionismus vor Auschwitz geht, der sich gerade als linksradikaler mit dem Verweis auf die anstehende allgemeine Emanzipation, die auch den Antisemitismus aus der Welt schaffen würde, noch legitimieren konnte, sondern den postnazistischen Antizionismus, dessen Kern es ist, Juden und Jüdinnen, mit welcher Begründung auch immer, das Recht auf einen eigenen Nationalstaat selbst noch nach der Schoa, nach dem Scheitern nicht nur des bürgerlichen Gleichheitsversprechens, sondern auch der kommunistischen Emanzipationserwartung, zu verwehren. Selbstverständlich existieren auch bei dieser postnazistischen Ideologie Unterschiede zwischen einem jüdischen und innerisraelischen Antizionismus einerseits und einem nicht-jüdischen und außerisraelischen andererseits.[46] Diese spielen aber für die hier verhandelten Zusammenhänge keine Rolle.

Das Kapital und Israel

In der aktuellen Ideologiekritik in der Tradition der Kritischen Theorie werden die Kritik der politischen Ökonomie und die Kritik an jenen antiisraelischen Ressentiments und jener antiisraelischen Praxis, die als geopolitische Reproduktion des Antisemitismus bezeichnet werden,[47] zusammen gedacht. Die Argumentation soll hier kurz zusammengefasst werden: Die mystifizierteste Form des von Marx in der Kritik der politischen Ökonomie kritisierten Kapitalfetischs ist die Form des zinstragenden Kapitals. Bereits Marx war sich hinsichtlich des zinstragenden Kapitals bewusst, dass das Kapital in „dieser seiner wunderlichsten und zugleich der populärsten Vorstellung nächsten Gestalt" der bevorzugte „Angriffspunkt einer oberflächlichen Kritik" sein wird;[48] der Angriffspunkt eines ressentimentgeladenen Antikapitalismus, der sich jedoch nicht einfach nur gegen das Finanzkapital richtet, um das Industriekapital zu affirmieren (auch wenn das eines der wesentlichen Elemente des modernen Antisemitismus ist), sondern sich zu einer groß angelegten Rettung des vermeintlich Konkreten und Natürlichen vor dem Abstrakt-Künstlichen im Kapitalismus aufschwingt. Der Nationalsozialismus kann vor diesem Hintergrund als „die größte antikapitalistische Bewegung, die jemals zur Rettung des Kapitals mobilisiert wurde"[49] verstanden werden. Der Vernichtungsantisemitismus entpuppt sich als konformistische Revolte gegen das Kapital „auf der Grundlage des Kapitals".[50]

Moishe Postone hat ausgeführt, wie mit der Entwicklung und zunehmenden Mystifizierung des Warenfetischs zum Kapitalfetisch die bereits dem Warenfetisch innewohnende Naturalisierung zunehmend biologisiert wird, wie die Abstraktheit versucht wird in den Juden festzuhalten und dingfest zu machen, und wie aus solcherart wahnhafter Projektion eine Form von fetischistischem Antikapitalismus resultiert, der bei der Biologisierung des Kapitalismus im internationalen Judentum landet.[51] Darin unterscheidet sich der Antisemitismus grundlegend von anderen Formen des Rassismus. Der Antisemitismus tritt als eine allumfassende Welterklärung auf. Er ist die denkbar barbarischste Reaktionsweise auf den Zwang zu Kapitalproduktivität und Staatsloyalität, zugleich die weitestgehende Einverständniserklärung mit diesem Zwang und in dieser Gleichzeitigkeit von Rebellion und Affirmation das Paradebeispiel für eine konformistische Revolte.

Gegen diese konformistische Revolte richtet sich die Parteilichkeit einer materialistischen Ideologiekritik für Israel. Diese Parteilichkeit ist im Selbstverständnis der Antideutschen nichts, was sich zu dieser Kritik zufällig hinzugesellt, sondern sie ist die zwingende Konsequenz aus dieser Kritik. Es ist dies eine Kritik an einer staatlich organisierten und garantierten Vergesellschaftungsweise, die ihren kapitalbedingten Krisencharakter im Antisemitismus, der sich heute insbesondere gegen den jüdischen Staat richtet, abspaltet.[52] Die antideutsche Kritik in der Tradition der Kritischen Theorie versucht darzustellen, wie die den Verwertungsimperativen des Kapitals und den Herrschaftsimperativen des Staates blind gehorchende Gesellschaft den Antisemitismus als wahnhaften Versuch der Konkretisierung des Abstrakten immer wieder hervor bringt, inwiefern der israelische Staat als Reaktion auf diesen Antisemitismus verstanden werden muss, und warum schon deshalb die Parteilichkeit mit diesem Staat für jede Kritik des kapitalbedingten Verhängnisses zwingend ist.

Solange der Schritt zur allgemeinen Emanzipation versperrt ist, muss sich die Kritik im Selbstverständnis der antideutschen Ideologiekritik im Falle Israels relativieren und Staatskritik zum Wohle des Staates praktizieren. Diese Kritik muss sich angesichts der Besonderheit der israelischen Staatlichkeit darauf einlassen, Missstände in einer Art und Weise zu kritisieren, die

> „nicht zur Behebung des ‚Missstandes‘ durch Aufhebung seiner staatlichen Ursache führen will, sondern sich der letztendlich aussichtslosen Bemühung verpflichtet fühlt, den ‚Missstand‘ zum Wohle des Staates, der ihn erst hervorgebracht hat, zu beheben“.[53]

Unabhängig von diesen ‚Missständen‘ bleibt die Verteidigung gegenüber dem Antisemitismus für die antideutsche Kritik der vorrangige Zweck des israelischen Staates. Der im bürgerlichen Sinne revolutionäre Charakter Israels liegt für die Ideologiekritik in der Tradition der Kritischen Theorie in seinem zionistischen Charakter begründet, wenn unter Zionismus die Funktion der israelischen Staatlichkeit für den Schutz aller Juden vor Verfolgung verstanden wird. Vor diesem Hintergrund ist die israelische Nation und damit zwangsläufig auch der israelische Nationalismus von anderem Charakter als jede andere Nation und jeder andere Nationalismus. Die Ideologiekritik weist nach, wie die aus dem Fetischismus der bürgerlichen Produktionsweise resultierende negative Vergesellschaftung die Notwendigkeit einer verdinglichten Darstellung der gesellschaftlichen Beziehungen in der Nation hervorbringt.[54] Die bürgerlichen Subjekte drängt es zur Artikulation einer konformistischen Revolte, deren Ausdruck unter anderem der Antisemitismus ist. Der israelische Nationalismus ist im Verständnis der antideutschen Kritik die Verteidigung gegen diesen Mechanismus nationaler Vergesellschaftung. Er ist die Reaktion auf den nationalen Wahn – die nach Lage der Dinge bis heute einzig mögliche Antwort auf die nationalistische Raserei, die gerade im Antisemitismus zu sich findet. Bei allen Bemühungen um eine positive Bestimmung dessen, was die israelische Nation ausmacht, seien sie religiös oder säkular motiviert, wird der israelische Nationalismus auf Grund dieser Konstellation seine negative Bestimmung nie ganz los. Schon der linkssozialistische Arbeiterzionist Ber Borochov sprach 1905 davon, dass das nationale Bewusstsein der Juden „natürlich negativen Ursprungs“[55] ist. Die antideutsche Kritik verweist darauf, dass auf Grund dieser besonderen Konstellation der israelischen Gesellschaft, bei allen autoritären Tendenzen, die sie als staatlich konstituierte notwendigerweise aufweist, die Gerinnung zu einer homogenen Gemeinschaft im Sinne völkischer Ideologie, ob ihr das passt oder nicht, versperrt ist: „Sie muss qua Konstitution bürgerliche Gesellschaft bleiben, das heißt sie muss ihre Synthesis in abstrakter Vermittlung konstituieren und kann nicht ihr Heil in der Vernichtung von Vermittlung suchen.“[56]

Vor dem Hintergrund einer materialistischen Staatskritik und im Bewusstsein der Besonderheiten der israelischen Souveränität zeigt die Ideologiekritik den Gegensatz zum Normalfall staatlicher Vergesellschaftung auf. Staatskritik setzt sich gegen die Ideologie zur Wehr, der Staat seien ‚wir alle‘, und weist die Anmaßung des Souveräns zurück, einem, da man nun einmal lebt, auch noch ein ‚Recht auf Leben‘ zuzuweisen, mit dem die staatliche Gewalt stets demonstriert, dass sie dieses Recht jederzeit auch entziehen oder relativieren kann. Abstrakt trifft das auf Israel ebenso zu. Israel aber ist nicht ‚normal‘, ist kein ‚Staat wie jeder andere auch‘, sondern muss im Selbstverständnis der antideutschen Ideologiekritik als bürgerliche Emanzipationsgewalt der Juden, als bewaffnetes Kollektiv zur Abwehr des antisemitischen Terrors betrachtet werden. Nachdem die politische Emanzipation der Juden in den mehrheitlich nichtjüdischen Gesellschaften nicht möglich war, und die Geschichte statt dessen in der Katastrophe geendet hat, ist der Zionismus die zwangsweise separatistische und partikularistische Verwirklichung dieser politischen Emanzipation, die Marx schon in seiner Frühschrift *Zur Judenfrage* als Voraussetzung der allgemeinen Emanzipation charakterisiert hat.[57]

Materialistische Kritik muss sich einen Begriff vom Staat im Allgemeinen machen, dennoch kann die Staatskritik nicht von den je unterschiedlichen Ausprägungen und Zwecksetzungen staatlicher Herrschaft und Verwaltung abstrahieren. Es macht einen Unterschied, ob man Staatskritik hinsichtlich eines Staates formuliert, dessen vorrangige Aufgabe es ist, den „objektiven Zwangscharakter der Reproduktion"[58] zu garantieren, oder aber ob man Kritik der Politik hinsichtlich eines Staates betreibt, dessen aller erster Zweck es ist, die Vernichtung zu verhindern. Alles, was der israelische Staat in Ausübung seiner Funktion als ideeller Gesamtkapitalist, als kollektiver Organisator widerstrebender Interessen, als Herrschafts- und Gewaltinstanz gegenüber seinen Untertanen, als Moderator der Ressentiments seiner Bürger und Repressionsapparat gegenüber den auf seinem Territorium lebenden Nichtbürgern, als Organisator der demokratischen Legitimation seiner Machtausübung und Ideologe des Allgemeinwohls tätigt, alles also, was dem Materialismus in der Tradition Adornos und Horkheimers Anlass und Grund für Kritik liefert, ist in Israel auf diese Funktion rückbezogen, die außerhalb jeder Kritik steht und dem Materialismus Anlass und Grund für emphatische Parteilichkeit ist.

Zionismus und Kritische Theorie

Als Staat, dessen vorrangige Aufgabe die Verhinderung der Vernichtung ist und der den Überlebenden des nazistischen Mordprogramms ein Refugium gab, galt Israel bei aller Kritik im Einzelnen auch die Solidarität der klassischen Kritischen Theorie.[59] Zuckermann vertritt zwar die Ansicht, Zionismus und Kritische Theorie seien schlicht unvereinbar,[60] doch der kritische Pessimismus der Kritischen Theorie ist dem Zionismus in mancher Hinsicht durchaus verwandt. Der Mainstream-Marxismus hat sich auch von der Schoa nicht von seinem optimistischen Geschichtsverständnis abbringen lassen. Für Zionismus und Kritische Theorie hingegen markiert der Nationalsozialismus den welthistorischen Bruch. Der Zionismus zog die praktischen Konsequenzen aus dem Scheitern sowohl aller Assimilierungsversuche als auch der bürgerlichen und sozialistischen Gleichheitsversprechen und misstraut seitdem völlig zu Recht jedem Versöhnungsangebot. Die Kritische Theorie zog die theoretischen Konsequenzen aus der Katastrophe für die materialistische Gesellschaftskritik, misstraut jedem begriffslosen Praktizismus, jedem linken Heilsversprechen und konfrontiert die materialistische Kritik mit dem kategorischen Imperativ, alles Handeln im Stande der Unfreiheit so einzurichten, dass Auschwitz sich nicht wiederhole.[61]

Die antideutsche Ideologiekritik versucht zu zeigen, wie sich im Zionismus Geschichte

> „nicht als Zu-sich-selbst-Kommen des Wesens [konstruiert], sondern als der historische Zusammenhang der Katastrophen und als Abwehr der kommenden. Die Zionisten handeln, als hätten sie sich der Bewahrheitung der *Geschichtsphilosophischen Thesen* Walter Benjamins verschrieben. In dieser negativen Geschichtsphilosophie ist der Materialismus dem Zionismus verwandt, wenn er auch so kontrafaktisch wie kategorisch, gegen alle Erfahrung und jeden Begriff, sich weigert, dessen These vom ‚ewigen Antisemitismus' sich zuzueignen."[62]

Hier wird die Differenz zwischen materialistischer Ideologiekritik und Zionismus deutlich. Der Zionismus ist eine Notwehrmaßnahme gegen den Antisemitismus und muss in der Realisierung der Notwehr sich auf die Verfasstheit der Welt positiv beziehen. Er muss sich Staat und Kapitalakkumulation zu Eigen machen, will er in einer Welt von Staaten und Kapitalakkumulation bestehen. Kritische Theorie hingegen hält an der Möglichkeit fest, mit der Abschaffung von Staat und Kapital, mit der allgemeinen Emanzipation von Ausbeutung und Herrschaft, mit der Überwindung der fetischistischen Wertverwertung auch die Notwendigkeit des Zionismus aus der Welt zu schaffen – was erklärtermaßen das Ziel der antideutschen Kritik ist.[63] Allein diese Tatsache führt den Vorwurf eines „Philozionismus" ad absurdum.

Die antideutsche Kritik leitet nicht aus einem „unreflektierten Solidaritätsaffekt mit Israel […] eine essentialistisch grundierte antipalästinensische beziehungsweise antimuslimische Grundhaltung"[64] her, sondern formuliert materialistisch fundierte Kritik am politischen Islam. Sie verweist darauf, dass es etwas Schlimmeres gibt als den Kapitalismus und die bürgerliche Gesellschaft: ihre barbarische Aufhebung. Für diese negative Aufhebung der bürgerlichen Gesellschaft stehen historisch Nationalsozialismus und Faschismus. Heute aber ist der djihadistische Islam zum Hauptprotagonisten solch einer Aufhebung geworden. Bei allen offenkundigen Unterschieden, die zwischen Nationalsozialismus und der islamischen Erweckungsbewegung bestehen, kann die antideutsche Kritik doch darauf verweisen, dass beide Ideologien für einen ressentimentgeladenen Antikapitalismus stehen, der das vom Kapital verursachte Elend nicht abschaffen, sondern nur anders, volksgemeinschaftlich oder ummasozialistisch,[65] organisieren möchte und die zynische, den Tod zahlreicher Menschen achselzuckend in Kauf nehmende instrumentelle Vernunft der bürgerlichen Gesellschaft noch durch die wahnhafte Vernichtung von Menschen um der Vernichtung willen ergänzt.[66]

Vor diesem Hintergrund ist im Selbstverständnis der antideutschen Ideologiekritik die Parteinahme für Israel, die nicht davon zu abstrahieren braucht, dass staatliche Verteidigungsmaßnahmen auch zu grauenhaften Übergriffen führen können, und dass staatliches Handeln in Israel keineswegs auf den Zweck der Verhinderung der Vernichtung beschränkt ist, eine zwingende Konsequenz aus der Kritik des Fetischismus kapitalakkumulierender und staatlich verwalteter Gesellschaften: „Die radikale Entfaltung der Kritik der politischen Ökonomie zu ihrer revolutionären Konsequenz [ist] gleichbedeutend mit der bedingungslosen Solidarität, die wir Israel schuldig sind."[67] Der Zionismus ist für die Ideologiekritik in der Tradition der Kritischen Theorie zwar nicht die richtige Antwort auf den Antisemitismus (das wäre nach wie vor die Errichtung der klassen- und staatenlosen Weltgesellschaft, die freie Assoziation freier Individuen, die befreite Gesellschaft, die es den Menschen ermöglicht, ohne Angst und Zwang verschieden zu sein), aber er ist, ganz unabhängig von seiner je konkreten Ausgestaltung in der je unterschiedlich begründeten und zu bewertenden israelischen Regierungspolitik, die vorläufig einzig mögliche. So gesehen ist der Zionismus „das notwendig falsche Bewusstsein der Juden und Jüdinnen, die das richtige Bewusstsein über ihre Verfolgung erlangt haben"[68].

Politkitsch und Fahnenschwenken

Trotz all dieser theoretischen Anstrengungen stellt sich das Problem, dass es insbesondere in einigen Ausläufern der autonomen Antifa-Szene chic geworden ist, mit einer kaum mehr theoretisch begründeten Israelsolidarität zu kokettieren. Solches Verhalten wird von antideutschen Gruppen allerdings scharf kritisiert. Die antideutsche AG Antifa aus Halle schreibt beispielsweise von einer „autonom-infantilen Begeisterung für Wimpel, Vereinsabzeichen und Bekenntnis-Buttons", die sich „in den absurdesten Formen an den Symbolen Israels" festmache.[69] Mit einer impliziten Bezugnahme auf die Theorien über die Gefahren eines Umschlags von Philo- in Antisemitismus wird klargestellt, dass man sich über die Beschaffenheit dieser Art von Israelfreundschaft keine Illusionen machen sollte:

„Eine Freundschaft, die vor allem auf der Begeisterung für Politkitsch, Anhänger, bedruckte Mützchen und Tassen, Pilgerreisen usw. basiert, kann den Gegenstand dieser Freundschaft schnell wieder wechseln. Man kennt das aus der Kindheit, deren Konservierung sich die autonomen Gruppen ja auf ihre Fahnen geschrieben haben: Vor einigen Wochen konnte kein Schritt ohne den braunen Teddy gemacht werden, jetzt liegt er unbeachtet in der Ecke, weil sich das Bedürfnis nach Nähe, Kuscheln usw. plötzlich am Plüschtierhasen festmacht."[70]

Die Kritik an falschen Identifikationen bedeutet jedoch nicht, dass die antideutsche Gesellschaftskritik und ihre aus der Kritik der politischen Ökonomie in Reflexion auf den Nationalsozialismus und sein Fortwesen entwickelte Solidarität mit Israel ohne jede Art von Identifikation auskäme.[71] Es geht hier um Identifizierung etwa im Sinne von Herbert Marcuse, der geschrieben hat:

„Ich kann nicht vergessen, dass die Juden jahrhundertelang zu den Verfolgten und Unterdrückten gehörten, dass sechs Millionen von ihnen vor nicht allzu langer Zeit vernichtet worden sind. [...] Wenn endlich für diese Menschen ein Bereich geschaffen wird, in dem sie vor Verfolgung und Unterdrückung keine Angst mehr zu haben brauchen, so ist das ein Ziel, mit dem ich mich identisch erklären muß."[72]

Inwieweit die Symbole des israelischen Staates zur kritischen Intervention in konkreten politischen Situationen in der Bundesrepublik oder Österreich taugen – und nur als solche können sie für eine militante Ideologiekritik sinnvoll zum Einsatz kommen –, wird auch von Protagonisten der antideutschen Gesellschaftskritik kontrovers diskutiert.[73] In dieser Kontroverse wurde konstatiert:

„Das Tragen von Israelfahnen ist eine sinnvolle Provokation gegen den deutschen Mob. Es hat sich allerdings um die Israelfahne ein ungeheurer Politkitsch entwickelt, an dem auch die israelische Botschaft nicht ganz unschuldig ist. Neben dem von Antideutschen gern getragenen Button, der eine Israel- und eine Amerikafahne zeigt, wird auch ein Knopfsticker von der Botschaft verteilt, der eine Israel- und eine Deutschlandfahne vereint. Es ist also so, daß das, was im Interesse der israelischen Diplomatie ist, nicht unbedingt zugleich im Interesse der israelsolidarischen und kommunistischen Gruppen ist. [...] Wir sollten weder mit Politik, also mit falschen Verallgemeinerungen, noch mit

> Identifikationen arbeiten. Die Aufgabe antideutscher Kommunisten ist es nicht, sich mit Israel zu identifizieren, denn Israel ist nicht das neueste Substitut des ‚Vaterlands der Werktätigen‘, sondern aufzuklären, warum es notwendig ist sich bedingungslos hinter Israel […] zu stellen: nämlich im Interesse der staaten- und klassenlosen Weltgesellschaft.“[74]

Andere Protagonistinnen betonen hingegen deutlicher, dass Solidarität mit Israel auch ohne die Perspektive auf eine staaten- und klassenlose Gesellschaft notwendig und allein auf Grund der Verpflichtung zur Solidarisierung mit vom kollektiven Mord Bedrohten zwingend ist.[75]

Die antideutsche Kritik als Ideologiekritik verstand sich stets auch als Kritik am Gesinnungskitsch der deutsch-jüdischen Versöhnung mit ihrem tatsächlich „klebrigen Philosemitismus“, den Müller der antideutschen Ideologiekritik zuschreibt.[76] Einer der Bezugpunkte dieser Kritik war von Beginn an ein Polemiker wie Eike Geisel, der schon früh „jenes unerträgliche Gemisch aus jugendbewegtem Begegnungskitsch und immergleicher Beschäftigungstherapie, aus betroffenen Christen, schwärmerischen Israeltouristen, geduldigen Berufsjuden, bekennenden Deutschen, eifernden Hobbyjudaisten und akribischen Alltagshistorikern“[77] ins Visier genommen hat.

An den Rändern der antideutschen Kritik mag sich mittlerweile ein Milieu herausgebildet haben, in dem Kritik tatsächlich durch Begegnungsprogramme mit israelischen Jugendlichen, dem Import von israelischem Hip Hop oder der Unterstützung von Israelischen Wochen für Lebensmittel in deutschen Kaufhausketten ersetzt wird. Und der eine oder die andere Antideutsche jüngeren Semesters sollten sicher lieber Adorno lesen als eifrig Hebräisch zu pauken. Dort aber, wo die antideutsche Kritik nicht als neuster Schrei der linken Gesinnungsmoden auftritt, sondern sich als Ideologiekritik in der Tradition der Kritischen Theorie artikuliert, hat sie immer schon die Kritik an falschen Identifizierungen, Projektionen und philosemitischen Anwandlungen impliziert. Unreflektierter Aktivismus und sinnentleertes Fahnenschwenken kann sich an keiner Stelle an der antideutschen Textproduktion orientieren, sondern steht im Widerspruch zu dieser und ihrer Kritik an Politkitsch und der Sehnsucht nach einer Bewegung. Der Vorwurf des Philosemitismus und Philozionismus an die antideutsche Kritik erweist sich als unbegründet, an den Texten der antideutschen Kritik nicht auszuweisen und als Konstrukt seiner Protagonisten. Die schärfsten Kritiken an philosemitischen Anwandlungen oder Verklärungen der Realität im Nahen Osten finden sich in der antideutschen Kritik selbst.

Anmerkungen

1 Vgl. Améry, Jean: Der ehrbare Antisemitismus. Rede zur Woche der Brüderlichkeit, in: ders.: Werke, Bd. 7, Stuttgart 2005, S. 191.

2 Vgl. Kestler, Stefan: Antisemitismus und das linksextremistische Spektrum in Deutschland nach 1945, in: Bundesamt für Verfassungsschutz (Hg.): Neuer Antisemitismus? Judenfeindschaft im politischen und im öffentlichen Diskurs. http://www.verfassungsschutz.de/de/publikationen/allgemeine_infos/broschuere_2_0512_symposium_2005/, 13.8.2007, S. 44–50; Wehner, Markus: Linker Spaltpilz, in: *Frankfurter Allgemeine Sonntagszeitung*, 25.2.2007; Simon, Anne-Catherine: Streit – „Neuer Antisemitismus“, in: *Die Presse*, 9.8.2006; Weinthal, Benjamin: Letter from Berlin. The anti-anti-Zionists, in: *Haaretz*, 3.8.2007, in Weinthals Text wird der Vorwurf des Philosemitismus an die Antideutschen erwähnt und explizit zurückgewiesen.

3 Einige Aspekte dieser Entwicklung sind beschrieben in Steffen, Michael: Geschichten vom Trüffelschwein. Politik und Organisation des Kommunistischen Bundes 1971 bis 1991, Berlin/Hamburg/Göttingen 2002, S. 380ff.

4 Vgl. Gremliza, Hermann L.: Viertes Reich, fünfter Gang. Über die deutsche Rasanz, in: *konkret*, Nr. 10, 1991, S. 8.

5 Vgl. Nachtmann, Clemens: Krisenbewältigung ohne Ende. Über die negative Aufhebung des Kapitals, in: Grigat, Stephan (Hg.): Transformation des Postnazismus. Der deutsch-österreichische Weg zum demokratischen Faschismus, Freiburg 2003, S. 44; Scheit, Gerhard: Die Meister der Krise. Über den Zusammenhang von Vernichtung und Volkswohlstand, Freiburg 2001. Das, was ‚deutsch‘ ist, wird in der Ideologiekritik in der Tradition der Kritischen Theorie nicht im Sinne eines erblichen Nationalcharakters verstanden, sondern meint eine politökonomische Konstellation, in der auf Vernichtung gesetzt wird, während üblicherweise in kapitalakkumulierenden Gesellschaften bestimmte Zwecke mit bestimmten Mitteln verfolgt werden. Es geht bei dem Begriff des deutschen Besonderen in Abgrenzung zum nationalen Allgemeinen nicht um eine bestimmte Mentalität, sondern um eine spezifische Form kapitalistischer Vergesellschaftung.

6 Bezüglich einer Ideologiekritik in der Tradition der Kritischen Theorie, die von den ‚antinationalen‘ und ‚antideutschen‘ Zirkeln ausging, sind vorrangig die „Bahamas“ und die eingestellte „Kritik und Krise“ von der Freiburger Initiative Sozialistisches Forum zu erwähnen.

7 Vgl. beispielsweise die Textsammlung auf http://projekte.free.de/schwarze-katze/doku/ad.html, die zugleich das erschreckend niedrige Niveau dieser Kritik dokumentiert. Etwas ambitionierter findet sich der Vorwurf des „Philosemitismus“ in einem Papier von antiimperialistischen Linken formuliert, das eine vulgär-materialistische Herleitung des Phänomens einer proisraelischen Linken versucht: Die AntiNationalen. Bemerkungen zu einer speziellen Form metropolitaner Politik. http://www.infoladenkollektiv-potemkin.de/Forum/Antinat.htm (3.8.2007).

8 http://de.wikipedia.org/wiki/Philosemitismus (23.7.2007).

9 Erdem, Isabel: Anti-deutsche Linke oder anti-linke Deutsche? Eine sachliche Betrachtung, in: *Utopie kreativ*, Nr. 192, 2006, S. 938.

10 Mohr, Markus/Haunss, Sebastian: Die Autonomen und die anti-deutsche Frage oder: „Deutschland muss...“, in: Hanloser, Gerhard (Hg.): „Sie warn die Anti-deutschesten der deutschen Linken“. Zu Geschichte, Kritik und Zukunft antideutscher Politik, Münster 2004, S. 79.

11 Schandl, Franz: Manisch Germanisch, in: *Streifzüge*, Nr. 3, 2001, S. 42.

12 Ebd., S. 45.
13 Schmid, Bernhard: Der Krieg und die Kritiker. Die Realität im Nahen Osten als Projektionsfläche für Antideutsche, Antiimperialisten, Antisemiten und andere, Münster 2006.
14 Müller, Karl: Teilnehmende Beobachtung. Editorial der *trend-onlinezeitung*, Nr. 8, 2004;http://www.trend.infopartisan.net/trd0804/edit.html (3. 8. 2007).
15 Misik, Robert: Und, wo stehen Sie?, in: *die tageszeitung*, 26. 7. 2006.
16 Kurz, Robert: Die antideutsche Ideologie. Vom Antifaschismus zum Krisenimperialismus: Kritik des neuesten linksdeutschen Sektenwesens in seinen theoretischen Propheten, Münster 2003, S. 206.
17 Ebd., S. 204.
18 Ebd., S. 209.
19 Kloke, Martin: Israel – Alptraum der deutschen Linken?, in: Brosch, Matthias u. a. (Hg.): Exklusive Solidarität. Linker Antisemitismus in Deutschland. Vom Idealismus zur Antiglobalisierungsbewegung, Berlin 2007, S. 315.
20 Ebd., S. 316.
21 Müller, Elfriede: Die deutsche Linke auf Identitätssuche – Antisemitismus und Nahostkonflikt, in: Brosch u. a. (Hg.): Exklusive Solidarität, [wie Anm. 19], S. 406.
22 Ebd.
23 Ebd., S. 411.
24 Vgl. Elken, Dieter: Israel und die deutsche Linke. Ein Beitrag zur Kritik der Flugschrift der Radikalen Linken; http://www.marxismus-online.eu/debatte/palaestina/israel_deutsche_linke.html (8. 8. 2007).
25 Vgl. Späti, Christina: Die schweizerische Linke und Israel. Israelbegeisterung, Antizionismus und Antisemitismus zwischen 1967 und 1991, Essen 2006, S. 36f., 329; siehe auch ihren Beitrag im vorliegenden Band.
26 http://www.akademikerverband-salzburg.at/aktuelles5.php (8. 8. 2007).
27 Wahl, Max/Burg, J. G.: Jüdisch-deutscher Dialog zum Verhältnis der Deutschen und der Juden nach dem Zweiten Weltkrieg, o. O. 1992; http://nsl-archiv.com/Buecher/Nach-1945/Burg,%20Josef%20-%20Juedisch-deutscher%20Dialog(1992,%2066%20S.).pdf (8. 8. 2007), S. 63.
28 Ebd., S. 34.
29 Said, Edward: Meine Begegnung mit Jean-Paul Sartre. Der Philosoph, Israel und die Araber, in: Le Monde diplomatique, 15. 9. 2000; http://monde-diplomatique.de/pm/2000/09/15/a0037.text.name,askBgR3xj.n,264 (8. 8. 2007).
30 Holz, Klaus/Müller, Elfriede/Traverso, Enzo: Schuld und Erinnerung. Die Schoa, der Nahostkonflikt und die Linke, in: *Jungle World*, Nr. 47, 2002; http://www.nadir.org/nadir/periodika/jungle_world/_2002/47/29a.htm (8. 8. 2007); zur Kritik an diesem Text vgl. Grigat, Stephan: Kritik des aufgeklärten Antizionismus. Über linke Ressentiments, Israel und den kategorischen Imperativ, in: Brosch u. a. (Hg.): Exklusive Solidarität, [wie Anm. 19], S. 392–398. Rensmann, Lars: Demokratie und Judenbild. Antisemitismus in der politischen Kultur der Bundesrepublik Deutschland, Wiesbaden 2004, S. 318ff.;
31 Schroeder, Ralf u. a.: Wir Philozionisten. Leserbrief, in: *Jungle World*, Nr. 50, 2002; Bündnis gegen Antisemitismus und Antizionismus: Jargon der Differenziertheit. Anmerkungen zu den Neuen Aufklärern Klaus Holz, Elfriede Müller und Enzo Traverso; http://www.bgaa.net/news/article.php?article_file=1040662931.txt&showtopic=Beitrag (6. 3. 2005); Wolter, Udo: Projektion und Wahn, in: *Jungle World*, Nr. 48, 2002; Redaktion Bahamas: Mut. Klartext. Jungle World, in: *Bahamas*, Nr. 40, 2002; Pünjer, Sören: Jargon der Verblödung. http://www.conne-island.de/nf/96/17.html (20. 8. 2007).

32 Hanloser, Gerhard: Bundesrepublikanischer Linksradikalismus und Israel – Antifaschismus und Revolutionismus als Tragödie und als Farce, in: Zuckermann, Moshe (Hg.): Antisemitismus – Antizionismus – Israelkritik. [Tel Aviver Jahrbuch für deutsche Geschichte, Bd. XXXIII], Göttingen 2005, S. 213.

33 Bunzl, John: Spiegelbilder – Wahrnehmung und Interesse im Israel/Palästina-Konflikt, in: Zuckermann: Antisemitismus – Antizionismus – Israelkritik, [wie Anm. 32], S. 281.

34 Holz, Klaus: Die Gegenwart des Antisemitismus. Islamistische, demokratische und antizionistische Judenfeindschaft, Hamburg 2005, S. 94.

35 Zuckermann, Moshe: Antisemitismus, Antizionismus, Israelkritik. Kritische Überlegungen zu geladenen Begriffen, in: Lamprecht, Gerald (Hg.): Antisemitismus, Antizionismus und Israelkritik, Graz 2007, S. 23; siehe auch seinen Beitrag im vorliegenden Band.

36 Ders.: Was heißt: Solidarität mit Israel?, in: Hanloser, Gerhard (Hg.): „Sie warn die Anti-deutschesten der deutschen Linken." Zu Geschichte, Kritik und Zukunft antideutscher Politik, Münster 2004, S. 220.

37 Ders.: Antisemitismus, Antizionismus, Israelkritik, [wie Anm. 35], S. 24.

38 Ebd.

39 Ders.: Israel – Deutschland – Israel. Reflexionen eines Heimatlosen, Wien [2]2007, S. 185.

40 Nachtmann: Krisenbewältigung ohne Ende, [wie Anm. 5], S. 43.

41 Ebd., S. 44.

42 Ebd., S. 45.

43 Vgl. aus antideutscher Perspektive Scheit, Gerhard: Suicide Attack. Zur Kritik der politischen Gewalt, Freiburg 2004, S. 293–339; vgl. auch Löwy, Michael: Erlösung und Utopie. Jüdischer Messianismus und libertäres Denken. Eine Wahlverwandtschaft, Berlin 2002.

44 Zuckermann: Was heißt: Solidarität mit Israel?, [wie Anm. 36], S. 219.

45 Ders.: Antisemitismus, Antizionismus, Israelkritik, [wie Anm. 35], S. 24.

46 Vgl. Grigat, Stephan: Das Dilemma der israelischen Linken. Fragmentarisches über die Schwierigkeit von Staatskritik im Staat der Shoahüberlebenden, in: Bruhn, Joachim/Dahlmann, Manfred/Nachtmann, Clemens (Hg.): Das Einfache des Staates. Gedenkbuch für Johannes Agnoli, Freiburg, erscheint 2009.

47 Vgl. Bruhn, Joachim: Die Einsamkeit Theodor Herzls. Über den Zusammenhang von Antisemitismus und Antizionismus, Vortrag, gehalten im Mai 2003 in Münster, MP3-Mitschnitt. http://oam.antifa.net/postnuke/html/modules.php?op=modload&name-Downloads&file=index&req=getit&lid=1 (15. 8. 2007).

48 Marx, Karl: Theorien über den Mehrwert. Dritter Teil, in: Marx-Engels-Werke [im Folgenden MEW], Bd. 26.3, Berlin 1993, S. 458.

49 Scheit, Gerhard: Bruchstücke einer politischen Ökonomie des Antisemitismus, in: *Streifzüge*, Nr. 1, 1997, S. 7.

50 Ebd.

51 Postone, Moishe: Nationalsozialismus und Antisemitismus, in: ders.: Die Linke und der Holocaust. Politische Interventionen, Freiburg 2005, S. 177–194.

52 Vgl. Nachtmann, Clemens: „Befreien Sie Ihr Land!" Redebeitrag auf der Demonstration „Flagge zeigen: Für Israel!" am 24. 4. 2004 in Hamburg; http://www.antideutsch.com/texte/hh-24042004-02.htm (20. 8. 2007).

53 Pankow, Horst: „Kindermörder". Noch einmal über Antisemitismus, Zionismus, Deutsche und Palästinenser, in: *Bahamas*, Nr. 33, 2000, S. 8.

54 Vgl. Bruhn, Joachim: Was deutsch ist. Zur kritischen Theorie der Nation, Freiburg 1994, S. 37ff.

55 Borochov, Ber: Die Grundlagen des Poalezionismus, Frankfurt a. M. 1969, S. 61.
56 Initiative Sozialistisches Forum: Go straight to Hell, in: *Phase 2*, Nr. 12, 2004, S. 62.
57 Vgl. Marx, Karl: Zur Judenfrage, in: MEW, Bd. 1, Berlin 1988, S. 347–377.
58 Agnoli, Johannes/Mandel, Ernest: Offener Marxismus. Ein Gespräch über Dogmen, Orthodoxie und die Häresie der Realität, Frankfurt a. M. 1980, S. 20.
59 Vgl. ausführlich dazu Grigat, Stephan: Befreite Gesellschaft und Israel. Zum Verhältnis von Kritischer Theorie und Zionismus, in: ders. (Hg.): Feindaufklärung und Reeducation. Kritische Theorie gegen Postnazismus und Islamismus, Freiburg 2006, S. 115–129.
60 Zuckermann, Moshe: Kritische Theorie in Israel. Analyse einer Nichtrezeption, in: ders. (Hg.): Theodor W. Adorno. Philosoph des beschädigten Lebens, Göttingen 2004, S. 13ff.
61 Vgl. Adorno, Theodor W.: Negative Dialektik. Gesammelte Schriften, Bd. 6, Frankfurt a. M. 1997, S. 358.
62 Initiative Sozialistisches Forum: Furchtbare Antisemiten, ehrbare Antizionisten. Über Israel und die linksdeutsche Ideologie, Freiburg ^{2}2002, S. 14f.
63 Vgl. Redaktion Bahamas: Für Israel – gegen die palästinensische Konterrevolution, in: *Bahamas*, Nr. 34, 2001, S. 28; Initiative Sozialistisches Forum: Flugschriften. Gegen Deutschland und andere Scheußlichkeiten, Freiburg 2001, S. 4; Scheit: Suicide Attack, [wie Anm. 43], S. 41f.
64 Zuckermann: Israel – Deutschland – Israel, [wie Anm. 39], S. 184.
65 Zum Begriff des Ummasozialismus vgl. Grigat, Stephan: Fetisch und Freiheit. Über die Rezeption der Marxschen Fetischkritik, die Emanzipation von Staat und Kapital und die Kritik des Antisemitismus, Freiburg 2007, S. 345f.
66 Vgl. Kunstreich, Tjark/Pankow, Horst: Vernichtung als Selbstzweck. Über einige Gemeinsamkeiten von nationalsozialistischem und islamistischem Judenhaß, in: Bahamas, Nr. 37, 2002, S. 21–24.
67 Bruhn, Joachim: Kritik, Polemik, Dampframme. Kurze Replik auf Justus Wertmüller, in: T-34, Oktober 2003; http://isf-freiburg.org/isf/beitraege/pdf/bruhn-dampframme.pdf (20. 8. 2007).
68 Scheit: Suicide Attack, [wie Anm. 43], S. 286.
69 Ag Antifa Halle: Am Ende: Konformismus, in: *bonjour tristesse*. Texte für Halle und Umgebung, Nr. 2, 2007, S. 7.
70 Ebd., S. 9.
71 Vgl. Scheit, Gerhard: Mitmachen oder Dagegensein? Zum Verhältnis von Kritik und Identifikation, in: Grigat, Stephan (Hg.): Feindaufklärung, [wie Anm. 59], S. 219.
72 Marcuse, Herbert: Nachgelassene Schriften, Bd. 4: Die Studentenbewegung und ihre Folgen, Springe 2004.
73 Siehe beispielsweise die Auseinandersetzung zwischen Joachim Bruhn und Justus Wertmüller in der Zeitschrift T-34, Nr. 7/8/9 und 10, 2003.
74 Bruhn, Joachim: „Jede Kritik am Staat Israel ist antisemitisch.", Interview in: T-34, Nr. 7/8, 2003; http://www.ca-ira.net/isf/beitraege/pdf/bruhn-kritik.israel.pdf (21. 8. 2007).
75 Hartmann, Simone Dinah: Zionismus und Kommunismus. Vortrag auf der Konferenz „Es geht um Israel" am 11. Mai 2002 in Berlin, MP3-Mitschnitt.
76 Müller: Die deutsche Linke auf Identitätssuche, [wie Anm. 21], S. 406.
77 Geisel, Eike: Die Banalität der Guten. Deutsche Seelenwanderungen, Berlin 1992, S. 18.

Ulrike Zander

Christlicher Philosemitismus in Deutschland nach der Schoa

1991 beschloss die Evangelische Kirche in Hessen und Nassau ein Kirchengesetz zur Änderung der Kirchenordnung, in dem es hieß: „Aus Blindheit und Schuld zur Umkehr gerufen bezeugt sie neu die bleibende Erwählung der Juden und Gottes Bund mit ihnen. Das Bekenntnis zu Jesus Christus schließt dieses Zeugnis ein."[1]

Welche Radikalität dieses Kirchengesetz innerhalb der christlichen Theologie und dem christlichen Selbstverständnis beinhaltete, wird deutlich, wenn man sich vergegenwärtigt, welche Auffassungen noch 1948 vertreten wurden. Da hieß es:

> „Die Erwählung Israels ist durch und seit Christus auf die Kirche aus allen Völkern, aus Juden und Heiden, übergegangen. [...] Zugleich wartet die Gemeinde aber darauf, daß die irrenden Kinder Israels den ihnen von Gott vorbehaltenen Platz wieder einnehmen."[2]

Diese Worte fand der Bruderrat der Evangelischen Kirche in Deutschland in seinem „Wort zur Judenfrage" vom 8. April 1948, indem er die traditionelle Theologie der Verwerfung Israels, das „den Messias gekreuzigt hatte", entfaltete.

Zwischen diesen beiden Aussagen musste innerhalb des deutschen Protestantismus etwas Entscheidendes vorgefallen sein, das von einem offenkundigen Antijudaismus hin zu einem christlichen Philosemitismus führte. Die zitierte Ergänzung des Grundartikels, des wichtigsten Absatzes in der Kirchenordnung, auf den Pfarrer, Synodale und kirchliche Mitarbeiter verpflichtet werden, hatte eine lang anhaltende Debatte innerhalb der evangelischen Kirche unter Theologen und in den Medien ausgelöst. Die *Frankfurter Allgemeine Zeitung* berichtete am 5. Dezember 1991, dass Synodale in der vorausgegangenen Debatte vor „Philosemitismus" gewarnt und damit eine Haltung angesprochen hätten, „die sich unter Preisgabe der eignen Identität geradezu den jüdischen Gläubigen anbiedert".[3]

Von diesem Umkehrprozess innerhalb des christlich-jüdischen Dialogs in Deutschland nach der Schoa soll im Folgenden die Rede sein. Diese christliche Kehrtwendung entwickelte eine Eigendynamik und Intensität, dass sich der christlich-jüdische Dialog nach dem Zweiten Weltkrieg in seiner Gesamtheit als philosemitisch – mit all seinen unterschiedlichen Ausdrucksformen – bezeichnen lässt. Im Laufe von zwei Jahrtausenden waren sich Christen und Juden in den unterschiedlichsten Formen begegnet: ob als Glaubensgespräch, als wissenschaftlicher Diskurs oder Missionsversuch. Dabei war der Christ meist der vermeintlich mächtigere Gesprächspartner, der seine Macht überwiegend in Gesprächsverweigerung auslebte.[4] Doch seit dem Ende des Zweiten Weltkrieges, nach der Ermordung von sechs Millionen Juden, begann in den 1960er-Jahren ein neues Gespräch zwischen Christen und Juden. Ein Perspektivenwechsel hatte stattgefunden, der von einer theologischen Selbstprofilierung auf Kosten des Volkes Israels zu einer Anerkennung der bleibenden „geistigen Verbundenheit" mit dem Judentum führte. Nun wurde keine triumphalistische Sprache, keine Superioritäts- und Substitutionstheologie mehr vertreten, sondern die besondere Beziehung zum Judentum vor allen anderen Religionen anerkannt. Niemals zuvor in der Geschichte konnte man in Deutschland ein in seiner Ausdehnung, Kontinuität und Bedeutung projüdischeres Denken, Handeln und Sprechen festmachen als nach dem Zweiten Weltkrieg innerhalb des jüdisch-christlichen Dialogs, der unter gleichberechtigten Ausgangspositionen vollkommen neue Ziele verfolgte als seine geschichtlichen Vorgänger. Die theologische Herangehensweise innerhalb der katholischen Kirche wich so evident von der protestantischen ab, dass es in der Nachkriegszeit zu einem katholisch-jüdischen und einem protestantisch-jüdischen Gespräch kam. Oftmals waren die jüdischen Gesprächsteilnehmer Bindeglieder[5] zwischen diesen Zweigen, die sich unterschiedlich entwickelten, sich dabei immer im Auge behielten und letztlich doch bei aller Verschiedenheit voneinander lernten. Während das Verhältnis der katholischen Kirche zum Judentum im kollektiven Bewusstsein durch das Schweigen von Papst Pius XII. zum millionenfachen Mord an den Juden während der NS-Dikatur negativ besetzt war,[6] hatte auch die evangelische Kirche durch ihre enge staatskirchliche Verflechtung, durch das Wirken der Deutschen Christen sowie das öffentliche Schweigen der Bekennenden Kirche zu den Verbrechen der Nationalsozialisten ihr katastrophales Versagen vor Augen.

Die Schoa wurde als Zäsur in dem Sinne beurteilt, dass ein Christsein davor und danach nicht mehr dasselbe sein konnte. Die Erfahrung der Schoa erforderte einen „anderen Glauben", so die überzeugten Theologen.[7] Innerhalb einer „Theologie nach Auschwitz",[8] angeregt durch Impulse aus der niederländischen Kirche, erkannte man in der Schoa eine radikale Wende, anhand derer neue Maßstäbe für alle Lebensbereiche, vor allem auch für die christliche Theologie zu gelten hatten.[9] Das Verwiesensein auf das Alte Testament und auf die jüdische Auslegung desselben war gerade für die sich traditionell auf das Neue Testament stützende evangelische Kirche eine existentiell neue Erfahrung. Die „Theologie nach Auschwitz" hatte zur Konsequenz, dass die eigene christliche Theologie an Auschwitz „gemessen" wurde. Die Forderung nach einem Umbau christlicher Theologie traf ihren Kern, die Christologie und die Trinitätslehre, aber ebenso die Bibelauslegung und das Kirchenverständnis.[10] Antijudaismen in Predigt, Liturgie und Gesang mussten beseitigt werden, während die Verbindung von Judentum und Christentum herausgearbeitet und betont wurde. Eine christlich-jüdische Verhältnisbestimmung sowohl in der evangelischen wie auch in der katholischen Kirche nahm ihren Lauf, die mit der Gründung der Arbeitsgemeinschaft Juden und Christen beim Deutschen Evangelischen Kirchentag 1961, mit der Erklärung „Nostra aetate" des Zweiten Vatikanischen Konzils 1965 sowie mit dem Synodalbeschluss der Evangelischen Kirche im Rheinland 1980 ihre Meilensteine setzte. Die neuen Sichtweisen bestanden in der Erkenntnis der Angewiesenheit des Christentums auf das Judentum als seiner Wurzel, der Absage an die These der Juden als Gottesmörder sowie der Anerkennung des ungekündigten Bundes zwischen Gott und Israel am Sinai. Damit wurden Positionen erreicht, hinter die niemand mehr zurückgehen konnte. „Dabei geht es, wenn wir als Christen unser Verhältnis zum Judentum bedenken, nicht um ein Randthema, sondern um die Mitte unseres Christseins,"[11] so der Präses der Evangelischen Kirche von Westfalen, Manfred Sorg. Diese Aussage stellte in ihrer Absolutheit eine neue Qualität des christlich-jüdischen Verhältnisses dar,[12] das seit 1980 durch den Rheinischen Synodalbeschluss seine konstitutive Stellung im christlichen Selbstverständnis zugewiesen bekommen hatte. Dieser Vorgabe wollten nicht alle Protestanten folgen, so dass eine innerkirchliche Debatte über das neu bestimmte Verhältnis zum Judentum entbrannte. Auch von jüdischer Seite wurde angesichts einer von diesen Positionen ausgehenden Suche nach jüdisch-christlichen Gemeinsamkeiten gemahnt: Haben wir tatsächlich die gleichen Schriften? Den gleichen Gott? Sprechen wir von den gleichen Begriffsinhalten, wenn wir die gleichen Begriffsformen benutzen? Besteht nicht der gesamte jüdisch-christliche Dialog aus einer einzigen Asymmetrie, die sich in Wort, Tat, Anzahl der jeweiligen Gesprächspartner, geschichtlicher Ausgangsposition und theologischer Herangehensweise manifestiert? Einige jüdische Stimmen wurden noch deutlicher: Das Christentum sei konstitutiv judenfeindlich, es könne gar nicht anders. Würde man antijudaistische Redewendungen aus dem Neuen Testament herausnehmen, so gebe es sich selbst auf. Von daher seien sowohl Antisemitismus wie auch Philosemitismus Komplementärgrößen des Christentums. Das Christentum habe sich selbst durch den Versuch, den „Augapfel Gottes" auszulöschen, aufgelöst. Nun im Gegenteil zu versuchen, durch den christlich-jüdischen Dialog die eigene Auflösung zu verhindern, sei kein Ausweg.

Angesichts der problematischen Begriffsgeschichte und der zumeist pejorativen Begriffsrezeption muss bei der Verwendung des Begriffs Philosemitismus differenziert vorgegangen werden, da gerade im christlichen Bereich viele Erscheinungsformen existieren, die sich zum Teil widersprechen. Sie sind trotz ihrer Unterschiedlichkeit auf ein zusammenhängendes Phänomen zurückzuführen: Gemeinsam ist den heterogenen christlich-philosemitischen Personengruppen eine anti-antisemitische Einstellung, eine besondere Exponierung des Judentums und der Juden sowie die Überzeugung, sich im wohlwollenden Sinne dafür einzusetzen, was sie selbst als Anliegen der Juden betrachten.[13] Somit setzt neuzeitlicher Philosemitismus als Reaktion auf den Antisemitismus diesen voraus. Philosemitische Grundhaltungen hängen von den Individuen ab, die sie verkörpern, von ihrer Biographie, ihren verwandtschaftlichen und freundschaftlichen Verhältnissen sowie ihrem Wissensstand, woraus sich die Vielfalt der Auffassungen und Aktivitäten im Philosemitismus ableiten lässt. Im Extremfall können diese Verhaltensweisen als Gegensatz in Erscheinung treten: Einmal kann eine philosemitische Einstellung im christlichen Bereich wiederum zu bewusstem Antisemitismus oder Antijudaismus führen, andererseits aber auch zur Konversion zum Judentum. In beiden Fällen wird der Boden des Philosemitismus in dieser extremen Form verlassen. Dennoch lässt sich das Phänomen Philosemitismus auf spezifische Muster reduzieren, die sich vor allem im christlichen Bereich nach 1945 eruieren lassen.

Neuzeitlicher Philosemitismus ist in seiner Struktur komplementär zum Antisemitismus angelegt: Während Antisemitismus alles Jüdische als feindlich betrachtet und ablehnt, bringt Philosemitismus Juden eine besondere Wertschätzung aus historischen, persönlichen, politischen oder kulturellen Gründen heraus entgegen. Diese ist dem Wortsinn ‚philo' nach zunächst grundsätzlich projüdisch. Für eine Analyse des christlichen Philosemitismus ist diese Feststellung wichtig, da hier Formen existieren, die einen meliorativen Charakter aufweisen. Zu diesen zählt die Kategorie des dialogisch-intellektuellen Philosemitismus, der eine sorgfältige Rekonstruktion des geschichtlich-kirchlichen Antijudaismus und Antisemitismus und der daraus folgenden Konsequenzen für die christliche Theologie in enger Zusammenarbeit und im Dialog mit Juden vornimmt. Der kulturelle Philosemitismus bezieht sich vor allem auf die persönlichen Beziehungen des Einzelnen zum Judentum und zu Israel. Hier wird verstärktes Interesse in Form von Literatur, Geschichte, Sprache und Religion gezeigt, das durch jüdisch-christlichen oder israelisch-deutschen Jugendaustausch, Studienlehrgänge für Akademiker in Israel oder Israelreisen seinen Ausdruck findet. Ziel ist eine Erkenntnis- und Wissenserweiterung über jüdische Kultur, Geschichte und Religion, die zu einer friedlichen Koexistenz von Juden und Christen auf der Grundlage eines verantwortungsvollen Geschichtsbewusstseins führen soll. Die Kategorie des politischen Philosemitismus äußert sich in Aktivitäten, die zum Ziel haben, Israel seine Existenzberechtigung zuzusichern. Ausdruck für diese Haltung sind politisch motivierte Forderungen und Verlautbarungen einer Solidarisierung mit Israel.

Relevant für den christlichen Bereich sind weiterhin die Kategorien eines missionarischen, chiliastischen sowie fundamentalistischen Philosemitismus. Chiliastische Gruppierungen am Rande der kirchlichen Gemeinschaft lassen sich auf den württembergischen Pietismus zurückführen und nehmen eine exklusive heilsgeschichtliche Deutung der politischen Ereignisse vor, die sich mit Prophezeiungen aus der Bibel ihrer Meinung nach decken. In buchstäblicher Bibeltreue hatte man somit 1948 die Gründung des Staates Israel in Hinblick auf die in der Offenbarung prophezeite Rückführung der Juden nach Israel begrüßt und seitdem in ste-tiger Endzeiterwartung Israel und das Judentum in die Mitte des eigenen Denkens und Handelns gestellt.

Zu diesen Gruppierungen zählte auch die Israelhilfe e. V. und ihre Aktivitäten um Pastor Ludwig Schneider. Neben der Verbreitung des Alten und des Neuen Testaments in Israel widmete sich die Israelhilfe den israelischen Kriegsverwundeten, betreute ehemalige KZ-Häftlinge, leistete Hilfe bei Aufbauarbeiten in der Wüste und entsandte junge Christen in Kibbuzim. Ihre Verbindung zu der Jesuspeople-Bewegung und der Pfingstgemeinde deutete auf ihr Fundament im pietistischen Philosemitismus und dem damit verbundenen heilsgeschichtlichen Denken mit dem Ziel der Judenmission hin. Ludwig Schneider lebt mit seiner Familie in Israel und fühlt sich als „messianischer Jude". Das bedeutet für ihn, dass er sich der jüdischen Wurzeln der christlichen Religion bewusst geworden ist und vor diesem Hintergrund den Beschluss gefasst hat, sich Jude zu nennen. Anhänger der messianischen Bewegung, also jesusgläubiger Juden, halten den Sabbat und fasten am Jom-Kippur-Tag.[14] Auf den Berliner Israeltagen 2002 verbreitete Schneider seine Vorstellungen vom Nahostkonflikt, indem er innerhalb eines christlich-fundamentalistischen Bezugrahmens zum „Heiligen Krieg“ im Nahen Osten aufrief.[15] In Schneider vereint sich eine chiliastische Israel-Liebe und Solidarität mit traditionellem antijudaistischen Gedankengut von der Gottesmord-Theorie bis hin zur Judenmission. Begründet wird diese christlich-jüdische Identitätsform innerhalb der „messianischen Bewegung“ mit unzähligen, willkürlich ausgewählten Bibelzitaten. Diese besondere Form einer extremen Identifizierung mit dem Judentum, mit Israel und seiner Geschichte sowie Politik auf der einen Seite, und einer klaren Herausstellung des Defizitären im Judentum gegenüber dem Christentum auf der anderen Seite, wird von Juden zu Recht als „Bedrohung“ empfunden.[16]

Eine weitere Steigerung des chiliastischen stellt der fundamentalistische Philosemitismus dar, der vor allem in Amerika Verbreitung findet. Als „christliche Zionisten“ unterstützen diese Christen die „Heimstätte Israels“ mit Geldmitteln und politischen Agitationen, um ebenfalls in Hinblick auf die Endzeit eine gute Ausgangsposition für die Bekehrung der Juden in ihrem Land zu gewährleisten. Dieser verengte Blick auf die geschichtlichen und eschatologischen Zusammenhänge misst zwar Israel und den Juden eine herausragende Bedeutung zu und unterstützt die israelische Politik nicht unwesentlich, stellt aber eine unreflektierte und zynische Variante des „Herzlschen Zionismus“ dar.

Gerade bei den chiliastischen und missionarischen Philosemiten wird häufig von der „Liebe zu Israel“ gesprochen, die einerseits die enge Verbundenheit mit dem Judentum zum Ausdruck bringen soll, andererseits aber auch von jeher für viele Missverständnisse zwischen Juden und Christen sorgte. Diese „Liebe“ zum „Nächsten“ bezieht sich auf das Liebesgebot, welches Jesus gegenüber den Schriftgelehrten ausführte: „Du sollst deinen Nächsten lieben wie dich selbst.“[17] Diese Worte Jesu, mit denen er sich auf Stellen in der Tora – Gen 6,4-5 und Lev 19,18 – bezog und somit die christliche Ethik innerhalb der jüdischen verankerte, wurden innerhalb der Kirchengeschichte traditionell von christlicher Seite aus gegen das Judentum verwendet, indem auf die „christliche Liebe“ im Gegensatz zum „gesetzestreuen Judentum“ verwiesen wurde. Das Liebesgebot wird insbesondere von missionarischen und chiliastischen Philosemiten argumentativ als Grundlage ihres Handelns in dem Sinne vorgebracht, als dass gerade die christliche „Liebe zu den Juden“ sie dazu verpflichte, Judenmission zu betreiben und den Juden das Evangelium nicht vorzuenthalten.

Vor allem in der Nachkriegszeit existierte auch im christlichen Bereich die Form des populären Philosemitismus, der seine vermeintlich projüdische Einstellung durch seinen implizierten Antisemitismus in stereotypenhaften Aussagen über Juden offenbarte. Kurz nach der Schoa versprach man sich von dieser judenfreundlichen Haltung ohne Sinneswandel eine positive Reputation innerhalb Europas. Eindeutiges Merkmal dieser philosemitischen Form ist die Funktionalisierung von Juden. Oftmals wird aus einem schlechten Gewissen gegenüber der deutschen Geschichte heraus eine betont projüdische Haltung eingenommen. Die Gespräche finden meist über Juden ohne deren Beteiligung statt.

Alle Kategorien sind in sich noch einmal in einen reflektierten und einen unreflektierten Philosemitismus zu unterteilen. Eine unreflektierte Haltung ist in allen philosemitischen Formen möglich und äußert sich vor allem in gravierender Unkenntnis über jüdische Geschichte, Traditionen und Rituale, in schwärmerischer, rein affektiver Argumentation sowie in einer Überhöhung alles Jüdischen durch Stilisierung und Idealisierung. Obwohl auch hier von christlicher Seite aus oftmals viel guter Wille die Grundlage bildet, findet in dieser Form häufig eine Projektion der eigenen Wünsche auf eine andere Religion statt, wobei es auch zur Übernahme von jüdischen Ritualen, die christlich abgewandelt werden, kommen kann.

Eine rein pejorative, allein dem Antisemitismus Vorschub leistende Interpretation des christlichen Philosemitismus würde jedoch seine Komplexität verfehlen. Einige Formen, die ehrlich und erfolgreich zur christlich-jüdischen Verhältnisbestimmung beigetragen haben, würden auf diese Weise nicht beachtet.[18]

Zusätzlich muss berücksichtigt werden, dass innerhalb der protestantischen Kirchengeschichte kontinuierlich viele Denkmuster gegenüber Juden nebeneinander existierten. Einer vereinfachenden, aber oftmals zu findenden Annahme, dass vor 1945 die evangelische Kirche durchgängig antisemitisch und antijudaistisch, nach 1945 rein philosemitisch agierte, ist entgegenzutreten. Das auffälligste, folgenschwerste und häufigste Denkmuster innerhalb der Kirchengeschichte war ein antijudaistisches, das die eigene Identität durch feindliche Abgrenzung zu den Juden auszubauen hoffte und zum Teil in Antisemitismus mündete. Zu Beginn des 20. Jahrhunderts lebten viele Protestanten unumstößlich ihre königstreue, antisemitische und antisozialistische Haltung vor dem Ersten Weltkrieg aus.[19] In den Aussagen[20] einer Vielzahl von einflussreichen Kirchenmännern und Universitätstheologen offenbarte sich eine Verschmelzung religiöser und völkisch-rassistischer Argumentationsmuster, die häufig Bezug auf die geistige Urheberschaft und Autorität Luthers nahmen.[21] So wurde der Gottesmordvorwurf und die Substitutions- und Enterbungstheorie als religiös geprägte Topoi mit säkularen Argumentationsweisen verbunden.[22] Luthers Theologie galt in diesem Zusammenhang als Folie, vor der man seine eigenen Aussagen legitimieren konnte. Birgit Gregor verweist zu Recht darauf, dass es sich bei der über Jahrhunderte andauernden Bezugnahme auf Luthers judenfeindliche Äußerungen weniger um eine Wirkungsgeschichte als vielmehr um eine vordergründige Rezeption handelte, bei der für die eigene antisemitische Meinung ein prominenter Vorläufer gesucht wurde, mit dem die eigenen Theoreme in einem künstlich hergestellten Traditionszusammenhang autorisiert wurden.[23] Es gehört gerade zu den Denkmustern eines unreflektierten christlichen Philosemitismus, es geradezu ideologisch zu vertreten, dass seit den antijudaistischen Thesen Martin Luthers aus dem 16. Jahrhundert eine „abschüssige Linie" über den Hofprediger Adolf Stoecker und seine antisemitischen Agitationen im 19. Jahrhundert bis hin zu Adolf Hitler gezogen wird. Dieser Determinismus ist ein philosemitischer Irrtum und wird durch die vielen gegenläufigen Bewegungen konterkariert. Günter Brakelmann weist seit Jahren auf diese Zusammenhänge in seinen Forschungen und Publikationen über den Kreisauer Kreis,[24] den Dessauer Kreis oder Hans Ehrenberg[25] hin.

Betrachtet man nun die Kirchengeschichte nach dem Zweiten Weltkrieg unter dem Aspekt des Philosemitismus, so muss berücksichtigt werden, dass die theologischen Positionsbestimmungen und religiösen Denksysteme nur wirklich verständlich werden, wenn man ihr Gegenüber miteinbezieht, zu dem sie als Gegenentwurf gedacht sind.[26] Diese Abgrenzung nahm sowohl die evangelische als auch die katholische Kirche in Deutschland zum christlichen Antisemitismus und Antijudaismus vor. Bereits 1968 fasste der ehemalige badische Landesrabbiner Nathan Peter Levinson die Zusammenhänge von Antisemitismus und Philosemitismus wie folgt zusammen: „Das jüdisch-christliche Gespräch heute ist das Resultat von Auschwitz."[27]

Dabei ist in Hinblick auf die katholisch-jüdische Verhältnisbestimmung ein Unterschied nicht nur in den Zeitrhythmen der einzelnen Verlautbarungen und Aktionen festzustellen, sondern vor allem auch in den Motiven und Themen. Wenige Wochen nach Beendigung des Zweiten Weltkrieges hatten die deutschen Bischöfe einen gemeinsamen Hirtenbrief in Fulda herausgegeben, der zu einem Neuanfang mahnte. Auch die katholische Kirche agierte innerhalb eines geschichtlichen Kontextes, der aus dem Offenbarwerden des Ausmaßes der Schoa resultierte. Somit erörterten die katholischen Verlautbarungen vor allem in Deutschland ethisch-moralische Fragen nach dem Verhalten der Katholiken gegenüber Juden und nach einer notwendigen Umkehr. Papst Johannes XXIII. beauftragte im Juni 1960 Kardinal Bea, den Leiter des kurz zuvor gegründeten Sekretariats für die Förderung der Einheit der Christen, eine Erklärung über die inneren Beziehungen zwischen der Kirche und dem Volk Israel vorzubereiten.[28] Ergebnis war nach fünfjährigem Ringen die Konzilserklärung „Nostra aetate" von 1965, die einen Wendepunkt in der Haltung der katholischen Kirche zum Judentum darstellte, da sie die Kirche in ihrer eigenen Existenz nicht mehr polemisch gegen Israel abgrenzte und heilstriumphalistisch über Israel erhob, sondern die „geistliche Verbindung" mit dem Judentum herausstellte. Somit bestand der katholische Perspektivenwechsel darin, dass sich die katholische Kirche von der Superioritäts- und Substitutionstheologie abkehrte und keine theologische Selbstprofilierung mehr auf Kosten des Volkes Israels vornahm.[29] Mit dieser Konzilserklärung wurde jedoch kein „Höhepunkt" im christlich-jüdischen Gespräch erreicht, wie es die Rheinische Synodalerklärung von 1980 tat, sondern eine Bewegung angestoßen, die auf katholischer Seite zu zentralen Fragen ihres Glaubens führte. So sah es auch die französische Bischofskonferenz, die 1973 eine Konkretisierung der Konzilserklärung versuchte.

> „Der Jude verdient unsere Aufmerksamkeit und unsere Achtung, oft unsere Bewunderung, manchmal gewiß auch unsere freundschaftliche und brüderliche Kritik, immer aber unsere Liebe. Dieses Element hat ihm vielleicht am meisten gefehlt, und darin ist auch das christliche Gewissen am meisten schuldig geworden",[30]

erklärten die französischen Bischöfe, womit sie explizit eine philosemitische Haltung im intellektuell-dialogischen Sinne einnahmen. „Das jüdische und das christliche Volk befinden sich so in einem Zustand gegenseitigen Sich-in-Frage-Stellens [...],"[31] heißt es weiter, indem von verschiedenen Wegen gesprochen wird, die Christen und Juden gingen, die sich stets kreuzten und in gegenseitiger Anerkennung bestritten werden sollten. Die deutschen Bischöfe hingegen wagten es 1980 in ihrer Erklärung nicht, das theologische Problem der heutigen Weiterexistenz des jüdischen Volkes in Israel zu thematisieren. Auch die vatikanischen Richtlinien von 1985 betonten, dass man nicht von zwei parallelen Heilswegen sprechen könne, den heutigen Staat Israel nicht theologisch deuten dürfe[32] und verdeutlichten auf diese Weise, wie progressiv die französischen Bischöfe gewesen waren.

Der Gesprächskreis „Juden und Christen" beim Zentralkomitee der deutschen Katholiken stellte auch auf katholischer Seite erstmals eine dialogische Form der Auseinandersetzung dar, indem sechs Juden und 17 Katholiken miteinander über ihr Selbstverständnis sprachen. 1979 gab der

Gesprächskreis das „Arbeitspapier ,Theologische Schwerpunkte des jüdisch-christlichen Gesprächs' vom 8. Mai 1979"[33] heraus, das neben der katholischen Ablehnung der Judenmission die Weggemeinschaft von Juden und Christen durch denselben Gott betonte. „Nicht nur Berührung an den Rändern, sondern Berührung von Mitte zu Mitte"[34] wurde hier proklamiert und neben den gemeinsamen Wurzeln die gegenwärtige, eigene Substanz des Judentums und Christentums herausgestellt. Hier konnte man von dem Beginn einer dialogisch-intellektuellen philosemitischen Linie im Katholizismus sprechen, die unter dem Pontifikat von Johannes Paul II. weitergeführt wurde. Dabei äußerte gerade der Gesprächskreis „Juden und Christen" auch eigenständiges Denken durch Kritik an der römischen Vorgehensweise, beispielsweise an der Seligsprechung von Papst Pius IX. Der Gesprächskreis fragte im Juli 2000 in einer Stellungnahme, welches Signal durch diese Seligsprechung gegeben werden solle. Für den Gesprächskreis handele es sich dabei um eine Desavouierung all jener Erklärungen, die Papst Johannes Paul II. und mehrere römische Institutionen in Fortführung der Konzilserklärung „Nostra aetate" zum Verhältnis der katholischen Kirche zum Judentum gegeben hätten.

> „Denn darüber ist kein Zweifel möglich: Pius IX. war Antisemit – nicht im Sinne jenes primitiven Rassenantisemitismus der Nationalsozialisten, sondern als Ankläger einer vermeintlichen ,Verjudung der Gesellschaft' in religiösen, kulturellen und wirtschaftlichen Belangen, der es mit allen Mitteln autoritärer Obrigkeit zu begegnen galt",[35]

so der Gesprächskreis, der mit dieser Aussage bewies, dass er an einer Aufarbeitung der eigenen Geschichte interessiert war und daraus Konsequenzen für die Gegenwart zog.

Insgesamt zeigten sich innerhalb der katholischen Verlautbarungen Akzentunterschiede zu den evangelischen Erklärungen der 1970er- und auch 1980er-Jahre. Während die evangelische Kirche an der Metapher der „Wurzel" stark interessiert war, betonte die katholische Kirche immer wieder die Metapher des „Erbes" im jüdisch-christlichen Dialog. Die auf katholischer Seite stark vertretene Ekklesiologie verhinderte zudem ein Infragestellen der eigenen Identität, was hingegen in der evangelischen Kirche immer wieder zu Irritationen führte und Kritik in den eigenen Reihen hervorrief. Eine klarere Grenzziehung der katholischen Kirche in ihrem Verhältnis zum Judentum resultierte aus einem eindeutigeren Selbstverständnis auf diesem Gebiet. Das machte es auch den jüdischen Gesprächspartnern oftmals leichter, mit katholischen Theologen zu diskutieren. Das evangelische Ringen um die eigene Identität führte in viel stärkerer Weise zu den unterschiedlichsten philosemitischen Ausprägungen, zu Vereinnahmungen, aber auch zu hilfreichen Auseinandersetzungen.

In der unmittelbaren Nachkriegszeit traten in der evangelischen Kirche die besonders für das christliche Leben und Denken entscheidenden Kategorien von Schuld, Schuldbekenntnis und Vergebung in den Vordergrund. Die quälende Ungewissheit, ob die antisemitische Vergangenheit des Christentums nicht das stärkste Zeugnis gegen die christliche Wahrheit bedeutete, führte zu emotionalen, apologetischen und apodiktischen Diskursen, die zunächst einer ausgewogenen geschichtlichen und theologischen Aufarbeitung entgegenstanden.[36] Was einerseits in Tabuisierung der nationalsozialistischen Verbrechen und dem Anteil der Kirche daran, andererseits in Schuldbekenntnissen zum Ausdruck kam, war die Einsicht, dass der Antisemitismus nicht nur eine Sünde mit verbrecherischen, tödlichen Folgen darstellte, sondern auch dem Christentum zutiefst widersprach. Die Verbrechen gegenüber den Juden, kulminierend in der Schoa, hatten die christliche Wahrnehmung des Judentums radikal verändert. Der kirchenhistorische Blick zurück auf das neu gestaltete Verhältnis der evangelischen Kirche zum Judentum nach 1945 stellte ein wichtiges Element der kirchlichen Erinnerungskultur dar.[37]

Die Abgrenzung zur Vorgeschichte konnte nicht auf rein rationaler und vernunftgesteuerter Ebene erfolgen. Affektive, suchende, unsichere Verhaltensweisen konfrontierten die jüdischen Gesprächsteilnehmer. Insgesamt führte dieser Umkehrprozess jedoch zu einer intellektuell-philosemitischen Herangehensweise in den kirchlichen Gremien, die nicht nur – wie der kulturelle Philosemitismus – die Geschichte zur Grundlage nahm, sondern die in ihren Ansprüchen und Forderungen weiterreichte. Christliches Dasein nach der Schoa war für dialogisch-intellektuelle Philosemiten nicht mehr denkbar ohne den Bezug zum Judentum, so dass diese existentielle Verbundenheit in vielen evangelischen Landeskirchen Bekenntnischarakter erhielt und in die kirchlichen Grundordnungen aufgenommen wurde.[38]

In seiner Konsequenz und Vehemenz verdeutlichte dieser Erkenntnisprozess, dass es den im christlich-jüdischen Dialog Engagierten um mehr ging als um eine kurzlebige Reaktion auf die Schoa. Allein die Motivation eines „schlechten Gewissens“ hätte für diese weitreichenden Schritte und ihre Nachhaltigkeit nicht ausgereicht. Dazu gehörte auch das Bestreben, den missionarischen Philosemitismus, der sich durch die Kirchengeschichte bis in die Gegenwart hinein gezogen hatte, zu unterbinden, da er einer dialogischen Gesprächsform widersprach.

Doch gerade der missionarische Philosemitismus wurde in der Evangelischen Kirche von Westfalen in der Nachkriegszeit gepflegt. Die Veranstaltungen des „Deutschen Evangelischen Ausschusses für Dienst an Israel" und des Institutum Judaicum Delitzschianum stellten ein wissenschaftliches Interesse am Judentum neben ein missionarisches, das man lange Zeit nicht aufgeben wollte. In dieser Phase der christlich-jüdischen Annäherung zeigte sich zwar ein kulturelles, anti-antisemitisches Interesse an der Erforschung des Judentums, doch dieser verband sich hier mit Missionsbestrebungen, die in den wenigen am christlich-jüdischen Gespräch teilnehmenden Juden immer wieder Misstrauen weckte. Doch auch in Westfalen vollzog sich eine Wende vom missionarischen zu einem dialogisch-intellektuellen Philosemitismus. Letzterer wurde im landeskirchlichen Ausschuss „Christen und Juden" schon seit seiner Gründung 1992 und dessen Vorlauf seit 1988 gepflegt. Gegenüber der rheinischen Kirche verspätet und auf deren bereits erarbeiteten Erkenntnissen aufbauend, dafür aber umso klarer und progressiver, ging man im westfälischen Ausschuss daran, sukzessive die theologische Exegese zu überprüfen und die im jüdisch-christlichen Dialog neu gewonnenen Erkenntnisse in Gottesdienst, Predigt und Kirchenordnung zu verankern. Vor diesem Hintergrund erfolgte im Jahr 2000 in dem westfälischen Synodalbeschluss „Gott hat sein Volk nicht verstoßen" eine klare Absage an jegliche Judenmission und damit ein eindeutiges Versprechen gegenüber dem jüdischen Gesprächspartner, ihn als gleichwertig und gleichberechtigt anzusehen. Den vorläufigen Höhepunkt erreichte die intellektuell-philosemitische Herangehensweise 2005 in der westfälischen Landeskirche mit der Ergänzung der Einleitenden Bestimmungen des Artikels 1 der Kirchenordnung, die mit ihrer Bekenntnisrelevanz und kirchenrechtlichen Wirkung in Bezug auf Israel konsequent die Angewiesenheit des Christentums auf das Judentum in die christliche Identität aufnahm.

Die Evangelische Kirche im Rheinland begann ihren jüdisch-christlichen Dialog durch ihre persönlichen Kontakte zu den Niederlanden früher. Während in den 1950er- und 1960er-Jahren ein kultureller Philosemitismus in Israelreisen und christlich-jüdischen Veranstaltungen gepflegt wurde, führte die politische Komponente in den 1960er- und 1970er-Jahren zu einer weiteren Dimension des jüdisch-christlichen Dialogs. Kulturelles Interesse und Vorlieben reichten nicht mehr aus; politische Handlungen als Konsequenz aus den Solidaritätsbekundungen wurden nun von jüdischer und israelischer Seite angesichts der dramatischen Situation im Nahen Osten eingefordert. Das Projekt Nes Ammim, durch Heinz Kremers von deutscher Seite aus gefördert, stellte eine Art

Übergang vom kulturellen zum politischen Philosemitismus dar, indem neben einer christlich-jüdischen Koexistenz in Israel auch die politische Position Israels gestärkt werden sollte. Als Reaktion auf die 1975 von der Studienkommission der EKD veröffentlichte Studie Christen und Juden wurde im Rheinland der landeskirchliche Ausschuss Christen und Juden berufen. Der Rheinische Synodalbeschluss von 1980 war Ausdruck eines neuen dialogisch-intellektuell philosemitischen Denkens in Bezug auf das Judentum, dessen Bedeutung man im „Zentrum des christlichen Wesens" ansiedelte. Dabei lag der besondere Wert des rheinischen Beschlusses auch in der Erneuerung der christlichen Identität: „[...] zur christlichen Identität gehört die positive Wahrnehmung und Aufnahme des Judentums, ohne es zu enteignen",[39] so Martin Stöhr.

Die Ausschussarbeit in der rheinischen Landeskirche war geprägt durch prominente Persönlichkeiten wie Heinz Kremers, Robert Raphael Geis, Yehuda Aschkenasy, Edna Brocke, Bertold Klappert und Benjamin Locher, die den jüdisch-christlichen Dialog vorantrieben. Sie etablierten die rheinische Kirche schon in den 1980er-Jahren zu einem Vorreiter im jüdisch-christlichen Dialog, der auch seine Kritiker fand.

Nach der vielfachen Anerkennung und Freude über den Rheinischen Synodalbeschluss folgte scharfe Kritik aus deutschen akademischen Kreisen. Die Mehrheit der evangelischen Universitätstheologie, die bis dahin kaum Interesse an der Verhältnisbestimmung Kirche und Israel gezeigt hatte, nahm jetzt in Kritik und Gegenkritik Stellung. Am 13. August 1980 erschienen im Evangelischen Sonntagsblatt *Der Weg* die „Erwägungen zur kirchlichen Handreichung zur Erneuerung des Verhältnisses von Christen und Juden", unterzeichnet von 13 Bonner Theologie-Professoren der Evangelisch-Theologischen Fakultät der Rheinischen Friedrich-Wilhelm-Universität Bonn, denen sich später weitere aus Münster anschlossen, die Kritik am Synodalbeschluss äußerten und sich durch ihre Unterzeichnung von allen wesentlichen Aussagen des Synodalbeschlusses distanzierten:

> „Es ist durchaus möglich, die Juden zu bewundern und zu schätzen und den Staat Israel zu bejahen und aktiv zu fördern, ohne diese Sympathie ‚heilsgeschichtlich' begründen und ohne christliche Grundwahrheiten, welche Judentum und Christentum trennen, preisgeben oder auch nur relativieren zu müssen [...],"[40]

so die Bonner Theologen, die den Verfassern und Befürwortern des Rheinischen Synodalbeschlusses auf diese Weise einen Philosemitismus vorwarfen, der christliche Glaubensgrundsätze preisgebe, um zwischen

Christentum und Judentum künstlich zu harmonisieren. Der Protest der Bonner Theologen richtete sich vor allem gegen die Vorgabe, von zwei parallelen Heilswegen in der Schrift auszugehen. Mit der Frage nach der Auserwähltheit der Juden als Volk Gottes stand auch die der Judenmission wieder zur Debatte. Die Befürworter des Synodalbeschlusses antworteten darauf mit gleicher Schärfe. Das Bonner Papier rede und theologisiere, als ob es Auschwitz nie gegeben hätte.[41] Ein kirchliches Umdenken im Hinblick auf die Juden und das Judentum sei für diese „eine Frage auf Leben und Tod",[42] intensivierte Pinchas Lapide.

Diese Frontenbildung innerhalb der evangelischen Kirche hatte mehreres klargestellt: Einerseits befürchtet man eine konturenlose christliche Theologie, die ihre Bekenntnisse und Glaubensinhalte zugunsten eines jüdisch-christlichen Dialoges aufgebe, andererseits war man schockiert von der traditionsbewahrenden Beibehaltung von Positionen, die den Bruch nach der Schoa nicht wahrzunehmen schienen.

Einer der Professoren der Bonner Fakultät, Erich Gräßer, beschrieb seine Sicht der Dinge in dem Aufsatz *Zwei Heilswege? Zum theologischen Verhältnis von Israel und Kirche*[43], in dem deutlich wurde, wie komplex sich die Sachlage gestaltete. Neben den „judenfeindlichen, antijudaistischen" Argumenten der Bonner Theologen, wie sie sich aus Sicht des Ausschusses darstellten, trafen diese zudem eine Ebene, auf der sie die Warnungen von jüdischer Seite vor zu viel Harmoniesucht für sich in Anspruch nehmen konnten. Gräßer kritisierte bei den vorliegenden Entwürfen einer „christlichen Theologie des Judentums" die Tendenz, das Judentum als „Sonderweg" des einen Heils Gottes theologisch zu rechtfertigen.[44] Dabei finde eine „Rejudaisierung" beispielsweise der paulinischen Aussagen im Römerbrief statt. Was dabei herauskäme, sei eine Annäherungstheologie, die sich vermittels theologischer Abstriche über den kleinsten gemeinsamen Wahrheitsnenner zu verständigen suche.[45] Die enge Verwobenheit von Warnungen vor Harmonisierung von jüdischer Seite sowie christlicher Identitätsbewahrung kam hier klar zum Ausdruck.

Beispielhaft für die politisch-philosemitische Haltung nach 1945 zeigte sich vor allem die Arbeitsgemeinschaft Juden und Christen beim Deutschen Evangelischen Kirchentag. Zumindest in der Zeit von 1961 bis Ende der 1980er-Jahre betonte man hier unter dem Einfluss von Robert Raphael Geis die politische Konsequenz des jüdisch-christlichen Dialogs, die sich in Handlungen, nicht im Reden beweisen müsse. Diese Stärke der 1960er- und 1970er-Jahre brach in der Auseinandersetzung um den Golfkrieg 1991 und die Beteiligung Israels am Krieg in sich zusammen. Vor allem Edna Brocke, die aufgrund dieser Diskussionen die Arbeitsgemeinschaft verließ, stellte resigniert fest, dass sie sich in ihrer Annahme, der jüdisch-christliche Dialog könne in Zukunft erfolgreich sein und Juden in ihrer Existenz sichern, getäuscht habe. „Nach Auschwitz müsse bekannt sein, daß es Schlimmeres gibt als Krieg"[46], so Brocke unmissverständlich. Der politische Philosemitismus hatte sein Ziel aus den Augen verloren, Israel Solidarität in Form von Unterstützung und Bewahrung seiner Existenz zu beweisen. Doch der politisch-philosemitische Aspekt war nur eine Komponente der Arbeitsgemeinschaft. Diese hatte bereits 1961 als erste einen dialogisch-intellektuellen Philosemitismus geprägt, den sie in streitbarer Form als Katalysator für alle weiteren Gremien, die sich erst Jahre später bilden sollten, vorantrieb.

Parallel zu allen Initiativen und Gremien im christlich-jüdischen Gespräch waren die Gesellschaften für Christlich-Jüdische Zusammenarbeit seit 1948 tätig. Der an diese Gesellschaften öffentlich seit ihrer Gründung herangetragene Vorwurf eines populären Philosemitismus, der sich ausschließlich darauf gründe, auf Grundlage eines schlechten Gewissens Deutschland in der Welt eine bessere Reputation zu verschaffen, traf nur auf einige Teile der Gesellschaften zu. Als amerikanische Initiative mit einem amerikanischen Erziehungsprogramm den Deutschen in der unmittelbaren Nachkriegszeit aufgestülpt, entsprach der Anspruch, Brüderlichkeit, Gleichheit und Freiheit zu üben, nicht der Wirklichkeit, die weit dahinter zurückblieb. Vorkommnisse innerhalb der Münchner Gesellschaft in den 1950er-Jahren zeigten, wie tief verwurzelt antisemitische Grundtendenzen auch bei den Vorsitzenden der Gesellschaften waren. In diesen Fällen gerieten die Gedenkveranstaltungen, die ritualisierten Wochen der Brüderlichkeit in den Verdacht, opportunistisch Vorteile aus einem vermeintlichen Philosemitismus zu ziehen. Allein die Mitgliedschaft in den Gesellschaften suggerierte in der Nachkriegszeit einen Sinneswandel, der nicht bei allen vollzogen, aber gesellschaftlich ausgenutzt wurde. Doch der Deutsche Koordinierungsrat hielt an der Woche der Brüderlichkeit fest.

> „Über die Noblesse der Juden sprechen, bedeutet nicht, in philosemitischer Manier den Juden, den Mitmenschen und Nachbarn, auf ein Podest zu stellen; wir wissen, daß Philosemitismus die ebenso bedrohliche Umkehrung von Antisemitismus sein kann […],"[47]

so Paul Schallück zu Beginn der 1960er-Jahre in Köln auf einer der Eröffnungsveranstaltungen der Woche der Brüderlichkeit. Kurz zuvor jedoch hatte bei dieser Veranstaltung der Vortrag *Zwischen Golgatha und*

Auschwitz von Gert H. Theunissen durch die Verknüpfung von traditionellen Antijudaismen und projüdischen Stilisierungen gerade die Schieflage vor Augen geführt, die aus dem Entsetzen über die Schoa bei vielen Christen einen unreflektierten Philosemitismus hervorbrachte. Die affektive Sprachwahl spiegelte die Zwangslage des Vortragenden wider:

> „Die ehrliche Empörung unserer Herzen über solche Missetaten und Verbrechen, der von keinerlei Bedenken gelähmte Wille, unter allen Umständen dafür zu sorgen, daß sich niemand mehr ungestraft über einen Juden erhebe, die herzliche Liebe zu denen, welche damals den Verfolgern entgehen konnten und sich dann, nach dem Zusammenbruch, entschlossen haben, wieder unter uns und mit uns zu leben und zu wirken, [...].“[48]

In diesem Kontext führte Theunissen die Besonderheit des jüdischen Volkes, seine Leidensfähigkeit, seine Auserwähltheit an und manifestierte die antijudaistische Vorstellung, dass Juden ein „zum Leiden berufenes und verurteiltes Volk“ darstellten. Eine Überhöhung des Bildes vom jüdischen Schicksal, ob als Leidende oder Auserwählte, führte zu einer psychologisch stereotypisierten Charakterisierung von Juden und ihrer Rolle in einer mehrheitlich christlichen Gesellschaft.[49] Angesichts dieses unbewussten und in jeder Hinsicht ungewollten, aber dennoch implizierten Antijudaismus innerhalb einer philosemitischen Einstellung waren die jüdischen Einwände gegen derartige Eröffnungsreden verständlich.

Trotz dieser philosemitischen Schieflage gab es von Anfang an ambitionierte Kräfte in den Gesellschaften, die zum Teil aus der Emigration oder den Konzentrationslagern zurückgekehrt waren, wie Adolf Freudenberg, Propst Grüber, Gertrud Luckner, Erich Lüth, Martin Stöhr, Helene Jacobs oder Robert Raphael Geis, die aufrichtig für einen Gesinnungswandel durch Kenntniserweiterung und lebendigen Kontakt mit Juden eintraten. Anfang der 1950er-Jahre wurde in Vorträgen und Reden, an denen sich unter anderen auch Theodor W. Adorno und Max Horkheimer beteiligten, immer wieder auf die konstitutiven Grundlagen der Gesellschaften verwiesen, die man als Brüderlichkeit, Humanität und Toleranz kennzeichnete und die von einem religiösen Boden aus Verbreitung finden müssten. Dieser humanistische Philosemitismus beeinflusste die Gründungsphase der Christlich-Jüdischen Gesellschaften durch seinen Einsatz für ethische und soziale Ziele mit religiöser Fundierung ebenso wie in säkularer Hinsicht.

Die Gesellschaften vereinten auch aufgrund ihrer zweigeteilten Verwurzelung – einerseits im amerikanischen Erziehungsprogramm, andererseits in der Aufbauarbeit der im christlich-jüdischen Dialog Engagierten – viele philosemitische Formen unter sich. Nicht nur kultureller Philosemitismus in Form von Lesungen, Vorträgen, Sprachkursen und Israelreisen wurde gepflegt, sondern auch politisch Solidarität mit Israel vertreten. Diese Formen wurden jedoch immer wieder bis in die Gegenwart hinein von einem unreflektierten Philosemitismus konterkariert, der in schwärmerischer und unkritischer Form die Juden als „Gutmenschen" stilisierte. Gerade weil in den Gesellschaften über die geringe jüdische Teilnahme geklagt wurde, war die Gefahr groß, dass dort Bilder von Juden entstanden, die wenig mit der Realität zu tun hatten.

Angesichts dieses exponierten christlichen Interesses am Judentum kann man sich leicht der Frage von Schalom Ben-Chorin anschließen, der jahrzehntelang seine Kraft in das jüdisch-christliche Gespräch investierte:

> „Ich frage mich immer wieder: Warum hat diese Thematik eine so starke Anziehungskraft für so viele Menschen, Jugendliche vor allem, aber auch Ältere aller Bildungsschichten? Ist es nur die Neugier, das Interesse am Fremden, am Andersartigen, am Exotischen? Aber da gibt es genug ‚exotischere' Themen. Warum gerade die Juden? Treibt sie das Bewusstsein einer Mitverantwortung der Christen an der Spur, die sich von den antijudaistischen Äußerungen des Neuen Testaments über den Beginn der christlichen Herrschaft, das Mittelalter und die Reformation bis zur Judenvernichtung der deutschen Faschisten ziehen lässt? Kommen die Älteren aus Schuldbewusstsein und die Jüngeren, weil sie endlich die Bitte um Vergebung bei Gott von uns ausgesprochen hören wollen?"[50]

Philosemitismus bezeichnet demnach einerseits die christliche Notwendigkeit, ihre theologischen Wurzeln, ihr geschichtliches Versagen und ihr gesellschaftspolitisches Agieren zu erkennen und neu zu bestimmen, andererseits den vermeintlichen Irrtum, den der daraus entstandene Katalog der Gemeinsamkeiten aus jüdischer Sicht darstellt. Oftmals fühlen sich die wenigen jüdischen Gesprächsteilnehmer als geschichtliches, emotionales und theologisches Korrektiv, wenn sie einer Übermacht von Christen begegnen, die von der drängenden Hoffnung getrieben wird, das Verhältnis zwischen Juden und Christen möge sich endlich bessern. Während Christen vor allem ein geschichtliches, kulturelles und theologisches Interesse am Judentum zeigten, waren Juden in erster Linie an einer Vertrauensbasis interessiert, die ihnen das schiere Überleben sichern sollte. In diesem Spannungsfeld bewegt sich Philosemitismus. Diese Spannung gilt es auszuhalten, für sie gibt es keine Lösung.

Anmerkungen

1 Evangelische Kirche in Hessen und Nassau: Kirchengesetz zur Änderung der Kirchenordnung (Auszug) vom 3.12.1991, in: Henrix, Hans Hermann/Kraus, Wolfgang (Hg.): Die Kirchen und das Judentum. Dokumente von 1986–2000, Gütersloh 2001, S. 668f.

2 Bruderrat der EKD, Wort zur Judenfrage vom 8.4.1948, in: Rendtorff, Rolf/Henrix, Hans Hermann (Hg.): Die Kirchen und das Judentum, Bd. 1: Dokumente von 1945–1985, Paderborn/Gütersloh [3]2001 (1. Auflage 1988), S. 542.

3 *Frankfurter Allgemeine Zeitung* [im Folgenden FAZ], 5.12.1991, S. 4.

4 Vgl. Handreichung Nr. 45: Kirche und Israel. Zur Erneuerung des Verhältnisses von Christen und Juden. Proponendum zur Änderung des Grundartikels der Kirchenordnung, S. 11.

5 Viele protestantische und katholische Theologen lernten sich erst über den Kontakt zu den jüdischen Gesprächsteilnehmern kennen, so Dr. Edna Brocke, Essen, in einem Gespräch am 12.1.2006 in der Alten Synagoge, Essen.

6 Vgl. Schuller, Florian/Veltri, Guiseppe/Wolf, Hubert (Hg.): Katholizismus und Judentum. Gemeinsamkeiten und Verwerfungen vom 16. bis zum 20. Jahrhundert, Regensburg 2005, S. 9. Die Autoren weisen in ihrem Sammelband darauf hin, dass diese Perspektive eine sachliche Verkürzung darstellt und versuchen in einem weiten kirchengeschichtlichen Bogen vom 16. bis zum 20. Jahrhundert zu belegen, dass die Beziehungen von Judentum und Katholizismus nicht nur von Abgrenzung und Bekämpfung gekennzeichnet waren, sondern auch von gegenseitiger Befruchtung und Anregung.

7 Marquardt, Friedrich-Wilhelm: Christsein nach Auschwitz. Referat in der Arbeitsgemeinschaft „Juden und Christen" auf dem 18. Deutschen Evangelischen Kirchentag in Nürnberg 1979, in: *Junge Kirche* 40 (1979), S. 366.

8 Franz Mussner: „Ohne den Aufbau einer ‚Theologie nach Auschwitz' gibt es keinen wirklichen Abbau des christlichen Antijudaismus"; ders.: Theologie nach Auschwitz. Versuch eines Programms, in: ders.: Dieses Geschlecht wird nicht vergehen. Judentum und Kirche, Freiburg i.B. 1991, S. 182; Metz, Johann Baptist: Ökumene nach Auschwitz. Zum Verhältnis von Christen und Juden in Deutschland, in: Kogon, Eugen/Metz, Johann Baptist: Gott nach Auschwitz. Dimensionen des Massenmordes am jüdischen Volk, Freiburg i.B. 1979, S. 121–144; Marquardt, Friedrich-Wilhelm: Das christliche Bekenntnis zu Jesus, dem Juden. Eine Christologie, Bd. 1, München 1990, Bd. 2, München 1991; Rendtorff, Rolf/Stegemann, Ekkehard (Hg.): Auschwitz – Krise der christlichen Theologie [Abhandlungen zum christlich-jüdischen Dialog, 10] München 1980; Ginzel, Günther Bernd: Auschwitz als Herausforderung für Juden und Christen, (Tacheless: Zur Sache) Heidelberg 1980. Dieser Sammelband ist das Ergebnis des dreitägigen Seminars „Theologie nach Auschwitz – Religion und Widerstand", das vom Theologischen Ausschuss der Kölnischen Gesellschaft für Christlich-Jüdische Zusammenarbeit veranstaltet wurde. Eine „Theologie nach Auschwitz" beinhaltet hier vor allem die Themen Judenmission und Religionspädagogik, in denen die Akzentverschiebung im Verhältnis zwischen Christen und Juden nach Auschwitz besonders deutlich zum Ausdruck kommt.

9 „Die Frage, ob es zu einer Reformation, zu einer Umkehr aus der Wurzel im Verhältnis zwischen Christen und Juden kommt, entscheidet sich zumindest in diesem Lande letztlich immer wieder daran, wie wir Christen uns zu Auschwitz verhalten, wie wir Christen es für uns selbst einschätzen." Siehe Metz: Ökumene nach Auschwitz, [wie Anm. 8], S. 123.

10 Vgl. Sauter, Gerhard: Verhängnis der Theologie? Schuldwahrnehmung und Geschichtsanschauungen im deutschen Protestantismus unseres Jahrhunderts, in: *Kirchliche Zeitgeschichte* 2/1991, S. 478.
11 Sorg, Manfred: Vorwort des Präses der Evangelischen Kirche von Westfalen, in: Landeskirchenamt der EKvW (Hg.): Hauptvorlage 1999. Evangelische Kirche von Westfalen, Bielefeld 1999, S. 1.
12 Vgl. Aschoff, Diethard: „Alljährliche Karfreitagspogrome" in Westfalen und anderswo. Kritische Betrachtungen zur Synodalvorlage „Christen und Juden" der Evangelischen Kirche von Westfalen vor allem in historischer Sicht, in: Jahrbuch für Westfälische Kirchengeschichte 95/2000, S. 209.
13 Letzteres Merkmal beschreibt vor allem Michael Brenner: „Gott schütze uns vor unseren Freunden". – Zur Ambivalenz des Philosemitismus im Kaiserreich, in: Jahrbuch für Antisemitismusforschung 2 (1993), S. 174–199.
14 Von jüdischer Seite betrachtet man diese „messianische Bewegung" mit großer Skepsis: „Die geforderte Liebe der Christen für das Volk Israel ist eng mit der These verknüpft, die Messiaslehre des Judentums sei mit der des Christentums identisch. Die Juden hätten den spirituellen Messias des Christentums nur noch nicht erkannt. Schneiders Ansatz ist inakzeptabel. […] Es bedarf nicht viel Phantasie zu vermuten was passiert, wenn diese Beispiele die große Masse der Juden nicht überzeugen.", in: www.hagalil.com/israel/fundamentalismus/nai-2.htm.
15 Ebd., S. 157.
16 Vgl. Bundesverband Jüdischer Studierender in Deutschland (BJSD) e.V.: Berliner Israeltage: Ludwig Schneider ruft zum Heiligen Krieg auf!, in: www.nahost-politik.de/deutschland/bjsd.htm.
17 Mk 12, 28–31, in: Die Bibel oder die ganze Heilige Schrift des Alten und Neuen Testaments nach der Übersetzung Martin Luthers, Stuttgart 1968.
18 Vgl. Zander, Ulrike: Philosemitismus im deutschen Protestantismus nach dem Zweiten Weltkrieg. Begriffliche Dilemmata und auszuhaltende Diskurse am Beispiel der Evangelischen Kirche im Rheinland und in Westfalen. [Historia profana et ecclesiastica, 16], Münster 2007.
19 Vgl. Brakelmann, Günter: Krieg und Gewissen. Otto Baumgarten als Politiker und Theologe im Ersten Weltkrieg, Göttingen 1991.
20 Siehe Gregor, Birgit: Zum protestantischen Antisemitismus. Evangelische Kirchen und Theologen in der Zeit des Nationalsozialismus, in: Fritz Bauer Institut (Hg.): „Beseitigung des jüdischen Einflusses…". Antisemitische Forschung, Eliten und Karrieren im Nationalsozialismus, Jahrbuch 1998/99 zur Geschichte und Wirkung des Holocaust, Frankfurt a. M./New York 1999, S. 171–200.
21 Gregor: Zum protestantischen Antisemitismus, [wie Anm. 20], S. 171.
22 Ebd., S. 175.
23 Im Rahmen des christlich-jüdischen Verhältnisses nach 1945 hat das Thema „Luther und die Juden" vor allem 1983 eine breite Erörterung vor allem in wirkungsgeschichtlicher Hinsicht erfahren. Hier sei verwiesen auf den Sammelband von Kremers, Heinz/Siegele-Wenschkewitz, Leonore (Hg.): Die Juden und Martin Luther – Martin Luther und die Juden. Geschichte, Wirkungsgeschichte, Herausforderung, Neukirchen-Vluyn 1985.
24 Brakelmann, Günter: Der Kreisauer Kreis. Chronologie, Kurzbiographien und Texte aus dem Widerstand, Münster 2003.
25 Brakelmann, Günter: Hans Ehrenberg. Ein judenchristliches Schicksal in Deutschland. Bd. 1. Leben, Denken und Wirken 1883–1932, [Schriften der Hans Ehrenberg Gesellschaft, 3], Waltrop 1997; Ders./Ehrenberg„ Hans: Ein judenchristliches Schicksal in Deutschland. Bd. 2. Widerstand – Verfolgung – Emigration 1933–1939, [Schriften der Hans Ehrenberg Gesellschaft, 4], Waltrop 1999.

26 Asmus, Soeren: Fundamentalismus - von einer modernen Glaubensform, Anmerkungen aus protestantischer und religionswissenschaftlicher Sicht, Vortrag gehalten am 27.1.2005 im Gemeindezentrum der ev. Andreaskirche, Schildgen, im Rahmen der Reihe „Fundamente und Fundamentalismus" (überarbeitete Version), Wuppertal 2005, S. 1.

27 Ausarbeitung des Ständigen Theologischen Ausschusses: Verhältnis zwischen Christen und Juden, in: Senn, Gerhard (Hg.): Landessynode 1988, 24.–28.10.1988, [Materialien für den Dienst an der Evangelischen Kirche von Westfalen. Reihe A: Theologie und Verkündigung, 31] Bielefeld 1988, S. 59.

28 Bohlen, Reinhold: Wende und Neubeginn. Die Erklärung des Zweiten Vatikanischen Konzils zu den Juden „Nostra aetate" Nr. 4, in: Schuller/Veltri/Wolf (Hg.): Katholizismus und Judentum, [wie Anm. 8], S. 297.

29 Vgl. Kuschel, Karl-Josef: Die Kirchen und das Judentum. Konsens- und Dissensanalyse auf der Basis neuerer kirchlicher Dokumente, in: Stimmen der Zeit 117, Freiburg i.Br. 1992, S. 150f.

30 Ebd., S. 152.

31 Ebd., S. 155.

32 Vgl. Kuschel: Die Kirchen, [wie Anm. 29], S. 154.

33 Rendtorff/Henrix (Hg.): Die Kirchen und das Judentum, [wie Anm. 2], S. 252–260.

34 Ebd., S. 253.

35 Stellungnahme des Gesprächskreises „Juden und Christen" beim Zentralkomitee der deutschen Katholiken (ZdK): Papst Pius IX. und die Juden, in: Koschel, Ansgar (Hg.): Katholische Kirche und Judentum im 20. Jahrhundert [Religion-Geschichte-Gesellschaft. Fundamentaltheologische Studien, 26], Münster 2002, S. 151f.

36 Lange, Nicholas R. M. de/Thoma, Clemens: Antisemitismus I, Begriff/Vorchristlicher Antisemitismus, in: *Theologische Realenzyklopädie* 3 (1978), S. 114.

37 Vgl. Oelke, Harry: Zwischen Schuld und Sühne, in: Pastoraltheologie Jg. 95 (2006), H. 1, hier S. 3. Oelke führt aus, dass in der evangelischen Kirche mit dem Fortschreiten der Zeit Schuld und Versagen genauer benannt werden konnten, so dass kollektive Gedächtnisformen entstanden, die die detaillierte Erinnerung an das gemeinsam erfahrene kirchliche und christliche Leben auf eine formelhafte Inhaltsgestalt beschränkte. Ein wesentliches Motiv für das kollektive Gedächtnis dürfte nach Oelke das Bestreben nach einer gemein-protestantischen Identität sein. Nach den ersten Jahren der Erkenntnis von der eigenen Schuld an der Schoa wurde es zur festen Konstituente, diese Schuld in jeder Erklärung als eine Art „Erklärungskanon" zu bekennen. Vgl. ebd., S. 12f. / Vgl. auch Rudnick, Ursula: Die Evangelische Kirche auf dem Weg der Neuorientierung im Gegenüber zum Judentum seit 1945, in: dies. (Hg.): Christen und Juden. BlickWechsel. Juden und Christen. Eine Ausstellung in Niedersachsen, Hannover 2000.

38 1995 änderte die Evangelische Kirche in der Pfalz mit den Sätzen „Durch ihren Herrn Jesus Christus weiß sie sich hineingenommen in die Verheißungsgeschichte Gottes mit seinem ersterwählten Volk Israel - zum Heil für alle Menschen. Zur Umkehr gerufen, sucht sie Versöhnung mit dem jüdischen Volk und tritt jeder Form von Judenfeindschaft entgegen." (Die Landessynode der Evangelischen Kirche der Pfalz, Gesetz zur Änderung der Verfassung (Auszug) vom 11.5.1995, in: Henrix/Kraus (Hg.): Die Kirchen und das Judentum, [wie Anm. 1], S. 699) ihre Verfassung. Es folgte 1996 die Evangelische Kirche in Berlin-Brandenburg (Evangelische Kirche in Berlin-Brandenburg, Vorspruch der Grundordnung (Auszug) vom 16.11.1996, in: ebd., S. 766) sowie 1998 die Lippische Landeskirche (Landessynode der Lippischen Landeskirche, Präambel der Verfassung der Lippischen Landeskirche vom 24.11.1998, in: ebd., S. 829f.). Die Landessynode der Evangelischen Kirche im

Rheinland beschloss nach langjährigen Diskursen 1996 ein Kirchengesetz zur Änderung des Grundartikels der Kirchenordnung der Evangelischen Kirche im Rheinland. (Landessynode der Evangelischen Kirche im Rheinland, Kirchengesetz zur Änderung des Grundartikels der Kirchenordnung der Evangelischen Kirche im Rheinland vom 11. 1. 1996, in: ebd., S. 743f.). In Abschnitt I des Grundartikels wurde folgender Absatz 8 angefügt: „Sie bezeugt die Treue Gottes, der an der Erwählung seines Volkes Israel festhält. Mit Israel hofft sie auf einen neuen Himmel und eine neue Erde." (Kirchliches Amtsblatt der Evangelischen Kirche im Rheinland, Nr. 1, 25. 1. 1996, S. 2).

39 Stöhr, Martin: Der christlich-jüdische Dialog als Impuls zur Erneuerung der christlichen Theologie. Fragen und Infragestellungen, in: Jost, Renate/Kessler, Rainer/Raisig, Christoph M. (Hg.): Auf Israel hören. Sozialgeschichtliche Bibelauslegung, Luzern 1992, S. 140; vgl. Raisig, Christoph M.: Wege der Erneuerung. Christen und Juden: Der Rheinische Synodalbeschluss von 1980, [Schriften des Salomon Ludwig Steinheim-Instituts für deutsch-jüdische Geschichte, 2], Potsdam 2002, S. 208.

40 „Theologieprofessoren kritisieren Synodenpapier ‚Christen und Juden'", in: *Ev. Sonntagsblatt „Der Weg"*, 3. 8. 1980, S. 18f.

41 Klappert, Bertold: „Als hätte es Auschwitz nicht gegeben". Scharfe Kritik an dem Bonner Protest gegen den Synodalbeschluß der Rheinischen Landeskirche, in: *Allgemeine Jüdische Wochenzeitung*, Nr. XXXV/38, 19. 9. 1980, S. 11 sowie Klappert, Bertold: Kein Dokument der Erneuerung, in: Reformierte Kirchenzeitung, 15. 11. 1980, S. 303ff., in: AEKiR, Düsseldorf, Sammlung Liebster, 8 SL 008, Ordner 1.

42 „Kein stummes Objekt der Kirchentheologie", in: Allgemeine Jüdische Wochenzeitung, Nr. XXXV/38, 19. 9. 1980, S. 11, in: AEKiR, Düsseldorf, Sammlung Liebster, 8 SL 008, Ordner 1. Allzu lange seien Juden das stumme und passive Objekt einer Kirchentheologie gewesen, deren Theorie vom Gottesmord letzten Endes zur Tatsache des Völkermordes führen konnte, so Lapide.

43 Gräßer, Erich: Zwei Heilswege? Zum theologischen Verhältnis von Israel und Kirche, in: Müller, Paul-Gerhard/Stenger, Werner (Hg.): Kontinuität und Einheit. Für Franz Mußner, Freiburg 1981, S. 411–429, in: AEKiR, Düsseldorf, Nachlass Kremers, 7 NL 018, Ordner 264.

44 Gräßer: Zwei Heilswege?, [wie Anm. 43], S. 411f.

45 Ebd., S. 417.

46 Brocke, Edna: „Seit Auschwitz muß jeder wissen, daß Schlimmeres als Krieg möglich ist", in: Kirche und Israel, Neukirchner Theologische Zeitschrift, 1/1991 H. 1, S. 61.

47 Schallück, Paul: Vorwort, in: Theunissen, Gerd H.: Zwischen Golgatha und Auschwitz. Ein Entwurf in drei Vorträgen, Köln o. J. , S. 5.

48 Theunissen, Zwischen Golgatha und Auschwitz. Die Heimsuchung der Juden und die Verantwortung der Christen. Vortrag, gehalten im Kölner Gürzenich am 8. 3. 1959, in: Theunissen: Zwischen Golgatha und Auschwitz, [wie Anm. 47], S. 7.

49 Vgl. dazu Stern, Frank: Evangelische Kirche zwischen Antisemitismus und Philosemitismus, in: Geschichte und Gesellschaft 18 (1992), S. 48.

50 Ben-Chorin, Schalom: Von Angesicht zu Angesicht. Beiträge zum Gespräch zwischen Judentum und Christentum, Weimar 2000, S. 78.

Margit Reiter

Nachträgliche Wiedergutmachung. Philosemitismus bei den ‚Kindern der Täter'

Keine Frage, es ist nicht leicht, in Deutschland oder Österreich, den ehemaligen NS-Täterstaaten, ein ‚richtiges' Verhältnis zu Juden und dem Judentum zu finden. Dies gilt nicht nur für die in den Nationalsozialismus verstrickte Generation selbst, sondern auch für deren Nachkommen, die ‚Kinder der Täter'. Denn die familiären und gesellschaftlichen Tradierungen von Antisemitismus haben sich nachhaltig auf die nachkommende Generation und deren heutigen Vorstellungen von und Haltungen gegenüber ‚den Juden' ausgewirkt. Die Palette des Umgangs mit diesem Thema in der NS-Nachfolgegeneration ist sehr breit und bewegt sich zwischen den Antipoden von Kontinuität und Diskontinuität, zwischen Emotion und Kognition, kurz: zwischen Antisemitismus und Philosemitismus.[1] Nicht um offensichtliche (antisemitische) Kontinuitäten bei den Nachkommen geht es hier, sondern um jene ‚Kinder der Täter', die sich von ihrem familiären NS-Hintergrund und damit meist auch vom elterlichen Antisemitismus strikt abgrenzen und bei denen diese demonstrativen Distanzierungen nicht selten in dezidiert projüdischen, ja oft philosemitischen Vorstellungen und Gegenentwürfen münden. Zeigt sich hierorts ein besonders ausgeprägter Philosemitismus, so stellt sich unweigerlich die Frage nach den Hintergründen, den Motiven und Funktionen dieses besonderen Engagements. Die folgenden Ausführungen basieren vor allem auf meiner Studie über Tradierungen und Verarbeitungen des Nationalsozialismus bei den ‚Kindern der Täter' in Österreich, sie sind aber – trotz der leicht unterschiedlichen erinnerungspolitischen Rahmenbedingungen – auch für Deutschland gültig.[2]

Die Bundesrepublik Deutschland musste – anders als Österreich oder die DDR – als NS-Nachfolgestaat die historische Verantwortung für die NS-Verbrechen klar übernehmen, nicht zuletzt deshalb galt die Abgrenzung vom Antisemitismus und das Verhältnis zu den Juden für den ehemaligen ‚Täterstaat' als Beweis für seine Demokratiefähigkeit. Neben dem normativen Antisemitismus-‚Verbot' existierte in Deutschland ein gleichsam von oben verordneter Philosemitismus, der in der Innen- und Außenpolitik des nach Souveränität und Westintegration strebenden deutschen Teilstaates politisch instrumentalisiert wurde.[3] Auch wenn dieser

Philosemitismus sozialpsychologisch nie so tief verankert war wie vergleichsweise der nach wie vor bestehende Antisemitismus, so gehörten der christlich-jüdische Dialog, regelmäßige ‚Wochen der Brüderlichkeit' und die Aktion Sühnezeichen zum fixen Bestandteil antifaschistischer Erinnerungskultur in der Bundesrepublik. In Österreich hingegen gab es aufgrund der unterschiedlichen vergangenheitspolitischen Ausgangsbedingungen keinen derart politisch forcierten Philosemitismus gegenüber den (überlebenden) Juden. Das offizielle Österreich vertrat vielmehr die ‚Opferthese', wonach Österreich als erstes Opfer Hitlers galt und somit nicht für die NS-Verbrechen verantwortlich zu machen war. Eine klare Abgrenzung vom Antisemitismus schien daher in Österreich nicht nötig zu sein, im Gegenteil: sowohl auf der politischen Ebene als auch im (halb)öffentlichen Diskurs wurde Antisemitismus immer wieder recht unverhohlen artikuliert.[4] Erst nach der Waldheim-Affäre im Zuge der Bemühungen um eine politische Schadensbegrenzung und der angestrebten Wiederannäherung an Israel wurden einige ‚philosemitische Gehversuche' unternommen.[5]

Philosemitismus war und ist somit in Österreich kein so verbreitetes und ausgeprägtes Phänomen wie vergleichsweise in Deutschland, sondern eher eine individuelle Angelegenheit ohne organisatorischen oder institutionellen Rahmen. Abgesehen davon sind aber auf der individuellen, persönlichen Ebene (um die es im Folgenden gehen soll) in Deutschland und Österreich sehr ähnliche psychische Mechanismen wirksam und der Philosemitismus erfüllt eine sehr ähnliche Funktion. Hier wie dort waren die ‚Kinder der Täter' den familiären Prägungen und Tradierungen von Antisemitismus im besonderen Maße ausgesetzt und hier wie dort gab und gibt es unterschiedliche Strategien, sich vom negativen Familienerbe abzugrenzen. Der Philosemitismus ist einer dieser – wie wir sehen werden – nicht immer unproblematischen Versuche der ‚Kinder der Täter', dem familiären und gesellschaftlichen Schuldzusammenhang zu entkommen.

Familiäre und gesellschaftliche Prägungen

Antisemitismus war nach 1945 in vielen deutschen und österreichischen Nachkriegsfamilien präsent. Besonders im Milieu der ‚unbelehrbaren' Nationalsozialisten existierte nach wie vor ein offener Antisemitismus als geschlossene Weltanschauung mit stereotypen extrem abwertenden und rassistischen Denkmustern. Antisemitische Stereotype und Zuschreibungen lebten sowohl in altbekannter Form („jüdische Weltverschwörung",

„jüdischer Wucher“, „jüdische Gauner“, „jüdische Presse“ usw.) als auch in leicht modifizierter Form („jüdisches Meinungsmonopol“, „jüdische Geschäftstüchtigkeit“ usw.) ungebrochen fort. In diesen ideologisch überzeugten Familien wurde die vom NS-Regime und vielen deutschen und österreichischen Mittätern zu verantwortende Judenvernichtung entweder geleugnet, relativiert oder fallweise sogar nachträglich gutgeheißen. Dieser offene und direkte Antisemitismus konnte sich sowohl pauschal gegen alle Juden, d. h. gegen das imaginierte diffuse ‚Judentum‘, als auch gegen einzelne konkrete Personen aus dem öffentlichen Bereich (amerikanische Politiker, jüdische Interessensvertreter) oder aus dem näheren Umfeld (berufliche Konkurrenten) richten. Die NS-Nachkommen waren nicht nur in ihren Familien, sondern auch in außerfamiliären Zusammenhängen – in der Politik, in den Medien und in unterschiedlichen Institutionen – mit Antisemitismus konfrontiert, die ihre familiären Prägungen noch zusätzlich untermauert und bestätigt haben.

Gleichzeitig gab es aber auch einen verdeckten Antisemitismus, der oft lange latent und unartikuliert überdauerte und erst zu gegebenen Anlässen – oft auf sehr indirekte Weise – zum Ausdruck kam. Im Wissen um das nach Auschwitz gültige Antisemitismus-‚Verbot‘ bediente man sich kryptischer Bemerkungen und versteckter Andeutungen (z. B. das ‚Spiel‘ mit den Namen), negativ konnotierter Zuschreibungen in bestimmten Kontexten (z. B. ‚geschäftstüchtig‘, ‚nachtragend‘ im Kontext der ‚Wiedergutmachung‘) oder Judenwitzen als Ventil für die stark internalisierten antisemitischen Ressentiments. Darüber hinaus waren auch Formen eines ‚sekundären Antisemitismus‘ weit verbreitet: Sowohl in vielen Nachkriegsfamilien als auch im öffentlichen Diskurs kursierten Vergleiche und Aufrechnungen der Judenvernichtung mit den ‚Verbrechen‘ der Alliierten oder im Zusammenhang mit Israel, eine ‚Wiedergutmachung‘ für NS-Opfer wurde abgelehnt und bereits kurz nach Kriegsende ein ‚Schlussstrich‘ unter die Vergangenheit gefordert.[6] Gerade verbrämte antisemitische Äußerungen und die vielfältigen Strategien der Schuldabwehr wurden von den Nachkommen nicht immer als Antisemitismus decodiert und waren deshalb von besonders großer Wirkungsmacht über die Generationen hinweg.

Gleichzeitig gehörte das Themenfeld ‚Juden‘ zu den zentralen Leerstellen im Familiengedächtnis. Viele NS-Nachkommen betonen, dass sie in ihrer Kindheit bzw. in ihren Familien niemals (antisemitische) Bemerkungen über Juden gehört haben oder dass sie sich zumindest nicht daran erinnern können. So auch Ingeborg Day, Tochter eines österreichischen SA-Mannes, die sich an keine einzige Äußerung ihrer Eltern über Juden erinnern kann:

> „Wie oft und wie gewissenhaft ich auch immer mein Hirn durchstöbere, ich kann mich nicht erinnern, daß meine Eltern, meine Lehrer, meine Freunde – irgend jemand in meiner Kindheit – je über Juden gesprochen hätten. Nie gut, nie schlecht, nie."[7]

Trotzdem, davon ist sie überzeugt, ist der Grund ihres vermeintlichen eigenen Antisemitismus in ihrer Kindheit zu suchen:

> „Auch wenn ich nicht weiß, wann oder wie, es bleibt mir keine andere Wahl als anzunehmen, daß meine Eltern mir sehr früh in meinem Leben klargemacht haben, daß sie Antisemiten waren. Ich wurde nicht so geboren, es wurde mir angetan."[8]

Diese Erfahrung, die sie mit vielen Nachgeborenen teilt, erfährt in der viel gebrauchten Phrase vom „totalen Tabu" ihre Zuspitzung. Autobiographische Erinnerungen von deutschen ‚Kindern der Täter' legen den Schluss nahe, dass allein das Wort ‚Jude' eines der zentralen Tabuwörter der deutschen Nachkriegsgesellschaft gewesen war, an denen die Nachkriegskinder nicht rühren durften und auch nicht wollten.[9] Wie immer der Begriff des Tabus im Einzelfall verstanden wird, so ist damit meist die Dimension des Verdrängens und des Verbotenen angesprochen, die sich vor allem auf die Judenvernichtung zu beziehen scheint. In den meisten Familien – aber auch im Schulunterricht und im öffentlichen Diskurs – wurde das Thema gemieden oder es kam nur in seiner Verneinung nach dem Motto „Wir haben nichts davon gewusst" vor.

Aber nicht nur das Thema Judenvernichtung blieb nach 1945 lange tabuisiert, auch Juden selbst waren in der deutschen und österreichischen Nachkriegsgesellschaft so gut wie nicht präsent. Viele ‚Kinder der Täter' erzählen, dass sie in ihrer Kindheit und Jugend lange nicht gewusst hätten, was oder wer ein Jude sei und wissentlich auch nie einem begegnet wären. Diese individuellen Erfahrungen korrespondieren mit dem realen zeithistorischen Hintergrund, denn aufgrund der nationalsozialistischen Judenvertreibung und -vernichtung lebten nach 1945 tatsächlich nur mehr wenige Juden in Deutschland und Österreich. Diese Absenz von Juden galt umso mehr für die Provinz, wo eine Begegnung mit jüdischen Menschen tatsächlich nicht sehr wahrscheinlich war. Am ehesten konnte man im städtischen Bereich, z. B. in Berlin, Frankfurt am Main oder Wien, auf Juden treffen, vor allem wenn sie – z. B. als orthodoxe Juden – als solche erkennbar waren. Insgesamt blieben aber alltägliche Begegnungen mit Juden in der Nachkriegszeit (die meist prompt von Antisemitismus begleitet waren) eher die Ausnahme als die Regel.[10]

Juden waren für die NS-Nachfolgegeneration somit kaum oder gar nicht als reale Gegenüber wahrnehmbar, sondern existierten hauptsächlich als Imagination im Bewusstsein der ‚Kinder der Täter'. Vermutlich hätten die NS-Nachkommen diese möglicherweise gar nicht als solche erkannt, da sie entweder gar keine Vorstellungen über ‚die Juden' hatten oder diese aufgrund der familiären Tradierungen stark negativ eingefärbt oder zumindest realitätsfremd waren. Nur wenige – so wie beispielsweise meine Interviewpartnerin Erika Jelaschitz (Jg. 1950) – können sich auf die Nachfrage hin noch vage an ihre kindlichen Vorstellungen über Juden erinnern:

> „I: Und was haben Sie [...] als Kind für Vorstellungen gehabt von den Juden, wenn Sie sich zurückerinnern?
> EJ: [...] Ähm, ich hab, ich muss irgendwo her das Bild von einem orthodoxen Juden vor mir gehabt haben. Also, äh Juden waren für mich auf jeden Fall, nicht sehr groß, mit leicht gebückter Haltung und, äh, die so, die die die die handeln und und und Geschäfte treiben und so. Es war quasi so eine Märchenbuchkategorie, die mir als Kind – [...] ich denk mir, es war durch irgendwas Bildliches beeinflusst, wobei ich nicht wüsste, wo ich das hergehabt haben soll.
> I: Dass Sie das mal wo gesehen haben?
> EJ: Irgendwo muss ich das einmal gesehen haben und dass es dann geheißen hat: das ist ein Jude oder so, ja. Weil mir ist es aufgefallen, wie ich zum ersten Mal, also ich hab ja Germanistik studiert, und wie ich zum ersten Mal eine ‚Nathan, der Weise'-Inszenierung gesehen habe und da war so ein Bild, da hab ich mir gedacht: Siehst es, so hab ich mir als Kind immer den, den Juden vorgestellt, nen."[11]

Frau Jelaschitz hatte sich demnach als Kind ein Klischeebild von einem (orthodoxen) Juden imaginiert, über dessen Ursprung sie sich heute nicht mehr im Klaren ist: War es ein reines kindliches Phantasieprodukt (einem „Märchenbuch" entnommen gewissermaßen) oder doch, wie sie schließlich mutmaßt, das Produkt der elterlichen, plastischen Erzählungen über deren Erfahrungen in der Bukowina in der NS-Zeit? Durch den manifesten Antisemitismus in ihrer Familie war dieses Bild jedenfalls negativ konnotiert. Es wurde später durch eine positivere, aber nicht weniger stereotype Darstellung in Lessings Drama *Nathan der Weise* (ebenfalls wieder ein Klischeebild) bestätigt. Eine kritische Überprüfung der familiär vermittelten, meist antisemitischen ‚Judenbilder' und ihrer philosemitischen Umkehrungen war aufgrund der Absenz von Juden kaum möglich, denn meist kam es erst relativ spät zu persönlichen Begegnungen mit Juden, die diese Klischees aufbrechen und revidieren konnten.

Befangenheiten

Bei vielen NS-Nachkommen ist eine große Befangenheit im Umgang mit ‚konkreten' Juden zu beobachten, die als Produkt der gesellschaftlichen Tabuisierungen und der familiären Schuldverstrickungen zu verstehen ist. Gerade das zunehmende Wissen um die Judenvernichtung führt oft dazu, dass ‚Kinder der Täter' Juden ausschließlich als Opfer wahrnehmen, auf die sie ihre Schuldgefühle projizieren und denen sie unsicher, manchmal geradezu unterwürfig begegnen.[12] Bei Nachkommen von sehr bekannten NS-Eltern ist diese Befangenheit natürlich besonders ausgeprägt, sind sie doch meist schon allein aufgrund ihres Familiennamens als ‚Täterkind' definiert. So hatte Thomas Heydrich, der Neffe von Reinhard Heydrich, unter seiner Herkunft und seinen Namen immer stark gelitten, nicht nur, aber besonders im Kontakt mit Juden:

> „Ich [hatte] jahrelang das Gefühl, ich wäre dafür verantwortlich, was passiert ist, und ich müsste es wiedergutmachen. Heute erscheint mir dieser Gedanke rückblickend ein bisschen krank, weil es dafür keinen Grund gab [...] Niemals hat mir jemand vorgeworfen, dass ich ein Heydrich bin; niemals hat es solch einen Vorwurf gegeben von Antifaschisten, Juden, Christen oder Menschen, die gelitten haben."[13]

Auch einer meiner Interviewpartner, der Neffe eines bekannten NS-Täters, der tief in die Judenvernichtung verstrickt war, kennt diese Skrupel aus eigener Erfahrung.[14] Er hatte lange geglaubt, mit jüdischen Menschen „besonders freundlich" sein zu müssen und befürchtet, dass diese ihn aufgrund seiner Herkunft ablehnen bzw. „nicht mögen" könnten. Eine für ihn nicht leichte Situation war beispielsweise eine Begegnung mit Simon Wiesenthal, den er im Rahmen einer von ihm mitorganisierten Zeitzeugen-Veranstaltung kennen gelernt hatte. Auch wenn Wiesenthal ihn nicht auf seinen Familiennamen angesprochen hatte, fühlte sich der Interviewpartner in der Gegenwart des als ‚Nazijäger' bekannten Gastes verpflichtet, von sich aus die familiär bedingte Namensgleichheit zu thematisieren. Diese Skrupel bei Begegnungen mit Juden und die anschließende Erleichterung darüber, dass diese ihn nicht verurteilten, begleiteten ihn noch lange und immer wieder sucht und findet er die Bestätigung, wie z.B. bei einer jüdischen Emigrantin in New York, dass er als Nachgeborener „nichts dafür“ könne. Aufgrund seines Namens hat der Interviewpartner auch eine „Hemmung“, nach Israel zu reisen, wobei er zustimmend einen anderen prominenten Nazisohn zitiert, der einmal gemeint hatte, dass er nur nach Israel reisen würde, wenn er sicher wäre, dadurch keine Gefühle von Menschen zu verletzen.

Aber nicht nur Kinder von prominenten Nationalsozialisten kämpfen mit derartigen Ängsten. Meine Interviewpartnerin Inge Wonisch beispielsweise erzählt anschaulich, wie sie im Zusammenhang mit ihrer ersten Reise nach Israel in den 1980er-Jahren, nicht in der Lage war, sich als ‚Nazikind‘ zu deklarieren: „Ich habe es einfach nicht über die Lippen gebracht“.[15] Vielmehr quälte sie die Sorge, dass ihre Tochter, die für ein Studienaustauschjahr in Israel bleiben wollte, von der israelischen Gastfamilie (die NS-Opfer zu beklagen hatte) stellvertretend abgelehnt und von ihnen „ins Eck gestellt“ werden könnte. Frau Wonisch schaffte es nicht, die bedrohlich erlebte Situation mit der betroffenen Familie zu besprechen, sondern brachte ihre Tochter schließlich bei einer (sefardischen) Familie ohne Holocaust-Hintergrund unter.[16] Die Tatsache, dass ihr Vater eher als ‚kleiner Nazi‘ eingestuft werden kann, der ihres Wissens in keine NS-Verbrechen verstrickt gewesen ist, zeigt exemplarisch, dass derartige Ängste und Projektionen auch unabhängig von der tatsächlichen familiären Schuldverstrickung wirksam sein können.

In all diesen Fällen zeigt sich der klassische Fall einer Projektion, die auf Schuldgefühlen basiert und sich aus der Angst speist, dass (überlebende) Juden von Nachgeborenen ein Schuldeingeständnis erwarten und ihnen gegenüber Rachegefühle hegen könnten. Hinter diesen Ängsten steht – wenn auch meist unbewusst und gegen die Intention der Betroffenen – die antisemitische Vorstellung von der ‚Unversöhnlichkeit‘ der Juden, die über Generationen hinweg in einer Art ‚Sippenhaftung‘ wirksam sein könnte. Die anschließende Erleichterung darüber, dass dem meist nicht so ist, verweist ebenfalls auf diese Denkfigur. Nicht selten wird an Begegnungen mit (überlebenden) Juden auch die Erwartung geknüpft, dass diese sie von jeder Schuld entlasten und ihnen somit eine Art Absolution erteilen könnten.

Abgrenzungen und (philosemitische) Gegenentwürfe

Viele Nachgeborene haben sich als Erwachsene demonstrativ vom elterlichen Antisemitismus abgegrenzt, wobei diese Distanzierungen auf sehr unterschiedliche Weise erfolgen und meist mit einer positiven Umwertung der familiär tradierten antisemitischen ‚Judenbilder' einhergehen. Eine eher symbolische Form der Abgrenzung von den belasteten NS-Eltern war die Namensgebung der eigenen Kinder mit jüdischen Namen, wie sie in dieser Generation öfters anzutreffen ist, um somit ein Signal der Versöhnung mit den Opfern zu setzen. Eine der Interviewpartner erzählte mir, dass sie sich immer über ihre Herkunft und die ‚germanischen' Vornamen ihrer Brüder geschämt habe und sie nicht zuletzt deshalb ihre eigenen Kinder später demonstrativ David, Johanna und Jakob genannt hatte.[17] Ein von Dan Bar-On interviewter Sohn eines Leiters des so genannten „Rassepolitischen Amtes" der NSDAP, hat seinen zwei Söhnen sogar die prononciert jüdischen Namen Isaak und Eliyahu gegeben.[18] Auch mein Interviewpartner Kurt Rosner hatte Anfang der 1970er-Jahre als demonstrativen „Akt der Versöhnung" für seine Tochter einen jüdischen Namen gewählt, wobei er sich allerdings bewusst für den ‚neutraler' klingenden Namen Ruth entschied, damit sie später „keinen Nachteil" daraus haben sollte. Mittlerweile distanziert sich Herr Rosner von diesem „verlogenen Philosemitismus", den er seiner Einschätzung nach mit vielen ‚Achtundsechzigern' geteilt habe.[19] Zu einer extremen Zuspitzung in dieser Hinsicht kommt es bei Monika Göth, der Tochter des berüchtigten KZ-Kommandanten Amon Göth, die sich für Israel begeistert, in Talkshows mit einem Davidstern als Halsschmuck auftritt und dort Fragen, wie sie ihren Vater, den Massenmörder, „trotzdem lieben" könne, beantwortet. Und sie verkündet sichtlich stolz, dass ihr Enkelkind den Namen David-Amon trägt, das heißt: einen jüdischen Namen und den Namen seines Urgroßvaters und NS-Täters Amon Göth, womit das Kind wohl die ‚Versöhnung' zwischen den Tätern und den Opfern verkörpern soll.[20]

Tatsächlich mochten derartige Namensgebungen für NS-Nachkommen eine Abgrenzungs- und Identifikationsfunktion gehabt haben. Allerdings ist diese These auch nicht über zu strapazieren, denn vor allem in den 1970er- und 1980er-Jahren waren jüdische Vornamen wie Sarah, David, Hannah, Manuel usw. weit verbreitete und beliebte Modenamen, auf die oft unbewusst und ohne jeden historischen Bezug zurückgegriffen wurde. Andererseits ist es aus kulturhistorischer Perspektive aber doch bemerkenswert, dass diese jüdischen Vornamen gerade in einer Zeit Hochkonjunktur hatten, in der die Judenvernichtung verstärkt in das öffentliche Bewusstsein gerückt ist und das Interesse und die Identifikation mit den jüdischen Opfern ihren Höhepunkt erreicht hat.

Manche NS-Nachkommen versuchen sich von ihrer familiären Herkunft abzusetzen, indem sie sich – entweder privat oder beruflich – besonders intensiv mit dem Judentum, mit jüdischer Geschichte, Kultur, Literatur, Wissenschaft oder Musik auseinandersetzen. Mit zunehmendem Wissen um die NS-Verbrechen rückten auch die jüdischen NS-Opfer, die Vertriebenen und KZ-Überlebenden verstärkt ins Bewusstsein der NS-Nachfolgegeneration, mit denen sie sich – als ‚Opfer' – solidarisieren und identifizieren konnten. Wohl nicht zufällig hat ein großer Teil der dieser Generation zuzurechnenden nichtjüdischen Experten, die in der Exilforschung tätig sind, über jüdische Geschichte forschen, Jewish Studies betreiben oder in jüdischen Museen arbeiten, einen familiären NS-Hintergrund, aber nicht immer wird dieser Konnex erkannt oder gar thematisiert.

Die intensive Beschäftigung mit jüdischen Themen geht häufig mit einer positiven Umwertung der familiär tradierten antisemitischen ‚Judenbilder' einher, wobei diese wiederum in stereotype Klischeebilder umkippen können. Der Fokus des Interesses liegt meist auf jüdischer Kultur, Literatur und Intellektualität (Stichworte: Volk des Buches, vertriebene Vernunft), dem ‚versunkenen' osteuropäischen Judentum (Stichworte: Schtetl, Klezmermusik) oder der jüdischen Religion. Wie leicht wohlmeinende Aufklärung über das Judentum zu einseitigen Klischees erstarren kann, lässt sich unter anderem am Beispiel des österreichischen Schriftstellers Gerhard Roth und seiner *Reise in das Innere von Wien* aufzeigen.[21] Roth, ebenfalls aus einem NS-Elternhaus, hat sich darin auf die historische Spurensuche des Wiener Judentums im zweiten Wiener Gemeindebezirk (Leopoldstadt) gemacht und zeichnet dabei ein idealisiertes und undifferenziertes Bild vom Judentum, das er letztendlich auf Intellektuelle und Künstler einerseits und auf die Religion und das orthodoxe Judentum andererseits reduziert. Wie so viele bezieht er sich positiv auf jüdische Schriftsteller wie Stefan Zweig und reiht auch andere Künstler in diese jüdische Ahnenreihe ein, ohne näher auf deren oft sehr gebrochenen jüdischen Identitäten einzugehen. Der nichtjüdische Autor zeigt sich fasziniert von der „großartige(n) Tradition dieser Religionsgemeinschaft", vor allem von dem hohen Stellenwert der Bildung und der Erziehung der jüdischen Kinder zum freien Denken, die er pauschal dem autoritätsgläubigen, „persönlichkeitsfeindlichen" Österreich entgegenstellt.[22]

Auch der Musiker Herwig Strobl (Jg. 1940), Sohn eines Ortsgruppenleiters und Wehrmachtssoldaten, hat sich über Jahrzehnte intensiv mit jüdischer Kultur und Musik beschäftigt.[23] Er hat mit Freunden die Musikgruppe Gojim gegründet, deren Namen bereits darauf verweist, dass es sich dabei um Nichtjuden handelt. Strobl bezeichnet sich selbst als „Nazikind" und hat sich ansatzweise auch mit seinem autoritären NS-Vater auseinandergesetzt, sein Hauptaugenmerk bleibt aber die jüdische Musik, die er in

Osteuropa, den USA und Israel vorträgt, um somit den Juden „ihre eigenen verloren gegangenen Lieder“[24] zurückzubringen. Sein missionarischer Eifer, gepaart mit einer gewissen Naivität und Unkenntnis der jüdischen beziehungsweise israelischen Realität, zeigte sich beispielsweise bei einem Israel-Besuch, wo er dem „Quell jüdischer Musik“ näher kommen wollte, dann aber enttäuscht feststellen musste, dass in Israel niemand jiddische Lieder zu kennen schien: „Jiddisch ist nicht ‚in‘ im Land der Väter. Hier ist Westlich angesagt, nicht Mauscheldeutsch und weinerlicher Gesang der Generation vor Auschwitz.“[25]

Bei einem Konzert in Krakau trifft Strobl auf Bernard Offen, einen Ghetto- und KZ-Überlebenden, mit dem er später gemeinsam die Synagoge besucht. Diese für ihn sehr wichtige Begegnung kommentiert er folgendermaßen:

> „Nun stehen sich Nazikind und Judenkind gegenüber. Wir sind zwei betroffene Menschen, von den Geschichten unserer Familien und unserer Zeit berührt und geprägt. In gewisser Weise sind wir beide Opfer unserer Herkunft. Und beide hatten wir das Schweigen gebrochen und unsere Geschichte erzählt.“[26]

Derartige wohlmeinende ‚Verbrüderungen‘ von nichtjüdischen und jüdischen Nachkommen, wie sie auch der israelische Psychologe Dan Bar-On unter dem Motto der „sekundären Versöhnung“ organisiert,[27] erscheinen mir problematisch. Denn zum einen wird dabei suggeriert, dass es sich um gleichwertige Opfer-Erfahrungen der beteiligten Seiten handle, und zum anderen führen sie oft sogar so weit, dass die jüdischen Nachkommen die ‚Kinder der Täter‘ trösten, in die Arme nehmen und mit ihnen gemeinsam weinen[28] und sie somit letztendlich zur Entlastung instrumentalisiert werden bzw. sich instrumentalisieren lassen.

Der bereits erwähnte Thomas Heydrich war ebenfalls in diesem jüdisch-nichtjüdischen Dialog der Nachkommen aktiv und auch er hat sein persönliches Interesse für das Judentum mit seiner beruflichen Tätigkeit als Schauspieler und Kabarettist verbunden. Er verarbeitete literarische Texte von Heinrich Heine, Kurt Tucholsky, Walter Mehring zu einem künstlerischen Programm, wobei er erst spät festgestellt hat, dass seine „Lieblingsautoren alle Juden“ seien, ohne dass er sie „deshalb ausgesucht“ hätte. Jedenfalls findet Heydrich es „bemerkenswert“, dass er diese berufliche Laufbahn ganz bewusst gewählt habe, denn – so meint er in einem Anflug völlig unangebrachter nachträglicher Opferstilisierung – die Nazis hätten ihn „dafür eingesperrt oder vielleicht aufgehängt“.[29] Nachdem er als Neffe von Reinhard Heydrich jahrelang unter seiner Herkunft gelitten habe, sei er nun soweit, „mit dieser Last leben zu können" und seinen Namen offen zu tragen: „Heute empfinde ich große Genugtuung, wenn ich ein Plakat sehe mit der Aufschrift: ‚Heydrich liest Heinrich Heine' oder ‚Heydrich mit Texten von Tucholsky'."[30]

Während die Vorstellung, nach Israel zu reisen, für ihn viele Jahre lang eine unannehmbare Idee gewesen war, so hatte sich auch das für ihn später völlig geändert. Vielmehr träumte er im Gespräch mit Dan Bar-On davon, dort beruflich eingeladen zu werden und mit seinem Programm in Israel auftreten zu dürfen – eine Vorstellung, die selbst den sonst immer sehr zurückhaltenden, verständnisvollen Bar-On zum in Klammer gesetzten Kommentar verleitet: „Ein Heydrich in Israel, der Heine in deutscher Sprache liest – sie würden ihn umbringen! Er kann sich nicht vorstellen, was dieser Name bedeutet."[31]

Neben der Beschäftigung mit jüdischer Literatur, Kultur, Intellektualität, Wissenschaft usw., waren es oft auch konkrete persönliche Kontakte mit Juden, die bisherige Wissenslücken auffüllten, antisemitische Bilder und Vorstellungen in Frage stellten und zu einer positiven Umwertung, des Jüdischen' geführt haben. Vor allem im linken Milieu kam es manchmal zu Freundschaften mit jüdischen Studienkollegen und politischen Mitstreitern sowie zu Begegnungen mit jüdischen NS-Opfern, die oft als ‚Korrektive' der bisherigen Vorstellungswelt gewirkt haben. Einzelne jüdische Emigranten, Widerstandskämpfer und KZ-Überlebende wurden mit ihrer spezifischen Lebenserfahrung und Erinnerung für viele NS-Nachkommen zu wichtigen politischen und persönlichen Bezugspersonen, mit denen sie sich stark identifizierten und die sie bewunderten. Dass diese Vorbilder oft keine besondere jüdische Identität, sondern vielmehr ein linkes Selbstverständnis als politische NS-Gegner hatten, wurde dabei oft geflissentlich übersehen. Aus einer zunehmend vergangenheitskritischen Position heraus, repräsentier(t)en ‚die Juden' jedenfalls für viele Nachgeborenen – oft bis heute – das bessere, das ‚andere Österreich'. So stellte beispielsweise der Schriftsteller Josef Haslinger in seinem anlässlich der Waldheim-Affäre erschienenen Buch *Politik der Gefühle* dem österreichischen Opportunismus und ‚Mitläufertum' (personifiziert in Kurt Waldheim) die 1938 vertriebene, jüdisch-kommunistische Widerstandkämpferin Ilse Aschner als positiven Gegenentwurf zur Seite.[32]

Auch der österreichische Politikwissenschafter Anton Pelinka kennt dieses Phänomen aus eigener Erfahrung, denn er ist in seiner Jugend, nach eigenen Worten, ebenfalls „in die Falle des Philosemitismus" getappt. Darunter versteht er, dass man „Juden von vornherein, nur weil sie Juden sind, eine Art Vorschuss" geben und man sie a priori „als ‚bessere' Denker und Künstler, ‚bessere' Forscher und Entdecker, ganz einfach als ‚bessere' Menschen" wahrnehmen würde.[33] Rückblickend meint er, dass das

> „weder schlimm noch tiefgehend war. Wahrscheinlich war es unvermeidlich – für einen 1941 geborenen Österreicher, der sich mit dem Nationalsozialismus auseinander setzt; für einen, der das, wofür die Chiffre ‚Auschwitz' steht, als entscheidende Erfahrung des 20. Jahrhunderts erkennt"[34].

Für Pelinka und viele seiner Generation in Österreich war etwa der sozialistische und jüdische Bundeskanzler Bruno Kreisky ein solches Vorbild: „Ich mochte ihn, weil er Jude war – auch und vor allem deshalb, weil viele ihn aus eben diesem Grunde nicht mochten."[35] Die besondere Ironie dabei war, dass Bruno Kreisky sich immer gegen eine Fremdzuschreibung als Jude – von welcher Seite auch immer – gesträubt hatte und nunmehr von seinen jugendlichen Bewunderern erneut als solcher definiert wurde. Gleichzeitig wurde auch Simon Wiesenthal, lange Zeit als ‚Nazijäger' diffamiert und angefeindet, von vielen NS-Nachkommen in Deutschland und Österreich bewundert, ja geradezu verehrt, wie ich Mitte der 1990er-Jahre, als ich im Dokumentationszentrum von Simon Wiesenthal gearbeitet habe, persönlich miterleben konnte. Auch die vielen Briefe von ‚Kindern der Täter' an Wiesenthal bezeugen das Bedürfnis nach einer väterlichen jüdischen Identifikationsfigur.[36] Manche jüdische Intellektuelle, wie z. B. Theodor W. Adorno und Max Horkheimer, und jüdische Schriftsteller wie Stefan Zweig, Kurt Tucholsky, Elias Canetti, Erich Fried und viele andere, galten ebenfalls als intellektuelle, kulturelle oder moralische Vorbilder und sie fungierten für einen Teil der rebellierenden NS-Nachfolgegeneration gewissermaßen als ‚jüdische Ersatzväter'. Allerdings ist einschränkend anzumerken, dass es den ‚Achtundsechzigern' insgesamt mehr um linke Theorien und Gegenmodelle (politischer Widerstand usw.) gegangen ist und das Thema Judenvernichtung eine eher marginale, stark theoretisch-abstrakte Position einnahm und das Interesse und die Sensibilität für die jüdische Herkunft, Identität und Problematik oft erst später eingesetzt hat.[37]

Christlich-jüdisches Engagement

Andere Nachkommen haben sich verstärkt der jüdischen Religion oder Israel zugewandt. Dies kann sowohl individuell geschehen, indem man sich aus einem allgemeinen spirituellen Interesse heraus mit verschiedenen Religionen, unter anderem auch dem Judentum beschäftigt, oder dieses Engagement geschieht im organisierten Rahmen, wie z. B. im Kontext von christlich-jüdischen Arbeitsgruppen oder in Freundschaftsgesellschaften und Solidaritätskomitees für Israel. In diesen Zusammenhängen wird meist ein überaus positives Bild vom Judentum und von Israel vertreten, das aufgrund seiner Einseitigkeiten und Ausblendungen auch problematische Züge aufweisen kann.[38]

Wie ein solches oft lebensbestimmendes Engagement entstehen und sich entwickeln kann, möchte ich am Beispiel meines Interviewpartners Dieter Neubauer (Jg. 1948) aufzeigen.[39] Er ist als Sohn von begeisterten Nationalsozialisten in Wien aufgewachsen und war beruflich im Polizeidienst tätig, aus dem er später aus gesundheitlichen und psychischen Gründen ausgeschieden ist. Seit beinahe zwei Jahrzehnten engagiert er sich überaus aktiv im christlich-jüdischen Dialog und für Israel. Der Grundstein für sein projüdisches Engagement wurde ihm zufolge bereits in seiner frühen Kindheit durch seinen Vater – einen gegen Ende des Krieges ‚geläuteten Nationalsozialisten' – gelegt. Er erinnert sich an seine Besuche als Kind im väterlichen Geschäft im zweiten Wiener Gemeindebezirk, wo ihn der Vater auf orthodoxe Juden im Kaftan aufmerksam gemacht hatte und ihm somit eine tief verwurzelte „Affinität zum Judentum" vermittelt habe. Außerdem führt er noch eine KZ-Dokumentation, die er in seiner Kindheit gesehen hatte, sowie ein Buch über das Warschauer Getto als überaus prägend an. Auch im Rahmen seiner späteren beruflichen Tätigkeit als Polizist hatte Herr Neubauer öfters mit Juden zu tun (z. B. im Zusammenhang mit palästinensischen Terroranschlägen auf jüdische Institutionen) und besonders eine Begegnung mit russischen Juden bei einem polizeilichen Routineeinsatz, die aus Angst die Wohnungstür nicht zu öffnen wagten, hat ihn nachhaltig für die jüdische Problematik und Ängste sensibilisiert.

Als zweiten Erklärungsstrang für sein dezidiert projüdisches Engagement führt Herr Neubauer seine zunehmend kritische Beschäftigung mit dem Christentum an, in deren Verlauf er sich auch mit der jüdischen Religion, deren Ursprünge sowie ihren Ähnlichkeiten zum Christentum auseinandersetzte und auch einige christliche Dogmen, wie z. B. die Christusmordlegende kritisch zu hinterfragen begann. Neben seiner Mitarbeit im christlich-jüdischen Dialog ist Herr Neubauer seit einigen Jahren auch in einem Komitee für Israel aktiv. Trotz dieses Engagements war er bisher nur einmal in dem Land, dem seine ganze Solidarität gilt, und zwar Mitte der 1980er-Jahre im Rahmen einer organisierten „biblischen Pilgerreise".

Wie bei vielen im christlich-jüdischen Umfeld unternommenen Reisen ins ‚Heilige Land' bekamen die Teilnehmer nur ein selektives, weil stark historisch-christlich und weniger aktuell-jüdisch geprägtes Bild von Israel vermittelt. Die vorgegebenen Schwerpunkte der Reise lagen eindeutig beim Besuch der ‚Heiligen Stätten' und es kam abgesehen von einem Besuch in einem Kibbuz, kaum zu Kontakten mit jüdischen Menschen in Israel und schon gar nicht zu Begegnungen mit KZ-Überlebenden.

Trotz oder vielleicht gerade wegen dieser eingeengten Perspektive bewertet Herr Neubauer die Reise aus der Retrospektive geradezu euphorisch. Besonders der erste Eindruck – „die Luft, die Palmen, der süßliche Duft" – ließen ihn Israel geradezu als „Paradies" erscheinen. Diese idealisierte Wahrnehmung hat sich mittlerweile etwas ausdifferenziert. Auch wenn mein Interviewpartner sich grundsätzlich als „projüdisch" definiert, so versucht er doch der Komplexität des israelisch-palästinensischen Konfliktes gerecht zu werden und „möglichst objektiv" zu sein. So verliert er auch die palästinensische Seite nicht gänzlich aus dem Blick und bringt für deren Leid durchaus Empathie auf, womit er sich von vielen, oft einseitigen ‚Israel-Freunden' wohltuend unterscheidet.

Mein Interviewpartner grenzt sich von jenen Formen des Philosemitismus ab, der sich seiner Ansicht nach durch eine vollkommen kritiklose Idealisierung und Viktimisierung von Juden und von Israel auszeichnet. Einen derartigen problematischen Philosemitismus beobachtet er auch in seinem christlich-jüdischen Umfeld, darunter auch bei NS-Nachkommen, die ihre familiäre Herkunft und die oft damit einhergehenden Schuldgefühle jedoch nicht reflektiert hätten bzw. sie niemals thematisieren würden. Auch für Herrn Neubauer hatte die NS-Vergangenheit und sein familiärer Hintergrund lange Zeit keine große Rolle gespielt, mittlerweile erscheint ihm die Schoa aber als zentral, als „die Wurzel aller Dinge", einerseits für die Juden, die über Generationen hinweg als schwer traumatisierte Opfer der Schoa anzusehen wären, andererseits aber auch für ihn selbst, als Motivation für sein christlich-jüdisches Engagement.

Eine besonders intensive Beschäftigung mit dem Judentum, der jüdischen Religion und/oder Israel kann tatsächlich in manchen Fällen als Ausdruck von Schuldgefühlen und als ein (bewusster oder unbewusster) Versuch einer verlagerten ‚Wiedergutmachung' interpretiert werden, besonders wenn ein familiärer NS-Hintergrund mit im Spiel ist. Manchmal ist es sogar die in den Nationalsozialismus verstrickte Generation selbst, die sich nunmehr für Israel und das Judentum begeistert. Auffallend häufig trifft man in diesen Kreisen auf die so genannte ‚Zwischengeneration' (Jahrgänge ab 1930), die früher in der HJ, im BDM oder als Flakhelfer tätig waren und sich nach 1945 intensiv dem Judentum zugewendet haben. Eine Interviewpartnerin erzählt beispielsweise von ihrer älteren Schwester, einer ehemaligen begeisterten BDM-Aktivistin, die beruflich in Israel an der Botschaft tätig war und im Pensionsalter ein Judaistik-Studium begonnen hat, was sie als eine unbewusste Form einer nachträglichen ‚Wiedergutmachung' deutet.[40] Fragwürdig wird ein derart auffallendes Engagement dann, wenn das Interesse ausschließlich der jüdischen Geschichte und Religion gilt und die Judenverfolgung und Judenvernichtung sowie der eigene persönliche Standort (in diesem Fall: die eigenen BDM-Aktivitäten) vollständig ausgeblendet bleiben.

In manchen Fällen führt die Beschäftigung mit dem Judentum auch zur Konversion, wodurch der Faden zur eigenen Herkunft und Familiengeschichte besonders drastisch abgeschnitten wird. Der israelische Psychologe Dan Bar-On berichtet in diesem Zusammenhang von einer Begegnung mit einem deutschen Sohn eines hochrangigen Nationalsozialisten, der nicht nur zum Judentum konvertiert ist, sondern später sogar Rabbiner in Israel wurde.[41] Er hatte als Jugendlicher bewusst Kontakte zu Juden gesucht, die er schließlich in einer Synagoge der Nachbarstadt und einer Gesellschaft für Christlich-Jüdische Zusammenarbeit gefunden hat. Nach seiner Konversion zum Judentum ging er nach Israel, wo er seitdem mit einem jüdischen Namen und als mehrfacher Familienvater streng orthodox in Jerusalem lebt. Seinen Religionsübertritt interpretiert er als rein religiös und intellektuell motivierten Schritt, einen Zusammenhang mit der NS-Verstrickung seines Vaters, zu dem er jahrzehntelang keinen Kontakt hatte, sieht er nicht. Ungeachtet seiner Rationalisierungen zeigt sich in seinen Ausführungen aber, dass es sehr wohl einen Konnex zwischen der nie aufgearbeiteten, belasteten Familiengeschichte und dem radikal gelebten Gegenentwurf (als orthodoxer Rabbiner) dieses NS-Sohnes gibt.

Vom Kippen der Bilder

Gegen eine strikte Abgrenzung vom antisemitischen Herkunftsmilieu und die damit einhergehende Umwertung oder Revision der bisherigen negativen ‚Judenbilder' ist nichts einzuwenden, insbesondere dann, wenn sich im Laufe der Beschäftigung tatsächlich eine differenziertere Sichtweise durchzusetzen beginnt. Philosemitische Wahrnehmungen und Zuschreibungen werden aber dann problematisch, wenn sie zu verklärenden Klischeebildern geraten, die letztendlich nur die Kehrseite von antisemitischen Stereotypen sind und einer Realitätsüberprüfung nicht standhalten können. Die vielfach damit einhergehende Überhöhung ‚der Juden' als die ‚besseren Menschen' birgt ihre Tücken in sich, denn gerade aufgrund der hohen Erwartungshaltung und des fragilen Charakters dieser Idealbilder kann es immer wieder zu Ent-Täuschungen und somit zum Kippen zwischen antisemitischen und philosemitischen Klischeebildern kommen. Antisemitismus und Philosemitismus sind zwei Seiten einer Medaille: das eine schließt das andere nicht aus und oft können beide gleichzeitig zumindest in Segmenten nebeneinander existieren, ohne dass sich die Akteure dieser komplizierten Verflechtungen bewusst sein müssen.

Gerade im Zusammenhang mit Israel ist dieses Kippen der Bilder besonders deutlich zu beobachten. So zeigen z. B. die Reaktionen in Deutschland und Österreich auf den Sechstagekrieg deutlich, dass die auf Israel projizierten Idealbilder aufgrund der Enttäuschung über die israelische Politik später oft in ihr krasses Gegenteil gekippt sind.[42] Selbst Ulrike Meinhof, die spätere RAF-Terroristin und Antizionistin, hatte sich vor Ausbruch des Sechstagekrieges unter dem Hinweis auf die Schoa mit den jüdischen NS-Opfern und dem bedrohten Israel solidarisiert.[43] Aber nur kurze Zeit später stellte sie sich – wie viele andere Linke auch – mit denselben moralischen Rigorismus auf die Seite der Palästinenser und deren Kampf gegen Israel und sie erging sich schließlich in der Stammheimer Haft (wie ihre Mithäftlinge auch) in Auschwitz-Vernichtungsphantasien.[44]

Auch wenn solche Positionswechsel sich nicht immer so radikal und dramatisch vollzogen haben, so war ein (oft ungewolltes) Changieren zwischen philosemitischen und antisemitischen Denkmustern in der deutschen und österreichischen Linken weit verbreitet, wie sich am Beispiel meines Interviewpartners Karl Brunngraber (Jg. 1945) exemplarisch aufzeigen lässt.[45] Herr Brunngraber ist von seinem Selbstverständnis her antifaschistisch und links, er hat sich auch mit dem Nationalsozialismus und mit seinem belasteten NS-Vater auseinandergesetzt. Nichtsdestotrotz bekennt er im Laufe des Interviews, dass er – entgegen seinem Wissen und jeder Vernunft – fallweise antijüdische Ressentiments empfinde. Unmittelbar nach diesem Eingeständnis seiner antisemitischen Gefühle wechselt der Interviewpartner die Perspektive und geht, wenn auch immer wieder durch um Differenzierung bemühte Korrektive gebremst, zum Gegenangriff auf ‚die Juden' über. Ausgehend von seiner Beobachtung von bewachten jüdischen Institutionen in Wien kritisiert er die angebliche selbst gewählte Gettoisierung der Juden, ohne nach konkreten Gründen (Terrorgefahr, Antisemitismus) zu fragen, und verlagert dieses Erklärungsmodell schließlich auf den Staat Israel. Die im Duktus einer vermeintlichen Sorge um das jüdische Wohl vorgebrachte Frage „ob sie drinnen ihr

Glück finden werden?" klingt beinahe wie eine Drohung, besonders wenn gleichzeitig der nachvollziehbare „Hass" der Palästinenser und – etwas später – die Gefährdung des „Weltfriedens" durch die Juden thematisiert wird. Dass diese Gegenoffensive offenbar zur Abwehr der ihm unliebsamen Gefühle (Aversion und Schuldgefühle) dient, wird in jener zentralen Passage deutlich, wo Herr Brunngraber die Schuldfrage anspricht:

> „KB: Also, meine Haltung ist jetzt, einfach die, dass *einerseits*, ich mir als Österreicher, einer gewissen Schuld gegenüber den Juden, bewusst bin. Andererseits diese Schuld aber als, als sozusagen, Angehöriger der nächsten Generation und als einer, der keinen Juden jemals irgendetwas angetan hat, der persönlich keinen Juden kennt, auch persönlich keinen wirklich gefühlsmäßigen Hass oder was gegen irgendeinen Juden hat, der diese Schuld aber auch wiederum, sozusagen von sich weist. Ich ich *will* mich nicht schuldig fühlen, weil ich mir sage, [...] was hab ich für einen *Grund*, ich persönlich hab niemand was getan, ich *will* auch niemand was tun, ich werde mich auch hüten, also als Österreicher, äh, groß den Mund aufzureißen gegenüber den, den Juden. Obwohl ich, auf der anderen Seite, die *jetzige* israelische Politik, *nicht* gut heiße also absolut nicht, und äh ich seh in der Politik eine Gefahr für *Europa*, und für den Weltfrieden, muss ich ehrlich sagen, und äh nicht nur also jetzt Gefahr sozusagen für uns, für Unbeteiligte sondern, hauptsächlich für die Juden *selber*."[46]

Mit diesem Bekenntnis, sich einerseits ‚als Österreicher' schuldig zu fühlen, andererseits aber als ‚Nachgeborener' jede persönliche Schuld von sich zu weisen, benennt er die ambivalente erinnerungspolitische Ausgangsposition der NS-Nachfolgegeneration insgesamt. Ein besonders probates Mittel der Entlastung und Schuldabwehr ist zweifellos die auf Israel angewandte Täter-Opfer-Umkehr, zu dem auch mein Interviewpartner unmittelbar in Anschluss daran greift. Unter Berufung auf Sigmund Freud, verknüpft mit einem kleinen philosemitischen Exkurs über ‚jüdische Genies', beklagt er, dass die ehemaligen Opfer nun selbst zu Tätern geworden seien:

> „KB: Äh, ich seh da, eine Wiederholung dessen was [Sigmund] *Freud*, der selber ein Jude war als erster, und als eines der großen Genies der Menschheit, der Geschichte- also Freud war für mich wirklich ein, eines der ganz großen Genies und, äh er ist nicht der einzige Jude, der ein großes Genie war also, die Juden haben *sehr* viele Genies hervorgebracht. Also der Freud hat auf ein Phänomen erstmalig hingewiesen,

> das man immer wieder beobachten kann, sowohl bei Einzelpersonen als auch sogar offensichtlich bei ganzen Völkern, nämlich, wenn einem Kind, von irgendeinem, *stärkeren* Kind oder von den Erwachsenen, *Gewalt* angetan wird, dann erleidet es zunächst einmal diese Gewalt, äh, entweder wehrt es sich oder es wehrt sich auch nicht, es erleidet jedenfalls diese Gewalt, weil weil es ja, schwächer ist, nen. Aber, nach einiger Zeit, sucht das Kind, selber irgendwelche Opfer und, ähm, übt nun diese Gewalt die es selber vorher erlitten hat, selber aus, es wird vom Opfer zum Täter. Genau diesen Prozess hat also Freud sehr, sehr exakt beobachtet und ihn auch beschrieben, und den sieht man *überall*, den sieht man bei Kindern aber auch bei Erwachsenen, die unbewusst das, was sie was sie selber erlitten haben, als Täter weitergeben. Und man sieht das offensichtlich auch bei ganzen Völkern. Die Juden, sind jetzt, mhm, sozusagen, ein Volk, das das viele Leiden, das sie im Lauf der Geschichte und besonders eben in der Nazi-Zeit, über sich ergehen lassen mussten, die das jetzt, irgendwie ... äh, den Palästinensern gegenüber ausagieren.“[47]

Mit dieser Argumentation, die (auch noch an anderer Stelle) sämtliche Klischees einer linken Israelkritik bedient, tappt mein Interviewpartner in eine fatale Argumentationsfalle vieler Israel-Kritiker, wonach den Juden vorgeworfen wird, dass sie ‚aus Auschwitz nichts gelernt‘ hätten. Das zum Ausdruck gebrachte Entsetzen darüber, dass ‚gerade die Juden‘, die doch selber so viel erlitten hätten, nun ähnlich oder genauso handeln würden wie damals die Nazis, ist ein fixer Topos in der israelkritischen bzw. -feindlichen Argumentation.[48] Damit werden Juden nicht nur auf die ihnen zugeschriebene Sonder- sprich: Opferrolle festgelegt, sondern in dieser verqueren Logik erscheint ‚Auschwitz‘ sogar als eine Art Läuterungsinstanz für die überlebenden Juden. Ein derartiges Denk- und Argumentationsmuster klingt aus dem Munde von nachgeborenen ‚Täterkindern‘ besonders anmaßend und selbstgerecht.

Identifikationen oder: Wie aus Nazikindern Juden werden

Identifikationen mit den jüdischen Opfern, ‚stellvertretende Schuldübernahmen‘ und Versuche einer ‚nachträglichen Wiedergutmachung‘ sind aufgrund der bereits eingangs erwähnten anders gelagerten Erinnerungskultur in Deutschland häufiger anzutreffen als vergleichsweise in Österreich.[49] Aber auch hier finden sich fallweise Beispiele für einen zugespitzten und oft kurios anmutenden Philosemitismus, der sich aus der eigenen unbewältigten Familiengeschichte und damit zusammenhängenden Identifikationsbedürfnissen speist. Einer dieser Fälle ist Barbara Taufar (Jg. 1943), die eine Autobiographie mit dem Titel *Die Rose von Jericho* vorgelegt hat, worin sie unter anderem auch ihr Verhältnis zu Juden und zum Judentum thematisiert hat.[50] Barbara Taufar ist in einem typisch postnationalsozialistischen Milieu in Österreich aufgewachsen: Der Vater von Taufar war illegaler Nationalsozialist und SS-Mitglied, später bei der Wehrmacht und als solcher an der ‚Partisanenbekämpfung' in Jugoslawien beteiligt. Nach 1945 lebte der Vater kurzfristig im Untergrund und wurde später bei zwei NS-Prozessen angeklagt und freigesprochen. Auch die Mutter hat die nationalsozialistische Gesinnung ihres Mannes geteilt, die von der Tochter erst im Laufe ihrer Pubertät und ihrer linken Politisierung kritisch hinterfragt wurde.

Für Taufar ist die Judenvernichtung der zentrale Punkt, um den sie rhetorisch kreist und die zu ihrem Lebensmotiv wird. Ihr ambivalentes Angst-Faszinations-Verhältnis gegenüber den Juden und dem Judentum setzt bereits sehr früh ein. Die „Suche nach Juden", wie sie es selbst nennt, zieht sich wie ein roter Faden durch ihr Leben, sei es in Form einer jüdischen ‚Ersatzmutter', die sie als Jugendliche zu finden vermeint, sei es in ihren späteren vielen (bewusst gesuchten) Liebesverhältnissen mit jüdischen Männern oder aber in Form ihrer späteren Begeisterung für Israel und das Judentum. Barbara Taufar geht aber einen Schritt weiter als viele andere ihrer Generation, denn sie beginnt demonstrativ den Davidstern zu tragen, sich jüdische Vorfahren zu erfinden und sich fälschlicherweise als Jüdin auszugeben. In einer Liebesaffäre mit dem deutschen Verleger Axel Springer, der in der Öffentlichkeit als ‚Israelfreund' bekannt war, gerät diese „schamlose Lüge", wie sie selbst schreibt, außer Kontrolle. Denn Springer betrachtet seine Geliebte, die vermeintliche Jüdin, „als Vorsehung", die für ihn stellvertretend „sechs Millionen Tote" verkörperte.[51] Aus diesem pervers anmutenden ‚Rollenspiel' offenbart sich nicht nur ein eklatantes Identitätsproblem auf beiden beteiligten Seiten, sondern auch die Sehnsucht der Nazi-Tochter nach einer unbelasteten Familiengeschichte, unbefleckt vom Makel einer tatsächlichen oder potenziellen Täterschaft.

Dieses Bedürfnis nach einer ‚reinen Herkunft' teilt Taufar mit vielen anderen NS-Nachkommen, auch wenn diese es meist nicht direkt thematisieren. So regte sich bei meiner Interviewpartnerin Inge Wonisch unter dem Eindruck ihrer ersten Israel-Reise und der Konfrontation mit der Judenvernichtung in der Gedenkstätte Yad Vashem unwillkürlich der Gedanke:

> „In unseren Reihen sind wenige so glücklich, die sagen können, meine Eltern sind als Juden, Zigeuner, Politische, gerettet worden. Haben sich retten können. Ich wäre glücklich, […] ich könnte sagen, meine Eltern wären solche gewesen."[52]

Was hier noch eher verschämt angedeutet wird, spricht Taufar ungewöhnlich offen aus: „Weshalb konnte es denn nicht auch in meiner Familie irgendwo einen Juden geben, dessen Existenz mir die schäbige SS-Vergangenheit meines Vaters erträglicher gemacht hätte?"[53]

Die Sehnsucht nach einer unbelasteten Familiengeschichte kann auf verschiedene Weise befriedigt werden. Eine Möglichkeit ist, in der eigenen Familie nach NS-Opfern und/oder jüdischen Vorfahren zu suchen und sich somit in eine unbelastete Familientradition einzureihen. Derartige Tendenzen sind in den letzten Jahrzehnten – vermutlich auch unter dem Eindruck der öffentlichen Thematisierungen der Judenvernichtung – immer wieder anzutreffen. So wird beispielsweise in dem mehrmals überarbeiteten Vaterbuch von Peter Henisch *Die kleine Figur meines Vaters* wiederholt die Vermutung geäußert, dass der NS-Vater (ein Wehrmachtspropagandist) ‚eigentlich' jüdischer Abstammung gewesen sei, ohne dass dafür allerdings auch nur ein konkreter Hinweis angeführt wird.[54] Die Vermutung der eigenen ‚jüdischen' (Teil)Herkunft gewinnt schließlich immer mehr an Bedeutung und gerät schließlich gar zur Gewissheit, sowohl in der Rezeption (in Rezensionen ist bereits wie selbstverständlich von einem „jüdischen Vater" die Rede) als auch bei Henisch selbst, der sich mittlerweile als „Judenkind und Nazikind" in einem bezeichnet.[55] Eine ähnliche stille Metamorphose scheint sich auch bei der österreichischen Schriftstellerin Waltraud Mitgutsch vollzogen zu haben. Die aus der oberösterreichischen Provinz stammende Autorin, bekannt geworden durch ihren Roman *Die Züchtigung* (1985) über eine im Nationalsozialismus geprägte Mutter und deren extremen Erziehungsmethoden, hat sich später intensiv mit jüdischen Themen beschäftigt, lebte teilweise in Israel (und soll angeblich auch zum Judentum konvertiert sein[56]) und nennt sich mittlerweile *Anna Mitgutsch*.

Eine andere Möglichkeit, der eigenen belasteten Familiengeschichte zu entkommen, ist die Konversion zum Judentum, die auch Barbara Taufar Mitte der 1980er-Jahre – im Zuge der Waldheim-Affäre – gewählt hat. Dieser Schritt löste in ihrem linken Freundes- und Bekanntenkreis Erstaunen aus und vor allem ihre antisemitische Mutter reagierte mit Entsetzen und Ablehnung. Taufar selbst versteht ihren Übertritt zum Judentum als eine Art nachträgliche ‚Wiedergutmachung' für die Schoa und glaubt, dass durch ihr Zur-Jüdin-Werden ein in Auschwitz ermordetes Kind „wiedergeboren“ und durch sie „weiterleben“ würde.[57] Wie weit sie in ihrer Identifikation mit den Juden und der Selbststilisierung als Jüdin geht, zeigte sich während des Golfkrieges 1991, als sie sich nicht nur in das israelische, sondern in das jüdische Opfer-Kollektiv als ganzes eingegliedert hat, indem sie fragt: „Wollte man uns wieder vergasen? Jetzt war ich einer von ihnen, einer der Juden, die Saddam vernichten wollte. Einer von ihnen, die sich bange fragten, warum mit Gas?“[58] Die hier zum Ausdruck kommende Aneignung einer jüdischen Identität und Erfahrung (der Vernichtung), die nicht die ihre ist und sein kann, ist ein nicht unproblematischer Versuch, einfach ‚die Fronten zu wechseln‘ (von der Täter- auf die Opferseite) und sich solcherart aus dem eigenen gesellschaftlichen und familiären Schuldzusammenhang zu lösen. Dieser Frontenwechsel auf die Seite der Opfer erscheint immer dann besonders fragwürdig, wenn die eigene Familiengeschichte entweder gar nicht reflektiert wird oder – wie im Falle von Taufar – die Auseinandersetzung mit dem eigenen NS-Vater trotz einer vordergründigen Anklagerhetorik letztendlich relativ schonend ausfällt.[59]

Die Imagination einer jüdischen Herkunft und damit einhergehende Rettungsphantasien waren bereits in der ‚Achtundsechziger‘-Generation weit verbreitet. So hatte sich z. B. Rudi Dutschke – ohne reale Grundlage – als Kind immer eingebildet, dass er ein Kind jüdischer Eltern sei, das die Dutschkes bei sich versteckt hätten, und auch der spätere RAF-Terrorist Hans-Joachim Klein imaginierte sich seine Mutter als Jüdin, die vagen Informationen zufolge wegen ‚Rassenschande‘ im KZ gewesen sei.[60] Ein besonders extremer Fall einer jüdischen Identitätsaneignung in jüngster Zeit war der Schweizer Binjamin Wilkomirski (alias Bruno Dössecker), der sich in einem von der Kritik viel gepriesenen Erinnerungsbuch *Bruchstücke* (1995) fälschlicherweise als „jüdisches KZ-Opfer“ imaginierte, was sowohl Rückschlüsse auf massive persönliche Identitätsprobleme des adoptierten Wilkomirski/Dössecker als auch auf die Wirksamkeit philosemitischer Reflexe in der deutschen Öffentlichkeit zulässt.[61] Weniger spektakulär, aber doch sehr bezeichnend für die deutsche Erinnerungskultur ist die Wahrnehmung und Selbstpräsentation von Lea Rosh, der in Deutschland sehr bekannten, als „Trauerarbeiterin der Nation“ titulierten Mitinitiatorin für das Holocaust-Denkmal in Berlin. Sie wird aufgrund ihres Namens und ihres Aussehens in der deutschen Öffentlichkeit als jüdisch wahrgenommen. Nur wenige wissen, dass sie zwar jüdische Vorfahren, aber auch einen nichtjüdischen Vater (einen 1945 gefallenen Wehrmachtssoldaten) hat und dass sie protestantisch getauft und erzogen wurde und eigentlich

Edith heißt. Rosh nimmt die ihr zugeschriebene Zugehörigkeit zum jüdischen Volk jedenfalls billigend hin und versteigt sich sogar in identifikatorischen Opferphantasien (mit den in den Gaskammern ermordeten Juden), wenn sie meint: „Es fällt mir nicht schwer, mir vorzustellen, ich wäre da hineingetrieben worden."[62]

Viele Nachkommen in Deutschland und Österreich sind sich offenbar der Anmaßung, die aus solchen (Selbst)Viktimisierungen spricht, nicht bewusst. Ihnen scheint es mehr um ihre eigene psychische Hygiene zu gehen (d. h. dem familiären Schuldzusammenhang zu entfliehen) und weniger um die konkreten physischen und psychischen Leiden der jüdischen Opfer und deren Nachkommen. Sie eignen sich eine Opferrolle und deren vermeintliche Vorteile an, ohne je selbst Opfer gewesen zu sein. Nur wenige reflektieren, dass ihre Auseinandersetzung mit der Judenvernichtung sich zwangsläufig und existenziell von jener der Überlebenden und deren Nachkommen unterscheidet. So hat beispielsweise Ingrid Strobl mittlerweile erkannt, dass die eigene Erschütterung angesichts der Schoa „nur ein Hauch des Grauens" davon sein könne, das die Überlebenden und deren Kinder und Enkel quält.[63] Darüber hinaus hätten die Nachkommen der Täter den „unverschämten Luxus der Wahl", denn: „Wir können selbst entscheiden, ob und wann und wie viel wir begreifen wollen, was wir wissen, worauf wir uns einlassen wollen. [...] Es liegt ein tiefer Graben zwischen euch und uns."[64] Diese wichtige Beobachtung teilt auch die Filmregisseurin Ruth Beckermann aus jüdischer Sicht, wenn sie die „unsichtbare Wand" zwischen den Nachkommen der NS-Opfer und den Nachkommen der NS-Täter beschreibt.[65]

Faszinationen und Projektionen

Für manche deutschen und österreichischen Nachkommen scheinen jüdische Männer und Frauen eine besondere Faszination und sexuelle Anziehungskraft auszuüben und sie sind Beziehungen mit jüdischen Partnern eingegangen. Nicht alle, aber viele dieser Liebesverhältnisse sind nicht frei von Projektionen, die in der unreflektierten Familiengeschichte ihren Ursprung haben. So entstanden viele Beziehungen oft mehr oder weniger bewusst aus einer Trotzhaltung gegenüber den antisemitischen Eltern, für die allein die Vorstellung eines möglichen jüdischen Familienmitgliedes eine schwer ertragbare Provokation darstellte.[66] Bei dem bereits erwähnten Klezmermusiker Herwig Strobl führte eine Liebesbeziehung mit einer Jüdin, die er in den 1960er-Jahren als junger Mann eingegangen war, sogar zum endgültigen Bruch zwischen Vater und Sohn.[67] Diese Geschichte entbehrt insofern nicht einer besonderen Pikanterie, als sich Jahre später bei einer Wiederbegegnung mit der ehemaligen Freundin herausstellen sollte, dass diese keine Jüdin war, sondern ihre jüdische Identität damals nur vorgetäuscht hatte, um ‚interessanter' zu wirken.[68] Auch die mehrfach erwähnte Barbara Taufar fühlte sich von jüdischen Männern immer stark angezogen. Ihre erste Liebesbeziehung zu einem Juden führte zu heftigen Auseinandersetzungen mit ihren Eltern, in deren Verlauf ihr der Vater verbittert vorgeworfen hatte, „nur mehr mit Juden zu verkehren".[69] Auffallend bei Taufar ist auch die starke Sexualisierung der Problematik, sowohl was die Vaterbeziehung als auch ihren Umgang mit Juden betrifft. Ihr Denken und ihre Zuschreibungen bewegen sich stark in den Dichotomien groß, blond, blauäugig und schön, sprich ‚arisch' (für sich selbst und ihre Familie) einerseits und ‚jüdisch' als ‚das Andere', Anziehende, Geheimnisvolle (verkörpert in ihren jüdischen Liebhabern) andererseits.

Diese starke sexuelle Konnotation ‚des Jüdischen', die in der NS-Nachfolgegeneration keinesfalls ein Einzelfall ist,[70] kann unterschiedliche Ursachen haben. Zum einen liegen die tieferen Wurzeln möglicherweise in der kindlich erlebten Tabuisierung des Themenfeldes ‚Juden' in der Nachkriegszeit. So erinnert sich Taufar an die verschämten Reaktionen ihrer Schulkameradinnen angesichts der Konfrontation mit dem Thema Judenvernichtung:

> „Doch die jungen Mädchen konnten das Monströse der Vergangenheit nicht ganz erfassen, und so kicherten viele verlegen, wenn sie über die Todeslager sprachen. Manchmal reichten wir einander heimlich, unter den Schultischen, Zeitungsfotos zu, auf denen ausgemergelte Menschen in gestreiften Pyjamas zu sehen waren. Es war uns peinlich, diese elenden Figuren zu betrachten [...]. Ich ahnte, daß es sich hier um etwas Unanständiges und Unmoralisches handeln mußte, ähnlich den pornographischen Photos, die uns die Knaben [...] zusteckten. Das war verboten, und doch wollte man wissen."[71]

Derartige Angst-, Reiz- und Peinlichkeitsreaktionen im Zusammenhang mit der Judenvernichtung weisen durchaus Ähnlichkeiten mit der Tabuisierung von Sexualität auf und gehören offenbar zum fixen Erfahrungsfundus der in der ‚prüden' Nachkriegszeit aufgewachsenen NS-Nachfolgegeneration.[72]

Zum anderen zeigt sich darin das Weiterwirken des in vielen Familien tradierten antisemitischen Stereotyps des sexuell aktiven und bedrohlichen

Juden, das in Form von Erzählungen über angebliche oder tatsächliche sexuelle Belästigungen von Frauen durch jüdische Männer an die nächste Generation weiter tradiert wurde. Aufgrund der Häufigkeit derartiger beinahe identischer Geschichten (vom jüdischen Hausherren oder Geschäftsmann verführtes ‚arisches' Dienstmädchen; von jüdischen DPs nach Kriegsende sexuell belästigte Frauen usw.) kann von einer kollektiven ‚Familienlegende' gesprochen werden, die letztendlich das antisemitische Stereotyp des ‚geilen Juden' reproduzierte und verfestigte.[73] Derartige Geschichten wurden vor allem von Frauen (Müttern, Großmüttern) erzählt, was vermutlich auf spezifisch weibliche Erfahrungen bzw. auf spezifisch weibliche Ängste und den daraus abgeleiteten Projektionen zurückzuführen ist. Die Wirkungsmacht dieser sexuell aufgeladenen, antisemitischen Klischees auf die Kinder (vor allem auf die Töchter) ist beträchtlich, auch wenn diese in einer philosemitischen Umkehrung vermeintlich abgelehnt und bekämpft werden.

Derartige sexualisierte Projektionsmechanismen beschreibt auch die österreichische Schriftstellerin Brigitte Schwaiger in ihrem autobiographisch gefärbten Vaterbuch *Lange Abwesenheit*.[74] Darin wird eine Liebesbeziehung der Protagonistin mit einem älteren jüdischen Mann dargestellt, die aufs engste mit dem virulenten Antisemitismus des NS-Vaters verknüpft ist. Die eher unglückliche, masochistisch angelegte Liebesbeziehung hat für die Protagonistin gleich mehrere Funktionen zu erfüllen: Vor allem ist sie – bewusst oder unbewusst – als Provokation und als Art Rache für den antisemitischen Vater gedacht, der im Zusammensein mit dem Geliebten sehr oft herbei imaginiert wird: „Und wenn mein Vater mich sehen würde im Bett des Juden […]."[75] Gleichzeitig dient der jüdische Geliebte der Protagonistin auch als Projektionsfläche ihrer vom Elternhaus und vom sozialen Umfeld übernommenen, unverarbeiteten antisemitischen Ressentiments und ihrer damit einhergehenden Rache- und Bestrafungsphantasien. So belegt sie ihren Geliebten mit antisemitischen Zuschreibungen in der Diktion ihres Vaters („geiler, alter Jud"), sie sieht sich schutzlos ihren diffusen Schuldgefühlen ausgeliefert und unterwirft sich als Opfer den angeblichen Bestrafungsaktionen ihres Geliebten:

> „Judenlächeln, dachte ich, Judennase. Und der gütige, jüdische Blick jetzt wieder, weil er weiß, wie ich mich quäle, und er hat seine Freude daran. Er ist einer der wenigen, die überlebt haben, er hat sich geschworen, Rache zu nehmen, und ich bin ihm in die Arme gelaufen, einfältige Gojte."[76]

Bei dem Text von Brigitte Schwaiger handelt es sich um einen fiktionalen Text und somit ist die Protagonistin nicht mit der Autorin gleichzusetzen. Es gibt allerdings einige Hinweise, dass die Erzählung sowohl was die beschriebene Vaterbeziehung als auch der Beziehung zu einem jüdischen Mann betrifft, durchaus autobiographische Züge aufweist.[77] Jedenfalls ist offensichtlich, dass die Autorin wenig Distanz zu ihrem Stoff und den vermutlich als Provokation gedachten antisemitischen Parolen der Protagonistin gewinnt.[78] Vielmehr verheddert sie sich in einem Gewirr von negativer Faszination und Projektion, sodass der demonstrative Abgrenzungsversuch als gescheitert betrachtet werden muss.

Fazit

Das Wissen um das ungeheure Ausmaß der Schoa und um die Mitverantwortung der eigenen Elterngeneration führte bei manchen NS-Nachkommen zu Befangenheiten und Schuldgefühlen gegenüber Juden, die sie auf unterschiedliche Weise – und oft vergeblich – zu ‚bewältigen' versuchen. Die positive Umwertung der antisemitischen ‚Judenbilder' und die oft damit einhergehende philosemitische Überhöhung von ‚den Juden' oder ‚des Judentums' ist als ein demonstrativer Akt der Abgrenzung zu verstehen und hat in dieser spezifischen Ausgangskonstellation ihren Ursprung. Ein dezidiertes projüdisches Engagement, das sich unterschiedlich artikulieren und in verschiedenen Bereichen praktiziert werden kann, wird von den ‚Kindern der Täter' fallweise als nachträgliche und stellvertretende ‚Wiedergutmachung' verstanden.

Wie an einigen Beispielen aufgezeigt wurde, kann ein undifferenzierter Philosemitismus durchaus problematische Züge annehmen. Zum einen dann, wenn die einseitigen und undifferenzierten positiven ‚Judenbilder' in erster Linie auf Projektionen basieren, die wenig mit der Realität zu tun haben und oft nichts anderes als die Kehrseite der (antisemitischen) Medaille darstellen. Die Idealisierung und Überhöhung der Juden als die ‚besseren Menschen' führt aufgrund der hohen Erwartungen und der überaus fragilen Imaginationen immer wieder zu Ent-Täuschungen und zum Kippen dieser Vexierbilder (nicht nur, aber besonders im Zusammenhang mit Israel). Eine Überidentifikation mit ‚den Juden' erweist sich auch dann als fragwürdig, wenn die eigene belastete Familiengeschichte und die eigene Ausgangsposition nicht kritisch hinterfragt wird und somit letztendlich ein unreflektierter Seitenwechsel von der Seite der ‚Täter' auf die Seite der ‚Opfer' erfolgt. So etwa wenn sich die NS-Nachkommen auf die Suche nach jüdischen Vorfahren und einer ‚reinen' Familiegeschichte begeben, oder wenn sie versuchen, durch den Übertritt zum jüdischen Glauben dem gesellschaftlichen und familiären Schuldzusammenhang zu entkommen. Und nicht zuletzt ist der Philosemitismus von ‚Kindern der Täter' auch deswegen problematisch, weil es vielen weniger um die Juden selbst als vielmehr um subjektive Befindlichkeiten (unaufgearbeitete Schuldgefühle und latente Ressentiments) und Bedürfnisse (Entlastung) der Nachkommen geht, die – mithilfe der Juden als Projektionsfläche – beseitigt bzw. befriedigt werden sollen.

Anmerkungen

1 Vgl. dazu Reiter, Margit: Das negative Erbe. Die NS-Nachfolgegeneration in Österreich zwischen Antisemitismus und Philosemitismus, in: Jahrbuch für Antisemitismusforschung, Bd. 16, Berlin 2007, S. 87–113.

2 Vgl. das umfassende Kapitel ‚Judenbilder' in meiner Habilitationsschrift: Reiter, Margit: Generation und Gedächtnis. Tradierung und Verarbeitung des Nationalsozialismus bei den ‚Kindern der Täter', Wien 2006, S. 327–386. Die Habilitationsschrift ist in gekürzter Fassung erschienen unter: dies.: Die Generation danach. Der Nationalsozialismus im Familiengedächtnis, Innsbruck/Wien/Bozen 2006. Grundlage meiner Arbeit sind die von mir durchgeführten Interviews mit ‚Kindern von Tätern' in Österreich (hier alle anonymisiert) sowie autobiographische, journalistische und literarische Auseinandersetzungen mit den familiären NS-Involvierungen (z. B. Vater- und Mutterbücher), die hier durch weitere Beispiele aus Deutschland ergänzt werden.

3 Stern, Frank: Im Anfang war Auschwitz. Antisemitismus und Philosemitismus im deutschen Nachkrieg, Gerlingen 1991, S. 16; ders., Philosemitismus. Stereotype über den Feind, den man zu lieben hat, in: Babylon, Jg. 8 (1991), S. 15–26.

4 Wassermann, Heinz (Hg.): Antisemitismus in Österreich nach 1945. Ergebnisse, Positionen und Perspektiven der Forschung, Innsbruck/Wien/München/Bozen 2002.

5 Vgl. Embacher, Helga/Reiter, Margit: Gratwanderungen. Die Beziehungen zwischen Österreich und Israel im Schatten der Vergangenheit, Wien 1998, S. 269ff.

6 Vgl. Bergmann, Werner/Erb, Rainer: Antisemitismus in der Bundesrepublik Deutschland. Ergebnisse der empirischen Forschung von 1946 bis 1989, Opladen 1991, S. 232f.

7 Day, Ingeborg: Geisterwalzer, München 1986, S. 22.

8 Ebd., S. 93.

9 Vgl. Beiträge in: Ästhetik und Kommunikation, Deutsche, Linke, Juden, Heft 5, Juni 1983.

10 Reiter: Generation und Gedächtnis, [wie Anm. 2], S. 347ff.

11 Interview EJ, S. 29. Die Transkripte dieses und der folgenden zitierten Interviews befinden sich im Privatbesitz der Verfasserin.

12 Vgl. beispielsweise die Begegnung zwischen Jens-Jürgen Ventzki (Sohn des NS-Oberbürgermeisters von Łódz) und Leon Zelman (Überlebender des Getto Łódz), in: Profil, Nr. 3 vom 13. 1. 2003, S. 46–49.

13 Zitiert nach Bar-On, Dan: Die Last des Schweigens. Gespräche mit Kindern von NS-Tätern, Reinbek bei Hamburg 1996, S. 188.

14 Die folgenden Ausführungen beziehen sich auf das Interview HA, S. 9–16. (Der Name wurde auf Wunsch des Interviewpartners anonymisiert bzw. wird hier nicht genannt). Vgl. dazu ausführlicher Reiter: Die Generation danach, [wie Anm. 2], S. 262–267.
15 Interview IW, S. 32.
16 Interview IW, S. 32. Ähnlich auch Taufar, Barbara: Die Rose von Jericho, Wien 1994, S. 56ff.
17 Interview IW, S. 31f.
18 Vgl. Bar-On: Last des Schweigens, [wie Anm. 13],S. 149.
19 Interview KR, S. 22.
20 Monika Göth in der ORF-Talkshow „Bei Stöckl", 15.4.2005. (Mitschnitt der Autorin). Vgl. auch Kessler, Matthias: „Ich muss doch meinen Vater lieben, oder?" Die Lebensgeschichte von Monika Göth, Tochter des KZ-Kommandanten aus „Schindlers Liste", Frankfurt a.M. 2002.
21 Roth, Gerhard: Leopoldstädter Requiem, in: Eine Reise in das Innere von Wien, Frankfurt a.M. 1993, S. 46–64. Vgl. kritisch dazu: Embacher, Helga: Literatur der Gefühle. Die Widerspiegelung der Waldheim-Affäre in der österreichischen Literatur, in: Zuckermann, Moshe (Hg.): Deutsche Geschichte des 20. Jahrhunderts im Spiegel der deutschsprachigen Literatur, Göttingen 2003, S. 148–165.
22 Vgl. Embacher: Literatur der Gefühle, [wie Anm. 21], S. 163.
23 Strobl, Herwig: Auf dem Weg. Musikantische Reminiszenzen in diesen Zeiten, Grünbach 2001, S. 132f.
24 Ebd., S. 38.
25 Ebd., S. 87.
26 Ebd., S. 55f.
27 Bar-On: Die Last des Schweigens, [wie Anm. 13], S. 17–46.
28 Ebd., S. 199.
29 Ebd., S. 198.
30 Ebd., S. 192.
31 Ebd., S. 197.
32 Haslinger, Josef: Politik der Gefühle. Ein Essay über Österreich, Darmstadt/Neuwied 1987, S. 82ff.
33 Pelinka, Anton: Nicht die „Judenfrage" – der Antisemitismus ist das Problem, in: Max-Joseph Halhuber/Anton Pelinka/Daniela Ingruber: Fünf Fragen an drei Generationen. Der Antisemitismus und wir heute, Wien 2002, S. 60f.
34 Ebd., S. 61.
35 Ebd., S. 61.
36 Hamann, Sybille/Menasse, Eva: Die Nazi-Kinder, in: Profil, 15.1.1996, S. 58.
37 Vgl. dazu Reiter, Margit: Unter Antisemitismus-Verdacht. Die österreichische Linke und Israel nach der Shoah, Innsbruck/Wien/München 2001, S. 233–241.
38 Embacher/Reiter: Gratwanderungen, [wie Anm. 5], S. 106ff. und 248.
39 Interview DN, S. 1–49. Ausführlich dazu Reiter: Generation und Gedächtnis, [wie Anm. 2], S. 372–375.
40 Interview HH, S. 28.
41 Vgl. dazu das Fallbeispiel in Bar-On: Last des Schweigens, [wie Anm. 13], S. 203–224.
42 Vgl. Embacher/Reiter: Gratwanderungen, [wie Anm. 5], S. 135ff.
43 Meinhof, Ulrike: Drei Freunde Israels, in: dies.: Die Würde des Menschen ist unantastbar. Aufsätze und Polemiken, Berlin 1981, S. 102.
44 Koenen, Gerd: Das rote Jahrzehnt. Unsere kleine deutsche Kulturrevolution 1967 bis 1977, Frankfurt a.M. 2002, S. 397.
45 Dieses Fallbeispiel wird ausführlich dargestellt in: Reiter: Generation und Gedächtnis, [wie Anm. 2], S. 352–359.

46 Interview KB, S. 36. Die kursiv gedruckten Wörter sind Betonungen des Interviewpartners (z. B. besonders laut gesprochen), die in der Transkription des Interviews somit kenntlich gemacht wurden.

47 Ebd.

48 Allgemein dazu Broder, Henryk M.: Der ewige Antisemit. Über Sinn und Funktion eines beständigen Gefühls, Frankfurt a. M. 1986 (2005). Konkret dazu Reiter: Unter Antisemitismus-Verdacht, [wie Anm. 37], S. 308ff.

49 Stern: Im Anfang war Auschwitz, [wie Anm. 2], S. 67ff; Giardano, Ralph (Hg.): Deutschland und Israel: Solidarität in der Bewährung. Bilanz und Perspektiven der deutsch-israelischen Beziehungen, Gerlingen 1992.

50 Taufar: Rose von Jericho, [wie Anm. 16].

51 Ebd., S. 85.

52 Interview IW, S. 33.

53 Taufar: Rose von Jericho, [wie Anm. 16], S. 72.

54 Henisch, Peter: Die kleine Figur meines Vaters, Salzburg/Wien/Frankfurt a. M. 2003 (1975, 1987).

55 Vgl. Interview mit Peter Henisch, in: Falter: Nr. 41/2003, S. 7.

56 So zumindest die Behauptung bei: Strobl: Auf dem Weg, [wie Anm. 23], S. 143.

57 Taufar: Die Rose von Jericho, [wie Anm. 16], S. 249f und 262.

58 Ebd., S. 301.

59 Vgl. dazu ausführlicher Reiter, Margit: Spurensuchen. Autobiographische und literarische Auseinandersetzungen mit familiären NS-Involvierungen in Österreich, in: Zeitgeschichte, Jg. 32 (2005), H. 6, S. 407–411.

60 Vgl. Koenen: Das rote Jahrzehnt, [wie Anm. 44], S. 96.

61 Diekmann, Irene/Schoeps, Julius H. (Hg.): Das Wilkomirski-Syndrom. Eingebildete Erinnerungen oder Von der Sehnsucht, Opfer zu sein, Zürich/München 2002.

62 Zit. n. Harprecht, Klaus: Von Lea, von Jakob, von Edith und einer Lebenslüge, in: Diekmann/Schoeps, Das Wilkomirski-Syndrom, [wie Anm. 61], S. 288–292. Zu ähnlichen Vernichtungsphantasien von Meinhof, Ensslin usw. in Stammheim vgl. Koenen: Das rote Jahrzehnt, [wie Anm. 44], S. 397.

63 Strobl, Ingrid: Anna und das Anderle. Eine Recherche, Frankfurt a. M. 1995, S. 75. Ingrid Strobl, eine linke politische Aktivistin, hat sich darin selbstkritisch mit ihrem ehemaligen radikalen Antizionismus auseinandergesetzt und dabei auch Verbindungslinien zu ihrer Sozialisation in der antisemitischen Provinz Österreichs gezogen. Vgl. Reiter: Unter Antisemitismus-Verdacht, [wie Anm. 37], S. 388–392.

64 Strobl: Anna und das Anderle, [wie Anm. 63], S. 75f.

65 Vgl. Beckermann, Ruth: Unzugehörig. Österreicher und Juden nach 1945, Wien 1989; literarisch verarbeitet wurde diese „unsichtbare Wand" auch bei Schindel, Robert: Gebürtig, Frankfurt a. M. 1992.

66 Reiter: Generation und Gedächtnis, [wie Anm. 2], S. 334.

67 Strobl: Auf dem Weg, [wie Anm. 23], S. 132f; vgl. dazu auch Sichrovsky, Peter: Schuldig geboren. Kinder aus Nazifamilien, Wien 1987, S. 14.

68 Strobl: Auf dem Weg, [wie Anm. 23], S. 133.

69 Taufar: Die Rose von Jericho, [wie Anm. 16], S. 53ff.

70 Vgl. auch Day: Geisterwalzer, [wie Anm. 7], S. 52.

71 Taufar: Die Rose von Jericho, [wie Anm. 16], 48.

72 Vgl. Ästhetik und Kommunikation, Deutsche, Linke, Juden, [wie Anm. 9], S. 17 und 45.

73 Vgl. exemplarisch Pils, Heide: Meine unbewältigte Vergangenheit, in: Profil, 28. 7. 1986, S. 16.

74 Schwaiger, Brigitte: Lange Abwesenheit, Wien/Hamburg 1980.

75 Ebd., S. 44; Vgl. kritisch dazu Mauelshagen, Claudia: Der Schatten des Vaters. Deutschsprachige Väterliteratur der siebziger und achtziger Jahre, Frankfurt a. M. 1995, S. 172.

76 Schwaiger: Lange Abwesenheit, [wie Anm. 74], S. 53f.

77 Vgl. Schwaiger, Brigitte: Doch ich wünsche mir..., in: Die Presse, Spectrum, 30. 10. 2004. Darin schildert sie eine für sie traumatische Beziehung mit einem jüdischen Mann, der sie mit „Zuckerbrot und Peitsche" behandelte und sich gegenüber seinen Verwandten rühmte, sie „dressiert" zu haben. Umgekehrt sprach der Schriftsteller Peter Stephan Jungk in einem Vortrag über seine Liebesbeziehung zu Brigitte Schwaiger in den 1970er-Jahren und den damit verbundenen Konflikten zwischen ihm als nachgeborenen Juden und ihr, als nachgeborener Nichtjüdin (dass sie Tochter eines Nationalsozialisten ist, erwähnte er nicht); vgl. Mitschrift des Vortrages von Peter Stephan Jungk, am Institut für Jüdische Kulturgeschichte an der Universität Salzburg, 17. 11. 2004.

78 Vgl. Schlant, Ernestine: Die Sprache des Schweigens. Die deutsche Literatur und der Holocaust, München 2001, S. 124; Mauelshagen: Der Schatten des Vaters, [wie Anm. 75], S. 172.

PHILOSEMITISMUS, ANTI-ANTISEMITISMUS UND ANTISEMITISMUS

Alexandra Gerstner/Gregor Hufenreuter

„Zukunftslehrer der Deutschen" oder „gottverdammte Judensau"?

Die Freundschaft zwischen Walther Rathenau und Wilhelm Schwaner aus Sicht der völkischen Bewegung

Die langjährige, enge Freundschaft zwischen dem jüdischen Industriellen und Intellektuellen Walther Rathenau und dem völkischen Publizisten Wilhelm Schwaner hat den Zeitgenossen und der historischen Forschung gleichermaßen Rätsel aufgegeben.[1] Wenn auch die Gegensätze zwischen dem germanophilen Herausgeber der Zeitschrift *Der Volkserzieher* und dem liberalen Unternehmer unübersehbar sind, offenbart der von Dezember 1913 bis zu Rathenaus Tod währende Briefwechsel ein gemeinsames Ziel: die Überwindung des Rassenantisemitismus im deutschnationalen und völkischen Lager.

Dieser Beitrag interpretiert die Freundschaft daher nicht aus ihren Antagonismen, sondern aus ihren Gemeinsamkeiten. Indem die Aufmerksamkeit auf den bislang nur wenig untersuchten Wilhelm Schwaner gelenkt wird, ergeben sich nicht nur für die Rathenau-Forschung neue Perspektiven: Vor dem Hintergrund der Freundschaft zwischen Rathenau und Schwaner gewinnt vielmehr der ‚Antisemitismusstreit' innerhalb der völkischen Bewegung Konturen, die es ermöglichen, den Stellenwert des Rassenantisemi-tismus für die völkische Bewegung zwischen 1913 und 1922 zu definieren.

Wilhelm Schwaner zählte zu „Rathenaus merkwürdigsten Freunden"[2]. Die bis zur Ermordung Rathenaus währende enge Verbindung sorgte schon bei Zeitgenossen, insbesondere den völkischen Parteigängern Schwaners, für Irritationen. Denn bis der fast gleichaltrige Schwaner im Dezember 1913 brieflichen Kontakt zu Rathenau aufnahm, hatten sich beide in geistig und politisch getrennten Sphären bewegt. Erst am Vorabend des Ersten Weltkrieges sollten sich die Positionen der beiden Männer soweit annähern, dass ein langjähriger Gedankenaustausch und die Duzfreundschaft möglich wurden. Von spekulativen Erklärungen zur emotionalen Nähe zwischen Rathenau und Schwaner einmal abgesehen,[3] wird in der Rathenau-Forschung insbesondere die These vertreten, dass die Freundschaft letztlich aus Rathenaus „jüdischem Selbsthass" resultierte: „Dies war nur möglich, weil sich Rathenau zwar gegen Antisemitismus bei Schwaner verwahrte, gleichzeitig aber dessen antisemitisches Denken mit seinem ‚Selbsthass' als Jude zu korrespondieren schien."[4]

Verfolgt man jedoch die Lebenswege beider Männer, so erkennt man, dass sich beide am Vorabend des Ersten Weltkrieges in ihren Gedankengängen annäherten und beide glaubten, im jeweils anderen einen idealen Gesprächspartner für den Austausch zu den Themen religiöse Erneuerung und Rassenpsychologie gefunden zu haben. Der Umstand, dass Rathenau zeit seines Lebens nur eine handverlesene Anzahl von Duzfreundschaften pflegte, sowie der außergewöhnlich umfangreiche Briefwechsel – überliefert sind 86 Briefe Schwaners und 73 Briefe Rathenaus – belegen die Bedeutung ihrer Beziehung.

Im Jahr 1913 waren sowohl Rathenau als auch Schwaner im Begriff, ihre rassentheoretisch fundierte Weltdeutung einer grundlegenden Revision zu unterziehen. Rathenau hatte sich zu diesem Zeitpunkt bereits von der rassentheoretischen Anthropologie seiner im ersten Jahrzehnt des 20. Jahrhunderts erschienenen Frühschriften distanziert, in denen er nicht nur psychologische, sondern auch physiologische Unterschiede zwischen Menschentypen konstatiert hatte.[5] Rassentheoretische Fragestellungen bewegten im Jahrzehnt vor dem Ersten Weltkrieg zahlreiche Personen in Rathenaus Umfeld. Diese waren nicht allein dem völkischen Milieu zuzuordnen, wie das Beispiel Gerhart Hauptmann zeigt, mit dem Rathenau seit 1905 eine enge Duzfreundschaft verband.[6] Der Autor der *Weber* hatte in jenem Jahr die elitäre, ordensähnlich strukturierte Berliner Gesellschaft für Rassenhygiene mitgegründet, die das Ziel verfolgte, das Wissen über rassische Erbfaktoren zu vermehren und eugenische Maßnahmen zur Verbesserung der Gesellschaft zu erforschen.[7] Rathenau und Hauptmann tauschten sich in der Anfangszeit ihrer Bekanntschaft vornehmlich über Rassentheorien aus.[8] Mit den Schriftstellern Wilhelm Schäfer und Hermann Burte, die wie Schwaner dem völkischen Milieu zuzuordnen sind, setzte sich Rathenau über die „nationale Kunstauffassung" auseinander.[9] In Schwaner fand Rathenau hingegen nicht nur einen Diskussionspartner, sondern zudem einen charismatischen Multiplikator, von dem er sich einen mäßigenden Einfluss auf die radikalen Antisemiten erhoffte.[10] Schwaners Einfluss auf die völkische Bewegung wurde von Rathenau allerdings erheblich überschätzt.

Zur Biographie Wilhelm Schwaners

Wer war Wilhelm Schwaner? Auffällig ist, dass die Forschung die Freundschaft bislang nahezu ausschließlich von der Seite Rathenaus aus betrachtet hat und Schwaner zumeist als völkischer Sektierer, Rassist und Herausgeber antisemitischer Winkelblätter abgetan wurde. Die Bedeutung ihrer Freundschaft kann jedoch nur geklärt werden, wenn die Perspektive Schwaners, sein weltanschaulicher Hintergrund sowie die Reaktion von Schwaners völkischem Umfeld auf die Freundschaft in die Betrachtung mit einbezogen wird. Im Folgenden wird daher zunächst auf Schwaners Werdegang bis 1913 eingegangen. Aufgrund bislang unbekannter Quellen[11] aus dem völkischen Umfeld Schwaners ist es erstmals möglich, die Reaktionen auf die Freundschaft zwischen Schwaner und Rathenau aus Sicht der völkischen Bewegung zu rekonstruieren und auf diese Weise die Ausnahmestellung und zunehmende Isolation Schwaners innerhalb der Bewegung darzustellen.

Der 1863 geborene Wilhelm Schwaner entstammte einer Handwerkerfamilie und arbeitete nach seiner Ausbildung an einem Lehrerseminar zunächst als Dorfschullehrer.[12] Konflikte mit der Schulbehörde führten zu seiner baldigen Entlassung aus dem Schuldienst, woraufhin er 1894 Redakteur der *Kieler Neuesten Nachrichten* wurde, deren Chefredakteur wie Schwaner selbst ein glühender Anhänger der freireligiösen Ideenwelt Moritz von Egidys war. Zwei Jahre später wechselte Schwaner als Chefredakteur der Tageszeitung *Berliner Reform* in die Reichshauptstadt und kam mit der dortigen bürgerlichen Reform- und Kulturbewegung in Kontakt. Zusammen mit Bruno Wille und Wilhelm Bölsche gründete er 1902 die Freie Hochschule Berlin, 1906 zählte er zu den Mitbegründern des Deutschen Monistenbundes und war darüber hinaus Mitglied im Friedrichshagener Dichterkreis, im Giordano-Bruno-Bund und Charon-Kreis. Im Mittelpunkt seines Schaffens stand die von ihm von 1897 bis 1936 herausgegebene Zeitschrift *Der Volkserzieher*, ein von den Gedanken Egidys geprägtes Organ der bürgerlichen Reformbewegung und zeitgenössischer Kulturkritik, das vor dem Ersten Weltkrieg eine Auflage von über 10 000 Exemplaren erreichte. 1906 gründete Schwaner in Berlin-Schlachtensee den erfolgreichen Volkserzieher-Verlag, 1910 folgte schließlich als Sammelbecken seiner Leser der Bund Deutscher Volkserzieher. Zentrales Ziel von Bund, Verlag und Zeitschrift war die geistige Fort- und Weiterbildung sowie die Verbesserung des gesellschaftlichen Status der Volksschullehrer, die nach Schwaners Vorstellungen Träger einer gesamtgesellschaftlichen Erneuerung werden sollten. Im Zentrum von Schwaners Denken, seinem publizistischen Œuvre und seiner gesellschaftlichen Aktivitäten stand neben lebensreformerischen Ideen, pädagogischen Konzepten und literarischen Interessen die Religion: Bis 1912 stieg er zu einem der einflussreichsten Propagandisten einer auf der völkischen Rassenideologie fußenden „arteigenen Religion" auf.[13] Von großem Einfluss war in diesem Zusammenhang Schwaners publizistisches Hauptwerk, das unter dem Titel *Germanen-Bibel* von 1904 bis 1941 in sieben Auflagen und insgesamt 30.000 Exemplaren erschien und als Anthologie zumeist deutscher Dichter, Denker und Politiker von der Spätantike bis zur Gegenwart das Konstrukt völkischreligiöser Glaubensvorstellungen maßgeblich beförderte. Die völkische Bewegung, in die Schwaner mit seinen Unternehmungen eingebettet war und die sich mit einem ganzheitlichen Reformanspruch seit Mitte der 1890er-Jahre zum Teil aus den Überresten der antisemitischen Bewegung zu entwickeln begann, erreichte zwischen 1910 und 1913 einen ersten organisatorischen Höhepunkt.[14] Radikal antisemitische und rassereligiöse Vereinigungen schossen zu dieser Zeit aus dem Boden, begleitet von einer heftig geführten Debatte um den „Arierparagraphen". Die Einführung des „Arierparagraphen" im größten Teil der völkischen Organisationen belegt die Akzeptanz eines vorrangig biologisch und hierarchisch verstandenen Rassebegriffes innerhalb der völkischen Bewegung. Die sich darin konkretisierende völkische Rassenideologie zielte auf eine Scheidung zwischen Deutschen und Juden ab und ließ auf dem Weg zum Fernziel eines rassereinen Deutschtums keinerlei Kompromisslösungen zu.

Ab 1910 fühlte sich Schwaner besonders zu den das Christentum ablehnenden Gruppierungen hingezogen.[15] Er wurde Mitglied der Guido-von-List-Gesellschaft, einer Vereinigung von Anhängern des vielgelesenen Wiener Ariosophen Guido List, der eine vorchristliche germanische Rassereligion wieder entdeckt zu haben glaubte.[16] Zudem stand er dem Deutschen Orden nahe, der einflussreichsten neopaganen Organisation der Vorkriegszeit, und war im Deutschvölkischen Schriftstellerverband aktiv, einer dezidiert antisemitischen Vereinigung, deren Berliner Ortsgruppe, der Schwaner angehörte, vom Gründer des Verbandes gegen die Überhebung des Judentums, Ludwig Müller von Hausen, geleitet wurde. Ins Leben gerufen und geleitet wurde der Schriftstellerverband von Philipp Stauff, einem Vertrauten und Freund Schwaners.[17] Der ehemalige Volksschullehrer Stauff war Präsident der erwähnten Guido-von-List-Gesellschaft und führendes Mitglied im Deutschen Orden. Bekanntheit erlangte er als Herausgeber der antisemitischen Personenlexika *Semi-Gotha* und *Semi-Kürschner*.[18] Wie eng eingebunden Schwaner in das hier nur ansatzweise umrissene völkische Netzwerk war, bezeugt im März 1912 Stauffs Angebot an Schwaner, mit ihm die Führung des Hohen Armanen Ordens in Berlin zu übernehmen, eines esoterischen Kreises der fundamentalistischen Mitglieder der Guido-von-List-Gesellschaft.[19]

Auf dem Höhepunkt seiner völkisch-antisemitischen Radikalisierung gründete Schwaner zu Pfingsten 1912 zusammen mit dem Maler und Dichter Ludwig Fahrenkrog die Germanische Glaubens-Gemeinschaft, eine auf rassischen Grundsätzen fundierte Religionsgemeinschaft.[20] Diese Gründung war jedoch auch ein Wendepunkt für Schwaner, denn direkt nachdem die Germanische Glaubens-Gemeinschaft ins Leben gerufen worden war, begann eine Auseinandersetzung mit der Führung des Deutschen Ordens, die in Schwaners Gründung eine starke Konkurrenz erkannte und sie sofort vehement zu bekämpfen begann.[21] Im Laufe dieser von beiden Vereinigungen heftig geführten Auseinandersetzung musste Schwaner erkennen, dass Macht- und Führungsanspruch sowie Kompromisslosigkeit in programmatischen Detailfragen den Streitenden wichtiger waren als das grundsätzliche Anliegen – die religiöse Erneuerung durch rassische Reinheit. Vor diesem Hintergrund begann sich Schwaner von der radikalen völkisch-religiösen Richtung zu distanzieren und ihre Forderungen, Ansichten und Ziele grundsätzlich in Frage zu stellen. Er trat aus allen genannten Vereinigungen aus, brach mit sämtlichen Beteiligten und ließ im *Volkserzieher* Guido Lists und Philipp Stauffs Werke als „Irrgänge" zweier „Phantasten" deklarieren.[22] Schwaner, der bis dahin einem rassisch fundierten Antisemitismus im *Volkserzieher* das Wort geredet und rassenantisemitischen Artikeln viel Platz eingeräumt hatte, distanzierte sich seit 1913 vom Programm jener „Blutteufel", „Teutsch"- und „Rassefanatiker, die am liebsten jeden totschlagen möchten, der nicht Blond in den Haaren, Blau in den Augen, mindestens 1,70 m in der Körperhöhe [sei] und ausgeprägten Langschädel" habe.[23] Dies bedeutete keineswegs eine gänzliche Abkehr vom rassenbiologischen Denken, allerdings rückte Schwaner deutlich vom Konzept der Rassenreinheit ab und bezeichnete nun auch „Rassenmischung" als gangbaren Weg, um den zukünftigen „Ganzmenschen" zu formen.

Beginn einer schwierigen Freundschaft

In dieser Situation des Überdenkens und der Neuorientierung seines weltanschaulichen Standpunktes las Schwaner Ende 1913 Rathenaus ein Jahr zuvor erschienenes Buch *Zur Kritik der Zeit*. Rathenau, der sich in dieser Phase seines literarischen Schaffens von seinen früheren rassentheoretischen Stereotypen zu lösen begann, allerdings weiterhin an seiner bereits früher entwickelten Dichotomie eines als „Mutmenschen" charakterisierten nordischen Tatmenschen und eines schwachen, aber klug und rational handelnden „Zweckmenschen" festhielt, unternahm in dem Buch eine geschichtsphilosophische Deutung der modernen industrialisierten Gesellschaft. Mit dem hierbei verwendeten zentralen Begriff der „Mechanisierung" beschrieb Rathenau den Prozess der Rationalisierung und Automatisierung, der die gesamte Gesellschaft erfasst habe und der dazu führe, dass das Zweckmäßige, Abstrakte und Gleichförmige alle Bereiche des Lebens dominieren werde. Verbunden mit dieser sowohl modernisierungskritischen wie technikapologetischen Darstellung war eine spekulative, rassentheoretische Zweischichtentheorie. Diese ging davon aus, dass die Moderne von einem gewaltigen Umschichtungsprozess begleitet sei, in dem die einstigen Unterschichten die Schranken der Herrenschichten durchbrächen und die alten Oberschichten aufzehrten. Dieser Prozess führe letztlich zu einer „Entgermanisierung". Als Ausweg aus den wirtschaftlich zwar notwendigen, kulturell aber desaströsen Folgen der Mechanisierung erschien Rathenau die Suche nach dem „Reich der Seele", das die gesellschaftlichen Gegensätze harmonisieren und durch das die Menschheit zu einer höheren Bewusstseinsform aufsteigen sollte. Diesen Gedanken führte er in seiner ein Jahr später erschienenen Schrift *Zur Mechanik des Geistes* aus. Die Beschaffenheit der Seele und ihr Verhältnis zum Intellekt beziehungsweise zum Geist waren zentrale Themen des Buches, dessen Argumentation schließlich in der These gipfelt, dass auch Kollektive fähig seien, Seelen hervorzubringen, und zwar durch „Liebe" im Sinne von Solidarität.[24]

Rathenaus Buch *Zur Kritik der Zeit* traf den Nerv der Zeit und begeisterte auch Schwaner.[25] Anfang Dezember 1913 schrieb er einen enthusiastischen Brief an Rathenau und gestand darin, dass sein bisheriger Antisemitismus eine Verfehlung gewesen sei.[26] Nach der Lektüre des Buches sei ihm dies wie Schuppen von den Augen gefallen und Schwaner erklärte, dass Rathenau – „der dunkle Jude" – ihn, Schwaner, „den blaublonden Germanen", erlöst habe. Es wird deutlich, dass Schwaner in Rathenau einen Propheten und Erlöser erblickte, der ihm zu einem „Bruder auf dem Weg zur Menschheit" werden sollte. Zudem gab sich der geläuterte Antisemit als künftiger Mitstreiter zu erkennen, indem er ein Bekenntnis zu Rathenau im kommenden *Volkserzieher* ankündigte und seinen daraus resultierenden Konflikt mit dem völkischen Lager prophezeite.[27] Schwaners Bekenntnis erschien tatsächlich in den für ihn typischen starken Worten. Rathenau, so Schwaner, habe die Ursachen des Niedergangs der Deutschen erkannt und sage mehr „als ganze Bibliotheken von Rassefanatikern und Antisemiten". Daraus gelte es die Lehre zu ziehen und in ähnlich vornehmer Weise nach dem Transzendenten und Göttlichen in sich selbst zu suchen.[28]

Schwaners erstes Bekenntnis wurde von völkischer Seite noch weitgehend ignoriert, wenngleich ein Leser des *Volkserziehers* vermutete, Schwaner werde nun von jüdischen Geldern finanziert.[29] Erst ein Aufsatz Rathenaus im *Volkserzieher*, in dem er Mitte 1914 über Charaktereigenschaften und das Verhältnis von Deutschen und Juden schrieb,[30] löste erste völkische „Bedenken" aus und ließ das Zentralblatt der Antisemiten, den von Theodor Fritsch herausgegebenen *Hammer*, die Hoffnung ausdrücken, dass Schwaner der völkischen Sache nicht verloren gehe und diesen um mehr Eindeutigkeit in seiner weltanschaulichen Positionierung bitten.[31] Schwaner reagierte unbeeindruckt und veröffentlichte kurz nach Kriegsbeginn einen Leserbrief, in dem sich ein Leser des *Volkserziehers* nach Erfahrungen mit deutschen Kriegsgewinnlern als vom Antisemitismus geheilt bezeichnete.[32] Er selbst geißelte in drastischen Worten die „lediglich aus Selbstwahl hervorgegangenen Blutswächter"[33] in der völkischen Bewegung. Obwohl Schwaner weiterhin mit rassischen Kriterien argumentierte, koppelte er den Rassenbegriff von der biologischen Bedeutung, die ihm die Völkischen gaben, weitgehend ab. Auf dem Weg zu höherem Volks- und Menschentum müsse der Deutsche auch mit dem „edelsten Blut" slawischer, romanischer oder semitischer Herkunft zusammenarbeiten. Erst wenn sich der Mensch mittels dieser – geistigen – Zusammenarbeit über die breite Volksmasse hinaus- und hinaufgearbeitet habe, sei er tatsächlich „Rasse". Die Rasse stand somit in Schwaners Denken für ein geistig-seelisches Konstrukt, das auf eine ideale Gesinnung abzielte, die keiner biologisch-materiellen Bezüge und Ursprünge mehr bedurfte und damit Ähnlichkeiten zu Rathenaus „Reich der Seele" aufwies. Entsprechend merkte Schwaner im *Volkserzieher* an, dass die deutsch-völkische Bewegung allein „rein geistiger Natur" zu sein habe. Er stand somit in einem offenen Widerspruch zum Kern der Bewegung, der die geistige Veranlagung grundsätzlich von der Rasse abhängig machte und ihr somit unterordnete.[34]

Schwaner diskutierte mit Rathenau in den folgenden Jahren immer wieder über diese Themen, wobei er den Anschauungen seines Freundes zumeist immer etwas zeitverzögert folgte. In den Kriegsjahren ließ Schwaner im *Volkserzieher* weitere kleinere Auslassungen gegen die völkische Rassendoktrin folgen, doch blieb die Nähe zur völkischen Bewegung nicht zuletzt durch seine Kriegsbegeisterung und einige gemäßigte völkische Autoren erhalten. Damit verband sich jedoch seine und letztlich auch Rathenaus Hoffnung, Einfluss auf die völkische Bewegung zu nehmen und diese von dem starren Rassedogma zu lösen.

Dass Schwaner dennoch nicht die Absicht hatte, ganz mit der völkischen Bewegung zu brechen, wird aus einem Briefwechsel ersichtlich, den

Schwaner mit dem völkischen Lebensreformer Friedrich Schöll seit Beginn des Jahres 1916 führte. Schöll hatte sich Schwaner als Anhänger Egidys und als einer der ältesten Leser des *Volkserziehers* vorgestellt und bemerkte gleich zu Beginn, dass er „nicht zu den Hartköpfigen und Einseitigen gehöre“[35]. Dennoch bemängelte er Schwaners „Schwäche für Rathenau“ und referierte daraufhin ausufernd über die Notwendigkeit, alle „religiösen, rechtlichen und wirtschaftlichen Entwicklung[en]“ eines Volkes von dessen geschichtlich festgelegter Eigenart, genauer seiner „völkischen Seele“ aus zu entwickeln, womit Schöll auf die rassische Disposition der Deutschen abzielte. Zwar gestand er Schwaner zu, Rathenaus Werke als glänzende Offenbarungen des modernen Geisteslebens bezeichnen zu können, doch sei es die wichtigere Aufgabe, anhand solcher Bücher die „inneren völkischen Unterschiede“ zwischen den Rassen herauszuarbeiten. Mit Blick auf die Reaktionen aus völkischen Kreisen mahnte Schöll zudem an, dass es eine Lebensfrage der Bewegung sei, „alle völkisch Gesinnten eng zusammen[zu]halten“. Schwaners prompte Antwort an Schöll fiel deutlich kürzer und direkter aus:

> „Lieber Bluts- und Seelegefährte [sic]! Glauben Sie es doch: Ihr Schwaner verrät weder sein Volk noch sein Blut! Aber er mag nichts zu tun haben mit den Mischlingen und Jesuiten unter uns. Da sind ihm allerdings die Edlen des anderen Volkes, die GOTT doch auch erschaffen hat, lieber. Sehen sie sich alle die maulfertigen Rassefanatiker an: alle ohne Ausnahme Mischlinge oder dunkle Existenzen! Ich habe mir die Burschen genauer angesehen. Rathenau [...] ist keiner, der vor Fürsten kriecht, sondern einer, der vor Freuden sterben würde, wenn er das deutsche Volk erlösen könnte und zum Dank dafür von uns als einer der Unsrigen angesehen würde.“[36]

Deutlich wird, dass sich Schwaner Rathenaus Gegenüberstellung von hellen Mut- und dunklen Furchtmenschen als Dichotome von Gut und Böse angeeignet hatte und sie auf die radikalsten Vertreter unter den Völkischen übertrug. Schöll, der um Schwaners Auseinandersetzung mit völkischen Radikalen wie Philipp Stauff wusste, gab sich mit dieser Antwort vorerst zufrieden, doch korrespondierte er knapp anderthalb Jahre später abermals mit Schwaner über die „Judenfrage“ und führte dabei auch die völkischen Kritiker Rathenaus ins Feld. Schwaners Antwort fiel nun deutlicher aus:

> „Nun sieh Dir [...] [diese, Anm. d. Verf.] überdeutschen Helfershelfer an! Triefen nur so von ‚kerndeutschen‘ Worten! Mir ist oft zum Kotzen

gewesen bei diesen ‚Deutschen'. Und der ‚Jude' Walter Rathenau, den ich besser kenne als alle seine Glaubens- und Rassegenossen, vor allem besser als alle die überteutonischen Schreier gegen ihn, steht mir turmhoch über diesen Auchdeutschen. Ich bin und bleibe Deutscher, aber ich bin auch Mensch. Ich liebe das Gute und hasse das Böse, wo ich es finde."[37]

Schwaners Bruch mit der völkischen Bewegung

Der vollständige Bruch mit der völkischen Bewegung erfolgte erst im Januar 1918, als Schwaner im *Volkserzieher* in der Aufsatzreihe „Träger des Lichts" einen Artikel über Rathenau publizierte. In diesem pries er Rathenau als „Zukunftslehrer und -arbeiter der Deutschen" und gab freimütig über seine auf persönlichen Treffen und intensivem Austausch beruhende Freundschaft Auskunft.[38] Von den Völkischen forderte er unmissverständlich Zurückhaltung zu üben, schon aus Dankbarkeit und bloßem Taktgefühl vor Rathenaus literarischen, wirtschaftlichen und politischen Leistungen. Diese Forderung und das nicht mehr zu ignorierende emphatische Bekenntnis zu Rathenau lösten in der völkischen Bewegung einen Sturm der Entrüstung aus. Wortwörtlich drohte man Schwaner, es würden nun „Fetzen fliegen"[39]. Eine ganze Reihe völkischer Zeitschriften und Zeitungen sah sich veranlasst, auf Schwaners Auslassungen in herabsetzender und persönlich verletzender Weise einzugehen, und auch Theodor Fritsch fühlte sich im *Hammer*, dem publizistischen Flaggschiff der völkischen Antisemiten, genötigt, wenn auch weitgehend unkommentiert, Passagen des Artikels abzudrucken und einige negative Urteile über Rathenaus Kriegswirtschaft einzustreuen.[40] Zwar ließ Fritsch sich nicht zu persönlichen Bemerkungen über Schwaner hinreißen, doch begann er bereits im folgenden Heft des *Hammers* mit der Veröffentlichung der siebenteiligen Artikelreihe „Anti-Rathenau", die 1919 als Broschüre in zwei Auflagen erschien und auch Schwaner persönlich angriff.[41] Wenig später waren er und andere völkische Wortführer weit weniger zurückhaltend, zumal Schwaner auf erste Kritiken mit einem publizistischen Rundumschlag gegen die erste Riege völkischer Führer reagierte und nun auch selbst nicht mehr vor persönlichen Angriffen zurückschreckte.[42] Ernst Hunkel, Leiter des Deutschen Ordens und Herausgeber der einflussreichen völkischen Zeitschrift *Neues Leben*, ereiferte sich über Schwaners „zuchtlose Sprache" und sah sich einem „geübten Meister der Dreckschleuder" ausgesetzt, der nicht mehr berufen sei, die deutsche Bewegung mit zu führen, sondern viel mehr eine Gefahr für sie geworden sei.[43] Die Leser des

Neuen Lebens und damit auch die Führer der völkischen Bewegung bat er, ihn darin zu unterstützen, „einen offenkundigen Schädling der deutschen Sache unschädlich zu machen", was einem öffentlichen Aufruf gleichkam, Schwaner aus der völkischen Bewegung zu verbannen.

Wie aufgeregt Schwaners Verhältnis zu Rathenau unter den Völkischen 1918 diskutiert wurde, verdeutlicht sein Schriftwechsel mit Friedrich Schöll, der mit einer Reihe völkischer Funktionäre und Ideologen in Verbindung stand und trotz eigener Bedenken zu vermitteln suchte. Schwaners „geradezu schamlosen Gemeinheiten" ließen den eben genannte Ernst Hunkel gegenüber Schöll anmerken:

> „Schwaners Verdienste um die völkische Sache, von denen Sie schreiben, habe ich übrigens noch nie hoch eingeschätzt und es tut mir aufrichtig leid, wenn ich Ihnen die Enttäuschung bereiten muß, Ihnen zu sagen, daß es für mich außerhalb jeder Erörterung steht, daß ich einem Schwaner wieder jemals die Hand reichen könnte."[44]

Auf dem Höhepunkt dieser Korrespondenzen schrieb Schöll resignativ an Schwaner:

> „Also der Riß zwischen Dir und den Völkischen ist wohl unheilbar, ich stehe mit Wiegershaus und Hunkel noch immer im Briefwechsel über Euer Verhältnis. Aber die Völkischen haben nun einmal eine Schwäche für das Stoffliche. Da wird ihnen die Brücke zu Dir immer etwas verbaut sein."[45]

Dass Schwaner dennoch die Hoffnung nicht aufgegeben hatte, die völkische Bewegung für sich und Rathenau gewinnen zu können, wird durch seine euphorische Reaktion auf vereinzelte positive Signale aus dem völkischen Umfeld deutlich. So äußerte sich etwa der Arzt Karl Strünckmann, der unter den völkischen Lebensreformern gewichtigen Einfluss besaß, trotz der anhaltenden Debatte Anfang Oktober 1918 gegenüber Schwaner positiv über Rathenau.[46] Begeistert schrieb Schwaner an Rathenau:

> „So kann ich Dir doch wieder mal eine Herzensfreude bereiten: mit diesem Dr. Strunkmann [sic] haben wir gleichzeitig Bresche geschlagen in verschiedene völkische Gruppen – es wird Tag! Und das muß ja; denn wir stehen in Hochmitternacht."[47]

Da Strünckmann auch auf Schöll einwirkte, der sich bis dahin eher ablehnend verhalten hatte, informierte Schwaner bereits vier Tage später Rathenau, dass nun auch Friedrich Schöll „einer Deiner härtesten und erbittertsten Gegner" zu ihm bekehrt worden sei.[48] Die Freude währte jedoch nur kurz, denn Strünckmann vollzog zwei Monate später eine vollständige Kehrtwende und warf in einem offenen Brief Rathenau vor, Schwaner sei unter seinem Einfluss sich selbst und seinem Volke untreu geworden.[49] Schwaner, der nach diesen Geschehnissen erkennen musste, dass die völkische Bewegung nicht für Rathenau zu gewinnen sei, wies entschieden den von Friedrich Schöll angebotenen Vermittlungsversuch zurück:

> „Lieber, was zerrissen ist, ist zerrissen. Es hat keinen Zweck, dran herum zu schustern und zu flicken. (...) Ich bedaure, daß Du für die ärgsten Vergehen der Deinigen ‚Billigung' hast, während Du jeden ablehnst, der nicht mit Deinen Blutfanatikern durch dick und dünn geht. Es fehlt Euch allen die Liebe zu jedem Gotteskinde: Ihr wollt Gottes Vormünder und Besserwisser sein. Und damit scheiden sich unsere Wege [...]."[50]

Mit dieser Absage an Schöll war Schwaners Bruch mit der völkischen Bewegung vollzogen. Deutlich wird dieser Bruch auch in den Grundsätzen des Deutschmeister-Ordens, kurz DOM genannt, einer kurzlebigen Gründung Schwaners innerhalb seines Volkserzieherbundes, dem auch Rathenau angehörte. Auf die Anfrage Schölls, warum der DOM von seinen Mitgliedern keinen Abstammungsnachweis, ein so genanntes Blutsbekenntnis einfordere, erklärte dessen Leiter:

> „Wir können ein Blutsbekenntnis beim Eintritt in den DOM aus innerer Ueberzeugung nicht verlangen. Die Wissenschaft lehrt uns, dass wir Deutschen bereits derart Blut vermischt sind, dass bei strengerer Prüfung nur recht wenige bei der Blut- und Ahnenprobe bestehen könnten. Wir suchen ja auch gerade den deutschen Geist. Nach unserer Ueberzeugung gibt es auch Fremdblütige, um nicht immer das einseitige Wort (Jude) zu benutzen, die durch das Zusammenleben mit Deutschen und dadurch, dass sie von Geburt aus dem deutschen Volksverband angehören, in ihrer ganzen geistigen Entwicklung genügend arisch denken gelernt haben, um mit uns zusammen an der Reinzüchtung des deutschen Volkes zu arbeiten. Wäre es nicht eine ganz unnötige Härte, solchen Menschen, die das Gleiche wollen wie wir, die Türe zu verschließen, obgleich wir davon überzeugt sind, dass sie ihrer ganzen geistigen Veranlagung nach mit zu unseren besten Mitarbeitern gehören würden?"[51]

Schwaner hatte sich also von der materialistischen „Reinheitsideologie“ verabschiedet und durch eine stark nationalistisch gefärbte Inklusionsstrategie ersetzt. Die „Rein- und Weiterzüchtung“ der Deutschen zu einem hochstehenden Volk war für ihn zu einer Frage der richtigen Gesinnung geworden. Obwohl seine psychologisierte Deutschtumsideologie weiterhin eine Wertung verschiedener Menschentypen beinhaltete, stellte er sich einer daraus abgeleiteten Hierarchisierung entgegen: 1921 erklärte er im *Volkserzieher*, dass „kein noch so hoch- und edelgeborener Mensch“ das Recht habe, auf den „Mitmenschen anderer oder tieferer Artung mißachtend herabzusehen“, da alle Menschen Kinder Gottes seien.[52] In der Nachkriegszeit, in der Rathenau in Hohn- und Spottliedern als „gottverdammte Judensau“[53] der Tod gewünscht wurde, prangerte Schwaner „alle ‚völkischen‘ ‚Antis‘“ an, die sich lediglich auf das Stoffliche, das Materielle konzentrieren, Geist und Seele hingegen missachten würden. Nicht Äußerlichkeiten seien es, die den Wert des Menschen ausmachten, sondern ausschließlich die „innere Artung“ entscheide zwischen einem guten und schlechten Menschen. Es sei somit ausschließlich zwischen „Gottes- und Teufelsrasse“ zu wählen, alles andere sei „Irrtum und Wahn“.

Völkischer Anti-Antisemitismus: Sonderfall ohne Perspektive

Wie aus dem Briefwechsel zwischen Schwaner und Rathenau hervorgeht, verband die beiden das gemeinsame Ziel, eine grundlegende Wiedergeburt des deutschen Volkes durch eine geistig-religiöse Erneuerung zu erzielen. Dabei lehnte sich Schwaner an das von Rathenau entwickelte Paradigma der „Entgermanisierung“ in der Moderne an und diskutierte mit ihm Strategien zur Überwindung der rassischen Gegensätze. Am Vorabend des Ersten Weltkrieges hatte sich Schwaner bereits soweit von der radikalen Reinheitsideologie der völkischen Bewegung distanziert, dass er sich auf Rathenaus kulturkritisches Modell einlassen konnte, aber noch als Herausgeber einer auflagenstarken Zeitschrift Einfluss auf die Völkischen besaß. Das Merkwürdige an der Freundschaft zwischen Rathenau und Schwaner war folglich die Person Schwaners selbst: Der vom radikalen Rassenantisemiten zunächst zum gemäßigten Antisemiten und dann zum Anti-Antisemiten gewandelte Völkische war eine singuläre Ausnahme im völkischen Umfeld, während sich die „Normalfälle“[54] in der Auseinandersetzung um den „Arierparagraphen“ immer weiter radikalisierten. Innerhalb der völkischen Bewegung markiert das Jahr 1912/1913 den Schlusspunkt einer Entwicklung, in der sich die völkische Reformbewegung mit einem radikalen Rassenantisemitismus untrennbar verbunden hatte. Es war daher auch für Schwaner eine absehbare Entwicklung, dass Rathenaus Ermordung nicht zu dem von ihm erhofften „Fanal" für den Beginn des von ihm „heiß ersehnten Reiches" werden würde.[55] Seinen Nachruf auf den Freund schloss Schwaner daher mit den Worten, dass das Reich der Seele sicher „nicht von ‚dieser Welt'" sei.[56]

Anmerkungen

1 Auf die Gemeinsamkeit der Interessen von Rathenau und Schwaner hat bereits Ernst Schulin hingewiesen, vgl. Schulin, Ernst: Kommentar zu Walther Rathenau an Wilhelm Schwaner, 4. 8. 1916, in: Bernard, Andreas/Raulff, Ulrich (Hg.): Briefe aus dem 20. Jahrhundert, Frankfurt a. M. 2005, S. 41–46. Idealisierend aus der Sicht Schwaners der Aufsatz von Ehrentreich, Alfred: Die Freundschaft zwischen Rathenau und Schwaner, in: *Neue deutsche Hefte* 20, 2 (1973), S. 95–115.

2 Vgl. Schulin: Kommentar, [wie Anm. 1], S. 43.

3 Walter Berglar interpretiert die Freundschaft als „für normale Menschen" unmöglich zu klärende „Gefühlsbrühe" (vgl. Berglar, Peter: Walther Rathenau. Ein Leben zwischen Philosophie und Politik, Graz/Wien/Köln 1987, S. 266–271); ähnlich argumentiert Wolfgang Brenner, der zudem eine homosexuelle Liebesbeziehung unterstellt, ohne dafür stichhaltige Beweise zu liefern, vgl. Brenner, Wolfgang: Walther Rathenau. Deutscher und Jude, München/Zürich 2005, S. 336–342.

4 Schölzel, Christian: Walther Rathenau. Eine Biographie, Paderborn 2006, hier S. 144; vgl. auch Graf Kessler, Harry: Walther Rathenau. Sein Leben und Werk (1928). Mit einem Nachwort und Anmerkungen versehen von Cornelia Blasberg [Harry Graf Kessler. Gesammelte Schriften in drei Bänden, Bd. 3], Frankfurt a. M. 1988, S. 219f.; Loewenberg, Peter: Antisemitismus und jüdischer Selbsthaß. Eine sich wechselseitig verstärkende sozialpsychologische Doppelbeziehung, in: *Geschichte und Gesellschaft.* Zeitschrift für Historische Sozialwissenschaft 4 (1979), S. 455–475. Zum „jüdischen Selbsthass" vgl. Fischer, Jens-Malte: Identifikation mit dem Agressor? Zur Problematik jüdischen Selbsthasses um 1900, in: *Menora.* Jahrbuch für deutsch-jüdische Geschichte 3 (1992), S. 23–48.

5 Vgl. insbesondere Rathenau, Walther: Von Schwachheit, Furcht und Zweck (1904), in: Reflexionen und Aufsätze [Gesammelte Schriften, Bd. 4], Berlin 1925, S. 9–33. Auch im 1912 erschienenen *Zur Kritik der Zeit* reproduzierte Rathenau noch jüdische und germanische Stereotypen, vgl. Rathenau, Walther: Zur Kritik der Zeit (1912), in: Schulin, Ernst (Hg.): Walther Rathenau. Hauptwerke und Gespräche [Walther Rathenau Gesamtausgabe, Bd. 2], München/Heidelberg 1977, hier S. 24, 33, 74, 90 und öfter; vgl. auch Schulin, Ernst: Walther Rathenau. Repräsentant, Kritiker und Opfer seiner Zeit (Persönlichkeit und Geschichte 104/104a), Göttingen 1992, S. 43.

6 Schulin: Repräsentant, [wie Anm. 5], S. 45.

7 Vgl. dazu Gerstner, Alexandra: Neuer Adel. Aristokratische Elitekonzeptionen von Intellektuellen zwischen Jahrhundertwende und Nationalsozialismus, Diss. masch. Freie Universität Berlin 2007, S. 307–310.

8 Vgl. Heimböckel, Dieter: Walther Rathenau und die Literatur seiner Zeit. Studien zu Werk und Wirkung [Epistemata. Würzburger wissenschaftliche Schriften, Reihe Literaturwissenschaft 214], Würzburg 1996, S. 126f.

9 Vgl. ebd., S. 144 u. 311–313.

10 Vgl. auch Schulin: Kommentar, [wie Anm. 1], S. 43.

11 Es handelt sich um den umfangreichen Briefwechsel im Nachlass des völkischen Lebensreformers Friedrich Schöll [Privatbesitz Christoph Knüppel, Herford]. Christoph Knüppel danken wir an dieser Stelle für seine Hilfe und wertvollen Hinweise.

12 Eine kritische Biographie Schwaners liegt bislang nicht vor. Einen Überblick über Schwaners Leben und Werk vermitteln Carstensen, Christoph: Der Volkserzieher. Eine historisch-kritische Untersuchung über die Volkserzieherbewegung Wilhelm Schwaners, Würzburg 1941; Ehrentreich, Alfred: Wilhelm Schwaner (1863–1944) und die Volkserzieherbewegung, in: Jahrbuch des Archivs der deutschen Jugendbewegung 7 (1975), S. 75–79; Werner, Gerhart: „Keine Papier- oder Wachsblumen! Keine verlogenen Stücke!" Zum 135. Geburtstag des Pädagogen und Publizisten Wilhelm Schwaner, in: Waldeckischer Landeskalender 2000, Bad Wildungen 2000, S. 107–116; Puschner, Uwe: Schwaner, Christian Louis Wilhelm, in: Neue Deutsche Biographie, Bd. 23, Berlin 2007, S. 783–784.

13 Zum Begriff der „arteigenen Religion" vgl. von Schnurbein, Stefanie: Die Suche nach einer „arteigenen" Religion in „germanisch"- und „deutschgläubigen" Gruppen, in: Puschner, Uwe/Schmitz, Walter/Ulbricht, Justus (Hg.): Handbuch zur „Völkischen Bewegung" 1871–1918, München 1996, S. 172–185.

14 Zur völkischen Bewegung vgl. Puschner, Uwe: Die völkische Bewegung im wilhelminischen Kaiserreich, Darmstadt 2001; ders., Strukturmerkmale der völkischen Bewegung (1900–1945), in: Grunewald, Michel/Puschner, Uwe (Hg.): Le milieu intellectuel conservateur en Allemagne, sa presse et ses réseaux (1890–1960)/Das konservative Intellektuellenmilieu in Deutschland, seine Presse und seine Netzwerke (1890–1960) [Convergences, Bd. 27], Bern u. a. 2003, S. 445–468; Breuer, Stefan: Von der antisemitischen zur völkischen Bewegung, in: *Aschkenas* 15 (2005), S. 499–534.

15 Zur völkischreligiösen Bewegung vgl. Schnurbein, Stefanie von/Ulbricht, Justus H. (Hg.): Völkische Religiosität und Krisen der Moderne. Entwürfe „arteigener" Religiosität seit der Jahrhundertwende, Würzburg 2001; Cancik, Hubert/Puschner, Uwe (Hg.): Antisemitismus, Paganismus, Völkische Religion/Anti-Semitism, Paganism, Voelkish Religion, München u. a. 2004; Puschner, Uwe: Weltanschauung und Religion, Religion und Weltanschauung. Ideologie und Formen völkischer Religion, in: *zeitenblicke* 5 (2006), Nr. 1 [http://www.zeitenblick.de/2006/1/Puschner].

16 Zu List und der Ariosophie vgl. Goodrick-Clarke, Nicholas: Die okkulten Wurzeln des Nationalsozialismus, Graz 1997.

17 Zu Philipp Stauff und dem Deutschvölkischen Schriftstellerverband vgl. Hufenreuter, Gregor: Philipp Stauff (1876–1923). Leben und Wirken eines völkischen Ideologen. Ein Beitrag zur Organisationsgeschichte der völkischen Bewegung. Magisterarbeit, Freie Universität Berlin 2003.

18 Hufenreuter, Gregor: Der „Semi-Gotha" (1912–1919). Entstehung und Geschichte eines antisemitischen Adelshandbuches, in: *Herold-Jahrbuch*. Neue Folge 9 (2004), S. 71–88; ders.: „...ein großes Verzeichnis mit eingestreuten Verbrechern." Zur Entstehung und Geschichte der antisemitischen Lexika Semi-Kürschner (1913) und Sigilla Veri (1929–1931), in: *Jahrbuch für Antisemitismusforschung* 15 (2006), S. 43–63.

19 Philipp Stauff an Wilhelm Schwaner vom 23. Ostermonds 1912 (23. 4. 1912) [Nachlass (im Folgenden NL) Wilhelm Schwaner, UB Kassel].

20 Junker, Daniel: Gott in uns! Die Germanische Glauben-Gemeinschaft. Ein Beitrag zur Geschichte völkischer Religiosität in der Weimarer Republik, Hamburg 2002.

21 Vgl. hierzu Deutschgläubig. Geschichte der Deutschgläubigen Bewegung. 1. Band 1911–1913, o. O. 1968.

22 Konrad, Karl: Irrgänge eines Phantasten, in: *Der Volkserzieher* 17 (1913), S. 147–148; Banger, K.E: Die Runenhäuser, in: ebd., S. 148–149.

23 Schwaner, Wilhelm: Ein Rassen-Nachwort, in: *Der Volkserzieher* 17 (1913), S. 152.

24 Vgl. Gerstner: Neuer Adel, [wie Anm. 7], S. 42–44; Schulin, Ernst: Zu Rathenaus Hauptwerken, in: Rathenau. Hauptwerke und Gespräche, S. 499–595; Heimböckel: Rathenau, [wie Anm. 8], S. 193–195; Rohkrämer, Thomas: Eine andere Moderne? Zivilisationskritik, Natur und Technik in Deutschland 1880–1933, Paderborn u.a. 1999, S. 71–116.

25 Vgl. hierzu auch die positive Besprechung von völkischer Seite: tu (i.e. Philipp Stauff), Kritik der Zeit, in: Die Post, Nr. 90, 21. Februar 1912.

26 Wilhelm Schwaner an Walther Rathenau vom 3.12.1913, in: Jaser, Alexander/Picht, Clemens/Schulin, Ernst (Hg.): Walther Rathenau, Briefe. Teilband 1: 1871–1913 [Walther Rathenau-Gesamtausgabe, Bd. V1], Düsseldorf 2006, S. 1235f.

27 Ebd.

28 Schwaner, Wilhelm: Julnacht und Neulicht, in: *Der Volkserzieher* 17 (1913), S. 207–208.

29 Schwaner selbst hatte diese Deutung vorweggenommen, als er Rathenau schrieb, die Völkischen würden ihn als Gekauften und Bestochenen verhöhnen, vgl. Schwaner an Rathenau vom 3.12.1913.

30 Rathenau, Walther: Deutschland, in: *Der Volkserzieher* 18 (1914), S. 114f.

31 L.V.: Seltsamkeiten in Schwaner's „Volks-Erzieher", in: *Der Hammer* 13 (1914), S. 413.

32 Wehleid, Hans: Vom Antisemitismus geheilt, in: *Der Hammer* 13 (1914), S. 524–526.

33 Schwaner, Wilhelm: Rasse und Volk, in: *Der Volkserzieher* 18 (1914), S. 126–128.

34 Ebd.

35 Friedrich Schöll an Wilhelm Schwaner vom 15.4.1916 [NL Friedrich Schöll].

36 Wilhelm Schwaner an Friedrich Schöll vom 17.4.1916 [NL Friedrich Schöll].

37 Wilhelm Schwaner an Friedrich Schöll vom 10.12.1917 [NL Friedrich Schöll].

38 Schwaner, Wilhelm: Träger des Lichts. 4. Walther Rathenau, in: *Der Volkserzieher* 22 (1918), S. 17–20.

39 Ders.: Stopp! Und Schluß!, in: *Der Volkserzieher* 22 (1918), S. 202f.

40 Träger des Lichts, in: *Der Hammer* 17 (1918), S. 102f. Vgl. hierzu auch die weiteren Reaktionen im selben Jahr: Tert, Karl: Rathenau und der D.H.V., in: ebd., S. 151; Naundorf: Rathenau - Silvio Gesell, in: ebd., S. 215; R.G.: Zum Kapitel Rathenau, in: ebd., S. 471.

41 Roderich-Stoltheim, F. (i.e. Theodor Fritsch): Anti-Rathenau, in: *Der Hammer* 17 (1918), S. 111–117, 135–141, 160–164, 183–186, 203–207, 224–229, 242–245; Roderich-Stoltheim, F.: Anti-Rathenau, Leipzig 1919.

42 Vgl. hierzu Schwaner, Wilhelm: Entstellung und Berichtigung, in: *Der Volkserzieher* 22 (1918), S. 148–149; Fritsch, Theodor: Eine Antwort an Schwaner, in: *Der Hammer* 17 (1918), S. 187–190; Schöll, Friedrich: Die Bedeutung Walther Rathenaus, in: *Hellauf* 10 (1918), S. 45–49.

43 Hunkel, Ernst: Ein „Volkserzieher", in: *Neues Leben* 13 (1918/19), S. 13–17.

44 Ernst Hunkel an Friedrich Schöll vom 14.9.1918 [NL Friedrich Schöll].

45 Friedrich Schöll an Wilhelm Schwaner vom 29.8.1918 [NL Friedrich Schöll]. Schöll verweist auf den völkischen Publizisten und Politiker Friedrich Wiegershaus, der kurz zuvor Schwaner aufgrund dessen Freundschaft zu Rathenau als „ausgesprochenen Schädling" für die völkische Bewegung bezeichnet hatte. Vgl. Friedrich Wiegershaus an Friedrich Schöll vom 12.7.1918 [NL Friedrich Schöll].

46 Zu Strünckmann vgl. Piecha, Oliver M.: Das Weltbild eines deutschen Diätarztes. Anmerkungen zum Verhältnis zwischen Lebensreform und völkischen Fundamentalismus, in: Von Ascona bis Eden. Alternative Lebensformen [Schriften der Erich-Mühsam-Gesellschaft, Heft 27], Lübeck 2006, S. 118–158.

47 Wilhelm Schwaner an Walther Rathenau vom 12.10.1918, in: Rathenau, Briefe. Teilband 2, S. 1994.
48 Wilhelm Schwaner an Walther Rathenau vom 16.10.1918, in: ebd., S. 2002.
49 Strünckmann, Karl: Offener Brief an Walther Rathenau, Stuttgart 1918. (Der Druck ist auf Dezember 1918 datiert.)
50 Wilhelm Schwaner an Friedrich Schöll vom 6.2.1919 [NL Friedrich Schöll].
51 Adolf Richter an Friedrich Schöll vom 8.7.1918 (NL Friedrich Schöll).
52 Schoen-Hardt, Wilm (i.e. Wilhelm Schwaner): Rasse, in: *Der Volkserzieher* 25 (1921), S. 58f.
53 Das Lied ist abgedruckt in: Rathenau, Briefe. Teilband 2, S. 2587.
54 Vgl. den einleitenden Beitrag von Wolfram Kinzig in diesem Band.
55 Schwaner, Wilhelm: Walther Rathenau †, in: *Der Volkserzieher* 26 (1922), S. 109f.
56 Ebd., S. 110.

Thomas Mittmann

„Ich bin noch keinem Deutschen begegnet, der den Juden gewogen gewesen wäre"

Philosemitismus, Anti-Antisemitismus und Antisemitismus im Werk und in der Rezeptionsgeschichte Friedrich Nietzsches bis 1945

An kaum einem anderen Denker lässt sich die diskursive Verschränkung von Philosemitismus, Anti-Antisemitismus und Antisemitismus in Deutschland zum Ende des 19. Jahrhunderts deutlicher illustrieren als an Friedrich Nietzsche. Der Naumburger Philosoph, der sich selbst als „Anti-Antisemit" beschrieb und angesichts seiner schroffen Verachtung der judenfeindlichen Bewegung von zahlreichen Zeitgenossen sowohl würdigend als auch polemisch als „Philosemit" verhandelt wurde, teilte nicht nur zentrale Denkmuster antijüdischer Diskurse im Deutschen Kaiserreich, sondern galt vielen Betrachtern darüber hinaus als ein bedeutender Modernisierer des Antisemitismus.[1] Seine widersprüchlichen Kommentare zum Judentum und zur so genannten „Judenfrage" hatten zur Folge, dass sich zwischen jüdischen Denkern, die in seinen Botschaften entscheidende Impulse für eine religiös-kulturelle Erneuerung und eine bedeutende Stimme gegen die wachsende judenfeindliche Bewegung zu vernehmen glaubten und antijüdischen Kreisen, die den Philosophen zu einem Vordenker eines qualitativ neuwertigen Antisemitismus aufrichteten, ein regelrechter Kampf um die Deutungshoheit seines literarischen Erbes entwickelte.

Im Folgenden werden sowohl Nietzsches ambivalentes Verhältnis zum Judentum und zum Antisemitismus als auch die heterogene Rezeption seiner Vorgaben zu diesem Themenkomplex vom Deutschen Kaiserreich bis zum Ende des Nationalsozialismus in groben Zügen skizziert. Anhand der Wirkungsgeschichte Nietzsches innerhalb ausgesuchter antijüdischer Diskurse sollen die Hintergründe der Umdeutung des Philosophen vom ‚Philosemiten' und ‚Anti-Antisemiten' zum Protagonisten eines modernisierten Antisemitismus deutlich gemacht werden. Darüber hinaus fällt Licht auf die innerjüdische Diskussion, in der die Philosemitismus-Zuschreibung gegenüber Nietzsche kein Unbehagen auslöste, sondern in erster Linie Ausdruck einer übersteigerten Würdigung des Philosophen als ‚Anti-Antisemit' und ‚Opfer' des Antisemitismus war.[2]

Friedrich Nietzsches Aversionen gegenüber dem Antisemitismus, einer aus seiner Sicht immerhin „zu drei Viertel schlimmen und schmutzigen Bewegung“[3], steht außer Frage. Umstritten allerdings sind die Motive seiner Abneigung, die sich spätestens seit 1884 vor allem in seinen Briefen in aller Deutlichkeit offenbart. Dabei hat Nietzsche selbst bereitwillig über die Beweggründe seiner plötzlichen Aufmerksamkeit für das Phänomen des Antisemitismus Auskunft gegeben.

> „Die verfluchte Antisemiterei verdirbt mir alle meine Rechnungen, auf pekuniäre Unabhängigkeit, Schüler, neue Freunde, Einfluß, sie hat R[ichard] W[agner] und mich verfeindet, sie ist die Ursache eines radikalen Bruchs zwischen mir und meiner Schwester u. s. w u. s. w. u. s. w.“,[4]

schrieb er im April 1884 an den evangelischen Theologen Franz Overbeck. Unmittelbarer Anlass dieser schmerzlichen Erkenntnis waren vornehmlich wachsende Unstimmigkeiten mit seinem Verleger Ernst Schmeitzner, der sich seit dem Ende der 1870er-Jahre federführend an den Organisierungsversuchen der sächsischen Antisemiten beteiligte. Ihm war es geschuldet, dass Nietzsches Publikationen zur antijüdischen Literatur gerechnet wurden, eine Tatsache, die sich zu seinem Nachteil auszuwirken begann. Das hatte Nietzsche nicht zuletzt von Joseph Paneth, einem befreundeten Physiologen in Nizza erfahren, der ihn vehement zu einem Ausstieg aus dem Chemnitzer Schmeitzner-Verlag gedrängt hatte, da sich ein weiterer Verbleib negativ auf sein bereits ramponiertes Ansehen unter dem Wiener Judentum auswirken könne. Paneths Fingerzeig bekräftigte Nietzsches Überzeugung, der bescheidene Absatz seiner Schriften hänge mit dem politischen Engagement seines Verlegers zusammen.[5]

Doch diese Ansicht war bei Weitem nicht allein ausschlaggebend für Nietzsches wachsenden Anti-Antisemitismus. Mit Bernhard Förster, der sich anschickte, seine Schwester Elisabeth zu ehelichen, drohte darüber hinaus eine der Zentralfiguren der antijüdischen Bewegung des Deutschen Kaiserreichs in Nietzsches Familie vorzurücken. Nietzsche war sich der abträglichen Wirkung dieser Verbindung seiner Schwester mit einem der Hauptinitiatoren der „Antisemiten-Petition“ von 1880 bewusst und noch zu seinen Lebzeiten verwiesen seine Kritiker mit Vorliebe auf „persönliche, sogar verwandtschaftliche Beziehungen“ des Philosophen zur „Führerschaft“ des Antisemitismus.[6] Die antijüdischen Einstellungen Försters spielten auch eine gravierende Rolle bei der schleichenden Entfremdung Nietzsches von seiner Schwester, die nach ihrer Vermählung im Verein mit ihrem Gatten eine „arische" Kolonie in Paraguay gründete und dabei entgegen ihren ständigen Dementis nicht vom Antisemitismus verschont blieb. Nietzsche indes waren die Bestrebungen der Kolonialgründer bis zuletzt „fremder als Paraguay"[7], wie er einmal deutlich machte. Schließlich führte der Philosoph auch den Bruch mit Richard Wagner und Bayreuth auf den dort verbreiteten Antisemitismus zurück, wobei er an seine eigenen Verstrickungen in den antijüdischen Dunstkreis auf dem oberfränkischen Hügel, an seinen „kurzen gewagten Aufenthalt auf sehr inficirtem Gebiete"[8], nur widerwillig erinnerte.

Nietzsches scharfe Invektiven gegen den Antisemitismus seit Mitte der 1880er-Jahre bedurften auf der Seite der aufstrebenden antijüdischen Bewegung kasuistischer Erklärungen und das vor allem vor dem Hintergrund der wachsenden Popularität des Philosophen. Die Rekonstruktion der antisemitischen Nietzsche-Rezeption im Deutschen Kaiserreich, die bis Ende 1888 unter den Augen und zum Teil unter aktiver Mitwirkung des Philosophen erfolgte, veranschaulicht, dass das Gros der Deutungen so angelegt war, dass vorhandene antisemitische Stereotype unterstützt und, häufiger noch, verstärkt wurden. Im Bayreuther Kreis etwa, von dem sich Nietzsche seit dem Erscheinen des ersten Teils von *Menschliches, Allzumenschliches* im Mai 1878 weltanschaulich mehr und mehr distanzierte, hatte der Topos von der „jüdischen Bemächtigung des Philosophen" Konjunktur. Hier wurden das Abrücken Nietzsches von der Wagner-Gemeinde und seine plötzlichen vermeintlich projüdischen Kommentare als der vorläufige Endpunkt einer Entwicklung gedeutet, die durch den wachsenden Einfluss des Judentums auf die deutsche Kultur hervorgerufen worden war.[9] Insbesondere die freundschaftlichen Beziehungen zu jüdischen Zeitgenossen wie Siegfried Lipiner und Paul Rée hätten im Werk Nietzsches zu einem Austausch der ursprünglich „deutschen Ideale" durch „semitische Werthe" geführt, behauptete etwa der Wagnerianer Wolfgang Golther.[10]

Weiteren Aufschluss über die Umstände des Bruchs mit dem Komponisten versprachen sich die Bayreuther durch die Auseinandersetzung mit Nietzsches Krankheitsgeschichte. Sie deuteten die de facto bereits seit 1873 auftretenden Symptome retrospektiv als erste Vorzeichen seiner geistigen Erschütterung und als folgenreiche Konsequenz oder aber Grund der Unterwerfung des Philosophen durch das „Jüdische". Diese Pathologisierung Nietzsches, bei der dessen schwere Erkrankung in Wechselwirkung mit seiner schriftstellerischen und denkerischen Entwicklung und seiner Hinwendung zum Judentum erklärt wurde, dominierte das Nietzsche-Bild im Bayreuther Kreis bis in die Zeit des Nationalsozialismus.

Über diese Auslegungen war es möglich, den frühen Nietzsche für den Bayreuther Gedanken zu retten und die Identifizierungsmöglichkeiten mit seinen Schriften aus dieser Phase zu erhalten. Die nach dem Bruch mit Wagner entstandenen und damit „kranken" Schmähschriften erfüllten aus der Bayreuther Perspektive dagegen deutliche Kriterien von Unzurechnungsfähigkeit und hielten einer ernsten Auseinandersetzung nicht mehr stand. Nietzsche büßte als Gegner des Bayreuther Gedankens durch die Pathologisierung deutlich Gewicht ein, denn er hatte „Wahnfried" nicht aus freien Stücken den Rücken gekehrt, sondern infolge seiner Krankheit und der damit verbundenen „jüdischen Bemächtigung". Diese Lesarten lieferten den Wagnerianern schlagkräftige Argumente im Kampf gegen den Nietzscheanismus und dessen kultische Ausmaße, gegen den „sinnlosen Beifall"[11], den der undeutsche Nietzsche für seine Philosophie ernte, wie Henry Thode, einer der literarischen Wortführer der Wagnerianer, im Jahre 1903 die Einschätzung auf dem Bayreuther Parkett formulierte.

Auch prominente Rassentheoretiker im Umkreis Wagners wie Houston Stewart Chamberlain oder Ludwig Schemann unterstrichen Nietzsches plötzliche „Vorliebe für die Juden" und leiteten daraus das „Ungesunde" seines Denkens ab.[12] Diese Einschätzungen blieben nach der nationalsozialistischen Machtübernahme angesichts einer wachsenden affirmativen Nietzsche-Rezeption durch Chefideologen der neuen Machthaber wirkungsmächtig und die Wagnerianer waren unermüdlich bemüht, den Philosophen gerade hinsichtlich seines mutmaßlichen Philosemitismus als Gegner der nationalsozialistischen Weltanschauung zu entlarven.[13] Sie sahen sich dabei durch Aufzeichnungen bestätigt, in denen Nietzsche, der einmal gestand, noch keinem Deutschen begegnet zu sein, „der den Juden gewogen gewesen wäre"[14], etwa bemerkte, dass er die angenehmsten Momente zwischen 1876 und 1886 „im Zufall des Verkehrs Juden oder Jüdinnen verdanke"[15] und dabei verriet, „welche Wohlthat" ihm „ein Jude unter deutschem Hornvieh"[16] sei.

Der Verurteilung Nietzsches als Philosemit schlossen sich auch die radikalen Judengegner an, die sich zu Beginn der 1880er-Jahre im Kielwasser der rassenantisemitischen Theorien Eugen Dührings bewegten. Im Umfeld des Berliner Privatgelehrten entwickelte sich der durch das Judentum protegierte und in Szene gesetzte, ja teilweise selbst „jüdische Philosoph" Nietzsche zum Standardtopos. Nietzsche nahm Dühring als ein repräsentatives Exemplar des Antisemiten wahr, das alle niederen Instinkte der ganzen Bewegung verkörperte. Daraus erklärt sich die beispiellose Radikalität, mit der er ihn als antisemitischen „Rache-Apostel" und „Moral-Grossmaul" attackierte.[17] Nietzsches Angriffe zeigten

Wirkung und Dühring revanchierte sich erstmals 1894, als er die Popularität des Philosophen auf ein angebliches jüdisches Pressemonopol zurückführte.[18] Das „Phänomen Nietzsche" entsprang aus dieser Sicht einer von Juden inszenierten, bewussten Propagandaaktion für ihren jüdischen „Ueberdenker".[19]

Dieser diskursübergreifende Topos zur Erklärung des Nietzscheanismus und des Nietzsche-Kultes war bereits zu Beginn der 1890er-Jahre durch Abraham Enß, einen alten radikalen Weggefährten und eifrigen Fürsprecher Dührings vermittelt worden, der im Herbst 1891 konstatiert hatte, dass der „Irrenhäusler" und „obskure Philologe Nietzsche", erst nachdem er sich „gegen die Antisemiten erklärt" habe, von der literarischen „Judenmache plötzlich zu einem Modestück ausgerufen"[20] worden sei. Die These vom jüdisch inszenierten Nietzscheanismus kommunizierten Dühring und seine Anhänger bis in die 1930er-Jahre. Dühring selbst hatte dabei die Direktive ausgegeben, „daß weniger Nietzsche als die jüdische Literaille, die Reklame für ihn macht, ja noch mehr das stumpfe und judengehorsame deutsche Publikum, das sich diese Bescherung gefallen lasse, aufs Korn zu nehmen sei"[21]. Mit der Wertung des Nietzscheanismus als jüdische Erfolgsgeschichte ließ sich nebenher auch die Tatsache, dass Dühring selbst vergleichsweise wenig öffentliches Gehör fand, auf die „Verschweigungsmethode seiner Feinde"[22] zurückführen.

Die Behauptung, Nietzsches Popularität leite sich aus seinem Philosemitismus und der daraus resultierenden Propaganda für den Philosophen in einer jüdisch kontrollierten Presse ab, während Antisemiten wie Dühring aus denselben Gründen kein Gehör finden könnten, war innerhalb antisemitischer Diskurse im Kaiserreich weit verbreitet. Sie gehörte auch zum Standardrepertoire des Leipziger Verlegers Theodor Fritsch, der wohl wie kaum ein anderer Nietzsches Anti-Antisemitismus zu spüren bekommen hat. Fritsch, der zu einem der wichtigsten ideologischen Zulieferer der Nationalsozialisten avancierte, glaubte in Nietzsche schon früh nicht nur ein geeignetes Sprachrohr zur Durchsetzung seiner Interessen, sondern auch einen Gesinnungsgenossen zu erkennen. Aus diesem Grund ließ er ihm im März 1887 ungefragt drei Ausgaben der von ihm herausgegebenen *Antisemitischen Correspondenz* zukommen, die, so verfügte der Untertitel expressiv verbis, nur für „ausgesprochene und zuverlässige Parteigenossen" reserviert war. Der Philosoph gab Fritsch auf sein nicht überliefertes Begleitschreiben jedoch unmissverständlich einen Korb, verurteilte den Antisemitismus und forderte den Absender auf, einmal „eine Liste deutscher Gelehrter, Künstler, Dichter, Schriftsteller, Schauspieler und Virtuosen von jüdischer Abkunft oder Herkunft" als wertvollen „Beitrag zur Geschichte der deutschen Cultur" herauszugeben.[23] Nietzsches Ton Fritsch gegenüber wurde nach einer erneuten unaufgeforderten Zeitungszusendung deutlich schärfer. Der Philosoph übermittelte die Ausgabe mit dem Hinweis zurück, das „abscheuliche Mitredenwollen noioser Dilettanten über den Werth von Menschen und Rassen" sowie „die beständigen absurden Fälschungen und Zurechtmachungen der vagen Begriffe ‚germanisch', ‚semitisch', ‚arisch', ‚christlich', ‚deutsch' – das Alles" könne ihn „auf die Dauer ernsthaft erzürnen und aus dem ironischen Wohlwollen herausbringen", mit dem er bis dato „den tugendhaften Velleitäten und Pharisäismen der jetzigen Deutschen zugesehen habe".[24]

Nach dieser drastischen Abfuhr galt es auch für Fritsch, der Popularisierung des Philosophen entgegenzutreten. In der *Antisemitischen Correspondenz* eröffnete der Herausgeber seinen publizistischen Feldzug mit der Behauptung, Nietzsches Kommentare zur „Judenfrage" sprächen für „die Berechtigung des Antisemitismus", gleichwohl resultierten dessen versöhnliche Schlussfolgerungen aus einer „Politik der Feigheit, Furcht vor dem Mammon, Respekt vor der Lüge und Demut vor der Schurkerei".[25] Infolgedessen wurde der Philosoph in der Zeitschrift nunmehr nur noch als Freund des Judentums, Philosemit und „Talmud-Nietzsche"[26] denunziert. Wie bereits die Wagnerianer und Dühringianer suchte allerdings auch Fritsch in erster Linie den Nietzscheanismus zu bekämpfen, wie ein Blick in die von ihm ab 1902 unter dem Titel *Hammer* herausgegebenen *Blätter für deutschen Sinn* offenbart, für die er dieses Ziel zu einem Programm erhob. Die „verheerende Wirkung" Nietzsches sei das Angriffsziel, demzufolge werde man seiner Philosophie „mit dem Hammer zu Leibe gehen"[27], stellte Fritsch bereits im ersten Heft beherzt in Aussicht und dieser radikalen Kampfansage blieb er während seiner Zeit als Herausgeber treu. Der Nietzscheanismus, der sich dadurch auszeichnete, dass die Mehrzahl der „Gebildeten einen Nietzsche täglich im Munde führt, aber einen Lagarde nicht kennt"[28], war auch in der Wahrnehmung der *Hammer*-Autoren eine logische Folge des jüdischen Pressemonopols. Fritsch unterstellte Nietzsche, er habe nur ausgesprochen, „was seine jüdischen Freunde ihm einbließen"[29]. „Wenn er sich nicht so vertrauensselig zum Sprachrohr für jüdische Auffassungen hergegeben hätte", so fragte Fritsch, „wie würde er bei Lebzeiten überhaupt zu einer Anerkennung gelangt sein?"[30] Beispiele für Autoren, die angesichts ihrer kritischen Haltung dem Judentum gegenüber „auf dem Markte der Meinungen nicht gehört werden"[31], lieferten die *Hammer*-Autoren in Fülle. Für sie galt es, Gleichgesinnte wie Paul de Lagarde, Adolf Wahrmund oder Eugen Dühring mit der geballten Kraft der publizistischen Mittel des *Hammer* auf- und Nietzsche abzuwerten.

Auch im Diskurs der *Hammer*-Gemeinde kam den jüdischen Zeitgenossen im Umfeld Nietzsches besondere Bedeutung bei der Beurteilung seiner Philosophie zu. Der „Hebräer" Paul Rée sei es gewesen, so wurde behauptet, der den Philosophen „stark im jüdischen, bezw. Talmudischen Sinne"[32] beeinflusst und die „jüdische Doppelmoral"[33] vermittelt habe. Gegen den Literaturkritiker Georg Morris Cohen Brandes, der wie nur wenige zur Popularisierung Nietzsches beigetragen hatte, starteten die Gesinnungsgenossen Fritschs folgerichtig ebenfalls eine publizistische Offensive. Über dessen Vermittlung, so hieß es 1916, sei es möglich gewesen, „daß die sonderbare Moral Nietzsche's im Ausland als die deutsche angesehen und verbreitet wurde"[34]. Brandes wurde zum „Diktator der öffentlichen Meinung"[35] und zum typischen Beispiel „für die Art der gesellschaftlichen Eroberung seitens der Juden"[36] erklärt. Der Topos vom jüdisch inszenierten Nietzscheanismus fand sogar Eingang in die berüchtigten *Protokolle der Weisen von Zion*. In der Fälschung über angebliche jüdische Weltverschwörungspläne wurde die wichtige Bedeutung der von jüdischen „Verschwörern" „erweiterten Erfolge der Lehren von Darwin, Marx und Nietzsche" und deren „zersetzende Wirkung auf nichtjüdische Köpfe"[37] hervorgehoben. Daraus schlossen Antisemiten, dass das Judentum für „die drei umstürzlerischen Theorien auf den Gebieten der Naturwissenschaften, der Volkswirtschaft und der Sittlichkeit"[38] verantwortlich zu machen war.

Die genannten Beispiele verdeutlichen, dass antisemitische Nietzsche-Gegner mit der negativen Zuschreibung „Philosemitismus" agierten, um den Philosophen zu insultieren. Nietzsche-Anhänger indes griffen den antisemitisch besetzten Begriff auf und verliehen ihm eine positive Bedeutung.[39] Das zeigt vor allem die innerjüdische Nietzsche-Rezeption. Der Naumburger Denker sei „ein schlechter Kronzeuge für den Antisemitismus", schrieb etwa der jüdische Schriftsteller Kurt Walter Goldschmidt 1931, denn seine Bekanntschaft mit und seine Popularisierung durch Juden habe bei ihm zu einer Herausbildung eines „hymnischen Philosemitismus" geführt.[40] Diese Verknüpfung zwischen der Vita und dem Werk des Philosophen war im innerjüdischen Diskurs über Nietzsche, der sich bereits in den 1880er-Jahren herausgebildet hatte, zentral. Die vermeintlich philosemitische Einstellung Nietzsches wurde also einmal durch seinen privaten Umgang und seine Kontakte zu jüdischen Zeitgenossen dokumentiert.[41] Fernerhin war der auch in den antisemitischen Diskursen etablierte Topos von der jüdischen Entdeckung und Popularisierung Nietzsches in der innerjüdischen Diskussion wirksam. Er bewies einerseits, dass die Gedankenwelt des Philosophen „mit dem modernen jüdischen Geist aufs engste und vielfältigste verknüpft"[42] war und diente andererseits besonders liberalen deutschen Juden als durchgängiges Mittel, die Kulturbedeutung des Judentums insgesamt und damit die Assimilationsbereitschaft und -fähigkeit jüdischer Mitbürger zu unterstreichen. Das Beispiel Nietzsche zeige, dass das Judentum innerhalb der deutschen Literatur stets die „Rolle des Maklers" übernehme, während der „Antisemitismus keine bleibenden Werte geschaffen"[43] habe, unterstrich etwa der jüdische Literaturkritiker Hans Landsberg.

Sowohl hochrangige jüdische Persönlichkeiten und Presseorgane als auch liberal-bürgerliche Organisationen wie der Verein zur Abwehr des Antisemitismus oder der Central-Verein deutscher Staatsbürger jüdischen Glaubens waren an der Fruchtbarmachung und Verteidigung des Philosophen gegen den Antisemitismus beteiligt.[44] Nietzschekundige Interpreten wie der jüdische Journalist und Kritiker Leo Berg unterstrichen bei aller Kenntnis der judenkritischen Passagen im Werk des Philosophen dessen Wertschätzung für das Judentum sowie den offenkundigen Anti-Antisemitismus.[45] Obwohl Nietzsche dem Judentum die „Schöpfung des Christenthums" nie verziehen habe, so hieß es regelmäßig, habe er sich von jeder Judenfeindschaft und vom Antisemitismus fern zu halten versucht.[46] Viele jüdische Beobachter leiteten aus Nietzsches Anti-Antisemitismus, der vorwiegend über eine selektive Rezeption und über die bloße Auflistung von günstigen Kommentaren des Philosophen zum Judentum nachgewiesen wurde, eine positive Philosemitismus-Zuschreibung ab.[47] Dieser Philosemitismus ergab sich aus Nietzsches „Haß gegen die Antisemiten" und seiner „Verehrung für die Juden und ihre geistigen Fähigkeiten"[48] sowie aus der Erkenntnis, dass die judenkritischen Stellen im Werk des Denkers „verschwindend gering gegenüber denen" seien, „in denen er sich als wahrer Philosemit erklärt".[49] Die weit verbreitete antisemitische Berufung auf Nietzsche erschien in dieser Lesart als Resultat einer bewusst oder unbewusst fälschlichen Aneignung und Instrumentalisierung seiner Gedanken, mit der Konsequenz, dass der Philosoph als ein unschuldiges „Opfer des Antisemitismus"[50] gewertet werden musste. Diese Einschätzung war innerhalb jüdischer Periodika bereits um die Jahrhundertwende so verbreitet, dass sich bald auch kritische Stimmen zu Wort meldeten, die reklamierten, dass Nietzsches Stellung zum Judentum in jüdischen Wochenblättern bis zum „Ueberdruß" diskutiert worden sei und dass versucht werde, den „deutschen Philosophen zu einem Hebräer zu machen".[51]

Nur wenige jüdische Interpreten indes erkannten hellsichtig die antisemitischen Versatzstücke und die damit verbundenen Risiken im Werk

Nietzsches an. Der jüdische Schriftsteller Heinrich Berl etwa erklärte das Nebeneinander von philo- und antisemitischen Vorstellungen im Schrifttum Nietzsches mit der „paradoxen Natur“[52] des Denkers. Man habe den Philosophen angesichts seiner Gegnerschaft zum politischen Antisemitismus von jüdischer Seite zu Unrecht zum Philosemiten erhoben, diagnostizierte auch die *Jüdische Rundschau*, denn dieser habe das „Judentum als Kulturerscheinung“ mit Vehemenz bekämpft.[53]

Während der Verein zur Abwehr des Antisemitismus unmittelbar nach der nationalsozialistischen Machtübernahme verboten wurde, beteiligte sich der Central-Verein deutscher Staatsbürger jüdischen Glaubens trotz massiver staatlicher Einschränkungen weiter an der Nietzsche-Deutung. Der jüdische Autor Leo Hirsch brachte noch 1935 in der *Central-Verein-Zeitung* in Erinnerung, dass es Juden gewesen seien, die Nietzsches Bedeutung zuerst erkannt hätten.[54] Bereits drei Jahre zuvor hatte er allerdings mit Bedauern zur Kenntnis genommen, dass Nietzsche durch die „Umfälschung“ seiner Schwester zum „Abgott des vulgären Fascismus“ und „offiziell zum geistigen Fahnenträger Hitlers avanciert“[55] sei und damit die Resignation dokumentiert, die sich angesichts des faschistischen Aufbruchs unter liberalen deutschen Juden breit gemacht hatte. 1938 wurde auch der Central-Verein verboten. Kritische Stimmen zur Faschisierung Nietzsches meldeten sich nunmehr nur noch aus dem sicheren Ausland zu Wort. Die in Haifa erschienene Zeitschrift *Orient* stellte 1942 in Bezug auf die „Rassenfrage“ und den Antisemitismus die „unueberbrueckbare Kluft“[56] zwischen Nietzsche und seinen Interpreten im Weimarer Nietzsche-Archiv fest und machte damit das im innerjüdischen Diskurs vorherrschende Bewusstsein ersichtlich, dass sich die nationalsozialistische Interpretation Nietzsches am Ende als durchsetzungsfähiger erwiesen hatte.

Diese überlegene Wirkungsmächtigkeit der nationalsozialistischen Auslegung, bei der Nietzsche vom „Philosemiten“ und „Anti-Antisemiten“ zum „modernen Antisemiten“ umgedeutet wurde, hat viele Gründe, ist aber ohne die zahlreichen antijüdischen Kommentare des Philosophen nicht erklärbar. Das gilt nicht nur für Nietzsches alltäglichen Antisemitismus, der zwar wenig bekannt, doch schwerlich zu bestreiten ist.[57] Auch die frühe Kulturkritik des Philosophen, die mit einer nachdrücklichen Kritik am Judentum einher geht, griffen Nationalsozialisten auf. Fernerhin lässt sich kaum von der Hand weisen, dass Nietzsche wesentliche Denkmuster antisemitischer Diskurse geteilt hat. Verheerend wirkten sich am Ende allerdings vor allem die Aspekte seines Denkens aus, die über konventionelle Formen der Judenfeindschaft hinausgingen und die angesichts ihrer beispiellosen Radikalität und ihrer eliminatorischen Dimensionen den Bruch mit bis dahin intakten Tabus motivierten. Dabei kann keineswegs davon die Rede sein, dass der späte Nietzsche seine antijüdische Geisteshaltung abgelegt habe. Ganz im Gegenteil wurde er gerade im Verlauf der 1880er-Jahre hochgradig konkret, wenn es um die Heraufbeschwörung der Gefahr ging, die Europa im Falle eines Scheiterns der jüdischen Assimilation drohe. Das wird auch anhand der Passagen von *Jenseits von Gut und Böse* deutlich, die heute meist als anti-antisemitisch, vom Gros der Antisemiten insbesondere nach dem Ersten Weltkrieg allerdings nicht zu Unrecht als Bestätigung ihrer Überzeugungen und Bestrebungen gedeutet wurden. Der Philosoph forderte darin, eine Assimilation von Juden nur mit „aller Vorsicht“[58] durchzuführen. Nur Ausgewählten sollte sie zuteil werden und mit dem Effekt einer „Milderung der jüdischen Instinkte“[59]. Den Antisemiten riet Nietzsche vor diesem Hintergrund, sie sollten sich „vor jeder hitzköpfigen Concurrenz und Feindseligkeit sorgfältig in Acht nehmen“, notfalls seien „die antisemitischen Schreihälse des Landes zu verweisen“, denn sie könnten die Juden als „stärkste, zäheste und reinste Rasse“ dazu verleiten, „die Herrschaft über Europa anzutreten“, wozu sie, so drohte der Philosoph, ohne Schwierigkeiten in der Lage seien.[60]

Mitzuverhandeln sind überdies die eliminatorischen Aspekte im gedanklichen Ensemble Nietzsches, der wohl als einer der ersten Denker überhaupt gelten kann, der die so genannten Degenerationsprobleme nicht nur mit der Selektionstheorie erklärte, sondern verlangte, die „natürliche Auslese“ auch zur Lösung des „Degenerationsproblems“ praktisch anzuwenden. So forderte der Philosoph bereits 1880 das allgemeine „Absterbenmachen der Kläglichen Verbildeten Entarteten“[61] und erklärte das „Aussterben vieler Arten von Menschen“ für „ebenso wünschenswerth als irgendeine Fortpflanzung“.[62] Nietzsche entwickelte dabei strenge Vorgaben zur menschlichen Reproduktion bis zur „Verhinderung der Empfängniß“, die letztlich lediglich einem Ziel dienen sollten, „der Verbesserung der Rasse“.[63] Daneben formulierte er eine „Moral für Ärzte“, die „das rücksichtsloseste Nieder- und Beiseite-Drängen des entartetenden Lebens“ implizierte.[64] Diese eugenischen Impulse Nietzsches wirkten vehement auf die Krisendiskurse der Rassentheoretiker und Hygieniker, die sich seit dem späten 19. Jahrhundert in Deutschland etablierten und in denen die breite Diskussion über „Entartung“ und „Degeneration“ eng mit antidemokratischen, antihumanistischen und antijüdischen Tendenzen verknüpft war. Besonders in diesem Kontext hatte die Auseinandersetzung mit Nietzsche eine Radikalisierung des Antisemitismus und einen weit reichenden Bruch intakter Tabus zur Folge.

Der affirmative Bezug auf Nietzsche war um die Jahrhundertwende unter Rasseantisemiten so verbreitet, dass Gegner des Philosophen wie Friedrich Lange publizistisch intervenierten.[65] Doch vergebens, denn „Nietzsche's Kampf gegen die Entartung der Rassen"[66] fand allenthalben Anerkennung. Populäre Rezipienten wie der Sozialdarwinist Alexander Tille stilisierten Nietzsche bereits im Kaiserreich zu einem Vorkämpfer der „Zuchtwahl" und schlossen sich seiner Prophezeiung an, wonach „der Gegenwart grosse Rassenkämpfe und Rassenverschiebungen bevorstehen" würden.[67] Dabei waren Konzeptionen wie die Tilles durchaus schon eliminatorisch ausgerichtet, etwa dort, wo „das Recht der stärkeren Rassen, die niederen zu vernichten"[68], verteidigt wurde. Auch Alfred Ploetz, der theoretische Begründer der deutschen Rassenhygiene, wies auf den wichtigen Impuls Nietzsches hin. In seinen Briefen an die Schwester des Philosophen bezeichnete er die Bestrebungen seiner 1905 gegründeten Internationalen Gesellschaft für Rassenhygiene als „Ausläufer der Gedanken" Nietzsches.[69]

Einflussreiche Rasseideologen wie Fritz Lenz, der Abteilungsleiter am Kaiser-Willhelm-Institut für Anthropologie, menschliche Erblehre und Eugenik, der 1923 die in Deutschland erste außerordentliche Professur für Rassenhygiene erhalten und im „Dritten Reich" zu einem der führenden Theoretiker dieser Disziplin aufsteigen sollte, behaupteten, das Werk des Philosophen sei auf „extreme Rassenwertung gegründet", wobei vornehmlich die „unverkennbar antisemitischen, aus dem aristokratischen Rasseglauben Nietzsches geborenen Äußerungen"[70] unterstrichen wurden. Auch Lenz machte aus seiner Bewunderung für den Philosophen keinen Hehl und äußerte die Überzeugung, „ernstlich und wirksam an seinem Ziele mitzuarbeiten"[71].

Mit Franz Haiser trat der wohl radikalste Nietzscheaner unter den Rasseantisemiten vom Kaiserreich bis in die Nazi-Diktatur hinein offen für die Realisierung eliminatorischer Vorstellungen zur „Lösung der Judenfrage" ein. An dem gelernten Chemiker kann die Radikalisierung des Antisemitismus durch Impulse Nietzsches besonders deutlich abgelesen werden. Der selbst ernannte treu ergebene „Jünger"[72] Nietzsches sah seine Visionen in einem „Allarischen Bund" verwirklicht, für den er eine Programmschrift verfasste, in der er unter anderem ganz offen forderte, Juden zwangsweise zu sterilisieren.[73]

Haisers Idee zur Gründung einer entsprechenden Organisation wurde schließlich von Carl Reinhold Petter realisiert, der den All-Arier-Bund in Danzig in die Tat umsetzte. Das „supernationale" Siedlungskonzept hatte eine auf den Schultern Nietzsches stehende, gegen das Judentum gerichtete „Umwertung aller Werte" zum Ziel[74] und zeigt, dass es in der Nachkriegszeit vor dem Hintergrund einer umfassenden Weltanschauungskrise und religiösen Sinnsuche vorzugsweise innerhalb bildungsbürgerlicher Schichten zu einer verstärkten Anlehnung an Nietzsches antichristlichen Antijudaismus kam, der den völkischen Religionsstiftern neue und entscheidende Anregungen verlieh. Nietzsches Impuls wirkte dabei auch auf jene religiösen Konzepte, die für die Errichtung eines „arteigenen", „nordischen", „germanischen" oder „deutschen" Bekenntnisses eintraten und dabei insbesondere über die Forderung nach einer „Entjudung der Religion" rassenideologische und radikal antisemitische Deutungsmuster in ihre Reformprogramme implementierten.[75] Schließlich, so hieß es, habe auch Nietzsche mit seiner moralkritischen Haltung gegen das Christentum auf das historische Judentum gezielt. Es war das Judentum, das nach seinem Urteil als das „verhängnisvollste Volk der Weltgeschichte"[76] für den „Sklaven-Aufstand in der Moral"[77] verantwortlich zu machen war.

Hier knüpften völkisch-religiöse Gruppierungen wie der Jungnordische Bund, der Orden der Nordungen, die Deutsche Glaubensbewegung, die Deutschgläubige Gemeinschaft, oder die Nordische Glaubensgemeinschaft an, in denen Pläne entwickelt wurden, wie sie etwa am Beispiel des 1937 in Weimar gegründeten Nietzsche-Kreises deutlich werden, dessen Mitglieder sich eine germanische Religion Nietzschescher Ausrichtung zum Ziel setzten, die sie ganz im Sinne des Nationalsozialismus deuteten. Der Philosoph habe lediglich den christlichen Glauben und dessen „Sklaveninstinkte" bekämpft, in der Religion gleichwohl „das Band zwischen Volk und Führer" geschätzt, verbreitete der Kreisgründer Karl Alfred Strohbach.[78] Im Zentrum seines Sinnstiftungskonzeptes einer „judenfreien Religion" stand die Erkenntnis, dass Nietzsche „als Philosemit undenkbar" sei.[79] Wie zur antijüdischen religiösen Programmatik vieler religiöser Neuschöpfungen gehörten auch zu der des Nietzsche-Kreises Forderungen nach einer „Reinhaltung der Rasse" sowie einer konsequenten „Vernichtung lebensunwerten Lebens".[80]

Auch bei den antisemitischen Anhängern Nietzsches spielte der Topos von der Popularisierung des Philosophen durch jüdische Denker eine entscheidende Rolle, allerdings sprach dieser nicht wie bei den Nietzsche-kritischen Judengegnern gegen den Philosophen, sondern ausschließlich gegen das Judentum. Der wahre „germanische" und „rassische" Nietzsche, so reklamierte die alldeutsch ausgerichtete *Deutsche Zeitung* im August 1900, sei beharrlich von seinen jüdischen Vermittlern verschleiert worden, die ihn mit Raffinesse in einen philosemitischen Freidenker umgedeutet hätten.[81] Die antisemitische Publizistin Lenore Ripke-Kühn hielt es 1919 für beschämend,

„daß es Juden waren, die Nietzsche zuerst entdeckten und hinstellten und daher alle negativen und alle internationalen Züge einseitig an ihm heraustrieben – und ins Zersetzende wandten, so daß das Gesamtbild des deutschen Nietzsche für die deutsche Kultur überhaupt noch nicht entdeckt ist.“[82]

Diese Einschätzung hatte in den antisemitischen Diskursen Konjunktur und war bereits im Kaiserreich von prominenten Judengegnern wie Adolf Bartels verbreitet worden, der 1902 erklärt hatte, er wolle sich den „großen Deutschen“ Nietzsche „nicht rauben lassen“[83]. Der Männerbund-Theoretiker Hans Blüher führte Nietzsche gar als Beispiel dafür heran, dass das Judentum, wo „immer antichristliche Gedankengänge in der deutschen Philosophie aufbrachen“, zur Stelle gewesen sei, um, auch wenn der Denker schroff antisemitisch argumentiert habe, diese für sich nutzbar zu machen.[84] Aus dieser Diagnose resultierte für die antisemitischen Nietzscheaner, dass sich nun die letzten völkischen Kritiker des Philosophen seiner eigentlichen, von der jüdischen Interpretation bewusst geläuterten „antijüdischen Lebensauffassung“[85] zuzuwenden hätten, eine Forderung, die nationalsozialistische Antisemiten wirkungsvoll erfüllten.

Obwohl von einer offiziellen nationalsozialistischen Nietzsche-Deutung keine Rede sein kann, setzte sich nach der Machtübernahme Adolf Hitlers doch der Topos von der bedeutenden Rolle des Philosophen bei der Modernisierung des Antisemitismus durch. Es gebe „keinen schärferen, grundsätzlicheren, tiefer schürenden ‚Antisemiten‘ als Nietzsche“[86], hieß es nun fast einstimmig aus der gleichgeschalteten Presse. Einflussreiche Rezipienten wie der Lübecker Theologe Gerhard Karl Schmidt wiesen die Philosemitismus-Zuschreibung gegenüber Nietzsche mit aller Deutlichkeit zurück und behaupteten, der Philosoph habe sich ausschließlich gegen den Antisemitismus des 19. Jahrhundert gewandt, dessen „Führer und Vorkämpfer nach Nietzsches Überzeugung das zentrale Problem der europäischen Judenfrage überhaupt nicht erkannt haben“[87]. Die neue Qualität des Nietzscheschen Antisemitismus wurde dabei in erster Linie in der Entlarvung „der unlösbaren geschichtlichen, geistigen und personenhaften Verpflechtung zwischen Judentum und Christentum“[88] verortet. Nietzsche sei, so schrieb Alfred Baeumler in seinem massenwirksamen Buch *Nietzsche als Philosoph und Politiker* von 1931, trotz der Begünstigungen und der Popularisierung durch Juden, diesen „im Innersten abgeneigt“ gewesen, denn Judentum und Christentum seien ihm „im Grunde eins“ gewesen.[89] Nietzsches vordergründiger Philosemitismus, seine Tendenz, das Judentum gegen die Deutschen auszuspielen, rechnete der

Interpret einer Strategie zu, die Deutschen dazu zu bringen, „daß man ihn erhört“[90]. Auch Heinrich Härtle, seinerzeit Sturmhauptführer und Sekretär des Reichsministers Alfred Rosenberg, konstatierte, dass es sich bei Nietzsche zwar nicht um einen Antisemiten „im heutigen Sinne“ handele, dieser habe aber mit seinen Vorwürfen, dass mit den Juden die „Sklavenmoral“ und die „Blutvergiftung“ begonnen habe, wichtige Vorarbeit für den „modernen“ Antisemitismus geleistet.[91]

Es gibt zahlreiche Belege dafür, dass Nationalsozialisten Nietzsches Vorgaben auch zur Legitimierung der gewaltsamen „Lösung der Judenfrage“ heranzogen. Für nationalsozialistische Antisemiten verkörperte das Judentum schließlich die „Rasse zerstörenden Kräfte“, wie der Literaturwissenschaftler Walther Linden bereits 1931 bei der Nietzschefeier des Deutschen Sprachvereins Halle betont hatte.[92] Der Konflikt mit dem Judentum sei „unausbleiblich“, prophezeite der Theologe Paul Bergenhagen 1934 im Anschluss an seine Erkenntnis, dass Nietzsche „im Judentum das gefährlichste und verhängnisvollste Volk der Erde“[93] entdeckt habe. Der Philosoph wurde so insbesondere zu Beginn des Zweiten Weltkrieges nicht nur als Verteidiger der Kampfhandlungen gedeutet, sondern legitimierte nun auch zunehmend Gewalt gegen Kranke, „Entartete“ und Juden.[94] Nietzsche habe den Mut gehabt, den Krieg über den Frieden zu stellen, diese Botschaft verbreitete die nationalsozialistische Presse regelmäßig.[95] Für den Nietzsche-Interpreten Kurt Kaßler folgte aus den Ausführungen des Philosophen in *Jenseits von Gut und Böse* die Forderung „der völligen Zurückdrängung und Ausschaltung des jüdischen Einflusses“[96]. Dies könne nur durch eine „herrschaftliche Rasse“ bewerkstelligt werden, so wurde bereits ein Jahr nach der Machtübernahme bemerkt, die „aus furchtbaren und gewaltsamen Anfängen emporwachsen“ müsse, gleich den von Nietzsche geschilderten „Barbaren des zwanzigsten Jahrhunderts“.[97] Nietzsche, so diagnostizierte Wilhelm Löbsack im August 1943, habe die nun deutlich werdenden, vom Judentum ausgehenden Gefahren früh erkannt. Aus dessen Passagen über die „Entscheidung im Schicksale der europäischen Juden“ in *Jenseits von Gut und Böse* leitete der Danziger Schulungsleiter der NSDAP die „Gefahren aus den östlichen Weiten und die jüdische Schicksalsfrage“ ab, aus der für ihn die Unausweichlichkeit des „totalen Krieges“ resultierte.[98] Erst mit dem Ausbruch des Zweiten Weltkrieges, so konnte der Nazi-Autor Curt Hotzel 1940 bekannt geben, sehe man „die von Nietzsche geforderte ‚Vernichtung der verfallenen Rassen‘ so greifbar vor sich“[99].

Auch wenn die kritischen Stimmen, die Nietzsche der nationalsozialistischen Aneignung entreißen wollten, nicht verstummten, auch wenn der

Philosoph von jüdischen Interpreten weiterhin als „Anti-Antisemit" und „Philosemit" verteidigt wurde, am Ende erwies sich die nationalsozialistische Umdeutung Nietzsches zum „modernen Antisemiten" als erfolgreicher.

Anmerkungen

1 Vgl. Mittmann, Thomas: Vom „Günstling" zum „Urfeind" der Juden. Die antisemitische Nietzsche-Rezeption in Deutschland bis zum Ende des Nationalsozialismus. (Epistemata. Würzburger Wissenschaftliche Schriften. Reihe Philosophie, Bd. 403), Würzburg 2006. ‚Philosemitismus', ‚Anti-Antisemitismus' sowie ‚Antisemitismus' sind hier weniger als analytische Begriffe, sondern in erster Linie als Kategorien der Selbst- und Fremdbeschreibung der historischen Akteure zu verstehen.

2 Die These, dass Philosemitismus jüdischerseits eher als „bedrückend" empfunden worden sei, findet sich bei Dexinger, Ferdinand: Philosemitismus, in: Lexikon für Theologie und Kirche, Bd. 8, Freiburg u. a. 1999, S. 247.

3 An Elisabeth Förster in Naumburg, Nizza, 7. 2. 1886, in: Friedrich Nietzsche: Sämtliche Briefe. Kritische Studienausgabe [im Folgenden KSB], hg. von Giorgio Colli und Mazzino Montinari, 8 Bde, München u. a. 1986, Bd. 7, 669, S. 148.

4 An Franz Overbeck in Basel (Postkarte), Nizza, 2. 4. 1884, KSB Bd. 6, 503, S. 493.

5 Siehe dazu ausführlich Mittmann, Thomas: Friedrich Nietzsche – Judengegner und Antisemitenfeind, Erfurt 2001, S. 68–82.

6 Eisner, Kurt: Friedrich Nietzsche und die Apostel der Zukunft. Beiträge zur modernen Psychopathia spiritualis, in: *Die Gesellschaft*, Jg. 7, Nr. 11 und 12, November und Dezember 1891, S. 1534.

7 An Emily Fynn in Genf, Nizza, Mitte Februar 1886, KSB 7, 671, S. 150.

8 Nietzsche, Friedrich: Jenseits von Gut und Böse, 251, in: Friedrich Nietzsche: Sämtliche Werke. Kritische Studienausgabe [im Folgenden KSA], hg. von Giorgio Colli und Mazzino Montinari, 15 Bde, München u. a. 1988, Bd. 5, S. 192f.

9 Vgl. Grunsky, Karl: Luitpold Grießer. Nietzsche und Wagner, in: *Bayreuther Blätter*, Jg. 47, H. 3, Herbst 1924, S. 90. Vgl. ders.: Richard Wagner und die Juden, München 1920 (Deutschlands führende Männer und das Judentum, Bd. II), S. 12; vgl. auch S. 38, 85 u. 93.

10 Golther, Wolfgang: Nietzsche und Rohde, in: Bayreuther Blätter, Jg. 26, H. 4–6, April–Juni 1903, S. 155.

11 Thode, Henry: Kunst, Religion und Kultur. Ansprache an die Heidelberger Studentenschaft gehalten bei der anlässlich seiner Ablehnung des Rufes an die Berliner Universität veranstalteten Feier, Heidelberg 1901, S. 13.

12 Schemann, Ludwig: Die Rassenfragen im Schrifttum der Neuzeit, (Die Rasse in den Geisteswissenschaften. Studien zur Geschichte des Rassengedankens, Bd. 3), München 1931, S. 138 und 141. Vgl. auch Houston Stewart Chamberlain an Vult von Steyern, 6. 9. 1898, in: Chamberlain, Houston Stewart: Briefe 1882–1924 und Briefwechsel mit Kaiser Wilhelm II., 2 Bde, hg. von Paul Pretzsch, München 1928, Bd. 1, S. 65.

13 Vgl. etwa Westernhagen, Curt von: Nietzsche, Juden, Antijuden, Weimar 1936, S. 73.

14 Nietzsche: Jenseits von Gut und Böse, [wie Anm. 8], 251, S. 193.

15 Ders.: Nachgelassene Fragmente, Oktober–November 1888, 24 [1] 3, KSA 13, S. 619.

16 KSA 14, S. 502. Vgl. auch ders.: Nachgelassene Fragmente, Herbst 1888, 21 [6], KSA 13, S. 580.

17 Nietzsche, Friedrich: Zur Genealogie der Moral, Dritte Abhandlung: Was bedeuten asketische Ideale?, 14, [KSA 5], S. 370.

18 Dühring, Eugen: Kritische Geschichte der Philosophie von ihren Anfängen bis zur Gegenwart [1894], hier: 4. verbesserte und vermehrte Aufl., Leipzig 1934, S. 535. Siehe auch ders.: Die Judenfrage als Frage des Racencharakters und seiner Schädlichkeiten für Völkerexistenz, Sitte und Cultur. Mit einer denkerisch freiheitlichen und praktisch abschliessenden Antwort, 5. umgearbeitete Aufl., Nowawes-Neuendorf bei Berlin 1901, S. 69f., vgl. auch S. 93.

19 Dühring: Die Judenfrage, [wie Anm. 18], S. 69f.

20 E.[nß], A.[(braham): Ins Irrenhaus – aus dem Irrenhaus? (Kleine Nebenfrage an die Juden), in: Der Antikrat. Gegen Parteigewalt und Hebräer-Einfluß. Für selbständige Geistesführung und soziale Gerechtigkeit, Nr. 9, Herbst 1891, S. 7.

21 Jünemann, Ernst: Friedrich Nietzsche, ein Stück Juden- und Irrenfrage, in: Reinhardt, H.[ans] (Hg.): Dühring und Nietzsche. Dritte Folge der Gemeinverständlichen Einführungsschriften zu Eugen Dührings Reformatorischen Denkergebnissen, Leipzig 1931, S. 9.

22 Döll, Emil: Eugen Dühring. Etwas von dessen Charakter, Leistungen und reformatorischem Beruf. Eine populäre Gedenkschrift aus eigenen Wahrnehmungen, mündlichem und brieflichem Verkehr, Leipzig 1893, S. 25.

23 An Theodor Fritsch in Leipzig, Nizza, den 23. 3. 1887, [KSB 8], 819, S. 45f.

24 An Theodor Fritsch in Leipzig, Nizza, 29. 3. 1887, ebd., 823, S. 51.

25 Frey, Thomas [Fritsch, Theodor]: Der Antisemitismus im Spiegel eines „Zukunfts-Philosophen", in: *Antisemitische Correspondenz*, Jg. 2, Nr. 19, November 1887, S. 10f. und Dezember 1887, S. 14.

26 Anonym [Eingesandt]: Probleme?, Pilsen, 21. Januar 1888, in: *Antisemitische Correspondenz*, 3. Jg., Nr. 23, März 1888, S. 15. Vgl. auch Anonym: Ganz unsere Ansicht, in: *Antisemitische Correspondenz*, Jg. 3, Nr. 28, 1. Juni 1888, S. 10f.

27 Thor, Fritz [Fritsch, Theodor]: Zeitglossen. Vom Uebermenschen, in: *Der Hammer*, Jg. 1, Nr. 1, Januar 1902, S. 21.

28 Anonym: Auf der Suche nach Gott, in: *Der Hammer*, Jg. 7, 1908, Nr. 148, S. 482.

29 Roderich-Stoltheim, F. [Fritsch, Theodor]: Das Wesen des Judentums, in: *Der Hammer*, Jg. 7, 1908, Nr. 149 und 154, S. 513–519 und 682–685 und Jg. 8, 1909, Nr. 157 und 162, S. 15–19 und 161–165, hier S. 514.

30 Ebd.

31 Ebd.

32 Anonym: Zur Abstammung Liebknecht's, in: *Der Hammer*, Jg. 18, Nr. 399, Februar 1919, S. 64.

33 Vgl. Fritsch, Theodor: Die Sünden der Großfinanz. Eine Abrechnung, Leipzig 1927, S. 113f.

34 Anonym: Friedrich Nietzsche, der Immoralist und Antichrist, in: *Der Hammer*, Jg. 15, Nr. 339, 1. 8. 1916, S. 411.

35 Anonym: Vom Geistesleben in den nordgermanischen Staaten, in: *Der Hammer*, Jg. 15, Nr. 326, 15. 1. 1916, S. 42.

36 Anonym: Die geistige Entfremdung der skandinavischen Länder, in: *Der Hammer*, Jg. 18, Nr. 397, 1. 1. 1919, S. 36f.

37 Beek, Gottfried zur [Hausen, Ludwig Müller von]: Die Geheimnisse der Weisen von Zion, Charlottenburg ^{3}1919, S. 75f. An anderer Stelle wird die „demoralisierende Wirkung" des „Darwinismus", „Marxismus" und „Nietzscheismus" erwähnt. Siehe Ritter, Gaston: Das Judentum und die Schatten des Antichrist. Ein Blick hinter die

Kulissen der politischen Weltbühne, Graz 1933, S. 25. Andere Ausgaben klagen in leicht abgewandelter Form gegen den „zersetzenden Einfluß" von „Darwin, Marx und Nietzsche". Siehe Fleischhauer, Ulrich: Die echten Protokolle der Weisen von Zion. Sachverständigengutachten, erstattet im Auftrage des Richteramtes V in Bern, Erfurt 1935, S. 293.

38 Ritter: Das Judentum und die Schatten des Antichrist, [wie Anm. 37], S. 25f.; vgl. auch Meister, Anton: Die Presse als Machtmittel Judas, München 1930 (Nationalsozialistische Bibliothek, hg. von Gottfried Feder, Heft 18), S. 11.

39 Zur These, dass der Begriff „Philosemitismus" von Antisemiten geprägt worden sei, siehe: Nipperdey, Thomas/Rürup, Reinhard: Antisemitismus, in: Brunner, Otto/Conze, Werner/Koselleck, Reinhart (Hg.): Geschichtliche Grundbegriffe. Historisches Lexikon zur politisch-sozialen Sprache in Deutschland, Bd. 1, Stuttgart 1972, S. 139. Zur Geschichte des Begriffs ‚Philosemitismus' siehe auch den Beitrag von Wolfram Kinzig in diesem Band.

40 Goldschmidt, Kurt Walter: Nietzsche und das Judentum, in: *Gemeindeblatt der Jüdischen Gemeinde*, Berlin, Februar 1931, S. 48 und 51.

41 Vgl. etwa Kaznelson, Siegmund: Nietzsche, Friedrich, Stellung zu Juden und Judentum, in: Herlitz, Georg/Kirschner, Bruno: Jüdisches Lexikon. Ein enzyklopädisches Handbuch des jüdischen Wissens in vier Bänden, Bd. 4/1, Berlin 1930, S. 503ff.

42 Anonym: Friedrich Nietzsche als Wegbereiter völkischer und judenfeindlicher Strömungen?, in: *Bayerische Israelitische Gemeindezeitung*, Jg. 7, Nr. 1, 1. 1. 1931, S. 1.

43 Landsberg, Hans: Das Judentum in der deutschen Litteratur, in: Ost und West, Jg. 1, H. 7, Juli 1901, S. 483f.

44 In der Fremdwahrnehmung war der „Verein zur Abwehr des Antisemitismus" die Organisation der Philosemiten in Deutschland. Vgl.: Philosemitismus, in: Herlitz/Kirschner: Jüdisches Lexikon, [wie Anm. 41], Bd. 4/1, S. 910.

45 Vgl. Berg, Leo: Friedrich Nietzsche über das Judenthum, in: *Allgemeine Zeitung des Judenthums*, Jg. 56, 1892, S. 282ff.

46 Stein, Maximilian: Friedrich Nietzsche und das Judenthum, in: *Allgemeine Zeitung des Judenthums*, Jg. 64, 1900, S. 451ff.

47 Vgl. etwa Antisemiten-Hammer. Eine Anthologie aus der Weltlitteratur. Mit einem Vorwort von Jacob Moleschott und einer Einleitung von Josef Schrattenholz, Düsseldorf 1894.

48 Steinberg, S.[alomon] D.: Nietzsche und der Antisemitismus, in: *Allgemeine Zeitung des Judenthums*, Jg. 74, 1910, S. 68.

49 Vgl. Steinfeld, L.: Friedrich Nietzsche und das jüdische Problem, in: *Jüdisch-liberale Zeitung*, Jg. 11, 1931, Nr. 13.

50 Anonym: Nietzsche, ein Opfer des Antisemitismus, in: *Mittheilungen aus dem Verein zur Abwehr des Antisemitismus*, Nr. 15, 1901, S. 135; vgl. auch: Anonym: Nietzsche und der Antisemitismus, in: *Mittheilungen aus dem Verein zur Abwehr des Antisemitismus*, Nr. 14, 1904, S. 366–377.

51 Neumark, D.[avid]: Die jüdische Moderne, in: *Allgemeine Zeitung des Judenthums*, Jg. 64, 1900, S. 536.

52 Berl, Heinrich: Nietzsche und das Judentum, in: *Menora. Jüdisches Familienblatt für Wissenschaft, Kunst und Literatur*, Wien, 10, 1932, S. 64; vgl. auch Seligman, Caesar: Nietzsche und das Judentum, in: ders.: Judentum und moderne Weltanschauung. Fünf Vorträge, Frankfurt a. M. 1905, S. 69–89.

53 Witkowsky, Gustav: Nietzsches Stellung zum Zionismus, in: *Jüdische Rundschau*, Nr. 18, 2. 5. 1913, S. 179.

54 Vgl. Hirsch, Leo: „Beinahe echt?" Nietzsche und der jüdische Prometheus, in: *Central-Verein-Zeitung*, Jg. 14, Nr. 25, 20. 6. 1935; vgl. auch ders.: Friedrich Nietzsche und

der jüdische Geist. Notizen anläßlich einer bin-Gorion-Volksausgabe, in: *Der Morgen*, 10, Berlin, 1934, S. 187–190.

55 Hirsch, Leo: Der Fall Nietzsche, in: *Der Scheinwerfer*. Blätter der städtischen Bühnen Essen, Jg. 5, 15. H., April 1932, S. 15f.

56 Riesenfeld, Paul: Uebermensch und Untermensch, in: *Orient*, H. 12, Juni 1942, S. 11.

57 Siehe dazu Mittmann: Friedrich Nietzsche, [wie Anm. 5].

58 Nietzsche: Jenseits von Gut und Böse, [wie Anm. 8], 251, S. 194.

59 Ebd.

60 Ebd., S. 193ff.

61 Nietzsche Friedrich: Nachgelassene Fragmente, Herbst 1880, 6 [203], [KSA 9], S. 250.

62 Ebd., Sommer 1880, 5 [38], [KSA 9], S. 189.

63 Ebd.

64 Vgl. Nietzsche, Friedrich: Götzen-Dämmerung, Streifzüge eines Unzeitgemäßen, 36, [KSA 6], S. 134; vgl. auch ders.: Nachgelassene Fragmente, Frühjahr 1888, 15 [3], [KSA 13], S. 401f. sowie Nachgelassene Fragmente, Frühjahr–Sommer 1888, 16 [35], [KSA 13], S. 495.

65 Lange, Friedrich: Gobineau und Nietzsche, in: *Deutsche Welt*, Jg. 3, Nr. 6, 11. 11. 1911, S. 81–85; sowie ders.: Friedrich Nietzsche's Tod, in: *Deutsche Zeitung*, Jg. 5, Nr. 200, 28. 8. 1900.

66 Bertz, Ed.: Nietzsche's Kampf gegen die Entartung der Rassen, in: *Zeitschrift für Turnen und Jugendspiel*, Leipzig, Jg. 9, Nr. 13, 14 und 15, 22. 9., 6. u. 20. 10. 1900, S. 193–196, 209–213 u. 228–232.

67 Tille, Alexander: Von Darwin bis Nietzsche. Ein Buch Entwicklungsethik, Leipzig 1895, S. 212 u. 240.

68 [Tille, Alexander]: Volksdienst. Von einem Sozialaristokraten, Berlin u. a. 1893. S. 27.

69 Vgl. die Briefe von Alfred Ploetz an Elisabeth Förster-Nietzsche vom 11. 2. 1902 sowie vom 9. 3. und 1. 6. 1908, Stiftung Weimarer Klassik [Goethe- und Schiller-Archiv] Weimar, Bestand Förster-Nietzsche/Nietzsche-Archiv, GSA 72/BW4191.

70 Lenz, Fritz: Hertz Dr., Friedrich: Rasse und Kultur. Zweite, neubearbeitete Auflage von „Moderne Rassetheorien", in: *Archiv für Rassen- und Gesellschafts-Biologie*, Jg. 12, 1916/18, H. 2, S. 211.

71 Fritz Lenz an Elisabeth Förster-Nietzsche, 18. 9. 1924, Stiftung Weimarer Klassik [Goethe- und Schiller-Archiv] Weimar, Bestand Förster-Nietzsche/Nietzsche-Archiv, GSA 72/BW3163. Vgl. auch Fritz Lenz an Elisabeth Förster-Nietzsche, 6. 10. 1924.

72 Franz Haiser an Elisabeth Förster-Nietzsche vom 13. 1. 1921, Stiftung Weimarer Klassik [Goethe- und Schiller-Archiv] Weimar, Bestand Förster-Nietzsche/Nietzsche-Archiv, GSA 72/BW1986.

73 Vgl. Haiser, Franz: Freimaurer und Gegenmaurer im Kampfe um die Weltherrschaft, München 1924, S. 91.

74 Petter, Carl Reinhold: Die siegende Sonne. Eine arisch-religiöse Selbstbetrachtung im Dome zu Oliva, hg. vom All-Arierbund zu Danzig, Danzig 1924, S. 4.

75 Vgl. Mittmann, Thomas: „Gott ist tot – es lebe die Religion". Friedrich Nietzsches Philosophie im Kontext religiöser Vergemeinschaftungen in Deutschland vom Kaiserreich bis zum Nationalsozialismus, in: Geyer, Michael/Hölscher, Lucian (Hg.): Die Gegenwart Gottes in der modernen Gesellschaft. Transzendenz und religiöse Vergemeinschaftung in Deutschland, Göttingen 2006 [Bausteine zu einer Europäischen Religionsgeschichte im Zeitalter der Säkularisierung, hg. von Hartmut Lehmann, Bd. 8], S. 253–276.

76 Nietzsche, Friedrich: Der Antichrist 24, [KSA 6], S. 192.

77 Ders.: Jenseits von Gut und Böse, 195, [KSA 5], S. 117.

78 Strohbach, Karl Alfred: Nietzsche und die Religionen, in: *Blätter im Geiste Nietzsches*, Folge 8, Januar 1938.
79 Strohbach, Karl Alfred: Antwort an den Maler Holleck-Weithmann, in: *Blätter im Geiste Nietzsches*, Folge 13, 1938.
80 Mann, Ernst [Hoffmann, Gerhard]: Die Überwindung des Christentums durch den aristokratischen Gedanken, Weimar 1927, S. 43. Siehe auch ders.: Die Wohltätigkeit als aristokratische und rassenhygienische Forderung, Weimar 1924, S. 72.
81 Vgl. Anonym: Friedrich Nietzsche und die Modernen, in: *Deutsche Zeitung*, Nr. 10294, 28.8.1900.
82 Ripke-Kühn, Lenore: Nietzsche, der ewige Deutsche. Zu Ernst Bertrams „Nietzsche, Versuch einer Mythologie", in: *Deutschlands Erneuerung*, Jg. 3, H. 6.6.1919, S. 420.
83 Bartels, Adolf: Friedrich Nietzsche und das Deutschtum, in: *Deutsche Monatsschrift für das gesamte Leben der Gegenwart*, April 1902, S. 82.
84 Blüher, Hans: Die Erhebung Israels gegen die christlichen Güter, in: *Klärung*. 12 Autoren, Politiker über die Judenfrage. Mit Beiträgen aus Friedrich Nietzsches Antichrist und Zur Genealogie der Moral, Berlin 1932, S. 182.
85 W.[achler], E.[rnst]: Ein Däne über Nietzsche, in: *Der Hammer*, Jg. 32, Nr. 739/740, April 1933, S. 98.
86 Haug, Otto: Nietzsche und das Judentum, in: *Der Weltkampf*, Jg. 14, 1937, S. 349.
87 Schmidt, Gerhard K[arl].: Nietzsches Schau vom Judentum, in: *Der Weltkampf*, 1944, S. 78.
88 Ebd.
89 Baeumler, Alfred: Nietzsche als Philosoph und Politiker, Leipzig 1931, S. 158f.
90 Ebd., S. 157.
91 Härtle, Heinrich: Nietzsche – Judenfreund?, in: *Völkischer Beobachter* (Münchener Ausgabe), 27.11.1936.
92 Linden, Walther: Nietzsche und das moderne Lebensgefühl, in: *Zeitschrift für Deutschkunde*, 1932, S. 21.
93 Bergenhagen, Paul (Hg.): Friedrich Nietzsche: Judentum/Christentum/Deutschtum [Die Erhebung. Dokumente zur Zeitgeschichte], Berlin o. J. (1934), S. 82f.
94 Vgl. Anonym: Friedrich Nietzsche. Ein Wort zu seinem Geburtstage am 15. Oktober 1844, in: SS-Leitheft, Kriegsausgabe, Jg. 6, Folge 76, 15.10.1940.
95 Vgl. etwa Anonym: Nietzsches Philosophie unter nationalsozialistischer Blickrichtung, in: Mitteilungsblatt der NSLB, Gauwaltung Tirol-Vorarlberg, 1942, H. 12 [Beilage 12d], S. 86.
96 Kaßler, Kurt: Nietzsche und das Recht, München 1941, S. 75; vgl. auch Mallmann, Walter: Nietzsches Gedanken über Recht und Staat, in: Geistige Arbeit, Jg. 9, H. 10, Berlin 1942, S. 3.
97 Falkenberg, Hans-Joachim: Nietzsche und die politische Wissenschaft, in: *Volk im Werden*, Jg. 8 (1934), 30, S. 456.
98 Löbsack, Wilhelm: Nietzsche und der totale Krieg, in: *Der Deutsche im Osten*. Zeitschrift für Kultur, Politik und Unterhaltung, Jg. 6, H. 5, August 1943, S. 213.
99 Hotzel, Curt: Vor 40 Jahren starb Nietzsche, in: *Völkischer Beobachter* (Münchener Ausgabe), Nr. 238, 25.8.1940, S. 5.

Dagmar Reese

Philosemitismus als Kalkül? Über die jüdische Identität der Nahida Ruth Lazarus

Am 20. Januar 1928 veröffentlichte die *CV-Zeitung* einen Nachruf auf Nahida Remy, die kurz vorher in Meran gestorben war: „Ein Wort der Erinnerung und des Dankes". Geschrieben war er von Julius Brodnitz, dem langjährigen Vorsitzenden des Centralvereins. Brodnitz beendete seinen Nachruf mit dem Aufruf: „Wenn man unseres großen Moritz Lazarus gedenken wird, darf man Nahida Remy nicht vergessen."[1] Nahida Remy, eigentlich Nahida Ruth Lazarus (1849–1928) war die zweite Ehefrau von Moritz Lazarus (1824–1903), des Begründers der Völkerpsychologie, der gemeinsam mit seinem Schwager Chajim Steinthal (1823–1899) die *Zeitschrift für Völkerpsychologie und Sprachwissenschaft* gegründet und seit 1859 herausgegeben hatte. Nahida Ruth Lazarus war 1895 zum Judentum konvertiert, bevor sie ihre Ehe mit Lazarus einging, und sie hatte diesen Schritt durch eine Buchveröffentlichung, durch Zeitungsartikel sowie durch zahlreiche Vorträge im In- und Ausland publik gemacht.[2] Sowohl den Zeitgenossen als auch den Nachgeborenen galt und gilt sie noch heute als exemplarisch in ihrem Eintreten für Juden und das Judentum.[3] Ihr philosemitisches Engagement stieß vor allem unter Juden auf großes Interesse. Um zu erklären, wie es dazu kam, soll im Folgenden ein kurzer Abriss von der Herkunft und dem Leben der Nahida Ruth Lazarus abgegeben, die Motive für ihre Konversion aufgezeigt sowie ihr Engagement für das Judentum dargestellt werden. Die Quellen dafür sind einerseits die von Nahida Ruth Lazarus veröffentlichten Bücher, die belletristischen wie die Sachbücher, ihre Tagebücher sowie ein autobiografisches Manuskript, das sie nach dem Tod von Moritz Lazarus schrieb und das zeitlebens unveröffentlicht blieb.[4]

Kind der Revolution

Schaut man im größten deutschen biografischen Lexikon, der *Neuen Deutschen Biographie*, nach Nahida Ruth Lazarus, bekommt man folgende Namenseinträge: Sturmhoefel, Anna Maria Concordia (geborene), Schasler, Nahida (adoptierte), Remy, Anna Maria Concordia (verheiratete), Lazarus,

Nahida Ruth (verheiratete).[5] Bei Esther Sharell, die 1999 ein Reprint von *Das jüdische Weib* herausgegeben hat, dem erfolgreichsten Buch von Nahida Ruth Lazarus aus dem Jahr 1891, wird uns die Autorin als Anna Maria Concordia vorgestellt, die den Namen Nahida Remy frei gewählt habe, eine falsche Angabe.[6] In jüdischen Biografien geht man offenbar davon aus, dass Nahida Ruth Lazarus zwar unehelich geboren sei, aber einen bekannten Vater habe, Max Schasler, einen promovierten Kunsthistoriker,[7] immerhin so bedeutend, dass Rudolf Eucken seinen Nachruf verfasste.[8] Max Schasler, der in den 1840er-Jahren als junger Mann von Westpreußen nach Berlin gezogen war, um an der hiesigen Universität zu studieren und eine wissenschaftliche Karriere zu beginnen, war ein liberaler Mann, Intellektueller, Mitglied im Rütli, der Schriftstellervereinigung, der u. a. auch Theodor Fontane und Moritz Lazarus angehörten. Während der Märzrevolution war Schasler verstrickt in das aufständische Geschehen und wurde deshalb im August 1849 aus Berlin ausgewiesen.[9] Bei seiner erzwungenen Emigration wurde er begleitet von seiner jungen Frau, Antonie Sack, und deren Mutter. Ein Jahr später wurde dem jungen Paar ein Sohn geboren. Ein zweiter Sohn kam einige Jahre darauf zur Welt und Wilhelm Hensel, verwitweter Ehemann von Fanny Hensel, geborene Mendelssohn, wurde sein Pate.[10] Von einem weiteren Kind ist weder in Schaslers Autobiografie noch in den archivalischen Quellen die Rede. Schasler war dennoch mit großer Wahrscheinlichkeit der Vater von Nahida Ruth Lazarus,[11] aber er hatte zu dem Kind, das am 3. Februar 1849 geboren wurde, vermutlich keinerlei Beziehung und zeitlebens offenbar keinen Kontakt. Das kleine Mädchen, das fast ein Jahr alt war, als es im November 1849 in der protestantischen Berliner Matthäusgemeinde auf die Namen Naide Adelheid Anna Maria Sturmhoefel getauft wurde,[12] entsprang einer libertären Beziehung zweier Achtundvierziger Revolutionäre. Nahida Sturmhoefel sen. (1822–1889), die Mutter, war Schriftstellerin, eine Freundin von Louise Aston und wie diese zeitlebens Anhängerin der ‚freien Liebe'.[13] Geboren war sie in Flatow, einer kleinen Stadt in Westpreußen, die von Deutsch-Crone, dem Heimatort Max Schaslers nur wenige Kilometer entfernt lag. Es ist zu vermuten, dass sich das junge Paar seit langem kannte, vielleicht sogar miteinander verwandt war.[14]

Nahida Sturmhoefels Vater, Karl Friedrich Wilhelm Sturmhoefel, war Offizier der preußischen Landwehr.[15] Das war der Teil der preußischen Armee, der – nach der Armeereform 1813 gegründet – den Grundstock eines nationalen Volksheeres bilden sollte. Hier waren Bürgerliche als Offiziere keine Seltenheit. Major Sturmhoefel war es, der seiner Tochter den ungewöhnlichen Namen Nahida (vermutlich ebenfalls Naide) gab, einen orientalischen Namen, der übersetzt, „die Aufklärerische, die Kämpferische" bedeutet.[16] Auch damit erwies er sich als moderner Mann, für die Moden seiner Zeit aufgeschlossen, zu denen der Orientalismus gehörte. Zum Zeitpunkt der Geburt seiner Enkelin war Major Sturmhoefel aus der Armee entlassen und in einem bürgerlichen Beruf als Steuereinnehmer tätig, doch traf die uneheliche Verbindung seiner Tochter sicherlich sein Ehrgefühl: Laut Aussagen der Enkelin wurde die Mutter verstoßen,[17] doch war der Bruch mit der Herkunftsfamilie nie total und die Familie immer wieder bereit, die Feministin, Pazifistin und Künstlerin finanziell zu unterstützen, die sich als frei schaffende Journalistin – Nahida Sturmhoefel sen., war maßgeblich beteiligt an der Gründung einer ersten feministischen Zeitschrift in Dresden[18] – Schriftstellerin, Erzieherin, Begründerin des ersten Fröbelschen Kindergartens in Italien,[19] als Fotografin und bisweilen mit kunsthandwerklichen Arbeiten über Wasser hielt. Eine Schwester der Mutter nahm die junge Frau mit dem unehelich geborenen kleinen Kind bei sich auf. Bei Tante Jette in Flatow/Westpreußen wuchs ‚Ännchen' heran, bevor sie gemeinsam mit der bis dahin meist abwesenden Mutter zu einer Odyssee aufbrach, die sie für die kommenden Jahre nach Paris, Nizza, Nord- und Süditalien und schließlich Sizilien führte. Immer lebten Mutter und Tochter am Rande des Existenzminimums, und immer wieder sah sich die Mutter gezwungen, die Tochter bei ihr oft völlig fremden Bekannten unterzubringen, die dem Kind nicht nur freie Unterkunft gewährten, sondern sich auch um seine Erziehung kümmerten. Fünf Jahre lang lebte die kleine Nahida daher nach eigenen Aussagen in Pisa bei einer italienischen Gräfin englischer Herkunft und puritanischer Religionszugehörigkeit, von der Mutter, die zu der Zeit als Erzieherin in einem aristokratischen Haushalt arbeitete, nur ganz gelegentlich besucht.[20] Als das Kind von der Gräfin adoptiert werden sollte, entführte die Mutter es auf abenteuerliche Weise aus diesem Haus, nur um es dann in einer Klosterschule unterzubringen. Hier empfand die junge Nahida die religiösen Riten als befremdlich und wurde durch ihr ganzes Verhalten zur Außenseiterin unter den Schülerinnen.[21] Als Nahida etwa 14 Jahre alt war, kehrte die Mutter mit ihr nach Flatow zurück. Wieder lebte sie zunächst im Hause der Tante, bis die Mutter sie nach Berlin holte, um sich dort eine Existenz zu schaffen. Eine Ausbildung bekam Nahida nicht.[22] Stattdessen verdiente sie ein wenig Geld mit dem Stricken von Schulteraufschlägen und ‚Seelenwärmern'[23] und machte Entwürfe für Tapeten.

Schließlich stellte die Mutter sie beim Theater vor, übte mit der Tochter ein Theaterrepertoire ein und vermittelte sie dann – als 17-, 18-Jährige – an

Theater in ganz Deutschland.[24] Ohne Zweifel wurde die jugendliche Nahida von der Mutter als Einkommensquelle betrachtet, ohne Rücksicht auf etwaige eigene Interessen. 23-jährig fasste die junge Frau deshalb den Entschluss zu heiraten, bezeichnenderweise einen Mann, den sie noch gar nicht kannte; sie hatte seinen Namen auf einer Visitenkarte gesehen und befunden, dass er ihr als eigener Name gefiel. Man verlobte sich innerhalb von 14 Tagen, nachdem man sich kennen gelernt hatte und heiratete im folgenden Jahr. Max Remy, Journalist bei der *Vossischen Zeitung*, war hugenottischer Abstammung und zum Zeitpunkt, als er Nahida traf, ein schwerkranker Mann. Er war Alkoholiker und hatte offenbar Syphilis.[25] Nahida nahm ihm, am Tag vor ihrer Eheschließung, in Gegenwart der Schwiegermutter das Versprechen ab, dass die Ehe platonisch bliebe.[26] Sie war insgesamt acht Jahre mit Remy verheiratet, bis er 1881 starb. Ihren eigenen Aussagen zufolge übernahm sie, als Remy in seinen letzten Lebensjahren bettlägerig wurde, mehr und mehr seiner journalistischen Arbeiten. Ihre Hoffnung jedoch, dass man sie nach seinem Tod bei der *Vossischen* als feste Mitarbeiterin anstellen würde – die erste weibliche Mitarbeiterin der Zeitung überhaupt – zerschlug sich. Sie blieb angewiesen auf Zeilenhonorare. Anfang der 1870er-Jahre hatte sie ihre ersten eigenen belletristischen Arbeiten veröffentlicht.[27] In den 1880er-Jahren begann sie mit dem Schreiben von Theaterstücken und war damit leidlich erfolgreich.[28] Um Zeit für eine größere Arbeit zu gewinnen, stellte sie einen Antrag auf finanzielle Unterstützung bei der Schillerstiftung in Weimar, und da man sich dort nicht auf eine eindeutige Entscheidung verständigen konnte, bat man den Berliner Zweig um seine Mithilfe.[29] So machte sich denn im November 1882 Moritz Lazarus auf den Weg, um sich als Mitglied des Berliner Zweiges der Schillerstiftung persönlich von der Bedürftigkeit der ‚Petendin' ein Bild zu machen. Es war die Wende im Leben der Nahida Remy. „Von nun an schonte ich mich, kleidete mich mit Sorgfalt, sah in den Spiegel und fand mich jung, viel jünger als früher!"[30] Es entstand eine – zeitlebens platonisch gebliebene – Liebesbeziehung zu dem um 25 Jahre älteren verheirateten Mann, die offenbar so bekannt wurde, dass man im Vorstand der Weimarer Schillerstiftung, als die 1882 verfügte Unterstützung der Schriftstellerin Remy – 200 Mark auf zwei Jahre – 1884 endete, ein Einvernehmen darüber erzielte, dass sie auch dann nichts weiter erhalten sollte, wenn Moritz Lazarus sich für sie verwenden würde, eine peinliche Affäre.[31] Neben der Arbeit an einem Roman – *Geheime Gewalten*, ein zweibändiges Werk, das 1890 erschien – begann Nahida Remy in der zweiten Hälfte der 1880er-Jahre hebräisch zu lernen. Das tat sie nicht aus eigenem Entschluss, wie von ihr immer wieder dargestellt, sondern weil Moritz Lazarus sie dazu aufgefordert hatte.[32] Sie machte sich unentbehrlich in seinem Leben, reiste mit ihm nach Koblenz, als dort die Entscheidung anstand und er beauftragte wurde, die *Ethik des Judentums* zu schreiben, holte ihn von der Arbeit an der Universität ab oder erwartete ihn am Bahnhof, wenn er von seinem Landhaus in Schönefeld bei Leipzig nach Berlin zurückkehrte. Nach dem Tod ihrer Mutter 1889 begann sie die Arbeit an Lazarus' Lebenserinnerungen,[33] wozu sie alle zwei, drei Monate für wenige Tage nach Leipzig fuhr und dort in der Wohnung der Hausbesorger untergebracht wurde.[34] Sie lernte Chajim Steinthal kennen sowie dessen Frau, Lazarus' Schwester Jeanette. Gemeinsam verbrachten die beiden Paare sogar ihren Urlaub. Bei einem Aufenthalt in Bad Herrenalb, kurz vor dem Tod von Lazarus' Frau Sara Lebenheim, kam es zum Bruch: Nahida Remy weigerte sich, einer angereisten weiteren Schwester von Lazarus zu verschweigen, dass der gemeinsame Aufenthalt geplant gewesen war. Damit machte sie ihr Verhältnis – ohne Absprache mit Lazarus und gegen den ausdrücklichen Wunsch von Jeanette Steinthal – familienöffentlich. Die Familie verschloss sich, das Verhältnis zu Steinthals ließ sich nie wieder kitten, Lazarus sah sich gezwungen, sich zurückzuziehen. Im Frühjahr 1894 starb Sara Lebenheim. Im Frühjahr 1895 konvertierte Nahida Ruth Lazarus zum Judentum und wurde mit Moritz Lazarus getraut.

Die Konversion: Kalkül oder Konvention?

Ich habe diese ganze Geschichte deshalb so ausführlich beschrieben, weil Nahida Ruth Lazarus selber in den 1890er-Jahren ein Buch veröffentlicht hat, das die Motive und ihre allmähliche Entwicklung hin zur Konversion beschrieb. In dem Buch – es trägt den missverständlichen Titel *Ich suchte dich!* – stellte sie ihr bisheriges Leben als Gottessuche dar, als schrittweise Annäherung an das Judentum. Sie erinnerte an antisemitische Demütigungen einer jüdischen Fleischersfrau aus Flatow. Sie stellte der Kälte der italienischen Gräfin die herzliche Zuneigung einer jüdischen Dienstbotin gegenüber. Sie schilderte ihre Faszination für das Alte Testament und ihren mangelnden Glauben an den dreieinigen, christlichen Gott, an dem ihre Konfirmation scheiterte. Letzter Auslöser, sich intensiv mit jüdischen Menschen und dem Judentum zu befassen, so schreibt sie, sei der Berliner Antisemitismusstreit gewesen. Konversion als Antwort auf den Berliner Antisemitismusstreit hat Bettina Kratz-Ritter daraus gefolgert.[35]

Nahida Ruth Lazarus' Buch gehört zu der eigenständig kommunikativen Gattung, die Soziologen als ‚Konversionserzählung' bezeichnen.[36] Mit diesen Darstellungen soll der Wandel der Person, ihre ‚Bekehrung', hergeleitet und begründet werden. In diesem besonderen Fall ist es möglich, die öffentliche Darstellung mit der noch unveröffentlichten Biografie zu vergleichen. Daraus ergibt sich ein anderes Bild. Sicher, als ein Teil von Westpreußen gab es in Flatow, der Stadt, die die heimatlose Nahida Ruth Lazarus vielleicht am ehesten als ihre Heimatstadt betrachtet hätte, eine erstaunliche religiöse, nationale und ethnische Mischung: Protestanten und Katholiken, Deutsche und Polen sowie ein hoher Prozentsatz von – meist sehr armen – Juden, 1858 fast 40 Prozent.[37] Filehne, die kleine Stadt, aus der Moritz Lazarus stammte und deren religiöse und ethnische Vielfalt er später als ursächlich für sein Interesse an Völkerpsychologie betrachten sollte, lag unweit entfernt.[38] Bestimmt war Nahida Ruth Lazarus von dieser sozialen Struktur geprägt. Im Grunde aber fehlte ihr jede Heimat. Ebenso wenig wie an einen Ort war sie in einer Religion verwurzelt. Zwar war sie evangelisch getauft, aber die Konfirmation, zu der sie sich nicht entschließen konnte, brachte ihre Tante nicht ins Grab, wie von ihr in *Ich suchte dich!* beschrieben.[39] Deren Sorgen waren handfester Art: Da die standesamtliche Trauung erst nach der Reichsgründung verbindlich wurde, befürchtete sie, dass ihre Großnichte Schwierigkeiten bei der Eheschließung bekommen könnte; ansonsten war sie erstaunlich liberal.[40] Auch die Tatsache, dass die später offenbar zum Katholizismus konvertierte Mutter keine Bedenken hatte, ihr Kind zunächst in einem puritanischen Haushalt und daran anschließend in einer Klosterschule unterzubringen, spricht dafür, dass feste kirchliche Bindungen in der Familie fehlten. Ebenso unklar wie die Herkunft, ebenso verschwommen wie die religiösen Bindungen, war Nahida Ruth Lazarus' nationale Zugehörigkeit und vor allem ihr sozialer Status. In Nahida Remys Belletristik wimmelt es von Grafen und Gräfinnen, Prinzen und Prinzessinnen – in den *Geheimen Gewalten* kommt gar König Ludwig von Bayern vor – und das bei einer jungen Frau, die diese Häuser allerhöchstens als Arbeitskraft oder als Empfängerin von Wohltätigkeiten kennen gelernt hatte. Doch fiel sie – und das ist das Entscheidende – mit diesem sozialen Status aus ihrer Herkunftsfamilie zumindest teilweise heraus, in der es ein Onkel – Aurel Sturmhoefel – zum Baustadtrat von Magdeburg gebracht hatte, ein anderer – Konrad Sturmhoefel – ein bekannter Historiker war und die Mutter von dem Erbe, das sie mit vielen Geschwistern teilte, in den 1880er-Jahren ein Häuschen in Percholdsheim bei Wien erwerben konnte. Zu der labilen Identität, die sich aus dieser familiären Herkunft herleiten ließ, kam entscheidend etwas anderes hinzu: Nahida Ruth Lazarus war ein missbrauchtes Kind, sexuell missbraucht, wie sie selber schilderte, vor allem aber psychisch missbraucht von einer Mutter, die dem Kind keine Sicherheiten bot, die rücksichtslos über die Jugendliche verfügte und die die Grenzen zwischen sich und der Tochter permanent überschritt. Das wird nirgendwo augenscheinlicher als bei der Namensgebung: Nahida Sturmhoefel, ein Name, den beide Frauen trugen, sodass auch im Rückblick oft nicht zwischen ihnen unterschieden werden kann.[41] Ihre prekäre Identität wird deutlich, als die noch ganz junge Nahida, von der Mutter gegen ihren Willen von einem zum nächsten Theaterengagement geschickt auf einem Meldeamt ihren Namen vergaß:

> „Eine entsetzliche Minute verging [...] der Beamte wartete [...] Zum Glück war kurz vorher ein Brief meiner Mutter angekommen, den ich noch in der Kleidertasche trug. Ich zog das Kuvert hervor und legte es dem Beamten hin, damit er den Namen, der etwas ungewöhnlich sei, abschriebe. Erst als ich wieder draussen auf dem Korridor wartete, warf ich gespannt einen Blick auf das Kuvert, um zu erfahren, wie ich heiße [...] denn noch immer hatte ich mich nicht besonnen, dass mein Familienname Sturmhoefel lautete!“[42]

Die Entscheidung für die Ehe mit dem ihr zunächst noch ganz unbekannten Max Remy war denn auch zuallererst eine Entscheidung für einen eigenen Namen – Nahida Remy – mit dem sich die Tochter von der Mutter abgrenzen konnte. Der Versuch, sich eine eigene berufliche Identität als Journalistin der *Vossischen Zeitung* zu schaffen, gelang in den kommenden Jahren jedoch nur ansatzweise. Er blieb gebunden an den ungeliebten Mann und ließ sich nach dessen Tod nicht fortsetzen. Ihre schriftstellerischen Arbeiten waren mäßig erfolgreich.

Durch die Bekanntschaft mit Moritz Lazarus änderte sich zweierlei an dieser Situation: Zum ersten Mal erschien es für Nahida Remy erreichbar, Teil der intellektuellen bürgerlichen Berliner Elite zu werden. Reinhard Rürup hat darauf hingewiesen, dass in Berlin, wo ein städtisches Patriziat fehlte, Juden innerhalb des Bürgertums eine wichtige Rolle spielten.[43] Die Bekanntschaft und Freundschaft mit Moritz Lazarus beinhaltete für Nahida Remy einen Statusgewinn. Zugleich eröffnete ihr Moritz Lazarus ein neues geistiges Feld. Er war es, der anregte, dass sie hebräisch lerne:

> „Auch Lazarus stellte neue Aufgaben: das Erlernen der hebräischen Sprache, um die Bibel im Urtext lesen zu können. Ohne Besinnen ging

> ich ans Werk, malte die schönen Quadratbuchstaben auf eine meterhohe Tafel, die dann über meinem Bett hing. So gewöhnte sich das Auge spielend an sie. Sein erstes Geschenk war eine grossgedruckte hebräische Bibel."[44]

Lazarus' Vermittlung verdankte Nahida Remy ihr erstes jüdisches Buchprojekt: *Das jüdische Weib*, ein Buch, das immerhin so erfolgreich war, dass es in den ersten beiden Jahren seines Erscheinens in drei Auflagen gedruckt wurde, während es ihr belletristisches Opus Magnum, der zweibändige Roman *Geheime Gewalten*, etwa zeitgleich erschienen, nur in die mediokre Welt der Leihbibliotheken brachte. Nüchtern resümierte die Autorin im Rückblick: „Die Verleger interessierten sich nicht dafür und taten nichts zu ihrer Verbreitung. – Es benahm mir die Stimmung zu weiterer dichterischer Produktion und ‚zwang' mich zu biblischen und hebräischen Studien."[45] Es waren existenzielle Überlegungen, die Nahida Remy folglich bewogen, Bücher über das Judentum zu schreiben. Das erwies sich als äußerst lukrativ. Bereits Ende der 1880er-Jahre hatte die *Jüdische Presse* einen hebräischen Text veröffentlicht, vermutlich auch hier durch Lazarus' Vermittlung: Nahida Remys *Hymnus auf Jerusalem*.[46] Für die Zeitung war der Text ein Beispiel und ein Beleg für den Eifer einer christlichen Autodidaktin, sich die jüdische Kultur zu erschließen, den man einer assimilierten, gleichwohl am Judentum festhaltenden Gemeinschaft präsentierte, die, aufgerüttelt durch den aufbrechenden Antisemitismus der beginnenden 1880er-Jahre, den Glauben in die Mehrheitsgesellschaft zu befestigen suchte. In schneller Folge schrieb Nahida Remy Anfang der 1890er-Jahre mehrere Bücher: *Kulturstudien über das Judentum* (1893), *Das jüdische Weib* (1. Aufl. 1891, 3. Aufl. 1892, 4. Aufl. 1922, Übersetzungen ins Englische, Russische, Polnische und Hebräische), *Humanität im Judentum* (1894), *Das Gebet in Bibel und Talmud* (1895). Sie begann ausgedehnte Vortragsreisen zu diesen Themen zu unternehmen, die sie nicht nur in viele deutsche Städte führten, sondern auch ins Ausland, etwa nach Prag und in die Niederlande. Eingeladen wurde sie von jüdischen Organisationen, wie dem *Verein für jüdische Geschichte und Kultur*, der sie auf ihren Reisen bei seinen Mitgliedern unterbrachte, bewirtete und ihr alle erdenklichen Ehren erwies.[47] Ihre frei gehaltenen Vorträge – Nahida war kurzsichtig und daher auf die freie Rede angewiesen – besuchten tausende von Menschen, darunter sehr viele Juden. Bei ihrem ersten Vortrag 1891 im Brüderverein in Berlin verglich man sie mit George Elliot und sie notierte in ihrem Tagebuch: „Briefe! Blumen! Besuche! – Aber er [Lazarus, Anm. d. Verf.] schien merkwürdig ernst. Er bringe dem Judentum ein grosses Opfer, wenn er mich öffentlich sprechen lasse."[48] Das ‚große Opfer', die öffentliche Präsentation der geliebten Frau, hat Moritz Lazarus vermutlich als ‚seinen' Tribut im Kampf gegen den Antisemitismus verstanden. Nahida Remys Vorträge sollten das jüdische Selbstbewusstsein stärken. Denn was konnte überzeugender sein als eine Christin, die die Sache der Juden verfocht? Nahida Remy scheute sich nicht, an jüdischen Traditionen Kritik zu üben.[49] Ungehemmt geißelte sie jüdische ‚Abtrünnige' – besonders hart erwischte es die ‚libertäre' Dorothea Schlegel[50] – und sie sang das ‚Hohelied' auf die ‚jüdische Mutter' – Lazarus hatte das entsprechende Kapitel in *Das Jüdische Weib* eigens nachträglich angemahnt. Bewundernd schrieb ihr die Schwägerin, Anna Remy:

> „Ich habe den Eindruck gewonnen, dass du allerdings viel Gutes wirken kannst, in dem du die modernen Juden und ganz besonders die Jüdinnen auf Gott und Göttliches hinweist […] – Dass es ihnen einen tiefen Eindruck machen muss, wenn mitten in der traurigen Zeit des (uns echte Christen so unsägliche beschämenden) Antisemitismus eine Christin die Fahne hochhält, lässt sich begreifen. Gott sei mit dir!!"[51]

Es war die große Zeit der Nahida Remy. Als Sara Lebenheim im März 1894 starb, Lazarus' langjährige Ehefrau und Lebensgefährtin, verlobten sich Lehrer und Schülerin heimlich. Getrennt verlebte man das Trauerjahr. Bevor sie im April 1895 heiratete, konvertierte Nahida Remy. In dem unveröffentlichten Manuskript findet sich dazu nicht mehr als ein kurzer Absatz:

> „Als Säugling unwissentlich […] getauft, hatte ich mich doch nie zur Konfirmation überreden lassen, wurde also keiner Konfession ‚abtrünnig' und der geforderte ‚Übertritt' bedeutete kein intellektuelles Opfer. Lazarus, voll Pietät für religiöse Sitte und Anschauung seines Volkes, wünschte ihn […, das Folgende ist im Manuskript durchgestrichen, Anm. d. Verf.] und ich führte ihn aus."[52]

Ihre neu gewonnene jüdische Identität vermarktete Nahida Ruth Lazarus umgehend und ‚richtig verpackt'. Bereits 1893, im Vorwort zur zweiten Auflage von *Das jüdische Haus*, hatte sie geschrieben: „Anfang der 80-er Jahre bestimmte mich die in meiner Geburtsstadt Berlin auftauchende Anfeindung der Juden zu Studien über dieses so interessante Volk […]."

Als erfahrener Journalistin konnte es Nahida Ruth Lazarus nicht entgehen, dass der Berliner Antisemitismusstreit neben allen Inhalten vor allem eines war: ein Medienereignis, dessen Dynamik jenseits der Intentionen der unmittelbar Beteiligten lag und eigenen Gesetzen folgte. Wie viele Nebenakteure, sprang auch sie auf diesen Zug, im festen Willen, ihre eigenen Intentionen von den Gefühlen tragen zu lassen, die damit einhergingen. Und sie kannte ihre Klientel: die zahlreichen Leser der *Vossischen* und der *Nationalzeitung*, für die sie über Jahre Theater- und Buchkritiken geschrieben hatte, liberale und linksliberale bürgerliche Berliner wie sie selber. Ihre Ehe mit Moritz Lazarus öffnete ihr viele Türen: Bereits 1895 ersuchte sie den Rektor der Berliner Universität um die Genehmigung, ihren Mann zu Universitätsveranstaltungen begleiten zu dürfen.[53] Sie wurde Mitglied des Statistischen Bureaus, das erste weibliche Mitglied offenbar überhaupt.[54] Schließlich wurden die Lazarus-Wochen in Wien die Krönung ihres gemeinsamen Bemühens. Beide Eheleute waren zu Vorträgen angekündigt. Für Lazarus war es sein letzter öffentlicher Vortrag. Zwei Tage später sprach seine Frau. Unter dem schönen Titel *Ein Seelenkampf* schilderte sie den gebannten Hörern ihre Konversion.

> „Man hatte die Gänge noch mit mehreren Sitzreihen versehen müssen. In der ersten Loge vom Podium sass mein Mann. Als ich im Laufe der Rede ihn als meinen Lehrer und Führer erwähnte, und dabei unwillkürlich zu ihm hinblickte, unterbrach mich mitten im Satz ein minutenlanger, stürmischer Beifall. Alle wandten die Köpfe zur Loge. Viele erhoben sich und grüssten ihn, von dem eigenartigen Augenblick hingerissen [...] dass auch Der, dem diese spontane Huldigung galt, lächelnd aufstand und sich mehreremal verneigte. – Es lag in diesem Beifallsausbruch von Tausenden tiefbewegten Menschen eine demonstrative Zustimmung unseres Bundes. – Das, ja, das war der stolzeste Augenblick [‚meines' im Folgenden durchgestrichen, Anm. d. Verf.] unseres Lebens."

Acht Jahre dauerte es, bis der Tod von Moritz Lazarus diese Ehe beendete. Sie stand unter keinem guten Stern. Moritz Lazarus' Familie hatte sich von dem Paar weitgehend zurückgezogen. Mit riskanten Geschäften war Moritz Lazarus in den 1890er-Jahren ins Gerede geraten. Dabei waren Gelder verloren gegangen, die man ihm anvertraut hatte. Er hatte Schulden zu begleichen. Die langjährige Wohnung am Königsplatz musste aufgegeben, das Schönefelder Landhaus verkauft werden. Zuletzt wurde die Bibliothek versteigert, für den Wissenschaftler ein bitterer Schlag. Weil das Paar in dem Gerede in Berlin nicht länger leben konnte, zog es nach Meran. Dort gelang es Moritz Lazarus 1900 noch einmal ein Haus zu erwerben, die Villa Ruth.[55] Als man das Haus bezog, war Lazarus ein schwerkranker Mann. 1903 starb er. War Nahida Ruth Lazarus' jüdische Identität bereits vor Lazarus' Tod prekär, begann sie nun zu bröseln. Zwar verwaltete sie unermüdlich Lazarus' Nachlass und sein Andenken, aber sie stellte dabei verbittert fest, dass eine jüngere jüdische Generation sich kritisch mit ihrem ‚Menschen' auseinandersetzte. Ihr Tagebuch verrät, wie sich ihr Horizont allmählich verschob. „Schöner Schabbes" stand dort noch zu Moritz Lebzeiten eingetragen. Nach seinem Tod bekam statt des Samstages wieder der Sonntag den roten Kringel: schöner Sonntag. Sie spürte Antipathie und Opposition und zog – in einem Tagebucheintrag vom Dezember 1911 – gar Antisemitismus für ihr Gefühl der Bedrohung in Erwägung.

> „Aber jeder sieht mir an, daß ich keine Jüdin bin. Also warum? Nein, ich bin keine Jüdin. Nichts, nichts hat mich diesem Volk angenähert, das mir, je länger ich es kennen lerne, (in seinen modernen Vertreter, u. auch in seinen orthodoxen) fremd bleiben wird. Lazarus war eine Lichtgestalt unter den Juden u. hat sich zu ihnen bekannt aus Größe! aus Treue! u. Tradition!! Aber er war nicht ihresgleichen – er gehörte nicht zu ihnen. Er stand einzig da – seiner Zeit voran um tausend Jahre."[56]

Als Nahida Ruth Lazarus das schrieb, hatte sie noch 17 Jahre zu leben. In der Inflation nach dem Ersten Weltkrieg verlor sie alles Vermögen, musste ihr Haus verlassen und lebte zeitweilig sogar im Hotel. Finanziell war sie angewiesen auf deutsche jüdische Institutionen wie den Centralverein. Dessen Vorsitzender, Julius Brodnitz, erinnerte sich in seinem Nachruf, wie ihn die Armut erschüttert habe, in der er Nahida Remy in Meran vorfand. Nahida Remy? Niemand schien wahrzunehmen, was offensichtlich war: Nahida Ruth Lazarus hatte im Alter ihren jüdischen Namen abgelegt und sich seit 1924 wieder Nahida Remy genannt.[57] Über ihre Gründe lässt sich im Nachhinein nur spekulieren: Der Namenswechsel mochte das äußere Zeichen ihrer wachsenden Entfremdung vom Judentum, aber ebenso gut der Furcht vor dem Antisemitismus geschuldet sein, der nach dem Ersten Weltkrieg massiv zugenommen hatte und dem sich die alte Frau allein möglicherweise nicht gewachsen fühlte. So hatte sie am Ende ihres Lebens verfehlt, was sie sich vielleicht am meisten gewünscht hatte, eine unzweideutige Identität und war gleichzeitig ‚jüdischer' geworden, als sie sich dies jemals hätte träumen lassen, wenn auch nur in der Erfahrung von Ablehnung, Stigmatisierung und Verfolgung.

Fazit

Nahida Ruth Lazarus' Philosemitismus war in ihrer Zeit beispielgebend und gilt bis heute als ungewöhnlich. Was ändert sich daran nun, wenn wir die Aufzeichnungen am Ende ihres Lebens kennen? Ganz offensichtlich hatte Nahida Ruth Lazarus zuletzt das Bedürfnis, noch einmal Rechenschaft abzulegen. Ganz offensichtlich scheint aber auch, dass sie dies nicht zu Lebzeiten tun wollte. Wir wissen nicht, ob sie, solange sie noch lebte, verfügt hatte, was mit dem Manuskript nach ihrem Tod geschehen sollte. Sicher scheint nur, dass sie es nicht vernichten wollte. Sie wird sich bewusst gewesen sein, dass Vieles, was sie einmal gesagt und geschrieben hatte, durch diese Aufzeichnungen in ein anderes Licht gerückt wurde? Waren ihrer Aussagen deshalb weniger authentisch? Und welche ihre Aussagen waren davon betroffen? Das wird sich anhand der Quellen kaum noch klären lassen. Es spricht jedoch einiges dafür, dass Nahida Ruth Lazarus, als sie im Leben stand und sich behaupten musste, eine andere Sicht hatte als dann, als sie ungeschminkt Rückschau halten konnte. Warum sollten unterschiedliche Aussagen aber zu unterschiedlichen Zeiten nicht gleichermaßen einen Anspruch auf einen Wahrheitsgehalt haben, wenn auch einen unterschiedlichen? Es scheint vor dem Hintergrund dieser Aufzeichnungen einfach, Nahida Ruth Lazarus' Philosemitismus als bloßes Kalkül abzutun, doch wessen Kalkül? Hier waren viele Parteien verstrickt, Juden ebenso wie Nichtjuden. Nahida Ruth Lazarus' Hinwendung zur jüdischen Religion und Kultur verschaffte ihr ohne Zweifel die begehrte öffentliche Anerkennung und – für eine Zeitlang zumindest – eine angemessene materielle Existenz. Doch war sie mehr als das, war möglicherweise nicht einmal darüber motiviert. Sie war zugleich die Annäherung an einen geliebten Mann, wobei die Bereitwilligkeit, ihm zu Diensten zu sein, einem lang erprobten, wenn auch fatalem, persönlichem Muster entsprach. Wichtiger noch: Sie war der Versuch, sich eine eigene Identität zu verschaffen, ein klares Profil, eine unzweideutige Zugehörigkeit. Das ist ihr, wie wir sahen, nicht gelungen, vielleicht auch deshalb nicht, weil eine eigene Identität in einer modernen Gesellschaft sowohl konstruiert werden muss, wie sie sich der Konstruktion entzieht. Eigene Interessen verfolgte aber nicht nur Nahida Ruth Lazarus, sondern auch ihr Mann, die christlichen Verleger ihrer Bücher sowie all jene jüdischen Institutionen, die ihr einen Ort für ihre Veröffentlichungen boten, die sie einluden, bewirteten und unterbrachten. In Nahida Ruth Lazarus' Philosemitismus spiegelten sich die religiösen Überzeugungen von Moritz Lazarus: Nahida war sein christliches Sprachrohr moderner jüdischer Sinnhaftigkeit. Doch auch

Lazarus wird man kein ausschließlich instrumentelles Verhältnis zu seiner jungen christlichen Frau unterstellen können, die so offensichtlich bemüht war, ihm das Leben im Alter zu verschönern und zu erleichtern. Für die christlichen Verleger ihrer Bücher wiederum war der Philosemitismus der Nahida Ruth Lazarus nicht nur ein politisches Bekenntnis, sondern sie konnten damit zugleich auf das Interesse eines signifikanten gesellschaftlichen Segmentes reflektierten, das ihnen diese Bücher auch abkaufen würde. Der öffentlich dargestellte Philosemitismus – das zeigt das Beispiel der Nahida Ruth Lazarus – war in seiner Zeit auch ein lukrativer Markt. An diesem Markt waren nicht unwesentlich, aber keineswegs ausschließlich, viele Juden beteiligt. Für sie implizierte der Philosemitismus einer Christin eine Bestätigung ihrer eigenen religiösen und kulturellen Existenz in einer Zeit, in der Religiosität ihre festen Konturen verlor und sich in die Mehrheitsgesellschaft hinein pluralisierte und diffundierte. Nahida Ruth Lazarus Philosemitismus war deshalb auch ein Ruf gegen die Zeit und zugleich – wenngleich dies den Betroffenen nicht bewusst sein konnte – sehr zeitgemäß.

Anmerkungen

1 *CV-Zeitung*, Jg. 7, H. 3 (20. 1. 1928), S. 29. Nahida Ruth Lazarus ist laut Eintrag ins Sterberegister der Stadt Meran am 13. 1. 1928 gestorben. Auf ihrem Grabstein steht als Todestag der 12. Januar. Im Nekrolog zu Kürschners Literatur=Kalender wird ein genaues Todesdatum nicht genannt, sondern nur vermerkt, dass am 17. 1. 1928 eine Todesmeldung einging. Nekrolog zu Kürschners Literatur=Kalender 1901–1935, Berlin 1936, S. 407.

2 Ruth Lazarus, Nahida: Ich suchte dich! Autobiographische Erzählung, Berlin 1898; dies.: Eine Frage an unsere jungen Jüdinnen, in: *Mitteilungen des Verbandes der jüdischen Jugendvereine Deutschlands* 3 (1912), S. 1–4.

3 Levenson, Alan T: An Adventure in Otherness: Nahida Remy-Ruth Lazarus (1849 bis 1928), in: Gender and Judaism. The Transformation of Tradition, hg. v. Tamar M. Rudavsky, New York/London, 1995, S. 99–111; Kratz-Ritter, Bettina: Konversion als Antwort auf den Berliner Antisemitismusstreit? Nahida Ruth Lazarus und ihr Weg zum Judentum, in: *Zeitschrift für Religion und Geistesgeschichte* (im Folgenden ZRGG) Jg. 46 (1994), S. 15–30.

4 Der genaue Zeitraum für die Entstehung dieses Manuskriptes ist unbekannt. Ein Vergleich der Handschrift mit den Jahren nach 1920, legt jedoch nahe, dass es in der zweiten Dekade des 20. Jahrhunderts entstanden ist, als Nahida Ruth Lazarus ihre eigenen großen Buchprojekte abgeschlossen hatte und vor allem damit beschäftigt, war, das Andenken ihres Mannes zu verwalten. Dafür gründete sie 1910 in Meran eine Nahida-und-Moritz-Lazarus-Stiftung, für die sie ein kleines Kapital hinterlegte. Mit diesem Geld sollte im Museum in Meran ein Lazarus-Zimmer eingerichtet werden, für das sie zahlreiche Dokumente und Bilder zur Verfügung stellte. Da sie in der Inflation ihr gesamtes Vermögen verlor, sah sie sich in den 1920er-Jahren gezwungen,

diese Gegenstände zurückzufordern. Vgl. dazu: Museum Meran: Korrespondenz Lazarus. Die dem Museum überlassene, später zurückgeforderte Sammlung wird von Nahida Ruth Lazarus beschrieben in einer kleinen Broschüre: Lazarus, Nahida: Meine Bildersammlung, Meran 1911. Bei dem autobiografischen Manuskript handelt es sich um den Nachlass Lazarus-Remy im sächsischen Hauptstaatsarchiv Dresden. Der Nachlass gehörte ursprünglich in die Registratur des sächsischen Ministeriums des Kultus und öffentlichen Unterrichts und wurde dort dem Bestand der Lazarusstiftung zugeordnet, die das Ministerium verwaltete. Die Akten des Ministeriums wurden nach 1945 vom sächsischen Hauptstaatsarchiv übernommen. Im Zuge der Durchsicht der Akten wurden Fremdprovenienzen ausgegliedert. Dazu gehörte dieser Aktenbestand. Es handelt sich dabei um eine Autobiografie von Nahida Ruth Lazarus mit dem Titel *Mein Leben*, die die Jahre bis zum Tod ihres Mannes Moritz Lazarus 1903 in Meran umfasst. Das Manuskript wurde nach dem Tod von Moritz Lazarus in Meran geschrieben. Das Manuskript wird in den kommenden Monaten von der Autorin ediert und im Verlag für Berlin-Brandenburg 2008 veröffentlicht. Hauptstaatsarchiv Dresden (im Folgenden HStA Dresden), 12724 (Nachlass Lazarus-Remy), Nr. 1 und Nr. 2, handschriftliches Manuskript sowie (teilweise) maschinenschriftliche Abschrift.

5 Neue Deutsche Biographie, hg. v. der Historischen Kommission bei der Bayrischen Akademie der Wissenschaft, Berlin 2004, Bd. 22, S. 586.

6 Sharell, Esther: Zum Geleit, in: Nahida Remy: Das jüdische Weib, Reprint der Ausgabe Leipzig 1892, hg. v. Esther Sharell, Frankfurt a. M. 1999, o. S. Die falsche Angabe geht möglicherweise auf einen Hinweis im Katalog der österreichischen Nationalbibliothek zurück.

7 Z.B. Neues Lexikon des Judentums, hg. v. Julius H. Schoeps, München 1992, S. 282. Sharell nennt ohne Angabe von Quellen einen – namenlosen – preußischen Offizier als Vater und Max Schasler als Stiefvater, von dem sie fälschlich behauptet, dass die Mutter ihn nach der Geburt der Tochter geheiratet habe. Sharell: Zum Geleit, [wie Anm. 6].

8 Nachruf Eucken, *Allgemeine Zeitung* (1904), Beil., S. 118.

9 Max Schasler berichtet dies ausführlich in seiner Autobiografie: Schasler, Max: Über ein halbes Jahrhundert. Aus dem Leben eines alten Burschenschaftlers, Jena 1895. Seine Erzählung wird bestätigt durch Akten im Berliner Landesarchiv (im Folgenden LA Berlin): A Pr. Dr. Rep. 030. Tit. 94, Nr. 12798.

10 Schasler: Über ein halbes Jahrhundert, [wie Anm. 9], S. 50.

11 In der unveröffentlichten Autobiografie *Mein Leben* zitiert Nahida die Mutter: „Mein Verlobter hatte, während ich dich unter dem Herzen trug, eine andere kennengelernt und geheiratet." HStA Dresden, 12724 (Nachlass Lazarus-Remy), Nr. 1, handschriftliches Manuskript, S. 1. In der Biografie von Sophie Pataky, 1898 zum ersten Mal erschienen und 1971 wieder aufgelegt, heißt es dazu: „Zu den mannigfachen Enttäuschungen ihres vielgeprüften Daseins gehörte der Treubruch des Mannes, mit dem sie einen Bund fürs Leben geschlossen zu haben glaubte: er verliess sie und Nahida – von nun an kränkelnd – versuchte unter den schwierigsten Umständen sich in Italien eine neue Heimat zu schaffen." Lexikon deutscher Frauen der Feder. Eine Zusammenstellung der seit dem Jahre 1840 erschienenen Werke weiblicher Autoren nebst Biografien der lebenden und einem Verzeichnis der Pseudonyme, hg. v. Sophie Pataky, 2 Bde, Bern 1971, Bd. II, S. 348f.

12 In dem handschriftlichen Dokument benennt Nahida selber ihre Namen als Anna Maria Concordia. HStA Dresden, 12724, Nr. 1, handschriftliches Manuskript, S. 1. Die Mutter hieß Nahida Konkordia Henriette Sturmhoefel (vermutlich auch Naide) und die Großmutter Konkordia Adelheid Karoline Knopf. Goerke, Otto: Der Kreis Flatow, Flatow 1918, S. 455. Den Hinweis auf dieses Buch verdanke ich H. Kappel, ehrenamtlicher Mitarbeiter bei der „ehem. Forschungsstelle Ostmitteleuropa – Westpreußenkartei" der Universität Dortmund.

13 HStA Dresden, 12724 (Nachlass Lazarus-Remy), Nr. 2, maschinenschriftliches Manuskript, S. 111. Nahida Sturmhoefel sen. widmete Louise Aston in ihrem Gedichtband *Vergessene Lieder*, der 1888 erschien, ein Gedicht:
„An Louise Aston's Manen
Wie warst Du schön! wie gut warst Du!
Dich liebten Viele! Viele –
Du strebtest sonder Rast und Ruh
Nach einem höhern Ziele.
Doch Elend irrte Dich im Pfad,
Umflorte Deine Blicke,
Und selbst der Freunde schlechter Rath
Trug Schuld an dem Geschicke.
Und dann, – dann kam die herbe Noth,
Sie nahm Dich ganz gefangen.
Und sie bewarfen Dich mit Koth,
Selbst die mit Dir gegangen."
Sturmhoefel, Nahida: Vergessene Lieder, Leipzig 1888. Dieses Gedicht scheint wie auf Schasler gemünzt. Der hatte sich in seiner Autobiografie ehrabschneidend über Louise Aston geäußert und über das Verhältnis zwischen ihr und Rudolph Gottschall geschrieben: „Er [Rudolph Gottschall; Anm. d. Verf.] wurde ihrer bald überdrüssig – und dazu gehörte nicht viel, da sie ausser ihrer mit starker Koketterie versetzten Emanzipationssucht durchaus keinen besonderen Reiz besass und im höchsten Grade flach und talentlos war. Wenn man sie heute noch, namentlich von Schriftstellerinnen, als ‚die geniale Louise Aston' erwähnt findet, so kann Derjenige, der sie näher kennen lernte, nur darüber die Achseln zucken. Sie gehörte natürlich ebenfalls zum Rütli und ging aus den Händen von Gottschall in die von v. Szepánsky, dem späteren Oberbürgermeister von Danzig und dann in verschiedene andere Hände über, bis sie in Konstantinopel als Frau eines deutschen Arztes verschollen blieb." Schasler: Über ein halbes Jahrhundert, [wie Anm. 9], S. 24.

14 Dafür gibt es mehrere Indizien: Forscht man nach dem Namen Sturmhoefel, stößt man auf Aurel Sturmhoefel, einen Bruder von Nahida Sturmhoefel sen., der zwischen 1872 und 1884 Baustadtrat in Magdeburg war. Der eher seltene Name Aurel war zugleich der Name des Bruders von Max Schasler. In der unveröffentlichten Biografie bittet die Mutter die 15-jährige Tochter zum „Onkel Kommerzienrath" nach Bromberg zu reisen, um diesen um Geld zu bitten. In Bromberg lebte wiederum Schaslers Bruder Coralli, der dort Justizrat am Oberlandesgericht war. HStA Dresden, 12724, Nr. 2, maschinenschriftliches Manuskript, S. 45 sowie Schasler: Über ein halbes Jahrhundert, [wie Anm. 9], S. 7.

15 Dass der Vater bzw. Großvater preußischer Offizier war, bedeutete Nahida Ruth Lazarus und ihrer Familie offensichtlich soviel, dass sie den Großvater in *Ich suchte dich!* als „Großvater-Major" (Lazarus: Ich suchte dich!, [wie Anm. 2], S. 9, die Großmutter im autobiografischen Manuskript als „Majorin-Grossmutter" bezeichnete. HStA Dresden, 12724 (Nachlass Lazarus-Remy), Nr. 2, maschinenschriftliches Manuskript, S. 65. Allerdings war die Familie nicht, wie von Kratz-Ritter notiert, eine alte preußische Offiziersfamilie. Preußische Offiziere stellte die Familie ausschließlich in der ersten Hälfte des 19. Jahrhunderts und nur in der Landwehr. Geheimes Staatsarchiv preußischer Kulturbesitz (im Folgenden GStAPK), IV HA: Preußische Armee, Rep. 1: Geheime Kriegskanzlei, Nr. 89, S. 294 sowie Kratz-Ritter: Konversion als Antwort auf den Berliner Antisemitismusstreit?, [wie Anm. 2], S. 20.

16 Für diesen Hinweis auf den Namen „Nahida" danke ich der Buchhandlung „Das arabische Buch" in Berlin.

17 HStA Dresden, 12724 (Nachlass Lazarus-Remy), Nr. 1, handschriftliches Manuskript, S. 1.
18 Lexikon deutscher Frauen der Feder, [wie Anm. 11], S. 348.
19 HStA Dresden, 12724 (Nachlass Lazarus-Remy), Nr. 1, handschriftliches Manuskript, S. 35.
20 HStA Dresden, 12724 (Nachlass Lazarus-Remy), Nr. 2, maschinenschriftliches Manuskript, Kap. 2 und 3.
21 Wie Nahida in ihrem autobiografischen Manuskript schildert, empfand sie sich früh als Außenseiterin unter den Gleichalterigen. „Denn das wusste ich ganz genau, dass ich anders geartet sei als Kinder in meinem Alter." HStA Dresden, 12724 (Nachlass Lazarus-Remy), Nr. 1, handschriftliches Manuskript, S. 7. Diese Selbstwahrnehmung wird deutlich in dem Roman *Geheime Gewalten*, 1890 erschienen. Der Roman trägt autobiografische Züge und beschreibt sie als junge Adlige. Remy, Nahida: Geheime Gewalten. Roman in zwei Bänden, Dresden/Leipzig 1890.
22 Nahida Ruth Lazarus' Angabe in *Ich suchte dich!*, [wie Anm. 2], S. 163, dass sie eine Ausbildung in einer der „neu entstandenen Malerinnenakademien" absolviert habe, ist offensichtlich unrichtig. Kratz-Ritter nennt Peter von Cornelius als einen ihrer Lehrer, einen bedeutenden Maler der ersten Hälfte des 19. Jahrhunderts. Kratz-Ritter: Konversion als Antwort auf den Berliner Antisemitismusstreit?, [wie Anm. 2], S. 22. Dies wäre eine hervorragende Ausbildung gewesen. Nahida Ruth Lazarus lernte Peter von Cornelius offenbar tatsächlich als alten Mann in Berlin kennen und gibt an, ihn wöchentlich einmal besucht zu haben, aber eine reguläre Ausbildung erhielt sie bei ihm nicht. HStA Dresden, 12724 (Nachlass Lazarus-Remy), Nr. 2, maschinenschriftliches Manuskript, S. 48. Auch ist völlig unklar, ob Peter von Cornelius, damals bereits über 85 Jahre alt, überhaupt Frauen unterrichtete. Elisabeth Lepsius jedenfalls notierte 1865 – da ist Nahida Ruth Lazarus 16 Jahre alt –, dass Gustaf Graef, Vater von Sabine Lepsius, 1865 der einzige Maler in Berlin gewesen sei, der ein Damenatelier hatte. Vgl.: Das Haus Lepsius. Vom geistigen Aufstieg Berlins zur Reichshauptstadt. Nach Tagebüchern und Briefen, hg. v. Bernhard Lepsius, Berlin 1933, S. 269f.
23 „Bitte, das ist durchaus nicht dasselbe: der Seelenwärmer reicht über das Herz hinunter, daher der Name!" HStA Dresden, 12724 (Nachlass Lazarus-Remy), Nr. 2, maschinenschriftliches Manuskript, S. 47.
24 HStA Dresden, 12724 (Nachlass Lazarus-Remy), Nr. 2, maschinenschriftliches Manuskript, Kap. 8 (Theaterleben).
25 Nahida Ruth Lazarus erfuhr durch den Hausarzt, dass Remy an einer „unheilbaren Rückenmarksschwindsucht" leide. HStA Dresden, 12724 (Nachlass Lazarus-Remy), Nr. 2, maschinenschriftliches Manuskript, S. 76.
26 HStA Dresden, 12724 (Nachlass Lazarus-Remy), Nr. 2, maschinenschriftliches Manuskript, S. 80.
27 Rechnung ohne den Wirt. Lustspiel. Stichwort: Remy, Nahida, in: Deutscher Litteratur-Kalender, hg. v. Joseph Kürschner, Berlin und Stuttgart 1884, S. 214.
28 Remy, Nahida: Die Grafen Eckardstein. Drama in 5 Aufzügen, Berlin 1880; Remy, Nahida: Constanze. Schauspiel in 5 Aufzügen. Berlin 1879. Fontane entschuldigte sich in einem Brief an Lazarus vom 26. 4. 1879 dafür, ihn nicht treffen zu können „ ... denn ich muß einmal wieder ins Theater – ‚Constanze' von Nahida Remy. Die Dichterin selbst nennt's ‚ein Schmerzenskind', was mich aber nicht rührt.", in: Keitel, Walter/Nürnberger, Helmut (Hg.): Theodor Fontane. Werke, Schriften, Briefe. München 1976, IV/3, Nr. 16. Die Rezension Fontanes erschien in der, 29. 4. 1879.
29 Goethe-Schiller-Archiv (im Folgenden GSA) 134/63/18 (Gutachten zu Max Remy's Witwe, Weimar, 10. Okt. 1882).
30 HStA Dresden, 12724 (Nachlass Lazarus-Remy), Nr. 1, handschriftliches Manuskript, S. 101.
31 GSA 134/63, 18 (nachrichtliche Notiz vom 19. 5. 1884).
32 HStA Dresden, 12724 (Nachlass Lazarus-Remy), Nr. 1, handschriftliches Manuskript, S. 105.

33 Und nicht, wie sie selber schrieb, bereits 1884. Vgl.: Belke, Ingrid: Moritz Lazarus, in: Moritz Lazarus und Heymann Steinthal. Die Begründer der Völkerpsychologie in ihren Briefen, hg. v. Ingrid Belke, Bd. 1 Tübingen 1971, S. XVII sowie Kratz-Ritter: Konversion als Antwort auf den Berliner Antisemitismusstreit, [wie Anm. 2], S. 26 mit Hinweis auf: Aus meiner Jugend. Autobiographie von Moritz Lazarus, hg. v. Nahida Lazarus, Frankfurt a. M. 1913, S. 68.

34 „Lieb wurde mir mein Stübchen beim Hausbesorger. Ich musste zwar durch Küche und Schlafzimmer des Ehepaares hindurchgehen, aber das war mir gerade recht. So hatte ich nicht nur Bedienung, sondern auch Aufsicht [...] mir wichtig wegen unliebsamen Geredes der Leute." HStA Dresden, 12724 (Nachlass Lazarus-Remy), Nr. 1, handschriftliches Manuskript, S. 127.

35 Allerdings fand der Berliner Antisemitismusstreit bereits 1879/80 statt, die Konversion von Nahida Ruth Lazarus dagegen erst 15 Jahre später, 1895. Zur Zeit des Berliner Antisemitismusstreites beschäftigte sich Nahida Ruth Lazarus nicht mit Juden und dem Judentum. Das tat sie erst ab 1882, nachdem sie Moritz Lazarus kennengelernt hatte. Kratz-Ritter hält Moritz Lazarus deshalb auch „für den wahren Anlaß und Beweggrund ihrer Konversion". Kratz-Ritter: Konversion als Antwort auf den Berliner Antisemitismusstreit?, [wie Anm. 2], S. 21.

36 Wohlrab-Sahr, Monika: Das Unbehagen im Körper und das Unbehagen in der Kultur. Überlegungen zum Fall einer Konversion zum Islam, in: dies.: Biographie und Religion. Zwischen Ritual und Selbstsuche, Frankfurt a. M./New York 1995, hier S. 287.

37 In der Stadt lebten 1858 1.684 evangelische, 862 katholische und 596 jüdische Menschen, siehe Goerke, Otto: Der Kreis Flatow. In geographischer, naturkundlicher und geschichtlicher Beziehung dargestellt, Flatow 1918, S. 376.

38 Belke: Moritz Lazarus, [wie Anm. 33], S. XV.

39 Lazarus: Ich suchte dich!, [wie Anm. 2], S. 145.

40 HStA Dresden, 12724 (Nachlass Lazarus-Remy), Nr. 2, maschinenschriftliches Manuskript, S. 44.

41 Als Nahida Remy 1882 in der Schillerstiftung um Unterstützung bat, verlangte man dort offenbar zunächst Auskunft darüber, ob sie mit der Nahida Sturmhoefel identisch sei, die 1877 einen Antrag auf Unterstützung eingereicht hatte. Nahida Remy beeilte sich klarzustellen, dass es sich hier um ihre Mutter handelte. GSA 134/63/18 (Brief vom 23. 12. 1882).

42 HStA Dresden, 12724 (Nachlass Lazarus-Remy), Nr. 2, maschinenschriftliches Manuskript, S. 57.

43 Rürup, Reinhard: Jewish History in Berlin – Berlin in Jewish History, in: Leo Baeck Institute Year Book XLV (2000), S. 45.

44 HStA Dresden, 12724 (Nachlass Lazarus-Remy), Nr. 1, handschriftliches Manuskript, S. 105.

45 Ebd., S. 131. Hervorhebung von Verfasser. Interessant ist in diesem Zusammenhang auch ein Eintrag in der Encyclopaedia Judaica, in der darauf hingewiesen wird, dass Nahida Ruth Lazarus' belletristische Bücher in Vergessenheit geraten sind, sie aber noch erinnert wird als Autorin der Bücher über das Judentum. Encyclopaedia Judaica, Vol. 10, Jerusalem 1971, S. 1521.

46 HStA Dresden, 12724 (Nachlass Lazarus-Remy), Nr. 1, handschriftliches Manuskript, S. 111.

47 Ebd., S. 135.

48 Ebd., S. 136.

49 „Lieber Leser, ich habe es gewagt, über die theuren, Jahrhunderte und Jahrtausende alten und vielgewandelten Traditionen kritische Fragen aus liebevollem Gemüth zu stellen, aber meine Hände sind rein; die Eine stützt sich auf klare Aussprüche der alten freigesinnten Rabbinen des Talmuds, – die Andere auf weise Lehren der jüngsten Synode: Beide gaben meinem Herzen die Kraft und meinem Geiste die Ruhe, mit

Ehrfurcht und Freiheit von so hohen Dingen eines fremden Glaubens zu reden." Remy, Nahida: Das jüdische Haus, Berlin 1898, S. 67. Unklar ist, welchen Einfluss Nahida Ruth Lazarus möglicherweise auch auf Moritz Lazarus hatte. Jedenfalls veranlasste und betreute sie die posthume Herausgabe der *Erneuerung des Judentums* von 1909, die von Ingrid Belke als das „schärfste und aggressivste Buch" bezeichnet worden ist, „[...] das er geschrieben hat". Belke: Moritz Lazarus, [wie Anm. 33], S. LXXVI.

50 Nahida Ruth Lazarus war im Gegensatz zu ihrer Mutter Nahida Sturmhoefel keine Feministin, wie immer wieder gemutmaßt. Einladungen von zeitgenössischen Feministinnen wie Minna Cauer, Henriette Goldschmidt oder Hannah Bieber-Böhm schlug sie offenbar aus. Unter der sexuellen Libertinage ihrer Mutter hat sie lange gelitten und sie lehnte sie ab. Das wird sowohl an ihrem Verhältnis zu Ibsen wie zu Gustaf Graef deutlich, der 1885 vor dem Berliner Landgericht wegen eines sexuellen Übergriffes auf eines seiner Modelle angeklagt, aber schließlich freigesprochen wurde. HStA Dresden, 12724 (Nachlass Lazarus-Remy), Nr. 1, handschriftliches Manuskript, S. 85, 90, 137.

51 Ebd., S. 142.

52 Ebd., S. 153. Es ist auffallend, wie wenig die eloquente Nahida Ruth Lazarus über ihre Konversion schreibt. In dem handschriftlichen Manuskript erwähnt sie einen Rabbiner Wertheimer in St. Gallen/Schweiz, der offenbar bereit war, ihr einige Formalitäten zu erlassen („Nur einen Tag wollte ich bleiben und nach St. Gallen weiterfahren, um den dortigen Rabbiner Dr. Wertheimer aufzusuchen, wegen Erlass manigfacher Formalitäten und eines mir zugestandenen einfachen Bekenntnisses der Grundwahrheiten des Judentums, [...]." Ebd., S. 152). Dass sie tatsächlich konvertierte, erkennt man aus der Annahme des jüdischen Namens (Ruth) sowie aus der Tatsache, dass sie nach jüdischem Ritus getraut wurde. Ganz offenbar hat das Paar im Vorfeld versucht, eine Konversion in Berlin zu umgehen, möglicherweise, weil es in Berlin zu dieser Zeit bereits einen Rabbiner als obersten Richter gab, an den das Paar sich hätte wenden müssen. Vermutlich wollten sie eine schnelle, unbürokratische Lösung, fernab der Berliner Öffentlichkeit. Nahida Ruth Lazarus scheint weder eine Mikwe besucht zu haben, wie bei Konversionen üblich, noch wurde sie der Gemeinde in einem Gottesdienst als neues Mitglied vorgestellt und gesegnet. Für ein Gespräch über Konversionen zum Judentum danke ich Prof. Dr. Andreas Nachama.

53 Jewish National and University Library (im Folgenden JNUL) Jerusalem, ARC. MS Var. 298 (Nachlass Lazarus): 133 (Tagebuch Nahida Lazarus, Eintrag vom 18. 11. 1895).

54 HStA Dresden, 12724 (Nachlass Lazarus-Remy), Nr. 1, handschriftliches Manuskript, S. 150. Diese Aussage liess sich bisher nicht erhärten. Vgl. Das Königliche Statistische Bureau im ersten Jahrhundert seines Bestehens 1805 bis 1905. Festschrift des Königlich Preußischen Statistischen Bureaus, Teil 1, hg. v. Emil Blenck, Berlin 1905, S. 259f. (Anlage C).

55 Nahida Ruth Lazarus gibt im Manuskript an, dass ihr Mann ihr das Haus geschenkt habe. „Die Jahrhundertwende brachte mir mein eigenes Heim." HStA Dresden, 12724 (Nachlass Lazarus-Remy), Nr. 1, handschriftliches Manuskript, S. 172.

56 JNUL Jerusalem, ARC. MS Var. 298 (Nachlass Lazarus), 134: Tagebucheintrag vom 31. 12. 1911.

57 Nahida Ruth Lazarus wird ab 1924 im Kürschner als Nahida Remy geführt, im Nekrolog dann wieder als Nahida Ruth Lazarus. Vgl. Kürschners Deutscher Literatur-Kalender aus dem Jahr 1924, Jg. 41, Berlin/Leipzig 1924, S. 727 sowie Nekrolog zu Kürschners Literatur=Kalender 1901–1935, [wie Anm. 1], S. 407.

PHILOSEMITISMUS IN LITERATUR, FILM, MUSIK UND WISSENSCHAFT

Helmut Peitsch

Philosemitismus in der Gruppe 47

„[...] dass es sich bei der Gruppe 47 um einen antisemitischen, exilantenfeindlichen und autoritären Haufen gehandelt habe", nennt der Literaturkritiker Jörg Magenau „die derzeit modischen Klischees".[1] Ich möchte eins der drei in vier Schritten überprüfen und dabei von Frank Sterns Definition eines „philosemitischen Habitus" ausgehen, der sich als ein Element „in der politischen Kultur zu Beginn der 50er Jahre"[2] in der Bundesrepublik entwickelte:

> „Eine philosemitische oder pro-jüdische Äußerung konnte in Negation eines antisemitischen Arguments erfolgen, sie konnte aber auch bedingt-antisemitische Meinungen mitschwingen lassen oder auf betonte Weise einer nicht-antisemitischen Haltung Ausdruck verleihen."[3]

Gegenüber der psychologischen Weise zu fragen, was – so Klaus Briegleb über Hans Werner Richter – „im Grunde seines Herzens war"[4], orientiert die Thematisierung der politischen Kultur auf die Öffentlichkeit, auch die literarische, zwischen offiziellen, staatlichen Institutionen und gesellschaftlichen Gruppen, wenn es um die Umkehr oder Negation antisemitischer Stereotype im Philosemitismus geht. Deshalb soll die Beteiligung von Mitgliedern der Gruppe 47 an Organisationen dargestellt werden, die die offizielle Sphäre und die literarische Öffentlichkeit strukturell verbanden und deren Positionen einen philosemitischen Habitus institutionalisierten. Abschließend wird das Exemplarische einer Kontroverse um den Begriff des Philosemitismus gezeigt.

Gesellschaften für christlich-jüdische Zusammenarbeit

„Bekenntnisse neuer deutscher Autoren zur Woche der Brüderlichkeit" hieß eine Matinee der Gesellschaft für christlich-jüdische Zusammenarbeit in den Münchener Kammerspielen am 9. März 1952, auf der Walter Jens und Hans Werner Richter sprachen und Schauspieler, u. a. Fritz Kortner, aus Jens' und Richters sowie Ilse Aichingers und Heinrich Bölls Romanen lasen. Das breite, nicht nur lokale Presseecho hob die Lesungen der Kapitel Richters über den „Tod im Warschauer Ghetto",[5] Bölls über „die Liquidierung ungarischer Juden in einem kleinen KZ"[6] und Aichingers „Szene zwischen den verfolgten Kindern und der SS-Streife"[7] ausdrücklich hervor und „merkte" Jens' Kapitel aus *Der Blinde* „eine innere Verwandtschaft mit Kafka an"[8]. Ausführlicher noch wurden die Ansprachen referiert:

> „Jens gab im Namen der jungen deutschen Autoren dem Dank an die jüdischen Dichter und Schriftsteller Ausdruck, ohne deren Wirken eine deutsche Literatur in diesem Jahrhundert nicht denkbar sei – dem Dank an die Verkünder Kafka und Buber, an Vermittler wie Werfel und Hofmannsthal, an die unzähligen ‚Anwälte', die mit ihrer Arbeit im Feuilleton maßstabbildend und immer von neuem belebend gewesen seien. Zum Dank aber käme die Trauer um ihre Austreibung und die Bitte an die Emigrierten um ihre Hilfe und ihre Rückkehr."[9]

An Richters Rede über „die falsche Toleranz den Intoleranten gegenüber",[10] belegt an Publikationen wie den *Klüther-Blättern*, Organisationen wie dem Deutschen Kulturwerk europäischen Geistes und einer Lesung Hans Friedrich Bluncks in der Münchener Landespolizeischule, wurde die Übereinstimmung mit der Rede des Bundespräsidenten Theodor Heuss zur offiziellen Eröffnung dieser zweiten, von den Gesellschaften für christlich-jüdische Zusammenarbeit initiierten, aber erstmals „bundesweit"[11] durchgeführten Woche der Brüderlichkeit, auch durch Zitate, herausgestellt: „daß es, um des gemeinen Wohles willen, notwendig ist, daß bestimmte Typen, die gestern im Dienste des Hasses standen, heute schweigen müssen"[12].

Die Wochenzeitung des DGB rahmte ihren Bericht durch eine Beschreibung dieser abgrenzenden und Übereinstimmung schaffenden Funktion der Woche der Brüderlichkeit:

> „Traditionen bilden sich viel schneller, als man glaubt. [...] Wer im vorigen Jahr noch staunend bewunderte, wie verschieden die Gruppen und Persönlichkeiten waren, die sich bereit fanden, einen aktiven Beitrag zu leisten, nimmt es dieses Jahr schon als selbstverständliche Gegebenheit hin. [...] Wenn auch nur in einer Woche im Jahr Menschen aus sonst getrennten Lagern sich vereinen, um mutig ihre Stimme gegen Intoleranz und jede Art rassischer und religiöser Diffamierung zu erheben, so zeigen sie damit jedenfalls deutlich, wie stark auch die Front derer ist, die guten Willens sind."[13]

Mitglieder der Gruppe 47 traten auch in den folgenden Jahren als Redner in den Wochen der Brüderlichkeit auf, so u.a. Böll 1956, 1959,[14] Paul Schallück 1969,[15] Wolfdietrich Schnurre 1963, wenngleich die Gesellschaft christliche Innere Emigranten erkennbar als Redner bevorzugte, wie z.B. Albrecht Goes,[16] der in Westberlin (1956) der einzige Schriftsteller unter den Geistlichen, Professoren der Theologie, Philosophie und Philologie, Beamten und Politikern blieb, die nicht nur das öffentliche Auftreten dominierten, sondern auch die Vorstände der regionalen Gesellschaften.[17] Mitgründer der – im Vergleich zu den von der US-amerikanischen Militärregierung angeregten und finanzierten süddeutschen – späten Kölner Gesellschaft waren 1958 Böll[18] und Schallück. Dieser gehörte als Beisitzer dem Vorstand an, in dem außer Geistlichen und Landes- sowie städtischen Beamten nur ein weiterer Schriftsteller vertreten war, der nach Köln remigrierte Wilhelm Unger,[19] bis 1977 als Vorsitzender[20]. Ein Jahr nach der Gründung der Kölner CJZ bildeten Böll, Schallück und Unger den Verein der Bibliothek Germania Judaica, zu deren Eröffnung Martin Buber nach Köln eingeladen und in deren wissenschaftlichen Beirat Walter Höllerer[21] berufen wurde. Schallück formulierte als „die Aufgabe“ der Germania Judaica

> „[…] Bücher und Dokumente aller Art zu sammeln, die geeignet sind, das Judentum in unserem Lande bekannter zu machen. [...] den Gründern ist jedes Buch oder Dokument willkommen – ein Bericht über das Leben einer jüdischen Gemeinde im achtzehnten Jahrhundert, ein Dokument über die Deportation jüdischer Mitbürger oder der Lebenslauf eines Juden, der im Jahre 1959 in die Heimat zurückgekehrt ist […].“[22]

In der Begründung dieser Aufgabe verknüpfte Schallück Vergangenheit und Gegenwart: „Unkenntnis hat in der Vergangenheit die Propagierung von Vorurteilen ermöglicht. Es ist dieselbe Unkenntnis, die heute noch Vorurteile nährt.“[23] Deshalb sollte eine „eigene Schriftenreihe“ die Sammlungstätigkeit ergänzen durch Publikation von „Forschungsergebnisse[n]“ und durch „Gespräche mit solchen Personen, die für die Informierung der Öffentlichkeit verantwortlich sind, mit Erziehern, Publizisten, Politikern“[24]. Bevor es über die Einschränkung dieser zweiten Funktion 1962 zum Bruch Schallücks mit dem Verein kam[25] – „Eine Bibliothek, die wie ein Museum darauf wartet, ob jemand kommt, um sich das eine oder das andere Buch auszuleihen, bedarf meiner Energien nicht“[26] – erschienen in der Schriftenreihe unter dem Titel *Geduldet oder gleichberechtigt?* Gespräche Bölls und Schallücks mit dem Kölner Rabbiner Zwi Asaria und Wilhelm Unger in den ersten Monaten nach den Hakenkreuzschmierereien an der Synagoge im Dezember 1959. Böll und Schallück benutzen bezeichnende Metaphern für die Rolle derjenigen, die – wie es mit dem jetzt erst sich in der Öffentlichkeit durchsetzenden Schlagwort heißt – die ‚Bewältigung der Vergangenheit' in der Gesellschaft vorantreiben sollen: Böll bevorzugt die des „Propheten", Schallück die des „Arzt[es]"[27]. Böll geht es um „Buße, Umkehr",[28] wofür „Aufklärung", die Schallück fordert, nicht ausreiche[29]. Im Bild der ‚Buße' fasst Böll das Nein zur Vergangenheit; er bringt die Brisanz solcher ‚Bewältigung' auf den Punkt, der in dem Bruch mit der nationalen Geschichte liegt: „[...]ich fürchte, daß die Traditionen, auf denen unser Staat ruht, unklar sind. Es ist nicht ein deutlicher Bruch mit der Vergangenheit vollzogen worden."[30] Böll spitzt diese – sich u.a. auf das Ordensgesetz berufende – Einschätzung später im Gespräch zu:

> „Die Vergangenheit ist nicht nur nicht bewältigt; wir entfernen uns immer mehr von der Möglichkeit, sie zu bewältigen, wenn wir uns auf die rein administrativen Mittel verlassen. Es bedarf [...] einer Erneuerung, die das ganze Denken und Fühlen erfassen müßte."[31]

Unger antwortet ihm mit dem „Auftrag", der ihn als „ein[en] Jude[n], der sich als Weltbürger empfindet, [...] nach Deutschland zurückkehren" ließ: „Ich möchte meinen kleinen Beitrag zur Demokratisierung dieses Landes leisten."[32] Dem entsprach Ungers Sicht auf Schallück als „Sprecher einer zwar skeptischen, aber dennoch von einem Wiedergutmachungs-Willen beseelten Generation" (1962), einer von denen, „die gewillt waren, aus den Erfahrungen zu lernen"(1977)[33]. Schallück begründet sein Bild des Arztes mit einer ganz anderen Einschätzung des Stands der Erinnerung an den Faschismus in der Bundesrepublik als Böll; er deutet 1959/60 als „Krisis":

> „Die Krisis bietet zwei Möglichkeiten: zum Guten und zum Schlechten. Ich meine, daß wir augenblicklich für beides Anzeichen vorweisen können. Ich bin sicher, daß sich die Krisis zum Bösen wenden wird, wenn wir die Chancen nicht ergreifen [...]."[34]

Mit „Unterstützung der Kölner Bibliothek Germania-Judaica"[35] entstand 1960 das von Thilo Koch herausgegebene, von Martin Buber angeregte Buch *Porträts zur deutsch-jüdischen Geistesgeschichte*, in dem nicht nur Böll und Schallück, sondern mit Walter Jens, Joachim Kaiser und Rudolf Walther Leonhardt drei weitere Mitglieder der Gruppe 47 vertreten sind und somit die Mehrheit der Autoren ausmachten, die der Herausgeber einlud, „dem erstaunlichen Phänomen einer besonders positiven Affinität zwischen jüdischem und deutschem Geist“[36] nachzugehen. Koch begründete das Vorhaben: „die moralische, die geistige Wiedergutmachung ist ein weiteres Feld noch als die materielle. Der Anti-Antisemitismus ist nicht genug“,[37] und er fasste das Ergebnis der Porträts u. a. von Mendelssohn (Schallück), Heine (Leonhardt), Marx (Böll), Schönberg und Mahler (Kaiser) sowie Kafka (Jens) zusammen:

> „[...] daß die großen unruhvollen Beweger unserer Zeit, die Entdecker der Strukturen dieser modernen Welt, zu einem unverhältnismäßig großen Teil Juden im deutschen Sprachraum sind. Marx, Freud, Einstein, Kafka – das kann kein Zufall sein.“[38]

Von Schallücks Hoffnung auf eine „möglich[e]“ und „notwendig[e]“ „neue, veränderte und freilich auch tiefere und breitere Symbiose des deutschen mit dem jüdischen Geist“[39] über Leonhardts Glauben,

> „daß ein Gemeinsames, welches wir ‚eine deutsche Literatur‘ nennen könnten, erst dann wieder möglich ist, wenn das Andere, wenn der Widerspruch mit jener temperamentvollen Duldung [...] aufgenommen wird wie im Berlin der zwanziger Jahre [...] des 19. [...und, Anm. d. Verf.] des 20. Jahrhunderts“,[40]

reichen die Resümees bis zu Jens Eingeständnis, „wie wenig Jüdisches ich, bei allem Bücherwissen, aus lebendiger Anschauung kenne“: „Ich, durch Erziehung und Neigung ein Philosemit, weiß über jene, die [...] unserer Literatur Rang und Würde gaben, unserer Sprache Schärfe, Glanz und Witz verliehen, nur höchst indirekt, als Leser, Bescheid.“[41]

Schallück nahm an der dritten, vom Kölner Schuldezernat geförderten „Pädagogenreise“[42] der Kölner Gesellschaft CJZ nach Israel teil, wobei er einerseits „auch privat Kontakt zu [...] Israelis“ „suchte“,[43] anderseits eine öffentliche Lesung aus seinem Roman *Engelbert Reinecke* hielt. Im Bericht der Zeitung *Yedioth Hayom* erschien er als „erschütternd ernstzunehmender Gesprächspartner legitimiert“: Er sei „Sprachrohr seiner Zeit, Gewissen seines Volkes“[44]. Schallück nannte seine „Reiseskizzen aus Israel“, die er im SWF und RIAS las und in mehreren Zeitschriften publizierte[45], *Hand und Name*, was er in dem Einleitungsabsatz erklärt:

> „Wenn es möglich wäre, sollte jeder deutsche Israel-Besucher, bevor er auf israelischem Boden den ersten Schluck Orangensaft trinkt, zum

> Yad Washem bei Jerusalem geführt werden [...] Erinnerungsstätte an die letzten Märtyrer des Volkes Israel [...].“[46]

An der pädagogischen Arbeit der Gesellschaften CJZ beteiligten sich auch nicht in Köln ansässige Mitglieder der Gruppe 47; so war eines der Gründungsmitglieder, Friedrich Minssen seit 1953 Oberregierungs- und Schulrat[47] sowie Referent für politische Bildung im hessischen Kultusministerium[48] und nahm als solcher im November 1959 an der Erzieherkonferenz des Deutschen Koordinierungsrats der Gesellschaften für christlich-jüdische Zusammenarbeit in Wiesbaden teil, deren Titel durch Theodor W. Adornos gleichlautenden Vortrag berühmt geworden ist: „Was bedeutet: Aufarbeitung der Vergangenheit?“ Bevor Adorno das Wort erhielt, gab ein Vertreter des Erzieherausschusses eine Einschätzung der „augenblickliche[n] geistige[n] Situation“ und der bisher von der pädagogischen Arbeit der Gesellschaften bevorzugten Mittel: Die Situation 1959 sei „dadurch gekennzeichnet, daß nach einer langen Zeit des Schweigens die Auseinandersetzung mit der Vergangenheit in breiten Dimensionen sich vollzieht“[49]. Bisher sei ein „Grundgedanke“ gewesen, „von der Anonymität der Zahl zum lebendigen Einzelschicksal zu gelangen“[50]; weiterhin wurden „Berichte über beispielhaftes, positives Verhalten in der Verfolgungszeit“ für „[b]esonders geeignet“ gehalten; schließlich seien „Quellensammlung[en]“ wie die von Harry Pross und Walther Hofer im Fischer-Taschenbuch sowie von Josef Wulf und H. G. Adler in der Schriftenreihe der Bundeszentrale für Heimatdienst, des Vorläufers der Bundeszentrale für politische Bildung, und der Film *Nacht und Nebel*[51] zugänglich geworden.[52]

> „Und wenn wir das Programm christlich-jüdischer Zusammenarbeit aufstellten, so bedeutet das wahrlich nicht, daß wir nur eine Art Wach- und Schließgesellschaft sein wollen, sondern wir wollen zusammen mit unseren jüdischen Mitbürgern aus dem grauenvollen Geschehen der jüngsten Vergangenheit heraus in Deutschland das Klima schaffen, in dem die Demokratie, in dem die Zukunft eine Chance hat.“[53]

Adornos Vortrag übte an mehreren pädagogischen Strategien als propagandistischen Kritik. „Hinweise etwa auf die großen Leistungen von Juden in der Vergangenheit“ ‚schmeckten‘ nicht nur „nach Propaganda“, sondern es gelte: „Lobreden auf die Juden, welche diese als Gruppe absondern, geben selber dem Antisemitismus allzu viel vor.“[54] Insbesondere auf die von den Gesellschaften seit 1957 propagierte Rezeptionsweise des

Tagebuchs von Anne Frank fiel ein kritisches Licht, wenn Adorno aus dem Bericht über eine Frau, die nach der Theateraufführung bemerkt hätte: „ja, aber das Mädchen hätte man doch wenigstens leben lassen sollen“, die Lehre zog: „der individuelle Fall, der aufklärend für das furchtbare Ganze einstehen soll, wurde gleichzeitig durch seine eigene Individuation zum Alibi des Ganzen, das jene Frau darüber vergaß“.[55]

Ein Hamburger Mitglied der Gruppe 47, der ehemalige NWDR-Intendant Ernst Schnabel, hatte 1958 die Rundfunkfassung geschrieben zu der von der Hamburger Gesellschaft erstmals 1957 in der Woche der Brüderlichkeit organisierten Pilgerfahrt nach Bergen-Belsen zu Anne Frank[56], die 1958 unter dem Motto „Blumen für Anne Frank“ stattfand[57]. Schnabels Feature über die *Spur eines Kindes*, die „von Deutschland nach Deutschland“ „führt“, endet mit dem Bericht des Erzählers über seine Suche nach „Zeugen“ in Belsen (39, die „Anne gekannt und ein Stück weit begleitet oder ähnliche Wege gehabt oder den ihren gekreuzt hatten“[58] sind bereits zu Wort gekommen):

> „Ich bin dann von Amsterdam nach Belsen gefahren und war mit einem Freund zusammen einen Tag in der Heide. Frühmorgens telefonierten wir mit einem Mann in Celle. Wir baten ihn, uns Leute zu nennen, die vielleicht noch etwas wüßten aus dieser Zeit, und der Mann gab uns Adressen, aber er sagte dazu: Zweck hat es nicht. Sie stoßen auf eine Mauer, und Sie werden sehen, daß niemand etwas weiß... Der Mann hat nicht recht behalten. Die Leute schweigen, und das Schweigen liegt wie eine Emaille-Schicht über der Gegend. Aber es ist leicht, diese Schicht zu durchbrechen, [...] und ich glaube jetzt, daß dieses Schweigen gebrochen werden muß [...]. Wir haben mit drei Menschen gesprochen an diesem Tag [...] – und nur einer von ihnen hat geschwiegen. Von dreien einer. [...] Und als wir uns am Abend von ihnen verabschiedeten, sagte mein Freund: Wir haben doch noch eine Chance. Denn zwei von dreien hatten gesprochen, und beim Abschied war ihnen anzusehen, daß sie froh waren, oder doch wenigstens wie befreit.“[59]

Schnabels Bericht erschien in einer Auflage von 75 000 Exemplaren als Originalausgabe in der Fischer Bücherei, in der seit 1955 die Taschenbuchausgabe von Anne Franks Tagebuch 430 000-mal verkauft worden war. Während von den 5 000 Exemplaren der Erstausgabe Lambert Schneiders 1950 nur 780 verkauft wurden, wurden vom Taschenbuch, als Schnabels Feature erschien, täglich 2 000 Exemplare gekauft.[60] Der Umschlag von Schnabels *Spur eines Kindes* trug folgenden Hinweis:

„Die Einnahmen aus diesem Buch fließen dem vom S. Fischer Verlag [...] und den deutschen Rundfunkanstalten gegründeten Anne-Frank-Stipendium zu, das jungen israelischen Studenten, jungen Wissenschaftlern und Künstlern Studienaufenthalte in Europa ermöglichen soll.“[61]

1959 hob Wolfgang Bächler, der aus Paris Richter über die Bekanntheit von Autoren der Gruppe 47 in Frankreich informierte, als einziges Buch das Schnabels hervor, denn seine „Anne Frank-Recherchen“ seien in Fortsetzungen im „Figaro-Litteraire erschienen“[62].

Kongress für kulturelle Freiheit

Seit 1952 gab es eine enge Zusammenarbeit zwischen den Gesellschaften CJZ und einer anderen, die offizielle mit der öffentlichen Sphäre der BRD verbindenden Organisation, dem Kongress für kulturelle Freiheit. Die ersten gemeinsamen Veranstaltungen standen in Westberlin unter dem Motto „Wider den Antisemitismus“ (1952). Die dort, wie schon auf dem Gründungskongress 1950, auftretenden Schriftsteller waren – und blieben in der Folgezeit überwiegend – christliche Innere Emigranten wie Rudolf Hagelstange und Stefan Andres.[63] In autobiographischen Rückblicken bundesrepublikanischer Autoren haben auf der einen Seite die Mitarbeiter des Kongresses dazu geneigt, dessen Finanzierung durch den CIA herunterzuspielen – wie Peter Härtling, der den *Monat* eine der „vier von der Ford Foundation (womöglich auf Anregung vom CIA) unterstützten Zeitschriften“ nennt[64] –, auf deren anderen Seite Mitglieder der Gruppe 47 eine Distanz zu dieser US-amerikanischen Kulturorganisation des Kalten Kriegs[65] behauptet, die in der Schärfe nicht existiert hat, wie sie z. B. Raddatz 1996 in der Polemik mit Klaus Harpprecht formulierte, der ihm dann einen angeblich für die Gruppe 47 typischen Anspruch auf „die moralische Äquidistanz zwischen Ost und West“[66] vorwarf. Aber es gab nicht nur Mitglieder der Gruppe 47, die zugleich Mitarbeiter des Kongresses für kulturelle Freiheit waren, wie z. B. Milo Dor, der Richter auf Paul Celan aufmerksam machte, „von dem Du einige Gedichte in unserem Jahrbuch lesen kannst“[67], darunter *Todesfuge*, sondern auch der Gruppenorganisator selbst verhandelte 1952 mit den Berliner Mitarbeitern des Kongresses Günther Birkenfeld und Hans Schwab-Felisch über die Gründung einer Republikanischen Liga[68], ließ 1955 die Berliner Tagung der Gruppe in einem Treffen mit der *Monat*-Redaktion enden[69] und insbesondere die Treffen des über die Gruppe hinausreichenden Grünwalder Kreises von den Kölner und Hamburger

Büros des Kongresses finanzieren und durchführen[70]. Der in Hamburg gezeigte Dokumentarfilm *Die Vergessenen* über deutsch-jüdische Emigranten in Paris eröffnete eine Spendenaktion, die 1,5 Mio. DM erbrachte[71] – sie entsprach einem Aufruf, den das Hamburger Gruppe 47-Mitglied Wolfgang Weyrauch 1951 an seine Kollegen gerichtet hatte.

> „Soweit es das jeweilige Einkommen zulasse, solle jeder Schriftsteller eine jüdische Waise oder einen Insassen eines jüdischen Altersheimes unterstützen. Außerdem sollte er einen Text schreiben, der die Verfolgung der Juden unter nationalsozialistischer Herrschaft behandle. [...] Wiedergutgemacht könne nichts werden, aber es sei nicht auszuschließen, daß den Juden, ‚die noch unter uns sind', geholfen würde."[72]

Walter Hasenclever, Mitarbeiter des Berliner Büros des Kongresses, nahm erstmals 1959 an einer Tagung der, wie er Richter schrieb, „überaus wichtige[n] Institution des literarischen Lebens"[73] teil, nachdem er schon 1958 Richters Unterschrift für eine „Aktion zugunsten der kürzlich verurteilten ungarischen Schriftsteller" gewonnen hatte, um „zu bekunden, dass es eine Solidarität der kulturell Schaffenden gibt, die vor der Gewalt nicht abdankt"[74]. Auf der „Ungarnfeier" des Kongresses in der FU waren mit Schnabel und Schnurre erstmals Gruppe 47-Autoren unter den immer noch zahlreichen Inneren Emigranten (nicht nur Hagelstange und Pechel, sondern auch Holthusen, Luft und Bamm[75]). Umgekehrt unterzeichnete der Kongress-Mitarbeiter auf der Gruppentagung von 1960 die „Erklärung" zum Manifest der 121 französischen Intellektuellen „‚über das Recht auf Gehorsamsverweigerung im algerischen Kriege'": „Wir halten es für unsere Pflicht, mit derselben Rückhaltlosigkeit wie unsere französischen Kollegen politisch Stellung zu nehmen, wann immer es uns nötig scheint."[76] In den folgenden Jahren, bis Hasenclever Programmdirektor des LCB wurde[77] und dessen Stipendiaten, „die Jüngeren [der Gruppe 47, Anm. d. Verf.] wie Peter Schneider, Born und Buch mitunter für den ‚Monat' schrieben",[78] erörterte Richter mit Hasenclever verschiedene „Projekte",[79] wobei es um die „Frage" ging: „Glauben Sie, daß der Kongreß für Freiheit der Kultur uns bei der Vorfinanzierung behilflich sein würde? Oder stehen wir für diesen Kongreß zu weit links?"[80]

Die Grundlage für die Zusammenarbeit des Kongresses mit den Gesellschaften CJZ fasst Joseph Foschepoth zusammen:

> „Antikommunismus und Anti-Antisemitismus, die öffentliche [...] Verdrängung des Antisemitismus sowie die Entdeckung der Juden gleichsam

> als einziger akzeptabler Opfergruppe waren [...] zwei Seiten [...] der Legitimierung neuer Staatlichkeit für den Nachfolgestaat des ‚Dritten Reichs'."[81]

Für das Spektrum der im *Monat* vertretbaren Positionen markierte die Formel Manès Sperbers die Grenzen: „In Wahrheit bleibt man verständnislos vor der jüdischen Katastrophe, wenn man sie [...] nicht auf den Totalitarismus [zurückführt], der überall antijudaistisch ist."[82] Ausgeschlossen war damit eine Position, die als einer der ersten der österreichische Remigrant Robert Neumann vortrug und die in den 1960er-Jahren von einer wachsenden Zahl von Autoren der Gruppe 47 vertreten wurde. Neumann berief sich in einer Broschüre der niedersächsischen Landeszentrale für Heimatdienst 1960 zur Kritik der antitotalitaristischen Auffassung der Judenvernichtung auf eine von Jürgen Neven du Mont publizierte Schulaufsatzsammlung, wo ein 15-Jähriger auf die Frage nach Hitler geantwortet hatte: „Hitler war einer aus der Ostzone, der die Juden in Westdeutschland umbringen wollte", um festzustellen: „kürzer kann man's nicht sagen [. . .], daß ein wesentlicher Teil des früheren Anti-Semitismus in den Anti-Kommunismus übergegangen" ist.[83] In seinem Beitrag zu Richters *Bestandsaufnahme* erklärte 1962 Schallück als erster Gruppe 47-Autor Antikommunismus zur Fortsetzung des Antisemitismus.[84] In den folgenden Jahren vertraten diese Ansicht so unterschiedliche Autoren wie Peter Weiss, der im Antikommunismus den Ersatz des Antisemitismus sah, als er für die Anerkennung der DDR als „Folgeerscheinung" von Auschwitz[85] plädierte, Martin Walser, dessen Essay *Unser Auschwitz* die „Umschulung" des nationalistischen „Feindbild[s]" von Juden auf Kommunisten betonte,[86] und Erich Fried:

> „Übrigens finde ich trotz der oft verblüffenden Parallelen zwischen den Mord- und Unterdrückungsapparaten der hitlerschen und stalinschen Tyrannis die beliebte Gleichsetzung von Kommunismus und Nationalsozialismus flachköpfig und besonders für Deutsche höchst ungehörig."[87]

Sowohl die Gesellschaften als auch der Kongress griffen einen, genau genommen: den ersten Protest auf, den die Gruppe 47 öffentlich äußerte. Aber die Weise, in der sie mit ihm umgingen, war die Abgrenzung von einem bestimmten Verständnis der Bedeutung der Vergangenheit für die Gegenwart. Der erste Protest der Gruppe 47 richtete sich 1956 gegen die diplomatische Intervention des Bundesaußenministeriums, die eine Aufführung von Alain Resnais' Auschwitz-Film *Nacht und Nebel* im Wettbewerb von Cannes verhindert hatte: „[...] wir müssen unsere Regierung darauf aufmerksam machen, daß sie sich in den Augen der Welt den Anschein gibt, mitschuldig zu sein, wenn sie über die KZ's das Vergessen zu breiten versucht."[88] Der *Monat* hielt sich in der Debatte um das Verbot auffällig zurück; der einzige Hinweis auf das Problem der Erinnerung an die faschistischen Verbrechen im ganzen Jahrgang 1956 besteht in einem Satz: „Nach dem ‚Tagebuch der Anne Frank' und andern Buch- und Theatererfolgen der letzten Zeit scheint sich in der Tat ein Verlangen nach einer Auseinandersetzung mit dem, was war, anzukündigen."[89] Beitragen zu dieser ‚Auseinandersetzung' wollte die Zeitschrift zwar offensichtlich nicht, aber das Berliner Büro des Kongresses organisierte eine „Sondervorstellung"[90] am Rande der Berlinale, die demonstrierte, dass es in der bundesrepublikanischen Politik Kräfte gab, die die Intervention der BRD-Botschaft in Cannes nicht als die Position des offiziellen ‚Deutschlands' stehen lassen wollten. Für die außenpolitische Funktion des Erinnerns genügte es, wenn „zahlreichen ausländischen Gästen gezeigt" wurde, dass „zahlreiche [...] Vertreter [...] des politischen und kulturellen Lebens"[91] Westberlins sich Resnais' Film ansahen; zugleich wurde eine andere Weise, der Erinnerung an Auschwitz eine aktuelle Funktion zu geben, abgewehrt. Sowohl Sprecher der Gesellschaft wie der Präsident des Evangelischen Kirchentags Richard von Weizsäcker als auch des Kongresses wie der Leiter des Kölner Büros Franz Wördemann brachten sie auf den Begriff ‚nachgeholter Widerstand'. Wördemann lud Richter zu einem europäischen „Gespräch" „über die Pflicht zum Widerstand" ein,[92] indem er Fragen vorgab, die zunehmend an Dringlichkeit gewannen: von „Gab es wirklich eine Pflicht zum Widerstand gegen den Nazismus?" über „War der Kampf der Resistance-Bewegung gegen die deutsche Besetzung immer gerechtfertigt?" und „Ist es an uns, die Deutschen in der Sowjetzone zum Widerstand gegen das Ulbricht-Regime aufzufordern?" ging es zu der einzigen, von der es hieß: „Hier werden die Meinungen hart aufeinanderprallen." Sie lautete: „Gibt es ein Recht oder gar eine Pflicht zum Widerstand gegen den ‚Bonner Staat', das ‚Regime Adenauer' oder die atomare Bewaffnung des Westens?" Diese Frage war jedoch die einzige, zu der die Einladung die Antwort bereits vorwegnahm, wenn auch als rhetorische Frage verkleidet: „Handelt es sich dabei nicht einfach um einen billig zu kompensierenden Nachholbedarf?" Schärfer formulierte später Weizsäcker zur Woche der Brüderlichkeit: „Es ist ein gefährlicher Irrtum zu glauben, heute lasse sich im Widerstand gegen die Organe unseres Staates zeigen, was im Widerstand gegen die Machthaber des Dritten Reiches unterblieb."[93]

Ein 1956 vom SPD-Politiker Ulrich Lohmar bei Richter eingeführter angehender Autor, das damalige SDS-Vorstandsmitglied Gerhard Schoenberner,[94] kritisierte die Kölner Tagung des Grünwalder Kreises in der *Neuen Gesellschaft*:

> „[...] bedeutet Richters These ‚Den Demokratisierungsprozeß vorantreiben' nicht mehr? [...] Damit wird sich der ‚Grünwalder Kreis' vor der Frage sehen, ob er sich beschränken lassen soll auf die Don Quichotterie eines Kampfes gegen Symptome, die man mißbilligt, oder ob man – der besseren Einsicht folgend – von der Kritik isolierter politischer Phänomene zu der Kritik der ihnen gemeinsamen Basis kommt und sich entschließt, die Ursachen der Folgen zu bekämpfen."[95]

1960 veröffentlichte Schoenberner das erste bundesrepublikanische Buch, das den Mord an den europäischen Juden ins Zentrum des öffentlichen Gedächtnisses zu stellen bemüht war: *Der gelbe Stern. Die Judenverfolgung in Europa 1933 bis 1945*. Schoenberners Einleitung schloss mit einer vorsichtigen, aber deutlichen Kritik am offiziellen Gedächtnis der Bundesrepublik:

> „Die geschwiegen haben, als zum Sprechen Zeit war, reden laut von Versöhnung. Selbst Wohlmeinende sprechen allenfalls von Scham. [...] Nachträgliche moralische Verdammung und menschliches Bedauern genügen nicht. Es geht darum, die historischen Fakten zur Kenntnis zu nehmen, die gesellschaftlichen Ursachen zu begreifen, die sie möglich machten, und der eigenen Verantwortung für das, was um uns herum geschieht, bewußt zu werden. Wir entrinnen unserer Vergangenheit nicht, indem wir sie aus dem Gedächtnis verdrängen. Nur wenn wir uns mit ihr auseinandersetzen und die Lehren jener Jahre verstehen, können wir uns von der Erbschaft der Hitlerbarbarei befreien. Politik ist kein unabwendbares Schicksal. Sie wird von Menschen gemacht und kann von Menschen verändert werden."[96]

Schoenberners Absicht, mit Fakten zu konfrontieren, nach gesellschaftlichen Ursachen zu fragen und an Verantwortung in der heutigen Gesellschaft zu appellieren, wurde von Mitgliedern der Gruppe 47 ausdrücklich aufgenommen.

Zu ihnen zählte auch Richter, der ein 1961 vom NDR, BR und SWF[97] gesendetes Feature schrieb: *Der Gelbe Stern in Polen. Die Zerstörung des Warschauer Ghettos – nach neuen Büchern dargestellt*[98]. Sein Text verweist mehrfach nicht nur auf Schoenberners Buch als Grundlage für die „in dieser Sendung zitierten Dokumente“,[99] sondern auch auf die „[z]ur gleichen Zeit und gleichsam als Ergänzung“ von Andrzej Wirth herausgegebene Ausgabe des so genannten Stroop-Berichts *Es gibt keinen jüdischen Wohnbezirk in Warschau mehr*[100]. Günter Grass vermittelte dem seit 1958[101] an den Tagungen der Gruppe 47 als „angagierter [sic] Beobachter“[102] teilnehmenden polnischen Kritiker seinen Luchterhand-Verlag[103].

Mit Schoenberner allerdings kam es zu einer Meinungsverschiedenheit über den Schluss des Features, an den Richter ein Zitat aus dem gleichfalls 1960 auf deutsch erschienenen Roman von André Schwarz-Bart *Der Letzte der Gerechten* gesetzt hatte – durch ein „aber“ kontrastiert mit einem Zitat aus Schoenberners Buch:

> „Gerhard Schoenberner stellt seinem Buch das Wort des deutschen Dichters Klabund voran: ‚Deutschland, du sollst die Ermordeten nicht und nicht die Mörder vergessen‘. Der jüdische Schriftsteller André Schwarz-Bart aber [...] schließt seinen Roman [...] über das Schicksal der Juden in unserer Zeit, mit den Sätzen: ‚[...] Als Bach zuerst und schließlich als unaufhaltsamer, majestätischer Strom [...] brandete die alte Lieblingsdichtung, die sie mit blutigen Buchstaben auf die harte Rinde der Erde schrieben, durch die Gaskammer, erfüllte sie und siegte über ihr dunkles, abgründiges Hohnesgrinsen: *[...] Höre Israel, der Ewige ist unser Gott, der Ewige ist einzig. O Herr, [...] in deiner Gnade läßt du die Toten wieder auferstehen.*‘“[104]

Schoenberner, den, wie er der Herausgeberin des Briefwechsels 1996 mitteilte, die „ästhetisierende Verklärung“ „empörte“,[105] empfahl Richter eine von Eric H. Boehm 1949 in den USA herausgegebene Sammlung von Überlebensberichten, aus der er einen in sein *Wir haben es gesehen* aufgenommen hatte:

> „We survived“ sei „deshalb so wirksam, weil da nicht von fernen Lagern die Rede ist, deren Namen dem Leser in Deutschland nur ein schreckliches Gerücht sind, sondern weil unsere Welt, vor allem die Stadt Berlin, Ort der Handlung ist, freilich ein anderes Berlin, gesehen mit den Augen der Menschen ohne Pass und Wohnung, der Verfolgten und der illegalen Kämpfer.“[106]

Was Schoenberner nicht wissen konnte, war die aus den im Nachlass befindlichen drei Fassungen des Features hervorgehende Tatsache, dass

Richter nicht nur den Schluss, sondern auch den Anfang geändert hatte: Die erste Fassung *Der Stroop-Bericht. Eine Dokumentarsendung über die Vernichtung des Warschauer Ghettos* beginnt mit einem Zitat aus dem *Kommentar zur deutschen Rassegesetzgebung* des „heutige[n] Staatssekretär"[107] Hans Globke, um zu fragen, „Wie sahen die Folgen"[108] aus:

> „Die nationalsozialistische Staatsführung hat den unerschütterlichen Glauben, im Sinne des allmächtigen Schöpfers zu handeln, wenn sie den Versuch macht, die ewigen, ehernen Gesetze des Lebens und der Natur, die das Einzelschicksal wie das [sic] Gesamtheit beherrschen und bestimmen, in der staatlich-völkischen Ordnung zum Ausdruck zu bringen, soweit dies mit den unvollkommenen, Menschen zu Gebote stehenden Mitteln möglich ist."[109]

In der zweiten Fassung *Aufstand oder Aussiedlung? Ein Bericht über die Zerstörung des Warschauer Ghettos*[110] wurde das Globke-Zitat durch eines von Thomas Mann ersetzt, das Schoenberner als Motto benutzte: „Aber eins tut not für den Anbeginn [...] die volle und rückhaltlose Kenntnisnahme entsetzlicher Verbrechen. [...] Entsetzen, Scham und Reue ist das Erste, was not tut."[111] Auch in der zweiten Fassung stand wie in der ersten das Klabund-Zitat am Schluss, erst in der dritten wurde das Zitat aus *Der Letzte der Gerechten* hieran angefügt und die Klabunds Entgegensetzung von Märtyrern und Tätern entsprechende Zusammenfassung getilgt, die den Stroop-Bericht „wie ein Familienalbum" aufgebaut genannt hatte[112].

Gabriele Wohmann empfahl die Lektüre der Dokumentationen Schoenberners und des Stroop-Berichts,[113] als in den *Frankfurten Heften* über den autobiographischen Text der ehemaligen BdM-Pressereferentin in der „Reichsjugendführung" der NSDAP, Melitta Maschmanns *Fazit. Kein Rechtfertigungsversuch*, gestritten wurde. Die Überlebende Lotte Paepcke, deren 1952 veröffentlichter Erlebnisbericht mit der Absage an die Rückkehr geendet hatte: „Es gab kein Zurück. [...] Es wurde nichts wieder gut",[114] kam im Falle Maschmanns zu dem Ergebnis:

> „Wenn das Wort von der Bewältigung einen Sinn haben soll, so ist es hier anzuwenden. Denn zu bewältigen haben wir nicht nur ein Etwas, das in der Vergangenheit getan wurde oder geschah; zu bewältigen haben wir einander: der eine den andern, so wie er war und heute ist."[115]

Wohmann widersprach: „Melitta Maschmann [kann] schon aufgrund ihrer Mentalität den Nationalsozialismus zu keiner Zeit – auch heute nicht –

als das sehen [...], was er wirklich war."[116] Wo Paepcke eine ‚Lösung' „von der Vergangenheit"[117] im Zeichen einer „heilige[n] Nüchternheit"[118] wahrnahm, erblickte Wohmann Kontinuität, einen „Mentalitäts-Nazi", dessen Distanzierung sich auf den „so bequeme[n] Vergleich des Nationalsozialismus mit dem Kommunismus"[119] beschränke.

Wolfdietrich Schnurre empfahl Schoenberners Dokumentation, indem er an die Leser der Bundesrepublik appellierte: „Glauben Sie nur der Realität. Es gibt Dokumente."[120] Erinnerung bestimmte er als die wichtigste Funktion der Literatur, einer Literatur, die auf Dokumente angewiesen sei, ihnen aber einerseits „Sinn für Zusammenhänge",[121] anderseits die Möglichkeit des „Nachvollzug[s]"[122] hinzufüge und so auf die „Fähigkeit, Trauer empfinden zu können"[123] ziele. In einem Vortrag auf einer Veranstaltung zum Jahrestag des 30. Januar in der Jüdischen Gemeinde Westberlins, unterstützt vom Kongress, der Gesellschaft CJZ wie dem BVN, räumte Schnurre ein, „daß es mit jener lediglich gutgemeinten, aber Jahrzehnte zu spät einsetzenden, und eben daher oft so bestürzend herzlichen Form des Philosemitismus allein auch nicht getan ist": „Was nützt eine Woche der Brüderlichkeit, wenn Jahre der Unmenschlichkeit zwischen uns liegen?"[124] Aber sein Vortrag mündete in die „Forderung", die „unfaßbaren Felder [...] von Toten [...z]urückzuverwandeln in Menschen":

> „Millionen Tote – das begreifen wir nicht; aber drei kann man sehen. Und so sähen wir jetzt: Dieses zertrümmerte Schädelgebäude, es trug einst ein Jünglingsgesicht. Diese krampfige Hand, sie hat einmal entspannt auf dem Talmudfolianten gelegen. Dieser klaffende Mund, er hat einst Davids Lieder gesungen. *Das* etwa hieße, sich mit unserer jüngsten Vergangenheit auseinanderzusetzen [...]. Ich bekenne mich zu den Opfern, deren Schicksal sich an jenem 30. Januar im fressenden Feuer der Fackeln unwiderruflich entschied."[125]

Evangelische Akademien

Außer den Gesellschaften CJZ und dem Kongress spielte für Autoren der Gruppe 47 noch eine dritte Organisation eine Rolle, die Akademien der Kirchen, und zwar insbesondere die Evangelische Akademie der noch nicht geteilten Kirche Berlin-Brandenburgs. Deren Leiter, Erich Müller-Gangloff, schrieb Richter eine Einladung, die, wie er ausdrücklich betont, „auf die Initiative der Osthälfte unserer Evangelischen Akademie zurückgeht":

> „Wir sind ja, was Ihnen möglicherweise etwas schwer vorstellbar erscheint, eine gleichzeitig in beiden Stadthälften tätige Institution, obwohl unsere Verbindungen seit dem 13. August etwas im argen liegen. Uns wurde nun von unserer Geschäftsstelle im Osten der Wunsch vermittelt, zu einer Schriftstellertagung mit dem Arbeitstitel ‚Schuld vor der Geschichte' [...] einen Referenten zu beschaffen, der mit einiger Vollmacht über die jüngste Vergangenheit in der Literatur sprechen kann. Wir würden uns nun sehr freuen, wenn Sie zu dieser Hilfe bereit wären, mit der ja ein Stück Brückenbau an einer der wenigen Stellen geschieht, wo das heute noch möglich ist."[126]

Statt Richters kam das Gruppenmitglied Franz Schonauer, um in Berlin-Weißensee unter dem Titel *Im Gericht der Dichtung* zu referieren. In Richters *Bestandsaufnahme* hatte Schonauer im selben Jahr eine Attacke auf „Literaturkritik und Restauration" geführt, die auf seinem Buch *Deutsche Literatur im Dritten Reich* aufbaute, aus dem Günter Grass und Wolfdietrich Schnurre den Kernsatz ihres Offenen Briefs an die Schriftsteller der DDR zum Mauerbau gelernt hatten, dass es keine Innere Emigration gegeben hätte. Schonauer stellte 1962 fest, dass „von moderner deutscher Literatur nur gesprochen werden [könne], sofern sie im Exil, in der Emigration entstand"[127]. Den Maßstab zur Kritik von Provinzialität, Innerlichkeit und Autoritarismus entnahm er demonstrativ dem Aufsatz eines DDR-Germanisten, der seit 1959 zur Gruppe gehörte, Hans Mayers programmatischem Einleitungsaufsatz zu seinem ersten bundesrepublikanischen Buch *Von Lessing bis Thomas Mann – Innenwelt und Außenwelt*. Hieraus bezog Schonauer sowohl sein historisches Urteil über den „introvertierten Charakter unserer Literatur", „die es [...] sorgfältig vermied, die jeweiligen Verhältnisse zum Gegenstand ihrer Darstellung zu machen", als auch seine Diagnose des Mangels an echter Literaturkritik: „die Ursache selbst liegt in der [...] fehlenden gesellschaftlichen, didaktischen Funktion".[128] Schonauers Korreferent war in Weißensee der gerade mit dem Preis der Gruppe 47 ausgezeichnete DDR-Schriftsteller Johannes Bobrowski; er bezog sich auf bundesrepublikanische Autoren, von denen Werke in der DDR verlegt worden waren:

> „Die Beschäftigung der Literatur mit dem Antisemitismus hat diesen nicht überwunden. Er ist da. Auch bei Lesern von Goes und Rinser. [...] Ich bin dafür, daß alles immer neu genannt wird, was man so ganz üblich als ‚unbewältigt' bezeichnet, aber ich denke nicht, daß es damit ‚bewältigt' ist. Es muß getan werden, nur auf Hoffnung."[129]

In der Evangelischen Kirche Berlin-Brandenburgs wurde das Schlüsselwort Schuld – wie die Entstehungsgeschichte von Aktion Sühnezeichen belegt – nicht nur mit Sühne und Versöhnung verbunden, sondern als das, was die geteilte Nation verband, aufgefasst: Der Präses und damalige Ratsvorsitzende der EKiD Kurt Scharf formulierte im Jahr der Weißenseer Tagung die Bedeutung des Mords an den europäischen Juden für die Einheit der deutschen Nation: „Wir gehören in die Solidarität, in die Einheit des Volkes, das dieses Ungeheuerliche verbrach. Wir gehören unter seine metaphysische einmalige Schuld."[130]

Der Redner bei der Gedenkveranstaltung der CJZ am 9. November 1958 in Frankfurt am Main,[131] der Theologe Hans-Joachim Iwand, begründete 1959 in seinem Referat auf der Tagung der Friedrich-Ebert-Stiftung über „Die Reichskristallnacht", inwiefern die Literatur der Geschichtswissenschaft überlegen sei: Der Leser von literarischen Werken werde „von dem Geschehen [...] so erfaßt, daß neue Realitäten einbrechen und neue Maßstäbe der Bewältigung sichtbar werden"[132]. Gerade weil sein Ausgangspunkt war, dass der „Kampf gegen das Judentum als innerste Devise des Nazitums"[133] begriffen werden müsse, reichten Berichte, wie der von der Bundeszentrale publizierte sogenannte Gerstein-Bericht,[134] Dokumentationen wie die Hofers mit Quellen aus dem Internationalen Militärtribunals[135] oder selbst Gerald Reitlingers bedeutende Darstellung[136] nicht an die Wirkung von literarischen Werken heran, weil die „Sprache der Schuld" „in der Innerlichkeit unseres Selbst angenommen" werden müsse, während Juristisches und Statistisches „öffentliches Gerede" bleiben könnten.[137] Für die spezifisch literarische Behandlung von „Einzelschicksale[n]" nannte Iwand nicht nur Anne Frank[138] und H. G. Adler, sondern außer Goes und Stefan Andres[139] vor allem Alfred Anderschs *Sansibar oder der letzte Grund*, den 1957 erschienenen Roman des Gruppe 47-Mitgründers.

Eine exemplarische Kontroverse

1964 fand im *Kölner Stadt-Anzeiger* zwischen einem Mitglied und einem aus der Gruppe 47 öffentlich ausgetretenen Schriftsteller eine Kontroverse statt, in der es um den Begriff des Philosemitismus ging.[140] Schallück bestimmte Philosemitismus folgendermaßen:

> „Philosemitismus, Judenfreundschaft nämlich, Freundschaft mit einzelnen Juden und freundschaftliche Haltung gegenüber dem jüdischen

Volk, sollte nach dem, was zwischen 1933 und 1945 Juden von Deutschen erlitten haben, in unserm Lande die normale geistig-moralische Haltung sein. Daß Nachkommen oder Landsleute von Henkern mit Überlebenden einiger Millionen toter Juden Freundschaft wünschen, halte ich für das Bestreben denkender und empfindender Menschen – außerdem für einen menschlichen Weg, die Wirkung der Verbrechen zu mildern. Freundschaft ist ein Verhältnis zwischen Menschen, das auf gegenseitige Neigung, Achtung, Treue und gegenseitiges Vertrauen gegründet ist."[141]

Rolf Schroers hingegen hatte in einer vom *Kölner Stadt-Anzeiger* gedruckten Reisebeschreibung über nach Bolivien emigrierte Berliner Juden geschrieben:

> „Ich verstehe, daß sie nicht nach Deutschland zurückkehren, in die Stickluft philosemitischer Befangenheit, die ihre Opfer braucht. Erst wurden die Juden mit mörderischem Haß, jetzt werden sie mit mörderischer Pietät verfolgt."[142]

Schallück wandte sich gegen die „absurd[e]" Gleichsetzung und „Verdrehung" durch das Adjektiv „mörderisch", um auf den „tatsächlichen" Grund zu verweisen, der

> „Emigranten daran hindert, nach Deutschland zurückzukehren, [...] die immer noch existenten Antisemiten, die unbefangen fortsetzen, was erst ‚zum mörderischen Haß', dann zum Mord an einigen Millionen Menschen geführt hat".[143]

Er bekannte sich – unter Ausweitung auf die deutsch-französische Freundschaft – zur Befangenheit: „Ich könnte in diesem Lande nicht leben, gäbe es die freundschaftliche Befangenheit gegenüber Franzosen und Juden nicht. Ich habe Angst vor den Unbefangenen und Forschen – in beiden Fällen."[144] Schroers antwortete: „Ich sage nicht, daß wir schon forsch und unbefangen werden könnten",[145] aber „[u]nsere [...] Befangenheit schafft [...] ein Konzentrationslager aus Pietät, einen Freibrief, mit dem unsere schlechten Gewissen die Juden Deutschlands in die Gespenstigkeit eines abnormen Lebens verweisen."[146]

In seiner abschließenden Stellungnahme berief sich Schallück auf die zeitgleich mit Schroers' Reisebeschreibung im *Monat* erschienene Reportage Horst Krügers vom Frankfurter Auschwitz-Prozess, um Schroers'

Begriff des Abnormen zurückzuweisen – mit der Passage über ‚Papa Kaduk', in der Krüger begreift, „warum [...] Juden [...] in diese zweite Deutsche Republik [...] nicht zurückkommen [...] wer nur Tote in diesem Lande zu betrauern hat, darf er nicht, muß er nicht diese private Todesangst vor uns Deutschen haben?"[147]

Krügers *Im Labyrinth der Schuld* wurde unter der Überschrift *In einer deutschen Angelegenheit* von Marcel Reich-Ranicki den Lesern der *Zeit* empfohlen und der Text zu einem Muster engagierter Literatur erklärt. Reich-Ranicki setzte bei Lesern der *Zeit* Widerstand voraus, wie er einen solchen bei den Schriftstellern aus der Tatsache folgerte, „daß sich über diesen Prozeß [...] kein einziger prominenter deutscher Schriftsteller auch nur mit einem einzigen Wort geäußert hat"[148]. Indem er Krügers „Prosastück" „eines der besten" nannte, „die ich dieses Jahr in einer deutschen Zeitschrift gefunden habe",[149] weil es von Auschwitz handele „mit Blick auf das, was heute ist und was morgen sein kann"[150]: „Wie ließe sich Auschwitz in zwei Worte zusammenfassen? Doch wohl nur: deutscher Mord",[151] stellte er der Gegenwartsliteratur eine Aufgabe, eine „Verpflichtung"[152]: „Was fühlen oder denken eigentlich diejenigen, die damals kleine Kinder waren, wenn erzählt wird, wie ihre Eltern drei Millionen Menschen in Auschwitz ermordet haben?"[153]

Ein Jahr nach der Kontroverse mit Schallück veröffentlichte Schroers seine Kritik der Gruppe 47 im *Merkur*. Unter den Adjektiven für „Assoziationen", die sich mit dem Gruppennamen im Laufe der Zeit verbunden hätten, war auch – nach nonkonformistisch und vor engagiert: „philosemitisch"[154]. Schroers' Hauptpunkt, dass „hinter dem Plakat ‚Gruppe 47' die literarischen Kontroversen und Unterschiede der deutschen Nachkriegsliteratur"[155] verschwunden seien, zielte auf den diesem Adjektiv entsprechenden Vorwurf eines „Antifaschismus *post festum*"[156]. Er belegte diese Einschätzung bezeichnenderweise wie folgt: „Es gehört zur einschlägigen Diktion, wenn Marcel Reich-Ranicki in der ‚Zeit' die deutschen Schriftsteller auffordert, den Auschwitz-Prozeß als Lektion zu absolvieren."[157]

Bitte Zwischenüberschrift einfügen

Die letzte Resolution der Gruppe 47, der Aufruf *Solidarität mit Israel* zum Sechstagekrieg, war die erste, die ausdrücklich im Namen der Gruppe aufrief. Während alle früheren Proteste, Erklärungen, Aufrufe und Offene Briefe den Bezug auf die Gruppe als Gruppe vermieden, um stattdessen als ein Wir von Unterzeichneten,[158] Persönlichkeiten,[159] Kollegen,[160] Dichtern und Schriftstellern,[161] deutschen Schriftstellern[162] zu sprechen, hieß es in dem *Aufruf der Gruppe 47* überschriebenen Text:

> „Die Gruppe 47 ruft alle deutschen Schriftsteller zur Unterstützung Israels auf. Sie schlägt vor: 1. sich zum freiwilligen Hilfsdienst nach Israel zu melden. 2. jede moralische Unterstützung zu geben, die durch Versammlungen, Demonstrationen, Proteste möglich ist, und damit die öffentliche Meinung für das bedrängte Israel zu mobilisieren. 3. den Aufruf von Dr. Adolf Arndt vom 30. Mai für finanzielle Hilfe für Israel voll zu unterstützen. Kein Deutscher kann die beabsichtigte Vernichtung des Staates Israel zulassen. Es ist unsere moralische Pflicht zu helfen."

Vollständig wurde der Wortlaut nur im *Kölner Stadt-Anzeiger* (13.6.1967), dessen Feuilletonchef der Vorsitzende der CJZ Wilhelm Unger war, gedruckt. Relativ ausführlich wurde aus dem Aufruf in sozialdemokratischen Tageszeitungen zitiert, nicht nur die Unterstützung des Aufrufs von Adolf Arndt; der Westberliner *Telegraf* (7.6.1967) setzte als Überschrift: *Grass nach Israel* und schloss die Information ein, dass sich bereits über Hundert Jugendliche aufgrund des Aufrufs bei der Jüdischen Gemeinde gemeldet hätten. Auf den Aufruf zu „Zivilhilfsdienst" in Israel beschränkte sich das Referat in der *FAZ* (8.6.1967, 13.6.1967).

Das Fehlen des Dokuments in dem für die Geschichtsschreibung der Gruppe 47 maßgeblichen Handbuch Reinhard Lettaus liefert keine Rechtfertigung für das Verschweigen dieser letzten politischen Stellungnahme in kritisch gemeinten Darstellungen; denn schon der bei Lettau abgedruckte *Israel-Aufruf* vom 30. Mai 1967, der nur im Namen der „unterzeichneten Schriftsteller der Gruppe 47" formuliert ist, ist mit den Unterschriften folgender (im Laufe dieses Vortrags zitierter) Autoren durchaus repräsentativ: Aichinger, Andersch, Dor, Grass, Reich-Ranicki, Richter, Schallück, Schnabel, Schnurre, Weyrauch. Der Kernsatz heißt:

> „[...] sie sehen in der immer wieder verkündeten Absicht, den Staat Israel zu vernichten, die gleiche Politik des Ausradierens, die Hitler betrieb. Sie appellieren an die Regierung der DDR, jede Unterstützung der arabischen Absicht aufzugeben, und fordern die Bundesregierung, die Parteien, die Gewerkschaften, alle Organisationen und jeden Bürger auf, das bedrängte Israel in jeder uns möglichen Form zu unterstützen. Eine solche Unterstützung ist die moralische Pflicht aller Deutschen."[163]

Rezipiert wurde dieser *Israel-Aufruf* öffentlich vor allem im Hinblick auf die Nicht-Unterzeichner – schon damals ließ sich ein „Abschied" von der Gruppe 47 als der Vertretung der „Nachkriegsgeneration" im Namen einer „nachrückenden Generation" verkünden, denn Hans Magnus Enzensbergers und Peter Weiss' „Verstummen" wurde als „konsequentes Versagen durch übersteigerte Ideologisierung der Literatur" gedeutet, als „[k] ommunistisch-konform": „Es gibt keine noch so dialektisch feinsinnige Verbindung zwischen der pro-semitischen ‚Ermittlung'-Aufführung in Ostberlin und der anti-semitischen Israel-Politik der DDR." [164] Enzensbergers und Weiss' Nichtunterzeichnung des Aufrufs, ihr

> „Schweigen ist das größte moralische Verbrechen der gegen das moralische Verbrechen im Dritten Reich angetretenenen Nachkriegsgeneration. Diese Generation ist, was ihre bisher beachteten Protagonisten Enzensberger und Weiss betrifft, im Versagen vor der Verantwortung bereits abgetreten."[165]

Anmerkungen

1 Magenau, Jörg: Nicht ohne Lesegruppe, in: *tageszeitung*, 9. 5. 2007.
2 Stern, Frank: Im Anfang war Auschwitz. Antisemitismus und Philosemitismus im deutschen Nachkrieg, Gerlingen 1991, S. 351.
3 Ebd., S. 349f.
4 Briegleb, Klaus: Mißachtung und Tabu. Eine Streitschrift zur Frage: „Wie antisemitisch war die Gruppe 47?", Berlin/Wien 2003, S. 86.
5 V., H.: Rückblick auf die „Woche der Brüderlichkeit", in: *Göttinger Tageblatt*, 22. 3. 1952.
6 Die junge Literatur bekennt Farbe, in: *Die Südpost*, München, 12. 3. 1952.
7 Ferber, Christian: Echte und falsche Toleranz. Autoren-Matinee zur „Woche der Brüderlichkeit", in: *Die Neue Zeitung*, Frankfurt a. M., 11. 3. 1952.
8 Die junge Literatur, [wie Anm. 6].
9 Ferber: Echte und falsche Toleranz, [wie Anm. 7].
10 Ebd.
11 Foschepoth, Josef: Im Schatten der Vergangenheit. Die Anfänge der Gesellschaft für Christlich-Jüdische Zusammenarbeit, Göttingen 1993, S. 141.
12 V., H.: Rückblick, [wie Anm. 5].
13 Landrè, Berta: Brüderlichkeit und guter Wille, in: *Welt der Arbeit*, 12. 3. 1952.
14 Sander, Gabriele: „Verantwortlich sein für eine weitere deutsche Geschichte". Heinrich Bölls politisches Engagement der fünfziger und sechziger Jahre in chronikalischer Darstellung, in: *Wirkendes Wort* 47 (1997), S. 360, 369.
15 Gödden, Walter/Grywatsch, Jochen (Hg.): „Wenn man aufhören könnte zu lügen": Der Schriftsteller Paul Schallück (1922–1967), Bielefeld 2002, S. 315.
16 Gesellschaft für christlich-jüdische Zusammenarbeit in Berlin (Hg.): Toleranz und Brüderlichkeit. 30 Jahre Gesellschaft für christlich-jüdische Zusammenarbeit in Berlin, Berlin 1979, S. 11.

17 Vgl. Foschepoth: Im Schatten der Vergangenheit, [wie Anm. 11], S. 294ff.
18 Sander: „Verantwortlich sein für eine weitere deutsche Geschichte“, [wie Anm. 14], S. 371.
19 Eckert, Willehad Paul: Christen – Juden – Deutsche. Zum Dialog in Köln 1958–1978, in: Ginzel, Günther B./Güntner, Sonja (Hg.): „Zuhause in Köln...“ Jüdisches Leben 1945 bis heute, Köln u. a. 1998, S. 182f.
20 Ebd., S. 194.
21 Sander: „Verantwortlich sein für eine weitere deutsche Geschichte“, [wie Anm. 14], S. 374.
22 Gödden/Grywatsch: „Wenn man aufhören könnte zu lügen“, [wie Anm. 15], S. 332.
23 Ebd., S. 331.
24 Ebd., S. 332.
25 Vgl. ebd., S. 334 seinen Brief an alle Vorstandsmitglieder vom 20. 9. 1962 und die Darstellung der umstrittenen Geschäftsführerin Bohnke-Kollwitz, die auf die Beratung Joseph Melzers verweist, der jedoch von der Bibliothek schweigt in der „Vorbemerkung“ zu seiner Bibliographie. Bohnke-Kollwitz, Jutta: Die Kölner Bibliothek zur Geschichte des deutschen Judentums GERMANIA JUDAICA e. V. T.1: Die Anfänge, in: Ginzel/Güntner: „Zuhause in Köln...“, [wie Anm. 19], S. 162; Melzer, Joseph: Deutsch-jüdisches Schicksal in dieser Zeit. Wegweiser durch das Schrifttum der letzten 15 Jahre, Köln 1960, S. 7f.
26 Brief an Oberbürgermeister Theo Burauen vom 31. 12. 1962, Gödden/Grywatsch: „Wenn man aufhören könnte zu lügen“, [wie Anm. 15], S. 337.
27 Geduldet oder gleichberechtigt, Germania Judaica. Kölner Bibliothek zur Geschichte des deutschen Judentums, [Schriftenreihe 2], Köln 1960, S. 44.
28 Ebd., S. 33.
29 Ebd., S. 32; vgl. aber Bölls Verwendung der Arzt-Metapher im ersten Heft der Schriftenreihe: Zwischen Golgatha und Auschwitz, Germania Judaica. Kölner Bibliothek zur Geschichte des deutschen Judentums, [Schriftenreihe 1], Köln 1959, S. 40.
30 Geduldet oder gleichberechtigt, [wie Anm. 27], S. 35.
31 Ebd., S. 41.
32 Ebd., S. 47.
33 Unger, Wilhelm: „Wofür ist das ein Zeichen?“ Auswahl aus den veröffentlichten und unveröffentlichten Werken des Kritikers und Autors. Mit einem Vorwort von Alfred Neven DuMont, hg. v. Meret Meyer, Köln 1984, S. 288–291.
34 Geduldet oder gleichberechtigt, [wie Anm. 27], S. 44.
35 Koch, Thilo (Hg.): Porträts zur deutsch-jüdischen Geistesgeschichte, Köln 1997, S. 25.
36 Ebd., S. 22.
37 Ebd., S. 20.
38 Ebd., S. 25.
39 Ebd., S. 46.
40 Ebd., S. 64f.
41 Ebd., S. 206; vgl. dieselbe Ambivalenz im Schlussabsatz: „Tempi passati... heute sind die Juden nicht mehr da: tot, vergast, verbrannt und erwürgt. Das ist der wichtigste Grund und elementarste Grund, warum es unsere Literatur so schwer hat: Ein einfacher, ein unsagbar trauriger Grund.“ Ebd., S. 211.
42 Eckert: Christen – Juden – Deutsche, [wie Anm. 19], S. 191.
43 Gödden/Grywatsch: „Wenn man aufhören könnte zu lügen“, [wie Anm. 15], S. 341.
44 Ebd., S. 342.
45 Ebd., S. 343.
46 Ebd., S. 346.

47 Deutscher Koordinierungsrat der Gesellschaften für Christlich-Jüdische Zusammenarbeit (Hg.): Was bedeutet: Aufarbeitung der Vergangenheit? Bericht über die Erzieherkonferenz am 6. und 7. November 1959 in Wiesbaden, Frankfurt a. M. o. J., S. 39.
48 Albrecht, Clemens u. a.: Die intellektuelle Gründung der Bundesrepublik. Eine Wirkungsgeschichte der Frankfurter Schule. Korr. Studienausgabe, Frankfurt a. M. 2000, S. 413.
49 Deutscher Koordinierungsrat: Was bedeutete: Aufarbeitung der Vergangenheit?, [wie Anm. 47], S. 8.
50 Ebd.
51 Ebd., S. 9.
52 Vgl. zur Rolle der Gruppe 47 bei der Durchsetzung des Films Peitsch, Helmut: „Warum das offizielle Westdeutschland, das mit den nationalsozialistischen Verbrechen nichts zu tun haben wolle, einen KZ-Film nicht ertragen könne". ‚Vergangenheitsbewältigung' im Protest der Gruppe 47, in: Jablkowska, Joanna/Malgorzata, Polrola (Hg.): Engagement Debatten Skandale. Deutschsprachige Autoren als Zeitgenossen, Łódz 2002, S. 341–361.
53 Deutscher Koordinierungsrat: Was bedeutete: Aufarbeitung der Vergangenheit?, [wie Anm. 47], S. 11.
54 Ebd., S. 22.
55 Ebd.; in der häufigen Heranziehung dieser Kritik wird regelmäßig unterschlagen, dass Adorno einräumt: „Sicherlich war selbst das gut, als erster Schritt zur Einsicht." Ebd.
56 Kraushaar, Wolfgang: Die Protest-Chronik 1949–1959. Eine illustrierte Geschichte von Bewegung, Widerstand und Utopie. Bd. 1–4, Hamburg 1996, S. 1597.
57 Ebd., S. 1862.
58 Schnabel, Ernst: Anne Frank. Spur eines Kindes, Frankfurt a. M. 1958, S. 7.
59 Ebd., S. 148f.
60 Kraushaar: Die Protest-Chronik 1949–1959, [wie Anm. 56], S. 1656.
61 Schnabel: Anne Frank, [wie Anm. 58], Rückseite.
62 Cofalla, Sabine (Hg.): Hans Werner Richter: Briefe, München/Wien 1997, S. 292.
63 Schmid, Harald: Erinnern an den ‚Tag der Schuld'. Das Novemberpogrom von 1938 in der deutschen Geschichtspolitik, Hamburg 2001, S. 162.
64 Härtling, Peter: Leben lernen. Erinnerungen, Köln 2003, S. 287.
65 Saunders, Frances Stonor: The Cultural Cold War. The CIA and the World of Arts and Letters, New York 2000; vgl. auch die Quasi-Selbstdarstellung Coleman, Peter: The Liberal Conspiracy. The Congress for Cultural Freedom and the Struggle for the Mind of Postwar Europe, New York/London 1989.
66 Harpprecht, Klaus: Nicht begriffen, in: *Die Zeit*, 12. 7. 1996; vgl. Raddatz, Fritz, J.: Adenauers Visagist. Eine Polemik aus gegebenem Anlaß, in: *Die Zeit*, 28. 6. 1996.
67 Cofalla: Hans Werner Richter, [wie Anm. 62], S. 127.
68 Ebd., S. 133.
69 Ebd., S. 198.
70 Ebd., S. 222f., 231.
71 Ebd., S. 235.
72 Kraushaar: Die Protest-Chronik 1949–1959, [wie Anm. 56], S. 494.
73 Cofalla: Hans Werner Richter, [wie Anm. 62], S. 302; zur administrativen Durchsetzung der Einbeziehung Richters innerhalb des Kongresses, gegen den Widerstand z. B. Friedrich Torbergs, vgl. Hochgeschwender, Michael: Freiheit in der Offensive? Der Kongreß für kulturelle Freiheit und die Deutschen, München 1998, S. 493f.
74 Akademie der Künste [im Folgenden AdK], Bestand Richter, 72/86/513 Bl. 156 Brief Walter Hasenclevers an Hans Werner Richter vom 23. 1. 1958.

75 Kraushaar: Die Protest-Chronik 1949–1959, [wie Anm. 56], S. 1818.
76 AdK, Bestand Richter, 72/86/513 Bl. 157, 6. 11. 1960.
77 AdK, Bestand Richter, 72/86/523 Bl. 357–358 Walter Hasenclever LCB Der Programmdirektor an Hans Werner Richter am 2. 10. 1963.
78 Härtling: Leben lernen, [wie Anm. 64], S. 294f.
79 AdK, Bestand Richter, 72/86/513 Bl. 251 Brief Walter Hasenclevers an Hans Werner Richter vom 28. 12. 1959.
80 Cofalla: Hans Werner Richter, [wie Anm. 62], S. 301.
81 Foschepoth: Im Schatten der Vergangenheit, [wie Anm. 11], S. 200.
82 Sperber, Manès: Churban oder Die unfaßbare Gewißheit, in: *Der Monat*, 16 (1963/64) H. 188, S. 9.
83 Hübsch, Reinhard/Balzer, Friedrich-Martin (Hg.): „Operation Mauerdurchlöcherung". Robert Neumann und der deutsch-deutsche Dialog, Bonn 1994, S. 68.
84 Schallück, Paul: Vorurteile und Tabus, in: Richter, Hans Werner (Hg.): Bestandsaufnahme. Eine deutsche Bilanz 1962. Sechsunddreißig Beiträge deutscher Wissenschaftler, Schriftsteller und Publizisten, München u. a. 1962, S. 440.
85 Weiss, Peter: Rapporte 2, Frankfurt a. M. 1971, S. 11.
86 Walser, Martin: Heimatkunde. Aufsätze und Reden, Frankfurt a. M. 1968, S. 16.
87 Fried, Erich: Warum ich nicht in der Bundesrepublik lebe, in: Wagenbach, Klaus (Hg.): Vaterland, Muttersprache. Deutsche Schriftsteller und ihr Staat seit 1945. Ein Nachlesebuch für die Oberstufe, Berlin 1979, S. 206.
88 Schallück, Paul: Nacht und Nebel und eine Erklärung, in: *Frankfurter Hefte* 11 (1956), S. 397.
89 *Der Monat*, Jg. 9 (1956/57) H. 100, S. 73.
90 Stempel, Hans: Der Kulturfilm als Bildungserlebnis. Anmerkungen zu den III. Oberhausener Kulturfilmtagen, in: *Deutsche Volkszeitung*, 3. 11. 1956.
91 Freunde der Deutschen Kinemathek: Jüdische Lebenswelten im Film, Berlin 1993, S. 59.
92 AdK Berlin, Archiv der Gruppe 47, 236, S. 2.
93 Gesellschaft für christlich-jüdische Zusammenarbeit in Berlin: Toleranz und Brüderlichkeit, [wie Anm. 16], S. 87.
94 Vgl. Brief Gerhard Schoenberners an Richter vom 10. 8. 1956, AdK, Bestand: Hans Werner Richter, 72/86/509 Bl. 331.
95 Schoenberner, Gerhard: Das Dilemma des Grünwalder Kreises, in: *Die Neue Gesellschaft* (1956) H. 6, S. 463.
96 Ders.: Der gelbe Stern. Die Judenverfolgung in Europa 1933 bis 1945, München 1978, S. 8.
97 Cofalla: Hans Werner Richter, [wie Anm. 62], S. 333.
98 AdK, Bestand Richter, 1193.
99 AdK, 1198, Aufstand oder Aussiedlung? Ein Bericht über die Zerstörung des Warschauer Ghettos, S. 26.
100 Schoenberner: Der Gelbe Stern, [wie Anm. 96], S. 3
101 Falsche Angabe 1960 bei Lettau, Reinhard (Hg.): Die Gruppe 47. Bericht Kritik Polemik. Ein Handbuch, Neuwied/Berlin 1967, S. 547.
102 AdK, Bestand Richter, 72/85/517 Bl. 150 Brief Andrzej Wirths an Hans Werner Richter 1. 10. 1962.
103 Brief Hans Werner Richters an Horst Krüger 20. 12. 1960, Cofalla: Hans Werner Richter, [wie Anm. 62], S. 333.
104 Schoenberner: Der Gelbe Stern, [wie Anm. 96], S. 43.
105 Cofalla: Hans Werner Richter, [wie Anm. 62], S. 442.
106 Ebd., S. 440.

107 AdK, Bestand Richter, 1195, S. 2.
108 Ebd.
109 Ebd., S. 1.
110 AdK, Bestand Richter, 1198.
111 Schoenberner: Der Gelbe Stern, [wie Anm. 96], S. 2.
112 Richter: Aufstand, [wie Anm. 110], S. 25.
113 Wohmann, Gabriele: Noch lange nicht fertig mit Melitta Maschmanns Maidendefizit, in: *Frankfurter Hefte* 18 (1963), S. 565.
114 Paepcke, Lotte: Unter einem fremden Stern, Frankfurt a. M. 1952, S. 122f.
115 Dies.: Mit Sinnerfülltheit verwöhnt, in: *Frankfurter Hefte* 18 (1963), S. 491.
116 Wohmann: Noch lange nicht fertig, [wie Anm. 113], S. 559.
117 Paepcke: Mit Sinnerfülltheit verwöhnt, [wie Anm. 115], S. 492.
118 Ebd., S. 493.
119 Wohmann: Noch lange nicht fertig, [wie Anm. 113], S. 559.
120 Schnurre, Wolfdietrich: Schreibtisch unter freiem Himmel. Polemik und Bekenntnis, Olten/Freiburg i. Br. 1964, S. 124.
121 Ebd., S. 39.
122 Ebd., S. 40.
123 Ebd., S. 41.
124 Ebd., S. 167.
125 Ebd., S. 170.
126 AdK, Bestand Richter, 72/86/522 Bl. 25, S. 1. Brief von Erich Müller-Gangloff/Evangelische Akademie Berlin an Hans Werner Richter vom 6. 11. 1962.
127 Schonauer, Franz: Literaturkritik und Restauration, in: Richter: Bestandsaufnahme [wie Anm. 84], S. 480.
128 Ebd., S. 479.
129 Bobrowski, Johannes: Benannte Schuld – gebannte Schuld? Vortrag in der Evangelischen Akademie Berlin-Brandenburg, in: ders.: Selbstzeugnisse und neue Beiträge über sein Werk, Red. Gerhard Rostin, Berlin 1975, S. 17/20.
130 Skriver, Ansgar: Aktion Sühnezeichen. Brücken über Blut und Asche, Stuttgart 1962, S. 30.
131 Kraushaar: Die Protest-Chronik 1949–1959, [wie Anm. 56], S. 2033.
132 Ebd., S. 38.
133 Ebd., S. 35.
134 Ebd., S. 33.
135 Ebd., S. 34.
136 Ebd., S. 35.
137 Ebd., S. 38.
138 Ebd., S. 37.
139 Ebd., S. 38.
140 AdK, Bestand Richter, 72/86/525, Bl. 413, Brief Paul Schallücks an Hans Werner Richter vom 27. 6. 1964: „Vielleicht interessiert es Dich, meine kleine Auseinandersetzung mit Rolf Schroers im Stadtanzeiger zu lesen." In der Anlage befindet sich der im Folgenden zitierte Text: Paul Schallück: Mörderische Pietät? Bl. 424–429.
141 Schallück: Mörderische Pietät, [wie Anm. 140], S. 1.
142 Ebd.
143 Ebd., S. 2.
144 Ebd., S. 1.
145 Ebd., S. 3.
146 Ebd.
147 Ebd., S. 5.

148 Reich-Ranicki, Marcel: Wer schreibt, provoziert. Kommentare und Pamphlete, München 1966, S. 111.
149 Ebd., S. 109.
150 Ebd., S. 110.
151 Ebd., S. 109f.
152 Ebd., S. 112.
153 Ebd.
154 Lettau: Die Gruppe 47, [wie Anm. 101], S. 372.
155 Ebd., S. 382.
156 Ebd., S. 388.
157 Ebd., S. 383.
158 Ebd., S. 458.
159 Ebd., S. 450.
160 Ebd., S. 452, 454.
161 Ebd., S. 454.
162 Ebd., S. 455.
163 Ebd., S. 462.
164 Schultz, Uwe: Ein Zwischenruf, in: *Handelsblatt,* 10.6.1967.
165 Ebd.

Albert Lichtblau

Unter Philosemitismusverdacht: Der Klezmerboom – Für nichtjüdische Musizierende erlaubt?

Dürfen nichtjüdische Musikbegeisterte Klezmermusik spielen? Und ganz besonders: Deutsche? Österreichische? Polnische? Ukrainische? Australische? Wieso eigentlich Australien? Der Klezmerboom ist dort zwar nicht derart verbreitet wie in Mitteleuropa, doch auch in Ländern, die fernab der Herkunftsregion jener Musik, die subsumierend als Klezmer bezeichnet wird, sind es nichtjüdische Musiker und Musikerinnen, die sich in diese Art von Musik verliebt haben und sie als Bandmitglieder praktizieren.[1]

Dass nichtjüdische Musikbegeisterte Klezmer spielen, mag zwar in den NS-Nachfolgeländern eine gewisse Brisanz haben, dennoch liegt das Problem in der Frage selbst. Denn es müsste die umgekehrte Frage ebenfalls zulässig sein: Dürfen jüdische Musiker und Musikerinnen „nichtjüdische" Musik spielen? Was wäre die Wiener Musik vor und nach der Schoa ohne die jüdischen Komponierenden und Libretti-Schreibenden? Was wäre die amerikanische Country-Szene ohne den Schriftsteller, Politiker und Musiker Kinky Friedman mit seinem extravaganten jüdischen Cowboy-Outfit? Seine gezielt irritierende Verwendung von Symbolen und seine Texte thematisieren das Jüdische in einer anscheinend uramerikanischen-nichtjüdischen Musikstilrichtung. Sein *They Ain't Makin Jews Like Jesus Anymore* nimmt den Alltagsrassismus gewitzt aufs Korn und verweist mit der Zeile „We don't turn the other cheek the way we done before" auf das veränderte jüdische Selbstbewusstsein. Der Imitationsvorwurf eines Richard Wagner – jüdische Kulturschaffende seien nachsprechend, nachkünstelnd, nicht wirklich redend dichtend – richtet sich nun mit umgekehrten Vorzeichen gegen nichtjüdische Klezmermusizierende, als wäre es die Rache des ehemaligen hegemonialen antisemitischen Konsenses. Doch Imitation und Eklektizismus sind in Zeiten der Postmoderne positiv besetzte Begriffe geworden und jemand wie Kinky Friedman zeigt, wie originelle Imitation zu kreativer symbolischer Neubesetzung führen kann. Es gibt zahlreiche andere Beispiele aus der aktuellen Unterhaltungsmusiklandschaft, in denen sich jüdische Musiker und Musikerinnen aller möglichen Stilrichtungen bedienen, um spezifisch jüdische Themen zu artikulieren, sei es Reggae – und damit ist nicht nur der Chabad-Reggae Superstar Matisyahu gemeint, sondern auch weniger bekannte wie Alan Eder, der eine CD mit dem Titel *Reggae Passover* veröffentlichte – Rap oder Hip-Hop, Bands wie *2 Live Jews*, die Latino-Band *Hip Hop Hoodios*, oder *Socalled*, der unter anderem mit David Krakauer's *Klezmer Madness!* kooperiert.[2] Während in den USA rund um das 1995 von dem New Yorker Jazzmusiker John Zorn gegründete Label Tzadik mit traditioneller jüdischer Musik in einer Art ‚Free-Ethno-Music' atemberaubend wild herumexperimentiert wird, blieb die europäische Klezmerszene weitgehend von einem ‚alternativen' Traditionalismus und kulturellem Konservativismus geprägt.

Der Crossover jüdischer Musizierender ist bei den nichtjüdischen Klezmerbegeisterten in Deutschland oder Österreich in weitaus geringerem Ausmaß vorhanden. Vielleicht ist dies ein Indiz dafür, dass der vorangegangene Vergleich zu hinken beginnt und es doch einen Unterschied ausmacht, ob ein Kinky Friedman durch Anpassung an die amerikanische Mainstream-Kultur Versatzstücke der jüdischen Identitäten hinüberrettet oder ob Angehörige der deutschen oder österreichischen Mehrheitsgesellschaft sich einer Minderheitenkultur zuwenden, die von ihren Vorfahren zerstört wurde. Die Unbefangenheit hat sich bislang kaum eingestellt und die zu beobachtende Ernsthaftigkeit ist ein Indiz dafür, dass Klezmermusik hier noch nicht wie ein beliebiges Element im multikulturellen Selbstbedienungsladen verstanden werden kann. Eines der experimentierfreudigsten Beispiele aus der deutschen Klezmermusikszene stammt zurzeit von DJ Gurzhy, der 2006 mit Lemez Lovas den international anerkannten Sampler *Shtetl Superstars. Funky Jewish Sounds from around the World* herausgab. Im CD-Booklet bezeichnet sich DJ Gurzhy, er legt diese Musik im Russendisko-Kaffee Burger zum Tanz auf, als „Wahl-Berliner aus der Ukraine", auf der Homepage der Russendisko wird der Herkunfts-Mischmasch durch Jüdisches und Griechisches angereichert: „Yuriy Gurzhy kommt aus der Ukraine, wobei seine Muttersprache Russisch ist, was in dem Ostteil der Ukraine üblich ist, und seine Vorfahren jüdischer und griechischen [sic] Abstammung sind."[3] Abgesehen von einem eigenen Beitrag findet sich auf dem Sampler nur ein weiterer mit deutscher Anbindung, nämlich von der Band des aus Detroit kommenden ‚Liedermachers' Daniel Kahn, der seit 2005 in Berlin lebt: *Daniel Kahn & The Painted Bird* vertreten laut CD-Booklet einen „Verfremdungsklezmer", den sie auf die Formel „Punk Cabaret + Radical Yiddish Song + Gothic American Folk + Klezmer Danse Macabre"[4] bringen. Derartiges kulturelles Vagabundieren in Stilrichtungen ist zurzeit noch die Ausnahme und bei den, der traditionellen Klezmermusik Verbundenen, nicht unbedingt beliebt.[5]

Zurück zur Frage, denn darum dreht sich die Debatte in beklemmender Weise: Dürfen nichtjüdische Musikbegeisterte Klezmer spielen? In einem Interview mit dem Musiker Heiko Lehmann, der schon bei der zu DDR-Zeiten entstandenen Gruppe Aufwind spielte und derzeit Bassist der ‚European Klezmer Band' *Sukke* ist, meint zu Beginn des Interviews, dass diese Frage vor allem in Deutschland Thema sei, während sie in den USA nicht von Belang sei. Es sei beispielsweise bekannt, dass Paul Morrissett von der 1986 im New York East Village hervorgegangenen Band *The Klezmatics* nichtjüdisch sei, doch davon rede niemand.[6]

Dass sich hinter der „Schlüssel-Frage" irgendetwas im Kontext der nationalsozialistischen Erfahrung und der Schoa verbirgt, ist offensichtlich. Im Folgenden wird versucht, dies genauer zu benennen. Methodisch wurde dazu nicht nur die inzwischen bemerkenswert differenzierte Sekundärliteratur zu Hilfe genommen, das Internet als Quelle der Selbstpräsentation zahlreicher Klezmergruppen und Begeisterter durchforstet, Diskussionsforen und Gästebücher angesehen, sondern es wurden auch Gespräche mit Musikern und Musikerinnen in mehreren Kontinenten geführt, um das Phänomen in seiner spezifisch deutsch-österreichischen und globalen Konstellation zu verstehen. Darüber hinaus wurden Konzerte und Workshops begleitend beobachtet, ein Fragebogen ausgegeben, ein Internet-Forum eröffnet.

Andere Länder

Wer in das Museumsgeschäft des jüdischen Museums von Kapstadt geht, wird zurzeit keine Klezmermusik finden. Sie scheint dort offensichtlich nicht populär zu sein und wird nach wie vor nicht als wichtige Ausdrucksform jüdischen Lebens angesehen. Die in großer Zahl aus Juden und Jüdinnen lettischer Herkunft stammende Gemeinde hat diese jüdische Musiktradition nicht nach Südafrika transferiert. In der jüdischen Gemeinde von Kapstadt versucht die Musikologin Fay Singer nun seit Jahren, an die unterbrochene Klezmertradition anzuschließen. Dafür muss sie auf nichtjüdische Musiker zurückgreifen, da jüdische kaum vorhanden sind. Inzwischen konnte sich eine Band namens *Simcha Klezmerband* um den klassisch ausgebildeten Klarinettisten Matthew Reid etablieren, der gemeinsam mit Fay Singer das 2000 ins Leben gerufene Yiddish Song Festival in Kapstadt leitet. Auf die Frage, wie sie es empfinde, dass nichtjüdische Musiker eine jüdische Musiktradition revitalisieren sollen, meint sie, es sei ihr wichtig, auf diese Weise jüdische Kultur sichtbar zu machen.

„This is for me a tremendous thing, because for so many years Jews hid what they had.“[7] Klezmermusik erfüllt für sie zwei wichtige Funktionen: Einerseits würde sie die jüdischen Zuhörenden an ihre Wurzeln erinnern und, da diese Musik auch ein nichtjüdisches Publikum erreicht, ein Überschreiten der kulturellen Abschottung ermöglichen. Wie viele andere Musizierende geriet Matthew Reid über Schallplatten von Giora Feidman zum ersten Mal in Kontakt mit dieser Art von Musik und war zunächst fasziniert von dessen Art, Klarinette zu spielen. Nebenbei sei bemerkt, dass die Entdeckung der Klezmermusik für klassisch Ausgebildete weltweit als eine Befreiung von den rigiden Vorgaben ihrer Ausbildung erlebt wird und dies einen wesentlichen Teil der Faszination ausmacht. Ohne die Ermunterung durch Fay Singer wäre Matthew Reid nicht auf die Idee gekommen, eine Klezmerband zu bilden. Die Sänger oder Sängerinnen, mit denen er kooperiert, seien allesamt jüdisch, die abwechselnden Instrumentalisten alle nichtjüdsich. Da sie oft bei religiös-zeremoniellen Anlässen spielen, würden sich die nichtjüdischen Kollegen ohne ihn, der inzwischen viel darüber in Erfahrung brachte und das Vertrauen vieler in der jüdischen Gemeinde genießt, unwohl und unsicher fühlen. Ihm selbst ist es ganz klar, dass er für die jüdische Gemeinde ein Außenseiter bleiben wird, nicht dazugehören wird. Er freut sich dennoch über seine jüdische Anhängerschaft, die ihn engagiert und auch zu seinen Konzerten mit anderen Stilrichtungen kommt. Eigentlich findet er Klezmermelodien nicht besonders reizvoll, aber die Energie, sie in einer Gruppe zu spielen, mag er.[8] Inzwischen hat Matthew Reid die Gruppe *Playing with Fire* gegründet, die einen südafrikanischen Brass-Balkan-Klezmer-Cross-Over erfand. Auch in Südafrika scheint der massive Bläsereinsatz der Balkan-Musik auf noch breiteren Publikumskonsens gestoßen zu sein als die traditionelle Klezmermusik. Die sich als „brutal Balkan brass band“ etikettierende Gruppe nimmt nur mehr vereinzelt jüdische Melodien in ihr Repertoire auf.[9]

Während in Südafrika die von Weißen geprägte Folkszene eine Randerscheinung bleibt und nur beschränkt Auftrittsmöglichkeiten bietet, sieht dies in Australien ganz anders aus. Dort findet Klezmermusik – und das ist nicht unähnlich zu den europäischen Ländern – einerseits innerhalb des jüdischen Lebens statt und andererseits in einem nichtjüdischen. Der in Melbourne lebende Geiger Ernie Gruner ist der einzige jüdische Musiker seiner Band *Klezmerits*. Das störe ihn nicht weiter, denn immerhin bewege er sich selbst in verschiedenen anderen Genres, sei es irische Musik oder als Mitglied einer „gypsy band“. Für ihn stellt sich die Klezmer-Problematik anders dar, nämlich in der damit verbundenen Exotisierung

Abb. 1a & 1b: Wo liegt Klezmerland – neben Australien wie bei Dussmann in Berlin oder eingequetscht in Middle East wie in Virgin Store London?

und Banalisierung: Klezmer, noch mehr „gypsy"-Musik, habe auf den Programmen von Folkfestivals einen „sexy"-Beiklang. Schlimmer noch: Viele bedienten sich dieser Musik, ohne sich ernsthaft damit befasst zu haben.

Als Workshop-Lehrender macht Ernie Gruner in Australien ähnliche Erfahrungen wie seine jüdische Kollegenschaft in Mitteleuropa: Die meisten Teilnehmenden sind nichtjüdische Klezmerbegeisterte. Ihn stört das überhaupt nicht, außerdem gäbe es zahlreiche jüdische Musizierende, bei denen er sich wünscht, dass sie es bleiben lassen würden, „because it doesn't sound good." [10] Ähnlich wie in Mitteleuropa verlassen manche die Workshops derart begeistert, dass sie mittels Annoncen versuchen, eine eigene Klezmerband zu gründen. In Interviews in diesen Ländern wirkt die osteuropäische Herkunftsregion der Klezmermusik wie ein untergegangener Raum, der irgendwo im euro-asiatischen Bereich verschwimmt, eine Art Musik-Atlantis. Es kann auch die Liebe zu Griechenland oder einer anderen Art Quasi-europäischer Musik sein, die den Weg zur Klezmermusik ebnete.[11] Da es nach dem Zweiten Weltkrieg kaum mehr eine überlebende Klezmertradition in Osteuropa gab, nur noch in Enklaven, war es sowohl für jüdische als auch nichtjüdische jüngere Musikbegeisterte möglich, sich eine Schtetl-Kulturwelt als Revitalisierung zu imaginieren, sie neu zu schaffen.

Die Verwirrung um die Verortung von Klezmermusik lässt sich auch an einem anderen Beispiel der Einordnung von Klezmer-CDs in den Musikläden beobachten. Dass es sich um Weltmusik handelt, so viel ist klar, aber zu welcher Region gehört sie? Im Virgin Megastore von London – und das ist häufig so – finden sich derartige CDs in scheinbar friedlicher kultureller Koexistenz eingezwängt zwischen Musik des arabischen Raums, während in der Musikabteilung von Dussmann in Berlin die beachtlich umfangreiche Klezmerabteilung neben jener von Australien angesiedelt wurde. Auch deswegen Australien, und später davon noch mehr.

Vorgeschichte

Der deutsche Klezmerboom der 1990er-Jahre baut auf einer Grundlage von Musizierenden auf, die sich jiddischen Liedern und der Klezmermusik verschrieben hatten. Weniger allgemein Bekannte wie die KZ-Überlebende Lin Jaldati in der DDR oder Peter Rohland und Elsbeth Janda in der Bundesrepublik hatten sich schon früh damit befasst. Als die linke Liedermachergruppe *Zupfgeigenhansel* 1979 ihre Schallplatte mit jiddischen Liedern herausgebrachte, orientierte sie sich an den Bedürfnissen der Postachtundsechzigerzeit, nämlich über den Widerstand der jüdischen Partisanen oder das Berufsverbot eines jüdischen Müllers zu singen. Die emotionale Bipolarität wurde von Anfang an marktgerecht aufbereitet, 1979 liest sich das so: „Die Lieder handeln von Hunger, Unterdrückung, Gefangenschaft und Emigration, aber auch von Liebe, Mut und Lebensfreude, mit dem Ziel, Utopien wach zu halten und aufzubewahren: ein Stück Kulturgeschichte."[12] Gerade war in Deutschland die TV-Serie *Holocaust* gelaufen und auch sie hat das Publikumsinteresse an der Thematik mit aufbereitet. Kultur kann sich den politischen Hintergrund nicht aussuchen, der sie in der jeweiligen Zeit konsumierbar macht, sondern sie sieht sich gezwungen, sich daran anzupassen, sei es durch Konformität, Widerstand oder Resignation. *Zupfgeigenhansel* haben jiddisches Liedgut für ein linkes Publikum konsumierbar gemacht, später werden Variationen davon für die jeweils an der Musik interessierten Publikumssegmente formuliert. Es ist kein Zufall, dass Feidmans Musik anfangs vom linken Pläne-Verlag herausgebracht wurde.[13]

Mit dem Begriff ‚Klezmerboom' ist die Gründung von zahlreichen deutschen Klezmergruppen in den 1990er-Jahren gemeint. Dazu bedurfte es noch einer vorangehenden Aufbereitung und Entwicklung von Strukturen, die auf die Aktivitäten amerikanischer Klezmer-Revival-Bands in Deutschland und, gemessen am Erfolg, wahrscheinlich noch mehr auf das Wirken Giora Feidmans zurückzuführen sind.[14] 1984 war dafür ein wichtiges Jahr, erstmals tourte eine amerikanische Neo-Klezmerband durch Deutschland, *Kapelye*, in der DDR wurde die Gruppe *Aufwind* gegründet und im selben Jahr kam Giora Feidman auf Einladung von Peter Zadek nach Deutschland, wo er in Joshua Sobols Theaterstück *Ghetto* an der Freien Volksbühne in Berlin auftrat und bald danach mit seiner Musik und seinen Workshops durch das Lande tourte.

Die von Aaron Eckstaedt geführten Interviews mit Klezmermusizierenden zeigen den nachhaltigen Einfluss Feidmans, auch wenn sich manche nachträglich von ihrem Meister wieder lösten.[15] Feidman hat einen unverkennbaren persönlichen Stil entwickelt, der es ihm erlaubt, nahezu jede Musikrichtung zu „verklezmern", sei es Tango, Musik von Richard Wagner, George Gershwin, das Deutschlandlied oder die palästinensische Nationalhymne.[16] Im deutschen Kontext ist der Feidman-Faktor ein spezifisches Phänomen, denn er verkaufte mit seiner Musik und den persönlichen Kontakten zu nichtjüdischen Deutschen bei seinen Workshops und Konzerten auch so etwas wie Gemeinschaft durch die Universalisierung der Musik und nivellierte damit die Gegensätze. In einem Interview mit dem Deutschlandradio formulierte er dies so:

„Wenn sie sagen: die Musik, der Klezmer, ist nur für Juden – dann ist Pizza nur für Italiener. Die Menschen, die mich kritisieren, weil ich in Deutschland spiele oder weil ich vor dem Papst gespielt habe, diese Menschen, fahren sie keinen Mercedes? Doch stopp hier. Musik ist heilig. Eine heilige Sprache, beschmutzt sie nicht mit Hass, mit Separation. Wir haben keine Alternative: Wir sind doch eine Familie. Keine Alternative. Keine andere Familie."[17]

Genau nach dieser erlösenden Handreichung haben sich viele spirituell Orientierte gesehnt, die unter der Schoa-Belastung auf Seiten der Familien der Täterinnen und Täter litten und eine „Lösung" suchten. Nochmals Feidman im Wortlaut: „Wenn ich mein Instrument in den Mund nehme, bin ich kein Jude mehr, sondern trage eine spirituelle Botschaft von Frieden, vom ‚Schalom', in die Welt."[18]

Feidman und die konkurrierende amerikanische Neo-Klezmer-Szene setzten dort an, wo das seit 1968 auch auf deutschen Bühnen mit großem Erfolg unter der kriegsteilnehmenden Generation laufende Musical *Anatevka* aufhörte und der 1931 geborene Hans-Rolf Rippert alias Ivan Rebroff zur Verkörperung des vertraut fremden Jüdischen als „Tewje, der Milchmann" wurde.[19] Nun kamen also jüdische Kulturschaffende zum Anfassen nach Deutschland und das an sich hatte schon etwas „Erlösendes". Sie wiederum begegneten nicht mehr der „Mördergeneration", sondern mehrheitlich deren Kindern, in die Hoffnungen auf Verständnis und Interesse gesetzt werden konnten. Das große Interesse auf Seiten der nichtjüdischen Musizierenden und ein zuhörwilliges nichtjüdisches Publikum ermöglichte es erst, den Markt zu etablieren, die Größe der jüdischen Gemeinden Deutschlands oder Österreichs hätte dafür nicht ausgereicht.

Im Hintergrund des Klezmerbooms in Deutschland wirkten zahlreiche andere Faktoren mit. Die Achtundsechziger Linke hatte sich verausgabt und war mit dem RAF-Terror in den 1970er-Jahren in eine Sackgasse geraten. Der Niedergang der „real existierenden sozialistischen Länder" wurde mit Parolen der friedlichen Koexistenz kaschiert – friedensbewegtes Versöhnen war in beiden deutschen Staaten angesagt. Die Zeit des Nationalsozialismus geriet in die Zwischenzone von Erinnerung und Geschichte, das Interesse an der Zeitzeugenschaft stieg angesichts der immer kürzer zur Verfügung stehenden Zeit, ihnen zuhören zu können, sprunghaft an.[20] Die Generationenablöse machte klar, dass die Kriegsgeneration nun zu reden beginnen muss, damit ihre Geschichten nicht verloren gehen. Aus nichtjüdischer Perspektive war es angenehmer, die Opfer zu befragen als die Täter und Täterinnen bzw. die eigenen Familien.

Der Klezmerboom ist inzwischen verebbt, der Ethnomusik-Express ist nach der Jahrtausendwende vorübergehend im „Balkan-Fieber" gelandet. Die im September 2000 beginnende zweite Intifada, die ungelöste Frage einer palästinensischen Staatsgründung, und der Libanonkrieg 2006 haben die Nostalgiesüchtigen und Versöhnungssehnsüchtigen abgeschreckt. Über die Musik ist seither nicht mehr so leicht zu finden, wonach sie suchen, der Imaginationsraum wurde durch die Wahrnehmung politischer Realitäten zu stark irritiert. Heiko Lehmann beschreibt im Interview, dass er seither mit negativen Reaktionen im Publikum konfrontiert sei, verbal angemacht werde und dies zu Geschäftseinbußen führte, obwohl es in der nichtjüdischen Klezmerszene ohnehin eine Reserviertheit gegenüber der israelischen Politik gäbe.[21]

Trotz des Endes des Klezmerbooms hat sich die Musik in Deutschland und Österreich so weit etablieren können, dass sie auf eine Infrastruktur von Verlagen, Veranstaltenden, Festivals und ein musikbegeistertes Publikum zurückgreifen kann. Die Szene musste jedoch abspecken und verlor in Berlin z. B. das Hackesche Hoftheater als Auftrittsort, das nach 13-jährigem Bestehen Anfang 2006 seine Pforten schloss.[22] Berlin bleibt dennoch weiterhin die deutsche Klezmerhauptstadt, nirgendwo sonst gibt es so viele Klezmerbands und Auftrittsmöglichkeiten. Ein Ausdruck davon ist der allmonatlich stattfindende Klezmerstammtisch im Café Oberwasser in der Zionskirchstrasse. Dort findet an jedem 15. des Monats ein Treffen von Klezmerbegeisterten statt und in anarchischer Art beginnen sie ungefähr um 22 Uhr mit ihren Jamsessions. Ursprünglich von der Klezmergruppe *la'om* initiiert – sie existierte von 1994 bis 2001 –, treffen sich die Musizierenden mit ihren Instrumenten und der Abend ist so gut oder schlecht, wie die musikalische Kompetenz der Leute, die hinkommen. Einen „master of ceremony" gäbe es nicht, meint Franka Lampe, sie war die Akkordeonistin von *la'om*. „Es ist nicht immer gut", meint sie lächelnd und das kann ich als stiller Beobachter durchaus bestätigen.[23]

„Ein ganz gewöhnlicher Jude" und der Philosemitismusverdacht

Es kursiert ein Witz über die Klezmerverliebtheit der Deutschen: „Was ist der Unterschied zwischen Juden und Deutschen?" – „Der eine von beiden mag Klezmer."[24]

In einer anderen Version lautet er: „Woran kann man als Partygast erkennen, dass die Gastgeber Nichtjuden sind? – An der Klezmer-Musik."[25]

Wie sehr klezmerbegeisterte Nichtjuden und Nichtjüdinnen unter Philosemitismusverdacht stehen, ist in dem 2007 erschienenen Buch *Ein ganz gewöhnlicher Jude* von Charles Lewinsky nachzulesen, das auch als Hörbuch herausgegeben und unter der Regie von Oliver Hirschbiegel – er hatte zuvor *Der Untergang* gedreht – mit Ben Becker in der Hauptrolle verfilmt wurde.[26] Buch und Film handeln von der Einladung an den nach 1945 geborenen Journalisten Emanuel Goldfarb, vor einer Schulklasse über sein Judentum zu sprechen. Die Antwort des empörten Goldfarb an den Lehrer Gebhardt kreist um die Zumutung, in Deutschland in die vorgegebene Rolle „des Juden" hineingedrängt zu werden. Gegen Ende dieser Suada stellt er die Frage in den Raum: „Was brauchen Sie mich? Ein echter Jude stört doch nur, beim Bemühen, ihn toll zu finden."[27] Daraufhin empfiehlt Goldfarb dem Lehrer – und deswegen ist dieses Werk für den Klezmerkontext relevant – eine Klassenfahrt nach Fürth zum Festival der Klezmermusik.

Dieses „Klezmer-Festival Fürth" gibt es tatsächlich. Es fand 2007 zum zehnten Mal statt und zählt neben dem „Yiddish Summer Weimar" zum wichtigsten derartigen Festival in Deutschland. Der Wutausbruch Goldfarbs greift einige Anti-Klezmer-Faszinations-Argumente auf, denen im Folgenden ernsthafter nachgegangen werden soll. Um dies fundierter tun zu können, fuhr ich selbst zum „Klezmer-Festival Fürth" 2007. Die erste Attacke Goldfarbs richtet sich direkt gegen die nichtjüdischen Musizierenden: „Da steht dann irgendeine Band auf der Bühne, die All-Star-Klezmer-Dingsbums oder wie sie sich alle nennen, und keiner von den Musikern ist Jude."[28] Tatsächlich trat in Fürth eine „All-Star-Klezmer-Dingsbums" auf, nämlich *Sukke*, die im Festivalprogramm als „erste europäische All-Star-Klezmer-Band" angekündigt wurde.[29] Dass keiner „von den Musikern ist Jude" ist, stimmt allerdings so nicht. Sicherheitshalber fragte ich nach und kam mir eigenartig vor, so als wäre der „Judennachweis" zur Autorisierung inzwischen erforderlich. Der in London lebende Klarinettist Merlin Shepard ist jüdisch. Die Akkordeonistin Sanne Möricke ist nichtjüdisch, sie kam aus Holland nach Berlin. Ruth Ellen Gruber beschrieb, wie sie mit dem Klarinettisten der Gruppe *Klezgoyim*, Christian Dawid, zuvor die Gruppe *Khupe* gegründet hatte, wie die beiden ein jiddisches Wort für ihre Email-Adresse verwendeten – auch das kommt in der Szene häufiger vor – und ihrer Tochter einen typisch jüdischen Namen gaben.[30] Das dritte Mitglied von *Sukke* ist der bereits erwähnte Heiko Lehmann. Er ist nicht nur Musiker, sondern auch Übersetzer des kanadisch-jiddischen Autors Michael Wex, dessen Texte die Gruppe vertont. Lehmann hat einen beachtenswerten Beitrag über die Geschichte der Klezmermusik in der Bundesrepublik, der DDR und dem wiedervereinten

Deutschland verfasst.[31] Dieser Text beginnt mit einer Szene kurz nach dem Mauerfall, dem Sommer 1990 in der Ben-Yehuda-Straße Jerusalems. Die Musiker spielen vor einer begeisterten Menschenmenge und nachdem ein junger Mann Geld in den Violinkoffer geschmissen hatte, fragte er, woher sie seien. Aus Berlin. „‚Berlin? Germany?' I nod and he asks, ‚Are you guys Jewish?' ‚None of us, we are Germans', I say. The young man is in despair and after a while he asks, ‚Can I take my money back?' I nod and he takes a coin out of the violin case." Lehmann scheint auch im Interview weit von philosemitischer Anbiederung entfernt, die Distanz ist ihm klar. Zugleich erzählen die Texte von Michael Wex von einem aktuellen jüdischen Leben. Auf die auch ihm wiederholt gestellte Frage, warum er als nichtjüdischer Deutscher jüdische Musik spiele, reagiert er mit der Standardantwort, die er für solche Fälle parat hat: „Weil ich mit der Musik was anfangen kann, weil sie mir gefällt, weil ich mich viel damit beschäftigt habe und dadurch noch ein größeres Verständnis gekriegt habe."[32] Heiko Lehmann und Sanne Möricke werden von den amerikanisch-jüdischen Klezmermusizierenden derart geschätzt, dass sie als Lehrende zu den Kursen des KlezKamps in den Catskills in New York State eingeladen werden.

Zurück zu Goldfarbs Suada: Früher wären die Musiker mit Didgeridoo durch Australien gefahren, hätten sich mit Aborigenes oder ‚Indianern' solidarisiert, heute sei eben Klezmermusik dran. Das mag vielleicht sogar stimmen, auch wenn ich das nicht überprüft habe. Fakt ist, dass sich Klezmermusizierende im ‚Salad Bowl' der Weltmusik bewegen und sich auch von anderen Ethno-Musikstilen angezogen fühlen. Klezmermusik ist – auch wenn dies in Deutschland oder Österreich eher selten vorkommt – wie jede dieser Richtungen nicht davor gefeit, zu einem Cross-Over-Eintopf zusammengemixt zu werden, dazu gehört sogar scheinbar wenig Kompatibles wie Klezmermusik und die Didgeridoos-Musik der Aborigines. Für die einen ermöglicht dies eine esoterisch-mystische Reise in andere Dimensionen, für andere mag es ein musikalischer Ausbruchsversuch sein, für dritte, wie die in Melbourne agierende Band *Klezmania*, ist es die Anbindung der osteuropäisch-jüdischen Musik an die lokal vorhandene Musiktradition der ursprünglichen Bewohnerschaft des australischen Kontinents.[33]

Der Text von Charles Lewinsky verpackt Bösartigkeit mit Unterhaltungswert. Er attackiert die nichtjüdischen Musizierenden, die mit der Musik die Vergangenheit bewältigen wollen, indem

> „sie ‚Mei Schtedtele Beltz' singen, dieses jiddische Kufsteinlied, die Instrumente wimmern lassen, als hätten sie alle eine CD von Giora Feidman

> verschluckt. Und immer mit diesen erwartungsvollen Gesichtern, dass wir sie doch endlich, endlich loben sollen, weil sie uns doch so wahnsinnig lieb haben, mit ihren Klarinetten, ihren Geigen, ihren Pauken und Trompeten."[34]

Hier formuliert sich der Philosemitismusverdacht am stärksten: Die nichtjüdischen Musizierenden würden sich von Juden und Jüdinnen für ihre Anbiederung Dankbarkeit erwarten und es scheint klar, dass dieser Wunsch nicht in Erfüllung gehen kann. Das muss zu Spannungen führen und vermutlich liegt genau in diesen fehlgerichteten Erwartungshaltungen ein Grundproblem.

Für die „erwartungsvollen Gesichter" gibt es in der Klezmermusikszene einen Begriff – und das zeugt davon, dass sie generell nicht so naiv ist, wie ihr unterstellt wird –, der nicht den Musizierenden gilt, sondern dem Publikum: ‚HBB', der ‚Holocaustbetroffenheitsblick'. Der Musikwissenschaftler Aaron Eckstaedt beschreibt diesen anhand der ersten Tournee der DDR-Klezmergruppe *Aufwind* durch Westdeutschland. Sie waren in der DDR an ein junges diskussionsfreudiges Publikum gewöhnt gewesen, doch in der Bundesrepublik erwartete sie ein durchschnittlich 50-jähriges Publikum mit eben diesen Blicken. *Aufwind* brach diese Tournee daraufhin ab.[35] Vermutlich war dieser ‚HBB' bislang ein größeres Problem, als zugegeben wurde. Mich selber irritierte es immer wieder, wenn das Publikum bei Vorträgen von Zeitzeugen und Zeitzeuginnen kaum fähig war, eine kritische Frage zu stellen. Doch kritisches Auseinandersetzen gehört zu einem gegenseitigen Ernstnehmen. Ob es sich beim ‚HBB' jeweils um Mitgefühl, Zustimmungs-Heischen, Anbiederung, Ängstlichkeit oder was auch immer handelt, mag ich allerdings nicht beurteilen, dazu wären die Personen, denen ein derartiger Blick zugeschrieben wird, zu befragen.

Es gibt keine Klezmerpolizei, die regelt, was sein darf und was nicht, weswegen ein andauernder Aushandlungsprozess stattfindet. Für nichtjüdische Musizierende ist dies vermutlich eines der am schwierigsten zu lösenden Probleme. Deswegen sind die jüdischen Lehrenden bei den Workshops so wichtig, da ihnen die Autorität zugeschrieben wird, darüber zu befinden, ob die Musik von nichtjüdischen Musizierenden gespielt werden darf. Dieser Vorgang wird als ‚Klezmer-Dubbing' bezeichnet und meint eine Art des Ritterschlags für nichtjüdische Musizierende durch jüdische Lehrende. Im Interview beschreibt Heiko Lehmann, dass es wegen des ‚Klezmer-Dubbing' bei einem Klezmerworkshop in Bad Pyrmont 1994 zwischen den Workshoplehrenden zu Diskussionen kam. Es war geplant, wie üblich, dass die am Workshop Teilnehmenden am Ende den

Musikern von Brave Old World vorspielen sollten. Lehmann merkt dazu an, es wäre dabei nur möglich gewesen, ein wenig zu mäkeln und kleine Hinweise zu geben. Ansonsten würde signalisiert, alles sei wunderbar. „Das wollten sich die Leute abholen“, nämlich ein Zertifikat von jüdischen Musikern und Musikerinnen. Heiko Lehman habe sich damals dagegen ausgesprochen, dieses Prozedere sei entwürdigend für beide Seiten. Nachdem das geplante Vorspielen abgeblasen worden war, hätten die Teilnehmenden dagegen einen Aufstand inszeniert und darauf bestanden, denn sie seien deswegen dorthin gekommen.[36] Beim „Klezmer-Festival Fürth“ wurde am Ende des Workshops tatsächlich auch vorgespielt und die Lehrenden gaben den Teilnehmenden Hinweise für den Auftritt beim Abschlusskonzert am selben Abend. Ob die es als „Klezmer-Dubbing“ verstanden, habe ich allerdings nicht gefragt. Die Musizierenden traten beim Abschlusskonzert mit ihren Formationen oder einzeln auf und am Ende vereinigten sich alle mit den Lehrenden zu einer ca. 20-minütigen Session.

Das Einfordern der jüdischen Anerkennung schwingt immer wieder mit. Nach Wien kam die Klezmerwelle erstaunlich spät, obwohl die Gruppe *Geduldig und Thimann* vergleichsweise früh einen gewissen Bekanntheitsgrad erreicht hatte. Als 2007 das vierte KlezMore-Festival Wien veranstaltet wurde, hieß es dazu im österreichischen Radio: „Hauptveranstalter dieses Festivals ist auch ein Goj.“ Dass es eine jüdische Mitveranstalterin gab, hatte für den Aufbau der Argumentationslinie keinen Raum. Weiter hieß es dazu:

> „Aber dass die mittlerweile vierte Ausgabe längst auch von der jüdischen Gemeinde in Wien mehr als nur akzeptiert wird, beweist unter anderem, dass sogar Oberrabbiner Paul Chaim Eisenberg ein Konzert mit seinen Freunden geben wird, in der Israelitischen Kultusgemeinde. Das Ziel des Festivals war ja von Anfang an der Dialog und der ist jetzt in Gang gekommen.“[37]

Ist das ein Dialog, wenn der Rabbiner in den Räumen der Israelitischen Kultusgemeinde singt?

Die von Goldfarb angesprochenen „wimmernden Instrumente“ dürften tatsächlich einen Anteil an der von der Musik ausgehenden Faszination ausmachen. Da mir persönlich die Musik selbst nur begrenzt gefällt, war es umso interessanter herauszufinden, warum sie andere magnetisch anzieht. Entpolemisiert wäre das „Wimmernde“ als ‚Melancholisches‘ übersetzbar. Um der Sache noch genauer nachzugehen, habe ich wie erwähnt beim Fürther Klezmer-Festival als teilnehmender Beobachter bei den

Workshops zugesehen und -gehört und ersuchte die mehr als 50 daran Teilnehmenden, mir einen kleinen Fragebogen auszufüllen. Unter den Antworten taucht der Aspekt des Melancholischen, Traurigen immer wieder auf. Herr C. schrieb: „Besonders die Melancholie der Klezmermusik fasziniert mich." Herr M. antwortete auf die Frage, was es für ihn bedeute, Klezmermusik zu spielen: „Freude an der Musik, den traurigen Stimmungen, den starken Gefühlen, der herzlichen Fröhlichkeit", oder Frau S.: „Das ist Leben mit Lachen und Weinen tief aus dem Bauch heraus."[38] Auch die Studie Aaron Eckstaedts kann glauben machen, es handle sich um Musik für manisch-depressive Stimmungen. Der von ihm interviewte, 1970 geborene Shiatsu-Therapeut Lars drückt dies am explizitesten aus:

> „Die Gegensätze sind so nah beieinander in dieser Musik. Das Schaurig-Melancholische verwandelt sich in einen rasenden Tanz, der nur so nach Fröhlichkeit schreit. Heulend und fix und fertig mit der Welt machst du Jubelsprünge. Dieses Manisch-depressive habe ich noch in keiner anderen Musik erlebt."[39]

Weniger überspitzt ausgedrückt, handelt es sich um eine kulturell vermittelte Faszination der Gefühlspolarität von Traurigkeit und Fröhlichkeit, also etwas sehr Normales, das sich beispielsweise in vielen Filmen oder literarischen Werken wieder finden lässt.

Abb. 2: „Wenn ihr schon unsere Musiker umgebracht habt, könnt ihr dann nicht wenigstens unsere Musik in Ruhe lassen?" (Zitat aus Charles Lewinsky: Ein ganz gewöhnlicher Jude)

Dass sich deutsche nichtjüdische Konsumierende und Musizierende an der jüdischen Erfahrung von Religiosität, Spiritualität, Unterdrückung, Überleben etc. anhängen, kann als eine Grenzüberschreitung gewertet werden, die Lewinskys Romanfigur Goldfarb in dem zornigsten Argument münden lässt:

> „Wenn ihr schon unsere Musiker umgebracht habt, könnt ihr dann nicht wenigstens unsere Musik in Ruhe lassen? Aber sie würden es nicht verstehen, weil sie vor lauter Philosemitismus schon die besseren Juden geworden sind."[40]

Hier müsste vermutlich der Streit beginnen, denn wer ist „ihr" und was bedeutet „unsere", wem gehört welche Kultur und wer darf darüber urteilen. Die Wut an dieser Stelle mag berechtigt sein, denn es ist tatsächlich höchst fragwürdig, wenn nichtjüdische Musizierende als „bessere Juden" eine jüdische Kultur repräsentierend verkörpern, die nichts direkt mit dem aktuellen jüdischen Leben, sondern mit dem nichtjüdischen zu tun hat. Für das nichtjüdische Publikum ist es nämlich kaum zu unterscheiden, wer jüdisch ist und wer nicht, weswegen es zu vielen bizarren Missverständnissen kommt. Jene, die jüdische Kultur verkörpern, werden von nichtjüdischem Publikum oftmals missverständlich als Juden und Jüdinnen wahrgenommen. Herwig Strobl, der lange Jahre die Gruppe *10 saiten 1 bogen* leitete, hat nie verhehlt, Sohn eines Nazis zu sein, eines Ortsgruppenleiters im oberösterreichischen Mühlviertel. [41] Im Interview schildert er sein Engagement bei einer Veranstaltung, die unter dem Slogan „christlich-jüdischer Dialog" lief. Im Anschluss an den Auftritt der Gruppe kam eine Frau auf ihn zu und meinte vorwurfsvoll: „Aber von euch Juden tät ich mir erwarten, dass' wenigstens den Christus anerkennt's."[42] Der an derselben Veranstaltung auftretende Jiddisch-Experte Armin Eidherr sei ebenfalls als Jude wahrgenommen worden. Ein anderes Beispiel aus einem ‚Forum', den ich im Internet zum Thema ‚Philosemitismusverdacht' eröffnet habe:

> „Wir spielten in Würzburg ein Konzert, als gegen Ende sich ein leicht angesäuselter Mensch im Publikum erhob und eine kleine Rede spontan losließ, wie toll es doch wäre, dass man diese Musik heute wieder hören kann. [...] Nach dem Konzert kam ich mit ihm in's Gespräch. Er meinte, wie toll es wäre, dass unsere Kulturen sich wieder annähern würden. Erst da wurde mir klar, dass er die ganze Zeit dachte, wir wären Juden. Als ich klarstellte, dass wir waschechte Gojim seien, schwieg er

zunächst und wurde dann richtig patzig. Ich würde doch ganz jüdisch aussehen. Er sei jetzt richtig enttäuscht. Das Gespräch begann zu eskalieren. Er wurde immer ungehaltener und beschuldigte uns praktisch des Etikettenschwindels."[43]

Das sind nur zwei Beispiele für die misslungenen Vermittlungsversuche von jüdischer Kultur zwischen nichtjüdischen Beteiligten.

Am Ende von *Ein ganz gewöhnlicher Jude* gibt Goldfarb seinen Widerstand auf und besucht tatsächlich die Schulklasse. Anscheinend musste die Wut über das philosemitische Gehabe zunächst heraus, damit ein derartiger Schritt möglich war. Die Begrüßung des Lehrers Gebhardt bildet den Abschluss. Wie Goldfarb dort auftreten wird und wie es ihm damit geht, bleibt der Phantasie überlassen. In der Filmversion bildet ironischerweise das jiddische Kufsteinlied „Mei Schtedtele Beltz" den Soundtrack zum Abschluss.

Hinter dem Dürfen – Liebe, Romantisierung, Banalisierung und grenzüberschreitende Identifikationen

Buch und Film von Charles Lewinsky sprachen einige wichtige Aspekte an, die hinter der Schlüsselfrage – Dürfen nichtjüdische Musikbegeisterte Klezmer spielen? – stehen: die Erwartungshaltung um Anerkennung, das Grenzüberschreitende und das Repräsentationsproblem. Einige andere dahinter stehende Fragen sollen im Folgenden noch andiskutiert werden.

Im realen Klezmerleben schwingt Philosemitismus durchaus mit, aber selten so plump wie auf manchen Internetseiten mit Gästebüchern diverser Klezmerbands. Sie sind eine wahre Fundgrube an Liebeserklärungen, wie z. B. jenes der Gruppe *Aufwind*. Aus einem Pfarramt wurde über eines der dort gegebenen Konzerte geschrieben: „[...] manche haben durch euer Konzert überhaupt das erste Mal Berührung mit jiddischer Musik bekommen. Vielleicht habt Ihr bei denen einen neue Liebe geweckt." Vermutlich wohlmeinend verabschiedet sich der Gästebuchschreiber mit „[...] wünsche ich Euch viel Erfolg, aufmerksame Zuhörer und Zuhörerinnen und Schalom."[44] Wo sonst sind derartige Liebeserklärungen gegenüber dem Jüdischen möglich? Ein oder eine andere meldete sich unter dem Pseudonym „Shabat Shalom" zu Wort. Das unbefangene „Guten Tag zusammen, Shalom"-Getue erweckt den Eindruck, als wäre eine virtuelle deutsch-judaisierte Spielwiese erschaffen worden.[45] Das ist allerdings kein auf die Klezmerszene beschränktes Phänomen. Um beim Begriff „Shalom" zu bleiben, sei auf den „Kegelclub Shalömchen" in Leverkusen oder die Karlsruher „Schwulenchörin ‚Schalömchen'" verwiesen. Letzterer dokumentiert ein Konzert in Haifa unter dem Titel „Das Heilige Land von hinten".[46] Der Philosemitismus wird unter Klezmerbegeisterten aber selten derart auf die Spitze getrieben, dass es schon unglaubwürdig wirkt. In einem Gästebucheintrag heißt es: „Ich finde euch einfach Spitze und da ich sowieso ein Bewunderer der Juden und ihrer Kultur bin, liebe ich Klezmer!"[47] Vermutlich ist alles „lieb" gemeint und Böses soll nicht unterstellt werden. Aber so zu tun, als gäbe es ein Surrogat jüdischer Kultur durch einen vermeintlich jüdischen Habitus von Nichtjuden und Nichtjüdinnen, kann Juden und Jüdinnen natürlich nerven. Die Grenzüberschreitung drückt sich auch in der Verwendung des ‚besitzanzeigenden' Fürwortes in der Formulierung „meine Musik" aus. Das mag vielleicht anders gemeint sein, nämlich als eine Art Seelenverwandtschaft, die in der Musik gefunden wurde, dennoch wäre sprachliche Differenzierung für die Beschreibung von Identifikation angebracht.

Für die Historikerin Eleonore Lappin, die in der Wiener liberalen jüdischen Gemeinde Or Chadasch aktiv ist, ist es klar, dass sich nichtjüdische Klezmermusizierende an ein nichtjüdisches Publikum richten müssen, da das jüdische schon zahlenmäßig zu klein wäre.

> „Also jetzt hast du dann die Leute, die von außen kommen und nach außen arbeiten. Das ist dann gute Musik oder schlechte Musik, in meinen Augen ist es nicht mehr Klezmermusik. Womit ich ja auch noch leben könnte, wenn ich nicht trotzdem das Gefühl hätte, dass sie sich an meiner Kultur vergreifen wollen."[48]

Auch hier wieder: „meine Kultur". Herwig Strobl ist so jemand, der diese Musik als „meine" bezeichnet. Das Grenzenziehen erfuhr er auf zwiespältige Art. Während der Wiener Oberrabbiner Paul Chaim Eisenberg mit Strobls Gruppe *10 saiten 1 bogen* eine CD mit „Jiddischen Liedern, chassidischen Weisen und Erzählungen" für das österreichische Radio aufnahm, hat ihm der Vorsitzende der Israelitischen Kultusgemeinde in Linz untersagt, in der Synagoge zu musizieren.

Eine Grenzüberschreitung ist jedoch möglich. In der Klezmerszene geht die Identifikation mit dem Jüdischen bei Einzelnen so weit, dass sie zum Judentum übertreten.[49] Dies ist bekanntlich kein leicht zu tätigender Schritt, und über diese Personengruppe ist noch wenig bekannt. Die interviewten Klezmermusizierenden, denen ein derartiger Schritt fern liegt, respektieren dies jedoch kritiklos.

'Grenzen', das 'Wir', 'Ihr', 'Unser' sind vermutlich wichtigere Verhandlungsgegenstände als die Schlüsselfrage des Dürfens. Das Schwierige daran ist, dass es keine einheitliche Meinung darüber geben wird, wer was darf und wer nicht. Es macht wohl auch wenig Sinn, dass die Beteiligten ständig ein Etikett vor sich hertragen, wer nun jüdisch und nichtjüdisch sei, außerdem verkennt das die Realität von gemischten Mehrfachidentitäten. Manche Bands verweisen jedoch programmatisch darauf, dass sie nicht als jüdische angesehen werden möchten, auch wenn sie eine Art jüdischer Musik spielen. Sie bezeichnen sich bereits im Gruppennamen als 'Gojim', wie die aus Bremen stammende Gruppe *Klezgoyim*, die holländischen *Di Gojim* oder die österreichischen *Gojim*.[50]

Falsche Kontextualisierungen, Orte – das Kennzeichnende

Das bereits erwähnte Wechselspiel von 'traurig' und 'jauchzend' mag zwar die emotionalen Polaritäten ansprechen, doch das kann auch danebengehen, nämlich wenn der Kontext ausser Acht gelassen wird. Dass Menschen, denen es schlecht ging, fähig waren zu feiern, zu tanzen und daraus Kraft abzuleiten, hat anscheinend etwas Hoffnung Gebendes an sich. Jegliche „Schtetl-Romantik (die sich aus gegebenem Anlass bis zur Ghetto-Romantik steigern kann!)", störe sie besonders am Umgang mit Klezmermusik, schrieb mir eine jüdische Kollegin aus Wien.[51] Es gibt überhaupt keinen Anlass, die jüdische Vergangenheit in Osteuropa zu romantisieren: Armut, Marginalisierung, Diskriminierung und Antisemitismus haben nichts Romantisches an sich. Im schlimmsten Fall produziert die judaisierte Folklore exotisierende Klischees, die eine in Kitsch verkleidete Aktualisierung alter Stereotypisierung mit verpackt.[52] „Diese grauenhafte Judentumsfolklore benutzt die uralten antisemitischen Klischees von jüdischem Leben", meint Julius Schoeps dazu.[53] Hier treffen sich Antisemitismus und Philosemitismus am Nächsten. Was damit konkret gemeint ist, wäre allerdings noch genauer zu präzisieren. Wenn fernab der historischen Realität von Armut, Religion und Unterdrückung eine verlogene Schtetl- oder sogar Getto-Romantik auflebt, dann liegt ein Problem vor. Dass ein lokaler Bogen zu einer Tradition gespannt wird, die es hier so nicht gab, kann auch irritieren. Die ostjüdische Kultur galt bekanntermaßen nur einem kleinen Kreis der jüdischen Bevölkerung in Deutschland und Österreich vor dem Nationalsozialismus als Ideal.

Der Klezmerboom hat eine tatsächliche Wirkungsmächtigkeit erlangt, die diese Musik zum 'signifier' für alles Jüdische erhoben hat. Dies lässt sich in der Berichterstattung über jüdische Themen im Fernsehen beobachten: Ein Mensch oder ein Ort wird gezeigt und diese Art jüdischer Musik wird darüber gelegt, um die Zusehenden zu informieren, jetzt ist ein jüdisches Thema zu erwarten bzw. ein jüdischer Mensch wird gezeigt. Schlimm daran ist die völlige Entkontextualisierung, denn wofür die Musik eigentlich steht, zu welchen Angelegenheiten und an welchen Orten sie gespielt wurde, tut nichts zur Sache. Sie ist ‚das' hörbare Identifikationsmittel für alles geworden, was unter der Kategorie ‚Jüdisch' verstanden werden soll. Ohne das musikalische Niveau vergleichen zu wollen, kann das für Betroffene so beleidigend klischeehaft falsch wirken, als würden Deutsche global alleinig durch Musikantenstadlmusik identifizierbar sein.

Entkontextualisierung ist nicht unbedingt die Schuld der Musizierenden selbst, sondern auch der Veranstaltenden, die sich genau diese Musik für Gelegenheiten wünschen, an denen sie schlichtweg unangebracht ist. Früher sei die Musik eine Kongress- und Tagungsmusik gewesen, ist bei Interviews mit Berliner Klezmermusizierenden zu hören und es klingt sehr wohl sarkastisch. Immerhin ist es dieses Umfeld, das nun den Klezmermusizierenden gerne Naivität im Umgang mit der Thematik unterstellt. Was hatte diese Art von Musik auf akademischem Boden zu suchen, außer vielleicht das schlechte Gewissen von irgendjemanden zu beruhigen oder damit so etwas wie Toleranzfähigkeit zu signalisieren? Natürlich war es absurd, dass nichtjüdische Gruppen dafür herhalten mussten, da es in der Regel an jenen mit jüdischen Musizierenden mangelte. Inzwischen haben die Aufträge aus der linksakademischen Welt nahezu wieder aufgehört und wurden durch Einladungen aus dem bildungsbürgerlichen Milieu ersetzt, meint Franka Lampe im Interview. Abgesehen von Instrumentalunterricht, spielt sie – auch das ist charakteristisch – in verschiedenen Gruppenkonstellationen, und zwar *Café Central*, *Klezmer Techter*, *Ljuti Hora*, *Nu*, *Schikker Wi Lot* und daneben noch in einer mit brasilianischer Musik, *Oloyé*.[54] Die Auftrittsorte, die sie nennt – Festivals, schlecht bezahlende Clubs, Geburtstage, Jubiläen, Ausstellungseröffnungen, Demonstrationen, Konferenzen und Gedenkveranstaltungen unterscheiden sich kaum von den Antworten der Workshopteilnehmenden aus Fürth. Am häufigsten wurden dort Hochzeiten genannt, aber auch Geburtstage, Feiern und Partys, Jubiläen in privaten und kirchlichen Kreisen, Musikmeditationen in Kirchen, Tanzveranstaltungen, Vernissagen und Ausstellungseröffnungen, Konzerte bei kleinen bis mittleren Festivals, Schulkonzerte, Konzerte in Kleinkunstbühnen, Kulturtage, Gedenktage, politische Ereignisse z. B. Maidemonstrationen oder interkulturelle Ereignisse, Stadteil- und Straßenfeste.[55] Das Problem dabei ist, dass es sich manchmal um Veranstaltungen handelt, bei denen das Publikum mit dieser Art von Musik unvorbereitet konfrontiert wird. Dies war auch einer der Gründe, warum ich mich mit der Thematik befassen wollte, denn mir fiel auf, dass das Wohlmeinende nicht unbedingt auf Gegenliebe stieß. Mir ist es selbst passiert, zu einer Hochzeit eingeladen worden zu sein, die in wunderschöner alpiner Landschaft in der Nähe von Hitlers Berghof stattfand – das ist natürlich meine persönliche Assoziation – und bei der eine Gruppe ausschließlich mit Klezmermusik zum Tanz aufspielte. Besonders bizarr wird es dann, wenn das Jüdische zwar präsentiert, jedoch zugleich verschwiegen werden soll. Franka Lampe erzählte von einer Hochzeit in Bayern, für die sie gebeten wurde, nicht zu sagen, dass es sich um Klezmermusik handle, „[…] weil wir haben da so ein paar Verwandte!" Solange die im Glauben gehalten würden, es handle sich um osteuropäische Musik, würde ihnen das gefallen.[56]

Auch wenn Heiko Lehmann von einer gegenteiligen Erfahrung berichtete, finde ich es erstaunlich, dass nichtjüdische Klezmermusizierende selten mit dem Alltagsantisemitismus konfrontiert sind. Auf die Frage, ob sie durch das Befassen mit jüdischer Musik in ihrer Umwelt negative Erfahrungen wie z. B. antijüdische Bemerkungen gemacht hätten, antworteten alle am Fürther Workshop Teilnehmenden mit „nein". Franka Lampe meinte, das habe damit zu tun, dass zu den Konzerten kaum Leute kommen, die diese Musik nicht mögen. Ihr fallen auch nur wenige negative Beispiele ein, etwa ein Auftritt mit einer Kollegin bei ‚Omas Geburtstag'. Omas Kommentar: „So schöne junge Mädchen und was mache' sie diese Jude-Musik?!"[57]

Manchmal ist es schwer, den Wohlmeinenden zu erklären, dass die Musik nicht zu jedem Anlass passt, der etwas mit dem Thema ‚Jüdisch' zu tun hat. Ein Beispiel: Als die Ausstellung zur Geschichte der jüdischen Bevölkerung in Salzburg 2002 eröffnet wurde, engagierte die Direktion die lokale Klezmerband *Klezmer Connection*. Salzburg war sicherlich nicht der Ort, an dem diese Musik von jüdischen Musizierenden gespielt und von den Angehörigen der kleinen Gemeinde geliebt wurde. Demnach war sie eine falsch gewählte Musik, um dem Eröffnungspublikum nonverbal etwas aus der lokalen jüdischen Geschichte zu erzählen.

Die falschen Orte und Gelegenheiten bringen die Musikausübenden manchmal in unangenehme Situationen. Franka Lampe beschrieb im Interview ein Engagement für ein Firmenfest, bei dem die Belegschaft dem russisch-jüdischen Firmenchef eine Freude machen wollte. Ihm gefiel die Klezmermusik offensichtlich nicht, aber er sei höflich genug gewesen, um raus zu gehen – „Gott war das furchtbar!"[58]

Abb. 3: (oben) „Klezmer-Dubbing" beim Klezmerfest Fürth

Abb. 4: (unten) Der Mix aus jammernden und jauchzenden Tönen garantiert gute Partystimmung. Konzert der Studierenden und Lehrenden beim Klezmerfest Fürth, 2007

Ersatz für Vergangenheitsbewältigung – Kulturbesitz und Erlösung

Das kollektivpsychologische Kernproblem in den NS-Nachfolgegenerationen ist der Wunsch nach Entlastung in der Schoa-Schuldfrage. Wenn Klezmermusik zur individuellen Vergangenheitsbewältigung – der Begriff wird hier bewusst verwendet – herhalten muss, dann ist das ein Missbrauch jüdischer Musik. „Die psychologische Entlastung der Kinder und Kindeskinder [von Tätern und Täterinnen] durch Identifikation mit einer imaginären Kultur der Opfer", so die Wiener jüdische Historikerin Louise Hecht, muss Juden und Jüdinnen irritieren, umso mehr, als dadurch die Kultur der nun lebenden Juden und Jüdinnen nahezu delegitimiert wird.[59]

Aus den Medien war zu erfahren, dass Ben Becker im Rahmen der Arbeit an dem Film „*Ein ganz gewöhnlicher Jude*" entdeckte, „dass er selbst jüdischer Abstammung ist"[60]. Auch das ist durchaus üblich in der Klezmerszene, die Suche nach eigenen jüdischen Wurzeln und die darüber angestellten Vermutungen. „Vor einige Monaten habe ich einen jüdischen Zweig [in] meinem Familienbaum entdeckt", war eine der Antworten auf meinen Fragebogen. Die Phantasien darüber gehen im alternativ-esoterischen Bereich so weit, dass sich der von Aaron Eckstaedt interviewte Musiklehrer Jürgen, er ist ein an Reinkarnation glaubender Angehöriger der evangelischen Religion, vorstellen kann, dass „in ihm auch ein ermordeter Jude ist"[61]. Dass sich bei der Beschäftigung mit jüdischen Themen vereinzelte familiäre Verbindungslinien herausstellen, mag schon stimmen, aber letztlich geht es im Hintergrund um eine fundamentale Loslösung von den Familien der Täterinnen und Täter und eine Identifikation mit den Opfern. Wenn sich Personen direkt von der Schuldfrage betroffen fühlen, suchen sie nach individuellen Auswegen und Lösungen. Die Klezmerszene ist eben einer von mehreren Orten, an denen derartige Prozesse stattfinden. Es geht auch hier um das Kernproblem, wie mit dieser postgenozidalen Situation adäquat umgegangen werden kann. Dialoge sind wichtig, aber die Hausaufgaben sind dennoch zu machen, d. h. die Identifikation mit Opfergeschichten kann kein Ersatz für die individuelle Bearbeitung der eigenen Familiengeschichte sein.[62] Vermutlich wirkt hier die christliche Tradition des Umgangs mit Schuld stärker herein, als dies vermutet wird. Die Christianisierung jüdischer Musik ist meiner Meinung nach eine der problematischsten Grenzüberschreitungen, es kann durchaus von einer „Klezmerisierung des christlich-jüdischen Dialogs" gesprochen werden.[63] In einem der Eckstaedt-Interviews heißt es: „Da muss Buße getan werden, und was auch immer getan werden kann, um das wiedergutzumachen, muss getan werden!"[64]

Problem Semiprofessionalität

Vermutlich liegt ein Grundproblem darin, dass es sich bei Klezmermusik um eine vergleichsweise einfach zu spielende Musik handelt, die semiprofessionell Musizierende anspricht, da mit dem Mix aus jammernden und jauchzenden Tönen leicht gute Partystimmung produziert werden kann. Es dürfte sehr schnell Spaß machen, diese Art von Musik zu spielen, und genau das konnte ich am Fürther Workshop beobachten. Alle Antwortenden übten andere Berufe aus. Antworten aus dem Fragebogen, was es für jemanden bedeute, Klezmermusik zu spielen, zeigen, dass es um das schnell Erlernbare geht: „Es ist eine sehr fröhliche und im Grunde einfache und eingängige Musik" oder: „Die Musik macht Spaß, sie ist relativ gesehen erstmal leichter als andere Musikarten, wie z. B. Jazz oder Klassik, hat aber unglaublich schöne Melodien." Ein Musikschulleiter schrieb, er sei

> „[...] dem Verdacht nachgegangen, dass Klezmer eine sehr schlichte Musik ist. Dieser Verdacht hat sich auf diesem Klezmerworkshop bestätigt. Ich habe gelernt, dass es eine ideale Anfängermusik ist und die Vermittlungstechniken keinerlei Vorkenntnisse erfordern. Und noch eine kurze Antwort: Klezmer spielen ist wesentlich angenehmer als Klezmer zu hören."[65]

Das gelte aber auch für andere Musikstile. Es sollte nicht vergessen werden, dass es die jüdischen Lehrenden waren, die in Deutschland nichtjüdische Klezmerbegeisterte aufforderten, selbst Gruppen zu gründen. Vermutlich gibt es auch deswegen nirgends, außer in den USA, so viele Klezmerbands wie in Deutschland. Die Workshops seien Schuld daran, dass sich „in Deutschland so viele Hobby-Klezmer-Bands pro Quadratmeter wie sonst nirgendwo auf der Welt" drängen.[66] Ich fragte dazu Joshua Horowitz, den Hauptverantwortlichen für die Workshops beim „Klezmer-Festival Fürth". Er spielt in mehreren Bands, vor allem Budowitz, unterrichtete in Graz und lebt nun wieder in den USA. Es sei Inhalt der Workshops, so Horowitz, die nichtjüdischen Teilnehmenden zu weiterem Musizieren zu ermuntern. Wieso solle er sonst Workshops geben, ist die Gegenfrage.

> „My reason is simple: Music is a peaceful activity. It encourages community, elicits vulnerable emotions and inspires people to overcome ethnic and religious boundaries. And you can criticize this. But in the end you should also ask, what does the alternative look like?"[67]

Das Grenzüberschreiten kann also durchaus auch positiv interpretiert werden und es gibt dabei einen nicht unwesentlichen Anteil jüdischerseits. Die Musik zu durchdringen benötigt allerdings eine intensive Beschäftigung und Auseinandersetzung, nicht nur mit der Musik an sich, auch mit der Sprache sowie den religiösen und sozialen Zusammenhängen.

Wenn schon der Begriff Klezmerboom bemüht wurde, sollte korrigierend erwähnt werden, dass nur die wenigsten Musizierenden tatsächlich von der Ausübung dieser Musik leben können. Deshalb spielen die Semiprofessionalität bzw. das Vagabundieren in verschiedenen Musikrichtungen zwecks Auftrittsmöglichkeiten eine so wichtige Rolle. Franka Lampe meint im Interview, als professionelle Klezmermusikerin zu leben, sei abenteuerlich, aber in ihrem Falle klappe es.

Is it good for the ...?

Am Ende ihrer „Virtually Jewish"-Studie, in der sie die judaisierten Kulturen, darunter die Klezmerisierung in Mitteleuropa untersucht, greift Ruth Ellen Gruber ein altes jüdisches Sprichwort auf: Is it good for the Jews? Angesichts ihrer kritischen Analyse zuvor fällt das Urteil eigentlich milde aus:

> „On the whole, I would say yes, with certain caveats. A sizable part of the European population has begun to know something of what Jews were – and are – and to recognize that Jews and Jewish culture formed a rich, integral part of their own history. Jews themselves, particularly the emerging communities in postcommunist states, have benefited in various ways from this new climate."[68]

Positiv ist gewiss auch, dass das Interesse eines nichtjüdischen Publikums es jüdischen Musizierenden ermöglichte, einen Markt für ihr kulturelles Anliegen zu finden und für jüdische Klezmerbegeisterte, und diese gibt es natürlich auch, ist es eine Genugtuung, dass die von ihnen geschätzte Musik auf so breites Interesse in nichtjüdischen Milieus stößt. Bei einem Klezmerkonzert in Fürth waren meine Sitznachbarn ein Überlebender aus Fürth und seine Frau, eine Überlebende aus Weißrussland, die extra für das Klezmer-Festival aus Israel angereist waren.

Eindeutig positiv sind sicherlich die geleistete Grundlagenforschung, die Aufbereitung von Quellen und die Suche nach überlebenden Musizierenden. Trotz ihrer Skepsis gegenüber nichtjüdischen Klezmermusizierenden ist es dieser Aspekt, den Eleonore Lappin anerkennt: „Sind wir froh, dass ein paar Nichtjuden dieses Liedgut, solange es noch da ist, retten. Das kann man ihnen nicht ganz absprechen."[69]

Dennoch wird das Phänomen von Ambivalenzen begleitet bleiben. Abgesehen von Auftritten für die jüdischen Gemeinden oder jüdische Hochzeiten konkurrieren jüdische und nichtjüdische Musizierende am selben Markt. Henry „Hank" Sapoznik, Autor, Musiker und Initiator der KlezKamps in den Catskills nahe New York, beschreibt die zweitgrößte Klezmerszene außerhalb der USA, nämliche jene in Deutschland als unglaublich: „It's gotten so popular. I can't even tour there anymore, there are so many bands."[70]

Auf Anfrage bei der Vorsitzenden der jüdischen Gemeinde Fürth, Gisela Naomi Blume, wie sie und die Gemeindemitglieder das „Klezmer-Festival Fürth" empfinden, meinte sie, das sei natürlich nicht die Musik, die früher hier verwurzelt gewesen war. Die Jüdische Gemeinde erhalte ein Kartenkontingent und wählte beim vorangegangenen Klezmer-Festival ein Konzert mit einer Art moderner Klezmermusik aus. Das sei nicht gut angekommen. Im laufenden Jahr haben sie für die vielen aus der ehemaligen Sowjetunion stammenden Mitglieder eine Gruppe ausgesucht, die aus dieser Region komme und das werde passen.

Eigentlich müsste die oben gestellte Frage persifliert werden und zwar: „Is it good for the non-Jews"? Offensichtlich ist es so, sonst wäre die Begeisterung nicht zu erklären. Aber vielleicht sollte zuvor gefragt werden, ob es auch gut für das Verhältnis zwischen jüdischer und nichtjüdischer Bevölkerung ist. Mein Eindruck ist, dass die nichtjüdische Klezmerszene von jenen, die ihr nicht zugetan sind, unterschätzt wird. Der Katalogbeitrag von Judith Kessler für die Wanderausstellung „Klezmer hejmisch und hip" spricht vieles von den schwierigen Beziehungen an und dass Ruth Ellen Gruber beim „Klezmer & andere ‚andere' Musiken"-Symposium des Yiddish Summer Weimar 2007 referierte, signalisiert die Bereitschaft, sich der Problematik diskursiv zu stellen.[71] Etwas anderes ist auch nicht zu unterschätzen: Die Klezmerkonzerte und Workshops schaffen einen Ort der Begegnung und diese Orte sind rar. Dass es dabei zu vielen Irrtümern kommt, wie zu der Vorstellung, dass die nichtjüdischen Musizierenden jüdische seien und die jüdische Kultur eine ‚endlich' wieder lebendige sei, ist eines von vielen Missverständnissen, die in interkulturellen Kommunikationen auf der Tagesordnung stehen und für die beide Seiten – also nichtjüdische Musizierende und ihr nichtjüdisches Publikum – Verantwortung tragen.

Vielleicht sollte die Klezmerfaszination nicht als etwas für Individuen fix Vorhandenes verstanden werden, sondern als etwas sich prozesshaft

Veränderndes. Im besten Fall ist es eine Hinführung zur Auseinandersetzung mit jüdischer Kultur, realen Juden und Jüdinnen und der sie betreffenden aktuellen Lebenswirklichkeiten, aber auch zum Aufwerfen der Frage, wie die nichtjüdische Bevölkerung damit umgeht. Wie kann ein derartiger Prozess der Annäherung an die Thematik ablaufen? Das Spüren einer magnetisch wirkenden Anziehungskraft durch die Musik ist anscheinend oftmals erforderlich, um sich mit der Musik zu befassen. Allerdings ist es bei manchen viel pragmatischer, da sie gefragt wurden, in einer derartigen Gruppe mitzuspielen. Liebe zur Musik oder die Vorstellungen, das sei „meine Musik", kollidieren mit der Last der Vergangenheit und dem Fakt, dass diese Art von Musik in einem historischen und oft auch religiösen Kontext steht. Am wichtigsten sind vermutlich die realen Begegnungen mit Juden und Jüdinnen, die vor unzulässigen Identifikationen, Generalisierungen oder einer pauschalen Idealisierung bewahren können. „Das erste ist, die bewundern ‚der Jude'", beschreibt Joshua Horowitz, wie ihm die nichtjüdischen Klezmer-Greenhorns bei Workshops oftmals gegenübertreten.

> „Das hört man, das spürt man an den Fragen. Nach einer Weile werden sie Freunde, die Wände werden abgebaut, wir bleiben bei ihnen zu Hause, sie bei uns. Sie sehen uns schwächeln, sie sehen, dass wir genauso sind wie andere oder nicht. Und irgendwie wird diese ganze romantische Verherrlichung abgebaut mit der Zeit."[72]

Wenn das so stimmt, dann betreiben die jüdischen Lehrenden eine wichtige Aufklärungs- und Entwirrungsarbeit, ermöglichen im besten Fall einen wichtigen Schritt von einer philosemitischen Idealisierung zur ‚Normalisierung' der Beziehungen. Sie sind darum nicht zu beneiden, denn die Desillusionierungs- und Enttäuschungsarbeit ist hartes Brot. „Für manche kann das ein Prozess sein, wo sie dann desillusioniert sind, also richtig enttäuscht werden", beschreibt Joshua Horowitz seine Beobachtungen. „Aber, wenn sie dran bleiben, kommen sie durch die Wahrheit durch, dass es fast genau so ist bei ihnen. Man ist nicht wirklich so anders." Wer sich auf diesen Prozess einlässt, sollte also Klezmermusik spielen dürfen, glaube ich.

Nachsatz: Das Phänomen der Nichtjuden und Nichtjüdinnen in ‚judaisierten' Milieus zeigt sich auch in anderen Bereichen, etwa in den Medien oder der akademischen Welt, in der die „Jewish Studies" ein derartiges Forum eröffnet haben. Viele der zuvor angesprochenen Fragen, könnten auch daraufhin übersetzt werden, auch die Frage: „Is it good for the …?"[73]

Anmerkungen

1 Klezmer ist inzwischen ein nivellierender Begriff für verschiedene Stilrichtungen jüdischer Musik geworden. Vgl. z. B. Salmen, Walter: „... denn die Fiedel macht das Fest". Jüdische Musikanten und Tänzer vom 13. bis 20. Jahrhundert, Innsbruck 1991; Winkler, Georg: Klezmer. Merkmale, Strukturen und Tendenzen eines musikkulturellen Phänomens, Salzburg 2001 (Dissertation), S. 23ff. Zur Klezmermusik als globales Phänomen vgl. die Auflistung der weltweit vorhandenen Klezmerbands: http://www.klezmershack.com/contacts/klezbyloc.html (16. 8. 2007); vgl. insgesamt auch Bohlman, Philip V.: Jüdische Volksmusik — eine mitteleuropäische Geistesgeschichte, Wien/Köln/Weimar 2005; Ottens, Rita/Rubin, Joel: Klezmer-Musik, München [2]2003; Rogov, Seth: The Essential Klezmer, Chapel Hill 2000. Von Rita Ottens und Joel Rubin sind zahlreiche Texte online zugänglich, z. B.: Ottens, Rita/Rubin, Joel E.: „The Sounds of the Vanishing World": The German Klezmer Movement as a Racial Discourse, Madison 2002: http://mki.wisc.edu/Resources/Online_Papers/MusicConfPapers/Ottens-RubinPaper.pdf (17. 8. 2007)

2 Warren, Kristy: It's bigger than hip hop, unveröff. Artikel zur Konferenz „Jewish Journeys", Kapstadt, 8.–10. 1. 2007.

3 http://www.russendisko.de/john.html (9. 8. 2007).

4 Booklet zur CD „Shtetl Superstars": Trikont 2006.

5 Es gäbe natürlich noch andere Beispiele, eines davon war beim Klezmer-Festival in Fürth 2007 zu hören, als ein 17-jähriger Workshopteilnehmer und sein Bruder (Cello und Violine) die Melodie eines Gameboy-Spieles einbezogen. Vgl. auch Loentz, Elizabeth: Yiddish, *Kanak Sprak*, Klezmer, and HipHop: Ethnolect, Minority Culture, Multiculturalism, and Stereotype in Germany, in: *Shofar. An Interdisciplinary Journal of Jewish Studies*, Bd. 25, Nr. 1, 2006, S. 33–62.

6 Interview mit Heiko Lehmann in Berlin am 8. 5. 2007.

7 Interview mit Fay Singer in Kapstadt, Südafrika am 4. 1. 2007.

8 Interview mit Matthew Reid in Kapstadt, Südafrika 11. 1. 2007; vgl. auch http://balkanology.co.za/artists.php (26. 7. 2007).

9 Dass sich ‚jüdische' Melodien in der ‚Balkan'-Szene gut verwerten lassen, zeigt die Verwendung von „Hava Nagila" bei Roma-Bands, etwa dem *Boban Markovic Orkestar.*

10 Interview mit Ernie Gruner am 1. 8. 2006 in Melbourne.

11 Interview mit der Gruppe Chuzpa am 20. 7. 2007 in Sydney.

12 „Ghetto-Songs". Neue „Zupfgeigenhansel"-LP, in: *Pardon* vom Mai 1979.

13 Die Bedeutung Deutschlands als Verlagsort für Klezmermusik ist beachtlich. Die US-Klezmer-Revival-Band The Klezmatics und in Folge die Projekte ihres Trompeters Frank London werden z. B. vom Berliner Piranha-Verlag veröffentlicht. Vgl. die vom Verlag als „Jüdische Welten" angepriesenen CDs unter: http://www.piranha.de/records/deutsch/jews_g.htm (28. 7. 2007).

14 Über die amerikanische Klezmer-Revival-Bewegung vgl. z. B.: Slobin, Mark (Hg.): American Klezmer. Its Roots and Offshots, Berkeley/Los Angeles/London 2002.

15 Eckstaedt, Aaron: „Klaus mit der Fiedel, Heike mit dem Bass ...". Jiddische Musik in Deutschland, Berlin/Wien 2003, S. 57, 59, 92, 109ff., 123, 132, 135, 137, 146ff., 154, 185, 198, 205f., 224, 244, 258, 273, 288, 291, 300.

16 http://www.dradio.de/dlf/sendungen/langenacht/559472/ (23. 4. 2007); Gruber, Ruth Ellen: Virtually Jewish. Reinventing Jewish Culture in Europe, Berkeley/Los Angeles/London, S. 212.

17 http://www.dradio.de/dlf/sendungen/langenacht/559472/ (23. 4. 2007).

18 http://www.dradio.de/dlf/sendungen/langenacht/559472/ (23.4.2007).
19 Ester und Abi Ofarim sind zwar ‚reale' jüdische Künstler in den 1960er-Jahren gewesen, doch bei der Klezmerszene geht es tatsächlich ums ‚Anfassen', also der Möglichkeit zu direkten Kontakten in Workshops.
20 Vgl. Friedländer, Saul: Auseinandersetzung mit der Shoah: Einige Überlegungen zum Thema Erinnerung und Geschichte, in: Küttler, Wolfgang/Rüsen, Jörn/Schulin, Ernst (Hg.): Geschichtsdiskurs, Bd. 5: Globale Konflikte, Erinnerungsarbeit und Neuorientierung seit 1945, Frankfurt a. M. 1999, S. 15.
21 Interview mit Heiko Lehmann in Berlin am 8.5.2007.
22 Vgl. http://www.hackesches-hoftheater.de/index2.htm (28. 7.2007).
23 Interview mit Franka Lampe in Berlin am 20.2.2007.
24 Thomas Groß: Der auserwählte Folk, in: *Die Zeit*, 24.7.2003 (http://zeus.zeit.de/text/2003/31/Klezmer (13.3.2007).
25 Zitiert in: http://www.boardclub.net/index.php?site=read-topic&f=13&t=924 (15.3.2007).
26 Lewinsky, Charles: Ein ganz gewöhnlicher Jude, Berlin 2007.
27 Ebd., S. 94.
28 Ebd.
29 http://www.klezmer-festival.de/2007/konzerte.html (25.7.2007).
30 Gruber: Virtually Jewish, [wie Anm. 16], S. 233f.
31 http://www.sukke.de/lecture.html (3.10.2006).
32 Interview mit Heiko Lehmann in Berlin am 8.5.2007.
33 Zur esoterischen Richtung vgl. CDs von David Lindner – z. B. „Living Dreams", zur Band Klezmania: http://www.klezmania.com.au./ (26.7.2007) und als Beispiel für eine in Österreich wirkende Klezmerband mit Didgeridoo-Einsatz vgl. die Musik von Classic Jazzmer.
34 Lewinsky: Ein ganz gewöhnlicher Jude, [wie Anm. 26], S. 94f.
35 Eckstaedt: Jiddische Musik, [wie Anm. 15], S. 321.
36 Interview mit Heiko Lehmann in Berlin am 8.5.2007.
37 Miriam Jesser in der Sendung „Spielräume" (Ö 1) am 7.6.2007.
38 Fragebogenauswertung der an den Workshops Teilnehmenden des Klezmer-Festivals in Fürth 2007. An dieser Stelle möchte ich mich bei allen Antwortenden und den Organisierenden des Festivals für die Kooperationsbereitschaft bedanken.
39 Eckstaedt: Jiddische Musik, [wie Anm. 15], S. 226.
40 Lewinsky: Ein ganz gewöhnlicher Jude, [wie Anm. 26], S. 95.
41 Strobl ließ einen Brief von seinem Vater aus dem Jahr 1965 veröffentlichen. Dieser forderte ihn auf, die Liebesbeziehung zu einer jüdischen Frau – viel später erst sollte sich herausstellen, dass sie gar nicht jüdisch war, sondern dass nur im Spaß behauptet hatte – sofort zu beenden, da er die Gefahr sieht, dass „Du einen Judenstämmling in meine, unsere Sippe bringst". Vgl. Sichrovsky, Peter: Schuldig geboren. Kinder aus Nazifamilien, Köln 1987, S. 20; vgl. auch Gruber: Virtually Jewish, [wie Anm. 16], S. 194ff.
42 Interview mit Herwig Strobl in Linz am 6.6.2007.
43 http://www.klezmer.de/discus/index.html (15.4.2007).
44 http://www.flf-book.de/FLFBook/FLF_Book.php?index=25&user=bichl (9.8.2007).
45 Vgl. insgesamt Bodemann, Y. Michal: Gedächtnistheater. Die jüdische Gemeinschaft und ihre deutsche Erfindung, Hamburg 1996.
46 Vgl. http://www.kegelclub-shaloemchen.de/SITES/statuten.htm (13.8.2007) u. http://www.schrillmaenner.de/shaloemchen/FrameSet.htm (13.8.2007).
47 Ebd.
48 Interview mit Eleonore Lappin in Wien am 21.3.2007.
49 Vgl. Eckstaedt: Jiddische Musik, [wie Anm. 15], S. 98f., 114, 151 u. 307.

50 Vgl. http://www.klezgoyim.de/ (27.7.2007) http://www.gojim.at/ (27.7.2007) u. http://www.digojim.nl/ (27.7.2007).
51 E-Mail von Louise Hecht vom 25.4.2007.
52 Vgl. auch Gruber, Ruth Ellen: Kitsch-Juden. Erinnerungsbilder im Angebot – ein Marktbericht nach dem Holocaust, in: Loewy, Hanno (Hg.): Gerüchte über die Juden. Antisemitismus, Philosemitismus und aktuelle Verschwörungstheorien, Essen 2005, S. 287–299.
53 http://www.boardclub.net/index.php?site=read-topic&f=13&t=924 (15.3.2007).
54 http://www.frankalampe.de/index.htm (28.7.2007).
55 Fragebogenauswertung der an den Workshops Teilnehmenden des Klezmer-Festivals in Fürth 2007.
56 Interview mit Franka Lampe in Berlin am 20.2.2007.
57 Ebd.
58 Ebd.
59 E-Mail von Louise Hecht vom 25.4.2007.
60 *Der Stern*, 19.1.2006.
61 Eckstaedt: Jiddische Musik, [wie Anm. 15], S. 151.
62 Goldfarb meint, die nichtjüdischen Musizierenden würden sich am fremden Rhythmus aufgeilen und „genießen das wohlige Bewusstsein, nicht einfach nur Musik zu machen wie jeder Dixieland-Trompeter, sondern mit jedem Takt auch gleich noch die Vergangenheit zu bewältigen." Lewinsky: Ein ganz gewöhnlicher Jude, [wie Anm. 26], S. 94.
63 Interview mit Michael Friedmann: „Klezmer bitte nur zum Dessert", in: *Evangelische Sonntagszeitung*, 21.1.2007.
64 Eckstaedt: Jiddische Musik, [wie Anm. 15], S. 114.
65 Fragebogenauswertung der an den Workshops Teilnehmenden des Klezmer-Festivals in Fürth 2007.
66 Vgl. den Artikel „Sex and the Shtetl", in: *taz*, 7.2.2004.
67 E-Mail von Joshua Horowitz vom 7.6. u. 28.8.2007.
68 Gruber: Virtually Jewish, [wie Anm. 16], S. 238.
69 Interview mit Eleonore Lappin in Wien am 21.3.2007.
70 Daily Freeman vom 25.2.2005, Section C, S. 1. Zum KlezKamp vgl. Bauer, Susan: Von der Khupe zum Klezkamp. Klezmer-Musik in New York/Berlin 1999 (Buch u. CD); vgl. auch Sapoznik, Henry: Klezmer! From Old World to Our World, New York 1999.
71 Kessler, Judith: Klezmerfreie Zone oder Jewish Disneyland?, in: Klezmer – hejmisch und hip. Musik als kulturelle Ausdrucksform im Wandel der Zeit, Gelsenkirchen 2003, S. 100–104; http://www.yiddish-summer-weimar.de/e_symposium.htm#Information_Speakers (29.7.2007).
72 Interview mit Joshua Horowitz in Fürth am 10.3.2007.
73 Im Laufe der Recherchen erhielt ich viele Anregungen und Auskünfte. Dafür vielen Dank an Helga Embacher, Louise Hecht, Johannes Hofinger, Joshua Horowitz, Michael John, Eleonore Lappin, Heiko Lehmann, Fay Singer, Michael Spudic und allen Personen, die sich interviewen ließen.

Liliane Weissberg

„The Sound of Music“: Das Studium jüdischer Kultur im neuen Europa[1]

Alpenglühen

Am 24. März 2005 berichtete Richard Bernstein in der *New York Times* über die erste Inszenierung des Musicals *The Sound of Music* auf einer Bühne Österreichs:

> „‚Die schönste Musik ist das Lied der Berge', so wird das wohl bekannteste Lied wörtlich ins Deutsche übersetzt, und dieser Text hat nicht ganz den eingänglichen, pastoralen Klang des Originals: ‚The hills are alive with the sound of music.' Aber das macht nichts. Die erste größere Produktion des Musicals *The Sound of Music* in Österreich spielt gerade in einer deutscher Fassung in Wiens ehrwürdiger Volksoper und ist ansonsten leicht wiederzuerkennen.“[2]

Bernstein wundert sich nicht, dass die Wiener Volksoper, die sonst für ihre touristenfreundlichen Produktionen der Operetten von Johann Strauß oder Franz Léhar bekannt ist, nun ein ausländisches Musical auf ihr Programm setzt. Schließlich ist *The Sound of Music* Österreich nicht eigentlich fremd. Obwohl die Amerikaner Richard Rodgers und Oscar Hammerstein II. die Musik komponierten, bezieht sich das Stück auf die Geschichte des Alpenlandes. Das 1959 entstandene Musical erzählt von der Liebe des Familienvaters von Trapp zu der Gouvernante seiner Kinder (die er bald auch ehelicht) und von dem musikalischen Erfolg aller (die Familie ist als Gesangsgruppe erfolgreich). Es berichtet auch von dem Widerstand der Familie gegenüber dem Naziregime, und ihre schließliche Flucht in die Schweiz und in die Sicherheit. Als das Musical 2005 zum ersten Mal in Wien aufgeführt wurde, hatte *The Sound of Music* bereits seine größten Erfolge in den Vereinigten Staaten und anderswo hinter sich, und war ein ehemaliger Kassenschlager als Theaterstück wie auch in einer Filmversion. Tatsächlich hatte der 1965 gedrehte Film zur Zeit der Wiener Theaterinszenierung bereits seine zweite Karriere in Amerika begonnen. In den dortigen Kinos wurde er oft spät nachts als eine Art Mitsing-Ereignis für ein jüngeres Publikum gezeigt und stand daher in merkwürdiger Konkurrenz zu einem anderen Film mit gleicher Funktion, der *Rocky Horror Show*.

Für Bernstein war diese Produktion des Musicals besonders hinsichtlich ihrer verspäteten Rezeption in Österreich interessant. Über Jahrzehnte hinweg dachten Theaterproduzenten und Manager anscheinend, dass die Österreicher kein Stück sehen wollten, das die Hitler-Zeit behandelte und als leichte, lockere Musikkomödie im amerikanischen Stil geschrieben war. *The Sound of Music* wurde in Österreich etwa so betrachtet, wie *The King and I*, ein anderer Rodgers- und Hammerstein-Hit, der noch immer in Thailand gesehen wird – als frivoles, karikaturhaftes, beleidigendes Stück und als ein Angriff auf den nationalen Stolz. Selbst die sehr erfolgreiche Filmversion mit Julie Andrews und Christopher Plummer erhielt nie einen Kinostart in diesem Land. „Es war an der Zeit", meint Rudolph Berger, der Manager der Volksoper, als er gefragt wurde, warum er sich dafür entschied, das Musical gerade jetzt aufzuführen, „denn *The Sound of Music* ist ein verdammt gutes Stück".

Tatsächlich ist die kritische Rezeption der Volksoper-Produktion bislang bestenfalls gemischt, aber die Aufnahme des Musicals beim Publikum war sehr freundlich. Ein Kritiker schrieb, so Berger, dass es in der ganzen Produktion keine einzige eingängige Melodie gäbe. Der Theaterleiter kommentierte dies lediglich mit der Feststellung, dass dies wohl „der Ansicht von etwa 50 Millionen Menschen widerspräche", die das Musical bereits anderswo gesehen hätten. Berger dachte zweifellos an eine Nummer wie „Climb Every Mountain", die so berühmt ist, dass manche gar nicht einmal wissen, dass der Song aus diesem Musical stammt.

Ein Kritiker der *Presse*, eine der ernsthaften nationalen Zeitungen Österreichs, nannte das Musical „zweieinhalb langweilige Stunden". Eine andere Zeitung, der *Kurier*, beschwerte sich, dass eines der bekanntesten Lieder der Show, „Edelweiß", eine „Beleidung der österreichischen Musiktradition darstelle". Dies brachte die Verteidiger des Musicals wiederum dazu, offen zu fragen, ob das alte Ressentiment gegenüber Rodgers und Hammersteins Sicht der österreichischen Politik der problematischen 1930er-Jahre immer noch aktuell war. „Eigentlich kann ich es nicht beweisen", sagt Berger, „aber ich glaube, daß einige der nicht so positiven Rezensionen daher rührten, daß das Musical überhaupt aufgeführt wurde, und die Kritiker sich wenig dafür interessierten, was da auf der Bühne gezeigt wurde."[3]

Natürlich gab es für das Publikum keinen Grund, eine historisch-korrekte ‚Geschichte' auf einer Theaterbühne zu erwarten. Vor *Sound of Music* feierte das Musical *Tanz der Vampire* einen großen Erfolg in Wien; es wurde von Michael Kunze und Jim Steinman verfasst, Roman Polanski führte Regie. Waren die Lieder der Vampire respektabler als die singende von Trapp-Familie? Verstand Polanski die Wiener Kultur besser als Berger? Und wie sollte man überhaupt einen Begriff wie „österreichische Musikkultur" verstehen, gegen die *The Sound of Music* nun verstieß? Gerade zu einer Zeit, in der Politiker den Begriff einer besonderen „österreichischen Kultur" in einem weiter gefassten Begriff einer „europäischen Kultur" aufgehen lassen möchten, zeigt sich hier nicht nur die Betonung auf nationale Eigenart, sondern gerade auch eine Opposition gegenüber amerikanischen Importen und einer vermeintlichen US-Dominanz im Wirtschafts- wie im Kulturbereich.

Ein paar Wochen nachdem *The Sound of Music* in Wien Premiere hatte, veröffentlichte der junge amerikanische Journalist und Schriftsteller Sam Apple sein erstes Buch in New York. *Schlepping Through The Alps* ist eine autobiographische Schilderung seiner Freundschaft mit Hans Breuer.[4] Breuer, ein Österreicher, der 1954 in Wien als Sohn aktiver Mitglieder der kommunistischen Partei geboren wurde, war der österreichischen Regierung wie auch der konservativen österreichischen bürgerlichen Kultur gegenüber kritisch eingestellt. Er beschloss daher, Schäfer zu werden. Heute behauptet Breuer, der letzte Wanderschäfer in Österreich zu sein, und er betreut eine Herde von etwa 600 Schafen. Bald nachdem er begann, seine Herde zu hüten, fing Breuer aber auch an, Jiddisch zu lernen, und er eignete sich ein Repertoire von osteuropäischen Liedern an. Er komponierte bald auch eigene Klezmermusik.[5] Breuer kleidet sich mit dem Filzhut eines Schäfers und trägt dessen knorrigen Stock, er überquert solchermaßen die Alpen wie ein neuer, sozial weniger hochgestellter von Trapp. Anstatt österreichischer Volkslieder (wie die Trapp-Familie) singt Breuer jedoch jiddische Melodien, und dabei bilden vor allem die Schafe sein Publikum. Breuer nimmt aber auch an vielen Musikveranstaltungen in Österreich und im Ausland teil. Als Schäfer gekleidet, besucht er Klezmercamps und prägt CDs seiner Lied-Interpretationen und Kompositionen.

„The Austrian hills were alive with the sounds of bleating sheep and Yiddish music" – „Die österreichischen Hügel werden von den Klängen der blökenden Schafe und der jiddischen Musik belebt", beschreibt Apple seine Eindrücke als Begleiter des Schäfers in den Alpen und über dessen selbstgewählte Rolle als „ewiger Jude" oder „wandering Jew". Apple fährt fort:

> „[Z]umindest einige Minuten lang fühlte ich einen inneren Frieden. Ich stellte mir einen chassidischen Juden vor, der auf einem grünen Hügel herumwirbelt, mit ausgebreiteten Armen, wie Julie Andrews in *The*

> *Sound of Music.* Ich konnte die meisten seiner Lieder nicht verstehen, aber ich begriff die wichtigen Worte: die *mames* und die *tates*, die *oy veys*, die *chossens* (Bräutigame) und die *kalles* (Bräute). Ich wollte über die jüdischen Händler des Mittelalters nachdenken, welche die gleichen Hügel überquert hatten und die gleichen Worte gesprochen hatten. Jiddisch war schon seit langem aus diesem Teil der Welt verschwunden, aber an diesem einen Tag, da war es präsent, und ich nahm an diesem Ereignis teil."[6]

Apple, der jüdische Besucher aus New York, sucht nach einer Erfahrung, die einen Bezug zu seinen europäischen Wurzeln herstellen konnte, zu einer jüdischen Vergangenheit, und die etwas Verlorenes zum Leben erwecken sollte – wenn auch nur für einen Augenblick. Die Ironie, dass Breuers Lieder an Schafe gerichtet waren und nicht an Juden, entging Apple nicht. Das Bild der Herde erinnert ihn aber auch an die „europäischen Juden, die zum Schlachthof geführt wurden"[7], und Apples Formulierung ist wiederum ein Zitat aus Hannah Arendts kontroversem Bericht über *Eichmann in Jerusalem.* Arendt schrieb in ihrer frühen New *Yorker*-Fassung dieses Textes, dass Leo Baeck Juden wie Schafe zum Schlachthof geführt hätte, um damit sowohl den bekannten Berliner Rabbiner wie auch die Passivität der Juden zu kritisieren.[8]

Breuer ist aber kein Rabbiner, und er will auch hinsichtlich einer „österreichischen Musiktradition" keine Stellung beziehen. Er hörte nicht einmal Jiddisch zu Hause – und dennoch betont Breuer, dass er im Jiddischen und in der Klezmermusik sein Zuhause fand. In dem Augenblick, indem er zum ersten Mal die jiddische Sprache hörte und besonders auch jüdische Musik, da schufen ihm beide in den Alpen eine Heimat. Und Breuer erzählt Apple auch von einer anderen Begegnung:

> „Nachdem er ein wenig sang, sagte Hans, daß er mir eine Geschichte erzählen wollte. Einige Tage bevor ich ihn zum erstenmal in New York traf, besuchte Hans das jährliche KlezKanada-Festival in Kanada. Er verbrachte eine Pause damit, sich die jüdische Gegend von Montreal anzuschauen. Als er durch die Straßen des Wohnviertels spazierte, begegneten ihm drei ältere Frauen, die ihn, unabhängig von einander, anhielten, um sich mit ihm zu unterhalten. Die Gespräche selbst waren unbedeutend. Aber es gab etwas hinsichtlich dieser alten Frauen, sagte Hans, das ‚heimisch' war. ‚Heimisch' ist das jiddische Wort für ‚sehr bekannt' oder ‚familiär'. Hans hatte noch nie zuvor ein solches Gefühl gehabt. Was ihn besonders bewegte, das waren die Hände dieser Frauen.

Im Gegensatz zu den groben, dicken Händen der Österreicherinnen waren diese delikat und dünn, es waren die Hände von Intellektuellen. Es waren, so Hans, besonders jüdische, *heimische* Hände, die ihn an die Hände seines Vaters erinnerten.[9]"

Sein Vater, so lernen wir, war jüdischer Herkunft. Die Erbschaft von Tönen, eines *Sound of Music*, und die Erbschaft von Händen treffen sich hier: Breuers Anekdote bringt beide Wahrnehmungen zusammen als eine Geschichte des Klangs und der körperlichen Physiognomie. Darüber hinaus scheinen sich Apples und Breuers Pfade zu kreuzen. Wenn die Produktion des *Sound of Music* die Präsenz von etwas ‚Fremden' als etwas ‚Heimisches' zeigt, so findet Breuer dieses ‚Heimische' auf einem anderen Kontinent. Paradoxerweise findet er es im Ausland, bei Menschen, die durch ihr Exil bestimmt sind.[10] Nach Breuer bildet weder Kanada noch die USA eine Gefahr für eine österreichische Kultur, sondern beide erhalten den Beweis einer verlorenen europäischen Kultur; einer Tradition, die nun gebrochen war. Das alte Europa ist in der Neuen Welt wiederzuentdecken, und das jiddische Lied wird zu einem Zeichen europäischer „Authentizität".[11] Mehr noch als ein Sänger von Liedern wird Breuer zu einem Botschafter und Boten, der ein Zuhause findet und es an die alten Orte zurückbringen will – selbst wenn diese Art der Heimat, die Klezmermusik, eigentlich niemals in den Alpen aufzufinden war.

Berlin, Krakau

Breuer mag der letzte Wanderschäfer Österreichs sein, aber mit seiner Liebe zur jiddischen Musik steht er nicht alleine. Jiddische Musik und Klezmermusik im Besonderen wird normalerweise in Gruppen aufgeführt. Es ist eher eine Art Volksmusik, welche die Gemeinschaft feiert als Kompositionen von und für Individuen – auch wenn die Gemeinschaft üblicherweise nicht aus Schafherden besteht. Darüber hinaus scheint diese Musik integrative Qualitäten zu haben. So veröffentlichte *Die Zeit* am 24. Juli 2003 einen Artikel über die jüdische Kultur in Deutschland mit dem jiddischen Titel „Der auserwählte Folk." Der Beitrag beschäftigte sich wiederum mit der Klezmermusik, hier beschrieben als die mitreißende Musik der osteuropäischen Juden:

„Noch ein Akkordeon, das geht nicht. Drei Leute greifen bereits in die Tasten, fünf blasen die Klarinette, und auch die Fiedel ist doppelt besetzt.

> Mehr als ein Dutzend Instrumentalisten drängen sich bei Apfelsaft und Bier zu einem heftigen Jam, bei dem mal die Geige, mal die Posaune in die Mitte springt und ein kleines Solo hinwirft. Noch ein Akkordeon, meint man, müsse sich kontraproduktiv auswirken, noch ein Stehbaß den Rahmen endgültig sprengen. Doch da kommt er bereits zur Tür hereingewankt, und es geht eben doch. Für jeden weiteren Mitspieler muß nicht einmal das Stück unterbrochen werden."

Thomas Gross, der Autor dieses Artikels, fasst zusammen: „Fehlender Sinn für Basisdemokratie läßt sich den Anwesenden beim ‚KlezmerStammtisch' noch weniger nachsagen als mangelnde Spielfreude."[12] Unter den scheinbar körperlosen Instrumenten – einigen Akkordeons, Klarinetten, Violinen, Trombonen, Bassgeigen – findet der Journalist Gross Musiker, die eine Art politischer Demokratie in Töne setzen. Die Musik, die aus einer chaotischen Mischung von Instrumenten entsteht, einem sich Verdoppeln und Verdreifachen von Tonlagen, und von Improvisation getragen wird, mag als Zeichen und Symbol für ein neues Deutschland stehen. Berlin, die alte und neue deutsche Hauptstadt an der Grenze zum europäischen Osten, ist heute auch eine Hauptstadt der Klezmermusik. Während Polen nach dem Zweiten Weltkrieg durch einen Gebietstausch nach dem Westen gerückt ist, liegt Berlin, nunmehr nur eine Stunde mit dem Auto von der polnischen Grenze entfernt, nicht so sehr im ehemaligen Mitteleuropa, sondern an der Grenze des neuen Osteuropa. Osteuropa ist aber gerade jener Bereich, der seine früheren, nun verschwundenen Schtetl jetzt in den Höfen einer post-industriellen deutschen Metropole (Berlin) feiert.

Die Beschreibung einer lebendigen Musikszene evoziert Bilder aus der Vergangenheit. Der Leser des *Zeit*-Artikels denkt an eine neuerlich zahlreiche jüdische Bevölkerung; eine, die nicht um Tote trauert, sondern ihre eigene Präsenz feiern möchte. Die Musik scheint die Erinnerung an eine lebensbejahende Vergangenheit zu betonten, welche allerdings keiner der Musiker mehr erlebt haben konnte. Diese Musiker sind darüber hinaus keine angsterregende Juden, keine Mitglieder irgendeiner Weltverschwörung, sondern nur Mitglieder einer chaotischen, aber stabilen und fundamental demokratischen Organisation. Wir können ruhig sein: Diese Juden spielen nur.

Einige Zeilen weiter realisiert die Leserin jedoch, dass ihre Vorstellung dessen, was hier abläuft, vollkommen falsch ist. Keine Berliner Juden feiern hier ihr Auserwähltsein, sondern junge Deutsche werden zu einem „auserwählte[n] Folk". Musiker und Klezmerfans haben Namen wie

Carsten Schelp oder Heiko Lehmann, und sie beleben Melodien wieder, die Berlins nichtjüdischer Bevölkerung bis vor kurzem unbekannt waren.[13] Nun werden die Lieder jedoch mit Gusto aufgenommen, von den enthusiastischen Musikern wie von dem begeisterten Publikum. Nicht auf Alpenhöhen, sondern in städtischen Clubs und öffentlichen Plätzen wird hier Klezmer gefeiert. Jene jungen Deutschen, die sich in Berlins Hackeschen Höfen oder dem ehemaligen Scheunenviertel treffen, einem Stadtteil, der vor dem Krieg von armen, osteuropäischen Einwanderern bevölkert war, spielen jedoch nicht nur Musik. Sie spielen Juden. Dieses Rollenspiel ist sehr beliebt und auch erfolgreich; es befriedigt Musiker wie Zuhörer gleichermaßen. Viele der Zuschauer sind darüber hinaus nicht Berliner, sondern Hauptstadttouristen, die diesem Phänomen zum ersten Mal begegnen – und sich wundern, was es ist, was sie nun hier erleben. Die Antwort auf diese Frage ist nicht leicht zu geben. Doch während die Klezmermusik einstmals jeder deutsch-jüdischen Erfahrung fremd war, wurde es inzwischen in Deutschland zu einem Identifikationsmerkmal für jüdische Kultur – und mehr so als die Assimiliationsbemühungen ehemaliger deutscher Juden.

Der Berliner Klezmererfolg ist nicht einzigartig. Berlins Klezmerszene mag als besonders populär gelten, aber die dort gespielte Musik unterscheidet sich letztendlich kaum von der, die heute in einem Vorort des polnischen Krakaus gespielt wird. Genau wie Montreal, so hat auch Krakau ein jährliches jüdisches Kulturfestival, das vor allem von der Klezmermusik getragen wird. Anne Seith beschreibt es als „Folklore ohne Geschichte“,[14] und sie berichtet aus Kazimierz, dem ehemals jüdischen Teil der Stadt.

Ein achtstündiges Klezmerkonzert, das als eines der letzten dieses Festival abschloss, zog mehr als 13.000 Zuhörer an. Hier sind viele der Zuhörer keine Polen. Philip von Bohlman beschreibt Osteuropa als einen immer beliebter werdenen Ort der „Rückkehr“,[15] einen Ort, an dem sich Touristen wie ehemalige Flüchtlinge treffen, um ihre eigene Pilgerreise zu unternehmen. Nach Bohlman führt diese Reise zu einem „modernen Ersatz“ für einen Ort Europas zum Ende des 20. Jahrhunderts, bietet die Klezmermusik ein begehrtes Klanggemisch, das sich als Lokalität für eine europäische Moderne zeigt.[16]

Im Gegensatz zu der Anzahl der Teilnehmer des Klezmerfestivals zählt die jüdische Gemeinde von Krakau nur etwa 140 Mitglieder; ihr Durchschnittsalter beträgt 74 Jahre.[17] Nahezu alle Geschäfte und Restaurants, die in Kazimierz im koscheren Stil (aber nicht eigentlich koscher) geführt werden, gehören Nichtjuden. Seith zitiert dazu den polnisch-jüdischen

Schriftsteller Henryk Halkowski: „Wenn Sie Judentum ohne Juden sehen wollen, kommen Sie nach Krakau". Jürgen Hensel, ein Nichtjude und Deutscher, der das Jewish Historical Institute in Warschau leitet, glaubt nicht daran, dass es jemals wieder eine Integration von Juden in das polnische Leben geben könne.[18] Die Zahlen sprechen dagegen. Tatsächlich erinnert ihn aber besonders das virtuelle jüdische Leben an die Abwesenheit eines eigentlichen jüdischen Lebens, und es ist diese Abwesenheit, die wiederum zu einem neuen Teil der polnischen Kultur werden könne.

Was führte aber zu dieser Wiederentdeckung der Klezmermusik in Österreich, in Berlin, in Krakau? Wie konnte Klezmer eine solch wichtige Rolle in der Konstruktion einer neuen österreichischen, deutschen oder polnischen Identität zukommen, und wieso konnte die Musik der Schtetl so leicht in die Alpen und die urbanen Zentren Europas wandern? Die jiddische Kultur Europas war mit ihren Repräsentanten nach dem Zweiten Weltkrieg fast vollständig untergegangen. Jüdische Überlebende mieden nach dem Krieg die jiddische Sprache zumeist und gaben der hebräischen Sprache oder den sekulären Sprachen ihrer Wohnländer den Vorzug.[19]

Aaron Eckstaedt, ein Musikologe und Klezmermusiker, versucht diese Fragen für Deutschland zu beantworten, denn gerade dort hat die Klezmermusik einen ungewöhnlich hohen Grad von Popularität erreicht. In seiner Studie *Klaus mit der Fiedel, Heike mit dem Baß...* zeichnet Eckstaedt die Rezeptionsgeschichte dieser Musik in Deutschland nach. Er beschreibt die Popularität jüdischer Lieder in der ehemaligen DDR und in Westdeutschland, sowie den wachsenden Erfolg der Klezmermusik nach dem Fall der Mauer und der deutschen Wiedervereinigung.[20]

Während Klezmermusik bereits in den 1960er- und vor allem 1970er-Jahren von einigen wenigen Musikern gespielt wurde, wurde sie gerade in den 1980er-Jahren allgemein populär und die 1990er-Jahre können als ein Höhepunkt ihrer Rezeption betrachtet werden.[21] Die Musikgruppe Zupfgeigenhansel war Teil der Folklore-Bewegung und sie hatte in den 1970er-Jahren Klezmer in ihr Repertoire aufgenommen. Andere Gruppen wie Hai und Topsy Frankl oder espe folgten. Zupfgeigenhansel – der Name der Gruppe zeugt bereits von der Beziehung der Gruppe zum deutschen Volkslied und der Volkslied-Renaissance zu Beginn des 20. Jahrhunderts – weckte einst auch Hans Breuers Interesse an jüdischer Musik. Als Folge der Ausstrahlung der amerikanischen Fernsehserie *Holocaust* 1979 verstärkte sich das Interesse an einer verlorenen jüdischen Kultur in Deutschland, und Klezmerkonzerte erhielten ein größeres Publikum. Viele deutsche Musikgruppen wollen nicht nur ihre Zuhörer mit Klezmermusik bekanntmachen, sondern es auch in einem historischen Sinne tun; sie rekonstruieren Klänge und Konzerte der Vergangenheit. Klezmermusik wurde damit ein Symbol für eine ‚authentische', doch vergangene und verlorene Kultur, und für viele bedeutet dies auch, dass Klezmer historisch korrekt und ‚authentisch' gespielt werden musste.

Aber auch eine andere, weniger „authentisch" bestimmte Interpretation der Klezmermusik entwickelte sich in Deutschland in dieser Zeit. Ein jüdischer Künstler aus Argentinien, Giora Feidman, spielte eine wichtige Rolle hinsichtlich der Formierung verschiedener deutscher Klezmergruppen. In den 1980er-Jahren begann er in Deutschland auf Tournee zu gehen und Seminare über Klezmermusik anzubieten. Er insistierte auf keinen „historisch-korrekten" Sound, sondern bestand darauf, dass jeder Musiker und jede Musikerin seine oder ihre Gefühle ausdrücken sollten. Damit bot er eine alternative Schule der Klezmermusik an. US-amerikanische Gruppen wurden nach Deutschland eingeladen und offerierten weitere Interpretationen und Angebote.

In den frühen 1990er-Jahren hatte sich die Klezmerszene in Deutschland bereits fest etabliert, besonders in der neuen Hauptstadt Berlin. Und während Berlin einer größeren jüdischen Gemeinde als in Krakau einen Wohnort bot – nach dem Influx von russischen Einwanderern nach 1989 stieg die Zahl der jüdischen Gemeindemitglieder dort auf mehr als 10 000 – sind die Besichtigungstouren durch das ‚jüdische Berlin', die vielen Restaurants koscheren Stils und die entsprechenden Souvenirshops fest in nicht-jüdischer Hand. Sie ergänzen damit das Klezmerphänomen.

Identifizieren sich die Nachkommen der Täter mit den Opfern, wie Henryk Broder meint?[22] Eckstaedts Interviews mit deutschen Klezmermusikern bieten unterschiedliche Antworten auf diese Frage. Einige betrachten die Musik als therapeutisch; andere spielen, um sich selbst zu finden und ihr eigenes „Zuhause" zu entdecken. Sie fühlen sich durch die jazzartigen Improvisationen befreit; sie begrüßen eine alternative Volksmusik, die nicht von dem nationalsozialistischen Regime gefördert wurde und damit ideologisch akzeptabel ist. Dabei kann der Klezmermusik selbst eine Protestfunktion zukommen. Sie diente jüngst in Heiligenstadt sogar als eine Demonstration zur Abwehr neo-nazistischer Gruppierungen. „Ungewohnte Klänge schallen den spärlichen Passanten in der Fußgängerzone des 17 000-Einwohner-Städtchens Heiligenstadt entgegen", berichtet der Journalist Christian Teevs am 9. Juni 2007; diese Musik war

> „[...] schwermütig und gedehnt, dann wieder schwungvoll und vergnügt. Auf Klarinette und Akkordeon spielen Yoko Teuteberg und Marko Jünemann traditionelle jüdische Klezmermusik. Eigentlich wollten

> sie mit 16 Musikern anreisen. Ihr Ziel: Gesicht zu zeigen gegen die rechtsextreme NPD, die sich angekündigt hatte in Heiligenstadt im thüringischen Eichsfeld."[23]

„Gesicht zu zeigen" bedeutet, sich musikalisch hörbar zu machen. Anders als die Hände der Montrealer Frauen ist dieses „Gesicht zeigen" aber ein politischer Akt, der sogleich vom Ordnungsamt der Stadt verboten wurde. Die ursprünglich 16 Musiker zählende Band durfte nicht auftreten; die Begründung lautete: „Rechtsextremisten könnten sich durch die traditionelle jüdische Musik provoziert fühlen. Die lokale SPD kämpfte für einen Kompromiss. Sie setzte durch, dass die Klezmercombo nun als Trio auftreten darf."[24] Obwohl es hier um eine Demonstration ging, wurden die Meldungen dieser Demonstrationspläne von der Zeitschrift *Der Spiegel* in die Rubrik der Kulturnachrichten gesetzt.

Im Allgemeinen sind Klezmermusiker jedoch nicht an Demonstrationen interessiert, sondern an alternativer Musik, am Exotischen, am Fremden. War Klezmer selbst nie Teil einer deutsch-jüdischen Kultur, so hilft es nun das Image eines östlichen und neuerlich orientalisierten Juden zu zeichnen.[25] Um sich die jüdische Kultur anzueignen, wird der Jude wieder zum Fremden gemacht. Dass diese Rezeption nicht allzu verschieden ist von den frühesten Definitionen ‚jüdischer' Musik, wie sie im späten 19. Jahrhundert innerhalb einer Debatte um den Antisemitismus bestimmt wurde (wohl am prominentesten in den Schriften von Richard Wagner), ist bedenkenswert, aber man muss sich an die Romantisierung des Ostjudens im frühen 20. Jahrhundert denken, wie sie von deutschen Juden wie auch Nichtjuden entstanden war.[26]

Im gegenwärtigen Deutschland (oder Österreich), das seine Vergangenheit bewältigen, wenn nicht aufarbeiten möchte, wurde Klezmermusik ein ‚pharmakon' erster Wahl. Broder schreibt über die Versuche, Geschichte zu „heilen", indem Klezmer eine Verbindung zu einer Vergangenheit ‚vor' dem Holocaust kreiert – einer noch scheinbar heilen Welt.[27] Die jüdische Kultur, die durch die Klezmermusik in Deutschland oder Österreich entdeckt wird, ist konkret und mythisch zugleich. Für einige – wie für Eckstaedt selbst – bringt die Klezmermusik eine erste Begegnung mit dem Judentum und eröffnete sogar einen Pfad zur Konversion.

Jenseits dieses Weges zur Selbstentdeckung scheint Klezmer allgemeinere pädagogische Lektionen zu bieten. Wolfgang Martin Stroh schreibt, wie die Erforschung der Klezmermusik zu einem besseren Verständnis des Judentums führen kann und zu einem neuen Verständnis der Vergangenheit jenseits von Betroffenheit. Stroh schlägt dabei ernsthaft vor, dass

Schullehrer eine Tangoversion eines jiddischen Liedes, das im Konzentrationslager gesungen wurde, lehren sollen, um den Schülern ein besseres Verständnis der jüdischen Kultur zu eröffnen.[28] Vielleicht soll Klezmers musikalische Feier des Lebens die Todesbilder des Holocaust verschwindend machen, einen kurzen Blick in eine verlorene Kultur bieten, indem es Opfer in Tänzer verwandelt? Jedenfalls scheint es wichtig, dass Klezmer heute gerade von ‚Lebenden' und nicht von ‚Überlebenden' gespielt wird.

Der Sirenengesang der jüdischen Studien

„Die volksmusikalische Landschaft des Neuen Europa ist ohne Klesmermusik [sic] unvorstellbar", schreibt Bohlman.[29] In ihrer Studie der „virtuellen Juden" im neuen Europa definiert Ruth Ellen Gruber Klezmer als das Symbol für die Neuerfindung der jüdischen Kultur. Sie beschreibt ein „Klezmer in der Wildernis", das auch Juden dazu dienen soll, eine jüdische Identität neu zu definieren.[30] Aber die allgemeine Präsenz von Klezmermusik zeigt, dass es hier um mehr geht als um die Identität von Nachkriegsjuden und dass die jüdische Identität darüber hinaus sehr fließend geworden ist, und schwer erfassbar.

Die Klezmermusik (wie die damit verbundene Feier jüdischer Kultur in Restaurants und Stadttouristik) verdeutlicht ein besonderes Paradox. Jüdische Kultur, so müssen wir annehmen, kann ohne Juden existieren, und wenn einmal die Frage nach ‚Authentizität' fallen gelassen wird, so müssen wir das Gleiche für das Studium der jüdischen Kultur annehmen. Nicht, indem wir diesem das jüdische Objekt absprechen, sondern indem es einfach ohne das auskommt, was man als Jewish agency, das jüdische handelnde Subjekt bezeichnen könnte. Wenn wir uns nun wirklich die vielen Abteilungen für Judaistik und Jüdische Studien ansehen, die in den letzten Jahrzehnten gegründet wurden und Forschungsgelder erhielten, so sehen wir ein Phänomen, dass sich wenig von dem der Klezmermusiker unterscheidet. In Deutschland und Österreich lehren vor allem nichtjüdische Wissenschaftler ein nicht-jüdisches Publikum über das Judentum.[31] Nicht-jüdische Studenten und Studentinnen reisen nach Israel oder die Vereinigten Staaten, um Hebräisch zu lernen, um Juden und das Judentum kennen zu lernen, und um Archive zu besuchen. Viele der Abteilungen für Jüdische Studien werden dabei in Städten wie Duisburg oder Trier gegründet, die bis vor kurzem überhaupt keine eigenständige jüdische Gemeinde besaßen. Und selbst dort, wo zugleich wissenschaftliche Institutionen und jüdische Gemeinden existieren, gibt es kaum

Verbindungen zwischen dem Forschungsfach und dem Forschungsobjekt. Man könnte sogar sagen, dass sich die Jüdischen Studien in Deutschland und in Österreich in den letzten 20. Jahren etabliert haben, um über eine eigene, deutsche oder österreichische Identität Auskunft zu geben, um eine eigene Identität mittels des Anderen zu erforschen (in letzter Zeit geschieht Ähnliches mit der Gründung von Abteilungen für Islamstudien). Aber es geht auch um mehr als um das Studium einer oder die Annahme einer anderen Identität. Obwohl es von Fragen der Identitätssuche motiviert ist, haben sich die jüdischen Studien dabei gleichzeitig und zwangsweise eine andere Definition gegeben. Das Gebiet forscht nicht darüber, ‚wer man ist' – das heißt definiert die Jüdische Identität einer Person durch historische Reflektion – sondern es wurde zu einem Studium des ‚Sachgebiets', eines, das dann allen zugänglich gemacht werden kann (und selbst für eine erneute, oder virtuelle, Identifikation geöffnet werden kann).

Dabei begannen die Jüdischen Studien in Deutschland gerade mit den ersten historischen Fragen von Juden über die eigene jüdische Identität. Über Generationen hinweg sahen Juden ihr Auserwähltsein als eine besondere Beziehung zu Gott, und die Auslegung der Bibel, die Information über Gottes Wort versprach, sollte eine Wahrheit offerieren, die einer historischen Interpretation widersprach. Aber im frühen 19. Jahrhundert wollten sich Juden ebenfalls mit der Geschichte beschäftigen. Junge Männer wie Eduard Gans oder Heinrich Heine begannen sich 1819 zu treffen, um über ihre eigene jüdische Identität und jüdische Vergangenheit nachzudenken. Diese Treffen können in gewisser Weise als Notsitzungen verstanden werden. In Preußen gab es seit 1812 bereits eine jüdische Emanzipation de jure, aber nur sieben Jahre später herrschten die antijüdischen Hep-Hep-Unruhen vor allem in Süddeutschland und vielen Universitätsstädten. Gans und andere junge Juden – viele davon Jurastudenten, die an diesen Universitäten immatrikuliert waren – wollten die philosophischen, pädagogischen und politischen Fragen diskutieren, die vor allem für die Juden dieser Zeit von Belang waren. Und als Folge dieser Treffen entstanden jüdische Studien als eine Art jüdischer Geschichtsschreibung, die wiederum nicht Geschichtsschreibung, sondern „Wissenschaft des Judentums" genannt wurde.[32] Immanuel Wolf, ein Gründungsmitglied dieser Gruppe, schrieb eine frühe Bestimmung dieser neuen „Wissenschaft des Judentums" nieder, ihre Vertreter sollten ein Programm dessen besitzen, was sie unternehmen wollten. Das Wort ‚Judentum' sollte dabei in seinem weitesten Sinne verstanden werden, das heißt als das Wesen aller Umstände, Charakteristiken und Leistungen der Juden hinsichtlich von Religion, Philosophie, Geschichte, Recht, allgemeiner Literatur, bürgerlichen und alltäglichen Lebens.[33] Wolf erweiterte daher den Studienbegriff nicht nur jenseits der Religion. Er insistierte darauf, dass das Judentum über einen Zeitablauf hinweg untersucht werden sollte, und als ein „charakteristisches und unabhängiges Granzes"[34]. Dabei wollte sich Wolf auch nicht nur auf die deutschen Juden konzentrieren. Juden sollten sich allgemein als ein Volk bestimmen und nicht nur als Menschen einer anderen Religion. Dieser neue Nationsbegriff sollte Staatsgrenzen transzendieren sowie laufende Diskussionen hinsichtlich religiöser Praktiken – die Reformbestrebungen des Judentums wurden zu dieser Zeit heftig diskutiert. Diese „Wissenschaft des Judentums" war das Produkt der Aufklärung und erlaubte eine weitgehende Säkularisierung. Der orthodoxe Jude war der Schüler der Tora, der moderne Jude war ein Wissenschaftler des Judentums.

Gelehrte wie Leopold Zunz oder Isaac Marcus Jost fuhren fort, die neue „Wissenschaft des Judentums" zu bestimmen, und als aus den Mitgliedern der Treffen eine Vereinigung wurde und diese frühe Vereinigung eine Zeitschrift gründete, öffnete sie sich einer lebhaften Diskussion. Aber die Zeitschrift erschien nur in einem einzigen Jahr, 1822. Bald fiel der Verband auseinander. Viele der Mitglieder konvertierten zum Protestantismus, einige aus Überzeugung, andere aus pragmatischen Gründen, da sie Karrieren in der Rechtslehre oder anderen akademischen Gebieten planten. Als die Wissenschaft des Judentums nach einem erneuten Anlauf schließlich in der zweiten Hälfte des 19. Jahrhunderts institutionalisiert, und eine Hochschule für die Wissenschaft des Judentums gegründet wurde, die ihre eigenen Wissenschaftler hatte und ihre eigenen Publikationen, welche die Erträge dieser neuen Disziplin veröffentlichen sollte, zog die Geschichte auch in die rabbinische Ausbildung ein. Die Schule entwarf einen Studienplan. Religiöse Texte wurden nicht nur studiert und diskutiert, sondern auch datiert. Man schrieb über deutsche Rabbiner oder deutsche jüdische Gemeinden, aber die Neuigkeiten über die Gemeinden in Bayern wurden neben Diskussionen über ehemalige spanische Gemeinden geführt, oder erschienen neben einem Artikel über die Bedeutung aramäischer Worte. Abraham Geiger, der an dieser neuen Institution unterrichtete, folgte einem dreigeteilten Modell von philologischen, historischen und philosophischen Studien des Judentums. Und als schließlich Heinrich Graetz zwischen 1853 und 1876 seine elfbändige *Geschichte der Juden* publizierte, regierte die Geschichte nicht nur als analytisches Instrument, sondern auch als *sine qua non*. Graetz' *Geschichte* war die erste umfassende, mehrbändige Geschichte der Juden, die je geschrieben wurde. „Das Judentum kann nur durch seine Geschichte verstanden werden",[35] schrieb Graetz, und damit ersetzte das Studium der Geschichte eigentlich die Bedeutung religiöser Exegese.

Und dabei wurde eine besondere Trennung offenbar: die zwischen der jüdischen Akademie und der deutschen Universität. Hebräisch wurde bereits seit Jahrhunderten an deutschen Hochschulen gelehrt, aber als eine Sprache innerhalb eines christlichen Universums. An den Universitäten der frühen Moderne wurde Hebräisch von und für christliche Theologen unterrichtet, meist durch konvertierte Juden. Katholische Theologen und später christliche Theologen im Allgemeinen wollten die Quellen ihrer eigenen Religion verstehen und eine Hebraica veritas entdecken. Der Ort solcher Studien war die theologische Fakultät, oder später im 19. Jahrhundert dann das Sprachstudium in Instituten für Orientalistik. In den Geschichtsabteilungen fand die jüdische Geschichte keinen Platz.

Im frühen 20. Jahrhundert fand das Studium der jüdischen Geschichte auch ein gelegentliches Echo in den Geschichtsabteilungen. Das Gebiet der Geschichte des Mittelalters mag als ein Beispiel dienen. Harry Bresslau, ein jüdischer Wissenschaftler, der 1877 nur eine außerordentliche Professur in Berlin erlangen konnte, wurde 1890 auf einen Lehrstuhl an der Universität Straßburg berufen. Dort gründete er die Historische Kommission für die Geschichte der Juden in Deutschland. Er leitete dieses Kommission von 1885 bis 1902.[36] Unter seiner Leitung begann der Berliner Wissenschaftler Julius Aronius an einem Register königlicher und kaiserlicher Dokumente zu arbeiten, welche die deutsche Judenheit vom Mittelalter bis 1273 betraf, und das Werk verlangte danach, auch nichtjüdische Quellen für die Periodisierung deutsch-jüdischer Geschichte zu benützen. Aronius' Werk wurde 1902 veröffentlicht, und es wurde von dem Projekt einer „Germanica Judaica" gefolgt, das wiederum einen alphabetischen Katalog darstellen sollte, der alle Orte im deutschen Reich identifizierte, in denen jüdische Siedlungen existierten, von der frühesten Zeit bis zu den Verträgen von Wien, und sie auf der Basis wissenschaftlicher Quellenforschung beschreiben.[37] Dieses Forschungsprojekt wurde 1934 aufgegeben. Das deklarierte Ziel der „Germanica Judaica" war eine Integration jüdischer und allgemein deskriptiver historischer Wissenschaft, welche die deutschen Länder behandelte.

Wenn auch viel der wissenschaftlichen Forschung in Jüdischen Studien noch immer an der Berliner Hochschule oder anderen jüdischen Lehranstalten in Frankfurt oder sonst wo unternommen wurde, so gab es auch eine erhöhte Aufmerksamkeit gegenüber jüdischer Wissenschaft an den Universitäten. Gleichzeitig immatrikulierten sich mehr jüdische Studenten an Deutschlands Universitäten. Das stetige Wachstum kann bereits für das frühe 19. Jahrhundert dokumentiert werden. ‚Bildung', die als ein Versprechen für wahre Emanzipation seit der Aufklärung galt, machte aus vielen Juden Bildungsbürger par excellence.

Aber während die Universitäten ihre Tore jüdischen Studenten öffneten, hinderten sie jüdische Absolventen daran, Lehrpositionen einzunehmen. Vielen war es bis zum frühen 20. Jahrhundert unmöglich, ordentliche Professuren zu erlangen, es sei denn sie konvertierten. Deutsche Universitäten wurden als christliche Institutionen angesehen und von Beamten eines christlichen Staates bevölkert. Jüdische Wissenschaftler wie Bresslau mussten nach Straßburg gehen, um eine ordentliche Professor zu erlangen. Nach dem Ersten Weltkrieg konnten Juden in Deutschland Universitätspositionen in größerer Zahl erlangen, und die Zahl nichtkonvertierter Juden stieg bis 1933.[38] 1933 betrug Deutschlands jüdische Bevölkerung etwa 0,8 Prozent, aber der Prozentsatz der Juden in akademischen Positionen war nahezu auf 6 Prozent gestiegen; 4,5 Prozent aller Studenten waren jüdisch.

Die Hochschule in Berlin und das später in Frankfurt gegründete Lehrhaus zogen aus der Etablierung der Wissenschaft des Judentums inzwischen jedoch eine Konsequenz. Das Studium des Judentums sollte ein Fach wie andere Fächer sein, daher letztendlich über die Identitätsbildung hinausgehen und allen offen stehen. In Wirklichkeit jedoch zog die jüdische Hochschule vor allem jüdische Studenten an. Und nur sehr wenige dieser neuen jüdischen Professoren an den Universitäten interessierten sich für das Studium jüdischer Literatur, Geschichte oder Kultur oder dachten daran, sich für eine Etablierung solcher Fächer an der Universität zu interessieren. Jüdische Studenten belegten vor allem berufsbezogene Fächer wie Medizin oder Jura, die eine wirtschaftliche Sicherheit boten und sozialen Status. Dadurch setzte sich die Trennung zwischen jüdischer Hochschule oder jüdischem Lehrhaus einerseits und Universität andererseits weiter fort.

Nach 1945 kehrten nur wenige jüdische Wissenschaftler nach Deutschland zurück, um an den Universitäten zu lehren und die Nachkriegsregierungen bemühten sich nicht darum, Emigranten zurück zu rufen. Stattdessen behielten viele Professoren, die bereits während des „Dritten Reichs" lehrten, ihre Professuren. Dies hatte keinen weiteren Antisemitismus zur Folge, sondern ein Schweigen hinsichtlich jüdischer Angelegenheiten und gelegentliche philosemitische Stellungnahmen. Die jüdischen Gemeinden nach dem Kriege hatten wiederum dringlichere Probleme als die Etablierung von Universitätsdisziplinen oder Lehrhäusern. Darüber hinaus stammten die meisten Juden, die nach dem Krieg in Deutschland lebten, aus Osteuropa. Sie blieben nach der Auflösung der DP-Lager in Deutschland oder wurden erneut zu Emigranten. Kaum einer von ihnen hatte eine Verbindung zu oder ein Wissen von deutsch-jüdischer Geschichte, den Traditionen einer Berliner Hochschule oder eines Frankfurter Lehrhauses. Es gab aber auch keine Rabbinerseminare, Rabbiner wurden aus dem Ausland importiert und sprachen oft kein Deutsch. Wenn Juden in Deutschland nun ihren Kindern Bildung empfahlen, ging es nicht nur um den sozialen Aufstieg, es ging ebenso um eine zukünftige Emigration. Die Kinder dieser Juden sollten Deutschland verlassen und ein Universitätsdiplom, nicht mehr die Taufe, diente nun als Eintrittsbillet in eine andere Gesellschaft und ein anderes Land.

Juden, die außerhalb Deutschlands lebten, sowie Historiker an deutschen Universitäten begannen damit, das deutsche Judentum allein in der Vergangenheit zu situieren. Erst 1979 entschloss sich der Zentralrat der Juden in Heidelberg eine Hochschule für Jüdische Studien zu gründen; ironischerweise im Verbund mit jener Universität Heidelberg, die sehr früh willens gewesen war, die Nazirichtlinien umzusetzen.[39] Dabei werden vor allem Historiker und Religionslehrer ausgebildet. Die Hochschule möchte an die jüdischen Akademien vor dem Zweiten Weltkrieg anschließen. Heute vergibt die Gemeinde Stipendien an solche Mitglieder, die sich einem Studium widmen und später in einer Gemeinde Deutschlands arbeiten wollen. In den ersten Nachkriegsjahrzehnten bot die Gemeinde Stipendien an diejenigen Mitglieder, die sich etwa in London zum Rabbiner ausbilden lassen wollten. Ein Ausbildungsweg zum Rabbiner-Studium ist in Heidelberg in Planung und weitere, von der Gemeinde unabhängige Rabbiner-Ausbildungsstätten wurden in den letzten Jahren in Potsdam, München und Frankfurt gegründet.

Etwa zur Zeit der Gründung der Hochschule in Heidelberg begannen aber nun auch Universitäten in Deutschland Lehrstühle für Judaistik oder Abteilungen und Institute für Jüdische Studien zu gründen – eine in der deutschen Universitätsgeschichte vollkommen neue Bewegung. Über das Judentum zu arbeiten schien nun aber Teil einer historischen Aktivität, das Judentum selbst wurde von der Geschichte eingeholt. Die ältere Disziplin der Judaistik entwickelte sich aus den Orientalistik-Abteilungen heraus und bot das Studium des Hebräischen und der rabbinischen Tradition. Diese Judaistik-Abteilungen entstanden an Universitäten wie der Freien Universität Berlin oder in Köln. Fast alle diese Abteilungen konzentrieren sich auf das antike oder mittelalterliche Judentum und vor allem das Judentum vor der Aufklärung und Emanzipation. Philologie, Geschichte, und ein Wissen um die religiöse Tradition vereinen sich hier;

im Zentrum steht die hebräische Bibel und die rabbinische Tradition. Nur sehr langsam begannen diese Abteilungen auch Fragen zum moderneren Judentum in ihre Studien mit einzubeziehen.

In den 1980er-Jahren etablierten sich die Jüdischen Studien als eigenes Gebiet an deutschen Universitäten. Sie waren vor allem historisch konzipiert, beachteten kaum das Studium des Hebräischen oder das jüdischer Sprachen wie Jiddisch oder Ladino, oder das Studium der biblischen Zeit und Antike. Statt dessen betonen sie die jüdische Kultur seit dem 18. Jahrhundert, und dies heißt, vor allem das Studium der akkulturierten und assimilierten Judenromane von Stefan Zweig oder das Werk von Sigmund Freud würde damit innerhalb der Jüdischen Studien erforscht werden, aber nicht innerhalb der Judaistik. Die meisten Studienprogramme in Jüdischen Studien werden von Historikern geleitet, die eine allgemeinere Ausbildung in deutscher Geschichte haben – das Moses Mendelssohn Zen-trum für europäisch-jüdische Studien in Potsdam mag hier als Beispiel dienen. Natürlich kam es schon bald zu einer Rivalität zwischen den Abteilungen für Judaistik und denen für Jüdische Studien. Die ersteren sprachen den letzteren die ernsthafte wissenschaftliche Forschung ab, eine schlüssige Definition der Disziplin; die letztere verurteilte die Judaistik wegen mangelnder Relevanz und politischer Aussagefähigkeit. Repräsentanten der Judaistik stört es, dass die Jüdischen Studien den Kernbereich der jüdischen Sprachen aufgegeben haben, die Vertreter der Jüdischen Studien fürchten eine mangelnde Verbindung zu den Problemen der zeitgenössischen jüdischen Bevölkerung und des aktuellen deutschen oder österreichischen Staates.

Aber während das Schweigen der ersten Nachkriegsjahre hinsichtlich der Juden, ihrer Geschichte und Kultur gebrochen wurde, trägt der Ton der Forschung dieser Abteilungen immer noch den Klang der Memorialisierung, des Aufarbeitens einer verlorenen Vergangenheit. Diese neue Germania Judaica besteht aus Veröffentlichungen zu Grabsteininschriften oder Statistiken und Führern zu jüdischen Denkmälern in Gemeinden, die vor dem Zweiten Weltkrieg eine jüdische Bevölkerung besaßen. Eine posthume Lokalgeschichte florierte besonders in den ersten Jahren der neuen Wissenschaft. Oft nahm sie die besondere Form einer Dokumentation ein, betrachtete Ruinen dessen, was nun verloren ist. Viel der Forschung der 1980er-Jahre bietet dabei nicht nur Listen verschwundener Synagogen und anderer Gebäude, sondern die Wissenschaft selbst wurde eine Art von Trauerarbeit, ein Werk der Aufarbeitung deutscher Geschichte, die Teil der Geschichte des Forschers war und dennoch diesem fremd.

Doch diese neue universitäre wissenschaftliche Arbeit zeigt auch eine gewisse Kontinuität. Man kann eine Beziehung zwischen dem Schweigen über jüdische Angelegenheiten in den ersten und unmittelbaren Nachkriegsjahren und dieser neuen Arbeit herstellen, denn beide gründen sich auf die Abwesenheit von lebenden Juden. Unheimlicherweise lebte auch die Terminologie der Naziverfolgung dabei weiter. Selbst heute fördern Institute für Jüdische Studien in Duisburg oder Potsdam biografische Studien von Personen, die Christen sind oder keine Religionszugehörigkeit haben und sich weder ethnisch noch kulturell als Juden sehen. Wenn sie einen jüdischen Großvater besitzen, oder ein Elternteil, das als Jude geboren wurde, wird ihr Leben zum möglichen Forschungsobjekt und kann innerhalb des Gebietes der Jüdischen Studien Förderung erhalten. So scheint es, als ob die rassischen Begriffe immer noch das jüdische Subjekt definieren können, und zweifelhafte Zugehörigkeiten wie „Halbjude" tauchen ebenfalls bisweilen auf. Doch in letzter Zeit treten auch soziale und geistesgeschichtliche Studien hinzu, und Arbeiten in Israel oder den Vereinigten Staaten werden ebenfalls rezipiert, und dienen schließlich einer Internationalisierung von Forschung und Ansatz. Dennoch leidet das Fach der Jüdische Studien an den Universitäten immer noch von einer Phantomwunde – es ist ein Fach eines Traumas. Hier besteht vielleicht der deutlichste Unterschied zur Klezmerbewegung – das Studienfach baut auf Abwesenheit, die Musik auf die fiktive Präsenz eines jüdischen Subjekts und Publikums.

Und jeder lebende Jude in Deutschland kann für die Judaistik wie die Jüdischen Studien nur ein Zeichen eines Verlusts sein, ein Symbol der Abwesenheit, durch das sich auch das neue Deutschland definieren musste. In der Parallelwelt der jüdischen Studien oder Judaistik ist eine Verbindung zu einer jüdischen Gemeinde kaum gefragt. Jüngst bestand sogar der Plan, die Judaistik-Abteilung an der Universität Frankfurt zu schließen, einer Stadt, die eine große jüdische Tradition besitzt und heute eine der größten jüdischen Gemeinden in Deutschland. Für den Hessischen Staatsminister für Kunst und Wissenschaft Udo Corts wäre ein Umzug von Frankfurt nach Marburg lediglich ein Schritt gewesen, eine der „kleinen Disziplinen" vor dem Untergang zu „retten".[40]

Der Hochschule in Heidelberg wurde aber in den letzten Jahren eine Aufgabe zugeteilt, die ihre Gründer nicht erwartet hatten. Die kleine Hochschule richtet sich vor allem an jüdische Studenten und Studentinnen. Aber die meisten, die sich dort einschrieben, kommen von anderen Institutionen (belegen beispielsweise Kurse über die Heidelberger Universität) und betrachten sich nicht als jüdisch. Vollzeitstudenten an der Hochschule können im Allgemeinen in zwei Gruppen geteilt werden. Die eine besteht aus jüngsten Immigranten aus der Sowjetunion, die durch Gemeindestipendien unterstützt werden. Viele von ihnen sind ohne Religion aufgewachsen, ohne vorheriges Wissen vom Judentum, oder sie sind – nach dem halachischen, jüdischen Gesetz – keine Juden. Die andere Gruppe besteht aus Studenten, die vor kurzem zum Judentum übergetreten sind oder an eine Konversion denken. Somit bietet die Hochschule nicht nur Seminare und Vorlesungen der Jüdischen Studien an, sondern erfüllt auch eine integrative Aufgabe für die Gemeinde. Sie produziert nicht nur neue Wissenschaftler des Judentums. Sie produziert Juden. Eben jene Juden, die an den Universitäten abwesend sind.

Juden und jüdische Kultur im neuen Europa

In ihrer Studie eines Europas nach 1989, die nach dem Fall der Berliner Mauer entstand, skizziert Diana Pinto enthusiastisch das Bild von selbstbestimmten Juden, welche die jüdischen Gemeinden in Deutschland bevölkern sollen und damit eine neue deutsch-jüdische Beziehung prägen: „Anders als in Israel, das einen eigenen großen jüdisch-jüdischen Raum hat, oder in Amerika, wo der jüdische Raum durch Juden gefüllt wird und als eine Art soziologische und kulturelle Erfolgsgeschichte beschrieben werden kann, sind Juden in Europa nur ein Teil dieses neuen Raumes. Dies gilt vor allem für Deutschland, wo in den Abteilungen für Jüdische Studien an den Universitäten, in den Museen, im Verlagswesen, sowie in jeglichen anderen jüdischen Organisationen (außer den religiösen) Nichtjuden die Mehrheit derer konstituieren, die diesen Raum benützen und sich darin aufhalten.“[41]

Pinto diente als eine Beraterin für den Europarat und schrieb für diesen wie auch anderswo Berichte, in denen sie Juden als die eigentlichen Europäer bezeichnet, welche nun die europäische Kultur der Zukunft „repräsentieren“ sollen. Während Pinto den europäischen jüdischen Gemeinden rät, eine größeren jüdischen Diversität zuzulassen und sich zu öffnen, und die Dominanz der religiösen Orthodoxie und der zionistischen Sichtweise zumindest bei den offiziellen Vertretern der Gemeinden und jüdischen Medien zensiert, betrachtet sie diesen neuen jüdischen Raum, der sich wider Erwarten etabliert hat, hoffnungsvoll:

> „Der Holocaust ist ins europäische Bewußtsein ‚zurückgekehrt‘, heimgekehrt, und dies begründet wahrscheinlich das große Interesse an

jüdischen Themen in der nichtjüdischen Welt. Dieses Interesse ist in den letzten Jahren exponentiell gewachsen. Als Resultat sehen wir eine Vielfalt von Veröffentlichungen zu jüdischen Themen und Romanen und Filmen, die von Nichtjuden geschrieben wurden, und jüdische Charaktere enthalten (der bekannteste Fall ist natürlich Roberto Benignis *La vita è bella*), Erinnerungen und Geschichten, Beschreibungen jüdischer Traditionen von der Torah bis zu dem jüdischen Witz, die Etablierung von jüdischen Museen, Denkmälern, Ausstellungen. Jede Ecke Europas ist fleißig dabei, die jüdische Spuren seiner Vergangenheit aufzuzeigen, ob sie nun zweitausend Jahre alt sind wie in Italien oder ,nur' zweihundert Jahre wie in Schweden. Dieses Interesse an allem ,Jüdischen' ist in der europäischen Geschichte einzigartig und konstituiert die wohl größte Herausforderung an alle hinsichtlich einer europäisch-jüdischen Identität."[42]

Anstatt virtueller Juden beschreibt Pinto daher einen ,virtuellen Raum' der zu neuen Interaktionen führen könne, zu neuen Symbiosen, zu neuen Identitäten. Nach Bohlman steht Klezmermusik für die besondere Rolle, die Juden in einer neu entstehenden Gesellschaft spielen können, in diesem sich neu konstruierenden geographischen Raum:

„Die politische *Message* und der kulturelle Imperativ des postmodernen Europas ist, dass es sich im Übergang befindet. Es gibt kaum einen Zweifel darüber, *woher* es sich wegbewegt, aber kaum Übereinstimmung darin, *wohin* es sich hinbewegt. Die Allgegenwart von Klezmer ist ein Metonym für Europas Übergang in das neue Jahrtausend, denn diese Musik rührt von der Stasis der augenblicklichen, transitorischen Postmoderne in Europa her und hängt von ihr ab. Die öffentlichen Spuren der Klezmermusik sind beachtenswert: So, wie sie sich auf Plakatflächen darstellt, auf den Seiten kostenlos verteilter Zeitungen, welche die U-Bahnhöfe littern, und vor allem in den Fußgängerzonen, die ihre Wege durch Baustellen winden. Diese Flächen und Räume sind ,Arkaden' – Benjamins Passagen [...] – eines wiedervereinigten Europas, das seine Vergangenheit neuentdeckt und versucht, sich eine Zukunft aufzubauen."[43]

Pinto stimmt mit Bohlman hinsichtlich der besonderen symbolischen Rolle, welche die Klezmermusik in der Formierung des neuen Europas spielt, überein. Sie interessiert sich aber weniger für eine Entwicklung, die sich in Flux befindet, als für die sich nun neu konstruierenden Identitäten. Nach Pinto sind Juden nicht nur Europäer par excellence, sie haben auch eine besondere Lektion parat:

„Es ist heute wichtig, Europäern klar zu machen, wie sehr ihre eigene Kultur von einer jüdischen Präsenz beeinflusst war, sie dürfen nicht nur deren eigene Existenz betonen. Klezmermusik mag ein Kode für eine separate jüdische Ethnizität geworden sein (selbst wenn diese Musik eine vollständige Symbiosis mit der Volksmusik Osteuropas darstellt). Aber es ist die echte Herausforderung heute, über die jüdische Komponente vieler jüdischer Beiträge zu einer universalen Kultur nachzudenken, sei es der Musikwelt, oder der Literatur, oder der großen modernistischen Avantgarde der Jahrhundertwende."[44]

Somit ist das Judentum wirklich und real (es hat eine Tradition) wie auch virtuell (es gehört einem neuen, postmodernen Raum an). Und wenn Pinto hier die Konstruktion eines postmodernen jüdischen Raums als eine Art Triumph sieht, so kann dieser vielleicht ebenso als eine Proliferation von jüdischen Räumen gesehen werden, die sich gegenseitig ausschließen.

Mit den neuen Einwanderern aus der ehemaligen Sowjetunion stellt sich aber auch eine besondere Situation in Deutschland dar. Diese neuen Ostjuden unterscheiden sich von den ostjüdischen Einwanderern vor dem Kriege nicht nur durch ihre Unkenntnis in Religionsfragen. Sie eignen ich schlecht als Objekte für jene Trauerarbeit, welche der Gründung der akademischen Fächer an der Universität zugrunde liegt. Diesen Immigranten und ihren Familien fehlt die Erfahrung des Holocausts. Während viele russische Juden Sozialhilfe erhalten, haben nur wenige Forderungen hinsichtlich einer Wiedergutmachung. Sie fühlen kein Ressentiment ihrer deutschen Umgebung gegenüber. Die Bürger Deutschlands sind für sie weniger potentielle Schuldige als Vertreter eines Landes der Bildung und des wirtschaftlichen Erfolgs.[45] Die Kinder dieser Immigranten, die weder Holocaust-Überlebende noch Erben einer deutsch-jüdischen Geschichte sind, werden die jüdische Kultur in Deutschland, ihr Studium neu bestimmen müssen – und vielleicht jenen Raum neu schaffen, von dem Pinto träumt.

Anmerkungen

1 Eine englische Fassung dieses Aufsatzes erschien unter dem Titel: The Sound of Music: Jews and Jewish Culture in the New Europe. The Idea of Europe, hg. v. Susan Suleiman (Sonderausgabe), Comparative Literature (2006), S. 403–417. Meine ausführlichere Übersicht über die Geschichte deutsch-jüdischer Studien wurde unter dem Titel Reflecting on the Past, Envisioning the Future: Perspectives for German-Jewish Studies, in: *GHI Bulletin,* 35 (2004), S. 11–32 veröffentlicht.

2 Bernstein, Richard: Vienna Journal: The Hills Are Alive With the Sound of Remembrance, *The New York Times,* 24.3.2005, Teil A, S. 4.

3 Ebd.

4 Apple, Sam: Schlepping Through the Alps: My Search for Austria's Jewish Past with Its Last Wandering Shepard, New York 2005.

5 Die Frage, inwieweit eine „Sprache" des Klezmers mit dem Jiddischen in Beziehung steht, wird von Philip von Bohlman behandelt, siehe: Historisierung als Ideologie. Die ‚Klesmerisierung' der jüdischen Musik, in: John, Eckhard/Zimmermann, Heidy (Hg.): Jüdische Musik? Fremdbilder – Eigenbilder, Weimar 2004, S. 243.

6 Apple: Schlepping, [wie Anm. 4], S. 101.

7 Ebd., S. 90.

8 Hannah Arendts Formulierung erschien in der ersten Fassung ihre Textes, die in der Zeitschrift *The New Yorker* im Februar und März 1963 veröffentlicht wurde, und nicht in späteren Buchversionen. Eine ausführliche Diskussion dazu findet sich bei Aschheim, Steven (Hg.): Arendt in Jerusalem, Berkeley 2001.

9 Apple: Schlepping, [wie Anm. 4], S. 27.

10 Joachim Schlör diskutiert die Beziehung zwischen Exil und Heimat in Bezug zu neuen Konzepten „jüdischer Kultur" (dies beinhaltet ebenfalls Klezmer), Jüdische Kultur in Europa: Exkusionen – Konstruktionen – Deutungen, in: John/Zimmermann (Hg.): Jüdische Musik?, [wie Anm. 4], S. 319–337.

11 Siehe Bohlman: Historisierung als Ideologie, [wie Anm. 5], S. 241.

12 Gross, Thomas: „Der auserwählte Folk", in: *Die Zeit* vom 24.7.2003, Feuilleton, S. 35.

13 Siehe Ottens, Rita/Rubin, Joel: Einleitung: ‚Fassade des Stimmigen': Jüdische Musik in Deutschland, in: dies.: Jüdische Musiktraditionen, Kassel 2001, S. 7–20.

14 Seith, Anne: Folklore statt Geschichte: Jüdisches Kulturfestival in Krakau, in: *Der Tag/Der Spiegel online*, http://www.spiegel.de/kultur/gesellschaft/0,1518,361716,00.html, 25.6.2005.

15 Bohlman, Philip von: The Remembrance of Things Past: Music, Race, and the End of History in Modern Europe, in: Radano, Ronald/Bohlman, Philip von (Hg.): Music and the Racial Imagination, Chicago 2000, S. 6. Vgl. auch Kugelmass, Jack: The Rites of the Tribe: American Jewish Tourism in Poland, in: Karp, Ivan/Mullen Krämer, Christine/Lavine, Steven D. (Hg.): Museums and Communities: The Politics of Public Culture, Washington 1992, S. 382–427.

16 Bohlman: The Remembrance, [wie Anm. 14], S. 669.

17 Seith: Folklore statt Geschichte, [wie Anm. 13].

18 Ebd.

19 Lilienfeld, François: Die Musik der Juden Osteuropas: Lomir ale singn. Redaktionelle Mitarbeit: Petra Goldman, Zürich 2002, S. 7 und 133.

20 Eckstaedt, Aaron: „Klaus mit der Fiedel, Heike mit dem Baß...": Jiddische Musik in Deutschland, Berlin 2003.

21 Ebd., S. 9.

22 Broder, Henryk: Die Konjunktur des Jüdischen an der Schwelle zum 21. Jahrhundert, in: John/Zimmermann (Hg.): Jüdische Musik?, [wie Anm. 5], S. 362.

23 Teevs, Christian: „Jüdische Volksmusik unerwünscht", SPIEGEL ONLINE, 9.6.2007, http://www.spiegel.de/kultur/gesellschaft/0,1518,487660,00.html.

24 bos/dpa, Ordnungsamt wollte jüdische Protestmusik gegen Nazis verhindern, SPIEGEL ONLINE, 8.6.2007; http://www.spiegel.de/kultur/musik/0,1518,487443,000.html.

25 Bohlman: Historisierung als Ideologie, [wie Anm. 5], S. 246.

26 Siehe John/Zimmermann: Vexierbild ‚Jüdische Musik': Einleitung, in: John/Zimmermann (Hg.): Jüdische Musik?, [wie Anm. 5], S. 1–10; Bohlman, Philip von: Die Entdeckung des jüdischen Volkslieds als Signum musikalisch-jüdischer Identität, in: ebd., S. 77–99; Zimmermann, Heidy: Was heißt „jüdische Musik"? Grundzüge eines Diskurses im 20. Jahrhundert, in: ebd., S. 11–32; und John, Eckhard: Wer hat Angst

vor ‚jüdischer Musik'? Die Politisierung der Musik im Zeichen des Antisemitismus, in: ebd., S. 101–118.

27 Bohlman, Philip von: Die Entdeckung des jüdischen Volksliedes als Signum musikalisch-jüdischer Identität, in: John/Zimmermann (Hg.): Jüdische Musik?, [wie Anm. 5], S. 99.

28 Stroh, Wolfgang Martin: Akademische Forschung und politische Praxis: Jiddische Lieder und Klesmermusik im (Musik-)Unterricht an deutschen Schulen, in: Grözinger, Karl E. (Hg.): Klesmer, Klassik, jiddisches Lied: Jüdische Musikkultur in Osteuropa, Wiesbaden 2004, S. 232.

29 Bohlman: Die Entdeckung des jüdischen Volksliedes, [wie Anm. 27], S. 98.

30 Siehe das 10. Kapitel von Ruth Ellen Grubers Studie, Virtually Jewish: Virtually Jewish: Reinventing Jewish Culture in Europe, Berkeley 2002.

31 Schlör, Joachim: What Am I Doing Here?, Vortrag, Annual Confereence of the Association for Jewish Studies, Dezember 2004.

32 Siehe z. B. Carlebach, Julius (Hg.): Wissenschaft des Judentums: Anfänge der Judaistik in Europa, Darmstadt 1992.

33 Siehe Wolf, Immanuel: On the Concept of a Science of Judaism, übers. v. Lionel E. Kochan, in: Meyer, Michael A. (Hg.): Ideas of Jewish History, New York 1974, S. 143.

34 Ebd.

35 Heinrich Graetz, Judaism can be understood only through its history, übers. v. Noah Jonathan Jacobs, in: Meyer (Hg.): Ideas of Jewish History, [wie Anm. 33], S. 219. Siehe auch ders.: The Structure of Jewish History and Other Essays, übers. v. Ismar Schorsch, New York 1975.

36 Peters, Edward: ‚Settlement, Assimilation, Distinctive Identity': The Historiography Medieval German Jewry, 1902–2002 (Review Essay), in: *The Jewish Quarterly Review* 97,2 (2007), S. 237–279. Meine Darstellung der Entwicklung des historischen Forschungsgebietes folgt hier vor allem Peters.

37 Brann, Marcus: Foreword, Germania Judaica I, Tübingen, Reprint 1963, S. IX–XV; zitiert bei Peters: ‚Settlement, Assimilation, Distinctive Identity', [wie Anm. 36], S. 241.

38 Vergleiche Pulzer, Peter: Jews and the German State: The Political History of a Minority, 1848–1933, Detroit 2003, S. 108–110 und S. 276. Pulzer kommt zu einem etwas anderen Ergebnis, er zitiert eine bereits geringere Anzahl jüdischer Akademiker an deutschen Universitäten während der Zeit der Weimarer Republik. Allerdings unterscheidet Pulzer nicht zwischen Juden und zum Christentum konvertierten Juden und konzentriert sich vor allem auf die alten Universitäten, nicht auf Neugründungen wie die Universität in Frankfurt a. M.

39 Siehe Remy, Steven P.: The Heidelberg Myth: the Nazification and Denazification of a German University, Cambridge, Mass. 2002.

40 Corts, Udo: Brief an David Ruderman, Direktor des Center for Advanced Judaic Studies, University of Pennsylvania, 13. 7. 2005. Ich möchte mich bei David Ruderman bedanken, dass er mir diesen Brief zur Verfügung gestellt hat.

41 Pinto, Diana: The Jewish Challenges in the New Europe, in: Levy, Daniel/Weiss, Yfaat (Hg.): Challenging Ethnic Citizenship: German and Israeli Perspectives on Immigration, New York 2002, S. 250–51.

42 Dies.: The Third Pillar? Toward a European Jewish Identity, www.ceu.hu/jewish studies/pdf/01_pinto.pdf (1999), S. 16. Der Aufsatz erschien auch in: Jewish Studies at the Central European University: Public Lectures 1996–1999, Budapest 2000, S. 177–199.

43 Radano, Ronald/Bohlman, Philip von: Introduction: Music and Race, Their Past, Their Presence, in: Radano/Bohlman (Hg.): Music and the Racial Imagination, [wie Anm. 15], S. 41.

44 Pinto: The Third Pillar?, [wie Anm. 42], S. 15.
45 Schoeps, Julius H./Jasper, Willi/Vogt, Bernhard (Hg.): Russische Juden in Deutschland. Integration und Selbstbehauptung in einem fremden Land, Weinheim 1996.

ANHANG

Neuere Typologien von „Philosemitismus“
(zusammengestellt von Wolfram Kinzig)

Nach *Morris* [Morris, Rodler F.: From Weimar Philosemite to Nazi Apologist. The Case of Walter Bloem, Lewiston etc. 1988 (Studies in German Thought and History 7), S. 4f.]:

1. religiöser Ph.: Juden als das erwählte Volk
2. säkular-kultureller Ph.
3. „equalitarianism“: Juden haben dieselben Rechte wie andere Glieder des Gesellschaft.
4. Anti-Antisemitismus

Nach *Rubinstein/Rubinstein* [Rubinstein, William D./Rubinstein, Hilary L., Philosemitism. Admiration and Support in the English-speaking World for Jews, 1840-1939, Houndmills, Basingstoke etc. 1999]:

1. Liberaler und progressiver Ph., Beispiele: S. 111-125
2. Christlicher Ph., Beispiele: S. 126-148
3. Zionistischer Ph., Beispiele: S. 149-170
4. Konservativer und elitärer Ph., Beispiele: S. 171-185

Nach *Massey* [Massey, Irving, Philo-Semitism in Nineteenth-century German Literature, Tübingen 2000 (Conditio Judaica 29), S. 31f.]:

1. unkritischer Enthusiasmus für alles Jüdische
2. Kompensation von Schuld
3. einfaches Wohlgefühl in jüdischer Gesellschaft ohne besonderes Schuldgefühl oder den Druck, sich eine jüdische Angelegenheit zu eigen machen zu müssen

Nach *Berlinerblau* [Berlinerblau, Jacques: On Philo-Semitism, in: Occasional Papers on Jewish Civilization, Jewish Thought and Philosophy, Edmund A. Walsh School of Foreign Service/Program for Jewish Civilization, Georgetown University, Washington D.C., Winter 2007, S. 10-12]:

1. Christlicher Ph.,
   a. futurisch: Beispiele: millenaristische Gruppen in England z.Zt. Cromwells; nordamerikanische Puritaner; Dispensationalismus
   b. präterital: gemeinsames Erbe von Juden und Christen; Jesus als Jude; Erwählung
2. ökonomischer Ph., Beispiel: Sultan Bayezid II.; Wiederzulassung der Juden in England

3. liberaler/säkularer Ph., Beispiel: bürgerliche Emanzipation
4. „survivalist philo-semitism“, Juden als Überlebenskünstler, Beispiele: Nietzsche, Kevin MacDonald
5. „philo-semitic kitsch“, Beispiel: Popsängerin Madonna und Kabbala, Fans von Fußballteam Ajax Amsterdam mit israelischer Flagge
6. Philosemitismus als Buße, Beispiel: Nachkriegsdeutschland
7. intellektueller Philosemitismus, Beispiel: christlicher Hebraismus

Kategorien in Anlehnung an Aristoteles, Nikomachische Ethik: nach *Kramer* [Kramer, Steven Philip: Recovering the Philo-Semitic Past, in: Occasional Papers on Jewish Civilization, Jewish Thought and Philosophy, Edmund A. Walsh School of Foreign Service/Program for Jewish Civilization, Georgetown University, Washington D.C., Winter 2007, S. 22–24]:

1. Interessegeleiteter (politischer und ökonomischer) Philosemitismus, Beispiel: Juden als Finanziers und Bankiers, Bismarcks Haltung gegenüber den Juden
2. Philosemitismus aus „Vergnügen“, Beispiel: jüdische Salons während des Wiener Kongressess
3. Philosemitismus aus Freundschaft: Bevorzugung und Bewunderung alles Jüdischen
4. Idealistischer Philosemitismus (Verteidigung der Rechte der Juden, auch Anti-Antisemitismus), Beispiel: Judenemanzipation, Anti-Antisemitismus, christlicher Philosemitismus
5. Anständigkeit und wohlwollende Indifferenz im Alltag

Auswahlbibliografie

Nachschlagewerke

Antisemitism. A historical encyclopedia of prejudice and persecution, hg. von Richard Simon Levy, 2 Bde, Santa Barbara, CA u. a. 2005.

Biographisch-bibliographisches Kirchenlexikon, hg. von Friedrich Wilhelm Bautz, Traugott Bautz, 28 Bde, Hamm 1975–2007.

The concise Oxford dictionary of current English, hg. von Henry Watson Fowler, Francis Gordon Fowler, Oxford 1911.

A Dictionary of Jewish-Christian Relations, hg. von Edward Kessler, Neil Wenborn, Cambridge, MA u. a. 2005.

Evangelisches Kirchenlexikon. Internationale theologische Enzyklopädie, hg. von Erwin Fahlbusch, 5 Bde, Göttingen 1986–1997.

Geschichtliche Grundbegriffe. Historisches Lexikon zur politisch-sozialen Sprache in Deutschland, hg. von Otto Brunner, Werner Conze, Reinhart Kosselleck, 8 Bde, Stuttgart 1972–1997.

Jüdisches Lexikon. Ein enzyklopädisches Handbuch des jüdischen Wissens in vier Bänden. Mit über 2000 Illustrationen, Beilagen, Karten und Tabellen, hg. von Georg Herlitz, Bruno Kirschner, 4 Bde in 5 Teilen, Berlin 1927–1930.

Lexikon für Theologie und Kirche, hg. von Walter Kasper, 11 Bde, Freiburg u. a. 1993–2001.

Neue Deutsche Biographie, hg. von der Historischen Kommission bei der Bayerischen Akademie der Wissenschaften, Berlin 1953ff.

Neues Lexikon des Judentums, hg. von Julius H. Schoeps, Gütersloh u. a. 1992.

Theologische Realenzyklopädie, hg. von Gerhard Müller, Horst Balz, Gerhard Krause, 36 Bde, Berlin u. a. 1977–2007.

Universal Jewish Encyclopaedia. An authoritative and popular presentation of Jews and Judaism since the earliest times, hg. von Isaac Landmann, Louis Rittenberg, Simon Cohen, 10 Bde, New York, NY 1969.

Monografien

Abu-Sitta, Salman H.: The end of the Palestinian-Israeli conflict. From refugees to citizens at home, hg. von The Palestinian Return Centre, London 2001.

Aden-Grossmann, Wilma: Berthold Simonsohn. Biographie des jüdischen Sozialpädagogen und Juristen, 1912–1978, Frankfurt a. M. u. a. 2007.

Adorno, Theodoı W./Horkheimer, Max: Dialektik der Aufklärung. Philosophische Fragmente, Frankfurt a. M. 1969.

Adorno, Theodor W.: Negative Dialektik (Gesammelte Schriften, Bd. 6), Frankfurt a. M. 1997.

Aerne, Peter: Religiöse Sozialisten, Jungreformierte und Feldprediger. Konfrontationen im Schweizer Protestantismus, 1920–1950, Zürich 2006.

Altmann, Alexander: Moses Mendelssohn. A biographical study, Philadelphia 1973.

Améry, Jean: Aufsätze zur Politik- und Zeitgeschichte (Werke, Bd. 7), Stuttgart 2005.

Ders.: Widersprüche, Stuttgart 1971.

Anderson, Irvine H.: Biblical interpretation and Middle East policy. The promised land, America, and Israel, 1919–2002, Gainesville, FL u. a. 2005.

Ariel, Yaacov Shalom: Philosemites or antisemites? Evangelical Christian attitudes toward Jews, Judaism and the State of Israel (Analysis of current trends in antisemitism, Bd. 20), Jerusalem 2002.

Aring, Paul Gerhard: Christen und Juden heute – und die „Judenmission"? Geschichte und Theologie protestantischer Judenmission in Deutschland, dargestellt und untersucht am Beispiel des Protestantismus im mittleren Deutschland, Frankfurt a. M. 1987.

Aring, Paul Gerhard: Christliche Judenmission. Ihre Geschichte und Problematik dargestellt und untersucht am Beispiel des evangelischen Rheinlandes. Eine Untersuchung im Rahmen des Forschungsschwerpunktes „Geschichte und Religion des Judentums" an der Universität Duisburg, Gesamthochschule (Forschungen zum jüdisch-christlichen Dialog, Bd. 4), Neukirchen-Vluyn 1980.

Ash, Timothy Garton: Zeit der Freiheit. Aus den Zentren des neuen Europa, München u. a. 1999.

Baeumler, Alfred: Nietzsche als Philosoph und Politiker (Reclams Universalbibliothek, Bd. 7135–7136), Leipzig 1931.

Bala, Christian: Israel. Wandel eines Traumes, hg. von der Studentischen Arbeitsgemeinschaft für Antisemitismusforschung (Sachor, Bd. 10), Essen 2000.

Ders.: Konservativismus, Judaismus, Zionismus. „Kultur-Krieg" in der US-Diaspora, Baden-Baden 2006.

Bar-On, Dan: Die Last des Schweigens. Gespräche mit Kindern von NS-Tätern, Hamburg 2003.

Beckermann, Ruth: Unzugehörig. Österreicher und Juden nach 1945, Wien 1989.

Behrens, Rolf: „Raketen gegen Scheinwerfer". Das Bild Israels im „Spiegel". Eine Inhaltsanalyse der Berichterstattung über Intifada, 1987–1992 und „Al-Aqsq-Intifada", 2000–2002 (Publizistik, Bd. 11), Münster u. a. 2003.

Ben-Chorin, Schalom: Von Angesicht zu Angesicht. Beiträge zum Gespräch zwischen Judentum und Christentum, hg. von Gisela Müller, Weimar 2000.

Bentzel-Sternau, Karl Christian Ernst von: Anti-Israel. Eine projüdische Satire aus dem Jahre 1818. Nebst den antijüdischen Traktaten Friedrich Rühs' und Jakob Friedrich Fries', 1816, hg. von Johann Anselm Steiger (Exempla philosemitica, Bd. 4), Heidelberg 2004.

Benz, Wolfgang: Bilder vom Juden. Studien zum alltäglichen Antisemitismus (Beck'sche Reihe, Bd. 1449), München 2001.

Ders.: Was ist Antisemitismus? München 2004.

Berglar, Peter: Walther Rathenau. Ein Leben zwischen Philosophie und Politik, Graz u. a. 1987.

Bergmann, Werner/Erb, Rainer: Antisemitismus in der Bundesrepublik Deutschland. Ergebnisse der empirischen Forschung von 1946 bis 1989, Opladen 1991.

Bilde, Per: Flavius Josephus between Jerusalem and Rome. His life, works and their importance (Journal for the study of pseudepigrapha: Supplement series, Bd. 2), Sheffield 1988.

Blastenbrei, Peter: Johann Christoph Wagenseil und seine Stellung zum Judentum, Erlangen 2004.

Bloch, Jochanan: Judentum in der Krise. Emanzipation, Sozialismus und Zionismus (Kleine Vandenhoeck-Reihe, Bd. 245), Göttingen 1966.

Ders.: Selbstbehauptung. Zionistische Aufsätze (Evangelische Zeitstimmen, Bd. 61/62), Hamburg-Bergstedt 1972.

Blumenberg, Hans: Die Legitimität der Neuzeit (Suhrkamp-Taschenbuch Wissenschaft, Bd. 1268), Frankfurt a. M. 1996.

Borochov, Ber: Die Grundlagen des Poalezionismus, Frankfurt a. M. 1969.

Boss, Catherine: Streitfall Friede. Christlicher Friedensdienst, 1938–88. 50 Jahre Zeitgeschichte, hg. vom Christlichen Friedensdienst, Bern 1988.

Braese, Stephan: Deutsche Nachkriegsliteratur und der Holocaust (Wissenschaftliche Reihe des Fritz-Bauer-Instituts, Bd. 6), Frankfurt a. M. u. a. 1998.

Brakelmann, Günter: Hans Ehrenberg. Ein judenchristliches Schicksal in Deutschland, 2 Bde, (Schriften der Hans-Ehrenberg-Gesellschaft, Bd. 3–4), Waltrop 1997–1999.

Brakelmann, Günter: Der Kreisauer Kreis. Chronologie, Kurzbiographien und Texte aus dem Widerstand (Schriftenreihe der Forschungsgemeinschaft 20. Juli e. V., Bd. 3), Münster 2003.

Brakelmann, Günter: Krieg und Gewissen. Otto Baumgarten als Politiker und Theologe im Ersten Weltkrieg, Göttingen 1991.

Braybrook, Marcus: Children of one God. A History of the Council of Christians and Jews, London u.a. 1991.

Brenner, Wolfgang: Walther Rathenau. Deutscher und Jude, Zürich u.a. 2005.

Broder, Henryk M.: Der ewige Antisemit. Über Sinn und Funktion eines beständigen Gefühls, Berlin 2005.

Brooten, Bernadette J.: Women leaders in the ancient synagogue. Inscriptional evidence and background issues (Brown Judaic studies, Bd. 36), Chico, CA 1982.

Bruer, Albert A.: Aufstieg und Untergang. Eine Geschichte der Juden in Deutschland, 1750–1820, Köln u.a. 2006.

Ders.: Geschichte der Juden in Preußen, 1750–1820, Frankfurt a.M. u.a. 1991.

Bruhn, Joachim: Was deutsch ist. Zur kritischen Theorie der Nation, Freiburg i.Br. 1994.

Brumlik, Micha: Wer Sturm sät. Die Vertreibung der Deutschen, hg. von Michel Friedman, Berlin 2005.

Brunotte, Ulrike: Puritanismus und Pioniergeist. Die Faszination der Wildnis im frühen Neu-England (Religionsgeschichtliche Versuche und Vorarbeiten, Bd. 50), Berlin u.a. 2000.

Dies.: Zwischen Eros und Krieg. Männerbund und Ritual in der Moderne (Kleine kulturwissenschaftliche Bibliothek, Bd. 70), Berlin 2004.

Burg, J. G. (eigentlich Josef Ginzburg): Jüdisch-deutscher Dialog zum Verhältnis der Deutschen und der Juden nach dem Zweiten Weltkrieg, 1939–1945. Erinnerungen und Stellungnahmen des jüdischen Publizisten J. G. Burg, Winterthur 1992.

Burnett, Stephen G.: From Christian Hebraism to Jewish studies. Johnannes Buxtorf, 1564–1629, and Hebrew learning in the seventeenth century (Studies in the history Christian thought, Bd. 68), Leiden u.a. 1996.

Caldarola, Carlo: Christianity. The Japanese Way (Monographs and theoretical studies in sociology and anthropology in honour of Nels Anderson, Bd. 15), Leiden 1979.

Canup, John: Out of the wilderness. The Emergence of an American identity in colonial New England, Middletown, CT 1990.

Carlebach, Elisheva: Divided Souls. Converts from Judaism in Germany, 1500–1750, New Haven, CT u.a. 2001.

Carstensen, Christoph: Der Volkserzieher. Eine historisch-kritische Untersuchung über die Volkserzieherbewegung Wilhelm Schwaners, Würzburg 1941.

Chamberlain, Houston Stewart: Briefe, 1882–1924. Und Briefwechsel mit Kaiser Wilhelm II., hg. von Paul Pretzsch, 2 Bde, München 1928.

Clark, Christopher M: The politics of conversion. Missionary Protestantism and the Jews in Prussia, 1728–1941, Oxford 1995.

Clauss, Manfred: Das alte Israel. Geschichte, Gesellschaft, Kultur (Beck'sche Reihe: Wissen, Bd. 2073), München 1999.

Claussen, Detlev: Grenzen der Aufklärung. Die gesellschaftliche Genese des modernen Antisemitismus (Fischer Taschenbücher: Geschichte, Bd. 12238), Frankfurt a.M. 1994.

Cohen, Asher: Persécutions et sauvetages. Juifs et Français sous l'Occupation et sous Vichy (Histoire), Paris 1993.

Cohen, Shaye J. D.: The Beginnings of Jewishness. Boundaries, varieties, uncertainties (Hellenistic culture and society, Bd. 31), Berkeley u. a. 1999.

Coudert, Allison P.: The impact of the Kabbalah in the seventeenth century. The life and thought of Francis Mercury van Helmont, 1614–1698 (Brill's series in Jewish studies, Bd. 9), Leiden u. a. 1998.

Dalman, Gustaf/Schulze, Adolf: Zinsendorf und Lieberkühn. Studien zur Geschichte der Judenmission (Schriften des Institutum Judaicum in Berlin, Bd. 32), Leipzig 1903.

Day, Ingeborg: Geisterwalzer (Dtv, Bd. 10592), München 1986.

De Cesaris, Valerio: Pro judaeis. Il filogiudaismo cattolico in Italia, 1789–1938 (Contemporanea, Bd. 13), Milano 2006.

Degen, Bernard: Sozialdemokratie. Gegenmacht? Opposition? Bundesratspartei? Die Geschichte der Regierungsbeteiligung der schweizerischen Sozialdemokraten (Zeitgeschichte), Zürich 1993.

Deutschkron, Inge: Israel und die Deutschen. Zwischen Ressentiment und Ratio, Köln 1970.

Dinan, Desmond: Ever Closer Union. An introduction to European integration, Boulder, CO u. a. 2005.

Diner, Dan: Feinbild Amerika. Über die Beständigkeit eines Ressentiments, Berlin 2002.

Döll, Emil: Eugen Dühring. Etwas von dessen Charakter, Leistungen und reformatorischem Beruf. Eine populäre Gedenkschrift aus eigenen Wahrnehmungen, mündlichem und brieflichem Verkehr, Leipzig 1893.

Dohm, Christian Wilhelm von: Concerning the amelioration of the civil status of the Jews, Cincinnati, Ohio 1957.

Ders.: Über die bürgerliche Verbesserung der Juden, 2 Teile in einem Band, Hildesheim u. a. 1973.

Dower, John W.: War without mercy. Race and power in the Pacific War, New York, NY u. a. 1993.

Dühring, Eugen Karl: Die Judenfrage als Frage des Racencharakters und seiner Schädlichkeiten für Völkerexistenz, Sitte und Cultur. Mit einer denkerisch freiheitlichen und praktisch abschließenden Antwort, Nowawes-Neuendorf bei Berlin 1901.

Ders.: Kritische Geschichte der Philosophie von ihren Anfängen bis zur Gegenwart (Gesamtcursus der Philosophie, Bd. 1), Leipzig 1894.

Ebisawa, Arimichi: Nihon kirisutokyō rekishi daijiten (Encyclopedia of Christianity in Japan), Tokyo 1988.

Edelstein, Alan: An unacknowledged harmony. Philo-Semitism and the survival of European Jewry (Contributions in Ethnic Studies, Bd. 4), Westport u. a. 1982.

Eliot, John: A late and further manifestation of the progress of the gospel amongst Indians in New England, London 1655.

Embacher, Helga/Reiter, Margit: Gratwanderungen. Die Beziehungen zwischen Österreich und Israel im Schatten der Vergangenheit, Wien 1998.

Embacher, Helga: Neubeginn ohne Illusionen. Juden in Österreich nach 1945, Wien 1995.

Endelman, Todd M.: The Jews of Georgian England, 1714–1830. Tradition and change in a liberal society, Ann Arbor, MI 1999.

Ewald, Johann Ludwig: Ideen über die nöthige Organisation der Israeliten in christlichen Staaten, hg. von Johann Anselm Steiger (Exempla philosemitica, Bd. 1), Heidelberg 1999.

Ders.: Projüdische Schriften aus den Jahren 1817 bis 1821, hg. von Johann Anselm Steiger (Exempla philosemitica, Bd. 2), Heidelberg 2000.

Feldmann, Egal: Dual destinies. The Jewish encounter with Protestant America, Urbana u. a. 1990.

Feldman, Louis H.: Jew and Gentile in the ancient world. Attitudes and interactions from Alexander to Justinian, Princeton, NY 1993.

Feuchtwanger, Lion: Der jüdische Krieg. Roman (Fischer Taschenbuch, Bd. 5707), Frankfurt a. M. 1984.

Fleischhauer, Ulrich: Die echten Protokolle der Weisen von Zion. Sachverständigengutachten, Erfurt 1935.

Finkelstein, Menachem: Proselytism. Halakhah and practice, Ramt-Gan 2003 (in Hebr.).

Fischer, Lars: The socialist response to antisemitism in imperial Germany, New York, NY u. a. 2007.

Foa, Anna: Ebrei in Europa. Dalla peste nera all'emancipazione, XIV–XIX seculo (Economica Laterza, Bd. 313), Roma u. a. 2004.

Fogelmann, Eva: „Wir waren keine Helden". Lebensretter im Angesicht des Holocaust. Motive, Geschichten, Hintergründe, Frankfurt a. M. u. a. 1995.

Foschepoth, Josef: Im Schatten der Vergangenheit. Die Anfänge der Gesellschaften für Christlich-jüdische Zusammenarbeit, Göttingen 1993.

Freedman, Jeffrey: A poisoned chalice, Princeton, NY u. a. 2002.

Freedman, Jonathan: The temple of culture. Assimilation and anti-semitism in literary Anglo-America, Oxford u. a. 2000.

Friedrich, Martin: Zwischen Abwehr und Bekehrung. Die Stellung der deutschen evangelischen Theologie zum Judentum im 17. Jahrhundert (Beiträge zur historischen Theologie, Bd. 72), Tübingen 1988.

Fritsch, Theodor: Die Sünden der Großfinanz. Eine Abrechnung, Leipzig 1927.

Gagliardo, John G.: From pariah to patriot. The changing image of the German peasant, 1770–1840, Lexington, KY 1969.

Galchinsky, Michael: The Origin of the modern Jewish woman writer. Romance and reform in Victorian England, Detroit, MI 1996.

Geisel, Eike: Die Banalität der Guten. Deutsche Seelenwanderungen (Critica diabolis, Bd. 36), Berlin 1992.

Gerstner, Alexandra: Neuer Adel. Aristokratische Elitekonzeptionen von Intellektuellen zwischen Jahrhundertwende und Nationalsozialismus, Darmstadt 2008.
Giordano, Ralph: Die zweite Schuld oder von der Last, ein Deutscher zu sein, Hamburg 1998.
Godman, Peter: The saint as censor. Robert Bellarmine between inquisition and index (Studies in medieval and Reformation thought, Bd. 80), Leiden u. a. 2000.
Gollwitzer, Helmut: Israel. Und wir, Berlin 1958.
Goodman, Martin: Mission and conversion. Proselytizing in the religious history of the Roman Empire, Oxford 1995.
Goodmann, David G./Miyazawa, Masanori: Jews in the Japanese mind. The history and uses of a cultural stereotype (Studies of modern Japan), Lanham, MD 2000.
Ders.: The "Protocols of the Elders of Zion", Aum and antisemitism in Japan (Posen papers in contemporary antisemitism, Bd. 2), Jerusalem 2005.
Goodman-Thau, Eveline: Aufstand der Wasser. Jüdische Hermeneutik zwischen Tradition und Moderne, Berlin u. a. 2002.
Goodman-Thau, Eveline: Fremd in der Welt, zu Hause bei Gott. Bruch und Kontinuität in der jüdischen Tradition (Forum jüdische Kulturphilosophie, Bd. 1), Münster u. a. 2002.
Goodrick-Clarke, Nicholas: Die okkulten Wurzeln des Nationalsozialismus, Graz u. a. 1997.
Gorenberg, Gershom: The end of days. Fundamentalism and the struggle for the Temple Mount, New York, NY u. a. 2000.
Grant, Michael: The Jews in the Roman World, London 1999.
Grigat, Stephan: Fetisch und Freiheit. Über die Rezeption der Marxschen Fetischkritik, die Emanzipation von Staat und Kapital und die Kritik des Antisemitismus, Freiburg 2007.
Gruen, Erich S.: Diaspora. Jews amidst Greeks and Romans, Cambridge, MA u. a. 2002.
Gruner, Erich: Die Parteien in der Schweiz (Helvetica Politica: Series B, Bd. 4), Bern 1977.
Grunsky, Karl: Richard Wagner und die Juden (Deutschlands führende Männer und das Judentum, Bd. 2), München 1920.
Günther, Linda-Marie: Herodes der Große (Gestalten der Antike), Darmstadt 2005.
Haiser, Franz: Freimaurer und Gegenmaurer im Kampfe um die Weltherrschaft, München 1924.
Haslinger, Josef: Politik der Gefühle. Ein Essay über Österreich (Sammlung Luchterhand, Bd. 692), Darmstadt u. a. 1987.
Haury, Thomas: Antisemitismus von links. Kommunistische Ideologie, Nationalismus und Antizionismus in der frühen DDR, Hamburg 2002.
Haynes, Stephen R.: Reluctant Witnesses. Jews and the Christian Imagination (Studies in literature and religion), Basingstoke 1995.
Heimböckel, Dieter: Walther Rathenau und die Literatur seiner Zeit. Studien zu Werk und Wirkung (Epistemata: Reihe Literaturwissenschaft, Bd. 214), Würzburg 1996.
Heinrichs, Wolfgang E.: Das Judenbild im Protestantismus des deutschen Kaiserreichs. Ein Beitrag zur Mentalitätsgeschichte des deutschen Bürgertums in der Krise der Moderne (Schriftenreihe des Vereins für Rheinische Kirchengeschichte, Bd. 145), Köln 2000.

Hengel, Martin: Juden, Griechen und Barbaren. Aspekte der Hellenisierung des Judentums in vorchristlicher Zeit (Stuttgarter Bibelstudien, Bd. 76), Stuttgart 1976.

Henisch, Peter: Die kleine Figur meines Vaters. Roman, Stuttgart u. a. 2003.

Hertzberg, Arthur: The Jews in America. Four centuries of an uneasy encounter. A history, New York, NY u. a. 1989.

Herzog, Dagmar: Intimacy and Exclusion. Religious politics in pre-revolutionary Baden (Princeton studies in culture, power, history), Princeton, NY u. a. 1996.

Hess, Jonathan M.: Germans, Jews and the claims of modernity, New Haven, CT u. a. 2002.

Heuss, Theodor: Wider den Antisemitismus, hg. von Kongress für kulturelle Freiheit, Berlin 1953.

Heydorn, Heinz-Joachim: Bildungstheoretische und pädagogische Schriften, hg. von Irmgard Heydorn (Werke, Bd. 1), Wetzlar 2004.

Ders.: Konsequenzen der Geschichte. Politische Beiträge, 1946–1974, Frankfurt a. M. 1981.

Hofstadter, Richard: The paranoid style in American politics. And other essays. (Phoenix book, Bd. 840), Chicago, IL 1979.

Holstun, James: A rational millennium. Puritan utopias of seventeenth-century England and America, New York, NY u. a. 1987.

Holz, Klaus: Die Gegenwart des Antisemitismus. Islamistische, demokratische und antizionistische Judenfeindschaft, Hamburg 2005.

Ders.: Nationaler Antisemitismus. Wissenssoziologie einer Weltanschauung, Hamburg 2001.

Hsia, Po-chia Ronnie: The myth of ritual murder. Jews and magic in Reformation Germany, New Haven, CT u. a. 1988.

Huddleston, Lee Eldridge: Origins of the American Indians. European concepts, 1492–1729 (Latin American monographs, Bd. 11), Austin, TX u. a. 1967.

Hufenreuter, Gregor: Philipp Stauff, 1876–1923. Leben und Wirken eines völkischen Ideologen. Ein Beitrag zur Organisationsgeschichte der völkischen Bewegung, (MA-Arbeit) Berlin 2003.

Ikurō, Teshima: Uzumasa no kami. Hachiman shinkō to Kirisuto Keikyō ni tsuite (The God of Uzumasa. Hachiman worship and Nestorian Christianity), Tokyo 1971.

Inuzuka, Kiyoko: Yudaya mondai to Nihon no kōsaku. Kaigun Inuzuka kikan no kiroku (Die Judenfrage und die japanische Kriegsdiplomatie), Tokyo 1982.

Israel, Jonathan Irvine: European Jewry in the age of mercantilism, 1550–1750 (Littman library of Jewish civilization), Oxford u. a. 2003.

Iuvenalis, Decimus Iunius: Satiren. Lateinisch – Deutsch, hg. von Joachim Adamietz, München u. a. 1993.

Jaecker, Tobias: Antisemitische Verschwörungstheorien nach dem 11. September. Neue Varianten eines alten Deutungsmusters (Politische Theorie und Kultur, Bd. 2), Münster 2005.

Jaher, Frederic Cople: A scapegoat in the new wilderness. The origins and rise of anti-semitism in America, Camebridge, MA u. a. 1994.

Josephus, Flavius: De bello Gallico = Der jüdische Krieg. Griechisch – Deutsch, hg. von Otto Michel, Otto Bauernfeind. (Bd. 1, Buch 1–3), Darmstadt 1982.

Ders.: Kleinere Schriften. Selbstbiographie. Gegen Apion. Über die Makkabäer, hg. von Heinrich Clementz, Wiesbaden 1993.

Judt, Tony: Große Illusion Europa. Gefahren und Herausforderungen einer Idee, München u. a. 1996.

Jung, Martin H.: Die Württembergische Kirche und die Juden in der Zeit des Pietismus, 1675–1780, hg. vom Institut für Kirche und Judentum (Studien zu Kirche und Israel, Bd. 13), Berlin 1992.

Junker, Daniel: Gott in uns! Die Germanische Glaubens-Gemeinschaft. Ein Beitrag zur Geschichte völkischer Religiosität in der Weimarer Republik, Hamburg 2002.

Kase, Hideaki: „Nihon no naka no Yudayajin" (Jews in Japan), Chūō kōron 1971.

Kaßler, Kurt: Nietzsche und das Recht, München 1941.

Katsh, Abraham Isaac: The Biblical heritage of American democracy, New York, NY 1977.

Katz, David S./Popkin, Richard H.: Messianic Revolution. Radical religious politics to the end of the second millennium, New York, NY 1999.

Katz, David S.: The Jews in the history of England, 1485–1850, Oxford 1994.

Ders.: The occult tradition. From the Renaissance to the present day, London 2005.

Ders.: Philo-Semitism and the Readmission of the Jews to England, 1603–1655 (Oxford historical monographs), Oxford 1982.

Katz, Jacob: Out of the Ghetto. The Social Background of Jewish Emancipation, 1770–1870, Cambridge, MA 1973.

Kauders, Anthony D.: Democratization and the Jews. Munich, 1945–1965 (Studies in Antisemitism), Lincoln, NE 2004.

Keller, Monika: Vom „Terrorismus" zum „legitimen Widerstand" des „palästinensischen Volkes"? Die Einschätzung und Darstellung der Palästinenser in den Schweizer Medien zwischen 1964 und 1974, Freiburg, Schweiz 2006.

Kellner, Menachem M.: Must a Jew Believe Anything? (Littman library of Jewish civilization), Oxford 2006.

Kessler, Henry Graf: Walther Rathenau. Sein Leben und Werk, hg. von Cornelia Blasberg. (Gesammelte Schriften in drei Bänden, Bd. 3), Frankfurt a. M. 1988.

Keßler, Mario: Antisemitismus, Zionismus und Sozialismus. Arbeiterbewegung und die jüdische Frage im 20. Jahrhundert, Mainz 1993.

Ders.: Zionismus und internationale Arbeiterbewegung, 1897–1933, Berlin 1994.

Kessler, Matthias: „Ich muss doch meinen Vater lieben, oder?" Die Lebensgeschichte von Monika Göth, Tochter des KZ-Kommandanten aus „Schindlers Liste", Frankfurt a. M. 2002.

Kirn, Hans-Martin: Das Bild vom Juden im Deutschland des frühen 16. Jahrhunderts. Dargestellt an den Schriften Johannes Pfefferkorns (Texts and studies in medieval and early modern judaism, Bd. 3), Tübingen 1989.

Klepper, Deeana Copeland: The insight of unbelievers. Nicholas of Lyra and Christian readings of Jewish text in the later Middle Ages (Jewish culture and contexts), Philadelphia, PA 2007.

Kling, Anne: La France LICRAtisée, Coulommiers 2006.

Kloke, Martin W. : Israel und die deutsche Linke. Zur Geschichte eines schwierigen Verhältnisses (Schriftenreihe des Deutsch-Israelischen Arbeitskreises für Frieden im Nahen Osten e. V., Bd. 20), Frankfurt a. M. 1990.

Kocher, Hermann: Rationierte Menschlichkeit. Schweizerischer Protestantismus im Spannungsfeld von Flüchtlingsnot und öffentlicher Flüchtlingspolitik der Schweiz, 1933–1948, Zürich 1996.

Koenen, Gerd: Das rote Jahrzehnt. Unsere kleine deutsche Kulturrevolution, 1967–1977 (Fischer, Bd. 15573), Frankfurt a. M. 2002.

Kranzler, David H.: Japanese, Nazis and Jews. The Jewish refugee community Shanghai, 1938–1945, New York, NY u. a. 1976.

Kraushaar, Wolfgang: Die Bombe im Jüdischen Gemeindehaus, Hamburg 2005.

Kreis, Georg: Die Rückkehr des J-Stempels. Zur Geschichte einer schwierigen Vergangenheitsbewältigung, Zürich 2000.

Krochmalnik, Daniel: Im Garten der Schrift. Wie Juden die Bibel lesen, Augsburg 2006.

Kurz, Robert: Die antideutsche Ideologie. Vom Antifaschismus zum Krisenimperialismus. Kritik des neuesten linksdeutschen Sektenwesens in seinen theoretischen Propheten, Münster 2003.

Laqueur, Richard: Der jüdische Historiker Flavius Josephus. Ein biographischer Versuch auf neuer quellenkritischer Grundlage, Darmstadt 1970.

Lease, Gary: "Odd fellows" in the politics of religion. Modernism, National Socialism, and German Judaism (Religion and society, Bd. 35) Berlin u.a 1995.

Levenson, Alan T.: An introduction to modern Jewish thinkers. From Spinonza to Soloveitchik, Lanham, MD u. a. 2006.

Levenson, Alan T.: Between Philosemitism and Antisemitism. Defenses of Jews and Judaism in Germany, 1871–1932, Lincoln u. a. 2004.

Lewis, Bernard: Semites and anti-Semites. An inquiry into conflict and prejudice, New York, NY u. a. 1999.

Liberles, Robert: Persistent myths and stereotypes in the image of German Jews. A social perspective (Leo Baeck memorial lecture, Bd. 47), New York, NY u. a. 2004.

Liepman, Heinz: Ein deutscher Jude denkt über Deutschland nach (Vom Gestern zum Morgen, Bd. 5), München 1961.

Löwy, Michael: Erlösung und Utopie. Jüdischer Messianismus und libertäres Denken. Eine Wahlverwandtschaft (Philothek), Berlin 2002.

Ludwig, Andrea: Neue oder deutsche Linke? Nation und Nationalismus im Denken von Linken und Grünen, Opladen 1995.

Lupp, Björn-Erik: Von der Klassensolidarität zur humanitären Hilfe. Die Flüchtlingspolitik der politischen Linken, 1930–1950, Zürich 2006.

Luther, Martin: D. Martin Luthers Werke. Kritische Gesamtausgabe, hg. von Ulrich Köpf (Werke), Weimar 1883ff.

Ders.: Luther's Works. 55 Bde, hg. von Jaroslav Jan Pelikan, Saint Louis, MO 1955ff.

Maier, Johann: Geschichte des Judentums im Altertum. Grundzüge (WB-Forum, Bd. 33), Darmstadt 1989.

Mandel, Ernst/Agnoli, Johannes: Offener Marxismus. Ein Gespräch über Dogmen, Orthodoxie und die Häresie der Realität, Frankfurt a.M. u.a. 1980.

Mann, Ernst: Die Wohltätigkeit als aristokratische und rassenhygienische Forderung, Weimar 1924.

Ders.: Die Überwindung des Christentums durch den aristokratischen Gedanken, Weimar 1927.

Marcuse, Herbert: Die Studentenbewegung und ihre Folgen (Nachgelassene Schriften, Bd. 4), Springe 2004.

Marin, Bernd: Antisemitismus ohne Antisemiten. Autoritäre Vorurteile und Feindbilder (Wohlfahrtspolitik und Sozialforschung, Bd. 10), Frankfurt a.M. 2000.

Marquardt, Friedrich-Wilhelm: Das christliche Bekenntnis zu Jesus, dem Juden. Eine Christologie, 2 Bde, München 1990f.

Marr, Wilhelm: Der Sieg des Judenthums über das Germanenthum. Vom nicht confessionellen Standpunkt aus betrachtet, Bern 1879.

Marx, Karl/Engels, Friedrich: Werke. 43 Bde, hg. vom Institut für Marxismus-Leninismus beim Zentralkommitee der SED, 1956–1990.

Massey, Irving: Philo-Semitism in Nineteenth-century German Literature (Conditio Judaica, Bd. 29), Tübingen 2000.

Mather, Increase: A call from heaven to the present and succeeding generations. Wherin is shewed, I. That the children of godly parents are under special advantages and encouragements to seek the Lord, Boston, MA 1679.

Mauelshagen, Claudia: Der Schatten des Vaters. Deutschsprachige Väterliteratur der siebziger und achtziger Jahre (Marburger germanistische Studien, Bd. 16), Frankfurt a.M. u.a. 1995.

May, Fritz: Apokalypse über Jerusalem. Die heilige Stadt im Brennpunkt dramatischer Endzeit-Ereignisse, Wetzlar 2001.

Mc Ginn, Bernhard: Antichrist. Two thousand years of the human fascination with evil, San Francisco, CA 1994.

McLeod, N.: Epitome of the Ancient History of Japan, Tokyo 1879.

Meinhof, Ulrike: Die Würde des Menschen ist antastbar. Aufsätze und Polemiken (Wagenbachs Taschenbücherei, Bd. 62), Berlin 1981.

Meister, Anton: Die Presse als Machtmittel Judas (Nationalsozialistische Bibliothek, Bd. 18), München 1930.

Miller, Perry: Errand into the Wilderness, Cambridge, MA 1956.

Mimura, Saburō: Yudaya mondai to uragaeshite mita nihon rekishi (Japanese History Seen as an Inversion of the Jewish Problem), Tokyo 1953.

Mittmann, Thomas: Friedrich Nietzsche. Judengegner und Antisemitenfeind, Erfurt 2001.

Ders.: Vom „Günstling" zum „Urfeind" der Juden. Die antisemitische Nietzsche-Rezeption in Deutschland bis zum Ende des Nationalsozialismus (Epistemata: Reihe Philosophie, Bd. 403), Würzburg 2006.

Miyazawa, Masanori: Yudayajin ronkō, Tokyo 1973.

Momigliano, Arnaldo: Hochkulturen im Hellenismus. Die Begegnung der Griechen mit Kelten, Römern, Juden und Persern (Beck'sche schwarze Reihe, Bd. 190).

Morris, Rodler F.: From Weimar philosemite to Nazi apologist. The case of Walter Bloem (Studies in German thought and history, Bd. 7), Lewiston, NY u. a. 1988.

Müssener, Helmut: Exil in Schweden. Politische und kulturelle Emigration nach 1933 (Stockholmer germanistische Forschungen, Bd. 14), München 1974.

Murray, Michele: Playing a Jewish Game. Gentile Christian Judaizing in the first and second centuries CE (Studies in Christianity and Judaism, Bd. 13), Waterloo, ON 2004.

Mußner, Franz: Dieses Geschlecht wird nicht vergehen. Judentum und Kirche, Freiburg i. Br. 1991.

Mushkat, Marion: Philo-semitic and anti-Jewish Attitudes in post-Holocaust Poland (Symposium series, Bd. 33), Lewiston 1992.

Na'aman, Shlomo: Marxismus und Zionismus (Schriftenreihe des Instituts für Deutsche Geschichte, Universität Tel-Aviv, Bd. 17), Gerlingen 1997.

Nakada, Bishop Juji: Japan in the Bible, Tokyo 1933.

Nietzsche, Friedrich: Judentum, Christentum, Deutschtum (Die Erhebung: Dokumente zur Zeitgeschichte), Berlin 1934.

Ders.: Sämtliche Briefe. Kritische Studienausgabe in acht Bänden, hg. von Giorgio Colli, Mazzino Montinari, München u. a. 1986ff.

Ders.: Sämtliche Werke. Kritische Studienausgabe in 15 Einzelbänden, hg. von Giorgio Colli, Mazzino Montinari, München u. a. 1988ff.

Noethlichs, Karl Leo: Das Judentum und der römische Staat. Minderheitenpolitik im antiken Rom, Darmstadt 1996.

Ders.: Die Juden im christlichen Imperium Romanum, 4.–6. Jahrhundert (Studienbücher Geschichte und Kultur der Alten Welt), Berlin 2001.

Oakes, Urian: New-England pleaded with, and pressed to consider the things which concern her peace, at least in this her day. Or, A seasonable and serious word of faithful advice to the churches and people of God (primarily those) in the Massachusets colony. Musingly to ponder, and bethink themselves, what is the tendency, and will certainly be the sad issue, of sundry unchristian and crooked wayes, which too too many have been turning aside unto, if persisted and gone on in. Delivered in a sermon preached at Boston in New-England, May 7, 1673. Being the day of election there, Cambridge, MA 1673.

Oberman, Heiko Augustinus: The roots of anti-Semitism in the age of Renaissance and Reformation, Philadelphia, PA 1984.

Opalski, Magdalena/Bartal, Israel: Poles and Jews. A failed brotherhood (The Tauber Institute for the Study of European Jewry series, Bd. 13), Hanover, NH u. a. 1992.

Oyabe, Jenichiro: A Japanese Robinson Crusoe, Boston, MA u. a. 1898.

Page, Judith W.: Imperfect Sympathies. Jews and Judaism in British Romantic Literature and Culture, New York, NY u. a. 2004.

Pagels, Elaine: Satans Ursprung, Berlin 1996.

Paine, Robert Treat: The papers of Robert Treat Paine. Bd. 1, 1746–1756, hg. von Stephen T. Riley, Edward W. Hanson (Collections of the Massachusetts historical Society, Bd. 87), Boston, MA 1992.

Pallade, Yves: Germany and Israel in the 1990s and beyond. Still a "Special Relationship"? (European university studies: Series 31, Political science, Bd. 518), Frankfurt a. M. u. a. 2005.

Palmer, Gesine: Ein Freispruch für Paulus. John Tolands Theorie des Judenchristentums (Arbeiten zur neutestamentlichen Theologie und Zeitgeschichte, Bd. 7), Berlin 1996.

Papen, Maria Patricia von: "Scholarly" Antisemitism during the Third Reich. The Reichsinstitut's Research on the "Jewish Question", 1935–45, Ann Arbor, MI 1999.

Parfitt, Tudor: The lost Tribes of Israel. The History of a Myth, London 2002.

Peattie, Mark R.: Ishiwara Kanji and Japan's Confrontation with the West, Princeton, NY u. a. 1975.

Petter, Carl Reinhold: Die siegende Sonne. Eine arisch-religiöse Selbstbetrachtung im Dome zu Oliva, Danzig 1924.

Philbrick, Nathaniel: Mayflower. A story of courage, community and war, New York, NY u. a. 2007.

Picard, Jacques: Die Schweiz und die Juden, 1933–1945. Schweizerischer Antisemitismus, jüdische Abwehr und internationale Migrations- und Flüchtlingspolitik, Zürich 1994.

Postone, Moishe: Deutschland, die Linke und der Holocaust. Politische Interventionen, Freiburg i. Br. 2005.

Prätorius, Rainer: In God we trust. Religion und Politik in den USA (Beck'sche Reihe, Bd. 1542), München 2003.

Prause, Gerhard: Herodes der Große. König der Juden, Hamburg 1977.

Puschner, Uwe: Die völkische Bewegung im wilhelminischen Kaiserreich: Sprache, Rasse, Religion, Darmstadt 2001.

Raeithel, Gert: Geschichte der nordamerikanischen Kultur, Frankfurt a. M. 2002.

Raisig, Christoph M.: Wege der Erneuerung. Christen und Juden. Der Rheinische Synodalbeschluss von 1980 (Schriften des Salomon-Ludwig-Steinheim-Instituts für deutsch-jüdische Geschichte, Bd. 2), Potsdam 2002.

Rappaport, Solomon: Jew and Gentile. The Philo-Semitic Aspect, New York, NY 1980.
Rathenau, Walther: Walther Rathenau Gesamtausgabe, Bd. 5, Briefe, 2 Teile, hg. von Alexander Jaser, München u. a. 1977.
Rathenau, Walther: Gesammelte Schriften, Bd. 4, Reflexionen und Aufsätze, Berlin 1925.
Ders.: Walther Rathenau Gesamtausgabe, Bd. 2, Hauptwerke und Gespräche, hg. von Ernst Schulin, München u. a. 1977.
Reese, Dagmar: Eine weibliche Generation in Deutschland im Übergang von der Diktatur zur Demokratie, hg. von der Zentraleinrichtung zur Förderung von Frauenstudien und Frauenforschung an der Freien Universität Berlin (Berliner Wissenschaftlerinnen stellen sich vor, Bd. 9), Berlin 1991.
Reiter, Margit: Die Generation danach. Der Nationalsozialismus im Familiengedächtnis, Innsbruck u. a. 2006.
Dies.: Unter Antisemitismus-Verdacht. Die österreichische Linke und Israel nach der Shoah, Innsbruck u. a. 2001.
Rensmann, Lars: Demokratie und Judenbild. Antisemitismus in der politischen Kultur der Bundesrepublik Deutschland, Wiesbaden 2004.
Ders.: Kritische Theorie über den Antisemitismus. Studien zu Struktur, Erklärungspotential und Aktualität (Edition Philosophie und Sozialwissenschaften, Bd. 42), Berlin 1998.
Reuchlin, Johannes: Briefwechsel, 3 Bde, hg. von der Heidelberger Akademie der Wissenschaft, Stuttgart u. a. 1999ff.
Reynolds, Joyce Marie/Tannenbaum, Robert: Jews and God-fearers at Aphrodisias. Greek inscriptions with commentary (Supplement: The Cambridge Philological Society, Bd. 12), Cambridge, MA 1987.
Ritter, Gaston: Das Judentum und die Schatten des Antichrist. Ein Blick hinter die Kulissen der politischen Weltbühne, Graz 1933.
Robin, Jean: La judéomanie. Elle nuit aux Juifs, elle nuit à la République, Paris 2006.
Rohkrämer, Thomas: Eine andere Moderne? Zivilisationskritik, Natur und Technik in Deutschland, 1880–1933, Paderborn u. a. 1999.
Rose, Paul Lawrence: German question, Jewish question. Revolutionary Antisemitism from Kant to Wagner, Princeton, NY u. a. 1992.
Roth, Cecil: Essays and portraits in Anglo-Jewish history, Philadelphia 1962.
Dies.: A History of the Jews in England, Oxford u. a. 1964.
Dies.: A Life of Menasseh Ben Israel. Rabbi, printer, and diplomat, Philadelphia 1934.
Rubinstein, William D./Rubinstein, Hilary L.: Philosemitism. Admiration and support in the English-speaking world for Jews, 1840–1939 (Studies in modern history), Basingstoke u. a. 1999.
Rummel, Erika: The case against Johann Reuchlin. Religious and social controversy in sixteenth-century Germany, Toronto, ON u. a. 2002.

Rymatzki, Christoph: Hallischer Pietismus und Judenmission. Johann Heinrich Callenbergs Institutum Judaicum und dessen Freundeskreis, 1728–1736 (Hallesche Forschungen, Bd. 11), Tübingen 2004.

Saeki, Yoshirō: Keikyō hibun kenkyū (The Nestorian monument in China), Tokyo 1911.

Sakai, Katsuisa: Sekai no shōtai to Yudayajin, Tokyo 1924.

Sartre, Jean-Paul: Drei Essays (Ullstein Buch: Ullstein Materialien, Bd. 35001), Frankfurt a. M. 1986.

Schäfer, Peter: Geschichte der Juden in der Antike. Die Juden Palästinas von Alexander dem Großen bis zur arabischen Eroberung, Stuttgart 1983.

Schalit, Abraham: König Herodes. Der Mann und sein Werk, Berlin u. a. 2001.

Scherr, Albert/Schäuble, Barbara: „Ich habe nichts gegen Juden, aber...". Ausgangsbedingungen und Perspektiven gesellschaftspolitischer Bildungsarbeit gegen Antisemitismus, Berlin 2007.

Scheit, Gerhard: Die Meister der Krise. Über den Zusammenhang von Vernichtung und Volkswohlstand, Freiburg i. Br. 2001.

Ders.: Suicide attack. Zur Kritik der politischen Gewalt, Freiburg i. Br. 2004.

Schemann, Ludwig: Die Rassenfragen im Schrifttum der Neuzeit (Die Rasse in den Geisteswissenschaften, Bd. 3), München 1931.

Schindel, Robert: Gebürtig. Roman, Frankfurt a. M. 1992.

Schlant, Ernestine: Die Sprache des Schweigens. Die deutsche Literatur und der Holocaust, München 2001.

Schmid, Bernhard: Der Krieg und die Kritiker. Die Realität im Nahen Osten als Projektionsfläche für Antideutsche, Antiimperialisten, Antisemiten und andere, Münster 2006.

Schölzel, Christian: Walther Rathenau. Eine Biographie, Paderborn u. a. 2006.

Schoeps, Hans-Joachim: Barocke Juden, Christen, Judenchristen, Bern u. a. 1965.

Ders.: Ja – nein – und trotzdem. Erinnerungen, Begegnungen, Erfahrungen, Mainz 1974.

Ders.: Rückblicke. Die letzten dreißig Jahre, 1925–1955, und danach. Zwei Bände in einem Band, Stuttgart 1956.

Ders.: Philosemitismus im Barock. Religions- und geistesgeschichtliche Untersuchungen, Tübingen 1952.

Schoeps, Julius H: Deutsch-jüdische Symbiose. Oder die mißglückte Emanzipation, Berlin u. a. 1996.

Ders..: Leiden an Deutschland. Vom antisemitischen Wahn und der Last der Erinnerung, München u. a. 1990.

Schreckenberg, Heinz: Die christlichen Adversus-Iudaeos-Texte und ihr literarisches und historisches Umfeld, 1.–11. Jh. (Europäische Hochschulschriften: Reihe 23, Theologie, Bd. 172), Frankfurt a. M. u. a. 1995.

Schudt, Johann Jakob: Jüdische Merckwürdigkeiten. Vorstellende Was sich Curieuses und denckwürdiges in den neuern Zeiten bey einigen Jahrhunderten mit denen in alle IV.

Theile der Welt sonderlich durch Teutschland zerstreuten Juden zugetragen. Samt einer vollständigen Franckfurter Juden-Chronick. Darinnen der zu Franckfurt am Mayn wohnenden Juden von einigen Jahrhunderten biß auff unsere Zeiten Merckwürdigste Begebenheiten enthalten. Benebst einigen zur Erläuterung beygefügten Kupffern und Figuren. Mit Historischer Feder in drey Theilen beschrieben, 4 Bde, Franckfurt 1714–1718.

Schulin, Ernst: Walther Rathenau. Repräsentant, Kritiker und Opfer seiner Zeit (Persönlichkeit und Geschichte, Bd. 104/104a), Göttingen u. a. 1992.

Schwaiger, Brigitte: Lange Abwesenheit, Wien u. a. 1980.

Schwarzfuchs, Lyse: Le livre hébreu à Paris au XVIe siècle. Inventaire chronologique, Paris 2004.

Seligmann, Ceasar: Judentum und moderne Weltanschauung. Fünf Vorträge, Frankfurt a. M. 1905.

Seligmann, Rafael: Mit beschränkter Hoffnung. Juden, Deutsche, Israelis, Hamburg 1991.

Shillony, Ben-Ami: The Jews and the Japanese. The successful outsiders, Rutland 1991.

Ders.: Politics and culture in wartime Japan (Clarendon paperbacks), Oxford u. a. 1991.

Sichrovsky, Peter: Schuldig geboren. Kinder aus Nazifamilien (KiWi, Bd. 133), Köln 1987.

Simon, Merill: Jerry Falwell and the Jews, Middle Village, NY 1984.

Simpson, William W./Weyl, Ruth: The Story of the International Council of Christians and Jews, 2 Bde, Heppenheim 1995.

Sizer, Stephen R.: Christian Zionism. Road map to Armageddon? Leicester 2004.

Skinner, Quentin: The foundation of modern political thought, 2 Bde, Cambridge, MA 1978.

Späti, Christina: Die schweizerische Linke und Israel. Israelbegeisterung, Antizionismus und Antisemitismus zwischen 1967 und 1991 (Antisemitismus: Geschichte und Strukturen, Bd. 2), Essen 2006.

Stadelmann, Jürg: Umgang mit Fremden in bedrängter Zeit. Schweizerische Flüchtlingspolitik, 1940–1945, und ihre Beurteilung bis heute, Zürich 1998.

Steffen, Michael: Geschichten vom Trüffelschwein. Politik und Organisation des Kommunistischen Bundes, 1971–1991, Berlin u. a. 2002.

Steiger, Johann Anselm: Johann Ludwig Ewald, 1748–1822. Rettung eines theologischen Zeitgenossen (Forschungen zur Kirchen- und Dogmengeschichte, Bd. 62), Göttingen 1996.

Steinschneider, Moritz: Christliche Hebräisten. Nachrichten über mehr also 400 Gelehrte, welche über nachbiblisches Hebräisch geschrieben haben, Berlin u. a. 1896–1901.

Stern, Frank: Im Anfang war Auschwitz. Antisemitismus und Philosemitismus im deutschen Nachkrieg (Schriftenreihe des Instituts für Deutsche Geschichte, Universität Tel Aviv, Bd. 14), Gerlingen 1991.

Ders.: Jews in the minds of Germans in the postwar period (The Paul Lecture, Bd. 1992), Bloomington, IN 1993.

Ders.: The whitewashing of the yellow badge. Antisemitism and philosemitism in postwar Germany (Studies in antisemitism), Oxford 1992.

Stern, Sacha: Jewish identity in early Rabbinic writings (Arbeiten zur Geschichte des antiken Judentums und des Urchristentums, Bd. 23), Leiden u. a. 1994.

Strachey, William: The historie of travell into Virginia Britania, 1612 (Works issued by the Hakluyt Society: Series 2, Bd. 103), London 1953.

Strobl, Herwig: Auf dem Weg. Musikantische Reminiszenzen in diesen Zeiten (Edition Sandkorn), Grünbach 2001.

Strobl, Ingrid: Anna und das Anderle. Eine Recherche (Collection S. Fischer, Bd. 82), Frankfurt a. M. 1995.

Sugita, Rokuichi: Isuraeru-shi zakkō, Tokyo 1964.

Sutcliffe, Adam: Judaism and enlightenment (Ideas in context, Bd. 66), Cambridge, MA u. a. 2004.

Taufar, Barbara: Die Rose von Jericho. Autobiographie, Wien 1994.

Theunissen, Gerd H.: Zwischen Golgatha und Auschwitz. Ein Entwurf in drei Vorträgen (Germania Judaica: Kölner Bibliothek zur Geschichte des Deutschen Judentums, Bd. 1), Köln 1960.

Thode, Henry: Kunst, Religion und Kultur. Ansprache an die Heidelberger Studentenschaft gehalten bei der anlässlich seiner Ablehnung des Rufes an die Berliner Universität veranstalteten Feier, Heidelberg 1901.

Thompson, Damian: Das Ende der Zeiten. Apokalyptik und Jahrtausendwende, Hildesheim 1997.

Thorowgood, Thomas/Eliot, John: Jews in America. Or Probabilities, that those Indians are Judaical, made more probable by some additionals to the former conjectures, London 1660.

Tille, Alexander: Volksdienst. Von einem Sozialaristokraten, Berlin u. a. 1893.

Ders.: Von Darwin bis Nietzsche. Ein Buch Entwicklungsethik, Leipzig 1895.

Tokayer, Marvin/Swartz, Mary: The Fugu plan. The untold story of the Japanese and the Jews during World War II, New York, NY 1979.

Trevor-Roper, Hugh Redwald: The Crisis of the Seventeenth Century. Religion, the Reformation, and social change, Indianapolis, IN 2001.

Tuveson, Ernest Lee: Redeemer nation. The idea of America's millenial role, Chicago, IL u. a. 1968.

Urner, Cristiana: Kaiser Domitian im Urteil antiker literarischer Quellen und moderner Forschung, Augsburg 1993.

Veyne, Paul: Le pain et le cirque. Sociologie historique d'un pluralisme politique, Paris 1976.

Volkov, Shulamit: Jüdisches Leben und Antisemitismus im 19. und 20. Jahrhundert. Zehn Essays (Beck'sche Reihe, Bd. 1349), München 2000.

Walzer, Michael: The revolution of the saints. A study in the origins of radical politics, Cambridge, MA 1965.

Walzer, Michael: Exodus und Revolution (Rotbuch Rationen), Berlin 1988.

Wander, Bernd: Gottesfürchtige und Sympathisanten. Studien zum heidnischen Umfeld von Diasporasynagogen (Wissenschaftliche Untersuchungen zum Neuen Testament, Bd. 104), Tübingen 1998.

Weber, Timothy P.: On the Road to Armageddon. How Evangelicals became Israel's best friend, Grand Rapids, MI 2004.

Westernhagen, Curt von: Nietzsche, Juden, Antijuden, Weimar 1936.

Williams, Harold Stannett: Foreigners in Mikadoland, Tokyo u. a. 1963.

Williams, Roger: A Key into the language of America. Or, an help to the Language of the Natives in that part of America, called New-England, hg. von John J. Teunissen, Detroit, MI 1973.

Wistrich, Robert S.: The politics of ressentiment. Israel, Jews, and the German media (Analysis of current trends in antisemitism, Bd. 23), Jerusalem 2004.

Wülfer, Johann/Ufhoyzen, Shlomo Zalman/Brenz, Samuel Friedrich/Hirsch, Zebi Salomon: Theriaca Judaica ad examen revocata. Sive scripta amoibaea Samuelis Friderici Brenzii, converse Judaei, et Salomonis Zevi. Apellae astutissimi, a viris doctis hucusque desiderata, Norimbergae 1681.

Yaakov ben Hayim ben Yitshak ibn Adoniyahu: Introduction to the Rabbinic Bible. Hebrew and English. With explanatory notes, hg. von Christian David Ginsburg (Library of Biblical studies), New York, NY 1968.

Yavetz, Zvi: Judenfeindschaft in der Antike. Die Münchener Vorträge (Beck'sche Reihe, Bd. 1222), München 1997.

Yoneda, Isamu: Nakada Jūji den. Denki Nakada Jūji, Tokyo 1996.

Zander, Ulrike: Philosemitismus im deutschen Protestantismus nach dem Zweiten Weltkrieg. Begriffliche Dilemmata und auszuhaltende Diskurse am Beispiel der Evangelischen Kirche im Rheinland und in Westfalen (Historia profana et ecclesiastica, Bd. 16), Berlin 2007.

Zell, Michael: Reframing Rembrandt. Jews and the Christian image in seventeenth-century Amsterdam, Berkeley, CA 2002.

Zinberg, Israel: A history of Jewish literature, 12 Bde, Cleveland, OH u. a. 1972–1978.

Zuckermann, Moshe: Israel – Deutschland – Israel. Reflexionen eines Heimatlosen (Passagen Zeitgeschichte), Wien 2007.

Sammelschriften

Almog, Shmuel (Hg.): Antisemitism through the ages (Studies in Antisemitism), Oxford u. a. 1988.

Ameling, Walter (Hg.): Inscriptiones Judaicae Orientis, 2. Bd., Kleinasien (Texte und Studien zum antiken Judentum, Bd. 99), Tübingen 2004.

Anderson, Malcom/Bort, Eberhard (Hg.): The frontiers of Europe. Based on papers presented at a colloquium on the frontiers of Europe, London u. a. 1998.

Armingeon, Klaus/Geissbühler, Simon (Hg.): Gewerkschaften in der Schweiz. Herausforderungen und Optionen, Zürich 2000.

Bärsch, Claus-Ekkehard (Hg.): Wer Religion verkennt, erkennt Politik nicht. Perspektiven der Religionspolitologie, Würzburg 2005.

Barceló, Pedro (Hg.): Contra quis ferat arma deos? Vier Augsburger Vorträge zur Religionsgeschichte der römischen Kaiserzeit. Zum 60. Geburtstag von Gunther Gottlieb (Schriften der Philosophischen Fakultäten der Universität Augsburg: Historisch-sozialwissenschaftliche Reihe, Bd. 53), München 1996.

Beek, Gottfried zur (Hg.): Die Geheimnisse der Weisen von Zion, Berlin-Charlottenburg 1919.

Behrends, Jan C. (Hg.): Antiamerikanismus im 20. Jahrhundert. Studien zu Ost- und Westeuropa (Politik- und Gesellschaftsgeschichte, Bd. 68), Bonn 2005.

Bell, Dean Phillip/Burnett, Stephen G. (Hg.): Jews, Judaism and the Reformation in sixteenth-century Germany (Studies in central European histories, Bd. 37), Leiden u. a. 2006.

Benz, Wolfgang (Hg.): Zwischen Antisemitismus und Philosemitismus. Juden in der Bundesrepublik (Reihe Dokumente, Texte, Materialien: Zentrum der Antisemitismusforschung der Technischen Universität Berlin, Bd. 1), Berlin 1991.

Bergmann, Werner/Erb, Rainer (Hg.): Antisemitismus in der politischen Kultur nach 1945, Opladen 1990.

Bergmann, Werner/Erb, Rainer/Lichtblau, Albert (Hg.): Schwieriges Erbe. Der Umgang mit Nationalsozialismus und Antisemitismus in Österreich, der DDR und der Bundesrepublik Deutschland (Schriftenreihe des Zentrums für Antisemitismusforschung Berlin, Bd. 3), Frankfurt a. M. u. a. 1995.

Bernard, Andreas/Raulff, Ulrich (Hg.): Briefe aus dem 20. Jahrhundert, Frankfurt a. M. 2005.

Bernardini, Paolo/Fiering, Norman (Hg.): The Jews and the Expansion of Europe to the West, 1450–1800 (European expansion and global interaction, Bd. 2), New York, NY u. a. 2001.

Berger, Ulrike/Bernstein, Rainer (Hg.): Israel. Reflexionen über ein Engagement (Schriften: Deutsch-Israelischer Arbeitskreis für Frieden im Nahen Osten e. V.), Berlin 1980.

Bodemann, Y. Michal (Hg.): Jews, Germans, memory. Reconstructions of Jewish Life in Germany (Social history, popular culture, and politics in Germany), Ann Arbor, MI 1996.

Boillat, Valérie/Degen, Bernard/Joris, Elisabeth (Hg.): Vom Wert der Arbeit. Schweizer Gewerkschaften. Geschichte und Geschichten, Zürich 2006.

Branscombe, Nyla R./Doosje, Bertjan (Hg.): Collective guilt. International Perspectives (Studies in emotion and social interaction: Second series), Cambridge, MA u. a. 2004.

Brecht, Martin/Deppermann, Klaus/Gäbler, Ulrich/Lehmann, Hartmut (Hg.): Geschichte des Pietismus, 4 Bde, Göttingen 1993–2004.

Brosch, Matthias (Hg.): Exklusive Solidarität. Linker Antisemitismus in Deutschland. Vom Idealismus zur Antiglobalisierungsbewegung, Berlin 2007.

Bruhn, Joachim/Dahlmann, Manfred/Nachtmann, Clemens (Hg.): Das Einfache des Staates. Gedenkbuch für Johannes Agnoli, (in Vorber., erscheint voraussichtlich 2009).

Brumlik, Micha (Hg.): Antisemitismus und die Linke (Arnoldshainer Texte, Bd. 72), Frankfurt a. M. 1991.

Ders. (Hg.): Zuhause, keine Heimat? Junge Juden und ihre Zukunft in Deutschland, Gerlingen 1998.

Ders. (Hg.): Gesetzliches Unrecht. Rassistisches Recht im 20. Jahrhundert (Jahrbuch zur Geschichte und Wirkung des Holocaust, 2005), Frankfurt a. M. u. a. 2005.

Ders. (Hg.): Reisen durch das jüdische Deutschland, Köln 2006.

Brumlik, Micha/Funke, Hajo/Rensmann, Lars (Hg.): Umkämpftes Vergessen. Walser Debatte, Holocaust-Mahnmal und neuere Geschichtspolitik (Schriftenreihe Politik und Kultur, Bd. 3), Berlin 2004.

Bundesamt für Verfassungsschutz (Hg.): Neuer Antisemitismus? Judenfeindschaft im politischen Extremismus und im öffentlichen Diskurs. Publikation der Vorträge des Symposiums des Bundesamtes für Verfassungsschutz am 5. Dezember 2005 (Symposium, Bd. 4), Berlin 2006.

Cancik, Hubert/Puschner, Uwe (Hg.): Antisemitismus, Paganismus, Völkische Religion, München 2004.

Cheyette, Bryan (Hg.): Between "race" and culture. Representations of "the Jew" in English and American literature (Stanford Studies in Jewish History and Culture), Stanford, CA 1996.

Coudert, Allison P./Shoulson, Jeffrey S. (Hg.): Hebraica veritas? Christian Hebraists and the study of Judaism in early modern Europe (Jewish culture and contexts), Philadelphia 2004.

Coudert, Allison P. (Hg.): Judaeo-Christian intellectual culture in the seventeenth century. A celebration of the library of Narcissus Marsh, 1638–1713 (Archives internationals d'histoire des idées, Bd. 163), Dordrecht u. a. 1999.

Dichanz, Horst (Hg.): Antisemitismus in Medien (Arbeitshilfen für die politische Bildung), Bonn 1997.

Diekmann, Irene/Schoeps, Julius H. (Hg.): Das Wilkomirski-Syndrom. Eingebildete Erinnerungen oder Von der Sehnsucht, Opfer zu sein, Zürich u. a. 2002.

Dietrich, Susanne/Schulze Wessel, Julia (Hg.): Zwischen Selbstorganisation und Stigmatisierung. Die Lebenswirklichkeit jüdischer Displaced Persons und die neue Gestalt des Antisemitismus in der deutschen Nachkriegsgesellschaft (Veröffentlichungen des Archivs der Stadt Stuttgart, Bd. 75), Stuttgart 1998.

Dietzsch, Martin (Hg.): Ein „jüdischer David Irving"? Norman G. Finkelstein im Diskurs der Rechten. Erinnerungsabwehr und Antizionismus, Dusiburg 2001.

Diner, Dan (Hg.): Zivilisationsbruch. Denken nach Auschwitz (Fischer-Taschenbücher, Bd. 4398), Frankfurt a. M. 1988.

European Monitoring Centre on Racism and Xenophobia (Hg.): Manifestations of Antisemitism in the EU 2002–2003. Based on information by the National Focal Points of the RAXEN Information Network, Vienna 2004.

Faber, Klaus/Schoeps, Julius H./Stawski, Sacha (Hg.): Neu-alter Judenhass. Antisemitismus, arabisch-israelischer Konflikt und europäische Politik, Berlin 2006.

Faber, Richard/Palmer, Gesine (Hg.): Protestantismus. Ideologie, Konfession oder Kultur? Würzburg 2003.

Fatio, Olivier (Hg.): Histoire de l'exégèse au XVIe siècle. Textes du colloque international tenu à Genève en 1976 (Études de philologie et d'histoire, Bd. 34), Genève 1978.

Faulenbach, Bernd (Hg.): „Transformationen" der Erinnerungskulturen in Europa nach 1989 (Geschichte und Erwachsenenbildung, Bd. 21), Essen 2006.

Force, James E./Katz, David S. (Hg.): "Everything connects". In conference with Richard H. Popkin. Essays in his honour (Brill's studies in intellectual history, Bd. 91), Leiden u. a. 1991.

Force, James E. (Hg.): The millenarian turn. Millenarian contexts of science, politics, and everyday Anglo-American life in the seventeenth and eighteenth centuries (Millenarianism and messianism in early modern European culture, Bd. 3), Dordrecht u. a. 2001.

Frey, Jörg/Schwartz, Daniel R./Gripentrog, Stephanie (Hg.): Jewish identity in the Greco-Roman world (Ancient Judaism and early Christianity, Bd. 71), Leiden u. a. 2007.

Geyer, Michael/Hölscher, Lucian (Hg.): Die Gegenwart Gottes in der modernen Gesellschaft. Transzendenz und religiöse Vergemeinschaftung in Deutschland (Bausteine zu einer Europäischen Religionsgeschichte im Zeitalter der Säkularisierung, Bd. 8), Göttingen 2006.

Giardano, Ralph/Deutschkron, Inge (Hg.): Deutschland und Israel: Solidarität in der Bewährung. Bilanz und Perspektiven der deutsch-israelischen Beziehungen, Gerlingen 1992.

Ginzel, Günther Bernd (Hg.): Auschwitz als Herausforderung für Juden und Christen (Tachles: Zur Sache, Bd. 1), Heidelberg 1980.

Goette, Jürgen-Wolfgang (Hg.): Von Ascona bis Eden. Alternative Lebensformen (Schriften der Erich-Mühsam-Gesellschaft, Bd. 27), Lübeck 2006.

Goldish, Matt D./Popkin, Richard H. (Hg.): Jewish Messianism in the early modern world (Millenarianism and Messianism in early modern european culture, Bd. 1), Dodrecht u. a. 2001.

Goodman-Thau, Eveline (Hg.): Das jüdische Erbe Europas. Krise der Kultur im Spannungsfeld von Tradition, Geschichte und Identität, Berlin u. a. 2005.

Dies. (Hg.): Messianismus zwischen Mythos und Macht. Jüdisches Denken in der europäischen Geistesgeschichte, Berlin 1994.

Grenzmann, Ludger/Haye, Thomas/Henkel, Nikolaus/Kaufmann, Thomas (Hg.): Wechselseitige Wahrnehmung der Religionen im Spätmittelalter und in der Frühen Neuzeit (Abhandlungen der Akademie der Wissenschaften in Göttingen), Göttingen (In Vorber.).

Grigat, Stephan (Hg.): Feindaufklärung und Reeducation. Kritische Theorie gegen Postnazismus und Islamismus, Freiburg i. Br. 2006.

Ders. (Hg.): Transformation des Postnazismus. Der deutsch-österreichische Weg zum demokratischen Faschismus, Freiburg i. Br. 2003.

Grunewald, Michel (Hg.): Le milieu intellectuel conservateur en Allemagne, sa presse et ses réseaux, 1890–1960 (Convergences, Bd. 27), Bern 2003.

Günther, Linda-Marie (Hg.): Herodes und Rom (Geschichte), Wiesbaden 2007.

Hall, John Whitney (Hg.): The Cambridge history of Japan, 6 Bde, Cambridge, MA u. a. 1988ff.

Hallhuber, Max-Joseph/Pelinka, Anton/Ingruber, Daniela (Hg.): Fünf Fragen an drei Generationen. Der Antisemitismus und wir heute, Wien 2002.

Hanloser, Gerhard (Hg.): „Sie warn die Anti-deutschesten der deutschen Linken". Zu Geschichte, Kritik und Zukunft antideutscher Politik, Münster 2004.

Haumann, Heiko (Hg.): Der erste Zionistenkongress von 1897. Ursachen, Bedeutung, Aktualität. … in Basel habe ich den Judenstaat gegründet, Basel u. a. 1997.

Heitmeyer, Wilhelm/Zick, Andreas (Hg.): Antisemitismus in Europa. Ergebnisse empirischer Studien (Edition Suhrkamp, Bd. 2479), Frankfurt a. M. 2008.

Henrix, Hans Hermann/Kraus, Wolfgang (Hg.): Die Kirchen und das Judentum, Bd. 2, Dokumente von 1986–2000, Paderborn 2001.

Horbury, William (Hg.): Hebrew study from Ezra to Ben-Yehuda, Edinburgh 1999.

Hsia, Po-chia Ronnie/Lehmann, Hartmut (Hg.): In and Out of the Ghetto. Jewish-gentile relations in late medieval and early modern Germany (Publications of the German Historical Institute), Cambridge, MA u. a. 1995.

Initiative Sozialistisches Forum (Hg.): Das Ende des Sozialismus, die Zukunft der Revolution, Freiburg i. Br. 1990.

Dies. (Hg.): Flugschriften gegen Deutschland und andere Scheußlichkeiten, Freiburg i. Br. 2001.

Dies. (Hg.): Furchtbare Antisemiten, ehrbare Antizionisten. Über Israel und die linksdeutsche Ideologie, Freiburg i. Br. 2002.

Jarausch, Konrad Hugo/Sabrow, Martin (Hg.): Verletztes Gedächtnis. Erinnerungskultur und Zeitgeschichte im Konflikt, Frankfurt a.M. u.a. 2002.

Jasper, Willi/Lezzi, Eva/Liebs, Elke/Peitsch, Helmut (Hg.): Juden und Judentum in der deutschsprachigen Literatur (Jüdische Kultur, Bd. 15), Wiesbaden 2006.

Johannsen, Ernst/Nietzsche, Friedrich (Hg.): Klärung. 12 Autoren, Politiker über die Judenfrage (Die Diskussionsbücher), Berlin 1932.

Jost, Renate (Hg.): Auf Israel hören. Sozialgeschichtliche Bibelauslegung, Luzern 1992.

Jost, Walter (Hg.): Rhetorical invention and religious inquiry. New perspectives, New Haven, CT 2000.

Joutard, Philippe (Hg.): Cévennes. Terre de refuge, 1940–1944. Texts et documents, Montpellier 1987.

Jüdisches Museum der Stadt Wien (Hg.): Die Macht der Bilder. Antisemitische Vorurteile und Mythen. Anlässlich der Ausstellung „Die Macht der Bilder – Antisemitische Vorurteile und Mythen“. Eine Ausstellung des Jüdischen Museums der Stadt Wien in der Volkshalle des Wiener Rathauses vom 27. April bis 31. Juli 1995, Wien 1995.

Kalmin, Richard Lee (Hg.): Jewish Culture and Society under the Christian Roman Empire (Interdisciplinary studies in ancient culture and religion, Bd. 3), Leuven 2003.

Kaufmann, Tobias/Orlowski, Manja (Hg.): „Ich würde mich auch wehren …“ Antisemitismus und Israelkritik. Bestandsaufnahme nach Möllemann, Potsdam 2002.

Kinzig, Wolfram/Kück, Cornelia (Hg.): Judentum und Christentum zwischen Konfrontation und Faszination. Ansätze zu einer neuen Beschreibung der jüdisch-christlichen Beziehungen (Judentum und Christentum, Bd. 11), Stuttgart 2002.

Klinger, Susanne (Hg.): Dem Geheimnis auf der Spur. Kulturhermeneutische und theologische Konzeptionalisierungen des Mystischen in Geschichte und Gegenwart (Theologie, Kultur, Hermeneutik, Bd. 6), Leipzig 2007.

Klöti, Ulrich (Hg.): Handbuch der Schweizer Politik (Manuel de la politique suisse), Zürich 1999.

König, Mario (Hg.): Die Schweiz, der Nationalsozialismus und der Zweite Weltkrieg. Schlussbericht, hg. von der Unabhängigen Expertenkommission Schweiz – Zweiter Weltkrieg, Zürich 2002.

Kreis, Georg (Hg.): Erinnern und Verarbeiten. Zur Schweiz in den Jahren, 1933–1945 (Itinera, Bd. 25), Basel 2004.

Kremers, Heinz (Hg.): Die Juden und Martin Luther, Martin Luther und die Juden. Geschichte, Wirkungsgeschichte, Herausforderung, Neukirchen-Vluyn 1985.

Koebner, Thomas/Pickerodt, Gerhart (Hg.): Die andere Welt. Studien zum Exotismus, Frankfurt a.M. 1987.

Kogon, Eugen/Metz, Johann Baptist (Hg.): Gott nach Auschwitz. Dimensionen des Massenmordes am jüdischen Volk, Freiburg i.Br. u.a. 1987.

Koschel, Ansgar (Hg.): Katholische Kirche und Judentum im 20. Jahrhundert (Religion, Geschichte, Gesellschaft, Bd. 26), Münster u.a. 2002.

Kottman, Karl A. (Hg.): Catholic millenarianism. From Savonarola to the Abbé Grégoire (Millenarianism and messianism in early modern European culture, Bd. 2), Dodrecht u. a. 2001.

Küsters, Hanns Jürgen (Hg.): Adenauer, Israel und das Judentum (Rhöndorfer Gespräche, Bd. 20), Bonn 2004.

Kushner, Tony/Valman, Nadia (Hg.): Philosemitism, antisemitism and 'the Jews'. Perspectives from the Middle Ages to the twentieth century (Studies in European cultural transition, Bd. 24), Aldershot u. a. 2004.

Ladenthin, Volker/Hasselhoff, Görge K./Hucklenbroich-Ley, Susanne (Hg.): Interkulturelle Verstrickungen. Kulturen und Religionen im Dialog (Studien des Bonner Zentrums für Religion und Gesellschaft, Bd. 2), Würzburg 2006.

Lamprecht, Gerald (Hg.): Antisemitismus, Antizionismus und Israelkritik (Historische und gesellschaftspolitische Studien, Bd. 4), Graz 2007.

Laursen, John Christian/Popkin, Richard H. (Hg.): Continental millenarians. Protestants, Catholics, Heretics (Millenarianism and messianism in early modern European culture, Bd. 4), Dodrecht u. a. 2001.

Lévy, Danielle M. (Hg.): Les discours de l'altérité. Dévoilements et recouvrements. Actes du colloque international: „Xénophilie, Xénophobie et diffusion des langues", ENS lettres et sciences humaines, Saint-Cloud, 15.–18. Décembre 1999 (Heteroglossia, Bd. 7), Ancona 2001.

Lexutt, Athina (Hg.): Kaum zu glauben. Von der Häresie und dem Umgang mit ihr (Arbeiten zur Theologiegeschichte, Bd. 5), Rheinbach 1998.

Lichtblau, Albert (Hg.): Als hätten wir dazugehört. Österreichisch-jüdische Lebensgeschichten aus der Habsburger Monarchie, Wien u. a. 1999.

Ligota, Christopher R./Quantin, Jean-Louis (Hg.): History of scholarship. A selection of papers from the Seminar of the History of Scholarship held annually at the Warburg Institute (Oxford-Warburg studies), Oxford u. a. 2006.

Loewy, Hanno (Hg.): Gerüchte über die Juden. Antisemitismus, Philosemitismus und aktuelle Verschwörungstheorien. Der Essayband erscheint anlässlich der Ausstellung „Antijüdischer Nippes, populäre Judenbilder und aktuelle Verschwörungstheorien. Die Sammlung Finkelstein im Kontext", Jüdisches Museum Hohenems, 16. Oktober 2005 bis 26. Februar 2006, Essen 2005.

Mattenklott, Gert (Hg.): Verkannte Brüder? Stefan George und das deutsch-jüdische Bürgertum zwischen Jahrhundertwende und Emigration (Haskala, Bd. 22), Hildesheim u. a. 2001.

Mendelsohn, Ezra (Hg.): Arts and its Uses. The visual image and modern Jewish society (Studies in contemporary Jewry, Bd. 6), New York, NY 1990.

Meyer-Blanck, Michael/Hasselhoff, Görge K. (Hg.): Krieg der Zeichen? Zur Interaktion von Religion, Politik und Kultur (Studien des Bonner Zentrums für Religion und Gesellschaft, Bd. 1), Würzburg 2006.

Michman, Dan (Hg.): Hasho'ah bahistoriah hayehudit. Historiografiah, toda'ah uparshanut (The Holocaust in Jewish History. Historiography, consciousness and interpretation), Jerusalem 2005.

Müller, Paul-Gerhard/Stenger, Werner (Hg.): Kontinuität und Einheit. Für Franz Mußner, Freiburg i. Br. u. a. 1981.

Münster, Sebastian (Hg.): Biblia Hebraica Latina pleneque nova, Basel 1534f.

Münz, Christoph/Sirsch, Rudolf W. (Hg.): „Wenn nicht ich, wer? Wenn nicht jetzt, wann?" Zur gesellschaftspolitischen Bedeutung des Deutschen Koordinierungsrates der Gesellschaften für Christlich-Jüdische Zusammenarbeit (DKR) (Forum Christen und Juden, Bd. 5), Münster 2004.

Muldoon, James (Hg.): Varietes of religious conversion in the Middle Ages, Gainesville, FL 1997.

Mulsow, Martin/Popkin, Richard H. (Hg.): Secret conversions to Judaism in early modern Europe (Brill's studies in intellectual history, Bd. 122), Leiden u. a. 2004.

Noy, David (Hg.): Inscriptiones Judaicae Orientis, Bd. 1, Eastern Europe (Texts and studies in ancient Judaism, Bd. 101), Tübingen 2004.

Noy, David/Bloedhorn, Hanswulf (Hg.): Inscriptiones Judaicae Orientis, Bd. 3, Syria and Cyprus (Texts and studies in ancient Judaism, Bd. 102), Tübingen 2004.

Paperni, Vladimir/Moskovic, Volf (Hg.): Anti-semitism and philo-semitism in the Slavic world and Western Europe (Jews and Slavs, Bd. 13), Haifa u. a. 2004.

Perry, Marvin (Hg.): Jewish-Christian encounters over the centuries. Symbiosis, prejudice, holocaust, dialogue (American university studies: Series 9, History, Bd. 136), New York, NY u. a. 1994.

Popkin, Richard H. (Hg.): Jewish Christians and Christian Jews. From the Renaissance to the Enlightenment (Archives internationales d'histoire des idées, Bd. 138), Dordrecht u. a. 1994.

Ders. (Hg.): Millenarianism and Messianism in English literature and thought, 1650–1800. Clark Library lectures, 1981–1982 (Publications from the Clark Library professorship: UCLA, Bd. 10), Leiden u. a. 1988.

Price, Betsy Barker (Hg.): Ancient economic thought (Routledge Studies in the History of Economics, Bd. 13), London u. a. 1997.

Prijs, Bernhard (Hg.): Die Basler Hebräischen Drucke, 1492–1866, 3 Bde, Olten u. a. 1964.

Puschner, Uwe/Schmitz, Walter/Ulbricht, Justus H. (Hg.): Handbuch zur „Völkischen Bewegung", 1871–1918, München u. a. 1996.

Rabinovici, Doron/Speck, Ulrich/Sznaider, Natan (Hg.): Neuer Antisemitismus? Eine globale Debatte (Edition Suhrkamp, Bd. 2386), Frankfurt a. M. 2004.

Reinhardt, Hans (Hg.): Dühring und Nietzsche (Gemeinverständliche Einführungsschriften zu Eugen Dührings reformatorischen Denkergebnissen, Bd. 3), Leipzig 1931.

Reinharz, Jehuda (Hg.): Mystics, philosophers, and politicians. Essays in Jewish intellectual history in honor of Alexander Altmann (Duke monographs in medieval and Renaissance studies, Bd. 5), Durham, NC u. a. 1982.

Rendtorff, Rolf (Hg.): Auschwitz. Krise der christlichen Theologie. Eine Vortragsreihe (Abhandlungen zum christlich-jüdischen Dialog, Bd. 10), München 1980.

Rendtorff, Rolf/Henrix, Hans Hermann (Hg.): Die Kirchen und das Judentum. Bd. 1, Dokumente von 1945 bis 1985, Paderborn u. a. 2001.

Rensmann, Lars/Schoeps, Julius H. (Hg.): Feindbild Judentum. Antisemitismus in Europa, Berlin 2008.

Rudnick, Ursula (Hg.): BlickWechsel. Christen und Juden, Juden und Christen. Eine Ausstellung in Niedersachsen, Essen 2000.

Schneider, Karlheinz (Hg.): Solidarität und deutsche Geschichte. Die Linke zwischen Antisemitismus und Israelkritik. Dokumentation einer Arbeitstagung in der evangelischen Akademie Arnoldhain (Schriften: Deutsch-Israelischer Arbeitskreis für Frieden im Nahen Osten, Bd. 9), Berlin 1984.

Schnurbein, Stefanie von (Hg.): Völkische Religiosität und Krisen der Moderne. Entwürfe „arteigener" Religiosität seit der Jahrhundertwende, Würzburg 2001.

Schoeps, Julius H. (Hg.): Leben im Land der Täter. Juden im Nachkriegsdeutschland, 1945–1952 (Sifria, Bd. 4), Berlin 2001.

Schoeps, Julius H./Schlör, Joachim (Hg.): Bilder der Judenfeindschaft. Antisemitismus, Vorurteile und Mythen, Augsburg 1999.

Schrattenholz, Josef (Hg.): Antisemiten-Hammer. Eine Anthologie aus der Weltliteratur, Düsseldorf 1894.

Schreier, Helmut (Hg.): Das Echo des Holocaust. Pädagogische Aspekte des Erinnerns, Hamburg 1994.

Schreier, Helmut/Heyl, Matthias (Hg.): Die Gegenwart der Shoah. Zur Aktualität des Mordes an den europäischen Juden, Hamburg 1993.

Schröder, Ilka (Hg.): Weltmacht Europa, Hauptstadt Berlin? Ein EU-Handbuch (Konkrete Texte: Imperialismus, Bd. 39), Hamburg 2005.

Schubarth, Wilfried/Stöss, Richard (Hg.): Rechtsextremismus in der Bundesrepublik Deutschland. Eine Bilanz, Opladen 2001.

Schuller, Florian/Veltri, Guiseppe (Hg.): Katholizismus und Judentum. Gemeinsamkeiten und Verwerfungen vom 16. bis zum 20. Jahrhundert, Regensburg 2005.

Signer, Michael A./Van Engen, John H. (Hg.): Jews and Christians in twelfth-century Europe (Notre Dame conferences in medieval studies, Bd. 10), Notre Dame, IN 2001.

Sozialdemokratische Partei der Schweiz (Hg.): Solidarität, Widerspruch, Bewegung. 100 Jahre Sozialdemokratische Partei der Schweiz, Zürich 1988.

Steffelbauer, Ilja (Hg.): Vom Alten Orient zum Nahen Osten (Expansion, Interaktion, Akkulturation, Bd. 10), Essen 2006.

Steiger, Johann Anselm/Paulus, Heinrich Eberhard Gottlob (Hg.): Beiträge von jüdischen und christlichen Gelehrten zur Verbesserung der Bekenner des jüdischen Glaubens, 1817 (Exempla philosemitica, Bd. 3), Heidelberg 2001.

Stern, Menachem (Hg.): Greek and Latin Authors on Jews and Judaism, 3 Bde (Fontes ad res Judaicas spectantes), Jerusalem 1976–1984.

Stråth, Bo (Hg.): Europe and the Other and Europe as the Other (Series multiple Europes, Bd. 10), Bruxelles u. a. 2000.

Streiter, Cornelius (Hg.): Tau im Drahtgeflecht. Philosemitische Lyrik nichtjüdischer Autoren, Rothenburg obd. Tauber 1961.

Süß, Walter (Hg.): Deutsche, Linke, Juden (Ästhetik und Kommunikation, Bd. 14, 51), Berlin 1983.

Timms, Edward/Hammel, Andrea (Hg.): The German-Jewish dilemma. From the enlightenment to the Shoah (Symposium series, Bd. 52), Lewiston, NY u. a. 1999.

Tollet, Daniel (Hg.): Les textes judéophobes et judéophiles dans l'Europe chrétienne à l'époque moderne. Actes du colloque (Collection histoires), Paris 2000.

Toon, Peter (Hg.): Puritans, the millennium and the future of Israel. Puritan eschatology, 1600 to 1660. A collection of essays, Cambridge, MA 1970.

Tous, Joan i (Hg.): El olivo y la espada. Estudios sobre el antisemitismo en España, siglos XVI–XX (Romania Judaica, Bd. 6), Tübingen 2003.

Troiani, Lucio (Hg.): La cultura storica nei primi due secoli dell' Impero Romano. Milano, 3.–5. giugno 2004, 5. Bd., Alle radici delle casa comune europea (Centro Ricerche e Documentazione sull'Antichità Classica, Bd. 24), Roma 2005.

Troxel, Ronald L./Friebel, Kelvin G./Magary, Dennis Robert (Hg.): Seeking out the wisdom of the ancients. Essays offered to Michael V. Fox on the occasion of his sixty-fifth Birthday, Winona Lake, IN 2005.

Tsunoda, Ryūsaku/DeBary, William Theodore/Keene, Donald (Hg.): Sources of Japanese Tradition, 2 Bde (Introduction to Oriental civilizations), New York, NY u. a. 1964.

Vogt, Peter (Hg.): Zwischen Bekehrungseifer und Philosemitismus. Texte zur Stellung des Pietismus zum Judentum (Kleine Texte des Pietismus, Bd. 11), Leipzig 2007.

Wassermann, Heinz P. (Hg.): Antisemitismus in Österreich nach 1945. Ergebnisse, Positionen und Perspektiven der Forschung (Schriften des Centrums für jüdische Studien, Bd. 3), Innsbruck u. a. 2002.

Werz, Michael (Hg.): Antisemitismus und Gesellschaft. Zur Diskussion um Auschwitz, Kulturindustrie und Gewalt, Frankfurt a. M. 1995.

Wetzel, Dietrich/Brumlik, Micha (Hg.): Die Verlängerung von Geschichte. Deutsche, Juden und der Palästinakonflikt, Frankfurt a. M. 1983.

Williams, Margaret (Hg.): The Jews among the Greeks and Romans. A diasporan sourcebook, Baltimore, MD 1998.

Wood, Diana (Hg.): Christianity and Judaism (Studies in church history, Bd. 29), Oxford u. a. 1992.

Zagorin, Perez (Hg.): Culture and politics. From Puritanism to the Enlightenment (Publications from the Clark Library Professorship: UCLA, Bd. 5), Berkeley, CA u. a. 1980.

Zaraté, Geneviève (Hg.): Langues, xénophobie, xénophilie dans une Europe multiculturelle (Documents, actes et rapports pour l'éducation), Caen 2001.

Zuckermann, Moshe (Hg.): Antisemitismus, Antizionismus, Israelkritik (Tel Aviver Jahrbuch für deutsche Geschichte, Bd. 33), Göttingen 2005.

Ders. (Hg.): Deutsche Geschichte des 20. Jahrhunderts im Spiegel der deutschsprachigen Literatur (Conferences: Minerva-Institut für Deutsche Geschichte, Universität Tel Aviv, Bd. 2), Göttingen 2003.

Ders. (Hg.): Theodor W. Adorno. Philosoph des beschädigten Lebens (Conferences: Minerva-Institut für Deutsche Geschichte, Universität Tel Aviv, Bd. 3), Göttingen 2004.

Autorinnen und Autoren

Herausgeberinnen

Diekmann, Irene Annemarie, Dr. phil., geb. 1952
Studium der Geschichte und Germanistik an der PH Potsdam, 1981 Promotion, 1986 bis 1990 wissenschaftliche Mitarbeiterin am Lehrstuhl für Allgemeine Geschichte der PH Potsdam, seit 1991 wissenschaftliche Mitarbeiterin am Lehrstuhl für Neuere Geschichte II (Schwerpunkt: deutsch-jüdische Geschichte) der Universität Potsdam, seit 2006 stellvertretende Direktorin des Moses Mendelssohn Zentrums für europäisch-jüdische Geschichte; Arbeitsschwerpunkt: Geschichte der Juden in Brandenburg, dazu auch zahlreiche Veröffentlichungen.

Kotowski, Elke-Vera, Dr. phil., geb. 1961
Studium der Politischen Wissenschaft, Literaturwissenschaft, Philosophie und Kulturwissenschaft in Duisburg und Berlin, 1990 Diplom in Sozialwissenschaften, 1991-1993 Verlags-Redakteurin, 1994–2000 wissenschaftliche Mitarbeiterin am Lehrstuhl für Neuere Geschichte der Universität Potsdam; Promotion 2000. Seit 2000 wissenschaftliche Mitarbeiterin am Moses Mendelssohn Zentrum. Forschungsschwerpunkte: Deutsch-jüdische Geschichte des 19. und 20. Jahrhunderts, europäische Kulturgeschichte, Zeitgeistforschung; praxisorientierte Lehre, insbesondere didaktisch aufbereitete Ausstellungskonzeptionen.

Autorinnen und Autoren

Barceló, Pedro, Prof. Dr. Dr. h. c., geb. 1950
1971–1976 Studium der Geschichte und Germanistik an der Universität Freiburg, 1979–1982 wissenschaftlicher Mitarbeiter an der Katholischen Universität Eichstätt, 1980 Promotion zum Dr. phil. 1986 Habilitation. Nach mehreren Gastprofessuren 1992 Berufung auf die Professur für Alte Geschichte an der Universität Erfurt, dort Gründungsdirektor des Historischen Instituts. 1993 Berufung auf den Lehrstuhl für Geschichte des Altertums an der Universität Potsdam. 1995 Ernennung zum korrespondierenden Mitglied der Königlichen Akademie für Geschichte in Madrid. 2006 Verleihung der Ehrendoktorwürde der Universität Jaume I. Castellón (Spanien). Zahlreiche Veröffentlichungen.

Bärsch, Claus-Ekkehard, Prof. Dr., geb. 1939
Studium der Rechte, des Kirchenrechts, der Rechtsphilosophie und der Rechtsgeschichte in München; Referendariat und Assessorexamen in München; 1969–1972 Selbständiger Rechtsanwalt; Promotion zum Dr. phil. bei Eric Voegelin an der Ludwig-Maximilians-Universität München; 1977 Habilitation: venia legendi für Politische Wissenschaft und Sozialphilosophie; 1981–2006 Professor für Politische Wissenschaft an der Gerhard-Mercator-Universität Duisburg; Lehrtätigkeiten an der Humboldt-Universität Berlin und der Universität Potsdam; 1993–1996 Direktor des Salomon-Ludwig-Steinheim-Instituts für deutsch-jüdische Geschichte in Duisburg; 1996 Gründungs-Vorsitzender des Instituts für Religionspolitologie e.V. in Duisburg. Fachgebiet: Politische Theorie und Ideengeschichte.

Bruer, Albert, Dr. phil., geb. 1946
Studium der Geschichte, Politischen Wissenschaft und Jurisprudenz an der Ludwig-Maximilian-Universität in München. Dort Promotion am Lehrstuhl für Neuere Geschichte bei Prof. Dr. Eberhard Weis mit einer Arbeit über die *Geschichte der Juden in Preußen* 1780–1820, die 1990 als Buch unter dem gleichnamigen Titel beim Campus Verlag, Frankfurt a.M., erschienen ist. Arbeitete als Journalist, u.a. als Ressortleiter bei der Wirtschaftswoche in Düsseldorf sowie als Korrespondent beim *Stern* in Frankfurt a.M. Seit 1999 Inhaber eines Fachzeitschriftenverlags und als Publizist in Grünwald bei München tätig. Daneben verfolgt er seine Studien und Forschungen zur Geschichte der Juden im 19. und 20. Jahrhundert weiter, dazu zahlreiche Veröffentlichungen.

Brumlik, Micha, Prof. Dr., geb. 1947
Studium der Philosophie, Pädagogik, Soziologie und Psychologie in Frankfurt a.M. und in Jerusalem. Assistent für Erziehungswissenschaft an der Universität Mainz; 1977 Promotion im Fach Philosophie in Frankfurt a.M.. mit einer Arbeit zu Kant. 1978 Professur für Devianzpädagogik an der Universität Hamburg, 1981–2000 Professor für Erziehungswissenschaft mit dem Schwerpunkt Sozialpädagogik an der Universität Heidelberg. Außerdem arbeitete er im Rahmen von DFG Forschungsprojekten 1983/84 zur Verfolgungserfahrung von Sinti und Roma im Nationalsozialismus und 1994–1997 zur Rekonstruktion sozial-kognitiver und sozio-moralischer Lernprozesse im Rahmen eines demokratisch geregelten Vollzugs. 1990 Übernahme der ‚Paul Guest Professorship for Jewish Studies' an der University of Indiana in Bloomington. Seit 2000 Inhaber der Professur für Theorien der Bildung und Erziehung an der Universität Frankfurt a.M.

Währendessen bis 2005 Direktor des Fritz Bauer Instituts – Studien- und Dokumentationszentrum zur Geschichte des Holocaust und seiner Wirkung. Forschungs- und Publikationsschwerpunkte: die Gebiete moralischer Sozialisation, der Erziehungs- und Bildungsphilosophie, sowie der jüdischen Kultur- und Religionsphilosophie.

Brunotte, Ulrike, Prof. Dr., geb. 1955
Studium der Religionswissenschaft (HF) und Literaturwissenschaft (NF) (Amerikanistik/Germanistik) und Philosophie an der FU Berlin.
1993 Promotion an der FU über *Das Mysterium der Katastrophe im Werk von Edgar Allan Poe.* 1993–1996 Dozentin im Studiengang Lebensgestaltung-Ethik-Religion an der Universität Potsdam. 2000 Habilitation an der Humboldt-Universität zu Berlin zum Thema *Puritanismus und Pioniergeist. Die Faszination der Wildnis im frühen Neu-England* (2001 erschienen). Von 2001–2006 Oberassistentin am Kulturwissenschaftlichen Seminar der Humboldt-Universität zu Berlin, 2000/2001 Vertretungsprofessur für Religionswissenschaft an der Universität Bremen. Mehrere research fellowships in den USA. Ab Oktober 2007 Senior Fellow am IFK (Internationales Forschungszentrum für Kulturwissenschaft) in Wien. Forschungsschwerpunkte: Erforschung des frühen amerikanischen Puritanismus und seines Nachlebens in der amerikanischen Religion- und Kultur der Moderne, Religion, Literatur und Moderne, Wissenschaftsgeschichte und Religions/Ritualtheorien, Männlichkeitsforschung, dazu zahlreiche Veröffentlichungen.

Burnett, Stephen G., Dr. phil., geb. 1956
Studium an der University of Wisconsin-Madison, B.A. 1979, und an der Trinity Evangelical Divinity School, M.A. Old Testament Studies 1982 sowie Hebrew and Semitic Studies an der University of Wisconsin-Madison, M.A., 1983, Ph.D., 1990. Aktuell ist er Associate Professor of Religious Studies and History an der University of Nebraska-Lincoln. Forschungsschwerpunkte: Christian Hebrew scholarship in early modern Europe (1500–1750), und Jewish printing, censorship of Jewish books sowie Christian portrayals of Judaism.

Ebert, Klaus, Prof. Dr., geb. 1945
Studium der Evangelischen Theologie, Germanistik, Philosophie und Pädagogik an der Johann-Wolfgang-Goethe-Universität in Frankfurt a.M. 1971 Wissenschaftlicher Assistent am Seminar für Evangelische Theologie und ihre Didaktik an der Pädagogischen Hochschule Ruhr, Abt. Duisburg

1982 Überleitung und Ernennung zum Professor (C2) im Fachbereich 1 (Philosophie, Religionswissenschaften, Gesellschaftswissenschaften) an der Universität – Gesamthochschule Duisburg. Seit 1987 Universitätsprofessor Professor für Evangelische Theologie/Systematische Theologie, dazu zahlreiche Veröffentlichungen.

Faber, Klaus, geb. 1940
Staatssekretär a. D. (Jurastudium, Studium der Volkswirtschaft und orientalischer Sprachen), Rechtsanwalt und Publizist in Potsdam, Mitgründer und Kuratoriumsmitglied des Moses Mendelssohn Zentrums für europäisch-jüdische Studien an der Universität Potsdam, Geschäftsführender Vorsitzender des Wissenschaftsforums der Sozialdemokratie in Berlin, Brandenburg und Mecklenburg-Vorpommern e. V., Mitglied der Redaktionen der Zeitschriften *perspektive 21*, *Brandenburgische Hefte für Wissenschaft und Politik*, Potsdam, sowie *perspektiven ds*, Marburg; Publikationen zu juristischen, wissenschafts- und bildungspolitischen Fragen, zur Föderalismus- und EU-Politik, zu Nahost-, Islam- und Antisemitismusfragen.

Gerstner, Alexandra, Dr. phil., geb. 1975
1995–2001 Studium der Geschichte und Philosophie an der FU Berlin, 2001/2002 Lektorin am Germanistischen Institut der Uniwersytet Wroclawski (Wroclaw/Polen), seit 2002 Doktorandin im Fach Neuere Geschichte am Friedrich-Meinecke-Institut der FU Berlin.
Dissertation zum Thema *Neuer Adel. Aristokratische Elitekonzeptionen von Intellektuellen zwischen Jahrhundertwende und Nationalsozialismus.*
2005/2006 Forschungsstipendium des Instituts für Europäische Geschichte, Mainz.
Seit April 2006 Programmreferentin im Programm „Kulturmanager aus Mittel- und Osteuropa" der Robert Bosch Stiftung, ab September 2007 Leiterin des DAAD-Informationszentrums in Jerewan/Armenien.
Forschungsschwerpunkte: Ideen- und Intellektuellengeschichte; Geschichte der Völkischen Bewegung, dazu zahlreiche Veröffentlichungen.

Goodman, David G., Prof. Dr.
Studium an der Yale University, B. A. (cum laude), und an der Cornell University, M. A. und Ph. D. Forschungsstipendien von NEH und Fulbright, hat mehrere Jahre in Japan gelebt. Publikationen zur Japanischen Kultur in Englisch und Japanisch.
Momentan Professor für Japanese Literature an der University of Illinois at Urbana-Champaign.

Grigat, Stephan, Dr. phil., geb. 1971
Lehrbeauftragter am Institut für Politikwissenschaft in Wien, war Forschungsstipendiat in Tel Aviv, zahlreiche Veröffentlichungen zum Thema Postnazismus.

Heinrichs, Wolfgang E., Prof. Dr., geb. 1956
Pastor im Bund Freier evangelischer Gemeinden, lehrt seit 1996 als Privatdozent an der Bergischen Universität Neuere Geschichte mit den Schwerpunkten der Sozial-, Regional- und Religionsgeschichte.
Habilitationsschrift mit dem Titel *Das Judenbild im Protestantismus des Deutschen Kaiserreichs*, erschien in zweiter Auflage 2004. Zahlreiche weitere Veröffentlichungen zur Regional-, Sozial- und Religionsgeschichte. Zurzeit u. a. Leitung eines Projektes zu „Jüdischen Rückkehrern" nach dem zweiten Weltkrieg an der Bergischen Universität Wuppertal.

Hillerbrand, Hans Joachim, Prof. Dr., geb. 1931
Studium der Religions- und Geistesgeschichte, Neueren Geschichte und Theologie an der Universität Erlangen, dort auch Promotion mit einer Arbeit über die politische Ethik der Täufer. Nach der Übersiedlung in die USA Annahme eines Rufes auf eine Professur für Neuere Kirchengeschichte an der Duke University, später folgte er einem Ruf an die City University of New York und 1981 einem Ruf als Kanzler der Southern Methodist University in Dallas, Texas. 1988 Rückkehr an die Duke University, wo er, trotz des Erreichens der Altersgrenze, als Professor of Religion und als Spezialist für Reformationsgeschichte weiterhin tätig ist. Er war u. a. Präsident der Amerikanischen Gesellschaft für Reformationsgeschichte und der Amerikanischen Gesellschaft für Kirchengeschichte, sowie Präsident des US-amerikanischen Fachverbandes der Religionswissenschaften, der American Academy of Religion. Hillerbrand ist Ehrendoktor der Montclair State University, New Jersey und erhielt 2008 das Bundesverdienstkreuz des Bundesrepublik Deutschland.
Zahlreiche Veröffentlichungen zur Reformations-, Religions- und Geistesgeschichte.

Hufenreuter, Gregor, geb. 1975
1997–2004 Studium der Geschichte, Kunstgeschichte, Publizistik und Kommunikationswissenschaften an der FU Berlin. Von Oktober 2006 bis März 2007 wissenschaftliche Hilfskraft am Lehrstuhl für Öffentliches Recht und Europäische Verwaltungsgeschichte der Universität Greifswald bei Prof. Dr. Erk Volkmar Heyen. Derzeit Promotion an der Freien

Universität bei Dr. Uwe Puschner über die zentrale Organisation der völkischen Bewegung, den Deutschbund (1896–1945). Arbeitsschwerpunkt: Die völkische Bewegung, Antisemitismus, Jugendkulturen, dazu vor allem Aufsatzveröffentlichungen.

Käpernick, Thomas, M. A., geb. 1967
1997 Magister in Neuerer und Neuester Geschichte bei Professor Ulrich Herbert an der Albert-Ludwigs-Universität Freiburg, danach Arbeit als Rundfunkjournalist für Radio Dreyeckland, Freiburg und dabei auch journalistische Veröffentlichungen in unterschiedlichen Publikationsorganen. Seit 2003 in der KZ-Gedenkstätte Neuengamme bei Hamburg tätig und speziell für Ausstellungen verantwortlich.
Zurzeit Promotion in Politologie bei Prof. Hans-Manfred Bock an der Universität Kassel zum Thema *Nationalismuskritische Publizistik in der Weimarer Republik.*

Kinzig, Wolfram, Prof. Dr., geb. 1960
Studium der evangelischen Theologie und Latinistik in Heidelberg, Lausanne, Oxford (Christ Church) und Cambridge (Trinity College); 1. Staatsexamen 1984; 1. Kirchliches Examen 1985; Promotion zum Dr. theol. in Heidelberg 1988; Habilitation in historischer Theologie in Heidelberg 1991; 1988–1992 Fellow in Peterhouse, Cambridge; 1992–1995 Senior Research Fellow in King's College, Cambridge; 1992–1996 Heisenberg-Stipendiat der Deutschen Forschungsgemeinschaft; seit 1996 Universitätsprofessor für Kirchengeschichte (Schwerpunkt: Alte Kirchengeschichte) an der Evangelisch-Theologischen Fakultät der Rheinischen Friedrich-Wilhelms-Universität Bonn.
Zahlreiche Veröffentlichungen zur Patristik, zur Geschichte der wissenschaftlichen Theologie im 19. und 20. Jahrhundert und zur Geschichte der jüdisch-christlichen Beziehungen.

Kovács, András, Ph. D., geb. 1947
Studium der Soziologie, Philosophie und Geschichte an der Eötvös Loránd Universität, Budapest. Seit 2002 senior researcher am Institute for Ethnic and Minority Research an der Ungarischen Akademie der Wissenschaften. Professor an der Central European University Budapest und dort Direktor der Jüdischen Studien. Zahlreiche Forschungsaufenthalte in den USA und Europa. Mehrmals Fellow am Moses Mendelssohn Zentrum.
Forschungsschwerpunkte: Minderheitenidentitäten, insbesondere Jüdische Identität und Antisemitismus im Nachkriegseuropa.

Kübler, Elisabeth, Mag.a phil., geb. 1981
2000–2004 Studium der Politikwissenschaften und Judaistik an den Universitäten Wien und Tel Aviv. Seit 2005 Doktoratsstudium zum Thema der Beziehungen zwischen der Europäischen Union und Israel. Lehrbeauftragte am Institut für Staatswissenschaft der Universität Wien und an der Lauder Business School, Wien. Arbeits- und Interessensschwerpunkte sind Politische Theorie (Antisemitismus, Rassismus, Nationalismus), Fragen der europäischen Integration und Identität sowie Soziolinguistik. Zahlreiche vor allem Aufsatzpublikationen zu diesen Themen.

Langer, Gerhard, Prof. Dr., geb. 1960
Studium der Katholischen Theologie und Judaistik in Salzburg und Wien. Seit 1984 in Salzburg als Universitätslehrer an der Theologischen Fakultät tätig, seit 2004 Leiter des interdisziplinären Zentrums für Jüdische Kulturgeschichte an der Universität (=Forschungsinstitut). Forschungsschwerpunkte: Jüdische Identitäten an den Rändern, rabbinische Bibelinterpretation, jüdische Kulturgeschichte.
Herausgeber der Zeitschrift *Chilufim*, zahlreiche Veröffentlichungen.

Lease, Gary, Prof. Dr. theol., geb. 1940, gest. 2007
1968 Promotion an der Universität München, bis zu seinem Tod Professor der History of Consciousness (Geistesgeschichte) an der Universität von Kalifornien, Santa Cruz.
Arbeitsschwerpunkte: Geschichte der Religionen in der Spätantike, deutsche Religionsgeschichte im 19. und 20. Jahrhundert, Theorie der Religion und deutsches Judentum, dazu zahlreiche Veröffentlichungen.

Levenson, Alan T., Prof. Dr., geb. 1960
Studium an der Brown University, BA/MA, magna cum laude, und an der Ohio State University, Ph.D. Gastprofessor am College of William and Mary, an der Case Western Reserve University und an der John Carroll University. Er hatte Forschungsstipendien der Tel Aviv University, des American Council of Learned Societies, des German Academic Exchange Program, der Lucius Littauer Foundation und von der Memorial Foundation for Jewish Culture. Zurzeit Professor of Jewish History am Siegal College in Cleveland, Ohio.
Veröffentlichungen u.a.: *Modern Jewish Thinkers, Between Philosemitism and Antisemitism: German Defenses of Jews and Judaism*, zahlreiche Essays in wissenschaftlichen und populären Zeitschriften.

Liberles, Robert, Prof. Dr.
Studium der Mathematik am Massachusetts Institute of Technology, Studium der rabbinics and history studies am Jewish Theological Seminary. Er wurde 1972 ordiniert, Promotion 1980 am Jewish Theological Seminary. Er war Associate Dean an der School of Humanities and Social Sciences und hatte vorher einen Lehrstuhl am Department of History. Er war Gastprofessor für Modern Jewish History an der Yale University und an der McGill University, und Fellow am Center for Jewish Studies an der University of Pennsylvania. Sein Buch *Orthodox Judaism in Germany. Religious Conflict in Social Context*, wurde 1986 mit dem National Jewish Book Award in History prämiert. Er arbeitete zu Salon Baron und zum Alltagsleben der Juden in der Frühen Neuzeit.
Zurzeit ist er David Berg and Family Professor of European History an der Ben Gurion University in Beersheva, Israel, wo er seit 1978 unterrichtet.

Lichtblau, Albert, ao. Prof. Dr., geb. 1954
Studium der Geschichte und Politikwissenschaft an der Universität Wien. Von 1987 bis 1989 wissenschaftlicher Mitarbeiter am Zentrum für Antisemitismusforschung an der TU Berlin. Bis 2003 wissenschaftlicher Mitarbeiter am Institut für Geschichte der Juden in Österreich (St. Pölten).
Zurzeit ao. Professor am Fachbereich für Geschichte der Universität Salzburg und stellvertretender Leiter des Zentrums für jüdische Kulturgeschichte der Universität Salzburg.

Mittmann, Thomas, Dr., geb. 1965
Studium der Geschichte, Philosophie und Politikwissenschaften in Bochum, 2005 Promotion in Bochum zur antisemitischen Nietzsche-Rezeption bis 1945. Von 2001 bis 2004 literaturwissenschaftlicher Leiter eines Retrodigitalisierungsprojekts zur Nietzsche-Rezeption im Studiengang Kommunikations- und Medienwissenschaften an der Universität Duisburg-Essen.
2005 wissenschaftlicher Mitarbeiter im Projekt *Political Correctness und der Streit um die Grenzen des Sagbaren in den Diskussionen zur nationalsozialistischen Vergangenheit* im Rahmen des NRW-Exzellenzwettbewerbs „Geisteswissenschaften gestalten Zukunftsperspektiven“, seit 2006 wissenschaftlicher Mitarbeiter am Lehrstuhl Neuere Geschichte III an der Ruhr-Universität Bochum im Rahmen des DFG-Forschungsprojekts „Transformation der Religion in der Moderne“.

Pallade, Yves, Dr., geb. 1977
Studium der Europäischen Studien, Internationalen Beziehungen und Politikwissenschaften an der London School of Economics, King's College London, der University of Cambridge, der Humboldt-Universität zu Berlin und der Heinrich-Heine-Universität Düsseldorf. Promotion über die deutsch-israelischen Beziehungen. Forschungsschwerpunkte sind Sicherheitspolitik, Terrorismus, politischer Extremismus, Antisemitismus, der Nahostkonflikt und die Medien, dazu zahlreiche Veröffentlichungen.

Peitsch, Helmut, Prof. Dr., geb. 1948
Studium der Germanistik an der FU Berlin, Lehrtätigkeit an der FU Berlin, in Leeds, Swansea, New York und Cardiff, seit 2001 Professor für Neuere deutsche Literatur (19./20.Jahrhundert) am Institut für Germanistik der Universität Potsdam.
Arbeitsschwerpunkt: Literarische Vergangenheitsbewältigung im Ost-West-Vergleich, dazu zahlreiche Buchveröffentlichungen.

Reese, Dagmar, Dr., geb. 1952
Studium der Soziologie, Politik und Religionswissenschaften in Freiburg i. Br. und an der FU Berlin. 1984–1991 wissenschaftliche Mitarbeiterin sowie Projektbearbeiterin (Vom BDM zum flotten Twen. Weibliche Jugendliche im politischen Umbruch am Beispiel Berlin, 1945–1955) am Institut für Soziologie der FU Berlin. 1988 Promotion bei Prof. Dieter Claessens und Prof. Klaus Heinrich. 1992–1994 Evaluation des Förderprogramms Frauenforschung des Senats von Berlin; 1995/96 Stipendiatin des „Förderprogramms Frauenforschung" („Georg Simmels Geschlechtertheorien"); 1997–2002 DAAD-Professorin an der University of Washington/ Seattle/ USA; 2002/03 Mitarbeiterin am Zentrum für Frauen und Geschlechterforschung (Prof. Dr. Karin Hausen) der TU Berlin; von 2004–2007 wissenschaftliche Bearbeiterin des DFG-Projektes *Georg Simmels Geschlechtertheorien im ‚fin de siècle' Berlin* am Moses Mendelssohn Zentrum Potsdam. Zahlreiche Veröffentlichungen.

Reiter, Margit, PD Dr., geb. 1963
Zeithistorikerin und Lehrbeauftragte an den Universitäten Wien und Salzburg, 2006 Habilitation am Institut für Zeitgeschichte an der Universität Wien, Forschungsschwerpunkte: Beziehungen zwischen Österreich und Israel, Antisemitismus und Antiamerikanismus, Vergangenheitspolitik, Generation und (Familien)Gedächtnis. Publikationen (u.a.): *Die Generation danach. Der Nationalsozialismus im Familiengedächtnis*, Wien/

Innsbruck/München 2006; *Unter Antisemitismus-Verdacht. Die österreichische Linke und Israel nach der Shoah*, Wien/Innsbruck/München 2001.

Rensmann, Lars, Dr. phil., geb. 1970
DAAD Assistant Professor of Political Science an der University of Michigan, Affiliate Professor an der University of Haifa und Permanent Fellow am Moses Mendelssohn Zentrum für europäisch-jüdische Studien an der Universität Potsdam. Zahlreiche Publikationen zum Thema Antisemitismus.

Späti, Christina, Dr., geb. 1971
Studium der Zeitgeschichte, Geschichte der Neuzeit und politischen Philosophie in Fribourg und 1993–1994 an der Hebrew University in Jerusalem. Lizentiat 1997, Promotion 2003. Ab 1997 Diplomassistentin, ab 2003 Doktorassistentin und seit 2004 Lektorin am Seminar für Zeitgeschichte der Universität Fribourg. Seit 2006 zudem Co-Leiterin des Forschungsprojektes „Sprache und Identitätspolitik" im Rahmen des NFP 56 „Sprachenvielfalt und Sprachkompetenz in der Schweiz" des Schweizerischen Nationalfonds zur Förderung der wissenschaftlichen Forschung.
Forschungsbereiche: Schweizerische und europäische Zeitgeschichte mit Schwerpunkten Antisemitismus, Antizionismus, Philosemitismus, Geschichte der Linken, NS-Nachgeschichte, Sprachenpolitik, dazu zahlreiche Publikationen.

Weissberg, Liliane, Prof. Dr.
Studium an der Freien Universität Berlin und der Harvard University. Danach Lehrverpflichtungen an der Hochschule der Künste Berlin und der Johns Hopkins University sowie Gastprofessuren an der Universität Hamburg, Potsdam, Graz, Frankfurt, der Ruhr-Universität Bochum, der Humboldt-Universität zu Berlin, und der Hochschule für Jüdische Studien in Heidelberg sowie der Princeton University.
Zurzeit Christopher H. Browne Distinguished Professor in Arts and Science und Professor of German and Comparative Literature an der University of Pennsylvania.

Zander, Ulrike, Dr. phil., geb. 1971
Ausbildung zur Fotografin; Studium der Geschichte, Kunstgeschichte und Deutschen Philologie an der Universität zu Köln; 2000 DAAD-Stipendium für einen Studienaufenthalt an der Ben-Gurion-Universität in Beer-Sheva, Israel. Wissenschaftliche Mitarbeit im Institut für Diaspora- und

Genozidforschung in Bochum, Promotion im Fach Mittlere und Neuere Geschichte an der Philosophischen Fakultät der Universität zu Köln (Januar 2007), journalistische Tätigkeit als freie Autorin und Redakteurin beim WDR, als Redakteurin im HVBG und im Haus der Geschichte in Bonn. Arbeitsschwerpunkte: deutsch-jüdische Geschichte; Zionismus, Veröffentlichungen zu diesem Thema.

Zuckermann, Moshe, Prof. Dr., geb. 1949
Lebte bis 1960 in Israel, zwischen 1960 und 1970 in Deutschland (Frankfurt am Main). Nach der Rückkehr nach Israel Studium der Soziologie, Politologie und Geschichte an der Universität Tel-Aviv. 1988 Promotion mit einer Arbeit über die *Die Rezeption der Französischen Revolution in der deutschen Geschichtsschreibung des Vormärz* bei Prof. Saul Friedländer. Seit 1990 lehrt er am Cohn Institute for the History and Philosophy of Science and Ideas (TAU). 2000–2005 Direktor des Instituts für Deutsche Geschichte (TAU). Forschungsschwerpunkte: Geschichte und Philosophie der Geistes-, Sozial- und Kulturwissenschaften; Frankfurter Schule; Ästhetische Theorie und Kunstsoziologie; der Einfluss der Schoa auf die politischen Kulturen Israels und Deutschlands, dazu zahlreiche Veröffentlichungen.

Personenregister

BILDER ZUR TAGUNG

I.
ERÖFFNUNG UND EMPFANG
10. JUNI 2007

Abb. 1: Grußwort der Ministerin für Wissenschaft, Forschung und Kultur, Prof. Dr. Johanna Wanka

Abb. 2: Eröffnungsvortrag von Prof. Dr. Wolfram Kinzig

Abb. 3: (v.l.) Prof. Dr. Julius H. Schoeps, Prof. Dr. Michael Salewski, Prof. Dr. Robert Liberles, Prof. Dr. András Kovács, Prof. Dr. Ulrike Brunotte, Ursula Schoeps, Dr. Irene Diekmann, Klaus Faber

Abb. 4: Prof. Dr. Julius H. Schoeps und Prof. Dr. Johanna Wanka

Abb. 5: Dr. Albert Bruer (l.), Marita und Hans Keilson (rechts daneben)

Abb. 6: Empfang nach dem Eröffnungsvortrag, Prof. Dr. Julius H. Schoeps zum 65. Geburtstag

Abb. 7: Ein Ständchen zum Geburtstag vorgetragen von der Berliner Hymnentafel

Abb. 8: Empfang nach dem Eröffnungsvortrag,
Prof. Dr. Julius H. Schoeps mit Gattin (l.)

BILDER ZUR TAGUNG

II.
VORTRÄGE UND DISKUSSIONEN
11. – 13. JUNI 2007

Abb. 9: Prof. Dr. Gary Lease (1940–2007)

Abb. 10: (v.l.) Prof. Dr. Hanno Schmitt, Prof. Dr. Klaus Ebert, Prof. Alan T. Levenson

Abb.11: (v.l.) Dr. Christina Spaeti, Elisabeth Kübler, Dr. Ulrike Zander

Abb. 12: (v. l.) Prof. Dr. Frank Stern, Prof. Dr. Helmut Peitsch, Prof. Dr. Albert Lichtblau

Abb. 13: Prof. Dr. Michael Salewski (l.), Prof. Dr. Robert Liberles

Abb. 14: Prof. Dr. Wolfgang E. Heinrichs

Abb. 15: Hanno Loewy (l.), Dr. Yves Patrick Pallade

Abb. 16: Studierende der Univesität Potsdam, die an der Herausgabe des vorliegenden Bandes mitgewirkt haben

Abb. 17: Im Anschluss an die Vorträge erfolgte stets eine lebendige Diskussion

Abb. 18: Thomas Käpernick (l.), Prof. Dr. Joachim H. Knoll

Abb. 19: Prof. Dr. David G. Goodman (l.), Prof. Dr. Ulrike Brunotte,
Prof. Dr. Hans J. Hillerbrand

Abb. 20: Dr. Albert Bruer, Dr. Dagmar Reese

Abb. 21: Gregor Hufenreuter (l.), Dr. Thomas Mittmann

Abb. 22: Prof. Dr. Wolfram Kinzig (l.), Prof. Dr. Gerhard Langer

Abb. 23: Während der drei Konferenztage verfolgten die Zuhörer stets konzentriert die Ausführungen der Vortragenden

Abb. 24: Prof. Dr. Wolfram Kinzig (l.), Prof. Dr. Claus-Ekkehard Bärsch

Abb. 25: Prof. Dr. Moshe Zuckermann

Abb. 26: Prof. Dr. Stephen G. Burnett

Abb. 27: Prof. Dr. Liliane Weissberg (r.)

Abb. 28: (v. l.) André Förster vom Verlag für Berlin-Brandenburg, Prof. Dr. Frank Stern und Prof. Dr. Julius H. Schoeps

Der Band dokumentiert das wechselvolle Schicksal der privaten Bibliotheken bedeutender deutschsprachiger jüdischer Intellektueller und Gelehrter des 20. Jahrhunderts, darunter Hannah Arendt, Walter Benjamin, Hilde Domin, Lion Feuchtwanger, Sigmund Freud, Magnus Hirschfeld, Erich Mendelsohn und Jürgen Kuczynski.
Die siebzehn Einzelbeiträge befassen sich mit der Entstehung dieser Bibliotheken, mit Sammelschwerpunkten und bibliophilen Neigungen ihrer Besitzer wie auch mit ihrer Exilgeschichte, ihrem Verbleib oder Verlust.

Ines Sonder/Karin Bürger/Ursula Wallmeier (Hg.)
„Wie würde ich ohne Bücher leben und arbeiten können?“
Privatbibliotheken jüdischer Intellektueller im 20. Jahrhundert

Neue Beiträge zur Geistesgeschichte, Band 8
432 Seiten, Hardcover, 19 s/w-Abbildungen
ISBN 978-3-86650-069-3
€ 29,95